国家自然科学基金重点项目（71733003）

李善同　何建武　祝坤福　张增凯　潘晨／等著

U0514587

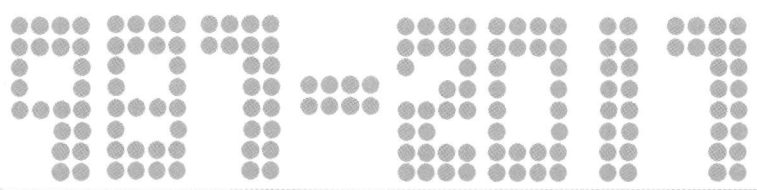

中国多区域投入产出模型：
1987~2017年

ZHONGGUO DUOQUYU TOURU CHANCHU MOXING: 1987~2017NIAN

中国财经出版传媒集团

经济科学出版社

Economic Science Press

图书在版编目（CIP）数据

中国多区域投入产出模型：1987-2017年／李善同
等著．--北京：经济科学出版社，2023.1
ISBN 978-7-5218-4505-1

Ⅰ.①中… Ⅱ.①李… Ⅲ.①区域经济-投入产出模
型-研究-中国-1987-2017 Ⅳ.①F223

中国国家版本馆 CIP 数据核字（2023）第 014248 号

责任编辑：张　蕾
责任校对：靳玉环
责任印制：邱　天

中国多区域投入产出模型：1987～2017 年

李善同　何建武　祝坤福　张增凯　潘晨/等著
经济科学出版社出版、发行　新华书店经销
社址：北京市海淀区阜成路甲 28 号　邮编：100142
应用经济分社电话：010-88191375　发行部电话：010-88191522
网址：www.esp.com.cn
电子邮箱：esp@esp.com.cn
天猫网店：经济科学出版社旗舰店
网址：http://jjkxcbs.tmall.com
固安华明印业有限公司印装
787×1092　16 开　20 印张　600000 字
2023 年 1 月第 1 版　2023 年 1 月第 1 次印刷
ISBN 978-7-5218-4505-1　定价：120.00 元
（图书出现印装问题，本社负责调换。电话：010-88191510）
（版权所有　侵权必究　打击盗版　举报热线：010-88191661
QQ：2242791300　营销中心电话：010-88191537
电子邮箱：dbts@esp.com.cn）

前　言

　　"立而望之，偏何姗姗其来迟。"这本书终于迎来与读者见面的时候。这本书应该说是我们数十年持续研究成果的总结和见证。从20世纪90年代开始，我们就尝试编制中国区域间投入产出表。21世纪以来，我们陆续出版了多本单一年份的中国区域间投入产出表（尽管各年的名称不一）。这次将1987~2017年所有的区域间投入产出表整体出版，本意有三。

　　一是为关于中国发展的理论研究提供一个口径一致，具有可比性的连续数据库。经过几十年的飞速发展，中国成功从低收入国家快速跃升逼近高收入门槛线。这无疑是低收入国家成功崛起的典范，也必然是发展经济学研究的重要案例。发展经济学最早就是从研究结构变迁开始的。而投入产出表正是反映宏观经济结构的"集大成者"。我们编制的多年中国省际间投入产出表为研究中国经济结构乃至中国发展模式演进提供重要的基础数据。

　　二是为推动构建新发展格局提供政策研究的数据基础。构建以"国内大循环为主，国内、国际双循环相互促进"的新发展格局已成为新发展阶段全面建设中国特色社会主义现代化国家的重要战略任务。投入产出表作为反映宏观经济循环较为系统的"表征"数据之一，是研究"双循环"的重要工具。我们编制了国内省际间投入产出表，并将其嵌入全球投入产出表之中，为从区域层面研究国内、国际双循环提供了直接的数据基础。

　　三是作为我们承担的国家自然科学基金重点课题的重要研究成果之一。与前面两点相比，这一点应该算作我们的一点"私心"。5年前，我们申请获批了国家自然科学基金重点课题"全球价值链视角下的国内区域分工与市场一体化研究"，编制中国省际间投入产出表并将其嵌入全球投入产出表是我们研究区域价值链分工的基础工作。这本书的出版应该说是这一重点课题部分成果的公开汇报过程。

　　从全书的内容来看，主要包含两部分：第一部分是主体，介绍了我们编制1987~2017年省际间投入产出表（共7个年份）的数据来源和具体方法，同时以缩略表的形式（合并成8个部门）刊出具体的投入产出表（详细的投入产出将以线上方式刊出）；第二部分介绍了如何将国内的省际间投入产出表嵌入全球投入产出表（OECD-ICIO）和最终的数据。

　　在此，需要感谢为这本书的出版作出贡献的所有人。正如前面提到的，编制中国省际间投入产出是我们长期坚持的一项工作。这次出版 1987～2017 年 7 个年份的省际间投入产出表，很多是在之前编制的单一年份省际间投入产出表的基础上重新整理、规范之后而得的，所以应该首先感谢之前编表的同志们，其中涉及的人较多，在此就不一一列举，希望这些同志多多谅解。在此要特别感谢中国社会科学院数量经济与技术经济研究所的潘晨博士和天津大学的赵琼博士，他们承担了大量的编表工作。感谢潘晨博士自硕博连读期间就加入我们团队开始参与这项工作。感谢中国人民大学的祝坤福副教授和对外经贸大学的郭雪凡博士，他们将国内省际间投入产出表嵌入全球投入产出表。当然，这本书的出版是我们团队所有人共同付出的结果，感谢你们。

最后，还要感谢国家自然科学基金委和经济科学出版社的张蕾编辑。前者为我们的研究提供了持续的经费支持，后者则为我们成果的出版提供了极大帮助。

目　　录

第一章　中国省际间投入产出表的编制：1987～2017年

编制省际间投入产出表能够为研究中国经济发展问题提供丰富的数据基础，也为相关政策分析提供定量分析的工具。国家统计局编制并发布的地区投入产出表为编制省际间投入产出表提供了重要基础。按照我国投入产出核算制度的规定，在逢2和逢7的年份开展投入产出的调查、编制全国投入产出基准表，各省份与国家同步编制了本地区投入产出表，目前已经公布了1987年、1992年、1997年、2002年、2007年、2012年和2017年的地区投入产出表。

以此为基础，我们也已编制完成1987年28个省（区市）、1992年29个省（区市）、1997年8个区域及30个省（区市）、2002年30个省（区市）、2007年30个省（区市）、2012年31个省（区市）、2017年31个省（区市）的中国地区扩展投入产出表或省际间投入产出表（MRIO）①，并于2007年、2010年、2016年、2018年、2021年相继出版了《中国区域投入产出表的编制及分析（1997年）》《2002年中国地区扩展投入产出表：编制与应用》《2007年中国地区扩展投入产出表：编制与应用》《2012年中国地区扩展投入产出表：编制与应用》《2017年中国省际间投入产出表：编制与应用》5本专著。

为尽量确保所编制的投入产出表数据的可靠性，并且不同年份之间具有可比性，我们在编表的过程中，一贯遵循以下几个基本原则（有的年份由于数据的特殊性，可能不得不适当地放弃其中某个原则）。

一是在编制各个年份的地区扩展投入产出表时，尽量保持编制方法的一致。二是尽可能地利用和保留具有准确来源的信息：（1）尽量少地调整原始地区投入产出表，即保持国家统计局原始投入产出表第Ⅰ、Ⅲ象限（即中间使用矩阵、增加值矩阵）的数据不变，只调整第Ⅱ象限（最终使用、流入流出及其他）的数据。然而，在2012年和2017年地区扩展投入产出表的编制中，由于原始表数据的特殊性，为了更好地平衡地区投入产出表，我们对中间使用和增加值也做了调整，这在后述数据基础部分会加以详细说明。（2）在利用数学模型对投入产出表或省际贸易进行平衡之前，尽可能多地搜集可用于补充或估计国际及国内贸易的数据。例如，利用海关和铁路运输数据调整或估计地区国际和国内贸易，利用京津冀区域间贸易调查数据修正北京的省际贸易数据等。（3）在平衡投入产出表以及地区间贸易时选择交叉熵方法，使得平衡后的数据与平衡前的数据所含信息量偏差最少。三是采用"自下而上"的方法。一些学者在编制地区间投入产出表时，通过调整使得各地区投入产出表的加和与国家投入产出表的数据相吻合，但我们的研究未采用这一方法。这主要是考虑我国统计数据的特征，以及所编制的地区扩展投入产出表与其他数据指标（如能源消费）的契

---

① 以往我们所发布的是"地区扩展投入产出表"，该表与本章所称"省际间投入产出表"本质上是一致的。为方便叙述，以下统称省际间投入产出表。

合性。我们会在本章编表方法部分对此进行详细说明。

　　本书所涉及投入产出表的编制工作与以往相比更进一步：我们在一贯采用的地区扩展投入产出表的基础上进一步编制了区域间投入产出表，以方便读者使用本书所提供的数据。本章主要描述 1987～2017 年各年份编表的数据基础，并以 2017 年中国省际间投入产出表的编制为例说明了编制方法（其他年份编表方法大同小异，不做赘述）。本章介绍编表的主要方法以及数据基础，详细说明编表的具体步骤，并呈现构建结果。除此之外，还对相关国际经验、国内研究现状和编制方法做了综述，供读者参考（见附录 1）。

第一节　主要编表方法

一、"自下而上（bottom-up）"

　　如上所述，在编制一国内区域间投入产出表时，是否以全国表作为区域表之和的约束是一个值得讨论的问题。其中，以全国表作为控制数称为"自上而下"的方法，该方法以各省份原始投入产出表作为估计的起点，最终通过估计使得各省份的表加总起来与全国表完全一致。反之则称为"自下而上"的方法，是指放弃全国表的约束，直接利用各省份的投入产出表编制区域之间自洽的区域间投入产出表，即所有区域的流入之和应与流出之和相等，从而最大限度地保留各省份国家统计局原始表的信息。

　　我们在编制我国省级多区域投入产出表时，选择了"自下而上"的方法。主要考虑如下：一是由于目前各省份和全国的国民核算数据仍然存在较大差异，而这一差异是投入产出表不协调的根本原因。因此，在核算数据协调问题不解决的条件下，直接利用全国投入产出表调整各省份投入产出表无异于用"未知的不确定"替代"已知的不确定"，结果只是数字上的协调。二是通常经济越发达地区统计数据的质量越高，而这些发达地区经济规模也较大，这意味着从经济规模的占比角度来看，有更多的各省份数据可信度较高，而采用"自上而下"的方法往往会同时破坏那些质量高的数据；三是各省份投入产出表与各省份的其他数据，如能源数据等，吻合度更高，因此，更大程度地保留各省份原始表的信息有利于开展更多的区域研究分析。

二、引力模型（gravity model）

　　为构建省际间投入产出表，我们需要得到的是各个部门在 31 个区域之间的贸易流量矩阵，即部门 i 在地区 g 和地区 h 之间的贸易量。但由于没有省际贸易的统计数据，本书采用间接估计法来得出区域间贸易流量。具体地，我们选择引力模型进行省际贸易流量的估计。接下来，我们将对这一选择做出说明。伊萨德模型不仅需要知道一个部门的产品在全国各个地区的贸易情况，而且需要知道在各个地区不同部门之间的贸易量。这个模型需要庞大的原始数据作基础，我国的统计数据不够完善，无法利用伊萨德模型估计出我国省际之间的贸易流量。行系数模型和列系数模型需要知道分配系数（地区 g 的产品 i 流出到地区 h 的数量占地区 g 的产品 i 运往全国所有地区的数量之和的比重）和需求系数（表示地区 g 产品 i 流出到地区 h 的数量占全国所有地区产品 i 流出到地区 h 的数量之和的比重），我们根据现有资料无法得到这两个系数。区位熵方法所需要的数据最少，只要知道各个区域的总产出和国家表的投入系数矩阵就可以计算，所以有关它的计算结果的精确性争议很大。列昂惕夫模型假设有较明显的计划成分，需要规定全国性部门产品在各个地区的产出比例; 同时模型中假设任一种产品在不同地区的直接消耗系数都是一致的, 这与实际情况相差较大。池方法模型只能得到某一地区与其他所有地区之间的贸易联系, 但难以明确某两个区域间的贸易联系。相对于其他的方法, 引力模型对数据的需求量较小且很多数据利用现有的地区投入产出就可以获取, 同时还可以得到区域间明确的贸易联系, 可以说, 引力模型是很好地将典型调查法和非调查法相结合的一种估算方法, 因此, 本书在估计省际贸易的过程中采用这一方法。

本书尝试构建如下形式的引力模型:

$$\bar{f}_{s,r}^{k} = e^{\alpha} (SP_s^k)^{\beta_1} (DM_r^k)^{\beta_2} \frac{(GS_s)^{\beta_3}(GS_r)^{\beta_4}}{(d_{s,r})^{\beta_5}} \tag{1-1}$$

模型 (1-1) 中, $\bar{f}_{s,r}^{k}$ 表示地区 s 流向地区 r 的 k 部门产品量的初始值; SP_s^k 表示地区 s 部门 k 产品的总供给; DM_r^k 为地区 r 部门 k 产品的总需求; GS_s 和 GS_r 分别代表地区 s 和地区 r 的地区生产总值占国内生产总值的比重; $d_{s,r}$ 是地区 s 到地区 r 的距离。

该模型的建立可以很好地分析距离等因素对区域间贸易流量的影响, 通过计量回归分析可得出 α, β_1, β_2, β_3, β_4, β_5 的估计值, 进而推算出 31 个区域贸易流量的初始矩阵。

三、交叉熵模型 (cross entropy model)

在编表过程中, 往往会出现资料不全, 或数据之间存在冲突的情况。这时就需要对现有数据进行处理重新估计得到完整匹配的数据。最小交叉熵方法能够最大化地利用现有信息估计符合要求的信息, 从而最大化地保留原始可靠信息。谢农 (Shannon, 1948) 创建信息论时提出了交叉熵法的概念, 希尔 (Theil, 1967) 把这一方法应用到经济学中。考虑一组事件 $E_1, E_2, \cdots, E_n$ 发生的概率分别为 $q_1, q_2, \cdots, q_n$ (先验概率)。现在有额外的讯息 (message) 可以获得, 这意味着先验概率需要调整为待求概率 $p_1, p_2, \cdots, p_n$。根据谢农 (1948) 的理论, 接收到讯息的信息 (information) 等于 $-\ln p_i$。然而每个事件 E_i 有自己的待求概率 p_i, 来自 q_i 的 "额外" 信息由式 (1-2) 给定:

$$-\ln \frac{p_i}{q_i} = -(\ln p_i - \ln q_i) \tag{1-2}$$

利用单个信息价值的期望, 我们可以得出一条讯息信息价值的期望值为:

$$-I(p:q) = -\sum_{i=1}^{n} p_i \ln \frac{p_i}{q_i} \tag{1-3}$$

$I(p:q)$ 为库尔巴克和雷伯勒 (Kullback and Leibler, 1951) 所定义的对两种概率分配之间的叉熵距离。交叉熵法的目标函数是为了利用所有可得的信息来使得叉熵距离最小化, 并且与先验概率保持一致。

戈兰等 (Golan et al., 1994) 利用交叉熵法来调整投入产出表的系数。设初始系数矩阵为 $\bar{A}$, 调整后的系数矩阵为 A, 可以解下面的最优化问题, 使得这两个矩阵之间的叉熵距离最小。

$$\min \left(\sum_i \sum_j A_{ij} \ln \frac{A_{ij}}{\bar{A}_{ij}} \right)$$

$$\text{s. t.} \begin{cases} \sum A_{ij}\, y_j{}^* = y_j{}^* \\ \sum_j A_{j,i} = 1 \\ 0 \leqslant A_{j,i} \leqslant 1 \end{cases} \tag{1-4}$$

其中，$y_j{}^*$ 为新信息行和或列和。可以引入拉格朗日乘数来求解：

$$A_{ij} = \frac{\overline{A}_{ij}\exp(\lambda_i, y_j{}^*)}{\sum_{i,j} \overline{A}_{ij}\exp(\lambda_i, y_j{}^*)} \tag{1-5}$$

其中，λ_i 是与行和列和相关的信息的拉格朗日乘数，分母是归一化因数，使得 A 矩阵的和始终保持为 1。本章多次用到交叉熵模型，模型的具体构建见下述，此处不再赘述。

第二节　数据基础

一、1987～2017 年各省份单区域投入产出表

各省份单区域投入产出表是构建中国省际间投入产出模型的数据基础。各年份所包含的地区数量、部门数量以及增加值和最终使用细项存在一定差异，具体如表 1－1～表 1－3 所示。

从表 1－1～表 1－3 中可以看出，各省份投入产出表中的数据完备程度不一：1987 年部分省份缺少详细的增加值数据，1987 年和 1992 年的收入法增加值分目也与后续年份不一致；且 1987 年和 1992 年的地区投入产出表中最终使用的划分方式与后续年份也有所不同。对于贸易数据，有些具备完整的四列贸易数据（出口、国内省际流出、进口及国内省际流入），有些仅有总流入和总流出两列，有些则仅有净流出一列。

事实上，即使具有完整的四列贸易数据的省份，由于各省份独立编表，且对省际贸易的量化往往缺乏统计或调查基础，各省份国内省际流入之和比国内省际流出之和也存在较大的不平衡。而在理论上，一国内部各区域之间某种产品的调出之和应等于其调入之和。

同时，我们将各省份投入产出数据与国民核算数据做了对比。通过对比我们发现，大部分省份的地区生产总值与国民账户较为统一，结构上虽存在一些差异，但总体上吻合度较高。对比支出法国民核算的细项发现（包含消费、资本、贸易净值），"存货增加"存在较大的相对差异。收入法国民核算的细项之间（包含劳动者报酬、生产税净额、固定资产折旧、营业盈余）一致性较高。

二、1987～2017 年海关进出口数据

本书所主要采用的海关进出口数据基本上为按照境内货源地/目的地统计的海关（商品名称及编码协调制度 HS 码）进出口商品的价值量数据，个别年份是基于 SITC（标准国际贸易分类）标准的统计，包含我国除港、澳、台地区外的省（区市）（数量与当年省级行政区划分一致）。实际应用中，需首先对各年海关进出口数据进行预处理：一是根据 IO 部门与海关商品代码的对应关系，将海关进出口数据合并到 IO 部门层面；二是将价格转换为投入产出生产者价格。具体地，海关出口商品价值是按照离岸价格计算的，需从中扣除流通费用，转换成国内生产者价格；海关进口商品价值是按照到岸价格计算的，需在此基础上加上进口商品关税和消费税或特别税的价值。表 1－4 展示了 1987～2017 年海关进出口数据的基本情况。

1987 年各省省份单区域投入产出表概况

表 1－1

序号	省份	部门数	贸易四列数据						净值	增加值										最终使用					
			出口	进口	省际流出	省际流入	总流出	总流入		固定资产折旧	劳动者收入	其中:职工工资	农民家庭纯收入	福利基金	净利利息	利润和税金	其中:税金	其他	增加值合计	农村居民消费	城镇居民消费	居民消费合计	政府消费	固定资本形成总额	存货增加
1	北京	33	√	√	√	√				√	√			√		√		√	√	√	√	√	√	√	√
2	天津	33	√	√	√	√				√	√			√		√		√	√	√	√	√	√	√	√
3	河北	33				√	√			√	√			√		√		√	√	√	√	√	√	√	√
4	山西	33					√	√		√	√			√	√	√		√	√	√	√	√	√	√	√
5	内蒙古	97					√	√	√	√	√	√		√		√		√	√	√	√	√	√	√	√
6	辽宁	33	√	√	√	√				√	√		√	√		√		√	√	√	√	√	√	√	√
7	吉林	34	√	√		√				√	√	√		√		√	√	√	√	√	√	√	√	√	√
8	黑龙江	33	√	√	√		√			√	√			√		√		√	√	√	√	√	√	√	√
9	上海	33	√	√	√	√				√	√			√		√		√	√	√	√	√	√	√	√
10	江苏	33	√	√		√				√	√			√		√		√	√	√	√	√	√	√	√
11	浙江	33					√	√		√	√			√		√	√		√	√	√	√	√	√	√
12	安徽	33					√	√		√	√			√		√		√	√	√	√	√	√	√	√
13	福建	33					√			√	√			√		√		√	√	√	√	√	√	√	√
14	江西	33					√			√	√	√		√		√		√	√	√	√	√	√	√	√
15	山东	33					√	√		√	√	√		√		√		√	√	√	√	√	√	√	√
16	河南	33				√	√			√	√			√		√		√	√	√	√	√	√	√	√
17	湖北	116					√	√		√	√	√		√		√		√	√	√	√	√	√	√	√
18	湖南	37					√	√		√	√			√		√		√	√	√	√	√	√	√	√
19	广东	118	√				√	√		√	√			√		√		√	√	√	√	√	√	√	√
20	广西	118		√			√	√		√	√			√		√		√	√	√	√	√	√	√	√
21	四川	60					√	√		√	√			√		√		√	√	√	√	√	√	√	√
22	贵州	118					√	√		√	√			√		√			√	√	√	√	√	√	√
23	云南	33				√	√			√	√			√		√			√	√	√	√	√	√	√
24	陕西	33	√	√			√			√	√			√		√		√	√	√	√	√	√	√	√
25	甘肃	33		√			√			√	√			√		√			√	√	√	√	√	√	√
26	青海																									
27	宁夏	33	√	√		√		√		√	√			√		√		√	√	√	√	√	√	√	√
28	新疆	118				√	√	√		√	√			√		√		√	√		√	√	√	√	√

注："√"表示有完整数据。

资料来源：作者自行整理。

表 1-2　1992 年各省份单区域投入产出表概况

序号	省份	部门数	贸易四列数据				总流出	总流入	增加值										最终使用				
			出口	进口	省际流出	省际流入			净值	固定资产折旧	劳动者收入（报酬）	工资	生产税净额（纯）	营业盈余	福利基金	利润与税金	其他	增加值合计	农村居民消费	城镇居民消费	政府消费	固定资本形成总额	存货增加
1	北京	33	√	√	√	√				√	√		√	√				√	√	√	√	√	√
2	天津	33	√	√	√	√				√	√		√	√				√	√	√	√	√	√
3	河北	33	√	√			√			√	√		√	√				√	√	√	√	√	√
4	山西	33	√				√			√	√		√	√				√	√	√	√	√	√
5	内蒙古	33	√	√			√			√	√		√	√				√	√	√	√	√	√
6	辽宁	33	√	√	√	√				√	√		√	√				√	√	√	√	√	√
7	吉林	33	√	√	√	√				√	√		√	√				√	√	√	√	√	√
8	黑龙江	33		√	√	√			√	√	√		√			√			√	√	√	√	√	√
9	上海	33	√	√	√	√	√			√	√		√	√	√		√	√		√	√	√	√	√
10	江苏	33	√	√	√	√		√		√	√		√	√				√	√	√	√	√	√
11	浙江	33		√			√			√	√		√	√				√	√	√	√	√	√
12	安徽	33		√			√	√		√	√		√	√	√			√	√	√	√	√	√
13	福建	33		√			√	√		√	√		√	√				√	√	√	√	√	√
14	江西	33		√			√	√		√	√		√	√	√	√		√	√	√	√	√	√
15	山东	33		√			√	√		√	√		√	√				√	√	√	√	√	√
16	河南	33		√			√	√		√	√		√	√				√	√	√	√	√	√
17	湖北	33		√			√	√		√	√		√	√				√	√	√	√	√	√
18	湖南	33		√			√	√		√	√		√	√	√		√	√	√	√	√	√	√
19	广东	33	√	√	√	√				√	√		√	√				√	√	√	√	√	√
20	广西	33	√	√	√	√				√	√		√	√				√	√	√	√	√	√
21	海南	33					√			√	√		√	√				√	√	√	√	√	√
22	四川	33		√			√	√		√	√		√	√				√	√	√	√	√	√
23	贵州	33		√			√	√		√	√		√	√				√	√	√	√	√	√
24	云南	33		√			√	√		√	√		√	√				√	√	√	√	√	√
25	陕西	33		√			√	√		√	√		√	√				√	√	√	√	√	√
26	甘肃	33		√			√	√		√	√		√	√				√	√	√	√	√	√
27	青海	33	√	√	√					√	√		√	√				√	√	√	√	√	√
28	宁夏	33	√	√	√	√				√	√		√	√				√	√	√	√	√	√
29	新疆	33	√	√	√	√				√	√		√	√				√	√	√	√	√	√

注："√" 表示有完整数据。

资料来源：作者自行整理。

表1-3　1997~2017年各省份单区域投入产出表概况

序号	省份	1997年 部门数	出口	进口	省际流出	省际流入	总流出	总流入	净值	2002年 部门数	出口	进口	省际流出	省际流入	总流出	总流入	净值	2007年 部门数	出口	进口	省际流出	省际流入	总流出	总流入	净值	2012年 部门数	出口	进口	省际流出	省际流入	总流出	总流入	净值	2017年 部门数	出口	进口	省际流出	省际流入	总流出	总流入	净值
	北京	40					√	√	√	42	√	√	√		√	√		42				√	√	√		42	√	√	√	√	√	√		42	√	√	√	√	√	√	
	天津	40	√	√			√	√	√	42	√	√	√		√	√		42				√	√	√		42	√	√	√	√	√	√		42	√	√	√	√	√	√	
	河北	40					√	√	√	42	√	√	√		√	√		42				√	√	√		42	√	√	√	√	√	√		42	√	√	√	√	√	√	
	山西	40					√	√	√	42	√	√	√		√	√		42				√	√	√		42	√	√	√	√	√	√		42	√	√	√	√	√	√	
	内蒙古	40					√	√	√	42	√	√	√		√	√		42				√	√	√		42	√	√	√	√	√	√		42	√	√	√	√	√	√	
	辽宁	40					√	√	√	42	√	√	√	√	√	√		42				√	√	√		42	√	√	√	√	√	√		42	√	√	√	√	√	√	
	吉林	40					√	√	√	42	√	√	√		√	√		42				√	√	√		42	√	√	√	√	√	√		42	√	√	√	√	√	√	
	黑龙江	40					√	√	√	42	√	√	√		√	√	√	42				√	√	√		42	√	√	√	√	√	√		42	√	√	√	√	√	√	
	上海	40	√	√			√	√	√	42	√	√	√		√	√		42				√	√	√		42	√	√	√	√	√	√		42	√	√	√	√	√	√	
	江苏	40					√	√	√	42	√	√	√		√	√		42				√	√	√		42	√	√	√	√	√	√		42	√	√	√	√	√	√	
	浙江	40					√	√	√	42	√	√	√		√	√		42				√	√	√		42	√	√	√	√	√	√		42	√	√	√	√	√	√	
	安徽	40					√	√	√	42	√	√	√		√	√	√	42				√	√	√		42	√	√	√	√	√	√		42	√	√	√	√	√	√	
	福建	40					√	√	√	42	√	√	√		√	√		42				√	√	√		42	√	√	√	√	√	√		42	√	√	√	√	√	√	
	江西	40					√	√	√	42	√	√	√		√	√		42				√	√	√		42	√	√	√	√	√	√		42	√	√	√	√	√	√	
	山东	40					√	√	√	42	√	√	√		√	√		42				√	√	√		42	√	√	√	√	√	√		42	√	√	√	√	√	√	
	河南	40					√	√	√	42	√	√	√		√	√	√	42				√	√	√		42	√	√	√	√	√	√		42	√	√	√	√	√	√	
	湖北	40					√	√	√	42	√	√	√		√	√	√	42				√	√	√		42	√	√	√	√	√	√		42	√	√	√	√	√	√	
	湖南	40					√	√	√	42	√	√	√		√	√		42				√	√	√		42	√	√	√	√	√	√		42	√	√	√	√	√	√	
	广东	40	√	√			—	—	—	42	√	√	√		√	√		42				√	√	√		42	√	√	√	√	√	√		42	√	√	√	√	√	√	
	广西	40	√	√			—	—	—	42	√	√	√		√	√		42				√	√	√		42	√	√	√	√	√	√		42	√	√	√	√	√	√	
	海南	40			—	—	√	√	√	42	√	√	√		√	√		42				√	√	√		42	√	√	√	√	√	√		42	√	√	√	√	√	√	
	重庆	40					√	√	√	42	√	√	√		√	√		42				√	√	√		42	√	√	√	√	√	√		42	√	√	√	√	√	√	
	四川	40					√	√	√	42	√	√	√		√	√		42				√	√	√		42	√	√	√	√	√	√		42	√	√	√	√	√	√	
	贵州	40					√	√	√	42	√	√	√		√	√		42				√	√	√		42	√	√	√	√	√	√		42	√	√	√	√	√	√	
	云南	—	—				√	√	√	—					√	√		—	—	—	—	—	—	—		42	√	√	√	√	√	√		42	√	√	√	√	√	√	
	西藏	40					√	√	√	42					√	√	√	42				√	√	√		42	√	√	√	√	√	√		42	√	√	√	√	√	√	
	陕西	40					√	√	√	42	√	√	√		√	√		42				√	√	√		42	√	√	√	√	√	√		42	√	√	√	√	√	√	
	甘肃	40					√	√	√	42	√	√	√		√	√		42				√	√	√		42	√	√	√	√	√	√		42	√	√	√	√	√	√	
	青海	40	√	√			√	√	√	42	√	√	√		√	√	√	42				√	√	√		42	√	√	√	√	√	√		42	√	√	√	√	√	√	
	宁夏	40					√	√	√	42	√	√	√		√	√		42				√	√	√		42	√	√	√	√	√	√		42	√	√	√	√	√	√	
	新疆	40					√	√	√	42	√	√	√		√	√	√	42				√	√	√		42	√	√	√	√	√	√		42	√	√	√	√	√	√	

注：1997年及以后的数据包含完整的增加值和最终使用细节，因此不再列示增加值和最终使用。"√"表示有完整数据。

资料来源：作者自行整理。

表 1 - 4　　　　　　　　1987～2017 年海关进出口数据基本情况

年份	编码规则	编码位数	省份数目
1987	SITC	6	29
1992	SITC	2（参照 1993 年 4 位码进一步拆分）	29
1997	HS	8	31
2002	HS	8	31
2007	HS	8	31
2012	HS	6	31
2017	HS	8	31

资料来源：作者自行统计。

三、1987～2017 年省际间九类商品的铁路运输数据

本书利用粮食、煤、石油、焦炭、金属矿石、非金属矿石、矿物性建筑材料、钢铁、化肥及农药等九类商品的铁路运输数据以及基于此数据估计的引力方程，作为估计省际贸易流量矩阵的依据。该数据来源于当年《全国铁路统计资料汇编》。

四、2017 年北京与天津、河北省际贸易调查数据

此外，2017 年还有部分区域间贸易调查数据作为补充。为更好地了解区域间贸易状况，当地统计部门做了 2017 年北京与天津、河北两地的贸易统计调查，提供了其规模以上工业企业产品来源与去向数据。具体包含从本地、天津、河北、国内其他省份及国外购进的各农业和工业产品额，以及销往本地、天津、河北、国内其他省份及其他国家的各农业和工业产品额。本书将利用此数据修正北京的省际贸易数据。

第三节　具体编表步骤

各年份编表方式大同小异，本书以 2017 年为例加以说明。编制 2017 年中国省际间投入产出表的基本思路为：以国家统计局编制的 2017 年各省份单区域投入产出表为基础，利用 2017 年海关进出口数据调整各省份的国际贸易和省际贸易数据，并平衡国内省际流入与国内省际流出；在此基础上，进一步利用铁路货运数据估计省际贸易流量矩阵，并使之与各省份各部门的省际贸易数据总量相吻合；最后，借助比例性假定构建 2017 年中国省际间投入产出表。

一、调整四列贸易数据

原始单区域投入产出表中的贸易数据存在"集散地贸易"的现象，数据上反映为"出口＋国内省外流出＞总产出"。因此，需要首先针对这一问题做初步调整。首先，将海关数据与投入产出表的 42 个部门相匹配，得到 31 个省（区市）的分部门进出口数据。用匹配后的海关进出口数据替换各省份原始投入产出表中相应的国际贸易数据。建筑业、服务业各

部门不在海关数据统计范围内，因而保留原值。其次，依据"集散地效应"下进出口和省际贸易的数据关系特征以及海关进出口数据与原始表进出口数据的相对关系调整省际贸易，具体原理、方法和调整对数据带来的影响如表 1－5 所示。最后，上述调整之后，省际贸易可能会出现负值。遇此情况时，将省际贸易中出现的负值调整为零。

表 1－5　　　　　　　　　　"集散地效应"处理方法

	问题	识别方法	无法识别的部分	针对可识别部分的调整方法	对地区生产总值的影响（等价于是否打破了原表的平衡）	对区域贸易总量的影响
集散地问题	国内贸易集散地			省际流出和省际流入同时减小一个相同的量，这个量取"省际流出—总产出"和"省际流入—本地需求"中较小的量（以避免调整后出现负值的现象）	理论上无影响，但由于减小流入后可能出现负值，将负值置零后将使地区生产总值减小	流入和流出总量减小
	出口集散地	部分地识别：经营地出口（海关）＞货源地出口	海关统计上的确是货源地，但货物并非生产于本省份	同时减小出口和流入，调整量为货源地出口与经营地出口之间的差值；增大相关省份的出口，同时减小其流出	理论上无影响，但由于减小流入和流出后可能出现负值，将负值置零后将改变地区生产总值	理论上，全国出口总量不变
	进口集散地	部分地识别：经营地进口（海关）＞目的地进口	海关统计上的确是目的地，但并不是用于满足本地需求	同时减小进口和流出，调整量为目的地进口与经营地进口之间的差值；增大相关省份的进口，同时其流入减小相同的量	理论上无影响，但由于减小流入和流出后可能出现负值，将负值置零后将改变地区生产总值	理论上，全国进口总量不变

二、平衡省际贸易数据

经过上述调整后的贸易数据虽然初步消除了"集散地效应"，但由于各省份分别进行估算，各部门国内省际流入的省份间加总与国内省际流出不相等。然而从理论上讲，两者应该相等。为了解决这一问题，需要对初步估计后的数据做进一步的调整。我们调整的原则是尽量保留各省份原始投入产出表中的信息。然而，正如我们在前述所解释的，由于 2017 年各省份原始投入产出数据的特殊性，我们将中间流量矩阵也纳入调整对象中。进而，为保持投入产出表的平衡，也将对增加值矩阵做出改变。对省际贸易平衡的调整主要包括两个步骤：首先，对所有省份、所有部门的投入产出表最终使用象限及中间使用合计进行平衡；其次，根据平衡后的中间投入总量调整中间投入矩阵和增加值矩阵。

（一）平衡省份投入产出数据

首先对各省份利用海关进出口调整后的投入产出表进行整体平衡。模型所包含的调整项包括中间使用合计、消费（含农村居民消费、城镇居民消费、政府消费）、资本形成（固定资本形成总额、存货变动）、出口、国内省际流出、进口及国内省际流入。对所有省份和部门同时调整，以最小交叉熵模型为基础构建模型如下：

$$\min\left(\sum_i^{42}\sum_j^{7}\sum_k^{31}h_{ijk}(\ln h_{ijk}-\ln\bar{h}_{ijk})\right)$$

$$\text{s. t.}\begin{cases} H_k \cdot q_{ctrlk} + fu202_k + pex_k - pim_k + r_k = x_k & (1) \\[4pt] \sum_i h_{ijk} = 1 & (2) \\[4pt] 0 \leq h_{ijk} \leq 1 & (3) \\[4pt] |r_k| \leq 0.05 \cdot x_k & (4) \\[4pt] |fu202_k| \leq 0.1 \cdot x_k & (5) \\[4pt] ex_k + pex_k \leq x_k & (6) \\[4pt] 0.5 \cdot outr \leq (x_1)^{-1} \cdot (ex_1 + per_1) \leq 1.5 \cdot outr & (7) \\[4pt] pex_i - pim_i = 0 & (8) \end{cases} \quad (1-6)$$

其中，矩阵 H 为待调整矩阵 Q 的按列归一化，其元素 $h_{ijk} = q_{ijk} / \sum_i q_{ijk}$；$\bar{h}_{ijk}$ 为 h_{ijk} 的初始值；Q 是对应于某部门的一个 31×7 维的矩阵 [31 为省（区市）数目，7 为待调整项数目，包括中间使用合计、农村居民消费、城镇居民消费、政府消费、固定资本形成总额、出口和进口]；Q 的初始值取上一小节中利用海关数据调整后的各省投入产出数据（记为 IO_{ini}）中对应部门的值。q_{ctrl} 是待调整矩阵 Q 的列和约束；其中，各省份总进口和总出口分别用国家表进出口总量做等比例调整，其他项的列约束取 IO_{ini} 中的原值的列和。约束条件（1）是对行平衡的约束，其中，$fu202$、pex、pim、r 和 x 分别代表存货变动、国内省外流出、国内省外流入、误差项和总产出。约束条件（2）～约束条件（5）是对各变量变动范围的约束。约束条件（6）是对各省份、各部门不存在"转口贸易"的约束。约束条件（7）则进一步限定了北京市各部门产品流出率的变动范围，其中，$outr$ 是根据北京与津冀两地的贸易调查数据计算得来的。约束条件（8）则是对省际贸易平衡的约束，即各部门的国内省际流出总和应等于相应的国内省际流入总和。

（二）平衡中间使用矩阵和增加值矩阵

在上述调整的基础上，我们在平衡后的中间使用合计的约束下，重新逐省份平衡中间使用矩阵和增加值矩阵。与 2012 年不同的是，由于上一步平衡中未改变各省份中间使用合计列和，因而无须对各省份增加值总量进行重新调整。同样以最小交叉熵模型为基础，构建单省份平衡模型如下：

$$\min \left(\sum_{i}^{46} \sum_{j}^{42} h_{ij} (\ln h_{ij} - \ln \bar{h}_{ij}) \right)$$

$$\text{s. t.}\begin{cases} H \cdot x = (tz, v)^T & (1) \\[4pt] \sum_i h_{ij} = 1 & (2) \\[4pt] 0 \leq h_{ij} \leq 1 & (3) \\[4pt] 0.9 \cdot vr \leq \sum_{i=43}^{46} h_{ij} \leq 1.1 \cdot vr & (4) \end{cases} \quad (1-7)$$

式（1-7）中，矩阵 H 为待调整矩阵 Q 的按列归一化，其元素 $h_{ij} = q_{ij} / \sum_i q_{ij}$；$\bar{h}_{ij}(\bar{H})$ 为 $h_{ij}(H)$ 的初始值；Q 是对应于某个省份的一个 46×42 维的矩阵，（46 为部门数目与增加值分项数目之和，42 为部门数目）；Q 的初始值取原始投入产出表（IO_{ori}）中相应的数值；

H 与总产出列向量 x 的乘积则为中间使用矩阵及增加值矩阵的行和，该行和应与上一步平衡中所得中间使用合计列（tz）以及收入法 GDP 各项（v）相等。约束条件（2）和约束条件（3）是对 h_{ij} 列和及变化范围的约束。约束条件（4）则是对各部门增加值率变化范围的约束，其中，vr 是根据原始投入产出表（IO_{ori}）得出的增加值率。

至此，我们完成了省际贸易的平衡以及与此相适应的中间使用矩阵和增加值矩阵的调整，得到了各省份省际贸易平衡的投入产出表。

三、估计九种商品的引力模型

根据中华人民共和国铁道部公布的统计数据，可以获取 2017 年粮食、煤、石油、焦炭、金属矿石、非金属矿石、矿物性建筑材料、钢铁、化肥及农药等九类商品的省际铁路运输实物量。利用引力模型可以得出影响这九类商品贸易流量的主要影响因素，估计出其引力方程。然后依据产品的相似性，估算产品性质类似部门的省际贸易流量。

式（1-1）已经给出本书所采用的引力模型的方程形式。我们采用截面数据来估计各种产品的引力方程，根据中国省域数据的特征，估计引力模型所采用的数据如下。

（1）某产品的区域间贸易流量——采用中国铁路行政区域间货物运输数据。

（2）某地区、某部门对国内市场的产品总供给及总需求——利用前述所得各省份投入产出表中对应部门的数据（对应规则见表 1-6）进行计算，方法如下。

对国内市场的总供给 = 总产出 - 出口

对国内市场的总需求 = 中间使用 + 最终消费 + 资本形成 - 进口

（3）某地区地区生产总值占国内生产总值的比重——利用国家统计局网站相应数据计算。

（4）地区之间的距离——采用省会城市之间的铁路运输最短距离，此处使用了 2007 年的数据。这一方面是由于数据限制，另一方面也有其现实的合理性。虽然 2007 年以来，我国铁路建设发展迅速，但在这期间新增铁路里程多为客运，对于货运里程影响不大。

估计出九种商品的引力方程如表 1-6 所示，从表 1-6 中的数据可以看到，粮食和焦炭两种商品的估计方程的 $R^2 < 0.1$，故舍弃不用。事实上，在后续初始贸易矩阵的估计中，与粮食和焦炭相对应的"食品和烟草""石油、炼焦产品和核燃料加工品"两个部门均直接采用了铁路货物运输矩阵为初始矩阵，故这两种商品的引力方程估计也并未实际应用于估计。

表 1-6 　　　　　　　　　　　　**九种商品的引力方程估计结果**

商品种类	对应投入产出部门	引力方程的估计	R^2
粮食	农林牧渔产品和服务	$\ln \bar{f}_{s,r}^{k} = -11.49 + 0.56\ln SP_s^k + 0.77\ln DM_r^k - 0.32\ln GS_s - 0.5\ln GS_r$ $(-3.87^{***})(3.52^{***})\quad(4.02^{***})(-1.97^{***})(-2.52^{***})$	0.09
煤	煤炭采选产品	$\ln \bar{f}_{s,r}^{k} = 12.63 + 0.38\ln SP_s^k + 0.43\ln GS_r - 1.62\ln d_{s,r}$ $(5.48^{***})\quad(5.41^{***})\quad(1.81^{*})\quad(-7.10^{***})$	0.25
石油	石油和天然气开采产品	$\ln \bar{f}_{s,r}^{k} = 6.54 + 0.04\ln SP_s^k - 0.77\ln d_{s,r}$ $(6.41^{***})(2.00^{**})\quad(-5.68^{***})$	0.16
焦炭	石油、炼焦产品和核燃料加工品	$\ln \bar{f}_{s,r}^{k} = -0.46\ln d_{s,r}$ (-2.35^{**})	0.07
金属矿石	金属矿采选产品	$\ln \bar{f}_{s,r}^{k} = 10.99 - 0.29\ln SP_s^k + 0.26\ln DM_r^k + 0.84\ln GS_s - 0.45\ln GS_r - 1.06\ln d_{s,r}$ $(4.53^{***})\quad(-2.19^{**})(1.75^{*})(4.94^{***})(-2.02^{**})(-4.88^{***})$	0.26

商品种类	对应投入产出部门	引力方程的估计	R^2
非金属矿石	非金属矿和其他矿采选产品	$\ln \bar{f}_{s,r}^k = 5.88 - 0.82 \ln d_{s,r}$ $(4.39^{***}) \quad (-5.92^{***})$	0.18
矿物性建筑材料	非金属矿物制品	$\ln \bar{f}_{s,r}^k = -0.73 \ln d_{s,r}$ (-4.96^{**})	0.13
钢铁	金属冶炼和压延加工品	$\ln \bar{f}_{s,r}^k = 6.92 + 0.21 \ln SP_s^k - 0.19 \ln GS_s - 0.99 \ln d_{s,r}$ $(5.86^{***}) \quad (2.4^{**}) \quad (-1.92^*) \quad (-9.51^{***})$	0.17
化肥及农药	化学产品	$\ln \bar{f}_{s,r}^k = -0.52 \ln SP_s^k + 0.3 \ln DM_r^k + 0.4 \ln GS_s$ $(-4.17^{***}) \quad (1.68^*) \quad (2.53^{**})$	0.12

注：各估计系数下方括号内为 T 统计值；*、**、*** 分别表示在 10%、5%、1% 水平上显著。

四、初步估计省际贸易流量

对省际贸易流量的初步估计有三种途径，我们针对不同部门采取不同的估计方法。第一种途径是直接以铁路货运量结构作为初始矩阵，这种途径用于可直接与铁路运输货物相匹配的部门（见表 1 - 6）。估计方法为：

$$\bar{f}_{s,r}^k = pim_r^k \frac{tr_{s,r}^k}{\sum_i tr_{i,r}^k} \qquad (1-8)$$

其中，pim_r^k 表示地区 r 部门 k 的国内省外流入，取自平衡省际贸易后的投入产出表；$tr_{s,r}^k$ 表示地区 s 向地区 r 通过铁路运输输入的产品 k 的量；相应地，$tr_{i,r}^k$ 则表示地区 r 通过铁路运输从其他所有地区调入的产品 k 的量。

第二种途径是依照商品的相似性，利用上述九种商品的引力方程估算无铁路运输货物直接匹配的采矿及制造业部门的省际贸易流量（见表 1 - 7）。

表 1 - 7 　　　　　　　　　铁路运输商品与投入产出部门对照关系表

商品种类	对应投入产出部门	商品种类	对应投入产出部门
粮食	食品和烟草	矿物性建筑材料	纺织品 纺织服装鞋帽皮革羽绒及其制品 木材加工品和家具 造纸印刷和文教体育用品 其他制造产品 废品废料 金属制品、机械和设备修理服务
煤	煤炭采选产品		
石油	石油和天然气开采产品	钢铁	金属冶炼和压延加工品 金属制品 通用设备 专用设备 交通运输设备 电气机械和器材 通信设备、计算机和其他电子设备 仪器仪表
焦炭	石油、炼焦产品和核燃料加工品		
金属矿石	金属矿采选产品		
非金属矿石	非金属矿和其他矿采选产品	化肥及农药	化学产品

注：表中对应投入产出部门栏的第一个部门为与铁路运输商品直接对应的部门。

第三种途径是直接利用各省份的国内省际流入流出数据进行估计，这主要是针对其余的那些同铁路运输商品之间既不直接对应又不具有相似性的、且产品性质较为特殊的部门，包括建筑业、电、气、水和服务业。这一估计方法的基本思想是将某省区某部门产品的国内省际流出总量，按照一定的比例向其他各省份分配，这一分配比例采用其他各省份该部门产品的国内省际流入占全国该部门产品的国内省际流入累计值的比重。如部门 k 的初始贸易流量矩阵计算公式如下：

$$\bar{f}_{s,r}^{k} = pex_{s}^{k} \frac{pim_{r}^{k}}{\sum_{i} pim_{i}^{k}} (s \neq r) \tag{1-9}$$

式（1-9）中，pex_{s}^{k} 表示地区 s 部门 k 的国内省际流出，pim_{r}^{k} 则表示地区 r 部门 k 的国内省际流入。

五、最终平衡省际贸易流量

得到上述初始的省间贸易流量矩阵后，我们以第二步中估得的省际贸易数据（国内省际流入、国内省际流出）为约束，再次利用交叉熵模型进行调整，使得省际贸易流量矩阵的行（列）和与相应地区、相应部门的国内省际流出（入）相等，从而获得最终省际贸易流量矩阵。我们采用逐部门调整的方法，以下是第 k 部门的模型，其他部门与之类似。

$$\min \left(\sum_{s} \sum_{r} h_{s,r}^{k} (\ln h_{s,r}^{k} - \ln \bar{h}_{s,r}^{k}) \right)$$
$$\text{s. t.} \begin{cases} H^{k} pim^{k} = pex^{k} \\ \sum_{s} h_{s,r}^{k} = 1 \\ 0 \leq h_{s,r}^{k} \leq 1 \end{cases} \tag{1-10}$$

其中，$\bar{h}_{s,r}^{k} = \bar{f}_{s,r}^{k} / \sum_{s} \bar{f}_{s,r}^{k}$，是 $h_{s,r}^{k}$ 的初始值；pim^{k}、pex^{k} 分别表示部门 k 的国内省际流入向量和国内省际流出向量。

通过上述一系列工作，我们最终得到中国 2017 年 31 省（区市）之间的贸易流量数据，图 1-1 给出估算所得的部门 k 的省际贸易流量示意图。

地区	北京	天津	河北	…	新疆	总流出
北京	—	$f_{1,2}^{k}$	$f_{1,3}^{k}$	…	$f_{1,31}^{k}$	pex_{1}^{k}
天津	$f_{2,1}^{k}$	—	$f_{2,3}^{k}$	…	$f_{2,31}^{k}$	pex_{2}^{k}
河北	$f_{3,1}^{k}$	$f_{3,2}^{k}$	—	…	$f_{3,31}^{k}$	pex_{3}^{k}
⋮	⋮	⋮	⋮	⋱	⋮	⋮
新疆	$f_{31,1}^{k}$	$f_{31,2}^{k}$	$f_{31,3}^{k}$	…	—	pex_{31}^{k}
总流入	pim_{1}^{k}	pim_{2}^{k}	pim_{3}^{k}	…	pim_{31}^{k}	—

图 1-1 部门 k 的省际贸易流量示意图

六、构建省际间投入产出模型

进一步在前述工作的基础上，将进口和国内省际流入分解到更具体的部门和省份，从而将各省份投入产出表中的中间使用和最终使用区分为本地、国内省际流入和国际进口。即要厘清省份 s 到省份 r 的 k 部门产品的贸易流量（f_k^r）在流入省份 r 的各部门和最终需求间是如何分配的。这里采用比例性假定，即假设对于流入省份的每个部门和最终需求，国内省际流入和国际进口的某产品在每个部门和最终需对该产品的使用总量中的占比与该省份所流入（进口）的该产品在该省份对该产品的总使用量中所占的比例相同。在此假设下，首先根据无转口贸易的原则，计算每个省份对每个产品的使用总量中国内省际流入和国际进口的份额，如式（1-11）和式（1-12）所示。

$$\alpha_k^{s,r} = \frac{pim_k^{s,r}}{z_k^r + y_k^r} \tag{1-11}$$

$$\alpha_k^{g,r} = \frac{im_k^r}{z_k^r + y_k^r} \tag{1-12}$$

其中，$\alpha_k^{s,r}$ 表示从省份 s 流入省份 r 的 k 部门产品（$pim_k^{s,r}$）在省份 r 的中间使用和最终需求所使用的 k 部门产品中所占的比例。$\alpha_k^{g,r}$ 则表示省份 r 所进口的 k 部门产品（im_k^r）在省份 r 的中间使用和最终需求所使用的 k 部门产品中所占的比例。z_k^r 表示省份 r 对 k 部门产品的中间使用。y_k^r 表示省份 r 对 k 部门产品的最终需求，根据无转口贸易的假定，y_k^r 不包含出口和省际调出。

然后使用上述份额，利用式（1-13）和式（1-14）分别将中间使用和最终需求按照产品来源分解为本地、国内省际流入和国际进口。

$$\boldsymbol{Z}^{s,r} = \mathrm{diag}(\boldsymbol{\alpha}^{s,r})\,\boldsymbol{Z}^r,\ \boldsymbol{Z}^{m,r} = \mathrm{diag}(\boldsymbol{\alpha}^{m,r})\,\boldsymbol{Z}^r,\ \boldsymbol{Z}^{r,r} = \boldsymbol{Z}^r - \sum_s \boldsymbol{Z}^{s,r} - \boldsymbol{Z}^{m,r} \tag{1-13}$$

$$\boldsymbol{Y}^{s,r} = \mathrm{diag}(\boldsymbol{\alpha}^{s,r})\,\boldsymbol{Y}^r,\ \boldsymbol{Y}^{m,r} = \mathrm{diag}(\boldsymbol{\alpha}^{m,r})\,\boldsymbol{Y}^r,\ \boldsymbol{Y}^{r,r} = \boldsymbol{Y}^r - \sum_s \boldsymbol{Y}^{s,r} - \boldsymbol{Y}^{m,r} \tag{1-14}$$

其中，$\boldsymbol{Z}^{s,r}$，$\boldsymbol{Z}^{m,r}$ 和 $\boldsymbol{Z}^{r,r}$ 分别代表中间使用来源于国内其他省份（国内省际流入）、境外其他国家和地区（进口）和本省份（本地）的部分；$\boldsymbol{Y}^{s,r}$，$\boldsymbol{Y}^{m,r}$ 和 $\boldsymbol{Y}^{r,r}$ 则分别代表最终需求来源于国内其他省份（国内省际流入）、境外其他国家和地区（进口）和本省份（本地）的部分。$\mathrm{diag}(\boldsymbol{\alpha}^{s,r})$ 和 $\mathrm{diag}(\boldsymbol{\alpha}^{m,r})$ 分别为 $\boldsymbol{\alpha}^{s,r}$ 和 $\boldsymbol{\alpha}^{m,r}$ 的对角矩阵。$\boldsymbol{Z}^r$ 和 $\boldsymbol{Y}^r$ 代表省份 r 的中间使用和最终需求（不含出口和省际调出）。至此，得到了 2017 年中国省际间投入产出模型。

第四节　省际间投入产出表构建结果

本书研究构建的 1987~2017 年中国省际间投入产出表的基本表式如图 1-2 所示。包括中间投入、增加值、最终使用、进出口以及总产出（总投入）等主要变量。1987~2017 年所涵盖变量、区域数目、部门数据的情况如表 1-8 所示。

由于篇幅限制，本书正文部分仅呈现 1987 年 8 个部门的省际间投入产出模型（见表 1-11 和表 1-12），这两个年份的模型以往未以任何形式出版。两个模型的价格均为当年生产者价格，单位均为百万元。部门对应关系如表 1-9 所示，地区和部门名称代码的含义如

表 1 – 10 所示。1987~2017 年部门划分更加详细的中国省际间投入产出表请见书后二维码。

投入＼产出		中间使用 省份1 部门1	⋯ 部门m	⋯	省份n 部门1	⋯ 部门m	⋯	最终使用 省份1 消费	资本形成	⋯	省份n 消费	资本形成	出口	总产出/进口
中间投入 省份1	部门1	$z^{1,1}_{1,1}$	⋯ $z^{1,1}_{1,m}$	⋯	$z^{1,n}_{1,1}$	⋯ $z^{1,n}_{1,m}$	⋯	$y^{1,1}_{1,I}$	$y^{1,1}_{1,II}$	⋯	$y^{1,n}_{1,I}$	$y^{1,n}_{1,II}$	$y^{1}_{1,III}$	x^1_1
	⋮ 部门m	$z^{1,1}_{m,1}$	⋯ $z^{1,1}_{m,m}$	⋯	$z^{1,n}_{m,1}$	⋯ $z^{1,n}_{m,m}$	⋯	$y^{1,1}_{m,I}$	$y^{1,1}_{m,II}$	⋯	$y^{1,n}_{m,I}$	$y^{1,n}_{m,II}$	$y^{1}_{m,III}$	x^1_m
中间投入 省份n	部门1	$z^{n,1}_{1,1}$	⋯ $z^{n,1}_{1,m}$	⋯	$z^{n,n}_{1,1}$	⋯ $z^{n,n}_{1,m}$	⋯	$y^{n,1}_{1,I}$	$y^{n,1}_{1,II}$	⋯	$y^{n,n}_{1,I}$	$y^{n,n}_{1,II}$	$y^{n}_{1,III}$	x^n_1
	⋮ 部门m	$z^{n,1}_{m,1}$	⋯ $z^{n,1}_{m,m}$	⋯	$z^{n,n}_{m,1}$	⋯ $z^{n,n}_{m,m}$	⋯	$y^{n,1}_{m,I}$	$y^{n,1}_{m,II}$	⋯	$y^{n,n}_{m,I}$	$y^{n,n}_{m,II}$	$y^{n}_{m,III}$	x^n_m
进口	部门1	$z^{n+1,1}_{1,1}$	⋯ $z^{n+1,1}_{1,m}$	⋯	$z^{n+1,n}_{1,1}$	⋯ $z^{n+1,n}_{1,m}$	⋯	$y^{n+1,1}_{1,I}$	$y^{n+1,1}_{1,II}$	⋯	$y^{n+1,n}_{1,I}$	$y^{n+1,n}_{1,II}$	0	im_1
	⋮ 部门m	$z^{n+1,1}_{m,1}$	⋯ $z^{n+1,1}_{m,m}$	⋯	$z^{n+1,n}_{m,1}$	⋯ $z^{n+1,n}_{m,m}$	⋯	$y^{n+1,1}_{m,I}$	$y^{n+1,1}_{m,III}$	⋯	$y^{n+1,n}_{m,I}$	$y^{n+1,n}_{m,II}$	0	im_m
增加值		v^1_1	⋯ v^1_m	⋯	v^n_1	⋯ v^n_m								
总投入		x^1_1	⋯ x^1_m	⋯	x^n_1	⋯ x^n_m								

图 1 – 2　中国省际间投入产出表示意图

表 1 – 8　　　　　　　1987~2017 年中国省际间投入产出模型基本情况

年份	地区数量	部门数量	增加值	最终使用
1987	28	33	增加值合计	居民消费、政府消费、固定资本形成、存货变动
1992	29	33	固定资产折旧、劳动者报酬、福利基金、利润和税金、其他	农村居民消费、城镇居民消费、政府消费、固定资本形成、存货变动
1997	30	40	劳动者报酬、固定资产折旧、生产税净额、营业盈余	农村居民消费、城镇居民消费、政府消费、固定资本形成、存货变动
2002	30	42	劳动者报酬、固定资产折旧、生产税净额、营业盈余	农村居民消费、城镇居民消费、政府消费、固定资本形成、存货变动
2007	30	42	劳动者报酬、固定资产折旧、生产税净额、营业盈余	农村居民消费、城镇居民消费、政府消费、固定资本形成、存货变动
2012	31	42	劳动者报酬、固定资产折旧、生产税净额、营业盈余	农村居民消费、城镇居民消费、政府消费、固定资本形成、存货变动
2017	31	42	劳动者报酬、固定资产折旧、生产税净额、营业盈余	农村居民消费、城镇居民消费、政府消费、固定资本形成、存货变动

注：虽然 2002~2017 各年部门数量相同，但划分方式有区别。本书均遵照当年国家统计局所发布的地区投入产出表的部门分类方式。

表 1 - 9　　　　　　　　　　**1987 年和 1992 年部门对应关系**

序号	部门名称	序号	部门名称
1	农林牧渔产品	1	农业
2	采掘产品	2	煤炭采选业
		3	石油和天然气开采业
		4	金属矿采选业
		5	其他非金属矿采选业
3	劳动密集型产品	6	食品制造业
		7	纺织业
		8	缝纫及皮革制品业
		9	木材加工及家具制造业
		10	造纸及文教用品制造业
6	电力、热力、燃气和水的生产和供应	11	电力及蒸汽、热水生产和供应业
4	资本密集型产品	12	石油加工业
		13	炼焦业、煤气及煤制品业
		14	化学工业
		15	建筑及其他非金属矿制品业
		16	金属冶炼及压延加工业
		17	金属制品业
5	技术密集型产品	18	机械工业
		19	交通运输设备制造业
		20	电气机械及器材制造业
		21	电子及通信设备制造业
		22	仪器仪表及其他计量
		23	机械设备修理业
3	劳动密集型产品	24	其他工业
7	建筑	25	建筑业
8	服务业	26	货运邮电业
		27	商业
		28	饮食业
		29	旅客运输业
		30	公用事业及居民服务业
		31	文教卫生科研事业
		32	金融保险业
		33	行政机关

表 1 - 10　　　　　　　　　地区和部门名称代码含义

代码	含义	代码	含义
BJ	北京	C1	农林牧渔产品
TJ	天津	C2	采掘产品
HE	河北	C3	劳动密集型产品
SX	山西	C4	资本密集型产品
IM	内蒙古	C5	技术密集型产品
LN	辽宁	C6	电力、热力、燃气和水的生产和供应
JL	吉林	C7	建筑
HL	黑龙江	C8	服务业
SH	上海	FU1	居民消费
JS	江苏	FU101	农村居民消费
ZJ	浙江	FU102	城镇居民消费
AH	安徽	FU103	政府消费
FJ	福建	FU201	固定资本形成总额
JX	江西	FU202	存货变动
SD	山东	IM	进口
HA	河南	EX	出口
HB	湖北	VA001	劳动者报酬
HN	湖南	VA002	生产税净额
GD	广东	VA003	固定资产折旧
GX	广西	VA004	营业盈余
HI	海南	TVA	增加值合计
CQ	重庆	TII	中间使用合计
SC	四川	TIU	中间使用合计
GZ	贵州	TFU	最终使用合计
YN	云南	TI	总投入
TB	西藏	TO	总产出
SN	陕西		
GS	甘肃		
QH	青海		
NX	宁夏		
XJ	新疆		

表 1 – 11　　　　1987 年中国省际间投入产出表（8 部门）

省份	部门	BJ	BJ	BJ	BJ	BJ	BJ	BJ	BJ	TJ	TJ	TJ	TJ	TJ	TJ	TJ	TJ	HE	HE	HE	HE
		C1	C2	C3	C4	C5	C6	C7	C8	C1	C2	C3	C4	C5	C6	C7	C8	C1	C2	C3	C4
BJ	C1	103	0	954	68	1	0	1	50	0	0	0	0	0	0	0	0	1	0	2	0
BJ	C2	19	23	82	227	19	38	82	62	1	0	13	30	5	6	12	9	0	2	1	5
BJ	C3	167	4	2109	227	102	1	152	1219	7	1	314	41	12	0	7	36	4	1	129	18
BJ	C4	139	56	879	3052	1486	33	1920	1115	12	3	60	248	83	6	83	65	74	15	48	260
BJ	C5	17	17	85	240	2152	5	676	597	0	2	7	12	112	0	10	16	28	14	11	51
BJ	C6	16	47	107	366	122	4	27	195	0	0	0	0	0	0	0	0	0	0	0	0
BJ	C7	0	0	0	0	0	0	2	0	0	0	0	0	0	0	0	0	0	0	0	0
BJ	C8	242	30	945	875	616	69	620	3467	2	1	15	19	12	1	9	19	5	2	9	16
TJ	C1	2	0	18	1	0	0	0	1	357	1	663	54	7	0	1	65	1	0	2	0
TJ	C2	0	0	1	14	0	0	1	1	2	3	35	456	8	13	64	20	0	0	0	22
TJ	C3	7	0	450	23	5	0	7	49	149	6	1994	403	161	1	108	509	4	0	139	16
TJ	C4	4	2	42	235	172	3	160	59	102	25	474	1316	441	119	478	769	101	27	89	562
TJ	C5	0	0	1	2	22	0	8	3	10	33	83	189	1488	5	163	430	13	12	9	32
TJ	C6	0	0	0	0	0	0	0	0	23	33	87	262	67	3	8	144	0	0	0	0
TJ	C7	0	0	0	0	0	0	0	0	0	0	0	0	0	0	0	0	0	0	0	0
TJ	C8	5	1	25	24	12	2	19	34	66	25	548	615	518	25	215	1319	7	3	11	22
HE	C1	6	0	57	4	0	0	0	3	0	0	0	0	0	0	0	0	2414	2	3658	302
HE	C2	4	5	28	238	12	49	13	26	1	1	21	113	8	9	25	14	6	703	90	1266
HE	C3	10	0	117	7	2	0	3	31	6	0	80	12	3	0	1	14	194	46	6121	920
HE	C4	4	2	27	142	93	2	186	58	29	6	84	406	167	3	409	136	1095	360	1020	6924
HE	C5	0	0	0	1	11	0	4	2	1	2	6	11	49	0	6	26	153	150	115	393
HE	C6	2	6	14	49	16	1	4	26	6	8	21	63	16	1	2	35	41	346	271	745
HE	C7	0	0	0	0	0	0	0	0	0	0	0	0	0	0	0	0	0	0	0	0
HE	C8	3	0	16	16	8	1	13	23	2	1	15	20	12	1	9	19	524	1065	1175	2093
SX	C1	1	0	7	0	0	0	0	0	0	0	0	0	0	0	0	0	1	0	1	0
SX	C2	2	2	20	102	11	51	5	22	0	0	12	32	6	7	2	9	2	163	14	210
SX	C3	2	0	20	1	0	0	0	0	0	0	14	3	1	0	0	5	2	0	51	7
SX	C4	1	1	8	30	16	0	12	5	3	1	19	63	19	0	7	11	28	7	24	219
SX	C5	0	0	0	0	3	0	1	0	0	0	1	2	17	0	2	3	4	3	3	8
SX	C6	0	1	3	12	4	0	1	6	1	2	4	13	3	0	0	7	3	30	23	64
SX	C7	0	0	0	0	0	0	0	0	0	0	0	0	0	0	0	0	0	0	0	0
SX	C8	3	0	10	12	6	1	9	18	2	0	11	16	8	1	8	13	3	2	6	14
IM	C1	1	0	12	1	0	0	0	1	0	0	0	0	0	0	0	0	1	0	2	0
IM	C2	3	3	12	30	3	8	11	10	2	1	21	47	5	5	40	14	0	23	15	58
IM	C3	2	0	26	2	1	0	4	8	2	0	19	4	2	0	1	6	1	0	14	2
IM	C4	1	1	9	47	36	0	21	5	1	1	9	109	41	0	18	6	1	2	5	87
IM	C5	0	0	0	0	0	1	0	0	0	0	1	2	19	0	2	3	1	1	1	2
IM	C6	0	0	0	0	0	0	0	0	0	0	0	0	0	0	0	0	0	0	0	0
IM	C7	0	0	0	0	0	0	0	0	0	0	0	0	0	0	0	0	0	0	0	0
IM	C8	2	0	10	9	5	0	7	13	1	0	10	12	7	1	5	9	4	1	7	12
LN	C1	0	0	2	0	0	0	0	1	0	0	0	0	0	0	0	0	0	0	0	0
LN	C2	0	0	1	14	1	2	0	1	0	3	50	1	2	3	2	0	0	0	0	17
LN	C3	0	0	2	0	0	0	0	0	0	1	0	0	0	0	0	0	0	0	0	0
LN	C4	2	1	21	117	80	2	56	42	8	4	69	649	240	4	119	56	90	28	74	647
LN	C5	0	0	0	1	9	0	3	1	0	1	4	8	57	0	6	8	11	11	8	30
LN	C6	1	2	4	13	4	0	1	7	1	2	5	14	4	0	0	8	4	33	26	70
LN	C7	0	0	0	0	0	0	0	0	0	0	0	0	0	0	0	0	0	0	0	0
LN	C8	3	0	17	15	8	1	12	21	2	0	15	18	11	1	8	16	5	2	9	16
JL	C1	4	0	41	3	0	0	0	2	0	0	0	0	0	0	0	0	36	0	54	4
JL	C2	1	2	5	12	1	2	6	4	1	0	15	42	3	3	30	10	0	15	10	39
JL	C3	3	0	17	2	2	0	7	9	3	0	14	4	2	0	2	7	1	1	33	10
JL	C4	1	0	7	27	13	0	14	9	1	0	25	78	24	1	16	19	26	4	20	88
JL	C5	0	0	0	0	0	1	0	0	0	1	3	5	30	0	3	8	17	7	6	27
JL	C6	0	0	0	0	0	0	0	0	0	0	0	0	0	0	0	0	0	0	0	0
JL	C7	0	0	0	0	0	0	0	0	0	0	0	0	0	0	0	0	0	0	0	0
JL	C8	0	0	2	1	1	0	1	2	0	0	3	3	2	0	1	2	2	0	3	3
HL	C1	0	0	0	0	0	0	0	0	0	0	0	0	0	0	0	0	0	0	0	0
HL	C2	2	2	16	404	3	8	8	7	2	1	30	103	7	7	58	20	1	36	24	161

续表

省份	部门	BJ C1	BJ C2	BJ C3	BJ C4	BJ C5	BJ C6	BJ C7	BJ C8	TJ C1	TJ C2	TJ C3	TJ C4	TJ C5	TJ C6	TJ C7	TJ C8	HE C1	HE C2	HE C3	HE C4
HL	C3	0	0	7	1	2	0	8	3	0	0	5	1	2	0	2	3	2	2	40	15
HL	C4	1	1	8	37	19	1	11	21	3	1	19	90	29	3	11	20	25	6	14	86
HL	C5	0	0	0	0	5	0	2	1	0	0	1	2	17	0	2	2	2	2	2	6
HL	C6	0	0	0	1	0	0	0	1	0	0	0	1	0	0	0	1	0	0	0	0
HL	C7	0	0	0	0	0	0	0	0	0	0	0	0	0	0	0	0	0	0	0	0
HL	C8	3	0	18	15	8	1	12	21	2	0	15	17	11	1	8	13	5	2	9	17
SH	C1	0	0	1	0	0	0	0	0	0	0	0	0	0	0	0	0	0	0	0	0
SH	C2	0	0	0	0	0	0	0	0	0	0	0	0	0	0	0	0	0	0	0	0
SH	C3	6	0	65	4	1	0	2	19	4	0	134	15	2	0	1	12	4	0	133	12
SH	C4	2	1	11	53	31	1	21	23	8	2	51	262	89	2	40	37	137	26	103	543
SH	C5	0	0	0	0	5	0	2	1	0	0	3	5	40	0	4	6	18	21	15	54
SH	C6	0	0	0	0	0	0	0	0	0	0	0	0	0	0	0	0	0	0	0	0
SH	C7	0	0	0	0	0	0	0	0	0	0	0	0	0	0	0	0	0	0	0	0
SH	C8	13	2	56	64	31	7	49	92	9	2	45	67	35	5	33	56	11	5	18	39
JS	C1	3	0	29	2	0	0	2	0	0	0	0	0	0	0	0	0	24	0	37	3
JS	C2	1	1	4	11	1	3	3	3	0	0	5	14	2	2	7	4	0	6	2	12
JS	C3	8	0	144	8	3	0	6	31	5	0	392	42	7	0	3	26	10	2	350	34
JS	C4	2	1	10	44	22	1	27	23	11	2	51	177	61	2	68	47	133	24	97	429
JS	C5	0	0	0	0	6	0	2	1	3	3	8	16	48	0	6	60	19	20	14	54
JS	C6	0	1	1	4	1	0	0	2	0	1	1	4	1	0	0	2	0	1	1	3
JS	C7	0	0	0	0	0	0	0	0	0	0	0	0	0	0	0	0	0	0	0	0
JS	C8	5	1	27	24	12	2	19	32	3	1	21	25	15	2	12	20	7	3	12	22
ZJ	C1	4	0	36	3	0	0	0	2	0	0	0	0	0	0	0	0	47	0	71	6
ZJ	C2	0	0	1	2	0	0	1	1	0	0	0	2	0	0	1	0	0	1	0	2
ZJ	C3	6	0	64	4	2	0	3	19	4	0	125	15	2	0	1	12	5	1	138	15
ZJ	C4	1	0	7	24	9	1	10	15	6	1	28	76	23	2	19	24	55	10	38	153
ZJ	C5	0	0	0	0	4	0	1	1	0	0	1	2	18	0	2	4	8	8	6	23
ZJ	C6	0	0	0	0	0	0	0	0	0	0	0	0	0	0	0	0	0	0	0	0
ZJ	C7	0	0	0	0	0	0	0	0	0	0	0	0	0	0	0	0	0	0	0	0
ZJ	C8	1	0	4	3	2	0	2	4	1	0	5	5	4	0	2	7	2	1	4	6
AH	C1	5	0	42	3	0	0	0	2	0	0	0	0	0	0	0	0	54	0	82	7
AH	C2	1	1	5	14	2	5	3	4	0	0	7	15	2	3	10	5	0	8	4	16
AH	C3	5	0	35	2	1	0	1	15	4	0	40	6	1	0	0	8	3	0	61	6
AH	C4	1	1	8	36	21	1	16	14	2	1	16	103	36	2	19	16	13	5	12	108
AH	C5	0	0	0	0	0	0	1	0	0	0	1	1	10	0	1	1	1	1	1	3
AH	C6	0	0	1	2	6	2	0	3	1	1	2	6	2	0	0	4	1	5	4	11
AH	C7	0	0	0	0	0	0	0	0	0	0	0	0	0	0	0	0	0	0	0	0
AH	C8	2	0	10	9	4	1	7	12	1	0	10	12	7	1	5	10	4	1	6	12
FJ	C1	3	0	25	2	0	0	1	0	0	0	0	0	0	0	0	0	20	0	31	3
FJ	C2	1	1	2	2	0	0	2	1	0	0	3	5	1	0	7	2	0	3	3	9
FJ	C3	2	0	8	1	1	0	1	6	2	0	7	2	1	0	0	4	1	0	11	2
FJ	C4	0	0	3	8	2	0	1	2	1	0	7	18	4	0	1	4	5	1	4	13
FJ	C5	0	0	0	0	2	0	1	0	0	0	0	0	5	0	0	1	0	0	0	0
FJ	C6	0	0	0	0	0	0	0	0	0	0	0	0	0	0	0	0	0	0	0	0
FJ	C7	0	0	0	0	0	0	0	0	0	0	0	0	0	0	0	0	0	0	0	0
FJ	C8	0	0	1	2	1	0	1	3	0	0	2	3	2	0	1	5	0	1	1	4
JX	C1	2	0	17	1	0	0	0	1	0	0	0	0	0	0	0	0	9	0	13	1
JX	C2	0	1	2	5	0	0	2	1	0	0	2	15	1	0	5	1	0	4	1	7
JX	C3	1	0	9	1	1	0	1	7	1	0	7	1	1	0	0	3	0	0	9	2
JX	C4	1	0	4	19	9	1	7	10	1	0	6	32	10	1	4	8	7	2	4	30
JX	C5	0	0	0	0	1	0	0	0	0	0	1	1	9	0	1	1	1	1	1	2
JX	C6	0	0	0	0	0	0	0	0	0	0	0	0	0	0	0	0	0	0	0	0
JX	C7	0	0	0	0	0	0	0	0	0	0	0	0	0	0	0	0	0	0	0	0
JX	C8	1	0	6	6	3	1	5	9	1	0	7	9	5	1	4	9	3	2	5	10
SD	C1	5	0	50	4	0	0	0	3	0	0	0	0	0	0	0	0	61	0	93	8
SD	C2	1	1	17	594	5	20	1	8	0	1	13	129	7	9	4	9	0	28	2	199
SD	C3	9	0	184	10	2	0	2	35	7	1	498	54	8	0	2	35	14	1	533	50
SD	C4	2	1	12	55	27	2	44	34	12	2	45	167	60	4	104	58	80	20	54	267
SD	C5	0	0	0	1	7	0	2	1	2	3	8	16	68	0	9	43	15	14	10	36

省份	部门	BJ C1	BJ C2	BJ C3	BJ C4	BJ C5	BJ C6	BJ C7	BJ C8	TJ C1	TJ C2	TJ C3	TJ C4	TJ C5	TJ C6	TJ C7	TJ C8	HE C1	HE C2	HE C3	HE C4
SD	C6	0	0	0	0	0	0	0	0	0	0	0	0	0	0	0	0	0	0	0	0
SD	C7	0	0	0	0	0	0	0	0	0	0	0	0	0	0	0	0	0	0	0	0
SD	C8	2	0	11	11	5	1	9	16	2	0	10	13	7	1	6	10	4	2	6	13
HA	C1	8	0	79	6	0	0	0	4	0	0	0	0	0	0	0	0	233	0	354	29
HA	C2	1	1	8	109	4	19	1	8	0	0	6	56	3	4	2	4	0	33	2	106
HA	C3	11	0	111	7	2	0	3	35	6	0	119	15	3	0	1	15	14	1	368	36
HA	C4	2	1	14	69	43	1	69	31	13	3	40	212	84	2	168	62	55	23	55	432
HA	C5	0	0	0	0	5	0	2	1	0	1	3	5	35	0	4	5	14	16	12	39
HA	C6	0	1	1	4	1	0	0	2	0	0	1	4	1	0	0	2	0	1	1	3
HA	C7	0	0	0	0	0	0	0	0	0	0	0	0	0	0	0	0	0	0	0	0
HA	C8	0	0	0	0	0	0	0	0	0	0	0	0	0	0	0	0	0	0	0	0
HB	C1	4	0	38	3	0	0	0	2	0	0	0	0	0	0	0	0	48	0	73	6
HB	C2	1	1	3	8	1	0	4	2	0	0	6	30	1	1	14	4	0	12	7	39
HB	C3	6	0	73	5	2	0	3	21	4	0	95	12	2	0	1	11	5	0	153	14
HB	C4	2	1	12	63	41	2	26	27	3	1	28	233	85	3	39	25	48	19	40	419
HB	C5	0	0	0	0	3	0	1	0	0	0	1	2	16	0	2	2	19	7	6	30
HB	C6	1	2	4	13	4	0	1	7	1	2	5	15	4	0	0	8	5	43	34	94
HB	C7	0	0	0	0	0	0	0	0	0	0	0	0	0	0	0	0	0	0	0	0
HB	C8	4	1	22	20	10	2	16	28	3	1	18	23	14	2	11	19	6	2	10	19
HN	C1	2	0	23	2	0	0	0	1	0	0	0	0	0	0	0	0	16	0	25	2
HN	C2	0	0	1	3	0	1	1	0	0	0	1	2	0	0	1	0	0	1	0	1
HN	C3	2	0	7	1	0	0	0	6	2	0	5	2	0	0	0	3	1	0	8	1
HN	C4	1	0	3	12	6	0	9	8	1	0	2	12	4	1	8	7	2	1	1	12
HN	C5	0	0	0	0	3	0	1	0	0	0	0	1	6	0	0	1	2	1	1	4
HN	C6	0	0	0	0	0	0	0	0	0	0	0	0	0	0	0	0	0	0	0	0
HN	C7	0	0	0	0	0	0	0	0	0	0	0	0	0	0	0	0	0	0	0	0
HN	C8	0	0	4	3	1	0	2	3	0	0	4	4	3	0	2	3	2	1	4	5
GD	C1	2	0	16	1	0	0	0	1	0	0	0	0	0	0	0	0	7	0	10	1
GD	C2	0	0	0	0	0	0	0	0	0	0	0	0	0	0	0	0	0	0	0	0
GD	C3	9	0	26	2	1	0	4	24	5	0	12	4	1	0	1	8	7	1	113	13
GD	C4	1	0	6	21	5	1	8	19	4	1	20	50	15	2	11	20	40	9	24	93
GD	C5	0	0	0	0	6	0	2	1	0	0	0	0	1	0	0	0	7	8	6	25
GD	C6	0	0	0	0	0	0	0	0	0	0	0	0	0	0	0	0	0	0	0	0
GD	C7	0	0	0	0	0	0	0	0	0	0	0	0	0	0	0	0	0	0	0	0
GD	C8	5	1	28	25	12	2	20	34	3	1	26	32	21	2	13	41	7	6	13	23
GX	C1	1	0	5	0	0	0	0	0	0	0	0	0	0	0	0	0	1	0	1	0
GX	C2	0	1	2	5	0	0	2	1	0	0	1	15	0	0	4	1	0	3	1	5
GX	C3	3	0	10	1	0	0	0	9	3	0	7	2	0	0	0	4	1	0	16	1
GX	C4	0	0	3	9	3	0	7	3	1	0	6	14	4	0	8	5	3	1	2	10
GX	C5	0	0	0	0	2	0	1	0	0	0	1	1	9	0	1	1	0	1	0	1
GX	C6	0	0	0	1	0	0	0	1	0	0	0	1	0	0	0	1	0	0	0	0
GX	C7	0	0	0	0	0	0	0	0	0	0	0	0	0	0	0	0	0	0	0	0
GX	C8	1	0	6	4	2	0	3	5	1	0	7	7	6	0	3	8	3	1	5	6
SC	C1	0	0	3	0	0	0	0	0	0	0	0	0	0	0	0	0	0	0	0	0
SC	C2	1	1	4	11	1	2	4	3	0	0	7	24	2	2	12	4	0	10	6	32
SC	C3	9	0	35	3	1	0	0	24	5	0	22	5	1	0	0	8	7	0	114	10
SC	C4	1	0	8	37	26	0	16	5	2	1	16	133	48	0	21	9	9	5	14	172
SC	C5	0	0	0	0	3	0	1	0	0	1	2	3	25	0	3	6	6	4	4	14
SC	C6	0	0	0	0	0	0	0	0	0	0	0	0	0	0	0	0	0	0	0	0
SC	C7	0	0	0	0	0	0	0	0	0	0	0	0	0	0	0	0	0	0	0	0
SC	C8	3	0	20	16	8	1	13	21	2	0	16	17	11	1	8	13	6	2	10	16
GZ	C1	0	0	0	0	0	0	0	0	0	0	0	0	0	0	0	0	0	0	0	0
GZ	C2	0	0	2	5	1	2	2	2	0	0	2	4	1	1	2	1	0	1	0	2
GZ	C3	4	0	10	1	0	0	0	9	3	0	6	2	0	0	0	4	1	0	18	2
GZ	C4	0	0	3	15	10	0	6	2	0	0	3	31	11	0	5	2	0	1	2	30
GZ	C5	0	0	0	0	1	0	0	0	0	0	0	1	6	0	0	1	0	0	0	1
GZ	C6	0	0	0	0	0	0	0	0	0	0	0	0	0	0	0	0	0	0	0	0
GZ	C7	0	0	0	0	0	0	0	0	0	0	0	0	0	0	0	0	0	0	0	0
GZ	C8	1	0	5	4	2	0	3	5	1	0	5	6	4	0	3	4	2	1	4	8

续表

省份	部门	BJ C1	BJ C2	BJ C3	BJ C4	BJ C5	BJ C6	BJ C7	BJ C8	TJ C1	TJ C2	TJ C3	TJ C4	TJ C5	TJ C6	TJ C7	TJ C8	HE C1	HE C2	HE C3	HE C4
YN	C1	1	0	13	1	0	0	0	1	0	0	0	0	0	0	0	0	0	0	4	0	6	1
YN	C2	0	0	1	1	0	0	1	1	0	0	1	1	0	0	1	0	0	0	0	1
YN	C3	7	0	19	2	0	0	0	19	4	0	9	3	0	0	0	6	5	0	73	6
YN	C4	0	0	3	16	12	0	7	2	0	0	2	39	15	0	7	1	0	1	2	41
YN	C5	0	0	0	0	0	0	0	0	0	0	0	0	0	0	0	0	0	0	0	0
YN	C6	0	0	0	0	0	0	0	0	0	0	0	0	0	0	0	0	0	0	0	0
YN	C7	0	0	0	0	0	0	0	0	0	0	0	0	0	0	0	0	0	0	0	0
YN	C8	0	0	1	0	0	0	0	1	0	0	1	1	1	0	0	1	1	0	1	1
SN	C1	0	0	0	0	0	0	0	0	0	0	0	0	0	0	0	0	0	0	0	0
SN	C2	0	0	0	6	0	1	0	0	0	0	1	15	0	1	1	1	0	3	0	3
SN	C3	0	0	2	0	0	0	0	1	1	0	3	1	0	0	0	1	0	0	2	0
SN	C4	0	0	3	10	4	0	3	2	1	0	5	13	4	0	2	3	2	1	2	9
SN	C5	0	0	0	0	4	0	1	1	0	0	1	3	17	0	2	7	5	3	2	10
SN	C6	0	0	0	0	0	0	0	0	0	0	0	0	0	0	0	0	0	0	0	0
SN	C7	0	0	0	0	0	0	0	0	0	0	0	0	0	0	0	0	0	0	0	0
SN	C8	1	0	4	4	2	0	3	6	1	0	6	8	5	0	3	9	2	1	4	8
GS	C1	0	0	4	0	0	0	0	0	0	0	0	0	0	0	0	0	0	0	0	0
GS	C2	0	0	0	0	0	0	0	0	0	0	0	0	0	0	0	0	0	0	0	0
GS	C3	0	0	1	0	0	0	0	1	1	0	2	1	0	0	0	1	0	0	1	0
GS	C4	1	0	7	34	20	1	13	17	2	1	11	83	29	2	13	13	15	5	10	100
GS	C5	0	0	0	0	0	0	1	0	0	0	0	0	4	0	0	0	0	0	0	0
GS	C6	0	1	2	7	2	0	0	4	1	1	2	7	2	0	0	4	1	5	4	11
GS	C7	0	0	0	0	0	0	0	0	0	0	0	0	0	0	0	0	0	0	0	0
GS	C8	0	0	1	1	0	0	1	2	0	0	1	2	1	0	1	3	0	1	1	3
QH	C1	0	0	2	0	0	0	0	0	0	0	0	0	0	0	0	0	0	0	0	0
QH	C2	0	0	0	2	0	0	0	0	0	0	0	8	0	0	0	0	0	0	0	9
QH	C3	0	0	0	0	0	0	0	0	0	0	0	0	0	0	0	0	0	0	0	0
QH	C4	0	0	0	1	1	0	0	0	0	0	0	0	0	0	0	0	0	0	0	0
QH	C5	0	0	0	0	0	0	0	0	0	0	0	0	1	0	0	0	0	0	0	0
QH	C6	0	0	0	0	0	0	0	0	0	0	0	0	0	0	0	0	0	0	0	0
QH	C7	0	0	0	0	0	0	0	0	0	0	0	0	0	0	0	0	0	0	0	0
QH	C8	0	0	0	0	0	0	0	0	0	0	0	0	0	0	0	0	0	0	0	0
NX	C1	0	0	2	0	0	0	0	0	0	0	0	0	0	0	0	0	0	0	0	0
NX	C2	0	0	0	1	0	0	1	0	0	0	1	3	0	0	0	0	0	0	1	0
NX	C3	0	0	0	0	0	0	0	0	0	0	1	0	0	0	0	1	0	0	0	0
NX	C4	0	0	2	5	1	0	1	1	0	0	1	3	1	0	0	1	0	0	0	0
NX	C5	0	0	0	0	0	0	0	0	0	0	0	1	0	0	0	0	0	0	0	0
NX	C6	0	0	0	0	0	0	0	0	0	0	0	0	0	0	0	0	0	0	0	0
NX	C7	0	0	0	0	0	0	0	0	0	0	0	0	0	0	0	0	0	0	0	0
NX	C8	0	0	0	0	0	0	0	0	0	0	1	1	1	0	0	2	0	1	1	1
XJ	C1	2	0	16	1	0	0	0	1	0	0	0	0	0	0	0	0	6	0	10	1
XJ	C2	0	0	1	9	0	0	1	1	0	0	0	14	0	0	1	0	0	1	0	17
XJ	C3	0	0	2	0	0	0	0	0	0	0	2	0	0	0	0	1	0	0	2	0
XJ	C4	1	0	2	8	2	1	1	11	0	2	1	4	1	2	0	7	5	1	1	6
XJ	C5	0	0	0	0	0	0	0	0	0	0	0	0	0	0	0	0	0	0	0	0
XJ	C6	0	0	0	0	0	0	0	0	0	0	0	0	0	0	0	0	0	0	0	0
XJ	C7	0	0	0	0	0	0	0	0	0	0	0	0	0	0	0	0	0	0	0	0
XJ	C8	0	0	0	0	0	0	0	1	0	0	2	1	1	0	1	2	1	0	1	2
IM	C1	24	0	226	16	0	0	0	12	217	1	403	33	4	0	0	40	47	0	71	6
IM	C2	32	38	130	129	18	5	151	88	1	0	8	38	1	1	20	5	0	1	0	1
IM	C3	28	1	830	92	50	2	33	401	72	4	979	241	100	1	65	291	8	3	227	54
IM	C4	27	14	224	790	429	4	303	161	77	19	501	2637	871	11	337	311	57	19	61	534
IM	C5	7	12	46	185	2046	3	515	549	5	21	52	118	1044	2	105	219	57	49	36	135
IM	C6	0	0	0	0	0	0	0	0	0	0	0	0	0	0	0	0	0	0	0	0
IM	C7	0	0	0	0	0	0	0	0	0	0	0	0	0	0	0	0	0	0	0	0
IM	C8	2	0	22	13	7	0	12	17	4	1	20	21	18	1	8	29	7	1	11	12
TII	TII	1110	308	9338	9593	8143	386	5645	9386	1366	255	8944	11271	6884	315	3262	5753	6524	3679	17429	20528
VA	TVA	2332	423	3599	7175	3881	549	2792	10669	1927	612	3393	5080	3464	332	1420	6334	13542	3115	5064	9637
TI	TI	3442	731	12936	16768	12023	935	8438	20054	3293	867	12337	16350	10348	647	4682	12087	20066	6794	22493	30165

省份	部门	HE C5	HE C6	HE C7	HE C8	SX C1	SX C2	SX C3	SX C4	SX C5	SX C6	SX C7	SX C8	IM C1	IM C2	IM C3	IM C4	IM C5	IM C6	IM C7	IM C8
BJ	C1	0	0	0	0	5	0	8	1	0	0	0	1	6	0	5	0	0	0	0	0
BJ	C2	0	1	3	1	0	3	1	3	0	0	2	1	0	3	7	7	1	4	1	3
BJ	C3	3	0	4	13	3	2	28	9	3	0	7	22	5	1	48	3	1	0	2	11
BJ	C4	39	7	45	61	18	18	13	56	20	3	34	66	20	9	15	34	15	2	33	46
BJ	C5	141	6	47	103	1	18	3	15	36	2	21	57	4	8	4	9	20	2	14	17
BJ	C6	0	0	0	0	0	0	0	0	0	0	0	0	0	0	0	0	0	0	0	0
BJ	C7	0	0	0	0	0	0	0	0	0	0	0	0	0	0	0	0	0	0	0	0
BJ	C8	4	3	7	7	2	4	4	14	7	2	11	7	7	3	11	11	5	3	9	12
TJ	C1	0	0	0	0	5	0	7	1	0	0	0	1	5	0	5	0	0	0	0	0
TJ	C2	0	0	0	0	0	0	0	0	0	0	0	0	0	1	1	0	0	0	0	0
TJ	C3	2	0	1	10	3	1	25	8	2	0	4	18	4	1	50	3	1	0	1	10
TJ	C4	146	5	92	62	18	20	14	56	21	2	42	40	25	11	19	39	19	2	68	45
TJ	C5	109	4	22	34	1	15	2	12	29	2	14	48	4	7	3	8	18	1	10	13
TJ	C6	0	0	0	0	0	0	0	0	0	0	0	0	0	0	0	0	0	0	0	0
TJ	C7	0	0	0	0	0	0	0	0	0	0	0	0	0	0	0	0	0	0	0	0
TJ	C8	6	4	10	9	3	5	5	18	9	2	14	9	10	4	17	17	8	4	14	18
HE	C1	2	0	22	216	23	0	36	3	0	0	0	3	13	0	12	1	0	0	0	1
HE	C2	36	339	186	129	2	26	5	43	3	0	15	11	0	4	8	16	1	6	1	4
HE	C3	160	25	381	900	10	5	88	28	7	1	19	66	4	1	33	2	0	0	1	9
HE	C4	1610	97	2824	991	28	43	23	105	45	4	111	77	22	10	18	35	17	2	72	45
HE	C5	821	46	189	197	1	33	5	26	51	3	26	49	3	6	3	6	11	1	8	9
HE	C6	125	727	34	141	0	0	0	0	0	0	0	0	0	0	0	0	0	0	0	0
HE	C7	0	0	0	0	0	0	0	0	0	0	0	0	0	0	0	0	0	0	0	0
HE	C8	711	321	827	2133	3	4	4	14	7	2	11	8	7	3	12	12	5	3	10	12
SX	C1	0	0	0	0	980	7	1553	135	3	0	0	137	5	0	5	0	0	0	0	0
SX	C2	10	182	3	37	9	179	79	698	40	267	78	121	0	4	10	20	2	15	1	9
SX	C3	1	0	1	6	110	104	795	257	77	10	217	664	3	1	35	2	1	0	1	8
SX	C4	29	5	26	15	349	618	374	2224	1098	34	2668	832	13	5	12	29	13	1	30	20
SX	C5	21	1	4	4	15	424	67	308	478	28	189	361	3	5	2	6	10	1	6	8
SX	C6	11	62	3	12	48	258	92	508	74	31	15	124	0	0	0	0	0	0	0	0
SX	C7	0	0	0	0	0	0	0	0	0	0	0	0	0	0	0	0	0	0	0	0
SX	C8	3	3	6	5	269	328	302	983	480	152	626	1301	5	2	9	9	4	2	7	10
IM	C1	0	0	0	0	7	0	10	1	0	0	0	1	1432	2	1359	71	2	0	38	68
IM	C2	3	10	40	15	2	28	5	34	3	0	16	12	3	33	54	233	15	188	8	107
IM	C3	0	0	1	2	2	2	25	8	3	0	9	17	147	34	669	89	23	4	70	356
IM	C4	31	1	12	3	4	6	4	27	15	0	27	7	139	68	142	370	181	10	736	315
IM	C5	5	0	1	1	0	8	1	6	9	0	2	7	30	40	25	39	78	8	70	142
IM	C6	0	0	0	0	0	0	0	0	0	0	0	0	55	84	78	326	56	41	18	141
IM	C7	0	0	0	0	0	0	0	0	0	0	0	0	0	0	0	0	0	0	0	0
IM	C8	3	2	6	5	1	3	3	11	5	2	8	5	242	147	439	430	208	91	337	1538
LN	C1	0	0	0	0	1	0	2	0	0	0	0	0	2	0	2	0	0	0	0	0
LN	C2	0	1	0	0	0	1	0	7	0	0	0	0	0	1	1	8	0	3	0	1
LN	C3	0	0	0	0	0	0	2	0	0	0	1	1	0	0	3	0	0	0	0	1
LN	C4	190	9	89	94	21	25	14	67	24	5	45	103	23	12	17	37	18	2	43	53
LN	C5	84	5	26	21	0	14	2	10	23	1	13	25	4	7	3	8	15	1	11	11
LN	C6	12	69	3	13	0	0	0	0	0	0	0	0	0	0	0	0	0	0	0	0
LN	C7	0	0	0	0	0	0	0	0	0	0	0	0	0	0	0	0	0	0	0	0
LN	C8	4	3	8	7	3	4	4	15	7	2	11	8	7	3	12	12	5	3	10	12
JL	C1	0	0	0	3	12	0	19	2	0	0	0	0	2	0	13	1	0	0	0	1
JL	C2	2	5	26	9	1	10	2	14	1	0	6	4	0	3	7	10	1	2	1	2
JL	C3	6	0	41	13	2	1	9	3	1	0	5	10	3	0	13	1	0	0	1	5
JL	C4	12	1	13	11	10	7	7	27	9	0	13	13	12	4	10	21	8	1	22	20
JL	C5	60	2	20	60	1	8	1	7	16	1	9	22	3	6	2	6	11	1	7	11
JL	C6	0	0	0	0	0	0	0	0	0	0	0	0	0	0	0	0	0	0	0	0
JL	C7	0	0	0	0	0	0	0	0	0	0	0	0	0	0	0	0	0	0	0	0
JL	C8	1	0	2	2	1	1	1	4	2	1	4	2	1	0	2	2	1	0	2	2
HL	C1	0	0	0	0	0	0	0	0	0	0	0	0	0	0	0	0	0	0	0	0
HL	C2	6	17	66	25	1	18	3	22	2	0	10	8	0	4	9	13	1	4	1	3
HL	C3	10	1	67	17	0	1	3	2	1	0	5	5	1	0	3	1	0	0	1	3

续表

省份	部门	HE	HE	HE	HE	SX	SX	SX	SX	SX	SX	SX	SX	IM	IM	IM	IM	IM	IM	IM	IM
		C5	C6	C7	C8	C1	C2	C3	C4	C5	C6	C7	C8	C1	C2	C3	C4	C5	C6	C7	C8
HL	C4	19	3	10	28	11	11	7	34	12	2	20	46	13	6	10	22	10	1	15	31
HL	C5	18	1	7	4	0	8	1	6	11	1	7	13	2	4	2	4	8	1	7	7
HL	C6	0	0	0	0	0	0	0	0	0	0	0	0	0	0	0	0	0	0	0	0
HL	C7	0	0	0	0	0	0	0	0	0	0	0	0	0	0	0	0	0	0	0	0
HL	C8	4	3	8	7	2	4	4	14	7	2	11	6	7	3	12	12	5	3	10	12
SH	C1	0	0	0	0	1	0	1	0	0	0	0	0	1	0	1	0	0	0	0	0
SH	C2	0	0	0	0	0	1	0	0	0	0	0	0	0	0	1	0	0	0	0	0
SH	C3	1	0	5	24	4	1	18	5	1	0	3	16	4	0	29	2	0	0	1	6
SH	C4	111	6	55	81	20	19	14	56	18	3	31	68	20	8	15	27	11	1	31	39
SH	C5	207	11	51	44	0	15	2	12	30	2	14	59	3	4	2	5	12	1	7	8
SH	C6	0	0	0	0	0	0	0	0	0	0	0	0	0	0	0	0	0	0	0	0
SH	C7	0	0	0	0	0	0	0	0	0	0	0	0	0	0	0	0	0	0	0	0
SH	C8	10	8	17	15	4	8	7	27	13	4	21	13	21	9	36	35	16	9	28	40
JS	C1	0	0	0	2	10	0	17	1	0	0	0	1	10	0	9	0	0	0	0	0
JS	C2	1	3	6	3	0	5	1	7	1	0	3	2	0	2	4	7	0	2	0	2
JS	C3	7	1	36	53	6	1	31	9	2	0	6	25	5	1	50	3	1	0	1	11
JS	C4	64	6	64	73	19	20	14	54	18	3	34	57	21	9	16	28	12	1	49	41
JS	C5	230	12	56	60	0	17	3	14	37	2	18	74	3	5	2	6	14	1	8	9
JS	C6	1	3	0	1	0	0	0	0	0	0	0	0	0	0	0	0	0	0	0	0
JS	C7	0	0	0	0	0	0	0	0	0	0	0	0	0	0	0	0	0	0	0	0
JS	C8	6	4	10	9	3	6	5	18	9	2	15	9	10	4	17	16	7	4	13	17
ZJ	C1	0	0	0	4	12	0	19	2	0	0	0	2	11	0	11	1	0	0	0	1
ZJ	C2	0	0	1	0	0	1	0	3	0	0	1	0	0	1	2	3	0	0	0	0
ZJ	C3	4	0	21	27	4	1	19	5	1	0	4	17	4	1	31	2	1	0	1	8
ZJ	C4	20	3	24	32	13	12	9	35	11	2	21	35	15	6	11	20	8	1	30	29
ZJ	C5	70	6	27	18	0	10	1	8	17	1	10	24	2	3	2	4	8	1	6	6
ZJ	C6	0	0	0	0	0	0	0	0	0	0	0	0	0	0	0	0	0	0	0	0
ZJ	C7	0	0	0	0	0	0	0	0	0	0	0	0	0	0	0	0	0	0	0	0
ZJ	C8	2	1	3	3	1	2	2	7	3	1	5	4	2	1	4	3	2	1	3	4
AH	C1	0	0	0	5	14	0	22	2	0	0	0	2	13	0	12	1	0	0	0	1
AH	C2	1	5	9	4	0	6	1	6	1	0	3	2	0	2	5	6	0	3	1	2
AH	C3	1	0	2	15	4	1	18	5	1	0	2	15	3	0	23	1	0	0	1	6
AH	C4	32	2	21	15	8	8	6	27	11	1	18	22	9	4	7	18	8	1	15	20
AH	C5	7	0	2	3	0	5	1	4	8	0	5	7	1	2	1	3	5	0	4	4
AH	C6	2	11	0	0	0	0	0	0	0	0	0	0	0	0	0	0	0	0	0	0
AH	C7	0	0	0	0	0	0	0	0	0	0	0	0	0	0	0	0	0	0	0	0
AH	C8	3	2	5	5	1	3	3	10	5	2	8	5	5	2	8	7	3	2	6	8
FJ	C1	0	0	0	2	9	0	15	1	0	0	0	1	10	0	9	0	0	0	0	0
FJ	C2	1	1	7	2	0	5	1	4	1	0	3	2	0	1	4	3	0	0	0	1
FJ	C3	1	0	3	5	2	0	6	2	1	0	3	9	2	0	5	1	0	0	1	4
FJ	C4	1	0	1	2	5	3	4	12	4	0	4	6	6	1	5	8	3	0	3	7
FJ	C5	3	0	0	1	0	1	0	1	3	0	2	6	0	0	0	1	3	0	2	1
FJ	C6	0	0	0	0	0	0	0	0	0	0	0	0	0	0	0	0	0	0	0	0
FJ	C7	0	0	0	0	0	0	0	0	0	0	0	0	0	0	0	0	0	0	0	0
FJ	C8	1	1	2	2	1	1	1	3	1	1	1	3	1	0	1	1	1	0	1	2
JX	C1	0	0	0	1	7	0	11	1	0	0	0	1	7	0	7	0	0	0	0	0
JX	C2	0	1	4	1	0	3	1	8	0	0	2	1	0	2	3	6	0	1	0	1
JX	C3	1	0	4	2	1	0	6	2	1	0	2	5	1	0	10	1	0	0	1	3
JX	C4	8	1	6	9	5	5	4	17	7	1	11	18	7	3	5	12	5	1	9	16
JX	C5	6	0	1	2	0	3	1	3	6	0	2	8	1	2	1	2	5	0	2	3
JX	C6	0	0	0	0	0	0	0	0	0	0	0	0	0	0	0	0	0	0	0	0
JX	C7	0	0	0	0	0	0	0	0	0	0	0	0	0	0	0	0	0	0	0	0
JX	C8	2	2	4	4	2	3	2	9	4	2	6	5	3	1	6	6	3	1	5	6
SD	C1	0	0	1	5	17	0	27	2	0	0	0	2	13	0	12	1	0	0	0	1
SD	C2	1	27	0	7	0	1	0	10	0	0	0	0	0	2	1	10	0	5	0	3
SD	C3	5	1	6	52	7	2	50	14	2	0	4	33	5	1	51	3	1	0	1	10
SD	C4	50	7	107	79	20	23	14	63	23	4	47	80	18	8	13	27	12	2	35	41
SD	C5	97	4	22	27	1	17	3	13	27	2	13	29	3	5	2	6	11	1	7	8
SD	C6	0	0	0	0	0	0	0	0	0	0	0	0	0	0	0	0	0	0	0	0

续表

省份	部门	HE	HE	HE	HE	SX	SX	SX	SX	SX	SX	SX	SX	IM	IM	IM	IM	IM	IM	IM	IM
		C5	C6	C7	C8	C1	C2	C3	C4	C5	C6	C7	C8	C1	C2	C3	C4	C5	C6	C7	C8
SD	C7	0	0	0	0	0	0	0	0	0	0	0	0	0	0	0	0	0	0	0	0
SD	C8	3	3	6	5	1	3	3	11	5	2	8	5	5	2	9	9	4	2	7	9
HA	C1	0	0	2	21	25	0	40	3	0	0	0	3	18	0	17	1	0	0	0	1
HA	C2	2	33	0	7	0	1	0	10	0	0	0	0	0	1	1	9	0	5	0	3
HA	C3	3	1	12	80	9	2	50	15	3	0	9	41	5	1	41	2	0	0	1	10
HA	C4	120	6	189	66	16	21	12	56	23	3	50	54	16	8	12	27	13	1	47	36
HA	C5	102	4	21	14	0	17	3	13	25	1	11	25	3	4	2	5	10	1	6	7
HA	C6	0	3	0	1	0	0	0	0	0	0	0	0	0	0	0	0	0	0	0	0
HA	C7	0	0	0	0	0	0	0	0	0	0	0	0	0	0	0	0	0	0	0	0
HA	C8	0	0	0	0	0	0	0	0	0	0	0	0	0	0	0	0	0	0	0	0
HB	C1	0	0	0	4	13	0	21	2	0	0	0	2	12	0	11	1	0	0	0	1
HB	C2	2	4	20	7	1	9	2	15	1	0	5	4	0	2	5	7	0	0	0	1
HB	C3	2	0	7	27	5	1	24	7	2	0	4	19	4	1	35	2	0	0	1	7
HB	C4	133	7	64	68	16	20	10	53	20	4	39	84	15	8	11	24	11	2	26	36
HB	C5	68	2	24	71	1	10	1	8	19	1	12	24	2	4	2	4	9	1	6	8
HB	C6	16	91	4	18	0	0	0	0	0	0	0	0	0	0	0	0	0	0	0	0
HB	C7	0	0	0	0	0	0	0	0	0	0	0	0	0	0	0	0	0	0	0	0
HB	C8	5	4	9	8	2	5	4	16	8	2	13	7	9	4	15	14	7	4	12	16
HN	C1	0	0	0	1	9	0	14	1	0	0	0	1	9	0	8	0	0	0	0	0
HN	C2	0	0	0	0	0	1	0	2	0	0	0	0	0	1	2	4	0	1	0	1
HN	C3	0	0	0	4	2	0	5	1	0	0	1	6	2	0	4	1	0	0	0	3
HN	C4	3	1	11	5	2	2	1	9	4	0	8	9	3	2	3	9	4	1	10	11
HN	C5	10	1	4	7	0	5	1	4	9	1	6	10	1	2	1	2	5	0	4	5
HN	C6	0	0	0	0	0	0	0	0	0	0	0	0	0	0	0	0	0	0	0	0
HN	C7	0	0	0	0	0	0	0	0	0	0	0	0	0	0	0	0	0	0	0	0
HN	C8	2	1	3	2	1	2	2	6	3	1	5	3	2	1	3	3	1	1	3	3
GD	C1	0	0	0	1	7	0	11	1	0	0	0	1	7	0	7	0	0	0	0	0
GD	C2	0	0	0	0	0	0	0	0	0	0	0	0	0	0	0	0	0	0	0	0
GD	C3	3	0	27	56	6	0	13	3	1	0	4	19	4	0	8	1	0	0	1	5
GD	C4	14	3	23	38	13	15	9	35	10	3	23	56	16	7	10	15	6	1	30	34
GD	C5	79	8	38	15	0	7	1	4	12	1	11	7	1	2	1	2	5	0	8	5
GD	C6	0	0	0	0	0	0	0	0	0	0	0	0	0	0	0	0	0	0	0	0
GD	C7	0	0	0	0	0	0	0	0	0	0	0	0	0	0	0	0	0	0	0	0
GD	C8	7	4	10	13	8	7	8	24	12	3	16	20	11	4	18	17	8	4	14	18
GX	C1	0	0	0	0	3	0	5	0	0	0	0	0	4	0	3	0	0	0	0	0
GX	C2	0	0	2	1	0	3	1	8	0	0	2	1	0	2	4	6	0	0	0	0
GX	C3	0	0	1	7	3	0	8	2	1	0	1	9	2	0	10	1	0	0	1	4
GX	C4	1	0	9	2	4	2	3	10	2	0	3	5	5	1	4	7	2	0	10	9
GX	C5	4	0	1	1	0	4	1	3	6	0	2	8	1	2	1	3	5	0	3	4
GX	C6	0	0	0	0	0	0	0	0	0	0	0	0	0	0	0	0	0	0	0	0
GX	C7	0	0	0	0	0	0	0	0	0	0	0	0	0	0	0	0	0	0	0	0
GX	C8	2	1	3	3	1	2	2	7	4	1	6	3	3	1	4	4	2	1	3	5
SC	C1	0	0	0	0	3	0	4	0	0	0	0	0	3	0	3	0	0	0	0	0
SC	C2	1	4	15	6	1	11	2	15	1	0	6	5	0	3	8	11	1	3	1	2
SC	C3	0	0	6	50	7	1	25	6	1	0	2	24	5	0	29	2	0	0	1	9
SC	C4	57	1	24	9	7	7	6	28	12	0	20	9	8	3	8	21	10	0	17	12
SC	C5	42	1	8	11	0	13	2	11	23	1	10	39	3	5	3	6	13	1	7	9
SC	C6	0	0	0	0	0	0	0	0	0	0	0	0	0	0	0	0	0	0	0	0
SC	C7	0	0	0	0	0	0	0	0	0	0	0	0	0	0	0	0	0	0	0	0
SC	C8	5	3	8	7	2	5	4	15	8	2	13	7	8	3	12	12	5	3	10	12
GZ	C1	0	0	0	0	1	0	1	0	0	0	0	0	1	0	1	0	0	0	0	0
GZ	C2	0	1	1	1	0	2	0	2	0	0	1	1	0	1	4	4	0	2	0	1
GZ	C3	0	0	1	9	3	0	6	1	0	0	0	8	2	0	5	1	0	0	0	3
GZ	C4	11	0	4	1	2	2	2	10	5	0	7	3	3	1	3	10	5	0	5	4
GZ	C5	2	0	1	1	0	3	1	3	5	0	3	9	1	2	1	2	5	0	3	4
GZ	C6	0	0	0	0	0	0	0	0	0	0	0	0	0	0	0	0	0	0	0	0
GZ	C7	0	0	0	0	0	0	0	0	0	0	0	0	0	0	0	0	0	0	0	0
GZ	C8	2	1	3	3	1	2	2	7	3	1	5	3	3	1	4	4	2	1	3	4
YN	C1	0	0	0	0	6	0	10	1	0	0	0	1	7	0	6	0	0	0	0	0

续表

省份	部门	HE	HE	HE	HE	SX	SX	SX	SX	SX	SX	SX	SX	IM	IM	IM	IM	IM	IM	IM	IM
		C5	C6	C7	C8	C1	C2	C3	C4	C5	C6	C7	C8	C1	C2	C3	C4	C5	C6	C7	C8
YN	C2	0	0	1	0	0	2	0	2	0	0	1	1	0	1	4	2	0	0	0	1
YN	C3	0	0	4	36	5	0	11	2	0	0	0	16	3	0	7	1	0	0	0	5
YN	C4	15	0	6	1	1	2	1	9	6	0	9	2	1	1	2	10	6	0	6	3
YN	C5	0	0	0	0	0	0	0	0	0	0	0	0	0	0	0	0	0	0	0	0
YN	C6	0	0	0	0	0	0	0	0	0	0	0	0	0	0	0	0	0	0	0	0
YN	C7	0	0	0	0	0	0	0	0	0	0	0	0	0	0	0	0	0	0	0	0
YN	C8	0	0	1	1	0	1	1	2	1	0	2	1	0	1	1	0	0	1	1	1
SN	C1	0	0	0	0	0	1	0	1	0	0	0	0	1	0	1	0	0	0	0	0
SN	C2	0	0	0	0	0	1	0	10	0	0	0	0	0	1	1	8	0	3	0	2
SN	C3	0	0	0	0	1	0	9	2	0	0	1	4	1	0	9	1	0	0	0	2
SN	C4	2	0	5	1	5	7	4	19	8	0	20	8	6	2	5	13	6	0	15	9
SN	C5	29	1	8	15	1	16	2	13	29	2	15	44	3	5	2	6	13	1	8	10
SN	C6	0	0	0	0	0	0	0	0	0	0	0	0	0	0	0	0	0	0	0	0
SN	C7	0	0	0	0	0	0	0	0	0	0	0	0	0	0	0	0	0	0	0	0
SN	C8	2	1	3	3	1	2	2	7	3	1	5	4	3	1	4	4	2	1	3	5
GS	C1	0	0	0	0	3	0	4	0	0	0	0	0	4	0	4	0	0	0	0	0
GS	C2	0	0	0	0	0	0	0	0	0	0	0	0	0	1	1	0	0	0	0	0
GS	C3	0	0	0	0	0	0	3	1	0	0	1	3	1	0	7	1	0	0	1	4
GS	C4	31	2	15	23	9	10	6	33	13	2	23	43	13	8	10	29	15	2	25	35
GS	C5	2	0	1	0	0	3	0	2	5	0	3	4	1	1	1	2	6	0	5	2
GS	C6	2	11	1	2	0	0	0	0	0	0	0	0	0	0	0	0	0	0	0	0
GS	C7	0	0	0	0	0	0	0	0	0	0	0	0	0	0	0	0	0	0	0	0
GS	C8	1	1	1	2	1	1	1	3	1	1	1	3	1	0	1	1	0	0	1	1
QH	C1	0	0	0	0	2	0	2	0	0	0	0	0	2	0	2	0	0	0	0	0
QH	C2	0	0	0	0	0	0	0	1	0	0	0	0	0	1	1	2	0	0	0	0
QH	C3	0	0	0	0	0	0	0	0	0	0	0	0	0	0	0	0	0	0	0	0
QH	C4	0	0	0	0	0	1	0	3	2	0	3	0	1	1	1	5	4	0	3	1
QH	C5	0	0	0	0	0	1	0	1	1	0	0	0	1	1	0	1	1	0	0	1
QH	C6	0	0	0	0	0	0	0	0	0	0	0	0	0	0	0	0	0	0	0	0
QH	C7	0	0	0	0	0	0	0	0	0	0	0	0	0	0	0	0	0	0	0	0
QH	C8	0	0	0	0	0	0	0	0	0	0	0	0	0	0	0	0	0	0	0	0
NX	C1	0	0	0	0	1	0	2	0	0	0	0	0	3	0	3	0	0	0	0	0
NX	C2	0	0	0	0	0	0	0	0	0	0	0	0	0	1	2	7	0	6	0	3
NX	C3	0	0	0	0	0	0	0	0	0	0	0	0	1	0	5	1	0	0	0	0
NX	C4	0	0	0	0	1	1	1	6	3	0	4	2	3	2	3	13	7	0	6	5
NX	C5	0	0	0	0	0	1	0	1	1	0	0	3	1	1	1	2	2	0	1	2
NX	C6	0	0	0	0	0	0	0	0	0	0	0	0	0	0	0	0	0	0	0	0
NX	C7	0	0	0	0	0	0	0	0	0	0	0	0	0	0	0	0	0	0	0	0
NX	C8	0	0	1	1	1	1	1	2	1	0	1	2	0	0	0	0	0	0	0	0
XJ	C1	0	0	0	1	8	0	12	1	0	0	0	1	9	0	9	0	0	0	0	0
XJ	C2	0	0	0	0	0	1	0	3	0	0	1	0	0	2	5	6	0	0	0	1
XJ	C3	0	0	0	0	0	0	4	1	0	0	0	1	1	0	13	1	0	0	0	2
XJ	C4	1	1	1	11	3	4	1	9	3	1	7	22	5	3	3	7	4	1	4	17
XJ	C5	0	0	0	0	0	0	0	0	0	0	0	0	0	0	0	0	0	0	0	0
XJ	C6	0	0	0	0	0	0	0	0	0	0	0	0	0	0	0	0	0	0	0	0
XJ	C7	0	0	0	0	0	0	0	0	0	0	0	0	0	0	0	0	0	0	0	0
XJ	C8	1	0	1	1	0	1	1	3	1	0	2	1	1	0	1	1	0	0	1	1
IM	C1	0	0	0	4	2	0	4	0	0	0	0	0	23	0	21	1	0	0	0	0
IM	C2	0	0	0	0	4	0	38	1	0	0	0	0	0	4	1	20	0	1	0	0
IM	C3	11	2	25	46	2	6	21	8	3	0	11	23	6	3	17	5	2	0	9	13
IM	C4	161	4	73	39	16	19	14	99	52	1	72	22	26	13	27	89	48	2	47	43
IM	C5	345	15	77	117	3	107	19	89	135	7	43	109	13	17	9	22	43	4	19	29
IM	C6	0	0	0	0	0	0	0	0	0	0	0	0	0	0	0	0	0	0	0	0
IM	C7	0	0	0	0	0	0	0	0	0	0	0	0	0	0	0	0	0	0	0	0
IM	C8	5	1	7	7	3	5	5	16	9	1	15	7	8	4	12	12	5	3	10	22
TII	TII	6730	2333	6558	7097	2444	2868	4472	7149	3420	652	5214	5880	2892	802	4198	2801	1255	519	2386	4045
VA	TVA	3106	1584	2250	13805	3698	3871	1579	4063	1409	945	1749	6575	6144	1481	1502	1662	535	331	1340	5880
TI	TI	9836	3917	8808	20902	6142	6739	6052	11212	4829	1598	6963	12454	9036	2284	5700	4463	1790	850	3726	9925

续表

省份	部门	LN	LN	LN	LN	LN	LN	LN	LN	JL	JL	JL	JL	JL	JL	JL	JL	HL	HL	HL	HL
		C1	C2	C3	C4	C5	C6	C7	C8	C1	C2	C3	C4	C5	C6	C7	C8	C1	C2	C3	C4
BJ	C1	2	0	3	0	0	0	0	0	5	0	6	0	0	0	0	0	4	0	8	0
BJ	C2	0	1	1	5	1	1	2	1	0	1	3	2	0	1	2	2	0	0	6	2
BJ	C3	5	0	44	4	1	0	1	6	5	0	34	6	1	0	1	5	4	1	36	6
BJ	C4	8	4	16	67	30	1	18	15	18	4	16	64	29	0	15	16	21	13	24	55
BJ	C5	0	1	1	2	23	0	3	2	3	2	4	36	0	3	12	2	15	4	5	
BJ	C6	0	0	0	0	0	0	0	0	0	0	0	0	0	0	0	0	0	0	0	0
BJ	C7	0	0	0	0	0	0	0	0	0	0	0	0	0	0	0	0	0	0	0	0
BJ	C8	2	1	7	15	6	2	6	5	2	2	4	5	3	0	5	18	5	6	15	13
TJ	C1	2	0	4	0	0	0	0	0	5	0	7	0	0	0	0	1	5	0	8	0
TJ	C2	0	0	0	1	0	0	0	0	0	0	0	7	0	3	0	0	0	0	0	0
TJ	C3	5	0	77	6	1	0	1	8	7	1	61	11	2	0	2	8	5	2	76	12
TJ	C4	10	7	23	95	57	1	32	19	26	7	25	96	61	1	29	23	32	40	49	122
TJ	C5	0	1	1	3	36	0	4	3	3	3	3	6	49	0	3	13	3	20	6	6
TJ	C6	0	0	0	0	0	0	0	0	0	0	0	0	0	0	0	0	0	0	0	0
TJ	C7	0	0	0	0	0	0	0	0	0	0	0	0	0	0	0	0	0	0	0	0
TJ	C8	3	1	9	19	8	2	7	6	1	1	2	3	2	0	3	8	8	10	24	21
HE	C1	2	0	4	0	0	0	0	0	24	0	35	2	0	0	0	3	13	0	25	1
HE	C2	1	19	17	565	16	40	6	21	1	3	9	52	4	14	3	11	0	1	11	7
HE	C3	8	0	37	3	1	0	0	8	7	0	31	5	1	0	1	8	9	1	37	6
HE	C4	8	5	18	71	38	1	32	17	22	6	21	79	45	1	44	22	26	32	41	94
HE	C5	0	0	0	1	9	0	2	1	2	2	4	23	0	2	7	2	12	3	4	
HE	C6	2	14	15	51	13	2	2	13	3	4	7	23	3	1	1	5	0	4	2	4
HE	C7	0	0	0	0	0	0	0	0	0	0	0	0	0	0	0	0	0	0	0	0
HE	C8	2	1	7	15	6	2	6	5	1	0	1	2	1	0	2	2	5	7	17	14
SX	C1	2	0	3	0	0	0	0	0	3	0	4	0	0	0	0	0	3	0	5	0
SX	C2	3	15	37	304	35	105	7	50	1	4	11	28	6	14	2	20	0	1	4	4
SX	C3	2	0	15	1	0	0	0	3	2	0	11	2	0	0	0	2	2	0	9	2
SX	C4	4	2	10	44	19	0	8	7	9	2	8	41	17	0	7	7	8	5	12	28
SX	C5	0	0	0	0	3	0	1	0	1	1	1	1	9	0	1	2	1	4	1	1
SX	C6	1	4	4	14	3	1	0	3	1	2	3	9	1	0	0	2	0	2	1	2
SX	C7	0	0	0	0	0	0	0	0	0	0	0	0	0	0	0	0	0	0	0	0
SX	C8	2	1	6	14	5	2	5	4	1	1	2	1	0	0	2	2	4	6	12	12
IM	C1	2	0	3	0	0	0	0	0	6	0	8	0	0	0	0	0	5	0	9	0
IM	C2	1	3	6	24	3	5	7	4	1	3	9	13	2	2	5	6	0	1	22	9
IM	C3	3	0	23	2	1	0	1	3	2	0	17	3	0	0	1	3	2	0	14	2
IM	C4	2	2	7	40	27	0	10	4	2	2	3	23	23	0	9	3	2	7	4	26
IM	C5	0	0	0	0	4	0	0	0	0	1	1	1	6	0	1	1	1	4	1	1
IM	C6	0	0	0	1	0	0	0	0	0	1	1	0	0	0	0	0	1	0	1	
IM	C7	0	0	0	0	0	0	0	0	0	0	0	0	0	0	0	0	0	0	0	0
IM	C8	2	1	6	12	5	1	5	4	1	1	2	1	0	0	2	1	3	4	11	9
LN	C1	2817	9	4229	569	11	1	86	481	2	0	3	0	0	0	0	0	3	0	5	0
LN	C2	35	169	318	3316	175	447	287	237	1	2	6	92	5	16	1	11	0	1	5	18
LN	C3	816	107	5399	1281	664	13	433	1747	1	0	15	2	1	0	1	2	0	0	3	0
LN	C4	1066	701	2369	8844	4312	192	4497	2651	49	36	62	348	317	3	228	75	55	127	95	395
LN	C5	185	408	230	1319	5428	69	943	754	13	13	15	32	202	2	18	50	12	92	27	29
LN	C6	41	276	301	1007	259	49	36	256	1	2	3	9	1	0	2	0	2	1	2	
LN	C7	0	0	0	0	0	0	0	0	0	0	0	0	0	0	0	0	0	0	0	0
LN	C8	672	353	1764	3459	1931	317	1202	2337	1	1	2	3	2	0	2	5	5	6	16	13
JL	C1	6	0	9	1	0	0	0	1	1521	12	2166	130	5	0	4	163	48	0	89	4
JL	C2	3	13	23	81	8	9	28	10	15	77	255	695	55	245	145	172	1	11	159	60
JL	C3	11	3	136	18	23	0	28	27	242	60	1201	319	124	67	111	468	13	5	168	32
JL	C4	13	12	39	181	98	2	110	39	628	198	592	2020	1123	33	1497	948	38	61	66	160
JL	C5	0	2	2	5	47	0	7	4	104	79	76	189	931	7	94	401	14	83	22	24
JL	C6	0	0	0	1	0	0	0	0	85	132	216	737	111	24	27	149	0	1	1	1
JL	C7	0	0	0	0	0	0	0	0	0	0	0	0	0	0	0	0	0	0	0	0
JL	C8	1	0	2	4	2	0	1	2	527	209	833	1541	715	145	914	1551	1	1	3	2
HL	C1	0	0	0	0	0	0	0	0	0	0	0	0	0	0	0	0	1963	1	3651	179
HL	C2	4	21	45	1380	27	121	34	42	8	39	125	437	39	153	59	117	7	53	394	1889
HL	C3	2	1	13	6	14	0	18	9	2	2	42	19	5	0	3	16	706	111	2442	425

省份	部门	LN	LN	LN	LN	LN	LN	LN	LN	JL	JL	JL	JL	JL	JL	JL	JL	HL	HL	HL	HL
		C1	C2	C3	C4	C5	C6	C7	C8	C1	C2	C3	C4	C5	C6	C7	C8	C1	C2	C3	C4
HL	C4	10	8	24	124	74	2	35	22	29	17	32	169	146	2	77	38	779	683	910	1885
HL	C5	0	2	2	4	28	0	8	2	10	10	11	25	144	1	14	37	163	616	167	210
HL	C6	0	0	1	2	0	0	0	0	0	0	1	2	0	0	0	0	44	440	286	420
HL	C7	0	0	0	0	0	0	0	0	0	0	0	0	0	0	0	0	0	0	0	0
HL	C8	2	1	7	15	6	2	6	5	1	0	1	2	1	0	2	1	784	582	1208	1037
SH	C1	1	0	2	0	0	0	0	0	0	0	1	0	0	0	0	0	1	0	1	0
SH	C2	0	0	0	0	0	0	0	0	0	0	0	0	0	0	0	0	0	0	0	0
SH	C3	8	0	47	4	1	0	1	9	10	0	52	8	1	0	2	10	11	2	97	14
SH	C4	8	4	17	64	32	1	14	14	29	6	26	98	51	1	18	23	36	32	50	123
SH	C5	0	1	1	2	33	0	3	3	2	3	3	6	57	1	3	13	4	34	10	11
SH	C6	0	0	0	0	0	0	0	0	0	0	0	0	0	0	0	0	0	0	0	0
SH	C7	0	0	0	0	0	0	0	0	0	0	0	0	0	0	0	0	0	0	0	0
SH	C8	5	2	14	32	12	4	12	9	2	1	3	5	3	0	4	12	21	28	58	58
JS	C1	2	0	3	0	0	0	0	0	20	0	29	2	0	0	0	2	12	0	22	1
JS	C2	0	1	3	14	2	4	2	2	0	1	4	6	1	2	2	3	0	1	8	5
JS	C3	11	1	81	8	3	0	2	14	15	1	98	16	3	0	3	16	16	4	216	31
JS	C4	8	4	18	65	30	1	20	15	28	5	25	93	41	1	26	23	36	34	53	105
JS	C5	0	1	1	3	40	0	3	4	2	3	3	7	65	1	4	16	4	33	11	11
JS	C6	0	2	2	6	1	0	0	1	1	1	1	5	1	0	0	1	0	2	1	2
JS	C7	0	0	0	0	0	0	0	0	0	0	0	0	0	0	0	0	0	0	0	0
JS	C8	3	1	9	19	8	2	7	6	1	0	0	2	1	0	2	2	8	9	24	19
ZJ	C1	2	0	3	0	0	0	0	0	28	0	40	2	0	0	0	3	15	0	27	1
ZJ	C2	0	0	0	1	0	0	1	0	0	0	1	0	0	0	1	0	0	0	3	3
ZJ	C3	8	0	48	5	2	0	1	9	10	1	55	9	2	0	2	10	11	2	108	15
ZJ	C4	6	3	12	42	18	1	12	11	17	3	15	54	22	0	13	14	22	17	29	56
ZJ	C5	0	1	0	1	14	0	2	1	2	2	2	4	23	0	2	7	2	20	6	7
ZJ	C6	0	0	0	0	0	0	0	0	0	0	0	1	0	0	0	0	0	1	0	1
ZJ	C7	0	0	0	0	0	0	0	0	0	0	0	0	0	0	0	0	0	0	0	0
ZJ	C8	1	0	3	6	3	0	2	3	1	1	2	3	2	0	2	7	1	1	5	3
AH	C1	2	0	3	0	0	0	0	0	30	0	43	3	0	0	0	3	16	0	29	1
AH	C2	0	2	4	24	3	7	3	4	0	2	5	7	1	3	2	5	0	1	10	5
AH	C3	7	0	34	3	1	0	0	7	7	0	30	5	1	0	1	7	8	1	35	5
AH	C4	4	3	10	43	24	1	13	9	7	3	7	33	23	0	13	8	9	10	11	36
AH	C5	0	0	0	1	5	0	1	0	1	1	1	2	10	0	1	4	1	4	1	1
AH	C6	0	2	2	8	2	0	0	2	1	1	2	6	1	0	0	1	0	2	1	2
AH	C7	0	0	0	0	0	0	0	0	0	0	0	0	0	0	0	0	0	0	0	0
AH	C8	2	1	5	11	5	1	4	4	1	0	1	2	1	0	2	2	3	4	10	8
FJ	C1	2	0	3	0	0	0	0	0	20	0	29	2	0	0	0	2	12	0	22	1
FJ	C2	0	1	2	3	0	0	2	0	0	0	1	3	2	0	0	2	1	0	1	9
FJ	C3	3	0	6	1	1	0	1	3	2	0	4	1	0	0	0	3	4	0	7	1
FJ	C4	3	1	6	13	5	0	2	4	5	1	4	13	5	0	1	3	4	2	5	11
FJ	C5	0	0	0	1	8	0	1	1	0	0	0	0	4	0	0	0	1	0	1	0
FJ	C6	0	0	0	0	0	0	0	0	0	0	0	0	0	0	0	0	0	0	0	0
FJ	C7	0	0	0	0	0	0	0	0	0	0	0	0	0	0	0	0	0	0	0	0
FJ	C8	0	0	1	4	1	1	2	1	0	0	1	1	0	0	1	1	0	1	1	1
JX	C1	2	0	3	0	0	0	0	0	12	0	17	1	0	0	0	1	8	0	15	1
JX	C2	0	4	1	134	1	0	1	1	0	1	2	13	1	0	1	1	0	0	6	4
JX	C3	2	0	10	1	1	0	0	5	2	0	4	1	0	0	0	2	2	0	7	1
JX	C4	3	2	6	24	13	0	6	4	5	1	4	15	11	0	6	5	6	5	6	16
JX	C5	0	0	0	0	4	0	0	0	1	1	1	1	8	0	1	2	1	3	1	1
JX	C6	0	0	0	0	0	0	0	0	0	0	0	0	0	0	0	0	0	0	0	0
JX	C7	0	0	0	0	0	0	0	0	0	0	0	0	0	0	0	0	0	0	0	0
JX	C8	2	1	4	10	4	1	4	3	1	0	1	2	1	0	1	1	2	3	7	6
SD	C1	3	0	4	1	0	0	0	0	29	0	41	2	0	0	0	3	15	0	28	1
SD	C2	1	6	10	632	9	48	2	15	0	1	4	67	3	21	1	8	0	0	2	6
SD	C3	10	0	84	7	1	0	0	12	13	1	81	13	2	0	2	13	12	2	127	19
SD	C4	7	4	16	61	30	1	24	15	17	4	16	58	28	0	24	17	21	15	25	56
SD	C5	0	1	0	1	14	0	2	1	2	2	2	5	28	0	2	8	2	13	4	4
SD	C6	0	0	0	0	0	0	0	0	0	0	0	0	0	0	0	0	0	0	0	0

省份	部门	LN	LN	LN	LN	LN	LN	LN	LN	JL	JL	JL	JL	JL	JL	JL	JL	HL	HL	HL	HL
		C1	C2	C3	C4	C5	C6	C7	C8	C1	C2	C3	C4	C5	C6	C7	C8	C1	C2	C3	C4
SD	C7	0	0	0	0	0	0	0	0	0	0	0	0	0	0	0	0	0	0	0	0
SD	C8	2	1	6	13	5	1	5	4	1	0	1	2	1	0	2	1	4	5	12	10
HA	C1	2	0	4	0	0	0	0	0	50	0	71	4	0	0	0	5	22	0	40	2
HA	C2	1	8	11	231	11	31	2	15	0	2	5	40	3	12	1	9	0	0	1	5
HA	C3	12	0	55	5	1	0	1	12	13	1	54	9	1	0	1	14	15	1	79	12
HA	C4	6	4	14	59	31	1	25	13	13	4	13	56	34	0	37	16	17	22	25	65
HA	C5	0	0	0	1	9	0	2	1	2	2	2	4	21	0	2	5	2	14	4	4
HA	C6	0	1	2	5	1	0	0	1	1	1	1	5	1	0	0	1	0	2	1	1
HA	C7	0	0	0	0	0	0	0	0	0	0	0	0	0	0	0	0	0	0	0	0
HA	C8	0	0	0	0	0	0	0	0	0	0	0	0	0	0	0	0	0	0	0	0
HB	C1	2	0	3	0	0	0	0	0	26	0	38	2	0	0	0	3	14	0	26	1
HB	C2	0	3	2	67	1	0	3	1	0	1	4	15	1	1	3	1	0	1	11	5
HB	C3	8	0	47	4	1	0	1	9	9	0	49	8	1	0	1	9	10	1	79	12
HB	C4	5	4	12	54	30	1	14	11	12	4	11	53	39	0	17	12	16	23	22	76
HB	C5	0	0	0	1	8	0	1	1	2	1	1	3	23	0	2	8	1	7	2	2
HB	C6	1	4	5	15	4	1	1	4	1	2	3	10	1	0	0	2	0	2	1	2
HB	C7	0	0	0	0	0	0	0	0	0	0	0	0	0	0	0	0	0	0	0	0
HB	C8	3	1	8	17	7	2	6	6	1	1	2	3	2	0	3	7	7	8	21	17
HN	C1	2	0	3	0	0	0	0	0	16	0	23	1	0	0	0	2	10	0	18	1
HN	C2	0	0	0	1	0	0	0	0	0	0	1	1	0	0	1	1	0	0	2	3
HN	C3	3	0	5	1	0	0	0	2	3	1	0	0	0	0	0	2	3	0	5	1
HN	C4	1	1	3	18	9	0	7	4	1	1	1	8	5	0	8	4	3	3	2	7
HN	C5	0	0	0	1	5	0	1	0	1	1	1	1	10	0	1	4	0	4	1	1
HN	C6	0	0	0	0	0	0	0	0	0	0	0	0	0	0	0	0	0	0	0	0
HN	C7	0	0	0	0	0	0	0	0	0	0	0	0	0	0	0	0	0	0	0	0
HN	C8	1	0	3	5	3	0	2	2	0	0	1	2	1	0	1	1	1	1	4	3
GD	C1	2	0	3	0	0	0	0	0	11	0	16	1	0	0	0	1	8	0	15	1
GD	C2	0	0	0	0	0	0	0	0	0	0	0	0	0	0	0	0	0	0	0	0
GD	C3	12	0	19	3	2	0	2	11	11	0	15	2	0	0	0	11	16	0	20	4
GD	C4	6	2	11	29	10	1	11	11	13	2	11	36	13	0	11	12	18	15	23	42
GD	C5	0	1	1	1	7	0	3	1	1	1	1	3	14	0	1	5	2	18	6	6
GD	C6	0	0	0	0	0	0	0	0	0	0	0	0	0	0	0	0	0	1	0	1
GD	C7	0	0	0	0	0	0	0	0	0	0	0	0	0	0	0	0	0	0	0	0
GD	C8	3	1	9	19	8	2	7	7	2	1	3	5	3	0	4	13	8	10	25	20
GX	C1	2	0	2	0	0	0	0	0	3	0	5	0	0	0	0	0	3	0	6	0
GX	C2	0	5	1	164	1	0	1	1	0	1	2	15	1	0	2	1	0	0	6	4
GX	C3	5	0	12	1	0	0	0	4	4	0	9	1	0	0	0	4	5	0	9	2
GX	C4	3	1	5	14	5	0	7	5	3	1	3	10	4	0	9	4	3	3	4	9
GX	C5	0	0	0	1	6	0	1	1	1	1	1	1	8	0	1	2	1	4	1	1
GX	C6	0	0	1	2	0	0	0	0	0	0	1	2	0	0	0	0	0	1	1	1
GX	C7	0	0	0	0	0	0	0	0	0	0	0	0	0	0	0	0	0	0	0	0
GX	C8	1	1	3	6	3	0	2	3	1	1	3	4	2	0	3	12	2	2	6	3
SC	C1	1	0	2	0	0	0	0	0	2	0	3	0	0	0	0	0	2	0	4	0
SC	C2	0	2	3	11	1	2	3	2	0	2	5	11	1	3	3	3	0	1	13	6
SC	C3	12	0	34	4	1	0	0	10	12	0	31	5	1	0	1	12	15	0	36	6
SC	C4	4	3	9	40	26	0	10	6	7	3	7	35	30	0	12	6	6 ,	13	11	48
SC	C5	0	0	0	1	15	0	2	1	2	2	2	4	27	0	2	7	2	15	4	4
SC	C6	0	0	0	1	0	0	0	0	0	0	0	0	0	0	0	0	0	1	0	1
SC	C7	0	0	0	0	0	0	0	0	0	0	0	0	0	0	0	0	0	0	0	0
SC	C8	3	1	7	15	7	1	6	5	1	0	1	2	1	0	2	1	5	6	17	13
GZ	C1	1	0	1	0	0	0	0	0	0	0	0	0	0	0	0	0	0	0	1	0
GZ	C2	0	1	1	7	1	2	1	1	0	1	2	3	1	1	1	2	0	0	5	3
GZ	C3	5	0	8	1	0	0	0	4	4	0	6	1	0	0	0	4	6	0	8	1
GZ	C4	1	1	4	20	13	0	4	2	1	1	1	11	11	0	4	1	1	3	2	13
GZ	C5	0	0	0	0	5	0	1	0	1	0	0	1	7	0	1	2	0	3	1	1
GZ	C6	0	0	0	1	0	0	0	0	0	0	0	0	0	0	0	0	0	1	1	1
GZ	C7	0	0	0	0	0	0	0	0	0	0	0	0	0	0	0	0	0	0	0	0
GZ	C8	1	1	4	8	3	1	3	3	0	0	1	2	1	0	1	1	2	2	5	4
YN	C1	2	0	3	0	0	0	0	0	9	0	13	1	0	0	0	1	7	0	13	1

续表

省份	部门	LN C1	LN C2	LN C3	LN C4	LN C5	LN C6	LN C7	LN C8	JL C1	JL C2	JL C3	JL C4	JL C5	JL C6	JL C7	JL C8	HL C1	HL C2	HL C3	HL C4
YN	C2	0	0	1	1	0	0	1	0	0	0	2	1	0	0	1	0	0	0	4	1
YN	C3	10	0	15	2	0	0	0	8	9	0	13	2	0	0	0	9	13	0	17	3
YN	C4	1	1	3	19	14	0	4	1	0	1	1	11	14	0	5	1	0	4	2	14
YN	C5	0	0	0	0	0	0	0	0	0	0	0	0	0	0	0	0	0	0	0	0
YN	C6	0	0	0	0	0	0	0	0	0	0	0	0	0	0	0	0	0	0	0	0
YN	C7	0	0	0	0	0	0	0	0	0	0	0	0	0	0	0	0	0	0	0	0
YN	C8	0	0	1	2	1	0	1	1	0	0	1	1	1	0	1	1	0	0	1	1
SN	C1	1	0	1	0	0	0	0	0	0	0	0	0	0	0	0	0	0	0	1	0
SN	C2	0	2	0	56	0	0	0	0	0	11	1	0	0	0	1	0	0	0	1	4
SN	C3	0	0	5	0	0	0	0	0	0	0	3	1	0	0	0	0	0	0	2	0
SN	C4	2	1	5	17	8	0	5	4	3	1	3	9	5	0	3	2	2	1	3	7
SN	C5	0	0	0	1	12	0	2	1	2	1	1	3	19	0	2	6	1	9	3	3
SN	C6	0	0	0	0	0	0	0	0	0	0	0	0	0	0	0	0	0	0	0	0
SN	C7	0	0	0	0	0	0	0	0	0	0	0	0	0	0	0	0	0	0	0	0
SN	C8	1	1	4	8	3	1	3	3	1	1	2	4	2	0	3	11	2	2	5	4
GS	C1	1	0	2	0	0	0	0	0	2	0	3	0	0	0	0	0	2	0	4	0
GS	C2	0	0	0	0	0	0	0	0	0	0	0	0	0	0	0	0	0	0	0	1
GS	C3	1	0	2	0	0	0	0	1	0	0	1	0	0	0	0	0	0	0	1	0
GS	C4	4	2	8	36	21	1	8	8	6	3	6	27	21	0	10	7	9	11	10	35
GS	C5	0	0	0	1	5	0	1	0	0	0	0	1	3	0	0	0	0	1	0	0
GS	C6	0	2	2	8	2	0	2	1	1	2	6	1	0	0	1	0	2	1	2	2
GS	C7	0	0	0	0	0	0	0	0	0	0	0	0	0	0	0	0	0	0	0	0
GS	C8	0	0	1	4	1	1	1	1	0	0	1	1	1	0	1	1	0	0	1	1
QH	C1	1	0	2	0	0	0	0	0	0	1	0	1	0	0	0	0	1	0	2	0
QH	C2	0	0	0	0	0	0	0	0	0	0	3	0	1	0	0	0	0	0	0	2
QH	C3	0	0	0	0	0	0	0	0	0	0	0	0	0	0	0	0	0	0	0	0
QH	C4	0	0	0	3	2	0	1	0	0	0	0	0	1	0	0	0	0	0	0	0
QH	C5	0	0	0	0	0	0	0	0	0	0	0	0	0	0	0	0	0	0	0	0
QH	C6	0	0	0	0	0	0	0	0	0	0	0	0	0	0	0	0	0	0	0	0
QH	C7	0	0	0	0	0	0	0	0	0	0	0	0	0	0	0	0	0	0	0	0
QH	C8	0	0	0	0	0	0	0	0	0	1	1	0	0	1	1	0	0	0	0	0
NX	C1	1	0	2	0	0	0	0	0	1	0	1	0	0	0	0	0	1	0	2	0
NX	C2	0	0	0	0	0	0	0	0	0	0	1	0	0	0	0	0	0	0	0	1
NX	C3	0	0	1	0	0	0	0	0	0	0	0	0	0	0	0	0	0	0	0	0
NX	C4	1	0	2	7	3	0	1	2	1	0	2	1	0	0	1	0	0	0	0	1
NX	C5	0	0	0	0	0	0	0	0	0	0	0	0	0	0	0	0	1	0	0	0
NX	C6	0	0	0	0	0	0	0	0	0	0	0	0	0	0	0	0	0	0	0	0
NX	C7	0	0	0	0	0	0	0	0	0	0	0	0	0	0	0	0	0	0	0	0
NX	C8	0	0	1	0	1	0	1	1	0	0	1	0	0	0	1	1	0	0	0	0
XJ	C1	2	0	3	0	0	0	0	0	12	0	18	1	0	0	0	0	9	0	16	1
XJ	C2	0	0	0	2	0	0	1	0	0	0	1	9	0	3	1	0	0	0	4	4
XJ	C3	0	0	8	1	0	0	0	1	0	0	6	1	0	0	0	0	0	0	3	0
XJ	C4	1	1	2	8	3	0	1	4	1	1	1	2	1	0	1	3	4	3	2	5
XJ	C5	0	0	0	0	0	0	0	0	0	0	0	0	0	0	0	0	0	0	0	0
XJ	C6	0	0	0	0	0	0	0	0	0	0	0	0	0	0	0	0	0	0	0	0
XJ	C7	0	0	0	0	0	0	0	0	0	0	0	0	0	0	0	0	0	0	0	0
XJ	C8	1	0	1	2	1	0	1	1	0	0	1	1	1	0	1	1	0	0	1	1
IM	C1	279	1	419	56	1	0	0	48	6	0	9	1	0	0	0	1	10	0	18	1
IM	C2	1	11	17	252	14	39	6	20	1	2	7	36	4	7	3	10	0	1	5	14
IM	C3	76	7	449	98	47	1	29	143	7	4	56	18	8	3	6	21	7	4	75	15
IM	C4	159	93	374	1504	935	10	297	229	19	13	23	124	121	1	47	21	39	82	72	308
IM	C5	41	98	46	321	1352	15	185	190	15	18	22	57	250	3	27	52	54	331	79	91
IM	C6	0	0	0	0	0	0	0	0	0	0	0	0	0	0	0	0	0	0	0	0
IM	C7	0	0	0	0	0	0	0	0	0	0	0	0	0	0	0	0	0	0	0	0
IM	C8	3	1	8	12	7	1	5	7	5	1	2	3	3	0	2	5	5	5	17	10
TII	TII	6591	2498	17503	27529	16471	1588	8775	9878	4065	1077	7293	8573	5386	816	3744	5060	5537	4017	12271	8863
VA	TVA	10332	2878	6417	19944	8430	1187	4285	17047	8016	1833	3172	4710	2335	751	1643	7013	8163	11224	5087	4489
TI	TI	16922	5376	23920	47473	24901	2775	13060	26925	12081	2910	10465	13283	7721	1567	5387	12072	13700	15242	17358	13352

省份	部门	HL C5	HL C6	HL C7	HL C8	SH C1	SH C2	SH C3	SH C4	SH C5	SH C6	SH C7	SH C8	JS C1	JS C2	JS C3	JS C4	JS C5	JS C6	JS C7	JS C8
BJ	C1	0	0	0	0	0	0	3	1	0	0	0	0	1	0	2	0	0	0	0	0
BJ	C2	0	1	0	1	0	0	1	2	0	1	2	1	0	0	1	1	0	0	1	0
BJ	C3	1	0	1	8	2	0	8	2	0	0	0	3	5	0	26	6	3	0	1	8
BJ	C4	27	3	22	33	6	0	35	135	32	1	6	39	22	2	37	106	28	2	7	28
BJ	C5	23	1	12	13	0	0	1	3	29	0	1	1	6	1	8	10	84	1	21	58
BJ	C6	0	0	0	0	0	0	0	0	0	0	0	0	0	0	0	0	0	0	0	0
BJ	C7	0	0	0	0	0	0	0	0	0	0	0	0	0	0	0	0	0	0	0	0
BJ	C8	9	2	13	14	4	0	28	68	30	7	26	86	12	1	27	28	18	3	11	11
TJ	C1	0	0	0	0	0	0	4	1	0	0	0	0	1	0	3	0	0	0	0	0
TJ	C2	0	0	0	0	0	0	9	0	1	0	0	0	0	0	6	0	0	0	0	0
TJ	C3	2	0	2	14	2	0	12	3	0	0	0	3	5	0	61	9	4	0	1	12
TJ	C4	112	4	101	68	7	0	78	313	121	1	37	29	85	8	161	480	226	3	68	68
TJ	C5	35	1	11	18	1	0	5	11	98	0	2	4	2	1	7	9	90	0	9	23
TJ	C6	0	0	0	0	0	0	0	0	0	0	0	0	0	0	0	0	0	0	0	0
TJ	C7	0	0	0	0	0	0	0	0	0	0	0	0	0	0	0	0	0	0	0	0
TJ	C8	15	4	22	24	13	0	123	288	112	26	94	260	26	2	56	61	37	6	24	23
HE	C1	0	0	1	1	5	0	45	13	0	0	0	4	23	0	50	3	1	0	0	3
HE	C2	1	2	0	2	1	0	11	133	4	39	8	4	8	10	23	189	11	64	12	12
HE	C3	1	0	1	9	10	0	59	49	43	0	14	99	22	0	57	19	9	0	1	18
HE	C4	77	3	88	59	9	0	88	473	176	1	461	77	75	8	156	456	201	3	348	104
HE	C5	16	1	7	7	0	0	5	11	70	0	2	3	1	1	6	8	53	0	7	15
HE	C6	2	0	0	2	4	1	41	95	34	0	1	18	7	10	43	96	28	9	1	15
HE	C7	0	0	0	0	0	0	0	0	0	0	0	0	0	0	0	0	0	0	0	0
HE	C8	10	3	15	16	4	0	32	83	31	10	29	97	14	1	30	33	20	3	13	13
SX	C1	0	0	0	0	0	0	2	1	0	0	0	0	1	0	1	0	0	0	0	0
SX	C2	1	3	0	3	3	0	21	133	6	83	2	4	22	52	90	527	43	423	5	47
SX	C3	0	0	0	2	1	0	3	1	0	0	0	1	2	0	4	1	0	0	0	1
SX	C4	15	0	11	13	2	0	17	51	16	0	3	5	3	0	7	48	12	0	1	7
SX	C5	5	0	1	1	0	0	1	1	9	0	0	0	0	0	1	1	11	0	1	1
SX	C6	1	0	0	1	1	0	7	16	6	0	0	3	1	2	7	16	5	1	0	2
SX	C7	0	0	0	0	0	0	0	0	0	0	0	0	0	0	0	0	0	0	0	0
SX	C8	8	2	12	13	2	0	13	47	12	10	19	80	11	1	15	23	10	3	11	8
IM	C1	0	0	0	0	1	0	5	1	0	0	0	0	2	0	4	0	0	0	0	0
IM	C2	1	2	0	3	1	0	6	17	2	4	15	4	14	4	26	73	10	1	28	13
IM	C3	0	0	1	3	1	0	3	1	0	0	0	1	2	0	5	1	1	0	1	2
IM	C4	40	0	16	4	0	0	7	56	28	0	7	1	0	0	1	17	12	0	2	1
IM	C5	6	0	1	1	0	0	1	0	5	0	0	0	0	0	1	1	7	0	0	1
IM	C6	0	0	0	0	0	0	0	0	0	0	0	0	0	0	0	0	0	0	0	0
IM	C7	0	0	0	0	0	0	0	0	0	0	0	0	0	0	0	0	0	0	0	0
IM	C8	6	2	9	10	1	0	7	20	7	3	7	23	6	0	15	16	10	1	6	6
LN	C1	0	0	0	0	0	0	0	0	0	0	0	0	0	0	0	0	0	0	0	0
LN	C2	2	7	1	6	0	0	0	18	0	2	0	0	0	0	0	16	1	0	0	0
LN	C3	0	0	1	1	0	0	9	11	11	0	4	23	3	0	6	4	4	0	0	1
LN	C4	547	12	299	134	14	0	94	609	221	4	55	125	59	15	184	1238	820	7	186	97
LN	C5	123	6	74	62	1	0	7	15	103	0	3	4	2	1	8	11	83	0	14	19
LN	C6	1	0	0	1	1	0	8	17	6	0	0	3	1	2	8	17	5	2	0	3
LN	C7	0	0	0	0	0	0	0	0	0	0	0	0	0	0	0	0	0	0	0	0
LN	C8	10	2	14	15	4	0	39	91	36	8	30	81	13	1	32	32	21	3	12	13
JL	C1	0	0	3	2	6	0	50	15	0	0	0	0	25	0	53	3	1	0	0	3
JL	C2	8	20	3	24	0	0	5	13	1	1	12	3	13	4	23	67	9	0	25	12
JL	C3	9	0	9	77	0	2	6	2	1	0	1	3	5	1	19	7	6	0	5	10
JL	C4	129	4	211	108	3	0	26	74	22	0	5	7	10	1	17	45	12	0	6	8
JL	C5	119	3	33	46	0	0	2	6	39	0	1	1	12	2	13	17	124	1	35	113
JL	C6	0	0	0	0	0	0	0	0	0	0	0	0	0	0	0	0	0	0	0	0
JL	C7	0	0	0	0	0	0	0	0	0	0	0	0	0	0	0	0	0	0	0	0
JL	C8	1	0	2	2	0	0	0	0	0	0	0	0	0	0	2	1	1	0	0	1
HL	C1	2	0	105	89	0	0	0	0	0	0	0	0	0	0	0	0	0	0	0	0
HL	C2	73	282	24	225	1	0	11	266	4	31	23	7	40	12	71	498	27	5	80	39
HL	C3	149	12	406	1009	0	0	2	1	1	0	1	1	0	1	16	6	6	0	7	10

省份	部门	HL	HL	HL	HL	SH	SH	SH	SH	SH	SH	SH	SH	JS	JS	JS	JS	JS	JS	JS	JS
		C5	C6	C7	C8	C1	C2	C3	C4	C5	C6	C7	C8	C1	C2	C3	C4	C5	C6	C7	C8
HL	C4	871	185	1673	1556	4	0	20	108	28	1	6	37	7	1	9	31	11	2	2	16
HL	C5	818	29	348	621	0	0	1	2	14	0	1	1	0	0	2	3	23	0	5	4
HL	C6	174	13	31	199	0	0	0	1	0	0	0	0	0	0	0	1	0	0	0	0
HL	C7	0	0	0	71	0	0	0	0	0	0	0	0	0	0	0	0	0	0	0	0
HL	C8	772	139	870	2325	4	0	42	96	38	7	30	78	13	1	33	32	21	3	12	13
SH	C1	0	0	0	0	143	0	1180	350	3	0	4	105	0	0	0	0	0	0	0	0
SH	C2	0	0	0	0	1	0	13	17	4	0	35	10	0	0	0	0	0	0	0	0
SH	C3	2	0	2	14	275	0	5546	897	400	1	154	827	48	3	1200	71	23	0	14	62
SH	C4	95	4	71	65	100	3	1268	5904	2571	6	1964	439	542	53	1091	3758	1818	20	464	442
SH	C5	55	2	28	32	20	3	223	801	6307	7	406	879	14	11	80	113	1393	6	143	284
SH	C6	0	0	0	0	35	11	335	766	277	0	10	148	0	0	0	0	0	0	0	0
SH	C7	0	0	0	0	0	0	0	0	0	0	0	0	0	0	0	0	0	0	0	0
SH	C8	38	12	58	65	88	108	955	1888	1397	63	567	3125	105	7	164	227	110	28	99	78
JS	C1	0	0	1	1	10	0	86	26	0	0	0	8	4971	3	10604	606	110	1	85	599
JS	C2	0	1	0	1	2	0	20	85	6	40	29	10	201	71	375	1376	146	153	379	197
JS	C3	6	0	5	32	58	0	2564	225	45	0	15	79	2202	98	21239	2726	1472	19	490	2278
JS	C4	62	4	90	74	28	1	247	1078	400	4	613	188	1873	213	3688	10812	5109	103	6572	2456
JS	C5	57	2	28	34	5	0	53	110	1129	2	23	47	119	142	772	1044	8964	43	1103	1968
JS	C6	1	0	0	1	0	0	2	5	2	0	0	1	115	177	733	1643	474	149	19	259
JS	C7	0	0	0	0	0	0	0	0	0	0	0	0	0	0	0	0	0	0	0	0
JS	C8	14	3	21	22	17	0	166	360	152	20	109	250	1375	119	2887	3282	2288	269	1195	2946
ZJ	C1	0	0	1	1	24	0	200	59	1	0	1	18	59	0	127	7	1	0	1	7
ZJ	C2	0	0	0	0	0	0	5	14	2	0	14	4	0	0	1	4	0	0	1	0
ZJ	C3	3	0	2	18	46	0	1389	141	45	0	25	79	41	4	807	79	41	0	25	92
ZJ	C4	26	3	43	42	18	0	146	560	207	3	270	111	85	8	148	342	143	4	143	88
ZJ	C5	27	2	20	16	2	0	22	50	430	1	16	18	5	3	23	33	261	2	57	72
ZJ	C6	0	0	0	0	0	0	0	0	0	0	0	0	0	0	0	0	0	0	0	0
ZJ	C7	0	0	0	0	0	0	0	0	0	0	0	0	0	0	0	0	0	0	0	0
ZJ	C8	2	0	3	3	0	0	1	2	2	0	2	4	1	0	5	4	3	0	1	2
AH	C1	0	0	1	1	13	0	105	31	0	0	0	9	69	0	148	8	2	0	1	8
AH	C2	1	2	0	2	2	0	13	55	4	29	17	6	15	6	28	87	11	18	27	14
AH	C3	1	0	1	7	13	0	41	13	2	0	1	15	31	0	153	23	7	0	1	23
AH	C4	36	2	20	16	2	0	31	197	85	1	21	17	5	2	15	111	72	2	37	21
AH	C5	5	0	3	2	0	0	1	2	15	0	1	1	1	1	3	5	34	0	6	10
AH	C6	1	0	0	1	0	0	3	7	3	0	0	1	0	1	3	7	2	1	0	1
AH	C7	0	0	0	0	0	0	0	0	0	0	0	0	0	0	0	0	0	0	0	0
AH	C8	6	1	8	9	1	0	7	17	7	?	6	21	6	0	14	14	9	1	5	6
FJ	C1	0	0	1	1	7	0	58	17	0	0	0	5	23	0	48	3	1	0	0	3
FJ	C2	0	0	0	1	0	0	4	22	2	0	17	5	6	2	10	28	4	0	11	5
FJ	C3	0	0	0	4	4	0	16	5	2	0	2	6	7	0	21	8	5	0	3	11
FJ	C4	3	0	3	6	1	0	9	24	6	0	1	3	0	0	1	2	0	0	0	0
FJ	C5	4	0	1	3	0	0	0	1	21	0	1	1	0	0	0	0	7	0	0	0
FJ	C6	0	0	0	0	0	0	0	0	0	0	0	0	0	0	0	0	0	0	0	0
FJ	C7	0	0	0	0	0	0	0	0	0	0	0	0	0	0	0	0	0	0	0	0
FJ	C8	1	0	1	2	0	0	0	1	0	0	1	3	1	0	1	2	1	0	1	1
JX	C1	0	0	0	0	4	0	33	10	0	0	0	3	12	0	25	1	0	0	0	1
JX	C2	0	0	0	1	0	0	4	22	2	0	12	3	3	1	5	28	2	0	5	2
JX	C3	0	0	0	2	1	0	7	2	3	0	2	3	3	0	14	4	4	0	4	5
JX	C4	14	2	8	10	2	0	12	79	30	1	7	15	2	1	3	11	5	1	2	8
JX	C5	6	0	1	2	0	0	1	3	27	0	1	1	0	0	2	2	18	0	1	3
JX	C6	0	0	0	0	0	0	0	0	0	0	0	0	0	0	0	0	0	0	0	0
JX	C7	0	0	0	0	0	0	0	0	0	0	0	0	0	0	0	0	0	0	0	0
JX	C8	4	1	6	7	0	0	2	8	2	2	3	13	4	0	7	8	4	1	4	3
SD	C1	0	0	1	1	7	0	62	18	0	0	0	5	34	0	73	4	1	0	1	4
SD	C2	1	2	0	2	1	0	7	380	3	58	0	2	1	5	6	546	4	27	7	6
SD	C3	3	0	3	20	17	0	98	31	16	0	5	47	33	1	274	31	11	0	2	28
SD	C4	30	4	33	37	8	0	44	198	49	2	29	64	30	3	51	133	42	3	63	45
SD	C5	19	1	7	8	1	0	6	13	93	0	3	4	2	2	8	11	81	0	9	21
SD	C6	0	0	0	0	0	0	0	0	0	0	0	0	0	0	0	0	0	0	0	0

省份	部门	HL	HL	HL	HL	SH	SH	SH	SH	SH	SH	SH	SH	JS	JS	JS	JS	JS	JS	JS	JS
		C5	C6	C7	C8	C1	C2	C3	C4	C5	C6	C7	C8	C1	C2	C3	C4	C5	C6	C7	C8
SD	C7	0	0	0	0	0	0	0	0	0	0	0	0	0	0	0	0	0	0	0	0
SD	C8	7	2	11	12	1	0	10	31	8	6	12	44	9	1	16	20	10	2	8	7
HA	C1	0	0	1	1	20	0	168	50	0	0	1	15	106	0	226	13	2	0	2	13
HA	C2	1	2	0	2	2	0	13	179	4	60	1	3	5	13	22	239	11	103	3	12
HA	C3	2	0	2	15	33	0	157	98	74	0	24	183	59	1	219	42	14	0	4	40
HA	C4	59	3	58	37	8	0	68	471	181	1	487	84	25	6	76	327	179	3	474	97
HA	C5	18	1	7	7	1	0	12	27	177	0	5	6	1	2	10	14	102	0	9	11
HA	C6	1	0	0	1	0	0	2	4	1	0	0	1	0	0	2	4	1	0	0	1
HA	C7	0	0	0	0	0	0	0	0	0	0	0	0	0	0	0	0	0	0	0	0
HA	C8	0	0	0	0	0	0	0	0	0	0	0	0	0	0	0	0	0	0	0	0
HB	C1	0	0	1	1	8	0	62	19	0	0	0	6	33	0	70	4	1	0	1	4
HB	C2	0	0	0	1	0	0	4	19	1	0	12	3	9	3	17	58	7	0	18	9
HB	C3	2	0	2	12	14	0	58	14	2	0	1	16	25	1	130	17	5	0	3	14
HB	C4	88	4	46	32	9	0	57	443	165	4	43	98	16	8	73	645	462	5	108	54
HB	C5	10	0	4	5	0	0	2	4	29	0	1	1	16	2	15	20	151	1	45	140
HB	C6	1	0	0	1	1	0	8	19	7	0	0	4	1	2	8	19	5	2	0	3
HB	C7	0	0	0	0	0	0	0	0	0	0	0	0	0	0	0	0	0	0	0	0
HB	C8	12	3	18	20	8	0	77	180	71	16	59	162	20	1	45	47	30	4	18	18
HN	C1	0	0	1	0	5	0	38	11	0	0	0	3	15	0	32	2	0	0	0	2
HN	C2	0	1	0	1	0	0	1	3	0	1	1	0	0	0	0	1	0	0	0	0
HN	C3	0	0	0	2	3	0	23	21	19	0	6	43	9	0	12	7	4	0	1	3
HN	C4	5	1	7	6	0	0	1	15	5	0	6	4	1	0	2	8	3	0	12	6
HN	C5	6	0	4	3	0	0	0	1	10	0	1	1	1	0	1	2	15	0	4	8
HN	C6	0	0	0	0	0	0	0	0	0	0	0	0	0	0	0	0	0	0	0	0
HN	C7	0	0	0	0	0	0	0	0	0	0	0	0	0	0	0	0	0	0	0	0
HN	C8	2	0	3	3	0	0	0	1	0	0	0	0	1	0	4	3	3	0	1	1
GD	C1	0	0	0	0	3	0	21	6	0	0	0	2	8	0	16	1	0	0	0	1
GD	C2	0	0	0	0	0	0	0	0	0	0	0	0	0	0	0	0	0	0	0	0
GD	C3	0	0	0	5	36	0	92	31	3	0	2	36	47	1	50	21	4	0	6	24
GD	C4	16	3	35	35	8	0	36	164	37	2	21	67	20	3	31	73	34	2	25	31
GD	C5	22	2	27	15	0	0	0	1	14	0	2	1	1	1	6	9	69	1	22	16
GD	C6	0	0	0	0	0	0	0	0	0	0	0	0	0	0	0	0	0	0	0	0
GD	C7	0	0	0	0	0	0	0	0	0	0	0	0	0	0	0	0	0	0	0	0
GD	C8	15	4	22	23	18	0	169	370	159	22	115	281	25	2	63	63	41	5	24	25
GX	C1	0	0	0	0	0	0	4	1	0	0	0	0	1	0	2	0	0	0	0	0
GX	C2	0	0	0	0	0	0	2	14	1	0	5	1	1	1	2	16	1	0	2	1
GX	C3	0	0	0	3	6	0	16	5	1	0	0	6	9	0	9	4	0	0	0	4
GX	C4	3	0	9	7	0	0	0	12	3	0	0	5	2	0	1	3	1	0	11	2
GX	C5	6	0	2	3	0	0	0	1	12	0	1	1	0	0	1	1	9	0	1	1
GX	C6	0	0	0	0	0	0	0	1	0	0	0	0	0	0	0	1	0	0	0	0
GX	C7	0	0	0	0	0	0	0	0	0	0	0	0	0	0	0	0	0	0	0	0
GX	C8	3	0	4	4	1	0	3	6	5	0	3	12	2	0	8	6	5	0	2	3
SC	C1	0	0	0	0	0	0	1	0	0	0	0	0	0	0	1	0	0	0	0	0
SC	C2	1	1	0	2	0	0	5	21	2	4	12	3	8	2	14	45	5	1	15	7
SC	C3	1	0	1	8	29	0	74	24	1	0	0	29	44	0	49	18	1	0	0	18
SC	C4	63	0	28	13	1	0	28	179	84	0	20	4	1	1	14	147	108	0	24	6
SC	C5	22	1	6	11	1	0	6	13	99	0	3	4	1	1	6	9	71	0	7	16
SC	C6	0	0	0	0	0	0	0	0	0	0	0	0	0	0	0	0	0	0	0	0
SC	C7	0	0	0	0	0	0	0	0	0	0	0	0	0	0	0	0	0	0	0	0
SC	C8	10	2	14	14	7	0	72	151	66	7	45	95	13	1	40	35	26	2	12	15
GZ	C1	0	0	0	0	0	0	0	0	0	0	0	0	0	0	0	1	0	0	0	0
GZ	C2	0	1	0	1	0	0	2	9	1	5	3	1	0	0	1	2	0	0	1	0
GZ	C3	0	0	0	2	7	0	19	6	0	0	0	7	11	0	11	5	0	0	0	4
GZ	C4	19	0	7	2	0	0	6	45	22	0	5	1	0	0	0	6	4	0	1	0
GZ	C5	4	0	1	2	0	0	0	0	7	0	0	0	0	0	0	1	6	0	1	2
GZ	C6	0	0	0	0	0	0	0	0	0	0	0	0	0	0	0	0	0	0	0	0
GZ	C7	0	0	0	0	0	0	0	0	0	0	0	0	0	0	0	0	0	0	0	0
GZ	C8	3	1	4	4	0	0	1	2	1	0	1	3	2	0	4	5	3	0	2	2
YN	C1	0	0	0	0	2	0	14	4	0	0	0	1	5	0	11	1	0	0	0	1

续表

省份	部门	HL	HL	HL	HL	SH	SH	SH	SH	SH	SH	SH	SH	JS	JS	JS	JS	JS	JS	JS	JS
		C5	C6	C7	C8	C1	C2	C3	C4	C5	C6	C7	C8	C1	C2	C3	C4	C5	C6	C7	C8
YN	C2	0	0	0	0	0	0	1	1	0	0	3	1	0	0	0	1	0	0	0	0
YN	C3	0	0	0	5	26	0	65	21	1	0	0	25	35	0	32	14	0	0	0	14
YN	C4	26	0	10	2	0	0	7	60	30	0	7	1	0	0	1	12	9	0	2	0
YN	C5	0	0	0	0	0	0	0	0	0	0	0	0	0	0	0	0	0	0	0	0
YN	C6	0	0	0	0	0	0	0	0	0	0	0	0	0	0	0	0	0	0	0	0
YN	C7	0	0	0	0	0	0	0	0	0	0	0	0	0	0	0	0	0	0	0	0
YN	C8	0	0	1	1	0	0	0	0	0	0	0	0	0	0	0	0	0	0	0	0
SN	C1	0	0	0	0	0	0	0	0	0	0	0	0	0	0	0	0	0	0	0	0
SN	C2	0	1	0	1	0	0	10	0	1	0	0	0	0	0	11	1	0	0	0	0
SN	C3	0	0	0	0	0	0	0	0	0	0	0	0	0	0	0	0	0	0	0	0
SN	C4	3	0	4	4	0	0	3	8	2	0	1	1	0	0	0	2	1	0	1	0
SN	C5	14	0	6	7	0	0	1	3	29	0	1	1	2	1	4	6	44	0	8	19
SN	C6	0	0	0	0	0	0	0	0	0	0	0	0	0	0	0	0	0	0	0	0
SN	C7	0	0	0	0	0	0	0	0	0	0	0	0	0	0	0	0	0	0	0	0
SN	C8	3	1	4	4	1	0	3	7	7	0	4	21	2	0	5	5	3	0	2	2
GS	C1	0	0	0	0	0	0	2	0	0	0	0	1	0	1	0	0	0	0	0	0
GS	C2	0	0	0	0	0	0	0	0	0	0	0	0	0	0	0	0	0	0	0	0
GS	C3	0	0	0	1	0	0	1	0	0	0	0	0	0	1	0	0	0	0	0	0
GS	C4	38	3	18	16	3	0	16	126	45	1	11	29	4	1	7	46	29	2	7	14
GS	C5	3	0	1	2	0	0	0	0	5	0	0	0	0	0	0	2	0	0	0	0
GS	C6	1	0	0	1	0	0	3	8	3	0	0	2	1	1	3	8	2	1	0	1
GS	C7	0	0	0	0	0	0	0	0	0	0	0	0	0	0	0	0	0	0	0	0
GS	C8	1	0	1	1	0	0	0	1	0	0	0	1	0	0	0	1	0	0	0	0
QH	C1	0	0	0	0	0	0	0	0	0	0	0	0	0	0	0	0	0	0	0	0
QH	C2	0	0	0	0	0	0	0	6	0	1	0	0	0	0	3	0	0	0	0	0
QH	C3	0	0	0	0	0	0	0	0	0	0	0	0	0	0	0	0	0	0	0	0
QH	C4	0	0	0	0	0	0	0	0	0	0	0	0	0	0	0	0	0	0	0	0
QH	C5	0	0	0	0	0	0	0	0	0	0	0	0	0	0	0	0	0	0	0	0
QH	C6	0	0	0	0	0	0	0	0	0	0	0	0	0	0	0	0	0	0	0	0
QH	C7	0	0	0	0	0	0	0	0	0	0	0	0	0	0	0	0	0	0	0	0
QH	C8	0	0	0	0	0	0	0	0	0	0	0	0	0	0	0	0	0	0	0	0
NX	C1	0	0	0	0	0	0	0	0	0	0	0	0	0	0	0	0	0	0	0	0
NX	C2	0	1	0	1	0	0	0	0	0	0	0	0	0	0	0	0	0	0	0	0
NX	C3	0	0	0	0	0	0	0	0	0	0	0	0	0	0	0	0	0	0	0	0
NX	C4	0	0	0	1	0	0	0	1	0	0	0	0	0	0	0	0	0	0	0	0
NX	C5	1	0	0	1	0	0	0	0	0	0	0	0	0	0	0	0	0	0	0	0
NX	C6	0	0	0	0	0	0	0	0	0	0	0	0	0	0	0	0	0	0	0	0
NX	C7	0	0	0	0	0	0	0	0	0	0	0	0	0	0	0	0	0	0	0	0
NX	C8	0	0	0	0	0	0	0	0	0	0	0	0	0	0	0	0	0	0	0	0
XJ	C1	0	0	0	0	2	0	18	5	0	0	0	2	7	0	15	1	0	0	0	1
XJ	C2	0	0	0	0	0	0	0	20	0	2	1	0	0	0	13	0	0	0	0	0
XJ	C3	0	0	0	0	0	0	0	0	0	0	0	0	0	0	0	0	0	0	0	0
XJ	C4	1	2	1	7	1	0	1	17	2	1	1	14	2	1	2	8	3	1	1	9
XJ	C5	0	0	0	0	0	0	0	0	0	0	0	0	0	0	0	0	0	0	0	0
XJ	C6	0	0	0	0	0	0	0	0	0	0	0	0	0	0	0	0	0	0	0	0
XJ	C7	0	0	0	0	0	0	0	0	0	0	0	0	0	0	0	0	0	0	0	0
XJ	C8	1	0	1	1	0	0	0	0	0	0	0	0	0	1	0	0	0	0	0	0
IM	C1	0	0	1	0	114	0	937	278	3	0	3	83	84	0	180	10	2	0	1	10
IM	C2	1	4	0	4	8	0	105	398	36	6	291	82	9	5	18	111	9	13	16	9
IM	C3	6	0	7	44	122	0	2573	441	285	1	114	563	79	6	627	121	82	1	46	127
IM	C4	414	3	183	82	95	1	1089	4415	1665	7	448	345	128	14	233	725	308	11	83	148
IM	C5	432	9	105	189	13	1	158	522	3682	5	182	343	20	13	80	114	932	4	110	216
IM	C6	0	0	0	0	0	0	0	0	0	0	0	0	0	0	0	0	0	0	0	0
IM	C7	0	0	0	0	0	0	0	0	0	0	0	0	0	0	0	0	0	0	0	0
IM	C8	9	1	12	11	6	0	59	119	57	4	34	69	10	1	38	29	25	1	9	14
TII	TII	6113	863	5612	8190	1710	133	22367	27010	22276	641	7307	10651	13568	1184	48853	34679	27643	1572	13104	14134
VA	TVA	2719	835	3125	10515	2174	36	9003	14360	10582	983	2841	14583	24457	2076	13413	15246	11924	2190	5050	17879
TI	TI	8832	1697	8738	18705	3884	169	31370	41370	32858	1624	10148	25234	38025	3259	62266	49925	39566	3761	18154	32012

省份	部门	ZJ	ZJ	ZJ	ZJ	ZJ	ZJ	ZJ	ZJ	AH	AH	AH	AH	AH	AH	AH	AH	FJ	FJ	FJ	FJ
		C1	C2	C3	C4	C5	C6	C7	C8	C1	C2	C3	C4	C5	C6	C7	C8	C1	C2	C3	C4
BJ	C1	1	0	3	0	0	0	0	0	3	0	4	0	0	0	0	0	0	0	0	0
BJ	C2	0	0	0	1	0	0	1	0	0	1	1	4	0	1	3	1	0	0	1	1
BJ	C3	3	0	23	7	2	0	0	6	5	0	23	7	1	0	1	8	3	0	6	1
BJ	C4	26	2	32	70	26	1	6	40	41	4	25	49	20	1	17	26	15	2	16	27
BJ	C5	12	0	8	3	39	0	5	24	5	2	2	6	19	0	13	8	0	0	0	0
BJ	C6	0	0	0	0	0	0	0	0	0	0	0	0	0	0	0	0	0	0	0	0
BJ	C7	0	0	0	0	0	0	0	0	0	0	0	0	0	0	0	0	0	0	0	0
BJ	C8	2	0	7	6	4	1	5	11	10	2	13	9	3	1	8	6	2	2	5	4
TJ	C1	1	0	3	0	0	0	0	0	3	0	4	0	0	0	0	0	0	0	0	0
TJ	C2	0	0	0	7	0	0	0	0	0	0	0	12	0	0	0	0	0	0	0	0
TJ	C3	3	0	37	11	3	0	0	8	6	1	39	12	2	0	1	13	4	0	7	1
TJ	C4	45	3	86	202	104	0	29	41	64	10	47	95	57	1	44	32	19	3	26	39
TJ	C5	4	1	5	3	33	0	3	9	5	2	3	6	22	0	13	7	0	0	0	0
TJ	C6	0	0	0	0	0	0	0	0	0	0	0	0	0	0	0	0	0	0	0	0
TJ	C7	0	0	0	0	0	0	0	0	0	0	0	0	0	0	0	0	0	0	0	0
TJ	C8	2	0	8	6	4	1	6	7	14	2	19	18	6	1	11	15	2	1	4	3
HE	C1	18	0	53	3	0	0	0	2	7	0	9	0	0	0	0	0	0	0	0	0
HE	C2	9	3	36	195	5	21	18	10	0	6	9	113	1	16	8	4	0	0	1	2
HE	C3	10	0	48	12	3	0	0	15	10	1	39	13	2	0	1	14	5	0	9	1
HE	C4	42	3	76	174	85	0	26	40	62	10	45	91	53	1	51	33	19	3	26	39
HE	C5	3	0	4	3	26	0	3	6	4	2	3	6	19	0	12	6	0	0	0	0
HE	C6	21	31	88	186	49	1	5	56	0	0	0	0	0	0	0	0	0	0	0	0
HE	C7	0	0	0	0	0	0	0	0	0	0	0	0	0	0	0	0	0	0	0	0
HE	C8	2	0	7	6	4	1	5	10	10	2	15	15	5	1	8	13	2	2	5	4
SX	C1	1	0	2	0	0	0	0	0	3	0	3	0	0	0	0	0	0	0	0	0
SX	C2	31	5	108	316	15	67	1	25	0	7	9	47	2	21	2	5	0	0	1	3
SX	C3	1	0	6	1	0	0	0	1	4	0	9	1	0	0	0	2	3	0	6	1
SX	C4	5	1	9	25	13	1	4	8	22	3	15	29	14	0	11	8	10	1	13	22
SX	C5	0	0	1	1	7	0	1	1	2	1	1	2	8	0	4	2	0	0	0	0
SX	C6	1	2	6	12	3	0	0	4	0	0	0	0	0	0	0	0	0	0	0	0
SX	C7	0	0	0	0	0	0	0	0	0	0	0	0	0	0	0	0	0	0	0	0
SX	C8	2	0	5	4	3	0	4	6	7	1	9	7	2	1	7	4	1	1	3	3
IM	C1	2	0	5	0	0	0	0	0	3	0	4	0	0	0	0	0	0	0	0	0
IM	C2	2	4	14	34	2	2	54	6	0	4	6	18	1	4	11	3	0	0	1	2
IM	C3	1	0	7	1	0	0	0	1	3	0	9	1	0	0	1	2	3	0	6	1
IM	C4	0	0	3	17	17	0	6	2	3	2	8	26	23	0	15	3	3	1	14	15
IM	C5	0	0	1	1	5	0	0	0	1	1	1	2	6	0	2	1	0	0	0	0
IM	C6	0	0	0	0	0	0	0	0	0	0	0	0	0	0	0	0	0	0	0	0
IM	C7	0	0	0	0	0	0	0	0	0	0	0	0	0	0	0	0	0	0	0	0
IM	C8	1	0	5	3	2	0	4	2	8	1	10	6	3	1	6	4	1	0	2	2
LN	C1	0	0	0	0	0	0	0	0	1	0	2	0	0	0	0	0	0	0	0	0
LN	C2	0	0	0	25	0	1	3	0	0	0	1	17	0	2	0	0	0	0	1	1
LN	C3	0	0	4	1	1	0	0	2	1	0	2	0	0	0	0	0	0	0	2	0
LN	C4	73	7	102	360	261	3	77	136	58	11	49	116	77	2	55	43	23	4	36	48
LN	C5	5	1	6	4	42	0	5	10	5	2	3	7	22	0	15	7	0	0	0	0
LN	C6	1	2	6	13	4	0	0	4	0	0	0	0	0	0	0	0	0	0	0	0
LN	C7	0	0	0	0	0	0	0	0	0	0	0	0	0	0	0	0	0	0	0	0
LN	C8	1	0	6	4	3	1	5	3	10	2	15	15	5	1	8	13	1	0	3	2
JL	C1	21	0	61	4	0	0	0	2	7	0	9	0	0	0	0	0	0	0	0	0
JL	C2	1	3	12	30	2	1	51	6	0	3	4	12	1	1	9	2	0	0	1	1
JL	C3	2	0	17	5	2	0	0	6	5	0	14	5	1	0	1	5	4	0	6	1
JL	C4	10	1	18	37	14	0	5	8	29	3	18	33	14	0	13	12	12	1	15	25
JL	C5	23	1	14	6	59	1	9	44	5	1	2	5	17	0	10	8	0	0	0	0
JL	C6	0	0	0	0	0	0	0	0	0	0	0	0	0	0	0	0	0	0	0	0
JL	C7	0	0	0	0	0	0	0	0	0	0	0	0	0	0	0	0	0	0	0	0
JL	C8	1	0	3	2	1	0	2	1	3	0	4	2	1	0	2	1	1	0	2	1
HL	C1	0	0	0	0	0	0	0	0	0	0	0	0	0	0	0	0	0	0	0	0
HL	C2	5	13	48	424	9	5	176	24	0	5	8	229	1	12	14	3	0	0	1	2
HL	C3	1	0	11	5	2	0	1	4	1	0	7	4	1	0	2	4	0	0	0	0

省份	部门	ZJ	ZJ	ZJ	ZJ	ZJ	ZJ	ZJ	ZJ	AH	AH	AH	AH	AH	AH	AH	AH	FJ	FJ	FJ	FJ
		C1	C2	C3	C4	C5	C6	C7	C8	C1	C2	C3	C4	C5	C6	C7	C8	C1	C2	C3	C4
HL	C4	16	1	12	35	18	1	6	34	25	4	17	39	21	1	15	21	13	2	18	26
HL	C5	1	0	2	2	16	0	2	2	2	1	2	3	11	0	8	3	0	0	0	0
HL	C6	0	0	0	0	0	0	0	0	0	0	0	0	0	0	0	0	0	0	0	0
HL	C7	0	0	0	0	0	0	0	0	0	0	0	0	0	0	0	0	0	0	0	0
HL	C8	2	0	6	4	3	0	5	3	11	2	14	9	3	1	8	5	1	0	3	2
SH	C1	0	0	0	0	0	0	0	0	2	0	2	0	0	0	0	0	0	0	0	0
SH	C2	0	0	0	0	0	0	0	0	0	0	0	0	0	0	0	0	0	0	0	0
SH	C3	59	3	768	85	20	0	6	71	16	1	74	12	2	0	3	12	9	0	21	3
SH	C4	337	31	654	1886	1220	8	393	409	124	20	94	200	123	2	96	69	39	7	61	85
SH	C5	57	9	73	59	580	5	65	124	12	7	8	18	63	1	41	18	0	0	1	1
SH	C6	0	0	0	0	0	0	0	0	0	0	0	0	0	0	0	0	0	0	0	0
SH	C7	0	0	0	0	0	0	0	0	0	0	0	0	0	0	0	0	0	0	0	0
SH	C8	3	0	11	8	6	1	8	13	23	4	30	27	9	3	19	20	2	2	6	5
JS	C1	29	0	84	5	0	0	0	4	12	1	16	1	0	0	0	0	0	0	0	0
JS	C2	5	2	20	58	3	9	24	6	1	13	18	73	3	24	22	9	0	0	2	4
JS	C3	47	2	427	72	18	0	4	67	36	5	317	71	13	1	15	72	9	0	19	3
JS	C4	179	11	303	614	230	3	71	175	161	27	113	223	124	2	159	90	32	5	40	66
JS	C5	29	3	28	20	215	2	26	61	21	11	14	31	111	2	74	36	0	0	1	0
JS	C6	0	0	1	2	0	0	0	0	0	0	0	0	0	0	0	0	0	0	0	0
JS	C7	0	0	0	0	0	0	0	0	0	0	0	0	0	0	0	0	0	0	0	0
JS	C8	2	0	7	5	3	0	6	4	14	2	18	12	5	1	10	7	1	0	3	3
ZJ	C1	2163	2	6195	362	3	0	15	265	10	0	13	0	0	0	0	0	0	0	1	0
ZJ	C2	14	32	124	334	20	18	458	54	0	1	1	5	0	0	3	1	0	0	1	1
ZJ	C3	992	66	13583	1542	399	2	116	1308	17	2	98	28	5	0	5	30	11	0	26	4
ZJ	C4	984	64	1711	3977	2136	14	3336	1014	67	8	40	73	30	1	38	38	31	5	36	63
ZJ	C5	330	49	372	413	3719	34	436	559	7	4	5	10	34	1	27	12	0	0	1	1
ZJ	C6	67	99	284	603	158	0	2	16	180	0	0	0	0	0	0	0	0	0	0	0
ZJ	C7	0	0	0	0	0	0	0	0	0	0	0	0	0	0	0	0	0	0	0	0
ZJ	C8	522	56	2043	1607	1161	889	1555	2336	4	1	6	3	1	0	3	3	1	0	2	2
AH	C1	42	0	119	7	0	0	0	5	3187	163	4192	161	6	0	110	106	0	0	0	0
AH	C2	5	2	21	56	3	10	22	6	7	120	171	633	28	140	295	77	0	0	2	4
AH	C3	13	0	63	8	2	0	0	13	1151	52	2729	627	122	6	208	752	7	0	13	2
AH	C4	7	1	12	55	48	1	23	16	1315	199	915	1684	679	18	2285	818	11	2	24	29
AH	C5	2	0	2	2	18	0	2	4	202	109	104	206	590	12	392	227	0	0	0	0
AH	C6	0	1	2	4	1	0	0	1	67	149	170	375	58	3	50	121	0	0	0	0
AH	C7	0	0	0	0	0	0	0	0	0	0	0	0	0	0	0	0	0	0	0	0
AH	C8	2	0	5	4	3	0	4	6	648	147	1026	1175	372	79	559	1205	1	1	3	3
FJ	C1	27	0	78	5	0	0	3	7	0	9	0	0	0	0	0	0	1375	17	2032	214
FJ	C2	1	2	8	15	1	0	35	4	0	2	3	6	0	0	8	1	85	96	501	355
FJ	C3	7	0	46	18	6	0	2	16	6	0	13	5	1	0	1	6	699	26	2272	423
FJ	C4	2	0	3	6	3	0	3	1	12	1	7	10	3	0	2	4	645	105	716	1346
FJ	C5	0	0	0	0	13	0	1	1	0	0	0	1	4	0	2	1	99	29	116	107
FJ	C6	0	0	0	0	0	0	0	0	0	0	0	0	0	0	0	0	34	47	151	244
FJ	C7	0	0	0	0	0	0	0	0	0	0	0	0	0	0	0	0	0	0	0	0
FJ	C8	0	0	1	1	1	1	2	2	1	1	3	8	2	0	2	9	455	197	949	755
JX	C1	15	0	44	3	0	0	0	2	5	0	7	0	0	0	0	0	0	0	1	0
JX	C2	0	2	4	52	1	2	25	2	0	2	2	8	0	0	5	1	1	1	4	7
JX	C3	3	0	35	5	3	0	2	6	4	0	11	2	0	0	1	2	7	0	32	5
JX	C4	7	1	6	26	20	0	17	17	12	2	10	26	18	1	16	13	15	4	45	46
JX	C5	2	0	4	3	28	0	2	5	2	1	1	3	11	0	5	3	1	0	1	1
JX	C6	0	0	0	0	0	0	0	0	0	0	0	0	0	0	0	0	0	0	0	0
JX	C7	0	0	0	0	0	0	0	0	0	0	0	0	0	0	0	0	0	0	0	0
JX	C8	1	0	4	3	2	1	4	3	6	1	9	11	3	1	5	11	1	0	3	2
SD	C1	25	0	72	4	0	0	0	3	9	0	12	0	0	0	0	0	0	0	0	0
SD	C2	6	1	22	489	5	14	3	9	0	6	8	401	2	30	1	4	0	0	1	3
SD	C3	16	1	87	15	3	0	0	19	16	1	81	19	3	0	1	19	6	0	11	2
SD	C4	36	2	38	85	33	1	13	59	56	8	37	75	36	1	44	40	18	3	20	33
SD	C5	4	1	5	4	35	0	4	8	7	3	4	9	31	0	18	9	0	0	0	0
SD	C6	0	0	0	0	0	0	0	0	0	0	0	0	0	0	0	0	0	0	0	0

省份	部门	ZJ C1	ZJ C2	ZJ C3	ZJ C4	ZJ C5	ZJ C6	ZJ C7	ZJ C8	AH C1	AH C2	AH C3	AH C4	AH C5	AH C6	AH C7	AH C8	FJ C1	FJ C2	FJ C3	FJ C4
SD	C7	0	0	0	0	0	0	0	0	0	0	0	0	0	0	0	0	0	0	0	0
SD	C8	1	0	5	3	2	0	4	2	8	1	10	7	3	1	6	4	1	0	2	2
HA	C1	76	0	217	13	0	0	1	9	12	1	16	1	0	0	0	0	0	0	0	0
HA	C2	14	2	48	250	7	30	4	12	0	8	11	163	2	29	1	6	0	0	2	3
HA	C3	29	1	111	20	5	0	1	31	19	1	82	22	3	0	3	23	8	0	15	2
HA	C4	22	2	34	109	76	1	31	35	50	11	45	104	70	1	77	37	17	3	28	39
HA	C5	2	1	5	5	38	0	3	4	6	3	4	9	30	0	17	7	0	0	0	0
HA	C6	0	0	1	1	0	0	0	0	0	0	0	0	0	0	0	0	0	0	0	0
HA	C7	0	0	0	0	0	0	0	0	0	0	0	0	0	0	0	0	0	0	0	0
HA	C8	0	0	0	0	0	0	0	0	0	0	0	0	0	0	0	0	0	0	0	0
HB	C1	30	0	86	5	0	0	4	8	0	0	10	0	0	0	0	0	0	0	0	0
HB	C2	1	3	9	39	2	1	40	4	0	3	4	17	1	0	10	2	0	0	1	1
HB	C3	16	0	71	7	2	0	0	14	11	0	34	5	1	0	2	6	9	0	20	3
HB	C4	47	6	54	251	210	3	68	110	39	10	38	98	71	1	53	36	24	6	50	61
HB	C5	33	1	20	8	84	1	12	64	7	2	3	7	23	0	15	11	0	0	1	0
HB	C6	2	3	8	16	4	0	0	5	0	0	0	0	0	0	0	0	0	0	0	0
HB	C7	0	0	0	0	0	0	0	0	0	0	0	0	0	0	0	0	0	0	0	0
HB	C8	2	0	7	5	4	0	5	6	12	2	16	10	4	1	9	6	1	1	4	3
HN	C1	17	0	50	3	0	0	0	2	6	0	7	0	0	0	0	0	0	0	1	0
HN	C2	0	0	0	1	0	0	0	0	0	1	1	4	0	1	1	0	0	1	3	5
HN	C3	4	0	12	2	1	0	0	5	5	0	5	2	0	0	0	2	6	0	14	2
HN	C4	2	0	1	5	3	0	8	5	3	1	3	11	7	0	10	7	4	1	15	16
HN	C5	5	0	4	2	25	0	3	10	2	1	1	3	9	0	7	4	0	0	1	1
HN	C6	0	0	0	0	0	0	0	0	0	0	0	0	0	0	0	0	0	0	0	0
HN	C7	0	0	0	0	0	0	0	0	0	0	0	0	0	0	0	0	0	0	0	0
HN	C8	1	0	4	2	2	0	3	2	4	1	5	3	1	0	2	2	1	0	2	2
GD	C1	9	0	25	1	0	0	0	1	5	0	6	0	0	0	0	0	0	0	1	0
GD	C2	0	0	0	0	0	0	0	0	0	0	0	0	0	0	0	0	0	0	1	1
GD	C3	37	0	75	9	2	0	1	28	13	0	11	3	0	0	1	5	12	0	18	2
GD	C4	38	3	32	73	28	1	17	69	39	4	20	37	10	1	17	28	27	5	19	45
GD	C5	3	0	4	4	46	0	8	8	2	1	2	4	9	0	13	5	0	0	1	0
GD	C6	0	0	0	0	0	0	0	0	0	0	0	0	0	0	0	0	0	0	0	0
GD	C7	0	0	0	0	0	0	0	0	0	0	0	0	0	0	0	0	0	0	0	0
GD	C8	3	0	11	9	7	8	6	16	15	5	42	81	18	1	12	93	5	3	9	6
GX	C1	1	0	4	0	0	0	0	0	3	0	3	0	0	0	0	0	0	0	0	0
GX	C2	0	1	1	29	0	1	9	0	0	1	1	6	0	0	4	1	0	0	0	0
GX	C3	7	0	17	2	0	0	0	5	6	0	8	2	0	0	0	2	7	0	18	2
GX	C4	1	0	1	3	1	0	7	1	7	1	4	6	2	0	7	3	7	1	6	11
GX	C5	1	0	1	1	12	0	1	1	1	1	1	2	8	0	4	2	0	0	1	1
GX	C6	0	0	0	0	0	0	0	0	0	0	0	0	0	0	0	0	0	0	0	0
GX	C7	0	0	0	0	0	0	0	0	0	0	0	0	0	0	0	0	0	0	0	0
GX	C8	1	0	5	4	3	0	3	6	5	1	7	3	2	0	3	3	1	1	3	2
SC	C1	0	0	1	0	0	0	0	0	2	0	3	0	0	0	0	0	0	0	0	0
SC	C2	1	2	8	26	1	1	28	3	0	3	5	24	1	4	9	2	0	0	2	3
SC	C3	27	0	62	7	1	0	0	20	13	0	21	4	0	0	0	5	9	0	16	2
SC	C4	3	1	15	75	71	0	24	6	16	5	21	53	44	0	30	8	10	2	30	31
SC	C5	3	1	4	3	32	0	3	7	4	2	2	6	20	0	10	6	0	0	0	0
SC	C6	0	0	0	0	0	0	0	0	0	0	0	0	0	0	0	0	0	0	0	0
SC	C7	0	0	0	0	0	0	0	0	0	0	0	0	0	0	0	0	0	0	0	0
SC	C8	2	0	7	4	3	0	5	3	11	2	15	9	4	1	8	5	1	0	3	2
GZ	C1	0	0	0	0	0	0	0	0	1	0	1	0	0	0	0	0	0	0	0	0
GZ	C2	1	0	4	10	0	2	2	1	0	2	2	8	0	3	3	1	0	1	3	5
GZ	C3	8	0	17	2	0	0	0	6	7	0	6	2	0	0	0	2	7	0	13	2
GZ	C4	0	0	2	14	14	0	5	1	2	1	6	17	16	0	10	2	4	1	23	21
GZ	C5	1	0	1	1	9	0	1	2	1	1	1	2	6	0	3	2	0	0	1	0
GZ	C6	0	0	0	0	0	0	0	0	0	0	0	0	0	0	0	0	0	0	0	0
GZ	C7	0	0	0	0	0	0	0	0	0	0	0	0	0	0	0	0	0	0	0	0
GZ	C8	1	0	4	3	2	0	3	2	5	1	6	4	1	0	3	2	1	0	2	2
YN	C1	6	0	17	1	0	0	0	0	1	0	4	0	0	0	5	0	0	0	0	0

续表

省份	部门	ZJ	ZJ	ZJ	ZJ	ZJ	ZJ	ZJ	ZJ	AH	AH	AH	AH	AH	AH	AH	AH	FJ	FJ	FJ	FJ
		C1	C2	C3	C4	C5	C6	C7	C8	C1	C2	C3	C4	C5	C6	C7	C8	C1	C2	C3	C4
YN	C2	0	0	0	0	0	0	1	0	0	1	1	2	0	0	2	0	0	0	1	1
YN	C3	26	0	50	5	0	0	0	18	10	0	9	2	0	0	0	4	10	0	13	2
YN	C4	0	0	3	21	21	0	7	1	1	2	6	19	19	0	12	1	2	1	23	18
YN	C5	0	0	0	0	0	0	0	0	0	0	0	0	0	0	0	0	0	0	0	0
YN	C6	0	0	0	0	0	0	0	0	0	0	0	0	0	0	0	0	0	0	0	0
YN	C7	0	0	0	0	0	0	0	0	0	0	0	0	0	0	0	0	0	0	0	0
YN	C8	0	0	2	1	1	0	2	1	1	0	1	1	0	0	1	1	0	0	1	1
SN	C1	0	0	0	0	0	0	0	0	1	0	1	0	0	0	0	0	0	0	0	0
SN	C2	0	0	0	17	0	1	3	0	0	1	1	8	0	2	0	0	0	0	1	2
SN	C3	0	0	2	0	0	0	0	0	1	0	5	1	0	0	0	1	1	0	4	1
SN	C4	1	0	1	2	2	0	3	1	7	1	5	9	4	0	7	3	5	1	7	12
SN	C5	4	0	4	2	25	0	3	9	4	2	2	5	19	0	12	7	0	0	0	0
SN	C6	0	0	0	0	0	0	0	0	0	0	0	0	0	0	0	0	0	0	0	0
SN	C7	0	0	0	0	0	0	0	0	0	0	0	0	0	0	0	0	0	0	0	0
SN	C8	2	0	5	5	4	0	4	11	4	1	6	4	2	0	3	3	2	3	4	3
GS	C1	0	0	1	0	0	0	0	0	2	0	3	0	0	0	0	0	0	0	0	0
GS	C2	0	0	0	0	0	0	0	0	0	0	0	0	0	0	0	0	0	0	0	0
GS	C3	0	0	1	0	0	0	0	0	1	0	2	0	0	0	0	1	1	0	3	0
GS	C4	11	1	9	40	32	1	11	27	16	4	16	43	31	1	23	19	10	2	20	24
GS	C5	0	0	0	0	4	0	0	0	0	0	0	1	4	0	2	1	0	0	0	0
GS	C6	0	1	2	4	1	0	0	1	0	0	0	0	0	0	0	0	0	0	0	0
GS	C7	0	0	0	0	0	0	0	0	0	0	0	0	0	0	0	0	0	0	0	0
GS	C8	0	0	1	1	1	1	2	2	1	0	3	8	2	0	1	9	1	0	1	1
QH	C1	0	0	0	0	0	0	0	0	0	1	0	2	0	0	0	0	0	0	0	0
QH	C2	0	0	0	5	0	0	0	0	0	0	0	8	0	0	0	0	0	0	0	0
QH	C3	0	0	0	0	0	0	0	0	0	0	0	0	0	0	0	0	0	0	1	0
QH	C4	0	0	0	0	0	0	0	0	0	0	0	1	1	0	0	0	0	0	1	1
QH	C5	0	0	0	0	0	0	0	0	0	0	0	1	0	0	0	0	0	0	0	0
QH	C6	0	0	0	0	0	0	0	0	0	0	0	0	0	0	0	0	0	0	0	0
QH	C7	0	0	0	0	0	0	0	0	0	0	0	0	0	0	0	0	0	0	0	0
QH	C8	0	0	0	0	0	0	0	0	0	0	0	0	0	0	0	0	0	0	0	0
NX	C1	0	0	0	0	0	0	0	0	1	0	2	0	0	0	0	0	0	0	0	0
NX	C2	0	0	0	0	0	0	0	0	0	0	1	0	1	0	0	0	0	0	1	1
NX	C3	0	0	0	0	0	0	0	0	0	0	0	0	0	0	0	0	1	0	2	0
NX	C4	0	0	0	0	0	0	0	0	1	0	0	1	1	0	0	0	1	0	2	3
NX	C5	0	0	0	0	0	0	0	0	0	0	0	0	0	0	0	0	0	0	0	0
NX	C6	0	0	0	0	0	0	0	0	0	0	0	0	0	0	0	0	0	0	0	0
NX	C7	0	0	0	0	0	0	0	0	0	0	0	0	0	0	0	0	0	0	0	0
NX	C8	0	0	2	1	1	1	1	0	1	0	1	2	0	0	1	1	1	0	2	1
XJ	C1	7	0	20	1	0	0	0	1	5	0	6	0	0	0	0	0	0	0	0	0
XJ	C2	0	0	0	17	0	0	0	0	0	0	1	21	0	1	2	0	0	0	0	0
XJ	C3	0	0	2	0	0	0	0	0	1	0	4	0	0	0	0	0	1	0	6	1
XJ	C4	5	0	1	5	2	0	1	13	4	1	2	6	1	0	2	11	3	1	2	4
XJ	C5	0	0	0	0	0	0	0	0	0	0	0	0	0	0	0	0	0	0	0	0
XJ	C6	0	0	0	0	0	0	0	0	0	0	0	0	0	0	0	0	0	0	0	0
XJ	C7	0	0	0	0	0	0	0	0	0	0	0	0	0	0	0	0	0	0	0	0
XJ	C8	1	0	2	2	1	0	2	1	1	0	2	1	0	0	1	1	0	0	1	1
IM	C1	14	0	41	2	0	0	0	2	7	0	10	0	0	0	0	0	27	0	41	4
IM	C2	0	0	0	7	0	0	0	0	0	1	114	1	0	2	0	4	3	2	15	5
IM	C3	25	4	341	69	28	0	10	66	5	1	40	12	3	0	3	13	188	0	313	122
IM	C4	50	5	113	317	200	1	92	51	44	6	35	72	46	0	29	17	115	14	186	246
IM	C5	24	7	46	44	348	4	30	52	25	18	20	45	155	2	68	23	44	16	66	60
IM	C6	0	0	0	0	0	0	0	0	0	0	0	0	0	0	0	0	0	0	0	0
IM	C7	0	0	0	0	0	0	0	0	0	0	0	0	0	0	0	0	0	0	0	0
IM	C8	2	0	14	9	7	0	6	15	12	1	18	8	4	0	6	5	1	1	4	3
TII	TII	7088	579	30119	16401	12388	1188	7723	8278	8230	1297	11645	8462	3595	461	5473	4647	4337	665	8415	4902
VA	TVA	15724	809	10213	7467	5825	320	3622	13359	17303	1259	5969	4524	1543	732	2342	8602	8960	1361	3119	2182
TI	TI	22812	1388	40332	23869	18213	1508	11346	21637	25534	2556	17614	12986	5139	1193	7815	13248	13297	2025	11535	7084

省份	部门	FJ C5	FJ C6	FJ C7	FJ C8	JX C1	JX C2	JX C3	JX C4	JX C5	JX C6	JX C7	JX C8	SD C1	SD C2	SD C3	SD C4	SD C5	SD C6	SD C7	SD C8
BJ	C1	0	0	0	0	1	0	2	0	0	0	0	0	2	0	6	0	0	0	0	0
BJ	C2	0	1	0	0	0	0	1	2	0	1	0	0	0	2	1	4	0	1	2	1
BJ	C3	0	0	0	1	4	0	8	1	0	0	0	2	6	1	58	7	2	0	3	10
BJ	C4	9	2	9	23	22	7	13	30	10	1	8	18	69	14	47	101	27	3	31	54
BJ	C5	1	0	1	1	0	1	1	1	6	0	1	2	4	11	9	13	80	2	31	32
BJ	C6	0	0	0	0	0	0	0	0	0	0	0	0	0	0	0	0	0	0	0	0
BJ	C7	0	0	0	0	0	0	0	0	0	0	0	0	0	0	0	0	0	0	0	0
BJ	C8	3	1	3	6	5	3	10	15	7	1	6	7	1	0	1	2	1	0	1	1
TJ	C1	0	0	0	0	1	0	2	0	0	0	0	0	3	0	8	0	0	0	0	0
TJ	C2	0	0	0	0	0	0	15	0	0	0	0	0	0	0	5	0	1	1	0	0
TJ	C3	0	0	0	1	4	0	8	1	0	0	0	2	7	1	125	14	2	0	2	15
TJ	C4	17	1	18	18	26	8	16	37	14	1	10	16	157	71	173	439	278	5	237	101
TJ	C5	2	0	1	1	0	1	1	1	6	0	1	2	8	35	22	26	179	2	91	43
TJ	C6	0	0	0	0	0	0	0	0	0	0	0	0	0	0	0	0	0	0	0	0
TJ	C7	0	0	0	0	0	0	0	0	0	0	0	0	0	0	0	0	0	0	0	0
TJ	C8	3	1	2	5	8	4	15	22	10	2	8	9	1	0	2	2	1	0	1	1
HE	C1	0	0	0	0	2	0	4	0	0	0	1	0	5	0	13	0	0	0	0	1
HE	C2	0	2	0	0	0	1	2	69	0	3	0	1	7	28	47	196	16	62	26	29
HE	C3	0	0	0	2	6	0	11	1	0	0	0	2	14	1	126	15	3	0	3	23
HE	C4	17	1	18	20	28	8	17	40	15	1	12	18	155	69	174	418	249	5	303	113
HE	C5	2	0	1	1	0	1	1	1	7	0	1	2	10	35	22	25	131	2	88	35
HE	C6	0	0	0	0	0	0	0	0	0	0	0	0	0	0	0	0	0	0	0	0
HE	C7	0	0	0	0	0	0	0	0	0	0	0	0	0	0	0	0	0	0	0	0
HE	C8	3	1	3	6	5	3	10	16	7	1	6	7	1	0	1	2	1	0	1	1
SX	C1	0	0	0	0	1	0	2	0	0	0	0	0	2	0	6	0	0	0	0	0
SX	C2	0	2	0	0	1	0	2	6	0	4	0	1	11	12	62	237	21	94	8	37
SX	C3	0	0	0	1	3	0	7	1	0	0	0	1	4	0	29	3	1	0	0	5
SX	C4	8	0	8	5	14	4	9	21	8	0	6	7	20	4	15	41	10	0	10	8
SX	C5	1	0	1	1	0	1	1	1	5	0	1	1	0	2	1	1	6	0	4	2
SX	C6	0	0	0	0	0	0	0	0	0	0	0	0	0	0	1	0	0	0	0	0
SX	C7	0	0	0	0	0	0	0	0	0	0	0	0	0	0	0	0	0	0	0	0
SX	C8	2	0	2	3	3	2	6	9	4	1	4	5	1	0	1	1	1	0	1	1
IM	C1	0	0	0	0	2	0	2	0	0	0	1	0	2	0	5	0	0	0	0	0
IM	C2	0	2	0	0	0	1	2	6	0	2	0	1	1	23	10	43	4	3	23	6
IM	C3	0	0	0	1	3	0	8	1	0	0	0	1	3	0	20	2	1	0	2	4
IM	C4	11	0	13	3	4	2	3	16	8	0	6	3	1	5	6	30	27	0	19	3
IM	C5	1	0	1	0	0	1	1	1	5	0	1	1	0	0	0	0	2	0	1	0
IM	C6	0	0	0	0	0	0	0	0	0	0	0	0	0	0	0	0	0	0	0	0
IM	C7	0	0	0	0	0	0	0	0	0	0	0	0	0	0	0	0	0	0	0	0
IM	C8	1	0	1	2	4	2	7	11	5	1	4	5	1	0	1	1	1	0	1	1
LN	C1	0	0	0	0	1	0	1	0	0	0	0	0	1	0	4	0	0	0	0	0
LN	C2	0	1	0	0	0	0	1	20	0	1	0	0	0	1	0	8	0	1	0	0
LN	C3	0	0	0	0	0	0	2	0	0	0	0	0	0	0	2	1	0	0	0	1
LN	C4	24	4	28	45	31	11	19	49	19	1	15	29	117	97	166	571	449	10	318	134
LN	C5	2	0	1	1	0	1	1	2	8	0	2	2	6	27	18	22	121	2	68	26
LN	C6	0	0	0	0	0	0	0	0	0	0	0	0	0	0	1	0	0	0	0	0
LN	C7	0	0	0	0	0	0	0	0	0	0	0	0	0	0	0	0	0	0	0	0
LN	C8	2	0	1	4	6	3	11	16	7	2	6	7	1	0	1	1	1	0	1	1
JL	C1	0	0	0	0	2	0	4	0	0	0	0	0	3	0	8	0	0	0	0	0
JL	C2	0	1	0	0	0	1	1	6	0	1	0	0	0	19	7	34	3	1	19	4
JL	C3	0	0	0	1	4	0	6	1	0	0	0	1	5	1	19	3	2	0	5	7
JL	C4	9	0	9	8	17	4	10	23	8	0	6	9	31	5	23	48	11	0	12	13
JL	C5	2	0	1	1	0	1	1	1	6	0	1	2	4	10	7	9	49	1	29	26
JL	C6	0	0	0	0	0	0	0	0	0	0	0	0	0	0	0	0	0	0	0	0
JL	C7	0	0	0	0	0	0	0	0	0	0	0	0	0	0	0	0	0	0	0	0
JL	C8	1	0	1	1	1	1	2	3	1	0	1	1	1	0	1	1	1	0	1	1
HL	C1	0	0	0	0	0	0	0	0	0	0	0	0	0	0	0	0	0	0	0	0
HL	C2	0	2	0	0	0	1	2	148	0	2	0	1	1	44	20	84	7	6	46	12
HL	C3	0	0	0	0	0	0	0	1	0	0	0	0	1	1	8	2	2	0	5	3

续表

省份	部门	FJ C5	FJ C6	FJ C7	FJ C8	JX C1	JX C2	JX C3	JX C4	JX C5	JX C6	JX C7	JX C8	SD C1	SD C2	SD C3	SD C4	SD C5	SD C6	SD C7	SD C8
HL	C4	12	2	13	25	17	6	11	27	10	1	8	16	26	8	17	42	18	2	16	32
HL	C5	2	0	1	1	0	1	1	1	6	0	1	1	1	3	3	4	20	1	8	6
HL	C6	0	0	0	0	0	0	0	0	0	0	0	0	0	0	0	1	0	0	0	0
HL	C7	0	0	0	0	0	0	0	0	0	0	0	0	0	0	0	0	0	0	0	0
HL	C8	1	0	1	2	6	3	12	17	8	2	6	7	1	0	1	1	1	0	1	1
SH	C1	0	0	0	0	1	0	2	0	0	0	0	0	1	0	3	0	0	0	0	0
SH	C2	0	0	0	0	0	0	0	0	0	0	0	0	0	0	0	0	0	0	0	0
SH	C3	0	0	1	4	10	0	38	4	1	0	1	5	11	1	83	9	2	0	3	14
SH	C4	41	4	48	56	59	20	37	96	38	2	32	46	246	75	216	525	267	7	190	143
SH	C5	4	0	2	2	0	2	2	4	21	0	4	5	23	110	66	79	485	8	279	88
SH	C6	0	0	0	0	0	0	0	0	0	0	0	0	0	0	0	0	0	0	0	0
SH	C7	0	0	0	0	0	0	0	0	0	0	0	0	0	0	0	0	0	0	0	0
SH	C8	4	1	3	7	13	8	26	38	17	3	14	17	1	0	2	2	1	0	1	2
JS	C1	0	0	0	0	3	0	5	0	0	0	1	1	3	0	9	0	0	0	0	0
JS	C2	0	3	0	0	1	1	3	10	1	4	1	1	1	8	5	25	2	5	7	3
JS	C3	0	0	1	4	10	0	31	4	1	0	1	5	17	2	200	22	5	0	10	27
JS	C4	26	3	30	41	47	15	29	66	24	1	21	33	252	56	203	390	131	5	153	138
JS	C5	3	0	1	1	0	1	2	3	15	0	3	4	21	67	48	62	414	8	165	96
JS	C6	0	0	0	0	0	0	0	0	0	0	0	0	0	0	1	0	0	0	0	0
JS	C7	0	0	0	0	0	0	0	0	0	0	0	0	0	0	0	0	0	0	0	0
JS	C8	2	1	2	3	9	4	17	24	11	2	9	10	1	0	2	2	1	0	1	1
ZJ	C1	0	0	0	0	5	1	8	0	0	0	2	1	3	0	8	0	0	0	0	0
ZJ	C2	0	1	0	0	0	1	1	6	0	1	1	1	0	1	0	3	0	0	1	1
ZJ	C3	0	0	1	5	12	1	58	7	1	0	1	8	10	1	77	9	2	0	5	14
ZJ	C4	24	3	30	39	45	15	28	67	25	1	27	34	80	16	60	114	32	2	41	48
ZJ	C5	5	0	2	2	1	2	3	5	23	0	5	6	5	14	12	18	91	3	32	25
ZJ	C6	0	0	0	0	0	0	0	0	0	0	0	0	0	0	0	0	0	0	0	0
ZJ	C7	0	0	0	0	0	0	0	0	0	0	0	0	0	0	0	0	0	0	0	0
ZJ	C8	1	0	1	3	2	1	4	6	3	1	2	2	0	0	1	1	0	0	0	1
AH	C1	0	0	0	0	3	0	5	0	0	0	1	1	4	0	11	0	0	0	0	1
AH	C2	0	3	0	0	1	1	3	8	1	4	0	1	1	11	9	36	3	8	11	5
AH	C3	0	0	0	3	7	0	17	2	0	0	0	3	10	1	72	8	1	0	2	13
AH	C4	17	1	19	16	15	5	10	31	14	1	12	13	14	12	20	69	51	2	48	20
AH	C5	2	0	1	1	0	1	1	2	8	0	2	2	1	2	2	2	11	0	4	6
AH	C6	0	0	0	0	0	0	0	0	0	0	0	0	0	0	0	1	0	0	0	0
AH	C7	0	0	0	0	0	0	0	0	0	0	0	0	0	0	0	0	0	0	0	0
AH	C8	2	0	2	3	4	2	7	11	5	1	4	5	1	0	1	1	1	0	1	1
FJ	C1	2	1	0	189	5	1	9	0	0	0	2	1	2	0	7	0	0	0	0	0
FJ	C2	60	85	158	55	1	2	4	7	1	0	1	1	0	0	2	8	1	0	6	1
FJ	C3	97	2	282	661	10	0	19	3	1	0	1	5	4	0	10	2	1	0	2	5
FJ	C4	487	6	1182	445	18	5	11	25	9	0	12	9	4	1	3	5	1	0	1	1
FJ	C5	1138	6	232	351	0	1	1	2	14	0	3	4	0	0	0	0	5	0	0	1
FJ	C6	52	138	40	99	0	0	0	0	0	0	0	0	0	0	0	0	0	0	0	0
FJ	C7	0	0	0	0	0	0	0	0	0	0	0	0	0	0	0	0	0	0	0	0
FJ	C8	606	117	419	1418	0	1	1	2	0	0	1	2	1	0	1	1	1	0	1	1
JX	C1	0	0	0	0	1385	202	2258	115	1	0	506	249	2	0	6	0	20	0	0	0
JX	C2	1	6	0	0	50	176	244	881	46	188	101	100	0	3	1	7	0	0	3	1
JX	C3	0	0	1	4	651	35	1838	340	80	3	65	558	2	0	12	2	1	0	2	3
JX	C4	34	2	44	29	589	226	428	1423	616	17	1470	496	6	2	4	11	7	1	8	10
JX	C5	7	0	3	3	35	72	95	424	736	14	160	310	0	1	1	1	6	0	2	2
JX	C6	0	0	0	0	47	101	111	285	57	0	50	116	0	0	0	0	0	0	0	0
JX	C7	0	0	0	0	0	0	0	0	0	0	0	0	0	0	0	0	0	0	0	0
JX	C8	2	0	1	3	424	221	661	808	464	64	304	1372	1	0	1	1	1	0	1	1
SD	C1	0	0	0	0	3	0	4	0	0	0	1	0	4412	21	11901	469	48	16	44	599
SD	C2	0	2	0	0	0	0	2	159	0	3	0	1	47	505	407	2914	146	604	589	248
SD	C3	0	0	0	3	6	0	14	2	0	0	0	3	1294	185	8551	1315	428	23	527	2139
SD	C4	12	3	13	30	24	8	15	34	12	1	11	21	2233	707	2271	4815	1885	80	5131	1753
SD	C5	2	0	1	1	0	1	1	2	8	0	2	2	267	510	376	467	2200	49	1187	880
SD	C6	0	0	0	0	0	0	0	0	0	0	0	0	171	314	564	1018	197	20	47	284

省份	部门	FJ C5	FJ C6	FJ C7	FJ C8	JX C1	JX C2	JX C3	JX C4	JX C5	JX C6	JX C7	JX C8	SD C1	SD C2	SD C3	SD C4	SD C5	SD C6	SD C7	SD C8
SD	C7	0	0	0	0	0	0	0	0	0	0	0	0	0	0	0	0	0	0	0	0
SD	C8	1	0	1	2	4	2	7	11	4	1	4	5	1114	509	2735	2259	1391	149	1293	2890
HA	C1	0	0	0	0	4	1	6	0	0	0	1	1	4	0	11	0	0	0	0	1
HA	C2	0	3	0	0	1	0	3	92	1	5	0	1	3	4	17	71	6	26	2	10
HA	C3	0	0	1	3	9	0	21	2	0	0	0	4	16	1	103	12	3	0	4	21
HA	C4	19	2	23	25	25	9	16	44	18	1	17	20	50	27	59	164	107	3	120	50
HA	C5	2	0	1	1	0	1	1	2	11	0	2	3	7	37	20	23	126	2	94	22
HA	C6	0	0	0	0	0	0	0	0	0	0	0	0	0	0	0	0	0	0	0	0
HA	C7	0	0	0	0	0	0	0	0	0	0	0	0	0	0	0	0	0	0	0	0
HA	C8	0	0	0	0	0	0	0	0	0	0	0	0	0	0	0	0	0	0	0	0
HB	C1	0	0	0	0	4	1	7	0	0	0	2	1	3	0	8	0	0	0	0	0
HB	C2	0	1	0	0	0	2	2	33	0	1	1	1	0	11	4	22	2	1	11	3
HB	C3	0	0	1	4	10	0	47	5	1	0	1	6	10	1	63	7	2	0	3	12
HB	C4	37	5	45	54	36	16	24	83	37	2	35	41	46	47	71	258	214	6	156	75
HB	C5	3	0	1	2	0	2	2	4	19	0	4	5	2	6	5	6	38	0	19	20
HB	C6	0	0	0	0	0	0	0	0	0	0	0	0	0	0	1	0	0	0	0	0
HB	C7	0	0	0	0	0	0	0	0	0	0	0	0	0	0	0	0	0	0	0	0
HB	C8	2	1	2	3	7	4	14	20	9	2	7	8	1	0	2	2	1	0	1	1
HN	C1	0	0	0	0	5	1	8	0	0	0	2	1	2	0	6	0	0	0	0	0
HN	C2	0	4	0	0	1	2	7	21	1	10	1	3	0	0	2	0	0	0	0	0
HN	C3	0	0	1	3	9	0	26	3	0	0	0	5	4	0	7	2	0	0	0	4
HN	C4	12	1	16	12	6	5	6	36	18	1	28	13	2	1	2	5	2	0	8	5
HN	C5	5	0	2	2	1	2	3	5	26	0	6	7	0	1	1	2	11	0	4	5
HN	C6	0	0	0	0	0	0	0	0	0	0	0	0	0	0	0	0	0	0	0	0
HN	C7	0	0	0	0	0	0	0	0	0	0	0	0	0	0	0	0	0	0	0	0
HN	C8	1	0	1	1	2	1	4	5	2	0	2	2	0	0	1	1	0	0	0	1
GD	C1	0	0	0	0	4	1	6	0	0	0	1	1	2	0	6	0	0	0	0	0
GD	C2	0	1	0	0	0	0	1	2	0	1	0	0	0	0	0	0	0	0	0	0
GD	C3	0	0	1	5	14	0	16	2	1	0	0	5	13	0	22	3	1	0	3	12
GD	C4	11	4	15	48	39	14	23	43	13	1	20	36	42	10	29	55	16	3	26	43
GD	C5	3	0	2	2	0	1	1	1	6	0	2	4	3	7	9	14	65	3	14	15
GD	C6	0	0	0	0	0	0	0	0	0	0	0	0	0	0	0	0	0	0	0	0
GD	C7	0	0	0	0	0	0	0	0	0	0	0	0	0	0	0	0	0	0	0	0
GD	C8	6	1	3	18	9	5	17	25	11	2	9	10	1	0	2	2	1	0	1	1
GX	C1	0	0	0	0	2	0	4	0	0	0	1	0	1	0	4	0	0	0	0	0
GX	C2	0	0	0	0	0	1	1	8	0	0	1	0	0	2	1	5	0	0	2	0
GX	C3	0	0	1	3	8	0	26	3	1	0	0	4	5	0	12	1	0	0	1	5
GX	C4	3	0	4	4	10	3	6	11	3	0	8	5	2	0	2	4	1	0	7	1
GX	C5	4	0	2	2	0	1	2	3	16	0	3	4	0	1	0	1	4	0	1	1
GX	C6	0	0	0	0	0	0	0	0	0	0	0	0	0	1	0	0	0	0	0	0
GX	C7	0	0	0	0	0	0	0	0	0	0	0	0	0	0	0	0	0	0	0	0
GX	C8	2	0	2	3	2	1	5	7	3	1	2	2	0	0	1	1	0	0	0	1
SC	C1	0	0	0	0	1	0	2	0	0	0	0	0	1	0	4	0	0	0	0	0
SC	C2	0	3	0	0	0	1	2	25	0	3	1	1	0	10	4	21	2	2	10	3
SC	C3	0	0	1	4	9	0	19	2	0	0	0	4	12	0	34	4	1	0	1	12
SC	C4	21	0	25	7	13	4	9	34	16	0	13	7	8	15	23	91	80	1	55	10
SC	C5	3	0	1	1	0	1	1	2	12	0	2	3	4	13	8	10	56	1	34	16
SC	C6	0	0	0	0	0	0	0	0	0	0	0	0	0	0	0	0	0	0	0	0
SC	C7	0	0	0	0	0	0	0	0	0	0	0	0	0	0	0	0	0	0	0	0
SC	C8	2	0	1	2	7	3	14	19	9	2	7	8	1	0	1	1	1	0	1	1
GZ	C1	0	0	0	0	1	0	2	0	0	0	0	0	1	0	2	0	0	0	0	0
GZ	C2	0	4	0	0	1	1	4	11	1	6	1	2	0	1	1	4	0	1	1	1
GZ	C3	0	0	1	3	8	0	12	1	0	0	0	3	5	0	9	1	0	0	0	5
GZ	C4	17	0	21	4	4	2	4	28	15	0	13	4	0	2	2	10	9	0	6	1
GZ	C5	3	0	1	1	0	1	2	2	13	0	3	3	0	1	0	1	4	0	2	2
GZ	C6	0	0	0	0	0	0	0	0	0	0	0	0	0	0	0	0	0	0	0	0
GZ	C7	0	0	0	0	0	0	0	0	0	0	0	0	0	0	0	0	0	0	0	0
GZ	C8	1	0	1	1	2	1	4	6	2	1	2	3	1	0	1	1	1	0	1	1
YN	C1	0	0	0	0	3	0	4	0	0	0	1	0	2	0	5	0	0	0	0	0

续表

省份	部门	FJ C5	FJ C6	FJ C7	FJ C8	JX C1	JX C2	JX C3	JX C4	JX C5	JX C6	JX C7	JX C8	SD C1	SD C2	SD C3	SD C4	SD C5	SD C6	SD C7	SD C8
YN	C2	0	1	0	0	0	1	1	2	0	1	1	0	0	1	0	1	0	0	1	0
YN	C3	0	0	1	4	10	0	9	1	0	0	0	4	10	0	16	2	0	0	0	9
YN	C4	18	0	22	3	2	2	3	24	13	0	12	2	0	3	3	15	15	0	10	1
YN	C5	1	0	0	1	0	0	0	0	1	0	0	1	0	0	0	0	0	0	0	0
YN	C6	0	0	0	0	0	0	0	0	0	0	0	0	0	0	0	0	0	0	0	0
YN	C7	0	0	0	0	0	0	0	0	0	0	0	0	0	0	0	0	0	0	0	0
YN	C8	1	0	1	1	0	0	1	1	0	0	0	0	0	0	0	1	0	0	0	0
SN	C1	0	0	0	0	1	0	1	0	0	0	0	0	1	0	2	0	0	0	0	0
SN	C2	0	2	0	0	0	0	1	6	0	2	0	0	0	1	0	5	0	0	0	0
SN	C3	0	0	0	1	2	0	6	1	0	0	0	1	1	0	5	1	0	0	0	0
SN	C4	4	0	5	3	6	2	4	11	4	0	5	3	1	0	1	3	1	0	3	1
SN	C5	2	0	1	1	0	1	1	2	9	0	2	2	3	4	4	5	28	1	10	14
SN	C6	0	0	0	0	0	0	0	0	0	0	0	0	0	0	0	0	0	0	0	0
SN	C7	0	0	0	0	0	0	0	0	0	0	0	0	0	0	0	0	0	0	0	0
SN	C8	3	1	3	5	2	1	4	6	2	1	2	3	1	0	1	1	1	0	1	1
GS	C1	0	0	0	0	1	0	2	0	0	0	0	0	1	0	4	0	0	0	0	0
GS	C2	0	0	0	0	0	0	0	0	0	0	0	0	0	0	0	0	0	0	0	0
GS	C3	0	0	0	1	2	0	4	0	0	0	0	1	1	0	2	0	0	0	0	1
GS	C4	14	2	16	22	13	6	8	28	12	1	10	15	13	9	13	44	33	2	28	24
GS	C5	2	0	1	0	0	0	1	1	4	0	1	1	0	0	0	0	2	0	0	0
GS	C6	0	0	0	0	0	0	0	0	0	0	0	0	0	0	1	0	0	0	0	0
GS	C7	0	0	0	0	0	0	0	0	0	0	0	0	0	0	0	0	0	0	0	0
GS	C8	1	0	1	3	0	1	1	1	0	0	1	1	1	0	1	1	0	0	1	1
QH	C1	0	0	0	0	0	1	0	2	0	0	0	0	0	0	3	0	0	0	0	0
QH	C2	0	0	0	0	0	0	14	0	0	0	0	0	0	0	3	0	0	0	0	0
QH	C3	0	0	0	0	0	0	1	0	0	0	0	0	0	0	0	0	0	0	0	0
QH	C4	1	0	2	0	0	0	0	2	1	0	1	0	0	0	0	0	0	0	0	0
QH	C5	1	0	0	0	0	0	0	1	2	0	0	0	0	0	0	0	0	0	0	0
QH	C6	0	0	0	0	0	0	0	0	0	0	0	0	0	0	0	0	0	0	0	0
QH	C7	0	0	0	0	0	0	0	0	0	0	0	0	0	0	0	0	0	0	0	0
QH	C8	0	0	0	0	0	0	0	0	0	0	0	0	0	0	0	0	0	0	0	0
NX	C1	0	0	0	0	1	0	1	0	0	0	0	0	1	0	3	0	0	0	0	0
NX	C2	0	1	0	0	0	0	1	2	0	1	0	0	0	0	0	1	0	0	0	0
NX	C3	0	0	0	0	1	0	2	0	0	0	0	0	0	0	1	0	0	0	0	0
NX	C4	1	0	1	1	1	0	1	3	1	0	1	1	0	0	0	0	0	0	0	0
NX	C5	0	0	0	0	0	0	0	2	0	0	1	0	0	0	0	0	0	0	0	0
NX	C6	0	0	0	0	0	0	0	0	0	0	0	0	0	0	0	0	0	0	0	0
NX	C7	0	0	0	0	0	0	0	0	0	0	0	0	0	0	0	0	0	0	0	0
NX	C8	1	0	1	2	0	0	1	0	0	0	0	0	0	0	1	1	0	0	0	0
XJ	C1	0	0	0	0	2	0	4	0	0	0	1	0	2	0	6	0	0	0	0	0
XJ	C2	0	0	0	0	0	1	1	33	0	0	0	0	0	0	4	0	0	0	0	0
XJ	C3	0	0	0	1	1	0	8	1	0	0	0	1	0	0	4	0	0	0	0	0
XJ	C4	1	2	2	15	4	2	2	6	2	0	3	8	5	2	2	4	2	1	3	12
XJ	C5	0	0	0	0	0	0	0	0	0	0	0	0	0	0	0	0	0	0	0	0
XJ	C6	0	0	0	0	0	0	0	0	0	0	0	0	0	0	0	0	0	0	0	0
XJ	C7	0	0	0	0	0	0	0	0	0	0	0	0	0	0	0	0	0	0	0	0
XJ	C8	1	0	1	1	1	0	1	1	1	0	0	1	0	0	1	1	0	0	0	0
IM	C1	0	0	0	4	0	0	2	0	0	0	1	0	99	0	267	11	1	0	1	13
IM	C2	1	0	0	0	0	0	60	0	0	0	0	0	26	3	138	5	0	0	7	2
IM	C3	22	1	55	127	5	3	40	14	3	0	6	19	60	8	391	69	26	1	34	122
IM	C4	117	2	135	72	23	7	16	62	29	0	21	12	301	124	308	847	521	8	350	169
IM	C5	561	4	131	125	4	13	17	26	141	2	23	31	31	130	79	97	584	8	351	174
IM	C6	0	0	0	0	0	0	0	0	0	0	0	0	0	0	0	0	0	0	0	0
IM	C7	0	0	0	0	0	0	0	0	0	0	0	0	0	0	0	0	0	0	0	0
IM	C8	3	1	2	3	8	3	17	22	11	2	7	7	0	0	0	0	0	0	0	0
TII	TII	3687	465	3216	4291	4089	1362	6864	6209	2958	398	3274	4001	11753	4185	30945	19209	11521	1270	12604	11172
VA	TVA	1347	445	1856	6313	10345	1446	2076	2879	1277	425	1353	6946	29565	8361	10201	10795	5348	1452	4547	18173
TI	TI	5034	909	5072	10604	14435	2808	8941	9087	4235	823	4627	10947	41318	12547	41146	30004	16869	2722	17151	29346

省份	部门	HA C1	HA C2	HA C3	HA C4	HA C5	HA C6	HA C7	HA C8	HB C1	HB C2	HB C3	HB C4	HB C5	HB C6	HB C7	HB C8	HN C1	HN C2	HN C3	HN C4
BJ	C1	2	0	2	0	0	0	0	0	2	0	5	0	0	0	0	1	2	0	3	0
BJ	C2	0	0	1	4	0	2	0	1	0	0	2	2	0	0	1	1	0	0	1	3
BJ	C3	5	1	79	41	3	0	1	38	4	0	47	8	2	0	1	16	2	0	6	2
BJ	C4	65	10	29	78	31	1	21	71	34	4	33	93	42	3	19	71	19	3	17	32
BJ	C5	5	8	5	16	49	1	24	55	2	1	5	9	49	1	21	20	1	1	1	3
BJ	C6	0	0	0	0	0	0	0	0	0	0	0	0	0	0	0	0	0	0	0	0
BJ	C7	0	0	0	0	0	0	0	0	0	0	0	0	0	0	0	0	0	0	0	0
BJ	C8	0	0	0	0	0	0	0	0	1	10	2	11	21	13	1	10	13	1	1	3	5
TJ	C1	2	0	2	0	0	0	0	0	2	0	5	0	0	0	0	1	2	0	3	0
TJ	C2	0	0	0	2	0	0	0	0	0	0	0	4	0	0	0	0	0	0	0	12
TJ	C3	9	2	185	113	8	0	2	98	4	0	57	10	3	0	1	19	2	0	6	2
TJ	C4	138	34	71	220	166	1	108	79	45	5	68	178	140	1	38	40	24	4	24	44
TJ	C5	6	10	7	18	55	1	16	25	1	1	4	8	43	1	14	20	1	1	1	2
TJ	C6	0	0	0	0	0	0	0	0	0	0	0	0	0	0	0	0	0	0	0	0
TJ	C7	0	0	0	0	0	0	0	0	0	0	0	0	0	0	0	0	0	0	0	0
TJ	C8	0	0	0	0	0	0	0	0	1	12	2	17	32	19	2	15	16	1	1	3	6
HE	C1	54	0	57	5	0	0	0	1	5	0	13	1	0	0	1	2	5	0	8	0
HE	C2	3	6	5	36	3	8	31	8	1	8	25	209	10	35	4	15	1	4	5	94
HE	C3	47	3	313	198	21	0	3	178	9	0	83	16	4	0	1	31	3	0	8	2
HE	C4	197	56	115	383	248	3	470	155	49	6	75	200	156	2	51	52	26	5	26	50
HE	C5	9	16	10	28	80	1	23	31	1	1	4	8	29	1	14	9	1	1	1	2
HE	C6	2	2	2	5	1	0	0	2	0	1	2	5	1	0	0	1	0	3	2	6
HE	C7	0	0	0	0	0	0	0	0	0	0	0	0	0	0	0	0	0	0	0	0
HE	C8	0	0	0	0	0	0	0	1	8	2	12	22	13	1	11	10	1	1	3	5
SX	C1	1	0	2	0	0	0	0	0	2	0	4	0	0	0	0	1	2	0	3	0
SX	C2	0	1	3	17	1	8	0	3	1	12	42	279	22	109	1	37	1	6	8	47
SX	C3	2	0	15	2	0	0	0	4	3	0	22	2	0	0	0	5	2	0	5	1
SX	C4	26	3	13	31	15	0	6	15	16	1	17	38	23	0	9	11	13	2	12	22
SX	C5	2	3	2	4	13	0	3	4	1	0	2	3	8	0	3	2	1	0	0	1
SX	C6	1	1	1	3	1	0	0	1	0	0	1	3	1	0	0	1	0	1	1	3
SX	C7	0	0	0	0	0	0	0	0	0	0	0	0	0	0	0	0	0	0	0	0
SX	C8	0	0	0	0	0	0	0	1	4	1	8	17	11	1	8	7	1	1	3	5
IM	C1	3	0	3	0	0	0	0	0	2	0	5	0	0	0	0	1	2	0	4	0
IM	C2	8	13	8	49	5	2	82	13	0	5	21	30	3	2	6	5	0	2	2	13
IM	C3	1	0	9	1	0	0	0	3	2	0	20	2	1	0	1	4	2	0	5	1
IM	C4	1	4	5	34	31	0	11	2	2	1	13	46	47	0	12	4	3	1	7	17
IM	C5	1	1	1	2	6	0	1	0	1	0	2	5	0	1	1	0	0	0	1
IM	C6	0	0	0	1	0	0	0	0	0	0	1	0	0	0	0	0	0	0	0	0
IM	C7	0	0	0	0	0	0	0	0	0	0	0	0	0	0	0	0	0	0	0	0
IM	C8	0	0	0	0	0	0	0	0	4	1	7	14	8	1	6	6	1	1	2	4
LN	C1	0	0	0	0	0	0	0	0	1	0	2	0	0	0	0	0	1	0	2	0
LN	C2	0	0	0	4	0	1	0	1	0	0	0	19	1	0	0	1	0	1	1	19
LN	C3	21	0	2	3	4	0	0	2	0	0	3	0	0	0	0	0	0	0	1	0
LN	C4	109	55	81	439	332	3	132	166	80	19	125	513	331	19	121	383	24	5	27	54
LN	C5	6	11	7	19	54	1	18	22	1	1	5	10	40	1	23	13	1	1	1	3
LN	C6	1	1	1	3	1	0	0	1	0	0	1	3	1	0	0	1	0	1	1	4
LN	C7	0	0	0	0	0	0	0	0	0	0	0	0	0	0	0	0	0	0	0	0
LN	C8	0	0	0	0	0	0	0	8	2	11	21	12	1	10	10	1	1	3	5
JL	C1	39	0	42	4	0	0	0	1	5	0	11	1	0	0	0	2	5	0	8	0
JL	C2	6	10	6	38	4	1	65	10	0	4	15	23	2	1	4	4	0	1	1	8
JL	C3	13	2	25	9	7	0	10	33	3	0	22	4	1	0	1	9	2	0	4	1
JL	C4	33	4	16	33	15	0	10	19	21	2	21	44	24	0	9	13	15	2	14	25
JL	C5	4	6	4	12	36	0	17	50	2	1	4	7	39	1	15	14	1	1	1	2
JL	C6	0	0	0	1	0	0	0	0	0	0	0	1	0	0	0	0	0	0	0	1
JL	C7	0	0	0	0	0	0	0	0	0	0	0	0	0	0	0	0	0	0	0	0
JL	C8	0	0	0	0	0	0	0	1	1	0	1	2	1	0	1	1	1	0	1	2
HL	C1	0	0	0	0	0	0	0	0	0	0	0	0	0	0	0	0	0	0	0	0
HL	C2	30	47	29	170	16	2	306	45	0	10	35	453	10	6	9	10	0	2	3	153
HL	C3	10	3	24	10	10	0	16	45	1	0	11	4	1	0	1	6	0	0	1	0

续表

省份	部门	HA C1	HA C2	HA C3	HA C4	HA C5	HA C6	HA C7	HA C8	HB C1	HB C2	HB C3	HB C4	HB C5	HB C6	HB C7	HB C8	HN C1	HN C2	HN C3	HN C4
HL	C4	28	6	12	45	22	0	9	45	20	3	22	77	40	3	17	64	13	3	13	27
HL	C5	2	3	2	6	16	0	7	7	1	0	2	5	17	0	11	5	1	1	1	2
HL	C6	0	0	0	2	0	0	0	1	0	0	1	2	0	0	0	0	0	1	0	2
HL	C7	0	0	0	0	0	0	0	0	0	0	0	0	0	0	0	0	0	0	0	0
HL	C8	0	0	0	0	0	0	0	0	7	1	12	21	12	1	10	9	1	1	3	5
SH	C1	0	0	0	0	0	0	0	0	1	0	2	0	0	0	0	0	1	0	2	0
SH	C2	0	0	0	0	0	0	0	0	0	0	0	0	0	0	0	0	0	0	0	0
SH	C3	14	1	159	26	3	0	2	24	9	0	71	7	1	0	1	16	4	0	14	3
SH	C4	231	56	123	412	280	3	138	184	91	13	120	370	244	9	78	197	42	7	42	79
SH	C5	21	32	21	55	165	3	46	55	2	2	10	21	137	2	47	74	2	3	3	7
SH	C6	0	0	0	0	0	0	0	0	0	0	0	0	0	0	0	0	0	0	0	0
SH	C7	0	0	0	0	0	0	0	0	0	0	0	0	0	0	0	0	0	0	0	0
SH	C8	0	0	0	0	0	0	0	1	23	5	36	72	43	5	34	31	2	1	5	8
JS	C1	39	0	41	3	0	0	0	1	5	0	12	1	0	0	0	2	5	0	8	0
JS	C2	1	2	2	14	1	4	9	3	0	2	8	17	2	3	2	3	0	2	3	15
JS	C3	66	7	606	164	25	0	20	152	14	0	147	19	5	0	2	37	4	0	14	4
JS	C4	314	57	131	288	182	3	275	195	81	8	87	215	119	4	47	115	35	6	33	59
JS	C5	19	30	20	53	163	3	54	74	3	2	12	25	177	2	57	98	2	2	3	6
JS	C6	1	1	1	2	0	0	0	1	0	0	1	2	1	0	0	1	0	1	1	3
JS	C7	0	0	0	0	0	0	0	0	0	0	0	0	0	0	0	0	0	0	0	0
JS	C8	0	0	0	0	0	0	0	1	12	2	17	31	18	2	15	15	1	1	3	6
ZJ	C1	59	0	62	5	0	0	2	6	6	0	15	1	0	0	1	2	7	1	12	0
ZJ	C2	0	0	0	0	0	0	0	0	0	0	2	3	0	0	0	1	0	1	0	4
ZJ	C3	41	5	335	171	21	0	11	165	11	0	122	20	5	0	2	37	5	0	21	5
ZJ	C4	102	16	42	88	45	1	64	69	43	4	43	94	46	2	23	51	29	5	27	50
ZJ	C5	6	10	6	17	52	1	23	27	2	1	7	16	63	1	39	23	2	3	3	7
ZJ	C6	0	0	0	1	0	0	0	0	0	0	0	1	0	0	0	0	0	0	0	1
ZJ	C7	0	0	0	0	0	0	0	0	0	0	0	0	0	0	0	0	0	0	0	0
ZJ	C8	0	0	0	0	0	0	0	1	3	0	3	4	3	0	2	4	1	0	1	2
AH	C1	74	0	78	7	0	0	0	2	6	0	15	1	0	0	1	2	6	1	9	0
AH	C2	2	3	3	19	2	5	16	4	0	3	12	25	2	6	3	4	0	2	3	17
AH	C3	13	0	66	11	2	0	0	15	8	0	59	6	1	0	1	14	3	0	9	2
AH	C4	17	10	16	83	63	0	38	24	11	2	26	81	72	1	23	17	11	3	14	30
AH	C5	1	2	2	4	13	0	6	9	1	0	2	4	15	0	7	4	1	1	1	2
AH	C6	1	1	1	3	0	0	0	1	0	0	1	2	1	0	0	1	0	1	1	3
AH	C7	0	0	0	0	0	0	0	0	0	0	0	0	0	0	0	0	0	0	0	0
AH	C8	0	0	0	0	0	0	0	1	5	1	7	13	8	1	6	6	1	0	2	4
FJ	C1	31	0	32	3	0	0	0	1	6	0	15	1	0	0	1	2	8	1	12	0
FJ	C2	1	2	1	7	0	1	0	11	2	0	0	4	4	0	1	1	0	1	1	4
FJ	C3	4	0	12	3	1	0	1	9	6	0	34	9	3	0	2	20	4	0	8	4
FJ	C4	8	1	3	6	2	0	0	4	9	1	8	15	7	0	3	5	12	2	10	16
FJ	C5	0	1	0	1	5	0	2	2	0	0	1	1	11	0	3	7	0	0	1	1
FJ	C6	0	0	0	0	0	0	0	0	0	0	0	0	0	0	0	0	0	0	0	0
FJ	C7	0	0	0	0	0	0	0	0	0	0	0	0	0	0	0	0	0	0	0	0
FJ	C8	0	0	0	0	0	0	0	1	1	0	1	4	2	0	2	2	0	0	1	2
JX	C1	16	0	17	1	0	0	0	0	6	0	14	1	0	0	1	2	8	1	14	0
JX	C2	0	1	1	4	0	0	4	1	0	4	12	44	3	0	4	4	0	3	3	23
JX	C3	7	0	12	3	2	0	2	8	13	8	2	17	57	47	1	21	18	5	26	64
JX	C4	8	7	3	4	20	1	0	8	13	8	2	17	57	47	1	21	18	5	26	64
JX	C5	1	2	1	3	11	0	2	5	2	1	3	7	26	0	8	9	3	2	2	5
JX	C6	0	0	0	0	0	0	0	0	0	0	0	0	0	0	0	0	0	0	0	0
JX	C7	0	0	0	0	0	0	0	0	0	0	0	0	0	0	0	0	0	0	0	0
JX	C8	0	0	0	0	0	0	0	0	2	1	5	9	6	1	4	3	1	0	2	4
SD	C1	52	0	55	5	0	0	0	1	5	0	13	1	0	0	1	2	5	0	8	0
SD	C2	0	1	1	12	1	4	0	2	0	4	8	528	10	13	0	6	0	2	3	170
SD	C3	39	2	206	53	9	0	1	43	10	0	93	12	3	0	1	25	3	0	9	3
SD	C4	73	13	33	100	39	1	62	95	39	6	38	121	52	5	30	110	19	3	18	35
SD	C5	6	11	7	18	53	1	15	22	1	1	3	7	28	1	12	10	1	1	1	2
SD	C6	0	0	0	0	0	0	0	0	0	0	0	0	0	0	0	0	0	0	0	0

续表

省份	部门	HA C1	HA C2	HA C3	HA C4	HA C5	HA C6	HA C7	HA C8	HB C1	HB C2	HB C3	HB C4	HB C5	HB C6	HB C7	HB C8	HN C1	HN C2	HN C3	HN C4
SD	C7	0	0	0	0	0	0	0	0	0	0	0	0	0	0	0	0	0	0	0	0
SD	C8	0	0	0	0	0	0	0	0	4	1	8	16	9	1	7	6	1	1	2	4
HA	C1	4359	10	4609	392	13	0	25	117	11	0	27	2	0	0	1	3	9	1	14	1
HA	C2	28	112	89	1262	54	203	257	117	1	10	32	378	20	83	1	29	1	7	9	146
HA	C3	759	47	3726	1043	196	4	67	1296	23	1	270	40	10	0	4	75	5	0	19	5
HA	C4	1301	207	749	1904	594	10	3108	1164	41	9	91	287	244	4	96	84	22	5	27	58
HA	C5	149	175	116	294	806	13	318	350	2	1	7	15	47	1	22	14	1	1	1	4
HA	C6	219	230	212	741	137	4	31	267	0	0	1	2	0	0	0	1	0	1	1	2
HA	C7	0	0	0	0	0	0	0	0	0	0	0	0	0	0	0	0	0	0	0	0
HA	C8	1657	373	1798	2211	938	501	1443	3714	0	0	0	0	0	0	0	0	0	0	0	0
HB	C1	75	0	79	7	0	0	0	2	2249	46	5448	343	14	0	214	714	12	1	19	1
HB	C2	7	11	7	43	4	1	71	11	2	45	175	323	29	63	46	56	0	3	3	46
HB	C3	33	2	272	46	7	0	5	39	767	21	6602	847	461	5	207	1716	8	1	70	13
HB	C4	85	73	88	584	471	4	196	180	951	153	1095	2377	1322	18	2166	980	32	12	62	149
HB	C5	8	14	8	28	79	1	45	128	168	72	299	752	2473	45	936	860	7	5	5	15
HB	C6	1	1	1	3	1	0	0	1	16	106	210	624	137	3	32	176	0	1	1	4
HB	C7	0	0	0	0	0	0	0	0	0	0	0	0	0	0	0	0	0	0	0	0
HB	C8	0	0	0	0	0	0	0	0	944	236	1125	1641	1152	73	631	2092	1	1	3	5
HN	C1	29	0	30	3	0	0	0	1	9	0	21	1	0	0	1	3	3133	296	5106	180
HN	C2	0	0	1	4	0	2	0	1	0	1	3	6	1	1	1	1	12	165	163	1404
HN	C3	27	0	12	5	5	0	0	8	8	0	29	4	1	0	1	12	659	46	3088	769
HN	C4	2	1	2	12	4	0	27	9	1	2	6	28	22	1	42	12	1172	296	1394	3021
HN	C5	1	3	2	5	15	0	9	16	3	2	9	19	81	2	42	27	125	93	145	313
HN	C6	0	0	0	0	0	0	0	0	0	0	0	0	0	0	0	0	27	184	136	468
HN	C7	0	0	0	0	0	0	0	0	0	0	0	0	0	0	0	0	0	0	0	0
HN	C8	0	0	0	0	0	0	0	0	2	0	2	4	2	0	2	2	518	177	1080	1277
GD	C1	13	0	14	1	0	0	0	0	5	0	12	1	0	0	0	2	7	1	11	0
GD	C2	0	0	0	1	0	0	0	0	0	0	0	0	0	0	0	0	0	0	0	0
GD	C3	12	2	50	8	7	0	10	47	20	0	36	4	2	0	3	23	7	0	7	4
GD	C4	70	13	26	72	31	1	48	85	52	8	48	156	54	8	53	176	31	7	27	49
GD	C5	1	5	3	9	23	0	21	15	1	2	11	27	93	3	83	28	2	6	7	13
GD	C6	0	0	0	1	0	0	0	0	0	0	0	1	0	0	0	0	0	0	0	1
GD	C7	0	0	0	0	0	0	0	0	0	0	0	0	0	0	0	0	0	0	0	0
GD	C8	0	0	0	0	0	0	0	1	14	2	19	33	20	2	16	18	1	1	3	6
GX	C1	2	0	2	0	0	0	0	0	3	0	6	0	0	0	0	1	4	0	6	0
GX	C2	0	0	0	1	0	0	0	2	0	3	7	35	2	2	3	0	1	1	1	11
GX	C3	2	0	14	2	0	0	0	7	7	0	35	3	1	0	1	10	4	0	18	4
GX	C4	4	1	3	8	2	0	19	5	5	1	5	12	5	0	13	5	9	1	7	14
GX	C5	1	1	1	2	9	0	2	3	1	0	3	5	18	0	6	6	1	1	1	3
GX	C6	0	0	0	2	0	0	0	1	0	1	2	0	0	0	0	0	1	0	0	2
GX	C7	0	0	0	0	0	0	0	0	0	0	0	0	0	0	0	0	0	0	0	0
GX	C8	0	0	0	0	0	0	0	2	6	1	4	6	4	0	3	7	1	0	1	2
SC	C1	1	0	1	0	0	0	0	0	2	0	4	0	0	0	0	1	2	0	3	0
SC	C2	4	6	4	28	2	3	38	6	0	6	22	36	3	3	6	6	0	2	3	29
SC	C3	9	0	55	8	1	0	0	22	16	0	76	7	1	0	1	21	4	0	12	3
SC	C4	15	18	24	151	132	1	48	13	13	5	57	193	192	1	49	19	11	3	18	39
SC	C5	8	12	8	21	66	1	17	25	2	1	5	11	55	1	17	24	1	1	1	3
SC	C6	0	0	0	1	0	0	0	0	0	0	0	0	0	0	0	0	0	0	0	1
SC	C7	0	0	0	0	0	0	0	0	0	0	0	0	0	0	0	0	0	0	0	0
SC	C8	0	0	0	0	0	0	0	0	9	2	12	21	12	1	10	10	1	1	3	5
GZ	C1	0	0	0	0	0	0	0	0	1	0	2	0	0	0	0	1	1	0	2	0
GZ	C2	0	0	1	4	0	2	0	1	0	1	5	12	1	3	1	2	1	4	6	33
GZ	C3	3	0	15	2	0	0	0	8	8	0	15	2	0	0	0	8	4	0	7	3
GZ	C4	1	2	2	18	16	0	6	1	1	1	13	49	51	0	13	4	3	2	13	34
GZ	C5	1	1	1	2	7	0	2	5	1	0	2	4	18	0	6	6	1	1	1	3
GZ	C6	0	0	0	1	0	0	0	0	0	0	0	1	0	0	0	0	0	0	0	1
GZ	C7	0	0	0	0	0	0	0	0	0	0	0	0	0	0	0	0	0	0	0	0
GZ	C8	0	0	0	0	0	0	0	0	2	0	3	6	4	0	3	3	1	0	2	3
YN	C1	9	0	9	1	0	0	0	0	4	0	9	1	0	0	0	1	5	0	8	0

省份	部门	HA	HA	HA	HA	HA	HA	HA	HA	HB	HB	HB	HB	HB	HB	HB	HB	HN	HN	HN	HN
		C1	C2	C3	C4	C5	C6	C7	C8	C1	C2	C3	C4	C5	C6	C7	C8	C1	C2	C3	C4
YN	C2	0	0	0	1	0	0	0	0	0	1	3	3	0	0	1	1	0	0	1	2
YN	C3	5	0	29	4	0	0	0	16	14	0	24	3	0	0	0	15	5	0	5	2
YN	C4	0	3	3	26	24	0	8	1	0	1	15	58	62	0	15	4	1	1	10	27
YN	C5	0	0	0	0	0	0	0	0	0	0	0	0	0	0	0	0	0	0	0	0
YN	C6	0	0	0	0	0	0	0	0	0	0	0	0	0	0	0	0	0	0	0	0
YN	C7	0	0	0	0	0	0	0	0	0	0	0	0	0	0	0	0	0	0	0	0
YN	C8	0	0	0	0	0	0	0	1	1	0	0	1	0	0	0	1	0	0	1	1
SN	C1	0	0	0	0	0	0	0	0	1	0	0	0	0	0	0	0	1	0	0	0
SN	C2	0	1	1	11	1	4	0	2	0	1	0	20	1	0	0	1	0	1	1	10
SN	C3	0	0	4	1	0	0	0	1	1	0	13	1	0	0	0	2	1	0	5	1
SN	C4	4	1	2	5	2	0	5	3	4	1	5	10	6	0	7	4	5	1	6	11
SN	C5	5	9	6	17	54	1	22	40	2	1	5	10	47	1	19	19	1	1	1	3
SN	C6	0	0	0	0	0	0	0	0	0	0	0	0	0	0	0	0	0	0	0	0
SN	C7	0	0	0	0	0	0	0	0	0	0	0	0	0	0	0	0	0	0	0	0
SN	C8	0	0	0	0	0	0	0	2	5	1	4	7	5	0	4	7	1	0	2	3
GS	C1	1	0	1	0	0	0	0	0	2	0	4	0	0	0	0	0	1	2	0	3
GS	C2	0	0	0	0	0	0	0	0	0	0	0	0	0	0	0	0	0	0	0	0
GS	C3	0	0	2	0	0	0	0	1	1	0	4	1	0	0	0	1	1	0	3	1
GS	C4	18	11	14	85	63	1	27	41	13	3	28	106	83	3	27	52	9	3	13	30
GS	C5	0	1	0	1	5	0	2	2	0	0	1	2	5	0	3	1	0	0	0	1
GS	C6	1	1	1	3	0	0	0	1	0	0	1	2	1	0	0	1	0	1	1	3
GS	C7	0	0	0	0	0	0	0	0	0	0	0	0	0	0	0	0	0	0	0	0
GS	C8	0	0	0	0	0	0	0	0	1	2	1	0	1	1	0	0	1	0	1	2
QH	C1	0	0	0	0	0	0	0	0	1	0	2	0	0	0	0	0	1	0	2	0
QH	C2	0	0	0	1	0	0	0	0	0	0	3	0	0	0	0	0	0	0	0	11
QH	C3	0	0	0	0	0	0	0	0	0	0	0	0	0	0	0	0	0	0	0	0
QH	C4	0	0	0	0	0	0	0	0	0	0	0	0	0	0	0	0	0	0	1	2
QH	C5	0	0	0	0	0	0	0	0	0	0	1	1	0	0	0	0	0	0	0	0
QH	C6	0	0	0	0	0	0	0	0	0	0	0	0	0	0	0	0	0	0	0	0
QH	C7	0	0	0	0	0	0	0	0	0	0	0	0	0	0	0	0	0	0	0	0
QH	C8	0	0	0	0	0	0	0	0	0	0	0	0	0	0	0	0	0	0	0	0
NX	C1	0	0	0	0	0	0	0	0	0	0	2	0	0	0	0	0	1	0	2	0
NX	C2	0	0	0	3	0	1	0	0	0	0	0	0	0	0	0	0	0	0	0	2
NX	C3	0	0	0	0	0	0	0	0	0	0	1	0	0	0	0	0	0	0	0	0
NX	C4	0	0	0	0	0	0	0	0	0	0	1	0	0	0	0	0	1	0	1	3
NX	C5	0	0	0	0	1	0	0	0	0	0	0	1	0	0	0	0	0	0	0	0
NX	C6	0	0	0	0	0	0	0	0	0	0	0	0	0	0	0	0	0	0	0	0
NX	C7	0	0	0	0	0	0	0	0	0	0	0	0	0	0	0	0	0	0	0	0
NX	C8	0	0	0	0	0	0	0	0	0	0	0	0	0	0	0	0	0	0	1	1
XJ	C1	12	0	13	1	0	0	0	0	4	0	9	1	0	0	0	0	1	4	0	6
XJ	C2	0	0	0	2	0	0	0	0	0	0	1	13	0	0	0	0	0	0	0	27
XJ	C3	0	0	2	0	0	0	0	0	0	0	13	1	0	0	0	0	1	1	0	5
XJ	C4	4	1	1	8	2	0	2	16	2	1	1	9	2	1	3	15	1	1	1	5
XJ	C5	0	0	0	0	0	0	0	0	0	0	0	0	0	0	0	0	0	0	0	0
XJ	C6	0	0	0	0	0	0	0	0	0	0	0	0	0	0	0	0	0	0	0	0
XJ	C7	0	0	0	0	0	0	0	0	0	0	0	0	0	0	0	0	0	0	0	0
XJ	C8	0	0	0	0	0	0	0	1	1	1	1	0	0	0	0	1	1	0	1	1
IM	C1	11	0	11	1	0	0	0	0	3	0	7	0	0	0	0	0	1	5	0	8
IM	C2	1	11	1	25	2	0	7	1	0	8	2	268	11	0	0	8	0	4	0	50
IM	C3	20	1	61	25	6	0	2	23	11	2	232	63	63	0	10	78	8	2	80	23
IM	C4	49	35	52	285	243	1	93	35	80	10	133	372	312	2	73	60	52	9	66	135
IM	C5	22	35	23	61	181	3	49	83	26	10	65	166	360	6	109	80	20	11	13	44
IM	C6	0	0	0	0	0	0	0	0	0	0	0	0	0	0	0	0	0	0	0	0
IM	C7	0	0	0	0	0	0	0	0	0	0	0	0	0	0	0	0	0	0	0	0
IM	C8	0	0	0	0	0	0	0	1	10	1	11	16	9	0	8	10	2	0	2	3
TII	TII	11213	2036	15565	13259	6621	836	8248	10407	6368	958	18575	13846	9883	595	5991	9574	6408	1495	12416	9921
VA	TVA	21149	3472	6044	7180	3279	1172	3338	16794	18606	1024	6097	8976	4641	1329	2919	11197	18932	1333	5783	5182
TI	TI	32362	5508	21609	20439	9900	2008	11586	27201	24974	1981	24672	22822	14524	1923	8910	20771	25339	2828	18199	15103

省份	部门	HN C5	HN C6	HN C7	HN C8	GD C1	GD C2	GD C3	GD C4	GD C5	GD C6	GD C7	GD C8	GX C1	GX C2	GX C3	GX C4	GX C5	GX C6	GX C7	GX C8
BJ	C1	0	0	0	0	0	0	0	0	0	0	0	0	2	0	2	0	0	0	1	0
BJ	C2	0	1	1	1	0	0	2	3	0	2	1	0	0	0	1	3	0	1	1	0
BJ	C3	0	0	0	2	3	0	8	1	0	0	0	4	3	0	12	2	0	0	0	4
BJ	C4	14	1	10	18	16	2	21	44	16	15	12	43	22	3	13	23	11	0	10	23
BJ	C5	19	0	10	10	0	0	0	0	0	0	0	0	0	1	0	1	9	0	2	3
BJ	C6	0	0	0	0	0	0	0	0	0	0	0	0	0	0	0	0	0	0	0	0
BJ	C7	0	0	0	0	0	0	0	0	0	0	0	0	0	0	0	0	0	0	0	0
BJ	C8	1	1	3	6	15	1	24	33	12	4	10	13	41	5	38	26	23	1	35	86
TJ	C1	0	0	0	0	0	0	0	0	0	0	0	0	2	0	2	0	0	0	1	0
TJ	C2	0	0	0	0	0	0	0	3	0	0	0	0	0	0	0	0	0	0	0	0
TJ	C3	0	0	0	2	3	0	7	1	0	0	0	3	3	0	13	2	0	0	0	4
TJ	C4	23	1	15	20	12	3	36	90	64	3	45	20	24	3	14	24	13	0	12	18
TJ	C5	14	0	7	6	0	0	0	0	0	0	0	0	0	0	0	1	8	0	2	3
TJ	C6	0	0	0	0	0	0	0	0	0	0	0	0	0	0	0	0	0	0	0	0
TJ	C7	0	0	0	0	0	0	0	0	0	0	0	0	0	0	0	0	0	0	0	0
TJ	C8	2	1	4	7	37	3	74	94	42	10	28	66	5	1	8	8	5	0	6	6
HE	C1	0	0	1	1	0	2	0	0	0	0	0	0	6	0	7	1	0	0	2	1
HE	C2	2	10	2	4	0	6	6	108	2	7	3	2	0	1	2	17	1	3	1	1
HE	C3	0	0	0	3	6	0	12	2	0	0	0	7	5	0	17	3	1	0	0	5
HE	C4	26	1	20	23	14	3	37	89	61	5	63	31	25	3	16	27	15	0	17	22
HE	C5	14	0	8	6	0	0	0	0	0	0	0	0	0	0	0	1	7	0	2	3
HE	C6	1	0	1	2	0	0	0	0	0	0	0	0	0	0	0	0	0	0	0	0
HE	C7	0	0	0	0	0	0	0	0	0	0	0	0	0	0	0	0	0	0	0	0
HE	C8	1	1	4	6	17	2	36	47	21	5	13	35	18	2	16	12	10	0	11	17
SX	C1	0	0	0	0	0	0	0	0	0	0	0	0	2	0	2	0	0	0	0	0
SX	C2	3	17	1	6	0	1	5	11	0	11	1	1	0	0	3	9	0	4	1	1
SX	C3	0	0	0	2	2	0	7	1	0	0	0	3	2	0	10	1	0	0	0	3
SX	C4	11	0	8	8	6	1	17	39	13	0	6	11	13	1	9	18	8	0	7	6
SX	C5	5	0	2	2	0	0	0	0	0	0	0	0	0	0	0	0	5	0	1	2
SX	C6	1	0	0	1	0	0	0	0	0	0	0	0	0	0	0	0	0	0	0	0
SX	C7	0	0	0	0	0	0	0	0	0	0	0	0	0	0	0	0	0	0	0	0
SX	C8	1	0	3	5	9	1	12	29	5	4	6	7	5	1	6	6	4	0	4	5
IM	C1	0	0	0	0	0	0	0	0	0	0	0	0	2	0	3	0	0	0	1	0
IM	C2	1	3	2	2	0	3	7	16	1	5	6	2	0	1	2	14	1	2	1	1
IM	C3	0	0	0	2	2	0	8	1	0	0	1	3	2	0	12	2	0	0	0	3
IM	C4	14	0	9	4	2	1	12	34	28	0	20	4	4	1	4	13	10	0	9	3
IM	C5	4	0	1	1	0	0	0	0	0	0	0	0	0	0	0	0	3	0	0	1
IM	C6	0	0	0	0	0	0	0	0	0	0	0	0	0	0	0	0	0	0	0	0
IM	C7	0	0	0	0	0	0	0	0	0	0	0	0	0	0	0	0	0	0	0	0
IM	C8	1	0	3	6	7	1	12	17	6	2	5	7	3	1	5	5	3	0	4	3
LN	C1	0	0	0	0	0	0	0	0	0	0	0	0	1	0	1	0	0	0	0	0
LN	C2	0	1	0	0	0	4	1	22	1	3	0	0	0	1	1	13	0	1	0	0
LN	C3	0	0	0	0	0	0	3	0	0	0	0	0	0	0	3	0	0	0	0	1
LN	C4	30	1	20	24	51	11	90	246	182	72	137	181	31	6	18	34	20	0	19	37
LN	C5	20	0	13	7	0	0	0	0	0	0	0	0	0	1	1	1	10	0	3	4
LN	C6	1	0	0	1	0	0	0	0	0	0	0	0	0	0	0	0	0	0	0	0
LN	C7	0	0	0	0	0	0	0	0	0	0	0	0	0	0	0	0	0	0	0	0
LN	C8	1	1	3	6	18	2	39	46	23	5	14	37	4	1	7	7	4	0	5	4
JL	C1	0	0	1	1	0	0	0	0	0	0	0	0	6	0	8	1	0	0	2	1
JL	C2	0	1	1	1	0	3	5	15	1	2	5	2	0	1	1	12	0	1	1	1
JL	C3	0	0	0	2	3	0	8	1	1	0	1	4	3	0	11	2	1	0	0	4
JL	C4	11	0	8	12	7	1	14	27	11	0	10	8	16	1	10	18	9	0	9	10
JL	C5	16	0	6	11	0	0	0	0	0	0	0	0	0	0	0	1	8	0	2	3
JL	C6	0	0	0	0	0	0	0	0	0	0	0	0	0	0	0	0	0	0	0	0
JL	C7	0	0	0	0	0	0	0	0	0	0	0	0	0	0	0	0	0	0	0	0
JL	C8	1	0	1	3	0	0	1	1	0	0	0	1	0	3	3	2	0	2	2	2
HL	C1	0	0	0	0	0	0	0	0	0	0	0	0	0	0	0	0	0	0	0	0
HL	C2	1	4	2	3	1	4	9	526	2	5	8	3	0	1	2	16	1	2	1	1
HL	C3	0	0	0	1	0	0	3	0	1	0	2	1	0	0	4	1	1	0	1	2

续表

省份	部门	HN C5	HN C6	HN C7	HN C8	GD C1	GD C2	GD C3	GD C4	GD C5	GD C6	GD C7	GD C8	GX C1	GX C2	GX C3	GX C4	GX C5	GX C6	GX C7	GX C8
HL	C4	14	1	9	14	15	2	19	42	21	17	15	43	19	3	11	21	12	0	10	23
HL	C5	12	0	7	3	0	0	0	0	0	0	0	0	0	1	0	1	8	0	2	3
HL	C6	0	0	0	0	0	0	0	0	0	0	0	0	0	0	0	0	0	0	0	0
HL	C7	0	0	0	0	0	0	0	0	0	0	0	0	0	0	0	0	0	0	0	0
HL	C8	1	1	3	6	19	1	32	39	17	5	13	18	4	1	7	7	4	0	5	4
SH	C1	0	0	0	0	0	0	0	0	0	0	0	0	1	0	1	0	0	0	0	0
SH	C2	0	0	0	0	0	0	0	0	0	0	0	0	0	0	0	0	0	0	0	0
SH	C3	1	0	0	4	9	0	21	3	1	0	1	11	6	0	28	4	1	0	1	8
SH	C4	41	1	28	36	40	8	83	218	155	41	115	116	41	6	24	43	22	0	21	38
SH	C5	45	1	30	14	0	0	0	0	0	0	0	0	0	1	1	1	15	0	4	5
SH	C6	0	0	0	0	0	0	0	0	0	0	0	0	0	0	0	0	0	0	0	0
SH	C7	0	0	0	0	0	0	0	0	0	0	0	0	0	0	0	0	0	0	0	0
SH	C8	2	1	6	10	136	11	220	367	108	46	94	154	25	3	24	18	15	1	17	29
JS	C1	0	0	1	1	0	0	0	0	0	0	0	0	6	0	7	1	0	0	2	1
JS	C2	1	4	2	2	0	1	4	10	1	5	3	1	0	1	2	14	0	2	1	1
JS	C3	1	0	0	5	11	0	23	3	1	0	2	13	7	0	31	4	1	0	1	8
JS	C4	27	1	21	30	25	4	41	90	44	19	44	64	35	5	21	36	17	0	19	31
JS	C5	38	1	24	13	0	0	0	0	0	0	0	0	0	1	1	1	13	0	3	5
JS	C6	1	0	0	1	0	0	0	0	0	0	0	0	0	0	0	0	0	0	0	0
JS	C7	0	0	0	0	0	0	0	0	0	0	0	0	0	0	0	0	0	0	0	0
JS	C8	2	1	4	7	40	3	69	81	38	9	29	38	4	1	8	8	5	0	6	5
ZJ	C1	0	0	1	1	0	0	0	0	0	0	0	0	9	0	11	2	0	0	3	1
ZJ	C2	2	0	0	1	0	1	1	3	0	0	0	2	1	0	1	10	0	1	0	0
ZJ	C3	1	0	1	6	10	0	26	4	1	0	2	13	7	0	38	6	1	0	1	10
ZJ	C4	23	1	21	27	17	2	26	50	18	10	28	40	29	4	18	31	15	0	18	28
ZJ	C5	46	1	31	15	0	0	0	0	0	0	0	0	0	1	1	1	15	0	4	5
ZJ	C6	0	0	0	0	0	0	0	0	0	0	0	0	0	0	0	0	0	0	0	0
ZJ	C7	0	0	0	0	0	0	0	0	0	0	0	0	0	0	0	0	0	0	0	0
ZJ	C8	1	0	2	4	1	0	3	2	2	0	1	1	2	1	4	4	2	0	3	4
AH	C1	0	0	1	1	0	0	0	0	0	0	0	0	7	0	9	2	0	0	2	1
AH	C2	1	6	2	3	0	1	5	10	0	6	3	1	0	1	2	11	0	3	1	1
AH	C3	0	0	0	3	6	0	14	2	0	0	0	7	5	0	20	3	1	0	0	5
AH	C4	18	1	13	13	7	2	19	49	35	3	29	14	14	2	9	20	12	0	13	15
AH	C5	9	0	5	4	0	0	0	0	0	0	0	0	0	1	1	1	7	0	2	2
AH	C6	1	0	0	1	0	0	0	0	0	0	0	0	0	0	0	0	0	0	0	0
AH	C7	0	0	0	0	0	0	0	0	0	0	0	0	0	0	0	0	0	0	0	0
AH	C8	1	0	3	5	6	0	11	14	6	2	5	6	4	1	6	6	4	0	4	4
FJ	C1	0	0	1	1	0	0	0	0	0	0	0	0	8	0	11	2	0	0	3	1
FJ	C2	1	0	4	3	1	2	7	11	1	1	8	3	0	1	2	6	0	1	2	1
FJ	C3	1	0	0	7	6	0	14	2	2	0	3	9	5	0	21	4	1	0	2	8
FJ	C4	7	0	6	7	6	0	10	16	5	0	1	5	12	1	7	11	6	0	6	6
FJ	C5	12	0	5	3	0	0	0	0	0	0	0	0	0	1	1	1	8	0	1	3
FJ	C6	0	0	0	0	0	0	0	0	0	0	0	0	0	0	0	0	0	0	0	0
FJ	C7	0	0	0	0	0	0	0	0	0	0	0	0	0	0	0	0	0	0	0	0
FJ	C8	1	0	2	1	1	0	8	8	6	0	1	18	1	0	1	1	0	0	1	1
JX	C1	0	0	1	1	0	0	0	0	0	0	0	0	7	0	9	1	0	0	2	1
JX	C2	1	2	6	4	0	10	7	52	4	4	7	2	0	3	2	25	1	2	2	1
JX	C3	2	0	1	10	4	0	29	3	2	0	4	8	3	0	34	5	1	0	2	8
JX	C4	46	1	44	27	8	2	19	47	32	5	36	22	15	3	11	26	19	0	24	22
JX	C5	30	0	10	12	0	0	0	0	0	0	0	0	0	1	1	1	13	0	3	5
JX	C6	0	0	0	0	0	0	0	0	0	0	0	0	0	0	0	0	0	0	0	0
JX	C7	0	0	0	0	0	0	0	0	0	0	0	0	0	0	0	0	0	0	0	0
JX	C8	1	0	3	5	3	1	13	16	9	1	3	23	2	1	4	4	2	0	3	3
SD	C1	0	0	1	1	0	0	0	0	0	0	0	0	6	0	8	1	0	0	2	1
SD	C2	1	7	0	2	0	4	3	505	2	6	0	1	0	1	2	15	0	3	0	1
SD	C3	0	0	0	3	8	0	14	2	0	0	0	9	5	0	21	3	1	0	0	6
SD	C4	16	1	13	19	21	3	23	46	19	22	23	61	23	4	14	24	12	0	13	26
SD	C5	13	0	7	5	0	0	0	0	0	0	0	0	0	1	1	1	8	0	2	3
SD	C6	0	0	0	0	0	0	0	0	0	0	0	0	0	0	0	0	0	0	0	0

续表

省份	部门	HN C5	HN C6	HN C7	HN C8	GD C1	GD C2	GD C3	GD C4	GD C5	GD C6	GD C7	GD C8	GX C1	GX C2	GX C3	GX C4	GX C5	GX C6	GX C7	GX C8
SD	C7	0	0	0	0	0	0	0	0	0	0	0	0	0	0	0	0	0	0	0	0
SD	C8	1	0	3	6	9	1	13	23	6	3	6	7	3	1	5	5	3	0	4	3
HA	C1	0	0	1	1	0	0	0	0	0	0	0	0	11	1	14	2	0	0	4	1
HA	C2	4	19	1	7	0	6	5	126	2	12	0	1	0	1	3	21	1	5	0	1
HA	C3	1	0	0	6	13	0	25	4	1	0	1	15	8	0	32	5	1	0	1	9
HA	C4	35	1	31	25	16	4	42	107	77	11	91	48	23	4	16	31	18	0	24	26
HA	C5	20	0	11	6	0	0	0	0	0	0	0	0	0	1	1	1	9	0	2	3
HA	C6	0	0	0	1	0	0	0	0	0	0	0	0	0	0	0	0	0	0	0	0
HA	C7	0	0	0	0	0	0	0	0	0	0	0	0	0	0	0	0	0	0	0	0
HA	C8	0	0	0	0	0	0	0	0	0	0	0	0	0	0	0	0	0	0	0	0
HB	C1	0	0	2	2	0	0	0	0	0	0	0	0	10	1	12	2	0	0	3	1
HB	C2	1	1	8	5	1	8	8	44	3	1	10	3	0	2	1	20	1	1	2	1
HB	C3	3	0	2	17	12	0	40	5	2	0	3	16	8	0	52	7	1	0	1	13
HB	C4	109	3	87	53	58	15	128	365	289	82	223	213	31	7	21	47	31	1	34	46
HB	C5	94	1	42	60	0	0	0	0	0	0	0	0	0	1	1	2	19	0	5	8
HB	C6	1	0	0	1	0	0	0	0	0	0	0	0	0	0	0	0	0	0	0	0
HB	C7	0	0	0	0	0	0	0	0	0	0	0	0	0	0	0	0	0	0	0	0
HB	C8	2	1	4	7	28	2	46	61	24	7	20	25	4	1	8	7	5	0	6	6
HN	C1	40	1	441	460	0	0	0	0	0	0	0	0	9	0	11	2	0	0	3	1
HN	C2	75	196	202	198	0	2	7	14	1	11	3	2	0	2	4	23	1	5	1	2
HN	C3	204	7	698	1243	6	0	20	2	0	0	0	8	5	0	22	3	1	0	0	7
HN	C4	1749	56	2276	1496	4	1	9	19	11	2	64	24	6	3	9	23	16	0	32	18
HN	C5	1293	24	636	369	0	0	0	0	0	0	0	0	0	1	1	2	21	0	5	8
HN	C6	94	10	48	132	0	0	0	0	0	0	0	0	0	0	0	0	0	0	0	0
HN	C7	0	0	0	0	0	0	0	0	0	0	0	0	0	0	0	0	0	0	0	0
HN	C8	633	121	960	3244	1	0	2	2	1	0	1	1	2	0	4	4	2	0	3	2
GD	C1	0	0	1	1	4328	13	5595	442	1	0	1	1548	7	0	9	1	0	0	2	1
GD	C2	0	0	0	0	22	136	291	918	47	101	332	111	0	0	1	3	0	1	0	0
GD	C3	0	0	0	5	481	23	3152	396	177	2	297	840	13	0	20	2	1	0	3	9
GD	C4	17	1	35	37	1047	145	2009	3410	1806	241	3613	2257	38	7	23	33	12	1	33	51
GD	C5	83	1	71	23	294	65	122	207	1092	16	552	655	0	1	1	2	22	0	8	9
GD	C6	0	0	0	0	172	162	341	749	179	6	55	569	0	0	0	0	0	0	0	0
GD	C7	0	0	0	0	0	0	0	0	0	0	0	0	0	0	0	0	0	0	0	0
GD	C8	2	1	4	8	1297	174	2911	3673	1759	363	1051	3524	34	3	29	20	18	1	21	40
GX	C1	0	0	1	1	0	0	0	0	0	0	0	0	1322	69	1653	271	0	0	432	180
GX	C2	1	0	3	2	0	11	5	52	4	0	7	2	18	58	103	302	17	92	87	65
GX	C3	1	0	0	6	9	0	33	4	1	0	2	12	328	13	1325	208	74	1	89	454
GX	C4	5	0	17	10	6	1	12	19	7	0	53	20	536	65	420	778	530	4	780	388
GX	C5	19	0	7	6	0	0	0	0	0	0	0	0	25	43	48	71	459	3	101	179
GX	C6	0	0	0	0	0	0	0	0	0	0	0	0	23	86	80	264	44	1	15	148
GX	C7	0	0	0	0	0	0	0	0	0	0	0	0	0	0	0	0	0	0	0	0
GX	C8	1	0	1	4	3	0	5	4	3	0	2	3	516	145	730	755	455	42	508	1116
SC	C1	0	0	0	0	0	0	0	0	0	0	0	0	2	0	2	0	0	0	1	0
SC	C2	1	4	3	3	0	3	8	21	1	7	7	3	0	3	4	28	1	6	2	2
SC	C3	0	0	0	4	14	0	25	4	0	0	0	15	10	0	45	7	1	0	1	12
SC	C4	28	0	19	11	7	3	43	124	105	1	75	13	15	2	13	33	26	0	27	10
SC	C5	19	0	9	8	0	0	0	0	0	0	0	0	0	1	1	2	19	0	4	7
SC	C6	0	0	0	0	0	0	0	0	0	0	0	0	0	0	0	0	0	0	0	0
SC	C7	0	0	0	0	0	0	0	0	0	0	0	0	0	0	0	0	0	0	0	0
SC	C8	1	0	3	7	23	2	42	44	24	5	17	23	4	1	7	7	5	0	5	5
GZ	C1	0	0	0	0	0	0	0	0	0	0	0	0	1	0	1	0	0	0	0	0
GZ	C2	2	11	3	5	0	2	8	17	1	13	4	2	1	3	11	40	2	15	3	5
GZ	C3	0	0	0	4	8	0	15	2	0	0	0	9	9	0	24	3	1	0	1	8
GZ	C4	29	0	18	6	2	1	16	46	39	0	27	4	6	2	9	37	33	0	31	7
GZ	C5	18	0	7	8	0	0	0	0	0	0	0	0	0	2	1	2	26	0	6	10
GZ	C6	0	0	0	0	0	0	0	0	0	0	0	0	0	0	0	0	0	0	0	0
GZ	C7	0	0	0	0	0	0	0	0	0	0	0	0	0	0	0	0	0	0	0	0
GZ	C8	1	0	2	4	2	0	3	4	1	0	1	2	2	1	4	4	2	0	3	2
YN	C1	0	0	1	1	0	0	0	0	0	0	0	0	6	0	8	1	0	0	2	1

续表

省份	部门	HN C5	HN C6	HN C7	HN C8	GD C1	GD C2	GD C3	GD C4	GD C5	GD C6	GD C7	GD C8	GX C1	GX C2	GX C3	GX C4	GX C5	GX C6	GX C7	GX C8
YN	C2	0	0	2	1	0	1	3	4	0	1	3	1	0	1	2	6	0	1	2	1
YN	C3	0	0	0	3	15	0	17	3	0	0	0	16	12	0	15	2	0	0	1	7
YN	C4	25	0	15	4	1	1	18	55	50	0	35	4	2	1	6	27	26	0	24	4
YN	C5	1	0	0	0	0	0	0	0	0	0	0	0	0	0	0	0	2	0	0	1
YN	C6	0	0	0	0	0	0	0	0	0	0	0	0	0	0	0	0	0	0	0	0
YN	C7	0	0	0	0	0	0	0	0	0	0	0	0	0	0	0	0	0	0	0	0
YN	C8	0	0	1	2	0	0	0	0	0	0	0	0	1	0	1	2	1	0	1	1
SN	C1	0	0	0	0	0	0	0	0	0	0	0	0	0	0	0	0	0	0	0	0
SN	C2	0	2	0	1	0	4	1	20	2	3	0	0	1	1	15	0	2	0	0	2
SN	C3	0	0	0	1	1	0	6	1	0	0	0	1	1	0	7	1	0	0	0	2
SN	C4	6	0	7	4	3	0	5	8	3	0	4	3	6	1	5	9	5	0	7	4
SN	C5	20	0	10	9	0	0	0	0	0	0	0	0	0	1	1	1	11	0	3	4
SN	C6	0	0	0	0	0	0	0	0	0	0	0	0	0	0	0	0	0	0	0	0
SN	C7	0	0	0	0	0	0	0	0	0	0	0	0	0	0	0	0	0	0	0	0
SN	C8	1	0	2	4	1	0	2	3	1	0	1	1	25	2	19	12	11	0	13	25
GS	C1	0	0	0	0	0	0	0	0	0	0	0	2	0	2	0	0	0	0	0	0
GS	C2	0	0	0	0	0	0	0	0	0	0	0	0	0	0	2	0	0	0	0	0
GS	C3	0	0	0	1	1	0	4	0	0	0	0	1	1	0	5	1	0	0	0	2
GS	C4	19	1	13	14	12	3	24	64	47	13	36	37	15	3	9	21	14	0	14	22
GS	C5	6	0	3	1	0	0	0	0	0	0	0	0	0	0	0	5	0	1	1	1
GS	C6	1	0	0	1	0	0	0	0	0	0	0	0	0	0	0	0	0	0	0	0
GS	C7	0	0	0	0	0	0	0	0	0	0	0	0	0	0	0	0	0	0	0	0
GS	C8	1	0	1	1	1	0	9	8	7	0	1	20	1	0	1	1	0	0	1	1
QH	C1	0	0	0	0	0	0	0	0	0	0	0	0	1	0	1	0	0	0	0	0
QH	C2	0	0	0	0	0	0	0	3	0	0	0	0	0	0	5	0	0	0	0	0
QH	C3	0	0	0	0	0	0	1	0	0	0	0	0	0	0	0	0	0	0	0	0
QH	C4	1	0	1	0	0	0	0	0	0	0	0	0	0	0	2	2	0	2	0	0
QH	C5	1	0	1	0	0	0	0	0	0	0	0	0	0	0	0	1	0	0	0	0
QH	C6	0	0	0	0	0	0	0	0	0	0	0	0	0	0	0	0	0	0	0	0
QH	C7	0	0	0	0	0	0	0	0	0	0	0	0	0	0	0	0	0	0	0	0
QH	C8	0	0	0	1	0	0	0	0	0	0	0	0	0	0	0	0	0	0	0	0
NX	C1	0	0	0	0	0	0	0	0	0	0	0	0	1	0	1	0	0	0	0	0
NX	C2	0	1	0	0	0	0	1	2	0	2	0	0	0	0	1	3	0	1	0	0
NX	C3	0	0	0	1	0	0	2	0	0	0	0	0	0	0	2	0	0	0	0	1
NX	C4	1	0	1	1	1	0	1	2	1	0	0	1	2	0	1	3	2	0	2	1
NX	C5	1	0	0	0	0	0	0	0	0	0	0	0	0	0	0	1	0	0	0	0
NX	C6	0	0	0	0	0	0	0	0	0	0	0	0	0	0	0	0	0	0	0	0
NX	C7	0	0	0	0	0	0	0	0	0	0	0	0	0	0	0	0	0	0	0	0
NX	C8	0	0	1	2	0	0	0	0	0	0	0	0	1	0	1	1	0	0	1	1
XJ	C1	0	0	1	1	0	0	0	0	0	0	0	0	5	0	6	1	0	0	2	1
XJ	C2	0	0	1	1	0	0	1	15	0	0	1	0	0	1	1	11	0	0	1	1
XJ	C3	0	0	0	1	0	0	8	1	0	0	0	1	1	0	11	2	0	0	0	2
XJ	C4	2	0	1	6	4	0	2	5	1	6	1	14	6	2	3	5	3	0	3	14
XJ	C5	0	0	0	0	0	0	0	0	0	0	0	0	0	0	0	0	0	0	0	0
XJ	C6	0	0	0	0	0	0	0	0	0	0	0	0	0	0	0	0	0	0	0	0
XJ	C7	0	0	0	0	0	0	0	0	0	0	0	0	0	0	0	0	0	0	0	0
XJ	C8	0	0	1	2	0	0	0	0	0	0	0	0	1	0	2	2	1	0	1	1
IM	C1	0	0	1	1	315	1	408	32	0	0	0	113	15	1	18	3	0	0	5	2
IM	C2	1	0	0	0	10	44	127	251	14	36	150	49	0	1	14	0	0	0	1	0
IM	C3	8	0	14	48	636	76	5457	904	451	7	915	1619	30	2	121	19	9	0	10	48
IM	C4	87	2	51	43	1081	127	2073	4128	2036	205	1161	1368	61	6	40	83	57	0	48	33
IM	C5	161	3	64	32	1329	105	285	375	4374	26	1059	1849	1	14	18	24	173	1	28	56
IM	C6	0	0	0	0	21	20	41	90	22	1	7	69	0	0	0	0	0	0	0	0
IM	C7	0	0	0	0	0	0	0	0	0	0	0	0	0	0	0	0	0	0	0	0
IM	C8	1	0	1	8	25	2	48	43	28	4	19	28	9	1	12	9	8	0	8	10
TII	TII	5600	551	6344	8274	11956	1274	24806	20173	13729	1556	10783	16373	3802	669	5825	4088	2648	223	2860	3741
VA	TVA	2741	653	2390	11147	22905	1468	9647	9237	4732	1206	5255	24086	9990	862	2586	2102	1179	564	1169	6157
TI	TI	8341	1204	8734	19421	34861	2742	34454	29410	18462	2762	16038	40460	13792	1531	8411	6190	3827	786	4029	9898

省份	部门	SC C1	SC C2	SC C3	SC C4	SC C5	SC C6	SC C7	SC C8	GZ C1	GZ C2	GZ C3	GZ C4	GZ C5	GZ C6	GZ C7	GZ C8	YN C1	YN C2	YN C3	YN C4
BJ	C1	3	0	4	0	0	0	0	0	2	0	1	0	0	0	0	0	1	0	2	0
BJ	C2	0	0	1	1	0	0	1	0	0	0	0	0	0	0	0	0	0	0	0	0
BJ	C3	2	0	17	2	0	0	1	4	1	0	8	2	0	0	0	4	2	0	13	1
BJ	C4	23	4	13	35	18	1	13	25	9	2	4	12	8	0	6	23	15	3	7	23
BJ	C5	0	1	1	2	14	0	2	3	0	1	0	1	9	0	2	5	1	0	0	1
BJ	C6	0	0	0	0	0	0	0	0	0	0	0	0	0	0	0	0	0	0	0	0
BJ	C7	0	0	0	0	0	0	0	0	0	0	0	0	0	0	0	0	0	0	0	0
BJ	C8	6	3	15	19	16	1	11	15	1	1	5	4	2	0	6	5	1	0	1	1
TJ	C1	3	0	5	0	0	0	0	0	2	0	1	0	0	0	0	0	2	0	2	0
TJ	C2	0	2	1	7	1	1	1	4	0	0	0	3	0	0	0	0	0	0	0	5
TJ	C3	2	0	21	3	1	0	1	4	1	0	9	2	0	0	0	5	2	0	14	2
TJ	C4	30	5	18	50	28	1	21	29	10	2	4	14	10	0	7	18	16	2	8	19
TJ	C5	0	1	1	2	20	0	2	4	0	1	0	1	9	0	2	4	1	0	0	1
TJ	C6	0	0	0	0	0	0	0	0	0	0	0	0	0	0	0	0	0	0	0	0
TJ	C7	0	0	0	0	0	0	0	0	0	0	0	0	0	0	0	0	0	0	0	0
TJ	C8	11	6	28	36	30	1	21	28	2	1	6	5	3	1	7	6	1	0	1	1
HE	C1	14	0	20	1	0	0	0	2	3	0	2	0	0	0	0	0	2	0	3	0
HE	C2	1	5	2	39	4	2	3	10	0	1	0	6	0	0	0	0	0	1	0	16
HE	C3	3	0	24	3	1	0	1	7	1	0	11	2	1	0	0	6	3	0	20	2
HE	C4	31	6	19	54	31	1	24	31	10	2	5	15	11	0	9	21	16	3	8	20
HE	C5	0	1	1	2	8	0	2	3	0	1	0	1	8	0	2	4	1	0	0	1
HE	C6	0	0	0	1	0	0	0	0	0	0	0	0	0	0	0	0	0	0	0	0
HE	C7	0	0	0	0	0	0	0	0	0	0	0	0	0	0	0	0	0	0	0	0
HE	C8	6	3	16	21	17	1	12	16	1	1	5	4	2	0	6	5	1	0	1	1
SX	C1	3	0	4	0	0	0	0	0	2	0	1	0	0	0	0	0	2	0	2	0
SX	C2	0	0	1	1	0	0	1	1	0	0	0	0	0	0	0	0	0	0	0	0
SX	C3	2	0	17	2	0	0	1	4	1	0	5	1	0	0	0	2	2	0	9	1
SX	C4	18	3	11	31	18	0	15	14	7	1	3	10	7	0	6	5	11	2	6	22
SX	C5	0	1	0	2	5	0	1	2	0	0	0	1	6	0	1	3	1	0	0	1
SX	C6	0	0	0	1	0	0	0	0	0	0	0	0	0	0	0	0	0	0	0	0
SX	C7	0	0	0	0	0	0	0	0	0	0	0	0	0	0	0	0	0	0	0	0
SX	C8	2	1	7	9	7	0	5	6	1	1	4	4	2	0	6	5	1	0	1	1
IM	C1	5	0	7	0	0	0	0	1	2	0	1	0	0	0	0	0	2	0	2	0
IM	C2	0	1	2	9	1	0	2	1	0	1	0	2	0	0	0	0	0	0	0	6
IM	C3	1	0	18	3	1	0	1	4	1	0	6	1	0	0	0	3	2	0	10	1
IM	C4	4	2	5	26	23	0	17	5	5	1	2	11	9	0	7	4	5	1	3	13
IM	C5	0	1	0	2	6	0	1	2	0	0	0	1	5	0	1	1	1	0	0	1
IM	C6	0	0	0	1	0	0	0	0	0	0	0	0	0	0	0	0	0	0	0	0
IM	C7	0	0	0	0	0	0	0	0	0	0	0	0	0	0	0	0	0	0	0	0
IM	C8	3	2	9	12	10	1	7	9	1	1	4	3	2	0	5	5	1	0	1	1
LN	C1	1	0	1	0	0	0	0	0	1	0	1	0	0	0	0	0	1	0	1	0
LN	C2	0	2	1	23	2	1	1	4	0	1	0	6	0	0	0	0	0	1	0	15
LN	C3	0	0	2	0	0	0	0	0	0	0	1	1	0	0	0	1	0	0	1	0
LN	C4	30	7	19	61	39	1	29	35	11	2	6	20	14	0	11	34	22	5	10	30
LN	C5	0	1	1	2	12	0	2	3	0	1	1	2	11	0	3	5	1	1	1	2
LN	C6	0	0	0	1	0	0	0	0	0	0	0	0	0	0	0	0	0	0	0	0
LN	C7	0	0	0	0	0	0	0	0	0	0	0	0	0	0	0	0	0	0	0	0
LN	C8	7	4	18	23	19	1	13	18	1	1	5	4	2	0	6	5	1	0	1	1
JL	C1	15	0	21	1	0	0	0	2	3	0	2	0	0	0	0	0	3	0	3	0
JL	C2	0	1	1	12	1	0	1	1	0	1	0	5	0	0	0	0	0	0	0	10
JL	C3	2	0	9	2	0	0	1	3	1	0	8	2	1	0	0	5	2	0	12	1
JL	C4	20	3	11	30	15	0	12	18	9	1	4	11	8	0	6	10	12	2	6	18
JL	C5	0	1	1	2	8	0	1	2	0	1	1	1	10	0	2	5	1	1	1	1
JL	C6	0	0	0	1	0	0	0	0	0	0	0	0	0	0	0	0	0	0	0	0
JL	C7	0	0	0	0	0	0	0	0	0	0	0	0	0	0	0	0	0	0	0	0
JL	C8	1	0	1	2	1	0	1	1	0	0	2	1	1	0	2	2	1	0	1	1
HL	C1	0	0	0	0	0	0	0	0	0	0	0	0	0	0	0	0	0	0	0	0
HL	C2	1	7	3	42	5	3	4	16	0	1	0	7	0	1	0	0	0	0	0	16
HL	C3	0	0	0	0	0	0	0	0	0	0	5	1	0	0	0	4	0	0	6	1

续表

省份	部门	SC C1	SC C2	SC C3	SC C4	SC C5	SC C6	SC C7	SC C8	GZ C1	GZ C2	GZ C3	GZ C4	GZ C5	GZ C6	GZ C7	GZ C8	YN C1	YN C2	YN C3	YN C4
HL	C4	16	4	10	31	19	1	14	21	9	2	4	14	10	0	7	25	14	3	7	21
HL	C5	0	0	0	1	5	0	1	2	0	1	0	1	8	0	3	4	1	0	0	1
HL	C6	0	0	0	1	0	0	0	0	0	0	0	0	0	0	0	0	0	0	0	0
HL	C7	0	0	0	0	0	0	0	0	0	0	0	0	0	0	0	0	0	0	0	0
HL	C8	8	4	19	25	20	1	14	19	1	1	5	4	2	0	6	5	1	0	1	1
SH	C1	1	0	1	0	0	0	0	0	1	0	1	0	0	0	0	0	1	0	1	0
SH	C2	0	0	0	0	0	0	0	0	0	0	0	0	0	0	0	0	0	0	0	0
SH	C3	3	0	40	5	1	0	2	8	2	0	13	3	0	0	6	5	2	0	27	3
SH	C4	43	7	25	68	37	1	26	42	14	3	7	22	16	0	12	34	25	5	12	34
SH	C5	0	2	2	3	50	0	3	8	0	1	1	2	16	0	4	7	1	1	1	2
SH	C6	0	0	0	0	0	0	0	0	0	0	0	0	0	0	0	0	0	0	0	0
SH	C7	0	0	0	0	0	0	0	0	0	0	0	0	0	0	0	0	0	0	0	0
SH	C8	24	12	58	78	64	3	44	61	2	2	9	7	4	1	11	9	1	0	1	2
JS	C1	13	0	19	1	0	0	0	2	3	0	2	0	0	0	0	0	3	0	3	0
JS	C2	0	1	1	5	0	0	1	1	0	0	0	3	0	0	0	0	0	0	0	5
JS	C3	4	1	65	8	2	0	4	12	2	0	16	3	1	0	0	9	6	0	34	4
JS	C4	42	7	24	62	31	1	24	41	12	2	6	17	12	0	10	28	22	4	10	31
JS	C5	1	2	3	4	61	0	3	11	0	1	1	2	14	0	4	6	1	1	1	2
JS	C6	0	0	0	1	0	0	0	0	0	0	0	0	0	0	0	0	0	0	0	0
JS	C7	0	0	0	0	0	0	0	0	0	0	0	0	0	0	0	0	0	0	0	0
JS	C8	14	7	32	43	36	2	25	34	2	1	6	5	3	1	7	7	1	0	1	1
ZJ	C1	17	0	25	1	0	0	0	2	3	0	2	0	0	0	0	0	3	0	4	0
ZJ	C2	0	0	1	2	0	0	1	1	0	1	0	2	0	0	0	0	0	0	0	3
ZJ	C3	3	0	40	5	1	0	2	8	2	1	22	5	1	0	1	13	6	1	39	5
ZJ	C4	28	4	15	38	18	1	15	28	12	2	6	17	12	0	11	27	19	3	9	27
ZJ	C5	0	1	1	2	15	0	2	4	0	1	1	2	15	0	5	7	1	1	1	2
ZJ	C6	0	0	0	1	0	0	0	0	0	0	0	0	0	0	0	0	0	0	0	0
ZJ	C7	0	0	0	0	0	0	0	0	0	0	0	0	0	0	0	0	0	0	0	0
ZJ	C8	1	1	3	4	4	0	2	3	1	0	3	2	1	0	3	3	1	0	1	1
AH	C1	19	0	26	1	0	0	0	3	3	0	2	0	0	0	0	0	3	0	3	0
AH	C2	0	0	1	1	0	0	1	1	0	0	0	1	0	0	0	0	0	0	0	1
AH	C3	3	0	30	4	1	0	2	7	2	0	10	2	1	0	0	5	4	0	19	2
AH	C4	13	4	9	33	23	1	18	18	8	2	4	14	10	0	8	18	10	2	5	17
AH	C5	0	1	1	2	5	0	1	2	0	0	0	1	7	0	2	3	1	0	0	1
AH	C6	0	0	0	1	0	0	0	0	0	0	0	0	0	0	0	0	0	0	0	0
AH	C7	0	0	0	0	0	0	0	0	0	0	0	0	0	0	0	0	0	0	0	0
AH	C8	3	2	9	11	9	0	6	8	1	1	4	3	2	0	5	4	1	0	1	1
FJ	C1	15	0	21	1	0	0	0	2	4	0	2	0	0	0	0	0	4	0	4	0
FJ	C2	0	1	1	1	0	0	2	1	0	0	0	0	0	0	1	0	0	0	0	1
FJ	C3	2	0	6	1	0	0	0	4	2	0	20	4	1	0	1	13	3	0	25	2
FJ	C4	10	1	6	13	6	0	5	8	9	1	4	10	7	0	7	6	10	1	5	12
FJ	C5	0	0	1	1	12	0	1	2	0	0	0	1	8	0	3	3	0	0	0	1
FJ	C6	0	0	0	0	0	0	0	0	0	0	0	0	0	0	0	0	0	0	0	0
FJ	C7	0	0	0	0	0	0	0	0	0	0	0	0	0	0	0	0	0	0	0	0
FJ	C8	0	0	2	2	1	0	1	1	1	0	1	1	1	0	2	1	0	0	0	0
JX	C1	10	0	15	1	0	0	0	1	4	0	2	0	0	0	0	0	3	0	4	0
JX	C2	0	1	1	21	2	0	2	1	0	1	0	4	0	0	1	0	0	1	0	15
JX	C3	1	0	16	2	0	0	1	4	2	0	15	4	1	0	1	7	2	0	16	3
JX	C4	9	3	6	24	17	1	15	14	9	2	6	23	18	0	16	27	11	3	6	18
JX	C5	0	1	1	2	9	0	1	2	0	1	1	3	17	0	4	8	1	1	1	2
JX	C6	0	0	0	0	0	0	0	0	0	0	0	0	0	0	0	0	0	0	0	0
JX	C7	0	0	0	0	0	0	0	0	0	0	0	0	0	0	0	0	0	0	0	0
JX	C8	2	1	5	6	5	0	3	4	1	1	4	3	2	0	5	4	1	0	1	1
SD	C1	15	0	21	1	0	0	0	2	3	0	2	0	0	0	0	0	3	0	3	0
SD	C2	1	7	2	45	6	3	2	16	0	1	0	6	0	1	0	0	0	0	0	16
SD	C3	3	0	41	5	1	0	2	8	2	0	12	2	1	0	0	6	4	0	24	2
SD	C4	24	4	14	38	20	1	16	27	10	2	5	14	9	0	8	26	16	3	7	22
SD	C5	1	1	1	2	11	0	2	3	0	1	1	1	9	0	2	4	1	0	0	1
SD	C6	0	0	0	0	0	0	0	0	0	0	0	0	0	0	0	0	0	0	0	0

续表

省份	部门	SC C1	SC C2	SC C3	SC C4	SC C5	SC C6	SC C7	SC C8	GZ C1	GZ C2	GZ C3	GZ C4	GZ C5	GZ C6	GZ C7	GZ C8	YN C1	YN C2	YN C3	YN C4
SD	C7	0	0	0	0	0	0	0	0	0	0	0	0	0	0	0	0	0	0	0	0
SD	C8	3	2	9	12	9	0	6	8	1	1	4	3	2	0	5	5	1	0	1	1
HA	C1	32	1	46	2	1	0	0	4	3	0	2	0	0	0	0	0	3	0	4	0
HA	C2	1	6	2	45	5	3	2	12	0	1	0	7	0	1	0	0	0	1	0	18
HA	C3	5	1	63	8	2	0	4	13	2	0	18	4	1	0	0	10	6	0	35	3
HA	C4	25	6	17	57	38	1	32	30	10	2	5	19	14	0	12	26	16	3	8	24
HA	C5	0	1	1	3	13	0	2	4	0	1	1	2	11	0	3	5	1	1	1	2
HA	C6	0	0	0	1	0	0	0	0	0	0	0	0	0	0	0	0	0	0	0	0
HA	C7	0	0	0	0	0	0	0	0	0	0	0	0	0	0	0	0	0	0	0	0
HA	C8	0	0	0	0	0	0	0	0	0	0	0	0	0	0	0	0	0	0	0	0
HB	C1	21	0	30	2	0	0	0	3	4	0	2	0	0	0	0	0	4	0	4	0
HB	C2	1	3	2	30	3	1	3	5	0	1	0	10	0	1	1	0	0	1	0	20
HB	C3	4	1	76	10	2	0	4	13	3	0	21	5	1	0	1	10	6	0	37	4
HB	C4	24	8	18	68	49	1	39	34	13	3	7	31	24	1	20	46	21	5	10	34
HB	C5	0	1	1	3	14	0	2	4	0	1	1	3	22	1	5	11	1	1	1	2
HB	C6	0	0	0	1	0	0	0	0	0	0	0	0	0	0	0	0	0	0	0	0
HB	C7	0	0	0	0	0	0	0	0	0	0	0	0	0	0	0	0	0	0	0	0
HB	C8	9	5	23	31	25	1	17	24	2	1	6	4	3	0	7	6	1	0	1	1
HN	C1	13	0	18	1	0	0	0	2	4	0	3	0	0	0	0	0	4	0	4	0
HN	C2	0	0	1	2	0	0	1	1	0	1	0	2	0	0	1	0	0	0	0	2
HN	C3	2	0	7	1	0	0	0	4	2	0	15	3	1	0	1	8	3	0	14	1
HN	C4	2	2	3	13	10	0	10	8	5	2	4	20	15	0	17	21	5	2	3	15
HN	C5	0	1	1	2	8	0	2	2	0	1	1	3	22	1	7	11	1	1	1	2
HN	C6	0	0	0	0	0	0	0	0	0	0	0	0	0	0	0	0	0	0	0	0
HN	C7	0	0	0	0	0	0	0	0	0	0	0	0	0	0	0	0	0	0	0	0
HN	C8	1	1	3	4	3	0	2	3	1	0	3	2	1	0	3	3	1	0	1	1
GD	C1	10	0	14	1	0	0	0	1	4	0	2	0	0	0	0	0	3	0	4	0
GD	C2	0	0	0	1	0	0	0	0	0	0	0	0	0	0	0	0	0	0	0	0
GD	C3	5	0	13	3	0	0	0	8	3	0	9	1	0	0	1	4	9	0	30	1
GD	C4	25	4	14	30	11	1	14	30	15	3	7	14	7	0	13	43	23	5	10	26
GD	C5	0	0	0	1	4	0	1	2	0	1	1	1	13	0	6	7	0	0	0	1
GD	C6	0	0	0	1	0	0	0	0	0	0	0	0	0	0	0	0	0	0	0	0
GD	C7	0	0	0	0	0	0	0	0	0	0	0	0	0	0	0	0	0	0	0	0
GD	C8	14	7	33	44	36	2	25	34	2	1	6	5	3	1	8	7	1	0	1	1
GX	C1	4	0	6	0	0	0	0	1	4	0	2	0	0	0	0	0	3	0	3	0
GX	C2	0	2	2	31	2	0	1	4	0	1	0	7	0	0	1	1	0	2	0	24
GX	C3	3	0	24	4	1	0	1	8	3	0	30	8	1	0	2	12	6	0	31	4
GX	C4	9	1	6	13	4	0	10	10	11	2	8	14	9	0	24	13	11	2	6	15
GX	C5	0	1	1	3	16	0	3	4	0	2	2	5	33	1	9	14	2	1	1	3
GX	C6	0	0	0	1	0	0	0	0	0	0	0	0	0	0	0	0	0	0	0	0
GX	C7	0	0	0	0	0	0	0	0	0	0	0	0	0	0	0	0	0	0	0	0
GX	C8	2	1	5	6	5	0	4	5	1	0	3	2	1	0	3	3	1	0	1	1
SC	C1	6277	116	8852	477	134	3	95	838	3	0	2	0	0	0	0	0	3	0	3	0
SC	C2	211	353	495	1803	222	352	617	557	0	1	0	14	0	1	1	1	0	1	1	28
SC	C3	696	130	4293	986	383	16	462	2111	4	1	40	10	2	0	1	18	14	1	83	10
SC	C4	1824	416	1316	4113	2416	52	3720	1843	12	4	9	45	38	0	35	15	17	4	10	39
SC	C5	191	262	252	911	2676	41	658	1271	0	3	2	6	42	1	11	18	4	2	2	6
SC	C6	59	141	227	808	231	15	91	286												
SC	C8	819	377	1574	2036	1708	85	1088	4300	1	1	5	4	3	0	6	6	1	0	1	1
GZ	C1	1	0	1	0	0	0	0	0	1708	47	1027	76	5	0	123	128	2	0	2	0
GZ	C2	1	1	3	5	1	1	4	2	19	55	36	230	19	75	119	68	1	1	1	3
GZ	C3	4	0	15	3	0	0	0	9	94	12	467	86	27	3	37	239	8	0	33	2
GZ	C4	5	4	8	51	46	1	35	7	263	52	182	403	215	5	583	268	9	4	7	41
GZ	C5	0	1	2	4	22	0	4	5	12	17	17	62	245	9	118	198	4	2	2	6
GZ	C6	0	0	0	1	0	0	0	0	17	56	38	290	48	7	35	100	0	0	0	0
GZ	C7	0	0	0	0	0	0	0	0	0	0	0	0	0	0	0	0	0	0	0	0
GZ	C8	1	1	4	5	4	0	3	3	104	91	374	329	246	37	402	742	1	0	1	1
YN	C1	14	0	20	1	0	0	0	2	6	0	4	0	0	0	0	0	1283	76	1433	113

续表

省份	部门	SC	SC	SC	SC	SC	SC	SC	SC	GZ	GZ	GZ	GZ	GZ	GZ	GZ	GZ	YN	YN	YN	YN
		C1	C2	C3	C4	C5	C6	C7	C8	C1	C2	C3	C4	C5	C6	C7	C8	C1	C2	C3	C4
YN	C2	1	1	3	4	1	1	4	2	0	0	0	1	0	0	2	1	46	93	92	855
YN	C3	7	0	19	4	0	0	0	13	5	0	14	1	0	0	1	6	145	22	837	98
YN	C4	2	5	8	60	57	1	43	6	6	4	8	59	53	1	46	14	545	112	312	879
YN	C5	0	0	0	0	1	0	0	1	0	0	0	0	4	0	0	1	62	27	30	81
YN	C6	0	0	0	0	0	0	0	0	0	0	0	0	0	0	0	0	22	86	67	285
YN	C7	0	0	0	0	0	0	0	0	0	0	0	0	0	0	0	0	0	0	0	0
YN	C8	0	0	0	0	0	0	0	0	0	0	1	1	1	0	1	1	295	137	394	530
SN	C1	0	0	1	0	0	0	0	0	1	0	1	0	0	0	0	0	1	0	1	0
SN	C2	1	2	1	32	2	1	1	1	0	1	0	3	0	0	0	0	0	1	0	13
SN	C3	1	0	21	3	1	0	1	4	1	0	5	1	0	0	2	1	1	0	5	1
SN	C4	10	3	7	23	16	0	19	10	6	1	3	10	7	0	7	5	7	1	4	13
SN	C5	1	2	2	5	38	0	5	8	0	1	1	2	15	0	4	7	2	1	1	2
SN	C6	0	0	0	0	0	0	0	0	0	0	0	0	0	0	0	0	0	0	0	0
SN	C7	0	0	0	0	0	0	0	0	0	0	0	0	0	0	0	0	0	0	0	0
SN	C8	1	1	4	5	4	0	3	3	1	1	3	3	2	0	4	4	1	0	1	1
GS	C1	3	0	5	0	0	0	0	0	2	0	1	0	0	0	0	0	2	0	2	0
GS	C2	0	0	0	0	0	0	1	0	0	0	0	0	0	0	0	0	0	0	0	0
GS	C3	1	0	8	1	0	0	0	3	1	0	5	1	0	0	0	2	1	0	5	1
GS	C4	16	7	13	62	49	1	39	28	9	2	5	21	16	0	12	30	14	3	7	23
GS	C5	0	1	1	2	12	0	3	3	0	0	0	1	6	0	2	2	1	0	0	1
GS	C6	0	0	0	0	0	0	0	0	0	0	0	0	0	0	0	0	0	0	0	0
GS	C7	0	0	0	0	0	0	0	0	0	0	0	0	0	0	0	0	0	0	0	0
GS	C8	0	0	0	1	2	1	0	1	1	0	0	1	1	0	0	2	1	0	0	0
QH	C1	2	0	2	0	0	0	0	0	2	0	1	0	0	0	0	0	1	0	2	0
QH	C2	0	3	1	12	2	1	2	6	0	0	0	6	0	1	0	0	0	0	0	8
QH	C3	0	0	0	0	0	0	0	0	0	0	1	0	0	0	0	0	0	0	0	0
QH	C4	0	0	1	5	5	0	3	0	1	0	1	4	4	0	3	1	0	0	0	4
QH	C5	0	0	0	1	3	0	1	1	0	0	0	1	2	0	1	1	1	0	0	1
QH	C6	0	0	0	0	0	0	0	0	0	0	0	0	0	0	0	0	0	0	0	0
QH	C7	0	0	0	0	0	0	0	0	0	0	0	0	0	0	0	0	0	0	0	0
QH	C8	0	0	0	0	0	0	0	0	0	0	0	0	0	0	0	0	0	0	0	0
NX	C1	1	0	2	0	0	0	0	0	2	0	1	0	0	0	0	0	1	0	1	0
NX	C2	0	0	0	2	0	0	0	0	0	0	2	0	0	0	0	0	0	0	0	4
NX	C3	0	0	2	0	0	0	0	1	0	0	2	1	0	0	0	0	1	0	1	0
NX	C4	2	1	1	5	4	0	3	2	3	0	1	5	4	0	3	3	3	1	2	5
NX	C5	0	0	0	1	3	0	1	1	0	0	0	1	0	0	1	1	0	0	0	0
NX	C6	0	0	0	0	0	0	0	0	0	0	0	0	0	0	0	0	0	0	0	0
NX	C7	0	0	0	0	0	0	0	0	0	0	0	0	0	0	0	0	0	0	0	0
NX	C8	0	0	0	1	0	0	0	0	0	0	1	1	1	0	1	1	0	0	1	1
XJ	C1	12	0	16	1	0	0	0	2	3	0	2	0	0	0	0	0	3	0	4	0
XJ	C2	1	4	3	21	3	2	3	9	0	1	0	8	0	1	1	0	0	0	0	15
XJ	C3	0	0	19	2	1	0	1	3	0	0	5	2	0	0	0	1	1	0	6	1
XJ	C4	2	1	1	5	3	0	5	12	4	1	2	7	4	0	4	22	5	2	2	8
XJ	C5	0	0	0	0	0	0	0	0	0	0	0	0	0	0	0	0	0	0	0	0
XJ	C6	0	0	0	0	0	0	0	0	0	0	0	0	0	0	0	0	0	0	0	0
XJ	C7	0	0	0	0	0	0	0	0	0	0	0	0	0	0	0	0	0	0	0	0
XJ	C8	0	0	0	1	0	0	0	0	1	1	1	0	0	0	2	2	0	0	1	1
IM	C1	6	0	9	0	0	0	1	0	0	0	0	0	0	0	0	0	13	1	15	1
IM	C2	0	1	1	17	1	0	1	0	0	0	19	0	0	0	0	0	8	15	21	48
IM	C3	8	4	94	31	20	1	10	56	0	0	10	2	1	0	0	7	5	3	40	8
IM	C4	54	26	54	293	252	4	173	56	9	2	5	26	22	0	14	9	19	4	11	44
IM	C5	26	48	44	166	550	8	116	216	0	5	4	14	58	3	20	21	15	6	7	21
IM	C6	0	0	0	0	0	0	0	0	0	0	0	0	0	0	0	0	0	0	0	0
IM	C7	0	0	0	0	0	0	0	0	0	0	0	0	0	0	0	0	0	0	0	0
IM	C8	10	5	22	29	25	1	17	24	1	1	5	4	3	0	5	7	1	1	2	2
TII	TII	11095	2137	18862	13625	10021	640	7925	12776	2615	457	2784	2320	1633	173	2025	2755	3027	697	4103	3922
VA	TVA	27800	3398	7239	9336	5827	1422	5527	19500	6610	705	1620	1621	873	468	1089	3914	8098	807	3355	2436
TI	TI	38894	5534	26101	22961	15848	2062	13452	32276	9225	1162	4404	3941	2506	641	3114	6669	11125	1504	7458	6358

省份	部门	YN C5	YN C6	YN C7	YN C8	SN C1	SN C2	SN C3	SN C4	SN C5	SN C6	SN C7	SN C8	GS C1	GS C2	GS C3	GS C4	GS C5	GS C6	GS C7	GS C8
BJ	C1	0	0	0	0	2	0	2	0	0	0	0	0	2	0	1	0	0	0	0	1
BJ	C2	0	0	0	0	0	0	1	2	0	1	1	1	0	0	0	2	0	1	1	1
BJ	C3	0	0	1	6	2	0	15	2	1	0	1	6	2	0	14	3	1	0	0	10
BJ	C4	7	0	16	26	22	3	19	27	24	1	12	14	5	2	7	29	9	0	10	11
BJ	C5	5	0	1	5	4	2	2	3	24	0	14	9	0	1	0	1	7	0	0	7
BJ	C6	0	0	0	0	0	0	0	0	0	0	0	0	0	0	0	0	0	0	0	0
BJ	C7	0	0	0	0	0	0	0	0	0	0	0	0	0	0	0	0	0	0	0	0
BJ	C8	0	0	1	1	30	4	22	18	33	3	32	80	2	1	2	5	2	1	2	8
TJ	C1	0	0	0	0	2	0	2	0	0	0	0	0	2	0	1	0	0	0	0	1
TJ	C2	0	0	0	0	1	0	0	2	1	0	1	4	0	0	0	12	0	0	0	0
TJ	C3	0	0	1	7	2	0	15	2	1	0	0	6	2	0	16	3	1	0	1	11
TJ	C4	7	0	12	17	29	4	26	39	42	1	22	16	6	3	8	34	11	0	11	12
TJ	C5	5	0	1	4	3	1	1	2	16	0	9	6	0	1	0	0	7	0	0	6
TJ	C6	0	0	0	0	0	0	0	0	0	0	0	0	0	0	0	0	0	0	0	0
TJ	C7	0	0	0	0	0	0	0	0	0	0	0	0	0	0	0	0	0	0	0	0
TJ	C8	0	0	1	1	14	3	24	18	24	3	12	19	2	1	2	6	2	1	2	9
HE	C1	0	0	0	0	14	0	20	2	1	0	1	1	4	0	2	1	0	0	0	1
HE	C2	0	0	0	0	2	3	3	9	3	4	3	9	0	1	1	80	1	3	1	2
HE	C3	0	0	1	8	4	0	23	3	2	0	1	11	3	0	20	4	1	0	1	14
HE	C4	7	0	15	19	32	5	29	46	50	1	33	19	6	3	8	40	13	0	24	14
HE	C5	5	0	1	4	5	1	2	3	19	0	11	8	0	1	0	0	5	0	0	5
HE	C6	0	0	0	0	1	0	1	2	1	0	1	3	1	1	4	43	5	1	1	16
HE	C7	0	0	0	0	0	0	0	0	0	0	0	0	0	0	0	0	0	0	0	0
HE	C8	0	0	1	1	18	3	19	15	22	2	17	22	1	1	2	5	2	1	2	9
SX	C1	0	0	0	0	1	0	2	0	0	0	0	0	3	0	1	0	0	0	0	1
SX	C2	0	0	0	0	1	1	3	10	2	8	2	4	1	1	1	7	1	5	1	4
SX	C3	0	0	0	3	2	0	23	2	1	0	0	6	2	0	12	1	0	0	0	6
SX	C4	6	0	8	5	20	3	18	30	30	0	18	9	5	2	6	29	11	0	11	10
SX	C5	4	0	1	3	2	1	1	2	12	0	5	3	0	1	0	0	3	0	0	4
SX	C6	0	0	0	0	0	0	1	1	1	0	0	1	1	3	1	13	1	0	0	5
SX	C7	0	0	0	0	0	0	0	0	0	0	0	0	0	0	0	0	0	0	0	0
SX	C8	0	0	1	1	9	2	12	10	14	2	9	11	1	0	1	4	1	1	2	4
IM	C1	0	0	0	0	3	0	4	0	0	0	0	0	4	0	2	1	0	0	0	1
IM	C2	0	0	0	0	1	3	2	6	1	3	3	2	1	2	1	20	1	5	4	5
IM	C3	0	0	1	3	2	0	16	2	1	0	1	5	3	1	24	3	1	0	1	11
IM	C4	7	0	8	3	5	2	5	20	31	0	16	4	3	4	4	28	17	0	15	7
IM	C5	3	0	1	1	0	0	1	1	5	0	1	1	0	0	0	0	4	0	0	2
IM	C6	0	0	0	0	0	0	0	1	0	0	0	0	0	0	1	0	0	0	1	2
IM	C7	0	0	0	0	0	0	0	0	0	0	0	0	0	0	0	0	0	0	0	0
IM	C8	0	0	1	1	6	1	11	8	10	1	4	5	1	0	1	3	1	0	1	2
LN	C1	0	0	0	0	0	0	0	0	0	0	0	0	2	0	1	0	0	0	0	0
LN	C2	0	0	0	0	1	2	1	3	1	1	1	4	0	1	0	28	0	1	0	1
LN	C3	0	0	0	0	0	0	2	0	0	0	0	0	0	2	0	0	0	0	1	1
LN	C4	11	1	30	51	27	5	25	43	51	1	25	18	6	3	8	37	14	0	14	13
LN	C5	6	0	2	5	3	1	2	3	19	0	12	6	0	1	0	0	6	0	0	6
LN	C6	0	0	0	0	0	0	1	1	1	0	0	1	1	4	1	14	2	0	0	5
LN	C7	0	0	0	0	0	0	0	0	0	0	0	0	0	0	0	0	0	0	0	0
LN	C8	0	0	1	1	9	2	17	12	15	2	7	10	1	1	1	4	1	0	2	6
JL	C1	0	0	0	0	13	0	19	1	1	0	1	1	4	0	2	1	0	0	0	1
JL	C2	0	0	0	0	1	2	1	3	1	1	2	3	0	1	0	11	0	1	1	1
JL	C3	0	0	1	6	2	0	9	1	1	0	1	5	2	0	11	2	1	0	1	9
JL	C4	6	0	8	7	18	2	15	21	18	0	9	9	5	2	6	27	8	0	10	10
JL	C5	6	0	1	6	6	1	2	3	21	0	11	10	0	1	0	1	6	0	0	7
JL	C6	0	0	0	0	0	0	0	1	0	0	0	0	0	0	1	0	0	0	0	0
JL	C7	0	0	0	0	0	0	0	0	0	0	0	0	0	0	0	0	0	0	0	0
JL	C8	0	0	1	1	2	0	3	2	2	0	1	0	0	0	1	0	0	0	1	1
HL	C1	0	0	0	0	0	0	0	0	0	0	0	0	0	0	0	0	0	0	0	0
HL	C2	0	0	0	0	2	3	2	6	3	2	3	8	0	1	1	157	0	2	2	2
HL	C3	0	0	1	6	0	0	3	1	1	0	1	3	0	0	5	2	1	0	1	7

续表

省份	部门	YN	YN	YN	YN	SN	SN	SN	SN	SN	SN	SN	SN	GS	GS	GS	GS	GS	GS	GS	GS
		C5	C6	C7	C8	C1	C2	C3	C4	C5	C6	C7	C8	C1	C2	C3	C4	C5	C6	C7	C8
HL	C4	8	1	18	29	15	2	13	21	22	1	10	11	4	2	5	25	9	0	7	9
HL	C5	4	0	1	3	1	1	1	2	11	0	7	3	0	1	0	0	3	0	0	4
HL	C6	0	0	0	0	0	0	0	1	0	0	0	0	0	1	0	2	0	0	0	1
HL	C7	0	0	0	0	0	0	0	0	0	0	0	0	0	0	0	0	0	0	0	0
HL	C8	0	0	1	1	9	2	17	12	15	2	6	8	1	0	1	3	1	0	1	2
SH	C1	0	0	0	0	0	0	0	0	0	0	0	0	0	1	0	1	0	0	0	0
SH	C2	0	0	0	0	0	0	0	0	0	0	0	0	0	0	0	0	0	0	0	0
SH	C3	0	0	1	8	4	0	20	2	1	0	1	7	3	0	16	2	1	0	0	9
SH	C4	12	1	27	44	39	5	34	50	51	1	25	21	8	3	9	41	13	0	13	15
SH	C5	9	0	2	6	3	2	2	3	23	0	15	7	0	1	0	0	11	0	0	8
SH	C6	0	0	0	0	0	0	0	0	0	0	0	0	0	0	0	0	0	0	0	0
SH	C7	0	0	0	0	0	0	0	0	0	0	0	0	0	0	0	0	0	0	0	0
SH	C8	0	0	1	1	41	8	53	47	64	7	45	64	2	1	2	8	2	1	3	12
JS	C1	0	0	0	0	12	0	17	1	1	0	1	1	4	0	2	1	0	0	0	1
JS	C2	0	0	0	0	1	2	2	4	1	2	2	2	0	1	0	6	0	2	1	2
JS	C3	1	0	2	12	5	0	33	4	2	0	1	12	4	1	29	6	2	0	1	18
JS	C4	10	1	21	32	40	6	36	49	46	1	28	22	8	4	10	43	13	0	21	16
JS	C5	8	0	2	6	7	2	3	5	30	0	19	12	0	1	0	1	13	0	0	10
JS	C6	0	0	0	0	0	0	1	1	1	0	0	1	0	2	1	6	1	0	0	2
JS	C7	0	0	0	0	0	0	0	0	0	0	0	0	0	0	0	0	0	0	0	0
JS	C8	0	0	1	1	13	3	24	17	22	1	9	12	1	0	1	4	1	0	2	3
ZJ	C1	0	0	0	0	17	0	24	2	1	0	1	1	4	0	2	1	0	0	0	1
ZJ	C2	0	0	0	0	0	1	1	1	0	0	1	0	0	0	0	2	0	0	1	0
ZJ	C3	1	0	2	17	4	0	21	3	2	0	1	9	4	1	23	5	2	0	1	16
ZJ	C4	9	0	20	27	25	3	22	28	23	1	14	14	6	2	7	31	9	0	13	12
ZJ	C5	8	0	2	6	3	1	2	3	20	0	12	7	0	1	0	0	6	0	0	6
ZJ	C6	0	0	0	0	0	0	0	1	0	0	0	0	0	0	0	0	0	0	0	0
ZJ	C7	0	0	0	0	0	0	0	0	0	0	0	0	0	0	0	0	0	0	0	0
ZJ	C8	0	0	1	1	3	1	6	3	4	0	1	7	1	0	1	2	1	0	1	4
AH	C1	0	0	0	0	19	0	28	2	1	0	1	2	4	0	2	1	0	0	0	1
AH	C2	0	0	0	0	1	1	2	5	1	3	2	2	0	1	1	4	0	2	1	2
AH	C3	0	0	1	6	4	0	23	2	1	0	1	8	3	0	17	2	1	0	1	9
AH	C4	7	0	13	15	13	3	12	26	33	1	19	11	4	2	5	26	11	0	14	9
AH	C5	4	0	1	3	2	1	1	2	13	0	7	4	0	1	0	0	3	0	0	4
AH	C6	0	0	0	0	0	0	0	1	1	0	0	1	1	2	1	8	1	0	0	3
AH	C7	0	0	0	0	0	0	0	0	0	0	0	0	0	0	0	0	0	0	0	0
AH	C8	0	0	1	1	7	1	11	8	10	1	5	6	1	0	1	4	1	1	?	4
FJ	C1	0	0	0	0	11	0	16	1	1	0	1	1	4	0	2	1	0	0	0	1
FJ	C2	0	0	0	0	0	1	1	2	0	0	1	1	0	1	0	2	0	0	1	1
FJ	C3	1	0	2	16	2	0	8	1	1	0	1	6	3	0	10	2	1	0	1	10
FJ	C4	5	0	7	5	9	1	8	8	5	0	2	3	3	1	4	16	5	0	3	6
FJ	C5	4	0	1	2	0	0	0	0	2	0	2	0	0	0	0	0	4	0	0	2
FJ	C6	0	0	0	0	0	0	0	0	0	0	0	0	0	0	0	0	0	0	0	0
FJ	C7	0	0	0	0	0	0	0	0	0	0	0	0	0	0	0	0	0	0	0	0
FJ	C8	0	0	0	0	1	0	1	1	2	0	1	1	1	0	1	3	1	0	1	6
JX	C1	0	0	0	0	7	0	10	1	0	0	0	1	3	0	2	1	0	0	0	1
JX	C2	0	0	0	0	0	2	1	2	1	1	1	1	0	1	0	17	0	1	1	1
JX	C3	1	0	2	6	2	0	10	1	1	0	1	3	2	0	9	1	1	0	1	5
JX	C4	10	0	20	20	8	2	7	14	18	0	10	8	3	2	4	18	8	0	9	6
JX	C5	8	0	2	6	1	1	1	1	7	0	3	3	0	0	0	0	5	0	0	4
JX	C6	0	0	0	0	0	0	0	0	0	0	0	0	0	0	0	0	0	0	0	0
JX	C7	0	0	0	0	0	0	0	0	0	0	0	0	0	0	0	0	0	0	0	0
JX	C8	0	0	1	1	4	1	7	5	7	1	3	4	1	0	1	4	1	0	1	6
SD	C1	0	0	0	0	14	0	21	2	1	0	1	1	4	0	2	1	0	0	0	1
SD	C2	0	0	0	0	2	3	1	7	3	3	1	9	0	1	1	159	0	2	0	2
SD	C3	0	0	1	8	4	0	25	3	1	0	0	9	3	0	20	3	1	0	1	12
SD	C4	7	1	19	31	23	3	20	29	27	1	17	15	5	3	7	32	10	0	16	12
SD	C5	5	0	1	4	5	1	2	3	17	0	9	8	0	1	0	0	6	0	0	5
SD	C6	0	0	0	0	0	0	0	0	0	0	0	0	0	0	0	0	0	0	0	0

续表

省份	部门	YN	YN	YN	YN	SN	SN	SN	SN	SN	SN	SN	SN	GS	GS	GS	GS	GS	GS	GS	GS
		C5	C6	C7	C8	C1	C2	C3	C4	C5	C6	C7	C8	C1	C2	C3	C4	C5	C6	C7	C8
SD	C7	0	0	0	0	0	0	0	0	0	0	0	0	0	0	0	0	0	0	0	0
SD	C8	0	0	1	1	6	1	12	9	11	1	6	6	1	0	1	3	1	0	1	2
HA	C1	0	0	0	0	49	0	71	5	3	0	3	4	5	0	3	1	0	0	0	1
HA	C2	0	0	0	0	3	4	4	15	5	10	2	15	1	1	1	101	1	5	0	4
HA	C3	1	0	1	13	9	1	71	8	5	0	3	26	5	1	38	7	2	0	2	25
HA	C4	9	0	20	25	32	8	31	66	82	1	65	26	6	5	9	46	17	0	40	16
HA	C5	6	0	2	4	3	2	3	5	30	0	16	8	0	1	0	0	7	0	0	6
HA	C6	0	0	0	0	0	0	1	1	1	0	0	1	0	1	1	6	1	0	0	2
HA	C7	0	0	0	0	0	0	0	0	0	0	0	0	0	0	0	0	0	0	0	0
HA	C8	0	0	0	0	0	0	0	0	0	0	0	0	0	0	0	0	0	0	0	0
HB	C1	0	0	0	0	19	0	27	2	1	0	1	2	4	0	2	1	0	0	0	1
HB	C2	0	0	0	0	2	3	2	5	2	1	3	6	0	1	1	27	0	1	2	1
HB	C3	1	0	2	11	5	0	33	3	2	0	1	10	4	0	22	2	1	0	1	11
HB	C4	15	1	38	57	22	6	21	47	63	1	34	18	5	3	7	35	15	0	17	12
HB	C5	11	0	3	10	8	3	3	5	37	0	21	16	0	1	0	1	8	0	0	9
HB	C6	0	0	0	0	0	0	0	1	1	0	0	1	1	4	1	15	2	0	0	5
HB	C7	0	0	0	0	0	0	0	0	0	0	0	0	0	0	0	0	0	0	0	0
HB	C8	0	0	1	1	12	2	21	16	20	2	10	15	1	1	1	4	1	1	2	5
HN	C1	0	0	0	0	10	0	14	1	1	0	1	1	3	0	2	1	0	0	0	1
HN	C2	0	0	0	0	0	1	1	3	1	1	1	1	0	0	0	3	0	1	1	1
HN	C3	0	0	1	5	2	0	6	1	1	0	4	2	0	0	6	1	0	0	1	5
HN	C4	8	0	18	12	3	1	3	9	12	0	10	6	1	1	2	13	6	0	12	4
HN	C5	9	0	2	8	2	1	1	2	16	0	9	6	0	1	0	0	5	0	0	5
HN	C6	0	0	0	0	0	0	0	0	0	0	0	0	0	0	0	0	0	0	0	0
HN	C7	0	0	0	0	0	0	0	0	0	0	0	0	0	0	0	0	0	0	0	0
HN	C8	0	0	1	1	2	0	5	3	3	0	1	2	1	0	0	2	0	0	1	1
GD	C1	0	0	0	0	6	0	9	1	0	0	0	1	3	0	2	1	0	0	0	1
GD	C2	0	0	0	0	0	0	0	0	0	0	0	0	0	0	0	0	0	0	0	0
GD	C3	0	0	2	5	5	0	11	1	1	0	1	7	5	0	9	1	0	0	1	9
GD	C4	7	1	33	50	22	3	19	22	14	1	12	14	5	2	7	28	6	0	16	11
GD	C5	6	0	2	7	2	1	2	3	19	0	15	6	0	1	0	0	2	0	0	5
GD	C6	0	0	0	0	0	0	1	0	0	0	0	0	0	0	1	0	0	0	0	0
GD	C7	0	0	0	0	0	0	0	0	0	0	0	0	0	0	0	0	0	0	0	0
GD	C8	0	0	1	1	30	5	30	22	36	3	29	53	2	2	5	11	6	1	4	37
GX	C1	0	0	0	0	1	0	2	0	0	0	0	0	3	0	1	0	0	0	1	0
GX	C2	0	0	1	0	0	2	1	2	0	0	1	1	0	1	0	18	0	0	1	0
GX	C3	1	0	3	8	3	0	12	1	1	0	0	4	3	0	11	1	0	0	1	6
GX	C4	6	0	23	7	7	1	6	8	4	0	6	5	3	1	4	17	4	0	14	7
GX	C5	13	0	3	9	1	1	1	7	0	4	2	0	0	0	0	5	0	0	0	4
GX	C6	0	0	0	0	0	0	1	0	0	0	0	0	1	0	2	0	0	0	0	1
GX	C7	0	0	0	0	0	0	0	0	0	0	0	0	0	0	0	0	0	0	0	0
GX	C8	0	0	1	1	5	1	7	4	6	1	3	14	1	1	1	3	1	1	1	5
SC	C1	0	0	0	0	1	0	2	0	0	0	0	0	3	0	2	1	0	0	0	1
SC	C2	0	0	1	0	3	5	5	14	4	7	6	12	1	2	2	41	1	6	4	6
SC	C3	2	0	4	26	8	0	54	5	3	0	1	16	7	1	42	4	2	0	1	19
SC	C4	25	0	39	11	18	6	19	54	83	1	47	13	6	5	8	48	25	0	31	15
SC	C5	25	0	6	19	7	3	3	6	39	0	21	14	0	2	0	1	20	0	0	17
SC	C6	0	0	0	0	0	0	0	0	0	0	0	0	0	1	0	0	0	0	0	0
SC	C7	0	0	0	0	0	0	0	0	0	0	0	0	0	0	0	0	0	0	0	0
SC	C8	0	0	1	1	10	2	19	12	15	2	5	8	1	0	1	3	1	0	1	1
GZ	C1	0	0	0	0	0	0	0	0	0	0	0	0	2	0	1	0	0	0	0	0
GZ	C2	0	1	2	0	0	1	2	4	1	2	1	2	0	1	1	5	1	3	1	3
GZ	C3	1	0	3	7	3	0	8	1	0	0	0	4	3	0	8	1	0	0	1	6
GZ	C4	30	0	42	9	3	1	4	14	23	0	11	3	2	1	2	17	10	0	6	4
GZ	C5	27	0	7	22	2	1	1	2	10	0	5	3	0	1	0	0	6	0	0	6
GZ	C6	0	0	0	0	0	0	0	1	0	0	0	0	0	1	0	0	0	0	0	0
GZ	C7	0	0	0	0	0	0	0	0	0	0	0	0	0	0	0	0	0	0	0	0
GZ	C8	0	0	1	1	3	1	6	4	5	0	2	3	1	0	1	2	1	0	1	1
YN	C1	3	2	3	47	6	0	8	1	0	0	0	0	4	0	2	1	0	0	0	1

续表

省份	部门	YN	YN	YN	YN	SN	SN	SN	SN	SN	SN	SN	SN	GS	GS	GS	GS	GS	GS	GS	GS
		C5	C6	C7	C8	C1	C2	C3	C4	C5	C6	C7	C8	C1	C2	C3	C4	C5	C6	C7	C8
YN	C2	12	65	149	20	0	0	1	2	0	1	2	1	0	1	0	2	0	1	2	1
YN	C3	33	4	124	349	5	0	11	1	0	0	0	7	5	0	9	1	0	0	0	8
YN	C4	398	8	1018	306	1	2	2	15	29	0	14	2	1	2	2	15	12	0	8	4
YN	C5	224	8	81	154	0	0	0	0	0	0	0	0	0	0	0	0	1	0	0	0
YN	C6	35	1	44	85	0	0	0	0	0	0	0	0	0	0	0	0	0	0	0	0
YN	C7	0	0	0	0	0	0	0	0	0	0	0	0	0	0	0	0	0	0	0	0
YN	C8	199	63	467	892	0	0	1	0	1	0	1	0	0	0	0	1	0	0	1	1
SN	C1	0	0	0	0	1017	9	1473	109	53	7	54	89	2	0	1	1	0	0	0	0
SN	C2	0	0	0	0	29	26	84	220	48	157	68	118	1	2	1	36	1	5	1	4
SN	C3	0	0	0	1	244	28	2099	267	193	10	162	604	2	0	22	2	0	0	0	5
SN	C4	6	0	10	4	511	84	470	800	689	12	821	318	4	4	6	33	15	0	28	11
SN	C5	10	0	2	8	81	53	79	132	993	9	274	399	0	2	0	1	21	0	0	19
SN	C6	0	0	0	0	76	103	143	280	143	4	20	156	0	0	0	0	0	0	0	0
SN	C7	0	0	0	0	0	0	0	0	0	0	0	0	0	0	0	0	0	0	0	0
SN	C8	0	0	1	1	364	88	671	479	712	78	347	1099	1	1	1	4	1	1	2	7
GS	C1	0	0	0	0	1	0	2	0	0	0	0	0	1298	7	622	219	25	2	95	301
GS	C2	0	0	0	0	0	1	0	1	0	0	0	0	18	74	41	972	29	105	124	124
GS	C3	0	0	1	3	2	0	14	2	2	0	1	5	102	15	609	82	27	2	28	285
GS	C4	12	1	26	33	17	6	17	48	71	1	41	19	265	187	279	1629	543	24	749	990
GS	C5	4	0	1	2	0	1	1	2	11	0	7	1	20	63	37	134	346	32	109	412
GS	C6	0	0	0	0	0	0	0	1	1	0	0	1	28	96	37	367	42	8	4	134
GS	C7	0	0	0	0	0	0	0	0	0	0	0	0	0	0	0	0	0	0	0	0
GS	C8	0	0	0	0	0	0	1	1	1	0	1	1	256	120	227	801	277	80	395	1085
QH	C1	0	0	0	0	0	0	1	0	0	0	0	0	6	0	3	1	0	0	0	1
QH	C2	0	0	0	0	1	2	1	3	2	0	2	7	0	1	1	72	0	0	3	1
QH	C3	0	0	0	0	0	0	1	0	0	0	0	0	0	15	1	0	0	0	0	2
QH	C4	3	0	3	1	0	0	0	2	4	0	2	0	0	4	2	28	27	0	16	5
QH	C5	1	0	0	0	0	0	0	1	3	0	0	0	0	0	0	1	0	0	0	0
QH	C6	0	0	0	0	0	0	0	0	0	0	0	0	0	0	0	0	0	0	0	0
QH	C7	0	0	0	0	0	0	0	0	0	0	0	0	0	0	0	0	0	0	0	0
QH	C8	0	0	0	0	0	0	0	0	0	0	0	0	0	0	0	0	0	0	0	0
NX	C1	0	0	0	0	0	0	0	0	0	0	0	0	4	0	2	1	0	0	0	1
NX	C2	0	0	0	0	0	1	3	1	2	0	2	1	1	1	12	1	9	0	0	7
NX	C3	0	0	0	0	0	0	4	0	0	0	0	1	1	0	17	1	0	0	0	3
NX	C4	3	0	4	2	2	0	2	3	3	0	2	2	2	3	21	13	0	0	8	5
NX	C5	1	0	0	0	0	0	0	0	2	0	0	0	0	0	0	1	0	0	0	1
NX	C6	0	0	0	0	0	0	0	0	0	0	0	0	0	0	0	0	0	0	0	0
NX	C7	0	0	0	0	0	0	0	0	0	0	0	0	0	0	0	0	0	0	0	0
NX	C8	0	0	1	1	0	0	1	0	0	0	0	0	1	2	1	0	1	0	1	3
XJ	C1	0	0	0	0	7	0	10	1	0	0	0	1	5	0	3	1	0	0	0	1
XJ	C2	0	0	1	0	2	3	2	5	2	1	3	7	0	1	1	54	0	1	3	2
XJ	C3	0	0	0	1	0	0	11	1	0	0	0	1	1	0	24	1	0	0	0	4
XJ	C4	4	0	13	21	2	1	1	3	3	0	2	6	1	1	1	10	5	0	4	2
XJ	C5	0	0	0	0	0	0	0	0	0	0	0	0	0	0	0	0	0	0	0	0
XJ	C6	0	0	0	0	0	0	0	0	0	0	0	0	0	0	0	0	0	0	0	0
XJ	C7	0	0	0	0	0	0	0	0	0	0	0	0	0	0	0	0	0	0	0	0
XJ	C8	0	0	1	1	1	0	1	1	1	1	0	0	0	0	1	0	0	1	1	1
IM	C1	0	0	0	0	0	6	0	9	1	0	0	0	13	0	6	2	0	0	1	3
IM	C2	1	0	55	4	2	0	1	0	0	0	1	0	0	0	0	0	0	0	0	1
IM	C3	3	1	6	11	3	2	36	42	60	2	98	43	3	1	12	3	1	0	1	8
IM	C4	30	0	30	11	19	12	23	101	180	1	87	18	7	6	9	61	38	0	21	16
IM	C5	48	2	14	17	12	15	22	38	240	2	62	117	9	21	12	41	89	3	24	70
IM	C6	0	0	0	0	0	0	0	0	0	0	0	0	0	0	0	0	0	0	0	0
IM	C7	0	0	0	0	0	0	0	0	0	0	0	0	0	0	0	0	0	0	0	0
IM	C8	1	0	1	1	10	2	17	10	14	1	6	21	1	1	1	3	1	0	1	5
TII	TII	1451	176	2619	2826	3457	636	6751	3742	5033	394	3025	4102	2342	753	2593	6258	1978	338	2048	4356
VA	TVA	752	486	1309	4909	6883	699	2631	2017	2882	628	1760	7156	4210	797	764	2755	881	580	1043	4934
TI	TI	2203	662	3928	7735	10339	1335	9382	5759	7915	1022	4785	11258	6552	1550	3357	9013	2859	918	3091	9289

续表

省份	部门	QH C1	QH C2	QH C3	QH C4	QH C5	QH C6	QH C7	QH C8	NX C1	NX C2	NX C3	NX C4	NX C5	NX C6	NX C7	NX C8	XJ C1	XJ C2	XJ C3	XJ C4
BJ	C1	0	0	1	0	0	0	0	0	0	0	0	0	0	0	0	0	0	0	0	0
BJ	C2	0	0	0	0	0	1	0	0	0	0	0	0	0	0	1	0	1	0	0	0
BJ	C3	2	0	1	0	0	0	0	1	0	0	3	1	0	0	0	2	2	0	7	1
BJ	C4	0	0	0	1	0	0	1	2	3	1	2	6	3	0	8	6	13	2	5	10
BJ	C5	0	0	0	0	1	0	0	1	0	1	0	1	3	0	2	2	0	2	2	3
BJ	C6	0	0	0	0	0	0	0	0	0	0	0	0	0	0	0	0	0	0	0	0
BJ	C7	0	0	0	0	0	0	0	0	0	0	0	0	0	0	0	0	0	0	0	0
BJ	C8	0	0	0	0	0	0	1	1	1	0	1	2	1	0	3	2	0	0	1	1
TJ	C1	0	0	1	0	0	0	0	0	0	0	0	0	0	0	0	0	0	0	0	0
TJ	C2	0	0	0	0	0	0	0	0	0	0	0	0	0	0	1	0	0	0	0	0
TJ	C3	2	0	0	0	0	0	0	1	1	0	3	1	0	0	0	2	2	0	8	2
TJ	C4	0	0	0	1	0	0	1	1	3	1	2	6	3	0	8	6	16	3	7	13
TJ	C5	0	0	0	0	1	0	0	1	0	1	0	1	3	0	2	2	0	2	2	2
TJ	C6	0	0	0	0	0	0	0	0	0	0	0	0	0	0	0	0	0	0	0	0
TJ	C7	0	0	0	0	0	0	0	0	0	0	0	0	0	0	0	0	0	0	0	0
TJ	C8	0	0	0	0	0	0	1	1	1	1	1	2	1	0	3	2	0	0	1	2
HE	C1	1	0	1	0	0	0	0	0	0	0	0	0	0	0	0	0	0	0	1	0
HE	C2	0	0	0	4	0	1	0	1	0	0	0	1	0	0	2	0	1	0	0	1
HE	C3	2	0	1	0	0	0	0	1	1	1	3	1	0	0	0	3	3	0	9	2
HE	C4	0	0	0	1	0	0	1	2	3	1	1	6	3	0	10	6	16	3	7	14
HE	C5	0	0	0	0	1	0	0	1	0	1	0	1	2	0	2	2	0	1	1	2
HE	C6	0	0	0	0	0	0	0	0	0	0	0	0	0	0	0	0	0	0	0	0
HE	C7	0	0	0	0	0	0	0	0	0	0	0	0	0	0	0	0	0	0	0	0
HE	C8	0	0	0	0	0	0	1	1	1	0	1	2	1	0	3	2	0	0	1	1
SX	C1	1	0	1	0	0	0	0	0	0	0	0	0	0	0	0	0	0	0	1	0
SX	C2	0	0	0	2	1	2	0	2	0	0	0	0	0	0	1	0	1	0	0	0
SX	C3	2	0	1	0	0	0	0	1	0	0	3	1	0	0	0	2	1	0	7	1
SX	C4	0	0	0	1	0	0	1	1	3	1	1	6	3	0	8	3	11	2	5	10
SX	C5	0	0	0	0	1	0	0	1	0	1	0	1	3	0	2	2	0	1	1	1
SX	C6	0	0	0	0	0	0	0	0	0	0	0	0	0	0	0	0	0	0	0	0
SX	C7	0	0	0	0	0	0	0	0	0	0	0	0	0	0	0	0	0	0	0	0
SX	C8	0	0	0	0	0	0	1	1	1	0	1	2	1	0	3	2	0	0	1	1
IM	C1	1	0	1	0	0	0	0	0	0	0	0	0	0	0	0	0	0	0	1	0
IM	C2	0	0	1	6	1	3	1	2	0	1	0	2	0	0	7	2	2	0	1	2
IM	C3	3	0	1	0	0	0	0	1	1	0	14	4	1	0	2	9	3	0	11	2
IM	C4	0	0	0	1	0	0	2	2	3	2	2	14	9	0	25	5	5	2	3	9
IM	C5	0	0	0	0	1	0	0	1	1	1	0	1	5	0	4	3	1	1	1	1
IM	C6	0	0	0	0	0	0	0	0	0	0	0	0	0	0	0	0	0	0	0	0
IM	C7	0	0	0	0	0	0	0	0	0	0	0	0	0	0	0	0	0	0	0	0
IM	C8	0	0	0	0	0	0	1	1	1	0	1	2	1	0	3	2	0	0	1	1
LN	C1	0	0	1	0	0	0	0	0	0	0	0	0	0	0	0	0	0	0	0	0
LN	C2	0	0	0	4	0	1	0	1	0	0	0	0	0	0	0	0	0	0	0	0
LN	C3	0	0	0	0	0	0	0	0	1	0	1	1	0	0	0	1	0	0	2	0
LN	C4	0	0	0	1	0	0	1	2	3	1	2	7	4	0	10	7	17	3	8	15
LN	C5	0	0	0	0	1	0	0	1	0	1	0	1	3	0	2	2	1	2	2	3
LN	C6	0	0	0	0	0	0	0	0	0	0	0	0	0	0	0	0	0	0	0	0
LN	C7	0	0	0	0	0	0	0	0	0	0	0	0	0	0	0	0	0	0	0	0
LN	C8	0	0	0	0	0	0	1	1	1	0	1	2	1	0	3	2	0	0	1	1
JL	C1	1	0	1	0	0	0	0	0	0	0	0	0	0	0	0	0	0	0	1	0
JL	C2	0	0	0	3	0	1	0	1	0	0	0	1	0	0	2	0	1	0	1	1
JL	C3	2	0	0	0	0	0	0	1	1	0	2	1	0	0	0	3	4	0	8	2
JL	C4	0	0	0	1	0	0	1	1	3	1	1	5	3	0	7	5	13	2	6	11
JL	C5	0	0	0	0	1	0	0	1	0	0	0	1	2	0	2	2	0	2	2	4
JL	C6	0	0	0	0	0	0	0	0	0	0	0	0	0	0	0	0	0	0	0	0
JL	C7	0	0	0	0	0	0	0	0	0	0	0	0	0	0	0	0	0	0	0	0
JL	C8	0	0	0	0	0	0	1	1	0	0	1	1	1	0	2	1	0	0	0	1
HL	C1	0	0	0	0	0	0	0	0	0	0	0	0	0	0	0	0	0	0	0	0
HL	C2	0	0	0	4	0	1	0	1	0	0	0	1	0	0	2	1	1	0	1	1
HL	C3	0	0	0	0	0	0	0	0	0	0	1	0	0	0	0	2	3	0	4	2

续表

省份	部门	QH	QH	QH	QH	QH	QH	QH	QH	NX	NX	NX	NX	NX	NX	NX	NX	XJ	XJ	XJ	XJ
		C1	C2	C3	C4	C5	C6	C7	C8	C1	C2	C3	C4	C5	C6	C7	C8	C1	C2	C3	C4
HL	C4	0	0	0	1	0	0	1	2	3	1	1	6	3	0	6	6	12	2	5	10
HL	C5	0	0	0	0	1	0	0	1	0	1	0	1	2	0	2	2	0	2	2	3
HL	C6	0	0	0	0	0	0	0	0	0	0	0	0	0	0	0	0	0	0	0	0
HL	C7	0	0	0	0	0	0	0	0	0	0	0	0	0	0	0	0	0	0	0	0
HL	C8	0	0	0	0	0	0	1	1	1	0	1	2	1	0	3	2	0	0	1	1
SH	C1	0	0	1	0	0	0	0	0	0	0	0	0	0	0	0	0	0	0	0	0
SH	C2	0	0	0	0	0	0	0	0	0	0	0	0	0	0	0	0	0	0	0	0
SH	C3	2	0	0	0	0	0	0	1	0	0	2	1	0	0	0	1	3	0	10	2
SH	C4	0	0	0	1	0	0	1	2	3	1	1	5	3	0	6	5	20	3	9	16
SH	C5	0	0	0	0	1	0	0	0	0	0	0	2	0	2	1	1	1	3	3	4
SH	C6	0	0	0	0	0	0	0	0	0	0	0	0	0	0	0	0	0	0	0	0
SH	C7	0	0	0	0	0	0	0	0	0	0	0	0	0	0	0	0	0	0	0	0
SH	C8	0	0	0	0	1	0	1	2	1	1	2	3	1	0	4	3	0	0	2	2
JS	C1	1	0	1	0	0	0	0	0	0	0	0	0	0	0	0	0	0	0	1	0
JS	C2	0	0	0	3	0	1	0	1	0	0	0	1	0	0	1	0	1	0	0	1
JS	C3	2	0	1	0	0	0	0	1	1	1	3	1	0	0	0	3	5	0	14	3
JS	C4	0	0	0	1	0	0	1	2	3	1	1	5	3	0	7	5	19	3	9	17
JS	C5	0	0	0	0	1	0	0	1	0	0	0	1	2	0	2	2	1	3	3	4
JS	C6	0	0	0	0	0	0	0	0	0	0	0	0	0	0	0	0	0	0	0	0
JS	C7	0	0	0	0	0	0	0	0	0	0	0	0	0	0	0	0	0	0	0	0
JS	C8	0	0	0	0	0	1	1	1	1	2	1	0	3	2	0	0	0	0	1	2
ZJ	C1	1	0	1	0	0	0	0	0	0	0	0	0	0	0	0	0	0	0	1	0
ZJ	C2	0	0	0	2	0	0	0	0	0	0	0	0	0	0	1	0	1	0	0	1
ZJ	C3	2	0	1	0	0	0	0	1	1	1	2	1	0	0	0	2	4	0	12	3
ZJ	C4	0	0	0	1	0	0	1	2	2	1	1	4	2	0	5	5	15	3	7	13
ZJ	C5	0	0	0	0	1	0	0	1	0	0	0	0	2	0	2	2	0	2	2	3
ZJ	C6	0	0	0	0	0	0	0	0	0	0	0	0	0	0	0	0	0	0	0	0
ZJ	C7	0	0	0	0	0	0	0	0	0	0	0	0	0	0	0	0	0	0	0	0
ZJ	C8	0	0	0	0	0	0	1	1	0	0	1	2	1	0	2	2	0	0	1	1
AH	C1	1	0	1	0	0	0	0	0	0	0	0	0	0	0	0	0	0	0	1	0
AH	C2	0	0	0	2	0	1	0	1	0	0	0	0	0	0	1	0	1	0	0	1
AH	C3	2	0	1	0	0	0	0	1	1	0	3	1	0	0	0	2	3	0	10	2
AH	C4	0	0	0	1	0	0	1	2	2	1	1	5	3	0	7	5	9	2	5	10
AH	C5	0	0	0	0	1	0	0	1	0	0	0	0	2	0	2	2	0	1	1	2
AH	C6	0	0	0	0	0	0	0	0	0	0	0	0	0	0	0	0	0	0	0	0
AH	C7	0	0	0	0	0	0	0	0	0	0	0	0	0	0	0	0	0	0	0	0
AH	C8	0	0	0	0	0	0	1	1	1	0	1	2	1	0	3	2	0	0	1	1
FJ	C1	1	0	1	0	0	0	0	0	0	0	0	0	0	0	0	0	0	0	1	0
FJ	C2	0	0	0	0	0	0	0	0	0	0	1	0	0	0	1	0	1	0	1	1
FJ	C3	2	0	0	0	0	0	0	1	1	0	2	0	0	0	0	2	4	0	8	2
FJ	C4	0	0	0	0	0	0	1	1	2	0	1	3	2	0	3	2	9	1	3	7
FJ	C5	0	0	0	0	1	0	0	1	0	0	0	0	1	0	1	1	0	0	0	0
FJ	C6	0	0	0	0	0	0	0	0	0	0	0	0	0	0	0	0	0	0	0	0
FJ	C7	0	0	0	0	0	0	0	0	0	0	0	0	0	0	0	0	0	0	0	0
FJ	C8	0	0	0	0	0	0	0	0	0	0	0	1	0	0	1	1	0	0	1	1
JX	C1	1	0	1	0	0	0	0	0	0	0	0	0	0	0	0	0	0	0	1	0
JX	C2	0	0	0	4	0	1	0	0	0	0	0	0	0	0	1	0	1	0	0	1
JX	C3	2	0	1	0	0	0	0	1	0	1	2	1	0	0	0	2	3	0	7	1
JX	C4	0	0	0	0	0	0	1	1	2	2	1	1	0	0	5	4	7	2	3	8
JX	C5	0	0	0	0	1	0	0	1	0	0	0	0	2	0	2	2	0	1	1	2
JX	C6	0	0	0	0	0	0	0	0	0	0	0	0	0	0	0	0	0	0	0	0
JX	C7	0	0	0	0	0	0	0	0	0	0	0	0	0	0	0	0	0	0	0	0
JX	C8	0	0	0	0	0	0	1	1	1	1	2	1	0	3	2	0	0	0	1	1
SD	C1	1	0	1	0	0	0	0	0	0	0	0	0	0	0	0	0	0	0	1	0
SD	C2	0	0	0	4	0	1	0	0	0	0	0	0	0	0	0	0	0	0	0	0
SD	C3	2	0	0	0	0	0	0	1	1	1	3	1	0	0	0	3	3	0	11	2
SD	C4	0	0	0	1	0	0	1	2	3	1	1	5	3	0	8	6	13	2	6	12
SD	C5	0	0	0	0	1	0	0	1	0	0	0	1	2	0	2	2	0	1	1	2
SD	C6	0	0	0	0	0	0	0	0	0	0	0	0	0	0	0	0	0	0	0	0

续表

省份	部门	QH C1	QH C2	QH C3	QH C4	QH C5	QH C6	QH C7	QH C8	NX C1	NX C2	NX C3	NX C4	NX C5	NX C6	NX C7	NX C8	XJ C1	XJ C2	XJ C3	XJ C4
SD	C7	0	0	0	0	0	0	0	0	0	0	0	0	0	0	0	0	0	0	0	0
SD	C8	0	0	0	0	0	0	1	1	1	0	1	2	1	0	3	2	0	0	1	1
HA	C1	1	0	1	0	0	0	0	0	0	0	0	0	0	0	0	0	0	0	1	0
HA	C2	0	0	0	6	1	2	0	2	0	0	0	0	0	0	0	0	0	0	0	0
HA	C3	3	0	1	0	0	0	0	1	1	1	4	1	0	0	0	3	4	0	15	3
HA	C4	0	0	0	1	0	0	1	2	3	1	1	6	3	0	11	6	13	3	7	15
HA	C5	0	0	0	0	1	0	0	1	0	1	0	1	2	0	2	1	1	2	2	3
HA	C6	0	0	0	0	0	0	0	0	0	0	0	0	0	0	0	0	0	0	0	0
HA	C7	0	0	0	0	0	0	0	0	0	0	0	0	0	0	0	0	0	0	0	0
HA	C8	0	0	0	0	0	0	0	0	0	0	0	0	0	0	0	0	0	0	0	0
HB	C1	1	0	1	0	0	0	0	0	0	0	0	0	0	0	0	0	0	0	1	0
HB	C2	0	0	0	4	0	1	0	0	0	0	0	1	0	0	2	0	1	0	1	1
HB	C3	2	0	1	0	0	0	0	1	1	0	3	1	0	0	0	3	4	0	13	2
HB	C4	0	0	0	1	0	0	1	2	3	1	1	6	3	0	8	6	13	3	6	13
HB	C5	0	0	0	0	1	0	0	1	0	0	0	1	2	0	2	2	0	2	2	4
HB	C6	0	0	0	0	0	0	0	0	0	0	0	0	0	0	0	0	0	0	0	0
HB	C7	0	0	0	0	0	0	0	0	0	0	0	0	0	0	0	0	0	0	0	0
HB	C8	0	0	0	0	0	0	1	1	1	0	1	2	1	0	3	2	0	0	1	1
HN	C1	1	0	1	0	0	0	0	0	0	0	0	0	0	0	0	0	0	0	1	0
HN	C2	0	0	0	2	0	1	0	1	0	0	0	0	0	0	1	0	1	0	0	1
HN	C3	2	0	1	0	0	0	0	1	1	0	2	1	0	0	0	2	2	0	5	1
HN	C4	0	0	0	1	0	0	1	2	1	1	1	4	2	0	6	4	3	1	2	5
HN	C5	0	0	0	0	1	0	0	1	0	0	0	0	2	0	2	2	0	1	1	2
HN	C6	0	0	0	0	0	0	0	0	0	0	0	0	0	0	0	0	0	0	0	0
HN	C7	0	0	0	0	0	0	0	0	0	0	0	0	0	0	0	0	0	0	0	0
HN	C8	0	0	0	0	0	0	1	1	0	0	1	1	1	0	2	1	0	0	1	1
GD	C1	1	0	1	0	0	0	0	0	0	0	0	0	0	0	0	0	0	0	1	0
GD	C2	0	0	0	0	0	0	0	0	0	0	0	0	0	0	0	0	0	0	0	0
GD	C3	2	0	1	0	0	0	0	1	0	0	1	0	0	0	0	1	6	0	8	1
GD	C4	0	0	0	1	0	0	1	2	3	1	1	3	1	0	6	5	15	2	7	12
GD	C5	0	0	0	0	1	0	0	1	0	0	0	0	1	0	2	1	0	1	2	2
GD	C6	0	0	0	0	0	0	0	0	0	0	0	0	0	0	0	0	0	0	0	0
GD	C7	0	0	0	0	0	0	0	0	0	0	0	0	0	0	0	0	0	0	0	0
GD	C8	0	0	0	0	0	0	1	2	1	1	2	3	2	0	4	4	0	0	1	2
GX	C1	1	0	1	0	0	0	0	0	0	0	0	0	0	0	0	0	0	0	1	0
GX	C2	0	0	0	4	0	0	0	0	0	0	0	1	0	0	1	0	1	0	1	1
GX	C3	2	0	1	0	0	0	0	1	0	0	2	1	0	0	0	2	3	0	9	1
GX	C4	0	0	0	0	0	0	1	1	2	1	1	3	1	0	7	3	7	1	3	7
GX	C5	0	0	0	0	1	0	0	1	0	0	0	0	2	0	2	2	0	1	1	2
GX	C6	0	0	0	0	0	0	0	0	0	0	0	0	0	0	0	0	0	0	0	0
GX	C7	0	0	0	0	0	0	0	0	0	0	0	0	0	0	0	0	0	0	0	0
GX	C8	0	0	0	0	0	0	1	1	0	0	1	1	1	0	2	1	0	0	1	1
SC	C1	1	0	1	0	0	0	0	0	0	0	0	0	0	0	0	0	0	0	1	0
SC	C2	0	0	1	7	1	3	1	3	0	1	0	1	0	0	3	1	2	1	1	2
SC	C3	4	0	1	0	0	0	1	1	1	0	6	2	0	0	1	5	5	0	20	3
SC	C4	0	0	0	1	0	0	2	2	3	1	2	9	6	0	15	5	12	3	7	16
SC	C5	0	0	0	0	2	0	1	2	1	1	0	1	4	0	4	4	1	4	3	6
SC	C6	0	0	0	0	0	0	0	0	0	0	0	0	0	0	0	0	0	0	0	0
SC	C7	0	0	0	0	0	0	0	0	0	0	0	0	0	0	0	0	0	0	0	0
SC	C8	0	0	0	0	0	0	1	1	1	0	1	2	1	0	3	2	0	0	1	1
GZ	C1	0	0	1	0	0	0	0	0	0	0	0	0	0	0	0	0	0	0	1	0
GZ	C2	0	0	0	2	0	2	0	1	0	0	0	1	0	0	2	0	1	0	1	1
GZ	C3	2	0	1	0	0	0	0	1	1	0	2	1	0	0	0	2	2	0	6	1
GZ	C4	0	0	0	1	0	0	1	1	2	1	1	5	3	0	5	2	4	1	3	7
GZ	C5	0	0	0	0	1	0	0	1	0	0	0	1	2	0	2	2	0	1	1	2
GZ	C6	0	0	0	0	0	0	0	0	0	0	0	0	0	0	0	0	0	0	0	0
GZ	C7	0	0	0	0	0	0	0	0	0	0	0	0	0	0	0	0	0	0	0	0
GZ	C8	0	0	0	0	0	0	1	1	0	0	1	2	1	0	2	1	0	0	1	1
YN	C1	1	0	1	0	0	0	0	0	0	0	0	0	0	0	0	0	0	0	1	0

续表

省份	部门	QH	QH	QH	QH	QH	QH	QH	QH	NX	NX	NX	NX	NX	NX	NX	NX	XJ	XJ	XJ	XJ
		C1	C2	C3	C4	C5	C6	C7	C8	C1	C2	C3	C4	C5	C6	C7	C8	C1	C2	C3	C4
YN	C2	0	0	0	1	0	1	0	1	0	0	0	1	0	0	2	1	1	1	0	1
YN	C3	3	0	0	0	0	0	0	1	0	0	1	0	0	0	0	1	3	0	7	0
YN	C4	0	0	0	1	0	0	1	1	2	1	1	5	4	0	7	2	2	1	2	7
YN	C5	0	0	0	0	1	0	0	1	0	0	0	0	1	0	0	1	0	0	0	0
YN	C6	0	0	0	0	0	0	0	0	0	0	0	0	0	0	0	0	0	0	0	0
YN	C7	0	0	0	0	0	0	0	0	0	0	0	0	0	0	0	0	0	0	0	0
YN	C8	0	0	0	0	0	0	1	1	0	0	1	1	1	0	2	1	0	0	0	1
SN	C1	1	0	1	0	0	0	0	0	0	0	0	0	0	0	0	0	0	0	1	0
SN	C2	0	0	1	9	1	3	1	2	0	0	1	0	0	0	0	0	0	0	0	0
SN	C3	2	0	1	0	0	0	1	0	0	0	4	1	0	0	0	3	1	0	6	1
SN	C4	1	0	0	1	0	0	2	2	3	1	1	6	4	0	12	4	7	2	4	9
SN	C5	0	0	0	0	2	0	1	3	0	1	0	1	4	0	3	4	1	3	3	4
SN	C6	0	0	0	0	0	0	0	0	0	0	0	0	0	0	0	0	0	0	0	0
SN	C7	0	0	0	0	0	0	0	0	0	0	0	0	0	0	0	0	0	0	0	0
SN	C8	0	0	0	0	0	0	1	1	1	0	1	2	1	0	3	2	0	0	1	1
GS	C1	2	0	2	0	0	0	0	0	0	0	0	0	0	0	0	0	0	0	1	0
GS	C2	0	0	0	2	0	0	1	0	0	0	0	1	0	0	2	1	0	0	0	1
GS	C3	5	0	9	1	1	0	3	6	1	0	13	4	1	0	2	10	2	0	9	2
GS	C4	1	0	1	3	1	0	11	5	5	3	3	21	14	1	46	16	12	4	7	17
GS	C5	0	0	0	1	3	0	2	5	1	1	1	2	8	0	7	4	0	1	1	1
GS	C6	0	0	0	0	0	0	0	0	0	0	0	0	0	0	0	0	0	0	0	0
GS	C7	0	0	0	0	0	0	0	0	0	0	0	0	0	0	0	0	0	0	0	0
GS	C8	0	0	0	0	0	0	0	0	0	0	0	1	0	0	1	1	0	0	1	1
QH	C1	175	0	227	8	1	0	2	28	0	0	0	0	0	0	0	0	0	0	1	0
QH	C2	1	4	6	47	6	19	18	16	0	0	0	1	0	0	2	1	1	0	0	1
QH	C3	60	2	74	7	8	0	21	51	0	0	3	1	0	0	1	1	0	0	1	0
QH	C4	13	4	11	45	37	1	197	61	2	1	1	7	5	0	8	2	0	1	1	3
QH	C5	7	6	5	15	97	4	38	65	0	1	0	1	3	0	2	2	0	1	1	1
QH	C6	7	8	6	52	17	3	33	27	0	0	0	0	0	0	0	0	0	0	0	0
QH	C7	2	15	2	0	0	3	0	46	0	0	0	0	0	0	0	0	0	0	0	0
QH	C8	74	67	110	148	170	9	283	479	0	0	0	1	0	0	1	0	0	0	0	0
NX	C1	1	0	1	0	0	0	0	0	161	0	248	32	0	0	1	15	0	0	1	0
NX	C2	0	1	1	4	1	5	1	4	0	14	8	79	5	38	20	33	0	0	0	0
NX	C3	2	0	2	0	0	0	1	2	16	5	81	22	6	1	16	89	0	0	4	1
NX	C4	1	0	0	1	1	0	3	3	79	27	38	128	63	3	253	96	3	1	2	4
NX	C5	0	0	0	0	2	0	1	2	13	8	3	10	36	2	29	47	0	1	1	1
NX	C6	0	0	0	0	0	0	0	0	6	22	12	77	13	30	6	63	0	0	0	0
NX	C7	0	0	0	0	0	0	0	0	3	0	1	2	1	0	1	51	0	0	0	0
NX	C8	0	0	0	0	0	0	1	0	33	30	58	104	66	19	158	192	0	0	1	1
XJ	C1	1	0	1	0	0	0	0	0	0	0	0	0	0	0	0	0	945	1	1629	29
XJ	C2	0	0	0	5	0	1	1	1	0	1	0	1	0	0	3	1	69	30	50	858
XJ	C3	2	0	1	0	0	0	0	1	0	0	6	2	0	0	0	3	112	11	525	63
XJ	C4	0	0	0	1	0	0	2	2	2	1	1	6	3	0	7	7	328	90	122	293
XJ	C5	0	0	0	0	0	0	0	1	0	0	0	0	0	0	0	0	42	17	19	22
XJ	C6	0	0	0	0	0	0	0	0	0	0	0	0	0	0	0	0	28	26	71	92
XJ	C7	0	0	0	0	0	0	0	0	0	0	0	0	0	0	0	0	0	0	0	0
XJ	C8	0	0	0	0	0	0	1	1	0	0	1	1	1	0	2	1	388	100	468	347
IM	C1	4	0	5	0	0	0	1	6	0	9	1	0	0	0	0	0	2	0	4	0
IM	C2	0	0	0	0	0	0	1	0	0	0	0	1	0	0	2	1	0	0	0	1
IM	C3	0	0	2	0	0	0	1	3	0	0	4	0	0	0	1	3	1	0	7	4
IM	C4	1	0	1	1	1	0	2	3	9	2	4	14	8	0	9	7	13	7	10	30
IM	C5	1	1	1	2	10	1	8	4	1	2	1	2	13	1	7	8	4	13	11	17
IM	C6	0	0	0	0	0	0	0	0	0	0	0	0	0	0	0	0	0	0	0	0
IM	C7	0	0	0	0	0	0	0	0	0	0	0	0	0	0	0	0	0	0	0	0
IM	C8	0	0	0	0	0	0	0	0	1	1	2	3	2	0	4	6	0	1	1	1
TII	TII	441	119	518	449	400	77	702	953	441	180	640	755	409	112	941	935	2344	414	3379	2203
VA	TVA	1153	267	169	277	260	94	679	1641	1035	269	235	422	185	137	330	1012	5819	1495	1310	1342
TI	TI	1594	386	687	726	661	171	1381	2593	1476	449	875	1177	594	249	1270	1947	8163	1909	4689	3545

省份	部门	XJ	XJ	XJ	XJ	TIU	BJ	BJ	BJ	BJ	TJ	TJ	TJ	TJ	HE	HE	HE	HE	SX	SX	SX
		C5	C6	C7	C8	TIU	FU1	FU103	FU201	FU202	FU1	FU103	FU201	FU202	FU1	FU103	FU201	FU202	FU1	FU103	FU201
BJ	C1	0	0	0	0	1323	1031	0	37	739	0	0	0	0	4	0	0	1	12	0	1
BJ	C2	0	0	1	0	812	16	0	0	−105	1	0	0	−1	1	0	0	−1	0	0	0
BJ	C3	0	0	1	7	5599	2302	0	41	1294	99	10	0	85	81	0	0	15	64	0	2
BJ	C4	4	0	13	12	13712	619	0	46	1414	14	0	1	−10	32	0	1	−9	12	0	1
BJ	C5	13	1	6	10	5821	607	0	1535	1457	27	0	112	81	134	0	249	24	34	0	86
BJ	C6	0	0	0	0	885	86	0	0	−36	0	0	0	0	0	0	0	0	0	0	0
BJ	C7	0	0	0	0	2	0	0	8360	76	0	0	0	0	0	0	0	0	0	0	0
BJ	C8	0	0	1	1	8649	2418	4296	174	791	22	22	15	9	18	0	3	−1	9	0	3
TJ	C1	0	0	0	0	1323	19	0	1	14	1048	139	9	299	3	0	0	1	11	0	1
TJ	C2	0	0	0	0	784	0	0	0	−1	6	0	0	11	0	0	0	2	0	0	0
TJ	C3	0	0	0	7	5649	149	0	1	159	1364	206	0	565	77	0	0	14	56	0	1
TJ	C4	5	0	18	16	13814	20	0	0	73	197	1	25	247	40	0	4	−16	14	0	2
TJ	C5	9	0	5	7	4318	17	0	3	20	426	1	1391	710	173	0	241	25	39	0	68
TJ	C6	0	0	0	0	628	0	0	0	0	41	0	0	−22	0	0	0	0	0	0	0
TJ	C7	0	0	0	0	0	0	0	0	0	0	0	4694	−13	0	0	0	0	0	0	0
TJ	C8	0	0	2	1	6166	48	0	7	18	1052	2423	233	206	23	0	4	−1	11	0	4
HE	C1	0	0	0	0	7430	62	0	2	44	0	0	0	0	7757	64	457	1630	55	1	5
HE	C2	0	0	1	0	6669	10	0	0	−49	1	0	0	−5	198	0	0	−131	1	0	0
HE	C3	0	0	1	10	11481	99	0	1	46	49	9	0	17	5234	4	21	622	184	0	4
HE	C4	6	0	23	17	27007	31	0	0	61	22	0	2	13	1081	0	44	201	25	0	5
HE	C5	8	0	5	6	3627	8	0	2	9	9	0	83	41	972	0	2357	201	35	0	128
HE	C6	0	0	0	0	3851	12	0	0	−5	10	0	0	−5	156	0	0	−146	0	0	0
HE	C7	0	0	0	0	0	0	0	0	0	0	0	0	0	0	0	8324	232	0	0	0
HE	C8	0	0	1	1	10522	31	0	4	12	16	1	17	7	4585	4350	322	−164	9	0	3
SX	C1	0	0	0	0	2931	7	0	0	5	0	0	0	0	2	0	0	0	2356	23	210
SX	C2	0	0	1	0	6466	10	0	0	−43	0	0	0	0	109	0	0	−47	96	0	0
SX	C3	0	0	0	6	2805	21	0	0	8	17	4	0	1	30	0	0	6	2239	0	44
SX	C4	4	0	14	11	10683	3	0	0	9	5	0	0	−3	24	0	1	−6	365	0	57
SX	C5	4	0	2	3	2267	2	0	0	2	3	0	23	15	21	0	73	9	256	0	1374
SX	C6	0	0	0	0	1624	3	0	0	−1	2	0	0	−1	13	0	0	−12	42	0	0
SX	C7	0	0	0	0	0	0	0	0	0	0	0	0	0	0	0	0	0	0	0	6872
SX	C8	0	0	1	1	5508	20	0	3	7	12	1	17	4	13	0	3	−1	3336	2669	147
IM	C1	0	0	0	0	3158	13	0	0	9	0	0	0	0	4	0	0	1	16	0	1
IM	C2	0	0	2	1	2220	3	0	0	−17	2	0	0	−4	6	0	0	−9	1	0	0
IM	C3	1	0	2	9	2023	28	0	1	13	20	4	0	2	12	0	0	1	53	0	2
IM	C4	6	0	17	7	4050	2	0	0	13	1	0	0	−10	1	0	0	−4	3	0	0
IM	C5	2	0	2	1	702	1	0	0	1	4	0	21	15	6	0	17	2	8	0	29
IM	C6	0	0	0	0	825	0	0	0	0	0	0	0	0	0	0	0	0	0	0	0
IM	C7	0	0	0	0	0	0	0	0	0	0	0	0	0	0	0	0	0	0	0	0
IM	C8	0	0	1	1	4241	19	0	3	7	9	1	10	5	14	0	3	0	7	0	2
LN	C1	0	0	0	0	8262	2	0	0	2	0	0	0	0	0	0	0	0	3	0	0
LN	C2	0	0	0	0	5616	0	0	0	−2	0	0	0	−3	0	0	0	1	0	0	0
LN	C3	0	0	0	0	10671	1	0	0	1	1	0	0	0	0	0	0	0	3	0	0
LN	C4	7	0	23	18	43146	7	0	0	30	12	0	1	−49	29	0	1	−28	13	0	1
LN	C5	12	1	8	10	11729	7	0	1	8	11	0	73	48	93	0	172	23	20	0	51
LN	C6	0	0	0	0	2710	3	0	0	−1	2	0	0	−1	15	0	0	−14	0	0	0
LN	C7	0	0	0	0	0	0	0	0	0	0	0	0	0	0	0	0	0	0	0	0
LN	C8	0	0	1	1	13601	32	0	6	12	16	9	15	8	18	0	3	−1	9	0	3
JL	C1	0	0	0	0	4899	45	0	2	32	0	0	0	0	115	1	7	24	29	0	3
JL	C2	0	0	1	0	3186	1	0	0	−7	1	0	0	−3	3	0	0	−5	0	0	0
JL	C3	1	0	2	9	3913	34	0	2	12	23	4	0	−1	70	0	3	1	28	0	1
JL	C4	4	0	16	13	10635	4	0	0	8	6	0	0	−3	11	0	0	−3	7	0	1
JL	C5	19	0	6	14	3824	2	0	0	3	6	0	41	24	31	0	149	13	9	0	46
JL	C6	0	0	0	0	1507	0	0	0	0	0	0	0	0	0	0	0	0	0	0	0
JL	C7	0	0	0	0	0	0	0	0	0	0	0	0	0	0	0	0	0	0	0	0
JL	C8	0	0	1	0	6653	4	0	2	3	0	1	2	5	0	1	0	3	0	1
HL	C1	0	0	0	0	5990	0	0	0	0	0	0	0	0	0	0	0	0	0	0	0
HL	C2	0	0	1	1	11426	2	0	0	−12	3	0	0	−4	9	0	0	−8	0	0	0
HL	C3	1	0	2	6	5972	16	0	3	7	4	0	0	0	91	0	6	0	4	0	1

续表

省份	部门	XJ C5	XJ C6	XJ C7	XJ C8	TIU TIU	BJ FU1	BJ FU103	BJ FU201	BJ FU202	TJ FU1	TJ FU103	TJ FU201	TJ FU202	HE FU1	HE FU103	HE FU201	HE FU202	SX FU1	SX FU103	SX FU201
HL	C4	5	0	14	11	12299	3	0	0	8	4	0	0	-6	6	0	0	-4	7	0	0
HL	C5	7	1	6	6	3841	4	0	1	5	4	0	21	14	19	0	28	4	7	0	25
HL	C6	0	0	0	0	1648	0	0	0	0	0	0	0	0	0	0	0	0	0	0	0
HL	C7	0	0	0	0	71	0	0	0	0	0	0	0	0	0	0	0	0	0	0	0
HL	C8	0	0	1	1	9175	32	0	4	12	13	1	14	8	19	0	3	-1	9	0	3
SH	C1	0	0	0	0	1831	1	0	0	1	0	0	0	0	0	0	0	0	2	0	0
SH	C2	0	0	0	0	92	0	0	0	0	0	0	0	0	0	0	0	0	0	0	0
SH	C3	0	0	1	10	12390	60	0	0	26	47	7	0	36	150	0	0	8	62	0	1
SH	C4	6	0	22	20	36177	4	0	0	13	11	0	1	-17	44	0	1	-27	13	0	1
SH	C5	12	1	9	10	15057	4	0	1	4	8	0	48	33	355	0	329	39	49	0	63
SH	C6	0	0	0	0	1588	0	0	0	0	0	0	0	0	0	0	0	0	0	0	0
SH	C7	0	0	0	0	0	0	0	0	0	0	0	0	0	0	0	0	0	0	0	0
SH	C8	1	0	2	1	13146	109	0	15	38	57	52	74	16	39	0	7	-2	17	0	6
JS	C1	0	0	0	0	17762	31	0	1	22	0	0	0	0	78	1	5	16	25	0	2
JS	C2	0	0	1	0	3872	1	0	0	-5	0	0	0	-1	2	0	0	-2	0	0	0
JS	C3	1	0	2	14	38702	100	0	1	56	95	9	0	116	367	0	3	22	99	0	1
JS	C4	6	0	25	21	44122	6	0	0	13	15	0	1	3	52	0	2	-14	14	0	2
JS	C5	14	1	10	12	19489	4	0	1	5	10	0	99	31	432	0	295	32	63	0	76
JS	C6	0	0	0	0	3680	1	0	0	0	1	0	0	0	1	0	0	-1	0	0	0
JS	C7	0	0	0	0	0	0	0	0	0	0	0	0	0	0	0	0	0	0	0	0
JS	C8	0	0	1	1	17126	50	0	7	19	20	3	21	11	25	0	5	-1	12	0	4
ZJ	C1	0	0	0	0	10238	39	0	1	28	0	0	0	0	150	1	9	31	29	0	3
ZJ	C2	0	0	1	0	1231	0	0	0	-1	0	0	0	0	0	0	0	0	0	0	0
ZJ	C3	1	0	2	13	23566	60	0	1	27	45	6	0	34	173	0	2	8	65	0	1
ZJ	C4	5	0	19	17	19910	4	0	0	6	8	0	1	3	20	0	1	-4	9	0	1
ZJ	C5	11	1	8	9	8340	3	0	1	4	4	0	22	14	84	0	84	13	17	0	35
ZJ	C6	0	0	0	0	1427	0	0	0	0	0	0	0	0	0	0	0	0	0	0	0
ZJ	C7	0	0	0	0	0	0	0	0	0	0	0	0	0	0	0	0	0	0	0	0
ZJ	C8	0	0	1	0	10567	8	0	1	3	8	11	1	4	8	0	1	0	4	0	2
AH	C1	0	0	0	0	9273	45	0	2	32	0	0	0	0	173	1	10	36	33	0	3
AH	C2	0	0	1	0	2532	1	0	0	-7	0	0	0	-1	3	0	0	-3	0	0	0
AH	C3	0	0	1	9	7161	45	0	0	15	32	7	0	7	84	0	0	4	57	0	0
AH	C4	5	0	16	10	11526	3	0	0	9	3	0	0	-8	7	0	0	-3	5	0	0
AH	C5	6	0	3	5	2345	2	0	0	3	2	0	12	8	6	0	15	2	5	0	20
AH	C6	0	0	0	0	1178	1	0	0	-1	1	0	0	-1	2	0	0	-2	0	0	0
AH	C7	0	0	0	0	0	0	0	0	0	0	0	0	0	0	0	0	0	0	0	0
AH	C8	0	0	1	1	6010	18	0	2	7	10	1	9	5	13	0	2	0	7	0	2
FJ	C1	0	0	0	0	4614	27	0	1	19	0	0	0	0	65	1	4	14	22	0	0
FJ	C2	0	0	1	0	1903	0	0	0	-2	0	0	0	0	1	0	0	-1	0	0	0
FJ	C3	1	0	2	11	5276	21	0	0	5	16	4	0	-1	21	0	0	1	24	0	1
FJ	C4	3	0	8	8	5879	1	0	0	2	1	0	0	-2	2	0	0	-1	3	0	0
FJ	C5	1	0	2	1	2366	1	0	0	1	2	0	1	2	9	0	2	0	8	0	5
FJ	C6	0	0	0	0	806	0	0	0	0	0	0	0	0	0	0	0	0	0	0	0
FJ	C7	0	0	0	0	0	0	0	0	0	0	0	0	0	0	0	0	0	0	0	0
FJ	C8	0	0	1	1	5164	2	0	0	1	3	2	3	0	2	0	1	0	1	0	0
JX	C1	0	0	0	0	5209	18	0	1	13	0	0	0	0	28	0	2	6	17	0	2
JX	C2	0	0	1	0	2611	0	0	0	-2	0	0	0	-2	0	0	0	-1	0	0	0
JX	C3	0	0	1	6	4328	12	0	1	5	10	3	0	0	11	0	0	1	18	0	1
JX	C4	4	0	13	8	7603	2	0	0	5	1	0	0	-3	2	0	0	-1	3	0	0
JX	C5	6	0	3	4	2115	1	0	0	1	2	0	10	7	8	0	16	2	6	0	16
JX	C6	0	0	0	0	768	0	0	0	0	0	0	0	0	0	0	0	0	0	0	0
JX	C7	0	0	0	0	0	0	0	0	0	0	0	0	0	0	0	0	0	0	0	0
JX	C8	0	0	1	1	4948	11	0	2	4	6	1	8	3	10	0	2	-1	5	0	2
SD	C1	0	0	0	0	18560	54	0	2	39	0	0	0	0	197	2	12	41	41	0	4
SD	C2	0	0	0	0	11269	3	0	0	-15	0	0	0	-2	14	0	0	8	0	0	0
SD	C3	0	0	0	10	18334	107	0	0	68	121	12	0	148	381	0	0	44	123	0	1
SD	C4	5	0	18	14	24645	10	0	0	17	13	0	1	4	47	0	2	6	13	0	1
SD	C5	8	0	4	6	7392	5	0	1	6	13	0	114	52	110	0	274	31	25	0	68
SD	C6	0	0	0	0	2616	0	0	0	0	0	0	0	0	0	0	0	0	0	0	0

续表

省份	部门	XJ	XJ	XJ	XJ	TIU	BJ	BJ	BJ	BJ	TJ	TJ	TJ	TJ	HE	HE	HE	HE	SX	SX	SX
		C5	C6	C7	C8	TIU	FU1	FU103	FU201	FU202	FU1	FU103	FU201	FU202	FU1	FU103	FU201	FU202	FU1	FU103	FU201
SD	C7	0	0	0	0	0	0	0	0	0	0	0	0	0	0	0	0	0	0	0	0
SD	C8	0	0	1	1	13286	20	0	3	7	10	1	13	5	14	0	3	-1	7	0	2
HA	C1	0	0	0	0	11920	85	0	3	61	0	0	13	0	750	6	44	158	60	1	5
HA	C2	0	0	0	0	5679	3	0	0	-15	0	0	0	-2	19	0	0	-3	0	0	0
HA	C3	1	0	1	15	11027	110	0	1	45	57	9	0	29	458	0	0	25	144	0	2
HA	C4	6	0	27	17	18456	12	0	0	25	10	0	1	0	62	0	3	14	12	0	2
HA	C5	7	1	6	5	3968	4	0	1	5	6	0	48	31	114	0	320	39	20	0	60
HA	C6	0	0	0	0	1947	1	0	0	0	1	0	0	0	1	0	0	-1	0	0	0
HA	C7	0	0	0	0	0	0	0	0	0	0	0	0	0	0	0	0	0	0	0	0
HA	C8	0	0	0	0	12636	0	0	0	0	0	0	0	0	0	0	0	0	0	0	0
HB	C1	0	0	0	0	10126	41	0	0	29	0	0	0	0	154	1	9	32	32	0	3
HB	C2	0	0	1	0	1953	0	0	0	-4	1	0	0	-2	2	0	0	-3	0	0	0
HB	C3	1	0	1	11	13154	66	0	1	30	41	6	0	24	169	0	0	10	75	0	1
HB	C4	6	0	22	15	20887	4	0	0	15	5	0	0	-16	15	0	1	-16	10	0	1
HB	C5	21	1	7	16	7764	2	0	0	3	3	0	19	13	33	0	151	13	12	0	52
HB	C6	0	0	0	0	1913	3	0	0	-1	2	0	0	-1	20	0	0	-18	0	0	0
HB	C7	0	0	0	0	0	0	0	0	0	0	0	0	0	0	0	0	0	0	0	0
HB	C8	0	0	1	1	9985	41	0	6	15	22	11	20	10	22	0	4	-1	11	0	4
HN	C1	0	0	0	0	10282	25	0	1	18	0	0	0	0	52	0	3	11	21	0	2
HN	C2	0	0	1	0	2676	0	0	0	-1	0	0	0	0	0	0	0	0	0	0	0
HN	C3	0	0	0	6	7401	18	0	0	4	14	3	0	-1	17	0	0	0	23	0	0
HN	C4	3	0	12	4	12844	2	0	0	3	0	0	0	3	3	0	0	1	1	0	0
HN	C5	9	0	5	7	3790	2	0	0	2	2	0	5	4	9	0	14	2	6	0	20
HN	C6	0	0	0	0	1105	0	0	0	0	0	0	0	0	0	0	0	0	0	0	0
HN	C7	0	0	0	0	0	0	0	0	0	0	0	0	0	0	0	0	0	0	0	0
HN	C8	0	0	1	0	8329	7	0	1	3	4	0	1	3	7	0	1	0	4	0	1
GD	C1	0	0	0	0	12345	17	0	1	12	0	0	0	0	21	0	1	4	17	0	1
GD	C2	0	0	0	0	1981	0	0	0	0	0	0	0	0	0	0	0	0	0	0	0
GD	C3	1	0	2	11	7030	78	0	1	16	34	8	0	-4	289	0	2	2	74	0	1
GD	C4	3	0	20	18	19143	4	0	0	5	7	0	1	4	13	0	1	0	9	0	1
GD	C5	10	1	8	9	4540	4	0	1	5	1	0	1	0	87	0	42	12	8	0	16
GD	C6	0	0	0	0	2255	0	0	0	0	0	0	0	0	0	0	0	0	0	0	0
GD	C7	0	0	0	0	0	0	0	0	0	0	0	0	0	0	0	0	0	0	0	0
GD	C8	0	0	2	1	18211	51	0	7	20	28	18	23	11	25	0	5	-1	13	0	4
GX	C1	0	0	0	0	4074	6	0	0	4	0	0	0	0	2	0	0	0	8	0	1
GX	C2	0	0	1	0	1424	0	0	0	-2	0	0	0	-2	0	0	0	-1	0	0	0
GX	C3	0	0	1	8	3277	27	0	0	6	19	4	0	-2	37	0	0	0	35	0	0
GX	C4	2	0	14	8	4582	2	0	0	1	0	0	0	-4	4	0	0	1	3	0	0
GX	C5	5	0	4	4	1430	1	0	0	1	2	0	9	7	6	0	10	1	6	0	15
GX	C6	0	0	0	0	704	0	0	0	0	0	0	0	0	0	0	0	0	0	0	0
GX	C7	0	0	0	0	0	0	0	0	0	0	0	0	0	0	0	0	0	0	0	0
GX	C8	0	0	1	0	4786	11	0	1	4	13	18	1	6	9	0	1	0	5	0	2
SC	C1	0	0	0	0	16894	4	0	0	3	0	0	0	0	1	0	0	0	6	0	1
SC	C2	0	0	2	1	5779	1	0	0	-5	1	0	0	-1	2	0	0	-3	0	0	0
SC	C3	1	0	1	17	11079	73	0	0	17	34	8	0	0	259	0	0	4	98	0	0
SC	C4	9	0	29	15	20731	2	0	0	11	2	0	0	-13	5	0	0	-7	5	0	0
SC	C5	18	1	11	14	7895	2	0	0	3	5	0	31	20	61	0	111	12	27	0	55
SC	C6	0	0	0	0	1882	0	0	0	0	0	0	0	0	0	0	0	0	0	0	0
SC	C7	0	0	0	0	0	0	0	0	0	0	0	0	0	0	0	0	0	0	0	0
SC	C8	0	0	1	1	13646	36	0	5	14	14	1	12	10	20	0	4	0	10	0	4
GZ	C1	0	0	0	0	3153	1	0	0	0	0	0	0	0	1	0	0	0	1	0	0
GZ	C2	0	0	1	0	1112	0	0	0	-3	0	0	0	0	1	0	0	0	0	0	0
GZ	C3	0	0	0	7	1624	29	0	0	5	19	4	0	-2	46	0	0	0	33	0	0
GZ	C4	5	0	12	5	3670	1	0	0	4	1	0	0	-3	0	0	0	-1	1	0	0
GZ	C5	8	0	4	6	1183	1	0	1	1	2	0	5	4	3	0	5	0	5	0	13
GZ	C6	0	0	0	0	617	0	0	0	0	0	0	0	0	0	0	0	0	0	0	0
GZ	C7	0	0	0	0	0	0	0	0	0	0	0	0	0	0	0	0	0	0	0	0
GZ	C8	0	0	1	1	2732	8	0	1	3	5	0	4	3	8	0	2	0	4	0	2
YN	C1	0	0	0	0	3304	14	0	0	10	0	0	0	0	14	0	1	3	15	0	1

续表

省份	部门	XJ C5	XJ C6	XJ C7	XJ C8	TIU TIU	BJ FU1	BJ FU103	BJ FU201	BJ FU202	TJ FU1	TJ FU103	TJ FU201	TJ FU202	HE FU1	HE FU103	HE FU201	HE FU202	SX FU1	SX FU103	SX FU201
YN	C2	0	0	1	1	1494	0	0	0	-1	0	0	0	0	0	0	0	0	0	0	0
YN	C3	0	0	0	10	2775	58	0	0	10	28	7	0	-3	186	0	0	1	65	0	0
YN	C4	6	0	14	4	5483	0	0	0	4	0	0	0	-4	0	0	0	-2	1	0	0
YN	C5	0	0	0	0	695	0	0	0	0	0	0	0	0	0	0	0	0	0	0	0
YN	C6	0	0	0	0	627	0	0	0	0	0	0	0	0	0	0	0	0	0	0	0
YN	C7	0	0	0	0	0	0	0	0	0	0	0	0	0	0	0	0	0	0	0	0
YN	C8	0	0	1	0	3085	1	0	0	0	1	1	0	1	2	0	0	0	1	0	0
SN	C1	0	0	0	0	2844	0	0	0	0	0	0	0	0	0	0	0	0	2	0	0
SN	C2	0	0	1	0	1207	0	0	0	-1	0	0	0	-2	0	0	0	0	0	0	0
SN	C3	0	0	0	3	3852	3	0	0	1	5	1	0	0	1	0	0	0	17	0	0
SN	C4	4	0	17	10	4669	2	0	0	3	2	0	0	1	2	0	0	1	5	0	1
SN	C5	16	1	9	13	3253	3	0	1	4	4	0	21	12	39	0	55	5	31	0	68
SN	C6	0	0	0	0	924	0	0	0	0	0	0	0	0	0	0	0	0	0	0	0
SN	C7	0	0	0	0	0	0	0	0	0	0	0	0	0	0	0	3	0	0	0	0
SN	C8	0	0	1	1	4448	8	0	1	3	13	16	4	5	8	0	2	0	5	0	2
GS	C1	0	0	0	0	2674	4	0	0	3	0	0	0	0	1	0	0	0	7	0	1
GS	C2	0	0	1	0	1511	0	0	0	0	0	0	0	0	0	0	0	0	0	0	0
GS	C3	0	0	1	8	1393	3	0	0	1	5	1	0	0	1	0	0	0	9	0	0
GS	C4	10	1	35	15	8580	2	0	0	8	2	0	0	-7	4	0	0	-4	5	0	0
GS	C5	2	0	5	2	1417	2	0	0	2	2	0	2	2	3	0	1	0	6	0	8
GS	C6	0	0	0	0	893	2	0	0	-1	1	0	0	-1	2	0	0	-2	0	0	0
GS	C7	0	0	0	0	0	0	0	0	0	0	0	0	0	0	0	0	0	0	0	0
GS	C8	0	0	1	1	3451	1	0	0	0	1	1	2	0	2	0	0	0	1	0	0
QH	C1	0	0	0	0	512	2	0	0	1	0	0	0	0	0	0	0	0	4	0	0
QH	C2	0	0	1	0	361	0	0	0	0	0	0	0	0	0	0	1	0	0	0	0
QH	C3	0	0	0	0	259	0	0	0	0	0	0	0	0	0	0	0	0	0	0	0
QH	C4	3	0	7	1	605	0	0	0	0	0	0	0	0	0	0	0	0	0	0	0
QH	C5	1	0	1	1	300	0	0	0	0	0	0	1	1	0	0	0	0	0	0	3
QH	C6	0	0	0	0	158	0	0	0	0	0	0	0	0	0	0	0	0	0	0	0
QH	C7	0	0	0	0	68	0	0	0	0	0	0	0	0	0	0	0	0	0	0	0
QH	C8	0	0	0	0	1360	0	0	0	0	0	0	0	0	0	0	0	0	0	0	0
NX	C1	0	0	0	0	520	2	0	0	1	0	0	0	0	0	0	0	0	3	0	0
NX	C2	0	0	0	0	329	0	0	0	0	0	0	0	0	0	0	0	0	0	0	0
NX	C3	0	0	0	2	327	0	0	0	0	2	0	0	0	0	0	0	0	2	0	0
NX	C4	3	0	7	3	993	1	0	0	1	0	0	0	0	0	0	0	0	1	0	0
NX	C5	2	0	2	1	217	0	0	0	0	0	0	1	0	0	0	0	0	0	0	3
NX	C6	0	0	0	0	228	0	0	0	0	0	0	0	0	0	0	0	0	0	0	0
NX	C7	0	0	0	0	60	0	0	0	0	0	0	0	0	0	0	0	0	0	0	0
NX	C8	0	0	1	0	762	0	0	0	0	0	0	0	0	0	0	0	0	0	0	0
XJ	C1	8	1	0	46	3059	17	0	1	13	0	0	0	0	21	0	1	4	18	0	2
XJ	C2	8	31	111	80	1707	0	0	0	-1	0	0	0	0	0	0	0	0	1	0	0
XJ	C3	16	2	29	361	1363	1	0	0	1	2	1	0	0	1	0	0	0	8	0	0
XJ	C4	108	18	566	547	2859	1	0	0	1	0	0	0	0	0	0	0	0	1	0	0
XJ	C5	83	5	45	111	348	0	0	0	0	0	0	0	0	0	0	0	0	0	0	0
XJ	C6	16	8	19	162	421	0	0	0	0	0	0	0	0	0	0	0	0	0	0	0
XJ	C7	0	0	0	0	0	0	0	0	0	0	0	0	0	0	0	0	0	0	0	0
XJ	C8	142	53	454	788	2879	2	0	0	1	2	1	0	1	3	0	0	0	2	0	1
IM	C1	0	0	0	0	5365	244	0	9	175	636	84	5	181	152	1	9	32	6	0	0
IM	C2	0	0	0	0	4029	17	0	0	-148	1	0	0	-5	0	0	0	0	0	0	0
IM	C3	0	0	1	10	24040	523	0	7	452	749	94	0	421	184	0	1	32	43	0	2
IM	C4	27	1	60	16	44653	82	0	5	284	81	1	2	-266	23	0	1	-22	11	0	0
IM	C5	69	3	29	42	34232	590	0	1013	1287	262	1	902	566	359	0	955	92	62	0	413
IM	C6	0	0	0	0	270	0	0	0	0	0	0	0	0	0	0	0	0	0	0	0
IM	C7	0	0	0	0	0	0	0	0	0	0	0	0	0	0	0	0	0	0	0	0
IM	C8	0	0	1	4	1801	38	0	5	16	34	157	4	15	22	0	4	1	12	0	4
TII	TII	864	152	2009	2923																
VA	TVA	401	291	724	4676																
TI	TI	1265	443	2733	7599																

续表

省份	部门	SX	IM	IM	IM	IM	LN	LN	LN	LN	JL	JL	JL	JL	HL	HL	HL	HL	SH	SH	SH
		FU202	FU1	FU103	FU201	FU202	FU1	FU103	FU201	FU202	FU1	FU103	FU201	FU202	FU1	FU103	FU201	FU202	FU1	FU103	FU201
BJ	C1	1	15	2	3	1	5	0	1	0	11	0	0	3	9	1	0	0	3	0	0
BJ	C2	0	2	0	0	-5	0	0	0	-2	1	0	0	-3	1	0	0	-2	0	0	0
BJ	C3	-6	91	2	2	5	68	2	0	-3	80	0	0	7	68	2	0	0	14	0	0
BJ	C4	-32	15	0	2	-4	11	0	0	-11	12	0	10	16	12	0	0	-11	4	0	0
BJ	C5	-1	39	0	66	2	25	0	10	3	42	0	38	17	32	0	35	4	4	0	20
BJ	C6	0	0	0	0	0	0	0	0	0	0	0	0	0	0	0	0	0	0	0	0
BJ	C7	0	0	0	0	0	0	0	0	0	0	0	0	0	0	0	0	0	0	0	0
BJ	C8	-1	35	2	7	-4	11	0	5	-3	20	7	0	2	25	0	3	-5	71	21	13
TJ	C1	1	15	2	3	1	5	0	1	0	13	0	0	4	10	1	0	0	3	0	0
TJ	C2	0	0	0	0	-1	0	0	0	0	0	0	0	0	0	0	0	0	0	0	0
TJ	C3	-2	92	2	1	5	96	2	0	-3	119	0	0	14	117	3	0	1	15	0	0
TJ	C4	-28	18	0	14	-3	15	0	1	-18	17	0	14	24	44	0	2	-10	8	0	3
TJ	C5	-4	40	0	65	3	43	0	15	4	79	0	67	34	49	0	62	5	7	0	101
TJ	C6	0	0	0	0	0	0	0	0	0	0	0	0	0	0	0	0	0	0	0	0
TJ	C7	0	0	0	0	0	0	0	0	0	0	0	0	0	0	0	0	0	0	0	0
TJ	C8	-1	47	4	10	-6	13	0	6	-4	9	4	0	1	39	0	5	-8	127	10	59
HE	C1	6	35	4	6	1	5	0	1	0	61	0	0	17	30	3	1	-1	42	4	3
HE	C2	-7	3	0	0	-6	13	0	0	-84	6	0	0	-8	2	1	0	-6	1	3	0
HE	C3	-16	76	2	1	5	82	3	0	-3	115	0	0	8	95	5	0	0	58	1	1
HE	C4	-59	18	0	11	-1	12	0	1	-12	15	0	27	19	35	0	1	-8	23	0	3
HE	C5	7	23	0	49	2	8	0	4	1	16	0	38	12	14	0	39	4	3	0	93
HE	C6	0	0	0	0	0	9	0	0	-6	4	0	0	-2	1	0	0	-1	13	0	0
HE	C7	0	0	0	0	0	0	0	0	0	0	0	0	0	0	0	0	0	0	0	0
HE	C8	-1	30	0	7	-4	11	0	5	-3	1	1	0	0	27	0	3	-5	45	0	16
SX	C1	280	13	2	2	1	4	0	1	0	7	0	0	2	7	1	0	0	2	0	0
SX	C2	-349	7	0	0	-7	35	0	0	-223	12	0	0	-23	2	1	0	-2	0	7	0
SX	C3	-161	64	2	1	4	28	1	0	-1	32	0	0	3	25	1	0	0	6	0	0
SX	C4	-502	12	0	3	-4	8	0	0	-6	7	0	4	11	7	0	0	-3	2	0	0
SX	C5	116	20	0	48	2	2	0	1	0	5	0	17	5	3	0	16	1	1	0	11
SX	C6	-79	0	0	0	0	2	0	0	-2	1	0	0	-1	1	0	0	0	2	0	0
SX	C7	91	0	0	0	0	0	0	0	0	0	0	0	0	0	0	0	0	0	0	0
SX	C8	-115	23	0	6	-3	8	0	4	-2	1	1	0	0	19	0	2	-4	23	0	9
IM	C1	2	3828	468	669	163	5	0	1	0	15	0	0	4	11	1	0	0	4	0	0
IM	C2	-4	80	0	0	-36	2	0	0	-11	2	0	0	-9	2	1	0	-9	1	0	0
IM	C3	-6	2256	83	67	72	34	1	0	-2	38	0	0	4	30	1	0	0	5	0	0
IM	C4	-4	179	1	63	-21	3	0	0	-9	1	0	1	7	1	0	0	-2	0	0	0
IM	C5	1	178	0	354	10	4	0	2	0	5	0	17	6	5	0	17	1	0	0	5
IM	C6	0	66	0	0	-42	0	0	0	0	0	0	0	0	0	0	0	0	0	0	0
IM	C7	0	0	0	3711	14	0	0	0	0	0	0	0	0	0	0	0	0	0	0	0
IM	C8	-1	2160	2802	197	-87	9	0	4	-2	1	0	0	0	18	0	2	-3	8	1	4
LN	C1	0	5	1	1	0	6304	79	929	244	5	0	0	1	6	1	0	0	4	0	0
LN	C2	-2	1	0	0	-1	139	0	0	-834	7	0	0	6	4	3	0	-10	0	0	0
LN	C3	0	5	0	0	0	9596	243	3	-737	20	0	0	3	3	0	0	0	1	0	0
LN	C4	-51	15	0	6	-4	1668	0	144	-1290	37	0	90	103	52	0	2	-44	7	0	1
LN	C5	1	32	0	58	3	1528	0	6189	972	196	0	308	115	136	0	228	27	6	0	131
LN	C6	0	0	0	0	0	178	0	0	-125	2	0	0	-1	1	0	0	0	2	0	0
LN	C7	0	0	0	0	0	0	0	13029	31	0	0	0	0	0	0	0	0	0	0	0
LN	C8	-1	33	1	7	-4	4618	7175	812	-362	5	2	0	1	27	0	3	-5	41	4	19
JL	C1	3	35	4	6	2	14	0	2	1	3819	0	1069	110	11	3		-3	46	5	3
JL	C2	-2	1	0	0	-5	4	0	0	-23	77	0	0	-281	20	8	0	-62	1	0	0
JL	C3	-4	36	1	1	2	190	3	0	-35	4528	0	20	238	219	6	1	9	11	0	0
JL	C4	-7	10	0	2	-3	26	0	2	-31	433	0	872	730	49	0	1	-5	3	0	0
JL	C5	2	19	0	45	1	50	0	20	6	496	0	1088	265	110	0	299	23	2	0	48
JL	C6	0	0	0	0	0	0	0	0	0	121	0	0	-62	0	0	0	0	0	0	0
JL	C7	0	0	0	0	0	0	0	0	0	0	0	5247	99	0	0	0	0	0	0	0
JL	C8	0	5	0	1	-1	4	0	2	-1	2386	2769	0	111	5	0	0	-1	0	0	0
HL	C1	0	0	0	0	0	0	0	0	0	0	0	0	0	4501	450	116	-112	0	0	0
HL	C2	-3	2	0	0	-7	23	0	0	-146	61	0	0	-151	161	104	0	-187	2	1	0
HL	C3	-6	3	0	1	0	29	0	0	-20	20	0	1	23	7281	407	30	-130	1	0	0

续表

省份	部门	SX	IM	IM	IM	IM	LN	LN	LN	LN	JL	JL	JL	JL	HL	HL	HL	HL	SH	SH	SH
		FU202	FU1	FU103	FU201	FU202	FU1	FU103	FU201	FU202	FU1	FU103	FU201	FU202	FU1	FU103	FU201	FU202	FU1	FU103	FU201
HL	C4	-22	8	0	1	-3	14	0	1	-25	20	0	24	56	606	0	14	-391	2	0	0
HL	C5	1	17	0	32	1	21	0	13	5	107	0	199	65	479	0	1959	179	2	0	12
HL	C6	0	0	0	0	0	0	0	0	0	0	0	0	0	128	0	0	-81	0	0	0
HL	C7	0	0	0	0	0	0	0	0	0	0	0	0	0	0	8593	73	0	0	0	0
HL	C8	-1	29	0	7	-4	11	0	5	-3	1	2	0	0	3734	4673	134	35	38	0	20
SH	C1	0	3	0	0	0	2	0	0	0	1	0	0	0	2	0	0	0	1083	110	67
SH	C2	0	0	0	0	-1	0	0	0	0	0	0	0	0	0	0	0	0	3	0	0
SH	C3	2	64	2	0	4	90	3	0	-4	152	0	0	13	176	6	0	0	2248	28	63
SH	C4	-35	13	0	6	-3	11	0	0	-11	19	0	11	22	34	0	1	-16	275	0	99
SH	C5	-9	28	0	41	2	40	0	14	3	131	0	73	49	83	0	78	8	899	0	3075
SH	C6	0	0	0	0	0	0	0	0	0	0	0	0	0	0	0	0	0	102	0	0
SH	C7	0	0	0	0	0	0	0	0	0	0	0	0	0	0	0	0	0	0	0	10018
SH	C8	-2	95	9	21	-12	20	0	10	-6	14	7	0	2	90	0	11	-20	2512	3835	262
JS	C1	3	26	3	5	1	5	0	1	0	51	0	0	14	27	3	1	-1	79	8	5
JS	C2	-1	1	0	0	-3	1	0	0	-8	2	0	0	-5	1	1	0	-4	2	4	0
JS	C3	0	121	3	1	5	165	4	0	-10	287	0	0	12	384	9	0	-1	677	5	3
JS	C4	-33	15	0	10	-2	13	0	1	-9	19	0	18	22	49	0	2	-9	47	0	18
JS	C5	-12	32	0	43	2	48	0	16	4	157	0	73	55	94	0	71	7	101	0	976
JS	C6	0	0	0	0	0	1	0	0	-1	1	0	0	0	0	0	0	0	1	0	0
JS	C7	0	0	0	0	0	0	0	0	0	0	0	0	0	0	0	0	0	0	0	0
JS	C8	-1	43	0	10	-6	14	0	6	-4	2	1	0	0	39	0	4	-8	147	0	76
ZJ	C1	3	31	4	5	1	5	0	1	0	71	0	0	20	34	3	1	-1	183	19	11
ZJ	C2	-1	0	0	0	-2	0	0	0	0	0	0	0	-1	0	0	0	-2	1	0	0
ZJ	C3	0	85	2	1	3	112	3	0	-7	186	0	0	5	223	6	0	-2	469	4	5
ZJ	C4	-20	11	0	6	-1	9	0	0	-6	12	0	10	13	25	0	1	-7	27	0	15
ZJ	C5	-1	18	0	28	1	14	0	6	2	29	0	29	13	35	0	36	6	43	0	406
ZJ	C6	0	0	0	0	0	0	0	0	0	0	0	0	0	0	0	0	0	0	0	0
ZJ	C7	0	0	0	0	0	0	0	0	0	0	0	0	0	0	0	0	0	0	0	0
ZJ	C8	0	14	1	2	-1	6	0	2	-1	8	3	0	1	8	0	1	-1	10	7	0
AH	C1	4	34	4	6	1	5	0	1	0	76	0	0	21	36	4	1	-1	96	10	6
AH	C2	-1	1	0	0	-4	3	0	0	-15	2	0	0	-7	1	1	0	-4	1	3	0
AH	C3	2	55	2	1	4	71	2	0	-3	103	0	0	8	88	4	0	0	77	1	0
AH	C4	-11	7	0	1	-2	6	0	0	-8	5	0	6	9	5	0	0	-7	2	0	0
AH	C5	2	10	0	20	1	4	0	2	1	7	0	12	4	5	0	11	1	3	0	9
AH	C6	0	0	0	0	0	1	0	0	-1	1	0	0	-1	1	0	0	0	1	0	0
AH	C7	0	0	0	0	0	0	0	0	0	0	0	0	0	0	0	0	0	0	0	0
AH	C8	-1	19	0	5	-3	9	0	4	-2	1	1	0	0	17	0	2	-3	11	0	3
FJ	C1	3	25	3	4	1	4	0	1	0	50	0	0	14	27	3	1	-1	53	5	3
FJ	C2	0	0	0	0	-3	0	0	0	0	0	0	0	-3	1	0	0	-3	1	0	0
FJ	C3	-2	23	1	1	1	29	1	0	-2	35	0	0	2	31	2	0	0	25	0	0
FJ	C4	-2	5	0	0	-1	4	0	0	-2	3	0	1	3	3	0	0	-1	1	0	0
FJ	C5	-2	9	0	3	0	9	0	3	1	12	0	3	3	11	0	2	0	4	0	2
FJ	C6	0	0	0	0	0	0	0	0	0	0	0	0	0	0	0	0	0	0	0	0
FJ	C7	0	0	0	0	0	0	0	0	0	0	0	0	0	0	0	0	0	0	0	0
FJ	C8	-1	6	1	1	0	1	0	1	-1	1	1	0	0	2	0	0	0	1	1	0
JX	C1	2	19	2	3	1	4	0	1	0	31	0	0	9	18	2	1	0	30	3	2
JX	C2	-2	0	0	0	-3	0	0	0	0	0	0	0	2	0	0	0	-4	1	0	0
JX	C3	-1	23	1	0	1	19	0	0	-1	21	0	0	2	18	1	0	0	8	0	1
JX	C4	-8	4	0	0	-2	3	0	0	-5	2	0	2	4	2	0	0	-5	1	0	0
JX	C5	0	10	0	18	1	5	0	2	0	8	0	13	5	7	0	13	1	3	0	23
JX	C6	0	0	0	0	0	0	0	0	0	0	0	0	0	0	0	0	0	0	0	0
JX	C7	0	0	0	0	0	0	0	0	0	0	0	0	0	0	0	0	0	0	0	0
JX	C8	-1	14	0	3	-2	7	0	3	-2	1	0	0	0	12	0	1	-2	3	0	2
SD	C1	5	35	4	6	1	6	0	1	0	72	0	0	20	35	3	1	-1	57	6	4
SD	C2	-3	2	0	0	-1	8	0	0	-56	5	0	0	-3	1	1	0	-3	0	2	0
SD	C3	3	100	3	1	7	130	4	0	-4	204	0	0	20	220	7	0	1	101	2	0
SD	C4	-42	13	0	4	-2	11	0	1	-10	12	0	16	14	15	0	0	-10	5	0	1
SD	C5	2	24	0	46	2	15	0	6	2	26	0	44	16	20	0	44	4	5	0	115
SD	C6	0	0	0	0	0	0	0	0	0	0	0	0	0	0	0	0	0	0	0	0

省份	部门	SX	IM	IM	IM	IM	LN	LN	LN	LN	JL	JL	JL	JL	HL	HL	HL	HL	SH	SH	SH
		FU202	FU1	FU103	FU201	FU202	FU1	FU103	FU201	FU202	FU1	FU103	FU201	FU202	FU1	FU103	FU201	FU202	FU1	FU103	FU201
SD	C7	0	0	0	0	0	0	0	0	0	0	0	0	0	0	0	0	0	0	0	0
SD	C8	−1	22	0	5	−3	9	0	4	−2	1	0	0	0	19	0	2	−4	11	0	6
HA	C1	7	48	6	8	2	5	0	1	0	126	0	0	35	50	5	1	−1	154	16	10
HA	C2	−3	2	0	0	−1	10	0	0	−65	5	0	0	−5	1	1	0	−3	0	5	0
HA	C3	−1	92	3	1	6	124	4	0	−5	205	0	0	14	185	9	0	0	190	3	2
HA	C4	−33	13	0	6	−2	9	0	0	−10	10	0	21	15	18	0	1	−7	21	0	2
HA	C5	2	21	0	42	2	9	0	4	1	17	0	41	14	15	0	46	4	7	0	244
HA	C6	0	0	0	0	0	1	0	0	−1	1	0	0	0	0	0	0	0	1	0	0
HA	C7	0	0	0	0	0	0	0	0	0	0	0	0	0	0	0	0	0	0	0	0
HA	C8	0	0	0	0	0	0	0	0	0	0	0	0	0	0	0	0	0	0	0	0
HB	C1	4	32	4	6	1	5	0	1	0	66	0	0	19	32	3	1	−1	57	6	4
HB	C2	−3	0	0	0	−4	0	0	0	−1	0	0	0	0	1	0	0	−5	1	0	0
HB	C3	1	74	2	1	5	88	3	0	−4	145	0	0	12	153	6	0	0	83	2	0
HB	C4	−42	9	0	4	−3	7	0	0	−11	8	0	6	14	11	0	0	−12	4	0	1
HB	C5	3	16	0	34	1	8	0	3	1	16	0	24	8	11	0	22	2	3	0	31
HB	C6	0	0	0	0	0	3	0	0	−2	2	0	0	−1	1	0	0	0	3	0	0
HB	C7	0	0	0	0	0	0	0	0	0	0	0	0	0	0	0	0	0	0	0	0
HB	C8	−1	41	1	9	−5	13	0	6	−3	7	3	0	1	34	0	4	−7	82	6	37
HN	C1	3	23	3	4	1	4	0	1	0	40	0	0	11	22	2	1	−1	35	4	2
HN	C2	0	1	0	0	−2	0	0	0	−1	0	0	0	−1	0	0	0	−2	0	0	0
HN	C3	1	22	1	0	1	25	1	0	−1	31	0	0	1	26	2	0	0	19	0	1
HN	C4	−4	3	0	0	−1	2	0	0	−4	2	0	4	2	1	0	0	−2	0	0	0
HN	C5	1	10	0	17	1	5	0	2	1	8	0	9	3	7	0	8	1	2	0	3
HN	C6	0	0	0	0	0	0	0	0	0	0	0	0	0	0	0	0	0	0	0	0
HN	C7	0	0	0	0	0	0	0	0	0	0	0	0	0	0	0	0	0	0	0	0
HN	C8	0	8	0	2	−1	6	0	2	−1	1	0	0	0	8	0	1	−1	0	0	0
GD	C1	2	19	2	3	1	4	0	1	0	29	0	0	8	18	2	0	0	19	2	1
GD	C2	0	0	0	0	0	0	0	0	0	0	0	0	0	0	0	0	0	0	0	0
GD	C3	2	48	3	0	3	101	5	0	−7	167	0	0	4	126	10	0	−2	210	4	0
GD	C4	−30	10	0	6	0	8	0	0	−3	9	0	9	9	20	0	1	−7	5	0	2
GD	C5	2	8	0	9	0	4	0	4	2	12	0	6	3	31	0	13	6	4	0	2
GD	C6	0	0	0	0	0	0	0	0	0	0	0	0	0	0	0	0	0	0	0	0
GD	C7	0	0	0	0	0	0	0	0	0	0	0	0	0	0	0	0	0	0	0	0
GD	C8	−2	49	3	10	−6	15	0	7	−4	14	6	0	2	41	0	5	−8	184	15	77
GX	C1	1	10	1	2	0	3	0	0	0	9	0	0	2	8	1	0	0	3	0	0
GX	C2	−2	0	0	0	−3	0	0	0	0	0	0	0	2	0	0	0	−4	0	0	0
GX	C3	1	34	2	0	2	42	2	0	−2	57	0	0	2	46	3	0	−1	35	1	0
GX	C4	−1	5	0	0	0	3	0	0	−2	3	0	6	2	3	0	0	−1	1	0	0
GX	C5	0	12	0	19	1	6	0	2	1	9	0	13	5	8	0	14	1	2	0	8
GX	C6	0	0	0	0	0	0	0	0	0	0	0	0	0	0	0	0	0	0	0	0
GX	C7	0	0	0	0	0	0	0	0	0	0	0	0	0	0	0	0	0	0	0	0
GX	C8	0	19	2	2	−1	7	0	2	−1	13	5	0	2	10	0	1	−2	23	12	1
SC	C1	1	8	1	1	0	3	0	0	0	5	0	0	1	5	1	0	0	1	0	0
SC	C2	−2	2	0	0	−6	1	0	0	−5	1	0	0	−5	1	1	0	−6	1	0	0
SC	C3	5	79	3	1	5	107	4	0	−5	181	0	0	8	141	9	0	−2	168	3	0
SC	C4	−6	7	0	1	−3	5	0	0	−9	4	0	3	9	5	0	0	−5	1	0	6
SC	C5	−3	29	0	49	2	17	0	6	2	37	0	41	19	27	0	46	3	6	0	112
SC	C6	0	0	0	0	0	0	0	0	0	0	0	0	0	0	0	0	0	0	0	0
SC	C7	0	0	0	0	0	0	0	0	0	0	0	0	0	0	0	0	0	0	0	0
SC	C8	−1	30	0	7	−4	12	0	5	−3	1	0	0	0	29	0	3	−5	63	0	32
GZ	C1	0	2	0	0	0	2	0	0	0	1	0	0	0	0	0	0	0	0	0	0
GZ	C2	0	1	0	0	−3	1	0	0	−4	1	0	0	−3	1	0	0	−2	0	0	0
GZ	C3	2	29	2	0	2	42	2	0	−2	59	0	0	2	49	4	0	−1	43	1	0
GZ	C4	−1	2	0	0	−2	2	0	0	−5	1	0	0	3	1	0	0	−1	0	0	0
GZ	C5	0	9	0	16	1	5	0	2	1	7	0	8	3	5	0	8	1	1	0	2
GZ	C6	0	0	0	0	0	0	0	0	0	0	0	0	0	0	0	0	0	0	0	0
GZ	C7	0	0	0	0	0	0	0	0	0	0	0	0	0	0	0	0	0	0	0	0
GZ	C8	−1	10	0	3	−1	6	0	3	−2	1	0	0	0	9	0	1	−2	1	0	0
YN	C1	2	18	2	3	1	4	0	1	0	23	0	0	7	16	2	0	0	13	1	1

续表

省份	部门	SX	IM	IM	IM	IM	LN	LN	LN	LN	JL	JL	JL	JL	HL	HL	HL	HL	SH	SH	SH
		FU202	FU1	FU103	FU201	FU202	FU1	FU103	FU201	FU202	FU1	FU103	FU201	FU202	FU1	FU103	FU201	FU202	FU1	FU103	FU201
YN	C2	0	0	0	0	-3	0	0	0	0	0	0	0	-1	0	0	0	-1	0	0	0
YN	C3	5	46	3	0	3	84	4	0	-4	140	0	0	4	107	8	0	-2	149	3	0
YN	C4	-1	1	0	0	-2	1	0	0	-5	0	0	0	3	0	0	0	-1	0	0	0
YN	C5	0	1	0	0	0	0	0	0	0	0	0	0	0	0	0	0	0	0	0	0
YN	C6	0	0	0	0	0	0	0	0	0	0	0	0	0	0	0	0	0	0	0	0
YN	C7	0	0	0	0	0	0	0	0	0	0	0	0	0	0	0	0	0	0	0	0
YN	C8	0	3	0	0	0	2	0	1	0	1	1	0	0	2	0	0	0	0	0	0
SN	C1	0	2	0	0	0	2	0	0	0	0	0	0	0	1	0	0	0	0	0	0
SN	C2	-3	1	0	0	-1	0	0	0	-1	0	0	0	3	1	0	0	-2	0	0	0
SN	C3	1	17	1	0	1	7	0	0	0	6	0	0	1	4	0	0	0	0	0	0
SN	C4	-7	5	0	2	-2	4	0	0	-2	2	0	2	3	2	0	0	-1	0	0	0
SN	C5	-1	26	0	42	2	13	0	5	2	24	0	23	10	19	0	23	2	4	0	19
SN	C6	0	0	0	0	0	0	0	0	0	0	0	0	0	0	0	0	0	0	0	0
SN	C7	0	0	0	0	0	0	0	0	0	0	0	6	0	0	0	0	0	0	0	0
SN	C8	-1	17	3	2	-1	6	0	3	-2	12	5	0	1	8	0	1	-2	35	13	0
GS	C1	1	11	1	2	0	3	0	0	0	5	0	0	2	5	1	0	0	1	0	0
GS	C2	0	0	0	0	0	0	0	0	0	0	0	0	0	0	0	0	-1	0	0	0
GS	C3	-1	17	1	1	1	5	0	0	0	5	0	0	0	4	0	0	0	1	0	0
GS	C4	-20	8	0	0	-4	4	0	0	-8	4	0	3	7	3	0	0	-8	1	0	0
GS	C5	0	17	0	12	1	5	0	2	1	5	0	3	2	5	0	2	0	1	0	1
GS	C6	0	0	0	0	0	1	0	0	-1	1	0	0	-1	1	0	0	0	1	0	0
GS	C7	0	0	0	0	0	0	0	0	0	0	0	0	0	0	0	0	0	0	0	0
GS	C8	-1	3	1	1	0	1	0	1	0	1	1	0	0	1	0	0	0	0	2	0
QH	C1	0	6	1	1	0	3	0	0	0	2	0	0	1	3	0	0	0	0	0	0
QH	C2	0	0	0	0	-1	0	0	0	0	0	0	0	0	0	0	0	-1	0	0	0
QH	C3	0	0	0	0	0	0	0	0	0	0	0	0	0	0	0	0	0	0	0	0
QH	C4	0	0	0	0	-1	0	0	0	-1	0	0	0	0	0	0	0	0	0	0	0
QH	C5	0	2	0	7	0	0	0	0	0	0	0	1	0	0	0	1	0	0	0	0
QH	C6	0	0	0	0	0	0	0	0	0	0	0	0	0	0	0	0	0	0	0	0
QH	C7	0	0	0	0	0	0	0	0	0	0	0	0	0	0	0	0	0	0	0	0
QH	C8	0	0	0	0	0	0	0	0	0	0	0	0	0	0	0	0	0	0	0	0
NX	C1	0	7	1	1	0	3	0	0	0	2	0	0	1	3	0	0	0	0	0	0
NX	C2	0	3	0	0	-1	0	0	0	0	0	0	0	0	0	0	0	0	0	0	0
NX	C3	0	10	0	1	0	1	0	0	0	1	0	0	0	1	0	0	0	0	0	0
NX	C4	-1	2	0	0	-3	1	0	0	-1	0	0	0	1	0	0	0	0	0	0	0
NX	C5	0	2	0	10	0	0	0	0	0	0	0	1	0	0	0	2	0	0	0	0
NX	C6	0	0	0	0	0	0	0	0	0	0	0	0	0	0	0	0	0	0	0	0
NX	C7	0	0	0	0	0	0	0	0	0	0	0	0	0	0	0	0	0	0	0	0
NX	C8	0	1	0	0	0	2	0	0	0	1	0	0	0	1	0	0	0	0	0	0
XJ	C1	2	25	3	4	1	4	0	1	0	31	0	0	9	20	2	1	0	16	2	1
XJ	C2	-1	0	0	0	-4	0	0	0	0	0	0	0	-1	0	0	0	-3	0	0	0
XJ	C3	1	20	0	0	1	7	0	0	0	8	0	0	1	4	0	0	0	0	0	0
XJ	C4	-10	1	0	0	-1	1	0	0	-2	0	0	1	0	0	0	0	-5	0	0	0
XJ	C5	0	0	0	0	0	0	0	0	0	0	0	0	0	0	0	0	0	0	0	0
XJ	C6	0	0	0	0	0	0	0	0	0	0	0	0	0	0	0	0	0	0	0	0
XJ	C7	0	0	0	0	0	0	0	0	0	140	0	0	0	0	0	0	0	0	0	0
XJ	C8	0	4	0	1	0	3	0	1	-1	1	1	0	0	2	0	0	0	0	0	0
IM	C1	1	60	7	11	3	624	8	92	24	15	0	0	4	23	2	1	-1	860	87	53
IM	C2	0	-10	0	0	0	-2	0	0	-84	6	0	0	-6	3	2	0	-8	24	0	0
IM	C3	-14	44	1	6	-2	926	26	0	-76	193	0	1	0	125	4	1	2	1446	12	30
IM	C4	-16	20	0	0	-18	198	0	4	-327	13	0	8	40	30	0	0	-31	96	0	8
IM	C5	34	93	0	172	7	421	0	1337	234	232	0	548	158	254	0	1173	98	291	0	2854
IM	C6	0	0	0	0	0	0	0	0	0	0	0	0	0	0	0	0	0	0	0	0
IM	C7	0	0	0	0	0	0	0	0	0	0	0	0	0	0	0	0	0	0	0	0
IM	C8	1	44	62	7	-3	17	0	5	-3	19	26	0	1	29	0	3	-5	57	37	25
TII	TII																				
VA	TVA																				
TI	TI																				

省份	部门	SH	JS	JS	JS	JS	ZJ	ZJ	ZJ	ZJ	AH	AH	AH	AH	FJ	FJ	FJ	FJ	JX	JX	JX
		FU202	FU1	FU103	FU201	FU202	FU1	FU103	FU201	FU202	FU1	FU103	FU201	FU202	FU1	FU103	FU201	FU202	FU1	FU103	FU201
BJ	C1	0	3	0	0	1	3	0	0	1	11	0	0	2	1	0	0	0	7	0	0
BJ	C2	0	0	0	0	-1	0	0	0	0	1	0	0	0	0	0	0	0	0	0	0
BJ	C3	-1	23	1	1	7	15	1	0	7	31	3	1	2	13	0	0	1	14	0	0
BJ	C4	-10	13	0	0	8	19	1	0	10	12	0	1	-10	8	0	0	11	8	0	2
BJ	C5	8	13	0	88	28	9	1	36	24	18	0	34	4	1	0	2	0	4	0	8
BJ	C6	0	0	0	0	0	0	0	0	0	0	0	0	0	0	0	0	0	0	0	0
BJ	C7	0	0	0	0	0	0	0	0	0	0	0	0	0	0	0	0	0	0	0	0
BJ	C8	4	40	8	7	9	15	2	0	3	23	1	4	0	9	3	1	1	23	0	8
TJ	C1	1	4	0	0	1	4	0	0	1	12	0	0	2	1	0	0	0	7	0	0
TJ	C2	0	0	0	0	0	0	0	0	0	0	0	0	-1	0	0	0	0	0	0	0
TJ	C3	0	30	1	1	14	17	1	0	10	42	3	0	3	13	0	0	1	14	0	0
TJ	C4	-7	38	0	3	48	26	2	1	38	21	0	8	-13	10	0	0	7	10	0	3
TJ	C5	26	20	0	77	26	13	1	39	17	24	0	43	4	1	0	2	0	4	0	8
TJ	C6	0	0	0	0	0	0	0	0	0	0	0	0	0	0	0	0	0	0	0	0
TJ	C7	0	0	0	0	0	0	0	0	0	0	0	0	0	0	0	0	0	0	0	0
TJ	C8	7	50	2	15	17	12	2	2	3	31	1	5	-1	8	1	1	1	33	0	12
HE	C1	7	66	4	1	17	63	2	2	22	25	0	1	4	1	0	0	0	12	0	1
HE	C2	2	11	0	0	-9	4	0	0	-22	3	0	0	-8	0	0	0	0	1	0	0
HE	C3	10	73	4	1	13	50	3	0	20	53	5	1	4	20	0	0	1	21	0	0
HE	C4	13	51	0	5	109	24	2	1	32	21	0	10	-11	10	0	0	8	10	0	4
HE	C5	21	8	0	70	20	9	1	34	14	17	0	40	4	1	0	2	0	4	0	10
HE	C6	-8	14	0	0	-10	42	0	0	-17	0	0	0	0	0	0	0	0	0	0	0
HE	C7	0	0	0	0	0	0	0	0	0	0	0	1	0	0	0	0	0	0	0	0
HE	C8	-5	27	1	8	9	13	0	2	3	24	1	4	-1	8	2	1	1	24	0	8
SX	C1	0	2	0	0	0	2	0	0	1	9	0	0	1	1	0	0	0	6	0	0
SX	C2	0	68	0	0	-9	6	0	0	-85	1	0	0	-4	1	0	0	0	1	0	0
SX	C3	-1	9	1	0	1	7	0	0	2	18	2	0	2	11	0	0	1	12	0	0
SX	C4	-3	12	0	0	0	21	0	0	3	8	0	1	-5	6	0	0	2	6	0	2
SX	C5	3	1	0	14	4	3	0	11	4	6	0	19	1	1	0	2	0	3	0	8
SX	C6	-1	2	0	0	-2	3	0	0	-1	0	0	0	0	0	0	0	0	0	0	0
SX	C7	0	0	0	0	0	0	0	0	0	0	0	0	0	0	0	0	0	0	0	0
SX	C8	-17	13	1	4	2	10	0	1	2	18	1	3	0	7	1	1	1	16	0	6
IM	C1	1	5	0	0	1	6	0	0	2	12	0	0	2	1	0	0	0	8	0	0
IM	C2	1	3	0	0	-49	7	0	0	7	3	0	0	-2	0	0	0	0	1	0	0
IM	C3	0	8	0	0	1	6	0	0	2	17	2	1	2	11	0	0	1	13	0	0
IM	C4	1	1	0	0	0	2	0	0	4	2	0	0	-3	2	0	0	-3	2	0	1
IM	C5	1	1	0	9	3	3	0	8	3	6	0	13	1	1	0	2	0	3	0	8
IM	C6	0	0	0	0	0	0	0	0	0	0	0	0	0	0	0	0	0	0	0	0
IM	C7	0	0	0	0	0	0	0	0	0	0	0	0	0	0	0	0	0	0	0	0
IM	C8	-3	13	1	4	5	6	0	2	2	17	1	3	0	6	0	1	0	17	0	6
LN	C1	0	0	0	0	0	0	0	0	0	5	0	0	1	1	0	0	0	4	0	0
LN	C2	1	0	0	0	7	0	0	0	0	0	0	0	-1	0	0	0	0	0	0	0
LN	C3	4	1	0	0	0	0	0	0	2	1	0	0	1	1	0	0	0	2	0	0
LN	C4	-18	24	0	1	13	28	5	0	65	17	0	4	-19	12	0	0	15	11	0	3
LN	C5	31	17	0	80	32	16	1	47	21	24	0	44	5	1	0	3	1	4	0	10
LN	C6	-1	3	0	0	-2	3	0	0	-1	0	0	0	0	0	0	0	0	0	0	0
LN	C7	0	0	0	0	0	0	0	0	0	0	0	0	0	0	0	0	0	0	0	0
LN	C8	3	29	1	8	11	7	0	2	2	23	1	4	-1	7	0	1	0	24	0	9
JL	C1	8	70	4	1	18	73	2	2	25	24	0	1	4	1	0	0	0	13	0	1
JL	C2	1	3	0	0	-43	6	0	0	8	3	0	0	-1	0	0	0	0	1	0	0
JL	C3	-1	21	1	2	13	13	1	0	6	23	2	2	13	0	0	0	1	13	0	0
JL	C4	-4	6	0	0	5	10	0	0	6	10	0	2	-5	7	0	0	4	7	0	2
JL	C5	11	12	0	163	42	8	1	63	39	11	0	37	3	1	0	2	0	3	0	8
JL	C6	0	0	0	0	0	0	0	0	0	0	0	0	0	0	0	0	0	0	0	0
JL	C7	0	0	0	0	0	0	0	0	0	0	0	1	0	0	0	0	0	0	0	0
JL	C8	0	2	0	0	1	4	0	1	1	6	0	1	0	4	0	0	0	4	0	2
HL	C1	0	0	0	0	0	0	0	0	0	0	0	0	0	0	0	0	0	0	0	0
HL	C2	1	10	0	0	-133	22	1	0	26	5	0	0	-16	0	0	0	0	1	0	0
HL	C3	0	10	0	3	2	3	0	0	2	7	0	2	0	0	0	0	0	0	0	0

续表

省份	部门	SH	JS	JS	JS	JS	ZJ	ZJ	ZJ	ZJ	AH	AH	AH	AH	FJ	FJ	FJ	FJ	JX	JX	JX
		FU202	FU1	FU103	FU201	FU202	FU1	FU103	FU201	FU202	FU1	FU103	FU201	FU202	FU1	FU103	FU201	FU202	FU1	FU103	FU201
HL	C4	−7	4	0	0	1	6	1	0	4	7	0	1	−9	7	0	0	10	7	0	2
HL	C5	5	5	0	20	9	7	0	14	7	13	0	21	3	1	0	3	1	3	0	8
HL	C6	0	0	0	0	0	0	0	0	0	0	0	0	0	0	0	0	0	0	0	0
HL	C7	0	0	0	0	0	0	0	0	0	0	0	0	0	0	0	0	0	0	0	0
HL	C8	6	30	1	9	11	7	0	2	2	23	1	4	0	7	0	1	0	25	0	9
SH	C1	176	0	0	0	0	0	0	0	0	6	0	0	1	1	0	0	0	6	0	0
SH	C2	1	0	0	0	0	0	0	0	0	0	0	0	0	0	0	0	0	0	0	0
SH	C3	703	372	12	6	208	302	19	0	226	103	8	4	11	37	0	0	3	50	0	0
SH	C4	42	224	2	10	266	214	19	5	372	40	0	14	−29	21	0	1	18	22	0	8
SH	C5	1627	396	0	793	372	230	15	630	289	79	0	113	12	2	0	5	1	12	0	27
SH	C6	−66	0	0	0	0	0	0	0	0	0	0	0	0	0	0	0	0	0	0	0
SH	C7	130	0	0	0	0	0	0	0	0	0	0	0	0	0	0	0	0	0	0	0
SH	C8	542	154	13	47	34	20	4	3	5	52	2	9	−2	12	3	1	1	57	0	20
JS	C1	13	13989	769	172	3641	99	3	3	34	45	0	1	7	1	0	0	0	16	0	1
JS	C2	2	67	0	0	−675	4	0	0	−8	7	0	0	−7	1	0	0	0	2	0	0
JS	C3	583	10293	440	159	3994	238	15	0	134	323	12	18	30	36	0	0	3	47	0	0
JS	C4	2	1226	6	130	2245	122	8	2	108	60	0	41	−19	18	0	1	18	18	0	7
JS	C5	274	2073	0	8309	2980	83	6	205	108	145	0	191	22	1	0	4	1	9	0	19
JS	C6	0	247	0	0	−171	0	0	0	0	0	0	0	0	0	0	0	0	0	0	0
JS	C7	0	270	0	17716	167	0	0	0	0	0	0	0	0	0	0	0	0	0	0	0
JS	C8	44	6334	5704	531	444	9	0	2	3	31	1	5	0	8	1	1	0	35	0	12
ZJ	C1	30	167	9	2	43	7329	235	220	2517	35	0	1	6	2	0	0	0	25	0	1
ZJ	C2	1	0	0	0	−1	57	3	0	58	1	0	0	0	0	0	0	0	1	0	0
ZJ	C3	277	311	10	12	153	5791	374	0	4014	111	7	5	8	43	0	0	4	76	0	0
ZJ	C4	−3	53	0	7	74	1319	46	102	1244	24	0	12	−10	18	0	1	18	19	0	10
ZJ	C5	123	67	0	191	104	1583	102	3549	1580	45	0	61	8	2	0	6	1	14	0	30
ZJ	C6	0	0	0	0	0	135	0	0	−54	0	0	0	0	0	0	0	0	0	0	0
ZJ	C7	0	0	0	0	0	0	0	11251	95	0	0	0	0	0	0	0	0	0	0	0
ZJ	C8	2	17	5	1	3	5128	3818	520	1058	9	0	1	0	5	0	1	1	8	0	3
AH	C1	16	195	11	2	51	141	5	4	49	11727	0	356	1883	1	0	0	0	17	0	1
AH	C2	0	6	0	0	−49	4	0	0	−9	93	0	0	−50	1	0	0	0	1	0	0
AH	C3	−6	131	7	1	30	66	4	0	26	6214	518	254	767	26	0	0	2	28	0	0
AH	C4	−1	5	0	0	4	8	1	0	12	571	0	488	35	6	0	0	3	6	0	3
AH	C5	6	6	0	39	13	7	0	18	9	635	0	1260	119	1	0	3	1	4	0	10
AH	C6	−1	1	0	0	−1	1	0	0	0	69	0	0	−60	0	0	0	0	0	0	0
AH	C7	0	0	0	0	0	0	0	0	0	7784	31	0	0	0	0	0	0	0	0	0
AH	C8	−1	27	6	4	6	9	0	2	2	4410	1846	224	−42	7	1	1	1	16	0	6
FJ	C1	9	64	4	1	17	92	3	3	31	25	0	1	3	6857	20	262	128	28	0	1
FJ	C2	0	1	0	0	−21	4	0	0	6	2	0	0	−1	91	0	0	−29	2	0	1
FJ	C3	−2	31	2	2	5	33	2	0	13	26	3	2	1	2672	10	63	424	32	0	0
FJ	C4	−2	0	0	0	0	2	0	0	1	4	0	0	−2	438	0	8	233	7	0	4
FJ	C5	5	3	0	1	1	10	1	3	4	11	0	2	0	451	0	1221	286	11	0	8
FJ	C6	0	0	0	0	0	0	0	0	0	0	0	0	0	128	0	0	−25	0	0	0
FJ	C7	0	0	0	0	0	0	0	0	0	0	0	0	0	0	5080	−7	0	0	0	0
FJ	C8	0	2	0	0	0	2	0	0	0	4	0	1	−1	2732	2220	163	76	4	0	1
JX	C1	5	32	2	0	8	52	2	2	18	20	0	1	3	2	0	0	0	7096	0	304
JX	C2	3	1	0	0	0	2	0	0	4	2	0	0	0	2	0	0	0	141	0	52
JX	C3	−1	13	0	0	15	1	0	0	10	20	2	2	2	34	0	0	4	2866	0	2
JX	C4	−2	1	0	0	0	4	0	0	6	3	0	1	−5	8	0	0	0	286	0	316
JX	C5	7	3	0	20	6	13	1	37	14	9	0	21	1	3	0	10	2	332	0	860
JX	C6	0	0	0	0	0	0	0	0	0	0	0	0	0	0	0	0	0	78	0	2
JX	C7	0	0	0	0	0	0	0	0	0	0	0	0	0	0	0	0	0	0	0	4628
JX	C8	−3	6	0	2	2	5	0	1	2	12	1	2	−1	5	0	1	0	2653	2668	284
SD	C1	9	96	5	1	25	85	3	3	29	34	0	1	5	1	0	0	0	13	0	1
SD	C2	2	5	0	0	19	1	0	0	−13	1	0	0	−28	1	0	0	0	1	0	0
SD	C3	8	150	7	1	52	82	5	0	34	97	7	0	10	24	0	0	2	25	0	0
SD	C4	−13	16	0	1	24	15	2	0	12	18	0	7	−12	9	0	0	14	9	0	3
SD	C5	27	14	0	101	29	13	1	45	18	30	0	64	6	1	0	3	1	4	0	11
SD	C6	0	0	0	0	0	0	0	0	0	0	0	0	0	0	0	0	0	0	0	0

续表

省份	部门	SH	JS	JS	JS	JS	ZJ	ZJ	ZJ	ZJ	AH	AH	AH	AH	FJ	FJ	FJ	FJ	JX	JX	JX
		FU202	FU1	FU103	FU201	FU202	FU1	FU103	FU201	FU202	FU1	FU103	FU201	FU202	FU1	FU103	FU201	FU202	FU1	FU103	FU201
SD	C7	0	0	0	0	0	0	0	0	0	0	0	0	0	0	0	0	0	0	0	0
SD	C8	-9	27	6	4	5	6	0	2	2	17	1	3	0	6	0	1	0	17	0	6
HA	C1	25	299	16	4	78	257	8	8	88	45	0	1	7	1	0	0	0	19	0	1
HA	C2	2	17	0	0	10	3	0	0	-36	1	0	0	-12	1	0	0	0	1	0	0
HA	C3	14	230	13	2	43	146	9	0	49	110	9	3	10	31	0	0	2	36	0	0
HA	C4	16	40	0	4	111	15	1	1	21	18	0	12	-11	10	0	0	8	10	0	4
HA	C5	53	16	0	119	37	15	1	56	19	30	0	66	6	1	0	3	1	6	0	15
HA	C6	0	1	0	0	0	0	0	0	0	0	0	0	0	0	0	0	0	0	0	0
HA	C7	0	0	0	0	0	0	0	0	0	0	0	0	0	0	0	0	0	0	0	0
HA	C8	0	0	0	0	0	0	0	0	0	0	0	0	0	0	0	0	0	0	0	0
HB	C1	9	92	5	1	24	101	3	3	35	28	0	1	4	2	0	0	0	22	0	1
HB	C2	2	2	0	0	-27	5	0	0	7	3	0	0	-1	0	0	0	0	1	0	0
HB	C3	-1	106	6	1	22	80	5	0	30	58	5	2	7	35	0	0	3	58	0	0
HB	C4	-12	8	0	1	-2	14	4	1	46	11	0	4	-16	13	0	0	13	14	0	8
HB	C5	9	16	0	190	52	12	1	85	56	16	0	47	5	2	0	5	1	10	0	25
HB	C6	-2	3	0	0	-2	4	0	0	-1	0	0	0	0	0	0	0	0	0	0	0
HB	C7	0	0	0	0	0	0	0	0	0	0	0	0	0	0	0	0	0	0	0	0
HB	C8	6	41	2	12	14	10	0	2	3	28	1	4	0	8	1	1	1	29	0	10
HN	C1	6	42	2	1	11	59	2	2	20	20	0	1	3	2	0	0	0	26	0	1
HN	C2	0	0	0	0	0	0	0	0	0	0	0	0	0	1	0	0	0	4	0	1
HN	C3	5	20	1	0	2	19	1	0	7	18	3	0	2	25	0	0	2	40	0	0
HN	C4	0	2	0	0	2	4	0	0	2	1	0	1	-2	3	0	0	4	4	0	4
HN	C5	4	3	0	14	6	9	1	18	13	10	0	17	2	2	0	6	1	15	0	32
HN	C6	0	0	0	0	0	0	0	0	0	0	0	0	0	0	0	0	0	0	0	0
HN	C7	0	0	0	0	0	0	0	0	0	0	0	0	0	0	0	0	0	0	0	0
HN	C8	0	8	2	1	2	4	0	1	1	8	0	1	0	5	0	1	0	7	0	3
GD	C1	3	21	1	0	6	29	1	1	10	17	0	1	3	2	0	0	0	18	0	1
GD	C2	0	0	0	0	0	0	0	0	0	0	0	0	0	0	0	0	0	0	0	0
GD	C3	-18	180	12	2	9	184	10	0	45	48	7	3	4	44	0	0	3	41	0	0
GD	C4	-12	12	0	2	14	12	2	1	9	12	0	6	-7	15	0	1	27	16	0	8
GD	C5	6	26	0	31	36	19	0	15	19	19	0	12	4	2	0	3	1	4	0	4
GD	C6	0	0	0	0	0	0	0	0	0	0	0	0	0	0	0	0	0	0	0	0
GD	C7	0	0	0	0	0	0	0	0	0	0	0	0	0	0	0	0	0	0	0	0
GD	C8	46	76	10	17	23	17	2	2	4	34	1	5	-8	10	3	1	0	36	0	13
GX	C1	1	3	0	0	1	4	0	0	1	10	0	0	2	2	0	0	0	12	0	0
GX	C2	2	0	0	0	4	1	0	0	1	1	0	0	0	0	0	0	0	1	0	0
GX	C3	-3	35	2	0	2	35	2	0	9	25	3	1	2	30	0	0	3	36	0	0
GX	C4	-1	1	0	0	2	2	0	0	2	2	0	1	0	4	0	0	3	4	0	2
GX	C5	3	2	0	10	3	6	1	14	6	8	0	15	1	2	0	5	1	9	0	21
GX	C6	0	0	0	0	0	0	0	0	0	0	0	0	0	0	0	0	0	0	0	0
GX	C7	0	0	0	0	0	0	0	0	0	0	0	0	0	0	0	0	0	0	0	0
GX	C8	4	12	2	2	3	9	0	1	2	11	0	1	0	7	2	1	1	9	0	3
SC	C1	0	1	0	0	0	1	0	0	0	8	0	0	1	1	0	0	0	7	0	0
SC	C2	1	2	0	0	-27	4	0	0	3	3	0	0	-2	1	0	0	0	1	0	0
SC	C3	-14	163	11	0	10	134	8	0	36	53	7	0	6	34	0	0	3	34	0	0
SC	C4	1	0	0	0	-1	4	0	0	17	5	0	1	-6	5	0	0	-4	5	0	3
SC	C5	27	13	0	71	21	13	1	42	17	20	0	40	3	1	0	4	1	7	0	16
SC	C6	0	0	0	0	0	0	0	0	0	0	0	0	0	0	0	0	0	0	0	0
SC	C7	0	0	0	0	0	0	0	0	0	0	0	0	0	0	0	0	0	0	0	0
SC	C8	24	37	1	10	15	8	0	2	2	24	1	4	0	7	0	1	0	28	0	10
GZ	C1	0	0	0	0	0	0	0	0	0	3	0	0	0	1	0	0	0	5	0	0
GZ	C2	0	0	0	0	-1	0	0	0	-2	1	0	0	-1	1	0	0	0	2	0	0
GZ	C3	-4	42	3	0	2	42	2	0	11	23	4	0	2	27	0	0	2	27	0	0
GZ	C4	1	0	0	0	0	1	0	0	3	1	0	0	-2	3	0	0	-6	2	0	2
GZ	C5	2	1	0	5	2	4	0	8	4	6	0	11	1	1	0	5	1	7	0	16
GZ	C6	0	0	0	0	0	0	0	0	0	0	0	0	0	0	0	0	0	0	0	0
GZ	C7	0	0	0	0	0	0	0	0	0	0	0	0	0	0	0	0	0	0	0	0
GZ	C8	-1	4	0	1	1	5	0	1	1	10	0	2	0	5	0	1	0	9	0	3
YN	C1	2	15	1	0	4	20	1	1	7	15	0	0	2	2	0	0	0	14	0	1

续表

省份	部门	SH	JS	JS	JS	JS	ZJ	ZJ	ZJ	ZJ	AH	AH	AH	AH	FJ	FJ	FJ	FJ	JX	JX	JX
		FU202	FU1	FU103	FU201	FU202	FU1	FU103	FU201	FU202	FU1	FU103	FU201	FU202	FU1	FU103	FU201	FU202	FU1	FU103	FU201
YN	C2	0	0	0	0	-1	0	0	0	0	1	0	0	0	0	0	0	0	1	0	0
YN	C3	-13	130	9	0	7	129	7	0	32	38	6	0	3	35	0	0	2	30	0	0
YN	C4	1	0	0	0	0	1	0	0	5	0	0	0	-2	1	0	0	-8	1	0	2
YN	C5	0	0	0	0	0	0	0	0	0	0	0	0	0	0	0	2	0	1	0	1
YN	C6	0	0	0	0	0	0	0	0	0	0	0	0	0	0	0	0	0	0	0	0
YN	C7	0	0	0	0	0	0	0	0	0	0	0	0	0	0	0	0	0	0	0	0
YN	C8	0	1	0	0	0	3	0	1	1	3	0	0	0	4	0	0	0	1	0	0
SN	C1	0	0	0	0	0	0	0	0	0	3	0	0	0	1	0	0	0	3	0	0
SN	C2	1	0	0	0	7	0	0	0	0	0	0	0	0	0	0	0	0	1	0	0
SN	C3	0	1	0	0	0	1	0	0	0	8	1	0	1	6	0	0	1	9	0	0
SN	C4	0	1	0	0	0	2	0	0	0	3	0	2	-1	3	0	0	1	3	0	2
SN	C5	8	9	0	45	14	9	1	24	13	20	0	35	3	1	0	3	1	5	0	11
SN	C6	0	0	0	0	0	0	0	0	0	0	0	0	0	0	0	0	0	0	0	0
SN	C7	0	0	0	0	0	0	0	0	0	0	0	12	0	0	0	0	0	0	0	0
SN	C8	5	41	15	1	4	14	1	1	3	11	0	2	0	9	4	1	1	9	0	3
GS	C1	0	1	0	0	0	2	0	0	1	8	0	0	1	1	0	0	0	6	0	0
GS	C2	0	0	0	0	0	0	0	0	0	0	0	0	0	0	0	0	0	0	0	0
GS	C3	0	1	0	0	0	1	0	0	0	6	1	0	1	6	0	0	1	7	0	0
GS	C4	-4	1	0	0	0	2	1	0	7	4	0	1	-8	5	0	0	6	5	0	2
GS	C5	2	1	0	1	1	3	0	1	1	7	0	4	1	1	0	2	0	3	0	5
GS	C6	-1	1	0	0	0	-1	0	0	0	0	0	0	0	0	0	0	0	0	0	0
GS	C7	0	0	0	0	0	0	0	0	0	0	0	0	0	0	0	0	0	0	0	0
GS	C8	0	1	0	0	0	2	1	0	0	3	0	1	-1	2	0	0	0	3	0	1
QH	C1	0	0	0	0	0	0	0	0	0	5	0	0	1	1	0	0	0	5	0	0
QH	C2	0	0	0	0	0	0	0	0	0	0	0	0	0	0	0	0	0	0	0	0
QH	C3	0	0	0	0	0	0	0	0	0	0	0	0	0	0	0	0	0	0	0	0
QH	C4	0	0	0	0	0	0	0	0	0	0	0	0	0	0	0	0	-1	0	0	0
QH	C5	0	0	0	0	0	0	0	0	0	0	0	2	0	0	0	2	0	1	0	4
QH	C6	0	0	0	0	0	0	0	0	0	0	0	0	0	0	0	0	0	0	0	0
QH	C7	0	0	0	0	0	0	0	0	0	0	0	0	0	0	0	0	0	0	0	0
QH	C8	0	0	0	0	0	1	0	0	0	0	0	0	0	1	0	0	0	0	0	0
NX	C1	0	0	0	0	0	0	0	0	0	4	0	0	1	1	0	0	0	4	0	0
NX	C2	0	0	0	0	0	0	0	0	0	0	0	0	0	0	0	0	0	0	0	0
NX	C3	0	0	0	0	0	0	0	0	0	1	0	0	0	3	0	0	0	3	0	0
NX	C4	0	0	0	0	0	0	0	0	0	0	0	0	0	1	0	0	0	1	0	0
NX	C5	0	0	0	0	0	0	0	0	0	0	0	1	0	0	0	2	0	1	0	3
NX	C6	0	0	0	0	0	0	0	0	0	0	0	0	0	0	0	0	0	0	0	0
NX	C7	0	0	0	0	0	0	0	0	0	0	0	0	0	0	0	0	0	0	0	0
NX	C8	0	0	0	0	0	2	0	0	1	2	0	0	0	3	0	0	0	1	0	0
XJ	C1	3	20	1	0	5	23	1	1	8	18	0	1	3	1	0	0	0	12	0	1
XJ	C2	0	0	0	0	1	0	0	0	0	0	0	0	-1	0	0	0	0	0	0	0
XJ	C3	0	0	0	0	0	0	0	0	1	5	0	0	1	5	0	0	1	8	0	0
XJ	C4	-2	1	0	0	0	0	0	0	0	0	0	0	-3	1	0	0	7	1	0	0
XJ	C5	0	0	0	0	0	0	0	0	0	0	0	0	0	0	0	1	0	0	0	0
XJ	C6	0	0	0	0	0	0	0	0	0	0	0	0	0	0	0	0	0	0	0	0
XJ	C7	0	0	0	0	0	0	0	0	0	0	0	0	0	0	0	0	0	0	0	0
XJ	C8	0	1	0	0	0	3	0	1	1	3	0	0	0	4	0	0	0	2	0	1
IM	C1	140	238	13	3	62	49	2	1	17	27	0	1	4	137	0	5	3	7	0	0
IM	C2	45	4	0	0	5	0	0	0	0	0	0	0	0	2	0	0	-1	0	0	0
IM	C3	59	425	19	15	131	166	11	0	102	56	1	3	8	584	1	1	236	118	0	0
IM	C4	-112	49	0	1	54	44	3	0	72	13	0	1	-10	60	0	0	18	8	0	3
IM	C5	918	169	0	905	295	131	11	495	174	125	0	365	25	216	0	666	135	74	0	190
IM	C6	0	0	0	0	0	0	0	0	0	0	0	0	0	0	0	0	0	0	0	0
IM	C7	0	0	0	0	0	0	0	0	0	0	0	0	0	0	0	0	0	0	0	0
IM	C8	28	37	2	10	16	30	36	3	7	24	1	3	0	12	1	1	1	29	1	10
TII	TII																				
VA	TVA																				
TI	TI																				

续表

省份	部门	JX	SD	SD	SD	SD	HA	HA	HA	HA	HB	HB	HB	HB	HN	HN	HN	HN	GD	GD	GD
		FU202	FU1	FU103	FU201	FU202	FU1	FU103	FU201	FU202	FU1	FU103	FU201	FU202	FU1	FU103	FU201	FU202	FU1	FU103	FU201
BJ	C1	1	7	0	0	3	5	0	0	3	9	0	0	2	8	0	0	1	0	0	0
BJ	C2	0	1	0	0	-1	2	0	0	-2	1	0	0	0	1	0	0	0	1	0	0
BJ	C3	0	54	3	1	14	46	0	0	41	31	1	0	-3	17	0	0	3	23	0	0
BJ	C4	9	29	1	2	-6	23	0	0	-6	22	0	0	-12	10	0	1	2	35	0	0
BJ	C5	1	50	0	122	2	36	0	93	24	22	0	34	10	6	0	20	10	0	0	0
BJ	C6	0	0	0	0	0	0	0	0	0	0	0	0	0	0	0	0	0	0	0	0
BJ	C7	0	0	0	0	0	0	0	0	0	0	0	0	0	0	0	0	0	0	0	0
BJ	C8	0	2	0	1	0	0	0	0	0	43	12	5	4	18	0	1	6	31	1	5
TJ	C1	1	9	0	0	3	6	0	0	3	9	0	0	2	8	0	0	1	0	0	0
TJ	C2	0	0	0	0	2	0	0	0	0	0	0	0	0	0	0	0	2	0	0	0
TJ	C3	0	88	5	1	31	63	0	0	111	32	1	0	-3	17	0	0	3	22	0	0
TJ	C4	7	94	2	75	23	44	0	12	27	26	0	2	-22	13	0	2	1	9	0	0
TJ	C5	0	109	0	400	17	47	0	127	31	28	0	31	13	5	0	14	7	0	0	0
TJ	C6	0	0	0	0	0	0	0	0	0	0	0	0	0	0	0	0	0	0	0	0
TJ	C7	0	0	0	0	0	0	0	0	0	0	0	0	0	0	0	0	0	0	0	0
TJ	C8	0	2	0	1	0	0	0	0	0	57	13	8	6	6	0	1	5	79	3	13
HE	C1	2	14	0	1	5	131	0	7	62	25	0	1	4	18	0	0	3	0	0	0
HE	C2	-1	52	1	0	-77	8	0	0	-12	9	0	0	-7	5	0	0	5	3	0	0
HE	C3	0	122	7	1	34	122	0	1	198	64	3	1	-4	24	0	0	4	46	0	0
HE	C4	8	107	6	96	35	62	0	21	91	31	0	2	-24	14	0	2	1	14	0	0
HE	C5	0	44	0	385	23	54	0	207	62	13	0	34	3	5	0	16	7	0	0	0
HE	C6	0	0	0	0	0	1	0	0	-1	1	1	0	-1	1	1	0	0	0	0	0
HE	C7	0	0	0	0	0	0	0	0	0	0	0	0	0	0	0	0	0	0	0	0
HE	C8	0	2	0	1	0	0	0	0	0	35	6	5	4	5	0	1	5	37	1	6
SX	C1	1	7	0	0	2	3	0	0	2	8	0	0	1	7	0	0	1	0	0	0
SX	C2	-1	71	0	0	-117	8	0	0	-10	14	0	0	-21	7	1	0	-5	2	0	0
SX	C3	0	30	2	0	8	22	0	0	3	19	1	0	-1	14	0	0	3	16	0	0
SX	C4	2	13	1	1	0	13	0	0	-2	13	0	0	-4	7	0	1	0	76	0	0
SX	C5	0	2	0	19	1	10	0	35	10	3	0	17	1	2	0	8	3	0	0	0
SX	C6	0	0	0	0	0	1	0	0	0	0	0	0	0	1	0	0	0	0	0	0
SX	C7	0	0	0	0	0	0	0	0	0	0	0	0	0	0	0	0	0	0	0	0
SX	C8	0	2	0	1	0	0	0	0	0	20	3	4	1	5	0	1	4	17	0	3
IM	C1	1	6	0	0	2	7	0	0	4	10	0	0	2	9	0	0	2	0	0	0
IM	C2	-1	9	0	0	-5	3	0	0	-6	9	0	0	-4	3	0	0	-1	3	0	0
IM	C3	0	23	1	0	5	15	0	0	2	17	1	0	-1	14	0	0	3	16	0	0
IM	C4	5	1	0	0	2	1	0	0	3	3	0	0	-8	2	0	1	-4	3	0	0
IM	C5	0	1	0	4	0	7	0	14	3	2	0	13	1	2	0	6	2	0	0	0
IM	C6	0	0	0	0	0	0	0	0	0	0	0	0	0	0	0	0	0	0	0	0
IM	C7	0	0	0	0	0	0	0	0	0	0	0	0	0	0	0	0	0	0	0	0
IM	C8	0	1	0	1	0	0	0	0	0	20	4	3	2	5	0	1	4	15	0	3
LN	C1	1	4	0	0	1	0	0	0	0	4	0	0	1	4	0	0	1	0	0	0
LN	C2	0	0	0	0	-1	1	0	0	-2	0	0	0	0	0	0	0	1	0	0	0
LN	C3	0	2	0	0	1	1	0	0	2	1	0	0	0	1	0	0	0	1	0	0
LN	C4	18	48	1	7	16	31	0	1	24	43	0	1	-80	13	0	2	-2	19	0	0
LN	C5	0	56	0	290	21	40	0	129	38	24	0	36	4	8	0	18	11	0	0	0
LN	C6	0	0	0	0	0	1	0	0	0	0	0	0	0	1	0	0	0	1	0	0
LN	C7	0	0	0	0	0	0	0	0	0	0	0	0	0	0	0	0	0	0	0	0
LN	C8	0	1	0	1	0	0	0	0	0	38	10	5	5	5	0	1	5	40	1	6
JL	C1	2	9	0	1	3	96	0	5	46	22	0	1	4	17	0	0	3	0	0	0
JL	C2	0	6	0	0	-2	1	0	0	-4	7	0	0	-3	1	0	0	-1	2	0	0
JL	C3	0	31	2	1	5	51	0	0	6	21	1	0	-1	14	0	0	2	22	0	0
JL	C4	3	15	1	2	-1	14	0	0	-2	14	0	0	-4	8	0	1	1	13	0	0
JL	C5	0	16	0	126	1	18	0	89	29	7	0	31	7	3	0	22	8	0	0	0
JL	C6	0	0	0	0	0	0	0	0	0	0	0	0	0	0	0	0	0	0	0	0
JL	C7	0	0	0	0	0	0	0	0	0	0	0	0	0	0	0	0	0	0	0	0
JL	C8	0	1	0	0	0	0	0	0	0	5	1	1	1	3	0	0	3	1	0	0
HL	C1	0	0	0	0	0	0	0	0	0	0	0	0	0	0	0	0	0	0	0	0
HL	C2	-1	18	1	0	-8	4	0	0	-14	14	0	0	5	3	0	0	17	4	0	0
HL	C3	0	11	1	1	0	56	0	0	2	3	0	0	-1	0	0	0	0	3	0	0

续表

省份	部门	JX	SD	SD	SD	SD	HA	HA	HA	HA	HB	HB	HB	HB	HN	HN	HN	HN	GD	GD	GD
		FU202	FU1	FU103	FU201	FU202	FU1	FU103	FU201	FU202	FU1	FU103	FU201	FU202	FU1	FU103	FU201	FU202	FU1	FU103	FU201
HL	C4	10	9	0	0	-4	8	0	0	-3	12	0	0	-11	7	0	1		10	0	0
HL	C5	0	12	0	27	3	11	0	28	7	10	0	18	1	5	0	10	6	0	0	0
HL	C6	0	0	0	0	0	0	0	0	0	0	0	0	0	0	0	0	0	0	0	0
HL	C7	0	0	0	0	0	0	0	0	0	0	0	0	0	0	0	0	0	0	0	0
HL	C8	0	1	0	1	0	0	0	0	0	35	7	5	5	5	0	1	5	41	1	7
SH	C1	1	3	0	0	1	0	0	0	0	3	0	0	1	4	0	0	1	0	0	0
SH	C2	0	0	0	0	0	0	0	0	0	0	0	0	0	0	0	0	0	0	0	0
SH	C3	-1	88	4	1	22	148	0	0	14	66	3	0	-3	35	0	0	7	68	0	0
SH	C4	27	111	1	27	-2	78	0	9	22	51	0	2	-51	22	0	3	0	34	0	0
SH	C5	1	253	0	1208	77	116	0	368	92	116	0	67	44	19	1	33	24	0	0	0
SH	C6	0	0	0	0	0	0	0	0	0	0	0	0	0	0	0	0	0	0	0	0
SH	C7	0	0	0	0	0	0	0	0	0	0	0	0	0	0	0	0	0	0	0	0
SH	C8	0	2	0	1	0	0	0	0	0	106	23	17	9	21	0	1	9	271	7	44
JS	C1	2	10	0	1	4	94	0	5	45	23	0	1	4	18	0	0	3	0	0	0
JS	C2	-1	5	0	0	-6	4	0	0	-5	4	0	0	-2	3	0	0	-2	2	0	0
JS	C3	-1	173	7	2	49	464	0	1	102	107	5	1	-7	37	0	0	7	78	0	0
JS	C4	15	140	2	93	7	95	0	35	59	48	0	2	-22	19	0	2	4	57	0	0
JS	C5	1	305	0	712	42	131	0	327	72	149	0	82	59	16	0	29	20	0	0	0
JS	C6	0	0	0	0	0	1	0	0	0	0	0	0	0	0	0	0	0	0	0	0
JS	C7	0	0	0	0	0	0	0	0	0	0	0	0	0	0	0	0	0	0	0	0
JS	C8	0	2	0	1	0	0	0	0	0	56	12	8	8	20	0	1	7	87	3	15
ZJ	C1	4	9	0	1	3	143	0	7	68	27	0	1	5	27	0	1	5	0	0	0
ZJ	C2	-1	0	0	0	-1	0	0	0	0	1	0	0	0	0	0	0	1	0	0	0
ZJ	C3	-3	84	4	1	21	186	0	1	157	85	4	1	-6	48	0	0	9	76	0	0
ZJ	C4	14	42	1	25	0	33	0	8	9	27	0	2	-7	17	0	2	5	30	0	0
ZJ	C5	1	61	0	121	14	40	0	93	23	45	0	46	6	18	1	34	25	0	0	0
ZJ	C6	0	0	0	0	0	0	0	0	0	0	0	0	0	0	0	0	0	0	0	0
ZJ	C7	0	0	0	0	0	0	0	0	0	0	0	0	0	0	0	0	0	0	0	0
ZJ	C8	0	1	0	0	0	0	0	0	0	16	6	1	2	14	0	0	4	3	0	1
AH	C1	2	12	0	1	4	180	0	9	85	28	1	1	5	21	0	1	4	0	0	0
AH	C2	-1	9	0	0	-11	5	0	0	-7	5	0	0	-3	3	0	0	-2	2	0	0
AH	C3	0	79	4	0	20	81	0	0	11	56	3	0	-2	25	0	0	5	46	0	0
AH	C4	10	8	1	2	3	7	0	0	7	10	0	0	-12	6	0	1	-2	8	0	0
AH	C5	0	5	0	18	0	12	0	25	7	6	0	19	2	4	0	11	5	0	0	0
AH	C6	0	0	0	0	0	1	0	0	0	0	0	0	0	0	0	0	0	0	0	0
AH	C7	0	0	0	0	0	0	0	0	0	0	0	0	0	0	0	0	0	0	0	0
AH	C8	0	1	0	1	0	0	0	0	0	22	4	3	3	16	0	1	5	14	0	2
FJ	C1	4	7	0	0	3	75	0	4	35	28	0	1	5	28	0	1	5	0	0	0
FJ	C2	-2	2	0	0	0	0	0	0	-1	7	0	0	-3	3	0	0	0	4	0	0
FJ	C3	1	25	2	1	4	25	0	0	5	35	2	1	-2	25	1	0	5	43	0	0
FJ	C4	2	2	0	0	0	3	0	0	0	5	0	0	-1	6	0	1	2	5	0	0
FJ	C5	6	7	0	2	0	12	0	4	-3	11	0	4	4	8	0	5	6	0	0	0
FJ	C6	0	0	0	0	0	0	0	0	0	0	0	0	0	0	0	0	0	0	0	0
FJ	C7	0	0	0	0	0	0	0	0	0	0	0	0	0	0	0	0	0	0	0	0
FJ	C8	0	1	0	0	0	0	0	0	0	4	1	1	1	2	0	0	1	2	0	0
JX	C1	998	6	0	27	2	40	0	2	19	26	0	1	5	31	0	1	5	0	0	0
JX	C2	-125	1	0	0	-1	1	0	0	-1	5	0	0	-3	5	0	0	-3	4	0	0
JX	C3	246	16	1	0	3	21	0	0	5	37	1	0	-2	62	1	1	15	32	0	1
JX	C4	418	2	0	0	-1	2	0	0	1	7	0	0	-8	9	0	2	-6	8	0	0
JX	C5	98	4	0	11	0	12	0	24	4	11	0	35	6	14	0	41	15	0	0	0
JX	C6	-24	0	0	0	0	0	0	0	0	0	0	0	0	0	0	0	0	0	0	0
JX	C7	-1	0	0	0	0	0	0	0	0	0	0	0	0	0	0	0	0	0	0	0
JX	C8	-75	1	0	1	0	0	0	0	0	11	2	2	1	4	0	0	4	7	0	1
SD	C1	2	13483	137	746	4741	126	0	6	60	24	0	1	4	18	0	0	3	0	0	0
SD	C2	0	403	28	0	-177	4	0	0	-6	2	0	0	11	2	0	0	18	1	0	0
SD	C3	0	10582	625	178	2364	165	0	0	38	72	3	0	-4	26	0	0	5	54	0	0
SD	C4	11	1708	199	1296	598	24	0	1	0	24	0	1	-15	10	0	1	2	14	0	0
SD	C5	0	1072	0	5109	315	42	0	136	38	14	0	31	5	5	0	15	7	0	0	0
SD	C6	0	139	1	0	-35	0	0	0	0	0	0	0	0	0	0	0	0	0	0	0

省份	部门	JX	SD	SD	SD	SD	HA	HA	HA	HA	HB	HB	HB	HB	HN	HN	HN	HN	GD	GD	GD
		FU202	FU1	FU103	FU201	FU202	FU1	FU103	FU201	FU202	FU1	FU103	FU201	FU202	FU1	FU103	FU201	FU202	FU1	FU103	FU201
SD	C7	0	2	0	16926	224	0	0	0	0	0	0	0	0	0	0	0	0	0	0	0
SD	C8	0	6603	7727	585	258	0	0	0	0	20	4	4	2	16	0	1	5	17	0	3
HA	C1	3	12	0	1	4	10606	0	529	5030	50	1	2	9	32	0	1	6	0	0	0
HA	C2	0	19	0	0	-32	194	0	0	-387	10	0	0	-13	7	1	0	5	2	0	0
HA	C3	0	122	6	1	29	4757	0	3	948	174	7	2	-13	45	0	0	9	91	0	0
HA	C4	13	31	2	21	10	544	0	21	356	34	0	3	-37	13	0	2	-1	22	0	0
HA	C5	0	38	0	412	26	521	0	2007	589	28	0	66	6	9	0	21	11	0	0	0
HA	C6	0	0	0	0	0	153	0	0	-96	0	0	0	0	0	0	0	0	0	0	0
HA	C7	0	0	0	0	0	0	0	11430	156	0	0	0	0	0	0	0	0	0	0	0
HA	C8	0	0	0	0	0	6147	8056	596	-234	0	0	0	0	0	0	0	0	0	0	0
HB	C1	3	9	0	0	3	182	0	9	86	10222	183	353	1795	42	0	1	7	0	0	0
HB	C2	-1	4	0	0	-1	2	0	0	-5	75	0	0	-37	6	0	0	2	5	0	0
HB	C3	-2	74	3	1	18	239	0	0	21	6781	253	38	-174	107	1	1	28	92	0	0
HB	C4	35	18	1	5	7	20	0	2	45	1057	0	66	30	23	1	7	-19	24	0	0
HB	C5	1	15	0	82	-1	44	0	188	62	815	0	3234	326	22	0	121	46	0	0	0
HB	C6	0	0	0	0	0	1	0	0	0	90	0	0	-92	1	0	0	0	0	0	0
HB	C7	0	0	0	0	0	0	0	0	0	0	0	8868	42	0	0	0	0	0	0	0
HB	C8	0	2	0	1	0	0	0	0	0	4136	4808	267	77	6	0	1	5	59	2	10
HN	C1	4	7	0	0	2	70	0	3	33	40	1	1	7	11403	2	297	2017	0	0	0
HN	C2	-2	0	0	0	-1	2	0	0	-2	1	0	0	-1	228	12	4	-191	3	0	0
HN	C3	0	20	1	0	4	25	0	0	6	47	3	0	-1	6943	88	81	1837	47	0	0
HN	C4	19	2	0	1	0	2	0	0	3	14	0	0	0	810	31	145	201	16	0	0
HN	C5	2	6	0	14	0	15	0	23	6	33	0	68	10	517	10	1995	651	0	0	0
HN	C6	0	0	0	0	0	0	0	0	0	0	0	0	0	81	46	7	-36	0	0	0
HN	C7	0	0	0	0	0	0	0	0	0	0	0	0	0	0	36	8662	36	0	0	0
HN	C8	0	1	0	0	0	0	0	0	0	8	2	1	2	4022	5347	128	1356	3	0	0
GD	C1	3	6	0	0	2	32	0	2	15	23	0	1	4	25	0	1	5	15663	301	519
GD	C2	0	0	0	0	0	0	0	0	-1	0	0	0	0	0	0	0	0	154	0	0
GD	C3	2	69	4	1	8	125	0	0	14	116	7	0	-2	48	0	0	7	3732	0	28
GD	C4	11	20	0	12	-2	19	0	5	3	33	0	3	-14	22	1	4	14	1692	0	147
GD	C5	1	48	0	46	13	21	0	27	14	78	0	48	-6	31	1	40	47	488	0	2491
GD	C6	0	0	0	0	0	0	0	0	0	0	0	0	0	0	0	0	0	475	0	0
GD	C7	0	0	0	0	0	0	0	0	0	0	0	0	0	0	0	0	0	0	0	15675
GD	C8	0	2	0	1	0	0	0	0	0	66	16	8	9	20	0	1	7	8222	8375	403
GX	C1	2	5	0	0	2	4	0	0	2	12	0	0	2	14	0	0	2	0	0	0
GX	C2	-1	1	0	0	-1	0	0	0	0	3	0	0	-2	3	0	0	-2	3	0	0
GX	C3	0	29	2	0	4	32	0	0	5	49	3	0	-1	41	0	0	8	67	0	0
GX	C4	1	2	0	1	1	2	0	0	2	6	0	0	0	6	0	0	5	15	0	0
GX	C5	1	3	0	6	0	11	0	16	2	9	0	26	4	10	0	23	10	0	0	0
GX	C6	0	0	0	0	0	0	0	0	0	0	0	0	0	0	0	0	0	0	0	0
GX	C7	0	0	0	0	0	0	0	0	0	0	0	0	0	0	0	0	0	0	0	0
GX	C8	0	1	0	0	0	0	0	0	0	25	9	2	3	7	0	0	4	6	0	1
SC	C1	1	4	0	0	1	2	0	0	1	8	0	0	1	7	0	0	1	0	0	0
SC	C2	-1	4	0	0	-2	3	0	0	-5	10	0	0	-4	3	0	0	0	4	0	0
SC	C3	1	71	4	0	13	103	0	0	16	105	6	0	-3	35	0	0	6	97	0	0
SC	C4	9	4	0	0	5	6	0	0	15	9	0	1	-31	6	0	1	-6	6	0	0
SC	C5	1	28	0	145	7	50	0	151	35	33	0	50	15	8	0	22	10	0	0	0
SC	C6	0	0	0	0	0	0	0	0	0	0	0	0	0	0	0	0	0	0	0	0
SC	C7	0	0	0	0	0	0	0	0	0	0	0	0	0	0	0	0	0	0	0	0
SC	C8	0	1	0	1	0	0	0	0	0	41	9	6	7	6	0	1	5	53	2	9
GZ	C1	1	2	0	0	1	0	0	0	0	3	0	0	1	4	0	0	1	0	0	0
GZ	C2	-2	1	0	0	-1	2	0	0	-2	2	0	0	-1	6	1	0	-3	4	0	0
GZ	C3	1	29	2	0	4	35	0	0	6	45	3	0	0	31	0	0	5	60	0	0
GZ	C4	11	0	0	0	1	1	0	0	1	3	0	0	-8	2	0	1	-9	2	0	0
GZ	C5	1	3	0	6	0	8	0	10	0	7	0	21	4	8	0	23	9	0	0	0
GZ	C6	0	0	0	0	0	0	0	0	0	0	0	0	0	0	0	0	0	0	0	0
GZ	C7	0	0	0	0	0	0	0	0	0	0	0	0	0	0	0	0	0	0	0	0
GZ	C8	0	1	0	0	0	0	0	0	0	9	2	2	1	4	0	0	3	3	0	1
YN	C1	2	6	0	0	2	21	0	1	10	17	0	1	3	17	0	0	3	0	0	0

续表

省份	部门	JX	SD	SD	SD	SD	HA	HA	HA	HA	HB	HB	HB	HB	HN	HN	HN	HN	GD	GD	GD
省份	部门	FU202	FU1	FU103	FU201	FU202	FU1	FU103	FU201	FU202	FU1	FU103	FU201	FU202	FU1	FU103	FU201	FU202	FU1	FU103	FU201
YN	C2	-1	0	0	0	0	0	0	0	0	1	0	0	0	2	0	0	0	1	0	0
YN	C3	2	53	3	0	7	70	0	0	12	80	5	0	-1	33	0	0	4	104	0	0
YN	C4	10	0	0	0	1	0	0	0	3	1	0	0	-10	1	0	1	-8	1	0	0
YN	C5	1	0	0	0	0	0	0	0	0	0	0	0	0	1	0	1	1	0	0	0
YN	C6	0	0	0	0	0	0	0	0	0	0	0	0	0	0	0	0	0	0	0	0
YN	C7	0	0	0	0	0	0	0	0	0	0	0	0	0	0	0	0	0	0	0	0
YN	C8	0	1	0	0	0	0	0	0	0	2	1	0	0	2	0	0	2	0	0	0
SN	C1	0	2	0	0	1	0	0	0	0	2	0	0	0	2	0	0	0	0	1	0
SN	C2	0	0	0	0	-1	4	0	0	-6	0	0	0	0	1	0	0	-1	1	0	0
SN	C3	0	5	0	0	1	6	0	0	1	8	0	0	0	10	0	0	2	5	0	0
SN	C4	1	1	0	1	0	3	0	0	0	5	0	1	0	4	0	1	1	4	0	0
SN	C5	1	19	0	41	1	52	0	100	20	24	0	39	10	8	0	21	10	0	0	0
SN	C6	0	0	0	0	0	0	0	0	0	0	0	0	0	0	0	0	0	0	0	0
SN	C7	0	0	0	0	0	0	0	0	0	0	0	0	0	0	0	0	0	0	0	0
SN	C8	0	1	0	0	0	1	0	0	0	21	7	1	2	39	1	1	7	3	0	1
GS	C1	1	4	0	0	1	2	0	0	1	7	0	0	1	7	0	0	1	0	0	0
GS	C2	0	0	0	0	0	0	0	0	0	0	0	0	0	0	0	0	0	0	0	0
GS	C3	0	4	0	0	1	4	0	0	1	5	0	0	0	8	0	0	1	5	0	0
GS	C4	12	4	0	0	-1	4	0	0	4	8	0	0	-17	5	0	1	-3	5	0	0
GS	C5	0	2	0	1	0	9	0	4	-1	4	0	6	0	3	0	4	3	0	0	0
GS	C6	0	0	0	0	0	0	0	0	0	0	0	0	0	0	0	0	0	0	0	0
GS	C7	0	0	0	0	0	0	0	0	0	0	0	0	0	0	0	0	0	0	0	0
GS	C8	0	1	0	0	0	0	0	0	0	1	0	0	0	1	0	0	1	1	0	0
QH	C1	1	3	0	0	1	1	0	0	0	5	0	0	1	5	0	0	1	0	0	0
QH	C2	0	0	0	0	0	0	0	0	0	0	0	0	0	0	0	0	1	0	0	0
QH	C3	0	0	0	0	0	0	0	0	0	0	0	0	0	0	0	0	0	0	0	0
QH	C4	1	0	0	0	0	0	0	0	0	0	0	0	0	0	0	0	-1	0	0	0
QH	C5	-1	0	0	0	0	0	0	0	0	1	0	4	0	1	0	3	1	0	0	0
QH	C6	0	0	0	0	0	0	0	0	0	0	0	0	0	0	0	0	0	0	0	0
QH	C7	0	0	0	0	0	0	0	0	0	0	0	0	0	0	0	0	0	0	0	0
QH	C8	0	0	0	0	0	0	0	0	0	0	0	0	0	0	0	0	0	0	0	0
NX	C1	1	3	0	0	1	0	0	0	0	4	0	0	1	4	0	0	1	0	0	0
NX	C2	0	0	0	0	0	1	0	0	-1	0	0	0	0	0	0	0	0	0	0	0
NX	C3	0	1	0	0	0	1	0	0	0	1	0	0	0	3	0	0	1	1	0	0
NX	C4	1	0	0	0	0	0	0	0	0	0	0	0	0	0	0	0	1	0	0	0
NX	C5	0	0	0	0	1	0	0	0	1	5	0	0	2	0	0	0	2	1	0	0
NX	C6	0	0	0	0	0	0	0	0	0	0	0	0	0	0	0	0	0	0	0	0
NX	C7	0	0	0	0	0	0	0	0	0	0	0	0	0	0	0	0	0	0	0	0
NX	C8	0	1	0	0	0	0	0	0	0	0	0	0	0	2	0	0	2	0	0	0
XJ	C1	2	6	0	0	2	30	0	1	14	17	0	1	3	14	0	0	3	0	0	0
XJ	C2	0	0	0	0	0	0	0	0	0	0	0	0	0	1	0	0	3	1	0	0
XJ	C3	-1	3	0	0	1	1	0	0	0	5	0	0	0	8	0	0	2	4	0	0
XJ	C4	6	1	0	0	-2	0	0	0	-1	1	0	0	-1	1	0	0	1	1	0	0
XJ	C5	0	0	0	0	0	0	0	0	0	0	0	0	0	0	0	0	0	0	0	0
XJ	C6	0	0	0	0	0	0	0	0	0	0	0	0	0	0	0	0	0	1	0	0
XJ	C7	0	0	0	0	0	0	0	0	0	0	0	0	0	0	0	0	0	0	0	0
XJ	C8	0	1	0	0	0	0	0	0	0	3	1	0	0	2	0	0	2	0	0	0
IM	C1	1	302	3	17	106	26	0	1	12	13	0	0	2	18	0	0	3	1141	22	38
IM	C2	3	2	0	0	-41	0	0	0	-7	1	0	0	-5	0	0	0	-10	68	0	0
IM	C3	11	514	39	14	99	52	0	0	19	146	1	3	12	91	4	4	35	5421	0	42
IM	C4	18	130	2	12	8	18	0	2	28	45	0	1	-54	25	0	3	-16	830	0	32
IM	C5	18	256	0	1482	59	120	0	448	122	172	0	712	55	74	1	277	82	1567	0	5899
IM	C6	0	0	0	0	0	0	0	0	0	0	0	0	0	0	0	0	0	57	0	0
IM	C7	0	0	0	0	0	0	0	0	0	0	0	0	0	0	0	0	0	0	0	0
IM	C8	1	0	0	0	0	0	0	0	0	45	11	5	10	6	0	0	7	58	3	10
TII	TII																				
VA	TVA																				
TI	TI																				

省份	部门	GD FU202	GX FU1	GX FU103	GX FU201	GX FU202	SC FU1	SC FU103	SC FU201	SC FU202	GZ FU1	GZ FU103	GZ FU201	GZ FU202	YN FU1	YN FU103	YN FU201	YN FU202	SN FU1	SN FU103	SN FU201
BJ	C1	0	11	0	0	2	10	0	1	0	5	0	1	0	8	0	0	0	6	1	0
BJ	C2	0	0	0	0	-1	0	0	0	-1	0	0	0	0	0	0	0	0	1	0	0
BJ	C3	2	19	0	0	5	25	1	0	7	20	0	0	-1	35	0	0	0	19	4	0
BJ	C4	25	8	1	0	12	10	0	1	-5	6	0	0	-9	8	0	0	2	9	0	0
BJ	C5	0	6	0	9	7	13	0	12	1	5	0	16	-1	7	0	14	0	3	0	18
BJ	C6	0	0	0	0	0	0	0	0	0	0	0	0	0	0	0	0	0	0	0	0
BJ	C7	0	0	0	0	0	0	0	0	0	0	0	0	0	0	0	0	0	0	0	0
BJ	C8	8	267	427	2	32	24	0	9	0	14	0	3	-1	3	0	1	1	346	124	3
TJ	C1	0	11	0	0	2	10	0	1	1	5	0	1	0	8	0	0	0	6	1	0
TJ	C2	0	0	0	0	0	0	0	0	0	0	0	0	0	0	0	0	0	0	0	0
TJ	C3	2	19	0	0	5	28	1	0	9	20	0	0	-1	37	0	0	1	18	4	0
TJ	C4	17	8	1	0	15	13	0	2	-8	6	0	0	-9	8	0	0	1	13	0	2
TJ	C5	0	6	0	8	6	20	0	17	1	5	0	17	0	7	0	15	0	2	0	17
TJ	C6	0	0	0	0	0	0	0	0	0	0	0	0	0	0	0	0	0	0	0	0
TJ	C7	0	0	0	0	0	0	0	0	0	0	0	0	0	0	0	0	0	0	0	0
TJ	C8	17	12	7	3	4	45	0	18	1	15	0	3	-1	3	0	1	1	31	22	5
HE	C1	0	34	0	1	5	44	1	2	2	8	0	1	0	12	0	0	1	50	9	2
HE	C2	0	1	0	0	-11	1	0	1	-4	0	0	0	0	0	0	0	-1	2	0	0
HE	C3	4	30	0	0	8	38	2	0	10	28	0	0	-1	58	0	0	0	31	7	0
HE	C4	22	9	1	1	17	14	0	2	-8	7	0	0	-10	8	0	0	1	15	1	2
HE	C5	0	5	0	8	7	6	0	10	1	5	0	18	-1	6	0	14	1	3	0	27
HE	C6	0	0	0	0	0	0	0	0	0	0	0	0	0	0	0	0	0	0	0	0
HE	C7	0	0	0	0	0	0	0	0	0	0	0	0	0	0	0	0	0	0	0	239
HE	C8	6	15	14	2	5	25	0	10	0	13	0	3	-1	3	0	1	1	47	4	4
SX	C1	0	9	0	0	1	9	0	0	0	5	0	1	0	8	0	0	0	5	1	0
SX	C2	-1	1	0	0	-4	0	0	0	-1	0	0	0	0	0	0	0	0	4	0	0
SX	C3	2	16	0	0	4	24	1	0	7	16	0	0	-1	29	0	0	0	22	5	0
SX	C4	15	7	1	0	9	8	0	1	-4	4	0	0	-5	7	0	0	1	9	0	1
SX	C5	0	3	0	6	3	3	0	8	1	3	0	14	-1	5	0	12	1	3	0	18
SX	C6	0	0	0	0	0	0	0	0	0	0	0	0	0	0	0	0	0	0	0	0
SX	C7	0	0	0	0	0	0	0	0	0	0	0	0	0	0	0	0	0	0	0	0
SX	C8	0	6	2	2	2	11	0	4	0	10	0	2	-1	3	0	1	1	19	2	3
IM	C1	0	14	0	1	2	14	0	1	1	6	0	1	0	10	0	0	1	9	2	0
IM	C2	-1	1	0	0	-10	1	0	0	-3	0	0	0	0	0	0	0	-1	1	0	0
IM	C3	2	16	0	0	4	24	1	0	8	18	0	0	-1	32	0	0	0	18	4	0
IM	C4	2	2	0	0	3	2	0	1	-11	3	0	0	-7	3	0	0	-1	2	0	0
IM	C5	0	4	0	4	2	4	0	9	0	4	0	13	0	6	0	11	0	2	0	11
IM	C6	0	0	0	0	0	0	0	0	0	0	0	0	0	0	0	0	0	0	0	0
IM	C7	0	0	0	0	0	0	0	0	0	0	0	0	0	0	0	0	0	0	0	0
IM	C8	4	6	0	2	2	15	0	6	0	11	0	2	-1	3	0	1	1	10	3	2
LN	C1	0	4	0	0	1	3	0	0	0	4	0	0	0	5	0	0	0	1	0	0
LN	C2	-1	0	0	0	-10	1	0	1	-3	0	0	0	0	0	0	0	-1	1	0	0
LN	C3	0	2	0	0	1	1	0	0	1	4	0	0	0	3	0	0	0	1	0	0
LN	C4	54	9	1	1	15	14	0	2	-14	8	0	0	-15	9	0	0	2	12	0	1
LN	C5	0	7	0	10	10	11	0	13	1	6	0	22	-1	9	0	18	1	3	0	17
LN	C6	0	0	0	0	0	0	0	0	0	0	0	0	0	0	0	0	0	0	0	0
LN	C7	0	0	0	0	0	0	0	0	0	0	0	0	0	0	0	0	0	0	0	0
LN	C8	9	8	2	2	3	29	0	11	0	13	0	3	-1	3	0	1	1	18	9	3
JL	C1	0	37	0	1	6	46	1	3	2	9	0	1	0	14	0	0	1	46	8	2
JL	C2	-1	1	0	0	-9	0	0	0	-3	0	0	0	0	0	0	0	-1	1	0	0
JL	C3	3	18	0	0	5	18	1	0	4	20	0	0	-1	30	0	0	0	14	3	0
JL	C4	13	7	1	0	12	9	0	1	-3	5	0	0	-6	7	0	0	1	8	0	0
JL	C5	0	5	0	10	6	7	0	10	1	5	0	19	-1	7	0	17	1	2	0	21
JL	C6	0	0	0	0	0	0	0	0	0	0	0	0	0	0	0	0	0	0	0	0
JL	C7	0	0	0	0	0	0	0	0	0	0	0	0	0	0	0	0	0	0	0	39
JL	C8	0	3	0	1	1	2	0	1	0	6	0	1	0	2	0	1	1	3	1	0
HL	C1	0	0	0	0	0	0	0	0	0	0	0	0	0	0	0	0	0	0	0	0
HL	C2	15	1	0	0	-11	2	0	2	-1	0	0	0	0	0	0	0	-1	1	0	0
HL	C3	2	2	0	0	2	0	0	0	0	3	0	0	0	2	0	0	1	2	1	0

续表

省份	部门	GD	GX	GX	GX	GX	SC	SC	SC	SC	GZ	GZ	GZ	GZ	YN	YN	YN	YN	SN	SN	SN
		FU202	FU1	FU103	FU201	FU202	FU1	FU103	FU201	FU202	FU1	FU103	FU201	FU202	FU1	FU103	FU201	FU202	FU1	FU103	FU201
HL	C4	20	6	1	0	9	7	0	1	−7	6	0	0	−10	7	0	0	1	6	0	0
HL	C5	0	5	0	8	8	3	0	7	1	5	0	16	0	6	0	13	1	2	0	10
HL	C6	0	0	0	0	0	0	0	0	0	0	0	0	0	0	0	0	0	0	0	0
HL	C7	0	0	0	0	0	0	0	0	0	0	0	0	0	0	0	0	0	0	0	0
HL	C8	13	7	0	2	3	30	0	12	0	13	0	3	−1	3	0	1	1	15	4	3
SH	C1	0	3	0	0	1	2	0	0	0	4	0	0	0	5	0	0	0	0	0	0
SH	C2	0	0	0	0	0	0	0	0	0	0	0	0	0	0	0	0	0	0	0	0
SH	C3	7	43	1	0	11	53	3	0	17	34	0	0	−1	92	0	0	0	29	6	0
SH	C4	47	13	2	1	23	18	0	3	−10	10	0	0	−15	12	0	0	2	17	0	1
SH	C5	0	12	0	14	15	55	0	35	3	11	0	30	−1	14	0	24	0	4	0	19
SH	C6	0	0	0	0	0	0	0	0	0	0	0	0	0	0	0	0	0	0	0	0
SH	C7	0	0	0	0	0	0	0	0	0	0	0	0	0	0	0	0	0	0	0	0
SH	C8	38	49	62	4	10	95	0	38	2	22	0	5	−1	4	0	1	1	353	61	14
JS	C1	0	34	0	1	5	41	1	2	2	9	0	1	0	13	0	0	1	42	8	2
JS	C2	−1	1	0	0	−9	0	0	0	−2	0	0	0	0	0	0	0	0	1	0	0
JS	C3	8	46	1	0	12	76	3	0	27	42	0	0	−1	119	0	0	−2	44	10	0
JS	C4	40	13	2	1	21	18	0	3	−6	8	0	0	−12	11	0	0	2	19	1	3
JS	C5	0	11	0	13	13	66	0	43	4	9	0	26	−1	13	0	23	0	5	0	35
JS	C6	0	0	0	0	0	0	0	0	0	0	0	0	0	0	0	0	0	0	0	0
JS	C7	0	0	0	0	0	0	0	0	0	0	0	0	0	0	0	0	0	0	0	0
JS	C8	29	9	0	3	4	53	0	21	1	17	0	4	−1	3	0	1	1	188	9	5
ZJ	C1	0	51	0	2	8	53	1	3	3	11	0	1	0	17	0	0	1	59	10	2
ZJ	C2	0	1	0	0	−8	0	0	0	−1	0	0	0	0	0	0	0	0	1	0	0
ZJ	C3	9	50	1	0	15	52	3	0	17	51	0	1	−1	123	0	1	−1	31	7	0
ZJ	C4	30	11	1	1	19	12	0	2	−2	8	0	0	−11	10	0	0	2	12	0	1
ZJ	C5	0	11	0	15	15	14	0	14	1	9	0	28	−1	11	0	22	1	3	0	18
ZJ	C6	0	0	0	0	0	0	0	0	0	0	0	0	0	0	0	0	0	0	0	0
ZJ	C7	0	0	0	0	0	0	0	0	0	0	0	0	0	0	0	0	0	0	0	0
ZJ	C8	1	9	9	1	2	5	0	2	0	8	0	2	0	2	0	1	1	41	17	1
AH	C1	0	42	0	2	6	57	1	3	3	9	0	1	0	14	0	0	1	67	12	3
AH	C2	−1	1	0	0	−7	0	0	0	−1	0	0	0	0	0	0	0	0	1	0	0
AH	C3	4	32	0	0	8	43	2	0	13	28	0	0	−1	62	0	0	0	29	6	0
AH	C4	10	5	1	1	8	6	0	1	−9	5	0	0	−9	6	0	0	0	6	0	0
AH	C5	0	4	0	8	6	3	0	8	1	4	0	14	−1	5	0	12	1	2	0	14
AH	C6	0	0	0	0	0	0	0	0	0	0	0	0	0	0	0	0	0	0	0	0
AH	C7	0	0	0	0	0	0	0	0	0	0	0	0	0	0	0	0	0	0	0	0
AH	C8	4	6	1	2	2	14	0	5	0	11	0	2	−1	3	0	1	1	95	4	2
FJ	C1	0	49	0	2	7	45	1	2	2	12	0	1	0	18	0	0	1	39	7	1
FJ	C2	−1	1	1	0	−4	0	0	0	−1	0	0	0	0	0	0	0	0	0	0	0
FJ	C3	7	30	1	0	9	19	2	0	3	32	0	1	−1	42	0	1	1	15	4	0
FJ	C4	10	4	1	0	9	4	0	1	0	5	0	0	−4	6	0	0	0	3	0	0
FJ	C5	0	11	0	6	8	12	0	9	1	9	0	6	1	10	0	8	0	0	0	1
FJ	C6	0	0	0	0	0	0	0	0	0	0	0	0	0	0	0	0	0	0	0	0
FJ	C7	0	0	0	0	0	0	0	0	0	0	0	0	0	0	0	0	0	0	0	0
FJ	C8	−2	1	0	0	0	3	0	1	0	3	0	0	0	0	0	0	1	1	0	0
JX	C1	0	39	0	1	6	32	0	2	2	12	0	1	0	16	0	0	1	24	4	1
JX	C2	−4	2	1	0	−20	0	0	0	−6	0	0	0	−1	0	0	0	−2	0	0	0
JX	C3	9	32	1	0	12	21	1	0	7	39	0	0	−1	53	0	0	0	12	3	0
JX	C4	13	5	1	1	9	4	0	1	−7	4	0	0	−16	5	0	0	0	4	0	0
JX	C5	0	11	0	16	9	8	0	10	1	10	0	35	−1	11	0	24	1	1	0	9
JX	C6	0	0	0	0	0	0	0	0	0	0	0	0	0	0	0	0	0	0	0	0
JX	C7	0	0	0	0	0	0	0	0	0	0	0	0	0	0	0	0	0	0	0	0
JX	C8	−2	4	0	1	2	8	0	3	0	9	0	2	−1	2	0	1	1	7	2	2
SD	C1	0	35	0	1	5	46	1	3	2	8	0	1	0	13	0	0	1	51	9	2
SD	C2	15	0	0	0	−10	2	0	2	−1	0	0	0	0	0	0	0	−1	2	0	0
SD	C3	5	34	0	0	9	53	3	0	17	29	0	0	−1	74	0	0	1	32	6	0
SD	C4	29	8	1	1	13	11	0	2	−5	7	0	0	−10	8	0	0	2	10	0	1
SD	C5	0	6	0	8	7	10	0	13	1	5	0	19	−1	7	0	16	0	3	0	27
SD	C6	0	0	0	0	0	0	0	0	0	0	0	0	0	0	0	0	0	0	0	0

续表

省份	部门	GD	GX	GX	GX	GX	SC	SC	SC	SC	GZ	GZ	GZ	GZ	YN	YN	YN	YN	SN	SN	SN
		FU202	FU1	FU103	FU201	FU202	FU1	FU103	FU201	FU202	FU1	FU103	FU201	FU202	FU1	FU103	FU201	FU202	FU1	FU103	FU201
SD	C7	0	0	0	0	0	0	0	0	0	0	0	0	0	0	0	0	0	0	0	0
SD	C8	3	5	0	2	2	14	0	5	0	11	0	2	-1	3	0	1	1	78	4	3
HA	C1	0	63	0	2	10	99	1	5	5	11	0	1	0	17	0	0	1	174	31	7
HA	C2	1	1	0	0	-14	2	0	2	-4	0	0	0	0	0	0	0	0	-1	5	0
HA	C3	9	51	1	0	13	81	4	0	26	42	0	0	-1	110	0	0	0	75	18	0
HA	C4	25	9	1	1	15	12	0	3	-12	7	0	0	-13	8	0	0	1	16	1	3
HA	C5	0	7	0	10	9	11	0	16	1	7	0	25	-1	9	0	18	1	6	0	35
HA	C6	0	0	0	0	0	0	0	0	0	0	0	0	0	0	0	0	0	0	0	0
HA	C7	0	0	0	0	0	0	0	0	0	0	0	0	0	0	0	0	0	0	0	0
HA	C8	0	0	0	0	0	0	0	0	0	0	0	0	0	0	0	0	0	0	0	0
HB	C1	0	56	0	2	8	64	1	3	3	13	0	1	0	18	0	0	1	67	12	3
HB	C2	-3	1	1	0	-16	1	0	1	-6	0	0	0	-1	0	0	0	0	-1	1	0
HB	C3	12	63	1	0	19	85	3	0	31	52	0	0	-1	124	0	0	1	39	8	0
HB	C4	56	10	1	1	14	12	0	3	-20	10	0	0	-23	9	0	0	1	10	0	1
HB	C5	0	11	0	23	15	12	0	16	1	11	0	40	-2	12	0	29	1	4	0	28
HB	C6	0	0	0	0	0	0	0	0	0	0	0	0	0	0	0	0	0	0	0	0
HB	C7	0	0	0	0	0	0	0	0	0	0	0	0	0	0	0	0	0	0	0	0
HB	C8	17	11	5	2	4	38	0	15	1	14	0	3	-1	3	0	1	1	26	16	5
HN	C1	0	50	0	2	8	40	1	2	2	14	0	1	0	18	0	0	1	35	6	1
HN	C2	-1	2	1	0	-15	0	0	0	-1	0	0	0	-1	0	0	0	0	1	0	0
HN	C3	5	34	1	0	9	19	2	0	3	37	0	0	-1	42	0	0	-1	14	3	0
HN	C4	13	5	0	2	6	2	0	0	-5	5	0	0	-13	3	0	0	0	2	0	0
HN	C5	0	14	0	23	19	6	0	9	1	12	0	37	-1	12	0	25	1	2	0	12
HN	C6	0	0	0	0	0	0	0	0	0	0	0	0	0	0	0	0	0	0	0	0
HN	C7	0	0	0	0	0	0	0	0	0	0	0	0	0	0	0	0	0	0	0	0
HN	C8	1	4	0	1	2	5	0	2	0	8	0	2	0	2	0	1	1	4	2	1
GD	C1	2499	41	0	2	6	30	0	2	2	12	0	1	0	17	0	0	1	22	4	1
GD	C2	-63	0	0	0	-1	0	0	0	0	0	0	0	0	0	0	0	0	0	0	0
GD	C3	795	69	0	0	9	45	4	0	6	44	0	0	-4	121	0	0	-8	32	6	0
GD	C4	2220	14	1	3	26	12	0	2	3	11	0	0	-9	11	0	0	4	10	0	2
GD	C5	696	9	0	19	31	2	0	4	1	8	0	12	0	6	0	11	1	2	0	9
GD	C6	19	0	0	0	0	0	0	0	0	0	0	0	0	0	0	0	0	0	0	0
GD	C7	363	0	0	0	0	0	0	0	0	0	0	0	0	0	0	0	0	0	0	0
GD	C8	919	70	100	3	12	54	0	22	1	17	0	4	-1	3	0	1	1	839	66	5
GX	C1	0	7627	30	289	1158	14	0	0	1	13	0	1	0	15	0	0	1	5	1	0
GX	C2	-4	76	42	0	-159	0	0	0	-9	0	0	0	-1	0	0	0	0	-3	0	0
GX	C3	9	2254	49	10	580	41	3	0	11	77	0	1	-1	110	0	0	-2	19	4	0
GX	C4	17	253	27	63	536	5	0	0	2	9	0	0	-4	7	0	0	2	3	0	0
GX	C5	0	213	3	970	417	13	0	17	1	21	0	67	-2	21	0	40	1	2	0	9
GX	C6	0	72	17	0	-8	0	0	0	0	0	0	0	0	0	0	0	0	0	0	0
GX	C7	0	0	0	4015	14	0	0	0	0	0	0	0	0	0	0	0	0	0	0	0
GX	C8	3	1762	2142	194	327	8	0	3	0	9	0	2	0	2	0	1	1	20	30	1
SC	C1	0	11	0	0	2	19192	271	1037	977	10	0	1	0	14	0	0	1	4	1	0
SC	C2	-1	2	1	0	-18	279	0	70	-573	0	0	0	-1	1	0	0	-1	4	0	0
SC	C3	9	70	1	0	18	8259	533	40	1799	93	0	1	-1	278	0	1	3	66	13	0
SC	C4	5	6	1	1	12	1261	4	255	44	9	0	0	-27	11	0	1	-3	7	0	0
SC	C5	0	16	0	21	16	1204	0	4049	21	25	0	84	-2	38	0	75	2	7	0	45
SC	C6	0	0	0	0	0	208	0	-32	0	0	0	0	0	0	0	0	0	0	0	0
SC	C7	0	0	0	0	0	13420	33	0	0	0	0	0	0	0	0	0	0	0	0	0
SC	C8	19	8	0	2	3	6442	10231	751	197	14	0	3	-1	3	0	1	1	16	5	3
GZ	C1	0	4	0	0	1	2	0	0	0	5384	0	526	44	11	0	0	1	0	0	0
GZ	C2	-1	4	1	0	-19	1	0	0	-3	120	0	0	-107	1	0	0	0	1	0	0
GZ	C3	5	54	0	0	10	43	4	0	7	1660	2	11	-99	122	0	0	-8	20	3	0
GZ	C4	1	4	0	1	3	3	0	1	-24	227	1	11	-130	6	0	0	-5	2	0	0
GZ	C5	0	20	0	29	19	18	0	25	2	186	0	443	3	38	0	75	2	2	0	10
GZ	C6	0	0	0	0	0	0	0	0	0	38	0	0	-16	0	0	0	0	0	0	0
GZ	C7	0	0	0	0	0	0	0	0	0	0	0	3105	9	0	0	0	0	0	0	0
GZ	C8	1	4	0	1	2	6	0	2	0	1610	1899	141	-39	2	0	1	1	5	1	1
YN	C1	0	37	0	1	6	42	1	2	2	19	0	2	0	6515	0	177	410	20	4	1

续表

省份	部门	GD FU202	GX FU1	GX FU103	GX FU201	GX FU202	SC FU1	SC FU103	SC FU201	SC FU202	GZ FU1	GZ FU103	GZ FU201	GZ FU202	YN FU1	YN FU103	YN FU201	YN FU202	SN FU1	SN FU103	SN FU201
YN	C2	0	2	1	0	-3	1	0	0	-3	0	0	0	-1	94	0	1	-102	0	0	0
YN	C3	8	62	0	0	8	67	6	0	10	69	0	0	-6	2616	0	13	-178	32	5	0
YN	C4	-1	1	0	0	1	2	0	1	-29	5	0	0	-39	383	0	29	55	0	0	0
YN	C5	0	3	0	2	1	0	0	2	0	3	0	3	0	344	0	845	51	0	0	0
YN	C6	0	0	0	0	0	0	0	0	0	0	0	0	0	43	0	0	-7	0	0	0
YN	C7	0	0	0	0	0	0	0	0	0	0	0	0	0	0	0	3920	8	0	0	0
YN	C8	0	2	0	0	1	0	0	0	0	4	0	1	0	1574	2432	240	305	1	0	0
SN	C1	0	2	0	0	0	1	0	0	0	4	0	0	0	5	0	0	0	3608	639	137
SN	C2	-1	0	0	0	-11	1	0	0	-8	0	0	0	0	0	0	0	-1	77	0	0
SN	C3	1	8	0	0	3	21	1	0	9	15	0	0	0	19	0	0	1	2442	547	16
SN	C4	5	3	0	0	5	5	0	2	-1	4	0	0	-5	5	0	0	0	249	20	24
SN	C5	0	8	0	11	9	35	0	35	3	9	0	28	-1	14	0	28	1	529	0	1272
SN	C6	0	0	0	0	0	0	0	0	0	0	0	0	0	0	0	0	0	50	0	0
SN	C7	0	0	0	0	0	0	0	0	0	0	0	0	0	0	0	0	0	0	0	4540
SN	C8	1	30	44	1	6	6	0	2	0	13	0	2	0	2	0	1	1	1335	3825	103
GS	C1	0	9	0	0	1	10	0	1	1	6	0	1	0	9	0	0	1	5	1	0
GS	C2	0	0	0	0	-2	0	0	0	0	0	0	0	0	0	0	0	0	0	0	0
GS	C3	1	7	0	0	2	11	1	0	3	14	0	0	-1	14	0	0	0	14	4	0
GS	C4	14	4	1	0	6	8	0	2	-23	6	0	0	-15	6	0	0	0	7	0	0
GS	C5	0	5	0	4	5	10	0	14	2	6	0	10	0	9	0	11	0	3	0	11
GS	C6	0	0	0	0	0	0	0	0	0	0	0	0	0	0	0	0	0	0	0	0
GS	C7	0	0	0	0	0	0	0	0	0	0	0	0	0	0	0	0	0	0	0	0
GS	C8	-2	1	0	0	0	2	0	1	0	2	0	0	0	1	0	0	0	1	2	0
QH	C1	0	5	0	0	1	5	0	0	0	5	0	1	0	8	0	0	0	2	0	0
QH	C2	0	0	0	0	-4	1	0	1	0	0	0	0	0	0	0	0	0	1	0	0
QH	C3	0	0	0	0	0	0	0	0	0	1	0	0	0	1	0	0	0	1	0	0
QH	C4	0	0	0	0	0	0	0	0	-2	1	0	0	-3	0	0	0	-1	0	0	0
QH	C5	0	1	0	2	1	1	0	7	0	7	0	7	0	2	0	6	0	1	0	7
QH	C6	0	0	0	0	0	0	0	0	0	0	0	0	0	0	0	0	0	0	0	0
QH	C7	0	0	0	0	0	0	0	0	0	0	0	0	0	0	0	0	0	0	0	0
QH	C8	0	0	0	0	0	0	0	0	0	1	0	0	0	1	0	0	0	0	0	0
NX	C1	0	4	0	0	1	4	0	0	0	5	0	0	0	7	0	0	0	1	0	0
NX	C2	0	0	0	0	-1	0	0	0	0	0	0	0	0	0	0	0	0	1	0	0
NX	C3	0	2	0	0	1	3	0	0	1	7	0	0	0	4	0	0	0	4	1	0
NX	C4	1	1	0	0	1	1	0	0	-2	2	0	0	-3	2	0	0	0	1	0	0
NX	C5	0	1	0	2	1	1	0	5	0	1	0	5	0	2	0	5	0	1	0	4
NX	C6	0	0	0	0	0	0	0	0	0	0	0	0	0	0	0	0	0	0	0	0
NX	C7	0	0	0	0	0	0	0	0	0	0	0	0	0	0	0	0	0	0	0	0
NX	C8	0	1	0	0	1	0	0	0	0	3	0	1	0	2	0	0	1	0	0	0
XJ	C1	0	28	0	1	4	36	1	2	2	10	0	1	0	16	0	0	1	25	4	1
XJ	C2	0	1	0	0	-9	1	0	1	-1	0	0	0	0	0	0	0	0	1	0	0
XJ	C3	1	9	0	0	4	16	0	0	8	14	0	0	0	25	0	0	2	7	1	0
XJ	C4	5	1	0	0	0	2	0	0	-2	3	0	0	-7	1	0	0	0	1	0	0
XJ	C5	0	1	0	0	0	0	0	0	0	0	0	0	0	0	0	0	0	0	0	0
XJ	C6	0	0	0	0	0	0	0	0	0	0	0	0	0	0	0	0	0	0	0	0
XJ	C7	0	0	0	0	0	0	0	0	0	0	0	0	0	0	0	0	0	0	0	0
XJ	C8	0	2	0	1	1	1	0	0	0	4	0	1	0	2	0	1	1	1	1	0
IM	C1	182	85	0	3	13	20	0	1	1	3	0	0	0	68	0	2	4	22	4	1
IM	C2	-26	0	0	0	-12	0	0	0	-5	0	0	0	-2	15	0	0	-6	0	0	0
IM	C3	1700	318	10	1	73	88	3	2	49	11	0	0	0	113	0	0	-7	42	10	0
IM	C4	1757	20	3	1	42	23	0	8	-125	5	0	0	-17	10	0	0	-6	7	0	0
IM	C5	1561	130	0	238	98	290	0	769	-1	38	0	166	-3	76	0	204	9	108	0	361
IM	C6	2	0	0	0	0	0	0	0	0	0	0	0	0	0	0	0	0	0	0	0
IM	C7	0	0	0	0	0	0	0	0	0	0	0	0	0	0	0	0	0	0	0	0
IM	C8	24	17	13	3	6	36	0	15	1	20	9	4	0	5	0	2	2	35	87	2
TII	TII																				
VA	TVA																				
TI	TI																				

省份	部门	SN	GS	GS	GS	GS	QH	QH	QH	QH	NX	NX	NX	NX	XJ	XJ	XJ	XJ	EX	TFU	TO\IM
		FU202	FU1	FU103	FU201	FU202	FU1	FU103	FU201	FU202	FU1	FU103	FU201	FU202	FU1	FU103	FU201	FU202	EX	TFU	TO\IM
BJ	C1	5	6	0	0	0	2	0	1	0	1	0	0	0	1	0	0	0	108	2119	3442
BJ	C2	0	1	0	0	-1	0	0	0	0	0	0	0	0	0	0	0	0	15	-81	731
BJ	C3	12	36	2	0	0	8	0	0	-2	10	0	0	0	28	0	0	5	2422	7337	12936
BJ	C4	7	5	2	1	-4	0	0	0	0	1	0	0	3	6	0	1	7	631	3056	16768
BJ	C5	18	7	1	7	-1	1	0	1	0	3	0	11	1	18	0	28	7	605	6202	12023
BJ	C6	0	0	0	0	0	0	0	0	0	0	0	0	0	0	0	0	0	0	50	935
BJ	C7	0	0	0	0	0	0	0	0	0	0	0	0	0	0	0	0	0	0	8436	8438
BJ	C8	27	10	9	1	0	1	0	1	0	3	0	1	1	1	0	0	0	1812	11405	20054
TJ	C1	5	6	0	0	0	2	0	1	0	1	0	0	0	1	0	0	0	229	1969	3293
TJ	C2	0	0	0	0	0	0	0	0	0	0	0	0	0	0	0	0	0	60	83	867
TJ	C3	12	38	3	0	0	8	0	0	-2	10	0	0	0	29	0	0	5	2861	6688	12337
TJ	C4	33	5	3	1	-5	0	0	0	0	1	0	0	3	8	0	2	9	1186	2536	16350
TJ	C5	16	8	1	6	-1	1	0	1	0	3	0	11	1	15	0	26	5	999	6030	10348
TJ	C6	0	0	0	0	0	0	0	0	0	0	0	0	0	0	0	0	0	0	20	647
TJ	C7	0	0	0	0	0	0	0	0	0	0	0	0	0	0	0	0	0	0	4682	4682
TJ	C8	14	10	7	1	0	0	0	2	0	4	2	1	1	1	1	0	0	950	5921	12087
HE	C1	41	9	0	0	1	2	0	1	0	1	0	0	0	1	0	0	0	1612	12637	20066
HE	C2	0	2	0	0	-2	0	0	0	0	0	0	0	0	0	0	0	0	223	125	6794
HE	C3	21	49	3	0	0	9	0	0	-3	10	0	0	0	36	0	0	6	3036	11012	22493
HE	C4	44	6	3	1	-5	0	0	0	0	1	0	0	3	8	0	2	12	672	3158	30165
HE	C5	20	4	1	5	0	1	0	1	0	3	0	10	1	15	0	26	4	742	6209	9836
HE	C6	0	3	2	1	-4	0	0	0	0	0	0	0	0	0	0	0	0	0	65	3917
HE	C7	12	0	0	0	0	0	0	0	0	0	0	0	0	0	0	0	0	0	8808	8808
HE	C8	12	7	1	1	0	0	0	1	0	3	0	1	1	1	0	0	0	636	10380	20902
SX	C1	4	6	0	0	1	2	0	1	0	1	0	0	0	1	0	0	0	171	3211	6142
SX	C2	2	3	0	0	-3	1	0	0	0	0	0	0	0	0	0	0	0	757	272	6739
SX	C3	17	25	1	0	0	9	0	0	-3	11	0	0	0	25	0	0	4	467	3247	6052
SX	C4	14	4	2	1	-4	0	0	0	0	0	0	0	3	5	0	1	7	267	529	11212
SX	C5	16	3	0	4	0	1	0	1	0	3	0	12	1	5	0	19	2	202	2562	4829
SX	C6	0	1	1	0	-1	0	0	0	0	0	0	0	0	0	0	0	0	0	-26	1598
SX	C7	0	0	0	0	0	0	0	0	0	0	0	0	0	0	0	0	0	0	6963	6963
SX	C8	8	6	1	1	0	0	0	1	0	3	0	1	1	1	0	0	0	528	6946	12454
IM	C1	7	9	0	0	1	2	0	1	0	1	0	0	0	1	0	0	0	494	5879	9036
IM	C2	0	3	1	0	-4	1	0	0	0	0	0	0	0	0	0	0	0	91	64	2284
IM	C3	12	42	2	0	0	12	0	0	-3	33	0	1	3	42	0	1	7	514	3677	5700
IM	C4	3	3	1	1	-5	1	0	0	0	2	0	1	7	3	0	1	7	141	413	4463
IM	C5	10	7	0	2	0	1	0	1	0	6	0	26	3	4	0	24	2	106	1088	1790
IM	C6	0	0	0	0	0	0	0	0	0	0	0	0	0	0	0	0	0	0	25	850
IM	C7	0	0	0	0	0	0	0	0	0	0	0	0	0	0	0	0	0	0	3726	3726
IM	C8	6	5	1	1	0	0	0	1	0	3	1	1	1	1	1	0	0	266	5684	9925
LN	C1	1	4	0	0	0	1	0	1	0	1	0	0	0	1	0	0	0	1018	8661	16922
LN	C2	0	1	0	0	-1	0	0	0	0	0	0	0	0	0	0	0	0	455	-241	5376
LN	C3	1	2	0	0	0	0	0	0	0	2	0	0	0	5	0	0	1	4057	13249	23920
LN	C4	19	6	3	1	-5	0	0	0	0	1	0	1	3	8	0	2	12	3122	4327	47473
LN	C5	20	6	1	6	0	1	0	1	0	3	0	13	1	30	0	36	6	1472	13172	24901
LN	C6	0	1	1	0	-1	0	0	0	0	0	0	0	0	0	0	0	0	0	65	2775
LN	C7	0	0	0	0	0	0	0	0	0	0	0	0	0	0	0	0	0	0	13060	13060
LN	C8	9	8	5	1	0	0	0	1	0	3	0	1	1	1	0	0	0	426	13323	26925
JL	C1	38	9	0	0	1	2	0	1	0	1	0	0	0	1	0	0	0	1111	7181	12081
JL	C2	0	1	0	0	-1	0	0	0	0	0	0	0	0	0	0	0	0	19	-276	2910
JL	C3	9	29	2	0	0	8	0	0	-2	9	0	0	0	32	0	1	5	681	6553	10465
JL	C4	9	4	2	1	-4	0	0	0	0	1	0	0	3	6	0	1	9	329	2648	13283
JL	C5	12	5	1	7	0	1	0	1	0	3	0	10	1	12	0	37	9	127	3897	7721
JL	C6	0	0	0	0	0	0	0	0	0	0	0	0	0	0	0	0	0	0	60	1567
JL	C7	2	0	0	0	0	0	0	0	0	0	0	0	0	0	0	0	0	0	5387	5387
JL	C8	1	3	1	0	0	0	0	1	0	2	0	0	0	0	0	0	0	40	5420	12072
HL	C1	0	0	0	0	0	0	0	0	0	0	0	0	0	0	0	0	0	2756	7710	13700
HL	C2	0	1	0	0	1	0	0	0	0	0	0	0	0	0	0	0	0	3993	3816	15242
HL	C3	1	13	2	0	0	0	0	0	0	1	0	0	0	11	0	1	1	3460	11386	17358

续表

省份	部门	SN FU202	GS FU1	GS FU103	GS FU201	GS FU202	QH FU1	QH FU103	QH FU201	QH FU202	NX FU1	NX FU103	NX FU201	NX FU202	XJ FU1	XJ FU103	XJ FU201	XJ FU202	EX EX	TFU TFU	TO\IM TO\IM
HL	C4	5	4	2	1	−4	0	0	0	0	1	0	0	3	5	0	1	7	584	1052	13352
HL	C5	13	3	0	4	0	1	0	1	0	3	0	10	1	23	0	26	4	1334	4991	8832
HL	C6	0	0	0	0	0	0	0	0	0	0	0	0	0	0	0	0	0	0	49	1697
HL	C7	0	0	0	0	0	0	0	0	0	0	0	0	0	0	0	0	0	0	8667	8738
HL	C8	9	6	1	1	0	0	0	2	0	3	0	1	1	1	0	0	0	342	9530	18705
SH	C1	0	4	0	0	0	1	0	1	0	1	0	0	0	1	0	0	0	549	2053	3884
SH	C2	0	0	0	0	0	0	0	0	0	0	0	0	0	0	0	0	0	74	77	169
SH	C3	20	38	2	0	0	9	0	0	−3	7	0	0	0	43	0	0	7	12796	18980	31370
SH	C4	32	7	3	1	−6	0	0	0	0	1	0	0	2	10	0	2	12	2949	5193	41370
SH	C5	25	14	1	8	−1	1	0	1	0	2	0	8	1	34	0	37	7	4957	17801	32858
SH	C6	0	0	0	0	0	0	0	0	0	0	0	0	0	0	0	0	0	0	36	1624
SH	C7	0	0	0	0	0	0	0	0	0	0	0	0	0	0	0	0	0	0	10148	10148
SH	C8	42	13	9	1	0	1	0	2	0	5	3	1	1	2	2	0	0	2482	12088	25234
JS	C1	35	9	0	0	1	2	0	1	0	1	0	0	0	1	0	0	0	634	20263	38025
JS	C2	0	1	0	0	−1	0	0	0	0	0	0	0	0	0	0	0	0	16	−613	3259
JS	C3	28	76	4	1	−1	12	0	0	−3	9	0	0	0	72	0	1	12	3080	23564	62266
JS	C4	52	7	4	1	−5	0	0	0	0	1	0	0	3	10	0	3	13	786	5803	49925
JS	C5	30	16	1	10	−1	1	0	1	0	3	0	9	1	36	0	39	7	570	20077	39566
JS	C6	0	0	0	0	−1	0	0	0	0	0	0	0	0	0	0	0	0	0	81	3761
JS	C7	0	0	0	0	0	0	0	0	0	0	0	0	0	0	0	0	0	0	18154	18154
JS	C8	15	7	3	1	0	1	0	2	0	3	0	1	1	1	0	0	0	617	14886	32012
ZJ	C1	48	9	0	0	1	2	0	1	0	1	0	0	0	1	0	0	0	683	12574	22812
ZJ	C2	0	0	0	0	0	0	0	0	0	0	0	0	0	0	0	0	0	51	157	1388
ZJ	C3	19	63	4	1	−1	11	0	0	−3	8	0	0	0	62	0	1	10	2854	16766	40332
ZJ	C4	29	5	3	1	−4	0	0	0	0	1	0	0	2	8	0	2	10	517	3959	23869
ZJ	C5	20	7	1	6	0	1	0	1	0	2	0	7	1	31	0	30	6	659	9873	18213
ZJ	C6	0	0	0	0	0	0	0	0	0	0	0	0	0	0	0	0	0	0	82	1508
ZJ	C7	0	0	0	0	0	0	0	0	0	0	0	0	0	0	0	0	0	0	11346	11346
ZJ	C8	4	6	6	0	0	1	0	1	0	3	0	0	1	1	0	0	0	205	11070	21637
AH	C1	55	10	0	0	1	2	0	1	0	1	0	0	0	1	0	0	0	513	16261	25534
AH	C2	0	2	0	0	−2	0	0	0	0	0	0	0	0	0	0	0	0	54	23	2556
AH	C3	20	38	2	0	0	9	0	0	−3	9	0	0	0	40	0	0	7	1039	10453	17614
AH	C4	7	4	2	1	−4	0	0	0	0	1	0	0	2	4	0	1	8	185	1460	12986
AH	C5	13	3	0	5	0	1	0	1	0	2	0	7	1	12	0	19	3	237	2794	5139
AH	C6	0	1	0	0	−1	0	0	0	0	0	0	0	0	0	0	0	0	0	15	1193
AH	C7	0	0	0	0	0	0	0	0	0	0	0	0	0	0	0	0	0	0	7815	7815
AH	C8	7	6	1	1	0	1	0	2	0	3	0	1	1	1	0	0	0	329	7239	13248
FJ	C1	32	9	0	0	1	2	0	1	0	1	0	0	0	1	0	0	0	351	8684	13297
FJ	C2	0	0	0	0	0	0	0	0	0	0	0	0	0	0	0	0	0	67	123	2025
FJ	C3	9	31	2	0	−1	8	0	0	−3	6	0	0	0	29	0	1	4	2274	6259	11535
FJ	C4	2	3	1	0	−2	0	0	0	0	1	0	0	2	4	0	1	4	409	1205	7084
FJ	C5	4	7	0	2	0	1	0	1	0	2	0	3	0	9	0	2	0	375	2667	5034
FJ	C6	0	0	0	0	0	0	0	0	0	0	0	0	0	0	0	0	0	0	104	909
FJ	C7	0	0	0	0	0	0	0	0	0	0	0	0	0	0	0	0	0	0	5072	5072
FJ	C8	1	4	3	0	0	0	0	0	0	1	0	0	0	1	0	0	0	176	5440	10604
JX	C1	20	8	0	0	1	2	0	1	0	1	0	0	0	1	0	0	0	153	9226	14435
JX	C2	−1	0	0	0	−1	0	0	0	0	0	0	0	0	0	0	0	0	145	197	2808
JX	C3	8	20	1	0	0	8	0	0	−2	7	0	0	0	29	0	0	5	782	4612	8941
JX	C4	3	2	1	1	−3	0	0	0	0	1	0	0	0	3	0	1	6	375	1485	9087
JX	C5	8	5	0	4	0	1	0	1	0	2	0	7	1	5	0	20	3	132	2120	4235
JX	C6	0	0	0	0	0	0	0	0	0	0	0	0	0	0	0	0	0	0	55	823
JX	C7	0	0	0	0	0	0	0	0	0	0	0	0	0	0	0	0	0	0	4627	4627
JX	C8	4	5	1	1	0	0	0	1	0	2	0	1	1	1	0	0	0	252	5999	10947
SD	C1	42	9	0	0	1	2	0	1	0	1	0	0	0	1	0	0	0	2212	22758	41318
SD	C2	0	1	0	0	0	0	0	0	0	0	0	0	0	0	0	0	0	1029	1278	12547
SD	C3	22	46	3	0	0	9	0	0	−3	10	0	0	0	41	0	0	7	5997	22812	41146
SD	C4	16	5	3	1	−4	0	0	0	0	1	0	0	3	7	0	1	10	1119	5360	30004
SD	C5	18	6	1	6	0	1	0	1	0	3	0	10	1	14	0	26	4	1043	9477	16869
SD	C6	0	0	0	0	0	0	0	0	0	0	0	0	0	0	0	0	0	0	106	2722

省份	部门	SN	GS	GS	GS	GS	QH	QH	QH	QH	NX	NX	NX	NX	XJ	XJ	XJ	XJ	EX	TFU	TO\IM
		FU202	FU1	FU103	FU201	FU202	FU1	FU103	FU201	FU202	FU1	FU103	FU201	FU202	FU1	FU103	FU201	FU202	EX	TFU	TO\IM
SD	C7	0	0	0	0	0	0	0	0	0	0	0	0	0	0	0	0	0	0	17151	17151
SD	C8	7	5	1	1	0	1	0	1	0	3	0	1	1	1	0	0	0	414	16060	29346
HA	C1	143	13	0	0	1	2	0	1	0	1	0	0	0	1	0	0	0	1063	20442	32362
HA	C2	2	3	0	0	−3	1	0	0	0	0	0	0	0	0	0	0	0	92	−171	5508
HA	C3	52	84	6	1	0	12	0	0	−3	11	0	0	1	58	0	1	10	1320	10583	21609
HA	C4	58	6	4	2	−4	0	0	0	0	1	0	0	3	8	0	2	14	311	1983	20439
HA	C5	39	8	1	6	−1	1	0	1	0	3	0	11	1	18	0	31	4	361	5932	9900
HA	C6	0	0	0	0	−1	0	0	0	0	0	0	0	0	0	0	0	0	0	61	2008
HA	C7	0	0	0	0	0	0	0	0	0	0	0	0	0	0	0	0	0	0	11586	11586
HA	C8	0	0	0	0	0	0	0	0	0	0	0	0	0	0	0	0	0	0	14565	27201
HB	C1	55	10	0	0	1	2	0	1	0	1	0	0	0	1	0	0	0	751	14847	24974
HB	C2	−1	0	0	0	−1	0	0	0	0	0	0	0	0	0	0	0	0	25	28	1981
HB	C3	28	46	2	0	0	10	0	0	−3	10	0	0	0	52	0	0	9	2031	11518	24672
HB	C4	26	5	2	1	−5	0	0	0	0	1	0	0	3	7	0	2	10	354	1935	22822
HB	C5	23	6	1	10	0	1	0	1	0	3	0	10	1	18	0	40	10	471	6760	14524
HB	C6	0	1	1	0	−1	0	0	0	0	0	0	0	0	0	0	0	0	0	11	1923
HB	C7	0	0	0	0	0	0	0	0	0	0	0	0	0	0	0	0	0	0	8910	8910
HB	C8	12	9	6	1	0	0	0	2	0	3	0	1	1	1	0	0	0	653	10786	20771
HN	C1	29	9	0	0	1	2	0	1	0	1	0	0	0	1	0	0	0	460	15057	25339
HN	C2	0	1	0	0	−1	0	0	0	0	0	0	0	0	0	0	0	0	113	151	2828
HN	C3	9	20	1	0	0	8	0	0	−2	6	0	0	0	22	0	0	3	1112	10797	18199
HN	C4	1	1	1	0	−1	0	0	0	0	1	0	0	2	1	0	0	6	950	2259	15103
HN	C5	13	4	1	6	0	1	0	1	0	2	0	7	1	16	0	21	4	657	4551	8341
HN	C6	0	0	0	0	0	0	0	0	0	0	0	0	0	0	0	0	0	0	99	1204
HN	C7	0	0	0	0	0	0	0	0	0	0	0	0	0	0	0	0	0	0	8734	8734
HN	C8	2	3	1	0	0	1	0	1	0	2	0	0	0	1	0	0	0	74	11092	19421
GD	C1	18	8	0	0	1	2	0	1	0	1	0	0	0	1	0	0	0	2942	22516	34861
GD	C2	0	0	0	0	0	0	0	0	0	0	0	0	0	0	0	0	0	670	761	2742
GD	C3	19	36	1	0	−1	10	0	0	−3	7	0	0	0	48	0	1	6	20268	27424	34454
GD	C4	30	5	3	1	−2	0	0	0	0	1	0	0	2	9	0	3	12	5718	10267	29410
GD	C5	19	0	0	5	0	0	0	0	0	2	0	2	0	49	0	13	4	9145	13922	18462
GD	C6	0	0	0	0	0	0	0	0	0	0	0	0	0	0	0	0	0	12	507	2762
GD	C7	0	0	0	0	0	0	0	0	0	0	0	0	0	0	0	0	0	0	16038	16038
GD	C8	32	11	9	1	−2	1	0	2	0	4	1	1	1	1	1	0	0	2040	22249	40460
GX	C1	4	6	0	0	1	2	0	1	0	1	0	0	0	1	0	0	0	402	9718	13792
GX	C2	−1	0	0	0	−1	0	0	0	0	0	0	0	0	0	0	0	0	161	107	1531
GX	C3	13	27	1	0	0	9	0	0	−3	8	0	0	0	39	0	0	7	1093	5134	8411
GX	C4	2	2	2	0	−1	0	0	0	0	1	0	0	2	3	0	0	8	569	1608	6190
GX	C5	10	6	0	4	0	1	0	1	0	2	0	9	1	9	0	24	3	146	2398	3827
GX	C6	0	0	0	0	0	0	0	0	0	0	0	0	0	0	0	0	0	0	83	786
GX	C7	0	0	0	0	0	0	0	0	0	0	0	0	0	0	0	0	0	0	4029	4029
GX	C8	5	7	9	0	0	1	0	1	0	3	0	0	1	1	0	0	0	281	5112	9898
SC	C1	3	8	0	0	1	2	0	1	0	1	0	0	0	1	0	0	0	368	22001	38894
SC	C2	1	4	1	0	−4	1	0	0	0	0	0	0	0	0	0	0	0	15	−244	5534
SC	C3	46	83	3	0	1	16	0	0	−4	18	0	0	1	79	0	1	14	1441	15022	26101
SC	C4	14	5	3	2	−7	1	0	0	0	1	0	1	4	6	0	2	13	520	2230	22961
SC	C5	40	23	2	17	−2	2	0	2	0	5	0	20	2	28	0	61	10	574	7953	15848
SC	C6	0	0	0	0	0	0	0	0	0	0	0	0	0	0	0	0	0	0	180	2062
SC	C7	0	0	0	0	0	0	0	0	0	0	0	0	0	0	0	0	0	0	13452	13452
SC	C8	9	6	1	1	0	1	0	2	0	3	0	1	1	1	0	0	0	292	18630	32276
GZ	C1	0	4	0	0	0	2	0	1	0	1	0	0	0	1	0	0	0	57	6072	9225
GZ	C2	1	2	0	0	−2	0	0	0	0	0	0	0	0	0	0	0	0	54	50	1162
GZ	C3	12	27	1	0	0	10	0	0	−3	8	0	0	0	31	0	0	5	79	2780	4404
GZ	C4	2	2	1	0	−3	0	0	0	0	1	0	0	2	2	0	0	5	147	272	3941
GZ	C5	10	6	1	6	0	1	0	1	0	3	0	10	1	10	0	25	4	90	1322	2506
GZ	C6	0	0	0	0	0	0	0	0	0	0	0	0	0	0	0	0	0	0	24	641
GZ	C7	0	0	0	0	0	0	0	0	0	0	0	0	0	0	0	0	0	0	3114	3114
GZ	C8	3	4	1	1	0	1	0	1	0	2	0	0	1	1	0	0	0	144	3937	6669
YN	C1	16	9	0	0	1	2	0	1	0	1	0	0	0	1	0	1	0	232	7821	11125

省份	部门	SN	GS	GS	GS	GS	QH	QH	QH	QH	NX	NX	NX	NX	XJ	XJ	XJ	XJ	EX	TFU	TO\IM
		FU202	FU1	FU103	FU201	FU202	FU1	FU103	FU201	FU202	FU1	FU103	FU201	FU202	FU1	FU103	FU201	FU202	EX	TFU	TO\IM
YN	C2	0	0	0	0	0	0	0	0	0	0	0	0	0	0	0	0	0	22	11	1504
YN	C3	20	38	1	0	−1	11	0	0	−4	7	0	0	0	41	0	0	6	160	4682	7458
YN	C4	2	1	1	1	−3	0	0	0	0	1	0	0	3	1	0	0	5	455	876	6358
YN	C5	0	1	0	0	0	1	0	1	0	1	0	2	0	0	0	0	0	237	1508	2203
YN	C6	0	0	0	0	0	0	0	0	0	0	0	0	0	0	0	0	0	0	36	662
YN	C7	0	0	0	0	0	0	0	0	0	0	0	0	0	0	0	0	0	0	3928	3928
YN	C8	0	3	1	0	0	0	0	1	0	2	0	0	0	0	0	0	0	39	4650	7735
SN	C1	2950	5	0	0	0	2	0	1	0	1	0	0	0	1	0	0	0	111	7495	10339
SN	C2	48	3	0	0	−5	1	0	0	0	0	0	0	0	0	0	0	0	23	128	1335
SN	C3	1557	29	1	0	1	12	0	0	−3	13	0	0	1	22	0	0	4	674	5530	9382
SN	C4	563	4	3	2	−3	1	0	0	1	1	0	0	3	5	0	2	8	121	1091	5759
SN	C5	1112	22	2	20	−2	2	0	2	0	5	0	18	2	27	0	43	8	419	4662	7915
SN	C6	48	0	0	0	0	0	0	0	0	0	0	0	0	0	0	0	0	98	1022
SN	C7	224	0	0	0	0	0	0	0	0	0	0	0	0	0	0	0	0	0	4785	4785
SN	C8	509	8	8	1	0	1	0	1	0	3	1	1	1	2	1	0	0	523	6810	11258
GS	C1	4	3157	89	78	273	5	0	3	0	1	0	0	0	1	0	1	0	121	3878	6552
GS	C2	0	68	15	2	−80	0	0	0	0	0	0	0	0	0	0	0	0	37	38	1550
GS	C3	9	1458	54	8	−9	46	0	0	−6	33	0	1	2	32	0	1	6	151	1964	3357
GS	C4	8	229	127	53	−292	1	0	0	2	3	0	2	10	6	0	1	15	205	434	9013
GS	C5	18	371	41	627	5	8	0	4	0	9	0	26	3	23	0	18	1	48	1442	2859
GS	C6	0	29	21	5	−35	0	0	0	0	0	0	0	0	0	0	0	0	25	918
GS	C7	0	0	0	3085	6	0	0	0	0	0	0	0	0	0	0	0	0	0	3091	3091
GS	C8	1	2590	2926	154	−22	0	0	1	0	1	1	0	1	1	1	0	0	136	5838	9289
QH	C1	1	15	0	0	1	566	4	330	33	1	0	0	0	1	0	1	0	42	1081	1594
QH	C2	0	0	0	0	1	6	0	0	11	0	0	0	0	0	0	0	0	9	25	386
QH	C3	1	13	0	0	1	428	2	3	−65	7	0	0	1	4	0	0	1	27	428	687
QH	C4	0	1	1	2	−7	15	0	7	37	1	0	1	3	0	0	0	2	64	121	726
QH	C5	6	1	0	0	0	48	0	173	15	2	0	17	1	1	0	15	1	5	361	661
QH	C6	0	0	0	0	0	17	0	2	−5	0	0	0	0	0	0	0	0	0	14	171
QH	C7	0	0	0	0	0	0	0	1312	1	0	0	0	0	0	0	0	0	0	1313	1381
QH	C8	0	1	0	0	0	360	575	242	46	1	0	0	0	0	0	0	0	0	1233	2593
NX	C1	1	10	0	0	1	3	0	2	0	685	3	25	101	1	0	1	0	48	956	1476
NX	C2	1	6	1	0	−7	1	0	0	0	25	0	0	16	0	0	0	0	75	120	449
NX	C3	2	23	0	0	1	15	0	0	−3	379	3	4	4	13	0	0	3	45	548	875
NX	C4	0	2	1	1	−4	1	0	0	1	39	0	13	82	1	0	0	3	34	184	1177
NX	C5	3	0	0	1	0	2	0	2	0	43	0	188	18	1	0	12	1	43	377	594
NX	C6	0	0	0	0	0	0	0	0	0	18	0	4	−1	0	0	0	0	0	21	249
NX	C7	0	0	0	0	0	0	0	0	0	1207	3	0	0	0	0	0	0	0	1210	1270
NX	C8	0	3	0	0	0	0	0	1	0	374	657	21	37	0	0	0	0	56	1185	1947
XJ	C1	21	13	0	0	1	3	0	2	0	1	0	0	0	1969	67	1220	833	451	5104	8163
XJ	C2	0	1	0	0	0	0	0	0	0	0	0	0	0	185	0	13	11	202	1909
XJ	C3	7	25	0	0	2	11	0	0	−2	16	0	0	1	2329	10	11	429	299	3326	4689
XJ	C4	0	1	0	0	−2	1	0	0	0	1	0	0	2	120	0	40	447	68	686	3545
XJ	C5	0	0	0	0	0	1	0	1	0	1	0	1	0	102	0	736	44	25	917	1265
XJ	C6	0	0	0	0	0	0	0	0	0	0	0	0	0	13	0	4	4	0	22	443
XJ	C7	0	0	0	0	0	0	0	0	0	0	0	0	0	0	0	2710	23	0	2733	2733
XJ	C8	1	3	2	0	0	0	0	1	0	2	0	0	0	2445	1888	155	108	46	4720	7599
IM	C1	18	33	1	1	3	13	0	8	1	24	0	1	3	5	0	3	2	0	6352	11718
IM	C2	−1	0	0	0	0	0	0	0	0	0	0	0	0	0	0	0	0	0	−163	3866
IM	C3	48	43	2	0	−1	5	0	0	0	8	0	0	1	15	0	1	3	0	16217	40257
IM	C4	17	6	3	2	−12	1	0	0	1	4	0	1	8	5	0	1	19	0	3303	47956
IM	C5	326	90	13	248	16	12	0	17	1	21	0	51	7	34	0	251	34	0	35813	70044
IM	C6	0	0	0	0	0	0	0	0	0	0	0	0	0	0	0	0	0	0	60	329
IM	C7	0	0	0	0	0	0	0	0	0	0	0	0	0	0	0	0	0	0	0	0
IM	C8	13	10	18	0	0	0	0	0	0	13	41	1	2	11	28	0	1	0	1458	3259
TII	TII																				
VA	TVA																				
TI	TI																				

表 1－12　　　　　　　　1992 年中国省际间投入产出表（8 部门）

省份	部门	BJ C1	BJ C2	BJ C3	BJ C4	BJ C5	BJ C6	BJ C7	BJ C8	TJ C1	TJ C2	TJ C3	TJ C4	TJ C5	TJ C6	TJ C7	TJ C8	HE C1	HE C2	HE C3	HE C4
BJ	C1	423	0	4084	251	0	0	1	454	3	0	11	1	0	0	0	2	21	0	33	1
BJ	C2	4	213	209	421	45	5	183	67	0	0	6	20	3	7	1	6	1	11	5	27
BJ	C3	523	16	3839	919	500	11	596	6248	36	1	186	35	13	0	5	108	90	1	88	23
BJ	C4	832	287	3007	11062	4379	410	4049	4746	8	12	47	515	172	1	63	16	42	7	28	114
BJ	C5	33	51	197	551	7896	169	650	1868	0	6	5	14	181	1	10	35	1	11	5	11
BJ	C6	102	91	417	1102	231	46	83	1147	0	0	0	0	0	0	0	0	0	0	0	0
BJ	C7	0	0	0	5	4	4	0	612	0	0	0	0	0	0	0	0	0	0	0	0
BJ	C8	842	338	4617	5852	4587	163	2675	25668	4	1	44	39	11	1	5	40	15	6	33	49
TJ	C1	0	0	3	0	0	0	0	0	554	0	1901	213	6	0	3	274	4	0	6	0
TJ	C2	0	1	3	4	0	0	2	1	0	1	61	1208	10	95	85	178	0	6	7	39
TJ	C3	23	0	88	12	8	0	14	126	530	41	7240	1180	342	4	126	1953	21	1	31	9
TJ	C4	10	3	58	255	135	2	175	112	508	305	1945	11906	3285	171	1818	2001	199	49	143	734
TJ	C5	0	1	5	11	158	2	15	36	1	233	149	518	5752	32	403	1251	2	22	10	21
TJ	C6	0	0	0	0	0	0	0	0	143	100	209	765	172	46	28	390	0	0	0	0
TJ	C7	0	0	0	0	0	0	0	0	0	0	0	0	5	2	4	422	0	0	0	0
TJ	C8	2	1	9	11	11	0	5	101	361	246	1796	3193	1378	70	608	4601	26	12	59	97
HE	C1	21	0	202	12	0	0	0	22	43	0	147	16	0	0	0	21	4166	12	6722	254
HE	C2	2	43	90	350	14	60	58	47	0	3	99	450	36	36	105	76	18	1203	159	2666
HE	C3	63	0	447	22	11	0	3	212	23	4	344	99	38	0	10	202	1173	271	14538	1831
HE	C4	11	5	85	394	216	6	308	190	35	38	171	1395	327	13	369	213	2161	950	2511	17905
HE	C5	1	2	5	14	144	3	18	39	0	17	12	49	290	2	25	76	85	585	287	635
HE	C6	2	2	8	22	5	1	2	23	13	9	18	68	15	4	2	35	728	1173	1137	2464
HE	C7	0	0	0	0	0	0	0	0	0	0	0	0	0	0	0	0	43	11	17	0
HE	C8	3	2	15	19	20	1	12	182	3	2	40	56	14	1	10	58	1184	974	2614	4781
SX	C1	0	0	2	0	0	0	0	0	0	0	2	0	0	0	0	0	4	0	7	0
SX	C2	4	5	89	365	21	169	11	81	1	4	83	289	40	102	9	89	25	323	167	836
SX	C3	5	0	13	2	1	0	2	18	2	0	16	2	1	0	1	7	7	0	8	2
SX	C4	1	1	12	72	43	0	27	10	5	5	26	270	76	0	29	36	46	25	36	869
SX	C5	0	0	0	0	5	0	1	1	0	0	0	1	9	0	1	2	0	1	1	1
SX	C6	1	1	4	9	2	0	1	10	5	3	7	24	5	1	1	12	12	19	18	39
SX	C7	0	0	0	0	0	0	0	0	0	0	0	0	0	0	0	0	0	0	0	0
SX	C8	0	1	1	2	2	0	1	9	1	1	12	25	5	1	5	24	6	8	19	48
IM	C1	3	0	33	2	0	0	0	4	7	0	24	3	0	0	0	3	54	0	87	3
IM	C2	1	12	42	126	7	47	20	28	0	2	44	165	15	28	34	38	6	114	88	506
IM	C3	24	0	27	2	0	0	0	44	9	0	15	4	1	0	1	12	27	0	29	8
IM	C4	1	1	16	96	61	1	50	20	4	8	28	301	94	1	54	20	29	10	23	140
IM	C5	0	0	1	3	27	0	3	6	0	3	2	8	47	0	4	7	1	7	3	6
IM	C6	1	1	4	10	2	0	1	11	5	3	7	26	6	2	1	13	13	20	20	43
IM	C7	0	0	0	0	0	0	0	0	0	0	0	0	0	0	0	0	0	0	0	0
IM	C8	0	0	1	1	1	0	1	5	2	1	26	29	7	1	5	29	9	6	23	43
LN	C1	1	0	7	0	0	0	0	1	2	0	5	1	0	0	0	1	10	0	16	1
LN	C2	0	2	12	54	3	20	3	10	0	1	13	50	6	14	4	13	2	28	15	90
LN	C3	3	0	82	3	2	0	0	12	1	0	40	3	1	0	1	4	3	1	68	4
LN	C4	10	11	67	418	208	27	136	114	20	44	125	1265	383	65	185	471	393	115	189	559
LN	C5	0	1	4	10	112	1	13	28	0	12	7	30	218	1	20	35	3	24	10	22
LN	C6	0	0	0	0	0	0	0	0	0	0	0	0	0	0	0	0	0	0	0	0
LN	C7	0	0	0	0	0	0	0	0	0	0	0	0	0	0	0	0	0	0	0	0
LN	C8	0	0	1	1	2	0	1	6	1	1	14	22	5	0	4	21	6	6	17	37
JL	C1	3	0	25	2	0	0	0	3	6	0	20	2	0	0	0	3	41	0	67	3
JL	C2	1	9	20	77	3	13	13	10	0	1	25	99	7	9	27	19	2	59	51	319
JL	C3	15	0	71	3	2	0	2	36	6	0	59	8	6	0	7	53	17	2	84	12
JL	C4	7	2	28	122	57	2	38	33	28	11	82	496	124	6	48	77	181	34	116	462
JL	C5	0	1	2	8	149	2	10	26	0	12	6	29	379	1	13	87	2	25	11	27
JL	C6	0	0	0	0	0	0	0	0	0	0	0	0	0	0	0	0	0	0	0	0
JL	C7	0	0	0	0	0	0	0	9	0	0	0	0	0	0	0	0	1	0	0	0
JL	C8	1	1	4	6	6	1	4	40	2	1	28	47	11	1	9	47	13	15	37	85
HL	C1	0	0	1	0	0	0	0	0	0	0	2	0	0	0	0	1	3	0	30	0
HL	C2	2	10	46	1683	9	63	16	34	0	2	53	253	20	50	29	58	6	160	80	1381
HL	C3	0	0	1	0	0	0	0	3	0	0	6	3	1	0	0	8	0	0	0	0
HL	C4	0	1	2	10	2	0	2	7	0	2	17	3	5	5	36	25	8	10	18	
HL	C5	0	0	0	0	1	0	0	0	0	0	0	1	0	0	0	0	0	0	0	0

续表

省份	部门	BJ C1	BJ C2	BJ C3	BJ C4	BJ C5	BJ C6	BJ C7	BJ C8	TJ C1	TJ C2	TJ C3	TJ C4	TJ C5	TJ C6	TJ C7	TJ C8	HE C1	HE C2	HE C3	HE C4
HL	C6	1	1	3	8	2	0	1	8	4	3	6	20	5	1	1	10	10	16	15	33
HL	C7	0	0	0	0	0	0	0	0	0	0	0	0	0	0	0	0	0	0	0	0
HL	C8	0	0	0	0	0	0	0	0	0	0	0	0	0	0	0	0	0	0	0	0
SH	C1	2	0	16	1	0	0	0	2	4	0	13	1	0	0	0	0	2	29	0	47
SH	C2	0	1	2	3	0	0	2	1	0	0	3	11	0	0	4	2	0	8	9	51
SH	C3	83	0	139	14	7	0	12	205	34	1	145	33	9	0	5	69	105	3	132	39
SH	C4	8	3	51	281	161	3	95	47	33	24	129	1063	316	8	114	114	271	57	176	907
SH	C5	1	2	7	19	272	3	21	56	0	30	15	59	467	3	27	96	5	45	20	46
SH	C6	0	0	0	0	0	0	0	0	0	0	0	0	0	0	0	0	0	0	0	0
SH	C7	0	0	0	0	0	0	0	10	0	0	0	0	0	0	0	0	0	1	0	1
SH	C8	11	4	40	51	55	3	34	515	14	7	165	183	48	4	30	188	81	58	175	321
JS	C1	5	0	51	3	0	0	0	6	12	0	42	5	0	0	0	6	89	0	143	5
JS	C2	1	9	25	82	3	19	15	14	0	1	33	122	8	14	33	26	4	87	77	458
JS	C3	71	0	1302	57	34	1	5	334	29	7	852	157	60	1	15	334	85	13	1152	72
JS	C4	11	7	63	333	179	11	136	92	37	34	160	1208	349	29	179	252	412	108	259	882
JS	C5	2	4	17	43	514	8	51	127	0	59	40	151	963	7	77	275	12	106	47	100
JS	C6	0	0	0	0	0	0	0	0	0	0	0	0	0	0	0	0	0	0	0	0
JS	C7	0	0	0	0	0	0	0	0	0	0	0	0	0	0	0	0	0	0	0	0
JS	C8	1	2	4	6	7	1	5	40	8	4	100	117	30	2	20	118	36	27	95	183
ZJ	C1	2	0	22	1	0	0	0	2	5	0	18	2	0	0	0	0	3	39	0	63
ZJ	C2	0	0	1	4	0	1	1	1	0	0	2	6	1	1	1	1	0	5	4	21
ZJ	C3	17	0	297	13	8	0	1	63	7	1	165	21	7	0	3	41	21	3	278	19
ZJ	C4	3	1	8	28	10	1	8	12	11	3	29	134	27	2	12	30	87	18	58	249
ZJ	C5	0	1	2	5	53	1	6	13	0	6	4	16	97	1	9	18	2	13	6	12
ZJ	C6	0	0	0	0	0	0	0	0	0	0	0	0	0	0	0	0	0	0	0	0
ZJ	C7	0	0	0	0	0	0	1	0	0	0	0	0	0	0	0	0	0	0	0	0
ZJ	C8	1	0	4	5	5	0	3	54	0	0	4	5	2	0	1	6	7	3	8	13
AH	C1	15	0	143	9	0	0	0	16	34	0	116	13	0	0	0	0	17	253	1	408
AH	C2	1	24	41	57	3	1	38	13	0	1	59	223	8	1	85	38	5	164	173	1026
AH	C3	2	0	2	0	0	0	0	3	1	0	7	4	2	0	1	10	2	1	13	4
AH	C4	2	0	7	19	6	0	4	7	10	2	27	108	22	0	5	18	73	15	52	232
AH	C5	0	0	1	3	29	2	3	11	0	5	6	19	93	1	5	79	1	7	3	7
AH	C6	1	1	3	7	2	0	1	8	4	2	5	19	4	1	1	10	9	15	14	31
AH	C7	0	0	0	0	0	0	0	0	0	0	0	0	0	0	0	0	0	1	0	0
AH	C8	0	0	1	1	1	0	1	12	0	0	0	0	0	0	0	0	0	0	0	0
FJ	C1	1	0	10	1	0	0	0	1	2	0	8	1	0	0	0	0	1	20	0	32
FJ	C2	0	1	3	7	0	2	2	2	0	0	4	14	1	2	4	3	1	14	13	73
FJ	C3	12	0	66	10	7	0	13	80	5	0	101	9	4	0	2	35	16	0	15	4
FJ	C4	1	0	4	15	6	0	7	6	4	2	13	66	14	1	9	12	42	9	29	111
FJ	C5	0	0	1	2	70	0	4	10	0	0	3	3	79	1	3	18	1	6	3	5
FJ	C6	0	0	1	3	1	0	0	3	1	1	2	7	2	0	0	4	3	5	5	11
FJ	C7	0	0	0	0	0	0	0	0	0	0	0	0	0	0	0	0	0	0	0	0
FJ	C8	4	2	20	26	30	2	21	306	2	1	20	28	7	1	6	31	9	11	30	59
JX	C1	3	0	32	2	0	0	0	4	8	0	26	3	0	0	0	0	4	63	0	101
JX	C2	0	4	11	29	2	9	6	6	0	1	15	62	5	8	13	13	2	51	38	228
JX	C3	11	0	14	1	0	0	1	24	4	1	23	6	4	0	3	31	15	1	25	7
JX	C4	1	1	6	32	16	2	11	10	3	4	13	109	31	5	16	38	48	13	26	79
JX	C5	0	0	0	1	25	0	2	4	0	2	1	3	51	0	2	10	0	4	2	4
JX	C6	0	0	0	0	0	0	0	0	0	0	0	0	0	0	0	0	0	0	0	0
JX	C7	0	0	0	0	0	0	0	0	0	0	0	0	0	0	0	0	0	0	0	0
JX	C8	0	1	1	2	2	0	1	1	1	1	8	16	4	0	3	16	4	5	13	31
SD	C1	5	0	46	3	0	0	0	5	11	0	39	4	0	0	0	0	6	82	0	132
SD	C2	2	12	50	500	9	64	20	36	0	3	66	258	24	52	41	62	9	181	120	953
SD	C3	84	0	516	26	14	0	6	241	36	2	359	64	22	0	6	140	104	5	464	43
SD	C4	17	4	69	283	134	2	99	81	78	28	226	1312	317	7	141	156	575	101	385	1545
SD	C5	0	1	5	12	196	3	15	41	0	18	12	46	442	2	23	124	3	35	15	36
SD	C6	1	1	3	7	2	0	1	8	3	2	5	19	4	1	1	9	9	14	14	30
SD	C7	0	0	0	0	0	0	0	9	0	0	0	0	0	0	0	0	0	1	0	0
SD	C8	1	2	4	7	8	1	5	39	7	4	89	115	28	2	20	115	36	30	94	191
HA	C1	9	0	83	5	0	0	0	9	18	0	63	7	0	0	0	0	154	0	248	9
HA	C2	2	4	42	252	10	78	6	38	0	2	40	155	21	49	5	43	10	156	72	458
HA	C3	65	0	209	11	4	0	1	160	25	2	163	55	18	0	3	92	84	3	229	40

续表

省份	部门	BJ C1	BJ C2	BJ C3	BJ C4	BJ C5	BJ C6	BJ C7	BJ C8	TJ C1	TJ C2	TJ C3	TJ C4	TJ C5	TJ C6	TJ C7	TJ C8	HE C1	HE C2	HE C3	HE C4
HA	C4	3	1	19	85	47	1	68	41	9	9	40	317	74	2	85	40	92	28	70	429
HA	C5	0	0	2	5	45	1	6	11	0	7	4	18	97	1	8	14	2	16	7	14
HA	C6	0	0	0	0	0	0	0	0	0	0	0	0	0	0	0	0	0	0	0	0
HA	C7	0	0	0	0	0	0	0	0	0	0	0	0	0	0	0	0	0	0	0	0
HA	C8	0	0	1	1	1	0	6	1	1	1	16	22	5	0	4	21	6	6	17	35
HB	C1	7	0	69	4	0	0	0	8	15	0	52	6	0	0	0	8	126	0	203	8
HB	C2	0	4	10	23	1	7	7	5	0	0	11	42	3	4	12	9	2	38	35	201
HB	C3	62	0	71	5	1	0	0	117	24	0	45	20	4	0	1	25	80	1	95	29
HB	C4	3	3	29	184	107	5	71	36	8	16	54	568	182	12	83	95	139	38	77	251
HB	C5	0	1	2	6	80	1	7	16	0	8	5	21	174	1	10	34	2	19	9	18
HB	C6	0	0	0	0	0	0	0	0	0	0	0	0	0	0	0	0	0	0	0	0
HB	C7	0	0	0	0	0	0	0	0	0	0	0	0	0	0	0	0	0	0	0	0
HB	C8	2	1	9	12	13	1	9	124	4	2	44	50	13	1	8	51	15	12	42	78
HN	C1	6	0	59	4	0	0	0	7	13	0	45	5	0	0	0	6	110	0	177	7
HN	C2	0	3	12	44	3	19	4	10	0	1	12	51	6	11	6	12	3	52	29	170
HN	C3	42	0	49	3	1	0	1	83	16	0	41	15	5	0	2	34	55	1	68	20
HN	C4	1	1	11	63	37	1	33	17	3	6	19	202	61	3	39	27	42	13	26	123
HN	C5	0	0	2	4	50	1	5	14	0	5	4	15	107	1	8	36	1	13	6	12
HN	C6	0	0	0	0	0	0	0	0	0	0	0	0	0	0	0	0	0	0	0	0
HN	C7	0	0	0	0	0	0	0	0	0	0	0	0	0	0	0	0	0	0	0	0
HN	C8	0	1	1	2	2	0	1	7	2	1	20	29	7	1	5	28	8	8	22	48
GD	C1	3	0	30	2	0	0	0	3	7	0	23	3	0	0	0	3	54	0	86	3
GD	C2	0	1	2	10	1	4	1	2	0	0	2	19	3	2	1	2	1	23	5	54
GD	C3	105	0	724	36	20	0	8	328	41	5	524	111	43	0	15	265	130	10	680	71
GD	C4	9	2	33	125	56	2	49	46	32	12	96	505	120	6	61	87	299	62	204	767
GD	C5	0	2	8	15	287	2	25	60	0	14	11	32	365	2	32	68	3	36	15	34
GD	C6	19	17	77	203	43	8	15	212	98	68	142	522	117	32	19	266	250	403	390	846
GD	C7	0	0	0	0	0	0	0	0	0	0	0	0	0	0	0	0	0	0	0	0
GD	C8	3	1	13	15	14	0	5	131	2	1	25	29	8	1	5	31	16	8	28	51
GX	C1	3	0	31	2	0	0	0	3	7	0	23	3	0	0	0	3	62	0	101	4
GX	C2	0	1	2	5	0	1	1	1	0	0	2	8	1	0	2	1	0	13	9	56
GX	C3	40	0	49	4	1	0	2	84	15	1	53	15	7	0	5	59	58	2	72	19
GX	C4	1	0	8	40	24	0	28	15	4	4	17	140	37	0	32	11	39	11	31	159
GX	C5	0	0	1	3	32	0	3	7	0	3	2	8	55	0	4	8	1	9	4	9
GX	C6	0	0	1	2	0	0	0	2	1	1	1	5	1	0	0	3	3	4	4	9
GX	C7	0	0	0	0	0	0	0	0	0	0	0	0	0	0	0	0	0	0	0	0
GX	C8	2	1	8	10	11	1	8	115	1	1	14	17	5	0	3	18	5	5	16	31
HI	C1	1	0	11	1	0	0	0	1	2	0	7	1	0	0	0	1	30	0	48	2
HI	C2	0	0	0	0	0	0	0	0	0	0	2	0	0	0	0	0	0	4	1	12
HI	C3	6	0	6	0	0	0	0	11	2	0	4	1	0	0	0	3	13	1	18	5
HI	C4	0	0	0	1	0	0	0	0	0	0	1	3	1	0	0	0	4	1	3	10
HI	C5	0	0	0	0	0	0	0	0	0	0	0	0	0	0	0	0	0	0	0	0
HI	C6	0	0	0	0	0	0	0	0	0	0	1	0	0	0	0	1	1	1	1	2
HI	C7	0	0	0	0	0	0	0	0	0	0	0	0	0	0	0	0	0	0	0	0
HI	C8	0	0	0	1	1	0	0	6	1	1	17	18	5	0	3	18	6	4	15	26
SC	C1	0	0	2	0	0	0	0	0	0	0	1	0	0	0	0	0	3	0	4	0
SC	C2	0	1	5	18	1	7	2	4	0	0	6	23	2	4	3	5	1	24	14	83
SC	C3	50	0	133	11	6	0	7	137	19	1	118	20	7	0	2	54	64	1	100	18
SC	C4	1	1	16	99	63	0	39	12	5	8	32	331	108	0	42	12	47	8	32	143
SC	C5	0	0	2	5	88	1	7	16	0	7	4	15	151	1	8	26	2	14	6	14
SC	C6	1	1	3	7	1	0	0	7	3	2	5	17	4	1	1	9	8	13	13	28
SC	C7	0	0	0	0	0	0	0	0	0	0	0	0	0	0	0	0	0	0	0	0
SC	C8	0	0	0	1	1	0	0	2	2	1	28	28	8	1	4	29	9	5	23	39
GZ	C1	0	0	5	0	0	0	0	1	1	0	3	0	0	0	0	0	10	0	16	1
GZ	C2	0	1	1	2	0	0	1	0	0	0	1	7	1	0	1	1	0	13	5	41
GZ	C3	38	0	56	3	1	0	0	72	14	0	26	5	0	0	0	11	60	1	67	15
GZ	C4	0	0	2	9	6	0	4	2	0	1	3	27	9	0	4	1	6	2	5	19
GZ	C5	0	0	0	0	3	0	0	1	0	0	1	5	0	0	1	0	1	0	1	1
GZ	C6	0	0	1	2	0	0	0	2	1	1	1	4	1	0	0	2	2	3	3	7
GZ	C7	0	0	0	0	0	0	0	0	0	0	0	0	0	0	0	0	0	0	0	0
GZ	C8	3	1	11	12	11	0	3	92	2	1	19	20	5	0	3	20	6	4	16	28
YN	C1	0	0	1	0	0	0	0	0	0	0	1	0	0	0	0	0	3	0	5	0

续表

省份	部门	BJ C1	BJ C2	BJ C3	BJ C4	BJ C5	BJ C6	BJ C7	BJ C8	TJ C1	TJ C2	TJ C3	TJ C4	TJ C5	TJ C6	TJ C7	TJ C8	HE C1	HE C2	HE C3	HE C4
YN	C2	0	0	0	2	0	0	0	0	0	0	0	4	1	0	0	0	0	9	2	23
YN	C3	28	0	31	2	0	0	0	52	10	0	16	4	1	0	0	10	41	0	38	10
YN	C4	0	0	2	16	11	0	7	1	0	1	3	48	17	0	7	1	1	0	1	3
YN	C5	0	0	0	0	1	0	0	0	0	0	0	0	1	0	0	0	0	0	0	0
YN	C6	0	0	1	3	1	0	3	1	1	2	6	1	0	0	0	3	3	5	5	10
YN	C7	0	0	0	0	0	0	0	1	0	0	0	0	0	0	0	0	0	0	0	0
YN	C8	0	0	0	0	0	0	0	3	0	0	1	1	0	0	0	1	0	1	1	3
SN	C1	2	0	18	1	0	0	0	2	4	0	13	2	0	0	0	2	35	0	56	2
SN	C2	0	4	8	69	3	13	1	7	0	0	7	64	9	8	2	8	2	78	15	193
SN	C3	28	0	205	9	5	0	0	71	10	0	104	14	3	0	1	22	38	2	194	16
SN	C4	1	0	4	19	10	0	12	8	3	2	11	76	18	0	14	10	28	8	21	164
SN	C5	0	0	2	4	107	1	7	17	0	4	4	9	126	1	6	30	1	10	4	10
SN	C6	0	0	0	0	0	0	0	0	0	0	0	0	0	0	0	0	0	0	0	0
SN	C7	0	0	0	0	0	0	0	7	0	0	0	0	0	0	0	0	0	1	0	0
SN	C8	1	0	6	8	9	1	6	94	0	0	4	5	2	0	1	7	5	3	8	14
GS	C1	1	0	9	1	0	0	0	1	2	0	7	1	0	0	0	1	19	0	30	1
GS	C2	0	0	4	16	1	7	1	3	0	0	3	12	2	4	1	3	1	16	9	47
GS	C3	3	0	4	0	0	0	0	7	1	0	3	1	0	0	0	3	5	0	6	2
GS	C4	1	2	13	85	47	4	31	19	2	8	19	233	75	9	36	64	71	21	34	101
GS	C5	0	0	0	1	10	0	1	2	0	1	0	2	14	0	1	2	0	2	1	2
GS	C6	0	0	0	0	0	0	0	0	0	0	0	0	0	0	0	0	0	0	0	0
GS	C7	0	0	0	0	0	0	0	0	0	0	0	0	0	0	0	0	0	0	0	0
GS	C8	0	0	1	0	0	0	1	6	0	0	5	8	2	0	1	8	2	2	6	14
QH	C1	0	0	1	0	0	0	0	0	0	0	0	0	0	0	0	0	4	0	7	0
QH	C2	0	0	0	1	0	0	0	0	0	0	1	5	0	0	2	1	0	4	2	16
QH	C3	0	0	3	0	0	0	0	1	0	0	3	0	0	0	0	1	0	0	1	0
QH	C4	0	0	2	18	12	0	7	1	0	2	5	82	29	0	11	1	2	0	1	4
QH	C5	0	0	0	0	1	0	0	0	0	0	1	5	0	0	1	0	0	0	0	0
QH	C6	0	0	0	0	0	0	0	0	0	0	0	0	0	0	0	0	0	0	0	0
QH	C7	0	0	0	0	0	0	0	0	0	0	0	0	0	0	0	0	0	0	0	0
QH	C8	0	0	0	0	0	0	0	0	0	0	0	0	0	0	0	0	0	0	0	1
NX	C1	0	0	2	0	0	0	0	0	0	0	1	0	0	0	0	0	4	0	7	0
NX	C2	0	0	2	11	1	5	0	2	0	0	2	7	1	2	0	2	0	4	2	12
NX	C3	2	0	5	0	0	0	0	5	1	0	4	1	0	0	0	2	3	0	4	1
NX	C4	1	0	4	19	10	0	6	4	3	1	8	50	13	1	5	9	24	5	15	55
NX	C5	0	0	0	0	2	0	0	1	0	0	0	0	2	0	0	0	0	2	1	2
NX	C6	0	0	0	1	0	0	0	1	1	0	1	3	1	0	0	1	1	2	2	4
NX	C7	0	0	0	0	0	0	0	0	0	0	0	0	0	0	0	0	0	0	0	0
NX	C8	0	0	0	0	0	0	0	1	0	0	5	5	1	0	1	5	2	1	4	8
XJ	C1	4	0	41	3	0	0	0	5	8	0	29	3	0	0	0	4	94	0	152	6
XJ	C2	0	0	4	39	1	7	1	3	0	0	5	21	2	5	2	5	1	20	11	91
XJ	C3	16	0	63	4	2	0	2	40	5	0	36	4	1	0	0	9	27	1	73	8
XJ	C4	1	1	4	22	6	3	5	11	0	3	4	42	10	8	9	53	60	19	28	70
XJ	C5	0	0	0	0	0	0	0	0	0	0	0	0	0	1	0	0	0	0	0	0
XJ	C6	0	0	1	1	0	0	0	1	1	0	1	3	1	0	0	2	2	3	3	6
XJ	C7	0	0	0	0	0	0	0	0	0	0	0	0	0	0	0	0	0	0	0	0
XJ	C8	0	1	1	1	2	0	1	6	3	1	30	35	9	1	6	35	11	8	28	54
IM	C1	2	0	15	1	0	0	0	2	1	0	2	0	0	0	0	0	1	0	2	0
IM	C2	3	27	77	320	21	117	21	61	0	1	53	193	6	1	77	34	0	20	1	39
IM	C3	8	0	357	15	12	0	10	62	25	0	76	11	2	0	1	31	4	10	654	75
IM	C4	24	6	67	206	51	9	40	96	14	5	38	172	31	10	20	91	38	272	764	10296
IM	C5	1	2	9	31	461	5	35	83	0	11	8	23	228	2	10	44	0	2	1	1
IM	C6	0	0	0	0	0	0	0	0	0	0	0	0	0	0	0	0	0	0	0	0
IM	C7	0	0	0	0	0	0	0	0	0	0	0	0	0	0	0	0	0	0	0	0
IM	C8	1	0	2	3	3	0	2	36	0	0	5	4	1	0	1	5	3	1	5	8
TII	TII	3987	1308	24010	28690	22832	1693	10485	47932	3279	1631	20806	35759	19536	1128	5848	17889	16222	9230	40385	61327
VA	VA001	1853	305	2344	2228	2591	261	2824	11108	652	273	2075	3192	2521	59	1190	4650	21923	3003	4144	5102
VA	VA002	1165	-115	1840	3503	2815	531	490	4023	128	154	1112	2518	1277	315	185	-431	669	-476	3049	4291
VA	VA003	243	247	1178	2211	1119	790	608	5903	112	974	494	1469	787	277	304	2374	780	2345	2340	3391
VA	VA004	1204	150	2571	3693	2066	71	1375	10941	2014	-971	1076	1603	1594	176	552	8417	2388	3356	6491	8130
TVA	TVA	4464	588	7933	11635	8591	1653	5297	31975	2906	431	4757	8782	6180	826	2232	15011	25760	8228	16024	20914
TI	TI	8452	1895	31943	40325	31423	3345	15783	79907	6185	2061	25563	44541	25716	1955	8079	32900	41982	17458	56409	82241

续表

省份	部门	HE C5	HE C6	HE C7	HE C8	SX C1	SX C2	SX C3	SX C4	SX C5	SX C6	SX C7	SX C8	IM C1	IM C2	IM C3	IM C4	IM C5	IM C6	IM C7	IM C8
BJ	C1	0	0	0	1	2	0	2	0	0	0	0	0	4	0	4	0	0	0	0	0
BJ	C2	2	23	0	8	0	0	0	0	0	0	0	0	0	0	0	0	0	0	0	0
BJ	C3	2	0	22	121	2	15	33	15	3	1	2	31	9	3	18	6	1	0	6	24
BJ	C4	12	1	7	14	5	14	5	72	28	1	27	8	19	6	8	57	26	1	31	9
BJ	C5	115	4	12	92	3	21	4	13	28	1	8	40	2	8	3	7	21	2	11	26
BJ	C6	0	0	0	0	0	0	0	0	0	0	0	0	0	0	0	0	0	0	0	0
BJ	C7	0	0	0	0	0	0	0	0	0	0	0	0	0	0	0	0	0	0	0	0
BJ	C8	14	5	13	33	3	9	6	12	4	0	4	36	9	4	17	11	4	2	18	37
TJ	C1	0	0	0	0	0	0	0	0	0	0	0	0	1	0	1	0	0	0	0	0
TJ	C2	2	2	14	4	0	0	0	0	0	0	0	0	1	0	0	1	0	0	1	0
TJ	C3	3	0	13	36	1	13	18	12	3	1	2	19	3	3	14	6	1	0	7	20
TJ	C4	87	10	455	142	20	34	15	111	31	2	37	25	82	21	34	99	43	3	174	45
TJ	C5	164	7	17	102	4	37	6	25	38	1	14	41	4	13	6	13	30	4	21	31
TJ	C6	0	0	0	0	0	0	0	0	0	0	0	0	0	0	0	0	0	0	0	0
TJ	C7	0	0	0	0	0	0	0	0	0	0	0	0	0	0	0	0	0	0	0	0
TJ	C8	27	10	25	64	7	17	14	29	9	2	8	71	16	7	28	20	8	4	33	65
HE	C1	4	0	77	289	36	2	38	2	0	0	0	7	57	0	70	3	0	0	0	3
HE	C2	80	483	78	199	0	16	2	84	3	0	3	1	16	12	10	33	2	3	28	11
HE	C3	352	55	495	2529	2	5	68	14	3	0	4	23	9	5	70	14	3	1	13	47
HE	C4	5105	196	5282	2177	42	115	35	269	82	5	108	73	114	44	59	185	88	7	421	91
HE	C5	2195	219	228	1236	8	77	11	52	67	2	28	57	9	23	10	22	46	6	27	38
HE	C6	624	686	115	680	0	0	0	0	0	0	0	0	0	0	0	0	0	0	0	0
HE	C7	14	0	335	293	0	0	0	0	0	0	0	0	0	0	0	0	0	0	0	0
HE	C8	1605	541	1055	6721	7	17	15	39	8	4	10	60	11	7	19	20	6	7	26	77
SX	C1	0	0	0	0	1919	89	2009	110	1	0	1	383	1	0	1	0	0	0	0	0
SX	C2	75	690	15	233	95	775	287	3529	237	1687	183	720	0	0	1	3	0	3	0	2
SX	C3	0	0	3	10	56	314	1277	427	94	7	63	1209	1	1	1	1	0	0	1	2
SX	C4	73	12	25	27	1077	2580	925	8445	2388	112	3441	1575	19	5	8	49	17	1	25	9
SX	C5	12	0	1	9	107	1102	157	725	745	26	358	611	0	1	0	1	2	0	2	2
SX	C6	10	11	2	11	177	1005	212	1548	188	48	79	628	0	0	0	0	0	0	0	0
SX	C7	0	0	0	0	48	0	0	6	3	620	1362	0	0	0	0	0	0	0	0	0
SX	C8	11	7	11	27	614	1433	1127	2801	687	239	718	8040	5	2	6	7	2	4	10	13
IM	C1	0	0	1	4	5	0	6	0	0	0	0	1	2228	1	2728	133	2	0	0	124
IM	C2	27	125	131	74	0	3	0	8	0	0	1	0	87	111	52	302	12	13	151	54
IM	C3	1	0	9	38	1	1	6	1	0	0	1	6	192	52	581	91	23	4	137	425
IM	C4	18	2	83	27	4	21	5	64	25	1	26	10	478	208	262	1612	737	34	1702	361
IM	C5	37	2	4	16	1	14	2	8	10	0	4	9	29	95	41	85	177	24	106	220
IM	C6	11	12	2	12	0	0	0	0	0	0	0	0	43	327	226	916	94	4	27	582
IM	C7	0	0	0	0	0	0	0	0	0	0	0	0	11	13	3	1	3	7	0	411
IM	C8	11	5	10	22	3	8	6	15	4	1	4	24	843	530	1515	1431	508	453	1647	6631
LN	C1	0	0	0	1	1	0	1	0	0	0	0	0	2	0	2	0	0	0	0	0
LN	C2	6	47	10	18	0	0	0	2	0	0	0	0	0	0	0	1	0	0	1	0
LN	C3	1	0	2	6	0	1	9	2	0	0	0	2	1	0	8	1	0	0	1	2
LN	C4	117	46	187	603	16	58	17	209	74	5	79	96	69	30	30	167	72	6	115	82
LN	C5	164	8	17	91	5	42	7	29	40	1	17	36	6	17	7	17	36	5	27	32
LN	C6	0	0	0	0	0	0	0	0	0	0	0	0	0	0	0	0	0	0	0	0
LN	C7	0	0	0	0	0	0	0	0	0	0	0	0	0	0	0	0	0	0	0	0
LN	C8	9	5	9	20	2	6	6	16	3	2	4	17	4	2	6	6	2	3	9	12
JL	C1	0	0	1	3	4	0	4	0	0	0	0	0	1	6	0	8	0	0	0	0
JL	C2	14	38	93	36	0	2	0	5	0	0	0	0	3	2	2	6	0	1	5	2
JL	C3	6	0	29	48	0	2	7	4	2	0	4	8	6	4	9	1	1	0	11	13
JL	C4	52	6	60	98	18	20	12	81	20	1	17	20	70	12	23	62	20	2	38	31
JL	C5	361	7	47	436	8	34	6	35	72	2	20	97	4	23	6	13	40	3	10	78
JL	C6	0	0	0	0	0	0	0	0	0	0	0	0	0	0	0	0	0	0	0	0
JL	C7	0	0	8	7	0	0	0	0	0	0	0	0	0	0	0	0	0	0	0	0
JL	C8	21	11	20	55	5	14	13	36	7	4	9	38	9	5	13	15	4	7	21	36
HL	C1	0	0	0	0	0	0	0	0	0	0	0	0	0	0	0	0	0	0	0	0
HL	C2	28	165	96	112	0	2	0	4	0	0	0	0	3	32	3	49	0	3	6	3
HL	C3	0	0	0	0	0	0	0	0	0	0	0	0	0	1	0	0	0	0	0	2
HL	C4	7	4	13	49	0	2	0	3	1	0	1	6	1	1	0	2	1	0	2	5
HL	C5	1	0	0	0	0	0	0	0	0	0	0	0	0	0	0	0	0	0	0	0
HL	C6	8	9	2	9	0	0	0	0	0	0	0	0	0	0	0	0	0	0	0	0

续表

省份	部门	HE	HE	HE	HE	SX	SX	SX	SX	SX	SX	SX	SX	IM	IM	IM	IM	IM	IM	IM	IM
		C5	C6	C7	C8	C1	C2	C3	C4	C5	C6	C7	C8	C1	C2	C3	C4	C5	C6	C7	C8
HL	C7	0	0	0	0	0	0	0	0	0	0	0	0	0	0	0	0	0	0	0	0
HL	C8	0	0	0	0	0	0	0	0	0	0	0	0	0	0	0	0	0	0	0	0
SH	C1	0	0	1	2	3	0	3	0	0	0	0	1	5	0	6	0	0	0	0	0
SH	C2	2	2	18	5	0	0	0	0	0	0	0	0	1	0	0	1	0	0	1	0
SH	C3	7	1	34	149	2	16	37	16	4	1	3	36	11	5	16	5	1	0	11	21
SH	C4	98	13	63	153	28	54	22	207	67	2	61	39	91	24	35	149	59	3	96	48
SH	C5	301	19	30	204	7	114	16	67	83	3	27	114	10	25	11	25	67	10	22	61
SH	C6	0	0	0	0	0	0	0	0	0	0	0	0	0	0	0	0	0	0	0	0
SH	C7	0	0	11	9	0	0	0	0	0	0	0	0	0	0	0	0	0	0	0	0
SH	C8	96	35	81	322	24	51	43	104	26	9	27	223	39	20	66	56	20	16	84	209
JS	C1	0	0	2	6	9	0	9	0	0	0	0	2	17	0	20	1	0	0	0	1
JS	C2	22	77	132	58	0	2	0	4	0	0	1	0	5	3	3	8	0	1	8	3
JS	C3	11	1	35	146	2	10	173	35	5	0	3	32	11	8	181	27	6	1	19	84
JS	C4	142	29	303	403	34	29	31	255	82	4	76	83	125	52	60	185	77	8	267	110
JS	C5	642	36	63	314	19	228	33	140	175	7	68	184	28	65	31	69	153	23	89	122
JS	C6	0	0	0	0	0	0	0	0	0	0	0	0	0	0	0	0	0	0	0	0
JS	C7	0	0	0	0	0	0	0	0	0	0	0	0	0	0	0	0	0	0	0	0
JS	C8	47	22	44	100	11	32	27	65	15	6	17	99	26	11	39	33	11	11	52	76
ZJ	C1	0	0	1	3	4	0	4	0	0	0	0	1	7	0	8	0	0	0	0	0
ZJ	C2	1	5	6	3	0	0	0	0	0	0	0	0	0	0	0	0	0	0	0	0
ZJ	C3	4	0	15	43	0	2	33	7	2	0	2	8	3	2	34	4	1	0	6	13
ZJ	C4	29	3	36	47	9	14	6	30	5	0	3	10	30	7	11	20	6	1	24	16
ZJ	C5	70	4	7	23	2	25	4	15	18	1	8	16	3	7	3	8	16	2	10	10
ZJ	C6	0	0	0	0	0	0	0	0	0	0	0	0	0	0	0	0	0	0	0	0
ZJ	C7	0	0	1	1	0	0	0	0	0	0	0	0	0	0	0	0	0	0	0	0
ZJ	C8	5	1	4	34	1	1	1	2	1	0	1	6	1	2	4	4	1	1	4	37
AH	C1	0	0	5	18	24	1	25	1	0	0	0	5	43	0	52	3	0	0	0	2
AH	C2	42	43	361	103	0	5	1	12	1	0	2	0	12	6	7	17	1	2	21	7
AH	C3	2	0	7	9	0	1	1	1	0	0	1	2	1	1	1	0	0	0	3	2
AH	C4	26	2	13	26	9	19	6	28	5	0	2	8	29	8	11	18	5	1	29	17
AH	C5	56	3	7	56	1	14	2	10	13	0	4	17	2	6	2	4	9	1	3	14
AH	C6	8	9	1	9	0	0	0	0	0	0	0	0	0	0	0	0	0	0	0	0
AH	C7	0	0	5	4	0	0	0	0	0	0	0	0	0	0	0	0	0	0	0	0
AH	C8	0	0	0	2	0	0	0	0	0	0	0	1	0	0	0	0	0	0	0	2
FJ	C1	0	0	0	1	2	0	2	0	0	0	0	0	2	0	3	0	0	0	0	0
FJ	C2	4	12	22	10	0	0	0	0	0	0	0	0	0	0	0	0	0	0	0	0
FJ	C3	0	0	3	21	1	17	21	15	3	1	1	21	1	3	4	3	1	0	5	9
FJ	C4	14	1	34	24	4	7	2	14	3	0	2	4	7	2	3	6	2	0	9	4
FJ	C5	49	2	4	28	1	14	3	6	14	0	3	24	1	2	1	2	8	1	2	8
FJ	C6	3	3	1	3	0	0	0	0	0	0	0	0	0	0	0	0	0	0	0	0
FJ	C7	0	0	0	0	0	0	0	0	0	0	0	0	0	0	0	0	0	0	0	0
FJ	C8	18	7	16	79	3	11	8	22	5	2	7	50	6	5	10	11	4	4	15	66
JX	C1	0	0	1	4	6	0	6	0	0	0	0	1	8	0	9	0	0	0	0	0
JX	C2	11	43	61	29	0	1	0	6	0	0	0	0	1	0	0	1	0	0	1	0
JX	C3	3	0	15	31	0	1	4	2	1	0	2	5	3	2	4	1	0	0	5	7
JX	C4	14	4	29	61	3	7	3	24	7	1	8	11	6	2	2	10	4	0	9	6
JX	C5	53	1	7	60	1	7	1	6	12	0	3	17	0	2	1	1	5	0	1	8
JX	C6	0	0	0	0	0	0	0	0	0	0	0	0	0	0	0	0	0	0	0	0
JX	C7	0	0	0	0	0	0	0	0	0	0	0	0	0	0	0	0	0	0	0	0
JX	C8	7	4	7	17	2	5	5	14	2	2	3	13	3	2	4	5	1	3	7	9
SD	C1	0	0	2	6	8	0	8	0	0	0	0	2	14	0	18	1	0	0	0	1
SD	C2	40	220	155	121	0	3	0	8	0	0	1	0	5	9	3	18	1	2	9	4
SD	C3	5	0	27	148	2	10	83	19	3	0	2	31	10	3	65	10	2	0	8	35
SD	C4	169	14	268	250	63	65	40	253	57	3	47	56	202	36	68	177	59	5	134	85
SD	C5	373	12	45	370	9	65	11	51	89	3	27	115	7	28	10	21	58	7	26	86
SD	C6	8	8	1	8	0	0	0	0	0	0	0	0	0	0	0	0	0	0	0	0
SD	C7	0	0	10	8	0	0	0	0	0	0	0	0	0	0	0	0	0	0	0	0
SD	C8	48	23	46	114	11	32	28	70	15	8	18	91	24	11	36	34	11	13	51	83
HA	C1	0	0	3	11	15	1	16	1	0	0	0	3	25	0	30	1	0	0	0	1
HA	C2	32	286	12	101	0	1	0	9	0	0	0	0	0	2	0	4	0	1	0	1
HA	C3	5	1	16	112	2	2	33	5	1	0	0	16	7	2	35	7	1	0	5	23
HA	C4	51	6	333	84	10	21	8	59	17	1	23	14	28	9	13	42	20	2	91	19

省份	部门	HE C5	HE C6	HE C7	HE C8	SX C1	SX C2	SX C3	SX C4	SX C5	SX C6	SX C7	SX C8	IM C1	IM C2	IM C3	IM C4	IM C5	IM C6	IM C7	IM C8
HA	C5	84	3	9	43	2	30	4	19	21	1	9	17	4	8	4	8	16	2	6	10
HA	C6	0	0	0	0	0	0	0	0	0	0	0	0	0	0	0	0	0	0	0	0
HA	C7	0	0	0	0	0	0	0	0	0	0	0	0	0	0	0	0	0	0	0	0
HA	C8	9	4	8	19	2	6	6	14	3	2	4	18	5	2	7	6	2	3	10	13
HB	C1	0	0	2	9	12	1	12	1	0	0	0	20	0	24	1	0	0	0	0	1
HB	C2	10	31	62	25	0	1	0	2	0	0	0	0	2	1	1	3	0	0	3	1
HB	C3	3	0	18	107	1	1	15	2	0	0	1	14	7	1	9	2	0	0	3	8
HB	C4	44	12	98	171	9	35	10	120	45	2	45	32	27	13	14	81	37	2	69	27
HB	C5	177	5	21	168	4	32	5	25	40	1	13	47	4	13	5	10	25	2	9	33
HB	C6	0	0	0	0	0	0	0	0	0	0	0	0	0	0	0	0	0	0	0	0
HB	C7	0	0	0	0	0	0	0	0	0	0	0	0	0	0	0	0	0	0	0	0
HB	C8	21	9	20	56	5	14	11	27	7	3	8	53	11	5	17	14	5	5	23	45
HN	C1	0	0	2	8	10	0	10	1	0	0	0	2	17	0	20	1	0	0	0	1
HN	C2	10	70	27	30	0	1	0	5	0	1	0	1	10	5	1	8	2	0	1	1
HN	C3	3	0	19	80	1	1	11	2	1	0	1	10	5	1	8	2	0	0	4	9
HN	C4	18	4	96	53	3	10	3	38	14	1	16	9	8	4	4	26	13	1	29	7
HN	C5	103	4	12	77	3	21	3	15	23	1	9	23	2	8	3	7	15	2	11	18
HN	C6	0	0	0	0	0	0	0	0	0	0	0	0	0	0	0	0	0	0	0	0
HN	C7	0	0	0	0	0	0	0	0	0	0	0	0	0	0	0	0	0	0	0	0
HN	C8	12	6	11	26	3	8	8	20	4	2	5	23	6	3	8	8	3	4	13	16
GD	C1	0	0	1	4	5	0	5	0	0	0	0	1	10	0	12	1	0	0	0	1
GD	C2	2	13	5	6	0	1	0	8	0	0	0	0	1	0	1	0	0	0	0	0
GD	C3	15	1	64	215	3	13	102	25	6	1	6	41	18	9	112	19	5	1	24	73
GD	C4	97	10	180	166	31	66	22	126	29	2	22	38	104	29	41	86	29	4	128	63
GD	C5	284	17	24	112	9	74	15	44	79	3	29	91	6	22	11	28	66	11	68	62
GD	C6	214	235	39	233	0	0	0	0	0	0	0	0	0	0	0	0	0	0	0	0
GD	C7	0	0	0	0	0	0	0	0	0	0	0	0	0	0	0	0	0	0	0	0
GD	C8	15	6	14	58	16	12	13	35	10	2	6	108	6	5	12	12	4	3	15	57
GX	C1	0	0	1	4	5	0	5	0	0	0	0	1	7	0	8	0	0	0	0	0
GX	C2	3	9	15	7	0	0	0	0	0	0	0	0	0	0	0	0	0	0	0	0
GX	C3	5	0	29	92	1	2	11	3	2	0	3	13	6	3	9	2	1	0	8	15
GX	C4	20	2	137	29	4	10	3	29	9	0	11	5	5	2	3	11	5	0	15	4
GX	C5	57	3	6	31	1	15	2	10	12	0	5	12	1	3	1	3	6	1	3	5
GX	C6	2	2	0	2	0	0	0	0	0	0	0	0	0	0	0	0	0	0	0	0
GX	C7	0	0	0	0	0	0	0	0	0	0	0	0	0	0	0	0	0	0	0	0
GX	C8	9	4	8	31	2	6	4	11	3	1	3	23	4	2	6	6	2	2	8	25
HI	C1	0	0	1	2	1	0	1	0	0	0	0	1	0	1	0	1	0	0	0	0
HI	C2	0	0	2	1	0	0	0	1	0	0	0	0	0	0	0	0	0	0	0	0
HI	C3	2	0	9	23	0	0	0	0	0	0	0	1	1	0	1	0	0	0	1	2
HI	C4	1	0	0	1	0	0	0	1	0	0	0	0	0	0	0	0	0	0	0	0
HI	C5	0	0	0	0	0	0	0	0	0	0	0	0	0	0	0	0	0	0	0	0
HI	C6	0	1	0	0	0	0	0	0	0	0	0	0	0	0	0	0	0	0	0	0
HI	C7	0	0	0	0	0	0	0	0	0	0	0	0	0	0	0	0	0	0	0	0
HI	C8	7	3	7	17	2	5	4	8	2	1	2	15	4	2	7	5	2	1	8	15
SC	C1	0	0	0	0	0	0	0	0	0	0	0	0	1	0	1	0	0	0	0	0
SC	C2	5	28	16	13	0	1	0	3	0	0	0	1	0	0	0	1	0	0	1	0
SC	C3	1	0	14	84	1	11	30	12	2	1	1	24	6	2	18	5	1	0	5	17
SC	C4	15	1	23	18	7	16	6	76	28	1	27	9	21	7	9	56	25	1	35	10
SC	C5	131	5	15	115	3	33	5	22	36	1	11	48	3	11	4	9	25	3	9	31
SC	C6	7	8	1	8	0	0	0	0	0	0	0	0	0	0	0	0	0	0	0	0
SC	C7	0	0	0	0	0	0	0	0	0	0	0	0	0	0	0	0	0	0	0	0
SC	C8	10	4	10	19	2	7	6	12	3	1	3	24	7	2	11	8	3	2	13	17
GZ	C1	0	0	0	1	1	0	1	0	0	0	0	0	1	0	1	0	0	0	0	0
GZ	C2	1	3	9	3	0	0	0	3	0	0	0	0	0	0	0	0	0	0	0	0
GZ	C3	0	0	11	77	1	0	8	1	0	0	0	7	2	0	3	0	0	0	0	2
GZ	C4	3	0	9	3	0	3	1	7	3	0	2	1	0	0	0	1	1	0	1	0
GZ	C5	7	0	1	4	0	1	0	1	1	0	0	1	0	0	0	0	0	0	0	0
GZ	C6	2	2	0	2	0	0	0	0	0	0	0	0	0	0	0	0	0	0	0	0
GZ	C7	0	0	0	0	0	0	0	0	0	0	0	0	0	0	0	0	0	0	0	0
GZ	C8	7	3	7	14	7	7	6	16	5	1	3	48	5	2	7	5	2	2	9	13
YN	C1	0	0	0	0	0	0	0	0	0	0	0	0	0	0	0	0	0	0	0	0
YN	C2	1	1	4	1	0	0	0	4	0	0	0	0	0	0	0	0	0	0	0	0

续表

省份	部门	HE C5	HE C6	HE C7	HE C8	SX C1	SX C2	SX C3	SX C4	SX C5	SX C6	SX C7	SX C8	IM C1	IM C2	IM C3	IM C4	IM C5	IM C6	IM C7	IM C8
YN	C3	0	0	8	53	1	0	7	1	0	0	0	6	2	0	3	0	0	0	1	3
YN	C4	0	0	1	0	0	2	1	12	5	0	5	1	0	0	0	5	3	0	3	0
YN	C5	1	0	0	1	0	0	0	0	0	0	0	0	0	0	0	0	0	0	0	0
YN	C6	3	3	0	3	0	0	0	0	0	0	0	0	0	0	0	0	0	0	0	0
YN	C7	0	0	0	0	0	0	0	0	0	0	0	0	0	0	0	0	0	0	0	0
YN	C8	1	0	1	2	0	0	1	0	0	0	1	0	0	0	0	0	0	0	1	1
SN	C1	0	0	1	2	4	0	4	0	0	0	0	1	6	0	7	0	0	0	0	0
SN	C2	7	47	7	19	0	4	1	38	1	0	0	0	2	0	6	0	0	0	0	0
SN	C3	1	0	8	52	1	1	29	5	1	0	0	9	3	1	24	3	1	0	2	8
SN	C4	17	2	51	16	4	9	3	20	5	0	6	5	12	3	5	14	5	0	23	7
SN	C5	98	4	9	70	3	29	6	15	32	1	9	52	1	6	2	6	19	2	10	22
SN	C6	0	0	0	0	0	0	0	0	0	0	0	0	0	0	0	0	0	0	0	0
SN	C7	0	0	7	7	0	0	0	0	0	0	0	0	0	0	0	0	0	0	0	0
SN	C8	6	1	5	35	0	2	1	4	1	0	1	11	1	2	3	4	1	1	4	34
GS	C1	0	0	0	1	2	0	2	0	0	0	0	3	0	4	0	0	0	0	0	0
GS	C2	4	29	5	11	0	0	0	1	0	0	0	0	0	0	1	0	0	0	0	0
GS	C3	0	0	2	7	0	0	1	0	0	0	0	1	1	0	1	0	0	0	1	1
GS	C4	22	9	46	113	3	15	4	60	23	1	24	21	15	7	7	48	21	1	35	20
GS	C5	16	1	1	6	1	4	1	2	4	0	2	3	0	1	1	2	3	1	3	3
GS	C6	0	0	0	0	0	0	0	0	0	0	0	0	0	0	0	0	0	0	0	0
GS	C7	0	0	0	0	0	0	0	0	0	0	0	0	0	0	0	0	0	0	0	0
GS	C8	3	2	3	8	1	2	2	6	1	1	1	6	2	1	2	2	1	1	3	5
QH	C1	0	0	0	0	0	0	0	0	0	0	0	0	0	0	0	0	0	0	0	0
QH	C2	1	1	4	1	0	0	0	0	1	0	0	0	0	0	0	0	0	0	0	0
QH	C3	0	0	0	1	0	0	2	1	0	0	0	1	0	0	0	0	0	0	0	0
QH	C4	0	0	0	1	0	1	0	5	2	0	2	1	1	2	1	17	8	0	10	1
QH	C5	0	0	0	0	0	1	0	1	1	0	0	0	1	0	1	1	0	0	0	0
QH	C6	0	0	0	0	0	0	0	0	0	0	0	0	0	0	0	0	0	0	0	0
QH	C7	0	0	0	0	0	0	0	0	0	0	0	0	0	0	0	0	0	0	0	0
QH	C8	0	0	0	0	0	0	0	0	0	0	0	0	0	0	0	0	0	0	0	0
NX	C1	0	0	0	0	0	0	0	0	0	0	0	0	1	0	1	0	0	0	0	0
NX	C2	1	9	0	3	0	0	0	0	0	0	0	0	0	0	0	0	0	0	0	0
NX	C3	0	0	1	4	0	0	4	1	0	0	0	1	0	0	1	0	0	0	0	1
NX	C4	7	1	9	15	3	3	2	14	4	0	4	3	22	4	7	21	7	1	13	10
NX	C5	7	0	1	2	0	1	0	0	0	0	0	0	1	0	1	2	0	1	1	1
NX	C6	1	1	0	1	0	0	0	0	0	0	0	0	0	0	0	0	0	0	0	0
NX	C7	0	0	0	0	0	0	0	0	0	0	0	0	0	0	0	0	0	0	0	0
NX	C8	2	1	2	4	1	1	1	3	1	0	1	4	1	0	2	1	1	1	2	3
XJ	C1	0	0	2	7	6	0	7	0	0	0	0	1	9	0	11	1	0	0	0	0
XJ	C2	4	16	17	10	0	0	0	1	0	0	0	0	1	1	2	0	0	0	1	0
XJ	C3	0	0	5	35	0	3	22	5	1	0	0	7	1	1	5	1	0	0	1	3
XJ	C4	18	8	39	101	1	5	1	12	3	1	4	14	4	3	2	6	2	1	6	11
XJ	C5	2	0	0	1	0	0	0	0	0	0	0	0	0	0	0	0	0	0	0	0
XJ	C6	1	2	0	2	0	0	0	0	0	0	0	0	0	0	0	0	0	0	0	0
XJ	C7	0	0	0	0	0	0	0	0	0	0	0	0	0	0	0	0	0	0	0	0
XJ	C8	14	6	13	27	3	9	8	19	4	2	5	29	8	3	12	10	3	3	15	20
IM	C1	0	0	0	0	0	0	0	0	0	0	0	0	4	0	4	0	0	0	0	0
IM	C2	1	0	1	1	0	171	23	283	15	4	59	14	46	76	193	749	50	691	113	563
IM	C3	11	2	3	93	9	26	178	74	15	2	8	419	11	12	160	11	4	0	34	44
IM	C4	3808	71	1146	541	49	280	46	403	59	48	169	1149	232	165	83	209	42	43	264	759
IM	C5	10	0	1	5	2	32	3	20	17	1	8	9	4	7	3	7	14	1	3	7
IM	C6	0	0	0	0	0	0	0	0	0	0	0	0	0	0	0	0	0	0	0	0
IM	C7	0	0	0	0	0	0	0	0	0	0	0	0	0	0	0	0	0	0	0	0
IM	C8	3	1	2	8	3	10	2	14	5	1	4	40	9	3	16	10	4	2	18	24
TII	TII	19495	5146	14006	24337	4848	10017	7863	22250	6234	2304	6920	19323	6074	2465	7814	8034	3130	1542	7114	13132
VA	VA001	3070	430	3948	11724	7272	4228	815	3342	1072	168	1560	8489	10444	1382	755	1558	500	133	1513	7234
VA	VA002	1286	810	221	1846	179	459	735	1632	132	554	329	1399	546	24	900	1246	191	330	258	811
VA	VA003	1123	1149	701	7096	326	3982	386	2523	483	821	331	3327	468	1037	488	995	234	526	346	2669
VA	VA004	3146	1181	643	9595	517	988	634	1975	464	572	765	3336	495	919	590	1095	397	364	1208	4122
TVA	TVA	8626	3571	5513	30262	8294	9656	2571	9472	2152	2115	2985	16551	11953	3362	2733	4893	1321	1352	3325	14836
TI	TI	28121	8716	19519	54599	13143	19674	10434	31722	8386	4419	9904	35874	18027	5827	10546	12927	4451	2894	10439	27968

续表

省份	部门	LN C1	LN C2	LN C3	LN C4	LN C5	LN C6	LN C7	LN C8	JL C1	JL C2	JL C3	JL C4	JL C5	JL C6	JL C7	JL C8	HL C1	HL C2	HL C3	HL C4
BJ	C1	5	0	9	1	0	0	0	0	10	0	20	1	0	0	0	8	3	0	9	0
BJ	C2	0	0	2	17	2	11	0	3	0	1	3	10	7	2	1	15	1	1	7	9
BJ	C3	38	0	50	14	2	0	1	36	45	2	38	16	9	1	8	47	17	8	38	9
BJ	C4	5	10	19	195	101	1	34	10	19	8	24	115	136	3	66	21	7	11	10	53
BJ	C5	1	3	5	18	97	2	9	26	1	4	2	10	114	3	8	41	3	12	3	8
BJ	C6	0	0	0	0	0	0	0	0	0	0	0	0	0	0	0	0	0	0	0	0
BJ	C7	0	0	0	0	0	0	0	0	0	0	0	0	0	0	0	0	0	0	0	0
BJ	C8	4	3	14	32	11	3	6	12	3	2	10	12	19	1	3	42	2	1	5	4
TJ	C1	1	0	2	0	0	0	0	0	2	0	4	0	0	0	0	2	1	0	2	0
TJ	C2	0	0	0	1	0	0	1	0	0	1	2	2	0	0	3	1	0	0	0	1
TJ	C3	10	0	14	5	2	0	0	10	13	2	29	13	12	1	12	32	13	9	38	11
TJ	C4	29	22	50	327	129	4	118	51	96	21	77	332	289	10	293	132	39	38	35	110
TJ	C5	3	6	8	32	143	4	18	32	3	8	6	22	235	6	18	65	6	22	6	15
TJ	C6	0	0	0	0	0	0	0	0	0	0	0	0	0	0	0	0	0	0	0	0
TJ	C7	0	0	0	0	0	0	0	0	0	0	0	0	0	0	0	0	0	0	0	0
TJ	C8	6	5	24	59	20	6	11	23	3	2	6	10	16	2	3	38	4	3	10	8
HE	C1	81	0	137	15	1	0	1	7	151	2	311	20	0	0	0	123	40	0	143	6
HE	C2	2	76	62	932	20	65	22	24	8	22	81	274	61	16	69	128	5	8	43	93
HE	C3	30	4	186	39	17	1	4	34	40	7	156	60	36	1	25	91	14	24	117	51
HE	C4	37	42	75	542	230	7	228	81	116	39	114	527	470	20	567	224	60	77	56	186
HE	C5	4	7	8	37	153	4	19	31	5	14	10	34	409	9	30	80	10	33	10	23
HE	C6	1	5	4	18	4	1	4	4	9	14	13	67	13	4	2	23	0	0	0	0
HE	C7	0	0	0	0	0	0	0	0	0	0	0	0	0	0	0	0	0	0	0	0
HE	C8	4	4	16	45	15	5	9	20	3	2	10	15	26	4	5	66	5	3	10	10
SX	C1	1	0	2	0	0	0	0	0	2	0	3	0	0	0	0	1	0	0	2	0
SX	C2	2	9	34	315	29	198	5	60	3	14	50	173	128	41	10	270	14	19	119	163
SX	C3	2	0	3	1	0	0	0	2	3	0	3	1	1	0	1	4	2	1	3	1
SX	C4	4	6	12	143	59	1	20	11	14	5	16	112	92	5	42	22	5	7	6	31
SX	C5	0	0	0	2	7	0	1	2	0	0	0	1	7	0	1	2	0	1	0	1
SX	C6	1	2	2	8	2	1	0	2	3	5	5	25	5	2	1	9	0	0	0	0
SX	C7	0	0	0	0	0	0	0	0	0	0	0	0	0	0	0	0	0	0	0	0
SX	C8	2	1	6	19	6	2	4	9	1	1	4	6	13	3	2	15	3	2	5	5
IM	C1	16	0	26	3	0	0	0	0	24	0	49	3	0	0	0	19	7	0	25	1
IM	C2	1	10	16	155	9	53	9	17	3	7	29	68	33	10	20	72	3	5	27	40
IM	C3	12	0	16	5	1	0	0	12	12	0	9	2	2	0	4	9	1	0	2	1
IM	C4	4	10	16	155	81	1	43	11	12	7	17	77	89	3	73	23	7	13	9	40
IM	C5	1	1	2	7	27	1	3	5	1	2	1	5	69	1	4	7	2	6	2	4
IM	C6	1	2	2	9	2	1	0	2	4	6	5	27	5	2	1	9	0	0	0	0
IM	C7	0	0	0	0	0	0	0	0	0	0	0	0	0	0	0	0	0	0	0	0
IM	C8	3	2	9	24	8	3	5	10	1	1	2	4	8	1	1	9	2	1	5	4
LN	C1	5776	6	9777	1102	38	2	76	506	9	0	19	1	0	0	0	7	2	0	8	0
LN	C2	75	304	564	8568	276	842	872	383	2	7	26	97	58	18	9	121	5	8	47	68
LN	C3	1709	373	11212	3401	1665	72	594	3451	5	1	37	7	4	0	4	14	1	1	15	4
LN	C4	3189	2456	4893	31581	11825	508	11697	6405	202	71	168	759	776	40	369	431	45	53	53	242
LN	C5	531	620	754	3862	12853	316	1277	3228	4	16	9	39	480	11	35	73	11	38	12	26
LN	C6	209	837	746	3075	744	247	101	770	0	0	0	0	0	0	0	0	0	0	0	0
LN	C7	13	2	15	219	47	14	46	1093	0	0	0	0	0	0	0	0	0	0	0	0
LN	C8	1182	1089	3609	9929	4290	961	1924	7560	1	1	3	4	9	2	1	10	2	1	4	4
JL	C1	19	0	32	4	0	0	0	2	1460	23	3005	189	3	0	0	1189	11	0	40	2
JL	C2	2	19	24	316	12	55	15	19	24	50	227	1034	37	11	229	108	6	10	57	90
JL	C3	14	1	58	10	5	0	7	18	796	39	1191	575	254	18	223	1359	4	3	20	4
JL	C4	61	26	86	474	155	4	67	94	894	271	628	2453	2172	148	1963	1994	102	50	80	218
JL	C5	10	13	13	63	402	4	21	137	23	71	60	214	1453	58	177	601	13	63	15	52
JL	C6	0	0	0	0	0	0	0	0	162	247	226	1202	231	74	29	416	0	0	0	0
JL	C7	0	0	0	0	0	0	0	0	7	4	2	12	1	3	17	618	0	0	0	0
JL	C8	3	3	13	37	12	4	8	16	874	492	1542	2464	3620	321	592	8236	4	3	9	9
HL	C1	1	0	1	0	0	0	0	0	2	0	3	0	0	0	0	1	2007	7	7163	282
HL	C2	3	23	58	3626	43	260	19	84	14	47	181	1169	315	102	86	666	56	402	742	4032
HL	C3	0	0	0	0	0	0	0	0	0	0	2	1	0	0	0	2	1958	337	4070	692
HL	C4	4	2	2	23	5	1	2	11	7	3	3	11	9	2	5	32	2836	1915	2117	5815
HL	C5	0	0	0	1	2	0	1	0	0	0	0	1	0	0	0	0	419	1219	378	809
HL	C6	0	2	2	7	2	1	0	2	3	4	4	21	4	1	0	7	161	964	489	824

续表

省份	部门	LN C1	LN C2	LN C3	LN C4	LN C5	LN C6	LN C7	LN C8	JL C1	JL C2	JL C3	JL C4	JL C5	JL C6	JL C7	JL C8	HL C1	HL C2	HL C3	HL C4
HL	C7	0	0	0	0	0	0	0	0	0	0	0	0	0	0	0	0	90	6	18	11
HL	C8	0	0	0	0	0	0	0	0	0	0	0	0	0	0	0	0	2318	1767	5105	4009
SH	C1	8	0	14	2	0	0	0	1	15	0	31	2	0	0	0	12	4	0	15	1
SH	C2	0	0	1	4	0	0	1	0	0	1	3	3	0	0	3	1	0	0	0	0
SH	C3	49	2	70	29	11	0	3	47	59	5	62	34	26	1	22	62	24	19	29	25
SH	C4	35	31	72	571	253	4	92	64	116	30	98	468	454	15	181	127	44	40	44	171
SH	C5	6	12	16	76	270	7	23	70	6	19	13	54	574	14	39	141	14	59	16	47
SH	C6	0	0	0	0	0	0	0	0	0	0	0	0	0	0	0	0	0	0	0	0
SH	C7	0	0	0	0	0	0	0	0	0	0	0	0	0	0	0	1	0	0	0	0
SH	C8	15	12	59	150	52	16	29	63	80	26	71	107	142	15	30	429	12	8	27	24
JS	C1	25	0	43	5	0	0	0	2	49	1	102	6	0	0	0	40	13	0	47	2
JS	C2	1	4	10	105	6	31	9	11	3	8	33	60	26	8	27	58	3	4	22	32
JS	C3	46	6	613	69	19	1	5	58	70	8	464	113	48	2	30	215	22	28	329	83
JS	C4	51	53	99	649	298	9	168	108	155	55	131	531	560	22	321	227	70	79	67	217
JS	C5	12	26	35	151	564	18	70	118	17	47	36	127	1408	35	101	321	35	125	38	91
JS	C6	0	0	0	0	0	0	0	0	0	0	0	0	0	0	0	0	0	0	0	0
JS	C7	0	0	0	0	0	0	0	0	0	0	0	0	0	0	0	0	0	0	0	0
JS	C8	10	7	36	95	31	10	19	39	4	3	10	18	35	6	5	51	9	6	19	18
ZJ	C1	12	0	20	2	0	0	0	1	21	0	43	3	0	0	0	17	6	0	21	1
ZJ	C2	0	1	1	7	0	2	0	1	0	0	1	3	1	0	1	3	0	0	1	2
ZJ	C3	12	1	147	17	5	0	2	15	17	2	108	23	14	0	15	47	5	5	54	14
ZJ	C4	12	5	17	72	21	1	14	19	38	6	23	96	75	3	25	37	15	9	12	27
ZJ	C5	2	3	4	17	63	2	9	11	2	5	3	13	168	4	11	20	4	14	5	10
ZJ	C6	0	0	0	0	0	0	0	0	0	0	0	0	0	0	0	0	0	0	0	0
ZJ	C7	0	0	0	0	0	0	0	0	0	0	0	0	0	0	0	0	0	0	0	0
ZJ	C8	0	0	2	4	1	0	1	2	1	0	2	3	3	0	1	30	0	0	1	1
AH	C1	71	0	121	14	0	0	1	6	132	2	271	17	0	0	0	107	36	0	127	5
AH	C2	2	13	14	128	4	1	21	3	7	14	61	71	9	2	63	27	0	0	0	4
AH	C3	1	0	3	3	2	0	1	2	2	1	9	5	6	0	8	6	1	2	1	4
AH	C4	10	6	16	59	19	1	14	17	34	7	21	86	69	3	18	31	15	10	12	24
AH	C5	1	2	2	9	38	1	3	11	4	5	7	14	77	4	10	82	2	8	2	6
AH	C6	0	2	2	6	2	1	0	2	3	4	4	19	4	1	0	7	0	0	0	0
AH	C7	0	0	0	0	0	0	0	0	0	0	0	0	0	0	0	0	0	0	0	0
AH	C8	0	0	0	0	0	0	0	0	1	1	0	0	0	0	0	6	0	0	0	0
FJ	C1	6	0	10	1	0	0	0	1	9	0	19	1	0	0	0	7	3	0	10	0
FJ	C2	0	0	1	6	1	3	1	1	0	0	2	2	1	0	2	2	0	0	1	1
FJ	C3	8	0	10	3	0	0	0	7	10	2	15	8	6	1	3	21	16	9	24	6
FJ	C4	5	3	8	38	13	1	11	9	12	2	8	31	27	1	13	13	6	5	5	12
FJ	C5	1	1	4	10	58	1	4	16	1	2	1	6	75	2	4	25	2	8	2	5
FJ	C6	0	1	1	2	1	0	1	1	1	1	7	1	0	0	2	0	0	0	0	0
FJ	C7	0	0	0	0	0	0	0	0	0	0	0	0	0	0	0	0	0	0	0	0
FJ	C8	2	2	8	22	7	2	4	9	3	2	9	13	19	3	6	69	2	2	5	5
JX	C1	19	0	32	4	0	0	0	2	29	0	59	4	0	0	0	23	9	0	31	1
JX	C2	0	9	9	108	4	15	4	5	1	2	9	24	7	2	7	15	1	1	9	9
JX	C3	7	0	10	3	1	0	1	7	8	0	18	3	9	0	16	14	1	1	5	1
JX	C4	5	4	8	65	28	1	12	11	11	3	8	36	37	2	19	20	4	4	4	15
JX	C5	1	1	2	6	39	1	2	13	0	2	1	4	34	1	3	19	1	4	1	3
JX	C6	0	0	0	0	0	0	0	0	0	0	0	0	0	0	0	0	0	0	0	0
JX	C7	0	0	0	0	0	0	0	0	0	0	0	0	0	0	0	0	0	0	0	0
JX	C8	1	1	4	13	4	1	3	6	1	1	3	4	9	2	1	10	2	1	3	4
SD	C1	21	0	36	4	0	0	0	2	41	1	85	5	0	0	0	34	11	0	38	2
SD	C2	1	12	24	599	16	95	10	30	4	13	50	181	70	22	30	149	7	11	65	92
SD	C3	44	2	233	32	7	1	2	46	60	3	166	43	18	1	11	95	15	12	111	28
SD	C4	64	30	96	526	184	4	90	97	237	35	154	652	549	16	212	211	84	48	68	194
SD	C5	5	9	11	49	246	5	21	71	5	17	12	42	359	10	33	179	9	38	10	30
SD	C6	0	2	1	6	1	0	0	2	3	4	4	19	4	1	0	7	0	0	0	0
SD	C7	0	0	0	0	0	0	0	0	0	0	0	0	0	0	0	1	0	0	0	0
SD	C8	9	7	33	91	30	10	18	38	4	3	12	19	40	7	5	58	9	6	19	19
HA	C1	38	0	64	7	0	0	0	3	70	1	144	9	0	0	0	57	19	0	68	3
HA	C2	1	15	23	340	16	99	3	30	2	8	27	124	69	22	6	144	7	11	66	95
HA	C3	34	3	106	30	12	0	2	34	41	4	77	38	18	0	5	53	11	16	58	33
HA	C4	10	10	18	130	54	2	57	19	31	9	29	128	115	4	141	54	15	19	14	47

省份	部门	LN C1	LN C2	LN C3	LN C4	LN C5	LN C6	LN C7	LN C8	JL C1	JL C2	JL C3	JL C4	JL C5	JL C6	JL C7	JL C8	HL C1	HL C2	HL C3	HL C4
HA	C5	2	2	2	13	47	1	4	9	2	6	3	13	185	4	12	19	5	14	5	10
HA	C6	0	0	0	0	0	0	0	0	0	0	0	0	0	0	0	0	0	0	0	0
HA	C7	0	0	0	0	0	0	0	0	0	0	0	0	0	0	0	0	0	0	0	0
HA	C8	2	1	6	18	6	2	4	7	1	1	2	4	8	2	1	9	2	1	4	4
HB	C1	34	0	58	7	0	0	0	3	61	1	126	8	0	0	0	50	17	0	61	2
HB	C2	0	2	3	29	2	9	3	3	1	3	11	17	6	2	9	14	1	1	5	7
HB	C3	35	2	50	21	8	0	1	33	39	2	30	19	11	0	6	30	7	8	9	15
HB	C4	14	20	33	318	156	3	64	32	34	17	41	185	219	8	125	66	13	23	18	89
HB	C5	3	4	4	21	110	2	8	31	2	8	5	19	216	5	17	64	5	20	6	15
HB	C6	0	0	0	0	0	0	0	0	0	0	0	0	0	0	0	0	0	0	0	0
HB	C7	0	0	0	0	0	0	0	0	0	0	0	0	0	0	0	0	0	0	0	0
HB	C8	4	3	15	40	13	4	8	16	2	2	6	10	16	3	3	37	3	2	8	7
HN	C1	31	0	52	6	0	0	0	3	53	1	108	7	0	0	0	43	15	0	54	2
HN	C2	0	9	9	114	4	23	2	7	1	2	7	29	12	4	4	24	1	2	10	17
HN	C3	25	1	35	13	4	0	1	24	27	1	26	12	9	0	11	25	5	4	10	8
HN	C4	4	7	11	108	53	1	30	10	11	5	14	65	73	2	60	23	5	9	6	31
HN	C5	2	3	4	17	77	2	10	18	2	5	4	13	126	3	11	45	3	13	4	9
HN	C6	0	0	0	0	0	0	0	0	0	0	0	0	0	0	0	0	0	0	0	0
HN	C7	0	0	0	0	0	0	0	0	0	0	0	0	0	0	0	0	0	0	0	0
HN	C8	2	2	8	23	8	3	5	10	1	1	3	5	11	2	1	13	3	2	5	5
GD	C1	16	0	27	3	0	0	0	1	29	0	61	4	0	0	0	24	8	0	29	1
GD	C2	0	13	9	134	2	6	0	2	0	1	2	24	4	1	1	8	0	1	4	10
GD	C3	65	5	363	58	18	1	7	71	87	8	300	85	55	2	57	172	25	27	202	63
GD	C4	40	25	64	296	109	4	77	69	127	27	85	334	295	11	133	132	57	43	47	115
GD	C5	3	14	23	75	333	13	53	68	3	12	8	35	388	10	30	89	11	46	13	27
GD	C6	12	47	42	172	42	14	6	43	72	109	100	533	102	33	13	184	0	0	0	0
GD	C7	0	0	0	0	0	0	0	0	0	0	0	0	0	0	0	0	0	0	0	0
GD	C8	3	3	15	35	16	3	6	19	15	7	61	62	110	4	15	202	2	1	5	4
GX	C1	18	0	31	4	0	0	0	2	26	0	53	3	0	0	0	21	8	0	30	1
GX	C2	0	3	2	32	1	1	1	1	0	1	2	9	5	2	1	11	1	1	6	8
GX	C3	27	0	36	11	2	0	1	26	25	1	36	9	15	1	26	32	4	2	12	4
GX	C4	5	6	11	82	38	1	33	10	9	3	9	40	43	1	37	13	6	8	6	23
GX	C5	1	2	2	11	44	1	5	9	1	3	2	6	81	2	5	11	3	9	3	6
GX	C6	0	0	0	2	0	0	0	0	1	1	1	5	1	0	0	2	0	0	0	0
GX	C7	0	0	0	0	0	0	0	0	0	0	0	0	0	0	0	0	0	0	0	0
GX	C8	1	1	5	14	5	2	3	6	1	1	4	5	8	1	2	25	1	1	3	3
HI	C1	9	0	16	2	0	0	0	1	4	0	8	0	0	0	0	3	3	0	10	0
HI	C2	0	3	2	25	0	0	0	0	0	0	1	1	0	0	1	0	0	0	0	0
HI	C3	6	0	9	3	1	0	2	7	1	0	2	0	1	0	2	2	1	0	1	0
HI	C4	0	0	1	2	0	0	0	1	0	0	0	0	0	0	0	0	0	0	0	0
HI	C5	0	0	0	0	0	0	0	0	0	0	0	1	0	0	0	0	0	0	0	0
HI	C6	0	0	0	0	0	0	0	0	0	0	0	0	0	0	0	0	0	0	0	0
HI	C7	0	0	0	0	0	0	0	0	0	0	0	0	0	0	0	0	0	0	0	0
HI	C8	2	1	6	15	5	2	3	6	1	0	1	2	4	1	1	9	1	1	3	2
SC	C1	1	0	1	0	0	0	0	0	1	0	3	0	0	0	0	1	0	0	1	0
SC	C2	0	5	4	55	2	9	1	3	0	1	4	14	5	2	3	11	0	1	4	7
SC	C3	30	0	60	13	2	0	1	28	35	2	42	15	7	1	4	40	13	7	36	8
SC	C4	6	10	19	186	94	1	34	11	20	8	24	118	136	3	69	23	8	12	11	56
SC	C5	2	4	5	22	104	2	8	29	1	6	4	16	174	4	13	52	4	18	5	14
SC	C6	0	2	1	6	1	0	2	4	3	1	18	1	0	0	0	6	0	0	0	0
SC	C7	0	0	0	0	0	0	0	0	0	0	0	0	0	0	0	0	0	0	0	0
SC	C8	3	2	9	24	8	2	5	9	1	1	2	3	5	1	1	6	2	1	4	4
GZ	C1	3	0	5	1	0	0	0	0	3	0	7	0	0	0	0	3	1	0	4	0
GZ	C2	0	4	3	41	1	3	0	1	0	1	2	7	5	2	1	10	1	1	5	7
GZ	C3	28	0	43	10	1	0	0	26	19	0	13	4	1	0	1	13	3	0	5	1
GZ	C4	1	2	3	22	12	0	7	2	1	1	1	5	7	0	5	1	1	2	1	5
GZ	C5	0	0	0	2	6	0	1	3	0	0	1	4	0	0	0	1	0	1	0	0
GZ	C6	0	0	0	0	0	0	0	0	1	1	1	4	1	0	0	0	0	0	0	0
GZ	C7	0	0	0	0	0	0	0	0	0	0	0	0	0	0	0	0	0	0	0	0
GZ	C8	2	2	9	21	8	2	4	10	5	2	20	21	38	1	5	60	1	1	3	3
YN	C1	1	0	2	0	0	0	0	0	1	0	2	0	0	0	0	1	0	0	1	0
YN	C2	0	6	4	60	1	2	0	1	0	0	1	5	3	1	0	5	0	0	3	3

续表

省份	部门	LN C1	LN C2	LN C3	LN C4	LN C5	LN C6	LN C7	LN C8	JL C1	JL C2	JL C3	JL C4	JL C5	JL C6	JL C7	JL C8	HL C1	HL C2	HL C3	HL C4
YN	C3	20	0	26	7	1	0	0	18	15	0	9	3	1	0	2	10	2	0	3	0
YN	C4	0	2	3	36	20	0	7	1	0	1	2	11	15	0	9	1	0	2	1	8
YN	C5	0	0	0	0	1	0	0	0	0	0	0	0	0	2	0	0	0	0	0	0
YN	C6	0	1	1	2	1	0	0	1	1	1	1	7	1	0	0	2	0	0	0	0
YN	C7	0	0	0	0	0	0	0	0	0	0	0	0	0	0	0	0	0	0	0	0
YN	C8	0	0	0	1	0	0	0	1	0	0	0	0	1	0	0	1	0	0	0	0
SN	C1	9	0	16	2	0	0	0	1	15	0	30	2	0	0	0	12	4	0	15	1
SN	C2	0	38	26	428	6	16	1	5	0	3	4	78	12	3	1	21	1	2	8	26
SN	C3	17	1	101	13	3	0	1	18	18	1	60	13	4	0	1	28	4	3	32	8
SN	C4	3	3	6	39	16	0	13	6	10	2	8	34	30	1	23	12	5	5	4	12
SN	C5	1	3	6	19	96	3	9	26	1	3	2	9	86	2	6	39	2	11	3	8
SN	C6	0	0	0	0	0	0	0	0	0	0	0	0	0	0	0	0	0	0	0	0
SN	C7	0	0	0	0	0	0	0	0	0	0	0	0	0	0	0	1	0	0	0	0
SN	C8	0	0	1	4	1	0	1	2	1	1	3	4	4	1	2	30	0	0	1	1
GS	C1	5	0	9	1	0	0	0	0	7	0	14	1	0	0	0	6	2	0	8	0
GS	C2	0	1	1	10	0	3	0	1	0	1	3	9	6	2	1	13	1	1	7	10
GS	C3	2	0	3	1	0	0	0	2	2	0	2	1	1	0	1	2	0	0	1	1
GS	C4	6	9	14	159	78	2	29	16	9	6	12	57	68	3	38	30	2	7	5	32
GS	C5	0	1	1	4	15	1	3	3	0	0	0	1	12	0	1	2	0	2	1	1
GS	C6	0	0	0	0	0	0	0	0	0	0	0	0	0	0	0	0	0	0	0	0
GS	C7	0	0	0	0	0	0	0	0	0	0	0	0	0	0	0	0	0	0	0	0
GS	C8	1	0	2	6	2	1	1	3	0	0	1	2	3	1	0	5	1	0	1	1
QH	C1	1	0	2	0	0	0	0	0	0	0	2	0	0	0	0	1	0	0	1	0
QH	C2	0	1	1	11	0	0	0	0	0	1	4	6	1	0	0	4	2	0	0	0
QH	C3	0	0	1	0	0	0	0	0	0	0	2	1	0	0	0	1	1	0	1	0
QH	C4	0	0	0	2	1	0	0	0	1	4	8	43	62	1	35	5	1	3	2	15
QH	C5	0	0	0	0	0	0	0	0	1	0	2	22	0	1	1	0	1	0	0	1
QH	C6	0	0	0	0	0	0	0	0	0	0	0	0	0	0	0	0	0	0	0	0
QH	C7	0	0	0	0	0	0	0	0	0	0	0	0	0	0	0	0	0	0	0	0
QH	C8	0	0	0	0	0	0	0	0	0	0	0	0	0	0	0	0	0	0	0	0
NX	C1	1	0	2	0	0	0	0	0	0	1	0	1	0	0	0	1	0	0	0	0
NX	C2	0	0	0	3	0	1	0	0	1	2	7	5	2	0	0	10	1	1	6	9
NX	C3	1	0	3	1	0	0	0	1	0	0	2	1	0	0	0	1	1	0	1	0
NX	C4	3	2	5	42	19	0	7	5	3	1	3	16	16	1	7	5	1	1	1	3
NX	C5	0	0	0	2	5	0	0	1	0	1	0	2	27	1	2	1	0	0	0	0
NX	C6	0	0	0	1	0	0	0	0	0	1	1	3	1	0	0	1	0	0	0	0
NX	C7	0	0	0	0	0	0	0	0	0	0	0	0	0	0	0	0	0	0	0	0
NX	C8	0	0	2	4	1	0	1	2	0	0	0	1	1	0	0	2	0	0	1	1
XJ	C1	29	0	49	6	0	0	0	3	29	0	60	4	0	0	0	24	12	0	42	2
XJ	C2	0	4	6	95	3	18	1	6	1	4	15	52	24	7	8	50	3	4	23	35
XJ	C3	13	0	40	7	1	0	0	13	8	0	12	3	2	0	1	9	3	1	9	2
XJ	C4	5	3	5	44	15	1	7	12	10	3	6	27	21	2	16	26	2	2	2	6
XJ	C5	0	0	0	0	1	0	0	0	0	0	1	0	0	0	0	0	0	0	0	0
XJ	C6	0	0	0	1	0	0	0	0	1	1	3	1	0	0	1	0	0	0	0	0
XJ	C7	0	0	0	0	0	0	0	0	0	0	0	0	0	0	0	0	0	0	0	0
XJ	C8	3	2	11	28	9	3	6	12	1	1	3	5	10	2	1	12	3	2	6	5
IM	C1	115	0	194	22	1	0	2	10	12	0	25	2	0	0	0	10	0	0	0	0
IM	C2	13	77	161	1428	104	571	121	189	1	8	10	253	32	7	3	52	6	29	65	486
IM	C3	5	5	229	81	37	2	12	115	0	0	0	0	0	0	0	9	5	133	23	
IM	C4	53	16	59	253	47	5	26	87	29	4	16	65	46	2	4	34	71	28	50	108
IM	C5	3	4	6	26	127	2	6	40	0	2	1	5	36	1	4	36	17	50	16	39
IM	C6	0	0	0	0	0	0	0	0	0	0	0	0	0	0	0	0	0	0	0	0
IM	C7	0	0	0	0	0	0	0	0	0	0	0	0	0	0	0	0	0	0	0	0
IM	C8	1	1	3	8	5	1	2	15	0	0	0	0	1	0	0	1	0	0	0	0
TII	TII	14535	6702	36983	78796	37896	4763	18689	26746	7418	2223	12548	18104	19847	1352	7302	23065	11301	8207	23798	20936
VA	VA001	16309	3041	3976	9102	6759	358	4642	12244	10996	863	1402	1867	2265	240	1668	8323	15139	3678	2245	2220
VA	VA002	1289	−1682	2159	9117	3129	504	931	904	286	388	1326	2049	438	349	275	880	−329	3239	4299	4500
VA	VA003	642	3779	1805	7298	2859	1254	1089	6866	565	527	610	1214	1182	857	247	2926	529	5864	1244	1778
VA	VA004	1301	3050	1977	6652	3728	686	1547	16296	1174	1446	2089	2920	741	−17	361	4871	1880	10461	−1767	39
TVA	TVA	19540	8188	9917	32169	16475	2802	8209	36311	13021	3225	5427	8049	4626	1428	2551	17001	17219	23243	6022	8537
TI	TI	34075	14890	46900	110965	54372	7565	26898	63057	20439	5448	17975	26154	24473	2780	9853	40065	28520	31450	29820	29472

省份	部门	HL C5	HL C6	HL C7	HL C8	SH C1	SH C2	SH C3	SH C4	SH C5	SH C6	SH C7	SH C8	JS C1	JS C2	JS C3	JS C4	JS C5	JS C6	JS C7	JS C8
BJ	C1	0	0	0	0	12	0	35	3	0	0	0	8	4	0	9	0	0	0	0	0
BJ	C2	2	11	2	8	0	0	4	34	1	18	0	1	0	0	0	0	0	0	0	0
BJ	C3	4	1	3	63	24	0	132	60	14	0	4	93	11	0	26	12	10	0	2	31
BJ	C4	63	1	50	12	1	0	27	286	169	1	40	28	7	3	52	370	360	1	58	12
BJ	C5	21	3	2	57	0	0	5	9	199	1	12	17	2	1	5	9	125	1	5	18
BJ	C6	0	0	0	0	0	0	0	0	0	0	0	0	0	0	0	0	0	0	0	0
BJ	C7	0	0	0	0	0	0	0	0	0	0	0	0	0	0	0	0	0	0	0	0
BJ	C8	3	1	5	4	18	3	212	320	401	7	35	455	6	1	28	32	25	2	6	19
TJ	C1	0	0	0	0	2	0	7	1	0	0	0	2	1	0	2	0	0	0	0	0
TJ	C2	0	0	0	0	0	0	4	7	1	0	5	2	0	0	0	1	0	0	0	0
TJ	C3	4	1	3	66	7	0	106	40	25	0	7	75	4	0	33	15	15	0	3	37
TJ	C4	75	5	191	64	7	1	90	450	295	2	227	89	35	7	141	541	375	1	83	31
TJ	C5	35	6	4	62	2	0	11	22	261	1	25	52	4	3	12	20	210	1	11	27
TJ	C6	0	0	0	0	0	0	0	0	0	0	0	0	0	0	0	0	0	0	0	0
TJ	C7	0	0	0	0	0	0	0	0	0	0	0	0	0	0	0	0	0	0	0	0
TJ	C8	5	2	11	11	23	3	305	381	439	10	46	691	19	2	71	103	62	9	28	72
HE	C1	0	1	0	8	199	0	594	54	0	0	1	145	66	0	158	3	0	0	6	5
HE	C2	16	70	10	54	4	8	354	898	49	188	149	75	0	1	18	39	2	0	14	2
HE	C3	10	2	5	137	35	0	788	295	194	2	17	355	13	2	1770	134	111	1	10	158
HE	C4	142	9	379	109	18	2	182	982	677	6	550	252	51	12	215	929	705	2	174	56
HE	C5	50	9	6	58	4	0	18	38	334	2	28	81	7	5	20	29	286	1	15	32
HE	C6	0	0	0	0	4	6	27	84	24	0	1	36	0	0	2	3	1	0	0	1
HE	C7	0	0	0	0	0	0	0	0	0	0	0	0	0	0	0	0	0	0	0	0
HE	C8	5	4	12	19	20	2	212	338	287	17	55	814	36	4	108	201	92	22	70	160
SX	C1	0	0	0	0	2	0	7	1	0	0	0	2	1	0	2	0	0	0	0	0
SX	C2	43	194	28	151	3	0	104	918	28	481	1	28	0	0	0	0	0	0	0	0
SX	C3	0	0	0	6	2	0	7	4	1	0	1	5	1	0	1	0	0	0	0	1
SX	C4	33	1	29	8	5	0	32	285	131	0	30	46	7	2	39	235	214	0	35	9
SX	C5	1	0	0	2	0	0	0	1	14	0	2	1	0	0	1	1	10	0	1	1
SX	C6	0	0	0	0	1	2	9	29	8	0	0	13	0	0	1	1	0	0	0	0
SX	C7	0	0	0	0	0	0	0	0	0	0	0	0	0	0	0	0	0	0	0	0
SX	C8	3	3	6	11	6	0	53	128	60	7	28	254	27	3	72	148	61	18	55	96
IM	C1	0	0	0	1	34	0	102	9	0	0	0	25	12	0	29	1	0	1	1	1
IM	C2	10	45	6	35	1	2	64	211	13	72	40	20	0	0	3	7	1	0	4	1
IM	C3	0	0	0	2	8	0	31	19	4	0	2	24	4	0	3	2	1	0	0	3
IM	C4	45	1	57	14	1	0	25	220	147	1	59	34	5	2	40	290	286	0	51	11
IM	C5	9	2	1	11	0	0	2	6	52	0	3	7	1	1	4	5	55	0	3	6
IM	C6	0	0	0	0	1	2	10	32	9	0	0	14	0	0	1	1	0	0	0	0
IM	C7	0	0	0	0	0	0	0	0	0	0	0	0	0	0	0	0	0	0	0	0
IM	C8	2	2	5	7	5	0	85	94	82	3	14	189	12	1	39	67	33	7	22	41
LN	C1	0	0	0	0	7	0	22	2	0	0	0	5	2	0	6	0	0	0	0	0
LN	C2	17	77	11	60	0	0	23	138	5	61	4	5	0	0	1	1	0	0	0	0
LN	C3	0	0	0	6	2	0	74	14	6	0	2	9	1	0	386	12	9	0	0	3
LN	C4	259	7	223	71	18	1	105	997	540	17	138	326	38	12	175	1099	1016	3	168	77
LN	C5	58	10	7	74	1	0	10	24	265	1	31	32	4	3	14	23	231	1	14	26
LN	C6	0	0	0	0	0	0	0	0	0	0	0	0	0	0	0	0	0	0	0	0
LN	C7	0	0	0	0	0	0	0	0	0	0	0	0	0	0	0	0	0	0	0	0
LN	C8	2	2	5	8	4	0	52	84	53	4	16	168	15	2	42	81	35	9	29	52
JL	C1	0	0	0	2	29	0	88	8	0	0	0	21	10	0	24	1	0	1	1	1
JL	C2	21	93	13	72	1	2	53	158	10	29	38	17	0	0	3	6	0	0	4	1
JL	C3	1	0	3	16	7	0	89	30	23	0	22	53	3	0	269	10	9	0	4	5
JL	C4	112	9	128	126	6	1	69	328	161	2	49	50	38	7	141	470	285	1	46	29
JL	C5	106	12	14	199	2	0	19	26	685	1	6	83	5	3	16	17	270	1	10	64
JL	C6	0	0	0	0	0	0	0	0	0	0	0	0	0	0	0	0	0	0	0	0
JL	C7	0	0	0	0	0	0	1	0	1	0	1	23	0	0	0	0	0	0	0	0
JL	C8	5	5	11	19	13	2	131	259	195	12	46	490	35	4	97	192	83	22	69	129
HL	C1	3	31	2	389	1	0	4	0	0	0	0	1	0	0	1	0	0	0	0	0
HL	C2	61	29	982	120	2	2	105	2283	26	271	42	32	0	0	3	7	0	0	4	1
HL	C3	225	41	291	4139	0	0	11	2	2	0	0	7	0	0	4	2	2	0	0	5
HL	C4	2857	415	4512	4773	1	0	1	15	5	1	1	21	1	0	2	8	6	0	1	3
HL	C5	1716	329	250	2036	0	0	0	0	1	0	1	0	0	0	0	2	0	0	0	0
HL	C6	269	17	76	972	1	2	8	25	7	0	0	11	0	0	1	1	0	0	0	0

续表

省份	部门	HL	HL	HL	HL	SH	SH	SH	SH	SH	SH	SH	SH	JS	JS	JS	JS	JS	JS	JS	JS
		C5	C6	C7	C8	C1	C2	C3	C4	C5	C6	C7	C8	C1	C2	C3	C4	C5	C6	C7	C8
HL	C7	7	3	5	492	0	0	0	0	0	0	0	0	0	0	0	0	0	0	0	0
HL	C8	2892	856	4352	10269	0	0	0	0	0	0	0	0	0	0	0	0	0	0	0	0
SH	C1	0	0	0	1	704	0	2107	192	1	0	2	513	10	0	23	0	0	0	1	1
SH	C2	0	0	0	0	2	5	84	142	20	1	91	37	0	0	1	2	0	0	1	0
SH	C3	5	2	4	46	139	6	15477	1866	1026	11	437	3178	20	1	75	46	28	0	7	23
SH	C4	164	5	134	62	505	76	5723	26387	13903	171	3925	4528	114	24	465	1893	1385	3	222	103
SH	C5	98	18	10	200	60	3	605	1273	19018	84	1743	2497	12	12	44	72	722	5	35	122
SH	C6	0	0	0	0	108	172	821	2546	726	2	31	1109	0	0	0	0	0	0	0	0
SH	C7	0	0	0	0	1	0	45	32	72	2	94	1520	0	0	0	0	0	0	0	0
SH	C8	14	9	31	41	564	38	3609	5854	4128	297	950	13265	94	12	308	532	265	56	173	447
JS	C1	0	0	0	3	86	0	259	24	0	0	0	63	9879	1	23707	498	16	0	864	817
JS	C2	8	36	5	28	3	5	157	653	36	225	106	56	11	33	578	1316	107	3	1054	147
JS	C3	19	4	8	318	57	1	2527	548	298	3	33	794	4576	98	50163	5873	3843	26	1080	7250
JS	C4	197	9	222	107	35	5	335	1663	1017	20	400	471	4659	793	16229	42883	17649	90	10851	3878
JS	C5	198	36	21	320	21	0	90	203	1750	10	149	465	709	330	1435	2401	24828	136	1252	4795
JS	C6	0	0	0	0	0	0	0	0	0	0	0	0	479	280	1771	2857	928	136	116	588
JS	C7	0	0	0	0	0	0	0	0	0	0	0	0	12	17	18	25	23	9	133	378
JS	C8	10	7	22	31	27	2	365	498	398	19	83	985	2280	481	10221	12339	9362	708	2458	17167
ZJ	C1	0	0	0	1	46	0	137	12	0	0	0	33	12	0	29	1	0	0	1	1
ZJ	C2	0	2	0	2	0	0	14	57	3	23	6	4	0	0	0	1	0	0	0	0
ZJ	C3	2	1	1	35	16	0	563	127	70	1	24	145	5	1	1958	72	59	0	6	46
ZJ	C4	11	1	16	19	11	1	99	302	126	2	54	65	35	5	112	250	68	0	14	23
ZJ	C5	22	4	2	31	1	0	10	26	210	1	23	36	4	3	11	18	168	1	9	18
ZJ	C6	0	0	0	0	0	0	0	0	0	0	0	0	0	0	0	0	0	0	0	0
ZJ	C7	0	0	0	0	0	0	0	0	0	0	0	2	0	0	0	0	0	0	0	0
ZJ	C8	0	0	1	1	6	1	68	116	129	7	14	363	2	0	7	11	6	1	3	11
AH	C1	0	1	0	7	221	0	662	60	0	0	1	161	75	0	181	4	0	0	7	6
AH	C2	0	0	0	0	4	12	259	413	53	3	238	97	0	1	15	33	3	0	24	3
AH	C3	0	0	0	1	3	0	47	36	31	0	9	37	1	0	14	8	6	0	3	3
AH	C4	10	1	10	19	5	1	55	151	70	1	12	29	29	4	97	202	44	0	8	18
AH	C5	12	2	1	20	8	0	16	25	154	1	4	133	2	1	5	8	79	1	4	17
AH	C6	0	0	0	0	1	2	7	23	7	0	0	10	0	0	1	1	0	0	0	0
AH	C7	0	0	0	0	0	0	0	1	1	0	0	13	0	0	0	0	0	0	0	0
AH	C8	0	0	0	0	0	0	1	1	1	0	0	3	0	0	0	0	0	0	0	3
FJ	C1	0	0	0	1	20	0	59	5	0	0	0	14	6	0	15	0	0	0	1	1
FJ	C2	0	1	0	1	1	1	30	132	7	53	20	11	0	0	1	2	0	0	2	0
FJ	C3	3	1	3	44	7	0	25	14	1	0	0	18	3	0	2	1	0	0	0	2
FJ	C4	7	1	11	8	3	1	39	118	66	1	44	26	18	3	61	149	54	0	13	12
FJ	C5	16	2	2	55	1	0	6	12	237	0	8	26	2	1	5	8	145	0	4	20
FJ	C6	0	0	0	0	3	2	9	2	0	0	0	4	0	0	0	0	0	0	0	0
FJ	C7	0	0	0	0	0	0	0	0	0	0	0	0	0	0	0	0	0	0	0	0
FJ	C8	3	2	6	10	17	1	104	161	129	9	29	398	18	3	61	108	55	11	36	147
JX	C1	0	0	0	2	62	0	187	17	0	0	0	45	20	0	48	1	0	0	2	2
JX	C2	2	8	1	6	2	3	128	434	22	159	55	32	0	0	5	10	1	0	5	1
JX	C3	0	0	1	8	8	0	72	31	24	0	23	68	3	0	14	6	7	0	5	14
JX	C4	15	1	15	5	4	2	28	173	93	3	35	59	12	3	44	192	147	0	26	15
JX	C5	8	1	1	19	0	0	4	6	168	0	3	15	1	1	3	4	68	0	2	14
JX	C6	0	0	0	0	0	0	0	0	0	0	0	0	0	0	0	0	0	0	0	0
JX	C7	0	0	0	0	0	0	0	0	0	0	0	0	0	0	0	0	0	0	0	0
JX	C8	2	2	4	8	3	0	33	70	36	4	15	140	14	2	37	76	32	9	28	50
SD	C1	0	0	0	2	54	0	161	15	0	0	0	39	18	0	42	1	0	0	2	1
SD	C2	23	105	15	82	3	3	133	1080	30	279	60	40	0	0	4	9	1	0	6	1
SD	C3	7	2	3	112	36	0	659	170	69	1	8	224	16	1	2146	100	84	0	6	116
SD	C4	114	8	139	107	19	3	225	912	448	4	180	118	118	19	418	1245	652	2	112	81
SD	C5	63	9	7	121	5	0	24	41	684	2	28	125	6	5	20	29	349	2	17	64
SD	C6	0	0	0	0	1	2	7	22	6	0	0	10	0	0	1	1	0	0	0	0
SD	C7	0	0	0	0	0	0	1	1	1	0	2	14	0	0	0	0	0	0	0	0
SD	C8	10	8	23	35	27	2	375	519	384	23	90	1145	78	9	222	426	189	48	150	269
HA	C1	0	0	0	4	104	0	313	29	0	0	0	76	35	0	83	2	0	0	3	3
HA	C2	24	107	16	84	2	0	124	924	25	403	3	25	0	0	2	5	0	0	0	1
HA	C3	6	1	3	70	39	0	527	244	148	2	1	265	14	1	836	88	68	0	4	102
HA	C4	34	2	98	28	5	1	58	284	203	2	191	69	19	4	75	293	204	1	54	18

省份	部门	HL C5	HL C6	HL C7	HL C8	SH C1	SH C2	SH C3	SH C4	SH C5	SH C6	SH C7	SH C8	JS C1	JS C2	JS C3	JS C4	JS C5	JS C6	JS C7	JS C8
HA	C5	21	4	2	22	1	0	7	17	137	1	5	19	4	2	10	13	124	1	6	14
HA	C6	0	0	0	0	0	0	0	0	0	0	0	0	0	0	0	0	0	0	0	0
HA	C7	0	0	0	0	0	0	0	0	0	0	0	0	0	0	0	0	0	0	0	0
HA	C8	2	2	5	7	4	0	54	78	54	3	14	157	13	1	37	69	31	8	24	44
HB	C1	0	0	0	3	94	0	280	26	0	0	0	68	30	0	73	2	0	0	3	3
HB	C2	2	8	1	6	1	1	38	119	9	37	29	14	0	0	2	4	0	0	3	0
HB	C3	2	0	1	10	35	0	214	150	81	1	3	141	12	0	45	28	16	0	1	18
HB	C4	104	3	95	24	7	1	71	615	367	6	112	133	20	7	113	710	661	1	111	36
HB	C5	32	5	4	48	1	0	12	22	347	1	8	43	4	3	12	15	186	1	8	30
HB	C6	0	0	0	0	0	0	0	0	0	0	0	0	0	0	0	0	0	0	0	0
HB	C7	0	0	0	0	0	0	0	0	0	0	0	0	0	0	0	0	0	0	0	0
HB	C8	4	3	9	12	14	1	159	186	164	6	29	371	22	3	73	125	64	13	40	108
HN	C1	0	0	0	3	91	0	273	25	0	0	0	67	29	0	70	1	0	0	3	2
HN	C2	4	16	2	13	1	1	81	367	14	162	16	16	0	0	2	5	0	0	1	0
HN	C3	1	0	1	13	26	0	168	103	55	1	11	120	9	0	34	19	13	0	3	21
HN	C4	34	1	47	10	3	0	33	252	163	2	97	56	8	3	44	263	239	1	46	13
HN	C5	20	3	2	27	3	0	11	20	212	1	18	59	3	2	9	14	142	1	8	20
HN	C6	0	0	0	0	0	0	0	0	0	0	0	0	0	0	0	0	0	0	0	0
HN	C7	0	0	0	0	0	0	0	0	0	0	0	0	0	0	0	0	0	0	0	0
HN	C8	3	2	6	10	5	0	69	108	71	5	20	216	19	2	53	103	45	12	36	65
GD	C1	0	0	0	2	44	0	133	12	0	0	0	32	14	0	33	1	0	0	1	1
GD	C2	1	6	1	4	0	0	60	119	4	32	3	4	0	0	3	6	0	0	0	0
GD	C3	14	3	7	218	66	0	1369	416	239	2	51	571	26	3	3526	200	170	1	19	238
GD	C4	66	6	93	77	17	3	188	603	341	4	161	131	84	13	287	748	316	1	65	59
GD	C5	77	13	9	183	1	0	18	42	668	3	111	64	5	6	23	51	556	3	34	63
GD	C6	0	0	0	0	27	43	203	631	180	1	8	275	5	3	18	28	9	1	1	6
GD	C7	0	0	0	0	0	0	0	0	0	0	0	0	0	0	0	0	0	0	0	0
GD	C8	2	2	5	8	9	1	133	166	151	10	24	553	16	2	72	104	59	10	28	132
GX	C1	0	0	0	2	53	0	160	15	0	0	0	39	18	0	43	1	0	0	2	1
GX	C2	2	9	1	7	0	1	27	74	4	24	10	6	0	0	1	2	0	0	1	0
GX	C3	1	0	1	18	25	0	164	83	43	0	26	133	10	0	26	12	10	0	4	25
GX	C4	21	1	39	11	3	0	41	200	149	1	133	41	13	3	55	226	165	0	40	12
GX	C5	13	2	1	18	0	0	5	13	126	1	8	16	3	2	8	11	110	1	5	13
GX	C6	0	0	0	0	0	0	2	6	2	0	0	3	0	0	0	0	0	0	0	0
GX	C7	0	0	0	0	0	0	0	0	0	0	0	0	0	0	0	0	0	0	0	0
GX	C8	1	1	3	5	7	0	57	77	63	4	13	170	9	1	31	54	27	6	18	59
HI	C1	0	0	0	1	29	0	86	8	0	0	0	21	11	0	26	1	0	0	1	1
HI	C2	0	0	0	0	0	0	14	17	1	0	2	1	0	0	1	2	0	0	0	0
HI	C3	0	0	0	1	6	0	21	12	2	0	1	16	3	0	4	2	2	0	3	3
HI	C4	0	0	0	0	0	0	3	7	2	0	0	0	0	0	6	13	2	0	0	1
HI	C5	0	0	0	0	0	0	0	0	0	0	0	0	0	0	0	0	0	0	0	0
HI	C6	0	0	0	0	0	0	0	1	0	0	0	1	0	0	0	0	0	0	0	0
HI	C7	0	0	0	0	0	0	0	0	0	0	0	0	0	0	0	0	0	0	0	0
HI	C8	1	1	3	4	4	0	60	62	60	2	9	152	7	1	21	35	18	4	11	21
SC	C1	0	0	0	0	2	0	6	1	0	0	0	2	1	0	2	0	0	0	0	0
SC	C2	2	7	1	6	0	0	27	99	4	39	8	6	0	0	1	2	0	0	1	0
SC	C3	3	1	2	50	23	0	168	64	16	0	2	88	10	0	278	18	14	0	1	29
SC	C4	65	1	55	14	2	0	41	358	208	1	57	37	13	4	74	439	400	1	65	16
SC	C5	31	5	3	64	1	0	9	18	299	1	10	31	3	2	10	15	175	1	8	30
SC	C6	0	0	0	0	1	1	7	21	6	0	0	9	0	0	1	1	0	0	0	0
SC	C7	0	0	0	0	0	0	0	0	0	0	0	0	0	0	0	0	0	0	0	0
SC	C8	2	1	5	5	5	0	91	85	86	2	11	171	9	1	31	48	27	5	14	28
GZ	C1	0	0	0	0	9	0	26	2	0	0	0	6	3	0	7	0	0	0	0	0
GZ	C2	2	8	1	6	0	0	32	50	3	8	6	3	0	0	2	4	0	0	1	0
GZ	C3	0	0	0	4	24	0	99	50	3	0	1	60	10	0	98	6	2	0	0	9
GZ	C4	6	0	6	2	1	0	9	53	38	0	13	9	2	1	12	67	59	0	11	3
GZ	C5	1	0	0	0	0	0	1	1	15	0	2	2	0	1	1	1	14	0	1	2
GZ	C6	0	0	0	0	0	0	2	5	1	0	0	0	0	0	0	0	0	0	0	0
GZ	C7	0	0	0	0	0	0	0	0	0	0	0	0	0	0	0	0	0	0	0	0
GZ	C8	2	1	3	4	4	0	61	60	58	2	8	123	8	1	34	48	28	4	13	53
YN	C1	0	0	0	0	2	0	7	1	0	0	0	2	1	0	2	0	0	0	0	0
YN	C2	1	4	1	3	0	0	23	27	1	1	2	1	0	0	1	3	0	0	0	0

续表

省份	部门	HL C5	HL C6	HL C7	HL C8	SH C1	SH C2	SH C3	SH C4	SH C5	SH C6	SH C7	SH C8	JS C1	JS C2	JS C3	JS C4	JS C5	JS C6	JS C7	JS C8
YN	C3	0	0	0	2	16	0	56	32	3	0	1	40	7	0	6	2	0	0	0	6
YN	C4	12	0	9	1	0	0	5	74	46	0	11	7	0	1	10	100	105	0	17	3
YN	C5	0	0	0	0	0	0	0	0	3	0	0	0	0	0	0	0	2	0	0	0
YN	C6	0	0	0	0	0	1	3	8	2	0	0	3	0	0	0	0	0	0	0	0
YN	C7	0	0	0	0	0	0	0	0	1	0	0	1	0	0	0	0	0	0	0	0
YN	C8	0	0	0	1	0	0	4	7	4	0	1	15	1	0	3	6	3	1	2	5
SN	C1	0	0	0	1	25	0	74	7	0	0	0	18	9	0	21	0	0	0	1	1
SN	C2	3	13	2	10	0	1	136	306	8	67	3	8	0	0	8	16	1	0	0	0
SN	C3	1	0	1	21	14	0	244	61	20	0	1	60	6	0	1008	37	28	0	1	23
SN	C4	8	1	17	7	2	0	19	90	52	0	33	19	7	1	26	86	52	0	12	5
SN	C5	22	3	2	68	1	0	7	13	262	1	16	33	2	2	6	12	174	1	7	27
SN	C6	0	0	0	0	0	0	0	0	0	0	0	0	0	0	0	0	0	0	0	0
SN	C7	0	0	0	0	0	0	1	0	1	0	1	19	0	0	0	0	0	0	0	0
SN	C8	0	0	1	1	9	2	66	131	146	6	17	306	3	0	11	17	10	2	5	31
GS	C1	0	0	0	0	14	0	42	4	0	0	0	10	5	0	12	0	0	0	0	0
GS	C2	3	12	2	9	0	0	9	51	2	25	2	2	0	0	0	0	0	0	0	0
GS	C3	0	0	0	1	2	0	13	8	4	0	1	9	1	0	3	2	1	0	0	1
GS	C4	42	1	35	6	3	0	26	296	171	4	48	75	7	3	49	379	376	1	62	19
GS	C5	3	0	0	5	0	0	1	2	27	0	5	3	0	0	1	3	30	0	2	3
GS	C6	0	0	0	0	0	0	0	0	0	0	0	0	0	0	0	0	0	0	0	0
GS	C7	0	0	0	0	0	0	0	0	0	0	0	0	0	0	0	0	0	0	0	0
GS	C8	1	1	2	3	2	0	19	31	20	2	6	66	5	1	15	30	13	3	11	20
QH	C1	0	0	0	0	3	0	10	1	0	0	0	2	2	0	4	0	0	0	0	0
QH	C2	0	0	0	0	0	0	4	5	0	0	1	0	0	0	1	0	0	0	0	0
QH	C3	0	0	0	2	0	0	2	0	0	0	0	1	0	0	3	0	0	0	0	0
QH	C4	21	0	17	2	0	0	1	9	5	0	1	1	0	1	10	91	95	0	15	3
QH	C5	1	0	0	1	0	0	0	0	1	0	0	0	0	0	0	3	0	0	0	0
QH	C6	0	0	0	0	0	0	0	0	0	0	0	0	0	0	0	0	0	0	0	0
QH	C7	0	0	0	0	0	0	0	0	0	0	0	0	0	0	0	0	0	0	0	0
QH	C8	0	0	0	0	0	0	1	1	1	0	0	3	0	0	1	1	0	0	0	0
NX	C1	0	0	0	0	3	0	8	1	0	0	0	2	1	0	3	0	0	0	0	0
NX	C2	2	10	1	8	0	0	4	34	1	17	0	1	0	0	0	0	0	0	0	0
NX	C3	0	0	0	1	1	0	8	4	1	0	0	4	1	0	3	1	1	0	0	1
NX	C4	2	0	2	2	1	0	7	49	26	0	7	8	4	1	20	106	91	0	15	5
NX	C5	1	0	0	0	0	0	0	1	6	0	0	1	1	0	2	2	18	0	1	2
NX	C6	0	0	0	0	0	0	1	3	1	0	0	1	0	0	0	0	0	0	0	0
NX	C7	0	0	0	0	0	0	0	0	0	0	0	1	0	0	0	0	0	0	0	0
NX	C8	0	0	1	1	1	0	15	17	15	1	3	35	2	0	7	13	6	1	4	8
XJ	C1	0	0	0	2	75	0	225	21	0	0	0	55	28	0	67	1	0	0	2	2
XJ	C2	8	38	5	29	0	0	27	148	5	47	8	6	0	0	1	3	0	0	1	0
XJ	C3	1	0	0	8	10	0	86	27	4	0	0	27	5	0	387	13	9	0	0	6
XJ	C4	6	0	8	3	3	0	10	71	34	3	14	50	7	1	21	85	61	0	12	10
XJ	C5	0	0	0	0	0	0	0	0	3	0	0	1	0	0	0	0	3	0	0	0
XJ	C6	0	0	0	0	0	0	1	4	1	0	0	2	0	0	0	0	0	0	0	0
XJ	C7	0	0	0	0	0	0	0	0	0	0	0	0	0	0	0	0	0	0	0	0
XJ	C8	3	2	6	9	8	1	115	133	111	5	21	266	18	2	53	97	46	11	33	60
IM	C1	0	0	0	0	0	0	201	18	0	0	0	49	706	0	1694	36	1	0	62	58
IM	C2	19	53	48	45	3	9	468	581	44	2	153	69	100	144	4109	13202	644	2761	2345	643
IM	C3	3	2	3	60	5	0	191	26	27	0	25	64	521	13	2154	862	512	2	172	580
IM	C4	22	7	15	93	48	3	239	791	232	36	45	583	1510	363	4394	21969	17827	98	3312	3181
IM	C5	75	14	7	62	3	0	33	80	913	3	9	108	47	30	138	165	2679	10	75	529
IM	C6	0	0	0	0	0	0	0	0	0	0	0	0	434	253	1603	2587	840	123	105	532
IM	C7	0	0	0	0	0	0	0	0	0	0	0	0	0	0	0	0	0	0	0	0
IM	C8	0	0	0	0	1	0	41	74	56	3	10	128	176	33	989	1101	913	51	196	1660
TII	TII	11106	2992	13141	28320	4585	470	49219	68074	58644	3636	12497	45344	27981	3151	137857	123785	94874	4494	26926	46634
VA	VA001	1934	193	2670	14356	2513	68	4519	5117	5880	200	2488	9783	34264	2324	11438	11188	7865	655	7431	24183
VA	VA002	1270	391	870	2228	424	50	8541	14449	8981	936	911	19236	1072	441	8014	9229	5951	1897	1113	6623
VA	VA003	911	753	630	4534	135	132	1436	5614	2191	838	447	5069	1129	1175	5325	7036	3658	1562	981	10183
VA	VA004	−176	350	1757	8796	344	0	762	3072	780	107	243	6190	2935	1691	4098	10901	9492	1502	1885	21304
TVA	TVA	3939	1687	5927	29914	3416	249	15259	28252	17832	2080	4089	40277	39401	5630	28875	38354	26966	5616	11410	62294
TI	TI	15045	4678	19068	58234	8001	719	64477	96325	76476	5716	16586	85621	67382	8781	166731	162139	121840	10110	38336	108927

续表

省份	部门	ZJ	ZJ	ZJ	ZJ	ZJ	ZJ	ZJ	ZJ	AH	AH	AH	AH	AH	AH	AH	AH	FJ	FJ	FJ	FJ
		C1	C2	C3	C4	C5	C6	C7	C8	C1	C2	C3	C4	C5	C6	C7	C8	C1	C2	C3	C4
BJ	C1	4	0	18	1	0	0	0	1	5	9	8	1	0	0	0	0	2	0	3	0
BJ	C2	1	0	5	10	1	13	0	2	0	1	1	3	0	5	0	0	0	0	0	0
BJ	C3	19	0	31	8	2	0	2	16	7	1	20	5	2	0	2	17	19	0	25	2
BJ	C4	4	1	17	128	80	0	49	7	2	1	18	62	27	0	37	3	4	1	26	33
BJ	C5	1	0	3	6	57	0	8	9	0	0	0	0	0	0	0	0	0	0	1	1
BJ	C6	0	0	0	0	0	0	0	0	0	0	0	0	0	0	0	0	0	0	0	0
BJ	C7	0	0	0	0	0	0	0	0	0	0	0	0	0	0	0	0	0	0	0	0
BJ	C8	1	0	6	7	5	1	3	6	163	14	214	175	60	2	59	166	3	1	25	11
TJ	C1	1	0	4	0	0	0	0	0	1	2	2	0	0	0	0	0	0	0	1	0
TJ	C2	0	0	0	0	0	0	0	0	0	0	0	0	0	0	0	0	0	0	0	1
TJ	C3	5	0	14	8	2	0	3	6	7	1	22	5	2	0	2	20	5	0	7	1
TJ	C4	19	2	55	210	102	0	102	32	16	2	20	69	27	0	96	7	22	2	57	74
TJ	C5	2	1	5	12	99	1	16	14	0	0	0	0	0	0	0	0	1	0	1	1
TJ	C6	0	0	0	0	0	0	0	0	0	0	0	0	0	0	0	0	0	0	0	0
TJ	C7	0	0	0	0	0	0	0	0	0	0	0	0	0	0	0	0	0	0	0	0
TJ	C8	2	0	11	14	10	2	5	10	226	14	180	212	49	13	73	81	5	2	42	20
HE	C1	74	0	306	11	0	0	0	16	78	157	146	9	0	0	0	6	42	7	59	7
HE	C2	7	2	49	151	19	122	13	19	1	13	8	348	7	46	1	4	0	1	0	5
HE	C3	18	1	166	106	11	1	8	25	6	0	50	10	2	0	1	51	18	0	195	16
HE	C4	29	5	88	410	200	1	228	64	37	5	41	139	53	1	216	17	40	4	111	173
HE	C5	3	1	8	19	130	1	21	17	0	0	0	0	0	0	0	0	2	1	3	3
HE	C6	3	7	22	72	21	0	3	23	0	0	0	0	0	0	0	0	0	0	0	0
HE	C7	0	0	0	0	0	0	0	0	0	0	0	0	0	0	0	0	0	0	0	0
HE	C8	3	1	11	19	11	2	4	14	150	16	112	157	33	35	57	66	5	2	41	21
SX	C1	1	0	4	0	0	0	0	0	1	2	2	0	0	0	0	0	0	0	1	0
SX	C2	17	1	124	266	18	332	1	43	2	23	23	77	2	135	3	11	0	0	0	0
SX	C3	1	0	2	0	0	0	0	1	1	0	2	1	0	0	0	1	1	0	2	0
SX	C4	4	2	16	118	54	0	30	13	2	0	11	36	16	0	23	2	4	1	19	27
SX	C5	0	0	0	1	6	0	1	1	0	0	0	0	0	0	0	0	0	0	0	0
SX	C6	1	3	8	27	8	0	1	9	0	0	0	0	0	0	0	0	0	0	0	0
SX	C7	0	0	0	0	0	0	0	0	0	0	0	0	0	0	0	0	0	0	0	0
SX	C8	2	0	4	9	3	1	1	3	59	9	41	69	13	25	26	31	2	1	7	5
IM	C1	13	0	53	2	0	0	0	3	13	26	25	2	0	0	0	1	6	1	8	1
IM	C2	3	1	18	42	4	47	4	7	0	4	4	31	1	23	1	2	0	0	0	0
IM	C3	6	0	11	3	1	0	1	6	0	0	0	0	0	0	0	0	5	0	7	1
IM	C4	3	1	12	93	59	0	44	6	3	1	13	46	20	0	35	3	2	0	12	19
IM	C5	0	0	1	3	18	0	3	2	0	0	0	0	0	0	0	0	0	0	0	0
IM	C6	1	3	9	29	9	0	1	9	0	0	0	0	0	0	0	0	0	0	0	0
IM	C7	0	0	0	0	0	0	0	0	0	0	0	0	0	0	0	0	0	0	0	0
IM	C8	1	0	4	7	4	1	1	3	86	7	65	84	18	11	29	32	2	1	11	6
LN	C1	3	0	11	0	0	0	0	0	3	6	5	0	0	0	0	0	2	0	2	0
LN	C2	2	0	16	36	3	43	0	6	0	3	3	22	0	15	0	1	0	0	0	1
LN	C3	1	0	24	4	1	0	1	2	0	0	4	0	0	0	0	0	1	0	44	4
LN	C4	23	3	62	410	244	1	151	44	8	2	51	175	76	1	107	11	31	5	102	142
LN	C5	2	1	7	16	124	1	21	15	0	0	0	0	0	0	0	0	1	1	2	2
LN	C6	0	0	0	0	0	0	0	0	0	0	0	0	0	0	0	0	0	0	0	0
LN	C7	0	0	0	0	0	0	0	0	0	0	0	0	0	0	0	0	0	0	0	0
LN	C8	1	0	3	7	3	1	1	2	56	6	41	60	12	15	22	25	1	1	7	5
JL	C1	11	0	46	2	0	0	0	2	11	23	21	1	0	0	0	1	5	1	7	1
JL	C2	1	0	8	22	2	18	3	3	0	2	1	37	1	8	0	1	0	0	0	1
JL	C3	7	0	32	6	5	0	10	9	0	0	2	0	0	0	0	0	4	0	31	3
JL	C4	20	2	55	176	78	0	41	26	3	1	12	41	18	0	30	2	19	2	44	56
JL	C5	6	1	5	12	125	1	12	33	0	0	0	0	0	0	0	0	1	1	1	2
JL	C6	0	0	0	0	0	0	0	0	0	0	0	0	0	0	0	0	0	0	0	0
JL	C7	0	0	0	0	0	0	0	0	0	0	0	0	0	0	0	0	0	0	0	0
JL	C8	3	0	8	16	7	2	2	8	114	14	82	126	25	37	46	54	3	1	20	12
HL	C1	1	0	2	0	0	0	0	2	0	0	0	0	0	0	0	0	0	0	0	0
HL	C2	6	1	44	219	7	117	4	18	3	8	8	715	2	46	1	5	0	0	0	1
HL	C3	0	0	0	0	0	0	0	0	0	0	0	1	0	0	0	2	0	0	0	0
HL	C4	1	0	0	3	2	0	1	2	0	0	0	1	0	0	1	0	1	0	1	2
HL	C5	0	0	0	0	0	0	0	0	0	0	0	0	0	0	0	0	0	0	0	0
HL	C6	1	2	7	22	7	0	1	7	0	0	0	0	0	0	0	0	0	0	0	0

省份	部门	ZJ C1	ZJ C2	ZJ C3	ZJ C4	ZJ C5	ZJ C6	ZJ C7	ZJ C8	AH C1	AH C2	AH C3	AH C4	AH C5	AH C6	AH C7	AH C8	FJ C1	FJ C2	FJ C3	FJ C4
HL	C7	0	0	0	0	0	0	0	0	0	0	0	0	0	0	0	0	0	0	0	0
HL	C8	0	0	0	0	0	0	0	0	0	0	0	0	0	0	0	0	0	0	0	0
SH	C1	13	0	53	2	0	0	0	3	10	20	19	1	0	0	0	1	6	1	9	1
SH	C2	0	0	0	2	0	0	2	0	0	0	0	2	0	0	0	0	0	0	0	0
SH	C3	47	1	140	123	16	1	16	51	8	1	19	4	2	0	3	10	43	0	62	6
SH	C4	89	12	265	1069	479	2	243	145	8	2	59	202	87	0	125	10	103	9	265	389
SH	C5	6	2	17	38	277	2	36	41	0	0	0	0	0	0	0	0	4	2	7	5
SH	C6	0	0	0	0	0	0	0	0	0	0	0	0	0	0	0	0	0	0	0	0
SH	C7	0	0	0	0	0	0	0	0	0	0	0	0	0	0	0	0	0	0	0	0
SH	C8	8	2	32	47	29	6	12	38	642	54	574	651	161	77	227	345	16	6	136	67
JS	C1	31	0	126	5	0	0	0	7	32	64	59	4	0	0	0	3	18	3	26	3
JS	C2	8	1	56	128	9	144	9	21	1	8	8	60	1	47	1	4	0	0	0	1
JS	C3	38	1	522	122	19	1	16	46	19	2	179	32	6	1	4	153	36	0	915	74
JS	C4	71	6	190	710	356	1	235	104	20	4	62	212	89	1	173	16	108	10	263	343
JS	C5	10	4	37	84	604	5	94	79	0	0	0	0	0	0	0	0	9	3	14	12
JS	C6	0	0	0	0	0	0	0	0	0	0	0	0	0	0	0	0	0	0	0	0
JS	C7	0	0	0	0	0	0	0	0	0	0	0	0	0	0	0	0	0	0	0	0
JS	C8	5	1	17	29	15	4	5	13	345	30	261	347	74	58	123	136	8	3	49	26
ZJ	C1	4260	2	17589	662	13	0	1	928	13	26	25	2	0	0	0	1	9	1	13	1
ZJ	C2	36	80	221	865	159	56	702	201	0	1	0	4	0	3	0	0	0	0	0	0
ZJ	C3	3121	88	49490	6233	1742	47	932	5201	2	0	23	3	0	0	0	10	10	0	240	19
ZJ	C4	3070	242	6843	18413	9015	62	9518	4808	2	0	2	5	2	0	9	1	40	2	74	102
ZJ	C5	414	144	1127	2543	15734	115	2143	2520	0	0	0	0	0	0	0	0	1	0	2	1
ZJ	C6	102	231	694	2256	671	3	108	725	0	0	0	0	0	0	0	0	0	0	0	0
ZJ	C7	0	8	155	18	67	4	11	1322	0	0	0	0	0	0	0	0	0	0	0	0
ZJ	C8	1257	257	7241	7895	5383	772	1814	6840	12	1	9	12	3	2	4	5	1	1	23	10
AH	C1	80	0	332	12	0	0	0	17	1379	2768	2583	165	1	0	6	113	50	8	70	8
AH	C2	1	2	6	23	4	0	19	5	93	395	432	1160	74	1472	545	308	0	0	0	1
AH	C3	2	0	14	17	3	0	5	4	2818	110	7298	1236	377	19	601	3008	1	0	2	0
AH	C4	15	1	38	86	24	0	4	19	2812	335	2623	9868	2352	122	4436	3005	26	1	49	68
AH	C5	2	0	2	4	27	0	3	10	507	493	395	726	4556	121	1083	874	1	0	1	1
AH	C6	1	2	6	21	6	0	1	7	451	473	895	1865	322	334	146	705	0	0	0	0
AH	C7	0	0	0	0	0	0	0	0	284	6	17	9	32	0	37	493	0	0	0	0
AH	C8	0	0	0	0	0	0	0	1	3629	520	3620	4028	1270	680	1571	4696	0	0	0	0
FJ	C1	8	0	33	1	0	0	0	2	7	14	13	1	0	0	0	1	4134	672	5779	660
FJ	C2	3	0	19	41	3	49	2	7	0	2	2	6	0	11	0	1	99	308	1104	616
FJ	C3	6	0	10	2	0	0	0	5	11	1	26	6	3	0	4	14	1637	139	11878	1365
FJ	C4	13	1	34	80	28	0	20	17	2	0	2	7	3	0	13	1	1035	115	2344	3988
FJ	C5	1	0	3	5	50	0	5	8	0	0	0	0	0	0	0	0	155	65	244	229
FJ	C6	0	1	2	8	2	0	2	0	0	0	0	0	0	0	0	0	45	103	593	833
FJ	C7	0	0	0	0	0	0	0	0	0	0	0	0	0	0	0	0	75	8	48	71
FJ	C8	2	1	9	14	10	1	5	16	70	8	52	74	15	18	27	31	1240	455	6939	4294
JX	C1	26	0	105	4	0	0	0	6	23	45	42	3	0	0	0	2	17	3	24	3
JX	C2	8	1	58	135	12	150	6	21	0	7	6	75	2	34	1	3	0	0	0	2
JX	C3	9	0	24	6	7	0	14	12	1	0	3	1	0	0	0	4	8	0	12	1
JX	C4	9	1	22	89	46	0	30	14	2	0	7	24	10	0	18	2	19	2	41	54
JX	C5	1	0	1	3	35	0	4	8	0	0	0	0	0	0	0	0	0	1	0	1
JX	C6	0	0	0	0	0	0	0	0	0	0	0	0	0	0	0	0	0	0	0	0
JX	C7	0	0	0	0	0	0	0	0	0	0	0	0	0	0	0	0	0	0	0	0
JX	C8	1	0	3	6	2	1	0	2	38	5	27	43	8	15	16	19	1	0	5	4
SD	C1	20	0	83	3	0	0	0	4	21	43	40	3	0	0	0	2	12	2	17	2
SD	C2	10	1	75	199	13	197	6	27	2	14	14	269	2	80	2	7	0	0	0	1
SD	C3	27	0	161	36	6	0	4	25	7	1	50	9	2	0	2	38	29	0	265	22
SD	C4	65	5	175	507	208	1	116	83	11	2	30	102	43	0	93	7	94	7	206	260
SD	C5	5	1	8	18	169	1	22	33	0	0	0	0	0	0	0	0	2	1	3	4
SD	C6	1	2	6	20	6	0	1	7	0	0	0	0	0	0	0	0	0	0	0	0
SD	C7	0	0	0	0	0	0	0	0	0	0	0	0	0	0	0	0	0	0	0	0
SD	C8	6	1	17	31	15	4	5	14	340	33	254	349	73	69	125	140	8	3	52	28
HA	C1	39	0	160	6	0	0	0	8	42	84	78	5	0	0	0	3	23	4	32	4
HA	C2	14	1	104	239	18	279	1	36	2	20	19	169	3	110	2	9	0	0	0	2
HA	C3	21	1	113	91	7	1	1	23	4	0	29	6	1	0	1	32	24	0	110	9
HA	C4	10	1	30	124	60	0	75	21	14	2	13	43	16	0	76	6	15	1	39	56

续表

省份	部门	ZJ	ZJ	ZJ	ZJ	ZJ	ZJ	ZJ	ZJ	AH	AH	AH	AH	AH	AH	AH	AH	FJ	FJ	FJ	FJ
		C1	C2	C3	C4	C5	C6	C7	C8	C1	C2	C3	C4	C5	C6	C7	C8	C1	C2	C3	C4
HA	C5	1	0	3	7	40	0	6	5	0	0	0	0	0	0	0	0	1	0	1	1
HA	C6	0	0	0	0	0	0	0	0	0	0	0	0	0	0	0	0	0	0	0	0
HA	C7	0	0	0	0	0	0	0	0	0	0	0	0	0	0	0	0	0	0	0	0
HA	C8	1	0	3	6	3	1	1	2	57	6	43	60	12	13	21	24	1	1	8	5
HB	C1	37	0	154	6	0	0	0	8	36	72	67	4	0	0	0	3	26	4	37	4
HB	C2	2	0	14	30	2	34	3	5	0	2	2	10	0	9	0	1	0	0	0	0
HB	C3	23	1	66	62	5	0	2	23	0	0	2	0	0	0	0	2	32	0	46	4
HB	C4	15	2	47	288	173	0	113	26	6	2	34	115	50	0	76	7	32	4	106	138
HB	C5	3	1	4	11	86	1	11	16	0	0	0	0	0	0	0	0	2	1	2	3
HB	C6	0	0	0	0	0	0	0	0	0	0	0	0	0	0	0	0	0	0	0	0
HB	C7	0	0	0	0	0	0	0	0	0	0	0	0	0	0	0	0	0	0	0	0
HB	C8	2	0	9	14	8	2	3	10	147	12	112	144	31	20	51	55	3	1	21	12
HN	C1	37	0	151	6	0	0	0	8	33	67	62	4	0	0	0	3	24	4	34	4
HN	C2	8	1	57	129	11	150	2	20	0	7	6	60	1	34	1	3	0	0	0	2
HN	C3	19	0	50	37	6	0	7	20	1	0	3	1	0	0	0	5	24	0	34	3
HN	C4	6	1	20	119	69	0	63	13	6	1	13	44	18	0	43	3	13	2	40	55
HN	C5	2	1	5	11	85	1	13	13	0	0	0	0	0	0	0	0	1	1	2	2
HN	C6	0	0	0	0	0	0	0	0	0	0	0	0	0	0	0	0	0	0	0	0
HN	C7	0	0	0	0	0	0	0	0	0	0	0	0	0	0	0	0	0	0	0	0
HN	C8	2	0	4	9	4	1	1	3	75	8	55	79	16	19	29	33	2	1	10	6
GD	C1	18	0	72	3	0	0	0	4	16	33	30	2	0	0	0	1	12	2	17	2
GD	C2	1	0	10	33	5	27	0	4	0	2	1	67	1	6	0	1	0	0	0	2
GD	C3	50	1	335	122	23	1	29	59	11	1	87	16	3	0	3	76	57	0	527	43
GD	C4	60	4	154	381	140	1	82	76	8	1	12	41	16	0	50	4	123	8	242	307
GD	C5	2	2	20	40	372	4	63	42	0	0	0	0	0	0	0	0	2	1	6	4
GD	C6	26	58	175	570	169	1	27	183	0	0	0	0	0	0	0	0	0	0	0	0
GD	C7	0	0	0	0	0	0	0	0	0	0	0	0	0	0	0	0	0	0	0	0
GD	C8	2	0	6	9	6	1	3	8	146	20	256	185	74	14	63	245	4	1	38	18
GX	C1	21	0	88	3	0	0	0	5	19	39	36	2	0	0	0	2	13	2	18	2
GX	C2	1	0	10	23	2	25	1	3	0	1	1	19	0	5	0	0	0	0	0	1
GX	C3	22	0	48	17	8	0	14	24	1	0	5	1	0	0	0	6	23	0	32	3
GX	C4	9	1	27	103	52	0	65	16	8	1	9	30	11	0	46	3	16	1	40	52
GX	C5	1	0	3	7	46	0	7	6	0	0	0	0	0	0	0	0	1	0	1	1
GX	C6	0	1	2	6	2	0	0	2	0	0	0	0	0	0	0	0	0	0	0	0
GX	C7	0	0	0	0	0	0	0	0	0	0	0	0	0	0	0	0	0	0	0	0
GX	C8	1	0	4	6	4	1	2	6	48	4	36	48	10	9	17	19	1	1	9	5
HI	C1	12	0	49	2	0	0	0	3	11	22	21	1	0	0	0	1	6	1	9	1
HI	C2	0	0	0	3	1	0	0	0	0	0	0	17	0	0	0	0	0	0	0	1
HI	C3	5	0	9	2	1	0	1	5	0	0	0	0	0	0	0	5	5	0	8	1
HI	C4	1	0	3	6	2	0	0	1	0	0	0	0	0	0	0	0	3	0	5	7
HI	C5	0	0	0	0	0	0	0	0	0	0	0	0	0	0	0	0	0	0	0	0
HI	C6	0	0	0	1	0	0	0	0	0	0	0	0	0	0	0	0	0	0	0	0
HI	C7	0	0	0	0	0	0	0	0	0	0	0	0	0	0	0	0	0	0	0	0
HI	C8	1	0	3	4	2	0	1	2	54	4	41	52	11	6	18	19	1	0	10	5
SC	C1	1	0	3	0	0	0	0	0	1	2	2	0	0	0	0	0	0	0	1	0
SC	C2	1	0	10	24	2	27	1	4	0	2	2	23	1	10	0	1	0	0	3	0
SC	C3	18	0	44	10	2	0	1	15	6	1	19	4	2	0	2	14	22	0	59	5
SC	C4	7	1	28	166	98	0	61	12	3	1	20	69	30	0	44	3	12	2	50	64
SC	C5	2	0	4	8	70	1	9	12	0	0	0	0	0	0	0	0	1	0	2	2
SC	C6	1	2	6	19	6	0	1	6	0	0	0	0	0	0	0	0	0	0	0	0
SC	C7	0	0	0	0	0	0	0	0	0	0	0	0	0	0	0	0	0	0	0	0
SC	C8	1	0	4	6	3	1	1	2	89	6	69	85	19	7	29	31	2	1	12	6
GZ	C1	3	0	14	1	0	0	0	1	3	6	6	0	0	0	0	0	2	0	3	0
GZ	C2	1	0	4	15	3	10	1	1	0	1	0	35	1	2	0	0	0	0	0	1
GZ	C3	20	0	37	7	1	0	1	17	0	0	1	0	0	0	0	0	22	0	40	4
GZ	C4	2	0	5	26	15	0	11	2	1	0	3	9	4	0	6	0	3	0	8	11
GZ	C5	0	0	0	1	8	0	1	1	0	0	0	0	0	0	0	0	0	0	0	0
GZ	C6	0	0	1	4	1	0	0	1	0	0	0	0	0	0	0	0	0	0	0	0
GZ	C7	0	0	0	0	0	0	0	0	0	0	0	0	0	0	0	0	0	0	0	0
GZ	C8	1	0	3	4	2	1	1	2	80	8	109	91	31	6	31	91	1	0	9	5
YN	C1	1	0	4	0	0	0	0	0	1	2	2	0	0	0	0	0	1	0	1	0
YN	C2	0	0	0	5	1	1	0	0	0	1	0	25	1	0	0	0	0	0	0	1

续表

省份	部门	ZJ	ZJ	ZJ	ZJ	ZJ	ZJ	ZJ	ZJ	AH	AH	AH	AH	AH	AH	AH	AH	FJ	FJ	FJ	FJ
		C1	C2	C3	C4	C5	C6	C7	C8	C1	C2	C3	C4	C5	C6	C7	C8	C1	C2	C3	C4
YN	C3	13	0	21	4	1	0	1	11	0	0	0	0	0	0	0	0	15	0	20	2
YN	C4	0	0	3	34	23	0	15	1	1	0	5	16	7	0	9	1	1	0	8	9
YN	C5	0	0	0	0	1	0	0	0	0	0	0	0	0	0	0	0	0	0	0	0
YN	C6	0	1	2	7	2	0	0	2	0	0	0	0	0	0	0	0	0	0	0	0
YN	C7	0	0	0	0	0	0	0	0	0	0	0	0	0	0	0	0	0	0	0	0
YN	C8	0	0	0	1	0	0	0	0	3	0	2	4	1	1	1	2	0	0	1	0
SN	C1	9	0	38	1	0	0	0	2	10	20	18	1	0	0	0	1	5	1	7	1
SN	C2	2	0	17	61	10	44	0	6	0	7	3	214	4	19	0	2	0	0	0	3
SN	C3	11	0	71	15	2	0	0	10	1	0	13	2	0	0	0	5	10	0	118	10
SN	C4	4	1	11	40	16	0	14	7	2	0	3	9	3	0	13	1	5	0	11	16
SN	C5	1	0	4	7	68	1	9	11	0	0	0	0	0	0	0	0	0	0	1	1
SN	C6	0	0	0	0	0	0	0	0	0	0	0	0	0	0	0	0	0	0	0	0
SN	C7	0	0	0	0	0	0	0	0	0	0	0	0	0	0	0	0	0	0	0	0
SN	C8	1	0	3	3	3	0	2	6	12	1	9	12	3	2	4	5	1	1	16	7
GS	C1	5	0	22	1	0	0	0	1	5	11	10	1	0	0	0	0	2	0	3	0
GS	C2	1	0	5	11	1	13	0	2	0	2	2	9	0	10	0	1	0	0	0	0
GS	C3	1	0	4	3	0	0	0	1	0	0	0	0	0	0	0	0	1	0	2	0
GS	C4	4	1	14	121	78	0	51	9	3	1	18	61	26	0	38	3	5	1	20	29
GS	C5	0	0	1	2	16	0	3	2	0	0	0	0	0	0	0	0	0	0	0	0
GS	C6	0	0	0	0	0	0	0	0	0	0	0	0	0	0	0	0	0	0	0	0
GS	C7	0	0	0	0	0	0	0	0	0	0	0	0	0	0	0	0	0	0	0	0
GS	C8	0	0	1	3	1	0	0	1	19	2	14	21	4	6	8	9	1	0	3	2
QH	C1	1	0	5	0	0	0	0	0	1	3	2	0	0	0	0	0	0	0	0	0
QH	C2	0	0	0	1	0	0	0	0	0	0	0	6	0	0	0	0	0	0	0	0
QH	C3	0	0	0	0	0	0	0	0	0	0	0	0	0	0	0	0	0	0	2	0
QH	C4	0	0	1	4	2	0	1	0	0	0	1	5	2	0	3	0	1	1	14	18
QH	C5	0	0	0	0	0	0	0	0	0	0	0	0	0	0	0	0	0	0	0	0
QH	C6	0	0	0	0	0	0	0	0	0	0	0	0	0	0	0	0	0	0	0	0
QH	C7	0	0	0	0	0	0	0	0	0	0	0	0	0	0	0	0	0	0	0	0
QH	C8	0	0	0	0	0	0	0	0	1	0	1	1	0	0	0	0	0	0	0	0
NX	C1	1	0	4	0	0	0	0	0	1	2	2	0	0	0	0	0	0	0	0	0
NX	C2	1	0	6	13	1	16	0	2	0	0	1	0	1	0	0	0	0	0	0	1
NX	C3	1	0	2	1	0	0	0	1	0	0	0	0	0	0	0	0	0	0	5	0
NX	C4	1	0	4	23	12	0	7	2	0	0	3	9	4	0	6	0	2	0	9	14
NX	C5	0	0	.0	0	2	0	0	0	0	0	0	0	0	0	0	0	0	0	0	0
NX	C6	0	0	1	3	1	0	0	1	0	0	0	0	0	0	0	0	0	0	0	0
NX	C7	0	0	0	0	0	0	0	0	0	0	0	0	0	0	0	0	0	0	0	0
NX	C8	0	0	1	1	1	0	0	1	15	1	12	15	3	2	5	6	0	0	2	1
XJ	C1	29	0	119	4	0	0	0	6	28	57	53	0	0	0	0	2	11	2	15	2
XJ	C2	2	0	14	33	2	36	1	5	0	2	1	34	0	7	0	1	0	0	0	1
XJ	C3	8	0	31	5	1	0	0	7	1	0	5	1	0	0	0	2	5	0	27	2
XJ	C4	3	0	5	26	14	0	9	6	1	0	3	9	4	0	7	1	5	1	8	14
XJ	C5	0	0	0	0	1	0	0	0	0	0	0	0	0	0	0	0	0	0	0	0
XJ	C6	0	0	1	4	1	0	0	1	0	0	0	0	0	0	0	0	0	0	0	0
XJ	C7	0	0	0	0	0	0	0	0	0	0	0	0	0	0	0	0	0	0	0	0
XJ	C8	2	0	5	9	4	1	1	3	109	9	83	108	23	16	38	42	2	1	13	7
IM	C1	16	0	66	2	0	0	0	3	0	0	0	0	0	0	0	0	5	1	7	1
IM	C2	31	78	193	2679	236	30	667	215	43	87	104	869	34	11	287	108	20	33	200	823
IM	C3	15	3	527	144	60	2	41	153	3	0	4	1	1	0	7	5	21	3	465	63
IM	C4	268	13	120	452	171	8	75	564	18	2	15	35	7	0	6	18	203	24	217	372
IM	C5	1	0	1	3	29	0	2	8	15	12	9	17	220	4	30	42	42	9	44	36
IM	C6	0	0	0	0	0	0	0	0	0	0	0	0	0	0	0	0	0	0	0	0
IM	C7	0	0	0	0	0	0	0	0	0	0	0	0	0	0	0	0	0	0	0	0
IM	C8	5	1	30	35	25	4	12	17	0	0	0	0	0	0	0	0	0	0	0	0
TII	TII	14212	1334	91013	51951	39222	3069	18575	25890	15905	6522	22689	27323	10748	3944	11338	15754	10283	2098	35361	16535
VA	VA001	23043	742	8796	5200	5103	195	5404	15760	10671	2452	2853	3283	2435	320	2882	5123	17248	584	3286	1824
VA	VA002	494	249	4732	4117	2921	760	591	3409	508	610	3875	2775	929	997	365	1371	885	511	2295	1466
VA	VA003	919	275	2525	2052	1610	517	430	4686	1031	1040	1402	1846	644	1051	612	3103	661	415	1031	1025
VA	VA004	1811	388	6960	5978	5555	324	1074	9151	10947	149	924	405	1615	−450	2186	9433	995	972	3479	1654
TVA	TVA	26267	1654	23014	17347	15189	1795	7498	33007	23157	4251	9053	8308	5623	1917	6044	19029	19790	2483	10091	5969
TI	TI	40479	2988	114027	69299	54411	4865	26073	58897	39062	10773	31742	35631	16371	5862	17382	34784	30072	4581	45452	22503

续表

省份	部门	FJ C5	FJ C6	FJ C7	FJ C8	JX C1	JX C2	JX C3	JX C4	JX C5	JX C6	JX C7	JX C8	SD C1	SD C2	SD C3	SD C4	SD C5	SD C6	SD C7	SD C8
BJ	C1	0	0	0	1	1	0	1	0	0	0	0	0	5	0	16	1	0	0	0	1
BJ	C2	0	0	0	0	0	0	0	0	0	0	0	0	0	0	0	0	0	0	0	0
BJ	C3	0	0	0	15	22	3	21	4	2	0	1	10	38	1	69	15	8	0	6	40
BJ	C4	37	0	33	8	5	4	17	56	44	1	21	4	48	8	49	144	47	1	5	19
BJ	C5	15	0	2	5	0	1	1	2	18	0	1	3	0	21	7	30	331	3	42	140
BJ	C6	0	0	0	0	0	0	0	0	0	0	0	0	0	0	0	0	0	0	0	0
BJ	C7	0	0	0	0	0	0	0	0	0	0	0	0	0	0	0	0	0	0	0	0
BJ	C8	13	1	6	43	3	1	6	4	3	1	1	10	15	13	66	121	111	11	39	47
TJ	C1	0	0	0	0	0	0	0	0	0	0	0	0	1	0	4	0	0	0	0	0
TJ	C2	0	0	0	0	0	0	1	1	0	0	0	0	0	0	0	1	0	0	0	0
TJ	C3	0	0	0	4	7	2	12	2	1	0	1	4	12	2	48	18	12	0	11	36
TJ	C4	44	0	36	28	30	9	34	88	53	1	39	18	263	51	279	826	283	4	100	117
TJ	C5	18	0	4	6	1	3	2	4	31	1	4	7	1	35	13	52	443	5	69	160
TJ	C6	0	0	0	0	0	0	0	0	0	0	0	0	0	0	0	0	0	0	0	0
TJ	C7	0	0	0	0	0	0	0	0	0	0	0	0	0	0	0	0	0	0	0	0
TJ	C8	21	1	10	68	5	2	11	9	7	2	3	20	32	27	129	242	205	27	77	99
HE	C1	0	4	0	17	13	0	13	2	0	0	0	1	84	0	273	18	0	0	0	11
HE	C2	1	0	0	0	4	7	21	118	4	1	13	3	2	7	9	43	4	1	7	5
HE	C3	1	0	1	18	21	1	48	11	3	0	1	9	44	13	476	162	47	2	27	144
HE	C4	100	1	89	70	48	22	65	187	116	3	98	35	363	88	404	1274	463	7	248	189
HE	C5	22	0	6	7	3	6	5	8	56	1	7	13	1	43	17	58	490	5	75	167
HE	C6	0	0	0	0	1	16	17	25	6	0	1	14	0	0	0	0	0	0	0	0
HE	C7	0	0	0	0	0	0	0	0	0	0	0	0	0	0	0	0	0	0	0	0
HE	C8	19	1	8	106	5	2	10	12	6	3	4	18	36	28	117	235	157	40	73	117
SX	C1	0	0	0	0	0	0	0	0	0	0	0	0	1	0	3	0	0	0	0	0
SX	C2	0	0	0	0	0	0	1	3	0	2	0	0	0	0	0	0	0	0	0	0
SX	C3	0	0	0	1	2	0	3	0	0	0	0	1	3	0	4	1	1	0	1	2
SX	C4	23	0	20	6	7	3	13	53	32	0	15	5	48	8	50	237	60	1	7	23
SX	C5	1	0	0	0	0	0	0	0	1	0	0	0	0	2	1	3	29	0	5	10
SX	C6	0	0	0	0	1	7	7	10	2	0	1	6	0	0	0	0	0	0	0	0
SX	C7	0	0	0	0	0	0	0	0	0	0	0	0	0	0	0	0	0	0	0	0
SX	C8	3	1	3	6	2	1	4	6	2	2	2	6	21	16	62	131	73	27	39	63
IM	C1	0	1	0	2	2	0	2	0	0	0	0	0	14	0	46	3	0	0	0	2
IM	C2	0	0	0	0	0	1	2	3	0	0	1	0	0	1	2	10	1	0	2	1
IM	C3	0	0	0	4	5	0	3	1	0	0	0	2	12	0	17	3	2	0	3	8
IM	C4	19	0	17	5	3	3	9	29	23	0	13	3	31	9	35	108	46	1	24	16
IM	C5	3	0	0	1	0	1	0	1	6	0	1	1	0	6	3	8	62	1	9	21
IM	C6	0	0	0	0	1	7	8	11	3	0	1	7	0	0	0	0	0	0	0	0
IM	C7	0	0	0	0	0	0	0	0	0	0	0	0	0	0	0	0	0	0	0	0
IM	C8	6	1	4	8	2	1	4	4	2	1	1	4	15	12	56	109	82	15	34	45
LN	C1	0	0	0	1	0	0	0	0	0	0	0	0	3	0	9	1	0	0	0	0
LN	C2	0	0	0	0	0	0	1	8	0	0	0	0	0	0	1	0	0	0	0	0
LN	C3	0	0	0	2	1	0	7	1	0	0	0	1	2	1	67	14	2	0	2	5
LN	C4	135	3	116	204	30	21	63	207	156	5	77	51	170	30	163	496	168	7	29	112
LN	C5	20	0	7	6	1	4	3	5	41	1	5	7	1	36	13	51	402	5	73	126
LN	C6	0	0	0	0	0	0	0	0	0	0	0	0	0	0	0	0	0	0	0	0
LN	C7	0	0	0	0	0	0	0	0	0	0	0	0	0	0	0	0	0	0	0	0
LN	C8	4	0	3	6	2	1	3	4	2	1	1	4	14	11	45	92	59	17	28	42
JL	C1	0	1	0	2	2	0	2	0	0	0	0	0	12	0	38	2	0	0	0	2
JL	C2	0	0	0	0	1	1	3	26	1	0	2	0	0	1	2	9	1	0	2	1
JL	C3	0	0	0	4	5	0	7	1	0	0	0	2	9	2	68	16	15	0	23	21
JL	C4	31	0	22	27	25	6	26	62	35	1	16	15	244	40	247	730	241	3	32	99
JL	C5	19	0	1	16	1	4	2	4	44	1	3	15	1	39	14	57	1070	5	42	563
JL	C6	0	0	0	0	0	0	0	0	0	0	0	0	0	0	0	0	0	0	0	0
JL	C7	0	0	0	0	0	0	0	0	0	0	0	0	0	0	0	0	0	0	2	8
JL	C8	9	1	6	33	4	1	7	10	4	3	3	10	32	25	98	203	125	38	62	97
HL	C1	0	0	0	0	0	0	0	0	0	0	0	0	1	0	1	0	0	0	0	0
HL	C2	0	0	0	0	1	1	5	1213	4	2	3	4	0	1	2	16	1	0	2	1
HL	C3	0	0	0	0	0	0	0	0	0	0	0	0	0	0	4	1	1	0	0	3
HL	C4	1	0	1	15	1	1	1	2	1	0	1	3	1	0	0	1	1	0	0	4
HL	C5	0	0	0	0	0	0	0	0	0	0	0	0	0	1	0	1	5	0	2	1
HL	C6	0	0	0	0	1	5	6	9	2	0	0	5	0	0	0	0	0	0	0	0

续表

省份	部门	FJ C5	FJ C6	FJ C7	FJ C8	JX C1	JX C2	JX C3	JX C4	JX C5	JX C6	JX C7	JX C8	SD C1	SD C2	SD C3	SD C4	SD C5	SD C6	SD C7	SD C8
HL	C7	0	0	0	0	0	0	0	0	0	0	0	0	0	0	0	0	0	0	0	0
HL	C8	0	0	0	0	0	0	0	0	0	0	0	0	0	0	0	0	0	0	0	0
SH	C1	0	1	0	2	2	0	2	0	0	0	0	0	8	0	27	2	0	0	0	1
SH	C2	0	0	0	0	0	1	2	3	0	0	1	0	0	0	2	0	0	0	0	0
SH	C3	1	0	1	37	52	5	53	14	5	1	2	22	55	6	84	49	19	1	16	41
SH	C4	212	2	156	135	107	35	134	379	231	4	107	66	385	67	394	1212	403	5	59	160
SH	C5	88	1	11	28	5	13	9	19	144	4	13	28	2	67	24	140	892	13	79	370
SH	C6	0	0	0	0	0	0	0	0	0	0	0	0	0	0	0	0	0	0	0	0
SH	C7	0	0	0	0	0	0	0	0	0	0	0	0	0	0	0	0	0	0	2	8
SH	C8	65	4	28	348	21	10	57	55	35	7	13	159	115	94	418	815	617	115	256	363
JS	C1	0	2	0	7	6	0	6	1	0	0	0	0	25	0	80	5	0	0	0	3
JS	C2	0	0	0	0	3	5	15	48	2	1	9	2	1	1	3	12	1	0	2	2
JS	C3	4	0	1	45	40	2	159	20	4	0	1	19	60	18	1370	312	65	3	34	266
JS	C4	208	3	166	248	119	50	147	365	241	7	151	91	444	105	472	1391	564	10	187	218
JS	C5	152	2	33	44	12	30	21	41	279	7	33	66	4	152	56	253	1646	24	259	548
JS	C6	0	0	0	0	0	0	0	0	0	0	0	0	0	0	0	0	0	0	0	0
JS	C7	0	0	0	0	0	0	0	0	0	0	0	0	0	0	0	0	0	0	0	0
JS	C8	25	2	15	51	8	2	15	17	8	4	6	16	73	58	252	500	353	79	155	218
ZJ	C1	0	1	0	4	3	0	3	1	0	0	0	0	11	0	36	2	0	0	0	1
ZJ	C2	0	0	0	0	0	0	1	1	0	0	1	0	0	0	1	0	0	0	0	0
ZJ	C3	1	0	0	13	12	1	43	5	1	0	0	5	13	4	293	63	14	1	14	38
ZJ	C4	26	0	11	42	43	9	34	67	24	1	13	23	127	24	131	392	138	2	27	53
ZJ	C5	18	0	5	4	1	4	3	5	38	1	5	6	0	18	7	27	161	3	32	43
ZJ	C6	0	0	0	0	0	0	0	0	0	0	0	0	0	0	0	0	0	0	0	0
ZJ	C7	0	0	0	0	0	0	0	0	0	0	0	0	0	0	0	0	0	0	0	1
ZJ	C8	9	0	1	75	0	0	1	1	0	0	0	1	3	2	8	16	12	2	5	14
AH	C1	0	5	0	20	15	0	16	3	0	0	0	1	72	0	234	15	0	0	0	10
AH	C2	0	0	0	0	7	13	39	44	6	0	25	4	2	4	8	34	3	1	7	5
AH	C3	0	0	0	1	1	0	3	1	1	0	0	0	2	1	8	10	7	0	8	6
AH	C4	16	0	6	19	29	7	23	43	16	0	10	14	123	26	130	390	147	2	34	51
AH	C5	7	0	1	7	2	3	2	4	18	1	2	16	1	9	3	19	163	2	9	80
AH	C6	0	0	0	0	0	0	5	6	8	0	0	5	0	0	0	0	0	0	0	0
AH	C7	0	0	0	0	0	0	0	0	0	0	0	0	0	0	0	0	0	0	1	5
AH	C8	0	0	0	5	0	0	0	0	0	0	0	0	0	0	0	0	0	0	0	1
FJ	C1	17	410	2	1665	2	0	2	0	0	0	0	0	6	0	19	1	0	0	0	1
FJ	C2	61	3	452	162	1	2	5	6	1	0	3	1	0	1	2	0	0	0	0	0
FJ	C3	654	32	733	4584	13	7	30	5	4	1	2	9	8	0	10	1	0	0	0	5
FJ	C4	1563	20	3270	1303	32	7	26	49	20	1	14	17	63	12	66	192	70	1	18	27
FJ	C5	2812	44	677	954	1	2	2	3	38	1	3	6	0	9	4	13	163	1	12	84
FJ	C6	205	418	80	623	0	0	0	0	0	0	2	0	0	0	0	0	0	0	0	0
FJ	C7	62	4	45	2494	0	0	0	0	0	0	0	0	0	0	0	0	0	0	0	0
FJ	C8	3855	315	2021	10218	3	1	5	6	3	2	2	7	17	14	57	114	76	20	36	69
JX	C1	0	2	0	7	3374	56	3407	656	2	0	1	156	18	0	59	4	0	0	0	2
JX	C2	0	0	0	0	25	88	132	1252	23	1	81	14	0	1	1	7	1	0	1	1
JX	C3	0	0	1	7	1469	118	4068	816	229	18	182	1247	8	1	19	5	8	0	11	14
JX	C4	31	1	24	63	1499	529	1533	4020	2055	80	2785	1269	36	7	36	106	37	1	8	19
JX	C5	12	0	1	6	125	339	218	389	3387	77	444	1128	0	7	2	10	171	1	8	89
JX	C6	0	0	0	0	44	471	507	736	175	10	43	432	0	0	0	0	0	0	0	0
JX	C7	0	0	0	0	4	4	18	20	15	14	11	712	0	0	0	0	0	0	0	0
JX	C8	2	0	2	5	1221	487	2242	2020	1363	396	700	5144	12	9	35	74	43	15	22	35
SD	C1	0	1	0	5	4	0	4	1	0	0	0	0	9648	54	31409	2035	31	1	9	1308
SD	C2	0	0	0	0	2	3	9	301	2	1	5	2	103	1058	435	8731	225	219	325	288
SD	C3	1	0	0	28	33	2	58	8	2	0	1	14	7951	520	28106	5850	1758	75	982	8951
SD	C4	116	1	76	89	102	23	98	226	119	2	56	53	4858	2402	5888	22118	14397	598	12458	7404
SD	C5	39	1	6	21	3	7	4	8	70	1	6	22	363	3443	1642	4004	21413	310	3104	5571
SD	C6	0	0	0	0	0	5	5	8	2	0	5	0	439	2310	874	2981	645	64	78	731
SD	C7	0	0	0	0	0	0	0	0	0	0	0	0	0	67	53	108	132	7	713	2460
SD	C8	25	2	14	69	8	3	15	19	8	5	6	18	2051	2284	7233	11589	10279	1111	3316	19566
HA	C1	0	2	0	9	7	0	7	1	0	0	0	0	37	0	120	8	0	0	0	5
HA	C2	0	0	0	0	0	0	1	88	0	2	0	0	0	0	2	0	0	0	0	0
HA	C3	1	0	0	22	28	1	37	10	3	0	0	11	42	7	215	86	19	1	3	70
HA	C4	30	0	27	20	18	7	22	59	35	1	32	12	94	20	103	310	109	2	55	46

省份	部门	FJ C5	FJ C6	FJ C7	FJ C8	JX C1	JX C2	JX C3	JX C4	JX C5	JX C6	JX C7	JX C8	SD C1	SD C2	SD C3	SD C4	SD C5	SD C6	SD C7	SD C8
HA	C5	9	0	1	2	1	3	2	4	30	1	3	4	0	11	5	15	123	1	12	45
HA	C6	0	0	0	0	0	0	0	0	0	0	0	0	0	0	0	0	0	0	0	0
HA	C7	0	0	0	0	0	0	0	0	0	0	0	0	0	0	0	0	0	0	0	0
HA	C8	4	0	3	7	2	1	3	4	2	1	1	4	13	10	43	86	58	15	27	38
HB	C1	0	3	0	11	10	0	10	2	0	0	0	0	32	0	105	7	0	0	0	4
HB	C2	0	0	0	0	2	3	10	11	2	0	6	1	0	1	1	5	0	0	1	1
HB	C3	0	0	0	27	44	1	34	10	3	0	1	16	38	3	57	34	9	0	3	27
HB	C4	122	2	104	115	43	23	76	229	168	4	90	43	89	19	92	270	102	2	29	47
HB	C5	22	0	2	12	2	7	4	8	67	1	6	15	0	21	8	27	407	2	24	198
HB	C6	0	0	0	0	0	0	0	0	0	0	0	0	0	0	0	0	0	0	0	0
HB	C7	0	0	0	0	0	0	0	0	0	0	0	0	0	0	0	0	0	0	0	0
HB	C8	12	1	7	41	4	1	7	7	4	2	3	7	27	22	98	190	143	27	60	86
HN	C1	0	2	0	10	9	0	9	2	0	0	0	0	29	0	94	6	0	0	0	4
HN	C2	0	0	0	0	1	2	5	11	1	1	3	1	0	0	3	0	0	0	0	0
HN	C3	0	0	0	20	32	1	23	6	2	0	1	12	27	2	46	21	9	0	8	25
HN	C4	44	1	39	37	17	8	27	84	58	1	40	16	31	6	33	100	34	1	16	17
HN	C5	16	0	5	7	2	5	3	6	39	1	5	13	0	19	7	28	260	3	36	99
HN	C6	0	0	0	0	0	0	0	0	0	0	0	0	0	0	0	0	0	0	0	0
HN	C7	0	0	0	0	0	0	0	0	0	0	0	0	0	0	0	0	0	0	0	0
HN	C8	5	1	3	8	2	1	4	6	2	1	2	5	·18	14	59	119	78	21	37	54
GD	C1	0	1	0	5	4	0	4	1	0	0	0	0	14	0	46	3	·	0	0	2
GD	C2	0	0	0	0	0	0	1	6	0	0	0	0	0	0	2	0	0	0	0	0
GD	C3	3	0	2	56	68	3	124	21	5	0	2	29	72	13	706	182	55	2	44	173
GD	C4	104	2	60	132	143	34	122	242	110	3	70	77	385	79	405	1186	444	6	114	165
GD	C5	102	1	30	21	2	8	5	10	101	2	13	16	1	81	28	119	879	12	193	261
GD	C6	0	0	0	0	13	141	151	220	52	3	13	129	0	0	0	0	0	0	0	0
GD	C7	0	0	0	0	0	0	0	0	0	0	0	0	0	0	0	0	0	0	0	0
GD	C8	17	1	5	96	18	12	63	59	42	2	9	237	17	13	58	114	83	17	36	56
GX	C1	0	1	0	5	4	0	4	1	0	0	0	0	18	0	58	4	0	0	0	2
GX	C2	0	0	0	0	0	1	2	4	0	0	1	0	0	0	2	0	0	0	0	0
GX	C3	0	0	1	19	26	0	16	3	1	0	1	10	29	2	49	13	9	0	10	28
GX	C4	29	0	26	16	21	7	23	59	34	1	33	12	54	12	59	173	63	1	31	25
GX	C5	11	0	2	3	1	3	2	3	26	1	3	4	0	11	4	16	127	1	17	46
GX	C6	0	0	0	0	0	0	0	0	0	0	0	0	0	0	0	0	0	0	0	0
GX	C7	0	0	0	0	0	0	0	0	0	0	0	0	0	0	0	0	0	0	0	0
GX	C8	5	0	3	31	2	1	3	3	1	1	1	3	10	8	34	68	48	11	21	35
HI	C1	0	1	0	3	2	0	2	0	0	0	0	0	10	0	34	2	0	0	0	1
HI	C2	0	0	0	0	0	0	0	2	0	0	0	0	0	0	1	0	0	0	0	0
HI	C3	0	0	0	5	5	0	3	0	0	0	0	2	8	1	18	5	10	0	16	13
HI	C4	2	0	0	2	3	0	2	3	1	0	0	1	8	1	8	23	7	0	1	3
HI	C5	0	0	0	0	0	0	0	0	0	0	0	0	0	0	0	1	0	0	0	0
HI	C6	0	0	0	0	0	0	0	0	0	0	0	0	0	0	0	0	0	0	0	0
HI	C7	0	0	0	0	0	0	0	0	0	0	0	0	0	0	0	0	0	0	0	0
HI	C8	5	0	3	15	1	0	2	2	1	1	1	2	9	7	33	64	51	8	20	27
SC	C1	0	0	0	0	0	0	0	0	0	0	0	0	0	1	0	2	0	0	0	0
SC	C2	0	0	0	0	0	0	1	2	0	0	1	0	0	0	2	0	0	0	0	0
SC	C3	0	0	0	19	25	3	26	4	2	0	1	11	30	1	89	18	5	0	2	30
SC	C4	59	0	50	16	13	7	28	90	67	1	33	9	64	11	66	195	65	1	10	26
SC	C5	23	0	3	9	1	3	2	4	38	1	3	7	0	20	7	34	354	3	27	164
SC	C6	0	0	0	0	0	5	5	7	2	0	0	4	0	0	0	0	0	0	0	0
SC	C7	0	0	0	0	0	0	0	0	0	0	0	0	0	0	0	0	0	0	0	0
SC	C8	6	1	4	8	2	0	3	3	2	1	1	3	13	11	53	101	82	12	32	40
GZ	C1	0	0	0	1	1	0	1	0	0	0	0	0	3	0	9	1	0	0	0	0
GZ	C2	0	0	0	0	0	1	1	5	0	0	1	0	0	0	2	0	0	0	0	0
GZ	C3	0	0	0	18	26	0	16	2	0	0	0	10	31	1	52	8	2	0	1	19
GZ	C4	8	0	7	3	4	2	6	15	11	0	7	2	9	3	10	30	16	0	8	4
GZ	C5	1	0	0	0	0	0	0	0	0	0	0	0	0	2	1	3	22	0	4	7
GZ	C6	0	0	0	0	0	1	1	2	0	0	0	1	0	0	0	0	0	0	0	0
GZ	C7	0	0	0	0	0	0	0	0	0	0	0	0	0	0	0	0	0	0	0	0
GZ	C8	5	0	3	8	7	4	23	21	15	1	4	83	10	8	37	71	56	9	22	29
YN	C1	0	0	0	0	0	0	0	0	0	0	0	0	1	0	3	0	0	0	0	0
YN	C2	0	0	0	0	0	0	0	3	0	0	0	0	0	0	1	0	0	0	0	0

续表

省份	部门	FJ	FJ	FJ	FJ	JX	JX	JX	JX	JX	JX	JX	JX	SD	SD	SD	SD	SD	SD	SD	SD
		C5	C6	C7	C8	C1	C2	C3	C4	C5	C6	C7	C8	C1	C2	C3	C4	C5	C6	C7	C8
YN	C3	0	0	0	12	17	0	9	1	0	0	0	6	21	0	27	4	1	0	0	12
YN	C4	13	0	12	2	1	1	5	18	15	0	8	1	2	0	2	6	2	0	0	1
YN	C5	0	0	0	0	0	0	0	0	1	0	0	0	0	0	0	0	3	0	0	1
YN	C6	0	0	0	0	0	2	2	3	1	0	0	2	0	0	0	0	0	0	0	0
YN	C7	0	0	0	0	0	0	0	0	0	0	0	0	0	0	0	0	0	0	0	0
YN	C8	0	0	0	2	0	0	0	0	0	0	0	0	1	1	3	6	4	1	2	3
SN	C1	0	0	0	2	2	0	2	0	0	0	0	0	9	0	29	2	0	0	0	1
SN	C2	0	0	0	0	0	1	1	52	0	0	0	0	0	1	0	5	0	0	0	0
SN	C3	0	0	0	10	12	0	24	3	0	0	0	5	19	2	183	38	5	0	2	25
SN	C4	7	0	6	4	7	2	8	20	10	0	8	4	35	8	38	121	43	0	15	16
SN	C5	24	0	3	6	1	2	1	2	27	1	2	5	0	20	7	33	318	3	36	141
SN	C6	0	0	0	0	0	0	0	0	0	0	0	0	0	0	0	0	0	0	0	0
SN	C7	0	0	0	0	0	0	0	0	0	0	0	0	0	0	0	0	0	0	2	7
SN	C8	7	0	2	64	1	0	1	1	0	0	0	1	3	2	9	18	13	3	6	16
GS	C1	0	0	0	1	1	0	1	0	0	0	0	0	5	0	17	1	0	0	0	1
GS	C2	0	0	0	0	0	0	0	1	0	0	0	0	0	0	0	0	0	0	0	0
GS	C3	0	0	0	1	1	0	1	0	0	0	0	1	3	0	4	2	1	0	0	2
GS	C4	30	1	27	40	6	5	15	52	41	1	21	11	25	4	24	74	24	1	5	18
GS	C5	2	0	1	0	0	0	0	0	3	0	0	0	0	5	2	7	47	1	11	12
GS	C6	0	0	0	0	0	0	0	0	0	0	0	0	0	0	0	0	0	0	0	0
GS	C7	0	0	0	0	0	0	0	0	0	0	0	0	0	0	0	0	0	0	0	0
GS	C8	1	0	1	4	1	0	1	2	1	0	1	2	5	4	16	33	21	6	10	15
QH	C1	0	0	0	0	0	0	0	0	0	0	0	0	2	0	5	0	0	0	0	0
QH	C2	0	0	0	0	0	0	1	1	0	0	1	0	0	0	1	0	0	0	0	0
QH	C3	0	0	0	0	0	0	1	0	0	0	0	0	0	1	0	0	0	0	0	0
QH	C4	25	0	23	4	0	2	8	29	25	0	12	1	2	0	2	7	3	0	1	1
QH	C5	1	0	0	0	0	0	0	0	2	0	0	0	0	0	0	2	0	0	0	0
QH	C6	0	0	0	0	0	0	0	0	0	0	0	0	0	0	0	0	0	0	0	0
QH	C7	0	0	0	0	0	0	0	0	0	0	0	0	0	0	0	0	0	0	0	0
QH	C8	0	0	0	0	0	0	0	0	0	0	0	0	0	1	2	1	0	0	0	1
NX	C1	0	0	0	0	0	0	0	0	0	0	0	0	1	0	4	0	0	0	0	0
NX	C2	0	0	0	0	0	0	1	0	0	0	0	0	0	0	0	0	0	0	0	0
NX	C3	0	0	0	0	0	0	1	0	0	0	0	0	2	0	3	1	0	0	0	1
NX	C4	9	0	8	3	1	1	3	10	7	0	4	1	27	5	28	81	28	0	4	11
NX	C5	1	0	0	0	0	1	0	1	4	0	1	1	0	2	1	3	13	0	2	2
NX	C6	0	0	0	0	0	1	1	1	0	0	0	1	0	0	0	0	0	0	0	0
NX	C7	0	0	0	0	0	0	0	0	0	0	0	0	0	0	0	0	0	0	0	0
NX	C8	0	0	1	1	0	0	1	1	0	0	0	1	3	2	10	20	15	3	6	8
XJ	C1	0	1	0	4	3	0	3	1	0	0	0	0	29	0	95	6	0	0	0	4
XJ	C2	0	0	0	0	0	1	2	28	0	0	1	0	0	1	3	0	0	0	0	0
XJ	C3	0	0	0	5	0	0	7	1	0	0	0	2	15	1	74	14	2	0	1	12
XJ	C4	5	0	4	30	3	1	3	9	5	0	3	7	21	4	20	60	21	1	6	16
XJ	C5	0	0	0	0	0	0	0	0	0	0	0	0	0	0	0	2	0	0	0	1
XJ	C6	0	0	0	0	1	1	1	0	0	0	1	0	0	0	0	0	0	0	0	0
XJ	C7	0	0	0	0	0	0	0	0	0	0	0	0	0	0	0	0	0	0	0	0
XJ	C8	7	1	4	9	2	1	4	5	2	1	2	5	21	17	75	148	109	22	46	62
IM	C1	0	0	0	0	2	0	0	0	0	0	0	0	69	0	224	14	0	0	0	9
IM	C2	44	289	6	76	184	221	729	1828	138	773	326	169	64	339	620	4032	376	1859	207	858
IM	C3	29	1	16	266	5	2	44	16	4	0	2	24	28	4	60	18	21	1	28	38
IM	C4	95	23	59	1669	132	85	74	195	77	36	44	547	209	587	438	6238	9107	38	2018	240
IM	C5	211	5	10	37	3	10	7	14	87	2	10	12	5	104	54	106	485	7	29	67
IM	C6	0	0	0	0	0	0	0	0	0	0	0	0	0	0	0	0	0	0	0	0
IM	C7	0	0	0	0	0	0	0	0	0	0	0	0	0	0	0	0	0	0	0	0
IM	C8	0	0	0	0	2	0	0	1	1	3	2	0	1	12	10	9	47	86	79	8
TII	TII	12015	1643	8811	27279	9727	3145	15549	17552	10670	1537	5925	12761	30611	15006	88095	84101	74183	5028	26880	55262
VA	VA001	1339	136	3572	9761	18465	2048	1766	2331	1797	345	1966	7281	45846	3419	7250	7675	7881	294	5624	25692
VA	VA002	793	287	232	1952	547	−234	1072	1442	711	226	130	961	1137	721	7152	9896	4699	1526	858	6679
VA	VA003	499	468	355	3950	586	858	620	881	470	439	206	3418	2001	2869	2309	4066	2100	636	1097	11332
VA	VA004	1507	606	824	14157	511	57	79	711	931	14	936	5931	4478	4537	7010	8268	6809	822	3373	22383
TVA	TVA	4138	1498	4983	29821	20108	2729	3537	5365	3910	1024	3238	17591	53462	11547	23721	29905	21488	3277	10952	66086
TI	TI	16154	3141	13794	57099	29835	5874	19086	22917	14581	2562	9163	30352	84073	26553	111816	114006	95671	8305	37832	121348

省份	部门	HA	HA	HA	HA	HA	HA	HA	HA	HB	HB	HB	HB	HB	HB	HB	HB	HN	HN	HN	HN
		C1	C2	C3	C4	C5	C6	C7	C8	C1	C2	C3	C4	C5	C6	C7	C8	C1	C2	C3	C4
BJ	C1	6	0	9	1	0	0	0	0	3	0	9	1	0	0	0	0	1	7	0	5
BJ	C2	0	0	0	0	0	0	0	0	0	1	4	20	2	9	1	3	1	1	3	16
BJ	C3	40	5	113	18	6	0	6	51	42	1	67	14	4	0	1	51	35	2	46	8
BJ	C4	30	17	26	171	144	1	73	12	15	5	29	174	120	1	52	13	13	3	15	55
BJ	C5	0	10	4	8	53	1	29	23	1	5	6	13	67	1	8	23	1	3	2	4
BJ	C6	0	0	0	0	0	0	0	0	0	0	0	0	0	0	0	0	0	0	0	0
BJ	C7	0	0	0	0	0	0	0	0	0	0	0	0	0	0	0	0	0	0	0	0
BJ	C8	0	0	0	1	0	0	0	4	16	3	52	34	22	1	13	48	0	0	0	0
TJ	C1	1	0	2	0	0	0	0	0	1	0	2	0	0	0	0	0	1	0	1	0
TJ	C2	0	0	0	1	0	0	0	0	0	0	0	0	0	0	0	0	0	0	0	0
TJ	C3	13	5	53	15	7	0	6	29	10	1	53	16	4	0	1	50	9	1	20	4
TJ	C4	130	34	89	340	159	2	123	50	74	15	91	262	146	2	159	67	63	12	56	113
TJ	C5	0	20	7	16	82	2	38	26	2	9	11	26	105	1	16	27	3	6	5	8
TJ	C6	0	0	0	0	0	0	0	0	0	0	0	0	0	0	0	0	0	0	0	0
TJ	C7	0	0	0	0	0	0	0	0	0	0	0	0	0	0	0	0	0	0	0	0
TJ	C8	1	1	2	2	1	0	1	8	28	6	90	64	37	3	25	95	3	1	3	4
HE	C1	114	0	171	14	0	0	0	5	45	0	153	9	0	0	1	12	118	1	98	5
HE	C2	10	4	6	29	1	2	17	3	3	10	61	404	22	81	14	29	13	18	32	281
HE	C3	46	4	221	96	35	1	8	75	38	4	180	51	12	0	2	112	32	1	81	10
HE	C4	242	90	180	750	374	5	340	119	140	31	182	583	323	6	446	186	117	39	104	263
HE	C5	0	38	14	29	146	2	46	32	4	20	22	52	182	2	30	37	6	10	8	15
HE	C6	4	8	9	17	4	0	2	8	0	0	1	2	0	0	0	1	4	10	7	24
HE	C7	0	0	0	0	0	0	0	0	0	0	0	0	0	0	0	0	0	0	0	0
HE	C8	1	1	2	3	2	0	1	10	21	6	62	60	26	4	23	83	9	3	9	14
SX	C1	1	0	2	0	0	0	0	0	1	0	2	0	0	0	0	0	1	0	1	0
SX	C2	1	0	3	6	0	3	0	1	7	15	112	570	64	250	25	74	39	41	94	466
SX	C3	3	1	10	2	1	0	1	5	3	0	5	1	0	0	0	2	3	0	5	1
SX	C4	32	12	26	143	107	1	48	16	15	4	27	129	76	1	36	14	13	15	14	74
SX	C5	0	1	0	1	5	0	2	2	0	0	1	1	5	0	1	2	0	0	0	0
SX	C6	2	3	4	7	2	0	1	3	0	0	0	1	0	0	0	0	2	4	3	10
SX	C7	0	0	0	0	0	0	0	0	0	0	0	0	0	0	0	0	0	0	0	0
SX	C8	0	0	0	1	0	0	0	0	8	3	24	28	9	2	11	27	6	2	6	9
IM	C1	18	0	27	2	0	0	0	1	7	0	24	1	0	0	0	2	18	0	15	1
IM	C2	2	1	2	6	0	1	4	1	2	4	25	125	13	52	7	16	8	9	19	95
IM	C3	13	0	28	4	1	0	1	13	13	0	11	1	0	0	0	7	11	0	11	1
IM	C4	21	18	21	130	107	1	66	12	11	4	23	133	91	1	59	17	9	3	10	40
IM	C5	0	6	2	5	22	0	7	4	1	3	4	9	29	0	5	5	1	1	1	2
IM	C6	2	4	4	8	2	0	1	4	0	0	0	1	0	0	0	0	2	5	3	11
IM	C7	0	0	0	0	0	0	0	0	0	0	0	0	0	0	0	0	0	0	0	0
IM	C8	0	0	0	0	0	0	0	0	11	3	34	28	14	1	11	33	3	1	3	4
LN	C1	4	0	5	0	0	0	0	0	2	0	5	0	0	0	0	0	4	0	3	0
LN	C2	0	0	0	1	0	0	0	0	1	2	13	72	7	27	3	8	4	5	11	60
LN	C3	2	0	14	3	1	0	1	3	2	1	18	2	1	0	0	2	1	0	11	2
LN	C4	111	57	80	480	379	5	201	128	165	39	149	686	403	17	238	549	67	19	65	217
LN	C5	0	24	9	18	92	2	37	23	3	13	15	35	130	1	21	28	4	8	6	11
LN	C6	0	0	0	0	0	0	0	0	0	0	0	0	0	0	0	0	0	0	0	0
LN	C7	0	0	0	0	0	0	0	0	0	0	0	0	0	0	0	0	0	0	0	0
LN	C8	0	0	0	0	0	0	0	0	8	2	23	23	9	2	9	24	4	1	4	6
JL	C1	14	0	21	2	0	0	0	1	6	0	21	1	0	0	0	2	16	0	13	1
JL	C2	2	1	1	6	0	0	3	1	1	2	9	76	5	17	3	6	3	3	7	57
JL	C3	17	3	33	6	4	0	7	25	10	0	12	2	1	0	2	7	9	0	16	2
JL	C4	125	24	79	254	114	1	55	44	78	15	86	212	113	2	53	74	60	9	54	97
JL	C5	0	24	10	23	182	2	30	77	2	15	18	31	187	1	21	73	5	8	5	10
JL	C6	0	0	0	0	0	0	0	0	0	0	0	0	0	0	0	0	0	0	0	0
JL	C7	0	0	0	0	0	0	0	0	0	0	0	0	0	0	0	0	0	0	0	0
JL	C8	0	0	1	1	0	0	1	3	16	5	47	51	19	3	19	55	10	3	10	15
HL	C1	1	0	1	0	0	0	0	0	1	0	1	0	0	0	0	0	1	0	1	0
HL	C2	2	5	2	83	2	6	3	1	3	8	45	1942	26	103	11	44	15	16	37	1533
HL	C3	0	0	1	1	0	0	0	1	0	7	2	0	0	0	0	9	0	0	0	0
HL	C4	2	1	0	4	3	0	2	8	10	2	5	19	7	1	8	44	2	1	1	4
HL	C5	0	0	0	0	0	0	0	0	0	0	0	1	0	0	0	0	0	0	0	0
HL	C6	1	3	3	6	1	0	1	3	0	0	0	1	0	0	0	0	1	4	3	9

续表

省份	部门	HA C1	HA C2	HA C3	HA C4	HA C5	HA C6	HA C7	HA C8	HB C1	HB C2	HB C3	HB C4	HB C5	HB C6	HB C7	HB C8	HN C1	HN C2	HN C3	HN C4
HL	C7	0	0	0	0	0	0	0	0	0	0	0	0	0	0	0	0	0	0	0	0
HL	C8	0	0	0	0	0	0	0	0	0	0	0	0	0	0	0	0	0	0	0	0
SH	C1	11	0	17	1	0	0	0	0	5	0	17	1	0	0	0	1	14	0	12	1
SH	C2	0	0	0	1	0	0	1	0	0	0	0	1	0	0	0	0	0	0	0	0
SH	C3	62	7	185	59	23	1	10	75	66	2	75	24	5	0	2	40	64	3	87	13
SH	C4	256	75	176	702	436	4	212	100	164	36	205	681	404	6	176	166	169	42	157	368
SH	C5	0	78	22	50	235	6	104	86	6	27	30	72	293	2	40	82	10	17	13	27
SH	C6	0	0	0	0	0	0	0	0	0	0	0	0	0	0	0	0	0	0	0	0
SH	C7	0	0	0	0	0	0	0	0	0	0	0	0	0	0	0	0	0	0	0	0
SH	C8	3	4	7	9	6	1	3	25	76	19	235	194	101	10	74	304	18	5	17	26
JS	C1	35	0	52	4	0	0	0	1	15	0	50	3	0	0	0	4	42	0	35	2
JS	C2	4	2	2	10	1	1	6	1	1	3	21	137	12	44	7	15	8	9	21	130
JS	C3	65	7	393	106	34	1	10	113	60	14	504	86	29	1	3	182	50	3	277	40
JS	C4	318	134	226	802	487	7	307	170	226	49	259	789	458	12	293	404	181	33	167	346
JS	C5	1	145	47	101	467	11	207	129	13	62	71	172	628	6	99	142	22	39	33	60
JS	C6	0	0	0	0	0	0	0	0	0	0	0	0	0	0	0	0	0	0	0	0
JS	C7	0	0	0	0	0	0	0	0	0	0	0	0	0	0	0	0	0	0	0	0
JS	C8	1	0	1	2	0	0	1	2	45	11	138	119	56	6	45	136	14	4	13	20
ZJ	C1	15	0	23	2	0	0	0	1	7	0	24	1	0	0	0	2	21	0	17	1
ZJ	C2	0	0	0	0	0	0	0	0	0	0	2	10	1	4	1	1	1	1	2	10
ZJ	C3	18	2	82	19	7	0	4	24	16	3	104	16	6	0	1	29	15	1	71	10
ZJ	C4	82	16	51	127	36	0	20	28	69	11	65	107	44	0	25	52	66	11	57	86
ZJ	C5	0	16	6	12	51	1	23	11	2	9	10	24	81	1	13	15	3	5	4	8
ZJ	C6	0	0	0	0	0	0	0	0	0	0	0	0	0	0	0	0	0	0	0	0
ZJ	C7	0	0	0	0	0	0	0	0	0	0	0	0	0	0	0	0	0	0	0	0
ZJ	C8	1	1	1	2	1	0	1	9	2	1	7	6	3	0	2	9	0	0	0	1
AH	C1	100	0	151	12	0	0	0	4	41	0	140	8	0	0	1	11	116	1	96	5
AH	C2	10	4	5	20	1	0	17	3	0	2	6	21	1	1	7	4	0	2	2	7
AH	C3	4	1	12	9	5	0	3	7	1	0	3	3	1	0	1	2	1	0	5	1
AH	C4	82	21	52	119	35	1	19	26	43	7	49	71	30	0	9	21	43	7	38	56
AH	C5	0	10	3	7	39	1	10	14	1	4	5	9	41	0	6	14	2	3	4	5
AH	C6	1	3	3	6	1	0	1	3	0	0	0	0	0	0	0	0	1	3	3	8
AH	C7	0	0	0	0	0	0	0	0	0	0	0	0	0	0	0	0	0	0	0	0
AH	C8	0	0	0	0	0	0	0	0	1	1	2	2	1	0	1	0	0	0	0	0
FJ	C1	8	0	12	1	0	0	0	0	4	0	15	1	0	0	0	1	12	0	10	1
FJ	C2	1	0	0	2	0	0	1	0	1	2	11	55	6	24	3	7	5	5	11	54
FJ	C3	9	6	51	8	6	0	6	23	13	2	35	9	4	1	1	12	12	4	36	10
FJ	C4	43	10	27	74	24	0	17	15	49	8	52	91	40	1	36	38	48	6	41	59
FJ	C5	0	8	3	5	36	1	29	18	1	5	6	15	77	1	8	28	2	3	3	5
FJ	C6	0	0	1	1	2	0	0	1	0	0	0	0	0	0	0	0	0	1	1	3
FJ	C7	0	0	0	0	0	0	0	0	0	0	0	0	0	0	0	0	0	0	0	0
FJ	C8	1	0	1	1	1	0	1	5	11	3	32	33	15	2	13	65	5	1	5	7
JX	C1	25	0	38	3	0	0	0	1	16	0	54	3	0	0	0	4	44	0	37	2
JX	C2	2	1	1	4	0	0	3	1	3	7	47	225	23	88	12	28	16	19	39	198
JX	C3	14	2	26	5	3	0	5	20	15	0	20	4	2	0	3	17	14	0	24	3
JX	C4	27	9	18	76	47	1	26	20	58	12	53	164	87	4	60	136	37	6	32	66
JX	C5	0	5	2	4	33	0	9	15	1	5	5	10	60	0	6	23	1	3	2	3
JX	C6	0	0	0	0	0	0	0	0	0	0	0	0	0	0	0	0	0	0	0	0
JX	C7	0	0	0	0	0	0	0	0	0	0	0	0	0	0	0	0	0	0	0	0
JX	C8	0	0	0	0	0	0	0	0	6	2	16	19	6	1	7	19	4	1	4	6
SD	C1	27	0	40	3	0	0	0	1	11	0	38	2	0	0	0	3	30	0	25	1
SD	C2	3	2	3	29	1	3	5	1	3	7	43	613	23	90	11	31	15	16	37	494
SD	C3	52	4	193	40	12	0	5	65	55	5	180	29	10	0	1	71	47	2	110	15
SD	C4	396	71	248	751	295	4	148	125	228	41	254	550	281	4	146	148	200	27	176	289
SD	C5	0	36	13	29	186	3	57	74	3	18	21	42	212	2	27	71	6	11	8	15
SD	C6	1	3	3	6	1	0	1	3	0	0	1	0	0	0	0	0	1	3	2	8
SD	C7	0	0	0	0	0	0	0	0	0	0	0	0	0	0	0	0	0	0	0	0
SD	C8	1	1	1	2	1	0	1	5	42	11	128	118	51	7	45	132	17	5	16	25
HA	C1	7015	8	10538	870	14	0	1	289	26	0	87	5	0	0	0	7	65	1	54	3
HA	C2	356	245	239	2995	95	110	627	100	6	13	93	610	51	197	20	60	30	33	73	469
HA	C3	1863	254	12160	2334	694	26	297	3227	53	2	114	35	7	0	1	64	44	0	67	7
HA	C4	4363	1320	3109	14123	5119	100	7203	3050	55	11	68	195	104	2	168	55	47	12	40	86

续表

省份	部门	HA C1	HA C2	HA C3	HA C4	HA C5	HA C6	HA C7	HA C8	HB C1	HB C2	HB C3	HB C4	HB C5	HB C6	HB C7	HB C8	HN C1	HN C2	HN C3	HN C4
HA	C5	125	1462	590	1173	4621	125	2193	2107	2	11	12	28	90	1	14	16	3	4	3	6
HA	C6	358	793	879	1714	367	28	239	771	0	0	0	0	0	0	0	0	0	0	0	0
HA	C7	35	101	35	23	89	19	31	1569	0	0	0	0	0	0	0	0	0	0	0	0
HA	C8	2727	1788	4624	7014	3459	547	2725	10192	8	2	23	22	9	1	8	24	4	1	3	5
HB	C1	52	0	79	7	0	0	0	2	3395	1	11514	692	7	4	66	932	76	1	63	3
HB	C2	2	1	1	4	0	0	3	1	28	141	339	1419	75	37	495	283	6	7	15	71
HB	C3	48	1	131	45	15	0	2	46	1599	228	8084	1966	614	19	323	3390	60	0	63	6
HB	C4	94	48	72	388	297	3	165	67	2481	501	3112	8088	4161	67	5768	2373	81	17	77	213
HB	C5	0	24	9	19	123	1	27	40	65	367	539	960	4624	69	821	2249	6	9	6	12
HB	C6	0	0	0	0	0	0	0	0	91	180	543	1483	301	34	104	496	0	0	0	0
HB	C7	0	0	0	0	0	0	0	0	27	15	27	55	12	15	295	1907	0	0	0	0
HB	C8	0	0	0	1	0	0	0	1	2075	541	5851	5023	2872	264	1909	13164	5	1	5	8
HN	C1	44	0	67	6	0	0	0	2	25	0	86	5	0	0	0	7	5350	56	4444	224
HN	C2	1	0	1	3	0	1	1	0	3	8	59	289	31	118	13	36	14	311	244	1468
HN	C3	35	2	88	25	9	0	4	38	48	1	48	13	2	0	2	33	1657	84	7261	1112
HN	C4	30	14	24	138	94	1	63	20	45	11	53	217	128	3	129	97	2704	585	2419	5474
HN	C5	0	16	6	12	67	1	22	20	2	11	13	29	116	1	18	30	322	384	571	778
HN	C6	0	0	0	0	0	0	0	0	0	0	0	0	0	0	0	0	214	582	443	1441
HN	C7	0	0	0	0	0	0	0	0	0	0	0	0	0	0	0	0	17	6	43	26
HN	C8	0	0	0	1	0	0	0	0	10	3	31	30	12	2	11	32	1870	677	3420	3231
GD	C1	21	0	31	3	0	0	0	1	11	0	36	2	0	0	0	3	33	0	27	1
GD	C2	0	0	0	0	0	0	0	0	1	2	15	61	5	17	2	5	4	6	9	56
GD	C3	93	10	346	99	36	1	18	135	101	10	371	74	22	1	6	167	101	4	269	37
GD	C4	296	74	190	507	182	3	117	104	268	48	292	527	245	5	168	219	311	41	271	395
GD	C5	0	41	13	32	159	6	131	63	4	20	25	67	298	5	47	81	6	22	17	32
GD	C6	34	74	82	161	34	3	22	72	1	2	7	19	4	0	1	6	33	90	69	224
GD	C7	0	0	0	0	0	0	0	0	0	0	0	0	0	0	0	0	0	0	0	0
GD	C8	2	5	9	11	7	0	3	27	15	4	49	42	24	2	15	129	4	1	3	5
GX	C1	25	0	37	3	0	0	0	1	13	0	43	3	0	0	0	3	38	0	32	2
GX	C2	0	0	0	0	0	0	1	0	1	2	12	59	6	23	3	7	6	6	13	68
GX	C3	41	3	85	16	6	0	8	49	44	1	69	16	4	0	3	63	45	1	58	7
GX	C4	44	14	32	132	64	1	57	17	40	8	52	149	83	1	122	28	54	10	46	87
GX	C5	0	12	4	9	43	1	15	10	2	8	9	20	72	1	11	15	3	4	3	6
GX	C6	0	1	1	2	0	0	0	1	0	0	0	0	0	0	0	0	0	1	1	2
GX	C7	0	0	0	0	0	0	0	0	0	0	0	0	0	0	0	0	0	0	0	0
GX	C8	0	0	0	0	0	0	0	1	7	2	21	19	9	1	7	30	2	1	2	3
HI	C1	13	0	19	2	0	0	0	1	6	0	22	1	0	0	0	2	19	0	16	1
HI	C2	0	0	0	0	0	0	0	0	0	0	2	5	0	0	0	0	0	0	0	2
HI	C3	9	0	17	2	1	0	1	9	10	0	9	1	0	0	0	5	10	0	13	2
HI	C4	5	1	3	7	1	0	0	1	5	1	5	7	3	0	0	2	6	1	5	7
HI	C5	0	0	0	0	0	0	0	0	0	0	0	0	0	0	0	0	0	0	0	0
HI	C6	0	0	0	0	0	0	0	0	0	0	0	0	0	0	0	0	0	0	0	0
HI	C7	0	0	0	0	0	0	0	0	0	0	0	0	0	0	0	0	0	0	0	0
HI	C8	0	0	0	0	0	0	0	1	7	2	22	17	9	1	7	21	1	0	1	2
SC	C1	1	0	2	0	0	0	0	0	0	0	2	0	0	0	0	0	1	0	1	0
SC	C2	0	0	0	0	0	0	1	0	1	2	13	64	7	26	3	8	4	5	11	54
SC	C3	36	4	106	17	5	0	4	44	41	2	71	14	4	0	1	44	37	2	52	8
SC	C4	54	22	41	217	161	1	83	20	31	9	49	227	149	1	70	23	30	7	30	87
SC	C5	0	20	7	15	88	1	32	34	2	10	11	24	111	1	14	35	3	6	4	8
SC	C6	1	2	3	5	1	0	1	2	0	0	0	1	0	0	0	0	1	3	2	7
SC	C7	0	0	0	0	0	0	0	0	0	0	0	0	0	0	0	0	0	0	0	0
SC	C8	0	0	0	0	0	0	0	0	11	2	35	26	14	1	10	33	2	0	2	3
GZ	C1	4	0	6	0	0	0	0	0	2	0	7	0	0	0	0	1	6	0	5	0
GZ	C2	0	0	0	1	0	0	0	0	0	2	10	41	3	11	1	4	3	4	7	40
GZ	C3	33	0	75	8	1	0	0	30	46	0	42	5	1	0	0	27	47	0	45	5
GZ	C4	8	6	7	29	22	0	14	4	6	2	11	40	26	0	16	5	9	2	8	19
GZ	C5	0	1	0	1	4	0	2	1	0	1	1	2	8	0	1	2	0	1	0	1
GZ	C6	0	1	1	1	0	0	0	1	0	0	0	0	0	0	0	0	1	1	1	2
GZ	C7	0	0	0	0	0	0	0	0	0	0	0	0	0	0	0	0	0	0	0	0
GZ	C8	0	1	3	3	2	0	1	7	9	2	29	23	14	1	9	57	1	0	1	2
YN	C1	1	0	2	0	0	0	0	0	1	0	2	0	0	0	0	0	2	0	1	0
YN	C2	0	0	0	0	0	0	0	0	1	5	20	1	4	1	1	1	2	2	2	16

续表

省份	部门	HA C1	HA C2	HA C3	HA C4	HA C5	HA C6	HA C7	HA C8	HB C1	HB C2	HB C3	HB C4	HB C5	HB C6	HB C7	HB C8	HN C1	HN C2	HN C3	HN C4
YN	C3	23	0	49	6	0	0	0	21	30	0	26	3	1	0	0	18	29	0	28	3
YN	C4	2	4	3	34	34	0	17	2	1	1	6	51	37	0	17	3	2	1	3	17
YN	C5	0	0	0	0	1	0	0	0	0	0	0	1	2	0	0	0	0	0	0	0
YN	C6	0	1	1	2	0	0	0	1	0	0	0	0	0	0	0	0	0	1	1	3
YN	C7	0	0	0	0	0	0	0	0	0	0	0	0	0	0	0	0	0	0	0	0
YN	C8	0	0	0	0	0	0	0	0	1	0	1	2	1	0	1	2	0	0	0	1
SN	C1	15	0	22	2	0	0	0	1	6	0	19	1	0	0	0	2	15	0	12	1
SN	C2	0	0	1	5	0	1	0	0	1	5	33	194	10	37	4	12	6	9	14	129
SN	C3	24	1	86	16	4	0	1	24	24	2	76	13	4	0	0	34	19	0	40	5
SN	C4	35	10	24	79	34	0	25	13	17	3	22	53	27	0	29	10	15	5	13	31
SN	C5	0	16	5	11	69	2	50	36	1	5	6	15	86	1	10	32	1	4	3	6
SN	C6	0	0	0	0	0	0	0	0	0	0	0	0	0	0	0	0	0	0	0	0
SN	C7	0	0	0	0	0	0	0	0	0	0	0	0	0	0	0	0	0	0	0	0
SN	C8	1	0	1	1	1	0	1	6	2	1	6	6	3	0	2	15	1	0	1	1
GS	C1	8	0	12	1	0	0	0	0	3	0	10	1	0	0	0	1	8	0	6	0
GS	C2	0	0	0	1	0	0	0	0	1	2	14	73	8	32	3	9	5	5	11	55
GS	C3	3	0	8	2	1	0	0	4	3	0	4	1	0	0	0	4	3	0	3	0
GS	C4	27	19	23	170	145	1	78	34	37	10	38	217	136	4	79	130	14	5	14	61
GS	C5	0	3	1	2	10	0	6	3	0	1	1	3	13	0	2	3	0	1	1	1
GS	C6	0	0	0	0	0	0	0	0	0	0	0	0	0	0	0	0	0	0	0	0
GS	C7	0	0	0	0	0	0	0	0	0	0	0	0	0	0	0	0	0	0	0	0
GS	C8	0	0	0	0	0	0	0	0	3	1	8	8	3	1	3	9	2	0	1	2
QH	C1	2	0	3	0	0	0	0	0	1	0	2	0	0	0	0	0	1	0	1	0
QH	C2	0	0	0	0	0	0	0	0	0	0	1	2	0	0	0	0	0	0	0	0
QH	C3	0	0	1	0	0	0	0	0	0	0	4	1	0	0	0	1	0	0	3	0
QH	C4	3	3	3	27	25	0	13	2	1	1	3	20	14	0	6	1	0	0	0	2
QH	C5	0	0	0	0	1	0	0	0	0	0	0	1	0	0	0	0	0	0	0	0
QH	C6	0	0	0	0	0	0	0	0	0	0	0	0	0	0	0	0	0	0	0	0
QH	C7	0	0	0	0	0	0	0	0	0	0	0	0	0	0	0	0	0	0	0	0
QH	C8	0	0	0	0	0	0	0	0	0	0	1	0	0	0	0	1	0	0	0	0
NX	C1	2	0	2	0	0	0	0	0	1	0	2	0	0	0	0	0	1	0	1	0
NX	C2	0	0	0	0	0	0	0	0	0	0	4	20	2	8	1	2	1	1	2	11
NX	C3	2	0	5	1	0	0	0	2	2	0	15	3	1	0	0	10	1	0	6	1
NX	C4	18	5	12	49	30	0	15	7	8	2	10	38	24	0	11	10	4	1	4	9
NX	C5	0	2	1	2	6	0	1	1	0	0	1	3	0	0	1	0	0	0	0	0
NX	C6	0	0	0	1	0	0	0	0	0	0	0	0	0	0	0	0	0	0	0	1
NX	C7	0	0	0	0	0	0	0	0	0	0	0	0	0	0	0	0	0	0	0	0
NX	C8	0	0	0	0	0	0	0	0	0	0	6	5	2	0	2	6	1	0	1	1
XJ	C1	37	0	56	5	0	0	0	2	15	0	52	3	0	0	0	4	38	0	31	2
XJ	C2	1	0	0	3	0	0	0	0	0	1	3	57	1	4	1	2	0	0	0	34
XJ	C3	15	1	45	6	1	0	0	15	17	1	50	7	3	0	0	15	13	1	36	5
XJ	C4	19	6	11	45	23	1	15	25	30	6	20	70	32	3	30	111	7	2	6	18
XJ	C5	0	0	0	0	1	0	0	0	0	0	0	1	2	0	0	0	0	0	0	0
XJ	C6	0	0	1	1	0	0	0	0	0	0	0	0	0	0	0	0	1	0	0	1
XJ	C7	0	0	0	0	0	0	0	0	0	0	0	0	0	0	0	0	0	0	0	0
XJ	C8	0	0	0	0	0	0	0	0	13	3	41	35	16	2	13	41	4	1	4	6
IM	C1	1	2	0	3	0	0	0	0	0	0	0	0	0	0	0	0	0	0	0	0
IM	C2	711	385	1857	3771	226	1496	848	587	15	95	311	1188	41	18	242	139	13	149	231	700
IM	C3	10	4	275	24	9	0	2	10	2	0	7	3	3	0	5	7	3	3	237	72
IM	C4	150	52	48	184	55	11	61	474	57	10	53	146	38	4	38	142	34	4	29	39
IM	C5	0	24	9	16	71	1	12	6	4	18	20	51	142	1	29	24	10	11	8	16
IM	C6	0	0	0	0	0	0	0	0	0	0	0	0	0	0	0	0	0	0	0	0
IM	C7	0	0	0	0	0	0	0	0	0	0	0	0	0	0	0	0	0	0	0	0
IM	C8	0	0	0	1	0	0	0	0	15	3	48	32	20	1	13	44	7	3	17	16
TII	TII	21681	8026	39844	42598	21183	2585	17705	25513	13242	3010	37843	35575	20393	1965	13757	31566	15792	3779	23801	23148
VA	VA001	32759	3679	4820	4995	3627	328	3916	16673	25326	1103	3675	4742	2843	240	2253	14421	29280	1730	2365	3202
VA	VA002	499	−152	4119	3768	1235	773	590	3639	1429	35	2760	3122	1213	472	439	2983	936	788	4360	4690
VA	VA003	916	1564	2529	2937	1238	736	646	8586	1109	853	1435	2600	1267	654	538	5401	836	796	1284	2248
VA	VA004	1509	2642	3276	4617	1993	941	1258	9164	2436	443	3526	4259	4395	622	972	11274	279	−827	1221	306
TVA	TVA	35684	7733	14744	16317	8093	2778	6410	38062	30300	2434	11396	14723	9718	1988	4202	34078	31330	2487	9230	10446
TI	TI	57365	15760	54588	58915	29276	5363	24115	63575	43542	5444	49239	50298	30111	3954	17959	65644	47122	6266	33031	33594

省份	部门	HN C5	HN C6	HN C7	HN C8	GD C1	GD C2	GD C3	GD C4	GD C5	GD C6	GD C7	GD C8	GX C1	GX C2	GX C3	GX C4	GX C5	GX C6	GX C7	GX C8
BJ	C1	0	0	0	0	9	0	13	2	0	0	0	4	2	0	4	0	0	0	0	0
BJ	C2	1	7	0	1	0	0	0	0	0	0	0	0	0	0	1	5	0	2	0	0
BJ	C3	4	0	4	14	70	1	300	65	27	1	6	166	18	0	27	7	1	0	3	24
BJ	C4	49	0	33	8	24	1	63	89	21	0	5	22	11	2	17	56	42	0	42	10
BJ	C5	57	1	10	13	2	10	11	25	357	2	10	101	0	1	3	4	39	1	2	20
BJ	C6	0	0	0	0	0	0	0	0	0	0	0	0	0	0	0	0	0	0	0	0
BJ	C7	0	0	0	0	0	0	0	0	0	0	0	0	0	0	0	0	0	0	0	0
BJ	C8	0	0	0	0	12	3	96	109	38	0	27	22	9	2	15	13	9	0	11	33
TJ	C1	0	0	0	0	2	0	3	0	0	0	0	1	0	0	1	0	0	0	0	0
TJ	C2	0	0	0	0	0	0	2	5	0	0	4	2	0	0	1	1	0	0	1	0
TJ	C3	4	0	4	8	19	1	321	92	40	1	10	147	4	0	17	6	1	0	2	14
TJ	C4	68	1	85	41	124	8	317	476	139	3	244	128	50	5	39	85	43	1	48	44
TJ	C5	79	1	19	19	7	20	18	42	411	4	17	121	1	2	5	7	60	1	3	24
TJ	C6	0	0	0	0	0	0	0	0	0	0	0	0	0	0	0	0	0	0	0	0
TJ	C7	0	0	0	0	0	0	0	0	0	0	0	0	0	0	0	0	0	0	0	0
TJ	C8	2	1	3	4	21	5	160	182	65	1	46	43	16	3	26	24	16	1	19	53
HE	C1	7	0	0	6	149	2	229	37	0	0	0	62	39	1	84	7	0	0	0	10
HE	C2	10	67	6	15	16	33	73	666	15	2	140	62	8	21	55	140	7	26	39	17
HE	C3	3	0	4	11	62	7	1838	323	126	3	39	413	17	0	66	29	3	0	1	38
HE	C4	154	2	236	98	256	24	599	969	353	9	689	293	107	15	101	265	114	3	154	134
HE	C5	118	2	30	28	14	38	29	61	471	5	28	145	2	4	10	15	124	1	5	37
HE	C6	6	0	2	6	0	0	0	0	0	0	0	0	0	0	0	0	0	0	0	0
HE	C7	0	0	0	0	0	0	0	0	0	0	0	0	0	0	0	0	0	0	0	0
HE	C8	7	2	8	14	17	4	85	99	36	2	26	39	14	5	27	27	13	2	18	105
SX	C1	0	0	0	0	2	0	3	0	0	0	0	1	0	0	1	0	0	0	0	0
SX	C2	27	208	6	42	0	0	0	0	0	0	0	0	2	1	50	167	5	68	0	14
SX	C3	1	0	1	2	5	0	8	0	0	0	0	6	1	0	2	0	0	0	0	2
SX	C4	34	0	22	11	36	1	73	138	32	0	12	53	13	2	15	80	29	0	28	11
SX	C5	5	0	1	1	0	1	1	2	20	0	1	6	0	0	0	0	4	0	0	2
SX	C6	2	0	1	3	0	0	0	0	0	0	0	0	0	0	0	0	0	0	0	0
SX	C7	0	0	0	0	0	0	0	0	0	0	0	0	0	0	0	0	0	0	0	0
SX	C8	4	1	5	9	7	2	25	30	11	1	8	19	6	1	9	10	4	0	6	9
IM	C1	1	0	0	1	27	0	42	7	0	0	0	11	4	0	9	1	0	0	0	1
IM	C2	6	42	2	9	4	4	18	52	2	0	39	17	0	0	5	17	0	7	0	1
IM	C3	0	0	0	3	24	0	37	3	1	0	0	29	4	0	4	1	0	0	0	3
IM	C4	36	0	33	8	26	2	59	90	43	1	48	25	3	1	8	29	22	0	24	9
IM	C5	14	0	3	3	2	7	5	10	89	1	5	22	0	0	1	1	10	0	0	2
IM	C6	3	0	1	3	0	0	0	0	0	0	0	0	0	0	0	0	0	0	0	0
IM	C7	0	0	0	0	0	0	0	0	0	0	0	0	0	0	0	0	0	0	0	0
IM	C8	2	1	3	4	9	2	57	65	23	1	17	19	7	1	10	10	6	0	7	12
LN	C1	0	0	0	0	6	0	9	1	0	0	0	2	1	0	3	0	0	0	0	0
LN	C2	3	23	1	5	0	1	2	16	0	0	4	2	0	1	6	18	1	7	1	2
LN	C3	0	0	0	1	3	0	253	14	2	0	1	13	1	0	1	1	0	0	0	1
LN	C4	168	5	123	138	109	9	263	390	99	28	39	136	73	16	81	240	154	6	155	392
LN	C5	97	1	24	17	7	27	21	53	431	4	22	116	1	3	8	11	97	1	5	31
LN	C6	0	0	0	0	0	0	0	0	0	0	0	0	0	0	0	0	0	0	0	0
LN	C7	0	0	0	0	0	0	0	0	0	0	0	0	0	0	0	0	0	0	0	0
LN	C8	3	1	4	6	7	2	31	36	13	1	10	16	5	1	8	8	4	0	5	8
JL	C1	1	0	0	1	23	0	36	6	0	0	0	10	4	0	9	1	0	0	0	1
JL	C2	2	14	1	3	4	4	16	97	2	0	36	16	0	1	3	8	0	2	2	1
JL	C3	2	0	4	5	17	0	57	5	2	0	7	25	4	0	5	1	0	0	1	4
JL	C4	53	1	32	36	132	5	344	487	118	3	41	122	36	3	27	56	30	1	29	43
JL	C5	210	1	23	49	8	31	20	39	478	4	30	293	1	2	5	7	112	1	2	65
JL	C6	0	0	0	0	0	0	0	0	0	0	0	0	0	0	0	0	0	0	0	0
JL	C7	0	0	0	0	0	0	0	0	0	0	0	0	0	0	0	0	0	0	0	0
JL	C8	7	2	9	15	14	3	59	70	25	2	19	35	11	3	19	19	8	1	12	35
HL	C1	0	0	0	0	1	0	1	0	0	0	0	0	0	0	1	0	0	0	0	0
HL	C2	11	81	3	17	5	4	18	674	2	0	40	19	1	2	5	26	1	0	5	2
HL	C3	0	0	0	0	0	0	60	18	8	0	1	26	0	0	2	1	0	0	0	1
HL	C4	3	0	2	10	1	0	1	2	0	2	0	4	2	1	2	4	2	0	2	30
HL	C5	1	0	0	0	0	0	0	0	1	4	0	0	1	0	0	0	0	0	0	0
HL	C6	2	0	1	2	0	0	0	0	0	0	0	0	0	0	0	0	0	0	0	0

续表

省份	部门	HN C5	HN C6	HN C7	HN C8	GD C1	GD C2	GD C3	GD C4	GD C5	GD C6	GD C7	GD C8	GX C1	GX C2	GX C3	GX C4	GX C5	GX C6	GX C7	GX C8
HL	C7	0	0	0	0	0	0	0	0	0	0	0	0	0	0	0	0	0	0	0	0
HL	C8	0	0	0	0	0	0	0	0	0	0	0	0	0	0	0	0	0	0	0	0
SH	C1	1	0	0	1	18	0	28	4	0	0	0	8	5	0	10	1	0	0	0	1
SH	C2	0	0	0	0	1	1	5	13	1	0	10	4	1	1	3	4	0	0	3	1
SH	C3	8	0	9	25	117	4	263	64	24	1	21	149	35	1	43	17	2	0	5	35
SH	C4	214	2	129	105	345	13	857	1257	327	8	69	338	184	18	145	391	182	3	172	169
SH	C5	229	3	43	62	20	58	68	104	1363	21	48	387	3	7	17	25	232	4	7	89
SH	C6	0	0	0	0	0	0	0	0	0	0	0	0	0	0	0	0	0	0	0	0
SH	C7	0	0	0	0	0	0	0	0	0	0	0	0	0	0	0	0	0	0	0	0
SH	C8	12	4	15	26	57	14	374	430	153	4	111	122	49	14	87	83	45	6	59	354
JS	C1	2	0	0	2	51	1	79	13	0	0	0	21	15	0	32	3	0	0	0	4
JS	C2	6	45	3	10	8	6	29	204	3	1	67	29	5	8	37	88	4	22	23	11
JS	C3	7	0	7	24	97	7	7069	625	188	6	50	758	29	1	132	48	5	0	2	81
JS	C4	234	4	194	164	442	29	1041	1493	581	25	261	390	214	32	175	354	201	6	209	362
JS	C5	444	7	118	123	55	135	130	252	2434	33	107	676	7	17	42	63	508	8	22	163
JS	C6	0	0	0	0	0	0	0	0	0	0	0	0	0	0	0	0	0	0	0	0
JS	C7	0	0	0	0	0	0	0	0	0	0	0	0	0	0	0	0	0	0	0	0
JS	C8	10	3	12	21	36	8	216	249	89	3	65	78	27	5	43	41	23	1	30	56
ZJ	C1	1	0	0	1	26	0	40	6	0	0	0	11	7	0	15	1	0	0	0	2
ZJ	C2	1	4	0	1	0	0	2	5	0	0	4	2	0	0	3	7	0	2	1	1
ZJ	C3	3	0	4	8	26	1	1409	101	26	1	15	122	8	0	17	6	1	0	1	11
ZJ	C4	33	1	20	37	134	6	334	480	137	3	49	123	71	5	43	72	18	1	15	54
ZJ	C5	52	1	15	11	6	19	16	34	298	1	14	69	1	2	5	8	62	1	3	15
ZJ	C6	0	0	0	0	0	0	0	0	0	0	0	0	0	0	0	0	0	0	0	0
ZJ	C7	0	0	0	0	0	0	0	0	0	0	0	0	0	0	0	0	0	0	0	0
ZJ	C8	0	0	0	1	1	0	8	9	3	0	2	3	2	1	4	3	2	0	2	26
AH	C1	7	0	0	5	146	2	225	36	0	0	0	61	39	1	84	7	0	0	0	10
AH	C2	1	0	5	2	20	17	79	224	10	2	177	77	10	19	49	78	6	0	54	16
AH	C3	1	0	2	2	2	1	22	11	5	0	6	6	1	0	2	2	0	0	0	1
AH	C4	22	0	10	21	106	5	255	364	127	1	19	91	47	4	28	47	12	0	8	24
AH	C5	41	0	12	25	12	10	11	17	124	5	9	87	1	1	2	3	35	0	1	20
AH	C6	2	0	1	2	0	0	0	0	0	0	0	0	0	0	0	0	0	0	0	0
AH	C7	0	0	0	0	0	0	0	0	0	0	0	0	0	0	0	0	0	0	0	0
AH	C8	0	0	0	0	0	0	0	0	0	0	0	0	0	0	1	1	0	0	0	7
FJ	C1	1	0	0	1	15	0	24	4	0	0	0	6	4	0	8	1	0	0	0	1
FJ	C2	3	24	1	5	2	2	9	24	1	0	21	9	1	2	12	30	1	9	6	3
FJ	C3	8	0	8	15	22	0	33	2	0	0	0	26	7	1	13	4	2	0	5	16
FJ	C4	26	0	24	27	93	5	236	337	99	2	69	84	45	3	28	40	13	0	14	33
FJ	C5	52	1	8	17	4	10	16	22	539	2	8	132	0	1	2	4	42	1	1	21
FJ	C6	1	0	0	1	0	0	0	0	0	0	0	0	0	0	0	0	0	0	0	0
FJ	C7	0	0	0	0	0	0	0	0	0	0	0	0	0	0	0	0	0	0	0	0
FJ	C8	3	1	4	7	8	2	40	47	17	1	12	19	8	6	26	27	13	3	19	210
JX	C1	3	0	0	2	50	1	76	12	0	0	0	21	12	0	27	2	0	0	0	3
JX	C2	11	85	4	18	7	11	29	100	5	1	58	25	4	8	40	110	4	32	17	12
JX	C3	4	0	6	8	22	0	108	23	11	0	16	61	6	0	10	2	1	0	1	7
JX	C4	41	1	33	43	52	3	131	189	50	6	34	54	33	4	25	50	25	1	26	88
JX	C5	66	0	7	15	2	7	6	11	180	1	7	78	0	1	2	2	37	0	1	21
JX	C6	0	0	0	0	0	0	0	0	0	0	0	0	0	0	0	0	0	0	0	0
JX	C7	0	0	0	0	0	0	0	0	0	0	0	0	0	0	0	0	0	0	0	0
JX	C8	3	1	4	6	5	1	17	21	8	1	6	13	4	1	6	7	3	0	4	8
SD	C1	2	0	0	1	38	0	58	9	0	0	0	16	11	0	23	2	0	0	0	3
SD	C2	11	80	3	17	6	6	23	1395	3	1	49	24	4	6	42	123	4	39	15	12
SD	C3	4	0	4	16	88	2	1965	179	54	2	14	285	27	0	52	15	2	0	2	38
SD	C4	146	2	93	102	401	15	1046	1482	367	5	170	366	218	15	141	255	107	2	100	135
SD	C5	215	2	35	55	13	35	31	62	689	8	33	290	1	4	11	15	179	2	6	92
SD	C6	2	0	1	2	0	0	0	0	0	0	0	0	0	0	0	0	0	0	0	0
SD	C7	0	0	0	0	0	0	0	0	0	0	0	0	0	0	0	0	0	0	0	0
SD	C8	12	4	15	25	36	8	196	227	81	3	60	80	27	6	42	40	20	1	28	52
HA	C1	4	0	0	3	78	1	120	19	0	0	0	32	21	0	46	4	0	0	0	5
HA	C2	21	160	4	32	0	5	4	481	2	0	2	2	2	3	52	177	5	69	1	14
HA	C3	1	0	1	11	79	5	1015	191	74	2	21	266	23	0	53	23	2	0	1	32
HA	C4	49	1	84	34	83	7	206	327	102	2	251	95	41	4	36	79	33	1	52	39

续表

省份	部门	HN C5	HN C6	HN C7	HN C8	GD C1	GD C2	GD C3	GD C4	GD C5	GD C6	GD C7	GD C8	GX C1	GX C2	GX C3	GX C4	GX C5	GX C6	GX C7	GX C8
HA	C5	45	1	9	9	5	18	13	22	176	2	12	48	1	2	4	7	57	0	1	12
HA	C6	0	0	0	0	0	0	0	0	0	0	0	0	0	0	0	0	0	0	0	0
HA	C7	0	0	0	0	0	0	0	0	0	0	0	0	0	0	0	0	0	0	0	0
HA	C8	2	1	3	5	7	2	34	40	14	1	10	15	5	1	8	8	4	0	5	9
HB	C1	4	0	0	4	81	1	126	20	0	0	0	34	22	0	48	4	0	0	0	6
HB	C2	4	31	2	7	4	4	17	48	2	0	39	17	3	5	20	47	2	12	13	6
HB	C3	1	0	2	14	93	3	236	60	22	1	12	129	28	0	33	13	1	0	1	23
HB	C4	162	3	128	96	119	8	293	424	133	12	86	120	72	12	73	193	126	3	131	190
HB	C5	165	1	24	36	8	29	20	38	392	3	23	166	1	3	7	11	126	1	3	53
HB	C6	0	0	0	0	0	0	0	0	0	0	0	0	0	0	0	0	0	0	0	0
HB	C7	0	0	0	0	0	0	0	0	0	0	0	0	0	0	0	0	0	0	0	0
HB	C8	4	1	4	8	15	4	95	110	39	1	28	33	12	4	24	23	13	1	17	97
HN	C1	315	0	2	253	83	1	128	20	0	0	0	35	23	0	50	4	0	0	0	6
HN	C2	104	3	492	165	3	9	14	60	4	0	22	10	3	6	49	159	5	57	8	14
HN	C3	538	23	388	1661	76	2	220	50	20	1	17	124	3	0	30	10	1	0	1	21
HN	C4	3695	84	4406	2935	54	5	138	219	61	5	169	67	34	5	35	89	50	1	66	71
HN	C5	3990	62	1893	3428	10	23	18	42	337	5	19	127	1	3	7	9	88	1	4	36
HN	C6	339	12	115	368	0	0	0	0	0	0	0	0	0	0	0	0	0	0	0	0
HN	C7	24	5	48	1326	0	0	0	0	0	0	0	0	0	0	0	0	0	0	0	0
HN	C8	2150	251	1335	4351	9	2	43	50	18	1	13	21	7	1	11	11	5	0	7	11
GD	C1	2	0	0	2	6717	87	10361	1653	11	2	2	2801	12	0	26	2	0	0	0	3
GD	C2	3	20	1	4	198	206	796	4119	109	19	1737	760	1	5	10	41	1	11	1	3
GD	C3	14	0	18	42	4203	79	34481	3679	1427	47	2006	9117	60	1	154	53	6	1	6	101
GD	C4	180	3	138	174	3793	1002	9189	17116	7102	1943	14209	6636	380	30	237	351	116	4	119	279
GD	C5	289	5	81	58	518	877	877	1912	18064	234	771	6100	2	8	25	30	254	6	21	111
GD	C6	53	2	18	57	0	0	0	0	0	0	0	0	0	0	0	0	0	0	0	0
GD	C7	0	0	0	0	0	444	36	221	113	0	2293	9813	0	0	0	0	0	0	0	0
GD	C8	2	1	3	5	3672	856	11432	12975	6075	615	6515	21182	7	2	12	11	6	1	8	32
GX	C1	2	0	0	2	51	1	79	13	0	0	0	21	2637	48	5692	475	10	2	12	668
GX	C2	4	29	1	6	2	4	9	34	2	0	16	7	27	221	138	665	23	0	140	41
GX	C3	6	0	9	17	87	1	378	83	37	1	30	210	1241	16	2785	671	112	9	169	1652
GX	C4	52	1	90	33	107	9	275	423	130	2	320	116	1115	127	1038	1745	676	20	1621	921
GX	C5	52	1	11	10	5	19	15	28	262	3	13	70	56	40	117	160	1204	17	57	900
GX	C6	1	0	0	1	0	0	0	0	0	0	0	0	47	134	214	628	79	15	21	535
GX	C7	0	0	0	0	0	0	0	0	0	0	0	0	0	8	12	5	2	3	1	389
GX	C8	2	1	2	4	5	1	29	34	12	0	9	12	2049	418	3310	3046	1589	128	1923	7841
HI	C1	1	0	0	1	39	1	61	10	0	0	0	16	11	0	23	2	0	0	0	3
HI	C2	0	0	0	0	1	5	6	34	2	0	9	4	1	4	4	12	1	0	4	1
HI	C3	1	0	2	4	31	0	57	4	3	0	14	44	10	0	11	1	1	0	2	8
HI	C4	2	0	0	3	23	1	61	85	19	0	2	20	19	1	10	14	3	0	1	9
HI	C5	0	0	0	0	0	0	0	3	0	0	1	0	0	0	0	0	0	0	0	0
HI	C6	0	0	0	0	0	0	0	0	0	0	0	0	0	0	0	0	0	0	0	0
HI	C7	0	0	0	0	0	0	0	0	0	0	0	0	0	0	0	0	0	0	0	0
HI	C8	1	0	1	2	5	1	37	42	15	0	11	11	4	1	7	6	4	0	5	9
SC	C1	0	0	0	0	2	0	3	0	0	0	0	1	1	0	1	0	0	0	0	0
SC	C2	3	24	1	5	1	3	5	20	1	0	9	4	1	2	15	45	1	15	4	4
SC	C3	4	0	4	14	72	1	428	60	22	1	5	152	25	0	35	8	2	0	3	30
SC	C4	67	1	47	16	62	2	161	231	57	1	29	58	47	5	45	124	77	1	78	31
SC	C5	97	1	15	22	5	19	19	32	441	4	17	145	1	3	6	9	102	1	3	46
SC	C6	2	0	1	2	0	0	0	0	0	0	0	0	0	0	0	0	0	0	0	0
SC	C7	0	0	0	0	0	0	0	0	0	0	0	0	0	0	0	0	0	0	0	0
SC	C8	1	0	2	3	9	2	62	71	25	0	18	18	7	1	10	9	6	0	7	11
GZ	C1	0	0	0	0	8	0	13	2	0	0	0	3	2	0	5	0	0	0	0	1
GZ	C2	2	15	1	3	1	7	8	44	3	0	10	4	1	6	13	46	1	11	5	4
GZ	C3	1	0	0	10	90	0	190	16	4	0	1	116	29	0	26	4	1	0	1	22
GZ	C4	15	0	13	5	24	2	54	78	37	0	19	20	14	2	12	26	15	0	17	9
GZ	C5	8	0	2	1	0	2	2	4	36	0	2	10	0	1	1	7	0	0	0	3
GZ	C6	0	0	1	2	0	0	0	0	0	0	0	0	0	0	0	0	0	0	0	0
GZ	C7	0	0	0	0	0	0	0	0	0	0	0	0	0	0	0	0	0	0	0	0
GZ	C8	1	0	1	2	6	1	41	47	17	0	12	13	5	1	7	7	4	0	5	9
YN	C1	0	0	0	0	2	0	4	1	0	0	0	1	1	0	1	0	0	0	0	0
YN	C2	1	5	0	1	0	6	5	32	2	0	4	2	0	3	4	18	0	3	2	1

省份	部门	HN C5	HN C6	HN C7	HN C8	GD C1	GD C2	GD C3	GD C4	GD C5	GD C6	GD C7	GD C8	GX C1	GX C2	GX C3	GX C4	GX C5	GX C6	GX C7	GX C8
YN	C3	1	0	1	7	59	0	106	10	3	0	1	77	17	0	16	2	0	0	1	13
YN	C4	17	0	12	1	3	0	8	11	3	0	2	3	2	1	6	24	19	0	20	3
YN	C5	1	0	0	0	0	0	0	1	4	0	0	1	0	0	0	0	2	0	0	0
YN	C6	1	0	0	1	0	0	0	0	0	0	0	0	0	0	0	0	0	0	0	0
YN	C7	0	0	0	0	0	0	0	0	0	0	0	0	0	0	0	0	0	0	0	0
YN	C8	0	0	0	1	1	0	0	2	2	1	0	1	1	0	1	1	0	0	0	2
SN	C1	1	0	0	1	19	0	30	5	0	0	0	8	4	0	9	1	0	0	0	1
SN	C2	4	31	1	6	0	16	10	175	6	0	3	1	0	5	6	32	1	7	0	2
SN	C3	1	0	0	5	39	1	719	73	23	1	5	121	9	0	13	4	0	0	0	9
SN	C4	14	0	16	9	35	2	82	128	43	0	44	37	12	1	9	23	8	0	8	7
SN	C5	69	1	12	19	4	10	17	30	541	4	11	146	0	1	3	4	42	1	2	24
SN	C6	0	0	0	0	0	0	0	0	0	0	0	0	0	0	0	0	0	0	0	0
SN	C7	0	0	0	0	0	0	0	0	0	0	0	0	0	0	0	0	0	0	0	0
SN	C8	0	0	1	1	1	0	7	8	3	0	2	3	2	2	7	6	3	1	5	62
GS	C1	0	0	0	0	12	0	18	3	0	0	0	5	2	0	4	0	0	0	0	0
GS	C2	3	25	1	5	0	0	1	3	0	0	2	1	0	0	6	20	1	8	0	2
GS	C3	0	0	0	1	6	0	24	6	2	0	1	12	1	0	1	0	0	0	0	1
GS	C4	52	1	40	31	19	2	46	71	17	6	18	26	10	3	15	50	35	1	36	78
GS	C5	10	0	3	2	1	3	3	7	68	1	3	15	0	0	1	1	5	0	0	2
GS	C6	0	0	0	0	0	0	0	0	0	0	0	0	0	0	0	0	0	0	0	0
GS	C7	0	0	0	0	0	0	0	0	0	0	0	0	0	0	0	0	0	0	0	0
GS	C8	1	0	1	2	2	1	10	12	4	0	3	6	2	0	3	3	1	0	2	6
QH	C1	0	0	0	0	3	0	5	1	0	0	0	1	0	0	1	0	0	0	0	0
QH	C2	0	0	0	0	0	1	1	4	0	0	1	1	1	2	5	7	1	0	5	1
QH	C3	0	0	0	0	1	0	61	4	1	0	0	4	0	0	0	0	0	0	0	1
QH	C4	1	0	1	0	1	0	3	4	1	0	0	1	2	1	9	36	30	0	31	5
QH	C5	1	0	0	0	0	0	0	0	1	0	0	0	0	0	1	1	7	0	0	1
QH	C6	0	0	0	0	0	0	0	0	0	0	0	0	0	0	0	0	0	0	0	0
QH	C7	0	0	0	0	0	0	0	0	0	0	0	0	0	0	0	0	0	0	0	0
QH	C8	0	0	0	0	0	0	1	1	0	0	0	8	0	0	0	0	0	0	0	0
NX	C1	0	0	0	0	3	0	4	1	0	0	0	1	0	0	0	0	0	0	0	0
NX	C2	1	5	0	1	0	0	35	0	0	0	0	0	0	10	33	1	13	0	0	3
NX	C3	0	0	0	0	4	0	178	21	7	0	2	29	0	0	1	0	0	0	0	0
NX	C4	6	0	4	3	11	0	28	41	11	0	5	11	10	1	8	23	12	0	12	7
NX	C5	1	0	0	0	1	2	2	3	16	0	1	3	0	1	1	2	15	0	0	1
NX	C6	0	0	0	0	0	0	0	0	0	0	0	0	0	0	0	0	0	0	0	0
NX	C7	0	0	0	0	0	0	0	0	0	0	0	0	0	0	0	0	0	0	0	0
NX	C8	0	0	1	1	2	0	10	12	4	0	3	4	1	0	2	2	1	0	1	2
XJ	C1	2	0	0	2	67	1	103	16	0	0	0	28	7	0	15	1	0	0	0	0
XJ	C2	0	1	0	0	1	2	6	379	1	0	12	6	2	4	24	70	3	23	8	7
XJ	C3	1	0	1	5	35	0	597	35	7	0	2	69	3	0	4	1	0	0	0	3
XJ	C4	12	1	10	25	15	2	34	53	15	6	17	21	16	2	12	24	7	1	13	66
XJ	C5	1	0	0	0	0	1	0	1	4	0	0	1	0	0	0	0	0	0	0	0
XJ	C6	0	0	0	0	0	0	0	0	0	0	0	0	0	0	0	0	0	0	0	0
XJ	C7	0	0	0	0	0	0	0	0	0	0	0	0	0	0	0	0	0	0	0	0
XJ	C8	3	1	4	6	11	3	67	78	28	1	20	24	8	1	12	12	6	0	9	13
IM	C1	2	0	0	0	18	0	28	5	0	0	0	8	12	0	27	2	0	0	0	0
IM	C2	73	3	475	158	18	76	670	2190	68	1158	157	112	5	44	46	217	6	36	18	13
IM	C3	33	1	6	130	84	25	935	390	178	5	242	245	12	4	1300	265	21	2	7	236
IM	C4	15	0	5	23	708	1344	2997	11783	9400	1609	7562	2989	106	14	64	100	25	7	21	520
IM	C5	75	1	20	12	53	117	129	174	1957	42	88	577	1	2	4	6	44	0	1	4
IM	C6	0	0	0	0	873	555	2441	3974	947	303	460	5792	0	0	0	0	0	0	0	0
IM	C7	0	0	0	0	0	0	0	0	0	0	0	0	0	0	0	0	0	0	0	0
IM	C8	10	0	4	13	31	7	210	240	86	2	61	67	2	0	3	3	2	0	2	3
TII	TII	16106	1563	11617	17476	26564	6648	103781	81002	60384	6276	40874	77297	10045	1527	18565	13552	7870	779	6247	18937
VA	VA001	2833	180	3908	10456	39922	1236	9148	6424	6090	537	9505	29224	21522	547	1581	2002	875	278	1731	9738
VA	VA002	3473	1007	1251	9530	1135	289	6526	8272	4689	717	1751	2871	310	159	1948	1511	432	309	271	3148
VA	VA003	1331	934	650	3416	1667	997	4550	4300	2406	2209	1598	13109	465	237	757	1056	326	373	226	4152
VA	VA004	408	18	301	1031	4425	1237	9397	10072	9371	1912	7961	28111	616	515	1092	992	732	472	376	6474
TVA	TVA	8045	2139	6110	24433	47147	3760	29621	29068	22556	5375	20816	73315	22913	1458	5378	5560	2365	1432	2604	23513
TI	TI	24151	3702	17727	41909	73711	10408	133402	110070	82940	11651	61690	150612	32958	2986	23943	19112	10235	2211	8851	42450

省份	部门	HI C1	HI C2	HI C3	HI C4	HI C5	HI C6	HI C7	HI C8	SC C1	SC C2	SC C3	SC C4	SC C5	SC C6	SC C7	SC C8	GZ C1	GZ C2	GZ C3	GZ C4
BJ	C1	0	0	0	0	0	0	0	0	2	0	3	0	0	0	0	0	1	0	1	0
BJ	C2	0	0	0	1	0	1	0	0	0	0	0	1	0	1	0	0	0	0	0	0
BJ	C3	2	0	6	1	0	0	0	5	8	10	74	26	14	2	16	61	3	0	34	4
BJ	C4	1	0	2	2	2	0	7	1	7	7	12	107	82	1	62	10	3	0	2	7
BJ	C5	0	0	0	0	1	0	0	3	2	3	2	8	80	1	6	27	1	1	1	3
BJ	C6	0	0	0	0	0	0	0	0	0	0	0	0	0	0	0	0	0	0	0	0
BJ	C7	0	0	0	0	0	0	0	0	0	0	0	0	0	0	0	0	0	0	0	0
BJ	C8	12	1	12	5	2	0	4	5	13	4	25	36	25	2	15	25	10	1	16	8
TJ	C1	0	0	0	0	0	0	0	0	0	0	1	0	0	0	0	0	0	0	0	0
TJ	C2	0	0	0	0	0	0	0	1	0	0	0	0	0	0	0	0	0	0	0	0
TJ	C3	1	0	3	0	0	0	0	4	2	8	52	22	12	2	13	46	1	0	48	6
TJ	C4	3	0	3	5	3	0	77	7	40	14	36	166	93	3	153	55	15	2	7	16
TJ	C5	0	0	0	0	0	0	0	2	3	5	3	13	90	2	13	33	1	1	1	3
TJ	C6	0	0	0	0	0	0	0	0	0	0	0	0	0	0	0	0	0	0	0	0
TJ	C7	0	0	0	0	0	0	0	0	0	0	0	0	0	0	0	0	0	0	0	0
TJ	C8	24	2	24	11	3	1	7	13	21	8	41	59	41	3	26	41	17	2	26	14
HE	C1	5	0	2	0	0	0	0	2	43	0	54	3	0	0	0	6	18	0	20	3
HE	C2	1	1	2	12	0	8	16	3	3	7	7	135	6	13	1	3	0	5	0	14
HE	C3	5	0	7	3	1	0	0	15	7	4	195	50	21	1	10	66	3	0	95	13
HE	C4	8	2	14	21	9	1	55	14	80	33	77	364	204	8	404	154	42	5	19	50
HE	C5	1	1	1	1	3	0	2	13	6	8	4	22	112	3	20	40	4	3	3	5
HE	C6	0	0	0	0	0	0	0	0	0	0	0	0	0	0	0	0	0	0	0	0
HE	C7	0	0	0	0	0	0	0	0	0	0	0	0	0	0	0	0	0	0	0	0
HE	C8	25	3	26	12	3	1	5	26	12	5	23	33	22	2	15	25	12	2	15	12
SX	C1	0	0	0	0	0	0	0	0	1	0	1	0	0	0	0	0	0	0	0	0
SX	C2	3	3	5	21	0	28	0	1	13	10	11	52	2	48	0	7	0	0	5	5
SX	C3	0	0	1	0	0	0	0	1	1	2	9	4	2	0	3	8	0	0	0	0
SX	C4	1	0	2	6	1	0	6	4	9	6	11	79	56	1	45	10	3	0	1	5
SX	C5	0	0	0	0	0	0	0	0	0	0	0	1	4	0	1	2	0	0	0	0
SX	C6	0	0	0	0	0	0	0	0	0	0	0	0	0	0	0	0	0	0	0	0
SX	C7	0	0	0	0	0	0	0	0	0	0	0	0	0	0	0	0	0	0	0	0
SX	C8	13	1	13	6	1	1	2	10	4	2	7	11	7	1	5	8	4	1	5	5
IM	C1	2	0	1	0	0	0	0	0	1	8	0	10	1	0	0	0	1	0	1	0
IM	C2	1	1	2	16	0	6	32	5	3	3	3	21	1	11	1	2	0	0	0	0
IM	C3	3	0	1	1	0	0	0	5	3	0	10	1	0	0	0	5	0	0	0	0
IM	C4	1	0	2	2	2	0	41	3	8	8	13	98	72	2	75	18	1	0	0	2
IM	C5	0	0	0	0	1	0	0	2	1	2	1	4	22	1	3	7	0	0	0	0
IM	C6	0	0	0	0	0	0	0	0	0	0	0	0	0	0	0	0	0	0	0	0
IM	C7	0	0	0	0	0	0	0	0	0	0	0	0	0	0	0	0	0	0	0	0
IM	C8	11	1	12	5	2	0	3	6	8	3	15	22	15	1	10	15	6	1	10	6
LN	C1	0	0	0	0	0	0	0	0	2	0	2	0	0	0	0	0	1	0	1	0
LN	C2	0	0	1	2	0	3	0	0	1	1	1	9	0	4	0	1	0	0	0	0
LN	C3	0	0	0	0	0	0	0	1	0	0	22	3	1	0	1	2	0	0	0	0
LN	C4	4	1	12	14	13	1	49	5	36	40	54	359	265	23	216	282	25	3	8	29
LN	C5	1	1	1	1	3	1	2	11	5	6	4	17	93	3	19	36	3	2	2	4
LN	C6	0	0	0	0	0	0	0	0	0	0	0	0	0	0	0	0	0	0	0	0
LN	C7	0	0	0	0	0	0	0	0	0	0	0	0	0	0	0	0	0	0	0	0
LN	C8	10	1	11	5	1	0	2	7	4	2	8	12	8	1	6	9	4	1	6	5
JL	C1	2	0	1	0	0	0	0	0	6	0	8	0	0	0	0	1	1	0	1	0
JL	C2	0	0	1	12	0	1	30	4	1	1	1	11	0	3	0	1	0	0	0	1
JL	C3	2	0	1	0	0	0	1	9	2	0	20	3	1	0	1	5	0	0	1	0
JL	C4	2	0	1	2	1	0	39	4	36	11	29	124	71	3	59	41	7	1	2	6
JL	C5	1	0	0	0	1	0	1	26	2	6	3	20	158	2	10	68	3	1	1	2
JL	C6	0	0	0	0	0	0	0	0	0	0	0	0	0	0	0	0	0	0	0	0
JL	C7	0	0	0	0	0	0	0	0	0	0	0	0	0	0	0	0	0	0	0	0
JL	C8	23	3	24	11	3	1	4	18	8	4	16	24	16	2	11	18	9	1	11	10
HL	C1	0	0	0	0	0	0	0	0	0	0	0	0	0	0	0	0	0	0	0	0
HL	C2	1	1	2	14	0	10	21	3	4	3	4	27	1	16	0	3	0	0	0	20
HL	C3	0	0	0	0	0	0	0	0	0	0	3	1	0	0	0	2	0	0	10	1
HL	C4	0	0	0	0	0	0	0	0	1	2	1	5	3	2	3	21	3	0	0	1
HL	C5	0	0	0	0	0	0	0	0	0	0	0	0	0	0	0	0	0	0	0	0
HL	C6	0	0	0	0	0	0	0	0	0	0	0	0	0	0	0	0	0	0	0	0

省份	部门	HI	HI	HI	HI	HI	HI	HI	HI	SC	SC	SC	SC	SC	SC	SC	SC	GZ	GZ	GZ	GZ
		C1	C2	C3	C4	C5	C6	C7	C8	C1	C2	C3	C4	C5	C6	C7	C8	C1	C2	C3	C4
HL	C7	0	0	0	0	0	0	0	0	0	0	0	0	0	0	0	0	0	0	0	0
HL	C8	0	0	0	0	0	0	0	0	0	0	0	0	0	0	0	0	0	0	0	0
SH	C1	1	0	0	0	0	0	0	0	5	0	6	0	0	0	0	1	2	0	2	0
SH	C2	0	0	0	1	0	0	3	0	0	0	0	1	0	0	0	0	0	0	0	0
SH	C3	10	0	14	4	1	0	1	17	13	12	109	37	24	2	20	78	7	0	8	1
SH	C4	16	2	24	41	17	1	57	21	75	33	71	391	259	7	196	91	72	8	29	69
SH	C5	1	2	3	1	10	1	4	37	7	14	7	41	307	5	23	98	7	6	10	19
SH	C6	0	0	0	0	0	0	0	0	0	0	0	0	0	0	0	0	0	0	0	0
SH	C7	0	0	0	0	0	0	0	0	0	0	0	0	0	0	0	0	0	0	0	0
SH	C8	70	7	71	32	9	2	17	64	46	18	91	133	91	7	59	94	39	4	57	36
JS	C1	5	0	2	0	0	0	0	2	14	0	18	1	0	0	0	2	7	0	8	1
JS	C2	1	1	2	17	0	7	32	5	2	2	2	14	1	8	1	1	0	0	0	1
JS	C3	14	0	16	5	1	0	1	37	10	11	533	111	32	2	23	139	6	0	94	13
JS	C4	23	6	34	38	21	2	136	23	98	47	93	448	286	17	278	233	107	14	37	85
JS	C5	4	5	7	4	25	4	13	71	20	30	17	84	532	13	73	178	15	13	19	34
JS	C6	0	0	0	0	0	0	0	0	0	0	0	0	0	0	0	0	0	0	0	0
JS	C7	0	0	0	0	0	0	0	0	0	0	0	0	0	0	0	0	0	0	0	0
JS	C8	47	5	49	22	6	2	11	29	29	12	57	83	57	5	37	59	25	3	37	24
ZJ	C1	2	0	1	0	0	0	0	1	7	0	8	0	0	0	0	1	3	0	4	1
ZJ	C2	0	0	0	1	0	1	1	0	0	0	0	1	0	1	0	0	0	0	0	0
ZJ	C3	3	0	2	1	0	0	0	8	3	2	103	17	5	0	4	18	2	0	13	2
ZJ	C4	6	1	5	9	1	0	13	6	26	6	18	50	19	1	20	25	28	3	12	21
ZJ	C5	0	1	1	0	3	0	1	5	3	4	2	10	56	2	10	19	2	2	4	4
ZJ	C6	0	0	0	0	0	0	0	0	0	0	0	0	0	0	0	0	0	0	0	0
ZJ	C7	0	0	0	0	0	0	0	0	0	0	0	0	0	0	0	0	0	0	0	0
ZJ	C8	2	0	2	1	0	0	0	2	1	0	2	3	2	0	1	2	2	0	1	1
AH	C1	10	0	4	0	0	0	0	3	40	0	50	3	0	0	0	6	18	0	21	3
AH	C2	1	0	2	25	0	0	70	10	0	1	1	17	1	0	2	1	0	1	0	2
AH	C3	1	0	1	0	0	0	0	2	0	0	5	2	2	0	1	2	0	0	0	0
AH	C4	5	1	4	7	0	0	0	5	23	5	15	39	14	0	9	13	17	2	7	13
AH	C5	0	0	0	0	1	0	1	10	1	2	1	5	33	0	2	12	2	1	1	1
AH	C6	0	0	0	0	0	0	0	0	0	0	0	0	0	0	0	0	0	0	0	0
AH	C7	0	0	0	0	0	0	0	0	0	0	0	0	0	0	0	0	0	0	0	0
AH	C8	0	0	0	0	0	0	1	0	0	0	0	0	0	0	0	0	0	0	0	0
FJ	C1	1	0	0	0	0	0	0	0	4	0	5	0	0	0	0	1	2	0	2	0
FJ	C2	0	1	1	6	0	4	7	1	1	0	1	3	0	2	0	0	0	0	0	0
FJ	C3	1	0	4	1	0	0	0	2	2	15	66	32	20	3	24	70	1	0	1	0
FJ	C4	5	0	3	6	1	0	32	5	15	4	11	35	15	1	22	16	17	2	7	13
FJ	C5	0	0	0	0	3	0	1	6	1	3	2	9	102	1	4	30	1	1	3	6
FJ	C6	0	0	0	0	0	0	0	0	0	0	0	0	0	0	0	0	0	0	0	0
FJ	C7	0	0	0	0	0	0	0	0	0	0	0	0	0	0	0	0	0	0	0	0
FJ	C8	14	2	14	6	2	1	3	35	6	2	11	16	11	1	7	12	6	1	8	6
JX	C1	2	0	1	0	0	0	0	0	11	0	14	1	0	0	0	2	5	0	6	1
JX	C2	1	1	2	13	0	10	15	3	2	2	2	25	1	7	0	1	0	2	0	4
JX	C3	1	0	1	0	0	0	0	6	2	0	11	2	1	0	1	6	1	0	11	1
JX	C4	2	0	2	4	2	0	17	2	9	6	10	50	33	3	31	39	22	3	6	13
JX	C5	0	0	0	0	1	0	0	8	1	1	1	4	39	0	2	15	2	1	1	2
JX	C6	0	0	0	0	0	0	0	0	0	0	0	0	0	0	0	0	0	0	0	0
JX	C7	0	0	0	0	0	0	0	0	0	0	0	0	0	0	0	0	0	0	0	0
JX	C8	9	1	9	4	1	0	1	7	3	1	5	7	5	1	3	6	3	0	4	3
SD	C1	3	0	1	0	0	0	0	1	11	0	14	1	0	0	0	2	5	0	6	1
SD	C2	2	2	3	17	0	14	17	3	5	4	5	48	3	20	1	4	0	0	0	10
SD	C3	10	0	10	3	0	0	1	18	10	7	191	41	14	1	13	68	6	0	38	5
SD	C4	19	1	17	30	10	1	58	15	118	30	88	329	169	4	159	92	79	8	34	69
SD	C5	1	1	1	1	5	1	4	58	5	8	4	25	188	3	18	73	8	4	4	9
SD	C6	0	0	0	0	0	0	0	0	0	0	0	0	0	0	0	0	0	0	0	0
SD	C7	0	0	0	0	0	0	0	0	0	0	0	0	0	0	0	0	0	0	0	0
SD	C8	49	5	50	23	6	2	10	31	26	11	50	74	49	4	33	53	24	3	33	23
HA	C1	4	0	2	0	0	0	0	1	23	0	29	2	0	0	0	3	10	0	11	1
HA	C2	2	2	4	16	0	21	1	1	8	7	8	63	3	30	0	5	0	1	0	6
HA	C3	7	0	7	3	1	0	0	13	9	2	132	34	16	1	6	51	5	0	48	7
HA	C4	4	1	5	7	4	0	77	8	30	11	27	119	61	2	141	48	16	2	8	19

省份	部门	HI	HI	HI	HI	HI	HI	HI	HI	SC	SC	SC	SC	SC	SC	SC	SC	GZ	GZ	GZ	GZ
		C1	C2	C3	C4	C5	C6	C7	C8	C1	C2	C3	C4	C5	C6	C7	C8	C1	C2	C3	C4
HA	C5	0	0	1	0	1	0	1	5	2	4	2	10	48	1	7	15	2	1	2	2
HA	C6	0	0	0	0	0	0	0	0	0	0	0	0	0	0	0	0	0	0	0	0
HA	C7	0	0	0	0	0	0	0	0	0	0	0	0	0	0	0	0	0	0	0	0
HA	C8	10	1	10	5	1	0	2	6	5	2	9	14	9	1	6	10	4	1	6	5
HB	C1	5	0	2	0	0	0	0	2	21	0	26	2	0	0	0	3	11	0	12	2
HB	C2	0	0	1	7	0	3	14	2	1	1	1	6	0	3	0	1	0	0	0	0
HB	C3	9	0	6	3	1	0	0	13	10	0	54	12	7	0	1	24	6	0	10	2
HB	C4	6	1	13	16	13	1	68	7	26	22	35	242	176	9	153	106	48	6	15	39
HB	C5	1	1	1	1	2	0	2	30	3	5	3	16	102	2	10	39	6	3	3	5
HB	C6	0	0	0	0	0	0	0	0	0	0	0	0	0	0	0	0	0	0	0	0
HB	C7	0	0	0	0	0	0	0	0	0	0	0	0	0	0	0	0	0	0	0	0
HB	C8	20	2	20	9	3	1	5	22	13	5	25	36	25	2	16	26	11	1	16	10
HN	C1	6	0	2	0	0	0	0	2	19	0	24	1	0	0	0	3	11	0	13	2
HN	C2	2	2	3	14	0	15	9	2	3	3	3	30	1	11	0	2	0	2	0	5
HN	C3	7	0	5	2	0	0	1	13	7	0	39	8	4	0	2	19	5	0	12	2
HN	C4	3	0	6	7	6	0	101	9	12	8	14	92	62	3	81	35	19	2	7	20
HN	C5	1	1	1	0	2	0	2	17	3	4	2	10	60	2	11	24	3	2	2	4
HN	C6	0	0	0	0	0	0	0	0	0	0	0	0	0	0	0	0	0	0	0	0
HN	C7	0	0	0	0	0	0	0	0	0	0	0	0	0	0	0	0	0	0	0	0
HN	C8	13	1	14	6	2	1	3	9	6	3	12	17	11	1	8	13	6	1	8	6
GD	C1	6	0	3	0	0	0	0	2	10	0	12	1	0	0	0	1	6	0	7	1
GD	C2	0	1	1	5	2	0	5	4	1	2	2	33	1	2	0	0	0	3	0	7
GD	C3	44	1	38	13	2	0	3	88	18	12	380	88	33	3	24	135	13	0	66	9
GD	C4	61	6	43	75	16	2	370	61	113	28	82	259	116	6	135	114	141	15	58	108
GD	C5	2	2	4	3	31	5	9	56	12	15	9	37	322	9	51	116	4	6	11	23
GD	C6	0	0	0	0	0	0	0	0	0	0	0	0	0	0	0	0	0	0	0	0
GD	C7	0	0	0	0	0	0	0	0	0	0	0	0	0	0	0	0	0	0	0	0
GD	C8	12	1	12	5	2	0	3	7	7	3	14	20	14	1	9	14	7	1	9	6
GX	C1	6	0	3	0	0	0	0	2	13	0	16	1	0	0	0	2	7	0	8	1
GX	C2	1	1	2	14	0	10	19	3	1	1	1	15	1	4	0	1	0	1	0	3
GX	C3	15	0	9	3	0	0	2	36	9	1	45	8	3	0	3	24	6	0	32	4
GX	C4	16	2	13	19	14	0	542	45	28	10	25	111	58	1	129	37	32	3	16	38
GX	C5	1	1	1	1	3	0	2	13	2	3	2	10	54	1	8	18	2	2	2	4
GX	C6	0	0	0	0	0	0	0	0	0	0	0	0	0	0	0	0	0	0	0	0
GX	C7	0	0	0	0	0	0	0	0	0	0	0	0	0	0	0	0	0	0	0	0
GX	C8	8	1	8	4	1	0	2	13	4	2	8	11	8	1	5	8	4	0	5	4
HI	C1	858	7	375	6	1	0	0	266	7	0	9	1	0	0	0	1	2	0	2	0
HI	C2	2	3	4	54	2	0	140	21	0	0	12	0	0	0	0	0	0	1	0	3
HI	C3	77	1	44	12	0	0	5	129	2	0	8	1	0	0	0	4	1	0	1	0
HI	C4	147	15	96	179	18	3	475	130	3	1	2	5	0	0	0	2	4	0	2	3
HI	C5	15	3	6	5	53	7	18	233	0	0	0	0	0	0	0	0	0	0	0	0
HI	C6	25	16	25	34	6	1	28	145	0	0	0	0	0	0	0	0	0	0	0	0
HI	C7	19	0	3	0	0	0	88	72	0	0	0	0	0	0	0	0	0	0	0	0
HI	C8	1082	124	884	456	122	23	350	3668	5	2	10	14	10	1	6	10	4	0	6	4
SC	C1	0	0	0	0	0	0	0	0	13930	97	17447	1063	69	1	149	2059	0	0	0	0
SC	C2	1	1	1	6	0	6	5	1	345	605	810	4529	306	1468	1221	618	0	1	0	3
SC	C3	8	0	13	2	0	0	0	14	1447	239	10910	1901	646	42	893	4400	7	0	14	2
SC	C4	5	1	10	13	9	0	44	6	4241	1328	3563	14662	7723	191	11034	4212	27	3	12	32
SC	C5	1	1	1	1	4	0	2	27	630	768	513	2322	10417	301	1731	4629	5	3	4	8
SC	C6	0	0	0	0	0	0	0	0	104	551	851	3546	664	102	280	896	0	0	0	0
SC	C7	0	0	0	0	0	0	0	0	0	68	97	368	186	58	13	1312	0	0	0	0
SC	C8	10	1	10	5	1	0	3	5	4043	2061	6688	10382	7440	900	4321	21026	7	1	10	6
GZ	C1	0	0	0	0	0	0	0	0	3	0	3	0	0	0	0	0	1981	1	2251	297
GZ	C2	0	0	1	4	0	3	4	1	1	2	2	47	2	3	0	1	194	117	147	721
GZ	C3	1	0	0	0	0	0	0	1	11	0	46	5	0	0	0	21	220	8	795	218
GZ	C4	1	0	1	2	1	0	13	2	7	3	7	35	23	0	24	7	914	135	486	2527
GZ	C5	0	0	0	0	0	0	0	0	0	0	1	0	1	0	2	3	137	61	69	111
GZ	C6	0	0	0	0	0	0	0	0	0	0	0	0	0	0	0	0	54	136	92	745
GZ	C7	0	0	0	0	0	0	0	0	0	0	0	0	0	0	0	0	1	9	4	2
GZ	C8	7	1	8	3	1	0	2	4	6	2	11	16	11	1	7	11	768	117	788	748
YN	C1	0	0	0	0	0	0	0	0	1	0	1	0	0	0	0	0	0	0	0	0
YN	C2	0	0	0	2	0	1	2	0	0	2	2	44	2	2	0	0	0	4	0	10

省份	部门	HI C1	HI C2	HI C3	HI C4	HI C5	HI C6	HI C7	HI C8	SC C1	SC C2	SC C3	SC C4	SC C5	SC C6	SC C7	SC C8	GZ C1	GZ C2	GZ C3	GZ C4
YN	C3	2	0	1	0	0	0	0	4	8	0	28	3	0	0	0	15	5	0	7	1
YN	C4	0	0	2	2	2	0	7	0	1	3	4	46	37	1	29	4	2	0	1	5
YN	C5	0	0	0	0	0	0	0	0	0	0	0	0	2	0	0	1	0	0	0	0
YN	C6	0	0	0	0	0	0	0	0	0	0	0	0	0	0	0	0	0	0	0	0
YN	C7	0	0	0	0	0	0	0	0	0	0	0	0	0	0	0	0	0	0	0	0
YN	C8	1	0	1	0	0	0	0	1	0	0	0	1	0	0	0	1	0	0	0	0
SN	C1	0	0	0	0	0	0	0	0	7	0	8	1	0	0	0	1	2	0	2	0
SN	C2	0	1	1	4	0	5	0	0	3	7	7	151	6	11	0	2	0	4	0	12
SN	C3	1	0	1	0	0	0	0	2	5	1	91	15	4	0	3	21	2	0	21	3
SN	C4	1	0	1	3	0	0	3	2	15	4	12	46	22	1	41	15	6	1	3	6
SN	C5	0	0	0	0	1	0	0	3	3	5	3	15	162	3	10	52	1	1	2	5
SN	C6	0	0	0	0	0	0	0	0	0	0	0	0	0	0	0	0	0	0	0	0
SN	C7	0	0	0	0	0	0	0	0	0	0	0	0	0	0	0	0	0	0	0	0
SN	C8	2	0	2	1	0	0	1	8	1	0	2	3	2	0	1	2	1	0	1	1
GS	C1	1	0	0	0	0	0	0	0	4	0	5	0	0	0	0	1	1	0	1	0
GS	C2	0	1	1	4	0	4	1	0	3	2	2	14	1	11	0	2	0	0	0	0
GS	C3	1	0	0	0	0	0	0	1	1	0	4	1	1	0	0	2	0	0	2	0
GS	C4	0	0	1	1	1	0	8	1	13	17	23	167	125	9	108	106	9	1	2	8
GS	C5	0	0	0	0	0	0	0	1	1	1	1	2	17	1	3	6	0	0	0	0
GS	C6	0	0	0	0	0	0	0	0	0	0	0	0	0	0	0	0	0	0	0	0
GS	C7	0	0	0	0	0	0	0	0	0	0	0	0	0	0	0	0	0	0	0	0
GS	C8	4	0	4	2	0	0	1	3	1	1	3	4	3	0	2	3	2	0	2	2
QH	C1	1	0	1	0	0	0	0	0	1	0	1	0	0	0	0	1	0	0	1	0
QH	C2	0	0	1	6	0	0	18	3	0	0	0	7	0	0	0	0	0	0	0	0
QH	C3	1	0	3	0	0	0	0	1	0	0	1	0	0	0	0	0	0	0	1	0
QH	C4	1	1	10	10	12	1	39	2	1	3	4	39	32	0	24	3	1	0	0	6
QH	C5	0	0	0	0	0	0	1	1	0	0	0	0	1	0	0	0	0	0	0	0
QH	C7	0	0	0	0	0	0	0	0	0	0	0	0	0	0	0	0	0	0	0	0
QH	C8	0	0	0	0	0	0	0	0	0	0	0	0	0	0	0	0	0	0	0	0
NX	C1	1	0	0	0	0	0	0	0	1	0	1	0	0	0	0	0	0	0	0	0
NX	C2	0	0	0	1	0	1	1	0	1	1	1	4	0	3	0	1	0	0	0	0
NX	C3	2	0	2	1	0	0	0	3	0	0	3	1	0	0	0	2	0	0	9	1
NX	C4	2	1	5	6	6	0	25	9	9	4	8	46	30	1	25	12	5	1	2	5
NX	C5	0	1	1	0	1	0	1	2	0	1	0	2	6	0	1	2	1	1	1	1
NX	C6	0	0	0	0	0	0	0	0	0	0	0	0	0	0	0	0	0	0	0	0
NX	C7	0	0	0	0	0	0	0	0	0	0	0	0	0	0	0	0	0	0	0	0
NX	C8	2	0	2	1	0	0	1	1	1	1	3	4	3	0	2	3	1	0	2	1
XJ	C1	11	0	5	0	0	0	0	3	20	0	25	2	0	0	0	3	0	0	0	0
XJ	C2	0	0	1	14	0	0	39	6	1	1	1	21	1	3	0	0	1	0	0	5
XJ	C3	9	0	5	2	0	0	0	13	4	2	42	8	3	0	4	18	0	0	4	1
XJ	C4	3	0	2	4	2	0	72	6	11	8	11	44	26	6	32	83	27	4	6	10
XJ	C5	0	0	0	0	0	0	0	0	0	0	0	0	1	0	0	0	0	0	0	0
XJ	C6	0	0	0	0	0	0	0	0	0	0	0	0	0	0	0	0	0	0	0	0
XJ	C7	0	0	0	0	0	0	0	0	0	0	0	0	0	0	0	0	0	0	0	0
XJ	C8	14	1	14	7	2	1	3	8	9	4	17	25	17	1	11	18	7	1	11	7
IM	C1	3	0	1	0	0	0	0	1	0	0	0	0	0	0	0	0	0	0	0	0
IM	C2	0	0	1	12	0	0	34	5	1	19	23	262	12	2	41	13	2	284	10	740
IM	C3	20	5	278	86	7	2	16	425	1	12	410	113	31	3	27	165	3	1	86	70
IM	C4	312	39	90	131	10	41	182	906	25	12	21	52	22	10	19	135	11	1	5	8
IM	C5	5	5	7	4	24	2	15	145	7	12	7	37	147	4	21	43	3	3	3	4
IM	C6	0	0	0	0	0	0	0	0	0	0	0	0	0	0	0	0	0	0	0	0
IM	C7	0	0	0	0	0	0	0	0	0	0	0	0	0	0	0	0	0	0	0	0
IM	C8	29	3	30	13	5	1	10	9	19	7	38	55	39	3	24	38	5	0	8	4
TII	TII	3471	337	2763	1851	583	291	3835	7584	26451	6535	45403	45598	33432	3527	23218	43610	5555	1068	6146	7442
VA	VA001	3834	130	297	154	72	15	1383	3447	1069	1526	1967	3932	2099	1563	1298	9178	10591	792	534	889
VA	VA002	177	26	338	34	6	133	234	537	1606	641	3634	4399	1835	1227	1223	4282	288	595	2567	871
VA	VA003	379	88	173	102	20	43	255	882	43054	3159	4209	6654	4940	572	7074	23408	518	343	274	591
VA	VA004	855	79	−20	52	−10	14	196	3991	2298	127	2567	1801	2691	946	817	16658	721	365	282	431
TVA	TVA	5245	323	788	343	88	205	2068	8857	48027	5454	12376	16787	11564	4308	10412	53525	12118	2095	3656	2781
TI	TI	8716	660	3551	2194	671	496	5903	16441	74479	11988	57779	62385	44995	7835	33630	97135	17673	3163	9802	10223

续表

省份	部门	GZ C5	GZ C6	GZ C7	GZ C8	YN C1	YN C2	YN C3	YN C4	YN C5	YN C6	YN C7	YN C8	SN C1	SN C2	SN C3	SN C4	SN C5	SN C6	SN C7	SN C8
BJ	C1	0	0	0	0	0	0	1	0	0	0	0	0	2	0	4	0	0	0	0	0
BJ	C2	0	0	0	0	0	0	0	0	0	0	0	0	0	0	1	6	1	3	0	2
BJ	C3	1	0	0	11	3	0	10	1	0	0	1	6	12	0	26	4	5	0	1	19
BJ	C4	3	0	3	2	1	1	1	10	8	0	7	3	7	6	10	50	102	1	54	8
BJ	C5	27	1	3	26	0	0	0	1	4	0	1	10	1	2	3	3	28	0	4	8
BJ	C6	0	0	0	0	0	0	0	0	0	0	0	0	0	0	0	0	0	0	0	0
BJ	C7	0	0	0	0	0	0	0	0	0	0	0	0	0	0	0	0	0	0	0	0
BJ	C8	4	0	6	19	0	0	0	0	0	0	0	0	7	2	13	12	14	2	6	24
TJ	C1	0	0	0	0	0	0	0	0	0	0	0	0	0	0	1	0	0	0	0	0
TJ	C2	0	0	0	0	0	0	0	0	0	0	0	0	0	0	0	0	0	0	0	0
TJ	C3	1	0	0	13	1	0	2	0	0	0	0	2	6	1	32	5	7	0	1	21
TJ	C4	4	0	9	8	5	2	4	15	9	0	29	16	36	10	29	90	116	2	109	34
TJ	C5	25	1	5	21	0	0	0	1	4	0	1	10	1	4	6	6	43	1	7	14
TJ	C6	0	0	0	0	0	0	0	0	0	0	0	0	0	0	0	0	0	0	0	0
TJ	C7	0	0	0	0	0	0	0	0	0	0	0	0	0	0	0	0	0	0	0	0
TJ	C8	7	1	10	32	0	0	0	1	0	0	1	1	12	4	23	21	24	3	11	43
HE	C1	0	0	0	2	10	1	14	1	0	0	0	1	42	0	73	2	0	0	0	3
HE	C2	0	0	0	0	1	2	1	20	0	2	2	1	7	4	12	55	14	28	9	24
HE	C3	2	0	1	28	3	0	15	3	0	0	2	8	15	2	80	25	17	1	2	39
HE	C4	14	1	42	43	15	8	12	68	30	1	151	62	76	27	61	221	277	6	305	90
HE	C5	43	1	10	28	1	1	1	1	6	0	2	18	3	10	13	14	83	1	13	23
HE	C6	0	0	0	0	0	0	0	0	0	0	0	0	5	7	8	18	7	0	2	17
HE	C7	0	0	0	0	0	0	0	0	0	0	0	0	0	0	0	0	0	0	0	0
HE	C8	4	2	7	23	0	0	0	1	0	0	1	1	10	4	17	18	21	3	10	64
SX	C1	0	0	0	0	0	0	0	0	0	0	0	0	1	0	1	0	0	0	0	0
SX	C2	0	0	0	0	1	2	3	15	0	5	0	3	16	11	43	214	56	122	10	88
SX	C3	0	0	0	0	0	0	1	0	0	0	0	0	1	0	1	0	0	0	0	1
SX	C4	2	0	2	2	2	1	1	15	6	0	7	4	10	6	11	62	80	1	43	12
SX	C5	1	0	0	1	0	0	0	0	0	0	0	1	0	0	0	0	3	0	0	1
SX	C6	0	0	0	0	0	0	0	0	0	0	0	0	2	3	4	8	3	0	1	7
SX	C7	0	0	0	0	0	0	0	0	0	0	0	0	0	0	0	0	0	0	0	0
SX	C8	1	1	3	7	0	0	0	0	0	0	0	0	3	1	6	6	7	1	2	9
IM	C1	0	0	0	0	1	0	2	0	0	0	0	0	7	0	11	0	0	0	0	0
IM	C2	0	0	0	0	0	0	3	0	1	0	0	0	4	3	10	46	12	25	4	19
IM	C3	0	0	0	0	1	0	3	0	0	0	0	2	4	0	3	1	0	0	0	3
IM	C4	1	0	1	2	1	1	1	6	5	0	8	7	7	5	9	44	82	1	56	11
IM	C5	1	0	0	1	0	0	0	0	0	0	0	1	0	2	2	2	13	0	2	2
IM	C6	0	0	0	0	0	0	0	0	0	0	0	0	2	3	4	8	3	0	1	8
IM	C7	0	0	0	0	0	0	0	0	0	0	0	0	0	0	0	0	0	0	0	0
IM	C8	3	1	4	11	0	0	0	0	0	0	0	0	4	1	9	8	9	1	4	11
LN	C1	0	0	0	0	0	0	0	0	0	0	0	0	1	0	2	0	0	0	0	0
LN	C2	0	0	0	0	0	0	2	0	1	0	0	1	1	1	3	16	4	9	1	7
LN	C3	0	0	0	0	0	0	1	0	0	0	0	1	1	0	2	1	0	0	0	1
LN	C4	12	1	15	44	6	5	8	42	30	2	64	84	75	43	47	249	325	14	212	207
LN	C5	35	1	9	25	0	1	0	1	5	0	1	14	1	6	8	8	55	1	8	11
LN	C6	0	0	0	0	0	0	0	0	0	0	0	0	0	0	0	0	0	0	0	0
LN	C7	0	0	0	0	0	0	0	0	0	0	0	0	0	0	0	0	0	0	0	0
LN	C8	2	1	3	7	0	0	0	0	0	0	0	0	3	1	6	5	7	1	2	8
JL	C1	0	0	0	0	1	0	1	0	0	0	0	0	5	0	8	0	0	0	0	0
JL	C2	0	0	0	0	0	0	0	0	1	0	0	0	1	1	2	11	3	6	2	5
JL	C3	0	0	0	1	1	0	3	0	0	0	1	2	5	1	4	1	2	0	2	6
JL	C4	2	0	3	11	1	2	2	8	5	1	25	37	31	8	23	64	75	2	41	32
JL	C5	44	0	3	24	0	1	1	1	12	0	3	36	2	5	6	7	74	1	14	32
JL	C6	0	0	0	0	0	0	0	0	0	0	0	0	0	0	0	0	0	0	0	0
JL	C7	0	0	0	0	0	0	0	0	0	0	0	1	0	0	0	0	0	0	0	1
JL	C8	3	2	6	16	0	0	0	1	0	0	1	1	7	2	12	12	15	2	6	26
HL	C1	0	0	0	0	0	0	0	0	0	0	0	0	0	0	0	0	0	0	0	0
HL	C2	0	0	0	0	0	0	1	30	0	1	0	1	5	3	12	57	15	32	4	24
HL	C3	0	0	0	3	0	0	0	0	0	0	0	0	1	0	7	1	1	0	0	4
HL	C4	0	0	1	9	0	1	2	2	1	1	18	35	5	2	1	9	4	1	5	16
HL	C5	0	0	0	0	0	0	0	0	0	0	0	0	0	0	0	0	0	0	0	0
HL	C6	0	0	0	0	0	0	0	0	0	0	0	0	2	3	3	6	2	0	1	6

续表

省份	部门	GZ	GZ	GZ	GZ	YN	YN	YN	YN	YN	YN	YN	YN	SN	SN	SN	SN	SN	SN	SN	SN
		C5	C6	C7	C8	C1	C2	C3	C4	C5	C6	C7	C8	C1	C2	C3	C4	C5	C6	C7	C8
HL	C7	0	0	0	0	0	0	0	0	0	0	0	0	0	0	0	0	0	0	0	0
HL	C8	0	0	0	0	0	0	0	0	0	0	0	0	0	0	0	0	0	0	0	0
SH	C1	0	0	0	0	1	0	2	0	0	0	0	0	4	0	7	0	0	0	0	0
SH	C2	0	0	0	0	0	0	0	0	0	0	0	0	0	0	0	0	0	0	0	0
SH	C3	0	0	0	7	5	0	22	3	0	0	2	13	18	1	27	12	5	0	1	14
SH	C4	20	1	24	55	18	5	12	65	34	1	42	41	70	25	61	214	317	4	166	76
SH	C5	148	5	18	152	1	2	1	3	16	1	3	43	4	12	17	18	135	2	17	35
SH	C6	0	0	0	0	0	0	0	0	0	0	0	0	0	0	0	0	0	0	0	0
SH	C7	0	0	0	0	0	0	0	0	0	0	0	0	1	0	0	0	0	0	0	1
SH	C8	15	4	24	74	1	0	1	2	1	0	2	2	65	27	72	80	97	13	48	345
JS	C1	0	0	0	1	4	0	5	0	0	0	0	1	14	0	24	1	0	0	0	1
JS	C2	0	0	0	0	0	1	1	5	0	1	1	1	3	2	6	30	8	16	4	13
JS	C3	2	0	1	30	6	1	36	7	1	0	3	17	21	2	96	23	19	1	3	50
JS	C4	28	3	48	152	30	15	24	77	51	5	172	205	106	42	80	275	354	10	235	168
JS	C5	246	9	49	234	3	4	3	7	27	1	6	76	10	32	44	45	296	5	42	87
JS	C6	0	0	0	0	0	0	0	0	0	0	0	0	0	0	0	0	0	0	0	0
JS	C7	0	0	0	0	0	0	0	0	0	0	0	0	0	0	0	0	0	0	0	0
JS	C8	10	3	16	45	1	0	1	1	0	0	1	2	17	5	34	32	37	5	15	49
ZJ	C1	0	0	0	0	2	0	2	0	0	0	0	0	6	0	10	0	0	0	0	0
ZJ	C2	0	0	0	0	0	0	0	0	0	0	0	0	0	0	0	2	1	1	0	1
ZJ	C3	0	0	0	5	2	0	9	2	0	0	1	4	5	1	19	5	4	0	1	11
ZJ	C4	5	0	7	21	7	2	4	12	4	0	13	15	22	4	15	32	21	1	12	20
ZJ	C5	23	1	6	22	0	0	0	0	1	0	0	5	1	4	5	5	32	1	4	6
ZJ	C6	0	0	0	0	0	0	0	0	0	0	0	0	0	0	0	0	0	0	0	0
ZJ	C7	0	0	0	0	0	0	0	0	0	0	0	0	0	0	0	0	0	0	0	0
ZJ	C8	0	0	1	5	0	0	0	0	0	0	0	0	2	1	2	2	3	0	2	20
AH	C1	0	0	0	2	10	1	13	1	0	0	0	1	38	0	66	1	0	0	0	3
AH	C2	0	0	0	0	0	0	0	3	0	0	2	0	4	2	2	7	2	0	8	4
AH	C3	0	0	0	0	0	0	1	0	0	0	0	0	1	0	4	2	1	0	1	1
AH	C4	3	0	4	8	5	1	2	7	3	0	5	6	19	3	14	25	14	0	3	12
AH	C5	19	0	2	13	0	0	0	1	3	0	1	12	2	3	4	3	21	0	6	23
AH	C6	0	0	0	0	0	0	0	0	0	0	0	0	2	2	3	6	2	0	1	6
AH	C7	0	0	0	0	0	0	0	0	0	0	0	0	1	0	0	0	0	0	0	1
AH	C8	0	0	0	0	0	0	0	0	0	0	0	0	0	0	0	0	0	0	0	3
FJ	C1	0	0	0	0	1	0	1	0	0	0	0	0	3	0	5	0	0	0	0	0
FJ	C2	0	0	0	0	0	0	0	1	0	1	0	0	1	0	1	7	2	4	1	3
FJ	C3	0	0	0	1	1	0	4	0	0	0	0	2	2	0	2	0	0	0	0	1
FJ	C4	3	0	6	11	5	1	3	7	3	0	14	8	10	2	7	16	13	0	10	9
FJ	C5	43	2	4	53	0	0	0	1	4	0	0	10	0	1	2	2	22	0	2	6
FJ	C6	0	0	0	0	0	0	0	0	0	0	0	0	1	1	1	2	1	0	0	0
FJ	C7	0	0	0	0	0	0	0	0	0	0	0	0	0	0	0	0	0	0	0	0
FJ	C8	2	1	4	15	0	0	0	0	0	0	0	0	9	4	13	14	16	2	12	98
JX	C1	0	0	0	1	3	0	4	0	0	0	0	0	9	0	16	0	0	0	0	1
JX	C2	0	0	0	0	0	1	1	9	0	2	1	1	3	2	6	27	7	15	3	12
JX	C3	0	0	2	4	1	0	4	0	0	0	1	2	5	1	12	2	3	0	2	10
JX	C4	4	1	7	45	3	2	4	10	5	1	33	50	14	6	9	35	39	2	28	30
JX	C5	27	0	2	19	0	0	0	0	4	0	1	12	0	1	1	1	16	0	3	6
JX	C6	0	0	0	0	0	0	0	0	0	0	0	0	0	0	0	0	0	0	0	0
JX	C7	0	0	0	0	0	0	0	0	0	0	0	0	0	0	0	0	0	0	0	0
JX	C8	1	1	2	5	0	0	0	0	0	0	0	0	2	1	4	4	5	1	2	7
SD	C1	0	0	0	1	3	0	4	0	0	0	0	0	11	0	18	0	0	0	0	1
SD	C2	0	0	0	0	1	1	1	11	0	2	1	1	6	4	13	62	16	35	5	26
SD	C3	1	0	0	14	5	0	23	4	0	0	2	13	16	1	35	7	6	0	1	21
SD	C4	16	1	24	43	26	5	16	48	22	1	51	43	105	20	80	191	215	3	122	78
SD	C5	117	2	13	82	1	2	2	2	19	0	5	58	3	8	11	11	101	1	18	42
SD	C6	0	0	0	0	0	0	0	0	0	0	0	0	0	2	2	3	6	2	0	1
SD	C7	0	0	0	0	0	0	0	0	0	0	0	0	0	1	0	0	0	0	0	1
SD	C8	9	3	14	41	1	0	1	1	0	0	1	2	16	5	31	30	35	5	14	49
HA	C1	0	0	0	1	6	0	7	1	0	0	0	1	25	0	43	1	0	0	0	2
HA	C2	0	0	0	0	1	1	2	15	0	4	0	2	9	6	25	126	33	72	6	52
HA	C3	1	0	0	16	4	0	17	3	0	0	2	10	15	1	46	19	8	1	0	18
HA	C4	5	0	17	14	6	3	5	22	9	0	62	24	31	9	24	78	94	2	117	30

续表

省份	部门	GZ C5	GZ C6	GZ C7	GZ C8	YN C1	YN C2	YN C3	YN C4	YN C5	YN C6	YN C7	YN C8	SN C1	SN C2	SN C3	SN C4	SN C5	SN C6	SN C7	SN C8
HA	C5	18	0	3	12	0	0	0	0	2	0	1	6	1	5	7	8	44	1	6	7
HA	C6	0	0	0	0	0	0	0	0	0	0	0	0	0	0	0	0	0	0	0	0
HA	C7	0	0	0	0	0	0	0	0	0	0	0	0	0	0	0	0	0	0	0	0
HA	C8	2	1	3	8	0	0	0	0	0	0	0	0	3	1	6	6	7	1	3	8
HB	C1	0	0	0	1	6	0	8	1	0	0	0	1	19	0	34	1	0	0	0	1
HB	C2	0	0	0	0	0	0	0	2	0	1	1	0	2	1	3	13	3	7	2	5
HB	C3	0	0	0	0	7	5	0	18	2	0	0	2	11	14	1	24	10	4	0	11
HB	C4	14	2	23	99	9	7	11	40	27	4	97	133	36	21	30	142	223	5	139	77
HB	C5	68	1	7	42	0	1	1	1	10	0	3	32	2	6	8	9	64	1	10	19
HB	C6	0	0	0	0	0	0	0	0	0	0	0	0	0	0	0	0	0	0	0	0
HB	C7	0	0	0	0	0	0	0	0	0	0	0	0	0	0	0	0	0	0	0	0
HB	C8	4	1	7	21	0	0	0	1	0	0	0	1	9	3	16	16	19	3	10	52
HN	C1	0	0	0	1	6	0	8	1	0	0	0	1	16	0	28	1	0	0	0	1
HN	C2	0	0	0	0	1	1	1	12	0	3	0	1	3	2	7	36	9	20	2	15
HN	C3	0	0	0	7	4	0	15	2	0	0	2	9	10	1	21	6	4	0	1	13
HN	C4	6	1	17	32	4	3	4	21	11	1	54	29	12	6	10	47	75	2	59	22
HN	C5	40	1	8	25	0	1	1	1	6	0	2	18	1	4	5	5	35	1	6	14
HN	C6	0	0	0	0	0	0	0	0	0	0	0	0	0	0	0	0	0	0	0	0
HN	C7	0	0	0	0	0	0	0	0	0	0	0	0	0	0	0	0	0	0	0	0
HN	C8	2	1	4	10	0	0	0	0	0	0	0	0	4	1	8	7	9	1	3	10
GD	C1	0	0	0	1	3	0	4	0	0	0	0	1	8	0	14	0	0	0	0	1
GD	C2	0	0	0	0	0	1	0	9	0	0	0	1	1	0	1	7	2	4	0	3
GD	C3	1	0	1	27	10	1	48	8	1	0	5	27	33	3	123	29	26	1	6	73
GD	C4	25	2	46	107	43	12	27	65	28	2	126	128	81	16	59	130	117	3	77	71
GD	C5	170	8	40	189	1	2	1	4	16	1	3	39	2	7	11	11	103	2	12	23
GD	C6	0	0	0	0	0	0	0	0	0	0	0	0	43	67	79	166	60	2	18	157
GD	C7	0	0	0	0	0	0	0	0	0	0	0	0	0	0	0	0	0	0	0	0
GD	C8	2	1	4	14	0	0	0	0	0	0	0	0	6	2	11	10	12	1	5	33
GX	C1	0	0	0	1	4	0	5	0	0	0	0	1	8	0	14	0	0	0	0	1
GX	C2	0	0	0	0	0	1	1	6	0	1	0	1	1	0	1	7	2	4	1	3
GX	C3	1	0	0	13	4	0	17	2	0	0	2	11	13	1	42	7	10	0	3	31
GX	C4	8	1	35	20	10	4	8	32	12	1	108	31	10	3	9	30	44	1	43	8
GX	C5	28	1	5	23	0	0	0	1	3	0	1	8	1	2	3	3	20	0	3	4
GX	C6	0	0	0	0	0	0	0	0	0	0	0	0	0	1	1	2	1	0	0	2
GX	C7	0	0	0	0	0	0	0	0	0	0	0	0	0	0	0	0	0	0	0	0
GX	C8	1	0	2	8	0	0	0	0	0	0	0	0	4	2	7	7	8	1	5	35
HI	C1	0	0	0	0	2	0	2	0	0	0	0	0	3	0	5	0	0	0	0	0
HI	C2	0	0	0	0	0	0	0	4	0	0	0	0	0	0	0	0	0	0	0	0
HI	C3	0	0	0	1	1	0	3	0	0	0	1	2	0	1	0	1	0	1	0	2
HI	C4	1	0	1	2	1	0	1	1	0	0	0	0	1	1	1	1	0	0	0	1
HI	C5	0	0	0	0	0	0	0	0	0	0	0	0	0	0	0	0	0	0	0	0
HI	C6	0	0	0	0	·0	0	0	0	0	0	0	0	0	0	0	0	0	0	0	0
HI	C7	0	0	0	0	0	0	0	0	0	0	0	0	0	0	0	0	0	0	0	0
HI	C8	2	0	3	8	0	0	0	0	0	0	0	0	3	1	6	5	6	1	2	9
SC	C1	0	0	0	0	0	0	0	0	0	0	0	0	1	0	1	0	0	0	0	0
SC	C2	0	0	0	0	0	1	1	9	0	2	0	1	2	1	5	24	6	14	2	10
SC	C3	0	0	0	8	6	0	22	3	0	0	2	13	14	0	18	3	2	0	0	14
SC	C4	10	0	13	13	11	3	7	35	21	0	34	18	22	10	23	89	159	1	88	19
SC	C5	87	2	9	75	0	1	1	2	12	0	3	35	1	5	7	8	64	1	9	17
SC	C6	0	0	0	0	0	0	0	0	0	0	0	0	1	2	3	6	2	0	1	5
SC	C7	0	0	0	0	0	0	0	0	0	0	0	0	0	0	0	0	0	0	0	0
SC	C8	3	0	4	12	0	0	0	0	0	0	0	0	4	1	9	8	9	1	4	11
GZ	C1	1	0	10	250	1	0	1	0	0	0	0	1	1	0	2	0	0	0	0	0
GZ	C2	40	405	266	162	0	1	1	18	0	1	0	0	0	0	1	5	1	3	0	2
GZ	C3	40	2	27	434	6	0	24	3	0	0	2	15	8	0	9	1	1	0	0	8
GZ	C4	946	34	1585	580	3	1	2	8	5	0	15	7	2	1	2	8	14	0	9	2
GZ	C5	1263	33	302	979	0	0	0	1	0	0	0	0	0	0	2	0	0	0	0	0
GZ	C6	72	22	43	229	0	0	0	0	0	0	0	0	0	1	1	1	0	0	0	1
GZ	C7	1	0	0	269	0	0	0	0	0	0	0	0	0	0	0	0	0	0	0	0
GZ	C8	254	138	394	2519	0	0	0	0	0	0	0	0	3	1	7	6	7	1	3	10
YN	C1	0	0	0	0	2865	166	3807	295	8	5	57	417	0	0	1	0	0	0	0	0
YN	C2	0	0	0	0	92	173	157	1520	23	135	372	122	0	0	1	2	1	1	0	1

续表

省份	部门	GZ	GZ	GZ	GZ	YN	YN	YN	YN	YN	YN	YN	YN	SN	SN	SN	SN	SN	SN	SN	SN
		C5	C6	C7	C8	C1	C2	C3	C4	C5	C6	C7	C8	C1	C2	C3	C4	C5	C6	C7	C8
YN	C3	0	0	0	5	479	90	2506	417	75	10	311	1894	7	0	7	1	1	0	0	6
YN	C4	2	0	2	1	1238	285	781	3204	1919	26	2868	1832	1	2	2	13	29	0	16	2
YN	C5	1	0	0	1	79	82	53	120	375	21	127	987	0	0	0	0	1	0	0	0
YN	C6	0	0	0	0	64	214	194	635	103	3	77	465	1	1	1	2	1	0	0	2
YN	C7	0	0	0	0	0	2	4	1	1	1	0	348	0	0	0	0	0	0	0	0
YN	C8	0	0	0	1	1100	739	2366	2992	1333	431	2174	10132	0	0	0	0	0	0	0	1
SN	C1	0	0	0	0	1	0	2	0	0	0	0	0	2280	1	3947	84	3	0	1	173
SN	C2	0	0	0	0	0	2	1	21	0	1	0	1	73	157	51	394	42	6	142	77
SN	C3	0	0	0	7	2	0	9	1	0	0	1	5	588	51	2011	341	271	16	70	906
SN	C4	1	0	3	3	3	1	2	10	3	0	14	6	1447	338	1081	2434	1941	65	1552	1342
SN	C5	42	1	5	47	0	1	0	1	6	0	1	15	58	155	208	203	1990	40	354	862
SN	C6	0	0	0	0	0	0	0	0	0	0	0	0	174	273	319	672	244	8	74	635
SN	C7	0	0	0	0	0	0	0	0	0	0	0	1	15	12	8	7	2	1	0	130
SN	C8	0	0	1	5	0	0	0	0	0	0	0	0	1417	612	3017	2610	3319	315	1137	7414
GS	C1	0	0	0	0	1	0	1	0	0	0	0	0	4	0	6	0	0	0	0	0
GS	C2	0	0	0	0	0	0	0	3	0	1	0	0	3	2	8	41	11	23	2	17
GS	C3	0	0	0	1	0	0	1	0	0	0	0	1	1	0	3	1	1	0	0	2
GS	C4	3	0	5	21	2	2	3	14	10	1	29	37	28	18	20	109	157	5	103	78
GS	C5	2	0	1	2	0	0	0	0	0	0	0	0	1	0	1	1	7	0	1	1
GS	C6	0	0	0	0	0	0	0	0	0	0	0	0	0	0	0	0	0	0	0	0
GS	C7	0	0	0	0	0	0	0	0	0	0	0	0	0	0	0	0	0	0	0	0
GS	C8	1	0	1	3	0	0	0	0	0	0	0	0	1	0	2	2	2	0	1	4
QH	C1	0	0	0	0	0	0	0	0	0	0	0	0	1	0	1	0	0	0	0	0
QH	C2	0	0	0	0	0	0	0	0	0	0	0	0	0	0	0	0	0	0	0	0
QH	C3	0	0	0	0	0	0	0	0	0	0	0	0	0	0	0	0	0	0	0	0
QH	C4	3	0	3	1	0	0	1	7	6	0	6	3	1	1	2	8	17	0	9	1
QH	C5	1	0	1	1	0	0	0	0	0	0	0	0	0	0	0	0	0	0	0	0
QH	C6	0	0	0	0	0	0	0	0	0	0	0	0	0	0	0	0	0	0	0	0
QH	C7	0	0	0	0	0	0	0	0	0	0	0	0	0	0	0	0	0	0	0	0
QH	C8	0	0	0	0	0	0	0	0	0	0	0	0	0	0	0	0	0	0	0	0
NX	C1	0	0	0	0	0	0	0	0	0	0	0	0	1	0	1	0	0	0	0	0
NX	C2	0	0	0	0	0	0	0	0	0	0	0	0	1	1	3	13	3	7	1	5
NX	C3	0	0	0	3	0	0	0	0	0	0	0	0	1	0	6	1	1	0	0	4
NX	C4	2	0	2	10	1	1	1	5	2	1	13	23	8	2	6	18	23	0	13	9
NX	C5	4	0	1	2	0	0	0	0	0	0	0	0	0	0	0	0	1	0	0	0
NX	C6	0	0	0	0	0	0	0	0	0	0	0	0	0	0	1	0	0	0	0	1
NX	C7	0	0	0	0	0	0	0	0	0	0	0	0	0	0	0	0	0	0	0	0
NX	C8	0	0	1	2	0	0	0	0	0	0	0	0	1	0	2	1	2	0	1	2
XJ	C1	0	0	0	0	2	0	3	0	0	0	0	0	12	0	21	0	0	0	0	1
XJ	C2	0	0	0	0	0	4	0	0	0	0	0	0	1	0	2	8	2	4	1	3
XJ	C3	0	0	0	1	1	0	3	0	0	0	2	4	0	0	6	1	1	0	0	4
XJ	C4	4	2	9	77	4	7	9	13	6	5	102	188	19	9	8	40	25	4	26	54
XJ	C5	0	0	0	0	0	0	0	0	0	0	0	0	0	0	0	0	1	0	0	0
XJ	C6	0	0	0	0	0	0	0	0	0	0	0	0	0	0	1	1	0	0	0	1
XJ	C7	0	0	0	0	0	0	0	0	0	0	0	0	0	0	0	0	0	0	0	0
XJ	C8	3	1	5	13	0	0	0	0	0	0	0	0	5	2	10	9	11	1	4	13
IM	C1	0	0	0	0	0	2	0	3	0	0	0	0	0	0	0	0	0	0	0	1
IM	C2	18	4	21	3	21	38	33	258	4	1	133	21	141	140	88	286	64	12	275	150
IM	C3	2	0	1	11	8	8	246	49	8	1	9	263	4	2	140	8	3	0	1	9
IM	C4	1	0	2	4	12	2	6	13	6	0	11	14	13	2	9	17	9	0	5	12
IM	C5	14	1	5	8	2	3	2	4	15	1	7	35	1	4	6	6	56	1	5	12
IM	C6	0	0	0	0	0	0	0	0	0	0	0	0	0	0	0	0	0	0	0	0
IM	C7	0	0	0	0	0	0	0	0	0	0	0	0	0	0	0	0	0	0	0	0
IM	C8	2	0	3	9	7	3	9	15	4	2	9	15	7	2	13	12	14	2	6	19
TII	TII	4206	723	3373	8064	6355	1948	10778	10487	4402	702	7544	18474	7912	2406	13390	11091	13049	1071	6208	15216
VA	VA001	606	141	1236	4063	16663	359	1023	1037	376	205	1489	8589	11329	1379	1628	1791	2246	418	1984	8093
VA	VA002	238	281	116	786	758	218	7641	1438	400	313	223	1444	396	−305	2091	841	927	308	215	1678
VA	VA003	281	258	172	1686	707	219	951	749	225	248	275	2777	582	760	832	934	1138	435	637	2899
VA	VA004	187	117	43	3130	552	507	1608	891	564	417	526	8476	316	1372	129	759	1007	258	392	6584
TVA	TVA	1312	797	1567	9665	18680	1303	11224	4115	1565	1184	2513	21286	12622	3206	4679	4325	5318	1419	3229	19255
TI	TI	5518	1520	4940	17729	25035	3251	22002	14602	5967	1885	10057	39761	20534	5611	18070	15416	18367	2490	9437	34471

省份	部门	GS C1	GS C2	GS C3	GS C4	GS C5	GS C6	GS C7	GS C8	QH C1	QH C2	QH C3	QH C4	QH C5	QH C6	QH C7	QH C8	NX C1	NX C2	NX C3
BJ	C1	2	0	2	0	0	0	0	0	0	0	1	0	0	0	0	0	0	0	0
BJ	C2	0	0	1	3	0	3	0	2	0	0	0	0	0	0	0	0	0	0	0
BJ	C3	8	0	4	1	0	0	0	13	7	0	5	1	0	0	1	6	1	1	4
BJ	C4	2	1	1	18	9	0	6	2	0	0	0	0	0	0	0	0	3	2	2
BJ	C5	0	2	0	3	11	0	1	13	0	0	0	0	0	0	0	0	1	1	0
BJ	C6	0	0	0	0	0	0	0	0	0	0	0	0	0	0	0	0	0	0	0
BJ	C7	0	0	0	0	0	0	0	0	0	0	0	0	0	0	0	0	0	0	0
BJ	C8	1	1	2	6	2	0	2	9	1	0	2	4	2	0	4	9	1	1	4
TJ	C1	0	0	0	0	0	0	0	0	0	0	0	0	0	0	0	0	0	0	0
TJ	C2	0	0	0	0	0	0	0	0	0	0	0	1	0	0	0	0	0	0	0
TJ	C3	2	0	2	1	0	0	0	5	2	0	3	0	0	0	1	3	0	0	5
TJ	C4	8	4	4	37	10	0	32	9	1	0	1	5	1	0	13	7	13	4	6
TJ	C5	1	3	1	4	13	0	1	15	0	0	0	0	1	0	0	1	1	2	1
TJ	C6	0	0	0	0	0	0	0	0	0	0	0	0	0	0	0	0	0	0	0
TJ	C7	0	0	0	0	0	0	0	0	0	0	0	0	0	0	0	0	0	0	0
TJ	C8	2	2	4	12	3	1	3	16	2	1	3	6	3	0	7	15	2	2	7
HE	C1	49	0	41	2	0	0	0	5	1	0	1	0	0	0	0	0	3	0	4
HE	C2	1	4	7	168	5	28	3	17	0	1	1	46	1	3	5	3	0	2	1
HE	C3	9	1	22	5	1	0	1	25	1	0	2	1	0	0	0	1	2	0	6
HE	C4	16	14	11	120	32	1	111	31	3	1	2	13	2	0	8	21	20	10	11
HE	C5	1	5	1	9	22	0	2	26	0	0	0	1	2	0	1	3	2	6	2
HE	C6	1	2	1	7	1	0	0	2	0	0	0	0	0	0	0	0	0	0	0
HE	C7	0	0	0	0	0	0	0	0	0	0	0	0	0	0	0	0	0	0	0
HE	C8	3	2	4	14	4	1	5	24	1	1	2	3	1	0	4	8	2	2	4
SX	C1	1	0	0	0	0	0	0	0	0	0	0	0	0	0	0	0	0	0	0
SX	C2	5	8	24	107	17	111	6	60	2	2	3	18	2	13	2	10	0	1	2
SX	C3	1	0	0	0	0	0	0	1	1	0	1	0	0	0	0	1	0	0	0
SX	C4	2	2	2	43	8	0	6	4	0	0	0	5	0	0	1	3	3	2	1
SX	C5	0	0	0	0	1	0	0	1	0	0	0	0	0	0	0	0	0	0	0
SX	C6	0	1	0	4	0	0	0	1	0	0	0	0	0	0	0	0	0	0	0
SX	C7	0	0	0	0	0	0	0	0	0	0	0	0	0	0	0	0	0	0	0
SX	C8	1	1	2	6	1	1	2	6	0	0	0	1	0	0	1	2	1	1	1
IM	C1	9	0	7	0	0	0	0	1	2	0	3	0	0	0	0	0	1	0	1
IM	C2	2	3	9	45	6	39	3	22	1	1	1	11	1	4	1	4	0	2	2
IM	C3	3	0	2	1	0	0	0	7	4	0	1	0	0	0	0	1	0	0	1
IM	C4	3	3	2	26	10	0	18	5	0	0	0	2	0	0	2	2	5	3	3
IM	C5	0	1	0	1	4	0	0	3	0	0	0	0	0	0	0	0	0	1	0
IM	C6	0	1	0	4	0	0	0	1	0	0	0	0	0	0	0	0	0	0	0
IM	C7	0	0	0	0	0	0	0	0	0	0	0	0	0	0	0	0	0	0	0
IM	C8	1	1	2	5	1	0	1	5	1	0	2	1	0	0	3	5	1	1	2
LN	C1	2	0	1	0	0	0	0	0	0	0	0	0	0	0	0	0	0	0	0
LN	C2	0	1	2	15	2	10	1	5	0	0	0	2	0	1	0	1	0	0	0
LN	C3	1	0	4	1	0	0	0	3	0	0	0	0	0	0	0	0	0	0	0
LN	C4	7	6	5	67	30	1	23	13	3	1	1	6	2	0	9	31	12	12	7
LN	C5	1	4	1	7	19	0	1	20	0	0	0	1	1	0	1	2	2	4	1
LN	C6	0	0	0	0	0	0	0	0	0	0	0	0	0	0	0	0	0	0	0
LN	C7	0	0	0	0	0	0	0	0	0	0	0	0	0	0	0	0	0	0	0
LN	C8	1	1	1	5	1	0	1	5	0	0	1	1	0	0	1	3	1	1	1
JL	C1	4	0	4	0	0	0	0	0	2	0	4	0	0	0	0	1	0	0	0
JL	C2	0	0	1	9	1	5	0	3	0	1	1	9	0	1	5	1	0	0	0
JL	C3	2	0	5	1	1	0	1	12	3	0	1	0	0	0	1	2	1	0	2
JL	C4	5	1	3	18	6	0	5	4	2	1	2	7	1	0	8	9	4	1	2
JL	C5	1	5	1	5	19	0	2	44	1	0	0	1	11	0	2	16	0	1	0
JL	C6	0	0	0	0	0	0	0	0	0	0	0	0	0	0	0	0	0	0	0
JL	C7	0	0	0	0	0	0	0	0	0	0	0	0	0	0	0	0	0	0	0
JL	C8	2	2	3	12	3	1	3	13	1	0	1	2	1	0	3	6	1	1	3
HL	C1																			
HL	C2	1	3	7	228	5	31	2	18	0	1	1	10	1	3	4	3	0	0	1
HL	C3	0	0	0	0	0	0	0	0	0	0	0	0	0	0	0	0	0	0	1
HL	C4	0	0	0	0	0	0	0	0	0	0	0	0	0	0	2	0	0	0	0
HL	C5	0	0	0	0	0	0	0	0	0	0	0	0	0	0	0	0	0	0	0
HL	C6	0	1	0	3	0	0	0	1	0	0	0	0	0	0	0	0	0	0	0

续表

省份	部门	GS	GS	GS	GS	GS	GS	GS	GS	QH	QH	QH	QH	QH	QH	QH	QH	NX	NX	NX
		C1	C2	C3	C4	C5	C6	C7	C8	C1	C2	C3	C4	C5	C6	C7	C8	C1	C2	C3
HL	C7	0	0	0	0	0	0	0	0	0	0	0	0	0	0	0	0	0	0	0
HL	C8	0	0	0	0	0	0	0	0	0	0	0	0	0	0	0	0	0	0	0
SH	C1	5	0	4	0	0	0	0	1	0	0	1	0	0	0	0	0	0	0	0
SH	C2	0	0	0	0	0	0	0	0	0	0	0	0	0	0	0	0	0	0	0
SH	C3	15	0	9	3	1	0	1	27	4	0	5	1	0	0	1	6	1	1	2
SH	C4	17	8	9	103	34	1	25	17	3	1	2	11	2	0	8	15	13	7	6
SH	C5	2	8	2	13	45	1	3	49	0	1	0	1	3	0	1	9	2	6	2
SH	C6	0	0	0	0	0	0	0	0	0	0	0	0	0	0	0	0	0	0	0
SH	C7	0	0	0	0	0	0	0	0	0	0	0	0	0	0	0	0	0	0	0
SH	C8	6	6	11	37	10	3	12	60	5	2	6	12	5	1	15	31	6	6	16
JS	C1	18	0	15	1	0	0	0	2	1	0	2	0	0	0	0	0	1	0	1
JS	C2	1	2	4	42	3	17	2	10	0	1	1	6	0	2	3	2	0	1	1
JS	C3	17	2	99	16	4	0	2	66	4	0	12	1	1	0	1	4	3	0	5
JS	C4	26	16	15	111	48	2	63	40	7	2	4	16	5	0	17	51	23	15	12
JS	C5	5	19	5	34	100	2	7	92	1	3	1	6	10	2	8	22	9	23	8
JS	C6	0	0	0	0	0	0	0	0	0	0	0	0	0	0	0	0	0	0	0
JS	C7	0	0	0	0	0	0	0	0	0	0	0	0	0	0	0	0	0	0	0
JS	C8	4	3	7	23	6	2	6	24	3	1	4	8	4	1	10	20	3	3	9
ZJ	C1	7	0	6	0	0	0	0	1	0	0	1	0	0	0	0	0	0	0	0
ZJ	C2	0	0	0	1	0	1	0	1	0	0	0	0	0	0	0	0	0	0	0
ZJ	C3	4	0	18	3	1	0	1	15	1	0	2	0	0	0	0	1	0	0	2
ZJ	C4	6	2	3	16	3	0	5	6	1	0	1	2	0	0	2	4	4	1	1
ZJ	C5	1	2	1	4	10	0	1	7	0	0	0	1	0	1	1	1	1	2	1
ZJ	C6	0	0	0	0	0	0	0	0	0	0	0	0	0	0	0	0	0	0	0
ZJ	C7	0	0	0	0	0	0	0	0	0	0	0	0	0	0	0	0	0	0	0
ZJ	C8	0	0	0	1	0	0	1	6	0	0	0	0	0	0	0	1	0	0	1
AH	C1	45	0	38	2	0	0	0	5	1	0	1	0	0	0	0	0	2	0	2
AH	C2	0	1	1	11	1	0	2	2	0	0	0	6	0	0	4	1	0	1	0
AH	C3	0	0	1	0	0	0	0	3	0	0	0	0	0	0	0	0	0	0	0
AH	C4	6	2	3	16	4	0	4	6	1	0	1	3	0	0	1	3	4	1	2
AH	C5	0	1	0	2	6	0	1	11	0	0	0	0	1	0	2	0	1	0	0
AH	C6	0	1	0	3	0	0	0	0	0	0	0	0	0	0	0	0	0	0	0
AH	C7	0	0	0	0	0	0	0	0	0	0	0	0	0	0	0	0	0	0	0
AH	C8	0	0	0	0	0	0	0	1	0	0	0	0	0	0	0	0	0	0	0
FJ	C1	3	0	2	0	0	0	0	0	1	0	2	0	0	0	0	0	0	0	0
FJ	C2	0	0	1	3	1	3	0	2	0	0	0	1	0	0	2	0	0	0	0
FJ	C3	2	0	1	0	0	0	0	2	4	0	9	1	1	0	1	9	1	1	2
FJ	C4	2	1	1	5	1	0	2	2	1	0	1	3	0	0	6	4	3	1	1
FJ	C5	0	1	0	1	8	0	0	6	0	0	0	0	0	0	2	0	0	0	0
FJ	C6	0	0	0	0	0	0	0	0	0	0	0	0	0	0	0	0	0	0	0
FJ	C7	0	0	0	0	0	0	0	0	0	0	0	0	0	0	0	0	0	0	0
FJ	C8	1	3	3	11	4	1	5	31	1	0	1	1	1	0	2	4	1	1	2
JX	C1	9	0	8	0	0	0	0	1	3	0	5	0	0	0	0	1	1	0	1
JX	C2	1	1	3	19	2	14	1	8	0	0	1	3	0	2	2	1	0	0	0
JX	C3	2	0	3	1	1	0	1	8	3	0	0	0	0	0	0	1	1	0	3
JX	C4	2	1	1	8	3	0	3	2	0	0	0	1	0	0	2	3	0	0	0
JX	C5	0	1	0	1	5	0	0	9	0	0	0	0	1	0	0	2	0	0	0
JX	C6	0	0	0	0	0	0	0	0	0	0	0	0	0	0	0	0	0	0	0
JX	C7	0	0	0	0	0	0	0	0	0	0	0	0	0	0	0	0	0	0	0
JX	C8	1	1	1	4	1	0	1	4	0	0	0	1	0	0	1	2	0	0	1
SD	C1	13	0	11	1	0	0	0	1	1	0	1	0	0	0	0	0	1	0	1
SD	C2	2	4	9	355	6	37	3	22	1	1	1	12	1	5	3	4	0	1	1
SD	C3	14	1	33	6	1	0	1	33	3	0	6	1	0	0	1	4	3	0	6
SD	C4	28	7	14	90	23	1	31	22	5	1	4	16	3	0	9	21	40	11	17
SD	C5	1	8	2	12	38	1	4	67	1	1	0	2	7	1	3	12	2	7	2
SD	C6	0	0	1	0	3	0	0	0	1	0	0	0	0	0	0	0	0	0	0
SD	C7	0	0	0	0	0	0	0	0	0	0	0	0	0	0	0	0	0	0	0
SD	C8	5	3	6	23	5	2	6	25	3	1	4	7	3	0	8	17	3	3	8
HA	C1	28	0	23	1	0	0	0	3	1	0	2	0	0	0	0	0	2	0	2
HA	C2	3	5	15	198	11	68	4	37	1	2	2	23	1	8	1	7	0	1	1
HA	C3	12	0	15	3	1	0	0	22	1	0	1	1	0	0	0	1	2	0	5
HA	C4	6	4	4	39	9	0	44	10	1	0	1	6	1	0	8	9	6	3	3

续表

省份	部门	GS C1	GS C2	GS C3	GS C4	GS C5	GS C6	GS C7	GS C8	QH C1	QH C2	QH C3	QH C4	QH C5	QH C6	QH C7	QH C8	NX C1	NX C2	NX C3
HA	C5	1	2	1	3	9	0	1	10	0	0	0	0	1	0	0	1	1	2	1
HA	C6	0	0	0	0	0	0	0	0	0	0	0	0	0	0	0	0	0	0	0
HA	C7	0	0	0	0	0	0	0	0	0	0	0	0	0	0	0	0	0	0	0
HA	C8	1	1	1	5	1	0	1	5	0	0	1	1	1	0	2	3	1	1	1
HB	C1	22	0	19	1	0	0	0	2	1	0	2	0	0	0	0	0	1	0	1
HB	C2	0	1	2	8	1	6	1	4	0	0	0	2	0	1	1	1	0	0	0
HB	C3	11	0	6	2	0	0	0	18	3	0	0	0	0	0	0	1	1	0	2
HB	C4	6	5	4	47	22	1	21	9	2	1	1	4	2	0	6	19	4	5	3
HB	C5	1	4	1	6	18	0	2	33	0	0	0	0	2	0	1	3	1	2	1
HB	C6	0	0	0	0	0	0	0	0	0	0	0	0	0	0	0	0	0	0	0
HB	C7	0	0	0	0	0	0	0	0	0	0	0	0	0	0	0	0	0	0	0
HB	C8	2	2	3	11	3	1	4	19	1	1	2	4	2	0	4	9	1	1	4
HN	C1	18	0	15	1	0	0	0	2	2	0	4	0	0	0	0	1	0	0	0
HN	C2	1	2	4	24	3	19	1	11	0	0	5	0	2	1	2	0	0	0	0
HN	C3	7	0	5	1	1	0	0	14	5	0	1	0	0	0	2	1	0	0	3
HN	C4	2	2	1	17	7	0	13	3	0	0	0	2	0	0	5	4	1	1	1
HN	C5	0	3	1	4	11	0	1	15	0	0	0	0	0	0	0	0	1	0	0
HN	C6	0	0	0	0	0	0	0	0	0	0	0	0	0	0	0	0	0	0	0
HN	C7	0	0	0	0	0	0	0	0	0	0	0	0	0	0	0	0	0	0	0
HN	C8	1	1	2	6	1	1	2	6	1	0	1	2	1	0	2	4	1	1	2
GD	C1	10	0	9	1	0	0	0	1	0	0	0	0	0	0	0	0	1	0	1
GD	C2	0	1	1	11	1	4	0	2	0	0	0	0	0	0	0	0	0	0	0
GD	C3	23	2	57	11	4	0	3	65	1	0	8	1	1	0	2	4	3	1	13
GD	C4	22	8	11	61	19	1	31	24	2	1	2	8	2	0	12	14	14	6	6
GD	C5	1	8	2	18	57	1	3	40	0	2	1	3	5	1	6	10	2	7	2
GD	C6	8	16	9	77	7	2	2	23	0	0	0	2	0	0	0	1	0	0	0
GD	C7	0	0	0	0	0	0	0	0	0	0	0	0	0	0	0	0	0	0	0
GD	C8	1	1	2	6	2	1	2	11	1	0	1	2	1	0	2	5	2	2	5
GX	C1	7	0	6	0	0	0	0	1	4	0	7	0	0	0	0	1	1	0	2
GX	C2	0	0	1	3	0	3	0	2	0	0	0	5	0	0	2	0	0	0	0
GX	C3	5	0	5	2	1	0	1	16	14	0	2	1	0	0	1	5	5	1	14
GX	C4	1	1	1	8	3	0	6	2	1	1	2	9	1	0	25	11	4	1	2
GX	C5	0	1	0	1	4	0	0	4	0	0	1	1	0	1	1	2	1	2	1
GX	C6	0	0	0	1	0	0	0	0	0	0	0	0	0	0	0	0	0	0	0
GX	C7	0	0	0	0	0	0	0	0	0	0	0	0	0	0	0	0	0	0	0
GX	C8	1	1	1	5	2	0	2	11	0	0	1	1	0	0	1	3	1	1	1
HI	C1	0	0	0	0	0	0	0	0	6	0	10	1	0	0	0	1	2	0	3
HI	C2	0	0	0	1	0	0	0	0	0	0	0	3	0	0	1	0	0	0	0
HI	C3	1	0	1	0	0	0	0	3	10	0	1	0	0	0	4	4	1	5	5
HI	C4	0	0	0	0	0	0	0	0	0	0	0	0	0	0	1	1	0	0	0
HI	C5	0	0	0	0	0	0	0	0	0	0	0	0	0	0	0	0	0	0	0
HI	C6	0	0	0	0	0	0	0	0	0	0	0	0	0	0	0	0	0	0	0
HI	C7	0	0	0	0	0	0	0	0	0	0	0	0	0	0	0	0	0	0	0
HI	C8	1	0	1	3	1	0	1	4	1	0	1	1	1	0	2	4	0	0	1
SC	C1	1	0	1	0	0	0	0	0	0	0	0	0	0	0	0	0	0	0	0
SC	C2	1	1	4	20	3	16	1	9	0	0	3	9	0	2	1	2	0	1	3
SC	C3	13	0	10	2	0	0	0	21	3	0	8	1	0	0	1	7	2	1	4
SC	C4	7	3	4	44	17	0	16	6	1	0	1	5	1	0	5	5	7	5	4
SC	C5	1	4	1	7	24	0	2	34	0	0	0	1	3	0	1	7	1	4	1
SC	C6	0	1	0	3	0	0	0	1	0	0	0	0	0	0	0	0	0	0	0
SC	C7	0	0	0	0	0	0	0	0	0	0	0	0	0	0	0	0	0	0	0
SC	C8	1	1	1	5	1	0	1	5	1	0	1	2	1	0	3	6	1	1	2
GZ	C1	1	0	1	0	0	0	0	0	1	0	1	0	0	0	0	0	0	0	0
GZ	C2	0	0	1	7	0	3	0	1	0	0	0	6	0	0	1	0	0	0	0
GZ	C3	5	0	3	1	0	0	0	7	20	0	3	1	0	0	0	7	4	0	6
GZ	C4	0	0	0	3	1	0	2	1	0	0	0	1	0	0	2	1	1	1	0
GZ	C5	0	0	0	0	0	0	0	0	0	0	0	0	0	0	0	0	0	0	0
GZ	C6	0	0	0	1	0	0	0	0	0	0	0	0	0	0	0	0	0	0	0
GZ	C7	0	0	0	0	0	0	0	0	0	0	0	0	0	0	0	0	0	0	0
GZ	C8	1	1	1	4	1	0	1	4	1	0	1	2	1	0	2	4	1	1	3
YN	C1	0	0	0	0	0	0	0	0	0	0	0	0	0	0	0	0	0	0	0
YN	C2	0	0	0	6	0	1	0	1	0	0	0	4	0	0	0	0	0	0	0

续表

省份	部门	GS C1	GS C2	GS C3	GS C4	GS C5	GS C6	GS C7	GS C8	QH C1	QH C2	QH C3	QH C4	QH C5	QH C6	QH C7	QH C8	NX C1	NX C2	NX C3
YN	C3	5	0	3	1	0	0	0	8	10	0	1	0	0	0	0	3	2	0	3
YN	C4	0	0	0	4	3	0	2	0	0	0	0	0	0	0	1	0	0	0	0
YN	C5	0	0	0	0	0	0	0	0	0	0	0	0	0	0	0	0	0	0	0
YN	C6	0	0	0	1	0	0	0	0	0	0	0	0	0	0	0	0	0	0	0
YN	C7	0	0	0	0	0	0	0	0	0	0	0	0	0	0	0	0	0	0	0
YN	C8	0	0	0	0	0	0	0	1	0	0	0	0	0	0	0	0	0	0	0
SN	C1	8	0	7	0	0	0	0	0	0	0	0	0	0	0	0	0	0	0	0
SN	C2	1	3	6	172	4	24	1	13	0	1	1	75	0	3	1	2	0	0	0
SN	C3	7	0	17	3	1	0	0	16	1	0	2	0	0	0	0	1	0	0	2
SN	C4	4	2	2	27	4	0	14	6	1	0	1	5	1	0	3	4	4	1	2
SN	C5	0	3	1	5	23	0	1	22	0	0	0	1	1	0	1	3	0	0	1
SN	C6	0	0	0	0	0	0	0	0	0	0	0	0	0	0	0	0	0	0	0
SN	C7	0	0	0	0	0	0	0	0	0	0	0	0	0	0	0	0	0	0	0
SN	C8	0	1	1	2	1	0	1	10	0	0	0	0	0	0	0	1	0	0	1
GS	C1	2182	5	1840	112	6	0	16	222	1	0	1	0	0	0	0	0	0	0	0
GS	C2	1	67	34	1681	36	13	73	96	1	2	2	16	1	8	2	7	0	1	1
GS	C3	287	29	618	251	66	4	46	1205	1	0	0	0	0	0	0	1	0	0	2
GS	C4	1003	411	501	4033	1219	50	2130	1771	11	4	3	18	5	1	25	96	9	8	5
GS	C5	66	183	50	297	676	21	60	615	0	0	0	1	0	1	1	1	0	1	0
GS	C6	100	188	106	924	79	18	27	277	0	0	0	0	0	0	0	0	0	0	0
GS	C7	0	4	1	6	2	0	163	414	0	0	0	0	0	0	0	0	0	0	0
GS	C8	506	419	1031	3078	947	225	1013	4660	0	0	0	0	0	0	0	1	0	0	0
QH	C1	2	0	2	0	0	0	0	0	197	0	318	19	1	0	2	47	0	0	0
QH	C2	0	0	0	8	0	0	0	0	4	14	16	168	8	30	98	34	0	0	0
QH	C3	0	0	0	0	0	0	0	1	80	3	96	32	14	1	21	112	0	0	0
QH	C4	1	1	1	17	9	0	6	1	40	18	60	292	149	6	637	244	1	3	1
QH	C5	0	0	0	0	1	0	0	0	19	25	17	64	134	8	66	147	0	1	0
QH	C6	0	0	0	0	0	0	0	0	15	21	14	214	22	7	44	64	0	0	0
QH	C7	0	0	0	0	0	0	0	0	1	18	3	0	0	3	0	51	0	0	0
QH	C8	0	0	0	0	0	0	0	0	179	176	270	569	223	30	492	1407	0	0	0
NX	C1	1	0	1	0	0	0	0	0	0	1	0	0	0	0	0	0	365	4	404
NX	C2	1	1	4	23	3	20	1	11	0	0	4	0	2	0	2	0	0	14	13
NX	C3	1	0	2	0	0	0	0	2	1	0	1	0	0	0	0	1	38	3	115
NX	C4	5	2	3	22	6	0	6	5	1	0	1	3	1	0	3	6	178	85	91
NX	C5	0	0	0	1	1	0	0	1	0	0	0	0	0	0	0	0	20	35	14
NX	C6	0	0	0	0	0	0	0	0	0	0	0	0	0	0	0	0	13	40	24
NX	C7	0	0	0	0	0	0	0	0	0	0	0	0	0	0	0	0	1	0	0
NX	C8	0	0	0	1	0	0	0	1	0	0	0	0	0	0	0	1	72	78	201
XJ	C1	16	0	13	1	0	0	0	2	9	0	14	1	0	0	0	2	3	0	3
XJ	C2	0	1	3	57	2	11	1	6	0	1	1	7	0	1	3	1	0	0	0
XJ	C3	4	0	10	2	0	0	0	9	10	0	4	1	0	0	4	2	0	0	3
XJ	C4	3	1	1	12	2	0	6	5	1	1	1	3	1	0	6	13	1	1	1
XJ	C5	0	0	0	0	0	0	0	0	0	0	0	0	0	0	0	0	0	0	0
XJ	C6	0	0	0	1	0	0	0	0	0	0	0	0	0	0	0	0	0	0	0
XJ	C7	0	0	0	0	0	0	0	0	0	0	0	0	0	0	0	0	0	0	0
XJ	C8	1	1	2	7	2	1	2	6	1	0	1	2	1	0	3	6	1	1	3
IM	C1	0	0	0	0	0	0	0	0	0	0	0	0	0	0	0	0	0	0	0
IM	C2	0	22	5	557	8	2	9	12	0	0	0	17	0	0	0	0	0	0	0
IM	C3	2	5	115	48	9	1	10	257	1	0	8	6	1	0	2	32	0	4	94
IM	C4	16	2	7	31	3	0	1	10	1	0	1	2	0	0	1	3	1	0	0
IM	C5	3	5	1	8	22	0	1	16	0	0	0	1	1	0	1	0	0	1	0
IM	C6	0	0	0	0	0	0	0	0	0	0	0	0	0	0	0	0	0	0	0
IM	C7	0	0	0	0	0	0	0	0	0	0	0	0	0	0	0	0	0	0	0
IM	C8	3	3	6	16	5	1	4	17	1	0	1	2	1	0	3	6	0	0	0
TII	TII	4899	1636	5200	14109	4018	852	4203	11398	784	331	1034	1936	690	163	1723	2917	1006	497	1300
VA	VA001	6369	752	588	1562	692	132	1233	5729	1780	174	177	420	219	41	676	1502	1613	323	138
VA	VA002	164	-110	679	1511	254	365	143	856	51	68	168	362	41	70	79	244	60	-196	121
VA	VA003	342	343	201	996	221	368	124	1818	53	143	48	197	49	178	148	616	59	195	73
VA	VA004	497	731	121	1579	175	208	189	4060	59	91	22	221	-12	-7	59	815	99	97	76
TVA	TVA	7371	1716	1589	5649	1343	1072	1689	12463	1943	476	415	1200	296	282	962	3177	1831	418	407
TI	TI	12270	3351	6788	19758	5360	1924	5892	23861	2727	807	1449	3136	985	444	2685	6094	2837	915	1707

续表

省份	部门	NX C4	NX C5	NX C6	NX C7	NX C8	XJ C1	XJ C2	XJ C3	XJ C4	XJ C5	XJ C6	XJ C7	XJ C8	TIU TIU	BJ FU101	BJ FU102	BJ FU103	BJ FU201	BJ FU202
BJ	C1	0	0	0	0	0	3	0	6	0	0	0	0	1	5626	397	1144	0	107	551
BJ	C2	1	0	1	0	0	0	0	0	1	0	1	0	0	1601	33	4	0	68	164
BJ	C3	2	1	0	1	7	14	2	30	23	1	1	4	21	16629	493	2660	0	244	1108
BJ	C4	21	11	0	16	3	4	1	1	10	3	0	13	4	35777	526	393	0	1093	2156
BJ	C5	1	4	0	1	9	1	1	1	1	8	1	4	13	14951	242	549	0	8751	3066
BJ	C6	0	0	0	0	0	0	0	0	0	0	0	0	0	3219	17	136	0	0	-26
BJ	C7	0	0	0	0	0	0	0	0	0	0	0	0	0	626	0	0	0	15115	42
BJ	C8	7	1	1	3	9	59	5	73	29	12	1	51	63	49727	1358	6397	9605	920	1574
TJ	C1	0	0	0	0	0	1	0	1	0	0	0	0	0	3036	0	1	0	0	0
TJ	C2	0	0	0	0	0	0	0	0	0	0	0	0	0	1789	0	0	0	1	0
TJ	C3	1	0	0	1	5	5	1	15	15	1	1	3	13	14271	38	198	0	1	132
TJ	C4	30	10	1	27	9	13	2	4	23	4	0	27	13	38888	49	16	0	103	127
TJ	C5	1	5	0	2	7	6	2	2	3	9	1	7	18	13337	7	19	0	149	60
TJ	C6	0	0	0	0	0	0	0	0	0	0	0	0	0	1852	0	0	0	0	0
TJ	C7	0	0	0	0	0	0	0	0	0	0	0	0	0	434	0	0	0	0	0
TJ	C8	13	3	2	5	17	110	12	130	59	22	4	104	117	19904	1	13	2	0	1
HE	C1	1	0	0	0	0	81	2	165	5	0	0	0	15	17926	20	57	0	5	27
HE	C2	26	1	4	10	4	2	7	9	66	1	13	8	10	14944	10	1	0	20	13
HE	C3	3	2	0	1	7	20	1	35	9	2	0	5	33	34621	48	169	0	1	41
HE	C4	75	29	2	81	22	69	8	21	115	16	2	114	65	69899	87	28	0	187	219
HE	C5	5	13	1	5	14	18	6	7	7	26	3	17	42	12432	6	15	0	175	49
HE	C6	0	0	0	0	0	0	0	0	0	0	0	0	0	8632	0	3	0	0	-1
HE	C7	0	0	0	0	0	0	0	0	0	0	0	0	0	722	0	0	0	1	0
HE	C8	11	2	2	5	19	83	14	86	56	15	7	106	90	26693	3	39	2	0	3
SX	C1	0	0	0	0	0	1	0	1	0	0	0	0	0	4598	0	1	0	0	0
SX	C2	19	1	16	0	9	0	0	1	2	0	3	1	1	19574	1	0	0	0	0
SX	C3	0	0	0	0	0	1	0	3	4	0	0	1	2	3769	6	31	0	0	19
SX	C4	18	6	0	10	2	5	1	2	15	3	0	9	8	27217	2	1	0	3	22
SX	C5	0	0	0	0	0	0	0	0	0	0	1	0	1	4101	0	1	0	5	2
SX	C6	0	0	0	0	0	0	0	0	0	0	0	0	0	4407	0	1	0	0	0
SX	C7	0	0	0	0	0	0	0	0	0	0	0	0	0	2083	0	0	0	0	0
SX	C8	4	1	1	2	6	37	8	33	29	6	4	57	41	18580	0	0	0	0	2
IM	C1	0	0	0	0	0	8	0	17	1	0	0	0	2	6394	3	9	0	1	4
IM	C2	16	1	8	8	6	1	2	4	5	0	8	3	5	4891	3	0	0	6	1
IM	C3	0	0	0	0	1	4	0	3	0	0	0	1	2	2373	13	56	0	0	13
IM	C4	26	12	1	27	6	3	1	1	6	1	0	7	3	11392	6	2	0	14	38
IM	C5	1	2	0	1	2	0	0	0	0	1	0	1	1	1864	1	2	0	31	9
IM	C6	0	0	0	0	0	0	0	0	0	0	0	0	0	2782	0	1	0	0	0
IM	C7	0	0	0	0	0	0	0	0	0	0	0	0	0	450	0	0	0	0	0
IM	C8	5	1	1	2	6	44	6	49	26	8	2	48	47	16353	0	0	0	0	1
LN	C1	0	0	0	0	0	3	0	6	0	0	0	0	1	17547	1	2	0	0	1
LN	C2	4	0	2	0	1	0	0	0	5	0	1	0	0	13776	0	0	0	0	0
LN	C3	0	0	0	0	0	1	0	3	0	0	0	0	1	23958	4	10	0	0	3
LN	C4	96	41	6	63	40	41	14	11	58	15	2	70	60	102183	4	3	0	7	104
LN	C5	4	11	0	5	12	4	4	5	5	21	2	17	27	29229	5	14	0	122	40
LN	C6	0	0	0	0	0	0	0	0	0	0	0	0	0	6728	0	0	0	0	0
LN	C7	0	0	0	0	0	0	0	0	0	0	0	0	0	1449	0	0	0	0	0
LN	C8	4	1	1	2	5	32	6	32	22	6	3	42	35	32794	0	0	0	0	1
JL	C1	0	0	0	0	0	5	0	11	0	0	0	0	1	6821	2	7	0	1	3
JL	C2	5	0	1	1	1	2	5	9	24	1	15	7	9	4631	2	0	0	5	1
JL	C3	0	1	0	8	6	10	0	4	1	1	0	7	5	6419	10	39	0	2	10
JL	C4	7	2	0	3	3	32	3	8	54	5	0	18	31	23351	4	3	0	8	29
JL	C5	1	1	0	0	4	4	2	2	2	22	1	6	35	12067	3	6	0	179	59
JL	C6	0	0	0	0	0	0	0	0	0	0	0	0	0	2585	0	0	0	0	0
JL	C7	0	0	0	0	0	0	0	0	0	0	0	2	3	738	0	0	0	211	1
JL	C8	8	2	1	4	12	67	12	65	48	12	7	94	73	23557	1	8	1	0	3
HL	C1	0	0	0	0	0	0	0	1	0	0	0	0	0	9927	0	0	0	0	0
HL	C2	95	0	5	0	3	7	15	33	678	3	57	19	27	29207	2	0	0	4	1
HL	C3	0	0	0	0	0	1	0	1	0	0	0	0	1	12014	0	0	0	0	0
HL	C4	1	0	0	0	1	2	1	0	1	0	0	1	3	26095	0	0	0	0	1
HL	C5	0	0	0	0	0	0	0	0	0	0	0	0	0	7198	0	0	0	1	0
HL	C6	0	0	0	0	0	0	0	0	0	0	0	0	0	4206	0	1	0	0	0

续表

省份	部门	NX C4	NX C5	NX C6	NX C7	NX C8	XJ C1	XJ C2	XJ C3	XJ C4	XJ C5	XJ C6	XJ C7	XJ C8	TIU TIU	BJ FU101	BJ FU102	BJ FU103	BJ FU201	BJ FU202
HL	C7	0	0	0	0	0	0	0	0	0	0	0	0	0	632	0	0	0	0	0
HL	C8	0	0	0	0	0	0	0	0	0	0	0	0	0	31567	0	0	0	0	0
SH	C1	0	0	0	0	0	8	0	17	1	0	0	0	2	4216	2	5	0	0	2
SH	C2	0	0	0	0	0	0	0	0	0	0	0	0	0	613	0	0	0	1	0
SH	C3	2	2	0	2	4	33	2	49	29	2	1	7	33	27763	67	314	0	1	145
SH	C4	63	30	1	44	11	73	8	20	132	20	1	77	70	88719	3	3	0	4	77
SH	C5	5	16	1	5	31	20	14	10	14	47	6	32	100	38583	10	24	0	252	112
SH	C6	0	0	0	0	0	0	0	0	0	0	0	0	0	5514	0	0	0	0	0
SH	C7	0	0	0	0	0	0	0	0	0	0	0	0	2	1821	0	0	0	235	1
SH	C8	34	8	5	15	60	328	42	370	192	63	17	351	351	49381	12	141	21	1	6
JS	C1	0	0	0	0	0	33	1	68	2	0	0	0	6	38237	5	14	0	1	7
JS	C2	7	0	2	3	2	2	4	8	21	1	14	7	9	8412	3	0	0	5	0
JS	C3	2	2	0	0	7	35	3	88	21	4	1	8	67	102683	82	225	0	1	60
JS	C4	97	45	4	77	29	140	18	44	220	32	4	188	138	138438	12	6	0	26	98
JS	C5	19	57	3	21	76	95	33	32	41	101	15	88	220	63579	21	57	0	515	195
JS	C6	0	0	0	0	0	0	0	0	0	0	0	0	0	7154	0	0	0	0	0
JS	C7	0	0	0	0	0	0	0	0	0	0	0	0	0	614	0	0	0	0	0
JS	C8	20	4	3	9	25	182	26	198	114	35	12	212	197	66531	1	10	1	0	4
ZJ	C1	0	0	0	0	0	13	0	26	1	0	0	0	2	24549	2	6	0	1	3
ZJ	C2	0	0	0	0	0	0	0	0	0	0	0	0	0	2623	0	0	0	0	0
ZJ	C3	1	0	0	1	3	10	1	16	3	1	0	4	9	75005	19	53	0	1	15
ZJ	C4	6	2	0	2	2	23	2	6	37	4	0	13	22	59417	2	1	0	3	5
ZJ	C5	2	5	0	2	5	4	3	3	3	8	1	8	12	27870	2	6	0	56	19
ZJ	C6	0	0	0	0	0	0	0	0	0	0	0	0	0	4791	0	0	0	0	0
ZJ	C7	0	0	0	0	0	0	0	0	0	0	0	0	0	1591	0	0	0	21	0
ZJ	C8	1	0	0	1	5	6	1	7	4	1	0	7	7	32959	1	11	2	0	0
AH	C1	0	0	0	0	0	77	2	158	5	0	0	0	14	13461	14	40	0	4	19
AH	C2	5	0	0	6	1	1	4	3	3	0	1	5	5	10141	7	1	0	14	1
AH	C3	0	0	0	0	0	3	0	1	1	0	0	2	2	16078	1	4	0	0	1
AH	C4	6	1	0	2	2	23	2	7	36	4	0	18	20	31494	0	1	0	0	1
AH	C5	1	2	0	1	5	31	4	3	6	12	2	6	47	11360	1	1	0	35	11
AH	C6	0	0	0	0	0	0	0	0	0	0	0	0	0	5598	0	1	0	0	0
AH	C7	0	0	0	0	0	0	0	0	0	0	0	1	2	919	0	0	0	121	0
AH	C8	0	0	0	0	0	0	0	0	0	0	0	0	0	20093	0	6	0	0	0
FJ	C1	0	0	0	0	0	4	0	8	0	0	0	0	1	13900	1	3	0	0	1
FJ	C2	1	0	0	1	0	1	2	5	6	0	10	4	5	3908	0	0	0	1	0
FJ	C3	1	1	0	0	5	4	2	21	26	1	1	3	13	22765	31	167	0	0	125
FJ	C4	4	1	0	4	2	11	1	3	18	2	0	12	10	18123	2	1	0	3	4
FJ	C5	0	1	0	0	5	1	1	1	1	3	0	1	7	8264	3	7	0	43	29
FJ	C6	0	0	0	0	0	0	0	0	0	0	0	0	0	2808	0	0	0	0	0
FJ	C7	0	0	0	0	0	0	0	0	0	0	0	0	0	2807	0	0	0	0	0
FJ	C8	6	2	1	3	16	39	7	40	27	7	3	51	43	33932	5	100	1	0	2
JX	C1	0	0	0	0	0	11	0	22	1	0	0	0	2	9513	3	9	0	1	4
JX	C2	5	0	1	1	1	3	5	10	16	1	19	8	10	5538	1	0	0	2	1
JX	C3	1	0	0	5	6	6	0	3	1	0	0	4	5	9581	6	26	0	1	6
JX	C4	1	0	0	1	1	5	1	1	7	1	0	6	7	18828	1	0	0	2	8
JX	C5	0	1	0	0	1	0	0	0	0	4	0	1	6	8069	1	2	0	24	10
JX	C6	0	0	0	0	0	0	0	0	0	0	0	0	0	2418	0	0	0	0	0
JX	C7	0	0	0	0	0	0	0	0	0	0	0	0	0	796	0	0	0	0	0
JX	C8	3	1	0	1	4	23	5	21	18	4	3	35	25	15372	0	1	0	0	1
SD	C1	0	0	0	0	0	25	1	51	2	0	0	0	5	46319	5	13	0	1	6
SD	C2	53	1	5	4	4	4	8	17	172	1	30	12	16	23471	3	0	0	6	1
SD	C3	2	1	0	0	9	30	2	51	16	1	1	3	35	66816	69	264	0	0	93
SD	C4	83	31	2	45	22	154	11	40	261	27	2	72	140	102407	16	9	0	32	75
SD	C5	6	18	1	6	37	25	10	9	12	68	4	29	123	49557	7	16	0	202	78
SD	C6	0	0	0	0	0	0	0	0	0	0	0	0	0	8519	0	1	0	0	0
SD	C7	0	0	0	0	0	0	0	0	0	0	0	2	3	3615	0	0	0	230	1
SD	C8	19	4	3	9	25	189	29	200	122	35	14	229	204	68831	1	4	1	1	6
HA	C1	0	0	0	0	0	45	1	92	3	0	0	0	8	22245	8	23	0	2	11
HA	C2	21	0	8	0	5	5	8	22	75	2	44	15	20	14472	1	0	0	0	2
HA	C3	2	2	0	0	6	21	1	32	6	2	0	1	26	29175	41	161	0	0	38
HA	C4	20	8	1	22	6	29	3	8	49	6	1	42	26	48728	20	6	0	42	49

省份	部门	NX C4	NX C5	NX C6	NX C7	NX C8	XJ C1	XJ C2	XJ C3	XJ C4	XJ C5	XJ C6	XJ C7	XJ C8	TIU TIU	BJ FU101	BJ FU102	BJ FU103	BJ FU201	BJ FU202
HA	C5	2	5	0	2	5	3	3	3	2	11	1	5	12	15012	1	3	0	61	15
HA	C6	0	0	0	0	0	0	0	0	0	0	0	0	0	5149	0	0	0	0	0
HA	C7	0	0	0	0	0	0	0	0	0	0	0	0	0	1903	0	0	0	0	0
HA	C8	4	1	1	2	5	31	5	33	21	6	2	40	34	35291	0	0	0	0	1
HB	C1	0	0	0	0	0	36	1	74	2	0	0	0	7	19817	7	19	0	2	9
HB	C2	2	0	1	1	1	0	1	1	1	0	1	1	1	4444	1	0	0	2	0
HB	C3	1	1	0	0	2	20	0	21	2	1	0	1	15	20126	35	147	0	0	34
HB	C4	42	21	1	33	10	25	6	8	43	10	1	50	29	43473	3	2	0	7	56
HB	C5	2	6	0	2	10	6	4	4	4	30	1	10	42	15168	2	5	0	95	29
HB	C6	0	0	0	0	0	0	0	0	0	0	0	0	0	3232	0	0	0	0	0
HB	C7	0	0	0	0	0	0	0	0	0	0	0	0	0	2354	0	0	0	0	0
HB	C8	9	2	1	4	13	76	10	85	46	15	4	84	82	37053	2	40	0	0	2
HN	C1	0	0	0	0	0	29	1	60	2	0	0	0	5	13579	6	17	0	2	8
HN	C2	4	0	2	0	1	2	2	7	10	1	14	5	7	6237	1	0	0	1	1
HN	C3	1	0	0	2	4	15	0	14	2	1	0	3	11	15858	24	100	0	1	23
HN	C4	11	5	0	9	3	5	1	2	10	3	0	16	5	29537	5	2	0	11	25
HN	C5	1	3	0	1	3	10	3	3	4	13	1	9	26	15235	2	6	0	57	18
HN	C6	0	0	0	0	0	0	0	0	0	0	0	0	0	3515	0	0	0	0	0
HN	C7	0	0	0	0	0	0.	0	0	0	0	0	0	0	1495	0	0	0	0	0
HN	C8	5	1	1	2	6	42	7	42	29	8	4	55	45	20255	0	0	0	0	2
GD	C1	0	0	0	0	0	20	0	42	1	0	0	0	4	23049	3	8	0	1	4
GD	C2	5	0	0	0	0	0	0	0	2	0	1	0	0	9167	0	0	0	0	1
GD	C3	5	3	0	2	17	60	3	90	28	4	1	17	74	74979	86	319	0	2	103
GD	C4	31	12	1	23	9	104	9	31	166	18	2	84	96	85863	15	46	0	18	32
GD	C5	6	27	1	12	36	6	8	10	15	35	6	54	61	40822	15	46	0	206	114
GD	C6	0	0	0	0	0	0	0	0	0	0	0	0	0	11175	3	25	0	0	-5
GD	C7	0	0	0	0	0	0	0	0	0	0	0	0	0	12920	0	0	0	0	0
GD	C8	11	4	1	4	19	45	6	49	27	9	3	51	48	69267	1	7	2	0	1
GX	C1	0	0	0	0	0	8	0	17	1	0	0	0	2	11219	3	9	0	1	4
GX	C2	3	0	0	1	0	3	4	10	16	1	20	8	10	2282	0	0	0	0	0
GX	C3	4	1	0	13	24	14	0	9	2	1	0	7	10	10514	23	97	0	1	23
GX	C4	9	2	0	19	4	22	2	6	36	3	1	44	18	15276	7	2	0	15	21
GX	C5	1	3	0	1	4	0	0	0	0	1	0	1	2	4802	1	3	0	35	11
GX	C6	0	0	0	0	0	0	0	0	0	0	0	0	0	1787	0	0	0	0	0
GX	C7	0	0	0	0	0	0	0	0	0	0	0	0	0	420	0	0	0	0	0
GX	C8	3	1	1	2	6	25	4	27	16	5	2	30	28	22539	2	38	0	0	1
HI	C1	1	0	0	0	0	9	0	19	1	0	1	0	2	2420	1	3	0	0	1
HI	C2	3	0	0	1	0	0	1	0	4	0	0	1	1	488	0	0	0	0	0
HI	C3	1	1	0	16	14	5	0	5	0	0	0	0	3	1010	3	13	0	0	3
HI	C4	1	0	0	0	0	5	0	1	8	1	0	1	4	1628	0	0	0	0	0
HI	C5	0	0	0	0	0	0	0	0	0	0	0	0	0	348	0	0	0	0	0
HI	C6	0	0	0	0	0	0	0	0	0	0	0	0	0	306	0	0	0	0	0
HI	C7	0	0	0	0	0	0	0	0	0	0	0	0	0	182	0	0	0	0	0
HI	C8	3	1	0	1	4	27	3	31	16	5	1	28	29	8518	0	1	0	0	0
SC	C1	0	0	0	0	0	1	0	2	0	0	0	0	0	34889	0	0	0	0	0
SC	C2	3	0	2	1	1	1	2	4	7	0	8	3	4	11198	0	0	0	1	0
SC	C3	2	1	0	0	7	24	2	42	25	1	1	4	29	24803	43	199	0	0	95
SC	C4	40	21	1	31	6	31	3	8	60	10	1	38	28	56128	1	1	0	3	32
SC	C5	3	9	0	3	19	3	5	4	5	30	2	13	48	26266	3	8	0	83	35
SC	C6	0	0	0	0	0	0	0	0	0	0	0	0	0	7367	0	0	0	0	0
SC	C7	0	0	0	0	0	0	0	0	0	0	0	0	0	2102	0	0	0	0	0
SC	C8	5	1	1	2	5	44	5	52	25	9	2	44	47	59481	0	0	0	0	1
GZ	C1	0	0	0	0	0	0	0	1	0	0	0	0	0	5055	0	1	0	0	1
GZ	C2	7	0	0	1	0	1	3	5	15	1	10	5	6	2947	0	0	0	0	1
GZ	C3	1	0	0	1	11	1	0	1	0	0	0	0	1	4209	22	91	0	0	21
GZ	C4	3	2	0	4	1	3	0	1	6	1	0	4	3	8805	0	0	0	1	3
GZ	C5	0	1	0	0	1	0	0	0	0	0	0	0	0	3238	0	0	0	3	1
GZ	C6	0	0	0	0	0	0	0	0	0	0	0	0	0	1481	0	0	0	0	0
GZ	C7	0	0	0	0	0	0	0	0	0	0	0	0	0	286	0	0	0	0	0
GZ	C8	6	2	0	2	7	30	4	35	17	6	1	31	32	8448	0	1	0	0	0
YN	C1	0	0	0	0	0	1	0	1	0	0	0	0	0	7701	0	0	0	0	0
YN	C2	5	0	0	0	0	1	2	2	8	0	4	2	2	3121	0	0	0	0	0

省份	部门	NX C4	NX C5	NX C6	NX C7	NX C8	XJ C1	XJ C2	XJ C3	XJ C4	XJ C5	XJ C6	XJ C7	XJ C8	TIU TIU	BJ FU101	BJ FU102	BJ FU103	BJ FU201	BJ FU202
YN	C3	0	0	0	1	5	6	0	6	0	0	0	1	4	7314	15	65	0	0	15
YN	C4	1	0	0	1	0	0	0	0	2	1	0	3	0	13662	0	0	0	0	6
YN	C5	0	0	0	0	0	0	0	0	0	0	0	0	0	1898	0	0	0	1	0
YN	C6	0	0	0	0	0	0	0	0	0	0	0	0	0	1893	0	0	0	0	0
YN	C7	0	0	0	0	0	0	0	0	0	0	0	0	0	362	0	0	0	12	0
YN	C8	0	0	0	0	0	2	0	2	2	0	0	3	2	21443	0	1	0	0	2
SN	C1	0	0	0	0	0	9	0	18	1	0	0	0	0	7320	2	5	0	0	0
SN	C2	14	0	2	0	1	1	4	4	47	1	8	4	4	4685	0	0	0	0	5
SN	C3	1	0	0	0	2	8	0	14	2	0	0	0	8	9252	22	73	0	0	19
SN	C4	8	2	0	6	2	11	1	3	18	2	0	10	10	13299	3	1	0	6	8
SN	C5	1	4	0	2	10	3	2	2	3	10	1	7	21	8154	5	12	0	71	44
SN	C6	0	0	0	0	0	0	0	0	0	0	0	0	0	2401	0	0	0	0	0
SN	C7	0	0	0	0	0	0	0	0	0	0	0	1	3	238	0	0	0	184	1
SN	C8	1	0	0	1	6	7	1	7	4	1	0	8	7	21459	2	29	2	0	0
GS	C1	0	0	0	0	0	6	0	12	0	0	0	0	1	4844	1	3	0	0	1
GS	C2	8	0	6	1	4	2	3	8	11	1	17	6	8	2998	0	0	0	0	0
GS	C3	0	0	0	0	0	2	0	1	0	0	0	1	1	2781	2	8	0	0	2
GS	C4	63	24	4	41	32	23	6	6	32	6	1	27	30	19107	1	0	0	2	25
GS	C5	1	2	0	1	2	0	0	0	1	1	0	2	2	2555	1	2	0	9	4
GS	C6	0	0	0	0	0	0	0	0	0	0	0	0	0	1719	0	0	0	0	0
GS	C7	0	0	0	0	0	0	0	0	0	0	0	0	0	590	0	0	0	0	0
GS	C8	1	0	0	1	2	11	2	11	8	2	1	15	12	12724	0	1	0	0	1
QH	C1	0	0	0	0	0	0	0	4	0	0	0	0	0	690	0	0	0	0	0
QH	C2	0	0	0	0	0	1	1	1	1	0	0	1	1	558	0	0	0	0	0
QH	C3	0	0	0	0	1	0	0	1	2	0	0	0	1	501	1	3	0	0	2
QH	C4	24	14	0	21	2	1	1	1	8	5	0	24	1	2985	0	0	0	0	6
QH	C5	1	1	0	0	1	1	1	1	0	1	0	1	1	584	0	0	0	2	0
QH	C6	0	0	0	0	0	0	0	0	0	0	0	0	0	401	0	0	0	0	0
QH	C7	0	0	0	0	0	0	0	0	0	0	0	0	0	76	0	0	0	0	0
QH	C8	0	0	0	0	0	1	0	1	0	0	0	1	1	3386	0	0	0	0	0
NX	C1	87	0	0	3	27	1	0	2	0	0	0	0	0	984	0	1	0	0	0
NX	C2	132	7	62	61	47	1	1	4	6	0	8	3	4	880	0	0	0	0	0
NX	C3	34	9	1	25	146	1	0	1	0	0	0	0	1	818	1	7	0	0	3
NX	C4	471	138	24	571	242	2	1	1	5	2	0	11	3	3874	1	0	0	1	5
NX	C5	37	81	6	35	110	2	1	1	1	3	0	2	3	604	0	0	0	4	1
NX	C6	379	25	5	12	141	0	0	0	0	0	0	0	0	698	0	0	0	0	0
NX	C7	1	0	1	15	51	0	0	0	0	0	0	0	0	71	0	0	0	0	0
NX	C8	463	153	48	194	890	8	1	9	5	2	0	9	9	2620	0	0	0	0	0
XJ	C1	1	0	0	0	0	1171	26	2394	77	1	5	0	218	6166	4	12	0	1	6
XJ	C2	10	0	1	2	1	16	62	62	1505	4	22	61	74	3840	0	0	0	0	0
XJ	C3	0	0	0	1	6	391	111	2012	330	22	26	52	487	5951	13	55	0	0	23
XJ	C4	4	1	0	4	3	1039	369	312	1442	371	67	2973	1437	11423	0	0	0	0	3
XJ	C5	0	0	0	0	0	102	29	30	36	155	13	74	287	772	0	0	0	1	0
XJ	C6	0	0	0	0	0	227	75	204	284	39	15	116	609	1642	0	0	0	0	0
XJ	C7	0	0	0	0	0	22	88	35	6	1	5	363	670	1189	0	0	0	0	0
XJ	C8	6	1	1	3	7	1469	277	1196	759	221	102	1375	3803	12590	0	0	0	0	1
IM	C1	0	0	0	0	0	0	0	0	0	0	0	0	0	3860	1	4	0	0	2
IM	C2	0	0	0	0	0	0	0	0	0	0	0	0	0	75438	3	0	0	5	24
IM	C3	61	2	0	1	23	0	0	0	0	0	0	0	0	18485	18	46	0	9	21
IM	C4	1	0	0	1	0	16	3	4	20	2	0	3	19	145328	10	8	0	19	22
IM	C5	0	1	0	0	1	0	0	0	0	0	0	0	0	12836	12	23	0	523	177
IM	C6	0	0	0	0	0	0	0	0	0	0	0	0	0	21823	0	0	0	0	0
IM	C7	0	0	0	0	0	0	0	0	0	0	0	0	0	1	0	0	0	0	0
IM	C8	0	0	0	0	0	10	1	13	5	2	0	9	11	7785	1	12	3	0	0
TII	TII	3066	1018	281	1790	2707	7952	1595	9934	8440	1821	742	8354	11691						
VA	VA001	307	178	49	421	1331	3480	618	974	770	283	155	2384	4826						
VA	VA002	386	76	80	69	118	15	−40	718	911	120	107	419	2049						
VA	VA003	202	76	166	86	555	503	1080	491	782	128	329	493	1912						
VA	VA004	254	86	129	75	762	5292	1552	1141	1254	233	184	1166	7680						
TVA	TVA	1149	416	423	650	2766	9290	3210	3324	3717	764	775	4462	16467						
TI	TI	4215	1434	705	2440	5473	17242	4805	13258	12157	2585	1517	12817	28158						

省份	部门	TJ FU101	TJ FU102	TJ FU103	TJ FU201	TJ FU202	HE FU101	HE FU102	HE FU103	HE FU201	HE FU202	SX FU101	SX FU102	SX FU103	SX FU201	SX FU202	IM FU101	IM FU102	IM FU103	IM FU201
BJ	C1	6	8	0	0	4	57	15	1	5	-6	4	1	0	2	1	7	3	1	4
BJ	C2	0	0	0	0	0	2	0	0	0	2	0	0	0	0	0	0	0	0	0
BJ	C3	92	368	4	1	12	264	177	45	0	49	112	230	4	0	14	98	275	5	1
BJ	C4	1	5	1	0	-193	12	2	0	0	51	1	1	0	0	4	3	3	0	0
BJ	C5	10	15	0	124	86	43	32	3	202	23	15	31	2	93	11	15	27	0	86
BJ	C6	0	0	0	0	0	0	0	0	0	0	0	0	0	0	0	0	0	0	0
BJ	C7	0	0	0	0	0	0	0	0	0	0	0	0	0	0	0	0	0	0	0
BJ	C8	11	20	5	3	50	59	42	14	5	49	12	14	0	11	6	19	25	10	14
TJ	C1	1013	1351	0	50	602	11	3	0	1	-1	1	0	0	0	0	1	0	0	1
TJ	C2	0	8	0	0	-369	0	0	0	0	2	0	0	0	0	0	0	0	0	0
TJ	C3	901	3607	77	393	-502	64	43	11	1	12	75	164	2	1	2	54	181	1	4
TJ	C4	66	373	323	2731	-1466	66	58	0	3	253	6	5	0	4	22	37	25	0	4
TJ	C5	357	523	0	4009	2309	48	40	2	343	24	14	34	2	138	10	16	35	0	148
TJ	C6	14	138	0	0	-49	0	0	0	0	0	0	0	0	0	0	0	0	0	0
TJ	C7	0	0	0	7645	1	0	0	0	0	0	0	0	0	0	0	0	0	0	0
TJ	C8	576	1820	3873	104	2114	98	70	23	8	80	21	24	1	18	9	32	42	17	24
HE	C1	78	105	0	4	47	11661	2984	119	960	-1122	76	27	2	35	15	121	42	19	57
HE	C2	0	11	0	0	-10	37	4	0	0	165	0	0	0	0	44	0	2	0	0
HE	C3	26	133	9	31	-39	6521	4507	805	19	1953	68	88	4	1	40	67	111	4	61
HE	C4	5	30	12	71	-161	837	775	2	352	3045	25	23	2	20	73	75	47	0	19
HE	C5	20	17	0	374	148	557	472	19	6741	180	17	42	3	281	15	17	43	0	266
HE	C6	1	12	0	0	-4	263	69	0	0	-301	0	0	0	0	0	0	0	0	0
HE	C7	0	0	0	0	0	0	0	0	18771	24	0	0	0	0	0	0	0	0	0
HE	C8	10	18	3	3	65	5712	4862	12407	221	1552	17	18	1	12	1	40	36	26	12
SX	C1	1	1	0	0	1	13	3	0	1	-1	4028	1424	83	1834	780	2	1	0	1
SX	C2	0	3	0	0	0	54	4	0	0	63	27	19	1	0	-47	0	0	0	0
SX	C3	10	38	0	0	2	21	14	4	0	4	1337	1963	96	19	756	12	38	0	0
SX	C4	1	5	1	1	-74	15	6	0	0	63	564	423	29	347	2005	4	3	0	0
SX	C5	1	1	0	7	5	2	2	0	19	2	177	468	30	3140	103	1	2	0	8
SX	C6	0	4	0	0	-2	4	1	0	0	-5	71	123	17	0	-221	0	0	0	0
SX	C7	0	0	0	0	0	0	0	0	0	0	0	0	0	7822	0	0	0	0	0
SX	C8	2	4	0	1	28	9	9	1	2	10	3769	3966	7348	1016	268	2	5	0	4
IM	C1	13	17	0	1	8	151	39	2	12	-15	12	4	0	5	2	4698	1654	745	2234
IM	C2	0	4	0	0	-3	8	4	0	0	32	0	0	0	0	3	0	10	0	0
IM	C3	6	28	0	0	2	80	54	14	0	15	12	20	1	0	4	1280	2446	97	67
IM	C4	0	3	2	13	-93	11	12	0	3	36	3	3	0	3	9	238	157	0	36
IM	C5	3	3	0	69	23	10	8	0	111	3	3	7	0	42	2	106	210	0	901
IM	C6	0	5	0	0	-2	5	1	0	0	-5	0	0	0	0	0	76	157	0	0
IM	C7	0	0	0	0	0	0	0	0	0	1	0	0	0	0	0	0	0	0	9989
IM	C8	6	10	1	2	36	22	20	3	3	28	7	8	0	7	2	1337	2196	5676	721
LN	C1	3	4	0	0	2	29	7	0	2	-3	2	1	0	1	0	4	1	1	2
LN	C2	0	1	0	0	0	4	0	0	0	7	0	0	0	0	1	0	0	0	0
LN	C3	2	6	0	1	-4	16	16	1	0	11	7	7	0	0	5	7	10	0	2
LN	C4	4	12	4	8	-382	32	17	2	1	141	3	3	0	2	16	10	9	0	2
LN	C5	16	18	0	254	93	39	37	1	364	21	12	31	2	156	9	15	38	0	188
LN	C6	0	0	0	0	0	0	0	0	0	0	0	0	0	0	0	0	0	0	0
LN	C7	0	0	0	0	0	0	0	0	0	0	0	0	0	0	0	0	0	0	0
LN	C8	3	5	1	1	25	12	11	2	2	14	4	4	0	5	0	2	6	0	4
JL	C1	11	14	0	1	6	116	30	1	10	-11	7	3	0	3	1	14	5	2	6
JL	C2	0	3	0	0	-3	2	2	0	0	22	0	0	0	0	2	0	0	0	0
JL	C3	6	24	0	1	-3	60	46	9	2	16	11	16	1	2	-3	12	19	1	1
JL	C4	4	17	5	4	-73	46	11	0	1	199	3	3	0	1	10	12	11	0	1
JL	C5	15	10	0	280	434	44	35	1	660	122	12	14	2	321	39	19	31	0	234
JL	C6	0	0	0	0	0	0	0	0	0	0	0	0	0	0	0	0	0	0	0
JL	C7	0	0	0	0	0	0	0	0	454	1	0	0	0	0	0	0	0	0	0
JL	C8	6	11	2	2	54	38	26	9	4	26	8	9	0	10	-2	12	16	7	9
HL	C1	0	1	0	0	0	5	1	0	0	0	0	0	0	0	0	1	0	0	0
HL	C2	0	4	0	0	-24	11	3	0	0	221	0	0	0	1	0	0	0	0	0
HL	C3	0	2	0	0	-1	0	0	0	0	0	0	0	0	0	0	0	1	0	0
HL	C4	0	0	0	0	-1	0	1	0	0	1	0	0	0	0	0	0	0	0	0
HL	C5	0	0	0	0	-1	0	0	0	0	0	0	0	0	1	0	0	0	0	1
HL	C6	0	4	0	0	-1	4	1	0	0	-4	0	0	0	0	0	0	0	0	0

续表

省份	部门	TJ FU101	TJ FU102	TJ FU103	TJ FU201	TJ FU202	HE FU101	HE FU102	HE FU103	HE FU201	HE FU202	SX FU101	SX FU102	SX FU103	SX FU201	SX FU202	IM FU101	IM FU102	IM FU103	IM FU201
HL	C7	0	0	0	0	0	0	0	0	0	0	0	0	0	0	0	0	0	0	0
HL	C8	0	0	0	0	0	0	0	0	0	0	0	0	0	0	0	0	0	0	0
SH	C1	7	9	0	0	4	82	21	1	7	−8	6	2	0	3	1	10	4	2	5
SH	C2	0	0	0	0	0	0	0	0	0	3	0	0	0	0	0	0	0	0	0
SH	C3	80	312	2	17	14	307	207	53	1	57	121	245	5	1	15	100	274	5	33
SH	C4	4	21	7	20	−292	69	16	0	4	294	6	7	1	4	22	14	13	0	6
SH	C5	24	27	0	449	198	113	75	8	796	47	40	80	7	315	11	36	67	0	324
SH	C6	0	0	0	0	0	0	0	0	0	0	0	0	0	0	0	0	0	0	0
SH	C7	0	0	0	0	0	0	0	0	601	1	0	0	0	0	0	0	0	0	0
SH	C8	41	71	14	12	223	366	291	277	19	179	63	69	3	43	13	97	108	56	50
JS	C1	22	30	0	1	13	248	63	3	20	−24	18	6	0	8	4	35	12	6	17
JS	C2	0	4	0	0	−3	5	3	0	0	31	0	0	0	0	0	0	1	0	0
JS	C3	45	216	16	19	−95	363	332	43	2	204	136	152	6	1	106	145	221	5	40
JS	C4	5	26	17	125	−260	94	56	1	24	343	24	29	2	27	59	28	23	0	36
JS	C5	61	67	0	1066	321	208	164	11	1646	65	70	164	12	660	23	73	162	0	787
JS	C6	0	0	0	0	0	0	0	0	0	0	0	0	0	0	0	0	0	0	0
JS	C7	0	0	0	0	0	0	0	0	0	0	0	0	0	0	0	0	0	0	0
JS	C8	24	39	4	8	144	94	81	16	12	106	26	29	1	28	7	22	44	7	32
ZJ	C1	9	13	0	0	6	110	28	1	9	−11	8	3	0	3	1	14	5	2	7
ZJ	C2	0	0	0	0	0	0	0	0	0	1	0	0	0	0	0	0	0	0	0
ZJ	C3	10	38	1	4	−15	91	82	11	1	49	28	32	1	1	18	31	45	1	8
ZJ	C4	1	7	3	12	2	24	8	0	2	98	3	3	0	3	8	5	5	0	3
ZJ	C5	7	8	0	125	27	23	19	1	191	4	7	17	1	69	2	7	17	0	85
ZJ	C6	0	0	0	0	0	0	0	0	0	0	0	0	0	0	0	0	0	0	0
ZJ	C7	0	0	0	0	0	0	0	0	44	0	0	0	0	0	0	0	0	0	0
ZJ	C8	2	4	1	0	5	64	24	25	0	4	2	2	0	1	0	35	22	26	1
AH	C1	62	82	0	3	37	708	181	7	58	−68	50	18	1	23	10	90	32	14	43
AH	C2	0	9	0	0	−7	0	8	0	0	62	0	0	0	0	2	0	1	0	0
AH	C3	1	3	0	4	−1	7	5	1	1	1	2	2	0	0	−1	1	2	0	7
AH	C4	1	7	4	23	8	23	7	0	5	91	5	6	0	5	10	5	4	0	6
AH	C5	3	2	0	74	55	10	7	0	133	15	3	5	1	59	4	4	7	0	56
AH	C6	0	3	0	0	−1	3	1	0	0	−4	0	0	0	0	0	0	0	0	0
AH	C7	0	0	0	0	0	0	0	0	257	0	0	0	0	0	0	0	0	0	0
AH	C8	0	0	0	0	0	1	0	0	0	1	1	0	0	0	0	0	0	0	0
FJ	C1	4	6	0	0	2	56	14	1	5	−5	3	1	0	2	1	5	2	1	2
FJ	C2	0	0	0	0	0	1	1	0	0	5	0	0	0	0	0	0	0	0	0
FJ	C3	69	252	0	0	9	47	31	8	0	9	96	214	2	0	2	56	205	1	0
FJ	C4	1	3	1	6	−2	12	6	0	1	49	1	2	0	1	4	1	1	0	1
FJ	C5	4	7	0	51	19	36	22	3	103	6	12	24	1	37	4	8	13	0	29
FJ	C6	0	1	0	0	0	0	0	0	0	−1	0	0	0	0	0	0	0	0	0
FJ	C7	0	0	0	0	0	0	0	0	0	0	0	0	0	0	0	0	0	0	0
FJ	C8	5	9	1	2	32	55	29	10	2	19	22	22	0	6	0	17	17	9	6
JX	C1	14	19	0	1	8	176	45	2	14	−17	12	4	0	5	2	16	6	3	8
JX	C2	0	2	0	0	−1	3	2	0	0	14	0	0	0	0	3	0	0	0	0
JX	C3	4	18	1	0	−1	46	32	8	1	8	8	12	1	1	−1	6	10	1	0
JX	C4	0	2	1	2	−26	7	3	0	0	28	1	1	0	0	3	1	1	0	0
JX	C5	2	2	0	35	48	11	8	1	96	17	4	6	1	49	6	3	5	0	24
JX	C6	0	0	0	0	0	0	0	0	0	0	0	0	0	0	0	0	0	0	0
JX	C7	0	0	0	0	0	0	0	0	0	0	0	0	0	0	0	0	0	0	0
JX	C8	2	3	0	1	19	7	6	1	1	7	2	2	0	3	−1	1	3	0	3
SD	C1	21	28	0	1	12	229	59	2	19	−22	17	6	0	8	3	30	11	5	14
SD	C2	0	5	0	0	−8	15	5	0	0	101	0	0	0	0	3	0	1	0	0
SD	C3	57	240	7	7	−21	343	260	52	1	111	111	174	5	0	51	105	211	6	13
SD	C4	10	48	14	17	−161	163	47	0	3	692	10	11	1	4	37	39	33	0	4
SD	C5	21	22	0	351	338	74	60	3	718	99	25	47	5	364	36	30	56	0	301
SD	C6	0	3	0	0	−1	3	1	0	0	−4	0	0	0	0	0	0	0	0	0
SD	C7	0	0	0	0	0	0	0	0	538	0	0	0	0	0	0	0	0	0	0
SD	C8	21	34	4	7	138	107	80	24	11	92	21	24	1	26	3	32	46	16	27
HA	C1	33	45	0	2	20	430	110	4	35	−41	31	11	1	14	6	52	18	8	25
HA	C2	0	2	0	0	−1	22	2	0	0	42	0	0	0	0	6	0	0	0	0
HA	C3	21	106	5	21	−13	258	183	42	0	64	45	65	3	0	25	53	90	4	43
HA	C4	1	7	2	10	−36	34	41	0	2	122	4	4	0	3	14	18	11	0	3

省份	部门	TJ FU101	TJ FU102	TJ FU103	TJ FU201	TJ FU202	HE FU101	HE FU102	HE FU103	HE FU201	HE FU202	SX FU101	SX FU102	SX FU103	SX FU201	SX FU202	IM FU101	IM FU102	IM FU103	IM FU201
HA	C5	7	4	0	152	59	19	14	0	272	10	5	11	1	96	3	5	12	0	103
HA	C6	0	0	0	0	0	0	0	0	0	0	0	0	0	0	0	0	0	0	0
HA	C7	0	0	0	0	0	0	0	0	0	0	0	0	0	0	0	0	0	0	0
HA	C8	4	6	1	1	26	14	12	2	2	16	4	5	0	5	0	3	7	1	5
HB	C1	28	37	0	1	16	352	90	4	29	-34	24	9	0	11	5	42	15	7	20
HB	C2	0	1	0	0	-1	2	2	0	0	13	0	0	0	0	0	0	0	0	0
HB	C3	17	79	2	12	5	234	156	40	0	44	32	51	3	0	13	39	67	4	24
HB	C4	1	5	2	14	-191	22	13	1	3	88	4	4	0	3	12	6	5	0	4
HB	C5	9	7	0	183	154	31	24	1	399	45	9	15	1	176	16	11	21	0	150
HB	C6	0	0	0	0	0	0	0	0	0	0	0	0	0	0	0	0	0	0	0
HB	C7	0	0	0	0	0	0	0	0	0	0	0	0	0	0	0	0	0	0	0
HB	C8	11	18	2	3	61	45	37	5	5	47	18	19	0	12	3	8	19	1	14
HN	C1	24	32	0	1	14	307	79	3	25	-30	21	7	0	9	4	35	12	6	17
HN	C2	0	1	0	0	0	5	1	0	0	11	0	0	0	0	3	0	0	0	0
HN	C3	12	56	1	6	2	163	110	28	1	30	22	35	2	1	7	25	44	3	11
HN	C4	0	2	1	2	-59	9	11	0	0	36	1	1	0	0	4	4	3	0	0
HN	C5	6	7	0	106	60	20	19	0	215	19	6	14	1	92	7	7	15	0	82
HN	C6	0	0	0	0	0	0	0	0	0	0	0	0	0	0	0	0	0	0	0
HN	C7	0	0	0	0	0	0	0	0	0	0	0	0	0	0	0	0	0	0	0
HN	C8	4	7	1	2	34	16	15	2	3	20	5	6	0	6	0	3	8	0	6
GD	C1	12	16	0	1	7	150	38	2	12	-14	11	4	0	5	2	20	7	3	10
GD	C2	0	0	0	0	0	1	0	0	0	3	0	0	0	0	5	0	0	0	0
GD	C3	61	272	11	21	-43	439	339	65	3	147	129	195	6	3	56	139	264	7	44
GD	C4	4	21	11	62	-31	87	37	0	13	340	14	17	1	14	35	20	18	0	19
GD	C5	29	48	0	249	4	124	109	8	418	18	45	117	7	214	17	46	103	0	230
GD	C6	10	94	0	0	-34	90	24	0	0	-104	0	0	0	0	0	0	0	0	0
GD	C7	0	0	0	0	0	0	0	0	0	0	0	0	0	0	0	0	0	0	0
GD	C8	7	12	2	2	35	93	44	32	3	26	19	20	4	7	1	45	34	32	8
GX	C1	12	16	0	1	7	175	45	2	14	-17	11	4	0	5	2	14	5	2	7
GX	C2	0	0	0	0	0	1	0	0	0	3	0	0	0	0	1	0	0	0	0
GX	C3	12	56	2	2	0	171	116	29	2	31	23	36	2	1	4	18	33	2	2
GX	C4	0	3	1	5	-25	16	17	0	1	56	2	2	0	1	6	2	1	0	1
GX	C5	4	3	0	71	27	15	12	1	154	7	4	9	1	49	2	3	6	0	34
GX	C6	0	1	0	0	0	1	0	0	0	-1	0	0	0	0	0	0	0	0	0
GX	C7	0	0	0	0	0	0	0	0	0	0	0	0	0	0	0	0	0	0	0
GX	C8	4	6	1	1	21	22	15	3	2	14	9	9	0	4	1	6	8	2	4
HI	C1	4	5	0	0	2	83	21	1	7	-8	3	1	0	1	1	1	0	0	1
HI	C2	0	0	0	0	0	0	0	0	0	1	0	0	0	0	1	0	0	0	0
HI	C3	1	6	0	0	1	38	26	6	1	7	2	3	0	0	1	2	4	0	0
HI	C4	0	0	0	0	0	1	0	0	0	5	0	0	0	0	0	0	0	0	0
HI	C5	0	0	0	0	0	0	0	0	0	0	0	0	0	0	0	0	0	0	0
HI	C6	0	0	0	0	0	0	0	0	0	0	0	0	0	0	0	0	0	0	0
HI	C7	0	0	0	0	0	0	0	0	0	0	0	0	0	0	0	0	0	0	0
HI	C8	4	7	1	1	22	23	16	6	2	18	4	5	0	5	2	8	10	4	5
SC	C1	1	1	0	0	0	8	2	0	1	-1	1	0	0	0	0	1	0	0	1
SC	C2	0	0	0	0	0	2	1	0	0	5	0	0	0	0	2	0	0	0	0
SC	C3	51	201	2	1	5	190	130	32	0	41	87	174	3	0	15	75	204	4	2
SC	C4	1	3	1	1	-118	14	4	0	0	59	1	1	0	0	6	4	3	0	0
SC	C5	8	9	0	134	99	36	26	2	285	30	14	26	2	141	12	14	26	0	128
SC	C6	0	3	0	0	-1	3	1	0	0	-3	0	0	0	0	0	0	0	0	0
SC	C7	0	0	0	0	0	0	0	0	0	0	0	0	0	0	0	0	0	0	0
SC	C8	7	11	1	2	36	24	22	3	3	31	7	8	0	7	3	4	12	1	9
GZ	C1	2	2	0	0	1	27	7	0	2	-3	1	0	0	1	0	1	0	0	1
GZ	C2	0	0	0	0	0	0	0	0	0	2	0	0	0	0	2	0	0	0	0
GZ	C3	10	45	1	0	4	175	118	30	0	34	17	26	1	0	7	11	19	1	0
GZ	C4	0	0	0	3	-8	3	2	0	1	8	1	1	0	1	1	1	0	0	0
GZ	C5	2	2	0	4	1	2	2	0	13	1	0	1	0	4	0	1	0	0	1
GZ	C6	0	1	0	0	0	1	0	0	0	-1	0	0	0	0	0	0	0	0	0
GZ	C7	0	0	0	0	0	0	0	0	0	0	0	0	0	0	0	0	0	0	0
GZ	C8	5	7	1	1	25	16	15	2	2	21	10	10	2	5	2	3	8	1	6
YN	C1	1	1	0	0	0	8	2	0	1	-1	1	0	0	0	0	1	0	0	0
YN	C2	0	0	0	0	0	0	0	0	0	1	0	0	0	0	2	0	0	0	0

续表

省份	部门	TJ	TJ	TJ	TJ	TJ	HE	HE	HE	HE	HE	SX	SX	SX	SX	SX	IM	IM	IM	IM
		FU101	FU102	FU103	FU201	FU202	FU101	FU102	FU103	FU201	FU202	FU101	FU102	FU103	FU201	FU202	FU101	FU102	FU103	FU201
YN	C3	7	33	1	0	3	119	79	20	0	22	14	22	1	0	6	13	22	1	0
YN	C4	0	0	0	0	−21	0	0	0	0	1	0	0	0	0	0	0	0	0	0
YN	C5	0	0	0	2	1	0	0	0	4	0	0	0	0	1	0	0	0	0	1
YN	C6	0	1	0	0	0	1	0	0	0	−1	0	0	0	0	0	0	0	0	0
YN	C7	0	0	0	0	0	0	0	0	27	0	0	0	0	0	0	0	0	0	0
YN	C8	0	0	0	0	2	1	1	0	0	1	0	0	0	0	0	0	0	1	0
SN	C1	7	10	0	0	4	97	25	1	8	−9	8	3	0	3	1	12	4	2	6
SN	C2	0	0	0	0	−1	4	0	0	0	14	0	0	0	0	24	0	0	0	0
SN	C3	10	43	1	2	−7	127	98	19	0	44	31	40	2	0	20	31	48	2	4
SN	C4	0	2	1	6	−7	10	8	0	1	37	2	2	0	2	5	4	3	0	2
SN	C5	7	12	0	69	35	51	36	4	165	16	22	47	3	93	10	16	28	0	65
SN	C6	0	0	0	0	0	0	0	0	0	0	0	0	0	0	0	0	0	0	0
SN	C7	0	0	0	0	0	0	0	0	418	1	0	0	0	0	0	0	0	0	0
SN	C8	2	3	2	0	5	48	19	16	0	3	5	5	0	1	0	24	16	17	1
GS	C1	4	5	0	0	2	52	13	1	4	−5	3	1	0	2	1	7	2	1	3
GS	C2	0	0	0	0	0	2	0	0	0	3	0	0	0	0	0	0	0	0	0
GS	C3	1	4	0	0	0	15	10	3	0	3	2	3	0	0	1	3	5	0	1
GS	C4	0	1	0	0	−82	5	4	0	0	23	0	0	0	0	4	3	2	0	0
GS	C5	1	2	0	12	1	5	5	0	27	1	2	5	0	12	1	2	5	0	14
GS	C6	0	0	0	0	0	0	0	0	0	0	0	0	0	0	0	0	0	0	0
GS	C7	0	0	0	0	0	0	0	0	0	0	0	0	0	0	0	0	0	0	0
GS	C8	1	2	0	0	9	5	4	1	1	5	1	2	0	2	0	1	2	1	2
QH	C1	0	0	0	0	0	12	3	0	1	−1	0	0	0	0	0	1	0	0	0
QH	C2	0	0	0	0	0	0	0	0	0	1	0	0	0	0	1	0	0	0	0
QH	C3	2	5	0	0	0	1	1	0	0	0	3	5	0	0	1	1	5	0	0
QH	C4	0	0	0	1	−36	0	0	0	0	2	0	0	0	0	0	0	0	0	0
QH	C5	0	0	0	9	2	0	0	0	0	0	0	0	0	3	0	0	1	0	8
QH	C6	0	0	0	0	0	0	0	0	0	0	0	0	0	0	0	0	0	0	0
QH	C7	0	0	0	0	0	0	0	0	0	0	0	0	0	0	0	0	0	0	0
QH	C8	0	0	0	0	1	0	0	0	0	0	0	0	0	0	0	0	0	0	0
NX	C1	1	1	0	0	0	12	3	0	1	−1	1	0	0	0	0	2	1	0	1
NX	C2	0	0	0	0	0	1	0	0	0	1	0	0	0	0	0	0	0	0	0
NX	C3	1	5	0	0	0	9	6	2	0	2	3	5	0	0	2	3	8	0	1
NX	C4	0	2	0	0	−9	6	2	0	0	25	0	0	0	0	1	4	3	0	0
NX	C5	0	0	0	3	1	2	1	0	30	0	0	0	0	1	0	0	1	0	11
NX	C6	0	0	0	0	0	0	0	0	0	−1	0	0	0	0	0	0	0	0	0
NX	C7	0	0	0	0	0	0	0	0	0	0	0	0	0	0	0	0	0	0	0
NX	C8	1	2	0	0	7	4	4	1	1	5	1	1	0	1	0	1	2	0	1
XJ	C1	15	20	0	1	9	264	68	3	22	−25	13	5	0	6	3	19	7	3	9
XJ	C2	0	0	0	0	0	1	0	0	0	8	0	0	0	0	1	0	0	0	0
XJ	C3	12	45	0	0	1	83	60	13	0	22	28	45	1	0	13	16	41	1	0
XJ	C4	0	0	0	1	−7	4	3	0	0	16	0	0	0	0	1	0	0	0	0
XJ	C5	0	0	0	2	1	0	0	0	6	0	0	0	0	1	0	0	0	0	1
XJ	C6	0	1	0	0	0	1	0	0	0	−1	0	0	0	0	0	0	0	0	0
XJ	C7	0	0	0	0	0	0	0	0	0	0	0	0	0	0	0	0	0	0	0
XJ	C8	7	12	1	2	43	25	24	3	4	32	7	8	0	8	2	5	12	1	9
IM	C1	1	1	0	0	1	3	1	0	0	0	0	0	0	0	0	8	3	1	4
IM	C2	0	8	0	0	−6	0	0	0	0	1	1	4	0	0	−14	35	55	16	0
IM	C3	46	183	1	0	11	60	85	35	0	48	32	50	4	0	18	116	151	1	0
IM	C4	2	9	4	21	13	4	2	0	0	480	5	7	1	0	47	6	7	0	0
IM	C5	12	17	0	183	59	7	4	1	29	1	3	6	0	84	−1	3	8	0	96
IM	C6	0	0	0	0	0	0	0	0	0	0	0	0	0	0	0	0	0	0	0
IM	C7	0	0	0	0	0	0	0	0	0	0	0	0	0	0	0	0	0	0	0
IM	C8	1	2	0	0	6	17	9	5	1	6	13	15	0	12	7	7	18	1	14
TII	TII																			
VA	VA001																			
VA	VA002																			
VA	VA003																			
VA	VA004																			
TVA	TVA																			
TI	TI																			

续表

省份	部门	IM FU202	LN FU101	LN FU102	LN FU103	LN FU201	LN FU202	JL FU101	JL FU102	JL FU103	JL FU201	JL FU202	HL FU101	HL FU102	HL FU103	HL FU201	HL FU202	SH FU101	SH FU102	SH FU103
BJ	C1	1	6	6	0	1	1	22	18	0	17	8	9	9	0	1	4	15	34	0
BJ	C2	0	0	0	0	0	0	0	0	0	0	0	0	1	0	0	-1	0	0	0
BJ	C3	-23	60	203	21	0	16	172	381	1	1	46	51	195	1	0	0	105	339	0
BJ	C4	3	1	2	0	0	18	3	5	0	0	2	2	2	0	0	-1	1	1	0
BJ	C5	16	14	34	0	55	13	17	32	0	71	36	10	22	0	*52	34	7	11	0
BJ	C6	0	0	0	0	0	0	0	0	0	0	0	0	0	0	0	0	0	0	0
BJ	C7	0	0	0	0	0	0	0	0	0	0	0	0	0	0	0	0	0	0	0
BJ	C8	6	9	23	0	8	5	5	18	39	0	1	3	6	0	1	2	110	829	929
TJ	C1	0	1	1	0	0	0	4	4	0	4	2	2	2	0	0	1	3	7	0
TJ	C2	0	0	0	0	0	0	0	1	0	0	-1	0	0	0	0	0	0	0	0
TJ	C3	-24	16	53	6	0	4	83	217	0	6	22	43	163	0	0	-1	29	95	0
TJ	C4	80	12	18	0	1	36	43	59	0	2	58	68	32	0	3	7	29	39	0
TJ	C5	23	18	44	0	85	21	21	40	0	144	60	10	23	0	92	38	10	15	0
TJ	C6	0	0	0	0	0	0	0	0	0	0	0	0	0	0	0	0	0	0	0
TJ	C7	0	0	0	0	0	0	0	0	0	0	0	0	0	0	0	0	0	0	0
TJ	C8	10	15	37	0	14	9	6	18	13	0	2	5	11	0	2	4	100	684	687
HE	C1	15	95	92	0	8	15	343	282	0	277	124	138	136	0	11	68	251	582	0
HE	C2	29	4	10	0	0	154	8	17	0	0	-31	2	7	0	0	-8	5	10	0
HE	C3	12	70	193	16	0	7	140	233	1	74	51	35	74	0	1	25	106	338	0
HE	C4	201	25	36	0	4	66	92	118	0	9	98	129	56	0	12	15	75	106	0
HE	C5	34	14	36	0	113	26	22	42	0	255	97	8	19	0	153	47	11	16	0
HE	C6	0	2	4	0	0	-2	6	9	0	0	-3	0	0	0	0	0	2	11	0
HE	C7	0	0	0	0	0	0	0	0	0	0	0	0	0	0	0	0	0	0	0
HE	C8	5	8	19	0	8	5	8	16	10	0	1	3	8	0	2	3	82	403	303
SX	C1	0	1	1	0	0	0	4	3	0	3	1	2	2	0	0	1	3	7	0
SX	C2	0	3	6	0	0	4	2	4	0	0	0	6	20	0	0	-14	0	0	0
SX	C3	-5	4	13	1	0	1	16	40	0	0	4	7	28	0	0	0	8	25	0
SX	C4	6	1	2	0	0	10	3	5	0	0	4	3	2	0	0	0	2	4	0
SX	C5	2	1	2	0	4	1	1	1	0	4	3	0	1	0	3	2	0	1	0
SX	C6	0	1	2	0	0	-1	2	3	0	0	-1	0	0	0	0	0	1	4	0
SX	C7	0	0	0	0	0	0	0	0	0	0	0	0	0	0	0	0	0	0	0
SX	C8	2	2	6	0	3	1	1	2	0	0	0	1	3	0	1	2	5	26	0
IM	C1	574	18	18	0	2	3	54	45	0	44	20	24	24	0	2	12	43	100	0
IM	C2	439	2	5	0	0	15	2	5	0	0	-6	1	5	0	0	-4	1	3	0
IM	C3	73	20	67	7	0	5	30	53	0	1	9	1	5	0	0	1	35	112	0
IM	C4	553	4	5	0	1	17	10	12	0	1	7	10	5	0	2	1	6	9	0
IM	C5	120	3	7	0	22	4	4	7	0	42	14	2	3	0	28	7	2	3	0
IM	C6	-145	1	2	0	0	-1	2	3	0	0	-1	0	0	0	0	0	1	4	0
IM	C7	-1	0	0	0	0	0	0	0	0	0	0	0	0	0	0	0	0	0	0
IM	C8	337	5	13	0	5	3	2	4	0	0	1	2	4	0	1	2	10	59	0
LN	C1	1	6800	6576	0	591	1074	21	17	0	17	8	7	7	0	1	4	9	21	0
LN	C2	1	146	358	0	0	565	1	3	0	0	-2	3	8	0	0	-6	0	0	0
LN	C3	0	4759	14709	831	29	597	26	40	0	4	10	8	13	0	0	5	6	20	0
LN	C4	21	1328	1935	0	190	3187	31	45	0	2	32	19	16	0	2	-3	5	8	0
LN	C5	28	941	2231	0	12918	2204	32	63	0	296	117	10	28	0	160	53	11	16	0
LN	C6	0	419	768	0	0	-351	0	0	0	0	0	0	0	0	0	0	0	0	0
LN	C7	0	0	0	0	25407	42	0	0	0	0	0	0	0	0	0	0	0	0	0
LN	C8	2	3540	9033	15056	1003	493	1	2	0	0	0	1	3	0	1	1	5	32	0
JL	C1	2	22	22	0	2	4	3320	2726	0	2683	1203	39	38	0	3	19	37	86	0
JL	C2	3	3	7	0	0	35	26	56	0	0	-38	3	9	0	0	-8	1	3	0
JL	C3	0	30	89	7	1	5	2303	4433	23	232	669	9	20	0	0	7	28	91	0
JL	C4	17	13	21	0	0	32	379	480	0	39	395	40	38	0	2	4	5	8	0
JL	C5	52	15	33	0	374	104	150	326	0	840	526	9	55	0	340	327	6	8	0
JL	C6	0	0	0	0	0	0	100	156	0	0	-61	0	0	0	0	0	0	0	0
JL	C7	0	0	0	0	0	0	0	0	0	7965	-1	0	0	0	0	0	0	0	0
JL	C8	4	6	13	0	6	3	1737	4702	7706	0	551	3	6	0	1	3	34	235	266
HL	C1	0	1	1	0	0	0	4	3	0	3	1	6897	6835	0	557	3409	1	3	0
HL	C2	51	5	15	0	0	125	12	26	0	0	-3	90	95	0	0	1049	1	3	0
HL	C3	0	0	0	0	0	0	0	1	0	0	0	2347	8521	13	58	1105	0	1	0
HL	C4	0	0	0	0	0	-1	0	0	0	0	0	1272	1108	4	165	248	0	0	0
HL	C5	0	0	1	0	0	0	0	1	0	0	0	195	781	0	4593	1187	0	0	0
HL	C6	0	1	2	0	0	-1	2	3	0	0	-1	298	390	0	0	-234	1	3	0

续表

省份	部门	IM	LN	LN	LN	LN	LN	JL	JL	JL	JL	JL	HL	HL	HL	HL	HL	SH	SH	SH
		FU202	FU101	FU102	FU103	FU201	FU202	FU101	FU102	FU103	FU201	FU202	FU101	FU102	FU103	FU201	FU202	FU101	FU102	FU103
HL	C7	0	0	0	0	0	0	0	0	0	0	0	0	0	0	18542	-106	0	0	0
HL	C8	0	0	0	0	0	0	0	0	0	0	0	3124	7578	12863	1438	1379	0	0	0
SH	C1	1	10	10	0	1	2	34	28	0	28	12	14	14	0	1	7	889	2063	0
SH	C2	0	0	0	0	0	1	0	1	0	0	-1	0	0	0	0	0	3	6	0
SH	C3	-24	77	260	27	0	22	208	448	2	48	60	58	213	0	0	1	824	2728	0
SH	C4	30	11	16	0	1	47	29	39	0	3	30	10	14	0	4	-1	517	921	0
SH	C5	43	35	80	0	194	39	54	100	0	357	149	33	63	0	243	93	655	1024	0
SH	C6	0	0	0	0	0	0	0	0	0	0	0	0	0	0	0	0	74	340	0
SH	C7	0	0	0	0	0	0	0	0	0	10	0	0	0	0	0	0	0	0	0
SH	C8	21	33	79	0	31	19	128	242	377	0	4	11	26	0	5	10	1067	6278	7163
JS	C1	4	30	29	0	3	5	112	92	0	91	41	45	45	0	4	22	109	253	0
JS	C2	3	2	4	0	0	3	7	0	0	-6	1	4	0	0	-3	4	7	0	0
JS	C3	16	163	377	22	0	-7	351	548	1	55	126	109	214	1	3	79	237	757	0
JS	C4	136	33	42	0	9	65	101	116	0	18	65	35	25	0	25	9	62	104	0
JS	C5	100	71	173	0	362	79	106	204	0	842	301	53	110	0	523	151	72	102	0
JS	C6	0	0	0	0	0	0	0	0	0	0	0	0	0	0	0	0	0	0	0
JS	C7	0	0	0	0	0	0	0	0	0	0	0	0	0	0	0	0	0	0	0
JS	C8	14	21	50	0	20	12	10	32	1	0	3	7	18	0	4	7	112	664	170
ZJ	C1	2	14	13	0	1	2	48	39	0	39	17	20	20	0	2	10	58	134	0
ZJ	C2	0	0	0	0	0	1	0	0	0	0	0	0	0	0	0	0	0	0	0
ZJ	C3	1	41	95	6	0	-1	82	128	0	12	29	24	43	0	0	17	67	213	0
ZJ	C4	16	5	7	0	1	6	14	17	0	2	14	6	5	0	2	2	11	20	0
ZJ	C5	10	8	20	0	39	8	11	22	0	99	31	5	11	0	62	13	10	14	0
ZJ	C6	0	0	0	0	0	0	0	0	0	0	0	0	0	0	0	0	0	0	0
ZJ	C7	0	0	0	0	0	0	0	0	0	1	0	0	0	0	0	0	0	0	0
ZJ	C8	1	1	2	0	1	0	3	14	6	0	0	0	1	0	0	0	83	394	271
AH	C1	11	84	81	0	7	13	299	246	0	242	108	123	122	0	10	61	279	648	0
AH	C2	6	3	8	0	23	7	15	0	0	-17	0	0	0	0	0	0	8	17	0
AH	C3	0	2	5	0	0	1	3	6	0	10	2	1	1	0	0	1	5	15	0
AH	C4	21	6	9	0	2	6	18	21	0	3	14	2	4	0	4	2	6	13	0
AH	C5	9	2	5	0	34	9	5	8	0	50	31	2	5	0	34	20	2	3	0
AH	C6	0	1	2	0	0	-1	2	3	0	0	-1	0	0	0	0	0	1	3	0
AH	C7	0	0	0	0	0	0	0	0	0	6	0	0	0	0	0	0	0	0	0
AH	C8	0	0	0	0	0	0	3	12	0	0	0	0	0	0	0	0	42	232	0
FJ	C1	1	7	7	0	1	1	20	17	0	17	7	10	9	0	1	5	25	57	0
FJ	C2	0	0	1	0	0	0	0	0	0	0	0	0	0	0	0	0	0	0	0
FJ	C3	-34	12	41	4	0	3	93	256	0	23	58	222	1	0	0	-4	33	105	0
FJ	C4	5	3	4	0	1	4	6	7	0	1	5	3	2	0	1	1	8	12	0
FJ	C5	4	13	29	0	30	3	14	26	0	41	12	11	21	0	38	20	11	16	0
FJ	C6	0	0	1	0	0	0	1	0	0	0	0	0	0	0	0	0	0	1	0
FJ	C7	0	0	0	0	0	0	0	0	0	0	0	0	0	0	0	0	0	0	0
FJ	C8	3	4	9	0	4	2	15	22	2	0	1	2	4	0	1	2	69	367	26
JX	C1	2	22	21	0	2	3	66	54	0	53	24	30	30	0	2	15	79	183	0
JX	C2	1	1	2	0	0	18	1	2	0	0	-3	0	1	0	0	-1	2	4	0
JX	C3	1	12	40	4	0	3	18	33	0	1	5	1	4	0	0	1	33	108	0
JX	C4	3	1	2	0	0	4	3	3	0	0	3	2	1	0	0	0	3	5	0
JX	C5	5	3	7	0	32	8	4	7	0	27	21	2	6	0	23	21	3	4	0
JX	C6	0	0	0	0	0	0	0	0	0	0	0	0	0	0	0	0	0	0	0
JX	C7	0	0	0	0	0	0	0	0	0	0	0	0	0	0	0	0	0	0	0
JX	C8	1	2	4	0	2	1	1	2	0	0	0	1	2	0	0	1	3	18	0
SD	C1	4	25	24	0	2	4	94	77	0	76	34	37	37	0	3	18	68	158	0
SD	C2	14	2	6	0	29	4	8	0	0	-6	3	11	0	0	0	-8	2	4	0
SD	C3	-1	99	280	24	0	11	232	418	2	18	73	56	150	1	1	24	155	497	0
SD	C4	63	16	25	0	1	16	41	52	0	2	78	40	33	0	3	4	22	35	0
SD	C5	59	20	48	0	187	50	33	62	0	258	169	13	39	0	174	125	14	21	0
SD	C6	0	1	2	0	0	-1	2	2	0	0	-1	0	0	0	0	0	1	3	0
SD	C7	0	0	0	0	0	0	0	0	0	11	0	0	0	0	0	0	0	0	0
SD	C8	12	18	43	0	18	10	6	17	3	0	2	7	16	0	3	7	66	314	37
HA	C1	6	45	43	0	4	7	159	131	0	129	58	65	64	0	5	32	132	306	0
HA	C2	5	1	3	0	0	26	1	2	0	0	-2	4	11	0	0	-8	0	0	0
HA	C3	10	62	192	19	0	13	120	206	1	55	41	19	44	0	1	13	127	405	0
HA	C4	42	5	8	0	1	16	20	27	0	1	25	35	15	0	2	4	25	34	0

续表

省份	部门	IM	LN	LN	LN	LN	LN	JL	JL	JL	JL	JL	HL	HL	HL	HL	HL	SH	SH	SH
		FU202	FU101	FU102	FU103	FU201	FU202	FU101	FU102	FU103	FU201	FU202	FU101	FU102	FU103	FU201	FU202	FU101	FU102	FU103
HA	C5	10	3	8	0	46	8	8	15	0	117	41	3	5	0	70	18	4	4	0
HA	C6	0	0	0	0	0	0	0	0	0	0	0	0	0	0	0	0	0	0	0
HA	C7	0	0	0	0	0	0	0	0	0	0	0	0	0	0	0	0	0	0	0
HA	C8	2	3	8	0	3	2	1	3	0	0	1	1	3	0	1	1	6	36	1
HB	C1	5	41	39	0	4	6	139	114	0	112	50	58	58	0	5	29	118	274	0
HB	C2	1	1	2	0	0	3	1	2	0	0	-2	0	1	0	0	-1	1	2	0
HB	C3	7	55	186	20	0	16	100	175	1	33	31	7	19	0	0	3	123	396	0
HB	C4	19	5	7	0	1	28	14	17	0	2	7	8	5	0	3	-1	8	13	0
HB	C5	25	7	16	0	98	24	13	25	0	153	83	5	14	0	102	60	6	8	0
HB	C6	0	0	0	0	0	0	0	0	0	0	0	0	0	0	0	0	0	0	0
HB	C7	0	0	0	0	0	0	0	0	0	0	0	0	0	0	0	0	0	0	0
HB	C8	6	9	22	0	9	5	9	16	0	0	1	3	7	0	2	3	44	270	19
HN	C1	4	36	35	0	3	6	120	98	0	97	43	52	51	0	4	26	115	267	0
HN	C2	2	1	1	0	0	17	1	1	0	0	-2	1	2	0	0	-1	1	2	0
HN	C3	5	40	133	14	0	11	68	120	1	16	20	4	14	0	0	2	96	310	0
HN	C4	9	1	2	0	0	11	5	7	0	0	5	10	4	0	0	2	10	13	0
HN	C5	14	7	17	0	52	14	9	17	0	81	40	3	9	0	55	26	6	9	0
HN	C6	0	0	0	0	0	0	0	0	0	0	0	0	0	0	0	0	0	0	0
HN	C7	0	0	0	0	0	0	0	0	0	0	0	0	0	0	0	0	0	0	0
HN	C8	3	4	10	0	4	2	1	3	0	0	1	2	4	0	1	2	7	43	0
GD	C1	2	19	18	0	2	3	67	55	0	54	24	28	28	0	2	14	56	130	0
GD	C2	2	0	0	0	0	27	0	0	0	0	-2	0	1	0	0	-1	0	4	0
GD	C3	5	149	414	34	0	16	323	567	2	63	106	81	205	1	2	44	254	816	0
GD	C4	78	22	29	0	5	30	62	74	0	10	53	25	20	0	14	7	32	53	0
GD	C5	46	57	143	0	118	34	61	123	0	198	64	36	83	0	147	58	41	65	0
GD	C6	0	24	43	0	0	-20	44	69	0	0	-27	0	0	0	0	0	18	84	0
GD	C7	0	0	0	0	0	0	0	0	0	0	0	0	0	0	0	0	0	0	0
GD	C8	3	6	13	0	5	3	3	12	262	0	1	2	4	0	1	2	69	241	78
GX	C1	2	22	21	0	2	3	59	48	0	48	21	29	28	0	2	14	67	156	0
GX	C2	0	0	0	0	0	6	0	0	0	0	-2	0	1	0	0	-1	0	1	0
GX	C3	3	43	146	15	0	12	62	110	1	5	18	4	15	0	0	2	104	336	0
GX	C4	6	3	5	0	0	10	6	7	0	1	5	11	5	0	1	1	17	24	0
GX	C5	4	5	11	0	33	7	5	10	0	50	19	3	6	0	39	12	4	6	0
GX	C6	0	0	0	0	0	0	0	1	0	0	0	0	0	0	0	0	0	1	0
GX	C7	0	0	0	0	0	0	0	0	0	0	0	0	0	0	0	0	0	0	0
GX	C8	2	3	7	0	3	2	6	13	0	0	1	1	3	0	1	1	35	199	5
HI	C1	0	11	10	0	1	2	9	7	0	7	3	10	10	0	1	5	36	84	0
HI	C2	0	0	0	0	0	5	0	0	0	0	0	0	0	0	0	0	0	0	0
HI	C3	0	11	36	3	0	3	2	4	0	0	1	0	2	0	0	0	25	81	0
HI	C4	0	0	0	0	0	0	0	0	0	0	0	0	0	0	0	0	0	0	0
HI	C5	0	0	0	0	0	0	0	0	0	0	0	0	0	0	0	0	0	0	0
HI	C6	0	0	0	0	0	0	0	0	0	0	0	0	0	0	0	0	0	0	0
HI	C7	0	0	0	0	0	0	0	0	0	0	0	0	0	0	0	0	0	0	0
HI	C8	2	4	9	0	3	2	1	5	1	0	1	1	3	0	1	1	17	82	9
SC	C1	0	1	1	0	0	0	3	3	0	3	1	1	1	0	0	1	3	6	0
SC	C2	1	0	1	0	0	9	0	1	0	0	-1	0	1	0	0	-1	0	0	0
SC	C3	-17	51	164	17	0	12	139	299	1	3	38	42	154	0	0	2	101	326	0
SC	C4	6	2	3	0	0	17	4	6	0	0	3	4	3	0	0	-1	3	4	0
SC	C5	21	11	25	0	78	18	17	31	0	117	61	9	21	0	83	48	8	11	0
SC	C6	0	1	1	0	0	-1	1	2	0	0	-1	0	0	0	0	0	1	3	0
SC	C7	0	0	0	0	0	0	0	0	0	0	0	0	0	0	0	0	0	0	0
SC	C8	4	6	14	0	5	3	2	4	0	0	1	2	5	0	1	2	11	66	0
GZ	C1	0	3	3	0	0	1	7	6	0	6	3	4	4	0	0	2	11	25	0
GZ	C2	0	0	0	0	0	8	0	0	0	0	-1	0	1	0	0	-1	0	0	0
GZ	C3	2	45	150	16	0	12	50	87	1	0	14	4	12	0	0	2	107	343	0
GZ	C4	0	1	2	0	0	3	1	1	0	0	0	0	0	0	1	0	2	4	0
GZ	C5	0	1	2	0	3	1	0	1	0	2	1	0	1	0	2	1	1	1	0
GZ	C6	0	0	0	0	0	0	1	0	0	0	0	0	0	0	0	0	0	1	0
GZ	C7	0	0	0	0	0	0	0	0	0	0	0	0	0	0	0	0	0	0	0
GZ	C8	3	4	10	0	4	2	1	3	86	0	1	1	3	0	1	1	8	46	0
YN	C1	0	1	1	0	0	0	3	2	0	2	1	1	1	0	0	2	3	7	0
YN	C2	0	0	0	0	0	13	0	0	0	0	0	0	0	0	0	0	0	0	0

续表

省份	部门	IM	LN	LN	LN	LN	LN	JL	JL	JL	JL	JL	HL	HL	HL	HL	HL	SH	SH	SH
		FU202	FU101	FU102	FU103	FU201	FU202	FU101	FU102	FU103	FU201	FU202	FU101	FU102	FU103	FU201	FU202	FU101	FU102	FU103
YN	C3	2	31	105	11	0	8	40	70	0	0	11	2	8	0	0	1	68	221	0
YN	C4	0	0	0	0	0	3	0	0	0	0	0	0	0	0	0	0	0	0	0
YN	C5	0	0	0	0	1	0	0	0	0	1	1	0	0	0	1	0	0	0	0
YN	C6	0	0	1	0	0	0	1	1	0	0	0	0	0	0	0	0	0	1	0
YN	C7	0	0	0	0	0	0	0	0	0	0	1	0	0	0	0	0	0	0	0
YN	C8	0	0	0	0	0	0	0	0	0	0	0	0	0	0	0	0	1	5	1
SN	C1	1	11	11	0	1	2	33	27	0	27	12	15	15	0	1	7	31	73	0
SN	C2	12	0	1	0	0	80	0	0	0	0	-7	0	1	0	0	-2	0	0	0
SN	C3	3	40	110	9	0	4	70	113	0	5	23	15	29	0	0	10	61	194	0
SN	C4	12	2	3	0	0	4	6	7	0	1	5	5	3	0	1	1	5	8	0
SN	C5	12	17	40	0	47	9	17	33	0	49	22	13	26	0	45	29	12	17	0
SN	C6	0	0	0	0	0	0	0	0	0	0	0	0	0	0	0	0	0	0	0
SN	C7	0	0	0	0	0	0	0	0	0	9	0	0	0	0	0	0	0	0	0
SN	C8	0	1	2	0	1	0	4	8	4	0	0	0	1	0	0	0	51	290	345
GS	C1	1	6	6	0	1	1	16	13	0	13	6	8	8	0	1	4	18	41	0
GS	C2	0	0	0	0	0	1	0	0	0	0	0	0	1	0	0	-1	0	0	0
GS	C3	0	4	12	1	0	1	5	8	0	1	1	0	1	0	0	0	8	25	0
GS	C4	6	1	1	0	0	12	1	2	0	0	0	2	1	0	0	-1	2	2	0
GS	C5	2	2	6	0	6	2	1	3	0	7	2	1	2	0	6	2	2	3	0
GS	C6	0	0	0	0	0	0	0	0	0	0	0	0	0	0	0	0	0	0	0
GS	C7	0	0	0	0	0	0	0	0	0	0	0	0	0	0	0	0	0	0	0
GS	C8	1	1	2	0	1	1	1	1	0	0	0	0	1	0	0	0	3	14	1
QH	C1	0	1	1	0	0	0	2	1	0	1	1	1	1	0	0	0	4	9	0
QH	C2	1	0	0	0	0	2	1	1	0	0	-1	0	0	0	0	0	0	0	0
QH	C3	-1	0	1	0	0	0	4	11	0	0	1	2	9	0	0	0	1	2	0
QH	C4	1	0	0	0	0	0	1	1	0	0	-2	0	0	0	0	-1	0	0	0
QH	C5	1	0	0	0	0	0	1	1	0	14	4	0	0	0	5	1	0	0	0
QH	C6	0	0	0	0	0	0	0	0	0	0	0	0	0	0	0	0	0	0	0
QH	C7	0	0	0	0	0	0	0	0	0	0	0	0	0	0	0	0	0	0	0
QH	C8	0	0	0	0	0	0	0	0	0	0	0	0	0	0	0	0	0	2	0
NX	C1	0	2	2	0	0	0	2	1	0	1	1	1	1	0	0	1	4	8	0
NX	C2	0	0	0	0	0	0	0	0	0	0	0	0	1	0	0	-1	0	0	0
NX	C3	0	3	8	1	0	1	2	3	0	0	1	1	1	0	0	0	4	13	0
NX	C4	5	1	1	0	0	4	1	1	0	0	1	1	1	0	0	0	0	1	0
NX	C5	1	0	1	0	5	1	1	2	0	17	5	0	0	0	2	0	0	0	0
NX	C6	0	0	0	0	0	0	0	0	0	0	0	0	0	0	0	0	0	0	0
NX	C7	0	0	0	0	0	0	0	0	0	0	0	0	0	0	0	0	0	0	0
NX	C8	1	1	2	0	1	1	0	1	0	0	0	0	1	0	0	0	2	10	0
XJ	C1	2	34	33	0	3	5	66	54	0	53	24	40	40	0	3	20	95	220	0
XJ	C2	2	0	1	0	0	9	1	2	0	0	-3	1	4	0	0	-3	0	1	0
XJ	C3	-4	25	77	7	0	5	31	63	0	0	9	10	33	0	0	2	45	145	0
XJ	C4	1	0	1	0	0	1	2	3	0	0	3	2	1	0	0	0	1	2	0
XJ	C5	0	0	0	0	1	0	0	0	0	1	0	0	0	0	1	0	0	0	0
XJ	C7	0	0	0	0	0	0	0	0	0	0	0	0	0	0	0	0	0	1	0
XJ	C7	0	0	0	0	0	0	0	0	0	0	0	0	0	0	0	0	0	0	0
XJ	C8	4	6	15	0	6	3	2	4	0	0	1	2	5	0	1	2	13	79	0
IM	C1	1	135	131	0	12	21	28	23	0	23	10	0	0	0	0	0	85	197	0
IM	C2	46	24	59	0	0	100	0	1	0	0	-26	5	9	0	0	-33	5	11	0
IM	C3	-13	34	147	0	1	1	1	1	0	0	0	67	116	0	0	47	22	75	0
IM	C4	48	10	15	0	0	8	4	6	0	0	7	10	20	0	1	3	11	24	0
IM	C5	8	17	37	0	97	19	7	14	0	33	34	6	9	0	254	59	29	34	0
IM	C6	0	0	0	0	0	0	0	0	0	0	0	0	0	0	0	0	0	0	0
IM	C7	0	0	0	0	0	0	0	0	0	0	0	0	0	0	0	0	0	0	0
IM	C8	6	6	14	20	0	0	0	0	0	0	0	0	0	0	0	0	8	97	138
TII	TII																			
VA	VA001																			
VA	VA002																			
VA	VA003																			
VA	VA004																			
TVA	TVA																			
TI	TI																			

省份	部门	SH FU201	SH FU202	JS FU101	JS FU102	JS FU103	JS FU201	JS FU202	ZJ FU101	ZJ FU102	ZJ FU103	ZJ FU201	ZJ FU202	AH FU101	AH FU102	AH FU103	AH FU201	AH FU202	FJ FU101	FJ FU102
BJ	C1	0	-6	7	2	0	0	2	9	2	0	1	3	37	10	0	0	9	6	2
BJ	C2	0	0	0	0	0	0	0	0	0	0	0	-1	0	0	0	0	0	0	0
BJ	C3	13	8	12	19	6	0	13	53	34	0	0	8	100	108	0	0	11	49	25
BJ	C4	0	-38	1	1	0	0	18	1	0	0	5	2	0	0	0	0	3	2	1
BJ	C5	137	-13	13	15	0	87	12	7	5	0	25	17	0	0	0	0	0	3	2
BJ	C6	0	0	0	0	0	0	0	0	0	0	0	0	0	0	0	0	0	0	0
BJ	C7	0	0	0	0	0	0	0	0	0	0	0	0	0	0	0	0	0	0	0
BJ	C8	226	2	13	12	5	7	2	11	6	12	2	1	40	18	3	0	0	58	49
TJ	C1	0	-1	1	0	0	0	0	2	0	0	0	1	8	2	0	0	2	1	0
TJ	C2	0	1	0	0	0	0	0	0	0	0	0	0	0	0	0	0	0	0	0
TJ	C3	60	-4	9	18	8	0	18	14	9	0	1	3	94	99	0	0	10	12	6
TJ	C4	1	19	9	6	0	2	48	10	5	0	31	20	50	4	0	0	-14	10	3
TJ	C5	266	-8	23	27	0	192	25	10	7	0	41	26	0	0	0	0	0	6	3
TJ	C6	0	0	0	0	0	0	0	0	0	0	0	0	0	0	0	0	0	0	0
TJ	C7	0	0	0	0	0	0	0	0	0	0	0	0	0	0	0	0	0	0	0
TJ	C8	388	8	22	15	2	12	5	11	7	10	3	2	24	15	6	0	-1	52	39
HE	C1	0	-108	112	29	0	3	25	153	39	0	14	43	643	175	0	0	151	116	35
HE	C2	0	21	0	0	0	0	3	4	4	0	2	-9	0	0	0	0	2	0	0
HE	C3	904	9	83	125	29	5	161	51	32	0	2	15	18	7	0	0	1	80	36
HE	C4	4	78	19	14	0	11	110	18	12	0	74	43	119	9	0	0	-36	22	11
HE	C5	477	5	26	31	0	327	45	11	8	0	70	36	0	0	0	0	0	9	4
HE	C6	0	-7	1	1	0	0	0	4	4	0	0	-6	0	0	0	0	0	0	0
HE	C7	0	0	0	0	0	0	0	0	0	0	0	0	0	0	0	0	0	0	0
HE	C8	203	13	24	14	0	11	5	17	9	8	2	1	14	9	3	0	-3	49	38
SX	C1	0	-1	1	0	0	0	0	2	0	0	0	1	8	2	0	0	2	1	0
SX	C2	0	0	0	0	0	0	0	0	10	0	0	-28	0	0	0	0	5	0	0
SX	C3	0	1	1	1	0	0	0	4	3	0	0	1	17	18	0	0	2	3	2
SX	C4	0	-20	2	1	0	0	12	2	1	0	4	2	2	0	0	0	1	2	1
SX	C5	11	0	1	2	0	8	1	1	0	0	2	2	0	0	0	0	0	0	0
SX	C6	0	-2	1	1	0	0	0	1	1	0	0	-2	0	0	0	0	0	0	0
SX	C7	0	0	0	0	0	0	0	0	0	0	0	0	0	0	0	0	0	0	0
SX	C8	56	10	14	8	0	6	3	1	0	0	1	1	4	3	1	0	-2	5	2
IM	C1	0	-18	21	5	0	0	5	27	7	0	2	7	108	29	0	0	25	15	5
IM	C2	0	6	0	0	0	0	1	1	1	0	1	-4	0	0	0	0	1	0	0
IM	C3	12	6	2	3	0	0	0	18	12	0	0	3	0	0	0	0	0	14	7
IM	C4	1	-15	3	2	0	2	22	1	1	0	8	4	8	1	0	0	0	1	1
IM	C5	84	-2	4	5	0	66	9	2	1	0	11	5	0	0	0	0	0	1	0
IM	C6	0	-3	1	1	0	0	0	2	1	0	0	-2	0	0	0	0	0	0	0
IM	C7	0	0	0	0	0	0	0	0	0	0	0	0	0	0	0	0	0	0	0
IM	C8	133	6	9	6	0	5	2	1	1	0	1	1	8	5	2	0	-1	9	3
LN	C1	0	-4	4	1	0	0	1	6	1	0	1	2	23	6	0	0	5	4	1
LN	C2	0	1	0	0	0	0	0	0	1	0	0	-4	0	0	0	0	1	0	0
LN	C3	28	1	13	14	0	0	21	3	2	0	0	2	1	1	0	0	0	11	4
LN	C4	0	-103	6	3	0	1	56	5	2	0	18	9	4	0	0	0	9	8	3
LN	C5	327	-2	26	32	0	237	31	11	7	0	51	32	0	0	0	0	0	7	4
LN	C6	0	0	0	0	0	0	0	0	0	0	0	0	0	0	0	0	0	0	0
LN	C7	0	0	0	0	0	0	0	0	0	0	0	0	0	0	0	0	0	0	0
LN	C8	70	6	9	5	0	4	2	1	0	0	1	1	5	3	1	0	-1	5	2
JL	C1	0	-16	17	5	0	0	4	23	6	0	2	6	93	25	0	0	22	15	4
JL	C2	0	5	0	0	0	0	1	1	1	0	1	-2	0	0	0	0	0	0	0
JL	C3	24	6	11	12	0	0	17	16	10	0	2	4	1	1	0	0	0	16	8
JL	C4	0	-20	9	4	0	1	22	7	3	0	6	9	5	0	0	0	0	7	2
JL	C5	538	64	14	11	0	242	43	12	9	0	138	81	0	0	0	0	0	10	2
JL	C6	0	0	0	0	0	0	0	0	0	0	0	0	0	0	0	0	0	0	0
JL	C7	8	194	0	0	0	0	0	0	0	0	1	0	0	0	0	0	0	0	0
JL	C8	131	13	20	11	0	9	4	5	3	3	2	1	10	6	2	0	-3	19	12
HL	C1	0	-1	1	0	0	0	0	2	0	0	0	1	4	1	0	0	1	1	0
HL	C2	0	6	0	0	0	0	1	1	3	0	1	-13	0	0	0	0	2	0	0
HL	C3	0	-2	1	2	1	0	3	0	0	0	0	1	0	0	0	0	0	0	0
HL	C4	0	0	0	0	0	0	0	0	0	0	0	0	0	0	0	0	0	0	0
HL	C5	0	0	0	1	0	1	0	0	0	0	0	0	0	0	0	0	0	0	0
HL	C6	0	-2	1	1	0	0	0	1	1	0	0	-2	0	0	0	0	0	0	0

续表

省份	部门	SH	SH	JS	JS	JS	JS	JS	ZJ	ZJ	ZJ	ZJ	ZJ	AH	AH	AH	AH	AH	FJ	FJ
		FU201	FU202	FU101	FU102	FU103	FU201	FU202	FU101	FU102	FU103	FU201	FU202	FU101	FU102	FU103	FU201	FU202	FU101	FU102
HL	C7	0	0	0	0	0	0	0	0	0	0	0	0	0	0	0	0	0	0	0
HL	C8	0	0	0	0	0	0	0	0	0	0	0	0	0	0	0	0	0	0	0
SH	C1	0	− 381	16	4	0	0	4	26	7	0	2	7	83	23	0	0	20	17	5
SH	C2	0	13	0	0	0	0	0	1	0	0	0	0	0	0	0	0	0	0	0
SH	C3	468	− 270	15	22	1	4	12	131	84	0	3	24	139	151	0	0	16	114	57
SH	C4	80	− 1273	28	15	0	5	94	34	14	0	30	36	6	0	0	0	10	41	16
SH	C5	16470	− 181	50	52	0	681	92	36	23	0	169	87	0	0	0	0	0	20	9
SH	C6	0	− 211	0	0	0	0	0	0	0	0	0	0	0	0	0	0	0	0	0
SH	C7	527	13104	0	0	0	0	0	0	0	0	1	0	0	0	0	0	0	0	0
SH	C8	2647	192	85	66	19	35	15	61	34	51	7	5	85	48	14	0	− 5	439	392
JS	C1	0	− 47	16814	4421	0	384	3825	63	16	0	6	18	261	71	0	0	61	51	15
JS	C2	0	15	0	30	0	0	147	3	4	0	2	− 13	0	0	0	0	2	0	0
JS	C3	876	− 89	7863	10220	860	251	8571	104	66	0	3	39	64	26	0	0	4	263	110
JS	C4	10	− 12	2065	1595	12	1438	10633	28	12	0	44	40	43	3	0	0	− 4	52	19
JS	C5	2184	− 84	2362	2671	0	20824	2796	61	40	0	267	147	0	0	0	0	0	46	24
JS	C6	0	0	1494	1460	0	0	1	0	0	0	0	0	0	0	0	0	0	0	0
JS	C7	0	0	0	0	0	37722	0	0	0	0	0	0	0	0	0	0	0	0	0
JS	C8	512	26	9161	5774	19767	1392	638	15	7	12	5	4	33	21	8	0	− 4	99	76
ZJ	C1	0	− 25	20	5	0	0	5	8787	2267	0	795	2477	109	30	0	0	26	25	8
ZJ	C2	0	1	0	0	0	0	0	230	21	0	134	− 35	0	0	0	0	0	0	0
ZJ	C3	232	2	70	83	6	1	121	13059	8307	0	124	5246	9	5	0	0	1	71	30
ZJ	C4	1	14	10	5	0	3	16	1692	1022	0	2843	2906	5	0	0	0	− 2	16	5
ZJ	C5	307	− 14	17	20	0	182	23	1903	1178	0	10108	4477	0	0	0	0	0	5	3
ZJ	C6	0	0	0	0	0	0	0	126	118	0	9	− 179	0	0	0	0	0	0	0
ZJ	C7	1	19	0	0	0	0	0	0	0	0	24356	− 10	0	0	0	0	0	0	0
ZJ	C8	19	1	5	5	3	1	0	6207	4221	11115	1064	814	1	1	0	0	0	41	50
AH	C1	0	− 120	128	34	0	3	29	166	43	0	15	47	11361	3090	0	0	2673	137	41
AH	C2	0	33	0	1	0	0	4	6	1	0	4	− 1	84	89	0	0	130	0	0
AH	C3	155	8	1	1	0	1	3	3	2	0	1	1	5622	4056	1376	1	1360	2	1
AH	C4	2	12	10	6	0	6	16	6	2	0	0	6	2325	500	0	8	− 106	13	4
AH	C5	170	12	4	4	0	82	12	3	2	0	27	14	493	765	0	824	547	7	2
AH	C6	0	− 2	1	1	0	0	1	0	1	0	0	− 2	318	222	0	0	− 293	0	0
AH	C7	4	111	0	0	0	0	0	0	0	0	1	0	50	24	0	15726	0	0	0
AH	C8	0	0	5	7	6	0	0	7	3	7	0	0	5105	2947	5899	0	− 48	43	41
FJ	C1	0	− 11	11	3	0	0	2	16	4	0	1	5	59	16	0	0	14	11377	3393
FJ	C2	0	3	0	0	0	0	0	1	1	0	0	− 4	0	0	0	0	0	77	73
FJ	C3	0	5	2	3	0	0	0	18	12	0	0	3	188	205	0	0	21	5283	3256
FJ	C4	1	10	5	3	0	2	12	6	2	0	7	8	8	1	0	0	− 3	922	478
FJ	C5	150	− 41	13	13	0	90	12	9	6	0	19	12	0	0	0	0	0	883	458
FJ	C6	0	− 1	0	0	0	0	0	0	0	0	0	− 1	0	0	0	0	0	302	176
FJ	C7	0	0	0	0	0	0	0	0	0	0	0	0	0	0	0	0	0	0	0
FJ	C8	91	7	14	10	3	5	2	28	14	6	1	1	6	4	2	0	− 1	5919	3197
JX	C1	0	− 34	34	9	0	1	8	53	14	0	5	15	187	51	0	0	44	47	14
JX	C2	0	8	0	0	0	0	1	2	5	0	1	− 12	0	0	0	0	1	0	0
JX	C3	12	4	5	7	2	0	7	20	13	0	3	4	1	1	0	0	0	21	11
JX	C4	0	− 10	2	1	0	1	11	3	1	0	5	4	4	0	0	0	0	6	2
JX	C5	121	6	5	4	0	53	9	4	3	0	32	19	0	0	0	0	0	4	1
JX	C6	0	0	0	0	0	0	0	0	0	0	0	0	0	0	0	0	0	0	0
JX	C8	37	5	7	4	0	3	2	1	1	0	1	0	3	2	1	0	− 1	4	2
SD	C1	0	− 29	30	8	0	1	7	41	11	0	4	12	177	48	0	0	42	33	10
SD	C2	0	8	0	0	0	0	0	2	6	0	1	− 17	0	0	0	0	3	0	0
SD	C3	213	− 3	92	123	21	1	159	76	49	0	1	18	61	56	0	0	6	121	55
SD	C4	1	− 28	27	15	0	3	64	25	9	0	24	31	30	2	0	0	− 5	36	9
SD	C5	583	28	29	31	0	307	46	17	12	0	119	73	0	0	0	0	0	15	6
SD	C6	0	− 2	1	1	0	0	1	1	1	0	0	− 2	0	0	0	0	0	0	0
SD	C7	8	208	0	0	0	0	0	0	0	0	0	0	0	0	0	0	0	0	0
SD	C8	510	29	49	28	0	23	11	8	4	4	4	3	32	20	8	0	− 5	39	27
HA	C1	0	− 57	59	16	0	1	13	80	21	0	7	22	344	94	0	0	81	63	19
HA	C2	0	0	0	0	0	0	0	0	8	0	0	− 23	0	0	0	0	4	0	0
HA	C3	783	24	46	74	19	4	86	61	40	0	0	14	10	3	0	0	1	78	37
HA	C4	1	29	5	4	0	2	34	6	4	0	26	15	45	3	0	0	− 14	7	3

续表

省份	部门	SH FU201	SH FU202	JS FU101	JS FU102	JS FU103	JS FU201	JS FU202	ZJ FU101	ZJ FU102	ZJ FU103	ZJ FU201	ZJ FU202	AH FU101	AH FU102	AH FU103	AH FU201	AH FU202	FJ FU101	FJ FU102
HA	C5	239	2	8	8	0	162	23	4	2	0	32	13	0	0	0	0	0	3	1
HA	C6	0	0	0	0	0	0	0	0	0	0	0	0	0	0	0	0	0	0	0
HA	C7	0	0	0	0	0	0	0	0	0	0	0	0	0	0	0	0	0	0	0
HA	C8	77	5	8	5	0	4	2	1	0	0	1	1	5	3	1	0	-1	6	3
HB	C1	0	-51	52	14	0	1	12	77	20	0	7	22	294	80	0	0	69	72	21
HB	C2	0	4	0	0	0	0	0	0	1	1	0	1	-3	0	0	0	0	0	0
HB	C3	477	36	9	15	2	2	8	66	43	0	1	1	0	0	0	0	0	85	43
HB	C4	1	-58	6	3	0	3	42	5	2	0	16	9	8	1	0	0	4	12	4
HB	C5	366	19	12	12	0	199	31	9	6	0	76	40	0	0	0	0	0	9	2
HB	C6	0	0	0	0	0	0	0	0	0	0	0	0	0	0	0	0	0	0	0
HB	C7	0	0	0	0	0	0	0	0	0	0	0	0	0	0	0	0	0	0	0
HB	C8	230	9	19	13	3	9	4	14	7	4	2	2	14	9	3	0	-1	62	36
HN	C1	0	-49	49	13	0	1	11	76	19	0	7	21	274	75	0	0	64	67	20
HN	C2	0	2	0	0	0	0	0	1	4	0	0	-12	0	0	0	0	1	0	0
HN	C3	260	21	9	14	3	1	10	53	34	0	1	9	1	0	0	0	0	63	32
HN	C4	0	-8	2	1	0	0	20	3	2	0	16	8	15	1	0	0	-3	5	2
HN	C5	233	8	14	17	0	142	19	7	5	0	44	27	0	0	0	0	0	7	3
HN	C6	0	0	0	0	0	0	0	0	0	0	0	0	0	0	0	0	0	0	0
HN	C7	0	0	0	0	0	0	0	0	0	0	0	0	0	0	0	0	0	0	0
HN	C8	96	7	11	7	0	5	3	1	0	0	1	1	7	4	2	0	-2	7	3
GD	C1	0	-24	24	6	0	1	5	36	9	0	3	10	134	36	0	0	32	33	10
GD	C2	0	0	0	0	0	0	0	1	0	0	0	-2	0	0	0	0	0	0	0
GD	C3	838	-1	158	220	43	4	285	134	86	0	6	34	72	58	0	0	7	238	108
GD	C4	5	35	28	16	0	13	61	24	10	0	22	31	23	2	0	0	-6	54	16
GD	C5	455	-91	80	102	0	383	41	37	25	0	65	69	0	0	0	0	0	24	19
GD	C6	0	-52	15	15	0	0	0	32	30	0	2	-45	0	0	0	0	0	0	0
GD	C7	0	0	0	0	0	0	0	0	0	0	0	0	0	0	0	0	0	0	0
GD	C8	129	5	19	13	0	5	2	10	6	10	1	1	53	22	2	0	-1	28	37
GX	C1	0	-29	30	8	0	1	7	44	11	0	4	12	160	43	0	0	38	35	10
GX	C2	0	1	0	0	0	0	0	0	1	0	0	-2	0	0	0	0	0	0	0
GX	C3	91	14	10	16	4	0	11	58	37	0	3	10	2	0	0	0	0	59	30
GX	C4	1	17	4	3	0	2	25	6	3	0	22	13	25	2	0	0	-8	8	2
GX	C5	175	-2	9	10	0	123	17	5	3	0	27	13	0	0	0	0	0	3	1
GX	C6	0	-1	0	0	0	0	0	0	0	0	0	0	0	0	0	0	0	0	0
GX	C7	0	0	0	0	0	0	0	0	0	0	0	0	0	0	0	0	0	0	0
GX	C8	68	3	9	8	3	3	1	11	6	5	1	0	4	3	1	0	-1	47	32
HI	C1	0	-16	18	5	0	0	4	24	6	0	2	7	91	25	0	0	21	18	5
HI	C2	0	0	0	0	0	0	0	0	0	0	0	0	0	0	0	0	0	0	0
HI	C3	2	4	2	1	0	0	2	14	9	0	0	2	0	0	0	0	0	14	7
HI	C4	0	0	0	0	0	0	0	0	0	0	0	0	0	0	0	0	1	0	0
HI	C5	0	0	0	0	0	0	0	0	0	0	0	0	0	0	0	0	0	0	0
HI	C6	0	0	0	0	0	0	0	0	0	0	0	0	0	0	0	0	0	0	0
HI	C7	0	0	0	0	0	0	0	0	0	0	0	0	0	0	0	0	0	0	0
HI	C8	87	3	6	4	1	3	1	2	1	2	1	1	5	3	1	0	0	12	10
SC	C1	0	-1	1	0	0	0	0	2	0	0	0	0	7	2	0	0	2	1	0
SC	C2	0	1	0	0	0	0	0	0	1	0	0	-2	0	0	0	0	0	0	0
SC	C3	34	8	19	26	5	0	25	51	33	0	0	9	81	86	0	0	9	63	31
SC	C4	0	-41	3	2	0	0	23	3	1	0	8	4	3	0	0	0	3	5	2
SC	C5	271	-2	13	13	0	158	23	8	5	0	49	28	0	0	0	0	0	6	2
SC	C6	0	-2	0	0	0	0	0	1	1	0	0	-2	0	0	0	0	0	0	0
SC	C7	0	0	0	0	0	0	0	0	0	0	0	0	0	0	0	0	0	0	0
SC	C8	149	4	8	5	0	5	2	8	5	0	1	1	9	6	2	0	0	10	4
GZ	C1	0	-5	5	1	0	0	1	7	2	0	1	2	25	7	0	0	6	5	2
GZ	C2	0	1	0	0	0	0	0	0	0	0	0	0	0	0	0	0	0	0	0
GZ	C3	2	14	10	13	1	0	6	58	38	0	0	9	1	0	0	0	0	60	30
GZ	C4	0	-1	2	1	0	1	6	1	0	0	2	1	1	0	0	0	0	2	1
GZ	C5	15	0	2	2	0	13	2	1	0	0	3	2	0	0	0	0	0	0	0
GZ	C6	0	0	0	0	0	0	0	0	0	0	0	0	0	0	0	0	0	0	0
GZ	C7	0	0	0	0	0	0	0	0	0	0	0	0	0	0	0	0	0	0	0
GZ	C8	97	3	9	6	0	4	1	1	0	0	1	1	21	9	1	0	0	7	3
YN	C1	0	-1	2	0	0	0	0	2	1	0	0	1	7	2	0	0	2	2	0
YN	C2	0	0	0	0	0	0	0	0	0	0	0	0	0	0	0	0	0	0	0

续表

省份	部门	SH FU201	SH FU202	JS FU101	JS FU102	JS FU103	JS FU201	JS FU202	ZJ FU101	ZJ FU102	ZJ FU103	ZJ FU201	ZJ FU202	AH FU101	AH FU102	AH FU103	AH FU201	AH FU202	FJ FU101	FJ FU102
YN	C3	1	9	5	7	1	0	1	37	24	0	0	6	0	0	0	0	0	39	20
YN	C4	0	-10	0	0	0	0	5	0	0	0	2	0	0	0	0	0	1	0	0
YN	C5	5	0	0	0	0	3	0	0	0	0	1	0	0	0	0	0	0	0	0
YN	C6	0	-1	0	0	0	0	0	0	0	0	0	-1	0	0	0	0	0	0	0
YN	C7	0	11	0	0	0	0	0	0	0	0	0	0	0	0	0	0	0	0	0
YN	C8	4	0	1	0	0	0	0	0	0	0	0	0	0	0	0	0	0	1	1
SN	C1	0	-13	15	4	0	0	3	19	5	0	2	5	80	22	0	0	19	13	4
SN	C2	0	0	0	0	0	0	1	0	1	0	0	-2	0	0	0	0	1	0	0
SN	C3	86	5	38	45	3	0	61	30	19	0	0	7	5	3	0	0	0	47	21
SN	C4	0	5	2	2	0	1	9	2	1	0	4	3	7	1	0	0	-2	2	1
SN	C5	153	-31	18	20	0	103	13	9	6	0	23	18	0	0	0	0	0	5	3
SN	C6	0	0	0	0	0	0	0	0	0	0	0	0	0	0	0	0	0	0	0
SN	C7	7	168	0	0	0	0	0	0	0	0	1	0	0	0	0	0	0	0	0
SN	C8	17	1	3	1	0	1	0	11	6	6	0	0	1	1	0	0	0	26	23
GS	C1	0	-8	9	2	0	0	2	11	3	0	1	3	44	12	0	0	10	6	2
GS	C2	0	0	0	0	0	0	0	0	0	0	0	-1	0	0	0	0	0	0	0
GS	C3	21	2	1	1	0	0	1	4	3	0	0	1	0	0	0	0	0	3	2
GS	C4	0	-34	1	1	0	0	20	1	0	0	7	2	3	0	0	0	0	1	1
GS	C5	25	-2	4	5	0	25	3	1	1	0	4	3	0	0	0	0	0	1	0
GS	C6	0	0	0	0	0	0	0	0	0	0	0	0	0	0	0	0	0	0	0
GS	C7	0	0	0	0	0	0	0	0	0	0	0	0	0	0	0	0	0	0	0
GS	C8	23	2	3	2	0	1	1	1	0	0	0	0	2	1	0	0	0	3	1
QH	C1	0	-2	3	1	0	0	1	3	1	0	0	1	11	3	0	0	2	0	0
QH	C2	0	0	0	0	0	0	0	0	0	0	0	0	0	0	0	0	0	0	0
QH	C3	0	0	0	0	0	0	0	0	0	0	0	0	2	2	0	0	0	0	0
QH	C4	0	-1	0	0	0	0	5	0	0	0	0	0	0	0	0	0	0	0	0
QH	C5	2	0	0	0	0	5	1	0	0	0	0	0	0	0	0	0	0	0	0
QH	C6	0	0	0	0	0	0	0	0	0	0	0	0	0	0	0	0	0	0	0
QH	C7	0	0	0	0	0	0	0	0	0	0	0	0	0	0	0	0	0	0	0
QH	C8	2	0	0	0	0	0	0	0	0	0	0	0	0	0	0	0	0	0	0
NX	C1	0	-2	2	1	0	0	0	2	1	0	0	1	9	2	0	0	2	0	0
NX	C2	0	0	0	0	0	0	0	0	0	0	0	-1	0	0	0	0	0	0	0
NX	C3	8	1	1	1	0	0	1	2	1	0	0	0	1	1	0	0	0	1	0
NX	C4	0	-4	1	1	0	0	6	1	0	0	1	1	1	0	0	0	0	1	1
NX	C5	14	0	1	1	0	26	4	0	0	0	2	0	0	0	0	0	0	0	0
NX	C6	0	0	0	0	0	0	0	0	0	0	0	0	0	0	0	0	0	0	0
NX	C7	0	0	0	0	0	0	0	0	0	0	0	0	0	0	0	0	0	0	0
NX	C8	23	1	2	1	0	1	0	0	0	0	0	0	1	0	0	0	0	2	1
XJ	C1	0	-41	48	13	0	1	11	60	15	0	5	17	233	63	0	0	55	30	9
XJ	C2	0	1	0	0	0	0	0	0	0	0	0	-3	0	0	0	0	0	0	0
XJ	C3	16	6	15	17	0	0	21	24	15	0	0	4	18	19	0	0	2	18	9
XJ	C4	0	-3	1	1	0	0	5	1	0	0	2	1	2	0	0	0	0	1	1
XJ	C5	6	0	0	0	0	5	1	0	0	0	1	0	0	0	0	0	0	0	0
XJ	C6	0	0	0	0	0	0	0	0	0	0	0	0	0	0	0	0	0	0	0
XJ	C7	0	0	0	0	0	0	0	0	0	0	0	0	0	0	0	0	0	0	0
XJ	C8	177	7	12	7	0	7	3	1	1	0	1	1	11	7	3	0	-1	10	4
IM	C1	0	-36	1201	316	0	27	273	33	8	0	3	9	0	0	0	0	0	13	4
IM	C2	0	21	135	280	0	0	-1337	219	18	0	127	-58	46	49	0	0	42	152	1
IM	C3	14	13	686	892	29	71	667	159	103	0	6	75	4	3	1	0	1	124	124
IM	C4	2	13	199	114	2	45	1220	10	4	0	2	18	9	3	0	0	1	37	11
IM	C5	1127	-43	157	122	0	2141	347	4	2	0	32	19	6	4	0	25	35	65	12
IM	C6	0	0	1352	1322	0	0	1	0	0	0	0	0	0	0	0	0	0	0	0
IM	C7	0	0	0	0	0	0	0	0	0	0	0	0	0	0	0	0	0	0	0
IM	C8	6	0	298	195	10	200	75	8	5	2	10	8	0	0	0	0	0	0	0
TII	TII																			
VA	VA001																			
VA	VA002																			
VA	VA003																			
VA	VA004																			
TVA	TVA																			
TI	TI																			

续表

省份	部门	FJ FU103	FJ FU201	FJ FU202	JX FU101	JX FU102	JX FU103	JX FU201	JX FU202	SD FU101	SD FU102	SD FU103	SD FU201	SD FU202	HA FU101	HA FU102	HA FU103	HA FU201	HA FU202	HB FU101
BJ	C1	0	0	0	2	1	0	0	1	10	6	0	1	1	14	2	0	1	10	8
BJ	C2	0	0	0	0	0	0	0	0	0	0	0	0	0	0	0	0	0	0	0
BJ	C3	3	0	8	86	132	0	0	9	46	37	15	1	20	209	236	0	1	51	194
BJ	C4	0	5	14	1	0	0	0	9	5	5	1	0	8	3	2	0	0	8	2
BJ	C5	0	11	2	3	2	0	11	6	74	88	38	361	31	20	16	0	70	29	13
BJ	C6	0	0	0	0	0	0	0	0	0	0	0	0	0	0	0	0	0	0	0
BJ	C7	0	0	0	0	0	0	0	0	0	0	0	0	0	0	0	0	0	0	0
BJ	C8	114	4	3	8	5	1	1	2	70	63	20	25	38	6	2	2	0	0	47
TJ	C1	0	0	0	0	0	0	0	0	2	1	0	0	0	3	0	0	0	2	2
TJ	C2	0	0	0	0	0	0	0	0	0	0	0	0	0	0	0	0	0	0	0
TJ	C3	1	0	2	62	97	0	0	6	24	16	16	2	9	121	135	0	2	23	103
TJ	C4	0	8	16	7	3	0	3	34	37	32	10	7	52	16	13	0	14	94	25
TJ	C5	0	19	4	4	3	0	25	8	85	113	33	472	52	21	16	0	126	40	15
TJ	C6	0	0	0	0	0	0	0	0	0	0	0	0	0	0	0	0	0	0	0
TJ	C7	0	0	0	0	0	0	0	0	0	0	0	0	0	0	0	0	0	0	0
TJ	C8	63	7	6	13	9	1	1	3	124	108	34	46	64	9	2	2	0	0	62
HE	C1	0	6	0	40	10	4	4	10	180	96	4	10	14	259	40	0	10	178	140
HE	C2	0	0	0	2	1	0	0	6	3	0	0	0	5	0	0	0	0	-1	2
HE	C3	11	0	38	24	30	0	0	9	111	84	75	7	67	111	122	0	6	51	117
HE	C4	0	25	39	13	12	0	13	84	93	70	20	31	94	35	36	0	74	264	68
HE	C5	0	39	6	5	3	0	55	13	84	114	16	577	60	22	15	0	238	75	18
HE	C6	0	0	0	4	4	0	0	-3	0	0	0	0	0	3	1	0	0	-2	0
HE	C7	0	0	0	0	0	0	0	0	0	0	0	0	0	0	0	0	0	0	0
HE	C8	39	4	3	11	6	0	1	2	93	69	24	36	34	14	3	1	0	0	41
SX	C1	0	0	0	0	0	0	0	0	2	1	0	0	0	3	0	0	0	2	2
SX	C2	0	0	0	0	0	0	0	0	0	0	0	0	0	1	0	0	0	-2	4
SX	C3	0	0	1	13	21	0	0	1	3	3	0	0	1	27	30	0	0	5	23
SX	C4	0	3	8	1	2	0	0	8	6	6	2	0	8	4	3	0	1	12	3
SX	C5	0	1	0	0	0	0	1	0	5	7	1	34	4	1	1	0	5	3	1
SX	C6	0	0	0	2	2	0	0	-1	0	0	0	0	0	1	1	0	0	-1	0
SX	C7	0	0	0	0	0	0	0	0	0	0	0	0	0	0	0	0	0	0	0
SX	C8	0	1	1	4	2	0	0	1	33	19	5	17	9	0	0	0	0	0	7
IM	C1	0	1	0	5	1	0	1	1	30	16	1	2	2	40	6	0	2	28	22
IM	C2	0	0	0	0	0	0	0	1	1	0	0	0	1	0	0	0	0	-1	1
IM	C3	1	0	2	5	7	0	0	1	13	12	2	1	6	33	39	0	0	12	34
IM	C4	0	4	8	1	1	0	1	8	14	9	2	6	10	3	4	0	12	22	5
IM	C5	0	4	1	1	0	0	6	1	12	14	5	67	8	4	3	0	40	10	3
IM	C6	0	0	0	2	2	0	0	-1	0	0	0	0	0	1	1	0	0	-1	0
IM	C7	0	0	0	0	0	0	0	0	0	0	0	0	0	0	0	0	0	0	0
IM	C8	1	3	2	5	3	0	0	1	44	36	10	19	22	0	0	0	0	0	19
LN	C1	0	0	0	1	0	0	0	0	6	3	0	0	0	8	1	0	0	6	5
LN	C2	0	0	0	0	0	0	0	0	0	0	0	0	0	0	0	0	0	0	0
LN	C3	2	0	8	3	2	0	0	1	6	8	1	0	9	7	6	0	0	1	7
LN	C4	0	19	49	5	3	0	2	36	20	18	5	3	28	10	8	0	7	32	29
LN	C5	0	27	6	4	3	0	38	10	68	103	15	426	57	16	12	0	141	46	14
LN	C6	0	0	0	0	0	0	0	0	0	0	0	0	0	0	0	0	0	0	0
LN	C7	0	0	0	0	0	0	0	0	0	0	0	0	0	0	0	0	0	0	0
LN	C8	0	2	1	4	2	0	0	1	29	21	6	14	12	0	0	0	0	0	10
JL	C1	0	1	0	5	1	0	1	1	25	13	0	1	2	32	5	0	1	22	19
JL	C2	0	0	0	0	0	0	0	1	1	0	0	0	1	0	0	0	0	0	0
JL	C3	2	0	7	6	7	0	0	2	14	18	2	5	11	29	33	0	1	9	25
JL	C4	0	4	11	5	2	0	1	15	26	24	8	2	40	13	10	0	4	43	13
JL	C5	0	36	4	3	2	0	33	22	219	196	9	1816	21	15	12	0	232	166	11
JL	C6	0	0	0	0	0	0	0	0	0	0	0	0	0	0	0	0	0	0	0
JL	C7	0	0	0	0	0	0	0	0	0	0	0	105	3	0	0	0	0	0	0
JL	C8	10	3	2	8	4	0	1	2	63	43	13	29	22	4	1	1	0	0	21
HL	C1	0	0	0	0	0	0	0	0	1	1	0	0	0	1	0	0	0	1	1
HL	C2	0	0	0	1	0	0	0	1	1	0	0	0	1	0	0	0	0	2	2
HL	C3	0	0	0	0	0	0	0	0	2	1	2	0	0	0	0	0	0	1	1
HL	C4	0	0	0	0	0	0	0	0	0	0	0	0	0	0	0	0	0	0	2
HL	C5	0	0	0	0	0	0	0	0	1	2	0	2	1	0	0	0	0	0	0
HL	C6	0	0	0	1	1	0	0	-1	0	0	0	0	0	1	1	0	0	-1	0

续表

省份	部门	FJ FU103	FJ FU201	FJ FU202	JX FU101	JX FU102	JX FU103	JX FU201	JX FU202	SD FU101	SD FU102	SD FU103	SD FU201	SD FU202	HA FU101	HA FU102	HA FU103	HA FU201	HA FU202	HB FU101
HL	C7	0	0	0	0	0	0	0	0	0	0	0	0	0	0	0	0	0	0	0
HL	C8	0	0	0	0	0	0	0	0	0	0	0	0	0	0	0	0	0	0	0
SH	C1	0	1	0	6	1	1	1	1	18	9	0	1	1	26	4	0	1	18	15
SH	C2	0	0	0	0	0	0	0	1	0	0	0	0	0	0	0	0	0	0	0
SH	C3	7	0	20	147	227	0	0	18	59	53	20	4	26	279	318	1	1	67	275
SH	C4	1	29	74	23	14	0	5	80	53	46	14	10	69	28	23	0	23	91	27
SH	C5	0	83	13	21	13	0	111	37	178	176	115	990	44	72	51	0	513	58	51
SH	C6	0	0	0	0	0	0	0	0	0	0	0	0	0	0	0	0	0	0	0
SH	C7	0	0	0	0	0	0	0	0	0	0	0	108	3	0	0	0	0	0	0
SH	C8	949	15	12	39	25	4	3	6	351	288	88	140	166	23	6	6	0	0	216
JS	C1	0	3	0	17	4	2	2	4	53	28	1	3	4	79	12	0	3	55	45
JS	C2	0	0	0	2	1	0	0	3	1	0	0	0	1	0	0	0	0	-1	1
JS	C3	49	0	173	68	67	0	0	31	208	185	116	6	181	183	176	1	11	78	216
JS	C4	1	54	82	27	24	0	24	139	142	102	28	56	119	41	48	0	135	208	56
JS	C5	0	178	32	34	24	0	245	61	298	394	157	1595	189	120	86	0	884	150	92
JS	C6	0	0	0	0	0	0	0	0	0	0	0	0	0	0	0	0	0	0	0
JS	C7	0	0	0	0	0	0	0	0	0	0	0	0	0	0	0	0	0	0	0
JS	C8	181	10	8	21	13	0	2	4	186	146	42	81	86	3	1	0	0	0	94
ZJ	C1	0	1	0	9	2	1	1	2	24	13	0	1	2	35	5	0	1	24	22
ZJ	C2	0	0	0	0	0	0	0	0	0	0	0	0	0	0	0	0	0	0	0
ZJ	C3	13	0	45	19	19	0	0	8	36	41	12	3	39	46	45	0	1	13	54
ZJ	C4	0	5	8	10	6	0	3	25	22	18	5	6	25	10	9	0	14	37	11
ZJ	C5	0	22	4	4	3	0	36	7	27	42	15	132	25	12	9	0	95	16	11
ZJ	C6	0	0	0	0	0	0	0	0	0	0	0	0	0	0	0	0	0	0	0
ZJ	C7	0	0	0	0	0	0	0	0	0	0	0	10	0	0	0	0	0	0	0
ZJ	C8	105	0	0	1	1	0	0	0	22	16	10	3	3	15	3	1	0	0	13
AH	C1	0	7	0	47	12	4	5	12	154	82	3	9	12	229	35	0	9	157	128
AH	C2	0	0	0	4	3	0	0	9	3	0	0	0	4	0	0	0	0	-1	1
AH	C3	0	0	0	1	2	0	0	0	3	3	3	2	1	5	6	0	0	1	4
AH	C4	0	6	6	7	5	0	4	21	31	24	7	11	29	10	11	0	26	42	8
AH	C5	0	17	2	1	1	0	15	6	30	27	5	250	4	5	3	0	74	22	4
AH	C6	0	0	0	1	0	0	-1	0	0	0	0	1	0	0	0	0	0	-1	0
AH	C7	0	0	0	0	0	0	0	0	0	0	0	60	2	0	0	0	0	0	0
AH	C8	121	0	0	0	0	0	0	0	0	0	0	0	0	0	0	0	0	0	17
FJ	C1	0	574	-15	5	1	0	1	1	12	7	0	1	1	18	3	0	1	12	13
FJ	C2	0	288	211	1	0	0	0	1	0	0	0	0	0	0	0	0	0	0	1
FJ	C3	1084	133	2895	182	286	0	0	16	8	7	1	0	4	187	206	0	0	23	211
FJ	C4	6	1222	670	7	4	0	3	22	12	10	3	4	13	5	5	0	8	23	11
FJ	C5	0	3239	625	9	6	0	20	9	52	49	51	128	8	26	20	0	58	9	23
FJ	C6	0	5	-157	0	0	0	0	0	0	0	0	0	0	0	0	0	0	0	0
FJ	C7	0	10986	0	0	0	0	0	0	0	0	0	0	0	0	0	0	0	0	0
FJ	C8	10507	964	707	9	4	0	0	1	42	32	10	17	15	6	1	0	0	0	58
JX	C1	0	2	0	10396	2594	953	1111	2580	39	21	1	2	3	58	9	0	2	40	50
JX	C2	0	0	0	15	9	0	0	234	0	0	0	0	1	0	0	0	0	0	2
JX	C3	1	0	4	2482	3211	289	9	997	10	10	3	2	5	26	31	0	1	10	39
JX	C4	0	4	11	401	220	0	333	2639	5	4	1	1	7	3	2	0	3	11	11
JX	C5	0	14	2	412	386	0	2427	1286	38	34	9	265	4	6	5	0	43	27	7
JX	C6	0	0	0	115	118	0	0	-90	0	0	0	0	0	0	0	0	0	0	0
JX	C7	0	0	0	0	0	0	8367	0	0	0	0	0	0	0	0	0	0	0	0
JX	C8	0	1	1	4384	2511	6619	192	443	20	12	3	10	6	0	0	0	0	0	5
SD	C1	0	2	0	11	3	1	1	3	20715	11022	411	1149	1637	60	9	0	2	42	35
SD	C2	0	0	0	1	1	0	0	2	423	137	0	0	858	0	0	0	0	0	2
SD	C3	16	0	54	68	94	0	0	14	10789	10650	2575	150	6384	184	201	1	3	59	194
SD	C4	1	14	38	23	9	0	3	62	1854	1267	347	768	2770	44	33	0	16	149	39
SD	C5	0	52	8	7	5	0	52	27	2441	3249	308	26239	3394	30	24	0	274	128	22
SD	C6	0	0	0	1	1	0	0	-1	116	69	0	0	-415	1	0	0	0	-1	0
SD	C7	0	0	0	0	0	0	0	0	0	0	0	31996	859	0	0	0	0	0	0
SD	C8	23	9	7	19	11	0	2	4	9629	10664	24670	1380	1786	8	2	0	0	0	62
HA	C1	0	3	0	22	5	2	2	5	79	42	2	4	6	15988	2450	3	618	11006	79
HA	C2	0	0	0	0	0	0	0	0	0	0	0	0	0	0	6	0	0	335	4
HA	C3	8	0	24	27	38	0	0	8	71	53	41	2	37	7238	6885	17	309	2323	145
HA	C4	0	7	11	5	3	0	3	28	17	14	4	4	21	650	576	0	703	6352	26

省份	部门	FJ FU103	FJ FU201	FJ FU202	JX FU101	JX FU102	JX FU103	JX FU201	JX FU202	SD FU101	SD FU102	SD FU103	SD FU201	SD FU202	HA FU101	HA FU102	HA FU103	HA FU201	HA FU202	HB FU101
HA	C5	0	18	2	2	1	0	30	6	21	22	6	163	10	761	604	1	7618	1858	9
HA	C6	0	0	0	0	0	0	0	0	0	0	0	0	0	309	142	0	0	−237	0
HA	C7	0	0	0	0	0	0	0	0	0	0	0	0	0	0	0	0	22212	0	0
HA	C8	1	2	1	4	2	0	0	1	30	22	6	13	13	7750	4082	13359	1071	961	11
HB	C1	0	4	0	29	7	3	3	7	69	37	1	4	5	119	18	0	5	82	10494
HB	C2	0	0	0	1	1	0	0	2	0	0	0	0	1	0	0	0	0	0	72
HB	C3	5	0	14	38	56	0	0	9	42	35	15	2	18	123	145	1	0	46	6464
HB	C4	0	20	45	9	5	0	5	53	20	15	4	7	20	10	10	0	19	46	1016
HB	C5	0	40	5	6	3	0	59	23	82	79	11	638	17	16	11	0	181	90	373
HB	C6	0	0	0	0	0	0	0	0	0	0	0	0	0	0	0	0	0	0	414
HB	C7	0	0	0	0	0	0	0	0	0	0	0	0	0	0	0	0	0	0	0
HB	C8	72	4	3	10	6	0	1	2	76	63	18	32	38	1	0	0	0	0	6350
HN	C1	0	3	0	27	7	2	3	7	62	33	1	3	5	101	16	0	4	70	78
HN	C2	0	0	0	1	0	0	0	2	0	0	0	0	0	0	0	0	0	0	2
HN	C3	4	0	11	28	40	0	0	6	31	26	11	2	13	85	100	0	1	33	123
HN	C4	0	7	16	4	2	0	2	27	4	4	1	1	6	4	3	0	2	25	16
HN	C5	0	25	5	3	3	0	36	12	46	59	6	329	26	9	7	0	100	40	11
HN	C6	0	0	0	0	0	0	0	0	0	0	0	0	0	0	0	0	0	0	0
HN	C7	0	0	0	0	0	0	0	0	0	0	0	0	0	0	0	0	0	0	0
HN	C8	0	2	2	5	3	0	0	1	39	28	8	18	16	0	0	0	0	0	14
GD	C1	0	2	0	12	3	1	1	3	30	16	1	2	2	48	7	0	2	33	33
GD	C2	0	0	0	0	0	0	0	1	0	0	0	0	0	0	0	0	0	0	0
GD	C3	31	0	107	115	155	0	0	28	148	131	72	9	105	267	292	1	8	95	339
GD	C4	1	26	36	33	20	0	15	106	88	67	19	29	87	36	36	0	73	158	56
GD	C5	0	55	22	20	17	0	64	24	178	276	113	610	145	73	63	0	203	43	65
GD	C6	0	0	0	34	35	0	0	−27	0	0	0	0	0	29	13	0	0	−22	5
GD	C7	0	0	0	0	0	0	0	0	0	0	0	0	0	0	0	0	0	0	0
GD	C8	50	2	2	13	11	5	0	1	63	48	20	19	21	18	4	0	0	0	21
GX	C1	0	2	0	12	3	1	1	3	38	20	1	2	3	56	9	0	2	39	39
GX	C2	0	0	0	0	0	0	0	1	0	0	0	0	0	0	0	0	0	0	0
GX	C3	4	0	10	24	34	0	0	5	33	29	9	2	15	90	105	0	2	35	115
GX	C4	0	6	10	5	3	0	4	30	11	9	3	3	13	6	5	0	8	43	19
GX	C5	0	15	2	3	2	0	24	6	23	28	9	145	13	9	6	0	76	19	9
GX	C6	0	0	0	0	0	0	0	0	0	0	0	0	0	0	0	0	0	0	0
GX	C7	0	0	0	0	0	0	0	0	0	0	0	0	0	0	0	0	0	0	0
GX	C8	73	1	1	4	2	0	0	1	26	20	6	11	11	1	0	0	0	0	30
HI	C1	0	1	0	5	1	0	1	1	22	12	0	1	2	29	4	0	1	20	20
HI	C2	0	0	0	0	0	0	0	0	0	0	0	0	0	0	0	0	0	0	0
HI	C3	1	0	3	5	6	0	0	1	9	11	1	3	5	20	24	0	0	8	26
HI	C4	0	0	0	1	0	0	1	1	0	0	0	0	1	1	0	0	0	2	1
HI	C5	0	0	0	0	0	0	0	0	0	0	0	0	0	0	0	0	0	0	0
HI	C6	0	0	0	0	0	0	0	0	0	0	0	0	0	0	0	0	0	0	0
HI	C7	0	0	0	0	0	0	0	0	0	0	0	0	0	0	0	0	0	0	0
HI	C8	18	2	1	3	2	0	0	1	30	25	8	11	14	2	0	0	0	0	14
SC	C1	0	0	0	0	0	0	0	0	2	1	0	0	0	2	0	0	0	2	1
SC	C2	0	0	0	0	0	0	0	0	0	0	0	0	0	0	0	0	0	0	1
SC	C3	5	0	15	83	127	0	0	10	37	33	11	0	20	177	199	0	1	45	180
SC	C4	0	8	22	3	1	0	1	16	7	7	2	1	11	6	4	0	2	19	6
SC	C5	0	24	4	5	3	0	28	12	75	74	29	473	17	21	16	0	147	48	16
SC	C6	0	0	0	1	1	0	0	−1	0	0	0	0	0	1	0	0	0	−1	0
SC	C7	0	0	0	0	0	0	0	0	0	0	0	0	0	0	0	0	0	0	0
SC	C8	1	3	2	5	3	0	0	1	46	40	11	19	25	0	0	0	0	0	21
GZ	C1	0	0	0	2	0	0	0	0	6	3	0	0	0	9	1	0	0	6	6
GZ	C2	0	0	0	0	0	0	0	1	0	0	0	0	0	0	0	0	0	0	0
GZ	C3	4	0	12	23	33	0	0	5	31	29	5	0	16	89	103	0	0	33	118
GZ	C4	0	2	3	1	1	0	1	6	6	4	1	3	4	1	2	0	7	8	2
GZ	C5	0	1	0	0	0	0	2	1	4	6	1	22	3	1	1	0	7	2	1
GZ	C6	0	0	0	0	0	0	0	0	0	0	0	0	0	0	0	0	0	0	0
GZ	C7	0	0	0	0	0	0	0	0	0	0	0	0	0	0	0	0	0	0	0
GZ	C8	1	2	1	6	5	2	0	1	31	26	8	13	16	0	0	0	0	0	15
YN	C1	0	0	0	1	0	0	0	0	2	1	0	0	0	3	0	0	0	2	2
YN	C2	0	0	0	0	0	0	0	1	0	0	0	0	0	0	0	0	0	0	0

续表

省份	部门	FJ FU103	FJ FU201	FJ FU202	JX FU101	JX FU102	JX FU103	JX FU201	JX FU202	SD FU101	SD FU102	SD FU103	SD FU201	SD FU202	HA FU101	HA FU102	HA FU103	HA FU201	HA FU202	HB FU101
YN	C3	2	0	7	15	21	0	0	3	21	19	3	0	10	59	69	0	0	22	76
YN	C4	0	2	5	0	0	0	0	3	0	0	0	0	0	0	0	0	0	1	0
YN	C5	0	0	0	0	0	0	1	0	1	0	0	4	0	0	0	0	2	1	0
YN	C6	0	0	0	0	0	0	0	0	0	0	0	0	0	0	0	0	0	0	0
YN	C7	0	0	0	0	0	0	0	0	0	0	0	6	0	0	0	0	0	0	0
YN	C8	1	0	0	0	0	0	0	0	2	1	0	1	1	0	0	0	0	0	1
SN	C1	0	1	0	5	1	0	1	1	19	10	0	1	2	34	5	0	1	23	18
SN	C2	0	0	0	0	0	0	0	2	0	0	0	0	1	0	0	0	0	0	1
SN	C3	7	0	23	15	18	0	0	5	31	32	9	0	28	68	73	0	1	23	69
SN	C4	0	2	3	2	2	0	1	8	9	7	2	3	8	5	5	0	9	25	6
SN	C5	0	12	3	6	4	0	13	8	79	86	58	303	24	39	31	0	108	23	23
SN	C6	0	0	0	0	0	0	0	0	0	0	0	0	0	0	0	0	0	0	0
SN	C7	0	0	0	0	0	0	0	0	0	0	0	89	2	0	0	0	0	0	0
SN	C8	27	0	0	2	1	0	0	0	17	12	7	3	3	10	2	1	0	0	12
GS	C1	0	0	0	2	1	0	0	1	11	6	0	1	1	17	3	0	1	12	10
GS	C2	0	0	0	0	0	0	0	0	0	0	0	0	0	0	0	0	0	0	1
GS	C3	0	0	1	1	2	0	0	0	3	2	1	0	1	8	9	0	0	3	8
GS	C4	0	4	11	1	0	0	0	9	2	2	1	0	4	2	2	0	1	9	7
GS	C5	0	1	1	0	0	0	2	1	8	14	4	35	9	3	3	0	13	4	2
GS	C6	0	0	0	0	0	0	0	0	0	0	0	0	0	0	0	0	0	0	0
GS	C7	0	0	0	0	0	0	0	0	0	0	0	0	0	0	0	0	0	0	0
GS	C8	1	1	0	1	1	0	0	0	10	7	2	5	4	0	0	0	0	0	4
QH	C1	0	0	0	0	0	0	0	0	3	2	0	0	0	5	1	0	0	3	2
QH	C2	0	0	0	0	0	0	0	0	0	0	0	0	0	0	0	0	0	0	0
QH	C3	0	0	0	3	5	0	0	0	0	0	0	0	0	1	1	0	0	0	3
QH	C4	0	4	10	0	0	0	0	4	0	0	0	0	0	0	0	0	0	1	0
QH	C5	0	2	0	0	0	0	3	0	0	0	0	2	0	0	0	0	2	0	0
QH	C6	0	0	0	0	0	0	0	0	0	0	0	0	0	0	0	0	0	0	0
QH	C7	0	0	0	0	0	0	0	0	0	0	0	0	0	0	0	0	0	0	0
QH	C8	0	0	0	0	0	0	0	0	1	1	0	0	0	0	0	0	0	0	0
NX	C1	0	0	0	0	0	0	0	0	3	2	0	0	0	4	1	0	0	2	2
NX	C2	0	0	0	0	0	0	0	0	0	0	0	0	0	0	0	0	0	0	0
NX	C3	0	0	1	1	1	0	0	0	2	2	1	0	1	6	7	0	0	2	7
NX	C4	0	1	3	0	0	0	0	2	3	3	1	1	5	2	1	0	1	6	1
NX	C5	0	3	0	0	0	0	5	1	1	1	0	14	1	1	0	0	14	2	0
NX	C6	0	0	0	0	0	0	0	0	0	0	0	0	0	0	0	0	0	0	0
NX	C7	0	0	0	0	0	0	0	0	0	0	0	0	0	0	0	0	0	0	0
NX	C8	0	0	0	1	1	0	0	0	8	6	2	3	4	0	0	0	0	0	3
XJ	C1	0	2	0	9	2	1	1	2	63	33	1	3	5	85	13	0	3	59	48
XJ	C2	0	0	0	0	0	0	0	0	0	0	0	0	0	0	0	0	0	0	0
XJ	C3	2	0	6	16	24	0	0	2	19	19	3	0	14	60	67	0	0	16	63
XJ	C4	0	1	2	0	0	0	0	2	3	2	1	1	4	2	1	0	1	8	6
XJ	C5	0	0	0	0	0	0	0	0	0	0	0	4	0	0	0	0	3	1	0
XJ	C6	0	0	0	0	0	0	0	0	0	0	0	0	0	0	0	0	0	0	0
XJ	C7	0	0	0	0	0	0	0	0	0	0	0	0	0	0	0	0	0	0	0
XJ	C8	1	3	2	6	4	0	1	1	58	47	13	25	28	0	0	0	0	0	22
IM	C1	0	1	0	0	0	0	0	0	148	78	3	8	12	4	1	0	0	3	0
IM	C2	0	3	-3	149	35	0	0	129	5449	2204	0	0	909	432	42	0	0	-889	35
IM	C3	73	4	163	14	24	11	0	15	35	39	6	6	18	92	46	0	0	-7	7
IM	C4	1	8	16	5	2	0	0	27	22	20	7	2	1142	5	4	0	1	14	11
IM	C5	0	652	61	6	3	0	94	15	41	17	9	687	67	8	2	0	150	27	11
IM	C6	0	0	0	0	0	0	0	0	0	0	0	0	0	0	0	0	0	0	0
IM	C7	0	0	0	0	0	0	0	0	0	0	0	0	0	0	0	0	0	0	0
IM	C8	0	0	0	1	0	0	0	0	46	42	12	18	27	0	0	0	0	0	32
TII	TII																			
VA	VA001																			
VA	VA002																			
VA	VA003																			
VA	VA004																			
TVA	TVA																			
TI	TI																			

省份	部门	HB FU102	HB FU103	HB FU201	HB FU202	HN FU101	HN FU102	HN FU103	HN FU201	HN FU202	GD FU101	GD FU102	GD FU103	GD FU201	GD FU202	GX FU101	GX FU102	GX FU103	GX FU201	GX FU202
BJ	C1	2	0	1	4	26	6	0	1	3	31	22	0	4	3	9	3	0	0	2
BJ	C2	0	0	0	0	0	0	0	0	0	0	0	0	0	0	0	0	0	0	−2
BJ	C3	260	10	1	23	85	213	0	0	16	46	86	7	1	9	81	81	11	0	45
BJ	C4	2	0	0	−10	2	1	0	0	0	2	4	0	0	6	2	3	0	5	−22
BJ	C5	19	0	69	27	6	12	0	38	5	6	45	0	199	92	12	18	1	45	34
BJ	C6	0	0	0	0	0	0	0	0	0	0	0	0	0	0	0	0	0	0	0
BJ	C7	0	0	0	0	0	0	0	0	0	0	0	0	0	0	0	0	0	0	0
BJ	C8	38	35	12	8	0	0	0	0	0	14	13	1	13	2	21	13	18	5	8
TJ	C1	0	0	0	1	5	1	0	0	1	6	4	0	1	1	2	1	0	0	0
TJ	C2	0	0	0	0	0	0	0	0	0	0	0	0	0	0	0	0	0	0	0
TJ	C3	150	5	1	13	44	147	0	0	9	13	44	9	4	3	48	50	9	0	24
TJ	C4	19	6	2	69	22	12	1	0	25	66	51	1	1	89	10	9	1	14	−16
TJ	C5	23	0	130	36	7	18	0	62	6	8	63	0	311	137	14	20	1	75	42
TJ	C6	0	0	0	0	0	0	0	0	0	0	0	0	0	0	0	0	0	0	0
TJ	C7	0	0	0	0	0	0	0	0	0	0	0	0	0	0	0	0	0	0	0
TJ	C8	48	17	20	13	1	1	0	0	1	20	19	0	18	4	34	21	29	9	13
HE	C1	37	0	11	66	462	116	0	20	52	525	369	2	62	47	179	54	2	10	31
HE	C2	2	0	0	27	5	1	0	0	−4	5	5	0	0	204	11	6	9	23	−5
HE	C3	138	10	3	36	70	62	0	0	12	57	147	22	47	43	26	26	11	4	23
HE	C4	52	20	12	217	65	32	3	1	77	187	162	2	7	353	42	41	4	66	−51
HE	C5	26	0	264	58	10	21	0	115	10	9	73	0	492	168	20	25	1	169	77
HE	C6	1	0	0	0	2	3	0	−3	0	0	0	0	0	0	0	0	0	0	0
HE	C7	0	0	0	0	0	0	0	0	0	0	0	0	0	0	0	0	0	0	0
HE	C8	34	2	10	7	3	1	0	1	2	10	11	0	9	2	55	23	45	5	9
SX	C1	0	0	0	1	5	1	0	0	1	6	5	0	1	1	2	1	0	0	0
SX	C2	6	0	0	0	13	3	0	0	−3	0	0	0	0	0	4	2	0	0	−67
SX	C3	32	1	0	3	10	31	0	0	2	3	5	0	0	1	11	12	1	0	6
SX	C4	3	0	0	−3	2	2	0	0	1	6	19	0	0	37	2	4	0	4	−12
SX	C5	1	0	6	3	0	1	0	3	0	0	5	0	19	10	1	1	0	4	4
SX	C6	0	0	0	0	1	1	0	−1	0	0	0	0	0	0	0	0	0	0	0
SX	C7	0	0	0	0	0	0	0	0	0	0	0	0	0	0	0	0	0	0	0
SX	C8	5	0	3	2	2	1	0	1	1	3	4	0	2	1	3	3	1	2	3
IM	C1	6	0	2	11	71	18	0	3	8	96	67	0	11	9	20	6	0	1	4
IM	C2	1	0	0	2	3	1	0	0	−1	1	1	0	0	3	0	0	0	0	−6
IM	C3	40	2	0	4	14	16	0	0	3	16	24	1	1	3	6	5	0	0	5
IM	C4	5	2	2	10	5	2	0	0	5	15	17	0	1	49	2	3	0	5	−13
IM	C5	4	0	45	7	2	3	0	17	1	2	10	0	84	24	2	2	0	14	4
IM	C6	0	0	0	0	1	2	0	−1	0	0	0	0	0	0	0	0	0	0	0
IM	C7	0	0	0	0	0	0	0	0	0	0	0	0	0	0	0	0	0	0	0
IM	C8	14	1	7	4	1	0	0	0	0	7	7	0	6	1	5	5	1	3	5
LN	C1	1	0	0	2	16	4	0	1	2	20	14	0	2	2	6	2	0	0	1
LN	C2	1	0	0	1	1	0	0	0	0	0	0	0	0	4	1	0	0	0	−6
LN	C3	7	0	0	5	8	6	0	0	1	6	9	0	1	7	1	1	0	0	1
LN	C4	13	2	1	−181	9	6	0	0	4	14	25	0	1	52	8	14	10	20	−223
LN	C5	23	0	173	44	8	21	0	82	7	9	81	0	409	183	18	25	1	126	65
LN	C6	0	0	0	0	0	0	0	0	0	0	0	0	0	0	0	0	0	0	0
LN	C7	0	0	0	0	0	0	0	0	0	0	0	0	0	0	0	0	0	0	0
LN	C8	7	0	4	2	1	1	0	1	1	4	4	0	3	1	3	3	1	2	3
JL	C1	5	0	1	9	61	15	0	3	7	82	57	0	10	7	20	6	0	1	3
JL	C2	1	0	0	3	1	0	0	0	0	1	1	0	0	26	1	0	0	1	−1
JL	C3	30	2	0	4	11	13	0	0	3	12	18	0	2	3	5	5	0	0	4
JL	C4	10	2	1	−3	7	7	0	0	6	16	26	0	0	41	5	4	1	5	−17
JL	C5	15	0	197	135	4	11	0	131	33	10	41	0	604	92	8	15	0	127	168
JL	C6	0	0	0	0	0	0	0	0	0	0	0	0	0	0	0	0	0	0	0
JL	C7	0	0	0	0	0	0	0	0	0	0	0	0	0	0	0	0	0	3	0
JL	C8	16	2	7	5	3	1	0	1	2	7	9	0	6	1	17	9	12	4	6
HL	C1	0	0	0	0	3	1	0	0	0	3	2	0	0	1	0	0	0	0	0
HL	C2	2	0	0	56	5	1	0	0	−1	1	1	0	0	311	1	1	1	3	0
HL	C3	2	0	0	0	0	0	0	0	0	0	6	2	0	0	0	1	0	0	0
HL	C4	0	0	0	−14	0	0	0	0	0	0	0	0	0	0	0	1	0	0	−13
HL	C5	0	0	0	0	0	0	0	0	0	0	2	0	4	4	0	0	0	0	0
HL	C6	0	0	0	0	1	1	0	−1	0	0	0	0	0	0	0	0	0	0	0

续表

省份	部门	HB FU102	HB FU103	HB FU201	HB FU202	HN FU101	HN FU102	HN FU103	HN FU201	HN FU202	GD FU101	GD FU102	GD FU103	GD FU201	GD FU202	GX FU101	GX FU102	GX FU103	GX FU201	GX FU202
HL	C7	0	0	0	0	0	0	0	0	0	0	0	0	0	0	0	0	0	0	0
HL	C8	0	0	0	0	0	0	0	0	0	0	0	0	0	0	0	0	0	0	0
SH	C1	4	0	1	7	56	14	0	2	6	64	45	0	8	6	22	7	0	1	4
SH	C2	0	0	0	0	0	0	0	0	0	0	0	0	0	1	1	0	1	2	0
SH	C3	360	13	0	39	138	311	0	28	75	117	3	35	24		125	122	12	3	70
SH	C4	23	5	4	−20	19	20	0	1	17	36	90	1	3	187	26	30	6	26	−79
SH	C5	65	1	384	87	25	40	0	222	16	19	97	0	793	205	61	77	6	286	116
SH	C6	0	0	0	0	0	0	0	0	0	0	0	0	0	0	0	0	0	0	0
SH	C7	0	0	0	0	0	0	0	0	0	0	0	0	0	0	0	0	0	3	0
SH	C8	182	162	44	28	6	3	0	3	4	56	54	4	48	8	170	80	212	19	31
JS	C1	12	0	4	22	164	41	0	7	18	182	128	1	22	16	70	21	1	4	12
JS	C2	1	0	0	3	3	1	0	0	−1	2	2	0	0	65	7	4	5	13	−21
JS	C3	231	18	4	105	208	162	0	0	24	154	324	32	38	170	46	48	26	4	48
JS	C4	47	22	25	33	44	31	1	3	52	103	180	4	16	547	59	67	12	61	−153
JS	C5	128	2	866	168	49	99	0	434	25	41	306	0	1779	677	120	154	10	666	233
JS	C6	0	0	0	0	0	0	0	0	0	0	0	0	0	0	0	0	0	0	0
JS	C7	0	0	0	0	0	0	0	0	0	0	0	0	0	0	0	0	0	0	0
JS	C8	74	57	26	17	4	2	0	2	3	31	30	2	27	5	28	22	12	12	20
ZJ	C1	6	0	2	10	82	21	0	4	9	91	64	0	11	8	33	10	0	2	6
ZJ	C2	0	0	0	0	0	0	0	0	0	0	0	0	0	0	0	0	0	1	−2
ZJ	C3	57	4	1	25	52	42	0	0	7	36	65	3	9	37	12	11	2	1	10
ZJ	C4	10	3	3	17	9	9	0	0	11	20	37	1	2	85	12	10	2	6	3
ZJ	C5	16	0	118	18	6	13	0	57	2	5	43	0	239	97	14	18	1	85	21
ZJ	C6	0	0	0	0	0	0	0	0	0	0	0	0	0	0	0	0	0	0	0
ZJ	C7	0	0	0	0	0	0	0	0	0	0	0	0	0	0	0	0	0	0	0
ZJ	C8	11	21	1	1	0	0	0	0	0	3	2	1	2	0	29	12	46	0	1
AH	C1	34	0	10	61	454	114	0	19	51	515	362	2	61	46	180	54	2	10	32
AH	C2	1	0	0	5	1	1	0	0	0	6	6	0	0	13	13	8	13	31	4
AH	C3	4	0	0	2	2	2	0	0	1	1	3	0	7	2	1	1	0	1	0
AH	C4	9	4	5	24	6	6	0	1	8	13	37	1	3	109	10	11	1	5	8
AH	C5	5	0	52	21	2	3	0	32	5	2	8	0	114	18	4	6	0	42	35
AH	C6	0	0	0	0	1	1	0	0	−1	0	0	0	0	0	0	0	0	0	0
AH	C7	0	0	0	0	0	0	0	0	0	0	0	0	0	0	0	0	0	2	0
AH	C8	15	39	0	0	0	0	0	0	0	4	3	1	2	0	2	1	0	0	0
FJ	C1	4	0	1	6	47	12	0	2	5	54	38	0	6	5	17	5	0	1	3
FJ	C2	1	0	0	0	2	0	0	0	0	1	1	0	0	2	2	1	1	3	−9
FJ	C3	308	6	0	29	102	371	0	0	20	14	22	0	0	3	116	121	15	0	53
FJ	C4	9	3	2	23	9	7	0	0	11	22	27	0	1	59	8	6	1	7	2
FJ	C5	30	1	83	16	0	16	0	43	2	7	32	0	167	55	22	30	3	49	13
FJ	C6	0	0	0	0	0	0	0	0	0	0	0	0	0	0	0	0	0	0	0
FJ	C7	0	0	0	0	0	0	0	0	0	0	0	0	0	0	0	0	0	0	0
FJ	C8	54	25	5	3	2	1	0	1	1	7	7	1	5	1	75	22	15	2	5
JX	C1	13	0	4	23	172	43	0	7	19	175	123	1	21	16	57	17	1	3	10
JX	C2	2	0	0	7	6	1	0	0	−2	2	2	0	0	4	6	3	4	10	−26
JX	C3	47	3	1	4	17	21	0	1	4	14	28	2	2	3	9	8	1	0	7
JX	C4	6	1	1	−28	6	4	0	0	6	11	12	0	0	23	5	4	3	6	−36
JX	C5	9	0	61	37	6	0	0	42	10	3	14	0	145	29	6	9	1	42	50
JX	C6	0	0	0	0	0	0	0	0	0	0	0	0	0	0	0	0	0	0	0
JX	C7	0	0	0	0	0	0	0	0	0	0	0	0	0	0	0	0	0	0	0
JX	C8	4	0	2	1	1	1	0	1	1	2	3	0	2	0	3	2	1	1	2
SD	C1	9	0	3	16	117	29	0	5	13	133	93	1	16	12	49	15	1	3	9
SD	C2	2	0	0	15	5	1	0	0	−1	2	2	0	0	663	6	3	4	9	−36
SD	C3	234	12	1	45	115	160	0	0	18	80	149	11	11	53	64	62	11	1	45
SD	C4	31	7	3	43	26	24	1	0	27	60	84	1	2	134	30	23	5	21	−8
SD	C5	33	1	237	115	10	25	0	147	27	13	81	0	609	176	26	41	2	209	205
SD	C6	0	0	0	0	1	1	0	0	−1	0	0	0	0	0	0	0	0	3	0
SD	C7	0	0	0	0	0	0	0	0	0	0	0	0	0	0	0	0	0	3	0
SD	C8	46	3	23	15	5	2	0	2	4	23	25	0	21	4	33	23	29	11	17
HA	C1	21	0	6	37	254	64	0	11	28	275	193	1	33	25	98	29	1	5	17
HA	C2	4	0	0	9	10	2	0	0	−3	0	0	0	0	226	4	2	0	0	−64
HA	C3	170	10	1	31	72	71	0	0	13	58	121	12	39	31	35	31	7	3	28
HA	C4	19	6	2	88	24	12	1	0	29	65	46	0	1	80	15	12	1	26	−8

续表

省份	部门	HB FU102	HB FU103	HB FU201	HB FU202	HN FU101	HN FU102	HN FU103	HN FU201	HN FU202	GD FU101	GD FU102	GD FU103	GD FU201	GD FU202	GX FU101	GX FU102	GX FU103	GX FU201	GX FU202
HA	C5	10	0	145	24	4	5	0	57	4	3	15	0	201	37	9	8	0	82	26
HA	C6	0	0	0	0	0	0	0	0	0	0	0	0	0	0	0	0	0	0	0
HA	C7	0	0	0	0	0	0	0	0	0	0	0	0	0	0	0	0	0	0	0
HA	C8	8	1	4	3	1	1	0	1	1	4	4	0	4	1	4	3	1	2	3
HB	C1	2783	26	811	4977	298	75	0	13	33	288	202	1	34	26	104	31	1	6	18
HB	C2	54	0	0	322	2	1	0	0	0	1	1	0	3	4	2	3	7		-11
HB	C3	7798	397	123	2147	79	86	0	0	16	60	96	3	28	19	41	36	2	3	31
HB	C4	820	312	219	3417	17	11	0	0	15	28	39	1	2	95	14	18	5	25	-115
HB	C5	669	9	4638	2929	8	14	0	133	22	7	37	0	434	84	15	20	1	159	131
HB	C6	501	0	0	-194	0	0	0	0	0	0	0	0	0	0	0	0	0	0	0
HB	C7	0	0	15631	-26	0	0	0	0	0	0	0	0	0	0	0	0	0	0	0
HB	C8	5418	12820	907	571	2	1	0	1	1	13	13	0	12	2	34	14	2	5	9
HN	C1	21	0	6	37	20938	5247	0	894	2345	294	206	1	35	26	107	32	1	6	19
HN	C2	3	0	0	6	93	62	0	0	-148	1	1	0	0	1	5	3	2	4	-50
HN	C3	147	8	1	16	4947	4812	370	18	1444	49	82	4	17	14	34	30	2	2	27
HN	C4	11	3	1	18	1065	576	40	29	1229	43	27	0	0	39	11	9	2	23	-37
HN	C5	18	0	147	50	284	576	1	3552	332	7	58	0	340	131	13	19	1	110	78
HN	C6	0	0	0	0	144	195	0	0	-152	0	0	0	0	0	0	0	0	0	0
HN	C7	0	0	0	0	0	0	0	16233	-1	0	0	0	0	0	0	0	0	0	0
HN	C8	10	1	5	3	4079	2858	12331	166	1088	5	6	0	5	1	5	4	1	3	4
GD	C1	9	0	3	16	129	32	0	6	14	23713	16662	107	2825	2122	56	17	1	3	10
GD	C2	0	0	0	7	1	0	0	0	-2	63	62	0	0	979	1	1	0	1	1
GD	C3	403	23	4	89	242	292	0	1	39	5819	11868	363	625	2843	121	118	29	5	93
GD	C4	48	17	16	111	54	45	1	2	64	3154	2052	24	70	4081	73	60	11	53	14
GD	C5	107	2	298	81	39	103	0	184	8	329	2754	0	12996	5995	95	147	10	296	135
GD	C6	6	0	0	-2	22	30	0	0	-24	0	0	0	0	0	0	0	0	0	0
GD	C7	0	0	0	0	0	0	0	0	0	0	0	0	48288	481	0	0	0	0	0
GD	C8	17	2	6	4	1	0	0	0	1	18674	20649	28097	3615	154	36	18	56	3	5
GX	C1	10	0	3	19	151	38	0	6	17	181	127	1	22	16	12180	3648	153	664	2130
GX	C2	1	0	0	2	2	0	0	0	-1	1	1	0	0	979	33	20	33	81	479
GX	C3	140	9	2	12	56	65	0	1	12	57	106	9	7	13	2427	2182	369	56	1619
GX	C4	14	5	2	68	27	13	1	0	31	83	54	1	1	90	626	451	31	1125	89
GX	C5	11	0	105	21	5	9	0	55	4	5	31	0	236	70	136	174	26	1658	978
GX	C6	0	0	0	0	0	0	0	0	0	0	0	0	0	0	146	229	129	25	-111
GX	C7	0	0	0	0	0	0	0	0	0	0	0	0	0	0	0	0	0	8222	209
GX	C8	27	23	4	2	1	0	0	0	1	6	5	1	5	1	3684	2812	9912	688	1101
HI	C1	5	0	2	9	76	19	0	3	8	139	98	1	17	12	50	15	1	3	9
HI	C2	0	0	0	2	0	0	0	0	0	0	0	0	0	0	1	1	1	2	7
HI	C3	31	2	0	3	13	15	0	0	3	20	31	1	1	5	13	12	1	0	11
HI	C4	1	0	0	0	0	0	0	0	0	1	3	0	0	4	2	1	0	0	4
HI	C5	0	0	0	0	0	0	0	0	0	0	0	0	0	0	0	0	0	0	0
HI	C6	0	0	0	0	0	0	0	0	0	0	0	0	0	0	0	0	0	0	0
HI	C7	0	0	0	0	0	0	0	0	0	0	0	0	0	0	0	0	0	0	0
HI	C8	11	4	5	3	0	0	0	0	0	5	5	0	4	1	7	5	7	2	3
SC	C1	0	0	0	1	5	1	0	0	1	6	4	0	1	1	2	1	0	0	0
SC	C2	1	0	0	2	2	0	0	0	-1	0	0	0	0	1	2	1	1	2	-13
SC	C3	237	9	1	24	86	197	0	0	16	49	88	6	2	14	91	91	11	0	54
SC	C4	5	1	0	-4	5	4	0	0	3	10	14	0	0	22	7	8	1	12	-32
SC	C5	21	0	134	48	7	13	0	77	11	7	38	0	312	80	21	29	2	123	90
SC	C6	0	0	0	0	1	1	0	0	-1	0	0	0	0	0	0	0	0	0	0
SC	C7	0	0	0	0	0	0	0	0	0	0	0	0	0	0	0	0	0	0	0
SC	C8	15	1	8	5	1	0	0	0	0	7	7	0	7	1	5	5	1	3	5
GZ	C1	2	0	0	3	24	6	0	1	3	29	20	0	3	3	11	3	0	1	2
GZ	C2	0	0	0	4	1	0	0	0	-1	0	0	0	0	0	2	1	1	3	1
GZ	C3	140	8	0	12	59	66	0	0	11	58	91	3	0	13	41	36	1	0	34
GZ	C4	3	1	1	2	8	3	2	0	4	7	13	0	1	41	5	5	0	6	-4
GZ	C5	2	0	9	3	1	2	0	6	0	1	7	0	29	15	2	2	0	9	5
GZ	C6	0	0	0	0	0	0	0	0	0	0	0	0	0	0	0	0	0	0	0
GZ	C7	0	0	0	0	0	0	0	0	0	0	0	0	0	0	0	0	0	0	0
GZ	C8	12	1	5	3	1	0	0	0	0	5	5	0	5	1	4	4	1	2	4
YN	C1	0	0	0	1	7	2	0	0	1	8	6	0	1	1	3	1	0	0	1
YN	C2	0	0	0	3	0	0	0	0	-1	0	0	0	0	0	1	0	0	1	5

续表

省份	部门	HB FU102	HB FU103	HB FU201	HB FU202	HN FU101	HN FU102	HN FU103	HN FU201	HN FU202	GD FU101	GD FU102	GD FU103	GD FU201	GD FU202	GX FU101	GX FU102	GX FU103	GX FU201	GX FU202
YN	C3	90	5	0	8	36	41	0	0	7	38	59	2	0	8	25	22	1	0	20
YN	C4	0	0	0	−3	1	0	0	0	0	1	1	0	0	1	1	1	0	3	−11
YN	C5	0	0	3	1	0	0	0	1	0	0	0	0	5	1	0	0	0	2	1
YN	C6	0	0	0	0	0	0	0	0	0	0	0	0	0	0	0	0	0	0	0
YN	C7	0	0	0	0	0	0	0	0	0	0	0	0	0	0	0	0	0	0	0
YN	C8	1	0	0	0	0	0	0	0	0	0	0	0	0	0	1	0	1	0	0
SN	C1	5	0	1	8	57	14	0	2	6	69	48	0	8	6	19	6	0	1	3
SN	C2	1	0	0	16	2	0	0	0	−3	0	0	0	0	46	1	0	0	0	6
SN	C3	79	5	1	17	38	36	0	0	6	33	62	5	5	19	13	11	1	0	11
SN	C4	5	2	1	19	5	3	0	0	6	14	17	0	1	41	3	3	0	3	−1
SN	C5	32	1	82	28	9	19	0	46	4	8	51	0	215	100	18	26	2	46	28
SN	C6	0	0	0	0	0	0	0	0	0	0	0	0	0	0	0	0	0	0	0
SN	C7	0	0	0	0	0	0	0	0	0	0	0	0	0	0	0	0	0	2	0
SN	C8	11	1	1	1	0	0	0	0	0	1	1	0	1	0	34	12	30	0	1
GS	C1	3	0	1	5	30	8	0	1	3	41	29	0	5	4	8	2	0	0	1
GS	C2	1	0	0	0	2	0	0	0	0	0	0	0	0	0	0	0	0	0	−8
GS	C3	10	1	0	1	3	4	0	0	1	4	7	1	1	1	1	1	0	0	1
GS	C4	3	0	0	−45	3	1	0	0	1	5	5	0	0	7	1	2	2	5	−49
GS	C5	4	0	15	4	1	3	0	7	0	1	14	0	48	31	1	2	0	6	3
GS	C6	0	0	0	0	0	0	0	0	0	0	0	0	0	0	0	0	0	0	0
GS	C7	0	0	0	0	0	0	0	0	0	0	0	0	0	0	0	0	0	0	0
GS	C8	3	0	1	1	0	0	0	0	0	1	1	0	1	0	2	1	1	1	1
QH	C1	1	0	0	1	5	1	0	0	1	11	8	0	1	1	2	1	0	0	0
QH	C2	0	0	0	1	0	0	0	0	0	0	0	0	0	0	1	1	1	3	0
QH	C3	3	0	0	1	3	7	0	0	0	1	2	0	0	2	4	4	1	0	2
QH	C4	0	0	0	−1	0	0	0	0	0	0	0	0	0	1	1	2	0	4	−18
QH	C5	0	0	1	0	0	0	0	2	0	0	0	0	2	1	1	1	0	10	1
QH	C6	0	0	0	0	0	0	0	0	0	0	0	0	0	0	0	0	0	0	0
QH	C7	0	0	0	0	0	0	0	0	0	0	0	0	0	0	0	0	0	0	0
QH	C8	0	0	0	0	0	0	0	0	0	0	0	0	0	0	0	0	0	0	0
NX	C1	0	0	0	1	5	1	0	0	1	9	6	0	1	1	1	0	0	0	0
NX	C2	0	0	0	0	0	0	0	0	0	0	0	0	0	17	1	0	0	0	−13
NX	C3	8	1	0	2	4	4	0	0	0	4	11	1	1	4	1	1	0	0	1
NX	C4	1	0	0	−2	1	0	0	0	0	2	3	0	0	6	2	2	0	2	−4
NX	C5	0	0	6	1	0	0	0	1	0	0	1	0	20	3	2	1	0	23	3
NX	C6	0	0	0	0	0	0	0	0	0	0	0	0	0	0	0	0	0	0	0
NX	C7	0	0	0	0	0	0	0	0	0	0	0	0	0	0	0	0	0	0	0
NX	C8	2	0	1	1	0	0	0	0	0	1	1	0	1	0	1	1	0	1	1
XJ	C1	13	0	4	23	148	37	0	6	17	235	165	1	28	21	32	9	0	2	6
XJ	C2	0	0	0	3	0	0	0	0	0	0	0	0	0	179	3	2	2	5	−20
XJ	C3	77	3	0	14	38	55	0	0	5	30	48	1	1	18	13	13	1	0	7
XJ	C4	2	0	0	−32	1	0	0	0	1	5	5	0	0	9	4	2	2	6	−24
XJ	C5	0	0	3	0	0	0	0	1	0	0	0	0	6	1	0	0	0	0	0
XJ	C6	0	0	0	0	0	0	0	0	0	0	0	0	0	0	0	0	0	0	0
XJ	C7	0	0	0	0	0	0	0	0	0	0	0	0	0	0	0	0	0	0	0
XJ	C8	16	1	8	5	1	1	0	1	1	8	8	0	7	1	6	6	1	4	6
IM	C1	0	0	0	0	0	0	0	0	0	65	46	0	8	6	57	17	1	3	10
IM	C2	26	0	0	288	90	60	0	0	−9	189	77	0	0	9	6	4	4	10	68
IM	C3	8	0	1	2	32	85	46	0	26	90	189	3	248	95	491	274	91	0	−100
IM	C4	9	2	1	−24	3	3	0	0	3	300	114	3	9	1212	8	5	14	0	−196
IM	C5	10	0	246	26	10	6	0	152	5	23	72	0	1261	163	6	3	0	65	5
IM	C6	0	0	0	0	0	0	0	0	0	1539	2674	0	0	0	0	0	0	0	0
IM	C7	0	0	0	0	0	0	0	0	0	0	0	0	0	0	0	0	0	0	0
IM	C8	24	2	12	7	12	10	1	1	12	25	25	0	23	5	2	2	0	1	2
TII	TII																			
VA	VA001																			
VA	VA002																			
VA	VA003																			
VA	VA004																			
TVA	TVA																			
TI	TI																			

省份	部门	HI FU101	HI FU102	HI FU103	HI FU201	HI FU202	SC FU101	SC FU102	SC FU103	SC FU201	SC FU202	GZ FU101	GZ FU102	GZ FU103	GZ FU201	GZ FU202	YN FU101	YN FU102
BJ	C1	0	0	0	0	0	6	1	0	0	0	3	1	0	0	0	2	0
BJ	C2	0	0	0	0	−1	0	0	0	0	0	0	0	0	0	0	0	0
BJ	C3	50	55	0	0	1	236	279	2	0	32	11	12	1	0	3	29	25
BJ	C4	0	0	0	0	0	2	1	0	0	−3	1	0	0	0	0	0	0
BJ	C5	0	0	0	3	0	19	26	0	20	18	3	5	0	30	10	1	0
BJ	C6	0	0	0	0	0	0	0	0	0	0	0	0	0	0	0	0	0
BJ	C7	0	0	0	0	0	0	0	0	0	0	0	0	0	0	0	0	0
BJ	C8	9	6	1	26	10	20	9	0	5	7	16	11	1	2	1	0	0
TJ	C1	0	0	0	0	0	1	0	0	0	0	1	0	0	0	0	0	0
TJ	C2	0	0	0	0	0	0	0	0	0	0	0	0	0	0	0	0	0
TJ	C3	19	21	0	0	0	175	205	0	0	19	4	5	2	0	1	7	6
TJ	C4	2	1	1	0	−11	26	9	0	1	22	7	2	0	0	1	2	1
TJ	C5	0	0	0	3	0	18	27	0	27	25	3	5	0	34	8	1	1
TJ	C6	0	0	0	0	0	0	0	0	0	0	0	0	0	0	0	0	0
TJ	C7	0	0	0	0	0	0	0	0	0	0	0	0	0	0	0	0	0
TJ	C8	16	11	1	45	17	32	16	0	7	11	26	18	1	4	1	1	0
HE	C1	13	8	0	0	8	96	16	0	5	4	75	22	0	10	2	46	7
HE	C2	0	0	0	0	−10	1	1	0	0	−19	0	0	0	0	2	0	0
HE	C3	8	7	0	12	−1	103	92	2	0	55	15	17	3	0	4	39	28
HE	C4	5	3	1	0	2	69	23	0	5	65	30	8	1	0	5	11	6
HE	C5	3	3	0	28	−3	16	27	0	43	37	5	7	0	78	10	1	1
HE	C6	0	0	0	0	0	0	0	0	0	0	0	0	0	0	0	0	0
HE	C7	0	0	0	0	0	0	0	0	0	0	0	0	0	0	0	0	0
HE	C8	14	9	1	28	12	16	8	0	4	6	16	12	2	2	1	1	0
SX	C1	0	0	0	0	0	1	0	0	0	0	1	0	0	0	0	0	0
SX	C2	0	0	0	0	−21	2	1	0	0	0	0	0	0	0	0	1	0
SX	C3	6	7	0	0	0	38	45	0	0	4	1	1	0	0	0	2	2
SX	C4	0	1	0	0	0	3	2	0	0	0	1	0	0	0	0	0	0
SX	C5	0	0	0	0	0	1	2	0	2	2	0	0	0	1	0	0	0
SX	C6	0	0	0	0	0	0	0	0	0	0	0	0	0	0	0	0	0
SX	C7	0	0	0	0	0	0	0	0	0	0	0	0	0	0	0	0	0
SX	C8	4	3	0	11	5	4	2	0	1	2	4	2	0	1	0	0	0
IM	C1	6	3	0	0	3	18	3	0	1	1	4	1	0	1	0	5	1
IM	C2	0	1	0	0	−14	1	0	0	0	−2	0	0	0	0	0	0	0
IM	C3	11	9	0	0	−3	14	17	1	0	5	1	1	0	0	0	7	6
IM	C4	1	1	0	0	−6	6	2	0	1	3	1	0	0	0	0	0	0
IM	C5	0	0	0	6	0	3	5	0	7	7	0	0	0	2	0	0	0
IM	C6	0	0	0	0	0	0	0	0	0	0	0	0	0	0	0	0	0
IM	C7	0	0	0	0	0	0	0	0	0	0	0	0	0	0	0	0	0
IM	C8	6	4	0	17	7	11	6	0	3	4	9	6	0	1	1	0	0
LN	C1	0	0	0	0	0	4	1	0	0	0	3	1	0	0	0	2	0
LN	C2	0	0	0	0	−2	0	0	0	0	−1	0	0	0	0	0	0	0
LN	C3	0	0	0	0	0	10	9	0	0	8	1	1	0	0	0	4	2
LN	C4	2	2	0	0	1	21	4	0	1	0	4	1	0	0	1	2	2
LN	C5	3	3	0	22	−4	15	26	0	33	30	4	8	0	57	9	1	1
LN	C6	0	0	0	0	0	0	0	0	0	0	0	0	0	0	0	0	0
LN	C7	0	0	0	0	0	0	0	0	0	0	0	0	0	0	0	0	0
LN	C8	4	3	0	11	4	6	3	0	1	2	5	3	0	1	0	0	0
JL	C1	4	2	0	0	2	14	2	0	1	1	5	2	0	1	0	5	1
JL	C2	0	1	0	0	−10	0	0	0	0	−1	0	0	0	0	0	0	0
JL	C3	6	5	0	0	0	15	16	0	0	8	1	2	0	0	0	7	5
JL	C4	1	1	0	0	−5	12	4	0	0	5	1	0	0	0	0	1	1
JL	C5	1	1	0	12	−2	32	45	0	91	52	3	1	0	31	6	0	0
JL	C6	0	0	0	0	0	0	0	0	0	0	0	0	0	0	0	0	0
JL	C7	0	0	0	0	0	0	0	0	0	0	0	0	0	0	0	0	0
JL	C8	9	6	1	22	9	11	6	0	3	4	11	7	1	1	0	0	0
HL	C1	0	0	0	0	0	1	0	0	0	0	0	0	0	0	0	0	0
HL	C2	0	1	0	0	−13	1	1	0	0	−1	0	0	0	0	0	8	0
HL	C3	0	0	0	0	0	1	1	0	0	0	0	0	0	0	0	0	0
HL	C4	0	0	0	0	0	1	0	0	0	0	0	0	0	0	0	1	0
HL	C5	0	0	0	0	0	0	0	0	0	0	0	0	0	0	0	0	0
HL	C6	0	0	0	0	0	0	0	0	0	0	0	0	0	0	0	0	0

续表

省份	部门	HI FU101	HI FU102	HI FU103	HI FU201	HI FU202	SC FU101	SC FU102	SC FU103	SC FU201	SC FU202	GZ FU101	GZ FU102	GZ FU103	GZ FU201	GZ FU202	YN FU101	YN FU102
HL	C7	0	0	0	0	0	0	0	0	0	0	0	0	0	0	0	0	0
HL	C8	0	0	0	0	0	0	0	0	0	0	0	0	0	0	0	0	0
SH	C1	2	1	0	0	1	11	2	0	1	0	9	3	0	1	0	5	1
SH	C2	0	0	0	0	−1	0	0	0	0	0	0	0	0	0	0	0	0
SH	C3	96	102	1	11	−3	300	357	2	0	48	25	27	0	0	6	58	52
SH	C4	5	5	0		13	22	9	0	2	3	13	5	1	0	3	4	3
SH	C5	5	6	0	71	2	66	83	0	80	69	20	27	0	217	58	3	2
SH	C6	0	0	0	0	0	0	0	0	0	0	0	0	0	0	0	0	0
SH	C7	0	0	0	0	0	0	0	0	0	0	0	0	0	0	0	0	0
SH	C8	45	30	3	102	39	69	34	0	16	24	60	43	3	8	3	2	1
JS	C1	12	7	0	0	7	32	5	0	2	1	32	9	0	4	1	18	3
JS	C2	0	1	0	0	−15	1	0	0	0	−1	0	0	0	0	0	0	0
JS	C3	34	29	2	16	−8	274	226	3	0	159	26	28	3	0	7	100	58
JS	C4	14	8	2	1	13	44	17	0	10	31	26	14	1	1	7	12	12
JS	C5	18	19	0	190	−13	100	143	0	146	140	33	56	0	428	91	6	5
JS	C6	0	0	0	0	0	0	0	0	0	0	0	0	0	0	0	0	0
JS	C7	0	0	0	0	0	0	0	0	0	0	0	0	0	0	0	0	0
JS	C8	24	17	2	67	26	43	21	0	10	15	36	24	1	5	2	1	1
ZJ	C1	4	2	0	0	3	15	2	0	1	1	14	4	0	2	0	8	1
ZJ	C2	0	0	0	0	−1	0	0	0	0	0	0	0	0	0	0	0	0
ZJ	C3	7	6	0	3	−1	54	47	1	0	35	6	7	0	0	2	24	14
ZJ	C4	2	1	0		4	6			6	3	6	3		2	2	2	2
ZJ	C5	2	2	0	21	−2	10	14	0	15	16	3	6	0	49	9	1	1
ZJ	C6	0	0	0	0	0	0	0	0	0	0	0	0	0	0	0	0	0
ZJ	C7	0	0	0	0	0	0	0	0	0	0	0	0	0	0	0	0	0
ZJ	C8	1	1	0	3	1	2	1	0	0	1	2	2	2	0	0	0	0
AH	C1	24	14	0	0	14	90	15	0	5	4	77	23	0	10	2	44	6
AH	C2	0	2	0	0	−22	1	0	0	0	−3	0	0	0	0	0	0	0
AH	C3	1	1	0	2	0	2	2	0	0	2	0	1	0	0	0	1	1
AH	C4	2	1	0	0	5	6	3	0	2	5	4	2	0	0	1	1	2
AH	C5	0	1	0	9	0	6	8	0	15	10	2	1	0	21	4	0	0
AH	C6	0	0	0	0	0	0	0	0	0	0	0	0	0	0	0	0	0
AH	C7	0	0	0	0	0	0	0	0	0	0	0	0	0	0	0	0	0
AH	C8	0	0	0	0	0	0	0	0	0	0	0	0	0	0	0	0	0
FJ	C1	2	1	0	0	1	8	1	0	0	0	7	2	0	1	0	4	1
FJ	C2	0	0	0	0	−5	0	0	0	0	0	0	0	0	0	0	0	0
FJ	C3	38	42	0	0	1	328	391	0	0	31	4	4	0	0	1	10	9
FJ	C4	2	1	0	0	−1	6	2	0	1	5	5	2	0	0	1	2	1
FJ	C5	1	1	0	12	1	26	31	0	16	18	7	10	0	57	22	1	1
FJ	C6	0	0	0	0	0	0	0	0	0	0	0	0	0	0	0	0	0
FJ	C7	0	0	0	0	0	0	0	0	0	0	0	0	0	0	0	0	0
FJ	C8	15	9	0	14	6	8	4	0	2	3	12	11	1	1	0	0	0
JX	C1	4	2	0	0	2	25	4	0	1	1	23	7	0	3	1	13	2
JX	C2	0	0	0	0	−12	0	0	0	0	−3	0	0	0	0	1	0	0
JX	C3	2	2	0	0	1	11	13	0	0	4	4	5	0	0	1	10	8
JX	C4	1	1	0	0	0	5	1	0	0	0	2	3	1	0	1	2	1
JX	C5	0	0	0	5	0	9	12	0	16	11	2	2	0	22	6	0	0
JX	C6	0	0	0	0	0	0	0	0	0	0	0	0	0	0	0	0	0
JX	C7	0	0	0	0	0	0	0	0	0	0	0	0	0	0	0	0	0
JX	C8	3	2	0	7	3	3	2	0	1	1	3	2	0	0	0	0	0
SD	C1	7	4	0	0	4	24	4	0	1	1	22	6	0	3	1	13	2
SD	C2	0	0	0	0	−16	1	1	0	0	−2	0	0	0	0	4	0	0
SD	C3	58	58	1	4	−6	195	204	2	0	66	21	23	1	0	5	64	48
SD	C4	5	4	0	0	12	39	15	0	1	21	18	6	1	0	4	7	3
SD	C5	4	4	0	46	−6	39	56	0	79	55	10	12	0	111	25	1	1
SD	C6	0	0	0	0	0	0	0	0	0	0	0	0	0	0	0	0	0
SD	C7	0	0	0	0	0	0	0	0	0	0	0	0	0	0	0	0	0
SD	C8	22	15	2	60	24	37	19	0	9	13	31	20	1	4	2	1	1
HA	C1	11	6	0	0	6	51	8	0	3	2	42	12	0	6	1	25	4
HA	C2	0	0	0	0	−16	1	1	0	0	−4	0	0	0	0	2	0	0
HA	C3	16	14	1	12	−4	83	82	2	0	40	18	20	2	0	5	45	37
HA	C4	2	2	1	0	−9	26	8	0	1	24	13	3	0	0	2	5	2

省份	部门	HI FU101	HI FU102	HI FU103	HI FU201	HI FU202	SC FU101	SC FU102	SC FU103	SC FU201	SC FU202	GZ FU101	GZ FU102	GZ FU103	GZ FU201	GZ FU202	YN FU101	YN FU102
HA	C5	1	1	0	16	1	6	8	0	19	15	2	2	0	41	5	0	0
HA	C6	0	0	0	0	0	0	0	0	0	0	0	0	0	0	0	0	0
HA	C7	0	0	0	0	0	0	0	0	0	0	0	0	0	0	0	0	0
HA	C8	4	3	0	11	5	7	3	0	2	2	6	4	0	1	0	0	0
HB	C1	13	7	0	0	7	47	8	0	2	2	46	14	0	6	1	26	4
HB	C2	0	0	0	0	-7	0	0	0	0	0	0	0	0	0	0	0	0
HB	C3	23	19	1	9	-6	51	59	2	0	22	21	23	0	0	5	50	44
HB	C4	3	2	0	0	0	13	4	0	1	3	9	3	0	0	2	4	3
HB	C5	2	2	0	28	-2	18	26	0	48	32	5	4	0	77	13	1	0
HB	C6	0	0	0	0	0	0	0	0	0	0	0	0	0	0	0	0	0
HB	C7	0	0	0	0	0	0	0	0	0	0	0	0	0	0	0	0	0
HB	C8	14	9	1	29	11	19	9	0	4	6	17	13	0	2	1	0	0
HN	C1	14	8	0	0	8	43	7	0	2	2	48	14	0	6	1	26	4
HN	C2	0	0	0	0	-14	0	0	0	0	-3	0	0	0	0	0	0	0
HN	C3	19	16	1	5	-5	38	44	1	0	15	18	19	0	0	4	39	35
HN	C4	2	2	1	0	-13	10	3	0	0	7	10	2	0	0	1	3	1
HN	C5	2	2	0	21	-4	10	17	0	25	20	3	6	0	50	8	0	0
HN	C6	0	0	0	0	0	0	0	0	0	0	0	0	0	0	0	0	0
HN	C7	0	0	0	0	0	0	0	0	0	0	0	0	0	0	0	0	0
HN	C8	6	4	0	15	6	8	4	0	2	3	7	5	0	1	0	0	0
GD	C1	16	9	0	0	9	22	4	0	1	1	25	7	0	3	1	14	2
GD	C2	0	0	0	0	-3	0	0	0	0	-5	0	0	0	0	1	0	0
GD	C3	171	160	5	32	-25	307	306	4	0	119	46	50	2	0	11	129	97
GD	C4	24	14	5	1	-2	42	17	0	6	33	36	15	2	0	9	14	10
GD	C5	23	25	0	131	-41	75	115	0	60	76	25	58	0	226	71	5	5
GD	C6	0	0	0	0	0	0	0	0	0	0	0	0	0	0	0	0	0
GD	C7	0	0	0	0	0	0	0	0	0	0	0	0	0	0	0	0	0
GD	C8	6	4	0	16	6	10	5	0	2	4	9	7	3	1	0	0	0
GX	C1	16	9	0	0	9	29	5	0	1	1	31	9	0	4	1	16	2
GX	C2	0	0	0	0	-13	0	0	0	0	-2	0	0	0	0	1	0	0
GX	C3	44	37	2	3	-8	49	55	2	0	18	22	24	1	0	5	45	40
GX	C4	12	8	4	0	-83	23	8	0	1	22	27	6	0	0	4	8	2
GX	C5	2	3	0	30	-1	9	13	0	18	16	3	5	0	50	9	0	0
GX	C6	0	0	0	0	0	0	0	0	0	0	0	0	0	0	0	0	0
GX	C7	0	0	0	0	0	0	0	0	0	0	0	0	0	0	0	0	0
GX	C8	6	4	0	9	4	6	3	0	1	2	6	5	0	1	0	0	0
HI	C1	2114	1188	25	0	1226	17	3	0	1	1	8	2	0	1	0	7	5
HI	C2	0	4	0	0	37	0	0	0	0	-2	0	0	0	0	0	0	0
HI	C3	332	305	10	1	-54	11	14	0	0	4	2	3	0	0	1	8	7
HI	C4	54	32	8	3	66	1	0	0	0	0	1	0	0	0	0	0	0
HI	C5	34	38	0	236	-55	0	0	0	0	0	0	0	0	0	0	0	0
HI	C6	99	115	0	0	-25	0	0	0	0	0	0	0	0	0	0	0	0
HI	C7	0	0	0	5721	0	0	0	0	0	0	0	0	0	0	0	0	0
HI	C8	1214	1178	2111	1768	377	7	4	0	2	3	6	4	0	1	0	0	0
SC	C1	0	0	0	0	0	31261	5166	88	1599	1267	1	0	0	0	0	1	0
SC	C2	0	0	0	0	-6	541	133	0	0	-91	0	0	0	0	0	0	0
SC	C3	103	110	1	1	-3	9527	10167	268	120	4101	24	25	0	0	6	61	52
SC	C4	2	1	0	0	1	2223	969	0	331	1923	8	2	0	0	1	3	1
SC	C5	2	3	0	29	-1	1518	2469	0	5925	3347	9	12	0	102	26	1	1
SC	C6	0	0	0	0	0	424	421	0	0	-392	0	0	0	0	0	0	0
SC	C7	0	0	0	0	0	0	0	0	31524	3	0	0	0	0	0	0	0
SC	C8	6	4	0	18	7	8499	8534	17484	664	1016	10	7	0	1	1	0	0
GZ	C1	0	0	0	0	0	6	1	0	0	0	8444	2473	0	1107	205	4	1
GZ	C2	0	0	0	0	-3	0	0	0	0	-7	89	36	0	0	54	0	0
GZ	C3	2	2	0	0	0	58	68	2	0	22	819	942	21	8	197	67	59
GZ	C4	1	0	0	0	-1	3	1	0	0	1	747	171	15	3	78	1	1
GZ	C5	0	0	0	1	0	2	3	0	3	2	93	200	0	1503	168	0	0
GZ	C6	0	0	0	0	0	0	0	0	0	0	40	71	0	0	-76	0	0
GZ	C7	0	0	0	0	0	0	0	0	0	0	0	0	0	4654	0	0	0
GZ	C8	4	3	0	12	5	8	4	0	2	3	1164	1615	5271	74	18	0	0
YN	C1	0	0	0	0	0	2	0	0	0	0	2	1	0	0	0	12782	1852
YN	C2	0	0	0	0	-1	0	0	0	0	-7	0	0	0	0	1	84	14

续表

省份	部门	HI FU101	HI FU102	HI FU103	HI FU201	HI FU202	SC FU101	SC FU102	SC FU103	SC FU201	SC FU202	GZ FU101	GZ FU102	GZ FU103	GZ FU201	GZ FU202	YN FU101	YN FU102
YN	C3	7	6	0	0	-2	39	46	1	0	14	18	20	0	0	4	5561	4508
YN	C4	0	0	0	0	0	1	0	0	0	-1	1	0	0	0	0	300	148
YN	C5	0	0	0	0	0	0	0	0	1	1	0	0	0	2	0	81	102
YN	C6	0	0	0	0	0	0	0	0	0	0	0	0	0	0	0	23	58
YN	C7	0	0	0	0	0	0	0	0	0	0	0	0	0	0	0	0	0
YN	C8	0	0	0	1	0	0	0	0	0	0	0	0	0	0	0	4205	4067
SN	C1	0	0	0	0	0	15	2	0	1	1	8	2	0	1	0	6	1
SN	C2	0	0	0	0	-3	0	0	0	0	-23	0	0	0	0	2	0	0
SN	C3	3	2	0	0	-1	58	55	1	0	33	7	7	1	0	2	26	18
SN	C4	0	0	0	0	1	9	3	0	1	8	3	1	0	0	1	1	1
SN	C5	1	1	0	4	-1	41	53	0	32	32	6	10	0	48	18	1	1
SN	C6	0	0	0	0	0	0	0	0	0	0	0	0	0	0	0	0	0
SN	C7	0	0	0	0	0	0	0	0	0	0	0	0	0	0	0	0	0
SN	C8	3	2	0	2	1	1	1	0	0	1	3	3	1	0	0	0	0
GS	C1	2	1	0	0	1	9	1	0	0	0	3	1	0	0	0	3	0
GS	C2	0	0	0	0	-3	0	0	0	0	0	0	0	0	0	0	0	0
GS	C3	2	2	0	0	-1	4	5	0	0	2	1	1	0	0	0	2	2
GS	C4	0	0	0	0	-1	9	2	0	0	0	1	0	0	0	0	1	0
GS	C5	0	0	0	2	0	3	6	0	4	5	0	1	0	3	1	0	0
GS	C6	0	0	0	0	0	0	0	0	0	0	0	0	0	0	0	0	0
GS	C7	0	0	0	0	0	0	0	0	0	0	0	0	0	0	0	0	0
GS	C8	2	1	0	4	2	2	1	0	0	1	2	1	0	0	0	0	0
QH	C1	4	2	0	0	2	2	0	0	0	0	2	1	0	0	0	1	0
QH	C2	0	0	0	0	-5	0	0	0	0	-1	0	0	0	0	0	0	0
QH	C3	26	30	0	0	1	1	1	1	0	0	0	0	0	0	0	0	0
QH	C4	1	1	0	0	0	0	0	0	0	-1	1	0	0	0	0	0	0
QH	C5	0	0	0	7	0	0	0	0	0	0	0	0	0	7	0	0	0
QH	C6	0	0	0	0	0	0	0	0	0	0	0	0	0	0	0	0	0
QH	C7	0	0	0	0	0	0	0	0	0	0	0	0	0	0	0	0	0
QH	C8	0	0	0	0	0	0	0	0	0	0	0	0	0	0	0	0	0
NX	C1	2	1	0	0	1	2	0	0	0	0	1	0	0	0	0	0	0
NX	C2	0	0	0	0	-1	0	0	0	0	0	0	0	0	0	0	0	0
NX	C3	17	18	0	1	-1	6	7	0	0	1	1	1	0	0	0	1	1
NX	C4	1	1	0	0	0	3	1	0	0	1	1	0	0	0	0	0	0
NX	C5	1	1	0	19	1	0	1	0	2	2	1	0	0	17	1	0	0
NX	C6	0	0	0	0	0	0	0	0	0	0	0	0	0	0	0	0	0
NX	C7	0	0	0	0	0	0	0	0	0	0	0	0	0	0	0	0	0
NX	C8	1	1	0	3	1	2	1	0	0	1	2	1	0	0	0	0	0
XJ	C1	26	15	0	0	15	44	7	0	2	2	1	0	0	0	0	10	1
XJ	C2	0	1	0	0	-11	0	0	0	0	-3	0	0	0	0	1	0	0
XJ	C3	37	34	1	1	-7	70	80	0	0	18	1	1	0	0	0	8	6
XJ	C4	2	1	1	0	-10	8	2	0	0	5	3	1	0	0	0	3	2
XJ	C5	0	0	0	1	0	0	0	0	1	0	0	0	0	0	0	0	0
XJ	C6	0	0	0	0	0	0	0	0	0	0	0	0	0	0	0	0	0
XJ	C7	0	0	0	0	0	0	0	0	0	0	0	0	0	0	0	0	0
XJ	C8	7	5	1	20	8	13	6	0	3	4	10	7	0	1	1	0	0
IM	C1	6	4	0	0	4	0	0	0	0	0	0	0	0	0	0	9	1
IM	C2	0	1	0	0	-11	17	2	0	0	-35	2	1	0	0	99	25	4
IM	C3	180	76	4	44	-32	200	145	3	1	90	63	64	4	0	48	243	73
IM	C4	20	17	0	0	87	12	3	0	1	7	2	1	0	0	1	3	3
IM	C5	15	17	0	197	0	13	16	0	61	48	2	1	0	68	5	3	7
IM	C6	0	0	0	0	0	0	0	0	0	0	0	0	0	0	0	0	0
IM	C7	0	0	0	0	0	0	0	0	0	0	0	0	0	0	0	0	0
IM	C8	22	15	1	66	24	30	15	0	7	10	8	6	0	1	0	12	6
TII	TII																	
VA	VA001																	
VA	VA002																	
VA	VA003																	
VA	VA004																	
TVA	TVA																	
TI	TI																	

省份	部门	YN FU103	YN FU201	YN FU202	SN FU101	SN FU102	SN FU103	SN FU201	SN FU202	GS FU101	GS FU102	GS FU103	GS FU201	GS FU202	QH FU101	QH FU102	QH FU103	QH FU201
BJ	C1	0	0	0	8	2	1	1	1	5	2	0	0	0	3	1	0	0
BJ	C2	0	0	0	0	0	0	0	0	0	0	0	0	0	0	0	0	0
BJ	C3	0	0	7	23	66	7	0	-10	14	33	6	0	12	25	56	0	0
BJ	C4	0	0	0	3	1	0	0	13	0	0	0	0	-6	0	0	0	0
BJ	C5	0	19	0	3	5	0	95	11	2	3	0	13	11	0	0	0	0
BJ	C6	0	0	0	0	0	0	0	0	0	0	0	0	0	0	0	0	0
BJ	C7	0	0	0	0	0	0	0	0	0	0	0	0	0	0	0	0	0
BJ	C8	0	1	0	5	12	8	6	2	5	5	1	3	2	2	4	1	0
TJ	C1	0	0	0	1	0	0	0	0	1	0	0	0	0	1	0	0	0
TJ	C2	0	0	0	0	0	0	0	0	0	0	0	0	0	0	0	0	0
TJ	C3	0	0	1	7	23	5	0	-5	3	8	1	0	3	11	23	0	0
TJ	C4	0	3	2	20	34	3	0	21	3	2	0	1	4	1	2	0	0
TJ	C5	0	23	0	3	7	0	183	16	2	3	0	18	16	0	0	0	1
TJ	C6	0	0	0	0	0	0	0	0	0	0	0	0	0	0	0	0	0
TJ	C7	0	0	0	0	0	0	0	0	0	0	0	0	0	0	0	0	0
TJ	C8	0	2	1	9	19	13	10	3	9	8	2	5	3	3	5	1	0
HE	C1	0	6	4	143	33	15	17	13	100	38	1	8	4	3	1	0	0
HE	C2	0	0	0	2	1	0	0	-1	1	0	0	0	15	0	0	0	0
HE	C3	0	0	8	25	73	12	1	-11	28	49	6	1	27	4	7	0	0
HE	C4	0	18	10	43	108	8	2	54	9	5	0	8	25	1	4	0	0
HE	C5	0	49	0	5	10	0	429	33	3	5	0	41	28	1	2	0	2
HE	C6	0	0	0	2	3	0	0	-2	1	1	0	0	-1	0	0	0	0
HE	C7	0	0	0	0	0	0	0	0	0	0	0	0	0	0	0	0	0
HE	C8	0	1	0	10	30	19	7	2	13	8	2	5	2	1	2	0	0
SX	C1	0	0	0	2	0	0	0	0	1	0	0	0	0	0	0	0	0
SX	C2	0	0	0	8	1	0	0	-2	4	1	0	0	0	0	0	0	0
SX	C3	0	0	0	2	6	0	0	-1	1	3	0	0	1	3	6	0	0
SX	C4	0	0	0	5	11	0	0	11	0	0	0	0	-4	0	1	0	0
SX	C5	0	2	0	0	0	0	10	1	0	0	0	1	2	0	0	0	0
SX	C6	0	0	0	1	0	0	0	-1	1	0	0	0	0	0	0	0	0
SX	C7	0	0	0	0	0	0	0	0	0	0	0	0	0	0	0	0	0
SX	C8	0	0	0	1	1	0	3	1	1	1	0	2	1	0	1	0	0
IM	C1	0	1	0	22	5	2	3	2	18	7	0	1	1	10	2	0	1
IM	C2	0	0	0	2	0	0	0	-1	1	0	0	0	2	0	0	0	0
IM	C3	0	0	2	7	21	2	0	-2	6	14	2	0	5	7	20	0	0
IM	C4	0	1	0	4	8	1	0	12	1	1	0	1	0	0	0	0	0
IM	C5	0	3	0	1	2	0	72	4	1	1	0	7	3	0	0	0	0
IM	C6	0	0	0	1	1	0	0	-1	1	0	0	0	0	0	0	0	0
IM	C7	0	0	0	0	0	0	0	0	0	0	0	0	0	0	0	0	0
IM	C8	0	1	0	2	3	0	4	1	2	2	0	2	1	1	2	0	0
LN	C1	0	0	0	5	1	1	1	0	3	1	0	0	0	1	0	0	0
LN	C2	0	0	0	1	0	0	0	0	0	0	0	0	1	0	0	0	0
LN	C3	0	0	1	1	3	0	0	0	4	5	0	0	4	1	1	0	0
LN	C4	0	1	0	11	5	0	0	60	1	1	0	1	-17	0	1	0	0
LN	C5	0	38	0	4	8	0	263	20	3	4	0	29	24	1	2	0	1
LN	C6	0	0	0	0	0	0	0	0	0	0	0	0	0	0	0	0	0
LN	C7	0	0	0	0	0	0	0	0	0	0	0	0	0	0	0	0	0
LN	C8	0	0	0	1	1	0	3	1	1	1	0	2	1	1	1	0	0
JL	C1	0	1	0	16	4	2	2	1	9	3	0	1	0	12	3	0	1
JL	C2	0	0	0	0	0	0	0	0	0	0	0	0	0	0	0	0	0
JL	C3	0	0	1	6	18	3	2	1	4	8	1	2	4	8	20	0	0
JL	C4	0	1	0	13	4	0	0	11	1	1	0	0	-2	1	3	0	0
JL	C5	0	76	0	4	6	0	287	57	4	4	0	41	35	0	3	0	7
JL	C6	0	0	0	0	0	0	0	0	0	0	0	0	0	0	0	0	0
JL	C7	0	39	0	1	0	40	38	0	0	0	0	0	0	0	0	0	0
JL	C8	0	1	0	3	8	5	6	2	5	4	1	4	1	1	2	0	0
HL	C1	0	0	0	1	0	0	0	0	0	0	0	0	0	0	0	0	0
HL	C2	0	0	1	2	0	0	0	-1	1	0	0	0	15	0	0	0	0
HL	C3	0	0	0	0	2	1	0	-1	0	0	0	0	0	0	0	0	0
HL	C4	0	0	0	0	0	0	0	2	0	0	0	0	0	0	0	0	0
HL	C5	0	0	0	0	0	0	0	0	0	0	0	0	0	0	0	0	0
HL	C6	0	0	0	1	1	0	0	-1	1	0	0	0	0	0	0	0	0

续表

省份	部门	YN FU103	YN FU201	YN FU202	SN FU101	SN FU102	SN FU103	SN FU201	SN FU202	GS FU101	GS FU102	GS FU103	GS FU201	GS FU202	QH FU101	QH FU102	QH FU103	QH FU201
HL	C7	0	0	0	0	0	0	0	0	0	0	0	0	0	0	0	0	0
HL	C8	0	0	0	0	0	0	0	0	0	0	0	0	0	0	0	0	0
SH	C1	0	1	0	15	3	2	2	1	10	4	0	1	0	2	0	0	0
SH	C2	0	0	0	0	0	0	0	0	0	0	0	0	0	0	0	0	0
SH	C3	0	0	13	35	99	8	1	−11	25	59	11	1	22	22	45	0	0
SH	C4	0	3	2	29	10	0	1	42	3	2	0	3	−10	1	3	0	0
SH	C5	0	102	1	12	21	0	595	51	10	10	0	68	39	4	5	0	3
SH	C6	0	0	0	0	0	0	0	0	0	0	0	0	0	0	0	0	0
SH	C7	0	39	0	1	0	40	38	0	0	0	0	0	0	0	0	0	0
SH	C8	0	4	1	128	178	195	24	7	33	23	4	14	6	6	14	4	0
JS	C1	0	2	1	48	11	5	6	4	36	14	0	3	2	6	1	0	1
JS	C2	0	0	0	1	0	0	0	−1	1	0	0	0	3	0	0	0	0
JS	C3	0	0	18	39	108	17	1	−12	102	141	10	1	106	23	29	0	0
JS	C4	0	19	6	37	24	2	3	52	9	6	0	18	26	2	6	0	0
JS	C5	0	196	2	23	46	0	1405	100	17	23	0	148	97	10	15	0	11
JS	C6	0	0	0	0	0	0	0	0	0	0	0	0	0	0	0	0	0
JS	C7	0	0	0	0	0	0	0	0	0	0	0	0	0	0	0	0	0
JS	C8	0	3	1	8	14	5	16	5	10	10	1	10	4	4	8	2	0
ZJ	C1	0	1	1	20	5	2	2	2	14	5	0	1	1	2	0	0	0
ZJ	C2	0	0	0	0	0	0	0	0	0	0	0	0	0	0	0	0	0
ZJ	C3	0	0	4	9	26	4	1	−2	19	27	2	1	19	4	6	0	0
ZJ	C4	0	2	1	10	4	0	0	3	1	1	0	2	4	0	1	0	0
ZJ	C5	0	17	0	2	5	0	165	9	1	2	0	15	9	1	1	0	1
ZJ	C6	0	0	0	0	0	0	0	0	0	0	0	0	0	0	0	0	0
ZJ	C7	0	4	0	0	0	4	4	0	0	0	0	0	0	0	0	0	0
ZJ	C8	0	0	0	5	17	20	1	0	4	3	2	0	0	0	1	0	0
AH	C1	0	5	3	130	30	14	15	12	92	35	0	7	4	4	1	0	1
AH	C2	0	0	0	0	0	0	0	−1	0	0	0	0	4	0	0	0	0
AH	C3	0	0	0	1	3	1	0	0	1	1	0	0	1	0	0	0	0
AH	C4	0	2	1	9	2	0	1	0	1	1	0	3	7	0	1	0	0
AH	C5	0	24	0	1	2	0	90	14	1	1	0	13	9	0	0	0	1
AH	C6	0	0	0	1	1	0	0	−1	1	0	0	0	0	0	0	0	0
AH	C7	0	22	0	0	0	23	22	0	0	0	0	0	0	0	0	0	0
AH	C8	0	0	0	0	2	0	0	0	0	0	0	0	0	0	1	1	0
FJ	C1	0	1	0	9	2	1	1	1	5	2	0	0	0	6	1	0	1
FJ	C2	0	0	0	0	0	0	0	0	0	0	0	0	0	0	0	0	0
FJ	C3	0	0	2	5	13	1	0	−2	3	6	1	0	2	32	58	0	0
FJ	C4	0	2	1	5	3	0	0	2	0	0	0	1	2	1	1	0	0
FJ	C5	0	17	0	3	5	0	68	5	2	2	0	7	3	1	2	0	0
FJ	C6	0	0	0	0	0	0	0	0	0	0	0	0	0	0	0	0	0
FJ	C7	0	0	0	0	0	0	0	0	0	0	0	0	0	0	0	0	0
FJ	C8	0	1	0	13	42	7	4	1	20	10	1	2	1	1	2	1	0
JX	C1	0	2	1	32	8	3	4	3	19	7	0	1	1	15	4	0	2
JX	C2	0	0	0	1	0	0	0	0	0	0	0	0	1	0	0	0	0
JX	C3	0	0	2	6	20	3	1	−1	3	8	1	1	3	5	15	0	0
JX	C4	0	1	1	3	2	0	0	8	0	0	0	0	−1	0	0	0	0
JX	C5	0	24	0	1	2	0	59	11	1	1	0	9	7	0	0	0	1
JX	C6	0	0	0	0	0	0	0	0	0	0	0	0	0	0	0	0	0
JX	C7	0	0	0	0	0	0	0	0	0	0	0	0	0	0	0	0	0
JX	C8	0	0	0	1	1	0	2	1	1	1	0	0	0	0	1	0	0
SD	C1	0	2	1	36	8	4	4	3	27	10	0	2	1	4	1	0	0
SD	C2	0	0	0	2	0	0	0	−1	1	0	0	0	24	0	0	0	0
SD	C3	0	0	13	32	91	9	0	−11	46	80	10	0	45	19	33	0	0
SD	C4	0	4	5	49	22	2	0	29	4	3	0	2	1	3	6	0	0
SD	C5	0	122	1	7	12	0	399	60	8	9	0	67	57	2	5	0	6
SD	C6	0	0	0	1	1	0	0	−1	1	0	0	0	0	0	0	0	0
SD	C7	0	40	0	1	0	41	39	0	0	0	0	0	0	0	0	0	0
SD	C8	0	2	1	8	16	12	15	4	9	9	2	10	4	3	5	1	0
HA	C1	0	3	2	84	20	9	10	8	57	22	0	4	2	6	1	0	1
HA	C2	0	0	0	5	0	0	0	−1	2	1	0	0	10	0	0	0	0
HA	C3	0	0	10	31	88	8	0	−12	27	57	9	0	25	4	8	0	0
HA	C4	0	6	4	19	46	3	0	20	3	2	0	1	8	1	2	0	0

中国多区域投入产出模型：1987～2017 年

续表

省份	部门	YN	YN	YN	SN	SN	SN	SN	SN	GS	GS	GS	GS	GS	QH	QH	QH	QH
		FU103	FU201	FU202	FU101	FU102	FU103	FU201	FU202	FU101	FU102	FU103	FU201	FU202	FU101	FU102	FU103	FU201
HA	C5	0	20	0	3	5	0	253	17	1	1	0	20	9	0	1	0	1
HA	C6	0	0	0	0	0	0	0	0	0	0	0	0	0	0	0	0	0
HA	C7	0	0	0	0	0	0	0	0	0	0	0	0	0	0	0	0	0
HA	C8	0	0	0	1	2	0	3	1	1	2	0	2	1	1	1	0	0
HB	C1	0	3	2	66	15	7	8	6	45	17	0	4	2	5	1	0	1
HB	C2	0	0	0	0	0	0	0	0	0	0	0	0	1	0	0	0	0
HB	C3	0	0	11	28	78	6	0	−10	19	45	8	0	16	5	15	0	0
HB	C4	0	4	2	10	8	1	0	35	1	1	0	2	−7	0	1	0	0
HB	C5	0	72	0	4	6	0	300	36	4	4	0	37	27	0	1	0	1
HB	C6	0	0	0	0	0	0	0	0	0	0	0	0	0	0	0	0	0
HB	C7	0	0	0	0	0	0	0	0	0	0	0	0	0	0	0	0	0
HB	C8	0	1	0	7	19	1	7	2	11	7	1	4	2	2	3	1	0
HN	C1	0	3	2	55	13	6	6	5	37	14	0	3	2	12	3	0	1
HN	C2	0	0	0	1	0	0	0	0	1	0	0	0	1	0	0	0	0
HN	C3	0	0	9	19	55	5	1	−7	12	29	5	1	11	9	25	0	0
HN	C4	0	4	3	5	11	1	0	13	1	0	0	0	−2	0	1	0	0
HN	C5	0	41	0	2	5	0	156	17	2	3	0	18	16	0	0	0	0
HN	C6	0	0	0	0	0	0	0	0	0	0	0	0	0	0	0	0	0
HN	C7	0	0	0	0	0	0	0	0	0	0	0	0	0	0	0	0	0
HN	C8	0	1	0	1	2	0	4	1	2	2	0	3	1	1	1	0	0
GD	C1	0	2	1	28	7	3	3	3	21	8	0	2	1	0	0	0	0
GD	C2	0	0	0	0	0	0	0	0	0	0	0	0	1	0	0	0	0
GD	C3	0	0	26	54	158	23	3	−22	72	124	15	3	71	17	22	0	0
GD	C4	0	16	9	36	18	1	2	14	6	4	0	9	22	2	3	0	0
GD	C5	0	78	1	11	27	0	312	19	10	17	0	44	58	7	11	0	5
GD	C6	0	0	0	19	26	0	0	−23	15	9	0	0	−7	0	0	0	0
GD	C7	0	0	0	0	0	0	0	0	0	0	0	0	0	0	0	0	0
GD	C8	0	1	0	7	20	25	4	1	6	5	2	2	1	1	2	0	0
GX	C1	0	2	1	27	6	3	3	2	14	5	0	1	1	24	6	0	3
GX	C2	0	0	0	0	0	0	0	0	0	0	0	0	0	0	0	0	0
GX	C3	0	0	10	19	58	9	2	−8	9	20	3	2	8	30	81	0	0
GX	C4	0	11	8	6	13	1	0	8	0	0	0	0	0	3	4	0	0
GX	C5	0	22	0	1	3	0	101	7	1	1	0	6	4	1	1	0	1
GX	C6	0	0	0	0	0	0	0	0	0	0	0	0	0	0	0	0	0
GX	C7	0	0	0	0	0	0	0	0	0	0	0	0	0	0	0	0	0
GX	C8	0	0	0	5	14	2	2	1	7	4	0	1	1	1	2	1	0
HI	C1	0	1	1	9	2	1	1	1	1	0	0	0	0	32	7	0	4
HI	C2	0	0	0	0	0	0	0	0	0	0	0	0	0	0	0	0	0
HI	C3	0	0	2	3	8	1	0	0	1	3	0	1	1	20	54	0	0
HI	C4	0	0	0	1	0	0	0	0	0	0	0	0	0	0	0	0	0
HI	C5	0	0	0	0	0	0	0	0	0	0	0	0	0	0	0	0	0
HI	C6	0	0	0	0	0	0	0	0	0	0	0	0	0	0	0	0	0
HI	C7	0	0	0	0	0	0	0	0	0	0	0	0	0	0	0	0	0
HI	C8	0	0	0	2	4	3	3	1	2	2	0	1	1	1	1	0	0
SC	C1	0	0	0	2	0	0	0	0	1	1	0	0	0	0	0	0	0
SC	C2	0	0	0	1	0	0	0	0	1	0	0	0	1	0	0	0	0
SC	C3	0	0	14	28	79	7	0	−11	25	55	9	0	22	27	47	0	0
SC	C4	0	2	2	10	6	0	0	21	1	1	0	0	−8	1	2	0	0
SC	C5	0	78	0	5	9	0	264	30	5	5	0	39	28	2	3	0	3
SC	C6	0	0	0	1	1	0	0	−1	1	0	0	0	0	0	0	0	0
SC	C7	0	0	0	0	0	0	0	0	0	0	0	0	0	0	0	0	0
SC	C8	0	1	0	2	3	0	4	1	2	2	0	2	1	1	2	0	0
GZ	C1	0	0	0	4	1	0	1	0	2	1	0	0	0	5	1	0	1
GZ	C2	0	0	0	0	0	0	0	0	0	0	0	0	1	0	0	0	0
GZ	C3	0	0	15	17	48	4	0	−7	8	20	3	0	7	40	111	0	0
GZ	C4	0	2	1	1	1	0	0	2	0	0	0	0	0	0	0	0	0
GZ	C5	0	4	0	0	0	0	8	1	0	0	0	1	1	0	0	0	0
GZ	C6	0	0	0	0	0	0	0	0	0	0	0	0	0	0	0	0	0
GZ	C7	0	0	0	0	0	0	0	0	0	0	0	0	0	0	0	0	0
GZ	C8	0	0	0	1	2	0	3	1	2	2	0	2	1	1	1	0	0
YN	C1	0	1556	998	2	0	0	0	0	1	0	0	0	0	1	0	0	0
YN	C2	0	1	4	0	0	0	0	0	0	0	0	0	1	0	0	0	0

续表

省份	部门	YN FU103	YN FU201	YN FU202	SN FU101	SN FU102	SN FU103	SN FU201	SN FU202	GS FU101	GS FU102	GS FU103	GS FU201	GS FU202	QH FU101	QH FU102	QH FU103	QH FU201
YN	C3	0	97	1304	14	39	3	0	−5	8	20	4	0	7	20	55	0	0
YN	C4	0	218	193	0	0	0	0	4	0	0	0	0	−2	0	0	0	0
YN	C5	0	3763	59	0	0	0	4	0	0	0	0	0	0	0	0	0	0
YN	C6	0	0	−94	0	0	0	0	0	0	0	0	0	0	0	0	0	0
YN	C7	0	9510	98	0	0	2	2	0	0	0	0	0	0	0	0	0	0
YN	C8	4707	4041	1221	0	0	0	0	0	0	0	0	0	0	0	0	0	0
SN	C1	0	1	0	7775	1817	831	906	702	16	6	0	1	1	1	0	0	0
SN	C2	0	0	0	5	25	0	0	38	1	0	0	0	14	0	0	0	0
SN	C3	0	0	5	1513	3697	477	29	3	24	41	5	0	23	4	8	0	0
SN	C4	0	2	1	657	498	33	77	167	1	1	0	1	4	1	2	0	0
SN	C5	0	27	0	178	518	0	5311	601	6	6	0	22	18	2	3	0	1
SN	C6	0	0	0	78	104	0	0	−92	0	0	0	0	0	0	0	0	0
SN	C7	0	33	0	79	2	4132	3918	0	0	0	0	0	0	0	0	0	0
SN	C8	0	0	0	1402	3065	5726	841	240	7	4	1	0	0	0	0	0	0
GS	C1	0	0	0	12	3	1	1	1	4471	1715	23	347	190	4	1	0	0
GS	C2	0	0	0	1	0	0	0	0	9	0	0	0	286	0	0	0	0
GS	C3	0	0	0	2	7	1	0	−1	724	1462	226	20	847	1	4	0	0
GS	C4	0	0	0	5	5	0	0	28	190	127	1	94	7	1	5	0	0
GS	C5	0	2	0	1	2	0	28	2	80	123	1	1387	634	1	1	0	1
GS	C6	0	0	0	0	0	0	0	0	184	106	0	0	−86	0	0	0	0
GS	C7	0	0	0	0	0	0	0	0	0	0	0	5301	1	0	0	0	0
GS	C8	0	0	0	1	1	0	1	0	2318	2405	4686	929	449	0	0	0	0
QH	C1	0	0	0	2	0	0	0	0	4	2	0	0	0	1054	246	0	118
QH	C2	0	0	0	0	0	0	0	0	0	0	0	0	2	1	1	0	0
QH	C3	0	0	0	0	0	0	0	0	1	1	0	0	1	273	536	0	0
QH	C4	0	0	0	0	0	0	0	2	0	0	0	0	−6	36	62	0	3
QH	C5	0	2	0	0	0	0	2	0	0	0	0	1	0	17	41	0	152
QH	C6	0	0	0	0	0	0	0	0	0	0	0	0	0	16	49	0	0
QH	C7	0	0	0	0	0	0	0	0	0	0	0	0	0	0	0	0	2609
QH	C8	0	0	0	0	0	0	0	0	0	0	0	0	0	250	486	1813	54
NX	C1	0	0	0	2	0	0	0	0	2	1	0	0	0	3	1	0	0
NX	C3	0	0	0	1	3	1	0	−1	2	4	0	0	2	5	11	0	0
NX	C4	0	0	0	3	1	0	0	3	1	1	0	0	−1	0	1	0	0
NX	C5	0	4	0	0	0	0	7	0	1	0	0	3	1	0	0	0	1
NX	C6	0	0	0	0	0	0	0	0	0	0	0	0	0	0	0	0	0
NX	C7	0	0	0	0	0	0	0	0	0	0	0	0	0	0	0	0	0
NX	C8	0	0	0	0	0	0	1	0	0	0	0	0	0	0	0	0	0
XJ	C1	0	1	1	41	9	4	5	4	32	12	0	3	1	47	11	0	5
XJ	C2	0	0	0	0	0	0	0	0	0	0	0	0	4	0	0	0	0
XJ	C3	0	0	2	8	21	2	0	−3	13	22	2	0	13	24	58	0	0
XJ	C4	0	1	1	2	2	0	0	9	1	0	0	0	1	1	1	0	0
XJ	C5	0	0	0	0	0	0	4	0	0	0	0	0	0	0	0	0	0
XJ	C6	0	0	0	0	0	0	0	0	0	0	0	0	0	0	0	0	0
XJ	C7	0	0	0	0	0	0	0	0	0	0	0	0	0	0	0	0	0
XJ	C8	0	1	0	2	3	0	5	1	2	3	0	3	1	1	2	0	0
IM	C1	0	1	1	0	0	0	0	0	0	0	0	0	0	0	0	0	0
IM	C2	0	0	1	9	13	0	0	−38	0	1	0	0	93	0	0	0	0
IM	C3	0	32	90	68	96	27	0	74	9	23	20	0	114	10	23	0	0
IM	C4	0	4	2	6	1	0	0	1	2	1	0	0	2	0	1	0	0
IM	C5	0	118	4	7	11	0	216	16	3	3	0	53	10	0	0	0	2
IM	C6	0	0	0	0	0	0	0	0	0	0	0	0	0	0	0	0	0
IM	C7	0	11	0	0	0	4	3	0	0	0	0	0	0	0	0	0	0
IM	C8	0	37	12	6	7	5	6	2	9	11	1	8	5	1	2	0	0
TII	TII																	
VA	VA001																	
VA	VA002																	
VA	VA003																	
VA	VA004																	
TVA	TVA																	
TI	TI																	

省份	部门	QH FU202	NX FU101	NX FU102	NX FU103	NX FU201	NX FU202	XJ FU101	XJ FU102	XJ FU103	XJ FU201	XJ FU202	EX EX	TFU TFU	TO\IM TO\IM
BJ	C1	1	0	0	0	0	0	6	4	0	0	11	51	2826	8452
BJ	C2	0	0	0	0	0	0	0	0	0	0	0	22	294	1895
BJ	C3	-3	17	28	0	0	4	38	153	0	2	-13	3801	15314	31943
BJ	C4	1	0	1	0	0	-1	1	1	0	0	5	371	4548	40325
BJ	C5	0	3	2	0	17	0	14	5	0	36	26	507	16472	31423
BJ	C6	0	0	0	0	0	0	0	0	0	0	0	0	126	3345
BJ	C7	0	0	0	0	0	0	0	0	0	0	0	0	15157	15783
BJ	C8	0	6	9	4	3	3	69	131	0	46	87	6342	30181	79907
TJ	C1	0	0	0	0	0	0	1	1	0	0	2	18	3149	6185
TJ	C2	0	0	0	0	0	0	0	0	0	0	0	625	272	2061
TJ	C3	-1	1	3	0	0	1	25	85	0	4	-15	2921	11292	25563
TJ	C4	7	2	4	0	0	1	2	4	0	0	14	1213	5653	44541
TJ	C5	0	2	3	0	21	1	25	6	0	57	35	265	12379	25716
TJ	C6	0	0	0	0	0	0	0	0	0	0	0	0	103	1955
TJ	C7	0	0	0	0	0	0	0	0	0	0	0	0	7646	8079
TJ	C8	0	9	14	3	5	5	119	223	0	81	150	54	12995	32900
HE	C1	1	9	4	0	1	2	161	104	0	0	275	547	24056	41982
HE	C2	9	0	0	0	0	2	0	0	0	0	5	1659	2514	17458
HE	C3	0	6	10	0	0	5	12	48	0	34	36	1818	21788	56409
HE	C4	10	3	9	0	1	1	11	25	0	2	75	2089	12342	82241
HE	C5	0	4	5	0	71	4	73	14	0	181	105	95	15689	28121
HE	C6	0	0	0	0	0	0	0	0	0	0	0	0	84	8716
HE	C7	0	0	0	0	0	0	0	0	0	0	0	0	18797	19519
HE	C8	0	7	10	2	3	3	67	118	0	49	84	352	27907	54599
SX	C1	0	0	0	0	0	0	1	1	0	0	2	279	8545	13143
SX	C2	1	0	0	0	0	0	0	0	0	0	0	0	100	19674
SX	C3	0	2	3	0	0	0	6	22	0	0	-4	1697	6665	10434
SX	C4	1	0	1	0	0	0	9	17	0	0	10	829	4505	31722
SX	C5	0	0	0	0	1	0	2	0	0	3	2	96	4285	8386
SX	C6	0	0	0	0	0	0	0	0	0	0	0	0	13	4419
SX	C7	0	0	0	0	0	0	0	0	0	0	0	0	7821	9904
SX	C8	0	1	2	0	1	1	21	33	0	17	27	387	17294	35874
IM	C1	4	2	1	0	0	0	17	11	0	0	28	137	11633	18027
IM	C2	1	0	0	0	0	1	0	0	0	0	0	385	936	5827
IM	C3	-2	2	3	0	0	1	2	7	0	2	5	2990	8174	10546
IM	C4	1	1	2	0	0	-1	2	4	0	0	3	83	1535	12927
IM	C5	0	1	1	0	13	0	4	1	0	9	5	26	2588	4451
IM	C6	0	0	0	0	0	0	0	0	0	0	0	0	113	2894
IM	C7	0	0	0	0	0	0	0	0	0	0	0	0	9989	10439
IM	C8	0	3	4	0	2	2	42	77	0	30	53	344	11615	27968
LN	C1	0	0	0	0	0	0	6	4	0	0	10	1111	16527	34075
LN	C2	0	0	0	0	0	0	0	0	0	0	0	21	1114	14890
LN	C3	0	0	0	0	0	0	1	2	0	2	2	1500	22943	46900
LN	C4	1	1	2	0	0	-3	3	5	0	0	28	1749	8782	110965
LN	C5	0	3	5	0	52	4	67	14	0	129	82	578	25143	54372
LN	C6	0	0	0	0	0	0	0	0	0	0	0	0	837	7565
LN	C7	0	0	0	0	0	0	0	0	0	0	0	0	25449	26898
LN	C8	0	1	2	0	1	1	24	41	0	18	30	554	30263	63057
JL	C1	5	1	0	0	0	0	11	7	0	0	18	2416	13618	20439
JL	C2	0	0	0	0	0	0	0	0	0	0	1	641	817	5448
JL	C3	-2	2	3	0	0	1	10	6	0	13	3	2736	11556	17975
JL	C4	11	0	0	0	0	1	6	9	0	0	48	514	2803	26154
JL	C5	1	1	1	0	9	0	10	4	0	83	59	203	12406	24473
JL	C6	0	0	0	0	0	0	0	0	0	0	0	0	195	2780
JL	C7	0	0	0	0	0	0	0	0	0	54	-1	0	9116	9853
JL	C8	0	3	5	1	2	2	46	78	0	35	58	22	16509	40065
HL	C1	0	0	0	0	0	0	1	0	0	0	1	836	18593	28520
HL	C2	0	0	0	0	0	6	0	0	0	0	51	86	2243	31450
HL	C3	0	0	1	0	0	0	0	0	0	0	0	5725	17806	29820
HL	C4	0	0	0	0	0	0	0	0	0	0	0	0	598	3377	29472
HL	C5	0	0	0	0	0	0	1	0	0	0	0	1058	7848	15045
HL	C6	0	0	0	0	0	0	0	0	0	0	0	0	473	4678

续表

省份	部门	QH	NX	NX	NX	NX	NX	XJ	XJ	XJ	XJ	XJ	EX	TFU	TO\IM
		FU202	FU101	FU102	FU103	FU201	FU202	FU101	FU102	FU103	FU201	FU202	EX	TFU	TO\IM
HL	C7	0	0	0	0	0	0	0	0	0	0	0	0	18436	19068
HL	C8	0	0	0	0	0	0	0	0	0	0	0	285	26667	58234
SH	C1	1	0	0	0	0	0	17	11	0	0	29	184	3785	8001
SH	C2	0	0	0	0	0	0	0	0	0	0	0	69	106	719
SH	C3	-2	13	22	0	0	4	53	218	0	26	4	23669	36714	64477
SH	C4	9	2	3	0	0	-1	12	18	0	1	103	5165	7606	96325
SH	C5	-5	9	8	0	91	1	87	26	0	273	155	6909	37893	76476
SH	C6	0	0	0	0	0	0	0	0	0	0	0	0	203	5716
SH	C7	0	0	0	0	0	0	0	0	0	54	-1	0	14765	16586
SH	C8	1	31	43	67	11	11	321	590	0	224	404	8103	36241	85621
JS	C1	2	4	2	0	0	1	66	43	0	0	113	249	29145	67382
JS	C2	-1	0	0	0	0	1	0	0	0	0	2	11	369	8781
JS	C3	-1	11	15	0	0	7	23	100	0	35	70	24250	64049	166731
JS	C4	16.	4	8	0	2	3	16	45	0	5	150	2963	23701	162139
JS	C5	-9	24	26	0	294	10	326	74	0	759	423	1645	58261	121840
JS	C6	0	0	0	0	0	0	0	0	0	0	0	0	2955	10110
JS	C7	0	0	0	0	0	0	0	0	0	0	0	0	37722	38336
JS	C8	1	10	17	1	7	7	164	297	0	117	207	500	42396	108927
ZJ	C1	1	1	0	0	0	0	25	16	0	0	43	62	15930	40479
ZJ	C2	0	0	0	0	0	0	0	0	0	0	0	9	365	2988
ZJ	C3	0	1	2	0	0	1	8	19	0	11	12	9226	39022	114027
ZJ	C4	3	1	1	0	0	1	3	6	0	0	32	447	9882	69299
ZJ	C5	-1	2	2	0	23	1	37	8	0	69	38	5507	26541	54411
ZJ	C6	0	0	0	0	0	0	0	0	0	0	0	0	74	4865
ZJ	C7	0	0	0	0	0	0	0	0	0	5	0	24	24482	26073
ZJ	C8	0	2	3	2	0	0	6	11	0	4	8	948	25938	58897
AH	C1	2	5	2	0	0	1	154	99	0	0	262	76	25601	39062
AH	C2	0	0	0	0	0	1	0	1	0	0	1	4	631	10773
AH	C3	0	0	0	0	0	0	3	2	0	7	1	2887	15665	31742
AH	C4	4	1	1	0	0	1	3	8	0	1	29	359	4137	35631
AH	C5	0	1	1	0	13	0	9	3	0	84	42	140	5012	16371
AH	C6	0	0	0	0	0	0	0	0	0	0	0	0	264	5862
AH	C7	0	0	0	0	0	0	0	0	0	31	-1	0	16462	17382
AH	C8	0	0	0	0	0	0	0	0	0	0	0	158	14691	34784
FJ	C1	2	1	0	0	0	0	7	5	0	0	13	62	16172	30072
FJ	C2	0	0	0	0	0	0	0	0	0	0	0	8	673	4581
FJ	C3	-1	20	33	0	0	4	41	150	0	0	-37	3936	22688	45452
FJ	C4	5	0	1	0	0	1	1	2	0	0	14	461	4380	22503
FJ	C5	-2	2	1	0	8	-1	7	3	0	17	11	234	7889	16154
FJ	C6	0	0	0	0	0	0	0	0	0	0	0	0	332	3141
FJ	C7	0	0	0	0	0	0	0	0	0	0	0	0	10986	13794
FJ	C8	0	8	8	0	1	1	30	54	0	23	39	23168	57099	
JX	C1	6	2	1	0	0	0	21	14	0	0	36	118	20322	29835
JX	C2	-1	0	0	0	0	0	0	0	0	0	0	7	336	5874
JX	C3	-1	3	5	0	0	2	6	6	0	8	3	1470	9505	19086
JX	C4	0	0	0	0	0	0	0	1	0	0	4	273	4089	22917
JX	C5	0	0	0	0	3	0	2	1	0	15	11	57	6512	14581
JX	C6	0	0	0	0	0	0	0	0	0	0	0	0	144	2562
JX	C7	0	0	0	0	0	0	0	0	0	0	0	0	8367	9163
JX	C8	0	1	1	0	1	1	14	23	0	11	18	470	14980	30352
SD	C1	2	3	1	0	0	1	50	32	0	0	84	233	37754	84073
SD	C2	0	0	0	0	0	3	0	0	0	0	13	747	3082	26553
SD	C3	-1	20	30	0	0	9	26	131	0	10	35	5874	45000	111816
SD	C4	25	5	8	0	0	6	22	26	0	1	238	1214	11599	114006
SD	C5	-2	8	9	0	92	4	72	22	0	301	200	611	46115	95671
SD	C6	0	0	0	0	0	0	0	0	0	0	0	0	-213	8305
SD	C7	0	0	0	0	0	0	0	0	0	56	-1	185	34217	37832
SD	C8	1	9	15	0	6	6	161	289	0	116	203	682	52518	121348
HA	C1	2	5	2	0	0	1	89	57	0	0	152	190	35120	57365
HA	C2	3	0	0	0	0	1	0	0	0	0	4	631	1287	15760
HA	C3	0	7	11	0	0	5	6	57	0	24	41	2808	25413	54588
HA	C4	8	1	3	0	0	0	4	7	0	0	35	301	10188	58915

省份	部门	QH	NX	NX	NX	NX	NX	XJ	XJ	XJ	XJ	XJ	EX	TFU	TO\IM
		FU202	FU101	FU102	FU103	FU201	FU202	FU101	FU102	FU103	FU201	FU202	EX	TFU	TO\IM
HA	C5	0	1	2	0	33	1	29	5	0	81	44	143	14263	29276
HA	C6	0	0	0	0	0	0	0	0	0	0	0	0	214	5363
HA	C7	0	0	0	0	0	0	0	0	0	0	0	0	22212	24115
HA	C8	0	2	3	0	1	1	25	45	0	19	32	413	28285	63575
HB	C1	2	2	1	0	0	0	73	47	0	0	124	61	23725	43542
HB	C2	0	0	0	0	0	0	0	0	0	0	0	504	1001	5444
HB	C3	−1	2	4	0	0	2	5	48	0	15	33	7477	29113	49239
HB	C4	2	1	1	0	0	−2	2	5	0	0	23	199	6825	50298
HB	C5	0	2	2	0	33	1	34	8	0	140	91	138	14943	30111
HB	C6	0	0	0	0	0	0	0	0	0	0	0	0	722	3954
HB	C7	0	0	0	0	0	0	0	0	0	0	0	0	15605	17959
HB	C8	0	7	9	0	3	3	72	133	0	51	91	281	28591	65644
HN	C1	5	0	0	0	0	0	58	38	0	0	100	153	33543	47122
HN	C2	0	0	0	0	0	0	0	0	0	0	0	0	9	29	6266
HN	C3	−2	2	4	0	0	1	6	31	0	11	21	2065	17173	33031
HN	C4	2	0	0	0	0	−1	1	1	0	0	5	567	4057	33594
HN	C5	0	1	1	0	11	1	29	6	0	76	47	236	8916	24151
HN	C6	0	0	0	0	0	0	0	0	0	0	0	0	187	3702
HN	C7	0	0	0	0	0	0	0	0	0	0	0	0	16232	17727
HN	C8	0	2	3	0	1	2	32	57	0	24	41	319	21654	41909
GD	C1	0	2	1	0	0	0	41	26	0	0	70	3293	50662	73711
GD	C2	0	0	0	0	0	0	0	0	0	0	0	92	1241	10408
GD	C3	0	17	29	0	0	9	51	189	0	54	71	23093	58423	133402
GD	C4	13	2	5	0	1	3	13	30	0	3	136	11203	24207	110070
GD	C5	−7	14	16	0	83	5	196	53	0	211	154	9741	42118	82940
GD	C6	0	0	0	0	0	0	0	0	0	0	0	0	476	11651
GD	C7	0	0	0	0	0	0	0	0	0	0	0	0	48769	61690
GD	C8	0	4	7	1	2	2	41	75	0	29	52	7858	81346	150612
GX	C1	10	4	2	0	0	1	16	11	0	0	28	620	21739	32958
GX	C2	1	0	0	0	0	0	0	0	0	0	0	46	704	2986
GX	C3	−7	16	25	0	0	9	11	16	0	14	10	3194	13429	23943
GX	C4	15	1	3	0	0	0	2	3	0	0	24	436	3836	19112
GX	C5	0	1	1	0	23	0	5	1	0	9	6	116	5432	10235
GX	C6	0	0	0	0	0	0	0	0	0	0	0	0	423	2211
GX	C7	0	0	0	0	0	0	0	0	0	0	0	0	8431	8851
GX	C8	0	3	4	0	1	1	22	40	0	16	28	590	19912	42450
HI	C1	14	7	3	0	0	1	19	12	0	0	32	429	6296	8716
HI	C2	0	0	0	0	0	0	0	0	0	0	0	0	108	171	660
HI	C3	−4	12	17	0	0	6	1	12	0	0	8	1121	2541	3551
HI	C4	1	0	0	0	0	0	1	1	0	0	8	350	566	2194
HI	C5	0	0	0	0	0	0	0	0	0	0	0	64	323	671
HI	C6	0	0	0	0	0	0	0	0	0	0	0	0	190	496
HI	C7	0	0	0	0	0	0	0	0	0	0	0	0	5721	5903
HI	C8	0	2	3	0	1	1	27	50	0	19	34	463	7922	16441
SC	C1	0	0	0	0	0	0	2	1	0	0	4	102	39590	74479
SC	C2	2	0	0	0	0	0	0	0	0	0	0	185	790	11988
SC	C3	−1	24	38	0	0	7	41	184	0	3	3	2520	32975	57779
SC	C4	6	1	1	0	0	−2	5	6	0	0	46	428	6257	62385
SC	C5	−2	5	5	0	50	1	39	12	0	138	90	215	18729	44995
SC	C6	0	0	0	0	0	0	0	0	0	0	0	0	469	7835
SC	C7	0	0	0	0	0	0	0	0	0	0	0	0	31528	33630
SC	C8	0	3	5	0	2	2	46	86	0	32	58	373	37654	97135
GZ	C1	2	1	0	0	0	0	1	1	0	0	2	21	12618	17673
GZ	C2	1	0	0	0	0	1	0	0	0	0	0	13	216	3163
GZ	C3	−9	21	29	0	0	11	0	2	0	0	1	208	5594	9802
GZ	C4	1	0	0	0	0	0	1	1	0	0	4	175	1418	10223
GZ	C5	0	0	0	0	4	0	1	0	0	2	1	48	2280	5518
GZ	C6	0	0	0	0	0	0	0	0	0	0	0	0	39	1520
GZ	C7	0	0	0	0	0	0	0	0	0	0	0	0	4655	4940
GZ	C8	0	2	4	0	1	1	31	56	0	21	38	263	9281	17729
YN	C1	0	0	0	0	0	0	1	1	0	0	2	32	17334	25035
YN	C2	1	0	0	0	0	1	0	0	0	0	0	2	130	3251

续表

省份	部门	QH FU202	NX FU101	NX FU102	NX FU103	NX FU201	NX FU202	XJ FU101	XJ FU102	XJ FU103	XJ FU201	XJ FU202	EX EX	TFU TFU	TO\IM TO\IM
YN	C3	−5	9	13	0	0	5	2	14	0	1	9	970	14687	22002
YN	C4	0	0	0	0	0	0	0	0	0	0	0	78	940	14602
YN	C5	0	0	0	0	0	0	0	0	0	1	0	0	4069	5967
YN	C6	0	0	0	0	0	0	0	0	0	0	0	0	−8	1885
YN	C7	0	0	0	0	0	0	0	0	0	3	0	20	9695	10057
YN	C8	0	0	0	0	0	0	1	2	0	1	2	26	18318	39761
SN	C1	0	0	0	0	0	0	17	11	0	0	30	45	13214	20534
SN	C2	19	0	0	0	0	1	0	0	0	0	2	635	926	5611
SN	C3	0	1	2	0	0	1	3	22	0	2	14	299	8818	18070
SN	C4	5	0	1	0	0	1	2	3	0	0	15	200	2117	15416
SN	C5	−2	3	3	0	17	0	21	9	0	45	31	73	10213	18367
SN	C6	0	0	0	0	0	0	0	0	0	0	0	0	89	2490
SN	C7	0	0	0	0	0	0	0	0	0	46	−1	109	9199	9437
SN	C8	0	3	3	2	0	0	5	10	0	4	7	473	13012	34471
GS	C1	2	1	0	0	0	0	11	7	0	0	19	44	7427	12270
GS	C2	1	0	0	0	0	0	0	0	0	0	0	52	353	3351
GS	C3	0	1	1	0	0	0	1	3	0	2	2	439	4007	6788
GS	C4	9	1	2	0	0	−2	2	2	0	0	21	117	651	19758
GS	C5	−1	1	1	0	7	1	7	2	0	9	6	22	2806	5360
GS	C6	0	0	0	0	0	0	0	0	0	0	0	0	204	1924
GS	C7	0	0	0	0	0	0	0	0	0	0	0	0	5302	5892
GS	C8	0	1	1	0	0	0	8	14	0	6	10	125	11137	23861
QH	C1	445	1	0	0	0	0	4	2	0	0	6	24	2037	2727
QH	C2	−12	0	0	0	0	0	0	0	0	0	0	252	250	807
QH	C3	−63	4	7	0	0	1	3	9	0	0	−2	0	948	1449
QH	C4	29	0	0	0	0	−2	0	0	0	0	−1	32	151	3136
QH	C5	37	0	0	0	9	0	6	1	0	14	7	4	402	985
QH	C6	−22	0	0	0	0	0	0	0	0	0	0	0	43	444
QH	C7	0	0	0	0	0	0	0	0	0	0	0	0	2609	2685
QH	C8	45	0	0	0	0	0	1	1	0	0	1	43	2708	6094
NX	C1	1	1015	428	0	55	212	1	1	0	0	3	13	1853	2837
NX	C2	0	2	3	0	0	9	0	0	0	0	0	13	35	915
NX	C3	−1	191	276	0	0	85	1	4	0	1	1	61	889	1707
NX	C4	4	32	92	0	16	40	1	3	0	0	1	21	342	4215
NX	C5	0	13	24	0	384	25	12	2	0	32	15	10	830	1434
NX	C6	0	20	20	0	0	−35	0	0	0	0	0	0	7	705
NX	C7	0	0	0	0	2369	0	0	0	0	0	0	0	2369	2440
NX	C8	0	341	503	1619	87	85	7	14	0	5	9	38	2854	5473
XJ	C1	20	8	3	0	0	2	2335	1501	0	0	3979	174	11076	17242
XJ	C2	0	0	0	0	0	1	0	8	0	0	132	629	966	4805
XJ	C3	−4	11	15	0	0	5	374	1302	0	89	755	2602	7307	13258
XJ	C4	3	0	0	0	0	0	62	170	0	16	329	47	734	12157
XJ	C5	0	0	0	0	2	0	271	70	0	875	538	0	1813	2585
XJ	C6	0	0	0	0	0	0	0	0	0	0	−128	0	−125	1517
XJ	C7	0	0	0	0	0	0	0	0	0	11922	−294	0	11628	12817
XJ	C8	0	3	5	0	2	2	2315	5192	5251	624	1103	68	15568	28158
IM	C1	0	1	0	0	0	0	0	0	0	0	1	0	3047	6907
IM	C2	4	0	0	0	0	0	0	0	0	0	0	0	9538	84976
IM	C3	−19	57	89	0	0	−70	0	0	0	0	0	0	8390	26875
IM	C4	4	0	0	0	0	0	2	1	0	0	18	0	5479	150807
IM	C5	1	0	0	0	8	0	0	0	0	0	0	0	10769	23605
IM	C6	0	0	0	0	0	0	0	0	0	0	0	0	6889	28712
IM	C7	0	0	0	0	0	0	0	0	0	0	0	0	18	18
IM	C8	0	0	0	0	0	0	12	23	0	8	15	0	1996	9781
TII	TII														
VA	VA001														
VA	VA002														
VA	VA003														
VA	VA004														
TVA	TVA														
TI	TI														

（本章作者：潘晨）

本章参考文献

［1］国家信息中心. 中国区域间投入产出表［M］. 北京：社会科学文献出版社，2005.

［2］李善同，董礼华，何建武. 2012 年中国地区扩展投入产出表：编制与应用［M］. 北京：经济科学出版社，2018.

［3］李善同，潘晨，何建武等. 2017 年中国省际间投入产出表：编制与应用［M］. 北京：经济科学出版社，2021.

［4］李善同，齐舒畅，何建武. 2007 年中国地区扩展投入产出表：编制与应用［M］. 北京：经济科学出版社，2016.

［5］李善同，齐舒畅，许召元. 2002 年中国地区扩展投入产出表：编制与应用［M］. 北京：经济科学出版社，2010.

［6］刘卫东，陈杰，唐志鹏等. 中国 2007 年 30 省区市区域间投入产出表编制理论与实践［M］. 北京：中国统计出版社，2012.

［7］刘卫东，唐志鹏，陈杰等. 2010 年中国 30 省区市区域间投入产出表［M］. 北京：中国统计出版社，2014.

［8］刘卫东，唐志鹏，韩梦瑶. 2012 年中国 31 省区市区域间投入产出表［M］. 北京：中国统计出版社，2018.

［9］石敏俊，张卓颖. 中国省区间投入产出模型与区际经济联系［M］. 北京：科学出版社，2012.

［10］市寸真一，王慧炯. 中国经济区域间投入产出表［M］. 北京：化学工业出版社，2006.

［11］许宪春，李善同，齐舒畅等. 中国区域投入产出表的编制及分析（1997 年）［M］. 北京：清华大学出版社，2007.

［12］张亚雄，齐舒畅. 2002 - 2007 年中国区域间投入产出表［M］. 北京：中国统计出版社，2012.

［13］IHARA T. 区域经济分析（地域の经济分析）［M］. 东京：中央经济社，1996.

［14］Adams P D, Horridge J M, Parmenter B R. Mmrf-Green：A Dynamic, Multi-Sectoral, Multi-Regional Model of Australia［R］. Victoria University, Centre of Policy Studies/IMPACT Centre, 2000.

［15］Armington P S. A Theory of Demand for Products Distinguished by Place of Production［J］. Staff Papers（International Monetary Fund）, 1969, 16（1）：159 - 178.

［16］Barros G, Guilhoto J J M. The Regional Economic Structure of Brazil in 1959：An Overview Based on an Inter-State Inputoutput System［D］. The University of São Paulo, Regional and Urban Economics Lab Working Paper, Bratislava, Eslováquia, 2011.

［17］Berger A. Canada's Provincial and Territorial Economic Accounts［C］. Regional Products and Income Accounts, Beijing, 2010.

［18］Bertini S, Paniccià R. Polluting My Neighbours：Linking Environmental Accounts to a Multi-Regional Input-Output Model for Italy, Methodology and First Results［C］. International Input-Output Meeting on Managing the Environment, 2008.

［19］Black W R. Interregional Commodity Flows：Some Experiments with the Gravity Model［J］. Journal of Regional Science, 1972, 12（1）：107 - 118.

［20］Black W R. The Utility of the Gravity Model and Estimates of Its Parameters in Commodity Flow Studies［C］. Proceedings of the Association of American Geographers, 1971：28 - 32.

[21] Bon R. Comparative Stability Analysis of Multiregional Input-Output Models: Column, Row, and Leontief-Strout Gravity Coefficient Models [J]. The Quarterly Journal of Economics, 1984, 99 (4): 791 - 815.

[22] Bröcker J. Partial Equilibrium Theory of Interregional Trade and the Gravity Model [J]. Papers in Regional Science, 1989, 66 (1): 7 - 18.

[23] Casini Benvenuti S, Martellato D, Raffaelli C. Intereg: A Twenty-Region Input-Output Model for Italy [J]. Economic Systems Research, 1995, 7 (2): 101 - 116.

[24] Casini Benvenuti S, Paniccià R. A Multi-Regional Input-Output Model for Italy [D]. Regional Institute for Economic Planning of Tuscany Villa La Quiete alle Montalve, 2003.

[25] Chenery H B. The Structure and Growth of the Italian Economy [M]. United States of America: Mutual Security Agency, 1953.

[26] Cherubini L, Paniccià R: A Multiregioanl Structural Analysis of Italian Regions [M] //Macroeconomic Modelling for Policy Analysis, Firenze: Firenze University Press, 2013.

[27] Cherubini L, Paniccià R. A Multiregional Structural Analysis of a Dualistic Economy: The Italian Regions over a Decade (1995 - 2006) [C]. 19th International Input-output conference, Alexandria, Virginia, 2011.

[28] Eduardo H, Alexandre P, Wilson R. Tourists Expenditure Multipliers: What Difference Do Financing Sources Play? [C]. 51st Congress of the European Regional Science Association: New Challenges for European Regions and Urban Areas in a Globalised World, 30 August - 3 September 2011, Barcelona, Spain, 2011.

[29] Fernando P, Eduardo H, Edson D. Interdependence among the Brazilian States: An Input-Output Approach [R]. European Regional Science Association, 2006.

[30] Généreux P A, Langen B. The Derivation of Provincial (Inter-Regional) Trade Flows: The Canadian Experience [C]. 14th International Input-Output Techniques Conference, Canada, 2002.

[31] Golan A, Judge G, Robinson S. Recovering Information from Incomplete or Partial Multisectoral Economic Data [J]. The Review of Economics and Statistics, 1994, 76 (3): 541 - 549.

[32] IMPLAN Group. Implan Support [EB/OL]. [2018 年 6 月]. http: //support. implan. com/.

[33] Haddad E A, Marques M C C. Technical Note on the Construction of the Interregional Input-Output System for the Concession Areas of Aneel [D]. The University of São Paulo, Regional and Urban Economics Lab Working Paper, 2012.

[34] Hartwick J M. An Interregional Input-Output Analysis of the Eastern Canadian Economies [D]. Queen's Economics Department Working Paper, 1969.

[35] Hasegawa R, Kagawa S, Tsukui M. Carbon Footprint Analysis through Constructing a Multi-Region Input-Output Table: A Case Study of Japan [J]. Journal of Economic Structures, 2015, 4 (1): 5.

[36] Ichimura S, Wang H-J. Interregional Input-Output Analysis of the Chinese Economy [M]. Singapore: World Scientific, 2003.

[37] Ihara T. An Economic Analysis of Interregional Commodity Flows [J]. Environment and Planning A, 1979, 11 (10): 1115 - 1128.

[38] Isard W. Interregional and Regional Input-Output Analysis: A Model of a Space-Economy [J]. The Review of Economics and Statistics, 1951, 33 (4): 318 - 328.

[39] Ishikawa Y, Miyagi T. The Construction of a 47 - Region Inter-Regional Input-Output Table,

and Inter-Regional Interdependence Analysis at Prefecture Level in Japan [R]. European Regional Science Association, 2004.

[40] Ishikawa Y, Miyagi T. An Interregional Industrial Linkage Analysis in Japan, Using a 47 – Region Interregional Input-Output Table [J]. Studies in Regional Science, 2003, 34 (1): 139 – 152.

[41] Kullback S, Leibler R A. On Information and Sufficiency [J]. The Annals of Mathematical Statistics, 1951, 22 (1): 79 – 86.

[42] Lenzen M, Geschke A, Wiedmann T, et al. Compiling and Using Input-Output Frameworks through Collaborative Virtual Laboratories [J]. Science of The Total Environment, 2014 (485 – 486): 241 – 251.

[43] Leontief W. Studies in the Structure of the American Economy [M]. New York: Oxford University Press, 1953.

[44] Leontief W, Strout A. Multiregional Input-Output Analysis [M] // Barna T. Structural Interdependence and Economic Development: Proceedings of an International Conference on Input-Output Techniques, Geneva, September 1961, London: Palgrave Macmillan UK, 1963: 119 – 150.

[45] Madden J R. Federal. A Two-Region Multisectoral Fiscal Model of the Australian Economy [D]. University of Tasmania, 1990.

[46] Meng B, Ando A. An Economic Derivation of Trade Coefficients under the Framework of Multi-Regional Io Analysis [D]. Institute of Developing Economies, 2005.

[47] Mi Z, Meng J, Zheng H, et al. A Multi-Regional Input-Output Table Mapping China's Economic Outputs and Interdependencies in 2012 [J]. Scientifc Data, 2018, 5: 180155.

[48] Bureau Research and Statistics Department Economic and Industrial Policy. 2005 Inter-Regional Input-Output Table, a Debrief Report [R]. Ministry of Economy, Trade and Industry (METI), 2010.

[49] Moses L N. The Stability of Interregional Trading Patterns and Input-Output Analysis [J]. The American Economic Review, 1955, 45 (5): 803 – 826.

[50] Pöyhönen P. A Tentative Model for the Volume of Trade between Countries [J]. Weltwirtschaftliches Archiv, 1963, 90: 93 – 100.

[51] Quinlan H. Australia's Domestic Freight, 1986 – 87 [D]. Wollongong: Centre for Transportation Policy Analysis, Wollongong University, 1991.

[52] Samuelson P A. Spatial Price Equilibrium and Linear Programming [J]. The American Economic Review, 1952, 42 (3): 283 – 303.

[53] Shannon C E. A Mathematical Theory of Communication, Part I, Part II [J]. Bell Syst. Tech. J. , 1948, 27: 623 – 656.

[54] Theil H. Economics and Information Theory [J]. The Economic Journal, 1969, 79 (315): 601 – 602.

[55] Tinbergen J. Shaping the World Economy: Suggestions for an International Economic Policy [M]. New York: Twentieth Century Fund, 1962.

[56] Wittwer G, Horridge M. Bringing Regional Detail to a Cge Model Using Census Data [J]. Spatial Economic Analysis, 2010, 5 (2): 229 – 255.

[57] Zheng H, Zhang Z, Wei W, et al. Regional Determinants of China's Consumption-Based Emissions in the Economic Transition [J]. Environmental Research Letters, 2020, 15 (7): 074001.

第二章　内嵌中国省份的全球
多区域投入产出表

第一节　内嵌中国省份的全球多区域投入产出表的具体表式

本章基于全球多区域投入产出表、中国省际间投入产出表和中国海关贸易数据，将全球多区域投入产出表中涉及中国的部分拆分为 31 个省（区市），从而得到内嵌中国省份的全球多区域投入产出表（CMRIO 表）。CMRIO 表的基本表式如表 2－1 所示，其中浅灰色部分表示中国省份间的投入产出关系，包括中国各省份各部门的中间品投入与使用和最终品的生产与使用情况，以及中国各省份各部门的关税与补贴、最初投入、总投入和总产出等；深灰色部分为中国各省份各部门的进口使用情况，包括来自不同国家的中间品进口使用与最终品进口使用的情况；竖线条纹部分为中国各省份各部门的出口使用情况，包括向不同国家中间品出口使用与最终品出口使用的情况。

表 2－1　　内嵌中国省份的全球多区域投入产出表（CMRIO 表）基本表式

投入＼产出		中间使用						最终使用						总产出
		国家1	中国			…	国家G	国家1	中国			…	国家G	
			省份1	…	省份M				省份1	…	省份M			
中间投入	国家1													
	中国 省份1													
	中国 ⋮													
	中国 省份M													
	⋮													
	国家G													
税收和补贴														
增加值														
总投入														

第二节　数据基础

一、全球多区域投入产出表

在选择基准数据库时，本章主要从时效性、覆盖范围、数据精度和部门匹配程度等方面进行了综合考量。从时效性上，OECD2021 版、ADB-MRIO、GTAP、EORA26、FIGARO 数据库均已更新至 2017 年及以后，符合本章的要求。其中 GTAP 数据库不具备时间上的连续性；EORA26 数据库因大量估计值可能导致明显的结果偏差；FIGARO 数据库覆盖区域范围较小（总共仅包含 46 个经济体）；而 ADB-MRIO 数据库更多聚焦于 25 个亚洲经济体。综合考虑不同全球多区域投入产出表，以及中国省际间投入产出表情况，本章拟选取经济合作与发展组织（OECD）2021 年发布的 2017 年国家间投入产出表（OECD－ICIO）作为基准表进行嵌入工作。OECD 数据库覆盖了 67 个经济体，包括所有的 OECD 经济体、所有的东盟经济体和部分其他经济体，数据库中经济体的经济规模和贸易量在全球占比非常高，数据相对更为准确，并且考虑到 OECD-ICIO 表的部门数与中国省际间投入产出表的部门数较为接近，因此采用该表为基础来构建内嵌中国省份的全球多区域投入产出表。

OECD－ICIO 表的结构如表 2－2 所示，表中浅灰色部分代表中国内部各部门的投入产出关系，深灰色部分为中国各部门的进口（其他国家投入与中国产出的关系），竖线条纹部分为中国各部门的出口（中国投入与其他国家产出的关系）。

表 2－2　　　　　　　　　　　OECD-ICIO 基本表式

投入＼产出		中间使用				最终使用				总产出
		国家 1	中国	…	国家 G	国家 1	中国	…	国家 G	
中间投入	国家 1									
	中国									
	⋮									
	国家 G									
关税和补贴										
增加值										
总投入										

OECD－ICIO 表中共包含 66 个经济体和 1 个世界其他地区（见表 2－3），其中中国和墨西哥区分为加工贸易和非加工贸易；共包含 45 个部门，其中包含 2 个农林牧渔业部门、3 个采矿业部门、17 个制造业部门、2 个电气水供应部门、1 个建筑业部门和 20 个服务业部门（见表 2－4）。

表 2 - 3　　　　　　　　　　**OECD-ICIO 国家和地区列表**

序号	国家和地区	序号	国家和地区	序号	国家和地区	序号	国家和地区
1	澳大利亚	19	意大利	35	瑞士	51	老挝
2	奥地利	20	日本	36	土耳其	52	马来西亚
3	比利时	21	韩国	37	英国	53	马耳他
4	加拿大	22	拉脱维亚	38	美国	54	摩洛哥
5	智利	23	立陶宛	39	阿根廷	55	缅甸
6	哥伦比亚	24	卢森堡	40	巴西	56	秘鲁
7	哥斯达黎加	25	墨西哥	41	文莱	57	菲律宾
8	捷克	25 - 1	墨西哥—非加工贸易	42	保加利亚	58	罗马尼亚
9	丹麦	25 - 2	墨西哥 - 加工贸易	43	柬埔寨	59	俄罗斯
10	爱沙尼亚	26	荷兰	44	中国	60	沙特
11	芬兰	27	新西兰	44 - 1	中国—非加工贸易	61	新加坡
12	法国	28	挪威	44 - 2	中国—加工贸易	62	南非
13	德国	29	波兰	45	克罗地亚	63	中国台北地区
14	希腊	30	葡萄牙	46	塞浦路斯	64	泰国
15	匈牙利	31	斯洛伐克	47	印度	65	突尼斯
16	冰岛	32	斯洛文尼亚	48	印度尼西亚	66	越南
17	爱尔兰	33	西班牙	49	中国香港地区	67	世界其他地区
18	以色列	34	瑞典	50	哈萨克斯坦		

表 2 - 4　　　　　　　　　　**OECD-ICIO 部门列表**

序号	部门	序号	部门	序号	部门
1	农牧林业	16	金属制品	31	邮电
2	渔业和水产养殖	17	计算机、电子、光学设备	32	住宿和餐饮
3	采矿和采石：能源开采	18	电气设备	33	出版、音像、广播
4	采矿和采石：非能源开采	19	机械设备	34	电信
5	开采辅助服务活动	20	汽车、拖车及半拖车	35	IT 和其他信息服务
6	食品、饮料和烟草	21	其他运输设备	36	金融和保险
7	纺织品及纺织产品；皮革、皮革制品和鞋类	22	其他制造业；修理安装	37	房地产
8	木材及木材和软木制品	23	电、气供应	38	专业、科学和技术
9	纸制品、印刷和出版	24	水供应	39	行政和辅助服务
10	焦炭、精炼石油和核燃料	25	建筑业	40	公共行政和国防；强制性社会保障
11	化学品和化学产品	26	批发零售业；汽车修理	41	教育
12	药品、药用化学品及植物药材	27	陆路运输和管道运输	42	卫生和社会工作
13	橡胶和塑料	28	水路运输	43	艺术和娱乐活动
14	其他非金属矿物	29	航空运输	44	其他服务
15	基本金属	30	仓储和辅助运输	45	有雇工的私人家庭

二、中国省际间投入产出表

本章采用的中国省际间投入产出表为国务院发展研究中心编制的 2017 年中国省际投入产出表（见表 2-5）。表 2-5 中浅灰色部分代表中国内部各省份各部门的投入产出关系，深灰色部分为进口品在中国各省份各部门的使用情况，竖线条纹部分为中国各省份各部门的出口。表内共包含 31 个省（区市），42 个部门（部门分类与国家统计局公布的 2017 年中国非竞争型投入产出表中的定义一致）（见表 2-6）。

表 2-5 　　　　　　　　　中国省际间投入产出表基本表式

投入＼产出		中间使用			最终使用				总产出
		省份 1	…	省份 M	省份 1	…	省份 M	出口	
中间投入	省份 1								
	⋮								
	省份 M								
	进口								
增加值									
总投入									

表 2-6 　　　　　　　　　中国省际间投入产出表部门列表

序号	部门	序号	部门	序号	部门
1	农林牧渔产品和服务	15	金属制品	29	交通运输、仓储和邮政
2	煤炭采选产品	16	通用设备	30	住宿和餐饮
3	石油和天然气开采产品	17	专用设备	31	信息传输、软件和信息技术服务
4	金属矿采选产品	18	交通运输设备	32	金融
5	非金属矿和其他矿采选产品	19	电气机械和器材	33	房地产
6	食品和烟草	20	通信设备、计算机和其他电子设备	34	租赁和商务服务
7	纺织品	21	仪器仪表	35	研究和试验发展
8	纺织服装鞋帽皮革羽绒及其制品	22	其他制造产品和废品废料	36	综合技术服务
9	木材加工品和家具	23	金属制品、机械和设备修理服务	37	水利、环境和公共设施管理
10	造纸印刷和文教体育用品	24	电力、热力生产和供应	38	居民服务、修理和其他服务
11	石油、炼焦产品和核燃料加工品	25	燃气生产和供应	39	教育
12	化学产品	26	水的生产和供应	40	卫生和社会工作
13	非金属矿物制品	27	建筑	41	文化、体育和娱乐
14	金属冶炼和压延加工品	28	批发和零售	42	公共管理、社会保障和社会组织

三、中国省级对外贸易数据

本章中使用的海关数据为中国海关总署公布的 HS 8 位码数据（共 8565 种商品），包括 2017 年中国各省份商品层面的进出口数据。利用该数据库能够追踪各省份出口的目的国和进口的来源国，以及贸易方式、企业所有制类型等要素。其中，出口采用 FOB 价格，进口采用 CIF 价格。

第三节　内嵌中国省份的全球多区域投入产出表编制方法

一、调整 OECD-ICIO 表

为了保证中国省际间投入产出表与全球多区域投入产出表的对应项一致，我们首先对 OECD-ICIO 表进行了调整。

（1）国际地区的合并。

OECD-ICIO 表共包含 71 个国家和地区，中国和墨西哥分别包括加工贸易和非加工贸易。由于本章不对贸易方式进行区分，因此，对中国和墨西哥的加工贸易和非加工贸易进行了合并，保留 67 个国家和地区。

（2）最终需求处理。

将表 2 - 7 所示的最终需求中 "HFCE" "NPISH" "P33" 3 个部分合并为私人消费，保留 4 个最终需求项，即私人消费、政府最终消费、固定资本形成总额和存货变动。另外，由于 OECD-ICIO 原表存在部分国家部门投入与产出不相等的情况，以总投入为基准，与总产出之间的误差项归入世界其他地区的存货变动（即 ROW 的 INVNT）中。

表 2 - 7　　　　　　　　　　　　　OECD-ICIO 最终需求项

Demand items	Description	名称
HFCE	Household Final Consumption Expenditure	居民最终消费
NPISH	Non-Profit Institutions Serving Households	非营利机构服务
GGFC	General Government Final Consumption	政府最终消费
GFCF	Gross Fixed Capital Formation	固定资本形成总额
INVNT	Changes in Inventories and Valuables	存货变动
P33	Direct purchases abroad by residents	居民境外直接购买

二、统一国内省际间投入产出表与全球多区域投入产出表的部门分类

在将中国省际间投入产出表嵌入全球多区域投入产出表之前，需要对两个表中的部门进行匹配和合并。本章根据两个基础表各部门的定义范围，以尽量多地保留原始部门为原则，最终合并得到以下 30 个部门（共 15 个货物部门和 15 个服务部门）。不同部门分类之间的关系如表 2 - 8 所示。

表 2 - 8　　　　　　　　　　　　　CMRIO 表部门列表

序号	部门名称	GB/T 2017	OECD - ICIO
N1	农业、林业、畜牧业和渔业产品及服务	01	D01T02，D03
N2	煤炭采选产品；石油和天然气开采产品	02T03	D05T06
N3	金属矿采选产品；非金属矿和其他矿采选产品	04T05	D07T08，D09
N4	食品和烟草	06	D10T12
N5	纺织品；纺织、服装、鞋帽、皮革羽绒及其制品	07T08	D13T15
N6	木工制品和家具；造纸印刷和文教体育用品；其他制成品、废料和修理	09T10，22T23	D16，D17T18，D31T33
N7	石油、焦化产品和核燃料加工产品	11	D19
N8	化工产品	12	D20，D21，D22
N9	非金属矿产品	13	D23
N10	金属冶炼和压延加工品	14	D24
N11	金属制品	15	D25
N12	通信设备、计算机和其他电子设备；仪器仪表	20T21	D26
N13	电气设备	19	D27
N14	通用设备；专用设备	16T17	D28
N15	交通运输设备	18	D29，D30
N16	电力、热力、燃气生产和供应	24T25	D35
N17	水的生产和供应	26	D36T39
N18	建筑	27	D41T43
N19	批发、零售和维修	28	D45T47
N20	运输、储存和邮寄	29	D49，D50，D51，D52，D53
N21	住宿和餐饮	30	D55T56
N22	文化、体育和娱乐	41	D58T60，D90T93
N23	信息传输、软件和信息技术服务	31	D61，D62T63
N24	金融	32	D64T66
N25	房地产	33	D68
N26	研究和试验发展；综合技术服务	35T36	D69T75
N27	租赁和商务服务；水利、环境和公共设施管理	34，37	D77T82
N28	居民服务、修理和其他服务；公共管理、社会保障和社会组织	38，42	D84，D94T96，D97T98
N29	教育	39	D85
N30	卫生和社会工作	40	D86T88

注：GB/T 2017 为国家统计局公布的 IO 42 部门编码，OECD - ICIO 为 OECD2021 版 ICIO 表 45 部门编码（按照第四版国民经济行业国际标准 ISIC Rev. 4 分类）。

根据表 2 - 8 中的部门对应关系，将中国省际间投入产出表和全球多区域投入产出表进行部门合并处理，两个表均合并为 30 个部门的中国省际间投入产出表和全球多区域投入产出表。

三、处理省级对外贸易数据

对于全球多区域投入产出表中中国各省份货物进口和出口的拆分，需要海关数据的比例，因此，对中国海关数据进行了如下处理：利用国家统计局提供的 HS8 位编码商品与投入产出部门的对应关系表（HS-IO 对应表）以及联合国贸发组织公布的关于 HS6 位码商品的 BEC 分类表（UN-BEC 分类表），将中国海关数据按照中间品、最终消费品、最终投资品、不同省（区市）合并到中国省际层面 30 部门，并保留进口来源地和出口目的地信息。

（1）HS-IO 部门对应关系处理。

HS-IO 部门对应表涉及共计 8565 种商品的 HS 8 位编码，其中共有 115 个类别的商品对应多个投入产出部门，其余商品均只对应 1 个投入产出部门。将对应多个投入产出部门的商品的对应比重进行等比例拆分，其中 114 个类别的商品对应 2 个投入产出部门，每个对应关系的占比均为 50%；而低值简易通关商品（98040000）对应 11 个投入产出部门，按表 2 - 9 的转换百分比来确定每个部门的对应比重。剩余商品与 IO 部门之间的对应比重均为 100%。

表 2 - 9　　　　　　　　低值简易通关商品 HS-IO 对应关系

HS8 位码商品		对应投入产出部门		比重	对应投入产出部门		比重
98040000	低值简易通关商品	01001	农产品	0.30	14022	其他食品	0.03
		02002	林产品	0.02	15024	饮料	0.03
		04004	渔产品	0.20	15025	精制茶	0.02
		13012	谷物磨制品	0.03	26049	日用化学产品	0.03
		13017	水产加工品	0.11	41095	其他制造产品	0.08
		13018	蔬菜、水果、坚果和其他农副食品加工品	0.15			

注：表中的 IO 部门均为中国国家统计局公布的 IO 149 部门，IO 149 - IO 42 部门对应请参考《2017 年中国投入产出表》，IO 表 42 部门与 CMRIO 表 30 部门对应关系请参考表 2 - 8。

由于加工贸易指的是进口中间产品，在国内进行组装生产，再向其他经济体出口。因此，一般认为加工贸易出口中不涉及初级产品。我们需要对初级产品部门的 HS-IO 部门对应情况进行重新调整，根据商品具体描述将其对应到制造业部门中，得到加工贸易出口 HS-IO 对应表。进行的处理如表 2 - 10 所示，具体的单独商品条目对应关系可查阅加工贸易 HS-IO 对应表。

表 2－10　　　　　　　投入产出初级部门与加工贸易 149 部门对应

投入产出初级部门		加工贸易部门	投入产出初级部门		加工贸易部门
01001	农产品	13012 谷物磨制品	03003	畜牧产品	13016 屠宰及肉类加工品
		13013 饲料加工品			13018 蔬菜、水果、坚果和其他农副食品加工品
		13014 植物油加工品			14022 其他食品
		13015 糖及糖制品			17028 毛纺织及染整精加工品
		13018 蔬菜、水果、坚果和其他农副食品加工品			17029 麻、丝绸纺织及加工品
		14021 调味品、发酵制品			19033 皮革、毛皮、羽毛及其制品
		14022 其他食品			27050 医药制品
		15023 酒精和酒			41095 其他制造产品
		15024 饮料			77136 生态保护和环境治理
		16026 烟草制品	04004	渔产品	13017 水产加工品
		17027 棉、化纤纺织及印染精加工品			24039 工艺美术品
		17029 麻、丝绸纺织及加工品			77136 生态保护和环境治理
		20035 木材加工和木、竹、藤、棕、草制品	05005	农、林、牧、渔服务产品	14022 其他食品
		26049 日用化学产品	06006	煤炭开采和洗选产品	25042 煤炭加工品
		26045 农药	07007	石油和天然气开采产品	25041 精炼石油和核燃料加工品
		27050 医药制品	08008	黑色金属矿采选产品	31063 铁及铁合金产品
02002	林产品	14022 其他食品	09009	有色金属矿采选产品	32064 有色金属及其合金
		20035 木材加工和木、竹、藤、棕、草制品	10010	非金属矿采选产品	30060 石墨及其他非金属矿物制品
		27050 医药制品	11011	开采辅助活动和其他采矿产品	30060 石墨及其他非金属矿物制品
		29052 橡胶制品	42096	废弃资源回收加工品	41095 其他制造产品
		21036 家具			

注：表中的 IO 部门均为中国国家统计局公布的 IO 149 部门，IO 149 - IO 42 部门对应请参考《2017 年中国投入产出表》，IO 表 42 部门与 CMRIO 表 30 部门对应关系请参考表 2 - 8。

（2）HS-BEC 对应关系处理。

首先，将 HS 8 位码商品编码的后两位删除，转为 HS 6 位码商品；其次，按照 HS 6 位码商品的 BEC 分类，将海关进出口数据区分成中间品、最终消费品和最终投资品（见图 2 - 1）。其中加工进口贸易均为中间品进口。

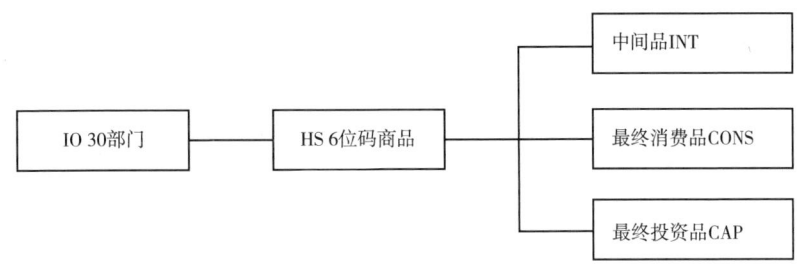

图 2-1 HS-BEC 对应关系图示

（3）按省市和部门汇总。

按照 IO 部门和生产所在行政区域①及贸易伙伴国将海关进出口贸易统计数据进行汇总，汇总得到 31 个省（区市）的 30 个投入产出部门与其贸易伙伴国之间的进出口值。

四、拆分原始表、准备初始矩阵

本章以 2017 年 OECD-ICIO 表数据为基准，利用 2017 年中国省际间投入产出表和海关进出口数据作为比例数，进行初始矩阵的拆分（具体表式见表 2-1）。

浅灰色部分：中国对中国产品的使用，采用中国省际间投入产出表的数据；

深灰色部分：中国对国外产品的使用，货物部分采用中国海关进口统计数据，服务部分采用中国省际间投入产出表的数据；

竖线条纹部分：国外对中国产品的使用，货物部分采用中国海关出口统计数据，服务部分采用中国省际间投入产出表的数据。

（1）国内使用矩阵拆分。

中国对中国产品投入与使用部分（即浅灰色部分）的拆分包括中间使用、最终使用、税收和补贴、增加值、总投入和总产出的拆分。最终使用部分包含居民消费、政府消费、固定资本形成和存货变动共 4 项。对 OECD-ICIO 表中有数值但中国省际间投入产出表中没有相应统计值的部分，采用中国各省份各部门总产出的比例拆分。

- 细化规模②：
- 中间使用：$N \times N$ 扩展为 $MN \times MN$；
- 最终使用：$N \times 4$ 扩展为 $MN \times 4M$；
- 税收和补贴：$67 \times N$ 扩展为 $67 \times MN$，67×4 扩展为 $67 \times 4M$；
- 增加值：$1 \times N$ 扩展为 $1 \times MN$；
- 总投入：$1 \times N$ 扩展为 $1 \times MN$；
- 总产出：$N \times 1$ 扩展为 $MN \times 1$。
- 拆分原则：

按照中国省际间投入产出表中各省份各部门在全国各部门中的占比，对 ICIO 表中相应的原始矩阵进行拆分（税收和补贴的中间使用矩阵利用生产税净额的比例进行拆分，最终使用矩阵利用最终使用的比例进行拆分）。以 q 省份 j 部门对 p 省份 i 部门的中间使用为例，

---

① 省级行政区划码来自中国国家统计局网站 http://www.stats.gov.cn/tjsj/。

② 细化规模中，M 表示省份个数，N 表示部门数，67 为 OECD-ICIO 表中最终保留的国家和地区数。

其中Z_{ij}^{cc}表示 ICIO 表中国国内 j 部门对 i 部门的中间使用，CZ_{ij}^{pq}和CZ_{ij}分别表示中国省际间投入产出表中 q 省份 j 部门对 p 省份 i 部门的中间使用以及中国 j 部门对 i 部门总的中间使用。Y_{if}^{cc}，CY_{if}^{pq}和CY_{if}则分别表示 ICIO 表中中国国内对 i 部门的最终使用、中国省际间投入产出表中 q 省份对 p 省份 i 部门的最终使用以及中国对 i 部门总的最终使用。

$$Z_{ij}^{pq} = Z_{ij}^{cc} \times \frac{CZ_{ij}^{pq}}{CZ_{ij}}(p,q=1,\cdots,31;i,j=1,\cdots,30) \qquad (2-1)$$

$$Y_{if}^{pq} = Y_{if}^{cc} \times \frac{CY_{if}^{pq}}{CY_{if}}(p,q=1,\cdots,31;i=1,\cdots,30;f=1,\cdots,4) \qquad (2-2)$$

（2）国外对中国产品的使用矩阵拆分。

国外对中国产品的使用（即竖线条纹部分）的拆分包括对中间使用和最终使用的拆分，最终品中包括居民消费、政府消费、固定资本形成和存货变动。对 ICIO 表中有数值但中国省际间投入产出表或海关出口中没有相应统计值的部分，采用中国总出口的比例拆分。

- 细化规模：
- – 国外地区对中国产品的中间使用：N×N 扩展为 MN×N；
- – 国外地区对中国产品的最终使用：N×4 扩展为 MN×4。
- 拆分原则：

货物部门拆分利用中国各省份对不同地区双边货物出口数据计算比例；服务部门拆分利用中国省际间投入产出表中服务部门出口数据计算比例。以 r 国 j 部门对中国 p 省份 i 部门的中间使用为例，其中Z_{ij}^{cr}表示 ICIO 表中 r 国 j 部门对中国 i 部门的中间使用，如果部门 i 为货物部门（N1－N15），则需要与海关数据中（p 省份 i 部门对 r 国的中间品出口/中国 i 部门对 r 国中间品总出口）相乘；如果部门 i 为服务部门（N16－N30），则需要与中国省际间投入产出表中（p 省份 i 部门出口/中国 i 部门总出口）相乘。在中国货物部门最终品出口拆分中，居民消费、政府消费按照海关最终消费品出口比重，固定资本形成按照海关最终投资品出口比重，存货变动按照海关总出口比重拆分。

$$Z_{ij}^{pr} = Z_{ij}^{cr} \times \frac{CIE_i^{pr}}{CIE_i^r};Y_{if}^{pr} = Y_{if}^{cr} \times \frac{CFE_{if}^{pr}}{CFE_{if}^r} \qquad (2-3)$$

$$(r=1,\cdots,67,r \neq c;p=1,\cdots,31;i=1,\cdots,15;j=1,\cdots,30;f=1,\cdots,4)$$

$$Z_{ij}^{pr} = Z_{ij}^{cr} \times \frac{CE_i^p}{CE_i};Y_{if}^{pr} = Y_{if}^{cr} \times \frac{CE_{if}^p}{CE_{if}} \qquad (2-4)$$

$$(r=1,\cdots,67,r \neq c;p=1,\cdots,31;i=16,\cdots,30;j=1,\cdots,30;f=1,\cdots,4)$$

（3）中国对国外产品的使用矩阵拆分。

中国对国外产品的使用（即深灰色部分）的拆分包括中间使用和最终使用的拆分。对 ICIO 表中有数值但中国省际间投入产出表或海关进口中没有相应统计值的部分，采用中国各省份各部门总进口的比例拆分。

- 细化规模：
- – 中国对国外地区产品的中间使用：N×N 扩展为 N×MN；
- – 中国对国外地区产品的最终使用：N×4 扩展为 N×4M。
- 拆分原则：

货物部门拆分利用中国各省份自世界其他地区双边货物进口数据作为比例；服务部门拆

分利用中国省际间投入产出表中服务部门进口数据作为比例。以中国 p 省份 j 部门对 r 国 i 部门的中间使用为例，其中，Z_{ij}^{rc} 表示 ICIO 表中中国 j 部门对 r 国 i 部门的中间使用，如果部门 i 为货物部门（N1 – N15），则需要与海关数据中（p 省份自 r 国 i 部门的中间品进口/中国自 r 国 i 部门中间品总进口）相乘；如果部门 i 为服务部门（N16 – N30），则需要与中国省际间投入产出表中的（p 省份自世界其他地区 i 部门进口/中国自世界其他地区 i 部门总进口）相乘。在中国货物部门最终品进口拆分中，居民消费、政府消费按照海关最终消费品进口比重，固定资本形成按照海关最终投资品进口比重，存货变动按照海关总进口比重拆分。

$$Z_{ij}^{rp} = Z_{ij}^{rc} \times \frac{CIM_i^{rp}}{CIM_i^r} ; Y_{if}^{rp} = Y_{if}^{rc} \times \frac{CFM_{if}^{rp}}{CFM_{if}^r} \qquad (2-5)$$

$$(r = 1, \cdots, 67, r \neq c; p = 1, \cdots, 31; i = 1, \cdots, 15; j = 1, \cdots, 30; f = 1, \cdots, 4)$$

$$Z_{ij}^{rp} = Z_{ij}^{rc} \times \frac{CM_i^p}{CM_i} ; Y_{if}^{rp} = Y_{if}^{rc} \times \frac{CM_{if}^p}{CM_{if}} \qquad (2-6)$$

$$(r = 1, \cdots, 67, r \neq c; p = 1, \cdots, 31; i = 16, \cdots, 30; j = 1, \cdots, 30; f = 1, \cdots, 4)$$

据此，我们可以得到内嵌中国省份的全球多区域投入产出表（CMRIO 表）的初始矩阵。

五、平衡与调整内嵌中国省份的全球多区域投入产出表

由于初始矩阵在行、列和矩阵元素上不平衡，需要在上述数据处理的基础上，以全球模型中的中国部分为约束数，通过模型使各数据之间相协调，以构建平衡的内嵌中国省份的全球多区域投入产出表（CMRIO 表）。

在进行 CMRIO 表的调整和平衡时，可以运用 RAS 方法、最小二乘法和交叉熵（CE）等方法，我们选取最小二乘法完成了 CMRIO 表的调整和平衡工作。最小二乘法的优化目标是使目标矩阵相对于原始矩阵的调整量的加权平方和相对于原值最小，也就是使各变量在满足所有约束条件的情况下，最小化调整量。基于此，利用初始拆分的投入产出表和 ICIO 表中的控制变量进行整体平衡，构建模型如下：

$$\min \sum_p \sum_q \sum_i \sum_j \frac{(Z_{ij}^{pq} - \overline{Z}_{ij}^{pq})^2}{|\overline{Z}_{ij}^{pq}|} + \sum_p \sum_q \sum_i \sum_f \frac{(Y_{if}^{pq} - \overline{Y}_{if}^{pq})^2}{|\overline{Y}_{if}^{pq}|} + \sum_p \sum_r \sum_i \sum_j \frac{(Z_{ij}^{pr} - \overline{Z}_{ij}^{pr})^2}{|\overline{Z}_{ij}^{pr}|}$$

$$+ \sum_p \sum_r \sum_i \sum_f \frac{(Y_{if}^{pr} - \overline{Y}_{if}^{pr})^2}{|\overline{Y}_{if}^{pr}|} + \sum_q \sum_r \sum_i \sum_j \frac{(Z_{ij}^{rq} - \overline{Z}_{ij}^{rq})^2}{|\overline{Z}_{ij}^{rq}|} + \sum_q \sum_r \sum_i \sum_f \frac{(Y_{if}^{rq} - \overline{Y}_{if}^{rq})^2}{|\overline{Y}_{if}^{rq}|}$$

$$+ \sum_q \sum_j \frac{(V_j^q - \overline{V}_j^q)^2}{|\overline{V}_j^q|}$$

$$\text{s. t.} \begin{cases} \sum_p \sum_q Z^{pq} = Z^{cc} & (1) \\ \sum_p \sum_q Y^{pq} = Y^{cc} & (2) \\ \sum_p Z^{pr} = Z^{cr} & (3) \\ \sum_p Y^{pr} = Y^{cr} & (4) \\ \sum_q Z^{rq} = Z^{rc} & (5) \end{cases} \qquad (2-7)$$

$$
\text{s. t.}
\begin{cases}
\displaystyle\sum_q Y^{rq} = Y^{rc} & (6) \\[2ex]
\displaystyle\sum_q \sum_j Z_{ij}^{pq} + \sum_r \sum_j Z_{ij}^{pr} + \sum_q \sum_f Y_i^{pq} + \sum_r \sum_f Y_i^{pr} = X_i^p & (7) \\[2ex]
\displaystyle\sum_p \sum_i Z_{ij}^{pq} + \sum_r \sum_i Z_{ij}^{rq} + V_j^q = X_j^q & (8) \\[2ex]
\dfrac{V_j^q}{X_j^q} \leqslant 0.9 & (9) \\[2ex]
0.8 \times \dfrac{V_j^c}{X_j^{rc}} \leqslant \displaystyle\sum_q \dfrac{V_j^q}{X_j^c} \leqslant 1.2 \times \dfrac{V_j^c}{X_j^c} & (10) \\[2ex]
Z_{ij}^{pq}, Z_{ij}^{pr}, Z_{ij}^{rq} \geqslant 0, \forall p, \forall q, \forall r, \forall i, \forall j, & (11) \\[1.5ex]
Y_{if}^{pq}, Y_{if}^{pr}, Y_{if}^{rq} \geqslant 0, \forall p, \forall q, \forall r, \forall i, \forall f \leqslant 3 & (12) \\[1.5ex]
p, q = 1, \cdots, 31; r = 1, \cdots, 67, r \neq c; i, j = 1, \cdots, 30; f = 1, \cdots, 4
\end{cases}
$$

其中，Z 为中间使用矩阵，Y 为最终需求矩阵，V 为增加值向量，X 为总产出向量，$\overline{Z}$、$\overline{Y}$ 和 $\overline{V}$ 表示变量的初始值。上标 p 和 q 代表中国的省份，r 代表除中国外的国家和地区，c 代表全球 ICIO 中的中国部分；下标 i 和 j 代表部门，f 代表最终需求的 4 个组成部分，包括居民消费、政府消费、固定资本形成和存货变动。式（2 - 7）中，约束条件（1）~ 约束条件（6）是对按部门汇总后对应元素之和的约束条件，即要求平衡条件下各省份加和至全国层面的数据与 OECD - ICIO 表中的中国数据相一致。其中，约束条件（1）和约束条件（2）是对中国省际中间使用矩阵和省际最终需求矩阵的约束；约束条件（3）和约束条件（4）是对中国各省份与国际地区之间的中间品出口矩阵和最终品出口矩阵的约束；约束条件（5）和约束条件（6）是对中国各省份与国际地区之间的中间品进口矩阵和最终品进口矩阵的约束。约束条件（7）和约束条件（8）分别是对 CMRIO 的行平衡约束和列平衡约束。约束条件（9）和约束条件（10）给出了增加值率的变动范围。约束条件（11）和约束条件（12）分别对中间使用矩阵和最终需求矩阵（除存货变动外）的调整值做出了非负要求。需要注意的是，在目标函数中，各项的分母均为决定变量变动幅度的参数，如分母为零可能是由于对应的 Z 或 Y 元素为 0，或者是在强制满足非负性条件时产生的，此时我们可以通过相应赋值一个极小的正数来进行处理。

第四节　内嵌中国省份的全球多区域投入产出表编制结果

基于篇幅考虑，本书在正文中公布了 8 部门的内嵌中国省份的全球多区域投入产出表（见表 2 - 13），价格为当年生产者价格，单位百万美元，具体的部门对应关系如表 2 - 11 所示。并且对国外经济体进行了合并处理，最终保留了美国、欧盟和世界其他经济体。其中欧盟共包括 27 个成员国：奥地利、比利时、保加利亚、塞浦路斯、克罗地亚、捷克、丹麦、爱沙尼亚、芬兰、法国、德国、希腊、匈牙利、爱尔兰、意大利、拉脱维亚、立陶宛、卢森堡、马耳他、荷兰、波兰、葡萄牙、罗马尼亚、斯洛伐克、斯洛文尼亚、西班牙、瑞典。投入产出表中省份代码含义如本书第一章表 1 - 10 所示，其他代码含义如表 2 - 12 所示。完整版本请见书后二维码。

表 2−11　　　　　　　简化版 8 部门 CMRIO 表部门列表及代码含义

代码	部门名称	对应 CMRIO 部门
C1	农林牧渔产品	N1
C2	采掘产品	N2，N3
C3	劳动密集型制造业	N4，N5，N6
C4	资本密集型制造业	N7，N8，N9，N10，N11
C5	技术密集型制造业	N12，N13，N14，N15
C6	电力、热力、燃气和水的生产和供应	N16，N17
C7	建筑业	N18
C8	服务业	N19－N30

表 2−12　　　　　　　　　　　其他代码含义

代码	代码含义	代码	代码含义
CHN	中国	F3	固定资本形成总额
USA	美国	F4	存货变动
EU	欧盟	TAXSUB	税收和补贴
ROW	世界其他地区	VA	增加值
F1	居民最终消费	TI	总投入
F2	政府最终消费	TO	总产出

表 2−13　　　　　内嵌中国省份的全球多区域投入产出表（8 部门）

地区	部门	BJ C1	BJ C2	BJ C3	BJ C4	BJ C5	BJ C6	BJ C7	BJ C8	TJ C1	TJ C2	TJ C3	TJ C4	TJ C5	TJ C6	TJ C7	TJ C8	HE C1	HE C2
BJ	C1	106	0	393	89	0	0	62	185	4	0	40	2	0	0	1	8	21	0
BJ	C2	0	4	0	423	0	268	0	0	0	172	1	178	10	9	26	3	0	133
BJ	C3	55	94	240	126	198	136	83	1033	12	24	251	60	61	56	120	463	162	21
BJ	C4	8	5	24	169	217	12	532	422	7	66	97	714	566	31	3299	228	1	11
BJ	C5	0	0	0	0	0	0	0	0	3	108	30	83	1738	316	132	872	22	87
BJ	C6	91	11	319	533	170	3109	75	948	0	2	1	11	3	10	4	5	179	615
BJ	C7	8	2	8	5	24	104	3637	1048	0	0	0	0	0	0	4	1	0	0
BJ	C8	308	586	1785	2282	5210	4380	6758	146862	73	99	731	991	1569	100	699	2834	474	308
TJ	C1	0	0	0	0	0	0	0	0	278	0	2679	129	0	0	36	531	227	0
TJ	C2	0	13	0	936	0	546	54	5	0	1002	7	7736	12	600	1	23	0	57
TJ	C3	40	1	112	12	57	17	35	631	492	157	5471	1123	1088	1670	657	8932	162	14
TJ	C4	26	16	64	383	411	26	151	1208	107	2306	1588	35772	15403	197	12446	9189	1	11
TJ	C5	2	6	32	30	1935	19	211	729	107	1530	306	826	32720	1156	845	11635	9	41
TJ	C6	0	0	0	0	0	0	0	0	122	1093	917	7937	1594	5565	1948	3408	0	0
TJ	C7	0	0	0	0	0	0	0	0	9	15	11	21	36	33	2200	349	0	0
TJ	C8	28	36	312	242	2143	478	1131	9361	524	2295	3786	9747	7473	1250	5824	42394	105	73
HE	C1	0	0	0	0	0	0	0	0	0	0	2	0	0	0	0	0	9799	11
HE	C2	0	2	0	9	0	8	1	17	0	12	0	580	0	0	0	1	2	3432
HE	C3	46	2	217	18	115	23	121	753	16	35	523	69	81	74	89	527	12361	322
HE	C4	6	42	263	3056	4430	128	11741	3955	2	54	78	1233	742	22	2844	142	4829	4385
HE	C5	1	5	19	31	1506	39	492	966	1	28	21	51	958	142	132	434	974	2307
HE	C6	0	0	0	1	1	44	1	3	0	1	0	0	3	0	11	973	3483	

地区	部门	BJ C1	BJ C2	BJ C3	BJ C4	BJ C5	BJ C6	BJ C7	BJ C8	TJ C1	TJ C2	TJ C3	TJ C4	TJ C5	TJ C6	TJ C7	TJ C8	HE C1	HE C2
HE	C7	0	0	0	0	0	0	0	0	0	0	0	0	0	0	0	0	0	6
HE	C8	15	13	100	99	404	139	337	3204	22	21	183	303	287	30	172	728	6361	7844
SX	C1	0	0	0	0	0	0	0	0	0	0	0	0	0	0	0	0	0	0
SX	C2	1	6	0	22	0	19	1	41	1	35	109	1480	5	1183	34	121	4	1695
SX	C3	0	0	1	2	0	0	0	123	2	0	18	4	2	5	1	21	15	1
SX	C4	0	0	0	1	1	0	3	1	1	31	10	404	92	3	81	208	5	64
SX	C5	0	0	0	0	1	0	0	0	0	1	0	0	25	0	0	3	1	1
SX	C6	3	4	5	22	16	859	12	64	0	0	0	0	0	0	0	1	6	20
SX	C7	0	0	0	0	0	0	0	0	0	0	0	0	0	0	0	0	0	0
SX	C8	6	4	47	37	380	7	156	550	10	9	103	134	206	13	85	299	13	15
IM	C1	273	0	1013	231	0	0	159	478	0	0	0	0	0	0	0	0	1642	2
IM	C2	0	6	0	297	0	189	3	20	1	746	60	993	47	627	129	71	1	521
IM	C3	37	1	111	10	45	12	9	326	6	4	189	15	18	20	16	86	126	0
IM	C4	7	6	27	315	327	11	833	267	1	54	40	1366	571	2	410	41	7	158
IM	C5	0	0	2	0	129	0	1	41	0	3	0	0	58	1	0	38	1	3
IM	C6	10	11	14	64	47	2536	36	188	0	1	1	2	1	7	1	25	17	60
IM	C7	0	0	0	0	0	0	0	0	0	0	0	0	0	0	1	0	0	0
IM	C8	9	8	73	62	453	86	255	1922	13	11	126	169	241	16	108	409	29	19
LN	C1	365	0	1350	308	1	0	213	637	0	0	0	0	0	0	0	0	222	0
LN	C2	0	0	0	0	0	0	0	0	0	0	0	0	0	0	0	0	0	21
LN	C3	6	0	28	3	15	2	18	66	6	23	73	29	23	38	30	101	59	15
LN	C4	30	46	86	545	519	47	518	2365	9	276	57	2686	241	26	356	2347	46	614
LN	C5	0	0	6	0	342	1	4	112	0	8	1	1	124	4	2	91	3	7
LN	C6	4	4	6	25	19	996	14	74	0	0	0	3	0	1	0	0	7	24
LN	C7	0	0	0	0	0	0	0	0	0	0	0	0	0	0	5	1	0	0
LN	C8	6	4	40	35	283	8	129	603	19	58	113	336	259	45	164	857	53	220
JL	C1	3	0	12	3	0	0	2	6	337	0	3247	157	0	0	44	644	31	0
JL	C2	0	3	0	236	0	143	8	1	0	8	0	348	0	0	0	0	1	278
JL	C3	85	2	263	29	216	28	348	874	12	7	295	39	45	40	119	305	237	5
JL	C4	37	21	101	551	742	42	384	2009	5	42	34	205	103	5	96	80	0	24
JL	C5	0	2	11	8	643	4	41	214	1	12	8	25	330	17	19	144	7	32
JL	C6	17	18	24	107	79	4238	60	314	0	2	3	25	2	17	1	36	29	109
JL	C7	0	0	0	0	0	0	0	0	0	0	0	0	0	0	0	0	0	0
JL	C8	12	9	86	78	462	72	276	2253	18	18	161	245	283	24	143	640	47	55
HL	C1	21	0	78	18	0	0	12	37	270	0	2597	125	0	0	35	515	142	0
HL	C2	0	7	1	215	0	79	64	6	0	158	0	80	10	0	24	2	0	97
HL	C3	32	1	97	11	82	10	135	294	7	3	87	18	17	25	64	105	129	3
HL	C4	4	2	9	53	56	3	17	152	1	5	4	38	21	0	10	9	0	1
HL	C5	0	0	2	1	114	0	4	33	0	3	1	3	54	2	2	31	1	4
HL	C6	5	6	8	35	26	1383	20	102	0	0	1	5	0	4	0	8	9	34
HL	C7	0	0	0	0	0	0	0	0	0	0	0	0	0	0	0	0	0	0
HL	C8	13	13	163	106	1517	43	535	2487	25	31	286	295	696	31	220	1060	43	52
SH	C1	3	0	9	2	0	0	1	4	2	0	20	1	0	0	0	0	4	9
SH	C2	0	0	0	0	0	0	0	0	0	0	0	0	0	0	0	0	0	0
SH	C3	26	0	69	9	58	8	90	308	6	14	115	30	30	30	54	222	116	12
SH	C4	41	44	125	739	927	61	880	3008	6	54	56	443	266	14	1129	125	0	8
SH	C5	1	2	9	15	859	22	262	688	1	24	14	33	642	129	93	295	8	47
SH	C6	0	0	0	0	0	0	0	0	0	0	0	0	0	0	0	0	0	0
SH	C7	0	0	0	0	0	0	0	0	0	0	0	0	0	0	0	0	7	1
SH	C8	79	115	883	793	5687	535	2491	20994	132	271	1399	1884	2953	192	1238	5717	260	591
JS	C1	0	0	0	0	0	0	0	0	1	0	0	0	0	0	0	0	0	0

续表

地区	部门	BJ C1	BJ C2	BJ C3	BJ C4	BJ C5	BJ C6	BJ C7	BJ C8	TJ C1	TJ C2	TJ C3	TJ C4	TJ C5	TJ C6	TJ C7	TJ C8	HE C1	HE C2
JS	C2	0	0	0	0	0	0	0	0	0	0	0	0	0	0	0	0	0	0
JS	C3	2	1	85	8	82	3	178	155	7	6	239	28	36	24	85	260	60	3
JS	C4	5	3	15	140	145	6	287	191	1	5	4	32	14	1	6	9	0	24
JS	C5	1	9	14	53	3022	130	1547	4263	1	91	44	64	2344	743	509	1192	8	51
JS	C6	5	6	7	33	25	1325	19	98	0	2	2	3	2	16	0	66	9	35
JS	C7	0	0	0	0	0	0	0	0	0	0	0	0	0	0	0	0	0	0
JS	C8	4	11	80	66	583	66	220	2155	18	97	142	342	400	49	198	1323	59	297
ZJ	C1	10	0	37	8	0	0	6	17	5	0	52	3	0	0	1	10	30	0
ZJ	C2	0	0	0	0	0	0	0	0	0	0	0	0	0	0	0	0	0	0
ZJ	C3	40	1	160	16	94	15	113	560	7	19	718	47	60	30	58	309	158	15
ZJ	C4	49	46	123	730	725	57	293	2800	7	53	41	244	111	6	47	95	0	1
ZJ	C5	0	5	4	14	785	18	157	1490	1	46	11	28	534	174	57	244	4	35
ZJ	C6	7	7	9	42	31	1677	24	124	0	1	2	14	1	10	0	23	11	44
ZJ	C7	0	0	0	0	0	0	0	0	0	0	0	0	0	0	5	1	0	0
ZJ	C8	19	18	156	144	952	36	437	3061	31	56	317	444	597	43	278	1314	60	96
AH	C1	0	0	0	0	0	0	0	0	0	0	0	0	0	0	0	0	0	0
AH	C2	0	1	0	23	0	0	16	1	0	5	0	53	0	0	1	0	0	35
AH	C3	26	1	132	15	98	13	160	549	12	14	261	37	39	46	86	234	197	24
AH	C4	3	2	11	53	95	5	68	254	1	5	7	48	45	2	143	19	0	0
AH	C5	0	3	9	22	1533	63	758	1894	1	54	18	19	1163	391	254	649	6	19
AH	C6	0	1	1	3	2	123	2	9	0	0	3	40	0	12	0	2	1	16
AH	C7	0	0	0	0	0	0	0	0	0	0	0	0	0	0	0	3	0	0
AH	C8	0	0	3	3	13	6	9	153	1	4	5	12	13	2	7	72	4	21
FJ	C1	0	0	0	0	0	0	0	0	0	0	0	0	0	0	0	0	0	0
FJ	C2	0	0	0	0	0	0	0	0	0	0	0	0	0	0	0	0	0	0
FJ	C3	1	9	306	14	125	75	71	2759	0	8	167	14	27	3	25	238	6	26
FJ	C4	0	0	0	0	0	0	0	0	0	0	1	6	6	0	34	2	0	0
FJ	C5	0	0	0	0	0	0	0	0	0	0	0	0	0	0	0	0	0	0
FJ	C6	0	0	0	0	0	0	0	0	0	0	0	0	0	0	0	0	0	0
FJ	C7	0	0	0	0	0	0	0	0	0	0	0	0	0	0	0	0	0	0
FJ	C8	4	3	25	25	136	5	80	363	7	5	63	99	100	9	56	190	11	9
JX	C1	0	0	0	1	0	0	0	0	0	0	4	0	0	0	0	1	1	0
JX	C2	0	3	0	44	0	0	31	3	0	21	0	12	1	0	3	0	0	0
JX	C3	0	0	43	5	29	2	53	173	0	4	165	14	21	2	39	167	1	4
JX	C4	9	5	22	132	137	8	41	374	1	10	9	51	28	1	15	21	0	2
JX	C5	0	1	3	5	308	10	120	276	0	6	3	5	211	45	38	111	2	7
JX	C6	0	0	0	2	1	78	1	6	0	1	2	19	1	11	0	22	1	9
JX	C7	0	0	0	0	0	0	0	0	0	0	0	0	0	0	0	0	0	0
JX	C8	16	13	118	106	653	101	385	2962	25	25	224	336	399	34	199	876	62	75
SD	C1	0	0	0	0	0	0	0	0	0	0	0	0	0	0	0	0	0	0
SD	C2	0	11	1	161	1	0	115	10	0	424	1	133	26	0	64	4	0	105
SD	C3	0	0	51	5	12	0	0	164	1	26	397	45	51	20	5	363	2	25
SD	C4	10	64	114	1253	1625	122	10513	2744	0	2	2	26	15	1	57	5	0	15
SD	C5	1	2	5	13	237	1	16	19	1	15	15	52	447	4	19	100	8	62
SD	C6	17	18	24	108	79	4277	61	317	0	3	10	112	3	44	1	41	29	138
SD	C7	0	0	0	0	0	0	0	0	0	0	0	0	0	0	0	0	0	0
SD	C8	0	1	4	5	12	3	4	177	0	6	5	7	13	1	6	59	1	10
HA	C1	0	0	0	0	0	0	0	0	0	0	0	0	0	0	0	0	0	0
HA	C2	0	1	0	16	0	0	11	1	0	8	0	296	0	0	0	0	0	3
HA	C3	69	2	185	18	79	28	8	940	23	18	408	57	68	83	16	507	546	25

地区	部门	BJ C1	BJ C2	BJ C3	BJ C4	BJ C5	BJ C6	BJ C7	BJ C8	TJ C1	TJ C2	TJ C3	TJ C4	TJ C5	TJ C6	TJ C7	TJ C8	HE C1	HE C2
HA	C4	4	2	10	57	66	4	26	178	1	6	6	45	38	1	67	17	0	5
HA	C5	0	0	1	4	177	1	8	196	0	5	1	3	78	2	2	24	4	8
HA	C6	0	0	0	0	0	7	0	1	0	0	0	0	0	0	0	0	0	0
HA	C7	0	0	0	0	0	0	0	0	0	0	0	0	0	0	0	0	0	0
HA	C8	20	12	101	112	319	39	297	2193	31	26	255	441	348	44	240	1002	67	49
HB	C1	0	0	0	0	0	0	0	0	0	0	0	0	0	0	0	0	0	0
HB	C2	0	0	0	0	0	0	0	0	0	0	0	0	0	0	0	0	0	0
HB	C3	11	0	50	5	17	5	1	244	9	6	211	23	28	31	6	205	133	4
HB	C4	0	0	0	1	3	0	3	9	0	1	1	8	13	0	12	5	0	0
HB	C5	0	0	2	2	96	0	2	22	0	2	1	4	58	1	1	34	1	6
HB	C6	2	2	3	14	10	564	8	42	0	0	0	0	0	0	0	0	4	13
HB	C7	0	0	0	0	0	0	0	0	0	0	0	0	0	0	1	0	0	0
HB	C8	0	0	4	3	6	1	6	177	1	1	4	6	6	1	3	58	5	6
HN	C1	1	0	5	1	0	0	1	2	1	0	13	1	0	0	0	3	6	0
HN	C2	0	2	0	27	0	0	19	2	0	7	0	11	0	0	1	0	0	0
HN	C3	26	0	65	7	39	8	36	225	9	9	118	25	25	35	33	167	167	10
HN	C4	6	3	13	81	87	5	28	236	1	7	6	36	24	1	19	15	0	0
HN	C5	0	1	4	4	263	1	5	128	0	6	3	9	126	4	3	51	4	17
HN	C6	0	0	0	0	0	0	8	0	1	0	1	12	0	4	0	0	0	4
HN	C7	0	0	0	0	0	0	0	0	0	0	0	0	0	0	3	0	0	0
HN	C8	3	2	21	19	131	16	70	535	5	6	44	63	80	7	39	200	12	37
GD	C1	78	0	289	66	0	0	46	136	22	0	212	10	0	0	3	42	169	0
GD	C2	0	3	0	43	0	0	31	3	0	24	0	11	1	0	4	0	0	1
GD	C3	68	3	1314	227	627	32	614	14820	10	14	414	59	79	37	83	701	214	16
GD	C4	49	35	197	839	1851	93	1477	4894	7	52	40	239	108	6	35	93	0	0
GD	C5	1	7	34	208	11501	23	215	15025	0	20	4	12	204	54	7	92	5	26
GD	C6	6	7	9	41	30	1635	23	121	0	2	12	140	2	47	1	22	12	86
GD	C7	0	0	0	0	0	0	0	0	0	0	0	0	0	0	0	0	0	0
GD	C8	21	26	368	204	4161	13	1276	2872	48	43	652	491	1732	49	448	1726	13	13
GX	C1	3	0	11	3	0	0	2	5	2	0	22	1	0	0	4	11	0	
GX	C2	0	2	0	30	0	0	21	2	0	10	0	41	1	0	1	0	0	0
GX	C3	32	1	106	13	98	10	174	351	5	2	74	14	13	17	60	72	125	2
GX	C4	1	0	1	9	9	1	3	27	0	1	1	7	5	0	18	3	0	0
GX	C5	0	0	2	1	103	0	1	30	0	2	0	1	38	1	1	22	1	4
GX	C6	0	0	0	2	1	63	1	5	0	0	0	0	0	0	0	0	0	1
GX	C7	0	0	0	0	0	0	0	0	0	0	0	0	0	0	7	1	0	0
GX	C8	5	6	86	50	920	8	292	892	13	18	156	151	409	17	119	532	15	37
HI	C1	10	2	37	9	0	0	6	18	5	0	53	3	0	0	1	10	30	2
HI	C2	0	1	0	17	0	0	12	1	0	4	0	95	0	0	0	0	0	0
HI	C3	4	0	8	1	5	1	4	33	1	0	26	5	6	4	8	55	21	0
HI	C4	8	22	26	140	117	19	102	1019	1	9	12	88	63	4	392	28	0	0
HI	C5	0	0	0	0	4	0	0	2	0	0	0	0	7	0	0	5	0	0
HI	C6	0	0	0	0	0	0	0	0	0	0	0	0	0	1	0	6	0	0
HI	C7	0	0	0	0	0	0	0	0	0	0	0	0	0	0	2	0	0	0
HI	C8	8	6	62	52	431	10	191	1034	15	19	132	201	258	22	119	552	31	48
CQ	C1	9	0	34	8	0	0	5	16	5	0	49	2	0	0	1	10	28	0
CQ	C2	0	7	1	101	0	0	72	6	0	193	0	237	12	0	29	2	0	27
CQ	C3	29	1	97	11	65	11	87	384	5	4	170	20	25	17	46	188	121	5
CQ	C4	5	4	20	85	180	9	140	476	1	6	6	37	26	1	64	14	0	0
CQ	C5	0	2	7	9	628	11	120	554	0	18	6	15	324	74	38	156	6	30

地区	部门	BJ C1	BJ C2	BJ C3	BJ C4	BJ C5	BJ C6	BJ C7	BJ C8	TJ C1	TJ C2	TJ C3	TJ C4	TJ C5	TJ C6	TJ C7	TJ C8	HE C1	HE C2
CQ	C6	16	17	22	100	74	3968	56	294	0	4	6	44	3	34	1	89	28	114
CQ	C7	0	0	0	0	0	0	0	0	0	0	0	0	0	0	0	10	2	0
CQ	C8	5	7	51	46	95	156	176	3100	6	19	34	92	64	14	52	480	53	69
SC	C1	1	0	6	1	0	0	1	3	1	0	14	1	0	0	0	3	6	0
SC	C2	0	0	0	0	0	0	0	0	0	0	0	3	0	0	0	0	0	0
SC	C3	12	0	54	6	42	4	71	156	8	5	113	20	19	28	41	113	122	7
SC	C4	0	0	0	0	0	0	1	0	2	18	14	81	35	2	14	31	0	0
SC	C5	0	0	1	3	118	0	3	128	0	1	1	2	37	0	1	6	1	4
SC	C6	10	11	15	65	48	2589	37	192	0	2	1	3	2	13	1	50	18	63
SC	C7	0	0	0	0	0	0	0	0	0	0	0	0	0	0	2	0	0	0
SC	C8	1	1	9	7	13	1	12	477	2	6	11	23	20	4	14	221	14	19
GZ	C1	10	0	38	9	0	0	6	18	6	0	53	3	0	0	1	11	31	0
GZ	C2	0	2	0	27	0	0	19	2	0	8	0	2	0	0	1	0	1	279
GZ	C3	11	0	27	4	21	4	28	177	3	2	34	8	8	12	23	57	68	4
GZ	C4	1	0	2	10	11	1	4	30	0	1	1	6	6	0	3	3	0	0
GZ	C5	0	0	0	0	12	0	6	10	0	1	0	0	14	3	2	6	0	1
GZ	C6	2	2	3	13	10	533	8	39	0	0	0	0	0	1	0	5	4	13
GZ	C7	0	0	0	0	0	0	0	0	0	0	0	0	0	0	0	3	0	0
GZ	C8	5	5	59	41	545	7	191	726	10	12	113	117	262	12	87	380	11	18
YN	C1	2	0	8	2	0	0	1	4	2	0	19	1	0	0	0	4	8	0
YN	C2	0	0	0	1	0	0	1	0	0	0	0	0	0	0	0	0	0	163
YN	C3	20	0	34	4	17	6	1	160	4	1	28	7	7	14	2	57	94	0
YN	C4	0	0	0	0	0	0	0	0	0	0	0	0	0	0	0	0	0	1
YN	C5	0	0	0	0	0	0	0	0	0	0	0	0	4	0	0	1	0	0
YN	C6	2	2	3	13	10	534	8	40	0	0	0	0	0	0	0	1	4	12
YN	C7	0	0	0	0	0	0	0	0	0	0	0	0	0	0	0	0	0	0
YN	C8	0	0	3	3	9	1	6	79	1	2	5	9	9	1	5	36	2	4
TB	C1	3	0	10	2	0	0	2	5	2	0	21	1	0	0	0	4	10	0
TB	C2	0	0	0	5	0	0	3	0	0	1	0	34	0	0	0	0	0	0
TB	C3	0	0	1	0	0	0	0	3	0	0	1	0	0	1	0	2	4	0
TB	C4	0	0	0	0	0	0	0	0	0	0	0	0	0	0	0	0	0	0
TB	C5	0	0	0	0	0	0	0	0	0	0	0	0	0	0	0	0	0	0
TB	C6	0	0	0	0	0	19	0	0	0	0	0	0	0	0	0	0	0	0
TB	C7	0	0	0	0	0	0	0	0	0	0	0	0	0	0	0	0	0	0
TB	C8	0	0	2	3	8	1	6	57	1	3	6	17	11	2	8	44	3	9
SN	C1	3	0	9	2	0	0	1	4	2	0	20	1	0	0	0	4	9	0
SN	C2	0	1	0	13	0	0	10	1	0	8	0	303	0	0	0	0	3	1230
SN	C3	48	1	114	13	55	15	23	508	8	8	220	28	32	30	28	228	212	12
SN	C4	0	1	3	8	37	2	40	111	255	1938	1494	8841	3723	208	1165	3381	5	67
SN	C5	0	1	5	7	389	10	128	260	0	8	5	10	236	43	38	124	5	18
SN	C6	14	16	21	93	68	3670	52	272	0	2	3	22	2	16	1	37	25	95
SN	C7	0	0	0	0	0	0	0	0	0	0	0	0	0	0	9	1	0	0
SN	C8	14	21	216	138	1986	221	789	4650	24	24	314	253	821	25	227	900	41	24
GS	C1	61	0	227	52	0	0	36	107	0	0	0	0	0	0	0	0	560	1
GS	C2	0	0	0	0	0	0	0	0	0	0	0	0	0	0	0	0	0	0
GS	C3	0	0	0	1	0	0	0	44	0	3	7	3	2	2	0	7	0	6
GS	C4	0	0	0	0	1	0	1	5	0	9	2	113	23	1	22	79	0	1
GS	C5	0	0	0	0	1	0	0	0	0	1	0	0	11	0	0	2	0	0
GS	C6	1	1	1	5	4	205	3	15	0	0	0	0	0	0	0	0	1	5
GS	C7	0	0	0	0	0	0	0	0	0	0	0	0	0	0	1	0	0	0

地区	部门	BJ C1	BJ C2	BJ C3	BJ C4	BJ C5	BJ C6	BJ C7	BJ C8	TJ C1	TJ C2	TJ C3	TJ C4	TJ C5	TJ C6	TJ C7	TJ C8	HE C1	HE C2
GS	C8	1	1	7	6	48	1	22	98	2	3	16	30	32	3	17	72	4	10
QH	C1	6	0	24	5	0	0	4	11	4	0	36	2	0	0	0	7	20	0
QH	C2	0	0	0	1	0	0	1	0	0	0	0	13	0	0	0	0	0	0
QH	C3	0	0	0	0	0	0	0	0	0	0	0	0	0	0	0	0	0	0
QH	C4	0	0	0	9	9	0	33	0	0	0	0	2	1	0	1	0	0	0
QH	C5	0	0	0	0	0	0	0	0	0	0	0	0	1	0	0	0	0	0
QH	C6	0	0	0	0	0	0	0	0	0	0	0	0	0	0	0	0	0	0
QH	C7	0	0	0	0	0	0	0	0	0	0	0	0	0	0	0	0	0	0
QH	C8	0	0	0	0	0	0	0	5	0	0	0	0	0	0	0	1	0	0
NX	C1	0	0	0	0	0	0	0	0	0	0	0	0	0	0	0	0	0	0
NX	C2	0	0	0	0	0	0	0	0	0	0	0	2	0	1	0	0	0	0
NX	C3	5	0	36	3	11	2	0	66	2	2	109	6	8	6	1	31	32	0
NX	C4	85	43	197	1206	1253	75	378	3428	1	10	7	59	19	1	8	35	0	7
NX	C5	0	0	0	1	10	0	1	1	0	1	0	1	7	0	0	1	0	1
NX	C6	2	2	3	11	8	454	6	34	0	1	0	1	1	5	0	21	3	12
NX	C7	0	0	0	0	0	0	0	0	0	0	0	0	0	0	0	0	0	0
NX	C8	0	0	0	0	0	0	0	0	0	0	0	0	0	0	0	0	0	0
XJ	C1	0	0	1	0	0	0	0	0	0	0	3	0	0	0	0	1	1	0
XJ	C2	0	1	0	118	0	73	2	0	0	939	2	294	58	0	143	9	0	0
XJ	C3	0	0	14	1	3	0	0	12	0	1	57	2	3	0	0	8	0	0
XJ	C4	3	18	12	58	33	13	71	740	43	328	257	1542	672	38	553	582	0	0
XJ	C5	0	0	0	1	67	4	46	77	0	1	1	1	50	16	13	27	0	1
XJ	C6	5	5	6	29	21	1149	16	85	0	1	1	2	1	8	0	30	8	28
XJ	C7	0	0	0	0	0	0	0	0	0	0	0	0	0	0	0	0	0	0
XJ	C8	3	2	14	17	46	4	43	257	5	4	39	70	52	6	36	121	9	8
USA	C1	8	0	31	3	0	0	6	14	27	0	249	17	0	0	7	37	166	0
USA	C2	0	13	1	348	17	163	19	10	0	3	0	37	1	3	1	0	0	10
USA	C3	13	1	52	8	20	3	33	102	18	15	173	20	19	2	22	105	24	5
USA	C4	33	27	57	331	652	17	306	219	29	97	57	484	149	17	81	204	19	31
USA	C5	15	41	23	47	2875	74	107	960	5	96	17	36	823	29	17	203	3	18
USA	C6	0	0	0	0	0	0	0	0	0	0	0	0	0	0	0	0	0	0
USA	C7	0	0	0	0	0	0	0	0	0	0	0	0	0	0	0	0	0	0
USA	C8	22	55	114	87	346	201	1084	5159	6	218	147	282	51	20	158	321	14	59
EU	C1	13	0	50	6	4	1	10	18	3	1	26	4	1	0	1	6	50	1
EU	C2	0	0	0	2	1	0	2	1	0	6	0	25	1	0	7	1	0	4
EU	C3	35	9	159	42	131	38	103	417	85	44	588	97	81	23	44	462	184	19
EU	C4	170	106	178	1013	1081	71	1051	1253	99	176	137	937	370	18	249	281	56	108
EU	C5	38	132	53	165	5016	226	493	1547	59	385	151	192	3225	58	121	1480	30	200
EU	C6	0	0	0	0	0	0	0	0	0	0	0	0	0	0	0	0	0	0
EU	C7	1	1	2	5	33	8	74	37	0	0	1	6	5	0	2	2	0	0
EU	C8	24	64	107	166	808	210	1456	6483	8	346	153	442	120	34	232	501	25	172
ROW	C1	28	0	107	13	1	1	30	39	88	1	790	56	1	1	24	95	387	1
ROW	C2	1	103	10	2682	213	1857	177	68	1	461	19	10347	230	830	204	65	8	4124
ROW	C3	59	10	443	66	209	44	141	707	138	44	1082	120	82	23	44	581	321	29
ROW	C4	146	155	225	1634	2357	176	1348	1093	206	666	487	4004	2023	92	686	774	146	301
ROW	C5	39	145	56	177	5933	371	633	2450	26	685	109	259	7276	403	264	2272	13	102
ROW	C6	0	0	0	0	0	0	0	0	0	0	0	0	0	0	0	0	0	0
ROW	C7	1	1	6	9	26	12	101	54	0	0	2	12	5	0	3	3	0	0
ROW	C8	80	197	335	562	2079	709	3080	17461	25	831	478	1972	310	155	412	1265	74	567
CHN	TAXSUB	-2	77	276	1901	6994	1083	371	15552	0	518	446	4550	6063	528	995	6472	-2051	839
USA	TAXSUB	0	0	0	0	0	0	0	0	0	0	0	0	0	0	0	0	0	0
EU	TAXSUB	0	0	0	0	0	0	0	0	0	0	0	0	0	0	0	0	0	0
ROW	TAXSUB	0	0	0	0	0	0	0	0	0	0	0	0	0	0	0	0	0	0
VA		1608	1300	6066	10197	17546	15040	16166	297039	2301	15299	11455	25210	21796	7093	10933	144289	48656	12375
TI		5277	4188	22996	40850	115863	65797	83792	656143	6543	35769	51648	145687	131508	25963	57477	278767	92021	50942

续表

地区	部门	HE C3	HE C4	HE C5	HE C6	HE C7	HE C8	SX C1	SX C2	SX C3	SX C4	SX C5	SX C6	SX C7	SX C8	IM C1	IM C2	IM C3	IM C4
BJ	C1	73	3	0	0	2	7	0	0	0	0	0	0	0	0	4	0	3	0
BJ	C2	12	843	19	0	85	3	0	0	0	1	0	0	1	0	0	2	0	0
BJ	C3	220	45	18	5	45	180	28	111	33	13	11	5	93	216	184	55	101	20
BJ	C4	23	430	163	2	719	6	0	87	1	12	11	1	60	1	4	29	8	17
BJ	C5	104	204	1819	45	123	590	16	454	16	22	554	5	93	489	55	312	9	58
BJ	C6	261	1886	290	325	138	839	0	3	0	3	0	1	0	1	4	23	2	57
BJ	C7	0	1	0	2	9	10	0	0	0	0	0	0	0	0	0	0	0	0
BJ	C8	882	1347	556	64	630	3029	169	689	10	76	14	4	61	305	59	415	34	170
TJ	C1	779	37	0	0	25	72	0	0	0	0	0	0	0	0	1	0	0	0
TJ	C2	19	918	10	4	155	6	0	13	3	42	3	63	1	7	0	4273	2	728
TJ	C3	333	38	17	4	21	156	28	60	35	9	5	10	53	230	159	25	109	13
TJ	C4	2	74	7	1	10	44	1	558	7	270	93	5	512	3	5	43	8	320
TJ	C5	46	109	617	23	73	199	3	101	12	15	219	4	68	275	11	147	3	31
TJ	C6	0	1	0	3	0	5	0	0	0	0	0	2	0	1	0	0	0	0
TJ	C7	0	0	0	0	2	3	0	0	0	0	0	0	0	0	0	0	0	0
TJ	C8	180	372	135	17	150	673	103	341	4	51	7	4	17	198	10	106	17	38
HE	C1	33613	1614	7	7	1062	3125	0	0	0	0	0	0	0	0	1192	1	817	29
HE	C2	768	20905	570	1558	317	70	0	108	0	500	5	0	0	1	0	2	0	35
HE	C3	30193	3212	968	99	1358	11587	75	424	110	39	45	42	239	648	254	138	158	29
HE	C4	9324	92250	37320	529	46540	19159	84	716	17	249	108	7	605	38	22	132	26	951
HE	C5	1064	5249	14870	621	1982	4227	38	1032	41	60	571	14	266	566	42	270	7	53
HE	C6	1721	11238	1611	2771	755	5523	0	1	0	2	0	3	0	2	2	0	0	17
HE	C7	17	31	16	74	402	436	0	0	0	0	0	0	0	0	0	0	0	0
HE	C8	17476	31328	11504	2235	9500	57664	13	68	3	15	7	10	20	78	15	55	10	34
SX	C1	0	0	0	0	0	0	3283	255	3343	89	8	6	1600	2203	0	0	0	0
SX	C2	1144	11713	351	3245	31	76	24	6731	107	15846	99	8077	187	147	1	307	4	246
SX	C3	35	12	2	0	0	79	343	89	332	95	89	38	366	1967	5	0	3	4
SX	C4	16	475	25	8	224	254	1828	16779	374	11698	2906	228	19739	1549	6	15	1	135
SX	C5	0	3	24	1	3	9	100	2835	81	113	2264	19	526	1905	0	0	0	1
SX	C6	8	61	9	11	4	28	201	6318	99	5952	233	1747	522	1806	0	1	0	3
SX	C7	0	0	0	0	0	0	17	55	4	16	12	27	1125	216	0	0	0	0
SX	C8	33	74	20	5	15	68	2622	23363	949	6574	2176	3608	11413	23636	4	22	4	14
IM	C1	5632	270	1	1	178	524	0	0	0	0	0	0	0	0	3688	2	2529	90
IM	C2	352	3657	108	995	9	24	0	27	4	85	3	70	28	8	16	6531	69	7496
IM	C3	124	19	3	0	8	48	31	45	35	5	1	0	17	151	116	32	261	26
IM	C4	292	8179	3396	14	3537	346	13	388	5	223	68	3	380	7	3610	2289	440	5936
IM	C5	6	2	74	1	24	1	23	2	1	73	1	16	117	25	346	9	80	
IM	C6	25	184	28	44	13	101	1	1	0	1	0	7	0	4	513	2573	221	6595
IM	C7	0	0	0	0	2	2	0	0	0	0	0	0	0	0	36	28	4	17
IM	C8	52	118	35	6	32	145	22	68	1	12	2	2	7	47	4139	9444	3943	7527
LN	C1	762	37	0	0	24	71	224	17	228	6	1	0	109	151	614	0	421	15
LN	C2	14	144	4	40	0	1	0	0	0	0	0	0	0	0	0	14	0	188
LN	C3	82	13	6	3	12	37	10	143	17	12	20	7	31	108	60	129	46	20
LN	C4	127	4408	184	75	899	2518	106	836	16	2497	27	24	741	874	162	779	20	1939
LN	C5	16	5	187	3	6	59	6	145	3	2	91	1	17	154	19	55	2	6
LN	C6	13	79	11	17	5	33	0	2	0	4	0	1	0	1	5	1	1	44
LN	C7	0	1	0	2	12	13	0	0	0	0	0	0	0	0	0	0	0	0
LN	C8	85	334	109	55	124	849	12	44	1	8	1	3	5	37	71	649	41	223
JL	C1	108	5	0	0	3	10	34	3	35	1	0	0	17	23	2	0	2	0
JL	C2	153	1833	54	421	4	10	0	3	1	10	1	16	0	2	0	70	0	147
JL	C3	300	52	17	2	68	147	53	107	58	14	6	5	264	303	410	15	186	19
JL	C4	91	2561	1146	1	1030	3	0	53	1	7	7	1	36	0	15	97	33	568
JL	C5	35	85	387	8	27	106	8	198	7	11	119	1	31	185	30	168	4	32
JL	C6	68	386	50	114	23	178	1	17	1	34	1	16	3	12	40	6	6	386
JL	C7	0	0	0	0	0	0	0	0	0	0	0	0	0	0	0	0	0	0
JL	C8	85	199	61	18	53	416	26	84	5	21	10	14	29	119	12	47	7	28

续表

地区	部门	HE C3	HE C4	HE C5	HE C6	HE C7	HE C8	SX C1	SX C2	SX C3	SX C4	SX C5	SX C6	SX C7	SX C8	IM C1	IM C2	IM C3	IM C4
HL	C1	488	23	0	0	15	45	123	10	126	3	0	0	60	83	20	0	14	0
HL	C2	60	947	20	148	88	6	0	3	1	10	1	15	1	2	0	523	2	1196
HL	C3	128	25	8	1	36	55	27	28	25	5	2	0	112	129	197	5	89	8
HL	C4	4	116	52	0	47	0	0	16	0	2	2	0	11	0	7	29	2	36
HL	C5	5	8	56	2	5	17	3	90	2	4	38	1	11	53	10	49	1	9
HL	C6	18	113	16	29	7	52	0	3	0	6	0	3	1	2	7	2	1	71
HL	C7	0	0	0	0	0	0	0	0	0	0	0	0	0	0	0	0	0	0
HL	C8	76	167	58	14	55	425	80	250	4	48	11	14	34	188	15	100	8	38
SH	C1	32	2	0	0	1	3	0	0	0	0	0	0	0	0	2	0	1	0
SH	C2	0	0	0	0	0	0	0	0	0	0	0	0	0	0	0	0	0	0
SH	C3	191	37	13	3	34	155	26	196	38	19	21	9	126	237	147	89	85	20
SH	C4	27	763	340	0	308	3	0	95	1	34	14	1	79	1	3	36	6	326
SH	C5	36	141	547	24	77	173	8	223	9	14	188	3	49	179	22	151	4	31
SH	C6	0	0	0	0	0	0	0	0	0	0	0	0	0	0	0	0	0	0
SH	C7	1	1	1	3	17	19	0	0	0	0	0	0	0	0	0	0	0	0
SH	C8	773	1505	554	132	685	3732	239	764	12	141	25	26	64	529	89	1916	221	474
JS	C1	0	0	0	0	0	0	0	0	0	0	0	0	0	0	0	0	0	0
JS	C2	0	0	0	0	0	0	0	0	0	0	0	0	0	0	0	0	0	0
JS	C3	268	27	16	1	58	79	11	55	29	7	4	8	185	121	37	13	52	6
JS	C4	90	2545	1137	1	1022	2	0	60	1	34	11	0	59	0	4	135	10	2113
JS	C5	20	178	724	78	242	329	10	358	13	19	307	6	106	68	27	206	6	43
JS	C6	13	102	14	49	7	99	2	1	0	2	0	18	0	11	0	2	0	3
JS	C7	0	0	0	0	0	0	0	0	0	0	0	0	0	0	0	0	0	0
JS	C8	139	408	163	64	223	1396	27	86	1	14	2	1	5	54	82	1019	81	282
ZJ	C1	103	5	0	0	3	10	1	0	1	0	0	0	0	0	6	0	4	0
ZJ	C2	0	0	0	0	0	0	0	0	0	0	0	0	0	0	0	0	0	0
ZJ	C3	435	87	22	3	39	469	36	335	74	30	22	11	167	350	212	43	112	17
ZJ	C4	0	5	2	0	2	2	0	28	0	4	4	0	19	0	4	5	2	7
ZJ	C5	11	119	350	22	64	119	7	244	8	14	189	3	50	57	19	141	4	30
ZJ	C6	30	163	20	56	9	79	1	9	1	19	1	10	2	7	22	3	3	209
ZJ	C7	0	1	0	2	11	12	0	0	0	0	0	0	0	0	0	0	0	0
ZJ	C8	171	335	111	24	128	703	38	130	4	29	8	13	28	106	13	290	42	73
AH	C1	0	0	0	0	0	0	612	48	623	17	1	1	298	411	2	0	1	0
AH	C2	2	148	5	0	0	0	0	0	0	0	0	0	0	0	0	0	0	0
AH	C3	654	146	32	4	56	837	38	531	91	45	33	16	235	433	198	40	98	17
AH	C4	0	3	3	0	3	1	0	256	3	109	41	2	225	2	6	20	6	16
AH	C5	24	41	619	56	165	289	11	341	9	7	311	6	96	223	28	117	4	18
AH	C6	47	145	7	82	2	26	0	29	2	58	3	12	5	10	70	3	10	672
AH	C7	0	1	0	1	7	8	0	0	0	0	0	0	0	0	0	0	0	0
AH	C8	10	24	11	6	11	136	1	9	1	4	3	3	4	29	3	29	2	8
FJ	C1	0	0	0	0	0	0	0	0	0	0	0	0	0	0	0	0	0	0
FJ	C2	0	0	0	0	0	0	0	0	0	0	0	0	0	0	0	0	0	0
FJ	C3	1308	43	52	9	27	228	5	175	26	12	8	40	68	217	3	80	69	17
FJ	C4	0	1	1	0	2	0	0	1	0	0	0	0	1	0	0	0	0	0
FJ	C5	0	0	0	0	0	0	0	0	0	0	0	0	0	0	0	0	0	0
FJ	C6	0	0	0	0	0	0	0	0	0	0	0	0	0	0	0	0	0	0
FJ	C7	0	0	0	0	0	0	0	0	0	0	0	0	0	0	0	0	0	0
FJ	C8	26	61	15	4	10	38	5	15	0	3	0	0	1	9	3	5	2	8
JX	C1	5	0	0	0	0	0	0	0	0	0	0	0	0	0	0	0	0	0
JX	C2	0	6	0	0	1	0	0	0	0	0	0	0	0	0	0	0	0	0
JX	C3	204	26	12	1	27	142	3	127	30	12	8	7	96	124	1	11	36	7
JX	C4	6	158	71	0	64	0	0	71	1	30	11	1	62	0	0	3	1	2
JX	C5	8	19	268	17	53	112	6	157	6	6	196	3	53	118	12	68	2	12
JX	C6	21	70	4	48	1	31	1	13	1	27	1	11	2	8	32	1	4	305
JX	C7	0	0	0	0	0	0	0	0	0	0	0	0	0	0	0	0	0	0
JX	C8	128	270	84	24	72	552	27	110	5	27	12	14	28	118	14	72	11	39

地区	部门	HE	HE	HE	HE	HE	HE	SX	SX	SX	SX	SX	SX	SX	SX	IM	IM	IM	IM
		C3	C4	C5	C6	C7	C8	C1	C2	C3	C4	C5	C6	C7	C8	C1	C2	C3	C4
SD	C1	0	0	0	0	0	0	0	0	0	0	0	0	0	0	0	0	0	0
SD	C2	36	1907	17	1	449	14	0	0	0	1	0	0	2	0	0	6	0	1
SD	C3	185	22	15	6	4	143	4	186	40	18	24	6	50	177	1	87	48	17
SD	C4	50	1419	633	1	569	7	105	156	11	151	34	1	182	42	15	24	7	323
SD	C5	18	222	241	4	26	19	19	534	10	28	123	0	24	16	35	190	5	38
SD	C6	167	681	63	290	25	226	2	79	6	161	7	42	14	35	194	11	27	1860
SD	C7	0	0	0	0	0	0	0	0	0	0	0	0	0	0	0	0	0	0
SD	C8	17	16	9	1	15	77	0	0	0	0	0	0	0	0	0	52	6	8
HA	C1	0	0	0	0	0	0	0	0	0	0	0	0	0	0	0	0	0	0
HA	C2	2	23	1	6	0	0	0	10	2	31	2	48	0	5	0	30	0	3
HA	C3	794	98	28	7	9	369	110	297	117	32	19	27	81	730	478	54	224	27
HA	C4	17	480	218	0	195	2	152	937	55	648	211	103	5471	73	8	27	10	172
HA	C5	5	23	497	8	23	172	32	900	8	19	493	3	67	127	61	188	7	28
HA	C6	0	1	0	0	0	0	0	0	0	0	0	0	0	0	0	0	0	0
HA	C7	0	0	0	0	0	0	0	0	0	0	0	0	0	0	0	0	0	0
HA	C8	135	315	80	20	62	336	5	31	3	13	6	11	27	39	13	28	12	39
HB	C1	0	0	0	0	0	0	0	0	0	0	0	0	0	0	0	0	0	0
HB	C2	0	0	0	0	0	0	0	0	0	0	0	0	0	0	0	0	0	0
HB	C3	243	42	8	1	3	214	25	175	47	17	10	7	39	231	118	10	71	10
HB	C4	0	2	2	0	2	0	0	53	1	7	7	1	37	0	22	16	5	28
HB	C5	5	16	56	0	2	13	1	22	3	6	38	0	6	80	3	34	1	7
HB	C6	6	40	6	7	3	18	0	0	0	0	0	0	0	0	0	1	0	1
HB	C7	0	0	0	0	1	3	3	0	0	0	0	0	0	0	0	0	0	0
HB	C8	7	14	6	2	5	76	0	6	1	3	3	4	8	16	0	1	0	0
HN	C1	19	0	0	1	0	1	2	0	0	0	0	0	0	0	1	0	1	0
HN	C2	0	1	0	0	0	0	0	0	0	0	0	0	0	0	0	0	0	0
HN	C3	152	29	8	2	21	84	35	88	36	11	10	3	66	214	197	49	96	14
HN	C4	0	2	2	0	2	0	0	46	1	6	6	0	31	0	1	9	2	5
HN	C5	17	45	309	3	8	89	9	254	5	10	186	1	15	140	23	104	3	19
HN	C6	14	43	2	25	0	7	0	9	1	18	1	4	2	3	22	1	3	208
HN	C7	0	1	0	1	8	8	0	0	0	0	0	0	0	0	0	0	0	0
HN	C8	29	65	23	12	18	274	6	38	3	11	7	8	9	81	5	17	2	6
GD	C1	581	28	0	0	18	54	2	0	2	0	0	0	1	1	39	0	27	1
GD	C2	0	9	0	0	2	0	0	0	0	0	0	0	0	0	0	0	0	0
GD	C3	499	113	28	3	60	604	56	427	107	45	36	13	362	574	320	82	181	28
GD	C4	0	1	1	0	1	0	0	57	1	8	7	1	39	0	3	24	7	14
GD	C5	25	69	672	7	15	208	5	162	5	8	321	1	18	175	15	87	3	17
GD	C6	175	592	38	307	12	141	2	100	7	203	9	45	17	39	246	10	34	2354
GD	C7	0	0	0	0	0	0	0	0	0	0	0	0	0	0	0	0	0	0
GD	C8	62	83	34	2	22	47	216	619	4	104	7	1	3	400	1	2	1	3
GX	C1	37	2	0	0	1	3	2	0	0	0	0	0	0	0	2	0	1	0
GX	C2	0	1	0	0	0	0	0	0	0	0	0	0	0	0	0	0	3	0
GX	C3	167	40	10	0	46	151	30	123	39	13	7	1	195	182	187	3	81	9
GX	C4	0	1	1	0	1	0	0	53	1	28	9	0	50	0	0	24	0	0
GX	C5	7	6	77	1	3	23	2	63	2	3	42	1	10	72	6	28	1	5
GX	C6	1	5	1	1	0	2	0	0	0	0	0	0	0	0	0	0	0	0
GX	C7	1	1	1	3	19	20	0	0	0	0	0	0	0	0	1	0	0	0
GX	C8	31	73	27	9	27	192	50	148	2	27	4	4	9	104	9	89	6	30
HI	C1	104	5	0	0	3	10	1	0	1	0	0	0	0	0	6	0	4	0
HI	C2	0	0	0	0	0	0	0	0	0	0	0	0	0	0	0	0	0	0
HI	C3	33	6	2	0	5	26	5	6	7	2	1	0	15	45	28	1	23	2
HI	C4	0	3	0	0	2	2	0	0	0	0	0	0	0	0	0	0	0	0
HI	C5	0	0	3	0	1	2	0	3	0	0	6	0	4	9	0	2	0	0
HI	C6	0	1	0	3	0	5	0	0	0	0	0	2	0	1	0	0	0	0
HI	C7	0	0	0	1	5	6	0	0	0	0	0	0	0	0	0	0	0	0
HI	C8	58	147	44	14	40	283	21	67	2	16	5	7	18	61	14	95	9	40

续表

地区	部门	HE	HE	HE	HE	HE	HE	SX	SX	SX	SX	SX	SX	SX	SX	IM	IM	IM	IM
		C3	C4	C5	C6	C7	C8	C1	C2	C3	C4	C5	C6	C7	C8	C1	C2	C3	C4
CQ	C1	95	5	0	0	3	9	1	0	1	0	0	0	0	0	6	0	4	0
CQ	C2	9	495	4	0	117	4	0	0	0	1	0	0	1	0	0	2	0	0
CQ	C3	246	36	12	1	34	140	31	127	46	14	8	8	139	240	182	14	101	12
CQ	C4	0	2	2	0	2	0	0	55	1	8	7	1	38	0	2	17	5	10
CQ	C5	28	82	518	18	54	172	8	237	9	13	284	3	56	224	21	139	4	27
CQ	C6	86	438	51	174	22	227	3	29	2	61	3	36	5	25	71	7	10	678
CQ	C7	1	2	1	5	25	28	0	0	0	0	0	0	0	0	1	1	0	0
CQ	C8	60	163	64	16	73	554	5	38	4	12	10	13	37	53	16	137	9	47
SC	C1	21	1	0	0	1	2	0	0	0	0	0	0	0	0	1	0	1	0
SC	C2	0	0	0	0	0	0	0	0	0	0	0	0	0	0	0	0	0	0
SC	C3	131	24	8	2	30	61	25	56	29	7	5	1	102	142	135	22	71	9
SC	C4	0	1	1	0	1	0	101	132	10	135	30	1	157	40	6	2	1	7
SC	C5	2	12	166	1	4	54	5	156	2	6	157	0	10	36	13	57	2	10
SC	C6	25	189	28	57	13	125	1	1	0	2	0	14	0	9	0	3	0	5
SC	C7	0	0	0	1	5	6	0	0	0	0	0	0	0	0	0	0	0	0
SC	C8	17	41	16	5	17	191	1	13	2	7	6	9	22	30	4	34	2	11
GZ	C1	106	5	0	0	3	10	1	0	1	0	0	0	0	0	6	0	4	0
GZ	C2	188	1925	58	533	5	13	0	91	3	172	4	1	441	8	0	0	0	0
GZ	C3	146	40	7	0	15	224	15	177	30	15	10	4	64	153	91	4	39	7
GZ	C4	0	1	1	0	1	0	407	304	40	409	80	3	407	160	28	14	5	33
GZ	C5	0	2	12	2	7	7	0	22	1	1	16	1	12	4	0	10	0	2
GZ	C6	5	38	6	9	3	21	0	0	0	0	0	1	0	1	0	1	0	1
GZ	C7	0	0	0	1	7	7	0	0	0	0	0	0	0	0	0	0	0	0
GZ	C8	32	61	21	5	20	128	29	85	1	16	3	3	6	68	2	36	5	10
YN	C1	29	1	0	0	1	3	0	0	0	0	0	0	0	0	0	2	0	1
YN	C2	110	1126	34	312	3	7	0	0	0	0	0	0	0	7	105	139	2	57
YN	C3	58	13	1	0	1	38	21	13	15	3	1	0	12	5	24	8	3	26
YN	C4	3	79	35	0	32	0	12	8	1	12	2	0	12	5	24	8	3	26
YN	C5	0	0	0	0	0	0	0	0	0	0	1	0	1	0	0	1	0	0
YN	C6	5	38	6	7	3	18	0	0	0	0	0	0	0	0	0	1	0	1
YN	C7	0	0	0	0	0	0	0	0	0	0	0	0	0	0	0	0	0	0
YN	C8	4	9	3	1	4	30	0	1	0	1	0	1	1	2	1	12	1	3
TB	C1	34	2	0	0	1	3	0	0	0	0	0	0	0	0	2	0	1	0
TB	C2	0	0	0	0	0	0	0	0	0	0	0	0	0	0	0	0	0	0
TB	C3	2	0	0	0	0	1	1	0	0	0	0	0	0	3	5	0	2	0
TB	C4	0	0	0	0	0	0	0	0	0	0	0	0	0	0	0	0	0	0
TB	C5	0	0	0	0	0	0	0	0	0	0	0	0	0	0	0	0	0	0
TB	C6	0	1	0	0	0	1	0	0	0	0	0	0	0	0	0	0	0	0
TB	C7	0	0	0	0	1	1	0	0	0	0	0	0	0	0	0	0	0	0
TB	C8	5	17	6	2	6	43	0	1	0	0	0	0	1	1	3	27	2	9
SN	C1	32	2	0	0	1	3	0	0	0	0	0	0	0	0	2	0	1	0
SN	C2	825	8678	254	2325	89	57	0	249	6	488	7	140	720	16	1	201	2	178
SN	C3	266	57	13	3	19	257	55	247	79	26	18	5	98	414	297	30	147	19
SN	C4	22	731	141	8	149	269	75	138	9	87	25	1	131	30	5	53	8	552
SN	C5	18	51	242	20	65	97	14	364	12	16	179	4	82	216	28	145	4	27
SN	C6	58	333	44	101	20	159	1	14	1	29	1	16	2	11	34	5	5	324
SN	C7	1	2	1	4	23	25	0	0	0	0	0	0	0	0	1	0	0	0
SN	C8	148	124	60	4	57	274	105	320	3	50	4	1	7	195	3	21	2	7
GS	C1	1920	92	0	0	61	178	189	15	192	5	0	0	92	127	64	0	44	2
GS	C2	0	8	0	0	0	0	0	0	0	0	0	0	0	0	0	2	0	4
GS	C3	11	2	2	1	0	14	0	32	3	3	3	1	4	16	0	21	5	5
GS	C4	5	140	63	0	56	0	0	80	1	29	12	1	67	1	4	10	3	8
GS	C5	0	1	14	0	0	5	0	14	0	1	20	0	2	5	1	5	0	1
GS	C6	2	15	2	2	1	6	0	0	0	0	0	0	0	0	0	0	0	0
GS	C7	0	0	0	0	3	3	0	0	0	0	0	0	0	0	0	0	0	0
GS	C8	8	23	7	3	7	47	2	7	0	1	0	0	1	5	3	26	2	10

续表

地区	部门	BJ C1	BJ C2	BJ C3	BJ C4	BJ C5	BJ C6	BJ C7	BJ C8	TJ C1	TJ C2	TJ C3	TJ C4	TJ C5	TJ C6	TJ C7	TJ C8	HE C1	HE C2
QH	C1	69	3	0	0	2	6	0	0	0	0	0	0	0	0	4	0	3	0
QH	C2	0	0	0	0	0	0	0	0	0	0	0	0	0	0	0	0	0	0
QH	C3	0	0	0	0	0	0	0	0	0	0	0	0	0	0	0	0	0	0
QH	C4	1	37	17	0	15	0	0	32	0	18	6	0	31	0	3	1	0	3
QH	C5	0	0	0	0	0	0	0	0	0	0	0	0	0	0	0	0	0	0
QH	C6	0	0	0	0	0	0	0	0	0	0	0	0	0	0	0	0	0	0
QH	C7	0	0	0	0	0	0	0	0	0	0	0	0	0	0	0	0	0	0
QH	C8	0	0	0	0	0	1	0	0	0	0	0	0	0	0	0	0	0	0
NX	C1	0	0	0	0	0	0	0	0	0	0	0	0	0	0	0	0	0	0
NX	C2	0	0	0	0	0	0	0	0	0	0	0	0	0	0	0	49	1	39
NX	C3	50	5	1	0	0	9	7	22	14	2	1	0	1	35	57	1	41	3
NX	C4	3	88	22	1	22	26	120	126	12	142	30	1	156	47	5	12	1	18
NX	C5	0	3	5	0	1	2	1	36	1	2	14	1	7	2	1	23	1	6
NX	C6	4	35	5	16	2	33	1	0	0	1	0	6	0	4	0	1	0	1
NX	C7	0	0	0	0	0	0	0	0	0	0	0	0	0	0	0	0	0	0
NX	C8	0	0	0	0	0	0	1	0	0	0	0	0	0	0	0	0	0	0
XJ	C1	3	0	0	0	0	0	0	0	0	0	0	0	0	0	5148	3	3530	126
XJ	C2	0	8	0	0	0	0	0	0	0	1	0	1	0	0	2	0	0	6
XJ	C3	16	1	0	0	0	0	0	9	5	0	0	0	0	0	3	0	8	0
XJ	C4	0	3	0	0	3	2	161	373	18	307	76	3	409	64	3	1	0	4
XJ	C5	1	2	19	5	14	14	0	8	1	0	11	1	12	3	1	10	0	2
XJ	C6	11	85	13	29	6	63	1	0	0	1	0	8	0	5	0	1	0	2
XJ	C7	0	0	0	0	0	0	0	0	0	0	0	0	0	0	0	0	0	0
XJ	C8	20	47	11	3	8	34	0	3	0	1	0	1	1	4	3	7	2	7
USA	C1	426	19	0	0	9	20	1	0	0	0	0	0	0	0	10	0	6	0
USA	C2	2	176	1	22	0	2	0	8	0	16	0	0	2	0	1	42	0	67
USA	C3	88	10	4	1	7	21	0	1	0	0	0	0	1	1	15	3	6	1
USA	C4	18	62	19	1	8	11	4	14	0	3	1	0	10	2	38	94	2	31
USA	C5	4	10	38	2	4	13	0	19	0	0	10	0	2	2	5	65	0	1
USA	C6	0	0	0	0	0	0	0	0	0	0	0	0	0	0	0	0	0	0
USA	C7	0	0	0	0	0	0	0	0	0	0	0	0	0	0	0	0	0	0
USA	C8	37	78	4	2	2	34	0	1	0	0	0	0	0	0	0	3	0	0
EU	C1	109	5	0	0	2	5	7	0	6	0	0	0	1	1	5	1	3	0
EU	C2	0	20	1	0	5	0	0	2	0	6	0	0	1	0	0	35	0	11
EU	C3	308	46	16	6	11	110	0	2	1	0	0	0	2	3	101	25	49	10
EU	C4	65	299	93	4	64	45	4	44	1	11	5	0	40	3	42	113	3	24
EU	C5	34	125	385	16	32	149	14	161	3	10	49	1	31	32	6	184	0	3
EU	C6	0	0	0	0	0	0	0	0	0	0	0	0	0	0	0	0	0	0
EU	C7	0	0	0	0	0	0	0	0	0	0	0	0	0	0	0	0	0	0
EU	C8	51	146	14	4	5	55	0	1	0	0	0	0	0	0	1	0	4	0
ROW	C1	984	44	1	1	21	39	10	0	4	0	0	0	2	4	273	14	173	39
ROW	C2	98	17074	472	873	230	67	0	111	0	897	6	1	87	1	3	1537	5	3981
ROW	C3	875	98	28	10	16	208	2	2	2	0	0	0	2	6	84	95	118	36
ROW	C4	160	533	151	10	97	90	13	161	14	350	78	1	387	11	102	247	8	145
ROW	C5	17	62	226	16	29	70	6	605	5	11	698	22	82	238	7	155	1	2
ROW	C6	0	0	0	0	0	0	0	0	0	0	0	0	0	0	0	0	0	0
ROW	C7	0	0	0	0	0	0	0	0	0	0	0	0	0	0	0	0	0	0
ROW	C8	165	688	39	23	14	157	0	3	0	0	0	0	0	3	0	0	10	0
CHN	TAXSUB	2250	6527	5875	2112	1414	2720	−785	707	26	1112	385	304	791	2757	0	1617	58	2002
USA	TAXSUB	0	0	0	0	0	0	0	0	0	0	0	0	0	0	0	0	0	0
EU	TAXSUB	0	0	0	0	0	0	0	0	0	0	0	0	0	0	0	0	0	0
ROW	TAXSUB	0	0	0	0	0	0	0	0	0	0	0	0	0	0	0	0	0	0
VA		29842	98013	25809	15532	28422	211409	11848	31644	4723	27790	5976	10071	13414	110148	22039	23951	5286	18052
TI		156517	362183	120558	37454	107401	347047	24296	111844	13025	79495	21233	25410	66719	162079	48183	65595	21332	72492

地区	部门	IM	IM	IM	IM	LN	LN	LN	LN	LN	LN	LN	LN	JL	JL	JL	JL	JL	JL
		C5	C6	C7	C8	C1	C2	C3	C4	C5	C6	C7	C8	C1	C2	C3	C4	C5	C6
BJ	C1	0	0	1	1	0	0	0	0	0	0	0	0	0	41	0	210	21	0
BJ	C2	0	0	0	0	0	1	0	1	0	0	1	0	0	5	0	194	5	0
BJ	C3	3	8	56	274	73	5	76	17	24	7	44	113	126	2	341	38	10	3
BJ	C4	54	2	220	19	58	51	14	632	89	82	473	492	146	144	117	1117	1052	16
BJ	C5	242	22	311	458	47	24	59	37	635	104	185	228	21	36	14	40	7604	19
BJ	C6	2	43	5	18	8	9	4	45	8	29	15	13	119	647	697	1718	467	725
BJ	C7	0	0	11	5	0	0	0	0	0	0	0	0	1	0	0	1	1	2
BJ	C8	15	128	178	1193	288	102	105	543	341	142	876	2297	86	89	390	565	414	99
TJ	C1	0	0	0	0	0	0	0	0	0	0	0	0	0	0	0	0	0	0
TJ	C2	64	53	826	41	0	1	0	272	0	3	1	0	0	24	12	499	10	136
TJ	C3	2	4	37	253	84	5	100	20	35	8	24	199	108	4	366	45	26	5
TJ	C4	88	2	828	18	2800	229	656	6270	1569	95	3631	1858	395	213	289	2764	2303	35
TJ	C5	133	12	176	247	1	3	39	4	256	66	119	108	2	7	5	12	949	11
TJ	C6	0	0	0	0	0	0	0	1	0	1	0	4	0	0	0	0	0	1
TJ	C7	0	0	3	1	0	0	0	0	0	0	0	0	0	0	0	0	0	1
TJ	C8	8	20	62	250	12	11	15	54	51	10	132	294	39	27	218	284	268	28
HE	C1	0	0	153	156	4	0	4	0	0	0	0	0	445	1	2263	230	1	1
HE	C2	0	0	0	0	0	143	2	4161	52	0	0	4	0	464	0	711	0	0
HE	C3	6	20	58	330	110	6	214	23	57	12	58	202	149	23	548	60	27	83
HE	C4	267	7	2466	61	43	22	25	194	231	34	457	59	45	372	97	1173	1723	22
HE	C5	118	14	333	221	37	14	75	28	258	111	231	113	9	19	9	28	541	14
HE	C6	0	1	0	0	0	0	0	2	0	1	0	8	0	1	2	5	1	5
HE	C7	0	0	1	0	0	0	0	0	0	0	0	0	0	0	0	0	0	0
HE	C8	4	23	30	465	32	7	12	44	41	15	147	437	48	23	212	268	229	37
SX	C1	0	0	0	0	0	0	0	0	0	0	0	0	0	0	0	0	0	0
SX	C2	0	205	1	11	2	16	3	140	0	151	2	7	0	2	5	62	0	25
SX	C3	0	0	2	56	4	1	8	4	1	1	2	11	1	0	13	2	2	0
SX	C4	18	1	268	17	6	5	1	64	2	8	36	52	1	0	1	5	3	0
SX	C5	16	1	19	26	0	0	1	0	18	1	2	6	0	1	0	1	22	1
SX	C6	0	2	0	1	0	0	0	2	0	1	1	1	4	20	22	54	15	23
SX	C7	0	0	0	0	0	0	0	0	0	0	0	0	0	0	0	0	0	0
SX	C8	2	9	12	51	10	3	4	16	10	5	18	68	15	8	73	92	76	10
IM	C1	1	1	475	484	221	0	240	15	0	0	12	21	1	0	5	1	0	0
IM	C2	13	4150	76	218	6	52	9	542	1	475	6	22	13	123	222	2949	24	1233
IM	C3	3	4	33	471	69	0	120	0	20	7	10	69	156	1	414	47	5	2
IM	C4	274	210	7313	4514	5	4	1	53	0	2	6	30	43	1	14	9	291	410
IM	C5	117	15	359	211	0	0	1	39	2	4	14	0	1	1	2	58	1	1
IM	C6	184	4693	482	2430	2	1	0	8	1	5	2	19	12	60	64	159	43	71
IM	C7	3	35	1631	679	0	0	0	0	0	0	0	0	0	0	0	0	0	0
IM	C8	1146	4228	7894	22535	4	2	2	9	11	2	50	82	21	8	96	118	98	13
LN	C1	0	0	79	81	15321	6	16604	1064	25	6	860	1440	52	0	264	27	0	0
LN	C2	0	2	0	0	23	1220	44	9495	34	1758	1215	106	0	85	7	211	1	35
LN	C3	5	18	20	101	3699	157	3004	413	713	321	684	3232	70	322	318	63	59	1538
LN	C4	172	81	2790	1730	83	305	450	22553	10906	321	24996	444	1300	446	839	6132	3229	121
LN	C5	65	4	53	117	584	424	971	1218	23600	1385	2488	8548	20	31	11	34	3025	15
LN	C6	0	5	0	1	906	956	629	6007	886	3474	1689	1733	4	24	28	67	17	32
LN	C7	0	0	15	6	61	3	9	13	17	38	2543	509	1	0	1	1	1	3
LN	C8	17	180	261	1847	2501	534	3633	7133	5851	1160	10831	19463	39	106	156	342	201	93
JL	C1	0	0	0	0	338	0	367	23	1	0	19	32	2981	5	15147	1539	5	4
JL	C2	0	58	1	2	0	9	1	1629	2	24	2	2	0	0	0	0	0	0
JL	C3	2	4	75	325	383	25	730	93	272	37	877	656	0	0	0	0	0	0
JL	C4	70	18	6883	167	1113	183	366	4492	1622	200	15747	1328	0	0	0	0	0	0
JL	C5	92	7	120	168	158	60	99	111	577	133	318	176	0	0	0	0	0	0
JL	C6	1	34	2	8	3	2	1	14	2	9	3	27	0	0	0	0	0	0
JL	C7	0	0	0	0	0	0	0	0	0	0	0	0	17	4	10	12	12	52
JL	C8	3	19	26	231	34	6	11	40	26	15	67	298	499	1336	3864	5304	6808	860

续表

地区	部门	IM C5	IM C6	IM C7	IM C8	LN C1	LN C2	LN C3	LN C4	LN C5	LN C6	LN C7	LN C8	JL C1	JL C2	JL C3	JL C4	JL C5	JL C6
HL	C1	0	0	3	3	700	0	758	49	1	0	39	66	0	0	0	0	0	0
HL	C2	3	457	1	15	2	959	16	10106	13	237	1149	36	4	189	138	2386	29	1260
HL	C3	1	1	43	129	165	8	200	21	74	14	253	158	589	46	2367	180	25	9
HL	C4	7	3	45	63	81	9	21	194	69	7	150	59	209	179	163	1566	1431	23
HL	C5	27	2	39	50	31	12	15	23	94	19	47	23	12	21	8	22	1136	14
HL	C6	0	7	1	2	1	1	0	4	0	2	1	6	6	33	40	94	24	46
HL	C7	0	0	0	0	0	0	0	0	0	0	0	0	0	0	0	0	0	0
HL	C8	4	29	43	391	71	17	26	103	65	36	144	591	21	20	83	125	99	23
SH	C1	0	0	0	0	0	0	0	0	0	0	0	0	7	0	38	4	0	0
SH	C2	0	0	0	0	0	0	0	0	0	0	0	0	0	0	0	0	0	0
SH	C3	4	13	37	209	69	4	87	19	33	7	81	138	149	98	544	63	37	441
SH	C4	77	2	806	13	66	57	16	726	97	92	643	558	3	151	41	758	964	8
SH	C5	74	9	152	145	29	13	65	23	307	105	199	127	35	136	59	236	7993	20
SH	C6	0	0	0	0	0	0	0	0	0	0	0	0	0	0	0	0	0	0
SH	C7	0	0	22	9	0	0	0	0	0	0	0	0	2	0	1	1	1	5
SH	C8	99	272	997	3013	373	137	258	825	668	228	974	3606	175	336	1350	2090	2225	206
JS	C1	0	0	0	0	0	0	0	0	0	0	0	0	0	0	0	0	0	0
JS	C2	0	0	0	0	0	0	0	0	0	0	0	0	0	0	0	0	0	0
JS	C3	1	2	50	120	32	4	137	16	53	4	142	137	12	17	436	27	23	3
JS	C4	314	5	4508	18	101	8	24	225	54	3	125	67	3	113	72	2323	3289	5
JS	C5	73	16	354	164	48	24	232	43	892	378	703	412	25	69	32	115	1200	32
JS	C6	0	3	0	2	3	1	0	12	0	8	1	49	7	31	33	84	22	44
JS	C7	0	0	0	0	0	0	0	0	0	0	0	0	0	0	0	0	0	0
JS	C8	35	208	448	3066	507	138	198	836	535	254	884	3670	29	151	202	483	423	101
ZJ	C1	0	0	1	1	0	0	0	0	0	0	0	0	93	0	473	48	0	0
ZJ	C2	0	0	0	0	0	0	0	0	0	0	0	0	0	0	0	0	0	0
ZJ	C3	2	7	40	238	97	6	357	40	77	14	105	247	234	13	928	94	33	10
ZJ	C4	8	0	35	5	64	51	11	675	32	82	398	542	0	14	2	8	19	1
ZJ	C5	49	9	152	108	32	16	53	25	336	93	161	126	22	74	32	127	992	14
ZJ	C6	0	17	1	4	1	1	0	7	1	4	1	17	8	41	56	127	30	74
ZJ	C7	0	0	14	6	0	0	0	0	0	0	0	0	1	0	1	1	1	3
ZJ	C8	19	34	168	330	12	10	35	66	85	17	120	398	53	56	345	482	511	40
AH	C1	0	0	0	0	0	0	0	0	0	0	0	0	0	0	0	0	0	0
AH	C2	0	0	0	0	0	0	0	0	0	0	0	0	0	0	0	0	0	0
AH	C3	2	6	47	211	107	8	204	34	60	14	134	170	143	15	724	62	27	6
AH	C4	36	1	152	15	65	11	20	178	103	13	218	53	81	136	72	597	587	12
AH	C5	90	14	284	190	47	23	156	38	674	255	474	296	20	32	14	41	1075	25
AH	C6	1	46	3	8	0	0	0	2	0	1	0	1	1	8	48	80	7	91
AH	C7	0	0	9	4	0	0	0	0	0	0	0	0	1	0	0	0	0	2
AH	C8	1	6	13	75	14	4	6	23	20	7	56	140	2	5	10	19	18	7
FJ	C1	0	0	0	0	0	0	0	0	0	0	0	0	0	0	0	0	0	0
FJ	C2	0	0	0	0	0	0	0	0	0	0	0	0	0	0	0	0	0	0
FJ	C3	1	10	38	300	14	57	509	79	414	60	88	1228	3	23	524	44	69	18
FJ	C4	0	0	1	0	0	0	0	0	0	0	0	0	0	0	0	1	0	0
FJ	C5	0	0	0	0	0	0	0	0	0	0	0	0	0	0	0	0	0	0
FJ	C6	0	0	0	0	0	0	0	0	0	0	0	0	0	0	0	0	0	0
FJ	C7	0	0	0	0	0	0	0	0	0	0	0	0	0	0	0	0	0	0
FJ	C8	1	5	5	8	0	0	0	1	4	0	21	26	14	5	69	83	69	9
JX	C1	0	0	0	0	0	0	0	0	0	0	0	0	0	0	1	0	0	0
JX	C2	0	0	0	0	0	0	0	0	0	0	0	0	0	0	0	6	0	0
JX	C3	1	1	34	129	2	3	94	17	29	3	44	112	1	5	169	20	22	2
JX	C4	5	0	20	2	219	18	51	490	122	7	281	145	59	26	42	391	316	5
JX	C5	55	6	136	100	14	6	45	12	265	67	138	112	3	7	5	13	280	11
JX	C6	0	21	1	4	1	0	0	4	0	2	0	16	1	4	22	38	4	45
JX	C7	0	0	0	0	0	0	0	0	0	0	0	0	0	0	0	0	0	0
JX	C8	5	26	35	703	37	10	15	58	47	20	143	524	44	25	210	264	220	37

地区	部门	IM	IM	IM	IM	LN	LN	LN	LN	LN	LN	LN	LN	JL	JL	JL	JL	JL	JL
		C5	C6	C7	C8	C1	C2	C3	C4	C5	C6	C7	C8	C1	C2	C3	C4	C5	C6
SD	C1	0	0	0	0	0	0	0	0	0	0	0	1	0	0	20	2	835	20
SD	C2	0	0	1	0	0	1	0	1	0	0	1	0	1	17	127	26	27	78
SD	C3	4	12	12	172	3	4	125	21	30	2	8	166	1	17	127	26	27	78
SD	C4	38	3	1600	16	392	278	65	3764	142	440	2129	2987	391	192	228	2334	556	148
SD	C5	24	2	67	37	59	21	8	41	92	0	31	6	20	28	8	32	391	1
SD	C6	2	135	9	25	3	2	2	18	2	10	3	30	21	113	232	467	86	358
SD	C7	0	0	0	0	0	0	0	0	0	0	0	0	0	0	0	0	0	0
SD	C8	3	3	29	56	0	2	6	11	13	2	5	39	0	7	19	35	50	1
HA	C1	0	0	0	0	0	0	0	0	0	0	0	0	0	0	0	0	0	0
HA	C2	0	0	6	0	0	1	0	6	0	6	0	0	0	0	0	0	0	0
HA	C3	2	10	21	443	208	6	270	37	67	21	32	314	315	7	939	107	37	9
HA	C4	45	3	1413	21	165	16	41	384	124	11	274	114	345	153	316	4076	937	34
HA	C5	60	4	134	90	105	39	18	71	359	7	72	89	96	117	31	115	1841	7
HA	C6	0	0	0	0	0	0	0	0	0	0	0	0	0	0	0	0	0	0
HA	C7	0	0	0	0	0	0	0	0	0	0	0	0	0	0	0	0	0	0
HA	C8	5	22	25	261	7	2	8	17	46	8	247	430	68	26	330	400	334	47
HB	C1	0	0	0	0	0	0	0	0	0	0	0	0	0	0	0	0	0	0
HB	C2	0	0	0	0	0	0	0	0	0	0	0	0	0	0	0	0	0	0
HB	C3	1	2	9	172	67	2	129	19	25	8	12	117	59	2	250	30	15	2
HB	C4	18	1	87	18	3	2	2	17	25	4	48	5	15	38	14	81	78	3
HB	C5	23	1	7	41	0	0	0	0	4	0	1	0	0	0	0	0	3	0
HB	C6	0	1	0	0	0	0	0	1	0	1	0	0	2	13	14	35	10	15
HB	C7	0	0	4	2	0	0	0	0	0	0	0	0	0	0	0	0	0	1
HB	C8	0	0	1	7	2	0	1	2	2	2	11	36	1	1	4	5	5	2
HN	C1	0	0	0	0	0	0	0	0	0	0	0	0	3	0	14	1	0	0
HN	C2	0	0	0	0	0	0	0	0	0	0	0	0	0	0	0	1	0	0
HN	C3	3	8	28	167	93	3	100	13	26	8	36	114	154	5	415	47	11	19
HN	C4	16	1	67	6	1	2	2	12	22	4	44	4	1	34	5	18	48	2
HN	C5	54	3	42	94	33	13	6	23	181	5	23	51	17	23	7	24	1623	3
HN	C6	0	14	1	2	0	0	0	1	0	0	0	0	0	2	14	23	2	27
HN	C7	0	0	10	4	0	0	0	0	0	0	0	0	1	0	0	0	0	2
HN	C8	1	6	9	98	12	1	4	8	11	3	46	141	13	7	48	64	64	15
GD	C1	0	0	5	5	0	0	0	0	0	0	0	0	3996	6	20308	2063	7	5
GD	C2	0	0	0	0	0	0	0	0	0	0	0	0	0	0	0	0	0	0
GD	C3	5	13	64	419	152	14	529	143	231	16	335	1362	374	172	3392	426	430	490
GD	C4	46	2	188	16	3	10	9	60	112	18	219	19	4	221	33	114	309	12
GD	C5	63	5	37	118	20	11	7	15	346	16	27	116	33	71	26	92	15297	15
GD	C6	2	164	10	28	1	1	2	11	1	5	1	14	9	55	199	356	45	350
GD	C7	0	0	0	0	0	0	0	0	0	0	0	0	0	0	0	0	0	0
GD	C8	0	1	2	2	0	0	0	0	0	0	0	0	4	2	21	26	22	3
GX	C1	0	0	0	0	0	0	0	0	0	0	0	0	11	0	55	6	0	0
GX	C2	0	0	0	0	0	0	0	0	0	0	0	0	0	0	0	1	0	0
GX	C3	1	1	42	139	78	4	109	16	42	7	163	82	200	23	967	65	11	3
GX	C4	0	0	1	0	0	0	0	0	0	0	0	0	0	0	0	0	0	0
GX	C5	26	2	22	47	4	2	2	3	23	2	6	7	1	2	1	2	521	1
GX	C6	0	0	0	0	0	0	0	0	0	0	0	0	0	1	2	4	1	2
GX	C7	0	1	23	10	0	0	0	0	0	0	0	0	2	0	1	1	1	5
GX	C8	2	24	35	298	60	15	20	92	53	30	95	408	5	15	23	48	28	13
HI	C1	0	0	1	1	0	0	0	0	0	0	0	0	95	0	483	49	0	0
HI	C2	0	0	0	0	0	0	0	0	0	0	0	0	0	0	0	0	0	0
HI	C3	0	0	11	53	13	0	17	4	6	1	6	40	23	0	70	10	5	1
HI	C4	0	0	4	0	48	38	8	512	18	61	316	411	0	0	1	30	2	0
HI	C5	4	0	8	8	0	0	1	0	3	1	2	1	0	0	0	0	8	1
HI	C6	0	0	0	0	0	0	0	1	0	0	0	4	0	0	0	0	0	1
HI	C7	0	0	7	3	0	0	0	0	0	0	0	0	0	0	0	0	0	1
HI	C8	4	30	42	259	62	15	22	94	61	32	137	462	24	22	109	153	117	25

地区	部门	IM	IM	IM	IM	LN	LN	LN	LN	LN	LN	LN	LN	JL	JL	JL	JL	JL	JL
		C5	C6	C7	C8	C1	C2	C3	C4	C5	C6	C7	C8	C1	C2	C3	C4	C5	C6
CQ	C1	0	0	1	1	0	0	0	0	0	0	0	0	76	0	388	39	0	0
CQ	C2	0	0	0	0	0	1	0	76	0	1	1	0	0	6	1	251	6	0
CQ	C3	1	3	44	215	69	4	136	20	41	8	77	150	170	8	610	62	23	5
CQ	C4	33	1	134	11	1	5	4	27	51	8	102	8	39	124	136	2956	377	14
CQ	C5	90	10	155	176	20	10	41	16	294	69	125	114	16	36	15	51	5439	13
CQ	C6	1	54	4	12	4	2	1	22	2	14	3	66	21	101	149	331	75	207
CQ	C7	0	1	31	13	0	0	0	0	0	0	0	0	2	1	1	2	2	7
CQ	C8	4	38	54	451	100	27	38	161	113	53	303	866	11	24	39	81	47	26
SC	C1	0	0	0	0	0	0	0	0	0	0	0	0	3	0	16	2	0	0
SC	C2	0	0	0	0	0	0	0	0	0	0	0	0	0	0	0	0	0	0
SC	C3	2	4	36	126	67	3	92	10	25	6	61	73	70	4	265	24	5	1
SC	C4	0	0	6	3	0	0	0	0	0	0	0	0	1	0	1	5	3	0
SC	C5	28	1	25	42	16	7	3	11	155	0	13	50	4	7	3	9	179	2
SC	C6	0	5	1	3	3	1	0	12	1	8	2	38	13	61	65	163	44	75
SC	C7	0	0	7	3	0	0	0	0	0	0	0	0	0	0	0	0	0	1
SC	C8	1	9	14	100	28	6	12	42	36	16	123	306	3	6	9	21	15	8
GZ	C1	0	0	1	1	0	0	0	0	0	0	0	0	100	0	508	52	0	0
GZ	C2	0	0	0	0	0	0	0	0	0	0	0	0	0	0	0	1	0	0
GZ	C3	0	1	21	93	39	2	41	11	11	4	26	45	68	2	214	22	7	2
GZ	C4	9	1	54	18	84	8	20	192	55	4	122	57	150	49	96	657	326	12
GZ	C5	6	2	31	15	0	0	5	1	20	9	15	9	0	1	1	1	27	2
GZ	C6	0	1	0	0	0	0	0	2	0	1	0	4	2	13	13	33	9	15
GZ	C7	0	0	8	3	0	0	0	0	0	0	0	0	1	0	0	0	0	2
GZ	C8	2	5	21	51	4	2	5	11	16	3	43	97	10	8	54	73	73	8
YN	C1	0	0	0	0	0	0	0	0	0	0	0	0	6	0	29	3	0	0
YN	C2	0	0	0	0	0	0	0	0	0	0	0	0	0	0	0	0	0	0
YN	C3	0	1	4	88	58	0	39	5	9	5	7	46	127	0	297	33	3	2
YN	C4	0	1	18	13	0	0	0	0	0	0	0	0	0	0	0	0	0	0
YN	C5	2	0	1	3	0	0	0	0	2	0	0	1	0	0	0	0	3	0
YN	C6	0	1	0	0	0	0	0	0	0	1	0	1	2	13	13	33	9	14
YN	C7	0	0	0	0	0	0	0	0	0	0	0	0	0	0	0	0	0	0
YN	C8	1	2	6	40	4	1	2	7	7	2	16	49	1	2	7	11	11	2
TB	C1	0	0	0	0	0	0	0	0	0	0	0	0	8	0	42	4	0	0
TB	C2	0	0	0	0	0	0	0	0	0	0	0	0	0	0	0	0	0	0
TB	C3	0	0	0	2	2	0	1	0	0	0	0	1	2	0	5	1	0	0
TB	C4	0	0	0	0	0	0	0	0	0	0	0	0	0	0	0	0	0	0
TB	C5	0	0	0	0	0	0	0	0	0	0	0	0	0	0	0	0	0	0
TB	C6	0	0	0	0	0	0	0	0	0	0	0	0	0	0	0	1	0	0
TB	C7	0	0	1	0	0	0	0	0	0	0	0	0	0	0	0	0	0	0
TB	C8	1	7	11	72	16	4	6	26	15	8	26	106	2	5	10	18	13	4
SN	C1	0	0	0	0	18	0	19	1	0	0	1	2	8	0	39	4	0	0
SN	C2	0	137	1	7	0	0	0	0	0	0	0	0	0	41	4	1663	40	1
SN	C3	2	5	35	299	103	4	160	26	36	10	29	180	247	2	682	81	22	5
SN	C4	114	2	1290	17	10	9	5	100	44	15	123	68	5	66	12	48	98	4
SN	C5	66	8	190	125	25	9	40	18	132	58	123	56	8	11	5	14	347	8
SN	C6	1	29	2	7	3	1	1	13	1	8	3	29	17	90	116	268	66	144
SN	C7	0	1	28	12	0	0	0	0	0	0	0	0	2	1	1	1	1	6
SN	C8	1	5	10	48	12	6	5	27	19	6	58	124	5	4	21	31	26	5
GS	C1	0	0	8	8	2	0	2	0	0	0	0	0	0	0	2	0	0	0
GS	C2	0	2	0	0	0	0	0	0	0	0	0	0	0	0	0	0	0	0
GS	C3	1	3	1	36	0	2	4	2	1	0	1	5	0	0	5	1	1	0
GS	C4	18	1	76	8	0	1	1	7	13	2	26	2	0	21	3	11	30	1
GS	C5	12	0	4	18	0	0	0	0	23	0	1	8	0	1	0	1	24	1
GS	C6	0	0	0	0	0	0	0	0	0	0	0	0	1	5	5	13	3	5
GS	C7	0	0	3	1	0	0	0	0	0	0	0	0	0	0	0	0	0	1
GS	C8	1	8	11	74	17	4	6	27	16	9	28	113	3	5	16	26	18	5

续表

地区	部门	IM C5	IM C6	IM C7	IM C8	LN C1	LN C2	LN C3	LN C4	LN C5	LN C6	LN C7	LN C8	JL C1	JL C2	JL C3	JL C4	JL C5	JL C6
QH	C1	0	0	1	1	0	0	0	0	0	0	0	0	47	0	239	24	0	0
QH	C2	0	0	0	0	0	0	0	33	0	0	0	0	0	0	0	0	0	0
QH	C3	0	0	0	0	0	0	0	0	0	0	0	0	0	0	0	0	0	0
QH	C4	0	0	2	2	0	0	0	0	0	0	0	0	0	0	0	0	0	0
QH	C5	0	0	0	0	0	0	0	0	1	0	0	0	0	0	0	0	0	0
QH	C6	0	0	0	0	0	0	0	0	0	0	0	0	0	0	0	0	0	0
QH	C7	0	0	0	0	0	0	0	0	0	0	0	0	0	0	0	0	0	0
QH	C8	0	0	0	0	0	0	0	0	0	0	0	1	0	0	0	0	0	0
NX	C1	0	0	0	0	0	0	0	0	0	0	0	0	0	0	0	0	0	0
NX	C2	0	33	0	2	0	0	0	3	0	3	0	0	0	0	0	0	0	0
NX	C3	0	0	1	33	18	0	71	5	10	2	2	31	26	0	105	13	3	0
NX	C4	0	1	10	28	18	15	3	194	6	23	110	156	7	4	4	42	8	3
NX	C5	5	1	24	13	0	0	1	1	6	2	2	1	0	1	0	0	6	1
NX	C6	0	1	0	1	1	0	0	4	0	3	0	16	3	11	11	29	8	15
NX	C7	0	0	0	0	0	0	0	0	0	0	0	0	0	0	0	0	0	0
NX	C8	0	0	0	0	0	0	0	0	0	0	0	0	0	0	0	0	0	0
XJ	C1	2	1	662	675	0	0	0	0	0	0	0	0	0	0	0	0	0	0
XJ	C2	0	2	0	0	0	0	0	126	0	1	0	0	0	0	0	0	0	0
XJ	C3	0	0	0	2	0	0	38	2	5	1	0	13	0	0	28	4	2	0
XJ	C4	0	0	6	2	44	35	7	466	16	55	286	374	2	1	2	35	7	0
XJ	C5	5	2	54	13	0	0	17	1	43	26	50	24	0	1	1	2	48	4
XJ	C6	0	2	0	1	1	0	0	7	0	4	1	23	6	27	29	72	19	34
XJ	C7	0	0	0	0	0	0	0	0	0	0	0	0	0	0	0	0	0	0
XJ	C8	1	4	5	17	3	0	1	3	2	1	6	22	12	5	54	66	56	7
USA	C1	0	0	0	1	131	0	200	16	0	0	16	25	5	0	19	1	0	0
USA	C2	0	0	3	0	1	8	1	465	2	29	3	2	0	0	0	0	0	0
USA	C3	0	0	0	4	62	1	77	11	4	1	14	43	0	0	2	0	0	0
USA	C4	2	0	10	8	57	14	22	174	56	1	82	26	1	1	2	10	11	0
USA	C5	3	2	2	18	13	14	5	14	121	2	15	50	0	0	1	1	47	0
USA	C6	0	0	0	0	0	0	0	0	0	0	0	0	0	0	0	0	0	0
USA	C7	0	0	0	0	0	0	0	0	0	0	0	0	0	0	0	0	0	0
USA	C8	0	0	0	2	613	33	193	617	107	50	344	282	480	179	1794	863	849	25
EU	C1	0	0	0	1	42	0	66	11	1	0	7	14	0	0	2	0	0	0
EU	C2	0	0	6	1	0	2	1	37	4	0	13	1	0	0	0	0	0	0
EU	C3	2	3	23	63	79	12	162	42	29	7	38	150	0	1	14	3	9	1
EU	C4	3	2	58	14	284	77	96	679	244	9	499	176	12	9	22	92	126	1
EU	C5	2	2	3	4	132	145	55	168	1684	48	258	648	16	22	26	43	2568	14
EU	C6	0	0	0	0	0	1	0	5	4	1	0	3	0	0	0	1	1	0
EU	C7	0	0	0	0	0	0	0	1	0	0	1	0	0	0	0	0	0	0
EU	C8	0	0	0	4	520	55	159	667	152	73	614	536	350	224	1211	1037	1066	34
ROW	C1	0	2	43	29	377	0	566	45	1	0	44	55	15	0	68	3	0	0
ROW	C2	13	1079	250	21	10	428	59	19740	182	2215	162	68	0	4	0	110	8	5
ROW	C3	10	10	295	102	334	13	652	102	45	12	59	323	5	1	40	4	8	1
ROW	C4	9	20	82	28	1082	260	358	2566	689	26	1160	336	5	3	7	31	47	0
ROW	C5	14	9	6	39	92	142	35	144	1049	59	310	327	5	8	5	12	822	5
ROW	C6	0	0	0	0	0	2	1	22	4	2	0	3	0	0	0	1	2	0
ROW	C7	0	0	0	0	1	0	0	1	0	0	1	1	0	0	0	0	0	0
ROW	C8	0	0	0	6	1846	173	561	4952	507	422	1446	1231	1302	786	4769	3864	2819	211
CHN	TAXSUB	256	606	1321	1851	-2	661	222	7120	6848	1394	2492	2848	-1011	168	281	3055	6251	193
USA	TAXSUB	0	0	0	0	0	0	0	0	0	0	0	0	0	0	0	0	0	0
EU	TAXSUB	0	0	0	0	0	0	0	0	0	0	0	0	0	0	0	0	0	0
ROW	TAXSUB	0	0	0	0	0	0	0	0	0	0	0	0	0	0	0	0	0	0
VA		1615	12875	16250	102992	25761	8577	7999	45131	19167	11121	26878	170101	17483	4360	16565	23383	25611	5575
TI		6999	31062	68934	161682	65961	17514	46149	172358	87706	28977	117535	246844	35352	14708	94619	92509	123674	16464

地区	部门	JL C7	JL C8	HL C1	HL C2	HL C3	HL C4	HL C5	HL C6	HL C7	HL C8	SH C1	SH C2	SH C3	SH C4	SH C5	SH C6	SH C7	SH C8
BJ	C1	1	22	0	0	0	0	0	0	0	0	0	0	0	0	0	0	0	0
BJ	C2	64	2	0	1	0	10	0	0	37	2	0	0	0	2	0	4	0	0
BJ	C3	4	249	13	25	30	10	6	5	7	87	10	1	74	10	18	6	18	131
BJ	C4	600	118	80	30	15	68	21	44	48	137	1	0	16	231	79	5	60	1291
BJ	C5	35	271	30	114	5	15	177	23	44	203	2	0	64	117	2950	2	15	757
BJ	C6	226	1141	82	359	47	107	24	92	35	197	7	0	22	101	92	146	24	168
BJ	C7	39	13	2	0	0	0	0	1	22	11	0	0	1	1	3	2	9	47
BJ	C8	117	1098	530	154	594	288	262	102	559	1233	52	0	910	732	4050	129	1340	8213
TJ	C1	0	0	0	0	0	0	0	0	0	0	0	0	0	0	0	0	0	0
TJ	C2	100	5	0	2	0	14	0	0	51	2	0	0	0	0	0	0	0	0
TJ	C3	4	397	19	9	50	8	2	2	11	113	9	0	61	7	16	1	8	120
TJ	C4	1285	307	183	54	39	190	130	22	327	116	0	0	7	123	340	1	1174	24
TJ	C5	29	90	5	30	3	3	96	13	31	87	0	0	14	26	599	1	9	167
TJ	C6	0	3	0	0	0	0	0	0	0	1	0	0	0	0	0	0	0	0
TJ	C7	11	4	1	0	0	0	0	0	6	3	0	0	0	0	1	1	2	13
TJ	C8	69	402	281	84	403	191	170	49	373	663	28	0	779	593	2836	90	738	7663
HE	C1	8	239	1	0	1	0	0	0	0	0	0	0	0	0	0	0	0	0
HE	C2	0	3	0	0	0	2	0	0	0	0	0	0	0	0	0	0	0	0
HE	C3	9	576	27	108	64	19	22	20	9	131	15	6	261	28	40	36	39	210
HE	C4	1211	59	458	184	82	558	248	272	691	816	1	0	79	273	752	10	594	450
HE	C5	46	52	23	47	4	13	87	12	45	67	0	0	8	17	404	3	44	111
HE	C6	0	9	0	1	0	0	0	0	0	3	0	0	0	1	0	2	0	1
HE	C7	3	1	0	0	0	0	0	0	1	1	0	0	0	0	0	0	1	3
HE	C8	55	525	90	26	90	54	37	35	80	624	23	0	296	259	879	81	506	3929
SX	C1	0	0	0	0	0	0	0	0	0	0	0	0	0	0	0	0	0	0
SX	C2	0	2	0	2	0	3	0	4	0	0	0	0	0	54	0	139	0	0
SX	C3	0	44	5	1	4	3	0	0	1	18	0	0	1	0	0	0	0	11
SX	C4	2	3	19	3	2	14	6	2	17	11	0	0	0	2	1	0	1	1
SX	C5	1	11	0	1	0	2	0	1	0	2	0	0	0	0	1	0	0	0
SX	C6	7	36	3	13	2	3	1	1	7	0	0	0	1	4	3	5	1	6
SX	C7	0	0	0	0	0	0	0	0	0	0	0	0	0	0	0	0	0	0
SX	C8	19	119	58	14	80	39	32	10	72	114	8	0	133	112	535	27	211	1031
IM	C1	0	1	5	0	5	0	0	0	0	0	0	0	0	0	0	0	0	0
IM	C2	21	94	105	1017	266	2014	45	2749	13	285	0	0	0	54	0	139	0	0
IM	C3	1	284	13	5	25	2	1	0	3	30	12	0	92	10	22	1	2	152
IM	C4	293	2	111	71	49	353	275	14	1142	70	0	0	0	0	0	0	0	0
IM	C5	3	22	1	3	0	18	2	3	0	20	0	0	1	1	22	0	0	6
IM	C6	21	119	9	39	5	12	3	10	4	26	1	0	2	11	10	16	3	19
IM	C7	10	3	0	0	0	0	0	0	6	3	0	0	0	0	1	1	2	12
IM	C8	24	213	66	15	90	44	36	15	80	251	11	0	164	141	642	36	278	1466
LN	C1	1	28	1	0	1	0	0	0	0	0	0	0	0	0	0	0	0	0
LN	C2	1	3	1	23	4	114	1	35	0	5	0	0	0	87	0	225	0	0
LN	C3	2	312	26	437	89	62	90	77	6	214	3	10	173	24	12	57	7	43
LN	C4	1061	1309	920	220	164	929	547	82	1607	502	5	0	40	845	99	16	70	5048
LN	C5	30	192	46	92	5	21	170	23	26	185	0	0	10	18	410	0	0	117
LN	C6	8	43	4	15	2	5	1	4	1	8	0	0	1	6	4	10	1	8
LN	C7	53	17	3	0	0	0	0	0	30	15	0	0	1	1	3	3	12	63
LN	C8	69	916	169	64	84	63	45	64	110	798	9	0	141	111	469	32	206	1281
JL	C1	52	1599	0	0	0	0	0	0	0	0	0	0	0	0	0	0	0	0
JL	C2	0	0	0	93	11	641	3	6	2294	94	0	0	0	250	0	650	1	0
JL	C3	0	0	86	37	217	37	9	6	39	462	39	0	281	35	80	2	136	496
JL	C4	0	0	221	191	146	501	517	32	1706	174	0	0	24	85	234	3	189	139
JL	C5	0	0	250	495	35	128	913	115	185	838	3	0	101	175	3964	2	9	1116
JL	C6	0	0	16	66	9	20	4	18	7	44	1	0	8	36	18	57	5	37
JL	C7	835	272	0	0	0	0	0	0	0	0	0	0	0	0	0	0	0	0
JL	C8	1454	18653	88	28	104	58	44	39	93	929	18	0	243	205	807	60	382	2610

地区	部门	JL	JL	HL	HL	HL	HL	HL	HL	HL	HL	SH	SH	SH	SH	SH	SH	SH	SH
		C7	C8	C1	C2	C3	C4	C5	C6	C7	C8	C1	C2	C3	C4	C5	C6	C7	C8
HL	C1	0	0	26995	6	31186	713	0	25	102	2137	0	0	1	0	0	0	0	1
HL	C2	69	43	50	482	126	1126	22	1300	23	140	0	0	0	155	0	404	0	0
HL	C3	208	917	5690	77	2763	225	26	82	317	4360	16	0	103	13	31	1	59	190
HL	C4	811	182	5920	1186	813	4787	579	1472	7560	5600	0	0	0	1	2	0	1	1
HL	C5	41	69	124	409	35	119	561	24	166	237	0	0	3	5	103	0	1	29
HL	C6	12	64	1071	2556	461	899	169	760	260	1783	0	0	2	9	6	14	2	11
HL	C7	1	0	34	4	2	3	2	11	401	200	0	0	0	0	0	0	0	1
HL	C8	26	286	3504	1405	3151	2261	1774	1259	3142	20124	15	0	315	233	1644	32	374	2576
SH	C1	0	4	0	0	0	0	0	0	0	0	239	0	427	32	1	2	14	415
SH	C2	0	0	0	0	0	0	0	0	0	0	0	0	0	0	0	0	0	0
SH	C3	24	418	14	141	47	25	30	25	7	129	0	0	3	0	1	0	0	6
SH	C4	943	15	60	34	16	88	51	47	125	136	4	0	30	640	72	12	51	3828
SH	C5	68	230	24	72	4	14	117	15	41	110	0	0	0	0	0	0	0	0
SH	C6	0	0	0	0	0	0	0	0	0	0	145	0	609	3877	2021	4982	494	4008
SH	C7	76	25	4	0	0	0	0	1	43	22	0	0	1	1	2	2	7	37
SH	C8	608	3373	855	526	1232	700	537	206	1273	3589	184	7	1546	1816	7669	637	8541	61378
JS	C1	0	0	0	0	0	0	0	0	0	0	0	0	0	0	0	0	0	0
JS	C2	0	0	0	0	0	0	0	0	0	0	0	0	0	0	0	0	0	0
JS	C3	65	322	24	7	45	5	1	2	8	83	4	0	319	29	74	1	342	140
JS	C4	2351	13	5	39	20	169	190	8	500	19	0	0	0	0	0	0	0	0
JS	C5	105	184	32	125	6	21	153	23	101	138	2	0	75	181	9365	198	3297	2755
JS	C6	11	93	5	20	3	6	1	6	2	25	0	0	1	6	5	8	1	10
JS	C7	0	0	0	0	0	0	0	0	0	0	0	0	0	0	0	0	0	0
JS	C8	139	1212	301	153	176	126	92	94	235	1893	11	1	1204	844	2336	80	146	17318
ZJ	C1	2	50	0	0	0	0	0	0	0	0	0	0	0	0	0	0	0	0
ZJ	C2	0	0	0	0	0	0	0	0	0	0	0	0	0	0	0	0	0	0
ZJ	C3	39	850	18	40	50	12	8	7	7	103	93	10	2602	243	548	67	407	4485
ZJ	C4	15	1	61	24	9	58	9	47	28	135	7	0	98	2123	5240	18	18859	1586
ZJ	C5	47	119	23	95	3	15	88	12	44	82	2	0	42	157	5916	29	518	990
ZJ	C6	15	91	6	26	3	8	2	7	3	19	1	0	4	16	7	27	2	15
ZJ	C7	50	16	2	0	0	0	0	0	1	29	14	1	1	1	3	3	11	60
ZJ	C8	133	713	162	103	238	142	100	40	240	713	36	1	1356	1017	3020	160	706	16535
AH	C1	0	0	0	0	0	0	0	0	0	0	0	0	0	0	0	0	0	0
AH	C2	0	0	0	0	0	0	0	0	0	0	0	0	0	49	0	126	0	0
AH	C3	46	748	30	25	38	9	5	5	3	74	29	2	477	70	158	14	206	2588
AH	C4	350	69	76	29	22	83	73	6	165	42	1	0	40	143	395	5	343	230
AH	C5	74	152	33	112	5	18	148	23	79	147	1	0	44	84	3297	46	741	951
AH	C6	4	35	1	2	0	1	0	1	0	1	0	0	8	30	2	54	1	11
AH	C7	32	10	2	0	0	0	0	0	18	9	0	0	1	1	2	2	7	39
AH	C8	5	111	9	9	5	5	4	6	8	132	1	0	37	26	70	4	11	642
FJ	C1	0	0	0	0	0	0	0	0	0	0	0	0	0	0	0	0	0	0
FJ	C2	0	0	0	0	0	0	0	0	0	0	0	0	0	0	0	0	0	0
FJ	C3	10	1329	7	20	70	10	4	8	14	148	2	0	3252	50	172	60	1034	1141
FJ	C4	1	0	0	0	0	0	0	0	0	0	0	0	0	0	0	0	1	0
FJ	C5	0	0	0	0	0	0	0	0	0	0	0	0	0	0	0	0	0	0
FJ	C6	0	0	0	0	0	0	0	0	0	0	0	0	0	0	0	0	0	0
FJ	C7	0	0	0	0	0	0	0	0	0	0	0	0	0	0	0	0	0	0
FJ	C8	17	111	25	5	31	18	12	5	27	49	7	0	89	82	289	25	172	852
JX	C1	0	0	0	0	0	0	0	0	0	0	454	0	810	61	2	4	26	787
JX	C2	2	0	0	0	0	0	0	0	2	0	0	0	1	0	2	0		0
JX	C3	10	334	6	7	36	7	2	1	7	82	0	0	118	10	25	1	70	160
JX	C4	162	45	36	7	6	19	7	2	14	16	0	0	0	0	1	0	1	1
JX	C5	31	83	10	30	2	6	63	8	32	77	0	0	5	15	768	5	84	141
JX	C6	2	29	1	1	0	1	0	1	0	5	0	0	3	14	1	25	0	5
JX	C7	1	0	0	0	0	0	0	0	1	0	0	0	0	0	0	0	0	1
JX	C8	55	453	123	35	144	78	60	41	130	715	24	0	319	281	1113	77	533	4316

续表

地区	部门	JL	JL	HL	HL	HL	HL	HL	HL	HL	HL	SH	SH	SH	SH	SH	SH	SH	SH
		C7	C8	C1	C2	C3	C4	C5	C6	C7	C8	C1	C2	C3	C4	C5	C6	C7	C8
SD	C1	0	0	0	0	0	0	0	0	0	0	0	0	0	0	0	0	0	0
SD	C2	274	7	0	5	1	36	0	0	133	5	0	0	0	0	0	0	0	0
SD	C3	3	263	1	104	50	20	22	18	7	127	0	7	171	20	16	42	0	41
SD	C4	829	2262	136	38	15	124	16	74	85	226	13	0	104	2214	251	43	179	13248
SD	C5	3	18	34	62	3	20	28	0	7	21	0	0	3	9	172	0	8	32
SD	C6	43	278	17	66	9	20	4	18	7	44	1	0	25	101	21	173	6	59
SD	C7	0	0	0	0	0	0	0	0	0	0	0	0	0	0	0	0	0	0
SD	C8	14	55	0	14	8	8	4	2	13	72	1	0	188	132	307	13	7	2503
HA	C1	0	0	0	0	0	0	0	0	0	0	0	0	0	0	0	0	0	0
HA	C2	0	0	0	0	0	0	0	0	0	0	0	0	0	51	0	132	0	0
HA	C3	5	880	51	23	69	12	5	5	9	146	41	1	343	34	75	8	17	559
HA	C4	4768	302	286	49	44	205	89	7	281	114	221	0	1570	7715	3427	60	2014	5241
HA	C5	12	158	73	133	5	40	55	2	16	94	0	0	1	7	496	0	1	49
HA	C6	0	0	0	0	0	0	0	0	0	0	0	0	0	0	0	0	0	0
HA	C7	1	0	0	0	0	0	0	0	1	0	0	0	0	0	0	0	0	2
HA	C8	84	663	80	18	91	61	33	31	79	568	36	0	393	375	1102	125	790	5204
HB	C1	0	0	0	0	0	0	0	0	0	0	0	0	0	0	0	0	0	0
HB	C2	0	0	0	0	0	0	0	0	0	0	0	0	0	0	0	0	0	0
HB	C3	1	361	26	7	39	7	2	1	5	86	9	0	119	11	27	1	3	252
HB	C4	42	14	148	21	20	76	18	3	44	58	0	0	3	10	28	0	23	17
HB	C5	0	0	1	3	1	1	15	0		12	0	0	1	3	63	0	2	14
HB	C6	5	23	2	9	1	3	1	2	1	5	0	0	1	2	2	4	1	4
HB	C7	14	4	1	0	0	0	0	0	8	4	0	0	0	0	1	1	3	16
HB	C8	1	24	3	2	3	2	2	2	3	29	1	0	8	7	21	2	7	182
HN	C1	0	1	0	0	0	0	0	0	0	0	153	0	274	21	1	1	9	266
HN	C2	0	0	0	0	0	0	0	0	0	0	0	0	0	0	0	0	0	0
HN	C3	5	264	23	54	38	10	11	10	5	79	23	5	219	28	44	29	33	289
HN	C4	37	3	1	6	5	3	13	1	16	4	0	0	3	11	29	0	23	17
HN	C5	2	86	26	62	3	14	60	6	7	80	1	0	42	80	2079	1	6	504
HN	C6	1	9	0	0	0	0	0	0	0	0	0	0	2	9	0	16	0	3
HN	C7	34	11	2	0	0	0	0	1	19	10	0	0	1	1	2	2	8	41
HN	C8	13	241	32	17	31	19	16	15	31	283	5	0	89	64	252	20	103	1151
GD	C1	70	2144	0	0	0	0	0	0	0	0	0	0	0	0	0	0	0	0
GD	C2	3	0	0	0	0	1	0	0	2	0	0	0	0	0	0	0	0	0
GD	C3	340	3237	25	121	88	27	26	22	17	220	59	11	3435	418	980	76	346	7509
GD	C4	235	18	12	14	0	12	22	9	26	29	4	0	222	770	2119	28	1674	1268
GD	C5	15	359	18	85	3	10	112	11	13	182	6	0	209	482	18080	7	23	3182
GD	C6	24	179	9	25	4	8	2	7	3	18	1	0	28	112	12	195	4	48
GD	C7	0	0	0	0	0	0	0	0	0	0	0	0	0	0	0	0	0	0
GD	C8	5	30	515	125	789	337	334	73	721	774	14	0	578	392	3875	10	655	2138
GX	C1	0	6	0	0	0	0	0	0	0	0	0	0	0	0	0	0	0	0
GX	C2	0	0	0	0	0	0	0	0	1	0	0	0	0	0	0	0	0	0
GX	C3	106	369	14	3	19	4	1	0	3	40	26	0	193	27	62	1	143	443
GX	C4	1	0	3	1	1	3	1	2	2	6	0	0	0	0	0	0	0	0
GX	C5	3	18	4	9	1	2	25	3	4	24	0	0	16	28	627	0	1	178
GX	C6	1	3	0	1	0	0	0	0	0	0	0	0	0	0	0	0	0	0
GX	C7	83	27	4	0	0	0	0	1	47	23	0	0	2	2	5	5	19	99
GX	C8	10	127	135	37	184	83	80	26	174	326	5	0	143	100	902	6	163	812
HI	C1	2	51	0	0	0	0	0	0	0	0	0	0	0	0	0	0	0	0
HI	C2	0	0	0	0	0	0	0	0	0	0	0	0	0	0	0	0	0	0
HI	C3	1	60	3	1	15	2	1	0	4	34	3	0	18	2	5	0	4	39
HI	C4	53	1	54	18	5	51	1	41	17	119	1	0	12	250	240	4	813	1028
HI	C5	2	2	0	0	0	0	3	0	2	2	0	0	0	0	0	0	0	0
HI	C6	0	3	0	0	0	0	0	0	0	1	0	0	0	0	0	0	0	0
HI	C7	23	8	1	0	0	0	0	0	13	7	0	0	1	1	1	1	5	28
HI	C8	32	309	93	24	97	52	41	23	92	335	12	0	171	148	659	38	279	1684

地区	部门	JL C7	JL C8	HL C1	HL C2	HL C3	HL C4	HL C5	HL C6	HL C7	HL C8	SH C1	SH C2	SH C3	SH C4	SH C5	SH C6	SH C7	SH C8
CQ	C1	1	41	0	0	0	0	0	0	0	0	0	0	0	0	0	0	0	0
CQ	C2	82	2	0	2	0	12	0	0	46	2	0	0	0	0	0	0	0	0
CQ	C3	25	498	13	7	37	6	2	1	7	80	19	0	163	18	42	1	58	284
CQ	C4	5040	77	62	14	12	34	17	5	28	33	0	0	24	83	229	3	184	137
CQ	C5	31	171	18	68	3	10	106	14	33	117	2	0	71	128	3218	4	43	838
CQ	C6	37	249	16	64	9	20	4	18	6	53	1	0	11	48	18	79	5	40
CQ	C7	111	36	5	1	0	1	0	2	63	32	1	0	3	3	7	7	25	134
CQ	C8	18	352	52	21	20	18	13	23	31	513	6	0	44	44	147	11	75	1408
SC	C1	0	2	0	0	0	0	0	0	0	0	165	0	295	22	1	2	10	287
SC	C2	0	0	0	0	0	0	0	0	0	0	0	0	24	0	62	0	0	0
SC	C3	16	153	24	16	29	6	3	3	4	57	8	1	84	10	21	4	45	106
SC	C4	0	1	12	1	1	6	1	0	3	5	0	0	0	0	0	0	0	0
SC	C5	1	61	11	28	1	7	23	1	3	50	0	0	1	5	351	0	1	35
SC	C6	21	136	9	40	5	12	3	11	4	32	1	0	2	11	10	16	3	19
SC	C7	24	8	1	0	0	0	0	0	13	7	0	0	1	1	2	1	5	28
SC	C8	5	126	14	8	9	7	5	8	13	140	3	0	16	14	48	4	19	673
GZ	C1	2	54	0	0	0	0	0	0	0	0	0	0	0	0	0	0	0	0
GZ	C2	0	0	0	24	3	166	1	0	608	25	0	0	0	328	0	853	1	1
GZ	C3	4	231	10	2	10	3	1	0	1	26	9	0	64	11	25	0	23	392
GZ	C4	71	114	423	45	47	214	24	7	97	159	0	0	1	3	8	0	6	5
GZ	C5	6	7	0	5	0	0	9	2	7	5	0	0	0	0	8	0	2	4
GZ	C6	4	25	2	8	1	2	1	2	1	6	0	0	1	2	2	3	1	4
GZ	C7	29	9	1	0	0	0	0	0	16	8	0	0	1	1	2	2	7	34
GZ	C8	19	167	76	27	114	54	48	16	107	299	7	0	225	167	782	24	177	2314
YN	C1	0	3	0	0	0	0	0	0	0	0	0	0	0	0	0	0	0	0
YN	C2	0	0	0	0	0	0	0	0	0	0	0	0	0	365	0	948	1	1
YN	C3	1	154	12	1	14	1	0	0	2	28	15	0	77	10	22	1	0	181
YN	C4	0	0	3	1	0	2	0	1	1	3	0	0	0	0	0	0	0	0
YN	C5	0	1	0	0	0	0	0	0	0	0	0	0	0	0	0	0	0	0
YN	C6	4	23	2	8	1	2	1	2	1	5	0	0	1	2	2	3	1	4
YN	C7	2	0	0	0	0	0	0	0	1	0	0	0	0	0	0	0	0	2
YN	C8	3	25	3	3	3	3	2	2	4	49	1	0	27	20	52	3	13	412
TB	C1	0	4	0	0	0	0	0	0	0	0	0	0	0	0	0	0	0	0
TB	C2	0	0	0	0	0	0	0	0	0	0	0	0	0	0	0	0	0	0
TB	C3	0	3	1	0	1	0	0	0	0	1	0	0	1	0	0	0	0	3
TB	C4	0	0	0	0	0	0	0	0	0	0	0	0	0	0	0	0	0	0
TB	C5	0	0	0	0	0	0	0	0	0	0	0	0	0	0	0	0	0	0
TB	C6	0	1	0	0	0	0	0	0	0	0	0	0	0	0	0	0	0	0
TB	C7	2	1	0	0	0	0	0	0	1	1	0	0	0	0	0	0	1	3
TB	C8	4	39	6	3	3	3	2	2	4	31	1	0	15	12	34	3	15	177
SN	C1	0	4	0	0	0	0	0	0	0	0	0	0	0	0	0	0	0	0
SN	C2	546	14	0	4	0	25	0	0	93	4	0	0	0	117	0	303	0	0
SN	C3	4	546	18	17	41	9	4	3	7	91	28	1	203	24	53	5	13	438
SN	C4	71	8	34	15	10	34	28	8	57	32	18	0	139	669	374	6	238	487
SN	C5	26	24	18	35	2	10	56	8	27	45	0	0	7	13	323	2	35	94
SN	C6	32	189	14	58	8	17	4	15	6	39	1	0	7	30	16	49	4	32
SN	C7	101	33	5	1	0	0	0	2	58	29	1	0	2	2	6	6	23	122
SN	C8	7	64	255	69	370	160	158	37	340	416	8	0	315	217	1908	9	336	1685
GS	C1	0	0	0	0	0	0	0	0	0	0	3	0	5	0	0	0	0	4
GS	C2	0	0	0	0	0	0	0	0	0	0	0	0	0	0	0	0	0	0
GS	C3	0	19	0	11	3	3	2	2	0	15	0	1	8	1	0	3	0	3
GS	C4	23	2	5	8	5	16	21	4	43	11	0	0	1	2	7	0	5	4
GS	C5	0	13	0	1	0	0	2	0	0	5	0	0	0	0	2	0	0	1
GS	C6	2	9	1	3	0	1	0	1	0	2	0	0	0	1	1	1	0	1
GS	C7	12	4	1	0	0	0	0	0	7	3	0	0	0	0	1	1	3	14
GS	C8	5	50	12	4	11	7	5	4	12	49	1	0	20	18	77	5	36	180

续表

地区	部门	JL	JL	HL	HL	HL	HL	HL	HL	HL	HL	SH	SH	SH	SH	SH	SH	SH	SH
		C7	C8	C1	C2	C3	C4	C5	C6	C7	C8	C1	C2	C3	C4	C5	C6	C7	C8
QH	C1	1	25	0	0	0	0	0	0	0	0	0	0	0	0	0	0	0	0
QH	C2	0	0	0	0	0	0	0	0	0	0	0	0	0	0	0	0	0	0
QH	C3	0	0	0	0	0	0	0	0	0	0	0	0	0	0	0	0	0	0
QH	C4	0	0	0	3	2	15	17	1	45	1	0	0	0	0	0	0	0	0
QH	C5	0	0	0	0	0	0	0	0	0	0	0	0	0	0	0	0	0	0
QH	C6	0	0	0	0	0	0	0	0	0	0	0	0	0	0	0	0	0	0
QH	C7	0	0	0	0	0	0	0	0	0	0	0	0	0	0	0	0	0	0
QH	C8	0	0	0	0	0	0	0	0	0	0	0	0	0	0	0	0	0	3
NX	C1	0	0	0	0	0	0	0	0	0	0	0	0	0	0	0	0	0	0
NX	C2	0	0	0	0	0	0	0	0	0	0	0	0	0	8	0	21	0	0
NX	C3	0	115	5	4	14	1	0	0	0	14	2	0	42	3	8	0	0	36
NX	C4	15	45	15	7	4	29	22	4	61	16	0	0	0	0	0	0	0	0
NX	C5	1	1	0	4	0	0	5	1	3	2	0	0	0	0	5	0	0	2
NX	C6	4	31	2	7	1	2	0	2	1	8	0	0	0	2	2	3	0	3
NX	C7	0	0	0	0	0	0	0	0	0	0	0	0	0	0	0	0	0	0
NX	C8	0	0	0	0	0	0	0	0	0	0	0	0	0	0	0	0	0	0
XJ	C1	0	0	0	0	0	0	0	0	0	0	0	0	0	0	0	0	0	0
XJ	C2	0	0	0	0	0	0	0	0	0	0	0	0	0	2	0	5	0	0
XJ	C3	0	54	0	3	7	1	0	0	0	5	0	0	22	1	3	0	0	5
XJ	C4	44	2	72	19	7	59	2	39	21	119	1	0	10	205	163	3	540	919
XJ	C5	12	8	0	2	0	0	12	2	12	7	0	0	0	0	27	1	15	11
XJ	C6	9	65	4	18	2	5	1	5	2	16	0	0	1	5	5	7	1	8
XJ	C7	0	0	0	0	0	0	0	0	0	0	0	0	0	0	0	0	0	0
XJ	C8	13	94	13	3	13	9	4	4	10	36	5	0	64	59	169	20	120	629
USA	C1	2	3	0	0	1	0	0	0	0	0	6	0	84	10	0	0	6	21
USA	C2	0	0	0	0	0	0	0	0	0	0	0	0	1	177	4	7	6	2
USA	C3	1	2	4	0	7	1	0	0	1	4	7	0	292	52	54	2	114	213
USA	C4	9	3	2	1	1	15	2	0	3	1	86	0	502	4124	1852	19	980	575
USA	C5	2	23	4	3	1	3	12	0	2	19	21	0	124	291	4917	72	246	1764
USA	C6	0	0	0	0	0	0	0	0	0	0	0	0	0	0	0	0	0	0
USA	C7	0	0	0	0	0	0	0	0	0	0	0	0	0	0	0	0	0	0
USA	C8	216	1043	214	34	80	87	7	18	25	28	19	0	1035	2177	4701	50	1011	3471
EU	C1	0	1	3	0	5	1	0	0	0	1	2	0	28	6	1	0	3	7
EU	C2	0	0	0	0	0	1	0	0	0	0	0	0	1	65	3	0	22	2
EU	C3	8	22	28	2	58	19	2	1	4	64	33	0	869	209	235	29	175	814
EU	C4	152	48	5	3	3	37	7	0	25	4	207	0	883	5951	2463	47	1956	1786
EU	C5	110	877	15	15	2	22	81	3	21	79	44	1	239	941	8524	245	1023	2084
EU	C6	0	0	0	4	4	8	4	0	0	6	0	0	0	0	0	0	0	0
EU	C7	0	0	0	0	0	0	0	0	0	0	0	0	0	4	4	0	0	2
EU	C8	324	1689	157	44	53	100	9	23	36	43	17	0	890	2499	4635	78	1431	4540
ROW	C1	9	10	68	0	256	87	1	1	33	37	20	0	318	47	3	1	29	56
ROW	C2	13	4	1	57	13	5063	14	454	16	16	1	0	49	10280	214	1313	105	75
ROW	C3	10	32	33	1	163	44	6	1	69	41	75	0	2267	333	325	32	286	1287
ROW	C4	44	15	19	5	6	171	6	2	19	7	345	0	2098	19041	9835	138	4684	2678
ROW	C5	44	234	8	11	2	17	35	3	14	25	61	1	504	1618	28134	986	2150	8941
ROW	C6	0	1	0	67	19	97	8	1	1	15	0	0	0	0	0	0	0	3
ROW	C7	0	0	0	0	0	0	0	0	0	0	0	0	1	5	3	0	0	3
ROW	C8	914	3986	584	153	204	1303	28	198	103	97	57	0	3401	8984	20741	426	3801	11555
CHN	TAXSUB	1062	2864	-493	791	282	1282	1479	248	844	1580	-1	2	596	4219	8387	964	1353	9741
USA	TAXSUB	0	0	0	0	0	0	0	0	0	0	0	0	0	0	0	0	0	0
EU	TAXSUB	0	0	0	0	0	0	0	0	0	0	0	0	0	0	0	0	0	0
ROW	TAXSUB	0	0	0	0	0	0	0	0	0	0	0	0	0	0	0	0	0	0
VA		13715	93861	42537	14592	8626	10121	3313	6478	11653	119342	1510	24	20428	31996	43118	6319	11845	290221
TI		44870	164472	95673	29621	55855	39146	15606	17699	41682	181237	5011	95	63130	126484	247073	23388	83849	565397

地区	部门	JS C1	JS C2	JS C3	JS C4	JS C5	JS C6	JS C7	JS C8	ZJ C1	ZJ C2	ZJ C3	ZJ C4	ZJ C5	ZJ C6	ZJ C7	ZJ C8	AH C1	AH C2
BJ	C1	0	0	0	0	0	0	0	0	12	0	55	2	0	0	20	29	24	0
BJ	C2	0	0	0	35	1	0	0	0	0	0	0	54	16	0	0	0	0	0
BJ	C3	66	0	123	64	56	2	11	100	69	0	176	57	6	2	8	182	0	1
BJ	C4	0	0	1	10	18	0	5	2	165	6	787	2328	597	37	211	454	2	5
BJ	C5	3	0	3	10	389	1	11	184	4	0	6	11	263	1	4	67	4	5
BJ	C6	0	0	3	15	4	11	1	2	0	0	0	0	0	0	0	0	37	189
BJ	C7	0	0	0	0	1	1	35	9	0	0	0	0	0	1	8	5	0	0
BJ	C8	591	26	1844	4534	8253	339	10084	5109	142	16	820	690	663	123	117	1431	302	148
TJ	C1	0	0	0	0	0	0	0	0	0	0	0	0	0	0	0	0	0	0
TJ	C2	0	0	0	0	0	0	0	0	0	0	91	8387	15	595	0	18	0	0
TJ	C3	51	0	99	49	43	1	3	79	26	0	115	23	3	2	5	76	0	1
TJ	C4	1	6	102	2352	1967	5	503	4	71	3	343	1023	283	16	155	198	1	0
TJ	C5	2	0	2	9	255	1	9	115	1	0	1	1	103	0	0	25	0	1
TJ	C6	0	0	0	0	0	0	0	0	0	0	0	0	0	2	0	3	0	0
TJ	C7	0	0	0	0	0	0	10	2	0	0	0	0	0	0	2	1	0	0
TJ	C8	110	5	519	1030	1436	88	1218	809	60	7	422	350	314	48	39	705	81	20
HE	C1	148	0	604	69	1	0	12	26	1183	0	5679	223	5	13	2100	2952	1	0
HE	C2	0	8	11	5472	108	0	0	5	0	8	0	1002	289	0	0	3	0	0
HE	C3	82	1	171	79	71	2	21	123	39	1	7220	581	316	3	10	402	0	1
HE	C4	16	24	424	9272	7633	18	1957	26	1	1	57	297	394	4	269	13	13	49
HE	C5	2	0	4	15	231	1	15	84	3	0	4	7	115	0	2	25	3	5
HE	C6	0	0	1	2	0	1	1	0	0	0	0	0	0	3	0	5	0	0
HE	C7	0	0	0	0	0	0	2	1	0	0	0	0	0	0	1	0	0	0
HE	C8	101	5	478	916	939	111	516	916	68	10	486	412	371	85	67	1332	45	17
SX	C1	0	0	0	0	0	0	0	0	0	0	0	0	0	0	0	0	0	0
SX	C2	17	343	344	3960	10	4599	3	45	0	36	1012	2562	282	14710	30	51	3	301
SX	C3	0	0	2	1	1	0	0	3	0	0	1	0	0	0	0	0	0	0
SX	C4	6	1	11	152	17	10	7	42	0	0	0	1	0	0	2	5	1	3
SX	C5	0	0	0	0	0	1	0	0	0	0	0	0	0	0	0	0	0	0
SX	C6	0	0	0	1	0	0	0	0	0	0	0	0	0	0	0	0	1	7
SX	C7	0	0	0	0	0	0	0	0	0	0	0	0	0	0	0	0	0	0
SX	C8	28	2	149	250	217	35	72	162	24	3	160	132	119	19	15	208	14	5
IM	C1	57	0	233	27	0	0	4	10	32	0	151	6	0	0	56	79	1405	1
IM	C2	0	0	0	7	0	4	0	0	0	0	0	1	0	0	0	0	0	2
IM	C3	83	0	132	77	66	2	1	116	122	0	449	114	18	2	5	321	0	0
IM	C4	1	3	44	1025	850	2	241	1	0	0	2	16	15	0	14	0	0	1
IM	C5	0	0	0	0	36	0	20	0	0	0	0	0	29	0	0	7	0	0
IM	C6	0	0	0	2	0	1	0	0	0	0	0	0	0	6	0	11	4	20
IM	C7	0	0	0	0	0	0	9	2	0	0	0	0	0	0	2	1	0	0
IM	C8	42	2	222	409	449	43	249	316	31	4	216	180	160	26	22	309	22	5
LN	C1	130	0	530	61	0	0	10	23	16	0	78	3	0	0	29	40	254	0
LN	C2	0	0	0	0	0	0	0	0	0	0	0	0	0	1	0	0	0	0
LN	C3	10	0	31	11	10	0	3	17	1	0	23	2	1	0	4	6	0	1
LN	C4	3	1	4	98	18	8	6	31	117	4	557	1648	411	26	145	322	53	179
LN	C5	1	0	0	0	152	0	1	83	1	0	2	3	96	0	1	22	1	1
LN	C6	0	0	2	7	1	2	2	0	0	0	0	0	0	0	0	0	2	8
LN	C7	1	0	0	1	1	2	47	12	0	0	0	0	0	1	11	6	0	0
LN	C8	272	27	392	1030	787	336	1648	2815	81	10	302	275	326	110	118	1151	79	143
JL	C1	258	0	1051	120	1	0	20	46	0	0	0	0	0	0	0	0	316	0
JL	C2	0	2	3	1401	28	1	0	1	0	3	2	441	126	28	0	2	0	0
JL	C3	301	3	658	294	269	7	148	433	852	2	3307	806	129	15	32	2241	0	1
JL	C4	1	5	86	1997	1668	4	427	3	327	12	1557	4607	1172	73	414	899	2	1
JL	C5	3	0	4	13	355	1	13	160	5	1	7	14	187	1	4	40	6	8
JL	C6	0	0	16	55	5	14	18	4	0	0	0	0	0	9	0	15	8	35
JL	C7	0	0	0	0	0	0	0	0	0	0	0	0	0	0	0	0	0	0
JL	C8	87	5	373	775	746	95	357	1045	51	9	378	327	298	75	66	1021	37	15

地区	部门	JS C1	JS C2	JS C3	JS C4	JS C5	JS C6	JS C7	JS C8	ZJ C1	ZJ C2	ZJ C3	ZJ C4	ZJ C5	ZJ C6	ZJ C7	ZJ C8	AH C1	AH C2
HL	C1	504	0	2055	236	2	0	39	90	0	0	1	0	0	0	0	0	456	0
HL	C2	0	0	0	1	0	0	0	0	0	0	1	6	2	8	0	0	0	0
HL	C3	97	1	219	95	87	2	51	139	115	0	247	93	9	2	10	294	0	0
HL	C4	0	0	0	3	6	0	2	0	0	0	1	3	7	0	3	1	0	0
HL	C5	1	0	0	1	59	0	1	29	0	0	0	1	36	0	0	9	0	0
HL	C6	0	0	3	10	1	3	3	1	0	0	0	0	0	2	0	3	2	11
HL	C7	0	0	0	0	0	0	1	0	0	0	0	0	0	0	0	0	0	0
HL	C8	87	6	252	647	601	95	387	1253	32	6	214	198	193	51	61	869	49	31
SH	C1	0	0	0	0	0	0	0	0	3	0	15	1	0	0	5	8	11	0
SH	C2	0	0	0	0	0	0	0	0	0	0	1	55	0	4	0	0	0	0
SH	C3	259	3	665	269	249	7	145	436	539	1	1441	447	49	16	63	1427	1	2
SH	C4	1	1	13	197	224	1	57	8	449	23	2256	6800	2432	113	1820	1291	3	24
SH	C5	17	2	34	126	2207	6	124	857	69	9	107	202	2700	12	68	596	24	39
SH	C6	0	0	0	0	0	0	0	0	0	0	0	0	0	0	0	0	0	0
SH	C7	1	0	1	1	2	3	68	17	0	0	0	0	0	2	16	9	0	0
SH	C8	527	39	2034	3984	3822	605	2522	4879	302	38	1944	1641	1550	258	262	3416	229	152
JS	C1	17086	10	69674	7991	59	4	1333	3040	124	0	595	23	1	1	220	309	0	0
JS	C2	9	219	216	5183	34	2487	58	40	0	0	0	0	0	0	0	0	0	0
JS	C3	8765	295	111029	18672	16364	506	6633	35158	1	0	2200	163	95	5	35	118	1	2
JS	C4	7516	831	22630	147595	71659	2327	57022	17032	1329	60	9312	41056	26653	461	21057	3676	229	99
JS	C5	2332	545	2409	9772	257913	710	13706	43622	47	11	109	215	5069	281	710	3160	86	124
JS	C6	824	563	4622	25836	6063	18903	2339	2927	0	0	0	0	0	17	0	29	3	10
JS	C7	55	3	42	60	119	158	4237	1079	0	0	0	0	0	0	0	0	0	0
JS	C8	7032	921	35617	59637	82776	7384	36778	110402	61	6	143	140	224	71	100	1727	86	158
ZJ	C1	0	0	0	0	0	0	0	0	3193	1	15329	601	13	36	5668	7966	34	0
ZJ	C2	0	0	0	0	0	0	0	0	0	157	54	3110	120	76	122	18	0	0
ZJ	C3	396	4	1106	483	444	10	171	1032	274	19	43158	3806	3111	584	2333	15967	1	39
ZJ	C4	1	1	7	94	100	1	192	6	413	282	5839	27168	29416	1087	24510	11627	3	1
ZJ	C5	2	2	22	88	578	4	86	43	416	47	2174	4075	64211	903	5199	12781	51	74
ZJ	C6	0	0	9	30	3	7	10	2	2567	378	8126	16251	4045	19974	1147	6071	3	14
ZJ	C7	1	0	0	1	1	2	45	11	48	2	47	37	61	232	2516	1409	0	0
ZJ	C8	107	7	564	1061	942	126	188	1067	6252	533	60291	28982	27687	4182	17714	102596	44	11
AH	C1	0	0	0	0	0	0	0	0	0	0	1	0	0	0	0	1	14753	15
AH	C2	0	0	0	2	0	0	0	0	0	0	0	12	3	0	0	0	24	3115
AH	C3	198	4	1273	440	432	7	255	1392	69	0	1668	165	69	6	35	267	9220	711
AH	C4	97	10	336	2730	1497	19	2141	162	331	108	1951	10199	3560	158	25144	1074	3668	4545
AH	C5	9	0	2	2	994	2	7	540	41	6	66	126	1290	13	60	316	217	365
AH	C6	0	0	28	94	8	22	32	7	0	0	0	0	0	0	0	0	452	2255
AH	C7	0	0	0	0	1	1	29	7	0	0	0	0	0	1	7	4	32	10
AH	C8	9	1	15	58	52	11	63	182	2	1	14	14	17	8	9	122	6903	4245
FJ	C1	0	0	0	0	0	0	0	0	0	0	0	0	0	0	0	0	0	0
FJ	C2	0	0	0	0	0	0	0	0	0	0	0	0	0	0	0	0	0	0
FJ	C3	0	0	56	8	9	1	14	30	0	1	6893	521	298	7	15	313	1	1
FJ	C4	0	0	0	3	3	0	1	0	0	0	3	26	22	0	37	0	0	0
FJ	C5	0	0	0	0	0	0	0	0	0	0	0	0	0	0	0	0	0	0
FJ	C6	0	0	0	0	0	0	0	0	0	0	0	0	0	0	0	0	0	0
FJ	C7	0	0	0	0	0	0	0	0	0	0	0	0	0	0	0	0	0	0
FJ	C8	22	1	138	224	195	27	36	101	22	3	151	125	110	17	12	184	9	2
JX	C1	0	0	0	0	0	0	0	0	0	0	1	0	0	0	0	0	2	0
JX	C2	0	0	0	20	0	0	1	0	0	90	26	2607	342	6	64	13	0	0
JX	C3	0	1	100	13	18	0	41	44	0	0	1450	107	62	3	18	76	1	2
JX	C4	5	28	473	11051	9184	21	2349	10	2	2	50	315	296	7	276	68	0	0
JX	C5	1	0	1	3	168	0	4	83	3	0	5	10	283	1	3	72	2	3
JX	C6	0	0	13	43	3	10	14	3	0	0	0	0	0	6	0	9	1	2
JX	C7	0	0	0	0	0	0	1	0	0	0	0	0	0	0	0	0	0	0
JX	C8	108	7	490	999	962	120	445	1177	68	9	485	415	381	66	69	1526	43	21

地区	部门	JS C1	JS C2	JS C3	JS C4	JS C5	JS C6	JS C7	JS C8	ZJ C1	ZJ C2	ZJ C3	ZJ C4	ZJ C5	ZJ C6	ZJ C7	ZJ C8	AH C1	AH C2
SD	C1	0	0	0	0	0	0	0	0	0	0	0	0	0	0	0	0	0	0
SD	C2	0	29	19	1194	10	1	36	8	0	0	0	0	0	0	0	0	0	0
SD	C3	0	0	12	1	1	0	0	1	0	0	605	47	27	0	0	25	0	1
SD	C4	198	97	913	20676	13053	445	3431	1710	1	0	35	236	207	2	254	5	328	960
SD	C5	1	0	6	25	150	1	24	7	10	2	16	31	172	1	11	26	19	25
SD	C6	1	1	77	262	21	61	87	19	0	0	0	1	0	10	0	16	9	41
SD	C7	0	0	0	0	0	0	0	0	0	0	0	0	0	0	0	0	0	0
SD	C8	0	0	2	2	3	0	1	8	0	0	2	1	2	0	0	8	0	0
HA	C1	0	0	0	0	0	0	0	0	0	0	0	0	0	0	0	0	0	0
HA	C2	1	29	30	1444	22	373	0	5	0	10	216	901	162	3143	6	12	1	86
HA	C3	242	1	397	228	196	6	3	357	133	1	5063	473	218	5	5	547	1	2
HA	C4	584	51	2077	18232	10589	75	3246	754	1112	41	5305	15837	4046	249	1535	3049	2829	956
HA	C5	0	0	0	1	8	0	1	1	157	25	261	494	2837	16	172	447	477	576
HA	C6	0	0	0	0	0	0	0	0	0	0	0	0	0	0	0	0	0	0
HA	C7	0	0	0	0	0	0	1	0	0	0	0	0	0	0	0	0	0	0
HA	C8	126	7	708	1282	1136	148	236	1054	105	13	744	626	558	84	78	1354	42	11
HB	C1	0	0	0	0	0	0	0	0	0	0	0	0	0	0	0	0	0	0
HB	C2	0	0	0	0	0	0	0	0	0	0	0	0	0	0	0	0	0	0
HB	C3	38	0	105	46	41	1	1	102	5	0	4302	333	187	2	2	197	1	2
HB	C4	10	1	29	155	75	1	23	15	0	0	8	22	54	1	22	4	0	0
HB	C5	1	0	2	6	123	0	6	53	1	0	1	1	80	0	0	20	0	0
HB	C6	0	0	0	0	0	0	0	0	0	0	0	0	0	0	0	0	1	4
HB	C7	0	0	0	0	0	0	12	3	0	0	0	0	0	0	3	2	0	0
HB	C8	8	1	23	84	74	8	16	203	2	1	17	19	19	5	9	113	2	1
HN	C1	0	0	0	0	0	0	0	0	1	0	7	0	0	0	2	4	7	0
HN	C2	0	0	0	0	0	0	0	0	0	0	0	0	0	0	0	0	0	0
HN	C3	120	1	218	114	100	3	20	172	94	0	227	78	9	2	12	246	0	1
HN	C4	47	2	135	691	223	5	76	62	0	0	10	25	59	1	25	5	0	0
HN	C5	3	0	3	12	312	1	13	136	19	3	31	59	548	3	20	111	24	29
HN	C6	0	0	9	29	2	7	10	2	0	0	0	0	0	0	0	0	0	0
HN	C7	0	0	0	0	1	1	30	8	0	0	0	0	0	1	7	4	0	0
HN	C8	20	1	93	207	195	28	103	344	13	4	116	102	94	45	31	517	15	4
GD	C1	0	0	1	0	0	0	0	0	369	0	1771	69	1	4	655	920	180	0
GD	C2	0	0	0	0	0	0	0	0	0	0	0	0	0	0	0	0	0	0
GD	C3	340	5	1046	411	390	8	260	822	962	4	15195	1795	650	19	41	3005	1	21
GD	C4	0	0	2	17	33	0	8	3	1146	43	5461	16152	4119	257	1456	3153	2	1
GD	C5	3	0	5	17	414	1	17	179	15	2	149	396	14040	58	138	4289	13	18
GD	C6	1	1	97	330	26	76	110	23	0	0	0	1	0	5	0	8	5	22
GD	C7	0	0	0	0	0	0	0	0	0	0	0	0	0	0	0	0	0	0
GD	C8	8	0	54	84	93	9	16	39	7	1	47	39	35	5	4	58	62	13
GX	C1	0	0	0	0	0	0	0	0	4	0	19	1	0	0	7	10	12	0
GX	C2	0	0	0	1	0	0	0	0	0	0	0	7	2	0	0	0	0	0
GX	C3	171	2	458	178	169	4	135	277	389	1	796	314	29	7	23	995	0	1
GX	C4	0	1	18	410	330	1	280	2	0	0	0	0	0	0	0	0	0	0
GX	C5	1	0	1	1	129	0	2	68	1	0	1	1	87	0	0	21	0	0
GX	C6	0	0	0	0	0	0	0	0	0	0	0	0	0	0	0	0	0	0
GX	C7	1	0	1	1	2	3	73	19	0	0	0	0	0	2	18	10	0	0
GX	C8	42	4	74	216	183	49	231	550	12	2	52	50	58	14	22	277	25	23
HI	C1	0	0	0	0	0	0	0	0	21	0	103	4	0	0	38	54	34	0
HI	C2	0	0	0	13	0	0	0	0	0	0	0	33	10	0	0	0	0	0
HI	C3	16	0	29	15	13	0	1	22	14	0	37	12	2	0	3	38	0	0
HI	C4	0	0	1	26	21	0	5	0	0	0	1	10	4	0	35	1	0	0
HI	C5	0	0	0	0	3	0	0	2	0	0	0	0	8	0	0	2	0	0
HI	C6	0	0	0	0	0	0	0	0	0	0	0	0	0	1	0	2	0	0
HI	C7	0	0	0	0	1	1	21	5	0	0	0	0	0	0	5	3	0	0
HI	C8	78	6	261	564	481	91	277	873	39	5	249	217	207	37	44	535	27	23

地区	部门	JS C1	JS C2	JS C3	JS C4	JS C5	JS C6	JS C7	JS C8	ZJ C1	ZJ C2	ZJ C3	ZJ C4	ZJ C5	ZJ C6	ZJ C7	ZJ C8	AH C1	AH C2
CQ	C1	0	0	0	0	0	0	0	0	18	0	88	3	0	0	32	46	31	0
CQ	C2	0	0	8	689	5	104	0	2	0	1	1	194	41	4	0	1	0	0
CQ	C3	134	1	280	132	119	3	46	204	254	1	1082	246	42	5	15	678	0	1
CQ	C4	3	18	299	6982	5805	13	1485	7	0	0	11	28	68	1	29	5	0	0
CQ	C5	3	0	4	14	343	1	14	149	4	1	7	14	261	1	5	65	5	8
CQ	C6	0	0	28	97	8	23	32	7	0	0	1	0	0	23	0	38	8	35
CQ	C7	1	0	1	1	3	4	99	25	0	0	0	0	1	2	24	13	0	0
CQ	C8	98	8	194	629	705	94	733	1466	20	3	100	103	117	21	50	589	31	37
SC	C1	0	0	0	0	0	0	0	0	2	0	7	0	0	0	3	4	7	0
SC	C2	0	0	0	0	0	0	0	0	0	0	0	36	10	0	0	0	0	0
SC	C3	34	1	104	35	34	1	35	49	7	0	40	8	2	0	8	22	0	0
SC	C4	1	0	3	14	4	0	2	1	0	0	0	0	0	0	0	0	0	0
SC	C5	0	0	0	2	11	0	2	1	2	0	3	7	101	0	2	27	2	2
SC	C6	0	0	0	2	0	1	0	0	0	0	0	0	0	13	0	22	5	20
SC	C7	0	0	0	0	1	1	21	5	0	0	0	0	0	0	5	3	0	0
SC	C8	31	3	63	241	208	32	115	651	5	2	38	44	48	14	27	305	8	10
GZ	C1	0	0	0	0	0	0	0	0	22	0	107	4	0	0	40	56	35	0
GZ	C2	0	0	0	1	0	1	0	0	0	3	8	74	3	105	3	1	0	0
GZ	C3	45	0	135	60	55	1	13	143	37	0	129	32	4	2	8	103	0	3
GZ	C4	103	10	382	3621	2214	14	607	132	1	0	5	14	20	0	8	3	69	21
GZ	C5	0	0	0	0	6	0	0	1	0	0	0	0	0	0	0	0	0	0
GZ	C6	0	0	0	0	0	0	0	0	0	0	0	0	0	1	0	2	1	4
GZ	C7	0	0	0	0	1	1	26	6	0	0	0	0	0	1	6	3	0	0
GZ	C8	18	1	94	179	161	21	40	199	13	2	98	84	76	15	13	199	14	4
YN	C1	0	0	0	0	0	0	0	0	3	0	12	0	0	0	4	6	10	0
YN	C2	0	0	0	1	0	1	0	0	0	0	6	15	2	84	0	0	0	0
YN	C3	91	0	138	84	72	2	1	126	137	0	262	109	9	2	3	347	0	0
YN	C4	0	2	27	624	518	1	132	0	0	0	8	62	61	0	54	0	0	2
YN	C5	0	0	0	0	0	0	0	0	0	0	0	0	0	0	0	0	0	0
YN	C6	0	0	0	0	0	0	0	0	0	0	0	0	0	0	0	0	1	4
YN	C7	0	0	0	0	0	0	0	0	0	0	0	0	0	0	0	0	0	0
YN	C8	4	0	13	32	28	5	18	58	2	0	12	10	10	2	3	51	1	2
TB	C1	0	0	0	0	0	0	0	0	3	0	16	1	0	0	6	8	11	0
TB	C2	0	0	0	0	0	0	0	0	0	0	0	5	1	0	0	0	0	0
TB	C3	1	0	1	1	1	0	0	1	1	0	0	0	0	0	0	0	0	0
TB	C4	0	0	0	0	0	0	0	0	0	0	0	0	0	0	0	0	0	0
TB	C5	0	0	0	0	0	0	0	0	0	0	0	0	0	0	0	0	0	0
TB	C6	0	0	0	0	0	0	0	0	0	0	0	0	0	0	0	0	0	0
TB	C7	0	0	0	0	0	0	2	1	0	0	0	0	0	0	0	0	0	0
TB	C8	12	1	24	57	46	14	61	125	4	0	20	18	19	4	5	54	3	5
SN	C1	0	0	0	0	0	0	0	0	3	0	15	1	0	0	6	8	11	0
SN	C2	10	195	196	3372	28	2594	2	26	0	3	0	370	107	2	0	1	1	94
SN	C3	207	1	345	198	171	5	9	317	375	1	1644	369	65	7	14	995	0	1
SN	C4	29	13	208	3964	2942	32	764	121	1	1	25	131	152	4	121	42	23	80
SN	C5	1	0	2	7	171	0	7	77	4	1	6	11	140	1	4	29	5	6
SN	C6	0	0	13	47	4	12	15	3	0	0	0	0	0	9	0	16	7	30
SN	C7	1	0	1	1	3	3	90	23	0	0	0	0	1	2	22	12	0	0
SN	C8	32	1	103	251	475	17	557	275	6	1	40	34	32	7	6	77	47	13
GS	C1	55	0	223	26	0	0	4	10	0	0	0	0	0	0	0	0	213	0
GS	C2	0	0	0	0	0	0	0	0	0	0	0	0	0	0	0	0	0	0
GS	C3	0	0	4	0	0	0	0	1	0	0	0	0	0	0	0	0	0	0
GS	C4	2	12	195	4553	3783	9	968	5	0	0	15	97	106	1	85	2	1	11
GS	C5	0	0	0	0	1	0	0	0	0	0	0	0	0	0	0	0	0	0
GS	C6	0	0	0	0	0	0	0	0	0	0	0	0	0	0	0	0	0	2
GS	C7	0	0	0	0	0	0	10	3	0	0	0	0	0	0	2	1	0	0
GS	C8	14	1	37	77	63	17	67	133	6	1	34	30	30	6	7	73	5	6

地区	部门	JS C1	JS C2	JS C3	JS C4	JS C5	JS C6	JS C7	JS C8	ZJ C1	ZJ C2	ZJ C3	ZJ C4	ZJ C5	ZJ C6	ZJ C7	ZJ C8	AH C1	AH C2
QH	C1	0	0	0	0	0	0	0	0	12	0	58	2	0	0	21	30	23	0
QH	C2	0	0	3	197	0	43	0	1	0	0	0	26	0	2	0	0	0	0
QH	C3	0	0	0	0	0	0	0	0	0	0	0	0	0	0	0	0	0	0
QH	C4	0	1	12	277	230	1	59	0	0	0	3	22	21	0	19	0	0	1
QH	C5	0	0	0	0	0	0	0	0	0	0	0	0	0	0	0	0	0	0
QH	C6	0	0	0	0	0	0	0	0	0	0	0	0	0	0	0	0	0	0
QH	C7	0	0	0	0	0	0	0	0	0	0	0	0	0	0	0	0	0	0
QH	C8	0	0	1	2	2	0	0	6	0	0	0	0	0	0	0	2	0	0
NX	C1	0	0	0	0	0	0	0	0	0	0	0	0	0	0	0	0	0	0
NX	C2	0	0	0	0	0	0	0	0	0	0	0	0	0	0	0	0	0	2
NX	C3	12	0	27	12	10	0	0	19	6	0	336	29	15	0	0	28	0	0
NX	C4	1	1	19	428	352	1	90	1	0	0	1	9	9	0	8	0	1	16
NX	C5	0	0	0	0	6	0	0	1	0	0	0	0	0	0	0	0	0	0
NX	C6	0	0	0	0	0	0	0	0	0	0	0	0	0	5	0	9	1	4
NX	C7	0	0	0	0	0	0	0	0	0	0	0	0	0	0	0	0	0	0
NX	C8	0	0	0	0	0	0	0	0	0	0	0	0	0	0	0	0	0	0
XJ	C1	0	0	0	0	0	0	0	0	0	0	0	0	0	0	0	0	1	0
XJ	C2	0	1	118	7845	14	1717	0	35	0	0	17	1593	3	113	0	3	0	1
XJ	C3	0	0	4	0	0	0	0	0	0	0	2207	171	97	0	0	91	0	0
XJ	C4	17	22	393	8477	6925	17	1777	24	0	0	6	48	44	0	57	0	1	0
XJ	C5	0	0	0	0	0	0	0	0	0	0	0	0	0	0	0	0	0	0
XJ	C6	0	0	0	1	0	1	0	0	0	0	0	0	0	8	0	13	2	9
XJ	C7	0	0	0	0	0	0	0	0	0	0	0	0	0	0	0	0	0	0
XJ	C8	19	1	108	179	157	24	40	102	17	2	121	100	89	18	12	184	7	2
USA	C1	403	0	1584	181	0	1	38	117	31	0	140	19	0	0	9	36	16	0
USA	C2	1	2	4	648	8	55	6	3	0	0	2	428	4	91	3	6	1	30
USA	C3	50	1	325	60	27	2	40	101	18	0	395	46	29	4	77	226	18	1
USA	C4	421	14	514	3447	1027	25	330	244	111	6	222	1182	218	49	249	552	40	17
USA	C5	63	11	99	197	3304	100	81	320	7	1	25	25	281	13	22	188	4	11
USA	C6	0	0	0	0	0	0	0	0	0	0	0	0	0	0	0	0	0	0
USA	C7	0	0	0	0	0	0	0	0	0	0	0	0	0	0	0	0	0	0
USA	C8	0	0	1	13	1	0	0	9	63	0	846	621	283	2	101	221	0	0
EU	C1	26	0	90	23	2	0	4	10	17	0	77	15	2	1	6	20	1	0
EU	C2	0	1	3	131	15	1	23	1	0	0	1	44	7	1	4	1	0	10
EU	C3	133	5	1234	233	137	35	97	386	56	1	872	122	91	33	66	623	35	5
EU	C4	716	29	830	5046	1495	35	797	548	213	6	380	1668	375	34	393	615	57	27
EU	C5	214	64	292	989	7637	319	453	671	19	3	51	126	840	61	115	238	12	36
EU	C6	0	0	0	0	0	0	0	0	0	0	0	0	0	0	0	0	0	0
EU	C7	0	0	0	0	0	0	0	0	0	0	0	0	0	0	0	0	0	0
EU	C8	0	0	0	9	1	0	1	16	42	0	914	646	294	2	136	297	0	0
ROW	C1	1678	1	6068	856	8	4	197	362	160	0	704	112	4	2	55	130	117	1
ROW	C2	5	59	110	24291	478	2127	262	76	3	7	86	9865	176	3104	94	108	1	417
ROW	C3	719	7	5376	675	287	54	249	1074	165	1	3721	319	216	56	243	1554	77	15
ROW	C4	3725	159	4678	27050	6153	226	3479	1477	1162	50	2699	12645	3101	451	2774	2714	183	117
ROW	C5	426	163	1009	2679	55799	2410	1632	5205	37	6	119	269	3010	232	274	1199	60	208
ROW	C6	0	0	0	0	0	0	0	0	0	0	0	0	0	0	0	0	0	0
ROW	C7	0	0	0	0	0	0	0	0	0	0	0	0	0	0	0	0	0	0
ROW	C8	0	0	1	27	3	0	1	34	161	1	3500	4399	1318	8	386	685	0	1
CHN	TAXSUB	−4319	194	6338	14558	22870	2864	2382	12317	−2336	204	6300	7885	13327	3169	1947	8210	−2	972
USA	TAXSUB	0	0	0	0	0	0	0	0	0	0	0	0	0	0	0	0	0	0
EU	TAXSUB	0	0	0	0	0	0	0	0	0	0	0	0	0	0	0	0	0	0
ROW	TAXSUB	0	0	0	0	0	0	0	0	0	0	0	0	0	0	0	0	0	0
VA		66788	3252	72013	156762	159327	27781	66233	603278	33071	1283	76472	78257	64831	21719	48489	348586	34047	10683
TI		122639	8479	376117	661737	797822	81623	242392	878600	58883	3688	335804	337540	300287	78220	174249	584677	78742	33076

续表

地区	部门	AH C3	AH C4	AH C5	AH C6	AH C7	AH C8	FJ C1	FJ C2	FJ C3	FJ C4	FJ C5	FJ C6	FJ C7	FJ C8	JX C1	JX C2	JX C3	JX C4
BJ	C1	65	4	0	0	1	3	1	0	3	0	0	0	0	0	1	0	3	0
BJ	C2	0	0	0	0	0	0	0	0	4	0	31	3	0	0	0	18	3	191
BJ	C3	21	2	3	1	0	11	24	0	79	8	1	1	0	43	1	5	53	6
BJ	C4	13	269	193	0	76	2	0	0	0	0	0	0	0	0	1	2	3	19
BJ	C5	4	26	348	38	12	64	21	1	13	15	287	6	37	110	12	2	11	12
BJ	C6	136	785	205	201	102	145	0	0	0	0	0	0	0	0	95	713	476	1511
BJ	C7	0	0	0	0	10	1	0	0	0	0	0	0	0	0	0	0	0	0
BJ	C8	522	1092	1440	86	3135	3890	0	0	1	0	0	0	0	2	264	36	822	704
TJ	C1	0	0	0	0	0	0	0	0	0	0	0	0	0	0	0	0	0	0
TJ	C2	0	0	0	0	0	0	0	0	0	0	0	0	0	0	0	44	14	1017
TJ	C3	30	2	3	1	0	14	26	1	114	9	2	1	0	51	1	2	93	5
TJ	C4	1	11	4	0	8	1	0	0	0	0	0	0	0	0	0	1	4	23
TJ	C5	2	10	136	18	11	28	13	1	10	10	176	3	31	74	1	0	4	7
TJ	C6	0	1	0	1	0	7	0	0	0	0	0	0	0	0	0	0	0	0
TJ	C7	0	0	0	0	3	0	0	0	0	0	0	0	0	0	0	0	0	0
TJ	C8	223	243	402	12	565	805	0	0	0	0	0	0	0	1	143	23	495	421
HE	C1	2	0	0	0	0	0	66	0	275	12	0	0	1	9	1141	3	2389	332
HE	C2	0	0	0	0	0	0	0	61	2	425	35	0	0	0	0	241	1	2584
HE	C3	57	2	4	1	0	17	54	7	3589	37	30	7	6	544	2	12	135	8
HE	C4	120	2496	1801	3	706	12	8	0	28	55	5	1	21	4	6	21	25	1245
HE	C5	5	33	188	34	21	37	15	1	15	14	153	4	54	64	15	2	15	17
HE	C6	1	6	1	3	0	14	0	0	0	0	0	0	0	0	0	1	1	3
HE	C7	0	0	0	0	1	0	0	0	0	0	0	0	0	0	0	0	0	0
HE	C8	116	165	246	17	277	715	0	0	2	1	1	0	0	8	145	21	422	390
SX	C1	0	0	0	0	0	0	0	0	0	0	0	0	0	0	0	0	0	0
SX	C2	34	1237	9	363	1	6	4	73	40	370	2	165	1	17	10	117	37	2088
SX	C3	4	1	0	0	1	1	0	0	5	0	0	0	0	3	1	0	10	3
SX	C4	1	26	10	2	5	5	20	6	42	120	9	14	31	87	172	1095	94	2068
SX	C5	0	0	11	2	1	1	0	1	1	21	0	3	1	0	0	0	0	0
SX	C6	5	28	7	7	4	6	0	0	0	0	0	0	0	0	3	23	15	49
SX	C7	0	0	0	0	0	0	0	0	0	0	0	0	0	0	0	0	0	0
SX	C8	48	52	60	4	30	49	0	0	0	0	0	0	0	0	50	7	155	137
IM	C1	3804	255	0	1	46	150	0	0	0	0	0	0	0	0	1221	3	2556	355
IM	C2	0	7	0	2	0	0	0	135	5	945	78	0	0	1	0	1	0	14
IM	C3	13	1	1	0	0	4	27	1	92	9	2	1	0	50	1	0	16	1
IM	C4	3	74	54	0	21	0	0	0	0	0	0	0	0	0	0	1	2	175
IM	C5	0	0	24	2	1	6	4	0	2	2	50	0	4	22	0	0	0	0
IM	C6	15	86	21	26	11	46	0	0	0	0	0	0	0	0	9	68	45	144
IM	C7	0	0	0	0	3	0	0	0	0	0	0	0	0	0	0	0	0	0
IM	C8	66	73	125	5	138	216	0	0	0	0	0	0	0	0	68	9	208	184
LN	C1	688	46	0	0	8	27	0	0	0	0	0	0	0	0	70	0	148	20
LN	C2	0	0	0	0	0	0	0	0	0	0	0	0	0	0	0	0	0	0
LN	C3	11	1	2	0	0	7	13	0	44	4	1	0	0	24	1	14	43	7
LN	C4	28	939	37	170	104	380	0	0	0	0	0	0	0	0	1	2	2	20
LN	C5	1	2	50	4	3	14	13	1	5	6	116	1	8	65	7	1	5	4
LN	C6	8	39	9	10	4	7	0	0	0	0	0	0	0	0	4	27	18	57
LN	C7	0	0	0	1	13	2	0	0	0	0	0	0	0	0	0	0	0	0
LN	C8	158	606	330	101	478	869	0	0	0	0	0	0	0	0	67	13	174	191
JL	C1	856	57	0	0	10	34	1	0	5	0	0	0	0	0	34	0	72	10
JL	C2	0	0	0	0	0	0	0	28	1	200	16	0	0	0	0	70	0	748
JL	C3	33	2	2	1	0	10	69	1	250	23	4	2	0	128	2	1	66	4
JL	C4	2	10	4	0	1	2	0	0	0	0	0	0	0	0	0	1	3	20
JL	C5	5	43	160	9	7	33	20	1	10	14	171	2	23	102	12	2	11	12
JL	C6	49	206	41	61	19	80	0	0	0	0	0	0	0	0	15	115	80	249
JL	C7	0	0	0	0	0	0	0	0	0	0	0	0	0	0	0	0	0	0
JL	C8	106	141	137	15	125	453	1	0	3	2	1	1	0	10	113	19	335	308

地区	部门	AH	AH	AH	AH	AH	AH	FJ	FJ	FJ	FJ	FJ	FJ	FJ	FJ	JX	JX	JX	JX
		C3	C4	C5	C6	C7	C8	C1	C2	C3	C4	C5	C6	C7	C8	C1	C2	C3	C4
HL	C1	1235	83	0	0	15	49	0	0	1	0	0	0	0	0	17	0	37	5
HL	C2	0	0	0	0	0	0	0	1	0	4	0	0	0	0	0	77	3	816
HL	C3	6	1	1	0	0	5	38	1	127	12	2	1	0	69	1	1	18	2
HL	C4	0	0	0	0	0	0	0	0	0	0	0	0	0	0	0	0	1	6
HL	C5	0	1	15	3	2	5	6	0	4	5	50	1	9	27	4	1	3	4
HL	C6	12	57	13	16	6	19	0	0	0	0	0	0	0	0	5	37	25	79
HL	C7	0	0	0	0	0	0	0	0	0	0	0	0	0	0	0	0	0	0
HL	C8	179	211	248	23	195	685	0	0	0	0	0	0	0	1	75	17	259	216
SH	C1	30	2	0	0	0	1	0	0	1	0	0	0	0	0	1	0	1	0
SH	C2	0	0	0	0	0	0	0	0	0	0	0	0	0	0	0	0	0	0
SH	C3	98	8	7	3	1	28	60	1	204	20	4	2	0	110	2	25	186	18
SH	C4	59	1287	920	1	413	3	0	0	0	0	0	0	0	0	1	3	8	52
SH	C5	30	251	1156	93	51	203	57	3	45	47	668	14	140	290	38	5	38	43
SH	C6	0	0	0	0	0	0	0	0	0	0	0	0	0	0	0	0	0	0
SH	C7	0	0	0	1	19	3	0	0	0	0	0	0	0	0	0	0	0	0
SH	C8	706	1031	1246	110	1228	2229	1	0	3	2	1	1	0	9	612	173	2404	2260
JS	C1	0	0	0	0	0	0	8	0	33	1	0	0	0	1	80	0	167	23
JS	C2	0	0	0	0	0	0	0	0	0	0	0	0	0	0	0	0	0	0
JS	C3	115	6	6	3	1	35	25	3	1783	18	15	4	3	268	4	1	172	6
JS	C4	330	2794	1575	18	579	245	51	1	179	350	35	4	131	28	394	148	474	16095
JS	C5	77	523	4267	1442	231	894	17	2	55	33	611	24	254	57	55	7	51	55
JS	C6	8	53	11	23	6	90	0	0	0	0	0	0	0	0	5	35	24	75
JS	C7	0	0	0	0	0	0	0	0	0	0	0	0	0	0	0	0	0	0
JS	C8	167	645	495	107	714	1593	0	0	0	0	0	0	0	0	39	24	171	203
ZJ	C1	91	6	0	0	1	4	1	0	4	0	0	0	0	0	2	0	4	1
ZJ	C2	0	0	0	0	0	0	0	0	0	0	0	0	0	0	0	0	0	0
ZJ	C3	11386	346	237	4	1	1061	109	9	4402	58	38	10	7	727	3	14	242	17
ZJ	C4	3	15	6	0	2	3	32	1	113	220	22	2	83	17	1620	251	1249	7337
ZJ	C5	45	338	2279	766	70	519	22	2	46	40	622	22	187	65	55	7	53	58
ZJ	C6	23	91	17	28	7	44	0	0	0	0	0	0	0	0	6	45	31	97
ZJ	C7	0	0	0	1	13	2	0	0	0	0	0	0	0	0	0	0	0	0
ZJ	C8	158	160	241	11	152	474	0	0	0	0	0	0	0	1	190	43	654	609
AH	C1	39955	2678	4	16	480	1576	0	0	2	0	0	0	0	0	20	0	41	6
AH	C2	389	22567	146	3305	460	103	0	8	4	48	1	14	1	1	0	101	5	1073
AH	C3	47233	4287	3115	436	2380	14443	102	16	8860	81	72	17	14	1302	5	14	309	18
AH	C4	6431	62993	39451	1196	18921	6524	222	7	764	1503	149	20	561	142	817	252	638	3927
AH	C5	750	3890	57678	5305	3349	14433	37	2	45	24	675	19	188	202	81	9	59	44
AH	C6	1619	9443	2444	2503	1221	2437	0	0	0	0	0	0	0	0	0	3	7	14
AH	C7	29	33	54	148	3637	492	0	0	0	0	0	0	0	0	0	0	0	0
AH	C8	28873	25973	35670	1944	17148	47741	0	0	2	1	1	0	0	7	2	1	10	10
FJ	C1	0	0	0	0	0	0	8562	2	35784	1606	4	15	121	1233	74	0	154	21
FJ	C2	0	0	0	0	0	0	16	1232	311	8157	266	695	509	80	0	0	0	0
FJ	C3	93	5	4	2	1	20	8033	352	97538	9226	1867	505	6641	20629	1	2	545	17
FJ	C4	0	0	0	0	0	0	5307	1085	18785	72609	22081	1737	29810	10843	0	0	1	53
FJ	C5	0	0	0	0	0	0	1926	140	2023	2532	43450	549	6774	5404	0	0	0	0
FJ	C6	0	0	0	0	0	0	1936	848	2956	5586	691	13666	856	4438	0	0	0	0
FJ	C7	0	0	0	0	0	0	432	10	192	206	142	692	2429	717	0	0	0	0
FJ	C8	29	30	54	2	35	51	3969	1220	23730	12931	5639	2895	27397	60010	46	6	137	124
JX	C1	4	0	0	0	0	0	1079	0	4508	202	0	2	15	155	7485	17	15671	2175
JX	C2	0	0	0	0	0	0	2	614	134	4302	104	107	414	18	4	409	16	4697
JX	C3	144	11	7	2	1	31	5	3	1638	11	13	3	3	221	6215	330	47189	3486
JX	C4	0	2	1	0	0	0	108	15	305	687	61	38	225	242	1643	1618	2237	30331
JX	C5	5	12	702	84	52	116	43	2	51	37	770	14	203	204	448	112	887	1251
JX	C6	21	55	5	20	1	37	0	0	0	0	0	0	0	0	342	2477	2108	6010
JX	C7	0	0	0	0	0	0	0	0	0	0	0	0	0	0	34	6	18	20
JX	C8	135	179	247	15	249	844	1	0	4	2	1	1	0	12	1652	499	7740	5707

续表

地区	部门	AH	AH	AH	AH	AH	AH	FJ	FJ	FJ	FJ	FJ	FJ	FJ	FJ	JX	JX	JX	JX
		C3	C4	C5	C6	C7	C8	C1	C2	C3	C4	C5	C6	C7	C8	C1	C2	C3	C4
SD	C1	0	0	0	0	0	0	0	0	0	0	0	0	0	0	0	0	0	0
SD	C2	0	0	0	0	0	0	0	0	0	0	0	0	0	0	0	149	25	1542
SD	C3	27	2	4	0	0	13	0	0	0	0	0	0	0	0	0	14	44	10
SD	C4	371	8790	2496	854	3395	1963	11	0	40	78	8	1	29	6	27	10	28	738
SD	C5	9	87	226	0	3	46	7	1	6	13	39	1	12	2	29	4	25	27
SD	C6	147	443	60	136	20	128	0	0	0	0	0	0	0	0	16	115	88	263
SD	C7	0	0	0	0	0	0	0	0	0	0	0	0	0	0	0	0	0	0
SD	C8	0	0	0	0	0	0	0	0	0	0	0	0	0	0	1	3	20	22
HA	C1	0	0	0	0	0	0	0	0	1	0	0	0	0	0	9	0	19	3
HA	C2	10	352	3	103	0	2	7	141	67	759	15	273	1	28	3	93	13	1335
HA	C3	95	5	6	2	1	27	151	22	12158	115	99	24	19	1801	5	7	209	12
HA	C4	3628	24998	9670	217	13090	3070	89	2	310	605	60	6	228	46	174	30	143	1173
HA	C5	133	1176	3159	22	41	817	10	1	7	12	178	2	23	12	92	10	66	52
HA	C6	0	0	0	0	0	0	0	0	0	0	0	0	0	0	0	0	0	0
HA	C7	0	0	0	0	0	0	0	0	0	0	0	0	0	0	0	0	0	0
HA	C8	142	171	390	12	345	831	0	0	0	0	0	0	0	0	230	34	670	617
HB	C1	0	0	0	0	0	0	0	0	1	0	0	0	0	0	0	0	0	0
HB	C2	0	0	0	0	0	0	0	0	0	0	0	0	0	0	0	0	0	0
HB	C3	156	13	6	2	0	28	55	1	252	18	4	2	0	109	6	3	289	20
HB	C4	1	5	2	0	5	0	42	1	148	289	29	3	109	22	3	3	16	101
HB	C5	1	4	38	0	0	19	14	1	8	14	117	1	13	75	3	2	11	21
HB	C6	3	18	5	5	2	3	0	0	0	0	0	0	0	0	2	15	10	32
HB	C7	0	0	0	0	3	0	0	0	0	0	0	0	0	0	0	0	0	0
HB	C8	9	11	13	1	14	89	0	0	1	0	0	0	0	2	6	2	18	17
HN	C1	18	1	0	0	0	1	0	0	0	0	0	0	0	0	0	0	1	0
HN	C2	0	0	0	0	0	0	0	0	0	0	0	0	0	0	0	91	14	950
HN	C3	17	2	3	1	0	11	86	2	290	28	5	3	0	157	4	23	109	15
HN	C4	0	0	1	0	0	0	0	0	0	2	0	1	0	4	131	22	112	658
HN	C5	9	77	436	1	3	86	41	2	18	34	476	4	24	176	85	10	70	67
HN	C6	14	34	3	11	0	0	0	0	0	0	0	0	0	0	0	0	1	3
HN	C7	0	0	0	0	9	1	0	0	0	0	0	0	0	0	0	0	0	0
HN	C8	37	45	71	8	57	190	1	0	5	3	2	1	0	16	29	5	86	81
GD	C1	488	33	0	0	6	19	7	0	29	1	0	0	0	1	7	0	16	2
GD	C2	0	0	0	0	0	0	0	81	7	1203	47	76	0	2	0	2	37	2949
GD	C3	1835	197	64	3	0	174	150	7	3305	65	31	9	5	641	3	22	218	18
GD	C4	3	14	6	0	2	3	0	0	0	1	0	0	0	2	797	125	622	3657
GD	C5	11	83	889	82	6	155	54	3	26	41	882	11	40	278	32	4	30	32
GD	C6	165	435	44	136	9	102	0	0	0	0	0	0	0	0	6	44	44	119
GD	C7	0	0	0	0	0	0	0	0	0	0	0	0	0	0	0	0	0	0
GD	C8	293	163	331	9	90	164	0	0	0	0	0	0	0	0	39	6	239	136
GX	C1	34	2	0	0	0	1	0	0	1	0	0	0	0	0	1	0	2	0
GX	C2	0	0	0	0	0	0	0	1	0	5	0	0	0	0	0	121	10	1281
GX	C3	78	9	3	0	0	11	64	1	216	21	4	2	0	117	2	1	37	6
GX	C4	0	2	1	0	2	0	0	0	0	0	0	0	0	0	1	10	21	1624
GX	C5	0	1	30	4	2	9	18	1	8	12	164	2	16	89	5	1	6	7
GX	C6	0	2	1	1	0	0	0	0	0	0	0	0	0	0	0	2	1	4
GX	C7	0	0	0	1	21	3	0	0	0	0	0	0	0	0	0	0	0	0
GX	C8	92	125	128	16	100	263	0	0	0	0	0	0	0	1	19	5	83	62
HI	C1	92	6	0	0	1	4	1	0	4	0	0	0	0	0	2	0	4	1
HI	C2	0	0	0	0	0	0	0	3	0	20	2	0	0	0	0	1	0	11
HI	C3	3	1	1	0	0	4	11	0	38	4	1	0	0	21	0	0	18	2
HI	C4	0	4	2	0	5	0	0	0	0	0	0	0	0	0	84	14	65	382
HI	C5	0	0	9	2	1	3	2	0	2	1	22	1	8	9	0	0	0	0
HI	C6	0	1	0	1	0	7	0	0	0	0	0	0	0	0	0	0	0	0
HI	C7	0	0	0	0	6	1	0	0	0	0	0	0	0	0	0	0	0	0
HI	C8	87	145	158	17	147	372	0	0	0	0	0	0	0	1	78	14	233	212

续表

地区	部门	AH C3	AH C4	AH C5	AH C6	AH C7	AH C8	FJ C1	FJ C2	FJ C3	FJ C4	FJ C5	FJ C6	FJ C7	FJ C8	JX C1	JX C2	JX C3	JX C4
CQ	C1	85	6	0	0	1	3	1	0	4	0	0	0	0	0	2	0	3	0
CQ	C2	0	0	0	0	0	0	0	10	0	72	6	0	0	0	0	38	4	401
CQ	C3	47	3	3	1	0	12	46	2	619	18	6	2	1	144	1	1	109	6
CQ	C4	0	1	0	0	0	0	0	0	0	0	0	0	0	0	0	1	4	28
CQ	C5	6	44	379	40	15	67	26	1	20	20	370	7	61	134	17	2	17	19
CQ	C6	68	256	43	85	18	155	0	0	0	0	0	0	0	0	15	110	78	240
CQ	C7	0	0	0	1	28	4	0	0	0	0	0	0	0	0	0	0	0	0
CQ	C8	72	198	280	25	435	918	0	0	1	1	0	0	0	4	34	11	92	89
SC	C1	19	1	0	0	0	1	0	0	1	0	0	0	0	0	0	0	1	0
SC	C2	0	0	0	0	0	0	0	0	0	0	0	0	0	0	0	0	0	1
SC	C3	7	1	2	0	0	6	40	1	134	13	2	1	0	72	2	5	33	6
SC	C4	0	1	0	0	0	0	2	0	8	15	2	0	6	1	0	0	0	0
SC	C5	1	6	164	0	1	24	5	0	3	7	119	1	6	6	13	2	11	10
SC	C6	15	91	22	31	11	78	0	0	0	0	0	0	0	0	9	69	46	147
SC	C7	0	0	0	0	6	1	0	0	0	0	0	0	0	0	0	0	0	0
SC	C8	32	62	120	8	137	402	0	0	0	0	0	0	0	1	14	6	39	39
GZ	C1	94	6	0	0	1	4	1	0	4	0	0	0	0	0	2	0	4	1
GZ	C2	0	0	0	0	0	0	0	0	0	0	0	0	0	0	0	165	28	1750
GZ	C3	250	27	9	1	0	27	31	1	104	10	2	1	0	56	1	1	86	6
GZ	C4	80	406	157	5	49	73	63	1	221	431	43	4	162	32	35	23	62	2909
GZ	C5	0	0	21	7	4	5	2	0	5	3	39	2	22	4	0	0	1	2
GZ	C6	3	18	4	5	2	10	0	0	0	0	0	0	0	0	2	14	10	30
GZ	C7	0	0	0	0	7	1	0	0	0	0	0	0	0	0	0	0	0	0
GZ	C8	57	46	100	4	64	143	0	0	1	0	0	0	0	2	33	7	122	104
YN	C1	26	2	0	0	0	1	0	0	1	0	0	0	0	0	1	0	1	0
YN	C2	0	0	0	0	0	0	0	0	0	0	0	0	0	0	0	0	0	0
YN	C3	3	1	1	0	0	3	43	1	145	14	3	1	0	78	1	0	16	2
YN	C4	4	84	61	0	24	0	0	0	1	1	0	0	0	0	1	7	14	1116
YN	C5	0	0	3	0	0	1	0	0	0	0	0	7	0	1	0	0	0	0
YN	C6	3	17	4	5	2	5	0	0	0	0	0	0	0	0	2	14	10	30
YN	C7	0	0	0	0	0	0	0	0	0	0	0	0	0	0	0	0	0	0
YN	C8	4	9	16	1	18	50	0	0	0	0	0	0	0	0	4	1	13	12
TB	C1	31	2	0	0	0	1	0	0	1	0	0	0	0	0	1	0	1	0
TB	C2	0	0	0	0	0	0	0	1	0	4	0	0	0	0	0	0	0	0
TB	C3	0	0	0	0	0	0	1	0	4	0	0	0	0	2	0	0	1	0
TB	C4	0	0	0	0	0	0	0	0	0	0	0	0	0	0	0	0	0	0
TB	C5	0	0	0	0	0	0	0	0	0	0	0	0	0	0	0	0	0	0
TB	C6	0	1	0	0	0	0	0	0	0	0	0	0	0	0	0	0	0	1
TB	C7	0	0	0	0	1	0	0	0	0	0	0	0	0	0	0	0	0	0
TB	C8	7	24	14	4	20	41	0	0	0	0	0	0	0	0	5	1	15	15
SN	C1	30	2	0	0	0	1	1298	0	5424	243	1	2	18	187	1	0	1	0
SN	C2	11	385	3	113	0	2	0	27	2	182	14	5	0	1	17	258	64	4203
SN	C3	82	7	5	1	0	17	61	1	205	20	4	2	0	111	2	5	74	8
SN	C4	40	971	457	65	213	147	33	1	114	222	22	2	83	17	7	10	24	1329
SN	C5	3	20	126	27	17	30	16	1	14	13	144	3	51	74	19	2	17	17
SN	C6	42	178	36	54	16	77	0	0	0	0	0	0	0	0	13	100	69	216
SN	C7	0	0	0	1	25	3	0	0	0	0	0	0	0	0	0	0	0	0
SN	C8	158	135	244	8	275	365	0	0	0	0	0	0	0	1	26	4	133	82
GS	C1	578	39	0	0	7	23	0	0	0	0	0	0	0	0	0	0	0	0
GS	C2	0	0	0	0	0	0	0	0	0	0	0	0	0	0	0	0	0	0
GS	C3	3	1	1	0	0	3	0	0	0	0	0	0	0	0	0	4	15	4
GS	C4	27	611	446	0	175	0	1	0	3	5	1	0	2	0	1	6	14	931
GS	C5	0	0	19	0	0	4	1	0	1	1	29	0	1	1	0	0	0	0
GS	C6	1	7	2	2	1	1	0	0	0	0	0	0	0	0	1	5	4	12
GS	C7	0	0	0	0	3	0	0	0	0	0	0	0	0	0	0	0	0	0
GS	C8	12	29	22	4	25	47	0	0	0	0	0	0	0	0	10	2	29	27

续表

地区	部门	AH	AH	AH	AH	AH	AH	FJ	FJ	FJ	FJ	FJ	FJ	FJ	FJ	JX	JX	JX	JX
		C3	C4	C5	C6	C7	C8	C1	C2	C3	C4	C5	C6	C7	C8	C1	C2	C3	C4
QH	C1	61	4	0	0	1	2	1	0	2	0	0	0	0	0	1	0	3	0
QH	C2	0	0	0	0	0	0	0	0	0	1	0	0	0	0	0	0	0	2
QH	C3	1	0	0	0	0	1	0	0	0	0	0	0	0	0	0	0	1	0
QH	C4	2	45	33	0	13	0	0	0	0	0	0	0	0	0	0	1	1	81
QH	C5	0	0	0	0	0	0	0	0	0	0	0	0	0	0	0	0	0	0
QH	C6	0	0	0	0	0	0	0	0	0	0	0	0	0	0	0	0	0	0
QH	C7	0	0	0	0	0	0	0	0	0	0	0	0	0	0	0	0	0	0
QH	C8	0	0	0	0	0	2	0	0	0	0	0	0	0	0	0	0	0	0
NX	C1	0	0	0	0	0	0	0	0	0	0	0	0	0	0	17	0	35	5
NX	C2	0	7	0	2	0	0	0	0	0	0	0	0	0	0	0	0	0	0
NX	C3	12	0	0	0	0	2	9	0	30	3	1	0	0	16	0	0	11	1
NX	C4	37	842	614	1	241	1	0	0	0	0	0	0	0	0	0	4	8	618
NX	C5	0	0	4	1	1	1	1	0	1	2	10	0	5	1	0	0	1	1
NX	C6	3	18	4	8	2	30	0	0	0	0	0	0	0	0	2	12	8	26
NX	C7	0	0	0	0	0	0	0	0	0	0	0	0	0	0	0	0	0	0
NX	C8	0	0	0	0	0	0	0	0	0	0	0	0	0	0	0	0	0	0
XJ	C1	3	0	0	0	0	0	96	0	402	18	0	0	1	14	0	0	0	0
XJ	C2	0	2	0	1	0	0	0	0	4	614	0	73	0	2	0	0	0	0
XJ	C3	9	0	0	0	0	1	0	0	0	0	0	0	0	0	0	0	4	0
XJ	C4	1	8	3	0	4	1	25	1	88	172	17	2	65	13	1	1	1	5
XJ	C5	0	0	17	8	5	2	0	0	3	0	16	1	17	3	0	0	0	0
XJ	C6	7	42	10	15	5	45	0	0	0	0	0	0	0	0	4	31	21	65
XJ	C7	0	0	0	0	0	0	0	0	0	0	0	0	0	0	0	0	0	0
XJ	C8	19	25	23	2	10	24	0	0	0	0	0	0	0	0	36	5	103	96
USA	C1	48	3	0	0	1	3	84	0	221	16	0	1	11	14	28	0	44	4
USA	C2	2	246	7	1	5	1	0	4	1	77	1	4	2	0	0	8	0	38
USA	C3	62	6	3	1	4	16	84	4	303	39	17	4	43	58	2	0	16	2
USA	C4	28	107	26	1	16	35	97	46	102	409	110	13	91	72	12	5	8	32
USA	C5	4	9	62	5	3	6	24	43	30	78	397	12	31	107	9	6	7	3
USA	C6	0	0	0	0	0	0	0	0	0	2	0	0	2	1	0	0	0	0
USA	C7	0	0	0	0	0	0	0	0	0	0	0	0	0	0	0	0	0	0
USA	C8	2	1	1	0	0	2	216	143	615	392	110	123	186	647	0	0	0	0
EU	C1	3	0	0	0	0	0	8	0	21	4	0	0	2	1	0	0	0	0
EU	C2	1	81	6	0	3	1	0	18	3	257	5	1	58	2	0	3	1	17
EU	C3	118	17	11	6	5	37	52	8	351	53	33	9	34	70	4	2	69	10
EU	C4	45	173	68	3	33	62	51	26	59	257	100	8	106	40	27	12	18	89
EU	C5	12	31	246	19	13	47	30	45	45	93	519	22	60	165	12	18	8	16
EU	C6	0	0	0	0	0	0	9	2	17	47	41	1	16	16	0	0	0	0
EU	C7	0	0	0	0	0	0	2	0	3	16	3	1	1	1	0	0	0	0
EU	C8	1	1	0	0	0	4	229	148	661	532	142	163	497	1022	0	0	0	0
ROW	C1	342	29	2	1	9	20	359	1	997	78	2	3	51	50	76	0	110	14
ROW	C2	9	5334	158	143	61	17	9	370	106	11007	139	1476	154	31	1	407	6	3037
ROW	C3	680	54	44	14	27	134	257	25	2288	220	103	31	141	290	8	5	312	30
ROW	C4	204	1062	553	14	253	65	590	311	713	3558	1246	82	1120	249	76	49	134	944
ROW	C5	71	164	1928	230	112	242	54	143	137	285	5189	227	238	567	15	36	23	35
ROW	C6	0	0	0	0	0	0	3	1	15	31	17	4	6	12	0	0	0	0
ROW	C7	0	0	0	0	0	0	4	0	6	16	3	1	1	1	0	0	0	0
ROW	C8	3	3	1	0	0	8	651	302	2182	2347	604	1045	1308	2128	0	0	0	0
CHN	TAXSUB	2030	7688	10503	1146	1715	4453	−7	385	5523	6359	5414	1189	2114	6180	−4	500	1496	6591
USA	TAXSUB	0	0	0	0	0	0	0	0	0	0	0	0	0	0	0	0	0	0
EU	TAXSUB	0	0	0	0	0	0	0	0	0	0	0	0	0	0	0	0	0	0
ROW	TAXSUB	0	0	0	0	0	0	0	0	0	0	0	0	0	0	0	0	0	0
VA		28356	48077	32682	9965	26593	190703	29558	3174	62993	53132	27503	8422	41112	195615	24229	3073	27948	45032
TI		189818	254383	226421	32567	105731	312573	67597	11420	311188	207635	123958	34655	125615	320889	52558	15579	128546	191283

地区	部门	JX C5	JX C6	JX C7	JX C8	SD C1	SD C2	SD C3	SD C4	SD C5	SD C6	SD C7	SD C8	HA C1	HA C2	HA C3	HA C4	HA C5	HA C6
BJ	C1	0	0	0	0	1	0	6	1	0	0	0	1	54	0	182	13	0	0
BJ	C2	2	0	24	0	0	0	0	0	0	0	0	0	0	0	0	0	0	0
BJ	C3	7	2	2	12	7	0	64	13	1	0	1	11	1	2	68	13	6	0
BJ	C4	12	2	4	4	0	0	0	0	0	0	0	0	634	257	644	2547	618	3
BJ	C5	163	5	5	26	112	16	30	95	4773	28	35	1620	23	58	31	161	2261	42
BJ	C6	563	1150	121	248	0	0	0	0	0	0	0	0	121	615	537	3607	734	959
BJ	C7	0	0	11	2	0	0	0	0	0	0	0	0	1	0	1	1	1	1
BJ	C8	464	40	181	562	0	0	0	0	0	0	0	5	834	805	4410	5010	3151	164
TJ	C1	0	0	0	0	0	0	0	0	0	0	0	0	0	0	0	0	0	0
TJ	C2	6	121	66	6	0	0	0	0	0	0	0	0	0	4	0	522	7	137
TJ	C3	4	1	2	12	11	0	98	21	1	0	1	17	1	2	87	18	9	0
TJ	C4	16	3	5	4	0	0	0	0	0	0	0	0	260	110	266	1083	278	1
TJ	C5	111	6	4	22	27	7	8	26	1209	14	23	395	4	14	8	55	461	24
TJ	C6	0	2	0	0	0	0	0	0	0	0	0	0	0	0	0	3	1	9
TJ	C7	0	0	3	1	0	0	0	0	0	0	0	0	0	0	0	0	0	0
TJ	C8	290	18	129	565	0	0	0	0	0	0	0	3	228	187	1540	1351	867	38
HE	C1	0	10	31	126	0	0	0	0	0	0	0	0	158	1	533	38	0	0
HE	C2	130	0	0	1	0	0	0	0	0	0	0	0	0	0	0	1	0	0
HE	C3	17	6	2	20	19	0	170	36	2	0	1	29	2	4	200	26	12	0
HE	C4	453	9	723	24	0	0	0	0	0	0	0	0	3	45	44	1137	629	2
HE	C5	157	8	7	23	12	27	7	39	1028	57	119	230	9	43	29	180	951	125
HE	C6	1	6	0	1	0	0	0	0	0	0	0	0	1	1	3	14	2	18
HE	C7	0	0	1	0	0	0	0	0	0	0	0	0	0	0	0	0	0	0
HE	C8	250	22	98	840	0	0	1	1	1	0	0	14	67	46	285	330	203	18
SX	C1	0	0	0	0	0	0	0	0	0	0	0	0	0	0	0	0	0	0
SX	C2	7	967	8	15	0	0	0	0	0	0	0	0	9	1003	96	2843	5	977
SX	C3	0	0	1	3	2	0	18	4	0	0	0	3	0	0	2	2	0	0
SX	C4	65	73	246	1063	0	0	0	0	0	0	0	0	6	26	15	447	201	11
SX	C5	24	3	2	3	0	0	0	0	0	0	0	0	0	0	0	0	1	0
SX	C6	18	37	4	8	0	0	0	0	0	0	0	0	4	18	16	107	22	29
SX	C7	0	0	0	0	0	0	0	0	0	0	0	0	0	0	0	0	0	0
SX	C8	88	5	33	71	0	0	0	0	0	0	0	0	31	16	199	153	86	6
IM	C1	0	10	33	135	313	0	1711	166	0	2	6	154	14	0	48	3	0	0
IM	C2	0	5	0	0	0	0	0	0	0	0	0	0	0	9	1	998	13	262
IM	C3	1	0	1	4	6	0	51	11	0	0	0	9	0	0	33	3	1	0
IM	C4	63	0	106	1	0	0	0	0	0	0	0	0	1	11	14	396	220	1
IM	C5	35	2	1	8	0	0	0	0	20	0	0	7	0	0	0	2	24	1
IM	C6	54	118	12	24	0	0	0	0	0	0	0	0	12	54	49	326	67	121
IM	C7	0	0	3	1	0	0	0	0	0	0	0	0	0	0	0	0	0	0
IM	C8	120	8	45	117	0	0	0	0	0	0	0	0	46	28	289	253	158	8
LN	C1	0	1	2	8	0	0	0	0	0	0	0	0	0	0	1	0	0	0
LN	C2	0	0	0	0	0	0	0	0	0	0	0	0	0	0	0	0	0	0
LN	C3	17	7	1	15	5	0	47	10	0	0	0	8	0	1	15	2	1	0
LN	C4	10	1	6	4	0	0	0	0	0	0	0	0	815	1260	679	8439	725	727
LN	C5	80	3	2	15	11	1	3	8	440	2	1	152	2	4	2	14	212	3
LN	C6	21	44	5	9	0	0	0	0	0	0	0	0	5	21	21	131	26	33
LN	C7	0	0	15	3	0	0	0	0	0	0	0	0	1	0	1	1	1	1
LN	C8	108	20	52	237	0	0	0	0	0	0	0	0	218	223	286	712	223	83
JL	C1	0	0	1	4	48	0	260	25	0	0	1	23	0	0	0	0	0	0
JL	C2	38	0	0	0	0	0	0	0	0	0	0	0	0	4	0	524	7	137
JL	C3	2	0	1	9	12	0	101	21	1	0	1	17	1	2	108	17	8	0
JL	C4	14	2	5	3	0	0	0	0	0	0	0	0	1299	516	1312	5049	1164	6
JL	C5	119	4	4	18	106	11	28	85	4449	17	14	1530	41	68	39	167	1520	17
JL	C6	92	207	20	42	0	0	0	0	0	0	0	0	24	94	105	615	116	199
JL	C7	0	0	0	0	0	0	0	0	0	0	0	0	0	0	0	0	0	0
JL	C8	201	21	83	478	0	1	1	2	1	0	0	17	53	34	269	275	159	15

续表

地区	部门	JX C5	JX C6	JX C7	JX C8	SD C1	SD C2	SD C3	SD C4	SD C5	SD C6	SD C7	SD C8	HA C1	HA C2	HA C3	HA C4	HA C5	HA C6
HL	C1	0	0	0	2	411	0	2250	219	0	3	8	202	0	0	0	0	0	0
HL	C2	33	0	26	1	0	0	0	0	0	0	0	0	0	10	1	1210	16	317
HL	C3	1	0	1	5	8	0	66	14	1	0	1	11	0	1	36	5	3	0
HL	C4	4	1	1	1	0	0	0	0	0	0	0	0	0	1	0	4	3	0
HL	C5	41	2	2	7	2	0	0	2	79	0	1	27	1	1	1	5	58	2
HL	C6	29	64	6	13	0	0	0	0	0	0	0	0	7	30	30	187	36	58
HL	C7	0	0	0	0	0	0	0	0	0	0	0	0	0	0	0	0	0	0
HL	C8	157	22	74	525	0	0	0	0	0	0	0	2	151	83	902	718	408	29
SH	C1	0	0	0	0	1	0	3	0	0	0	0	0	10	0	34	2	0	0
SH	C2	0	0	0	0	0	0	0	0	0	0	0	0	0	0	0	0	0	0
SH	C3	33	12	3	37	8	0	67	14	1	0	1	11	1	2	108	26	11	0
SH	C4	36	6	11	10	0	0	0	0	0	0	0	0	1800	734	1843	7773	2059	9
SH	C5	394	12	13	57	95	33	28	102	4441	63	114	1420	80	149	87	365	2685	101
SH	C6	0	0	0	0	0	0	0	0	0	0	0	0	0	0	0	0	0	0
SH	C7	0	1	21	5	0	0	0	0	0	0	0	0	1	0	1	2	2	1
SH	C8	1636	122	988	4315	0	1	1	2	1	0	0	17	654	1541	4688	4624	3283	217
JS	C1	0	1	2	9	0	0	0	0	0	0	0	0	116	0	390	28	0	0
JS	C2	0	0	0	0	0	0	0	0	0	0	0	0	0	0	0	0	0	0
JS	C3	4	0	4	18	10	0	90	19	1	0	1	15	2	2	162	25	12	0
JS	C4	5440	42	8816	156	0	0	0	0	0	0	0	0	1181	495	1229	5724	1706	7
JS	C5	456	21	19	39	5	175	26	200	3693	364	776	449	279	416	250	737	4294	454
JS	C6	28	79	6	14	0	0	0	0	0	0	0	0	9	28	29	194	41	145
JS	C7	0	0	0	0	0	0	0	0	0	0	0	0	0	0	0	0	0	0
JS	C8	154	37	138	1967	0	0	0	0	0	0	0	0	366	417	761	1220	595	118
ZJ	C1	0	0	0	0	1	0	7	1	0	0	0	1	119	0	402	28	0	0
ZJ	C2	0	0	0	0	0	0	0	0	0	0	0	0	0	0	0	0	0	0
ZJ	C3	20	7	4	33	10	0	85	18	1	0	1	14	3	75	9185	539	164	1
ZJ	C4	1369	55	341	492	0	0	0	0	0	0	0	0	4950	1957	4998	19216	4417	23
ZJ	C5	508	19	19	57	0	12	2	13	247	24	52	30	261	361	208	508	2583	73
ZJ	C6	36	85	8	16	0	0	0	0	0	0	0	0	10	37	45	254	47	93
ZJ	C7	0	0	14	3	0	0	0	0	0	0	0	0	1	0	1	1	1	1
ZJ	C8	427	35	226	936	0	0	0	0	0	0	0	1	85	154	621	539	396	23
AH	C1	0	0	1	2	0	0	0	0	0	0	0	0	0	0	0	0	0	0
AH	C2	40	0	45	1	0	0	0	0	0	0	0	0	0	0	0	1	0	0
AH	C3	18	6	5	30	18	0	155	33	1	0	1	26	2	15	480	382	73	1
AH	C4	743	46	215	379	0	0	0	0	0	0	0	0	118	65	140	928	236	5
AH	C5	696	32	22	94	16	87	16	109	2371	180	381	415	277	365	217	544	3495	331
AH	C6	3	24	1	3	0	0	0	0	0	0	0	0	8	8	45	135	9	15
AH	C7	0	0	9	2	0	0	0	0	0	0	0	0	1	0	0	1	1	1
AH	C8	9	3	6	66	0	0	1	1	1	0	0	12	14	14	42	74	40	7
FJ	C1	0	1	2	8	0	0	0	0	0	0	0	0	0	0	0	0	0	0
FJ	C2	0	0	0	0	0	0	0	0	0	0	0	0	0	0	0	0	0	0
FJ	C3	10	1	8	39	0	0	0	0	0	0	0	0	1	1	102	20	8	0
FJ	C4	20	0	32	1	0	0	0	0	0	0	0	0	0	0	0	1	1	0
FJ	C5	0	0	0	0	0	0	0	0	0	0	0	0	0	0	0	0	0	0
FJ	C6	0	0	0	0	0	0	0	0	0	0	0	0	0	0	0	0	0	0
FJ	C7	0	0	0	0	0	0	0	0	0	0	0	0	0	0	0	0	0	0
FJ	C8	79	4	28	60	0	0	0	0	0	0	0	0	11	4	59	48	28	2
JX	C1	1	63	202	825	0	0	1	0	0	0	0	0	0	0	1	0	0	0
JX	C2	199	362	3	8	0	0	0	0	0	0	0	0	0	0	0	0	0	0
JX	C3	1007	107	1600	7655	0	0	3	1	0	0	0	0	1	1	2	141	31	12
JX	C4	8406	634	26242	2366	0	0	0	0	0	0	0	0	3	5	4	21	10	0
JX	C5	27756	3765	2078	5377	1	10	2	12	242	21	44	37	1	9	8	43	590	76
JX	C6	2035	6509	433	1039	0	0	0	0	0	0	0	0	5	4	22	74	7	40
JX	C7	18	52	2225	475	0	0	0	0	0	0	0	0	0	0	0	0	0	0
JX	C8	4408	931	2710	15537	0	1	1	2	2	0	1	22	84	52	409	411	235	22

续表

地区	部门	JX C5	JX C6	JX C7	JX C8	SD C1	SD C2	SD C3	SD C4	SD C5	SD C6	SD C7	SD C8	HA C1	HA C2	HA C3	HA C4	HA C5	HA C6
SD	C1	0	0	0	0	17724	15	96916	9423	3	121	361	8700	0	0	0	0	0	0
SD	C2	7	1	223	3	9	3978	1561	64749	1880	6323	136	211	0	0	0	0	0	0
SD	C3	17	6	0	18	14317	1918	323678	39012	11930	586	10297	45021	2	2	152	28	12	0
SD	C4	241	2	381	12	19480	16575	49703	406920	75938	3041	85103	37540	6	18	28	687	345	2
SD	C5	155	1	4	9	4311	20553	4725	29304	211425	11803	10069	46916	118	164	96	250	960	1
SD	C6	93	246	20	44	356	1499	3208	14366	2078	12443	1032	1622	40	105	198	874	129	223
SD	C7	0	0	0	0	8	49	7	8	11	23	722	75	0	0	0	0	0	0
SD	C8	20	1	19	102	28228	11531	39504	102487	47482	15292	16923	108046	1	25	35	39	38	2
HA	C1	0	0	0	1	0	0	0	0	0	0	0	0	21888	70	73960	5229	14	21
HA	C2	32	333	3	6	0	0	0	0	0	0	0	0	31	4625	481	40818	180	3362
HA	C3	12	3	2	26	34	1	294	62	3	1	2	50	13956	1939	106457	9970	4210	1059
HA	C4	298	11	261	59	0	0	0	0	0	0	0	0	864	6593	4326	95047	40928	1425
HA	C5	488	10	12	34	0	0	0	0	5	0	1	1	299	2610	1592	10088	62616	6103
HA	C6	0	0	0	0	0	0	0	0	0	0	0	0	665	2694	3049	17550	3256	4827
HA	C7	0	0	0	0	0	0	0	0	0	0	0	0	41	14	35	61	60	38
HA	C8	399	30	149	807	0	0	0	0	0	0	0	0	9136	7325	32700	41411	19996	3123
HB	C1	0	0	0	0	0	0	0	0	0	0	0	0	0	0	0	0	0	0
HB	C2	0	0	0	0	0	0	0	0	0	0	0	0	0	0	0	0	0	0
HB	C3	7	1	3	37	13	0	110	23	1	0	1	19	1	2	140	36	11	0
HB	C4	70	12	21	17	0	0	0	0	0	0	0	0	1	22	39	903	197	9
HB	C5	220	6	7	57	0	0	0	0	13	0	0	5	1	3	2	13	62	0
HB	C6	12	24	3	5	0	0	0	0	0	0	0	0	2	12	10	70	14	19
HB	C7	0	0	4	1	0	0	0	0	0	0	0	0	0	0	0	0	0	0
HB	C8	14	4	7	63	0	0	0	0	0	0	0	4	1	1	5	10	5	1
HN	C1	0	0	0	0	0	0	2	0	0	0	0	0	4	0	13	1	0	0
HN	C2	9	1	123	2	0	0	0	0	0	0	0	0	0	2	2	20	14	0
HN	C3	31	11	3	35	11	0	100	21	1	0	1	17	1	2	84	16	8	0
HN	C4	162	13	43	52	0	0	0	0	0	0	0	0	1	6	2	20	14	0
HN	C5	668	3	12	79	21	2	5	17	883	3	2	305	269	334	195	419	2595	4
HN	C6	0	6	0	1	0	0	0	0	0	0	0	0	2	2	13	38	2	3
HN	C7	0	0	10	2	0	0	0	0	0	0	0	0	1	0	1	1	1	1
HN	C8	52	8	24	203	0	1	2	3	2	0	1	28	19	12	106	126	76	10
GD	C1	0	0	0	1	5	0	25	2	0	0	0	2	4668	15	15773	1115	3	5
GD	C2	20	628	0	28	0	0	0	0	0	0	0	0	0	3	0	388	5	102
GD	C3	29	10	3	37	11	0	97	20	1	0	1	16	6	12	679	328	83	1
GD	C4	711	34	179	251	0	0	0	0	0	0	0	0	4890	1934	4938	18987	4366	23
GD	C5	375	2	7	51	107	9	28	84	4437	14	8	1533	162	300	199	428	16242	19
GD	C6	37	139	8	20	0	0	0	0	0	0	0	0	34	52	179	626	65	113
GD	C7	0	0	0	0	0	0	0	0	0	0	0	0	0	0	0	0	0	0
GD	C8	116	4	51	75	0	0	0	0	0	0	0	0	309	122	2369	1604	958	40
GX	C1	0	0	0	0	1	0	3	0	0	0	0	0	14	0	49	3	0	0
GX	C2	37	0	85	1	0	0	0	0	0	0	0	0	0	0	0	0	0	0
GX	C3	1	0	2	9	7	0	58	12	1	0	0	10	1	1	64	21	7	0
GX	C4	580	4	986	5	0	0	0	0	0	0	0	0	0	1	1	29	7	0
GX	C5	117	6	4	23	8	1	2	6	320	1	1	111	2	4	2	16	220	2
GX	C6	1	3	0	1	0	0	0	0	0	0	0	0	0	1	1	8	2	2
GX	C7	0	1	23	5	0	0	0	0	0	0	0	0	1	1	1	2	2	1
GX	C8	47	7	23	174	0	0	0	0	0	0	0	2	97	58	554	450	241	20
HI	C1	0	0	0	0	1	0	7	1	0	0	0	1	121	0	410	29	0	0
HI	C2	1	0	0	0	0	0	0	0	0	0	0	0	1	0	0	0	0	0
HI	C3	1	0	1	6	1	0	12	2	0	0	0	2	1	0	36	7	4	0
HI	C4	70	3	18	27	0	0	0	0	0	0	0	0	0	0	0	1	0	0
HI	C5	24	3	2	6	0	0	0	0	0	0	0	0	0	0	0	0	2	1
HI	C6	0	2	0	0	0	0	0	0	0	0	0	0	0	0	0	3	1	9
HI	C7	0	0	7	1	0	0	0	0	0	0	0	0	0	0	0	1	1	0
HI	C8	141	16	58	225	0	0	0	0	0	0	0	2	69	43	248	255	124	18

续表

地区	部门	JX C5	JX C6	JX C7	JX C8	SD C1	SD C2	SD C3	SD C4	SD C5	SD C6	SD C7	SD C8	HA C1	HA C2	HA C3	HA C4	HA C5	HA C6
CQ	C1	0	0	0	0	1	0	7	1	0	0	0	1	98	0	331	23	0	0
CQ	C2	8	1	38	1	0	0	0	0	0	0	0	0	0	9	1	1113	15	292
CQ	C3	3	0	2	12	6	0	52	11	0	0	0	9	1	2	125	24	10	0
CQ	C4	20	3	7	5	0	0	0	0	0	0	0	0	0	5	2	14	10	0
CQ	C5	220	7	7	33	52	12	15	49	2308	22	36	763	35	77	43	206	2259	66
CQ	C6	88	224	19	41	0	0	0	0	0	0	0	0	29	92	124	665	119	281
CQ	C7	0	1	31	7	0	0	0	0	0	0	0	0	2	1	2	3	3	2
CQ	C8	70	20	36	385	0	0	0	1	0	0	0	7	94	82	227	383	204	28
SC	C1	0	0	0	0	0	0	2	0	0	0	0	0	4	0	14	1	0	0
SC	C2	0	0	0	0	0	0	0	0	0	0	0	0	0	0	0	0	0	0
SC	C3	7	2	1	11	10	0	83	18	1	0	1	14	1	2	57	9	5	0
SC	C4	0	0	0	0	0	0	0	0	0	0	0	0	0	0	0	8	4	0
SC	C5	112	2	3	10	0	0	0	0	0	0	0	0	3	7	5	10	484	0
SC	C6	55	128	12	25	0	0	0	0	0	0	0	0	13	55	51	344	71	162
SC	C7	0	0	7	1	0	0	0	0	0	0	0	0	0	0	0	1	1	0
SC	C8	33	11	20	176	0	0	0	0	0	0	0	3	20	14	36	65	34	7
GZ	C1	0	0	0	0	1	0	7	1	0	0	0	1	128	0	431	30	0	0
GZ	C2	8	44	240	4	0	0	0	0	0	0	0	0	0	0	0	0	0	0
GZ	C3	2	0	2	9	4	0	37	8	0	0	0	6	0	2	65	49	10	0
GZ	C4	1018	9	1681	21	0	0	0	0	0	0	0	0	1	2	1	8	5	0
GZ	C5	33	5	3	6	0	0	0	0	7	1	1	1	0	1	0	3	19	6
GZ	C6	11	25	2	5	0	0	0	0	0	0	0	0	2	11	10	68	14	26
GZ	C7	0	0	8	2	0	0	0	0	0	0	0	0	1	0	1	1	0	0
GZ	C8	74	6	36	148	0	0	0	0	0	0	0	4	46	32	332	248	157	9
YN	C1	0	0	0	0	1	0	3	0	0	0	0	0	8	0	26	2	0	0
YN	C2	0	0	0	0	0	0	0	0	0	0	0	0	0	0	0	0	0	0
YN	C3	1	0	1	5	5	0	45	10	0	0	0	8	0	0	16	4	2	0
YN	C4	398	2	679	3	0	0	0	0	0	0	0	0	0	1	1	25	14	0
YN	C5	14	2	1	2	0	0	0	0	0	0	0	0	0	0	0	0	0	0
YN	C6	11	23	2	5	0	0	0	0	0	0	0	0	2	11	10	67	14	19
YN	C7	0	0	0	0	0	0	0	0	0	0	0	0	0	0	0	0	0	0
YN	C8	9	1	5	55	0	0	0	0	0	0	0	0	3	5	11	16	10	1
TB	C1	0	0	0	0	1	0	3	0	0	0	0	0	11	0	38	3	0	0
TB	C2	0	0	0	0	0	0	0	0	0	0	0	0	0	0	0	0	0	0
TB	C3	0	0	0	0	0	0	3	1	0	0	0	1	0	0	0	0	0	0
TB	C4	0	0	0	0	0	0	0	0	0	0	0	0	0	0	0	0	0	0
TB	C5	0	0	0	0	0	0	0	0	0	0	0	0	0	0	0	0	0	0
TB	C6	0	1	0	0	0	0	0	0	0	0	0	0	0	0	0	2	0	1
TB	C7	0	0	1	0	0	0	0	0	0	0	0	0	0	0	0	0	0	0
TB	C8	10	1	5	20	0	0	0	0	0	0	0	0	8	9	9	26	8	3
SN	C1	0	0	0	0	1	0	3	0	0	0	0	0	10	0	35	2	0	0
SN	C2	42	1664	14	25	0	0	0	0	0	0	0	0	9	1002	94	6634	56	1962
SN	C3	8	2	2	15	10	0	88	18	1	0	1	15	2	4	208	50	18	1
SN	C4	480	6	785	10	0	0	0	0	0	0	0	0	1	19	18	446	232	1
SN	C5	158	8	6	23	4	9	2	13	349	18	38	81	21	40	26	121	773	103
SN	C6	80	182	17	36	0	0	0	0	0	0	0	0	21	81	91	534	101	183
SN	C7	0	1	28	6	0	0	0	0	0	0	0	0	2	1	2	3	3	2
SN	C8	67	5	31	76	0	0	0	0	0	0	0	1	189	107	1303	1018	627	28
GS	C1	0	0	0	0	146	0	797	77	0	1	3	72	1	0	4	0	0	0
GS	C2	0	0	0	0	0	0	0	0	0	0	0	0	0	0	0	0	0	0
GS	C3	4	2	0	6	0	0	0	0	0	0	0	0	0	1	2	0	0	0
GS	C4	337	4	561	5	0	0	0	0	0	0	0	0	0	5	3	59	36	0
GS	C5	24	1	1	4	0	0	0	0	0	0	0	0	0	0	0	0	0	0
GS	C6	4	9	1	2	0	0	0	0	0	0	0	0	1	4	4	25	5	7
GS	C7	0	0	3	1	0	0	0	0	0	0	0	0	0	0	0	0	0	0
GS	C8	17	2	7	22	0	0	0	0	0	0	0	0	11	10	30	42	17	4

续表

地区	部门	JX C5	JX C6	JX C7	JX C8	SD C1	SD C2	SD C3	SD C4	SD C5	SD C6	SD C7	SD C8	HA C1	HA C2	HA C3	HA C4	HA C5	HA C6
QH	C1	0	0	0	0	1	0	5	1	0	0	0	0	61	0	206	15	0	0
QH	C2	0	0	0	0	0	0	0	0	0	0	0	0	0	4	0	418	6	109
QH	C3	0	0	0	0	0	0	0	0	0	0	0	0	0	0	0	0	0	0
QH	C4	29	0	50	0	0	0	0	0	0	0	0	0	0	1	2	51	29	0
QH	C5	2	1	0	0	0	0	0	0	0	0	0	0	0	0	0	0	0	0
QH	C6	0	0	0	0	0	0	0	0	0	0	0	0	0	0	0	0	0	0
QH	C7	0	0	0	0	0	0	0	0	0	0	0	0	0	0	0	0	0	0
QH	C8	0	0	0	2	0	0	0	0	0	0	0	0	0	0	0	0	0	0
NX	C1	0	0	0	2	65	0	355	35	0	0	1	32	0	0	0	0	0	0
NX	C2	0	0	0	0	0	0	0	0	0	0	0	0	0	4	0	10	0	3
NX	C3	0	0	0	1	2	0	18	4	0	0	0	3	0	0	22	1	0	0
NX	C4	221	1	375	2	0	0	0	0	0	0	0	0	1	7	9	254	146	0
NX	C5	10	3	1	1	0	0	0	0	0	0	0	0	0	0	0	0	2	0
NX	C6	10	27	2	5	0	0	0	0	0	0	0	0	3	10	10	66	14	48
NX	C7	0	0	0	0	0	0	0	0	0	0	0	0	0	0	0	0	0	0
NX	C8	0	0	0	0	0	0	0	0	0	0	0	0	0	0	0	0	0	0
XJ	C1	0	0	0	0	658	1	3599	350	0	5	13	323	281	1	950	67	0	0
XJ	C2	0	0	0	0	0	0	0	0	0	0	0	0	0	6	0	658	9	172
XJ	C3	0	0	0	0	0	0	0	0	0	0	0	0	0	18	1	0	0	0
XJ	C4	1	0	1	1	0	0	0	0	0	0	0	0	0	2	3	80	45	0
XJ	C5	5	2	1	1	0	0	3	0	3	57	6	12	0	1	1	8	52	17
XJ	C6	24	60	5	11	0	0	0	0	0	0	0	0	6	25	23	156	32	84
XJ	C7	0	0	0	0	0	0	0	0	0	0	0	0	0	0	0	0	0	0
XJ	C8	59	4	22	51	0	0	0	0	0	0	0	0	3	1	8	12	6	1
USA	C1	0	0	3	3	354	3	2085	177	0	0	32	84	48	0	131	10	0	0
USA	C2	1	0	3	0	2	144	12	2091	14	27	7	8	0	4	0	93	2	5
USA	C3	1	0	5	7	115	32	669	96	24	1	38	141	6	0	25	4	2	0
USA	C4	9	0	9	4	85	129	119	786	120	1	56	118	3	1	3	20	9	0
USA	C5	39	0	3	21	11	63	22	36	295	1	8	83	1	1	1	3	29	1
USA	C6	0	0	0	0	0	0	0	0	0	0	0	0	0	0	0	0	0	0
USA	C7	0	0	0	0	0	0	0	0	0	0	0	0	0	0	0	0	0	0
USA	C8	0	0	0	0	143	182	122	431	79	31	11	206	64	22	123	180	76	6
EU	C1	0	0	0	0	17	1	90	18	1	0	3	6	1	0	1	0	0	0
EU	C2	6	0	1	0	0	32	2	311	9	0	24	2	0	8	0	168	5	0
EU	C3	6	2	18	25	315	72	1400	271	71	4	54	404	60	1	110	18	7	1
EU	C4	23	1	95	11	132	176	202	1120	235	2	126	185	13	5	11	79	38	1
EU	C5	133	5	17	26	43	404	68	250	874	6	65	111	9	8	7	19	94	1
EU	C6	0	0	0	0	0	0	0	0	0	0	0	0	0	0	0	0	0	0
EU	C7	0	0	0	0	3	13	12	52	33	0	10	4	0	0	0	0	0	0
EU	C8	0	0	0	0	113	321	124	583	119	38	29	545	47	26	93	186	73	7
ROW	C1	0	0	10	6	1067	13	5493	547	12	1	110	207	72	0	190	15	1	0
ROW	C2	84	46	165	7	12	3749	351	64573	784	1346	324	173	0	65	4	2239	65	11
ROW	C3	16	2	48	79	594	224	5487	753	220	11	229	1099	154	7	457	85	67	8
ROW	C4	710	5	378	23	871	1521	1429	9670	1925	22	1221	824	40	12	45	326	165	3
ROW	C5	1270	66	96	216	146	1203	319	836	8124	73	398	1709	38	81	116	228	8798	143
ROW	C6	0	0	0	0	0	0	0	0	0	0	0	0	0	0	0	0	0	0
ROW	C7	0	0	0	0	7	13	21	70	21	0	14	5	0	0	0	0	0	0
ROW	C8	0	0	0	1	405	1043	432	3034	418	241	57	1102	172	98	358	989	383	44
CHN	TAXSUB	3683	880	2557	4227	−3	429	2115	8344	9460	1264	3598	21438	−16	3168	1271	4900	3134	399
USA	TAXSUB	0	0	0	0	0	0	0	0	0	0	0	0	0	0	0	0	0	0
EU	TAXSUB	0	0	0	0	0	0	0	0	0	0	0	0	0	0	0	0	0	0
ROW	TAXSUB	0	0	0	0	0	0	0	0	0	0	0	0	0	0	0	0	0	0
VA		16912	8252	26030	113053	65202	25771	80174	175104	80099	22875	66361	466677	54340	23327	62424	115902	48258	13385
TI		92074	29473	85713	169116	156533	92081	631331	937604	485084	76427	199131	753674	129512	70349	359790	471858	267669	44584

地区	部门	HA	HA	HB	HB	HB	HB	HB	HB	HB	HB	HN	HN	HN	HN	HN	HN	HN	HN
		C7	C8	C1	C2	C3	C4	C5	C6	C7	C8	C1	C2	C3	C4	C5	C6	C7	C8
BJ	C1	2	6	0	0	0	0	0	0	0	0	0	0	1	0	0	0	0	0
BJ	C2	0	0	0	0	0	0	0	0	0	0	0	0	0	0	0	0	0	0
BJ	C3	10	47	14	1	40	7	9	5	5	30	11	0	25	5	3	2	2	26
BJ	C4	325	336	0	0	0	0	0	0	0	0	0	0	1	3	2	0	4	1
BJ	C5	126	1058	5	9	3	16	947	9	11	200	13	19	16	30	772	6	6	262
BJ	C6	256	520	9	13	16	100	31	19	16	16	127	194	191	1006	214	725	208	212
BJ	C7	53	31	0	0	0	0	0	0	0	0	1	0	0	0	0	1	65	14
BJ	C8	5112	3868	211	269	838	906	1271	52	1068	2114	76	174	459	726	609	28	609	762
TJ	C1	0	0	0	0	0	0	0	0	0	0	0	0	0	0	0	0	0	0
TJ	C2	0	2	0	1	2	1080	6	38	0	9	0	0	0	490	0	42	0	3
TJ	C3	8	71	18	1	55	7	10	5	5	36	15	0	35	5	4	3	2	29
TJ	C4	145	139	0	0	0	0	0	0	0	0	0	0	1	4	4	0	6	1
TJ	C5	44	252	1	3	1	5	299	7	10	61	3	6	4	10	194	2	1	85
TJ	C6	0	22	0	0	0	0	0	0	0	0	0	0	0	1	0	1	0	1
TJ	C7	15	9	0	0	0	0	0	0	0	0	0	0	0	0	0	0	18	4
TJ	C8	929	1113	92	54	364	319	456	14	308	548	24	35	143	164	150	7	142	195
HE	C1	7	18	74	0	238	9	0	0	4	14	373	0	756	40	0	3	16	61
HE	C2	0	0	0	0	0	0	0	0	0	0	0	0	0	0	0	0	0	0
HE	C3	18	90	33	3	148	12	17	10	7	60	27	1	86	8	6	4	2	47
HE	C4	273	10	2	0	1	5	2	0	4	1	8	2	8	27	11	1	12	5
HE	C5	167	278	1	2	1	5	221	10	20	43	7	5	4	13	135	1	3	54
HE	C6	0	42	0	0	0	0	0	0	0	0	1	0	1	3	1	3	0	2
HE	C7	3	2	0	0	0	0	0	0	0	0	0	0	0	0	0	0	4	1
HE	C8	261	571	74	17	223	209	209	10	133	375	7	10	35	52	56	6	67	138
SX	C1	0	0	0	0	0	0	0	0	0	0	0	0	0	0	0	0	0	0
SX	C2	10	82	8	47	77	1658	3	155	1	56	4	718	81	1300	3	737	3	18
SX	C3	1	4	3	0	11	3	2	1	2	7	5	0	12	3	1	0	1	13
SX	C4	74	28	50	4	18	88	27	1	18	15	34	49	13	342	10	40	33	179
SX	C5	0	0	0	0	0	0	17	1	2	2	1	0	0	1	4	0	0	1
SX	C6	8	17	0	0	1	4	1	1	1	1	4	6	6	34	7	24	7	7
SX	C7	0	0	0	0	0	0	0	0	0	0	0	0	0	0	0	0	0	0
SX	C8	43	118	27	2	91	76	86	3	44	76	2	1	14	7	9	0	6	12
IM	C1	1	2	462	0	1490	55	0	0	26	85	363	0	737	39	0	3	16	59
IM	C2	0	5	0	0	0	0	0	0	0	0	0	1	0	18	0	0	0	0
IM	C3	3	9	15	1	81	6	7	3	4	29	12	0	49	3	2	1	1	20
IM	C4	82	1	8	1	3	14	4	0	3	2	0	0	0	1	1	0	1	0
IM	C5	2	17	0	0	0	1	31	1	2	6	1	1	1	2	27	0	1	10
IM	C6	22	137	1	1	2	11	3	2	2	2	13	19	20	102	22	76	21	25
IM	C7	13	8	0	0	0	0	0	0	0	0	0	0	0	0	0	0	17	4
IM	C8	168	263	38	11	126	112	130	5	80	159	5	6	29	33	35	3	37	67
LN	C1	0	0	12	0	39	1	0	0	1	2	6	0	11	1	0	0	0	1
LN	C2	0	0	0	0	0	0	0	0	0	0	0	0	0	0	0	0	0	0
LN	C3	3	6	11	1	43	5	8	5	4	22	12	0	28	3	2	2	1	19
LN	C4	1045	2002	0	0	0	0	0	0	0	0	0	0	1	4	3	0	7	1
LN	C5	11	152	1	2	1	4	207	2	3	43	5	6	4	9	164	2	2	71
LN	C6	9	19	0	1	0	4	1	1	1	1	5	8	7	39	8	28	8	8
LN	C7	71	41	0	0	0	0	0	0	0	0	1	0	0	0	0	1	87	19
LN	C8	309	969	36	5	99	121	101	17	86	237	2	1	11	9	9	1	5	14
JL	C1	0	0	28	0	89	3	0	0	2	5	8	0	17	1	0	0	0	1
JL	C2	0	2	0	0	1	334	2	12	0	3	0	0	0	218	0	19	0	1
JL	C3	16	54	30	2	107	11	13	7	6	52	24	1	64	8	5	3	1	42
JL	C4	628	685	0	0	0	0	0	0	0	0	0	0	1	2	3	0	4	0
JL	C5	93	897	6	12	3	20	1156	4	6	244	14	23	14	32	643	7	4	297
JL	C6	38	213	2	2	3	19	6	4	3	3	22	33	34	173	37	128	35	41
JL	C7	0	0	0	0	0	0	0	0	0	0	0	0	0	0	0	0	0	0
JL	C8	152	307	54	10	172	156	161	7	91	289	3	5	21	22	19	1	16	24

地区	部门	HA C7	HA C8	HB C1	HB C2	HB C3	HB C4	HB C5	HB C6	HB C7	HB C8	HN C1	HN C2	HN C3	HN C4	HN C5	HN C6	HN C7	HN C8
HL	C1	0	0	31	0	101	4	0	0	2	6	12	0	25	1	0	0	1	2
HL	C2	0	6	0	1	1	459	2	16	0	4	0	0	0	240	0	20	0	2
HL	C3	9	16	20	1	58	7	9	5	4	33	17	0	32	4	3	2	1	23
HL	C4	2	0	0	0	0	0	0	0	0	0	0	0	0	1	1	0	2	0
HL	C5	4	36	0	1	0	1	59	2	2	12	3	2	1	5	53	1	1	21
HL	C6	12	53	1	1	1	6	2	1	1	1	7	10	11	55	12	41	11	13
HL	C7	1	1	0	0	0	0	0	0	0	0	0	0	0	0	0	0	1	0
HL	C8	251	612	39	9	173	136	215	7	126	245	11	5	68	40	46	2	36	66
SH	C1	0	1	0	0	0	0	0	0	0	0	0	0	0	0	0	0	0	0
SH	C2	0	0	0	0	0	0	0	0	0	0	0	0	0	0	0	0	0	0
SH	C3	17	85	24	2	68	10	15	8	7	48	21	1	51	9	6	4	2	49
SH	C4	1010	951	0	0	0	0	0	0	0	0	0	1	1	5	4	0	7	1
SH	C5	239	1128	9	17	5	30	1719	14	21	363	25	37	26	56	1236	11	10	491
SH	C6	0	0	0	0	0	0	0	0	0	0	0	0	0	0	0	0	0	0
SH	C7	103	60	0	0	0	0	0	0	0	0	1	0	0	0	0	2	127	28
SH	C8	1860	8010	318	62	1088	930	1126	47	672	1155	46	35	261	221	254	22	256	507
JS	C1	5	13	14	0	46	2	0	0	1	3	18	0	37	2	0	0	1	3
JS	C2	0	0	0	0	0	0	0	0	0	0	0	0	0	0	0	0	0	0
JS	C3	22	84	26	2	149	11	14	6	9	55	29	1	93	9	7	5	2	50
JS	C4	770	624	3	0	1	5	2	0	1	1	105	13	85	268	59	7	32	48
JS	C5	665	458	0	2	3	7	263	34	58	51	9	3	11	18	507	2	9	46
JS	C6	12	270	1	1	1	6	2	1	1	1	9	10	13	58	14	49	11	21
JS	C7	0	0	0	0	0	0	0	0	0	0	0	0	0	0	0	0	0	0
JS	C8	549	2154	20	12	56	86	98	19	113	166	10	8	47	54	69	10	82	195
ZJ	C1	5	13	124	0	399	15	0	0	7	23	0	0	1	0	0	0	0	0
ZJ	C2	0	0	0	0	0	0	0	0	0	0	0	0	0	0	0	0	0	0
ZJ	C3	103	1205	34	3	269	18	20	10	8	72	29	2	191	15	9	5	2	82
ZJ	C4	2380	2609	0	0	0	0	0	0	0	0	122	16	101	322	76	8	67	57
ZJ	C5	268	248	0	1	2	4	130	17	25	27	8	3	10	17	434	1	8	40
ZJ	C6	15	119	1	1	1	7	2	1	1	1	9	13	13	68	15	52	14	17
ZJ	C7	68	40	0	0	0	0	0	0	0	0	1	0	0	0	0	1	83	18
ZJ	C8	165	1000	91	7	284	247	257	10	134	292	7	2	37	25	37	5	41	101
AH	C1	0	0	3	0	11	0	0	0	0	1	3	0	7	0	0	0	0	1
AH	C2	0	0	0	0	0	1	0	0	0	0	0	0	0	0	0	0	0	0
AH	C3	165	884	58	5	241	23	28	16	13	96	45	1	144	19	11	7	3	97
AH	C4	393	69	2	0	1	3	1	0	2	1	211	30	173	579	132	17	139	109
AH	C5	502	626	3	7	5	17	822	39	66	168	16	14	16	28	738	5	9	188
AH	C6	2	19	0	0	0	1	0	0	0	0	1	1	1	5	1	4	1	1
AH	C7	43	25	0	0	0	0	0	0	0	0	1	0	0	0	0	1	53	12
AH	C8	37	216	2	1	3	12	10	1	12	36	2	1	6	8	13	3	18	50
FJ	C1	0	0	0	0	0	0	0	0	0	0	0	0	0	0	0	0	0	0
FJ	C2	0	0	0	0	0	0	0	0	0	0	0	0	0	0	0	0	0	0
FJ	C3	10	65	0	0	100	6	6	0	5	19	0	1	99	8	6	4	3	41
FJ	C4	1	0	0	0	0	0	0	0	0	0	0	0	1	10	5	0	38	1
FJ	C5	0	0	0	0	0	0	0	0	0	0	0	0	0	0	0	0	0	0
FJ	C6	0	0	0	0	0	0	0	0	0	0	0	0	0	0	0	0	0	0
FJ	C7	0	0	0	0	0	0	0	0	0	0	0	0	0	0	0	0	0	0
FJ	C8	16	94	24	2	72	63	60	3	31	63	1	1	6	6	9	1	12	30
JX	C1	0	0	0	0	0	0	0	0	0	0	0	0	0	0	0	0	0	0
JX	C2	0	0	0	0	0	0	0	0	0	0	0	4	0	28	0	4	1	0
JX	C3	18	100	1	1	203	14	14	1	12	42	5	1	152	13	8	4	4	66
JX	C4	7	3	2	0	1	3	1	0	1	0	109	28	117	889	243	23	2475	99
JX	C5	80	91	1	3	4	11	500	37	77	90	17	11	20	35	932	4	15	141
JX	C6	1	89	0	0	0	0	0	0	0	0	1	1	2	5	2	6	1	4
JX	C7	2	1	0	0	0	0	0	0	0	0	0	0	0	0	0	0	2	0
JX	C8	231	565	75	14	233	210	222	10	132	285	8	8	40	44	51	6	57	123

续表

地区	部门	HA C7	HA C8	HB C1	HB C2	HB C3	HB C4	HB C5	HB C6	HB C7	HB C8	HN C1	HN C2	HN C3	HN C4	HN C5	HN C6	HN C7	HN C8
SD	C1	0	0	0	0	0	0	0	0	0	0	0	0	0	0	0	0	0	0
SD	C2	0	0	0	0	0	0	0	0	0	0	0	0	0	0	0	0	0	0
SD	C3	7	110	0	1	83	5	6	3	1	15	0	0	51	3	1	0	0	14
SD	C4	190	5	3	0	1	5	1	0	1	1	50	6	41	129	29	3	16	23
SD	C5	93	79	0	0	0	0	0	0	0	0	6	2	2	10	29	0	4	2
SD	C6	41	253	2	2	3	19	6	4	3	3	23	32	34	172	37	128	35	41
SD	C7	0	0	0	0	0	0	0	0	0	0	0	0	0	0	0	0	0	0
SD	C8	12	111	0	0	0	0	0	0	0	0	0	0	0	0	0	0	0	0
HA	C1	922	2473	2	0	5	0	0	0	0	0	6	0	11	1	0	0	0	1
HA	C2	447	446	4	23	37	1992	8	114	1	35	1	195	22	480	1	211	1	6
HA	C3	4804	39628	100	7	325	33	38	25	9	166	75	2	164	21	14	9	1	118
HA	C4	37259	4106	8	1	3	17	5	0	10	3	403	51	332	1078	247	27	301	188
HA	C5	8859	14815	0	0	1	2	84	6	13	12	11	4	10	19	452	1	9	40
HA	C6	1101	3920	0	0	0	0	0	0	0	0	0	0	0	0	0	0	0	0
HA	C7	3084	1802	0	0	0	0	0	0	0	0	0	0	0	0	0	0	2	0
HA	C8	15891	53871	115	9	318	294	261	13	152	320	9	6	34	47	78	15	113	296
HB	C1	0	0	15555	3	50167	1863	4	1	879	2875	2	0	5	0	0	0	0	0
HB	C2	0	0	3	282	65	14103	84	226	1021	115	0	0	0	0	0	0	0	0
HB	C3	12	107	9897	839	51597	4891	6243	2604	3392	23536	69	2	247	29	17	11	2	152
HB	C4	706	10	13588	2877	6559	56517	26747	648	45584	7172	71	11	63	241	69	6	233	38
HB	C5	5	26	351	846	545	3396	48614	1443	3101	8076	2	4	4	15	126	1	2	48
HB	C6	5	10	848	936	1638	9032	2357	2133	1134	1554	3	4	4	22	5	16	5	5
HB	C7	18	11	49	1	15	27	31	53	8783	518	0	0	0	0	0	0	23	5
HB	C8	4	32	7049	2177	21894	25013	29319	4065	26604	61341	0	0	1	1	1	0	2	6
HN	C1	0	0	0	0	0	0	0	0	0	0	16602	5	33683	1797	2	118	725	2715
HN	C2	0	0	0	0	0	0	0	0	0	0	8	1433	182	10651	29	1361	944	80
HN	C3	11	59	73	6	254	26	37	22	16	130	11366	276	30424	3828	2664	1530	3287	21028
HN	C4	10	2	0	0	0	0	0	0	0	0	6332	1998	7045	50240	23176	1229	50397	5792
HN	C5	181	583	9	18	5	31	1853	7	3	389	1447	724	914	3924	22618	2986	3803	2620
HN	C6	0	5	0	0	0	0	0	0	0	0	965	819	1348	5180	975	3619	894	1273
HN	C7	46	27	0	0	0	0	0	0	0	0	11	1	4	4	4	15	1156	253
HN	C8	57	296	14	2	45	42	44	3	29	163	4625	2445	22462	19165	17367	1669	12136	35301
GD	C1	197	527	285	0	918	34	0	0	16	53	1494	0	3030	162	0	11	65	244
GD	C2	0	2	0	2	2	1254	7	44	0	10	0	12	1	3334	0	215	11	19
GD	C3	130	890	53	4	207	20	24	14	10	94	58	2	194	23	14	9	3	122
GD	C4	2353	2578	0	0	0	0	0	0	0	0	960	124	783	2494	554	67	312	459
GD	C5	318	2336	15	30	7	50	2963	8	3	627	64	99	150	187	7744	40	63	1682
GD	C6	18	143	1	1	1	7	2	1	1	1	9	12	14	67	14	50	13	17
GD	C7	0	0	0	0	0	0	0	0	0	0	0	0	0	0	0	0	0	0
GD	C8	423	938	44	9	300	170	419	4	225	216	26	6	165	73	89	1	56	86
GX	C1	1	2	0	0	0	0	0	0	0	0	169	0	344	18	0	1	7	28
GX	C2	0	0	0	0	0	0	0	0	0	0	0	6	0	419	0	0	4	1
GX	C3	19	51	30	2	101	12	13	7	8	53	31	1	86	12	7	4	3	62
GX	C4	22	0	0	0	0	0	0	0	0	0	37	7	33	160	40	5	249	26
GX	C5	11	157	2	4	1	7	383	3	5	79	13	16	10	26	438	4	5	196
GX	C6	1	1	0	0	0	0	0	0	0	0	0	0	0	2	1	2	1	1
GX	C7	111	65	0	0	0	0	0	0	0	0	1	0	1	0	0	2	138	30
GX	C8	140	348	14	3	77	52	105	3	62	73	6	2	40	19	23	1	16	27
HI	C1	5	14	0	0	0	0	0	0	0	0	0	0	1	0	0	0	0	0
HI	C2	0	0	0	0	0	0	0	0	0	0	0	0	30	0	0	0	0	0
HI	C3	4	29	6	0	21	3	4	1	3	15	6	0	13	2	1	1	1	9
HI	C4	0	0	0	0	0	0	0	0	0	0	0	0	0	0	0	0	0	0
HI	C5	1	0	0	0	0	0	12	1	3	2	1	0	0	1	3	0	0	0
HI	C6	0	21	0	0	0	0	0	0	0	0	0	0	1	0	1	1	0	1
HI	C7	32	18	0	0	0	0	0	0	0	0	0	0	0	0	0	1	39	9
HI	C8	92	352	38	4	119	106	113	6	65	125	4	2	20	15	22	3	25	62

续表

地区	部门	HA	HA	HB	HB	HB	HB	HB	HB	HB	HB	HN	HN	HN	HN	HN	HN	HN	HN
		C7	C8	C1	C2	C3	C4	C5	C6	C7	C8	C1	C2	C3	C4	C5	C6	C7	C8
CQ	C1	4	11	0	0	0	0	0	0	0	0	0	0	1	0	0	0	0	0
CQ	C2	0	5	0	0	0	2	0	0	0	0	0	0	0	2	0	0	0	0
CQ	C3	16	79	24	2	125	11	13	6	7	50	21	1	94	10	6	4	2	52
CQ	C4	7	2	0	0	0	0	0	0	0	0	141	18	116	364	84	9	50	65
CQ	C5	156	976	7	15	4	26	1505	14	19	317	23	34	29	54	1402	11	11	480
CQ	C6	37	421	2	2	3	18	6	3	3	3	23	31	34	170	38	133	33	48
CQ	C7	150	88	0	0	0	0	0	0	0	0	2	0	1	1	1	2	186	41
CQ	C8	343	739	15	17	42	70	76	7	86	164	8	13	39	67	75	10	94	201
SC	C1	0	0	0	0	0	0	0	0	0	0	0	0	0	0	0	0	0	0
SC	C2	0	0	0	1	1	20	0	2	0	1	0	0	0	3	0	0	0	0
SC	C3	11	29	34	3	120	12	16	9	7	59	33	1	69	8	5	3	2	46
SC	C4	2	0	3	0	1	6	2	0	1	1	2	0	2	5	2	0	2	1
SC	C5	7	39	0	0	0	0	20	0	0	2	5	2	7	10	339	1	5	31
SC	C6	23	234	1	1	2	11	4	2	2	2	14	20	21	106	24	82	21	29
SC	C7	32	19	0	0	0	0	0	0	0	0	0	0	0	0	0	1	39	9
SC	C8	41	303	2	0	3	5	6	2	14	47	3	2	10	14	25	5	36	96
GZ	C1	5	14	0	0	0	0	0	0	0	0	0	0	1	0	0	0	0	0
GZ	C2	0	0	0	0	0	0	0	0	0	0	0	52	6	94	0	54	0	1
GZ	C3	24	113	18	1	45	7	9	4	6	32	21	1	55	12	7	4	3	58
GZ	C4	3	1	6	0	2	10	3	0	2	2	116	15	95	300	70	8	42	54
GZ	C5	6	3	0	0	0	1	34	5	7	7	3	1	1	5	17	0	2	2
GZ	C6	5	29	0	0	0	2	1	0	0	0	3	4	4	21	5	16	4	5
GZ	C7	39	23	0	0	0	0	0	0	0	0	0	0	0	0	0	1	48	10
GZ	C8	76	318	19	2	75	56	84	2	48	79	5	2	26	16	23	2	24	57
YN	C1	0	1	68	0	218	8	0	0	4	12	709	0	1438	77	0	5	31	116
YN	C2	0	0	0	0	0	0	0	0	0	0	0	3	0	8	0	3	1	0
YN	C3	1	14	21	1	46	6	7	5	2	36	22	0	25	5	3	2	1	26
YN	C4	4	0	3	0	1	5	2	0	1	1	0	0	0	0	0	0	0	0
YN	C5	0	0	0	0	0	0	6	0	1	1	0	0	0	1	3	0	0	0
YN	C6	5	14	0	0	0	2	1	0	0	0	3	4	4	21	5	15	4	5
YN	C7	2	1	0	0	0	0	0	0	0	0	0	0	0	0	0	0	3	1
YN	C8	8	52	2	0	4	4	4	0	4	6	0	0	2	2	3	1	5	13
TB	C1	0	1	0	0	0	0	0	0	0	0	0	0	0	0	0	0	0	0
TB	C2	0	0	0	0	0	0	0	0	0	0	0	0	0	0	0	0	0	0
TB	C3	0	0	1	0	2	0	0	0	0	2	1	0	2	0	0	0	0	2
TB	C4	0	0	0	0	0	0	0	0	0	0	0	0	0	0	0	0	0	0
TB	C5	0	0	0	0	0	0	0	0	0	0	0	0	0	0	0	0	0	0
TB	C6	0	0	0	0	0	0	0	0	0	0	0	0	0	1	0	1	0	0
TB	C7	3	2	0	0	0	0	0	0	0	0	0	0	0	0	0	0	4	1
TB	C8	12	40	3	0	7	7	6	1	4	8	0	0	0	0	0	0	0	1
SN	C1	0	1	0	0	0	0	0	0	0	0	0	0	0	0	0	0	0	0
SN	C2	10	98	5	31	50	2565	10	150	1	47	3	591	67	1862	3	673	3	20
SN	C3	23	162	36	3	163	16	19	10	8	69	28	1	99	11	7	4	2	59
SN	C4	136	5	36	3	13	65	20	1	18	11	287	372	125	2641	97	299	264	1348
SN	C5	130	258	1	2	1	5	255	10	20	52	9	7	5	15	179	2	4	74
SN	C6	33	209	2	2	3	16	5	3	3	3	20	28	29	150	33	113	30	37
SN	C7	137	80	0	0	0	0	0	0	0	0	2	0	1	1	1	2	170	37
SN	C8	538	677	29	26	177	129	268	5	177	257	18	18	110	95	91	3	77	103
GS	C1	0	0	10	0	33	1	0	0	1	2	2	0	5	0	0	0	0	0
GS	C2	0	0	0	0	0	0	0	0	0	0	0	0	0	1	0	0	0	0
GS	C3	0	2	0	0	6	2	2	1	0	4	0	0	6	1	0	0	0	6
GS	C4	15	1	4	0	2	8	2	0	2	1	1	2	1	11	3	1	5	5
GS	C5	0	0	0	0	0	0	9	0	0	1	1	0	0	2	12	0	1	1
GS	C6	2	4	0	0	0	1	0	0	0	0	1	2	2	8	2	6	2	2
GS	C7	16	9	0	0	0	0	0	0	0	0	0	0	0	0	0	0	19	4
GS	C8	16	54	5	0	16	15	15	1	9	17	0	0	2	1	2	0	2	5

地区	部门	HA	HA	HB	HB	HB	HB	HB	HB	HB	HB	HN	HN	HN	HN	HN	HN	HN	HN
		C7	C8	C1	C2	C3	C4	C5	C6	C7	C8	C1	C2	C3	C4	C5	C6	C7	C8
QH	C1	3	7	0	0	0	0	0	0	0	0	0	0	0	0	0	0	0	0
QH	C2	0	2	0	0	0	1	0	0	0	0	0	0	0	0	1	0	0	0
QH	C3	0	0	0	0	1	0	0	0	0	0	0	0	0	1	0	0	0	1
QH	C4	9	0	22	2	8	39	12	1	8	7	0	0	0	0	0	0	0	0
QH	C5	0	0	0	0	0	1	0	0	0	0	0	0	0	0	1	0	0	0
QH	C6	0	0	0	0	0	0	0	0	0	0	0	0	0	0	0	0	0	0
QH	C7	0	0	0	0	0	0	0	0	0	0	0	0	0	0	0	0	0	0
QH	C8	0	0	0	0	0	0	0	0	0	0	0	0	0	0	0	0	0	0
NX	C1	0	0	5	0	16	1	0	0	0	1	0	0	0	0	0	0	0	0
NX	C2	0	0	0	0	0	5	0	0	0	0	0	0	0	1	0	0	0	0
NX	C3	0	3	6	1	63	3	3	1	1	13	6	0	46	2	2	1	1	14
NX	C4	46	1	2	0	1	4	1	0	1	1	14	22	5	153	5	18	16	80
NX	C5	0	0	0	0	0	0	9	2	2	2	1	1	1	3	8	0	1	1
NX	C6	4	88	0	0	0	2	1	0	0	0	3	3	4	20	5	17	4	7
NX	C7	0	0	0	0	0	0	0	0	0	0	0	0	0	0	0	0	0	0
NX	C8	0	0	0	0	0	0	0	0	0	0	0	0	0	0	0	0	0	0
XJ	C1	12	32	0	0	0	0	0	0	0	0	0	0	0	0	0	0	0	0
XJ	C2	0	3	0	0	0	2	0	0	0	0	0	1	0	68	0	6	0	0
XJ	C3	0	2	0	0	31	1	1	0	0	2	0	0	24	0	0	0	0	3
XJ	C4	14	0	49	4	18	86	26	1	18	15	22	3	18	57	13	1	8	10
XJ	C5	17	7	0	0	0	16	2	5	3	0	0	0	0	0	1	0	1	1
XJ	C6	10	134	0	1	1	5	2	1	1	1	7	9	10	48	11	38	9	14
XJ	C7	0	0	0	0	0	0	0	0	0	0	0	0	0	0	0	0	0	0
XJ	C8	4	26	18	1	51	47	40	2	19	61	0	0	0	0	0	0	1	2
USA	C1	5	7	75	0	142	12	0	0	5	15	25	0	40	3	0	0	5	3
USA	C2	3	0	0	6	0	69	2	0	3	0	1	5	1	105	5	0	11	0
USA	C3	6	13	2	0	9	2	1	0	2	5	28	0	49	6	6	0	19	28
USA	C4	4	2	24	8	18	202	120	1	42	11	16	3	9	43	32	1	32	8
USA	C5	3	6	22	10	10	16	229	3	10	33	48	11	36	19	366	3	31	105
USA	C6	0	0	0	0	0	0	0	0	0	0	0	0	0	0	0	0	0	0
USA	C7	0	0	0	0	0	0	0	0	0	0	0	0	0	0	0	0	0	0
USA	C8	12	74	0	0	1	1	0	0	1	5	0	0	0	0	0	0	0	0
EU	C1	0	0	4	0	6	2	0	0	1	1	0	0	0	0	0	0	0	0
EU	C2	10	1	0	2	0	25	1	0	1	0	0	4	3	65	30	0	3	0
EU	C3	10	54	5	2	45	11	10	3	8	26	54	1	76	9	8	1	15	48
EU	C4	28	11	87	21	41	271	111	3	138	53	15	4	12	70	72	1	82	11
EU	C5	10	21	53	21	24	44	434	17	45	64	36	29	21	80	603	12	119	35
EU	C6	0	0	0	0	0	0	0	0	0	0	0	0	0	0	0	0	0	0
EU	C7	0	0	0	0	0	0	0	0	0	0	0	0	0	0	0	0	0	0
EU	C8	16	97	0	0	1	1	0	0	2	9	0	0	0	0	0	0	1	6
ROW	C1	8	8	117	0	201	17	0	0	8	16	28	0	41	3	0	0	7	3
ROW	C2	70	4	0	132	2	2804	75	20	76	7	1	107	12	3540	159	153	272	12
ROW	C3	63	302	48	3	281	40	30	7	36	114	206	3	456	49	41	6	68	218
ROW	C4	65	20	160	39	89	659	281	6	239	50	49	9	37	231	181	3	128	18
ROW	C5	222	1107	70	59	34	123	1686	61	134	228	23	14	12	32	586	13	101	69
ROW	C6	0	0	0	0	0	0	0	0	0	0	0	0	0	0	0	0	0	0
ROW	C7	0	0	0	0	0	0	0	0	0	0	0	0	0	0	0	0	0	0
ROW	C8	40	253	0	0	2	2	1	0	2	18	0	0	0	0	0	0	1	10
CHN	TAXSUB	3122	5393	−1623	720	3402	3608	10639	1340	461	1789	−14	751	2260	12393	11458	437	2790	6126
USA	TAXSUB	0	0	0	0	0	0	0	0	0	0	0	0	0	0	0	0	0	0
EU	TAXSUB	0	0	0	0	0	0	0	0	0	0	0	0	0	0	0	0	0	0
ROW	TAXSUB	0	0	0	0	0	0	0	0	0	0	0	0	0	0	0	0	0	0
VA		34417	255968	55054	6057	45770	62019	34490	15070	36555	224160	40055	5104	40417	54356	29767	7386	32509	231857
TI		138560	437208	104974	15930	194714	200004	181465	28970	132942	343981	89283	17211	152938	189804	130995	25200	117688	320672

续表

地区	部门	GD C1	GD C2	GD C3	GD C4	GD C5	GD C6	GD C7	GD C8	GX C1	GX C2	GX C3	GX C4	GX C5	GX C6	GX C7	GX C8	HI C1	HI C2
BJ	C1	74	0	277	29	0	0	4	35	0	0	0	0	0	0	0	0	0	0
BJ	C2	0	0	0	0	0	0	0	0	0	0	0	0	0	0	0	0	0	0
BJ	C3	157	0	138	25	81	7	4	173	115	4	66	12	6	5	8	101	34	0
BJ	C4	157	11	938	2553	1013	149	208	527	0	2	3	5	8	1	31	3	6	1
BJ	C5	4	2	130	132	10795	15	79	444	11	15	11	39	318	16	26	119	3	0
BJ	C6	1	0	3	6	2	22	2	3	74	54	89	379	49	153	82	74	0	0
BJ	C7	0	0	0	0	0	0	2	1	1	0	1	1	1	4	186	15	1	0
BJ	C8	186	21	3072	2708	4600	67	1438	1610	336	135	756	728	1038	89	858	4149	340	12
TJ	C1	0	0	0	0	0	0	0	0	0	0	0	0	0	0	0	0	0	0
TJ	C2	0	0	0	0	0	0	0	0	0	0	0	0	0	0	0	0	0	0
TJ	C3	41	0	371	55	64	5	13	142	91	3	61	11	5	4	4	87	42	0
TJ	C4	54	4	330	907	382	52	103	189	0	3	5	13	12	1	58	4	2	1
TJ	C5	0	0	4	32	149	3	6	11	4	6	6	18	174	12	21	60	1	0
TJ	C6	0	0	0	1	0	8	0	0	0	0	0	0	0	1	0	0	0	0
TJ	C7	0	0	0	0	0	0	0	0	0	0	0	0	0	1	52	4	0	0
TJ	C8	122	14	2085	1831	3115	41	960	1034	167	39	358	262	386	24	286	995	174	6
HE	C1	0	0	0	0	0	0	0	0	157	0	246	8	0	0	5	14	0	0
HE	C2	0	0	0	0	0	0	0	0	0	0	0	0	0	0	0	0	0	0
HE	C3	58	0	62	11	31	3	2	67	154	5	108	16	7	6	15	134	73	0
HE	C4	1	1	86	445	395	7	88	66	13	10	24	305	208	3	376	17	1	0
HE	C5	1	1	10	94	394	11	19	26	10	11	11	50	204	16	42	68	4	0
HE	C6	0	0	0	1	0	15	0	1	0	0	0	1	0	2	0	1	0	0
HE	C7	0	0	0	0	0	0	0	0	0	0	0	0	0	0	12	1	0	0
HE	C8	37	3	347	334	552	24	221	403	42	12	63	72	97	11	95	367	137	5
SX	C1	0	0	0	0	0	0	0	0	0	0	1	0	0	0	0	0	0	0
SX	C2	1	0	18	143	0	199	1	2	1	6	14	338	1	116	7	3	0	0
SX	C3	0	0	0	0	0	0	0	0	0	0	2	1	0	0	0	1	8	0
SX	C4	16	13	16	292	12	77	46	390	29	26	25	162	17	13	84	135	58	0
SX	C5	0	0	0	0	0	0	0	0	0	0	0	0	6	2	5	2	1	0
SX	C6	0	0	0	0	0	0	0	0	3	2	3	14	2	6	3	3	0	0
SX	C7	0	0	0	0	0	0	0	0	0	0	0	0	0	0	0	0	0	0
SX	C8	27	3	406	362	613	12	199	249	25	3	51	27	46	2	31	47	56	2
IM	C1	0	0	0	0	0	0	0	0	0	0	0	0	0	0	0	0	0	0
IM	C2	0	0	0	0	0	0	0	0	0	0	0	0	0	0	0	0	0	0
IM	C3	366	0	320	58	188	17	10	404	161	5	84	12	4	6	5	121	38	0
IM	C4	0	0	3	29	18	0	0	0	1	0	1	2	1	0	2	1	0	0
IM	C5	0	0	0	0	2	0	0	0	1	1	1	2	32	3	5	12	1	0
IM	C6	0	0	0	4	0	35	0	2	8	6	10	42	5	20	9	9	0	0
IM	C7	0	0	0	0	0	0	0	0	0	0	0	0	0	1	47	4	0	0
IM	C8	31	3	445	400	675	14	225	296	35	8	69	52	79	5	64	204	71	2
LN	C1	0	0	0	0	0	0	0	0	0	0	0	0	0	0	0	0	0	0
LN	C2	0	0	0	0	0	0	0	0	0	0	0	0	0	0	0	0	0	0
LN	C3	1	0	1	0	0	0	0	1	25	1	29	5	4	1	2	31	30	0
LN	C4	105	7	625	1698	664	99	134	349	0	2	2	4	6	1	21	2	7	2
LN	C5	0	0	0	0	29	0	0	4	6	7	4	14	129	7	11	52	2	0
LN	C6	0	0	0	0	0	0	0	0	3	2	4	16	2	6	3	3	0	0
LN	C7	0	0	0	0	0	0	2	1	2	0	1	1	1	5	250	20	1	0
LN	C8	22	2	294	266	448	11	153	213	34	5	43	40	40	9	69	124	133	8
JL	C1	0	0	0	0	0	0	0	0	4	0	6	0	0	0	0	0	0	0
JL	C2	0	0	0	0	0	0	0	0	0	0	0	0	0	0	0	0	0	0
JL	C3	3576	5	6147	1087	2189	190	912	4131	525	17	526	52	22	18	235	406	82	0
JL	C4	364	25	2174	5915	2332	345	476	1219	0	3	5	8	12	1	45	4	1	0
JL	C5	26	12	151	287	17546	23	26	2218	13	18	12	50	362	13	22	129	3	0
JL	C6	0	0	1	6	0	50	0	2	14	10	17	71	9	33	15	16	0	0
JL	C7	0	0	0	0	0	0	0	0	0	0	0	0	0	0	0	0	0	0
JL	C8	36	3	444	408	684	20	243	366	55	13	78	77	76	10	63	257	110	4

地区	部门	GD C1	GD C2	GD C3	GD C4	GD C5	GD C6	GD C7	GD C8	GX C1	GX C2	GX C3	GX C4	GX C5	GX C6	GX C7	GX C8	HI C1	HI C2
HL	C1	0	0	0	0	0	0	0	0	9	0	14	0	0	0	0	1	0	0
HL	C2	0	0	0	0	0	0	0	0	0	0	0	0	0	0	0	0	0	0
HL	C3	293	0	350	63	161	14	38	325	195	6	169	19	8	7	63	152	55	0
HL	C4	0	0	3	9	11	0	4	3	0	1	1	2	3	0	12	1	1	0
HL	C5	0	0	0	3	15	0	1	1	4	4	3	12	63	4	9	25	2	0
HL	C6	0	0	0	1	0	11	0	1	4	3	5	23	3	10	5	5	0	0
HL	C7	0	0	0	0	0	0	0	0	0	0	0	0	0	0	4	0	0	0
HL	C8	87	11	1615	1405	2397	24	716	695	149	27	260	183	231	15	173	410	100	3
SH	C1	0	0	1	0	0	0	0	0	0	0	0	0	0	0	0	0	0	0
SH	C2	0	0	0	0	0	0	0	0	0	0	0	0	0	0	0	0	0	0
SH	C3	547	1	4243	638	759	66	159	1683	242	8	198	26	12	10	60	207	60	0
SH	C4	541	39	3248	8868	3534	515	831	1825	34	71	103	2437	1433	30	2432	276	7	2
SH	C5	22	11	188	629	17224	46	102	1745	22	30	25	112	628	27	56	212	6	1
SH	C6	0	0	0	0	0	0	0	0	0	0	0	0	0	0	0	0	0	0
SH	C7	0	0	0	0	0	0	3	1	3	0	2	2	1	8	363	29	1	0
SH	C8	343	37	5350	4749	8049	136	2572	3063	455	98	931	753	924	66	733	2204	673	46
JS	C1	0	0	0	0	0	0	0	0	32	0	50	2	0	0	1	3	0	0
JS	C2	0	0	0	0	0	0	0	0	0	0	0	0	0	0	0	0	0	0
JS	C3	4	0	957	151	119	10	131	185	13	2	207	14	8	1	125	48	53	0
JS	C4	14	3	230	1777	1067	14	19	45	41	25	103	3100	2009	5	3104	33	0	0
JS	C5	4	12	335	527	24581	900	383	1390	15	16	22	102	283	35	89	88	6	1
JS	C6	0	0	0	9	0	89	0	3	4	3	5	23	3	18	5	8	0	0
JS	C7	0	0	0	0	0	0	0	0	0	0	0	0	0	0	0	0	0	0
JS	C8	27	3	537	463	792	6	230	200	75	18	145	150	171	23	189	539	102	13
ZJ	C1	1599	0	6017	636	1	0	83	755	0	0	0	0	0	0	0	0	0	0
ZJ	C2	0	0	0	0	0	0	0	0	0	0	3	0	0	0	0	0	0	0
ZJ	C3	1602	3	41265	1088	1800	96	122	2769	419	14	334	40	17	15	101	334	83	0
ZJ	C4	1794	122	10613	28838	11059	1689	2241	5888	25	6	17	44	21	2	54	19	7	2
ZJ	C5	4	12	229	568	16162	786	259	1093	14	16	22	109	286	25	67	84	6	1
ZJ	C6	0	0	0	3	0	32	0	1	5	4	7	28	4	14	6	7	0	0
ZJ	C7	0	0	0	0	0	0	2	1	2	0	1	1	1	5	238	19	1	0
ZJ	C8	70	7	927	842	1417	35	485	681	94	22	171	159	161	13	132	425	179	11
AH	C1	0	0	0	0	0	0	0	0	51	0	80	3	0	0	2	5	0	0
AH	C2	0	0	0	0	0	0	0	0	0	0	1	0	0	0	0	0	0	0
AH	C3	60	0	204	36	48	4	49	68	207	8	247	25	12	8	105	174	107	0
AH	C4	7	44	137	1173	801	43	2964	112	71	15	47	123	56	4	146	53	246	1
AH	C5	1	1	25	30	1668	116	73	195	18	19	15	48	321	40	82	134	6	1
AH	C6	0	0	0	0	0	1	0	0	0	0	2	0	1	0	0	0	0	0
AH	C7	0	0	0	0	0	0	1	1	1	0	1	1	1	3	153	12	0	0
AH	C8	0	0	8	7	12	0	4	4	7	1	9	14	22	3	24	80	3	0
FJ	C1	0	0	0	0	0	0	0	0	0	0	0	0	0	0	0	0	0	0
FJ	C2	0	0	0	0	0	0	0	0	0	0	0	0	0	0	0	0	0	0
FJ	C3	32	1	6184	904	800	68	217	1819	1	1	57	7	4	1	9	36	2	0
FJ	C4	1	37	146	1761	1116	23	2545	4	0	0	0	0	0	0	2	0	0	0
FJ	C5	0	0	0	0	0	0	0	0	0	0	0	0	0	0	0	0	0	0
FJ	C6	0	0	0	0	0	0	0	0	0	0	0	0	0	0	0	0	0	0
FJ	C7	0	0	0	0	0	0	0	0	0	0	0	0	0	0	0	0	0	0
FJ	C8	14	1	140	132	220	8	85	146	7	1	13	8	18	1	16	30	45	2
JX	C1	0	0	0	0	0	0	0	0	83	0	130	4	0	0	3	7	0	0
JX	C2	0	0	0	1	0	1	0	0	0	0	3	0	1	0	0	0	0	0
JX	C3	7	0	1325	194	171	15	48	388	2	1	98	11	5	1	32	45	4	0
JX	C4	1038	88	6588	22146	9766	1031	1394	3682	90	56	215	6134	3957	12	6224	94	1	0
JX	C5	0	0	21	26	1471	28	40	75	13	13	13	45	223	34	79	86	7	1
JX	C6	0	0	0	3	0	29	0	1	0	0	2	0	4	0	1	0	0	0
JX	C7	0	0	0	0	0	0	0	0	0	0	0	0	0	5	0	0	0	0
JX	C8	51	5	637	583	979	27	344	508	71	17	110	107	129	14	113	399	145	5

地区	部门	GD C1	GD C2	GD C3	GD C4	GD C5	GD C6	GD C7	GD C8	GX C1	GX C2	GX C3	GX C4	GX C5	GX C6	GX C7	GX C8	HI C1	HI C2
SD	C1	0	0	0	0	0	0	0	0	0	0	0	0	0	0	0	0	0	0
SD	C2	0	0	0	0	0	0	0	0	0	0	0	0	0	0	0	0	0	0
SD	C3	33	1	6344	927	820	70	222	1866	1	1	33	6	3	0	1	20	1	0
SD	C4	0	0	9	98	61	0	0	0	20	4	18	310	192	1	298	14	10	2
SD	C5	1	1	8	104	211	1	9	4	10	10	9	58	102	1	14	29	4	0
SD	C6	0	0	1	6	0	54	0	2	14	10	17	70	9	33	15	16	1	0
SD	C7	0	0	0	0	0	0	0	0	0	0	0	0	0	0	0	0	0	0
SD	C8	0	0	0	0	0	0	0	0	2	1	7	10	6	1	5	29	0	1
HA	C1	0	0	0	0	0	0	0	0	155	0	244	8	0	0	5	14	0	0
HA	C2	8	2	147	1189	0	1661	7	18	0	3	7	164	0	56	3	2	0	0
HA	C3	230	1	2903	431	462	40	101	1037	429	14	216	35	13	16	13	335	178	1
HA	C4	50	4	370	1431	741	49	90	185	245	50	348	2350	819	13	6303	258	256	1
HA	C5	0	0	55	28	4303	2	36	69	16	13	9	53	64	9	34	34	6	1
HA	C6	0	0	0	0	0	0	0	0	0	0	0	0	0	0	0	0	0	0
HA	C7	0	0	0	0	0	0	0	0	0	0	0	0	0	0	6	0	0	0
HA	C8	45	3	287	303	487	36	240	551	36	11	39	64	97	10	120	345	207	8
HB	C1	0	0	0	0	0	0	0	0	136	0	213	7	0	0	4	12	0	0
HB	C2	0	0	0	0	0	0	0	0	0	0	0	0	0	0	0	0	0	0
HB	C3	4	0	5	1	2	0	0	5	97	3	92	13	5	4	4	104	100	0
HB	C4	0	1	27	88	106	3	52	28	117	20	73	222	79	5	261	82	312	2
HB	C5	0	0	1	19	39	0	2	1	2	4	3	16	98	2	3	31	2	0
HB	C6	0	0	0	0	0	1	0	0	2	1	2	9	1	4	2	2	0	0
HB	C7	0	0	0	0	0	0	1	0	0	0	0	0	0	1	65	5	0	0
HB	C8	0	0	2	2	4	0	2	4	9	3	8	15	7	2	8	47	2	0
HN	C1	1244	0	4679	495	0	0	65	587	191	0	300	10	0	0	6	17	378	0
HN	C2	0	0	0	0	0	0	0	0	0	0	0	0	0	0	0	0	0	0
HN	C3	252	0	347	58	145	13	12	314	372	12	230	36	15	14	31	305	134	1
HN	C4	266	20	1605	4407	1797	262	389	956	271	46	224	1012	326	11	2277	214	6	2
HN	C5	4	2	124	261	9570	6	79	346	35	40	27	135	621	13	32	229	10	1
HN	C6	0	0	0	0	0	0	0	0	0	0	0	0	0	0	0	0	0	0
HN	C7	0	0	0	0	0	0	1	1	1	0	1	1	1	3	161	13	0	0
HN	C8	10	1	127	115	194	5	67	97	20	3	26	27	39	6	35	126	28	1
GD	C1	1152	0	4334	458	0	0	60	544	0	0	0	0	0	0	0	0	0	0
GD	C2	0	0	0	0	0	1	0	0	0	0	0	2	0	0	0	0	0	0
GD	C3	5795	74	60868	3607	5834	1709	1929	18096	1252	47	2256	184	88	44	1277	1084	265	1
GD	C4	425	893	9780	75101	52109	2309	43730	12164	170	82	136	505	164	32	531	330	777	4
GD	C5	423	185	3088	8469	138043	2038	3105	5138	54	74	50	220	1529	35	45	545	17	2
GD	C6	798	549	4520	10406	2415	37511	2740	4265	5	4	6	27	3	13	6	6	1	0
GD	C7	55	21	60	45	64	303	2679	1149	0	0	0	0	0	0	0	0	0	0
GD	C8	5006	2017	31715	34328	57048	8646	24798	172711	299	36	623	325	545	18	352	493	133	1
GX	C1	3316	0	12476	1319	1	1	173	1566	13585	11	21297	732	0	0	429	1230	0	0
GX	C2	0	0	0	0	0	0	0	0	1	113	36	4600	9	143	355	39	0	0
GX	C3	2480	3	6188	1107	1736	148	1334	2803	386	73	5648	874	394	120	920	3803	170	0
GX	C4	4	128	708	8163	5163	78	8488	14	3396	920	2164	7343	2145	319	5833	4083	333	5
GX	C5	1	0	5	17	457	2	3	55	355	301	575	1264	13228	859	2058	3424	14	2
GX	C6	0	0	0	0	0	0	0	0	673	485	919	4545	453	1483	741	711	0	0
GX	C7	0	0	0	0	0	0	0	3	1	0	0	0	0	0	0	0	1	0
GX	C8	51	6	999	864	1477	12	432	389	5154	783	6282	8449	5582	1309	8894	25096	46	1
HI	C1	1720	0	6471	684	1	0	90	812	0	0	0	0	0	0	0	0	2132	0
HI	C2	0	0	0	0	0	0	0	0	0	0	0	0	0	0	0	0	0	0
HI	C3	67	0	168	26	48	4	6	105	93	3	87	15	5	3	6	104	0	0
HI	C4	118	8	697	1898	727	111	158	387	129	16	69	201	56	3	110	82	3	2
HI	C5	0	0	0	0	19	1	1	2	1	1	3	3	46	15	33	16	0	0
HI	C6	0	0	0	1	0	8	0	0	0	0	0	0	0	1	0	0	288	144
HI	C7	0	0	0	0	0	0	1	0	1	0	0	0	0	2	111	9	0	0
HI	C8	32	3	450	405	683	15	228	300	48	10	72	63	72	7	67	175	98	29

续表

地区	部门	GD C1	GD C2	GD C3	GD C4	GD C5	GD C6	GD C7	GD C8	GX C1	GX C2	GX C3	GX C4	GX C5	GX C6	GX C7	GX C8	HI C1	HI C2
CQ	C1	715	0	2690	284	0	0	37	338	0	0	0	0	0	0	0	0	0	0
CQ	C2	0	0	0	0	0	0	0	0	0	0	0	0	0	0	0	0	0	0
CQ	C3	1148	2	3646	569	925	81	139	2018	426	14	348	42	17	16	102	350	81	0
CQ	C4	127	9	791	2168	951	123	218	461	679	100	482	1976	609	22	3739	493	241	1
CQ	C5	17	8	408	474	34607	45	239	1728	34	45	36	142	963	48	91	342	8	1
CQ	C6	0	0	0	12	0	121	0	5	13	10	16	69	9	40	15	18	1	0
CQ	C7	0	0	0	0	0	1	5	2	4	0	2	2	2	11	533	43	1	0
CQ	C8	2	0	14	15	23	2	12	29	52	20	59	102	105	16	123	523	30	2
SC	C1	68	0	257	27	0	0	4	32	68	0	106	4	0	0	2	6	0	0
SC	C2	0	0	0	0	0	0	0	0	0	1	2	41	0	14	1	0	0	0
SC	C3	9	0	29	5	7	1	7	10	131	5	166	19	9	5	61	120	105	0
SC	C4	0	0	0	0	0	0	0	0	26	4	25	134	40	1	336	22	51	0
SC	C5	1	0	245	128	19120	7	157	299	10	9	6	41	52	1	12	21	5	1
SC	C6	0	0	0	7	0	70	0	3	8	6	10	43	6	24	9	11	0	0
SC	C7	0	0	0	0	0	0	1	0	1	0	0	1	0	2	112	9	0	0
SC	C8	0	0	2	2	3	0	1	3	28	9	24	45	39	7	51	179	7	1
GZ	C1	2132	0	8020	848	1	1	111	1007	0	0	0	0	0	0	0	0	0	0
GZ	C2	0	0	7	60	0	84	0	1	2	13	28	708	1	244	14	7	0	0
GZ	C3	100	0	88	16	51	5	3	110	215	7	140	20	8	9	30	177	71	0
GZ	C4	3	3	50	435	275	13	27	71	101	19	62	170	66	5	156	74	506	2
GZ	C5	0	0	1	1	57	3	3	6	2	2	5	9	68	22	48	26	4	0
GZ	C6	0	0	0	1	0	8	0	0	2	1	2	9	1	4	2	2	0	0
GZ	C7	0	0	0	0	0	0	1	1	1	0	1	1	1	3	136	11	0	0
GZ	C8	33	4	580	507	864	10	263	272	45	7	89	58	88	5	66	139	42	2
YN	C1	0	0	0	0	0	0	0	0	0	0	0	0	0	0	0	0	0	0
YN	C2	0	0	0	0	0	0	0	0	0	1	18	0	6	0	0	0	0	0
YN	C3	543	1	475	86	278	25	15	599	455	14	213	34	10	16	13	343	91	0
YN	C4	7	6	50	568	286	33	20	164	4	9	27	908	586	2	911	16	12	0
YN	C5	0	0	0	0	0	0	0	0	0	0	1	1	9	4	8	3	1	0
YN	C6	0	0	0	0	0	2	0	0	2	1	2	9	1	4	2	2	0	0
YN	C7	0	0	0	0	0	0	0	0	0	0	0	0	0	0	7	1	0	0
YN	C8	1	0	7	7	11	0	4	8	2	1	3	5	5	1	6	21	3	0
TB	C1	0	0	1	0	0	0	0	0	0	0	0	0	0	0	0	0	0	0
TB	C2	0	0	0	0	0	0	0	0	0	0	0	0	0	0	0	0	0	0
TB	C3	0	0	0	0	0	0	0	0	3	0	1	0	0	0	0	2	3	0
TB	C4	0	0	0	0	0	0	0	0	0	0	1	0	0	0	0	0	0	0
TB	C5	0	0	0	0	0	0	0	0	0	0	0	0	0	0	0	0	0	0
TB	C6	0	0	0	0	0	0	0	0	0	0	0	0	0	0	0	0	0	0
TB	C7	0	0	0	0	0	0	0	0	0	0	0	0	0	0	11	1	0	0
TB	C8	1	0	7	7	12	1	5	12	2	1	2	3	2	1	3	10	7	0
SN	C1	3513	0	13217	1398	1	1	183	1659	562	0	882	30	0	0	18	51	0	0
SN	C2	0	0	2	15	0	21	0	0	0	0	0	1	0	0	0	0	0	0
SN	C3	1341	2	3356	531	966	85	114	2113	405	13	205	33	12	15	15	312	81	0
SN	C4	12	9	52	452	211	57	67	298	116	43	77	315	69	17	207	206	121	1
SN	C5	0	0	6	40	300	11	15	25	12	13	11	47	217	18	44	79	5	0
SN	C6	0	0	0	6	0	52	0	2	12	9	15	61	8	30	13	14	0	0
SN	C7	0	0	0	0	0	0	4	2	4	0	2	2	2	10	484	39	1	0
SN	C8	106	13	2072	1790	3061	24	893	796	154	27	326	200	317	15	220	566	70	1
GS	C1	0	0	0	0	0	0	0	0	13	0	21	1	0	0	0	1	0	0
GS	C2	0	0	0	0	0	0	0	0	0	0	0	0	0	0	0	0	0	0
GS	C3	0	0	0	0	0	0	0	0	0	0	6	3	2	0	0	6	0	0
GS	C4	1	2	129	1274	819	2	15	10	9	20	18	227	101	9	212	86	1	0
GS	C5	0	0	0	0	0	0	0	0	0	0	0	3	1	2	1	1	1	0
GS	C6	0	0	0	0	0	0	0	0	1	0	1	3	0	1	1	1	0	0
GS	C7	0	0	0	0	0	0	0	0	0	0	0	0	0	1	55	4	0	0
GS	C8	4	0	51	46	77	2	26	37	4	1	7	5	7	1	7	14	12	1

地区	部门	GD	GD	GD	GD	GD	GD	GD	GD	GX	GX	GX	GX	GX	GX	GX	GX	HI	HI
		C1	C2	C3	C4	C5	C6	C7	C8	C1	C2	C3	C4	C5	C6	C7	C8	C1	C2
QH	C1	208	0	783	83	0	0	11	98	0	0	0	0	0	0	0	0	0	0
QH	C2	0	0	0	0	0	0	0	0	0	0	0	0	0	0	0	0	0	0
QH	C3	0	0	0	0	0	0	0	0	0	0	0	0	0	0	0	0	0	0
QH	C4	0	0	2	16	10	0	0	0	0	0	0	0	0	0	0	0	0	0
QH	C5	0	0	0	0	0	0	0	0	0	0	0	0	0	0	0	0	0	0
QH	C6	0	0	0	0	0	0	0	0	0	0	0	0	0	0	0	0	0	0
QH	C7	0	0	0	0	0	0	0	0	0	0	0	0	0	0	0	0	0	0
QH	C8	0	0	0	0	0	0	0	0	0	0	0	0	0	0	0	1	0	0
NX	C1	0	0	0	0	0	0	0	0	0	0	0	0	0	0	0	0	0	0
NX	C2	0	0	0	0	0	0	0	0	0	0	2	0	1	0	0	0	0	0
NX	C3	9	0	8	1	5	0	0	10	32	1	31	3	1	1	1	28	16	0
NX	C4	0	0	2	21	13	0	0	0	15	27	22	314	123	13	249	131	1	0
NX	C5	0	0	0	0	2	0	0	0	1	1	1	3	13	3	7	5	2	0
NX	C6	0	0	0	3	0	29	0	1	2	1	2	8	1	6	2	3	0	0
NX	C7	0	0	0	0	0	0	0	0	0	0	0	0	0	0	0	0	0	0
NX	C8	0	0	0	0	0	0	0	0	0	0	0	0	0	0	0	0	0	0
XJ	C1	0	0	0	0	0	0	0	0	39	0	61	2	0	0	1	3	0	0
XJ	C2	0	0	0	0	0	0	0	0	0	0	0	0	0	0	0	0	0	0
XJ	C3	0	0	0	0	0	0	0	0	0	0	11	0	0	0	0	2	0	0
XJ	C4	0	0	0	4	2	0	12	0	77	91	74	540	52	44	294	464	5	1
XJ	C5	0	0	2	2	98	5	5	10	0	1	1	14	6	13	5	5	0	0
XJ	C6	0	0	0	4	0	42	0	2	4	3	5	19	2	12	4	5	0	0
XJ	C7	0	0	0	0	0	0	0	0	0	0	0	0	0	0	0	0	0	0
XJ	C8	7	0	42	45	72	6	37	88	1	0	0	1	1	0	2	4	34	1
USA	C1	404	1	1183	93	1	5	41	184	991	0	934	28	0	0	35	97	54	0
USA	C2	3	80	19	1556	34	557	9	25	2	5	1	170	2	11	4	2	1	1
USA	C3	120	21	1116	146	155	14	94	334	5	0	16	1	2	0	3	5	33	0
USA	C4	349	113	536	2228	1471	81	234	369	50	9	10	47	11	2	16	32	10	0
USA	C5	62	81	153	228	4059	57	54	718	5	1	2	1	32	0	1	12	10	0
USA	C6	0	0	2	2	3	0	0	0	0	0	0	0	0	0	0	0	0	0
USA	C7	0	0	0	0	0	0	0	0	0	0	0	0	0	0	0	0	0	0
USA	C8	302	128	1603	1994	2207	242	1383	2518	177	14	118	96	23	2	61	154	0	0
EU	C1	36	1	131	20	7	2	6	25	5	0	6	0	0	0	0	2	3	0
EU	C2	0	7	3	222	8	3	33	2	1	7	1	113	3	0	9	1	0	0
EU	C3	244	59	1682	339	410	90	136	695	9	1	40	3	7	0	2	26	2	0
EU	C4	602	216	834	3432	1944	120	643	589	40	4	16	44	45	1	21	14	56	1
EU	C5	91	203	183	663	5816	141	165	554	3	3	3	6	86	1	5	6	10	1
EU	C6	0	0	11	17	55	1	1	4	0	0	0	0	0	0	0	0	0	0
EU	C7	0	0	2	8	12	1	1	1	0	0	0	0	0	0	0	0	0	0
EU	C8	435	171	2433	3898	4119	414	2252	3920	285	18	116	138	48	4	109	184	0	0
ROW	C1	1234	4	3818	332	23	15	148	420	2787	1	2703	90	2	1	110	198	221	0
ROW	C2	18	1555	336	19928	556	8598	134	180	29	370	130	13333	217	1167	302	90	12	32
ROW	C3	1036	183	10312	1126	1113	221	659	2746	667	3	736	37	34	4	35	297	143	2
ROW	C4	3006	1485	5134	24738	15531	963	3671	3447	298	70	150	797	500	15	206	246	924	12
ROW	C5	297	906	703	2342	81823	1280	867	6495	14	8	11	11	840	19	86	78	17	0
ROW	C6	0	6	60	204	91	35	1	9	0	0	0	0	0	0	0	0	0	0
ROW	C7	1	0	4	7	13	1	1	2	0	0	0	0	0	0	0	0	0	0
ROW	C8	1298	402	6903	12598	12153	1549	3981	10124	792	44	357	627	137	16	209	425	0	0
CHN	TAXSUB	-2	572	6536	13909	35378	4770	3532	16300	-2	278	720	1779	1476	224	2148	2977	0	25
USA	TAXSUB	0	0	0	0	0	0	0	0	0	0	0	0	0	0	0	0	0	0
EU	TAXSUB	0	0	0	0	0	0	0	0	0	0	0	0	0	0	0	0	0	0
ROW	TAXSUB	0	0	0	0	0	0	0	0	0	0	0	0	0	0	0	0	0	0
VA		45373	7815	91550	123505	146468	36401	42379	673092	38141	4328	22150	30946	15283	5544	22799	113517	13128	163
TI		102236	18566	442328	480743	814506	119022	176138	1005594	80467	9863	80857	105478	63603	13448	84259	180967	25498	610

续表

地区	部门	HI C3	HI C4	HI C5	HI C6	HI C7	HI C8	CQ C1	CQ C2	CQ C3	CQ C4	CQ C5	CQ C6	CQ C7	CQ C8	SC C1	SC C2	SC C3	SC C4
BJ	C1	0	0	0	0	0	0	117	0	153	34	1	1	22	56	2	0	4	0
BJ	C2	0	13	0	30	0	0	0	1	0	4	0	0	5	0	0	0	0	0
BJ	C3	28	6	1	4	6	80	46	1	140	5	14	2	7	153	12	2	51	7
BJ	C4	1	232	1	2	42	335	1	1	4	25	83	2	83	3	0	2	1	24
BJ	C5	1	3	11	1	25	30	14	11	7	22	2235	34	97	212	9	23	5	19
BJ	C6	0	0	0	0	0	0	217	487	430	2336	1226	2152	575	1426	3	7	3	33
BJ	C7	0	0	0	1	59	7	1	1	1	1	3	4	213	31	0	0	0	0
BJ	C8	156	265	15	58	148	1049	255	61	443	242	1091	89	465	1059	123	23	383	266
TJ	C1	0	0	0	0	0	0	0	0	0	0	0	0	0	0	0	0	0	0
TJ	C2	0	0	0	0	0	0	0	1	0	8	0	0	12	0	0	0	0	3
TJ	C3	32	4	1	3	6	84	32	3	143	6	21	5	9	128	15	4	74	12
TJ	C4	1	76	1	1	25	111	0	4	8	103	171	2	401	3	0	3	3	62
TJ	C5	1	3	10	1	24	28	1	3	2	6	563	5	37	45	2	3	2	5
TJ	C6	0	0	0	0	0	1	0	0	0	0	0	1	0	7	0	0	0	0
TJ	C7	0	0	0	0	16	2	0	0	0	0	1	1	59	9	0	0	0	0
TJ	C8	91	154	9	5	93	441	150	29	257	138	644	29	264	484	76	14	247	164
HE	C1	0	0	0	0	0	0	79	0	104	23	1	1	15	38	21	0	39	3
HE	C2	0	0	0	0	0	0	0	0	0	0	0	0	0	0	0	0	0	0
HE	C3	42	11	1	7	7	140	57	7	336	14	163	12	24	266	28	9	126	19
HE	C4	1	1	1	0	21	4	7	23	75	632	1822	42	1912	34	11	13	16	316
HE	C5	1	4	11	2	40	30	14	10	9	26	783	11	230	85	8	15	4	15
HE	C6	0	1	0	0	0	2	0	1	2	7	3	6	1	16	0	0	0	0
HE	C7	0	0	0	0	4	0	0	0	0	0	0	0	14	2	0	0	0	0
HE	C8	40	90	6	8	42	475	21	16	40	35	106	32	55	275	38	6	90	78
SX	C1	0	0	0	0	0	0	1	0	1	0	0	0	0	0	25	0	48	4
SX	C2	0	27	0	62	0	1	0	8	8	46	0	31	0	1	0	0	0	3
SX	C3	4	0	0	0	1	12	0	0	9	2	1	0	0	45	4	0	4	0
SX	C4	2	58	1	1	19	17	0	0	0	0	0	0	0	0	8	15	7	173
SX	C5	0	0	3	1	10	11	0	0	0	0	0	0	0	0	0	0	0	0
SX	C6	0	0	0	0	6	14	12	66	35	61	16	41	0	0	0	0	0	1
SX	C7	0	0	0	0	0	0	0	0	0	0	0	0	0	0	0	0	0	0
SX	C8	22	42	2	3	19	85	25	2	41	21	104	2	38	56	19	3	58	41
IM	C1	0	0	0	0	0	0	25	0	33	7	0	0	5	12	44	0	83	6
IM	C2	0	24	0	55	0	1	0	0	0	0	0	0	0	0	0	0	0	0
IM	C3	21	2	0	1	4	49	71	1	235	4	67	2	3	194	13	1	24	3
IM	C4	0	15	0	0	5	21	0	3	5	126	277	2	316	0	5	8	9	204
IM	C5	0	1	5	1	10	12	0	0	0	0	40	0	0	2	1	2	0	2
IM	C6	0	1	0	0	0	3	18	41	36	195	102	183	48	147	0	1	0	4
IM	C7	0	0	0	0	15	2	0	0	0	0	1	1	54	8	0	0	0	0
IM	C8	26	52	3	2	22	133	30	7	51	31	129	14	53	148	24	4	68	51
LN	C1	0	0	0	0	0	0	6	0	8	2	0	0	1	3	5	0	9	1
LN	C2	0	31	0	71	1	1	0	0	0	0	0	0	0	0	0	0	0	0
LN	C3	21	11	1	6	5	86	7	0	18	0	3	0	1	17	11	1	22	3
LN	C4	2	283	1	2	49	409	0	0	0	2	5	0	5	1	1	6	2	48
LN	C5	0	1	8	1	13	15	6	3	2	6	415	1	20	29	5	8	2	9
LN	C6	0	0	0	1	0	1	7	16	17	85	42	73	19	50	0	0	0	1
LN	C7	0	0	0	1	79	10	2	1	1	1	5	5	286	42	0	0	0	0
LN	C8	50	81	9	87	71	872	18	3	29	15	74	3	28	65	19	4	50	41
JL	C1	0	0	0	0	0	0	17	0	22	5	0	0	3	8	43	0	81	6
JL	C2	0	37	0	84	1	1	0	0	0	0	0	0	0	0	0	0	0	0
JL	C3	44	4	1	3	7	115	227	6	791	48	349	9	143	686	25	6	117	14
JL	C4	0	29	1	0	15	44	2	4	17	61	261	10	250	10	0	1	0	3
JL	C5	1	3	8	1	20	19	16	12	8	24	2887	13	74	193	8	12	3	16
JL	C6	1	2	0	8	3	10	31	70	83	403	192	333	85	273	1	1	1	6
JL	C7	0	0	0	0	0	0	0	0	0	0	0	0	0	0	0	0	0	0
JL	C8	35	76	5	7	36	344	29	13	52	33	138	10	64	205	31	5	82	65

续表

地区	部门	HI C3	HI C4	HI C5	HI C6	HI C7	HI C8	CQ C1	CQ C2	CQ C3	CQ C4	CQ C5	CQ C6	CQ C7	CQ C8	SC C1	SC C2	SC C3	SC C4
HL	C1	0	0	0	0	0	0	32	0	43	9	0	0	6	16	106	0	201	15
HL	C2	0	30	0	69	1	1	0	0	0	4	0	0	6	0	0	0	0	4
HL	C3	29	3	0	2	5	70	72	1	218	12	79	2	38	189	17	2	56	6
HL	C4	0	3	0	0	6	5	0	0	0	1	2	0	2	0	0	0	0	1
HL	C5	1	2	4	1	13	10	3	2	1	4	132	1	14	10	3	5	1	5
HL	C6	0	0	0	1	0	2	10	22	24	119	59	103	27	79	0	0	0	2
HL	C7	0	0	0	0	1	0	0	0	0	0	0	0	4	1	0	0	0	0
HL	C8	63	100	6	15	55	490	118	26	202	113	519	22	207	440	48	9	169	104
SH	C1	0	0	0	0	0	0	0	0	0	0	0	0	0	0	1	0	2	0
SH	C2	0	0	0	0	0	0	0	0	0	0	0	0	0	0	0	0	0	0
SH	C3	48	16	2	9	10	167	80	3	294	17	75	4	37	306	16	4	89	12
SH	C4	2	244	1	2	50	353	4	32	69	621	1027	24	2897	36	0	5	5	133
SH	C5	2	5	15	2	43	40	20	20	15	45	3449	41	407	318	10	22	6	21
SH	C6	0	0	0	0	0	0	0	0	0	0	0	0	0	0	0	0	0	0
SH	C7	0	0	0	2	114	14	2	2	1	2	7	8	415	61	0	0	0	0
SH	C8	334	581	69	94	619	3037	359	181	685	414	1709	134	885	1927	232	43	706	503
JS	C1	0	0	0	0	0	0	34	0	45	10	0	0	6	16	40	0	77	6
JS	C2	0	0	0	0	0	0	0	0	0	0	0	0	0	0	0	0	0	0
JS	C3	44	3	1	3	10	96	3	5	217	27	244	8	82	134	21	8	136	18
JS	C4	0	12	0	0	2	17	3	72	129	3018	6630	58	7566	8	89	21	49	343
JS	C5	2	6	14	3	69	56	24	27	29	70	3641	125	1962	677	8	48	11	26
JS	C6	0	3	0	0	0	9	10	21	19	101	53	103	25	137	0	0	0	2
JS	C7	0	0	0	0	0	0	0	0	0	0	0	0	0	0	0	0	0	0
JS	C8	64	86	19	98	168	1742	47	47	100	75	245	48	162	469	17	6	57	40
ZJ	C1	0	0	0	0	0	0	0	0	0	0	0	0	0	0	1	0	2	0
ZJ	C2	0	0	0	0	0	0	0	0	0	0	0	0	0	0	0	0	0	0
ZJ	C3	53	11	2	7	10	167	139	15	1729	68	1525	12	59	1132	22	8	120	17
ZJ	C4	2	251	1	2	51	363	0	0	0	1	3	0	3	1	0	1	1	3
ZJ	C5	2	6	18	3	55	52	17	17	14	42	947	67	260	236	5	33	5	14
ZJ	C6	0	1	0	4	1	6	12	28	36	169	78	135	34	122	0	1	0	2
ZJ	C7	0	0	0	1	75	9	1	1	1	1	4	5	272	40	0	0	0	0
ZJ	C8	74	144	16	7	141	668	60	50	126	85	318	37	188	497	57	10	157	122
AH	C1	0	0	0	0	0	0	4	0	5	1	0	0	1	2	8	0	15	1
AH	C2	0	3	0	7	0	0	0	0	0	0	0	0	0	0	0	0	0	0
AH	C3	44	10	1	7	10	166	61	8	401	34	244	14	70	534	34	12	131	17
AH	C4	9	228	7	2	104	49	1	3	12	49	189	7	192	7	28	7	15	79
AH	C5	1	2	23	3	69	58	23	15	15	37	2224	72	1014	393	11	40	10	27
AH	C6	1	1	0	14	5	9	2	5	43	142	40	54	9	66	0	0	0	0
AH	C7	0	0	0	1	48	6	1	1	0	1	3	3	175	26	0	0	0	0
AH	C8	2	3	1	3	5	70	2	5	5	8	14	12	10	80	1	0	2	2
FJ	C1	0	0	0	0	0	0	0	0	0	0	0	0	0	0	0	0	0	0
FJ	C2	0	0	0	0	0	0	0	0	0	0	0	0	0	0	0	0	0	0
FJ	C3	37	3	1	2	10	84	6	65	994	66	492	129	142	1008	4	73	536	96
FJ	C4	0	0	0	0	7	1	1	49	79	907	805	11	4804	40	0	1	1	6
FJ	C5	0	0	0	0	0	0	0	0	0	0	0	0	0	0	0	0	0	0
FJ	C6	0	0	0	0	0	0	0	0	0	0	0	0	0	0	0	0	0	0
FJ	C7	0	0	0	0	0	0	0	0	0	0	0	0	0	0	0	0	0	0
FJ	C8	13	30	2	1	12	61	7	2	11	9	29	7	12	49	13	2	33	28
JX	C1	0	0	0	0	0	0	0	0	0	0	0	0	0	0	1	0	3	0
JX	C2	0	13	0	29	0	0	0	11	0	80	0	0	122	3	0	0	0	0
JX	C3	41	3	1	1	11	78	1	5	203	17	148	8	29	217	2	7	107	16
JX	C4	1	4	1	0	20	8	0	5	8	185	403	4	469	1	0	2	2	27
JX	C5	2	5	24	4	75	69	10	5	5	13	524	7	250	68	6	14	4	14
JX	C6	0	1	0	7	2	7	1	3	20	66	19	29	5	55	0	0	0	0
JX	C7	0	0	0	0	2	0	0	0	0	0	0	0	6	1	0	0	0	0
JX	C8	49	101	7	10	48	631	42	21	77	55	201	31	92	326	44	7	116	92

续表

地区	部门	HI C3	HI C4	HI C5	HI C6	HI C7	HI C8	CQ C1	CQ C2	CQ C3	CQ C4	CQ C5	CQ C6	CQ C7	CQ C8	SC C1	SC C2	SC C3	SC C4
SD	C1	0	0	0	0	0	0	0	0	0	0	0	0	0	0	0	0	0	0
SD	C2	0	0	0	0	0	0	0	3	0	25	0	0	38	1	0	0	0	0
SD	C3	20	10	1	4	1	64	1	1	120	7	78	1	6	85	0	0	42	8
SD	C4	2	407	0	3	59	585	1	37	60	705	670	9	3637	30	121	24	65	379
SD	C5	1	4	1	0	9	8	18	11	9	29	301	5	78	33	6	12	2	10
SD	C6	3	4	0	40	13	30	33	78	173	691	268	429	99	405	1	1	1	6
SD	C7	0	0	0	0	0	0	0	0	0	0	0	0	0	0	0	0	0	0
SD	C8	2	3	2	1	17	56	0	5	4	3	9	1	14	26	0	0	0	0
HA	C1	0	0	0	0	0	0	20	0	26	6	0	0	4	9	32	0	60	4
HA	C2	0	25	0	58	0	1	0	1	1	8	0	10	1	0	0	0	1	84
HA	C3	68	11	2	9	3	244	164	12	729	25	208	22	31	680	68	15	198	32
HA	C4	9	228	7	2	99	36	3	78	128	1517	1564	21	7629	62	60	22	41	439
HA	C5	1	4	12	2	35	39	56	21	18	59	396	2	189	45	12	24	4	20
HA	C6	0	0	0	0	0	0	0	0	0	1	0	1	0	0	0	0	0	0
HA	C7	0	0	0	0	2	0	0	0	0	0	0	0	7	1	0	0	0	0
HA	C8	54	129	9	6	55	593	12	30	33	56	94	76	63	530	56	9	123	117
HB	C1	0	0	0	0	0	0	10	0	13	3	0	0	2	5	28	0	53	4
HB	C2	0	0	0	0	0	0	0	0	0	0	0	0	0	0	0	0	0	0
HB	C3	48	5	1	4	3	158	25	4	250	14	146	6	9	290	35	6	97	15
HB	C4	17	348	15	3	1703	50	4	7	14	126	135	3	594	15	82	16	44	191
HB	C5	1	4	8	0	7	13	0	1	1	3	101	1	6	8	1	1	0	2
HB	C6	0	0	0	0	0	0	4	9	8	43	23	40	11	26	0	0	0	1
HB	C7	0	0	0	0	20	3	0	0	0	0	1	1	74	11	0	0	0	0
HB	C8	1	2	0	0	2	44	1	4	4	5	13	4	9	48	0	0	1	1
HN	C1	213	8	0	0	2	105	0	0	0	0	0	0	0	0	1	0	1	0
HN	C2	0	0	0	0	0	0	0	15	1	126	2	0	164	4	0	0	0	0
HN	C3	79	19	2	11	12	233	98	2	310	9	48	3	18	270	34	3	94	13
HN	C4	10	110	12	1	2355	17	133	14	92	490	340	8	272	319	33	8	18	89
HN	C5	2	8	16	1	19	50	32	18	14	43	1901	13	115	144	11	21	4	20
HN	C6	0	0	0	4	2	3	0	1	13	41	11	14	2	19	0	0	0	0
HN	C7	0	0	0	1	51	6	1	1	0	1	3	3	184	27	0	0	0	0
HN	C8	9	21	1	2	11	102	9	5	16	12	42	11	19	97	8	1	22	18
GD	C1	0	0	0	0	0	0	313	0	411	90	2	0	59	150	8	0	15	1
GD	C2	0	0	0	0	0	0	0	113	13	1011	13	198	1208	33	0	1	1	142
GD	C3	206	45	6	25	31	600	335	43	3638	302	1295	29	602	2690	38	13	292	42
GD	C4	27	729	22	7	332	168	1903	222	1442	7340	7000	194	5269	4608	841	147	424	1868
GD	C5	5	15	44	2	34	144	33	61	28	62	37982	101	194	2059	20	73	33	55
GD	C6	4	4	1	50	17	34	14	38	166	587	188	273	54	303	0	0	0	2
GD	C7	0	0	0	0	0	0	0	0	0	0	0	0	0	0	0	0	0	0
GD	C8	130	179	5	1	81	246	310	18	506	253	1279	12	456	599	104	21	408	232
GX	C1	0	0	0	0	0	0	0	0	0	0	0	0	0	0	6	0	12	1
GX	C2	0	0	0	0	0	0	0	35	4	1058	74	0	196	9	0	0	0	0
GX	C3	112	8	1	6	27	249	206	4	747	69	464	6	220	737	28	5	126	12
GX	C4	35	520	286	8	6660	76	20	72	136	2869	6070	54	7369	51	83	21	49	387
GX	C5	3	11	42	5	98	106	8	5	3	9	1189	4	26	77	7	11	3	13
GX	C6	0	0	0	0	0	0	0	1	1	5	3	4	1	3	0	0	0	0
GX	C7	0	0	0	2	123	16	2	2	1	2	7	8	450	66	0	0	0	0
GX	C8	36	51	3	12	29	236	72	8	120	63	304	6	113	185	25	5	96	56
HI	C1	1201	45	0	0	9	591	0	0	0	0	0	0	0	0	0	0	0	0
HI	C2	0	0	0	0	0	0	0	0	0	0	0	0	0	0	0	0	0	0
HI	C3	1	5	0	2	0	22	18	1	77	3	8	1	5	62	6	1	46	7
HI	C4	3	6	7	1	119	24	0	2	3	35	31	0	182	2	0	0	0	0
HI	C5	0	2	2	1	1	4	0	0	0	0	2	0	1	0	0	1	0	1
HI	C6	74	465	46	222	796	505	0	0	0	0	0	1	0	6	0	0	0	0
HI	C7	0	0	0	0	0	0	1	0	0	1	2	2	127	19	0	0	0	0
HI	C8	75	66	36	24	837	2447	30	13	55	38	144	18	64	214	25	4	70	53

地区	部门	HI C3	HI C4	HI C5	HI C6	HI C7	HI C8	CQ C1	CQ C2	CQ C3	CQ C4	CQ C5	CQ C6	CQ C7	CQ C8	SC C1	SC C2	SC C3	SC C4
CQ	C1	0	0	0	0	0	0	3408	5	4471	978	23	25	640	1635	0	0	0	0
CQ	C2	0	0	0	0	0	0	1	315	330	1925	3	1277	2	32	0	1	1	210
CQ	C3	64	6	1	4	13	155	0	13	15	6	17	36	0	24	44	22	361	52
CQ	C4	8	227	7	2	103	54	0	0	0	0	0	0	0	0	151	59	93	843
CQ	C5	2	7	27	4	69	77	0	0	0	0	0	0	0	0	49	111	30	107
CQ	C6	1	5	0	14	5	21	6	9	9	46	24	90	11	417	1	1	1	6
CQ	C7	0	0	0	3	166	21	1	0	0	1	2	2	119	17	0	0	0	0
CQ	C8	11	20	4	20	22	479	3217	3015	5995	6036	14733	1714	8691	29051	6	2	10	12
SC	C1	0	0	0	0	0	0	0	0	0	0	0	0	0	0	25443	21	48238	3627
SC	C2	0	23	0	53	0	1	0	18	12	438	29	43	0	3	11	7021	276	23450
SC	C3	58	10	1	6	10	153	66	2	339	28	257	3	83	266	12507	964	29069	3271
SC	C4	2	47	1	0	20	9	0	1	2	25	22	0	125	3	9810	4995	8089	54498
SC	C5	1	4	6	1	15	34	47	21	18	56	799	4	168	66	1072	3172	803	5087
SC	C6	0	2	0	0	0	7	19	41	36	198	104	190	49	179	530	1184	1036	6851
SC	C7	0	0	0	1	35	4	1	0	0	1	2	2	128	19	21	2	12	20
SC	C8	3	7	2	6	8	206	5	17	17	25	50	29	35	244	8457	7708	22964	21182
GZ	C1	0	0	0	0	0	0	0	0	0	0	0	0	0	0	1	0	2	0
GZ	C2	2	324	0	77	1184	4	0	134	6	1014	3	9	1532	38	0	0	0	0
GZ	C3	39	4	1	4	12	121	91	4	369	28	79	9	31	702	25	6	80	9
GZ	C4	17	450	12	4	184	69	150	66	194	2679	5083	50	5621	361	120	26	62	298
GZ	C5	1	4	14	2	51	37	0	1	1	2	95	4	52	20	2	6	1	5
GZ	C6	0	0	0	0	0	1	4	9	8	41	21	38	10	31	0	0	0	1
GZ	C7	0	0	0	1	43	5	1	1	0	1	3	3	155	23	0	0	0	0
GZ	C8	24	40	3	1	27	143	41	10	71	42	180	14	75	176	20	4	66	43
YN	C1	0	0	0	0	0	0	37	0	48	11	0	0	7	18	3	0	5	0
YN	C2	0	42	0	95	1	1	0	0	0	0	0	0	0	0	0	0	0	0
YN	C3	43	4	0	3	2	114	134	2	349	5	7	3	6	327	30	2	64	10
YN	C4	0	13	0	0	5	6	0	2	3	81	178	2	204	0	0	8	9	223
YN	C5	0	1	6	1	14	16	0	0	0	0	0	0	0	0	0	0	0	0
YN	C6	0	0	0	0	0	0	4	9	8	41	21	38	10	26	0	0	0	1
YN	C7	0	0	0	0	2	0	0	0	0	0	0	0	8	1	0	0	0	0
YN	C8	1	3	0	1	3	39	1	2	2	3	6	3	5	27	1	0	2	2
TB	C1	0	0	0	0	0	0	0	0	0	0	0	0	0	0	0	0	0	0
TB	C2	0	0	0	0	0	0	0	0	0	0	0	0	0	0	0	0	0	0
TB	C3	1	0	0	0	0	3	1	0	2	0	0	0	0	2	1	0	1	0
TB	C4	0	0	0	0	0	0	0	0	0	0	0	0	0	0	0	0	0	0
TB	C5	0	0	0	0	0	0	0	0	0	0	0	0	0	0	0	0	0	0
TB	C6	0	0	0	0	0	0	0	0	1	1	1	0	1	0	0	0	0	0
TB	C7	0	0	0	0	3	0	0	0	0	0	0	0	12	2	0	0	0	0
TB	C8	2	4	1	3	4	41	0	1	1	1	3	1	2	8	1	0	3	2
SN	C1	0	0	0	0	0	0	305	0	400	88	2	2	57	146	25	0	48	4
SN	C2	0	30	0	69	1	1	0	138	185	1823	38	2725	0	49	0	5	6	1024
SN	C3	50	8	1	5	8	144	239	6	856	27	181	8	24	855	39	4	140	21
SN	C4	4	137	3	1	56	61	100	858	145	2532	2528	125	3273	3954	126	64	94	1238
SN	C5	1	4	12	2	41	26	31	17	15	44	1409	16	439	153	16	31	8	32
SN	C6	0	2	0	7	2	9	27	61	72	347	166	289	73	243	0	1	1	6
SN	C7	0	0	0	2	151	19	3	2	1	2	9	10	555	82	0	0	0	0
SN	C8	64	89	3	2	44	167	151	14	249	127	628	13	232	352	51	10	197	113
GS	C1	0	0	0	0	0	0	8	0	11	2	0	0	2	4	12	0	22	2
GS	C2	0	0	0	0	0	0	0	0	0	0	0	0	0	0	0	0	0	6
GS	C3	3	4	0	2	0	22	0	0	5	1	1	0	0	28	0	0	2	0
GS	C4	0	13	1	0	14	20	0	4	8	172	384	4	436	1	18	79	19	633
GS	C5	0	1	4	0	6	11	0	0	0	0	1	0	0	0	2	3	0	2
GS	C6	0	0	0	0	0	0	1	3	3	16	8	14	4	10	0	0	0	0
GS	C7	0	0	0	0	17	2	0	0	0	0	1	1	62	9	0	0	0	0
GS	C8	5	8	1	4	5	47	3	1	5	3	13	1	5	14	3	1	8	7

续表

地区	部门	HI C3	HI C4	HI C5	HI C6	HI C7	HI C8	CQ C1	CQ C2	CQ C3	CQ C4	CQ C5	CQ C6	CQ C7	CQ C8	SC C1	SC C2	SC C3	SC C4
QH	C1	0	0	0	0	0	0	0	0	0	0	0	0	0	0	1	0	2	0
QH	C2	0	0	0	0	0	0	0	0	0	0	0	0	0	0	0	0	0	0
QH	C3	0	0	0	0	0	0	0	0	0	0	0	0	0	0	0	0	0	0
QH	C4	0	0	0	0	0	0	0	1	2	48	106	1	121	0	0	1	1	38
QH	C5	0	0	0	0	2	1	0	0	0	0	0	0	0	0	0	0	0	0
QH	C6	0	0	0	0	0	0	0	0	0	0	0	0	0	0	0	0	0	0
QH	C7	0	0	0	0	0	0	0	0	0	0	0	0	0	0	0	0	0	0
QH	C8	0	0	0	0	0	1	0	0	0	0	0	0	0	1	0	0	0	0
NX	C1	0	0	0	0	0	0	13	0	17	4	0	0	2	6	33	0	62	5
NX	C2	0	16	0	36	0	0	0	1	1	4	0	3	0	0	0	0	0	0
NX	C3	6	1	0	1	0	24	12	1	102	3	82	0	0	61	8	0	8	1
NX	C4	0	17	0	0	6	24	5	47	6	111	66	6	100	222	15	11	10	124
NX	C5	0	1	3	1	13	8	0	0	0	0	7	1	1	2	2	4	0	3
NX	C6	0	1	0	0	0	3	3	7	6	35	18	35	9	46	0	0	0	1
NX	C7	0	0	0	0	0	0	0	0	0	0	0	0	0	0	0	0	0	0
NX	C8	0	0	0	0	0	0	0	0	0	0	0	0	0	0	0	0	0	0
XJ	C1	0	0	0	0	0	0	38	0	50	11	0	0	7	18	24	0	46	3
XJ	C2	0	14	0	33	0	0	0	2	3	31	1	45	0	1	0	0	0	71
XJ	C3	1	0	0	0	0	3	0	0	51	2	58	0	0	23	0	0	0	0
XJ	C4	1	209	0	2	32	301	1	3	5	82	145	1	264	3	127	46	67	479
XJ	C5	0	0	2	1	14	6	0	0	1	1	130	2	85	21	1	2	1	2
XJ	C6	0	1	0	0	0	4	8	18	16	88	46	85	22	88	0	0	0	2
XJ	C7	0	0	0	0	0	0	0	0	0	0	0	0	0	0	0	0	0	0
XJ	C8	9	21	1	1	8	40	0	0	0	0	1	1	1	7	8	1	19	17
USA	C1	12	5	0	0	3	3	5	0	16	1	0	0	1	5	22	0	39	3
USA	C2	0	55	1	7	2	2	0	0	0	1	0	0	0	0	0	0	0	2
USA	C3	19	6	1	0	18	26	0	0	6	1	1	0	2	5	1	1	10	2
USA	C4	1	12	1	0	8	2	4	2	6	31	24	1	26	14	17	14	13	90
USA	C5	2	2	42	2	20	26	4	3	7	4	248	2	5	155	20	77	36	75
USA	C6	0	0	0	0	0	0	0	0	0	0	0	0	0	0	0	0	0	0
USA	C7	0	0	0	0	0	0	0	0	0	0	0	0	0	0	0	0	0	0
USA	C8	0	0	0	0	0	0	141	53	125	159	499	24	362	479	91	42	72	80
EU	C1	1	1	0	0	0	0	0	0	0	0	0	0	0	0	10	0	15	1
EU	C2	0	0	0	0	0	0	0	0	0	0	0	0	0	0	0	0	0	1
EU	C3	3	2	1	0	4	9	1	1	23	5	8	1	6	29	2	3	38	10
EU	C4	5	69	5	0	29	16	8	5	13	59	60	2	46	43	24	17	16	117
EU	C5	1	3	13	0	7	7	0	5	13	196	4	0	16	77	42	81	58	102
EU	C6	0	0	0	0	0	0	0	0	0	0	0	0	0	0	0	0	0	0
EU	C7	0	0	0	0	0	0	0	0	0	1	2	0	1	1	0	0	0	0
EU	C8	0	0	0	0	0	0	110	74	102	225	453	31	525	609	69	54	52	89
ROW	C1	62	29	0	0	17	12	10	0	27	2	0	0	2	8	29	0	47	4
ROW	C2	12	1824	23	354	29	38	0	3	0	147	6	1	10	2	0	23	1	344
ROW	C3	204	44	14	2	232	140	9	1	82	11	14	2	12	73	38	4	132	23
ROW	C4	61	1306	47	14	472	268	68	21	82	371	228	9	208	89	57	36	32	206
ROW	C5	2	4	190	2	20	75	11	35	32	56	3419	67	103	1005	39	145	51	130
ROW	C6	0	0	0	0	0	0	0	0	0	0	0	0	0	0	0	0	0	0
ROW	C7	0	0	0	0	0	0	0	0	0	1	3	0	2	1	0	0	0	0
ROW	C8	0	0	0	0	0	0	405	238	363	810	2549	143	911	1652	253	188	198	399
CHN	TAXSUB	60	573	9	198	723	880	−4	149	214	1170	3992	218	2179	5008	−19	406	431	2284
USA	TAXSUB	0	0	0	0	0	0	0	0	0	0	0	0	0	0	0	0	0	0
EU	TAXSUB	0	0	0	0	0	0	0	0	0	0	0	0	0	0	0	0	0	0
ROW	TAXSUB	0	0	0	0	0	0	0	0	0	0	0	0	0	0	0	0	0	0
VA		1385	3275	71	1655	6058	35279	16958	3475	13304	25171	39877	6592	28671	127998	56336	13502	40744	50277
TI		6257	16103	1482	4171	26635	61218	32581	11584	47829	76948	181905	20190	115493	208730	119117	41234	161015	185747

地区	部门	SC C5	SC C6	SC C7	SC C8	GZ C1	GZ C2	GZ C3	GZ C4	GZ C5	GZ C6	GZ C7	GZ C8	YN C1	YN C2	YN C3	YN C4	YN C5	YN C6
BJ	C1	0	0	0	0	35	0	11	12	0	0	0	3	0	0	0	0	0	0
BJ	C2	0	0	0	0	0	0	0	0	0	0	0	0	0	0	0	0	0	0
BJ	C3	6	2	14	55	0	18	29	10	7	5	17	27	22	7	30	7	1	7
BJ	C4	22	0	19	1	2	9	3	9	11	2	22	6	1	2	2	4	2	1
BJ	C5	597	64	38	243	1	44	11	19	59	17	63	92	24	31	4	14	80	6
BJ	C6	6	14	6	7	0	0	0	1	0	0	0	0	1	1	0	2	0	2
BJ	C7	0	0	2	0	0	1	1	2	0	4	15	14	0	0	0	0	0	0
BJ	C8	360	23	270	398	392	250	279	552	197	114	612	484	225	74	174	204	39	45
TJ	C1	0	0	0	0	0	0	0	0	0	0	0	0	0	0	0	0	0	0
TJ	C2	0	1	0	0	0	0	0	2	0	0	0	0	0	0	0	0	0	0
TJ	C3	10	6	11	108	0	9	29	8	5	5	10	56	26	9	49	10	2	7
TJ	C4	57	0	46	1	1	7	2	7	9	2	18	4	1	2	2	10	3	1
TJ	C5	160	18	25	91	0	15	6	12	25	11	44	54	6	17	2	6	41	4
TJ	C6	0	0	0	0	0	0	0	0	0	0	0	0	0	0	0	0	0	0
TJ	C7	0	0	0	0	0	0	0	1	0	1	4	4	0	0	0	0	0	0
TJ	C8	214	12	145	216	247	140	157	349	86	65	321	275	107	39	72	108	21	21
HE	C1	0	0	2	4	185	0	61	63	0	0	2	14	55	0	40	6	0	0
HE	C2	0	0	0	0	0	0	0	0	0	0	0	0	0	0	0	0	0	0
HE	C3	20	13	27	199	0	74	55	35	24	23	24	74	44	18	60	16	4	14
HE	C4	271	2	213	8	8	72	22	370	207	11	838	23	30	19	17	148	40	6
HE	C5	250	48	78	119	1	57	11	24	34	27	97	70	24	26	4	18	41	6
HE	C6	0	0	0	0	1	0	0	1	0	0	0	0	0	0	0	1	0	1
HE	C7	0	0	0	0	0	0	0	0	0	0	1	1	0	0	0	0	0	0
HE	C8	84	9	69	116	102	104	54	160	31	49	123	198	72	21	42	73	10	8
SX	C1	0	0	2	5	2	0	1	1	0	0	0	0	3	0	2	0	0	0
SX	C2	0	0	0	0	2	37	0	21	0	18	0	0	0	1	0	2	0	1
SX	C3	0	0	1	7	0	0	12	3	1	0	6	1	2	0	2	1	0	1
SX	C4	100	3	88	25	2	8	1	38	10	2	62	32	12	4	2	26	2	1
SX	C5	2	1	1	1	0	0	0	0	2	1	2	2	0	0	0	0	2	0
SX	C6	0	1	0	0	0	0	0	0	0	0	0	0	0	0	0	0	0	0
SX	C7	0	0	0	0	0	0	0	0	0	0	0	0	0	0	0	0	0	0
SX	C8	45	3	29	47	60	37	32	84	17	19	70	55	29	10	17	31	5	4
IM	C1	0	0	4	8	24	0	8	8	0	0	0	2	47	0	35	5	0	0
IM	C2	0	0	0	0	0	0	0	0	0	0	0	0	0	0	0	0	0	0
IM	C3	2	1	5	32	0	3	22	9	0	0	2	11	27	3	24	6	1	6
IM	C4	178	1	136	3	0	5	2	50	23	0	110	0	2	1	1	9	2	0
IM	C5	32	1	2	19	0	1	1	1	6	1	3	24	2	4	0	1	13	1
IM	C6	1	2	1	1	0	0	0	0	0	0	0	0	1	0	1	0	0	2
IM	C7	0	0	0	0	0	0	0	1	0	1	4	3	0	0	0	0	0	0
IM	C8	61	5	45	71	72	52	40	105	22	26	87	89	39	13	24	40	6	5
LN	C1	0	0	0	1	17	0	6	6	0	0	0	1	38	0	28	4	0	0
LN	C2	0	0	0	0	0	0	0	0	0	0	0	0	0	0	0	0	0	0
LN	C3	3	1	7	26	0	86	11	29	24	23	5	7	15	8	13	4	1	6
LN	C4	26	1	28	8	1	4	1	5	5	1	11	3	1	1	1	4	1	1
LN	C5	121	4	7	71	0	18	2	3	13	3	9	44	15	13	1	5	33	2
LN	C6	0	1	0	0	2	0	0	2	0	0	0	0	0	0	0	0	0	0
LN	C7	0	0	2	0	0	2	1	3	0	5	20	18	0	0	0	0	0	0
LN	C8	39	4	30	51	52	39	27	75	15	19	58	56	49	14	18	49	5	22
JL	C1	0	0	4	8	33	0	11	11	0	0	0	3	103	0	75	10	0	0
JL	C2	0	0	0	0	0	0	0	0	0	0	0	0	0	0	0	0	0	0
JL	C3	18	6	47	122	0	14	80	15	6	3	73	53	61	11	77	18	3	14
JL	C4	3	0	4	0	3	16	5	15	21	4	39	9	3	4	4	8	3	2
JL	C5	305	14	22	181	1	41	5	20	25	9	42	58	26	37	4	18	65	6
JL	C6	1	3	1	1	15	2	2	22	0	3	0	1	0	1	0	2	0	3
JL	C7	0	0	0	0	0	0	0	0	0	0	0	0	0	0	0	0	0	0
JL	C8	59	5	37	67	92	84	49	137	27	38	109	187	57	18	33	58	8	8

续表

地区	部门	SC C5	SC C6	SC C7	SC C8	GZ C1	GZ C2	GZ C3	GZ C4	GZ C5	GZ C6	GZ C7	GZ C8	YN C1	YN C2	YN C3	YN C4	YN C5	YN C6
HL	C1	0	1	10	19	54	0	18	18	0	0	1	4	128	0	94	13	0	0
HL	C2	0	1	0	0	0	0	0	0	0	0	0	0	0	0	0	0	0	0
HL	C3	8	2	25	52	0	5	27	4	1	0	30	12	36	6	33	9	2	9
HL	C4	1	0	2	0	0	2	0	2	2	0	4	1	0	1	0	1	0	0
HL	C5	50	3	5	27	0	13	1	4	7	3	10	21	9	7	1	4	13	1
HL	C6	0	1	0	0	3	0	0	4	0	0	0	0	0	0	0	0	0	1
HL	C7	0	0	0	0	0	0	0	0	0	0	0	0	0	0	0	0	0	0
HL	C8	145	6	95	134	165	76	98	222	57	40	223	287	60	24	35	63	14	20
SH	C1	0	0	0	0	0	0	0	0	0	0	0	0	60	0	44	6	0	0
SH	C2	0	0	0	0	0	0	0	0	0	0	0	0	0	0	0	0	0	0
SH	C3	12	4	28	96	1	113	72	45	36	31	50	69	39	12	70	14	2	11
SH	C4	120	0	93	1	5	26	8	25	34	7	66	15	4	7	6	20	6	4
SH	C5	568	81	87	266	1	92	20	47	81	41	157	125	39	62	9	36	113	13
SH	C6	0	0	0	0	0	0	0	0	0	0	0	0	0	0	0	0	0	0
SH	C7	0	0	3	0	0	2	1	4	1	8	29	26	0	0	0	0	0	0
SH	C8	621	42	441	699	732	652	501	1182	281	241	1025	1227	358	120	204	372	62	74
JS	C1	0	0	4	7	51	0	17	17	0	0	1	4	182	0	133	18	0	0
JS	C2	0	0	0	0	0	0	0	0	0	0	0	0	0	0	0	0	0	0
JS	C3	21	10	45	169	0	18	77	17	8	6	62	80	21	8	61	13	3	6
JS	C4	175	6	137	56	61	21	10	141	31	2	139	38	46	4	8	26	2	1
JS	C5	982	294	284	339	1	140	40	51	135	100	334	136	35	39	10	35	85	15
JS	C6	0	1	0	0	0	0	0	0	0	0	0	0	0	2	0	3	0	4
JS	C7	0	0	0	0	0	0	0	0	0	0	0	0	0	0	0	0	0	0
JS	C8	85	7	84	120	50	77	61	114	35	20	108	225	36	12	12	35	5	28
ZJ	C1	0	0	0	0	38	0	13	13	0	0	0	3	43	0	32	4	0	0
ZJ	C2	0	0	0	0	0	0	0	0	0	0	0	0	0	0	0	0	0	0
ZJ	C3	19	10	35	165	1	57	156	58	22	17	73	107	55	20	91	23	5	16
ZJ	C4	3	0	5	1	1	5	2	15	6	1	72	4	1	1	1	2	1	1
ZJ	C5	439	141	71	143	1	106	23	50	103	44	168	116	31	36	8	34	64	7
ZJ	C6	0	1	0	1	8	1	1	12	0	1	0	1	0	1	0	1	0	0
ZJ	C7	0	0	2	0	0	2	1	0	0	5	19	17	0	0	0	0	0	0
ZJ	C8	134	11	95	163	170	189	113	290	62	69	234	368	95	30	53	98	15	11
AH	C1	0	0	1	1	25	0	8	8	0	0	0	2	66	0	48	7	0	0
AH	C2	0	0	0	0	0	0	0	0	0	0	0	0	0	0	0	0	0	0
AH	C3	23	15	45	201	0	41	113	37	19	15	84	59	59	22	54	19	5	18
AH	C4	32	2	30	17	5	33	18	131	43	8	622	15	109	16	23	75	10	6
AH	C5	778	207	208	321	2	116	32	21	116	82	253	177	41	30	4	17	97	12
AH	C6	0	0	0	0	27	4	4	39	1	5	0	2	0	0	0	0	0	0
AH	C7	0	0	1	0	0	1	0	2	0	3	12	11	0	0	0	0	0	0
AH	C8	11	1	14	18	1	6	2	5	2	4	6	29	2	1	1	2	0	3
FJ	C1	0	0	0	0	0	0	0	0	0	0	0	0	0	0	0	0	0	0
FJ	C2	0	0	0	0	0	0	0	0	0	0	0	0	0	0	0	0	0	0
FJ	C3	113	104	68	1181	1	58	102	39	35	42	62	253	7	230	118	109	37	68
FJ	C4	5	0	8	0	0	6	9	81	4	2	458	2	8	26	45	303	21	9
FJ	C5	0	0	0	0	0	0	0	0	0	0	0	0	0	0	0	0	0	0
FJ	C6	0	0	0	0	0	0	0	0	0	0	0	0	0	0	0	0	0	0
FJ	C7	0	0	0	0	0	0	0	0	0	0	0	0	0	0	0	0	0	0
FJ	C8	29	3	22	37	36	32	18	55	9	16	40	40	23	7	13	24	3	2
JX	C1	0	0	0	0	132	0	44	45	0	0	2	10	15	0	11	1	0	0
JX	C2	0	0	0	0	0	10	0	117	0	0	55	1	0	6	10	93	0	0
JX	C3	17	8	28	139	1	20	119	33	13	9	58	116	3	9	65	12	3	2
JX	C4	25	0	24	1	1	109	46	1156	490	4	2935	9	32	7	11	72	11	2
JX	C5	394	58	93	131	1	75	24	18	93	50	161	155	26	20	3	13	76	7
JX	C6	0	0	0	0	12	2	2	18	0	2	0	1	0	1	0	1	0	1
JX	C7	0	0	0	0	0	0	0	0	0	0	0	0	0	0	0	0	0	0
JX	C8	103	9	78	128	126	115	69	193	40	54	158	271	78	24	45	80	11	12

地区	部门	SC C5	SC C6	SC C7	SC C8	GZ C1	GZ C2	GZ C3	GZ C4	GZ C5	GZ C6	GZ C7	GZ C8	YN C1	YN C2	YN C3	YN C4	YN C5	YN C6
SD	C1	0	0	0	0	0	0	0	0	0	0	0	0	0	0	0	0	0	0
SD	C2	0	0	0	0	0	0	0	0	0	0	0	0	0	0	0	0	0	0
SD	C3	4	0	3	43	0	60	56	33	18	15	8	55	2	7	49	8	2	2
SD	C4	168	8	133	72	23	12	6	109	39	1	181	9	79	13	18	150	32	2
SD	C5	17	0	3	3	1	54	3	23	17	2	22	16	24	17	3	20	14	2
SD	C6	1	3	1	1	75	11	12	107	2	13	0	5	0	1	0	2	0	3
SD	C7	0	0	0	0	0	0	0	0	0	0	0	0	0	0	0	0	0	0
SD	C8	0	0	0	1	1	10	5	8	3	1	8	17	0	0	0	0	0	0
HA	C1	0	0	3	6	43	0	14	15	0	0	1	3	62	0	45	6	0	0
HA	C2	0	18	0	1	0	8	0	17	0	4	4	0	0	1	2	17	0	0
HA	C3	27	24	20	353	1	34	91	34	17	15	24	122	109	29	128	32	5	29
HA	C4	309	5	251	37	57	37	22	246	64	6	688	24	80	44	67	487	63	13
HA	C5	332	7	16	54	3	118	10	16	59	6	19	81	49	12	2	21	41	1
HA	C6	0	0	0	0	0	0	0	0	0	0	0	0	0	0	0	0	0	0
HA	C7	0	0	0	0	0	0	0	0	0	0	0	0	0	0	0	0	0	0
HA	C8	140	16	131	212	141	164	70	234	39	79	166	310	108	30	59	109	13	7
HB	C1	0	0	3	5	39	0	13	13	0	0	0	3	20	0	15	2	0	0
HB	C2	0	0	0	0	0	0	0	0	0	0	0	0	0	0	0	0	0	0
HB	C3	12	9	10	158	1	14	96	32	10	7	26	84	49	9	66	15	2	11
HB	C4	52	6	62	50	23	21	11	80	21	5	273	14	84	16	25	107	10	5
HB	C5	41	0	1	26	0	8	2	12	11	1	14	56	4	12	1	4	20	2
HB	C6	0	0	0	0	0	0	0	0	0	0	0	0	0	0	0	0	0	0
HB	C7	0	0	1	0	0	0	0	1	0	1	5	5	0	0	0	0	0	0
HB	C8	2	0	2	2	2	6	1	4	1	2	5	36	2	1	1	2	0	1
HN	C1	0	0	0	0	300	1	99	101	0	0	4	23	161	0	118	16	0	0
HN	C2	0	0	0	0	0	36	1	393	0	0	188	2	0	1	2	19	0	0
HN	C3	11	4	24	108	1	99	83	46	29	25	37	84	79	19	103	22	4	21
HN	C4	34	3	32	20	144	59	38	320	50	10	754	54	29	9	10	46	9	3
HN	C5	437	7	8	163	3	155	19	54	124	9	60	196	64	56	7	38	133	8
HN	C6	0	0	0	0	8	1	1	12	0	1	0	1	0	0	0	0	0	0
HN	C7	0	0	1	0	0	1	0	2	0	4	13	12	0	0	0	0	0	0
HN	C8	23	2	19	30	24	23	13	37	8	13	31	67	15	6	9	16	2	5
GD	C1	0	0	1	1	75	0	25	25	0	0	1	6	153	0	112	15	0	0
GD	C2	1	31	0	1	0	100	8	1439	5	11	515	24	0	10	17	167	0	0
GD	C3	40	14	81	331	4	191	438	127	74	50	235	485	150	38	902	119	14	31
GD	C4	462	54	391	508	4533	1492	652	7092	586	250	2364	3961	1079	191	199	1021	66	52
GD	C5	12866	102	69	2112	2	104	31	52	205	14	80	241	59	85	11	45	256	14
GD	C6	0	1	0	1	95	13	15	135	2	16	0	6	0	1	0	1	0	1
GD	C7	0	0	0	0	0	0	0	0	0	0	0	0	0	0	0	0	0	0
GD	C8	349	11	219	291	378	73	225	476	129	54	495	236	92	46	58	104	29	40
GX	C1	0	0	1	1	75	0	25	25	0	0	1	6	178	0	130	18	0	0
GX	C2	0	0	0	0	0	19	0	502	3	0	55	1	0	7	5	196	0	0
GX	C3	20	3	70	95	1	25	187	31	11	1	203	38	103	13	106	28	7	22
GX	C4	230	6	181	50	25	220	86	2120	835	17	5324	183	255	119	95	1466	331	18
GX	C5	206	5	11	123	1	47	6	18	36	9	39	133	50	58	5	21	132	11
GX	C6	0	0	0	0	0	0	0	0	0	0	0	0	0	0	0	0	0	0
GX	C7	0	0	3	0	0	3	1	4	1	9	31	29	0	0	0	0	0	0
GX	C8	83	3	53	72	90	25	54	115	31	15	120	96	27	12	15	30	7	13
HI	C1	0	0	0	0	0	0	0	0	0	0	0	0	0	0	0	0	0	0
HI	C2	0	0	0	0	0	0	0	0	0	0	0	0	0	0	0	0	0	0
HI	C3	5	1	8	48	0	2	36	6	2	0	10	56	16	2	54	8	1	3
HI	C4	0	0	0	0	0	0	0	1	0	0	1	1	50	5	9	29	2	1
HI	C5	9	2	3	4	0	2	1	1	5	3	11	27	1	1	0	0	4	0
HI	C6	0	0	0	0	0	0	0	0	0	0	0	0	0	0	0	0	0	0
HI	C7	0	0	1	0	0	1	0	1	0	2	9	8	0	0	0	0	0	0
HI	C8	64	5	48	76	74	60	40	110	23	29	93	144	43	14	23	44	7	8

地区	部门	SC C5	SC C6	SC C7	SC C8	GZ C1	GZ C2	GZ C3	GZ C4	GZ C5	GZ C6	GZ C7	GZ C8	YN C1	YN C2	YN C3	YN C4	YN C5	YN C6
CQ	C1	0	0	0	0	38	0	13	13	0	0	0	3	43	0	32	4	0	0
CQ	C2	1	46	0	1	0	57	2	636	0	1	298	4	0	0	0	0	0	0
CQ	C3	56	25	107	456	2	51	282	72	29	20	168	264	72	23	151	32	7	19
CQ	C4	485	15	414	120	1540	528	317	3180	564	72	4947	631	762	105	154	608	52	30
CQ	C5	3689	358	372	1451	4	349	91	158	416	157	587	625	88	126	17	66	302	26
CQ	C6	1	3	1	1	27	4	4	38	1	5	0	2	1	3	1	5	0	6
CQ	C7	0	0	4	1	0	3	2	6	1	12	42	39	0	0	0	0	0	0
CQ	C8	42	5	53	72	12	38	14	30	10	18	36	196	19	6	11	15	2	8
SC	C1	7	127	2435	4569	60	0	20	20	0	0	1	5	49	0	36	5	0	0
SC	C2	98	4687	808	187	0	3	0	102	1	0	0	0	0	18	2	110	0	31
SC	C3	2441	1592	4052	31510	0	46	101	32	13	9	73	54	80	22	93	24	5	22
SC	C4	24855	1352	48401	8834	6	5	7	62	4	1	302	3	123	16	27	138	17	4
SC	C5	29574	2338	4317	9594	2	93	17	24	111	3	20	104	48	18	3	26	97	2
SC	C6	1038	3421	1107	1775	0	0	0	0	0	0	0	0	0	2	0	3	0	3
SC	C7	17	62	4576	576	0	1	0	1	0	2	9	8	0	0	0	0	0	0
SC	C8	25722	3748	26367	69951	3	16	4	10	4	7	17	107	6	2	2	4	1	3
GZ	C1	0	0	0	0	11496	20	3796	3876	1	2	140	870	43	0	32	4	0	0
GZ	C2	0	0	0	0	618	9502	112	7024	17	4600	55	76	2	161	42	842	1	259
GZ	C3	13	7	33	103	1944	102	859	87	35	51	76	3263	62	12	48	16	3	15
GZ	C4	85	9	78	78	30	151	95	1078	44	45	4857	468	261	55	67	583	132	11
GZ	C5	75	24	35	30	4	253	36	217	299	18	238	2065	3	3	1	3	10	2
GZ	C6	0	0	0	0	1059	2908	277	6559	321	6940	2246	950	0	0	0	0	0	0
GZ	C7	0	0	1	0	0	20	9	34	6	69	252	230	0	0	0	0	0	0
GZ	C8	63	4	46	66	2395	4602	2083	5302	1221	3146	5751	13876	25	10	14	26	5	7
YN	C1	0	0	0	0	190	0	63	64	0	0	2	14	12562	22	9168	1267	0	0
YN	C2	0	0	0	0	7	0	4	0	0	3	0	0	7	641	137	8556	3	706
YN	C3	6	3	6	88	0	2	28	6	2	0	4	46	1786	338	1698	407	52	443
YN	C4	195	0	177	1	1	112	38	1170	534	2	2600	21	3577	729	855	6895	1238	153
YN	C5	0	0	0	0	0	0	0	0	0	2	1	9	106	117	14	61	319	25
YN	C6	0	0	0	0	0	0	0	0	0	0	0	0	1297	1237	420	3749	140	3294
YN	C7	0	0	0	0	0	0	0	0	0	0	1	1	7	5	3	4	1	5
YN	C8	4	0	4	6	2	4	2	5	1	2	4	15	5350	3107	2823	5580	877	2839
TB	C1	0	0	0	0	0	0	0	0	0	0	0	0	0	0	0	0	0	0
TB	C2	0	0	0	0	0	0	0	0	0	0	0	0	0	0	0	0	0	0
TB	C3	0	0	0	2	0	0	0	0	0	0	0	0	2	0	1	0	0	0
TB	C4	0	0	0	0	0	0	0	0	0	0	0	0	0	0	0	0	0	0
TB	C5	0	0	0	0	0	0	0	0	0	0	0	0	0	0	0	0	0	0
TB	C6	0	0	0	0	0	0	0	0	0	0	0	0	0	0	0	0	0	0
TB	C7	0	0	0	0	0	0	0	0	0	0	1	1	0	0	0	0	0	0
TB	C8	2	0	2	3	3	4	2	5	1	2	4	8	3	1	1	3	0	1
SN	C1	0	0	2	5	438	1	145	148	0	0	5	33	176	0	128	18	0	0
SN	C2	4	223	0	6	3	50	3	169	2	28	2	9	0	13	1	52	0	22
SN	C3	15	5	27	164	1	28	112	37	13	7	34	90	66	15	106	21	3	17
SN	C4	890	12	714	98	40	112	27	619	242	20	1176	235	55	12	15	76	16	4
SN	C5	519	92	150	253	1	90	15	28	46	39	135	115	36	32	4	21	54	7
SN	C6	1	2	1	1	13	2	2	18	1	2	0	1	0	1	0	2	0	3
SN	C7	0	0	4	1	0	3	1	5	1	0	10	38	35	0	0	0	0	0
SN	C8	172	6	111	149	183	45	115	233	78	28	267	139	51	24	36	54	15	20
GS	C1	0	0	1	2	9	0	3	3	0	0	0	1	14	0	10	1	0	0
GS	C2	0	1	0	0	0	0	0	0	7	0	0	0	0	0	0	0	0	0
GS	C3	0	0	0	1	0	14	10	7	5	4	4	1	0	6	1	1	1	2
GS	C4	271	19	283	134	9	31	4	95	23	8	138	111	7	5	3	22	3	2
GS	C5	5	0	1	1	0	1	1	0	6	0	1	10	1	0	0	0	8	0
GS	C6	0	0	0	0	0	0	0	0	0	0	0	0	0	0	0	0	0	0
GS	C7	0	0	0	0	0	0	0	1	0	1	4	4	0	0	0	0	0	0
GS	C8	7	1	5	9	9	7	5	13	3	3	11	13	6	2	3	6	1	1

地区	部门	SC C5	SC C6	SC C7	SC C8	GZ C1	GZ C2	GZ C3	GZ C4	GZ C5	GZ C6	GZ C7	GZ C8	YN C1	YN C2	YN C3	YN C4	YN C5	YN C6
QH	C1	0	0	0	0	0	0	0	0	0	0	0	0	0	0	0	0	0	0
QH	C2	0	0	0	0	0	0	0	0	0	0	0	0	0	0	0	1	0	0
QH	C3	0	0	0	0	0	0	0	0	0	0	0	0	0	0	0	0	0	0
QH	C4	34	0	26	0	0	0	0	5	2	0	12	0	0	0	0	3	1	0
QH	C5	0	0	0	0	0	0	0	0	0	0	0	0	0	0	0	0	0	0
QH	C6	0	0	0	0	0	0	0	0	0	0	0	0	0	0	0	0	0	0
QH	C7	0	0	0	0	0	0	0	0	0	0	0	0	0	0	0	0	0	0
QH	C8	0	0	0	0	0	0	0	0	0	0	0	1	0	0	0	0	0	0
NX	C1	0	0	3	6	11	0	4	4	0	0	0	1	37	0	27	4	0	0
NX	C2	0	0	0	0	0	0	0	2	0	0	0	0	0	0	0	0	0	0
NX	C3	1	1	1	13	0	3	23	10	0	0	0	9	11	2	15	4	1	2
NX	C4	67	3	60	20	17	52	4	165	14	15	191	249	19	10	3	57	2	2
NX	C5	8	2	2	2	0	3	1	2	3	1	6	3	1	1	0	1	1	0
NX	C6	0	0	0	0	0	0	0	0	0	0	0	0	1	0	1	0	0	1
NX	C7	0	0	0	0	0	0	0	0	0	0	0	0	0	0	0	0	0	0
NX	C8	0	0	0	0	0	0	0	0	0	0	0	0	0	0	0	0	0	0
XJ	C1	0	0	2	4	40	0	13	14	0	0	0	3	68	0	50	7	0	0
XJ	C2	0	16	0	0	0	2	0	1	0	1	0	0	0	7	1	29	0	12
XJ	C3	0	0	0	0	0	2	14	6	0	0	0	6	0	1	5	2	1	0
XJ	C4	159	14	149	116	10	4	2	34	10	0	48	4	170	48	28	273	10	11
XJ	C5	73	24	37	30	0	7	3	1	7	11	35	9	1	1	0	1	3	1
XJ	C6	0	1	0	0	0	0	0	0	0	0	0	0	0	1	0	2	0	2
XJ	C7	0	0	0	0	0	0	0	0	0	0	0	0	0	0	0	0	0	0
XJ	C8	12	2	8	17	22	23	10	35	5	11	22	24	17	5	9	17	2	1
USA	C1	0	0	3	6	0	0	0	0	0	0	0	0	74	0	8	1	0	0
USA	C2	0	0	0	0	0	0	0	0	0	0	0	0	1	2	0	19	0	0
USA	C3	1	0	6	11	3	0	1	0	0	0	0	2	68	0	5	0	0	0
USA	C4	44	1	64	20	3	2	10	27	27	0	12	5	76	1	0	8	1	0
USA	C5	2360	63	81	473	1	2	1	0	9	0	2	7	18	1	0	0	3	0
USA	C6	0	0	0	0	0	0	0	0	0	0	0	0	0	0	1	1	0	0
USA	C7	0	0	0	0	0	0	0	0	0	0	0	0	0	0	0	0	0	0
USA	C8	55	10	34	111	0	0	0	0	0	0	0	3	0	0	0	0	0	0
EU	C1	0	0	1	2	0	0	0	0	0	0	0	0	40	0	21	2	0	0
EU	C2	1	0	0	0	0	0	0	0	0	0	0	0	0	11	0	121	3	0
EU	C3	9	2	14	44	0	0	0	0	0	0	0	2	6	0	1	1	1	1
EU	C4	49	1	91	33	4	6	4	10	10	0	29	8	64	2	1	8	2	0
EU	C5	3436	91	130	616	3	7	1	2	16	2	11	12	31	3	0	2	6	0
EU	C6	0	0	0	0	0	0	0	0	0	0	0	0	0	2	1	8	1	0
EU	C7	0	0	0	0	0	0	0	0	0	0	0	0	0	0	0	0	0	0
EU	C8	51	13	50	154	0	0	0	0	0	0	0	5	0	0	0	0	0	0
ROW	C1	0	0	4	6	12	0	5	1	1	0	2	2	670	1	585	101	0	1
ROW	C2	7	7	22	1	0	29	2	386	9	4	77	6	10	222	11	4767	16	706
ROW	C3	11	2	28	118	12	0	8	2	1	0	1	15	373	2	136	20	4	4
ROW	C4	83	3	141	39	40	13	16	71	17	2	37	27	244	11	6	219	37	1
ROW	C5	3473	115	221	951	1	8	1	1	81	2	5	82	10	1	0	1	14	1
ROW	C6	0	0	0	0	0	0	0	0	0	0	0	0	34	4	96	2	2
ROW	C7	0	0	0	0	0	0	0	0	0	0	0	0	0	0	0	0	0	0
ROW	C8	279	98	136	381	0	1	0	0	0	0	0	10	0	0	0	0	0	0
CHN	TAXSUB	5778	775	2728	6885	−17	1776	424	3500	1585	1358	1488	1791	−102	278	124	1202	172	482
USA	TAXSUB	0	0	0	0	0	0	0	0	0	0	0	0	0	0	0	0	0	0
EU	TAXSUB	0	0	0	0	0	0	0	0	0	0	0	0	0	0	0	0	0	0
ROW	TAXSUB	0	0	0	0	0	0	0	0	0	0	0	0	0	0	0	0	0	0
VA		35186	17944	42042	250718	28851	12309	18906	9577	1863	8125	16067	83177	31422	5058	23896	15955	2329	10812
TI		165446	39025	146293	403101	58464	40303	33585	65919	12861	27018	65349	123269	66326	14685	45784	59283	8285	20947

续表

地区	部门	YN C7	YN C8	TB C1	TB C2	TB C3	TB C4	TB C5	TB C6	TB C7	TB C8	SN C1	SN C2	SN C3	SN C4	SN C5	SN C6	SN C7	SN C8
BJ	C1	0	0	0	0	0	0	0	0	0	0	17	0	36	6	0	0	2	4
BJ	C2	0	0	0	3	4	12	0	0	34	1	0	102	3	163	1	1	233	6
BJ	C3	31	79	4	1	2	0	0	1	9	25	111	5	115	7	5	2	18	139
BJ	C4	79	2	1	1	0	1	0	0	49	25	25	72	17	263	92	6	202	129
BJ	C5	126	207	1	0	0	0	0	0	7	6	15	122	10	32	458	10	78	97
BJ	C6	1	1	10	10	2	8	0	35	43	32	146	1618	336	1473	352	396	532	1264
BJ	C7	18	2	0	0	0	0	0	0	11	0	2	3	1	1	1	2	48	39
BJ	C8	938	666	14	1	9	5	0	1	88	79	134	266	276	311	172	106	435	1290
TJ	C1	0	0	0	0	0	0	0	0	0	0	0	0	0	0	0	0	0	0
TJ	C2	0	0	0	1	0	2	0	0	22	0	0	233	11	1127	2	105	498	17
TJ	C3	24	125	5	0	4	0	0	1	9	28	91	15	104	5	4	3	10	150
TJ	C4	96	2	1	1	0	1	0	0	55	21	3	17	26	172	182	1	250	15
TJ	C5	74	112	0	0	0	0	0	0	6	6	2	25	3	10	223	3	33	43
TJ	C6	0	0	0	0	0	0	0	0	0	0	0	0	0	0	0	0	0	0
TJ	C7	5	1	0	0	0	0	0	0	3	0	0	1	0	0	0	1	13	11
TJ	C8	351	230	5	3	6	4	0	0	27	34	72	150	186	172	101	25	268	510
HE	C1	2	11	0	0	0	0	0	0	0	0	16	0	33	5	0	0	2	4
HE	C2	0	0	0	2	0	0	0	0	0	0	0	506	0	2049	11	0	0	16
HE	C3	51	227	9	1	5	0	0	1	10	30	180	75	296	13	16	6	41	330
HE	C4	716	18	1	0	1	56	0	0	2113	70	196	296	263	1011	1592	26	1709	404
HE	C5	212	119	2	1	0	0	0	0	10	4	19	130	14	55	536	12	195	95
HE	C6	0	1	0	0	0	0	0	0	0	1	0	3	2	7	1	3	1	3
HE	C7	1	0	0	0	0	0	0	0	1	0	0	0	0	0	0	0	3	3
HE	C8	214	169	4	0	5	3	0	0	23	30	24	45	50	62	31	18	63	319
SX	C1	0	1	0	0	0	0	0	0	0	0	0	0	0	0	0	0	0	0
SX	C2	0	0	0	3	6	12	0	0	0	1	7	3141	29	3019	2	2001	5	64
SX	C3	4	10	3	0	0	0	0	0	5	9	1	0	13	7	3	0	0	17
SX	C4	40	21	0	0	0	12	0	0	458	24	9	23	3	101	6	2	54	46
SX	C5	1	3	1	0	0	0	0	0	5	3	0	1	0	0	17	0	5	8
SX	C6	0	0	0	0	0	0	0	0	2	1	5	50	10	46	11	12	16	39
SX	C7	0	0	0	0	0	0	0	0	0	0	0	0	0	0	0	0	0	0
SX	C8	73	45	1	0	2	1	0	0	7	8	17	25	37	38	20	8	53	106
IM	C1	2	9	4	0	1	0	0	0	0	1	0	0	1	0	0	0	0	0
IM	C2	0	0	0	3	5	11	0	0	8	1	10	4424	64	7850	8	3309	7	106
IM	C3	16	74	5	0	3	0	0	0	8	19	157	28	199	5	5	2	5	176
IM	C4	27	1	0	0	0	0	0	0	127	15	32	146	264	2040	1850	12	2409	126
IM	C5	4	35	1	0	0	0	0	0	5	3	1	5	1	0	84	0	4	16
IM	C6	0	2	1	1	0	1	0	4	5	5	13	148	31	136	32	37	49	117
IM	C7	4	0	0	0	0	0	0	0	3	0	0	1	0	0	0	0	12	10
IM	C8	117	79	2	0	2	1	0	0	10	12	19	26	43	44	24	8	60	146
LN	C1	2	8	0	0	0	0	0	0	0	0	0	0	0	0	0	0	0	0
LN	C2	0	0	0	3	6	14	0	0	0	1	0	5	0	3	0	3	0	0
LN	C3	15	44	5	1	3	0	0	1	9	28	26	3	29	1	1	1	6	31
LN	C4	38	1	1	1	0	1	0	0	49	25	47	114	18	499	45	9	280	224
LN	C5	21	103	1	0	0	0	0	0	5	4	5	24	2	2	142	1	7	23
LN	C6	0	0	0	0	0	0	0	2	2	2	5	59	15	64	13	20	20	48
LN	C7	24	2	0	0	0	0	0	0	15	1	2	4	2	2	1	2	65	52
LN	C8	117	104	4	1	2	1	0	1	36	32	54	224	53	142	68	119	125	1203
JL	C1	4	20	3	0	1	0	0	0	0	1	0	0	0	0	0	0	0	0
JL	C2	0	0	0	3	6	15	0	0	13	1	0	43	0	27	0	26	0	1
JL	C3	115	224	9	0	4	0	0	1	10	27	384	37	444	18	18	5	97	495
JL	C4	149	3	1	1	0	1	0	0	42	17	7	50	22	44	190	5	174	62
JL	C5	111	194	1	1	0	0	0	0	7	4	16	115	12	62	395	5	63	43
JL	C6	0	2	2	2	0	1	0	7	8	8	23	257	79	329	57	112	87	217
JL	C7	0	0	0	0	0	0	0	0	0	0	0	0	0	0	0	0	0	0
JL	C8	145	135	3	0	4	2	0	0	17	19	25	46	52	60	31	15	75	341

地区	部门	YN	YN	TB	TB	TB	TB	TB	TB	TB	TB	SN	SN	SN	SN	SN	SN	SN	SN
		C7	C8	C1	C2	C3	C4	C5	C6	C7	C8	C1	C2	C3	C4	C5	C6	C7	C8
HL	C1	6	26	25	0	5	1	0	0	1	9	0	0	0	0	0	0	0	0
HL	C2	0	0	0	3	5	14	0	0	30	1	0	125	3	182	1	13	243	7
HL	C3	60	105	7	0	3	0	0	0	8	23	151	8	160	5	6	2	42	178
HL	C4	18	0	0	0	0	0	0	0	23	10	0	1	1	3	5	0	5	1
HL	C5	21	42	1	0	0	0	0	0	5	3	2	10	1	1	54	0	3	8
HL	C6	0	1	1	1	0	0	0	2	3	2	7	82	22	92	18	29	27	67
HL	C7	0	0	0	0	0	0	0	0	0	0	0	0	0	0	0	0	1	1
HL	C8	173	151	2	0	2	1	0	0	13	17	59	114	137	134	81	31	227	677
SH	C1	3	12	0	0	0	0	0	0	0	0	3	0	5	1	0	0	0	1
SH	C2	0	0	0	0	0	0	0	0	0	0	0	0	0	0	0	0	0	0
SH	C3	74	167	6	1	4	0	0	1	9	30	166	11	195	13	10	3	46	247
SH	C4	264	4	1	1	0	1	0	0	63	27	42	196	183	1314	1319	16	1758	237
SH	C5	402	301	2	1	0	0	0	0	7	5	28	286	33	180	1078	28	374	173
SH	C6	0	0	0	0	0	0	0	0	0	0	0	0	0	0	0	0	0	0
SH	C7	34	4	0	0	0	0	0	0	22	1	3	5	2	2	2	4	95	76
SH	C8	1020	727	21	28	29	25	0	1	127	213	240	1334	691	758	443	193	893	4269
JS	C1	8	36	10	0	2	0	0	0	0	4	16	0	33	6	0	0	2	4
JS	C2	0	0	0	0	0	0	0	0	0	0	0	0	0	0	0	0	0	0
JS	C3	91	180	11	0	5	0	0	0	10	24	18	48	150	12	16	3	85	164
JS	C4	49	18	0	0	0	1	0	0	79	14	1063	408	971	4614	3994	32	5123	760
JS	C5	924	219	2	1	0	0	0	1	12	5	42	492	49	172	2256	109	1747	692
JS	C6	0	4	1	1	0	0	0	2	3	5	7	77	16	71	17	20	25	64
JS	C7	0	0	0	0	0	0	0	0	0	0	0	0	0	0	0	0	0	0
JS	C8	145	124	5	9	4	5	0	1	43	69	66	471	118	212	119	137	196	1827
ZJ	C1	2	9	0	0	0	0	0	0	0	43	0	88	15	0	1	5	11	11
ZJ	C2	0	0	0	0	0	0	0	0	0	0	0	0	0	0	0	0	0	0
ZJ	C3	99	299	7	0	4	0	0	1	9	28	266	140	589	35	34	6	61	487
ZJ	C4	42	1	1	1	0	1	0	0	55	27	26	76	18	327	29	6	829	129
ZJ	C5	365	95	2	1	0	0	0	0	9	6	30	275	27	132	750	23	229	138
ZJ	C6	0	1	1	1	0	1	0	3	3	4	9	101	35	144	23	51	35	88
ZJ	C7	22	2	0	0	0	0	0	0	14	1	2	3	2	1	1	2	62	50
ZJ	C8	251	190	6	8	9	7	0	0	32	58	45	256	141	149	86	25	168	888
AH	C1	3	13	7	0	1	0	0	0	0	3	0	0	0	0	0	0	0	0
AH	C2	0	0	0	2	3	8	0	0	18	0	0	0	0	0	0	0	0	0
AH	C3	108	289	12	1	4	0	0	1	9	27	182	69	328	32	27	6	85	383
AH	C4	335	44	1	0	0	1	0	0	47	14	1971	470	921	2167	1062	38	1539	1398
AH	C5	592	301	2	0	0	0	0	1	12	7	39	295	24	36	1226	54	835	386
AH	C6	0	0	0	0	0	0	0	0	0	1	1	17	50	186	6	90	10	40
AH	C7	14	2	0	0	0	0	0	0	9	0	1	2	1	1	1	1	40	32
AH	C8	19	26	0	0	0	0	0	0	2	5	2	14	4	7	4	4	6	73
FJ	C1	0	0	0	0	0	0	0	0	0	0	0	0	0	0	0	0	0	0
FJ	C2	0	0	0	0	0	0	0	0	0	0	0	0	0	0	0	0	0	0
FJ	C3	206	2891	0	0	2	0	0	0	7	18	28	270	279	35	45	30	86	814
FJ	C4	4178	29	0	0	0	0	0	0	9	0	0	0	0	0	0	0	1	0
FJ	C5	0	0	0	0	0	0	0	0	0	0	0	0	0	0	0	0	0	0
FJ	C6	0	0	0	0	0	0	0	0	0	0	0	0	0	0	0	0	0	0
FJ	C7	0	0	0	0	0	0	0	0	0	0	0	0	0	0	0	0	0	0
FJ	C8	61	38	1	0	2	1	0	0	6	8	8	10	17	20	9	4	20	56
JX	C1	1	3	0	0	0	0	0	0	0	0	0	0	0	0	0	0	0	0
JX	C2	59	0	0	3	5	12	0	0	24	1	0	1	0	2	0	0	2	0
JX	C3	66	171	5	0	4	0	0	0	10	26	3	45	129	17	15	3	39	142
JX	C4	497	15	0	0	0	1	0	0	31	10	1	2	6	41	42	0	52	1
JX	C5	290	185	2	1	0	0	0	0	10	6	8	49	4	7	306	9	147	83
JX	C6	0	1	0	0	0	0	0	0	0	2	1	9	23	85	3	42	5	20
JX	C7	1	0	0	0	0	0	0	0	0	0	0	0	0	0	0	0	1	1
JX	C8	223	192	4	1	5	3	0	0	23	29	35	69	75	86	46	23	107	487

续表

地区	部门	YN C7	YN C8	TB C1	TB C2	TB C3	TB C4	TB C5	TB C6	TB C7	TB C8	SN C1	SN C2	SN C3	SN C4	SN C5	SN C6	SN C7	SN C8
SD	C1	0	0	0	0	0	0	0	0	0	0	0	0	0	0	0	0	0	0
SD	C2	0	0	0	0	0	3	0	0	45	0	0	669	20	1076	4	7	1533	39
SD	C3	11	70	0	0	2	0	0	1	3	21	1	29	101	10	8	1	3	76
SD	C4	409	33	1	1	0	1	0	0	52	32	559	322	268	1587	432	25	1027	740
SD	C5	83	13	2	1	0	0	0	0	4	1	30	152	14	50	238	3	47	15
SD	C6	0	3	2	2	1	2	0	7	8	11	25	276	184	718	66	305	104	290
SD	C7	0	0	0	0	0	0	0	0	0	0	0	0	0	0	0	0	0	0
SD	C8	0	0	0	1	1	1	0	0	2	5	0	36	8	9	6	1	5	76
HA	C1	3	12	28	0	6	1	0	0	1	10	0	0	0	0	0	0	0	0
HA	C2	11	0	0	3	5	13	0	0	15	1	0	10	2	403	1	54	0	2
HA	C3	60	453	21	1	8	1	0	1	5	42	567	133	734	36	30	14	28	879
HA	C4	4874	61	0	0	0	0	0	0	25	1	849	501	645	2698	1278	34	13498	762
HA	C5	79	54	3	1	0	0	0	0	12	6	300	1201	91	106	1178	10	223	116
HA	C6	0	0	0	0	0	0	0	0	0	0	0	0	0	0	0	0	0	0
HA	C7	1	0	0	0	0	0	0	0	0	0	0	0	0	0	0	0	2	1
HA	C8	327	235	6	1	8	4	0	0	31	47	30	56	64	82	41	22	73	522
HB	C1	1	4	4	0	1	0	0	0	0	1	0	0	0	0	0	0	0	0
HB	C2	0	0	0	0	0	0	0	0	0	0	0	0	0	0	0	0	0	0
HB	C3	31	202	12	0	5	0	0	0	4	28	90	51	204	19	14	3	6	193
HB	C4	975	38	0	0	0	0	0	0	19	1	5	10	6	12	38	1	35	15
HB	C5	22	59	0	0	0	0	0	0	3	2	2	9	1	2	128	0	2	16
HB	C6	0	0	0	0	0	0	0	1	1	1	3	33	7	30	7	8	11	26
HB	C7	6	1	0	0	0	0	0	0	4	0	1	1	0	0	0	1	17	14
HB	C8	7	17	0	0	0	0	0	0	1	1	1	6	2	3	2	1	6	76
HN	C1	7	32	4	0	1	0	0	0	0	2	1	0	2	0	0	0	0	0
HN	C2	12	0	0	1	0	0	0	0	19	0	0	0	0	0	0	0	0	0
HN	C3	79	256	11	1	5	0	0	1	11	33	216	17	232	7	6	3	27	254
HN	C4	359	14	0	0	0	1	0	0	32	8	1	8	4	7	31	1	28	10
HN	C5	160	299	2	1	0	0	0	0	6	5	38	179	15	36	399	4	51	57
HN	C6	0	0	0	0	0	0	0	0	0	0	0	3	15	56	1	27	3	11
HN	C7	15	2	0	0	0	0	0	0	10	0	2	2	1	1	1	2	42	34
HN	C8	48	62	1	0	1	1	0	0	5	9	6	11	14	15	8	3	18	56
GD	C1	7	31	0	0	0	0	0	0	0	0	2675	5	5506	926	13	53	297	677
GD	C2	97	1	0	1	0	2	0	0	22	0	0	2	0	3	0	0	4	0
GD	C3	379	1427	10	1	5	0	0	1	9	31	499	235	3102	284	171	11	421	5036
GD	C4	2168	901	1	1	0	1	0	0	44	18	37	304	130	259	1166	28	1054	378
GD	C5	243	522	1	0	0	0	0	0	4	5	22	191	19	91	578	12	88	94
GD	C6	0	1	1	1	0	1	0	3	3	8	11	129	188	711	35	333	60	193
GD	C7	0	0	0	0	0	0	0	0	0	0	0	0	0	0	0	0	0	0
GD	C8	271	153	0	0	1	0	0	0	2	2	126	156	323	267	168	27	517	482
GX	C1	8	35	0	0	0	0	0	0	0	0	4	0	8	1	0	0	0	1
GX	C2	26	0	0	1	0	1	0	0	19	0	0	0	0	0	0	0	0	0
GX	C3	316	354	7	0	4	0	0	0	10	22	251	16	296	17	16	3	97	328
GX	C4	4132	321	0	0	0	1	0	0	31	14	0	0	0	0	0	0	0	0
GX	C5	92	417	1	0	0	0	0	0	6	5	2	10	1	1	106	1	4	17
GX	C6	0	0	0	0	0	0	0	0	0	0	4	1	3	1	1	1	1	3
GX	C7	37	4	0	0	0	0	0	0	23	1	4	6	3	2	2	4	103	82
GX	C8	79	61	1	0	0	0	0	0	6	6	36	70	80	80	48	23	135	346
HI	C1	0	0	0	0	0	0	0	0	0	0	44	0	90	15	0	1	5	11
HI	C2	0	0	0	1	0	1	0	0	17	0	0	0	0	0	0	0	0	0
HI	C3	25	89	2	0	2	0	0	0	7	16	28	1	31	1	1	0	4	40
HI	C4	62	19	1	1	0	1	0	0	44	25	20	49	6	208	8	4	130	96
HI	C5	9	12	0	0	0	0	0	0	3	2	0	1	0	0	16	0	1	3
HI	C6	0	0	0	0	0	0	0	0	0	0	0	0	0	0	0	0	0	0
HI	C7	10	1	0	0	0	0	0	0	7	0	1	2	1	1	1	1	29	23
HI	C8	119	99	2	0	3	1	0	0	14	17	26	64	51	64	35	24	81	424

地区	部门	YN C7	YN C8	TB C1	TB C2	TB C3	TB C4	TB C5	TB C6	TB C7	TB C8	SN C1	SN C2	SN C3	SN C4	SN C5	SN C6	SN C7	SN C8
CQ	C1	2	9	0	0	0	0	0	0	0	0	34	0	71	12	0	1	4	9
CQ	C2	0	0	0	1	0	2	0	0	32	0	0	149	5	320	1	12	338	9
CQ	C3	161	428	6	0	4	0	0	1	11	31	312	73	463	29	26	7	89	526
CQ	C4	2549	382	1	1	0	1	0	0	43	15	1083	354	538	1230	930	29	1143	884
CQ	C5	737	762	2	1	0	0	0	0	10	8	38	332	34	151	1264	31	375	242
CQ	C6	1	6	2	2	0	1	0	6	8	11	23	249	98	397	56	149	87	225
CQ	C7	50	5	0	0	0	0	0	0	31	1	5	8	4	3	2	5	140	112
CQ	C8	115	128	2	0	1	0	0	0	13	20	15	74	19	42	26	30	47	630
SC	C1	2	10	5	0	1	0	0	0	0	2	1	0	2	0	0	0	0	0
SC	C2	0	8	0	2	5	12	0	0	0	1	2	971	7	616	0	588	2	18
SC	C3	141	269	14	1	6	1	0	1	13	38	133	29	215	12	13	2	68	202
SC	C4	686	51	0	0	0	0	0	0	18	8	0	0	0	0	0	0	0	0
SC	C5	110	105	2	1	0	0	0	0	9	5	19	81	6	10	142	2	32	37
SC	C6	0	3	1	1	0	1	0	4	5	6	14	151	31	137	33	38	50	121
SC	C7	11	1	0	0	0	0	0	0	7	0	1	2	1	1	1	1	29	23
SC	C8	42	58	0	0	0	0	0	0	4	9	5	28	9	15	11	9	22	303
GZ	C1	2	9	0	0	0	0	0	0	0	0	47	0	96	16	0	1	5	12
GZ	C2	152	69	0	2	5	13	0	0	18	1	0	88	1	54	0	54	0	2
GZ	C3	116	217	5	0	3	0	0	0	8	21	107	9	129	16	10	2	26	166
GZ	C4	1790	113	57	2	5	7	0	0	84	57	743	163	339	785	330	13	508	512
GZ	C5	121	30	1	0	0	0	0	0	6	3	0	4	0	0	20	1	9	8
GZ	C6	0	0	0	0	0	0	0	1	1	1	3	31	6	28	7	8	10	25
GZ	C7	13	1	0	0	0	0	0	0	8	0	1	2	1	1	1	1	35	28
GZ	C8	77	54	1	1	1	1	0	0	5	10	20	48	53	49	30	7	77	179
YN	C1	542	2501	0	0	0	0	0	0	0	0	4207	7	8658	1455	21	83	468	1065
YN	C2	544	193	0	2	7	15	0	0	5	1	0	86	1	53	0	52	0	2
YN	C3	1207	5028	7	0	3	0	0	0	5	20	176	3	149	2	1	2	2	175
YN	C4	22975	2321	40	2	4	5	0	0	63	47	0	1	3	21	21	0	26	0
YN	C5	664	800	0	0	0	0	0	0	3	2	0	0	0	0	4	0	1	2
YN	C6	2131	1574	0	0	0	0	0	1	1	1	3	31	6	28	7	8	10	24
YN	C7	1819	190	0	0	0	0	0	0	0	0	0	0	0	0	0	0	2	2
YN	C8	19055	23274	0	0	0	0	0	0	1	2	1	8	3	4	2	2	4	38
TB	C1	0	0	514	1	107	26	0	0	13	188	3	0	6	1	0	0	0	1
TB	C2	0	0	0	0	0	1	0	0	16	0	0	4	0	14	0	0	0	0
TB	C3	1	4	84	1	26	1	0	1	16	92	3	0	2	0	0	0	0	3
TB	C4	0	0	52	2	5	25	0	0	748	67	0	0	0	0	0	0	0	0
TB	C5	0	0	0	0	0	0	0	0	0	0	0	0	0	0	0	0	0	0
TB	C6	0	0	20	19	4	14	0	64	80	79	0	1	0	1	0	0	0	1
TB	C7	1	0	2	0	0	0	0	0	1645	61	0	0	0	0	0	0	3	2
TB	C8	7	7	69	26	38	21	0	15	889	1788	2	11	3	6	3	5	5	59
SN	C1	8	35	0	0	0	0	0	0	0	0	1215	2	2501	420	6	24	135	308
SN	C2	0	6	0	3	6	13	0	0	14	1	8	3914	31	4971	12	2173	6	84
SN	C3	59	246	9	1	5	1	0	1	12	39	683	328	1611	100	94	21	207	1568
SN	C4	348	24	1	1	1	18	0	0	782	37	978	642	695	2621	1115	44	16126	973
SN	C5	263	182	2	1	0	0	0	0	11	4	200	1058	103	266	7723	44	322	976
SN	C6	0	2	2	2	0	1	0	6	7	8	88	805	167	752	175	288	265	877
SN	C7	45	5	0	0	0	0	0	0	28	1	2	2	1	1	1	2	42	33
SN	C8	179	115	1	0	1	0	0	0	6	6	2040	7573	3165	4498	2418	1764	7180	41858
GS	C1	1	3	7	0	2	0	0	0	0	3	0	0	0	0	0	0	0	0
GS	C2	0	0	0	1	1	1	0	1	0	1	0	0	0	0	0	0	0	0
GS	C3	3	8	0	1	2	0	0	1	3	25	0	1	10	6	3	1	0	14
GS	C4	103	16	1	1	1	2	0	0	656	16	139	378	167	2269	965	29	1849	664
GS	C5	3	8	1	0	0	0	0	0	8	6	0	3	0	1	33	0	8	13
GS	C6	0	0	0	0	0	0	0	0	0	0	1	12	2	11	3	3	4	9
GS	C7	5	1	0	0	0	0	0	0	3	0	1	1	0	0	0	1	14	11
GS	C8	15	11	0	0	0	0	0	0	2	2	4	11	6	10	5	6	11	64

续表

地区	部门	YN C7	YN C8	TB C1	TB C2	TB C3	TB C4	TB C5	TB C6	TB C7	TB C8	SN C1	SN C2	SN C3	SN C4	SN C5	SN C6	SN C7	SN C8
QH	C1	0	0	4	0	1	0	0	0	0	2	21	0	42	7	0	0	2	5
QH	C2	0	0	0	1	0	1	0	3	4	2	0	7	0	66	0	5	0	0
QH	C3	0	0	0	0	1	0	0	0	1	4	0	0	0	0	0	0	0	0
QH	C4	9	0	77	3	7	10	0	0	396	69	0	1	1	10	10	0	12	0
QH	C5	0	0	0	0	0	0	0	0	6	3	0	0	0	0	0	0	0	0
QH	C6	0	0	0	0	0	0	0	0	0	0	0	0	0	0	0	0	0	0
QH	C7	0	0	0	0	0	0	0	0	0	0	0	0	0	0	0	0	0	0
QH	C8	0	0	0	0	0	0	0	0	0	0	0	0	0	0	0	0	0	2
NX	C1	2	7	4	0	1	0	0	0	0	2	0	0	0	0	0	0	0	0
NX	C2	0	0	0	1	4	9	0	0	2	0	2	690	5	425	0	420	1	13
NX	C3	6	43	3	0	2	0	0	0	2	14	41	37	130	5	6	1	0	70
NX	C4	52	66	1	1	1	25	0	0	1210	44	134	330	47	1444	103	25	788	648
NX	C5	6	1	1	0	0	0	0	0	8	3	0	2	0	0	3	0	0	2
NX	C6	0	1	0	0	0	0	0	1	1	2	2	27	5	24	6	7	9	22
NX	C7	0	0	0	0	0	0	0	0	0	0	0	0	0	0	0	0	0	0
NX	C8	0	0	0	0	0	0	0	0	0	0	0	0	0	0	0	0	0	0
XJ	C1	3	14	0	0	0	0	0	0	0	0	60	0	123	21	0	1	7	15
XJ	C2	1	3	0	2	4	10	0	0	4	0	0	14	4	703	1	92	0	3
XJ	C3	1	11	0	0	1	0	0	0	0	4	0	17	43	2	3	0	0	13
XJ	C4	310	287	1	1	0	1	0	0	47	24	27	59	43	438	252	5	424	96
XJ	C5	85	18	0	0	0	0	0	0	4	0	6	1	1	54	3	0	55	20
XJ	C6	0	2	1	1	0	0	0	2	2	3	6	67	14	61	15	17	22	54
XJ	C7	0	0	0	0	0	0	0	0	0	0	0	0	0	0	0	0	0	0
XJ	C8	38	25	1	0	1	1	0	0	5	5	4	5	8	11	4	3	8	31
USA	C1	2	7	0	0	0	0	0	0	0	0	36	0	45	3	0	0	8	6
USA	C2	2	0	0	0	0	0	0	0	0	0	0	5	0	18	0	0	4	0
USA	C3	0	18	0	0	0	0	0	0	1	1	0	0	1	0	0	0	1	1
USA	C4	8	9	0	0	0	0	0	0	0	0	17	12	10	76	38	0	121	7
USA	C5	2	11	0	0	0	0	0	0	0	0	20	39	7	12	117	1	40	41
USA	C6	0	1	0	0	0	0	0	0	0	0	0	0	0	0	0	0	0	0
USA	C7	0	0	0	0	0	0	0	0	0	0	0	0	0	0	0	0	0	0
USA	C8	0	0	0	0	0	0	0	0	0	1	8	28	13	9	1	0	67	27
EU	C1	3	9	0	0	0	0	0	0	0	0	1	0	1	0	0	0	1	0
EU	C2	13	1	0	0	0	0	0	0	0	0	0	1	0	3	0	0	2	0
EU	C3	6	15	0	0	0	0	0	0	0	1	5	1	6	2	1	0	17	11
EU	C4	21	11	3	0	0	0	0	0	2	1	91	29	18	94	18	0	134	45
EU	C5	7	10	0	0	0	0	0	0	0	0	20	35	7	12	88	2	96	37
EU	C6	3	13	0	0	0	0	0	0	0	0	0	0	0	0	0	0	0	0
EU	C7	0	0	0	0	0	0	0	0	0	0	0	0	0	1	0	0	1	0
EU	C8	0	1	0	0	0	0	0	0	0	2	12	67	14	14	2	1	107	40
ROW	C1	60	81	0	0	0	0	0	0	0	0	40	0	48	3	0	0	8	5
ROW	C2	364	60	0	0	0	0	0	0	0	0	1	79	6	1088	22	209	75	11
ROW	C3	25	231	0	0	0	0	0	0	1	1	11	1	16	2	1	0	6	11
ROW	C4	119	27	5	0	0	0	0	0	14	2	131	63	36	191	58	1	400	33
ROW	C5	3	15	0	0	0	0	0	0	1	1	59	216	68	97	2279	47	566	1201
ROW	C6	5	36	0	0	0	0	0	0	0	0	0	0	0	0	0	0	0	0
ROW	C7	0	0	0	0	0	0	0	0	0	0	0	0	1	1	0	0	1	1
ROW	C8	0	1	0	0	0	0	0	0	0	4	37	179	42	69	5	3	185	109
CHN	TAXSUB	2505	3390	0	21	1	10	0	2	447	100	−1429	1480	442	4113	2131	370	562	3331
USA	TAXSUB	0	0	0	0	0	0	0	0	0	0	0	0	0	0	0	0	0	0
EU	TAXSUB	0	0	0	0	0	0	0	0	0	0	0	0	0	0	0	0	0	0
ROW	TAXSUB	0	0	0	0	0	0	0	0	0	0	0	0	0	0	0	0	0	0
VA		28988	105987	1660	446	332	499	2	256	5613	9069	27940	28969	20010	35828	14999	4132	28403	127372
TI		119855	166068	3051	691	854	1053	5	461	17885	13957	52706	73677	61885	108971	61952	19421	105308	222666

地区	部门	GS C1	GS C2	GS C3	GS C4	GS C5	GS C6	GS C7	GS C8	QH C1	QH C2	QH C3	QH C4	QH C5	QH C6	QH C7	QH C8	NX C1	NX C2
BJ	C1	0	0	0	0	0	0	0	0	0	0	0	0	0	0	0	0	0	0
BJ	C2	0	0	0	1	0	0	0	0	0	0	0	0	0	0	0	0	0	26
BJ	C3	6	1	17	5	1	2	14	72	5	0	5	2	0	0	9	24	13	0
BJ	C4	0	0	0	0	0	0	0	0	0	0	0	3	2	0	11	1	0	2
BJ	C5	12	28	12	12	39	3	40	80	0	9	0	4	6	1	7	14	7	18
BJ	C6	1	1	0	7	0	5	1	2	3	14	13	57	3	183	90	22	3	39
BJ	C7	1	0	0	0	0	1	7	17	0	0	0	0	0	0	3	0	0	0
BJ	C8	13	4	7	24	2	8	7	43	15	4	6	32	4	1	23	126	81	108
TJ	C1	0	0	0	0	0	0	0	0	0	0	0	0	0	0	0	0	0	0
TJ	C2	0	0	0	15	0	1	0	0	0	0	0	0	0	0	0	0	0	23
TJ	C3	9	2	25	6	2	4	12	105	7	0	10	2	0	0	8	25	16	1
TJ	C4	0	1	1	35	4	0	20	0	0	1	0	4	2	0	17	2	15	8
TJ	C5	3	17	10	6	31	3	28	62	0	4	0	4	6	1	6	12	1	5
TJ	C6	0	0	0	0	0	0	0	0	0	0	0	0	0	0	0	0	0	0
TJ	C7	0	0	0	0	0	0	2	5	0	0	0	0	0	0	1	0	0	0
TJ	C8	7	1	4	12	1	3	3	19	6	3	4	21	2	1	12	62	43	40
HE	C1	11	0	7	1	0	0	1	1	0	0	0	0	0	0	0	0	0	0
HE	C2	0	47	0	2370	0	0	0	2	0	0	0	0	0	0	0	0	0	0
HE	C3	15	4	32	7	2	6	19	126	13	1	13	2	0	0	11	29	28	1
HE	C4	13	2	2	24	3	0	11	13	0	1	0	7	4	0	28	3	1	7
HE	C5	17	29	12	18	31	3	48	63	0	11	0	5	6	0	9	13	7	19
HE	C6	0	0	0	0	0	0	0	0	0	0	0	3	0	1	0	1	0	0
HE	C7	0	0	0	0	0	0	0	1	0	0	0	0	0	0	0	0	0	0
HE	C8	7	1	4	12	1	4	3	25	6	1	3	19	2	1	11	95	17	9
SX	C1	0	0	0	0	0	0	0	0	0	0	0	0	0	0	0	0	0	0
SX	C2	0	0	0	0	0	0	0	0	0	0	0	0	0	0	0	0	0	0
SX	C3	3	0	4	2	0	0	3	8	4	0	2	1	0	0	4	10	6	0
SX	C4	12	5	3	84	9	0	46	12	0	0	0	4	0	0	3	0	39	21
SX	C5	1	5	2	2	12	1	13	23	0	3	0	1	4	0	5	5	0	1
SX	C6	0	0	0	0	0	0	0	0	0	1	1	2	0	7	3	1	0	1
SX	C7	0	0	0	0	0	0	0	0	0	0	0	0	0	0	0	0	0	0
SX	C8	2	0	1	4	0	1	1	6	2	0	1	7	1	0	3	7	10	5
IM	C1	9	0	6	1	0	0	0	1	0	0	0	0	0	0	0	0	8	0
IM	C2	3	24	1	438	0	53	1	7	0	62	1	80	0	0	48	1	0	5
IM	C3	7	2	17	2	1	0	11	49	7	0	12	2	0	0	9	25	19	0
IM	C4	5	19	8	456	46	1	260	6	2	2	1	20	1	0	21	9	25	11
IM	C5	4	10	7	4	19	1	19	44	0	5	0	2	4	0	5	9	1	3
IM	C6	0	0	0	1	0	1	0	0	0	2	1	7	0	20	10	4	0	4
IM	C7	0	0	0	0	0	0	2	4	0	0	0	0	0	0	1	0	0	0
IM	C8	3	1	2	6	1	2	1	8	2	0	1	9	1	0	5	14	12	8
LN	C1	11	0	8	1	0	0	1	1	0	0	0	0	0	0	0	0	0	0
LN	C2	0	0	0	0	0	0	0	0	0	0	0	0	0	0	0	0	0	0
LN	C3	6	1	11	2	1	0	10	32	6	0	9	1	0	0	8	21	12	0
LN	C4	1	3	1	42	1	1	14	19	0	0	0	2	1	0	10	1	33	8
LN	C5	9	13	7	6	17	1	19	41	0	6	0	1	4	0	4	9	4	9
LN	C6	0	0	0	0	0	0	0	0	0	1	1	9	0	9	4	1	0	2
LN	C7	1	0	0	0	0	1	10	23	0	0	0	0	0	0	4	1	0	0
LN	C8	4	4	2	10	1	5	5	31	2	0	1	7	1	0	4	23	14	8
JL	C1	24	0	17	2	0	0	1	2	7	0	12	1	0	0	1	1	14	0
JL	C2	0	0	0	3	0	0	0	0	0	0	0	0	0	0	0	0	0	1
JL	C3	12	2	27	6	2	3	19	102	10	0	10	2	0	0	10	25	24	0
JL	C4	0	0	0	0	0	0	0	0	0	0	0	3	2	0	12	1	0	3
JL	C5	11	21	9	11	21	2	26	43	0	8	0	3	4	0	5	10	6	15
JL	C6	0	0	0	1	0	1	0	0	1	3	3	66	1	44	17	7	1	8
JL	C7	0	0	0	0	0	0	0	0	0	0	0	0	0	0	0	0	0	0
JL	C8	5	1	3	9	1	3	2	21	4	1	2	14	2	1	8	60	15	8

地区	部门	GS C1	GS C2	GS C3	GS C4	GS C5	GS C6	GS C7	GS C8	QH C1	QH C2	QH C3	QH C4	QH C5	QH C6	QH C7	QH C8	NX C1	NX C2
HL	C1	47	0	32	3	0	0	2	5	50	0	79	9	0	0	5	8	27	0
HL	C2	0	0	0	7	0	0	0	0	0	0	0	0	0	0	0	0	0	23
HL	C3	8	1	15	3	1	0	14	50	8	0	8	1	0	0	8	20	17	0
HL	C4	0	0	0	0	0	0	0	0	0	0	0	1	1	0	6	1	0	1
HL	C5	7	12	4	7	11	1	15	20	0	5	0	2	3	0	3	5	2	6
HL	C6	0	0	0	0	0	0	0	0	1	1	13	0	13	6	2	0	2
HL	C7	0	0	0	0	0	0	0	0	0	0	0	0	0	0	0	0	0	0
HL	C8	3	1	2	5	1	2	2	14	2	0	1	7	1	0	4	40	28	19
SH	C1	0	0	0	0	0	0	0	0	0	0	0	0	0	0	0	0	0	0
SH	C2	0	0	0	0	0	0	0	0	0	0	0	0	0	0	0	0	0	0
SH	C3	9	2	25	6	2	3	17	102	7	1	11	2	0	1	9	25	14	0
SH	C4	0	0	0	0	0	0	0	0	0	0	0	3	2	0	12	1	1	4
SH	C5	13	27	11	14	31	3	37	60	0	9	0	4	5	0	6	11	5	14
SH	C6	0	0	0	0	0	0	0	0	0	0	0	0	0	0	0	0	0	0
SH	C7	1	0	0	0	0	1	14	34	0	0	0	0	0	0	6	1	0	0
SH	C8	28	9	18	55	6	16	16	124	20	21	25	103	12	3	55	223	126	107
JS	C1	17	0	12	1	0	0	1	2	39	0	62	7	0	0	4	6	0	0
JS	C2	0	0	0	0	0	0	0	0	0	0	0	0	0	0	0	0	0	0
JS	C3	14	3	31	6	2	5	22	123	14	0	11	2	0	0	11	27	21	0
JS	C4	18	6	4	81	6	1	36	31	1	1	0	9	0	0	7	4	1	4
JS	C5	16	35	9	19	46	4	61	76	0	12	0	6	7	1	10	9	7	20
JS	C6	0	0	0	0	0	0	0	0	0	1	1	3	0	11	5	5	0	2
JS	C7	0	0	0	0	0	0	0	0	0	0	0	0	0	0	0	0	0	0
JS	C8	3	4	2	7	1	4	6	41	6	6	5	11	1	1	7	150	22	22
ZJ	C1	0	0	0	0	0	0	0	0	0	0	0	0	0	0	0	0	0	0
ZJ	C2	0	0	0	0	0	0	0	0	0	0	0	0	0	0	0	0	0	0
ZJ	C3	10	3	30	7	2	5	17	109	9	0	11	2	0	0	9	24	18	0
ZJ	C4	0	0	0	0	0	0	0	0	0	0	0	3	2	0	12	1	0	2
ZJ	C5	12	28	9	15	35	3	42	61	0	10	0	5	6	1	7	12	5	15
ZJ	C6	0	0	0	1	0	0	0	0	0	1	1	34	0	18	7	3	0	3
ZJ	C7	1	0	0	0	0	1	9	22	0	0	0	0	0	0	4	1	0	0
ZJ	C8	9	2	6	17	2	4	4	34	7	6	8	33	4	1	17	67	28	21
AH	C1	32	0	22	2	0	0	1	3	16	0	26	3	0	0	2	3	39	0
AH	C2	0	0	0	0	0	0	0	0	0	185	3	206	1	0	160	3	0	2
AH	C3	16	4	26	6	2	6	22	73	16	1	13	1	0	0	12	20	30	0
AH	C4	55	7	8	45	6	2	14	58	0	1	0	5	3	0	22	2	259	11
AH	C5	19	31	14	13	47	4	57	105	1	12	0	1	8	1	10	16	7	20
AH	C6	0	0	0	0	0	0	0	0	0	1	99	0	17	1	2	1	1
AH	C7	0	0	0	0	0	1	6	14	0	0	0	0	0	0	2	0	0	0
AH	C8	0	0	0	0	0	0	0	5	0	0	0	0	0	0	1	13	1	1
FJ	C1	0	0	0	0	0	0	0	0	0	0	0	0	0	0	0	0	0	0
FJ	C2	0	0	0	0	0	0	0	0	0	0	0	0	0	0	0	0	0	0
FJ	C3	4	6	28	10	2	13	15	122	50	0	8	1	0	0	7	19	1	0
FJ	C4	2	3	4	206	5	2	593	4	0	0	0	1	1	0	4	0	0	0
FJ	C5	0	0	0	0	0	0	0	0	0	0	0	0	0	0	0	0	0	0
FJ	C6	0	0	0	0	0	0	0	0	0	0	0	0	0	0	0	0	0	0
FJ	C7	0	0	0	0	0	0	0	0	0	0	0	0	0	0	0	0	0	0
FJ	C8	2	0	1	4	0	1	1	5	2	0	1	6	1	0	3	6	6	2
JX	C1	0	0	0	0	0	0	0	0	0	0	0	0	0	0	0	0	0	0
JX	C2	0	0	0	0	0	0	0	0	0	0	0	0	0	0	0	0	0	6
JX	C3	5	3	28	8	2	4	19	112	6	0	11	2	0	0	10	27	4	0
JX	C4	0	1	0	24	2	0	13	3	1	1	0	10	2	0	18	4	0	2
JX	C5	13	26	11	13	39	3	47	80	0	10	0	4	7	1	9	13	4	10
JX	C6	0	0	0	0	0	0	0	0	0	0	0	45	0	8	0	2	0	0
JX	C7	0	0	0	0	0	0	0	0	0	0	0	0	0	0	0	0	0	0
JX	C8	7	2	4	12	1	4	3	23	5	1	3	19	2	0	10	110	21	11

地区	部门	GS C1	GS C2	GS C3	GS C4	GS C5	GS C6	GS C7	GS C8	QH C1	QH C2	QH C3	QH C4	QH C5	QH C6	QH C7	QH C8	NX C1	NX C2
SD	C1	0	0	0	0	0	0	0	0	0	0	0	0	0	0	0	0	0	0
SD	C2	0	0	0	0	0	0	0	0	0	0	0	0	0	0	0	0	0	51
SD	C3	2	1	21	6	1	0	2	91	0	0	7	1	0	0	0	17	0	0
SD	C4	64	46	21	824	70	7	413	147	20	29	7	238	2	4	196	107	208	17
SD	C5	16	24	4	18	12	1	25	9	0	10	0	6	2	0	4	4	7	19
SD	C6	0	0	0	1	0	1	0	0	1	4	5	282	1	78	18	11	3	9
SD	C7	0	0	0	0	0	0	0	0	0	0	0	0	0	0	0	0	0	0
SD	C8	0	0	0	0	0	0	0	2	0	1	1	2	0	0	1	7	0	2
HA	C1	180	0	123	12	0	0	8	18	125	0	199	23	0	0	12	20	11	0
HA	C2	0	0	0	3	0	0	0	0	0	0	0	0	0	0	0	0	0	1
HA	C3	33	5	56	12	4	9	5	222	31	1	17	3	1	1	1	40	60	1
HA	C4	43	106	48	2633	248	7	2042	48	0	1	0	17	4	0	35	2	1	4
HA	C5	31	46	12	28	51	3	72	97	1	19	1	7	9	1	13	18	15	38
HA	C6	0	0	0	0	0	0	0	0	0	0	0	0	0	0	0	0	0	0
HA	C7	0	0	0	0	0	0	0	1	0	0	0	0	0	0	0	0	0	0
HA	C8	12	2	6	20	2	6	4	29	7	1	5	31	3	0	17	64	22	7
HB	C1	9	0	6	1	0	0	0	1	9	0	14	2	0	0	1	1	0	0
HB	C2	0	0	0	0	0	0	0	0	0	0	0	0	0	0	0	0	0	0
HB	C3	17	3	32	7	2	4	3	121	16	0	12	2	0	0	1	28	29	1
HB	C4	165	21	23	133	17	5	42	174	0	1	0	5	2	0	18	2	91	5
HB	C5	2	11	7	6	11	1	10	21	0	3	0	4	3	0	3	8	1	2
HB	C6	0	0	0	0	0	0	0	0	0	0	0	1	0	5	2	1	0	1
HB	C7	0	0	0	0	0	0	2	6	0	0	0	0	0	0	1	0	0	0
HB	C8	0	0	0	0	0	0	0	2	0	0	0	0	0	0	0	4	0	0
HN	C1	0	0	0	0	0	0	0	0	0	0	0	0	0	0	0	0	0	0
HN	C2	0	0	0	0	0	0	0	0	0	0	0	0	0	0	0	0	0	3
HN	C3	15	2	28	5	2	1	17	110	14	1	11	2	0	0	10	30	27	0
HN	C4	0	1	0	7	0	0	2	4	0	1	0	10	2	0	23	4	1	4
HN	C5	18	33	10	17	35	2	36	64	1	12	0	5	5	1	6	13	7	19
HN	C6	0	0	0	0	0	0	0	0	0	0	0	30	0	5	0	1	0	0
HN	C7	1	0	0	0	0	1	6	15	0	0	0	0	0	0	3	0	0	0
HN	C8	2	0	1	2	0	1	1	15	1	0	1	4	1	0	3	49	4	2
GD	C1	0	0	0	0	0	0	0	0	0	0	0	0	0	0	0	0	0	0
GD	C2	0	365	1	349	0	2	426	4	0	0	0	0	0	0	0	0	0	7
GD	C3	18	4	55	13	4	5	23	254	13	0	11	2	0	0	9	27	26	1
GD	C4	0	0	0	0	0	0	0	0	0	1	0	4	2	0	16	2	0	2
GD	C5	10	25	9	11	38	2	30	71	0	8	0	3	5	0	4	11	4	12
GD	C6	0	0	0	0	0	0	0	0	1	2	4	349	1	69	8	9	3	5
GD	C7	0	0	0	0	0	0	0	0	0	0	0	0	0	0	0	0	0	0
GD	C8	1	0	0	1	0	0	0	1	0	0	0	2	0	0	1	2	62	44
GX	C1	0	0	0	0	0	0	0	0	0	0	0	0	0	0	0	0	0	0
GX	C2	0	0	0	0	0	0	0	0	0	0	0	0	0	0	0	0	0	3
GX	C3	9	1	18	4	1	0	20	55	9	0	9	1	0	0	11	24	17	0
GX	C4	1	30	12	727	73	1	416	1	0	0	0	0	2	1	0	6	1	1
GX	C5	8	15	7	7	19	1	21	39	0	6	0	3	5	0	5	9	2	5
GX	C6	0	0	0	0	0	0	0	0	0	0	0	0	0	1	0	0	0	0
GX	C7	1	0	0	0	0	1	15	37	0	0	0	0	0	0	6	1	0	0
GX	C8	1	1	0	1	0	1	1	5	0	0	0	1	0	0	1	10	16	11
HI	C1	0	0	0	0	0	0	0	0	0	0	0	0	0	0	0	0	0	0
HI	C2	0	0	0	1	0	0	0	0	0	0	0	0	0	0	0	0	0	1
HI	C3	3	1	13	3	1	0	8	57	2	0	5	1	0	0	6	16	4	0
HI	C4	0	0	0	0	0	0	0	0	0	0	0	0	0	0	0	0	0	0
HI	C5	1	2	2	1	4	1	6	11	0	2	0	0	2	0	2	3	0	0
HI	C6	0	0	0	0	0	0	0	0	0	0	0	0	0	0	0	0	0	0
HI	C7	0	0	0	0	0	0	4	10	0	0	0	0	0	0	2	0	0	0
HI	C8	4	1	2	7	1	2	2	12	3	0	1	9	1	0	5	13	13	6

续表

地区	部门	GS C1	GS C2	GS C3	GS C4	GS C5	GS C6	GS C7	GS C8	QH C1	QH C2	QH C3	QH C4	QH C5	QH C6	QH C7	QH C8	NX C1	NX C2
CQ	C1	0	0	0	0	0	0	0	0	0	0	0	0	0	0	0	0	0	0
CQ	C2	0	0	0	2	0	0	0	0	0	0	0	0	0	0	0	0	0	27
CQ	C3	12	4	39	10	3	6	25	152	9	1	13	2	1	0	13	33	18	1
CQ	C4	0	0	0	0	0	0	0	0	0	1	0	5	3	0	20	2	1	3
CQ	C5	19	43	19	20	62	5	66	124	1	13	0	6	10	1	11	19	7	20
CQ	C6	0	0	0	1	0	1	0	0	1	3	3	107	1	49	17	11	1	8
CQ	C7	2	0	0	1	0	2	20	49	0	0	0	0	0	0	8	1	0	0
CQ	C8	1	1	1	2	0	1	1	11	2	0	0	2	0	0	2	23	4	6
SC	C1	0	0	0	0	0	0	0	0	0	0	0	0	0	0	0	0	0	0
SC	C2	0	0	0	8	0	0	0	0	0	4	0	9	0	0	0	0	0	0
SC	C3	21	2	38	8	2	0	29	131	21	1	16	3	1	0	16	42	37	1
SC	C4	16	2	2	14	2	1	4	17	0	1	5	102	23	0	386	4	0	0
SC	C5	22	39	8	22	51	2	55	85	1	15	0	7	8	1	11	11	7	18
SC	C6	0	0	0	1	0	1	0	0	0	2	2	6	0	21	10	5	0	4
SC	C7	0	0	0	0	0	0	4	10	0	0	0	0	0	0	2	0	0	0
SC	C8	0	0	0	0	0	0	0	5	0	0	0	0	0	0	1	8	0	0
GZ	C1	0	0	0	0	0	0	0	0	0	0	0	0	0	0	0	0	0	0
GZ	C2	0	183	0	175	0	1	213	2	0	0	0	0	0	0	0	0	0	3
GZ	C3	7	2	12	4	1	3	16	35	7	0	9	1	0	0	10	21	13	0
GZ	C4	132	16	19	107	13	4	34	139	0	0	3	2	0	11	1	366	12	
GZ	C5	3	10	3	5	13	2	17	22	0	5	0	3	4	0	4	6	0	1
GZ	C6	0	0	0	0	0	0	0	0	0	0	1	0	4	2	1	0	1	
GZ	C7	0	0	0	0	0	1	5	13	0	0	0	0	0	2	0	0	0	
GZ	C8	2	0	1	3	0	1	1	7	1	1	1	5	1	0	3	14	11	7
YN	C1	0	0	0	0	0	0	0	0	0	0	0	0	0	0	0	0	0	0
YN	C2	0	0	0	0	0	0	0	0	0	0	0	0	0	0	0	0	0	0
YN	C3	9	1	14	2	1	0	1	59	8	0	7	1	0	0	2	19	16	0
YN	C4	59	7	8	48	6	2	15	63	2	0	0	2	0	0	2	2	41	1
YN	C5	0	2	1	1	5	1	6	10	0	1	0	3	3	0	3	4	0	0
YN	C6	0	0	0	0	0	0	0	0	0	0	0	4	2	1	0	1		
YN	C7	0	0	0	0	0	0	0	1	0	0	0	0	0	0	0	0	0	0
YN	C8	0	0	0	0	0	0	0	1	0	0	0	1	0	0	0	4	0	0
TB	C1	0	0	0	0	0	0	0	0	0	0	0	0	0	0	0	0	0	0
TB	C2	0	11	0	534	0	0	0	0	0	0	0	0	0	0	0	0	0	0
TB	C3	1	0	0	0	0	0	0	0	1	1	0	0	0	0	0	0	3	1	0
TB	C4	0	0	0	0	0	0	0	0	0	0	0	0	0	0	0	0	0	0
TB	C5	0	0	0	0	0	0	0	0	0	0	0	0	0	0	0	0	0	0
TB	C6	0	0	0	0	0	0	0	0	0	0	0	0	0	0	0	0	0	0
TB	C7	0	0	0	0	0	0	0	1	0	0	0	0	0	0	0	0	0	0
TB	C8	0	0	0	1	0	0	0	1	0	0	0	1	0	0	0	1	1	0
SN	C1	15	0	10	1	0	0	1	2	0	0	0	0	0	0	0	0	0	0
SN	C2	0	197	1	446	0	11	225	3	0	507	7	565	4	0	436	9	0	54
SN	C3	21	4	61	14	4	4	30	239	16	1	20	3	1	1	17	50	33	1
SN	C4	17	70	30	1750	168	4	1261	19	1	2	1	19	4	0	41	7	1	6
SN	C5	39	60	26	39	51	6	91	111	1	21	1	9	9	1	14	22	13	32
SN	C6	0	0	0	1	0	1	0	0	1	3	3	55	1	38	15	6	1	7
SN	C7	1	0	0	0	0	0	2	18	45	0	0	0	0	0	7	1	0	0
SN	C8	1	0	0	1	0	0	0	3	1	0	0	2	0	0	2	12	32	28
GS	C1	5351	2	3653	367	0	5	251	548	0	0	0	0	0	0	0	0	0	0
GS	C2	74	739	23	7049	2	1356	288	171	0	38	0	94	0	1	2	2	0	0
GS	C3	836	68	674	185	54	39	67	2337	1	2	22	4	1	1	2	52	0	0
GS	C4	2070	519	434	5711	383	136	5412	3237	9	17	5	141	19	3	221	60	2	18
GS	C5	88	191	68	125	199	32	381	333	1	36	1	16	29	2	36	51	1	3
GS	C6	642	571	140	3125	66	2368	474	786	0	0	0	0	0	2	1	0	0	0
GS	C7	8	1	1	3	0	9	95	234	0	0	0	0	0	0	1	0	0	0
GS	C8	1971	1155	1594	3650	702	1564	2353	16836	0	0	0	1	0	0	1	2	2	1

续表

地区	部门	GS	GS	GS	GS	GS	GS	GS	GS	QH	QH	QH	QH	QH	QH	QH	QH	NX	NX
		C1	C2	C3	C4	C5	C6	C7	C8	C1	C2	C3	C4	C5	C6	C7	C8	C1	C2
QH	C1	0	0	0	0	0	0	0	0	796	0	1266	143	0	0	78	128	0	0
QH	C2	0	25	2	1335	0	42	0	2	3	511	19	1273	5	54	184	37	0	0
QH	C3	0	0	0	0	0	0	0	0	608	7	230	33	5	8	33	526	0	0
QH	C4	0	0	0	0	0	0	0	0	617	200	113	5647	416	179	6217	1064	0	0
QH	C5	0	2	2	1	6	1	12	13	1	46	4	46	243	21	366	139	0	0
QH	C6	0	0	0	0	0	0	0	0	39	199	186	885	36	2569	1256	328	0	0
QH	C7	0	0	0	0	0	0	0	0	3	1	0	2	0	5	396	61	0	0
QH	C8	0	0	0	0	0	0	0	0	287	116	189	1111	130	227	1475	3538	0	0
NX	C1	0	0	0	0	0	0	0	0	0	0	0	0	0	0	0	0	1543	4
NX	C2	11	61	2	160	0	177	3	24	0	7	0	13	0	0	2	1	3	601
NX	C3	5	2	21	4	1	1	0	38	5	1	16	1	0	1	2	12	350	5
NX	C4	117	41	28	793	74	6	631	133	0	0	0	5	2	0	15	2	79	51
NX	C5	13	30	8	18	27	4	45	34	1	12	0	7	8	1	11	10	4	12
NX	C6	0	0	0	0	0	0	0	0	0	0	0	1	0	4	2	2	75	1050
NX	C7	0	0	0	0	0	0	0	0	0	0	0	0	0	0	0	0	4	4
NX	C8	0	0	0	0	0	0	0	0	0	0	0	0	0	0	0	0	429	432
XJ	C1	77	0	52	5	0	0	4	8	11	0	17	2	0	0	1	2	20	0
XJ	C2	26	146	6	727	0	416	6	57	0	6	0	13	0	0	1	1	0	12
XJ	C3	0	1	6	1	0	0	0	9	0	0	6	0	0	0	0	2	0	0
XJ	C4	162	87	49	1754	178	8	967	178	0	0	0	2	1	0	4	1	0	2
XJ	C5	1	2	2	1	5	1	12	12	0	1	0	0	1	0	3	1	0	1
XJ	C6	0	0	0	0	0	0	0	0	1	1	3	0	9	5	3	0	0	2
XJ	C7	0	0	0	0	0	0	0	0	0	0	0	0	0	0	0	0	0	0
XJ	C8	2	0	1	3	0	1	1	5	1	0	1	5	1	0	3	8	3	1
USA	C1	1	0	0	0	0	0	0	0	0	0	0	0	0	0	0	0	0	0
USA	C2	0	0	0	0	0	0	0	0	0	0	0	0	0	0	0	0	0	0
USA	C3	0	0	0	0	0	0	0	0	0	0	0	0	0	0	0	0	0	0
USA	C4	1	0	0	6	0	0	1	0	1	2	0	3	1	0	7	2	1	0
USA	C5	0	0	0	0	0	0	0	1	0	1	0	0	0	0	0	0	0	0
USA	C6	0	0	0	0	0	0	0	0	0	0	0	0	0	0	0	0	0	0
USA	C7	0	0	0	0	0	0	0	0	0	0	0	0	0	0	0	0	0	0
USA	C8	0	0	0	0	0	0	0	0	0	0	0	0	0	0	0	0	13	6
EU	C1	0	0	0	0	0	0	0	0	0	1	0	0	0	0	0	0	1	0
EU	C2	0	1	0	19	0	0	12	0	0	0	0	0	0	0	0	0	0	0
EU	C3	0	0	0	0	0	0	0	0	0	0	0	0	0	0	0	0	0	0
EU	C4	3	3	3	77	9	0	27	3	4	3	1	8	2	1	22	3	2	0
EU	C5	4	8	0	2	2	0	3	4	0	2	0	0	0	0	0	0	1	1
EU	C6	0	0	0	0	0	0	0	0	0	0	0	0	0	0	0	0	0	0
EU	C7	0	0	0	0	0	0	0	0	0	0	0	0	0	0	0	0	0	0
EU	C8	0	0	0	0	0	0	0	0	0	0	0	0	0	0	0	0	10	8
ROW	C1	7	0	13	1	0	0	1	1	1	0	4	0	0	0	0	0	1	0
ROW	C2	0	88	1	1809	16	22	104	9	0	2	0	6	0	1	0	0	0	0
ROW	C3	6	0	2	0	0	0	1	6	0	0	0	0	0	0	0	0	0	0
ROW	C4	24	17	13	448	35	0	137	13	4	5	0	3	1	0	2	2	6	0
ROW	C5	5	18	1	4	26	2	9	50	2	0	1	0	0	0	0	0	1	1
ROW	C6	0	0	0	0	0	0	0	0	0	0	0	0	0	0	0	0	0	0
ROW	C7	0	0	0	0	0	0	0	0	0	0	0	0	0	0	0	0	0	0
ROW	C8	0	0	0	0	0	0	0	1	0	0	0	0	0	0	0	0	36	26
CHN	TAXSUB	−180	113	69	964	86	117	28	666	0	106	8	591	60	107	319	1230	−165	74
USA	TAXSUB	0	0	0	0	0	0	0	0	0	0	0	0	0	0	0	0	0	0
EU	TAXSUB	0	0	0	0	0	0	0	0	0	0	0	0	0	0	0	0	0	0
ROW	TAXSUB	0	0	0	0	0	0	0	0	0	0	0	0	0	0	0	0	0	0
VA		12890	4485	3818	13493	1132	5301	7967	55856	3193	2205	816	5163	405	1966	5394	15076	4024	2246
TI		25909	10250	12118	54183	4480	11956	26887	87357	6235	4655	3718	18269	1636	5807	18527	24811	8861	5853

地区	部门	NX C3	NX C4	NX C5	NX C6	NX C7	NX C8	XJ C1	XJ C2	XJ C3	XJ C4	XJ C5	XJ C6	XJ C7	XJ C8	USA C1	USA C2	USA C3	USA C4
BJ	C1	0	0	0	0	0	0	0	0	0	0	0	0	0	0	7	0	21	1
BJ	C2	0	49	0	0	186	2	0	3	0	140	0	0	0	0	0	0	0	0
BJ	C3	25	4	0	1	13	27	6	3	17	10	4	1	32	50	2	0	23	2
BJ	C4	1	9	2	0	40	1	1	11	1	8	5	0	92	4	7	7	32	110
BJ	C5	1	17	26	8	63	30	42	121	2	55	79	96	97	213	6	18	39	57
BJ	C6	4	76	1	102	9	10	0	0	0	0	0	0	0	0	0	0	0	0
BJ	C7	0	0	0	0	2	1	0	0	0	0	0	0	63	2	0	0	0	0
BJ	C8	124	261	35	83	227	186	241	134	182	328	57	40	407	329	22	61	197	234
TJ	C1	0	0	0	0	0	0	0	0	0	0	0	0	0	0	2	0	5	0
TJ	C2	0	327	0	0	164	2	0	606	0	68	0	0	5	0	0	0	0	1
TJ	C3	38	4	0	1	11	29	8	5	22	9	2	1	21	66	6	0	76	8
TJ	C4	7	530	19	4	316	127	445	115	52	1084	148	7	1158	106	15	15	99	301
TJ	C5	1	14	21	6	37	21	8	32	1	30	43	44	57	121	14	45	120	177
TJ	C6	0	0	0	0	0	0	0	0	0	0	0	0	0	0	0	0	0	0
TJ	C7	0	0	0	0	1	0	0	0	0	0	0	0	17	0	0	0	0	0
TJ	C8	77	157	20	36	132	100	133	42	114	182	33	19	193	162	8	11	65	73
HE	C1	0	0	0	0	0	0	0	0	0	0	0	0	0	0	7	0	22	1
HE	C2	0	1	0	0	0	0	0	12	0	570	0	0	0	0	0	0	0	1
HE	C3	66	6	0	1	14	33	13	11	139	18	6	2	46	104	4	0	106	12
HE	C4	3	47	12	1	108	2	44	48	7	195	42	2	472	24	21	24	148	444
HE	C5	2	16	30	8	88	23	42	86	2	62	69	103	174	120	11	30	41	53
HE	C6	0	4	0	0	0	1	0	0	0	0	0	0	0	0	0	0	0	0
HE	C7	0	0	0	0	0	0	0	0	0	0	0	0	4	0	0	0	0	0
HE	C8	25	66	6	10	53	72	93	25	60	140	21	21	104	91	2	2	20	19
SX	C1	0	0	0	0	0	0	0	0	0	0	0	0	0	0	1	0	3	0
SX	C2	0	0	0	0	0	0	0	12	0	130	0	21	0	0	0	1	0	2
SX	C3	8	2	0	0	3	5	3	0	3	3	0	0	1	9	0	0	3	0
SX	C4	12	476	102	3	693	15	0	2	0	49	9	0	61	0	1	2	9	41
SX	C5	0	4	4	2	13	5	0	3	0	1	3	1	1	6	2	7	26	39
SX	C6	0	3	0	4	0	0	0	0	0	0	0	0	0	0	0	0	0	0
SX	C7	0	0	0	0	0	0	0	0	0	0	0	0	0	0	0	0	0	0
SX	C8	17	38	4	8	30	20	39	9	30	58	9	7	46	35	0	0	0	0
IM	C1	16	1	0	0	1	3	0	0	0	0	0	0	0	0	0	0	1	0
IM	C2	13	2903	1	700	1	6	0	4	0	38	0	8	0	0	0	0	0	1
IM	C3	72	4	0	1	14	26	7	1	110	6	1	0	12	33	6	0	24	1
IM	C4	8	240	50	2	355	10	3	26	2	580	105	1	708	3	5	3	21	71
IM	C5	0	7	8	3	25	18	4	9	0	2	12	4	3	61	0	0	0	0
IM	C6	1	10	0	11	1	3	0	0	0	0	0	0	0	0	0	0	0	0
IM	C7	0	0	0	0	0	0	0	0	0	0	0	0	16	0	0	0	0	0
IM	C8	20	46	5	8	37	24	51	13	38	74	12	9	62	49	0	0	3	3
LN	C1	0	0	0	0	0	0	171	0	107	1	0	1	7	7	15	0	45	1
LN	C2	0	0	0	0	0	0	0	0	0	1	0	0	0	0	1	5	0	18
LN	C3	29	3	0	1	8	15	7	4	15	7	6	1	17	30	11	0	114	11
LN	C4	11	1068	8	8	310	298	1	8	1	30	6	0	109	5	18	18	92	303
LN	C5	0	4	6	3	27	15	29	49	0	13	20	13	15	112	7	21	39	55
LN	C6	0	11	0	5	0	1	0	0	0	0	0	0	0	0	0	0	0	0
LN	C7	0	0	0	0	3	2	0	0	0	0	0	1	84	2	0	0	0	0
LN	C8	21	51	5	57	36	84	46	31	29	87	11	19	109	84	5	5	39	39
JL	C1	27	2	0	0	2	4	13	0	8	0	0	0	1	1	1	0	3	0
JL	C2	0	2	0	0	4	0	0	8	0	362	0	0	0	0	0	0	0	0
JL	C3	51	5	0	1	12	27	13	5	122	17	3	1	110	85	3	0	28	3
JL	C4	2	35	6	0	113	1	1	20	1	14	9	1	161	8	2	1	7	20
JL	C5	1	11	18	4	44	18	51	100	2	71	52	40	74	162	0	1	2	3
JL	C6	3	88	0	24	2	6	0	0	0	0	0	0	0	0	0	0	0	0
JL	C7	0	0	0	0	0	0	0	0	0	0	0	0	0	0	0	0	0	0
JL	C8	24	58	6	10	46	41	75	20	50	111	17	18	96	92	0	0	4	4

地区	部门	NX	NX	NX	NX	NX	NX	XJ	XJ	XJ	XJ	XJ	XJ	XJ	XJ	USA	USA	USA	USA
		C3	C4	C5	C6	C7	C8	C1	C2	C3	C4	C5	C6	C7	C8	C1	C2	C3	C4
HL	C1	52	4	0	0	4	8	191	0	119	2	0	1	8	8	3	0	8	0
HL	C2	0	44	0	0	168	1	0	1	0	45	0	0	0	0	0	1	0	3
HL	C3	31	3	0	0	9	17	9	1	29	6	2	0	62	31	12	0	57	3
HL	C4	0	2	1	0	7	0	0	4	0	3	2	0	32	2	0	0	2	9
HL	C5	0	4	7	2	21	7	19	32	0	15	11	9	15	50	0	1	1	1
HL	C6	1	18	0	7	1	1	0	0	0	0	0	0	0	0	0	0	0	0
HL	C7	0	0	0	0	0	0	0	0	0	0	0	0	1	0	0	0	0	0
HL	C8	52	102	14	32	83	72	72	21	69	99	20	14	146	122	1	1	7	7
SH	C1	0	0	0	0	0	0	0	0	0	0	0	0	0	0	5	0	16	0
SH	C2	0	0	0	0	0	0	0	0	0	0	0	0	0	0	0	0	0	0
SH	C3	29	4	0	1	10	23	8	7	25	15	6	1	59	74	19	1	346	40
SH	C4	2	68	12	1	185	1	1	24	2	140	32	1	305	8	57	46	290	915
SH	C5	1	13	23	6	50	18	52	135	3	99	122	187	270	211	49	138	652	979
SH	C6	0	0	0	0	0	0	0	0	0	0	0	0	0	0	0	0	0	0
SH	C7	0	0	0	1	4	3	0	0	0	0	0	1	122	3	0	0	0	0
SH	C8	242	495	59	154	419	442	458	134	366	679	114	89	652	622	16	24	157	165
JS	C1	0	0	0	0	0	0	511	0	318	4	0	2	22	21	7	0	21	1
JS	C2	0	0	0	0	0	0	0	0	0	0	0	0	0	0	0	0	0	0
JS	C3	47	4	0	1	12	25	14	6	116	13	1	2	86	87	50	2	1050	123
JS	C4	1	112	20	1	136	8	345	83	40	897	122	5	899	79	179	125	868	2598
JS	C5	2	19	35	11	94	18	60	200	3	114	298	658	913	260	109	300	1069	1592
JS	C6	0	6	0	6	1	5	0	0	0	0	0	0	0	0	0	0	0	0
JS	C7	0	0	0	0	0	0	0	0	0	0	0	0	0	0	0	0	0	0
JS	C8	35	59	9	74	52	220	33	33	22	53	8	16	111	127	0	0	0	0
ZJ	C1	0	0	0	0	0	0	0	0	0	0	0	0	0	0	5	0	15	0
ZJ	C2	0	0	0	0	0	0	0	0	0	0	0	0	0	0	0	0	0	0
ZJ	C3	60	4	0	1	10	24	10	13	572	43	7	2	70	177	70	4	1856	224
ZJ	C4	1	14	2	0	61	1	1	6	0	4	3	0	50	2	127	109	737	2143
ZJ	C5	1	14	25	7	57	15	49	159	2	96	104	172	207	125	88	212	332	453
ZJ	C6	1	46	0	10	1	3	0	0	0	0	0	0	0	0	0	0	0	0
ZJ	C7	0	0	0	0	2	2	0	0	0	0	0	1	80	2	0	0	0	0
ZJ	C8	53	115	12	23	97	97	127	30	93	189	31	26	158	152	24	19	209	205
AH	C1	74	5	0	0	6	12	17	0	10	0	0	0	1	1	1	0	3	0
AH	C2	0	4	0	0	15	0	0	2	0	73	0	0	0	0	0	0	0	0
AH	C3	53	6	0	1	10	18	17	12	127	23	5	2	82	93	13	0	136	13
AH	C4	69	413	15	3	351	93	297	69	34	254	18	4	304	74	13	8	57	172
AH	C5	1	10	22	11	90	26	66	162	2	42	189	426	555	286	7	17	23	32
AH	C6	3	130	0	8	1	2	0	0	0	0	0	0	0	0	0	0	0	0
AH	C7	0	0	0	0	2	1	0	0	0	0	0	0	51	1	0	0	0	0
AH	C8	1	1	0	2	2	6	1	1	1	2	0	2	5	14	6	5	49	47
FJ	C1	0	0	0	0	0	0	0	0	0	0	0	0	0	0	8	0	23	1
FJ	C2	0	0	0	0	0	0	0	0	0	0	0	0	0	0	0	0	0	0
FJ	C3	37	2	0	1	8	20	4	35	130	30	2	6	62	209	18	1	383	46
FJ	C4	1	15	1	0	64	0	0	0	0	0	0	0	0	0	21	25	151	445
FJ	C5	0	0	0	0	0	0	0	0	0	0	0	0	0	0	25	60	110	156
FJ	C6	0	0	0	0	0	0	0	0	0	0	0	0	0	0	0	0	0	0
FJ	C7	0	0	0	0	0	0	0	0	0	0	0	0	0	0	0	0	0	0
FJ	C8	9	23	2	3	18	12	31	7	21	48	7	6	30	23	8	12	67	74
JX	C1	0	0	0	0	0	0	0	0	0	0	0	0	0	0	0	0	1	0
JX	C2	0	12	0	0	44	0	0	1	0	11	0	0	0	0	0	0	0	0
JX	C3	44	3	0	1	11	23	6	6	113	16	1	1	53	88	7	0	78	8
JX	C4	1	16	2	0	65	1	0	4	0	3	2	0	35	2	12	9	58	182
JX	C5	1	10	17	6	59	18	31	82	1	29	85	122	183	160	6	8	18	24
JX	C6	2	60	0	4	0	3	0	0	0	0	0	0	0	0	0	0	0	0
JX	C7	0	0	0	0	0	0	0	0	0	0	0	0	2	0	0	0	0	0
JX	C8	33	81	8	16	65	95	101	27	69	150	23	24	129	117	2	2	19	17

地区	部门	NX	NX	NX	NX	NX	NX	XJ	XJ	XJ	XJ	XJ	XJ	XJ	XJ	USA	USA	USA	USA
		C3	C4	C5	C6	C7	C8	C1	C2	C3	C4	C5	C6	C7	C8	C1	C2	C3	C4
SD	C1	0	0	0	0	0	0	0	0	0	0	0	0	0	0	63	0	189	6
SD	C2	0	95	1	1	366	3	0	1	0	0	0	0	0	0	0	1	0	5
SD	C3	41	2	0	0	4	18	1	4	101	14	5	0	6	68	51	2	692	75
SD	C4	56	1094	53	8	667	244	340	93	39	1138	164	6	1184	99	94	72	454	1479
SD	C5	1	11	14	1	35	6	52	107	1	70	24	1	35	20	20	66	83	109
SD	C6	10	373	0	40	4	11	0	0	0	0	0	0	0	0	0	0	0	0
SD	C7	0	0	0	0	0	0	0	0	0	0	0	0	0	0	0	0	0	0
SD	C8	2	2	0	1	3	9	0	0	1	1	0	0	1	6	24	20	213	204
HA	C1	21	2	0	0	2	3	15	0	9	0	0	0	1	1	10	0	30	1
HA	C2	0	3	0	0	9	0	0	6	0	309	0	0	0	0	0	0	0	0
HA	C3	88	11	1	2	7	46	30	14	175	25	5	3	19	153	1	0	40	5
HA	C4	3	33	6	1	112	1	334	117	52	1517	92	8	5323	85	9	17	64	321
HA	C5	1	14	14	4	96	24	118	240	1	67	51	14	55	109	6	18	63	95
HA	C6	0	0	0	0	0	0	0	0	0	0	0	0	0	0	0	0	0	0
HA	C7	0	0	0	0	0	0	0	0	0	0	0	0	2	0	0	0	0	0
HA	C8	32	91	8	10	73	79	143	32	89	219	32	31	149	118	4	4	37	37
HB	C1	0	0	0	0	0	0	0	0	0	0	0	0	0	0	2	0	4	0
HB	C2	0	0	0	0	0	0	0	0	0	0	0	0	0	0	0	0	0	0
HB	C3	60	6	0	1	5	30	17	6	136	16	1	2	10	91	6	0	55	5
HB	C4	25	152	6	1	156	33	343	67	39	308	15	4	359	81	16	10	68	220
HB	C5	0	4	7	0	3	7	5	9	0	16	12	2	7	56	4	12	51	76
HB	C6	0	2	0	3	0	0	0	0	0	0	0	0	0	0	0	0	0	0
HB	C7	0	0	0	0	1	0	0	0	0	0	0	0	22	1	0	0	0	0
HB	C8	0	1	0	0	1	1	2	1	0	3	1	2	8	10	1	1	10	10
HN	C1	0	0	0	0	0	0	0	0	0	0	0	0	0	0	1	0	2	0
HN	C2	0	5	0	0	19	0	0	1	0	18	0	0	0	0	0	0	0	0
HN	C3	43	5	0	1	11	25	15	4	56	11	5	1	40	65	16	0	74	4
HN	C4	2	46	9	1	120	1	196	45	23	202	12	3	355	48	10	8	47	176
HN	C5	1	12	13	2	32	18	65	152	2	69	58	23	40	162	3	3	12	18
HN	C6	1	40	0	2	0	1	0	0	0	0	0	0	0	0	0	0	0	0
HN	C7	0	0	0	0	2	1	0	0	0	0	0	0	54	1	0	0	0	0
HN	C8	6	15	2	3	13	17	18	5	13	27	4	6	22	38	0	0	0	0
GD	C1	0	0	0	0	0	0	0	0	0	0	0	0	0	0	34	0	102	3
GD	C2	0	12	0	0	47	0	0	0	0	7	0	0	0	0	0	0	0	2
GD	C3	54	5	0	1	11	30	16	11	176	31	7	2	133	179	42	7	1517	199
GD	C4	1	4	2	0	18	1	1	34	2	23	16	1	274	13	116	132	870	2302
GD	C5	1	12	13	3	19	17	46	177	2	82	104	65	51	255	222	283	1159	1684
GD	C6	12	461	0	34	4	10	0	0	0	0	0	0	0	0	0	0	0	0
GD	C7	0	0	0	0	0	0	0	0	0	0	0	0	0	0	0	0	0	0
GD	C8	125	229	33	64	188	97	116	24	146	139	35	6	228	183	58	88	530	571
GX	C1	0	0	0	0	0	0	0	0	0	0	0	0	0	0	31	0	92	3
GX	C2	0	6	0	0	24	0	0	1	0	56	0	0	0	0	0	1	0	5
GX	C3	33	4	0	0	10	17	10	1	45	11	1	0	101	38	4	0	19	1
GX	C4	1	14	1	0	59	0	1	9	1	201	37	1	247	1	5	4	25	93
GX	C5	0	5	7	2	19	10	18	30	0	15	16	7	12	84	1	2	15	22
GX	C6	0	0	0	0	0	0	0	0	0	0	0	0	0	0	0	0	0	0
GX	C7	0	0	0	1	4	3	0	0	0	0	0	1	132	3	0	0	0	0
GX	C8	30	57	8	22	46	38	31	10	35	42	9	5	72	60	0	1	2	3
HI	C1	0	0	0	0	0	0	0	0	0	0	0	0	0	0	1	0	2	0
HI	C2	0	2	0	0	8	0	0	3	0	123	0	0	0	0	0	0	0	0
HI	C3	13	1	0	0	6	12	2	0	11	3	0	0	14	29	1	0	5	0
HI	C4	1	21	1	0	90	0	0	0	0	0	0	0	0	0	0	0	1	4
HI	C5	0	1	2	1	8	3	1	1	0	0	2	2	3	12	0	0	0	0
HI	C6	0	0	0	0	0	0	0	0	0	0	0	0	0	0	0	0	0	0
HI	C7	0	0	0	0	1	1	0	0	0	0	0	0	37	1	0	0	0	0
HI	C8	21	49	5	15	38	33	55	15	38	81	13	13	81	67	0	0	4	4

地区	部门	NX C3	NX C4	NX C5	NX C6	NX C7	NX C8	XJ C1	XJ C2	XJ C3	XJ C4	XJ C5	XJ C6	XJ C7	XJ C8	USA C1	USA C2	USA C3	USA C4
CQ	C1	0	0	0	0	0	0	0	0	0	0	0	0	0	0	0	0	0	0
CQ	C2	0	51	0	0	195	2	0	5	0	200	0	0	0	0	0	0	0	0
CQ	C3	60	5	1	1	14	31	10	8	132	19	2	2	76	103	2	0	15	1
CQ	C4	2	22	3	0	94	1	347	78	40	295	20	4	329	85	4	5	23	89
CQ	C5	2	20	32	9	76	31	56	168	3	93	137	185	236	283	3	10	19	27
CQ	C6	4	144	0	26	3	11	0	0	0	0	0	0	0	0	0	0	0	0
CQ	C7	0	0	0	1	5	4	1	0	0	0	0	1	177	4	0	0	0	0
CQ	C8	4	10	2	13	9	33	16	15	5	24	4	10	59	61	8	10	73	74
SC	C1	0	0	0	0	0	0	0	0	0	0	0	0	0	0	2	0	5	0
SC	C2	0	0	0	0	0	0	0	0	0	6	0	0	0	0	0	0	0	0
SC	C3	64	7	1	1	15	31	19	4	91	14	5	1	71	70	6	0	31	2
SC	C4	1	11	1	0	47	0	115	18	13	93	3	1	49	25	12	8	52	162
SC	C5	1	14	10	1	35	15	43	126	1	44	54	9	29	98	9	27	68	101
SC	C6	1	9	0	12	1	5	0	0	0	0	0	0	0	0	0	0	0	0
SC	C7	0	0	0	0	1	1	0	0	0	0	0	0	38	1	0	0	0	0
SC	C8	1	2	0	3	2	9	3	3	1	6	1	5	25	26	1	1	9	9
GZ	C1	0	0	0	0	0	0	0	0	0	0	0	0	0	0	0	0	0	0
GZ	C2	0	6	0	0	21	0	0	401	0	29	0	0	3	0	1	3	0	13
GZ	C3	19	3	0	1	8	14	7	3	10	9	1	1	36	30	0	0	1	0
GZ	C4	95	553	18	4	360	131	2289	372	253	1852	65	23	1021	508	1	1	5	15
GZ	C5	0	3	8	3	20	4	1	6	0	3	8	21	22	9	0	1	2	2
GZ	C6	0	2	0	2	0	1	0	0	0	0	0	0	0	0	0	0	0	0
GZ	C7	0	0	0	0	1	1	0	0	0	0	0	0	46	1	0	0	0	0
GZ	C8	20	41	5	10	34	26	32	7	29	44	8	5	48	45	0	0	0	0
YN	C1	0	0	0	0	0	0	0	0	0	0	0	0	0	0	76	0	227	7
YN	C2	0	0	0	0	0	0	0	0	0	0	0	0	0	0	0	0	0	0
YN	C3	18	3	0	0	3	15	9	0	12	2	0	0	4	29	1	0	6	0
YN	C4	11	68	2	1	67	15	0	0	0	0	0	0	0	0	2	1	7	23
YN	C5	0	1	1	1	4	2	0	1	0	1	0	0	2	0	0	1	2
YN	C6	0	2	0	2	0	0	0	0	0	0	0	0	0	0	0	0	0	0
YN	C7	0	0	0	0	0	0	0	0	0	0	0	0	2	0	0	0	0	0
YN	C8	1	2	0	1	2	5	2	1	1	3	1	1	4	4	0	0	0	0
TB	C1	0	0	0	0	0	0	0	0	0	0	0	0	0	0	0	0	0	0
TB	C2	0	0	0	0	1	0	0	1	0	52	0	0	0	0	0	0	0	0
TB	C3	1	0	0	0	0	0	1	0	0	0	0	0	0	1	0	0	0	0
TB	C4	0	0	0	0	0	0	0	0	0	0	0	0	0	0	0	0	1	4
TB	C5	0	0	0	0	0	0	0	0	0	0	0	0	0	0	0	0	0	0
TB	C6	0	0	0	0	0	0	0	0	0	0	0	0	0	0	0	0	0	0
TB	C7	0	0	0	0	0	0	0	0	0	0	0	0	4	0	0	0	0	0
TB	C8	1	3	0	2	2	4	3	2	2	6	1	1	6	5	0	0	0	0
SN	C1	0	0	0	0	0	0	0	0	0	0	0	0	0	0	0	0	1	0
SN	C2	6	1024	0	273	7	6	0	1099	0	394	0	0	9	1	0	0	0	1
SN	C3	95	8	1	1	19	48	13	6	152	22	5	1	37	107	19	0	84	3
SN	C4	3	45	12	1	100	2	25	51	5	641	121	3	913	15	6	5	29	105
SN	C5	2	17	39	11	133	32	62	107	2	60	76	127	210	158	6	18	168	258
SN	C6	2	74	0	20	2	5	0	0	0	0	0	0	0	0	0	0	0	0
SN	C7	0	0	0	1	5	4	1	0	0	0	0	1	161	4	0	0	0	0
SN	C8	61	113	17	32	94	54	61	19	71	71	17	4	121	100	2	3	15	17
GS	C1	0	0	0	0	0	0	0	0	0	0	0	0	0	0	17	0	51	2
GS	C2	0	39	0	0	0	0	0	66	0	5	0	0	1	0	0	0	0	0
GS	C3	17	2	0	0	2	13	0	3	4	8	4	0	1	21	0	0	2	0
GS	C4	6	253	58	2	505	3	14	78	6	1342	249	4	1753	14	1	2	7	32
GS	C5	0	10	6	2	14	14	1	15	0	4	13	3	3	26	0	1	1	1
GS	C6	0	1	0	1	0	0	0	0	0	0	0	0	0	0	0	0	0	0
GS	C7	0	0	0	0	1	0	0	0	0	0	0	0	18	0	0	0	0	0
GS	C8	3	6	1	3	5	6	7	2	5	11	2	2	10	8	0	0	0	0

续表

地区	部门	NX	NX	NX	NX	NX	NX	XJ	XJ	XJ	XJ	XJ	XJ	XJ	XJ	USA	USA	USA	USA
		C3	C4	C5	C6	C7	C8	C1	C2	C3	C4	C5	C6	C7	C8	C1	C2	C3	C4
QH	C1	0	0	0	0	0	0	0	0	0	0	0	0	0	0	0	0	1	0
QH	C2	0	0	0	0	0	0	0	1	0	23	0	0	0	0	0	0	0	0
QH	C3	1	0	0	0	0	1	0	0	0	0	0	0	0	0	0	0	1	0
QH	C4	0	8	2	0	13	0	0	0	0	0	0	0	0	0	0	1	2	16
QH	C5	0	0	1	0	2	1	0	0	0	0	0	0	0	0	0	0	0	0
QH	C6	0	0	0	0	0	0	0	0	0	0	0	0	0	0	0	0	0	0
QH	C7	0	0	0	0	0	0	0	0	0	0	0	0	0	0	0	0	0	0
QH	C8	0	0	0	0	0	0	0	0	0	0	0	0	0	0	0	0	0	0
NX	C1	2940	215	0	1	252	477	31	0	19	0	0	0	1	1	2	0	5	0
NX	C2	21	1806	1	745	3	43	0	91	0	8	0	1	1	0	0	0	0	0
NX	C3	529	57	6	9	44	216	4	1	141	7	1	0	1	27	1	0	5	0
NX	C4	40	807	140	8	1498	58	17	8	2	127	18	1	135	28	3	2	13	49
NX	C5	1	16	56	20	180	22	1	7	0	5	3	7	4	2	0	2	1	1
NX	C6	134	2562	31	2775	242	412	0	0	0	0	0	0	0	0	0	0	0	0
NX	C7	1	7	0	14	79	58	0	0	0	0	0	0	0	0	0	0	0	0
NX	C8	602	1415	176	975	1254	3135	0	0	0	0	0	0	0	0	0	0	2	2
XJ	C1	38	3	0	0	3	6	12153	2	7562	99	2	42	525	504	1	0	2	0
XJ	C2	1	370	0	57	1	1	2	3375	26	3636	2	1033	35	16	0	0	0	1
XJ	C3	25	0	0	0	0	1	2397	23	1367	135	26	97	154	2135	1	0	4	0
XJ	C4	1	46	7	0	136	0	2049	528	225	5143	118	112	6390	4024	5	3	20	57
XJ	C5	0	1	7	3	26	2	0	0	0	0	0	0	0	0	0	0	1	1
XJ	C6	0	4	0	5	0	3	86	994	118	3765	44	2741	847	468	0	0	0	0
XJ	C7	0	0	0	0	0	0	7	1	0	5	1	15	2175	53	0	0	0	0
XJ	C8	5	15	1	1	11	7	2434	1662	1780	3943	658	929	6626	11069	2	2	19	20
USA	C1	1	0	0	0	0	0	133	0	7	0	0	0	2	5	82776	122	197275	7953
USA	C2	0	0	0	0	0	0	0	0	0	0	0	0	0	0	1902	31259	2497	177226
USA	C3	0	0	0	0	0	0	7	0	1	0	0	0	2	7	31443	782	220931	28277
USA	C4	0	2	0	0	3	0	95	2	1	7	1	0	13	32	29895	26034	101617	400689
USA	C5	0	0	0	0	0	0	5	1	0	0	0	0	1	76	4007	12882	18063	23285
USA	C6	0	0	0	0	0	0	0	0	0	0	1	0	1	1	2395	4389	14671	36369
USA	C7	0	0	0	0	0	0	0	0	0	0	0	0	0	0	1677	5144	3100	13573
USA	C8	8	43	2	6	20	5	326	7	6	37	0	3	18	268	97542	103139	411230	454909
EU	C1	1	0	0	0	1	0	22	0	1	0	0	0	1	2	349	2	1100	46
EU	C2	0	0	0	0	0	0	0	0	0	1	0	0	0	0	5	63	9	220
EU	C3	1	0	0	0	0	0	15	3	12	5	1	1	38	74	350	55	4027	933
EU	C4	2	20	4	0	72	2	38	1	0	7	0	0	46	35	1544	1068	3844	26420
EU	C5	1	5	7	0	5	1	27	4	0	3	2	2	11	112	484	1717	2007	2646
EU	C6	0	0	0	0	0	0	7	1	0	2	0	6	38	19	5	12	24	74
EU	C7	0	0	0	0	0	0	0	0	0	0	0	0	0	0	3	11	24	48
EU	C8	6	42	2	8	29	7	594	23	6	45	0	6	45	652	767	1527	4097	7409
ROW	C1	7	0	0	0	1	1	471	0	74	5	0	0	13	18	6682	13	21137	676
ROW	C2	0	180	2	5	19	1	33	160	14	10915	15	2022	43	213	135	11406	144	117155
ROW	C3	3	1	0	0	4	1	141	4	58	15	2	4	61	130	2166	135	19875	3132
ROW	C4	5	51	7	0	272	4	186	16	20	408	54	6	163	377	2987	3576	13080	69003
ROW	C5	0	4	7	0	7	1	18	5	0	2	0	0	3	46	1287	3612	7303	9513
ROW	C6	0	0	0	0	0	0	40	1	0	24	0	375	72	115	18	31	125	250
ROW	C7	0	0	0	0	0	0	0	0	0	0	0	0	0	0	6	15	22	64
ROW	C8	24	319	11	72	81	17	1757	78	20	310	2	29	94	1793	3351	4632	16514	28283
CHN	TAXSUB	81	500	34	418	130	497	0	516	32	1369	67	45	9	2252	0	0	0	0
USA	TAXSUB	0	0	0	0	0	0	0	0	0	0	0	0	0	0	3470	5201	17633	33833
EU	TAXSUB	0	0	0	0	0	0	0	0	0	0	0	0	0	0	0	0	0	0
ROW	TAXSUB	0	0	0	0	0	0	0	0	0	0	0	0	0	0	-1	0	-2	0
VA		1770	7044	500	3023	6627	19322	24619	12334	4482	18505	786	6492	20046	67080	185469	262901	540576	840794
TI		9090	29623	2122	10329	20809	28397	56969	26610	21416	66504	5320	16857	62611	101030	462948	481997	1638782	2304408

地区	部门	USA C5	USA C6	USA C7	USA C8	EU C1	EU C2	EU C3	EU C4	EU C5	EU C6	EU C7	EU C8	ROW C1	ROW C2	ROW C3	ROW C4
BJ	C1	0	0	0	6	4	0	14	0	0	0	0	2	6	0	26	1
BJ	C2	0	0	0	0	0	0	0	1	0	2	0	0	1	16	7	57
BJ	C3	7	0	9	40	2	0	29	3	5	1	3	31	25	3	212	25
BJ	C4	68	5	79	111	7	1	30	154	84	7	53	57	93	87	233	848
BJ	C5	302	7	101	346	3	2	50	28	420	18	57	188	45	110	182	147
BJ	C6	0	0	0	0	0	0	0	0	0	0	0	0	0	0	0	0
BJ	C7	0	0	0	0	0	0	0	0	0	0	0	0	0	0	0	0
BJ	C8	369	39	264	3819	49	14	395	454	708	137	238	5339	319	416	1399	1589
TJ	C1	0	0	0	1	1	0	3	0	0	0	0	0	23	0	74	4
TJ	C2	0	0	1	0	0	2	0	5	0	0	3	1	0	5	3	53
TJ	C3	23	1	44	154	8	0	103	16	18	2	15	126	39	4	325	49
TJ	C4	238	6	205	224	17	2	88	386	240	14	124	121	196	193	541	2346
TJ	C5	889	19	253	1114	8	4	170	75	1578	63	152	537	55	153	258	216
TJ	C6	0	0	0	0	0	0	0	0	0	0	0	0	0	0	0	0
TJ	C7	0	0	0	0	0	0	0	0	0	0	0	0	0	0	0	0
TJ	C8	137	8	96	617	11	3	108	111	197	24	61	895	93	128	450	480
HE	C1	0	0	0	6	5	0	23	1	0	0	0	3	31	0	146	9
HE	C2	0	0	0	0	0	1	0	4	0	0	3	1	1	17	10	80
HE	C3	43	1	38	182	23	1	374	32	37	5	17	196	89	25	1464	134
HE	C4	326	8	502	369	27	5	151	763	428	33	286	217	344	358	1071	5298
HE	C5	444	11	169	317	4	2	32	25	339	12	36	96	58	150	131	124
HE	C6	0	0	0	0	0	0	0	0	0	0	0	0	0	0	0	0
HE	C7	0	0	0	0	0	0	0	0	0	0	0	0	0	0	0	0
HE	C8	44	1	27	81	2	0	28	21	49	3	13	82	20	18	135	99
SX	C1	0	0	0	1	1	0	6	0	0	0	0	1	4	0	26	2
SX	C2	0	0	2	1	0	2	0	6	0	1	4	1	2	38	14	109
SX	C3	1	0	3	8	0	0	3	0	0	0	0	3	2	1	69	3
SX	C4	23	1	35	23	3	1	29	286	128	8	53	48	121	92	230	1671
SX	C5	214	3	33	270	1	1	9	6	119	3	10	35	5	15	16	13
SX	C6	0	0	0	0	0	0	0	0	0	0	0	0	0	0	0	0
SX	C7	0	0	0	0	0	0	0	0	0	0	0	0	0	0	0	0
SX	C8	0	0	0	0	0	0	0	0	0	0	0	0	0	0	0	0
IM	C1	0	0	0	0	1	0	2	0	0	0	0	0	73	0	157	11
IM	C2	0	0	0	0	0	0	0	2	0	2	1	0	0	1	3	69
IM	C3	1	0	1	27	5	0	80	4	3	1	1	23	58	1	191	11
IM	C4	24	1	18	56	6	0	20	82	27	3	17	35	114	45	261	1149
IM	C5	2	0	1	2	0	0	0	0	3	0	1	1	2	4	5	4
IM	C6	0	0	0	0	0	0	0	0	0	0	0	0	1	3	5	5
IM	C7	0	0	0	0	0	0	0	0	0	0	0	0	0	0	0	0
IM	C8	7	0	4	13	0	0	5	4	8	1	2	17	3	4	22	18
LN	C1	0	0	0	12	7	0	26	0	0	0	0	3	39	0	157	8
LN	C2	0	1	14	4	1	18	2	43	2	6	20	6	7	106	54	868
LN	C3	27	1	68	234	12	0	106	12	14	2	13	108	130	6	788	97
LN	C4	193	12	204	290	15	4	81	443	195	17	240	134	246	230	702	4354
LN	C5	360	8	114	342	4	2	63	30	510	19	54	141	39	82	192	128
LN	C6	0	0	0	0	0	0	0	0	0	0	0	0	0	0	0	0
LN	C7	0	0	0	0	0	0	0	0	0	0	0	0	0	0	0	0
LN	C8	85	4	55	258	5	2	62	57	115	13	33	444	45	55	273	243
JL	C1	0	0	0	1	2	0	7	0	0	0	0	1	21	0	104	7
JL	C2	0	0	0	0	0	0	0	0	0	0	0	0	0	2	1	5
JL	C3	4	0	21	63	7	0	71	10	12	2	16	98	70	2	369	32
JL	C4	8	0	8	18	5	0	21	90	38	5	56	30	40	13	88	295
JL	C5	20	0	3	21	0	0	5	2	60	1	4	16	4	6	11	8
JL	C6	0	0	0	0	0	0	0	0	0	0	0	0	0	0	0	0
JL	C7	0	0	0	0	0	0	0	0	0	0	0	0	0	0	0	0
JL	C8	9	0	6	17	0	0	6	4	10	1	3	15	4	3	28	20

地区	部门	USA	USA	USA	USA	EU	EU	EU	EU	EU	EU	EU	EU	ROW	ROW	ROW	ROW
		C5	C6	C7	C8	C1	C2	C3	C4	C5	C6	C7	C8	C1	C2	C3	C4
HL	C1	0	0	0	2	5	0	22	0	0	0	0	5	28	0	113	5
HL	C2	0	0	2	1	0	1	0	2	0	0	2	0	0	1	0	10
HL	C3	4	0	14	81	11	0	69	6	5	1	3	48	46	2	205	21
HL	C4	5	0	3	5	0	0	2	10	5	0	2	2	15	10	38	114
HL	C5	4	0	2	3	0	0	3	1	38	0	1	9	13	28	25	23
HL	C6	0	0	0	0	0	0	0	0	0	0	0	0	0	0	0	0
HL	C7	0	0	0	0	0	0	0	0	0	0	0	0	0	0	0	0
HL	C8	17	0	10	30	1	0	11	7	18	1	5	27	7	6	51	36
SH	C1	0	0	0	4	2	0	8	0	0	0	0	1	17	0	98	9
SH	C2	0	0	0	0	0	0	0	0	0	0	0	0	0	1	1	13
SH	C3	118	5	190	694	19	1	362	44	63	7	35	290	96	24	1951	214
SH	C4	557	19	539	753	45	6	205	889	543	40	317	302	567	289	1371	5331
SH	C5	5185	79	1001	6726	21	11	518	238	5007	173	491	2320	175	422	810	597
SH	C6	0	0	0	0	0	0	0	0	0	0	0	0	0	0	0	0
SH	C7	0	0	0	0	0	0	0	0	0	0	0	0	0	0	0	0
SH	C8	322	15	200	1260	24	5	256	209	404	45	120	1398	191	171	1030	854
JS	C1	0	0	0	5	5	0	23	1	0	0	0	4	58	0	240	20
JS	C2	0	0	0	0	0	1	0	7	0	1	2	1	0	1	1	20
JS	C3	383	14	531	2041	65	5	1744	198	279	29	134	1085	433	104	10008	847
JS	C4	1491	45	1485	2201	136	17	633	2697	1474	117	919	907	1746	854	4088	15286
JS	C5	8260	149	2099	10469	49	30	935	477	8752	357	1015	3727	317	917	1747	1367
JS	C6	0	0	0	0	0	0	0	0	0	0	0	0	0	0	0	0
JS	C7	0	0	0	0	0	0	0	0	0	0	0	0	0	0	0	0
JS	C8	0	0	0	4	0	0	1	0	0	0	0	17	0	0	1	1
ZJ	C1	0	0	0	4	2	0	8	0	0	0	0	1	37	0	171	8
ZJ	C2	0	0	0	0	0	0	0	1	0	0	0	0	0	0	0	10
ZJ	C3	705	26	1002	3716	92	9	3105	378	553	65	303	2263	473	192	15028	1006
ZJ	C4	1589	42	1531	1749	141	23	709	2820	1902	154	1175	978	1339	725	3082	9480
ZJ	C5	2753	83	1556	2391	51	29	509	431	4474	266	981	1762	424	1069	1278	1126
ZJ	C6	0	0	0	0	0	0	0	0	0	0	0	0	0	0	0	0
ZJ	C7	0	0	0	0	0	0	0	0	0	0	0	0	0	0	0	0
ZJ	C8	466	14	293	886	24	6	303	238	536	38	146	1107	228	243	1428	1159
AH	C1	0	0	0	1	0	0	1	0	0	0	0	0	18	0	125	12
AH	C2	0	0	0	0	0	0	0	0	0	0	0	0	0	0	0	16
AH	C3	38	1	55	240	12	0	183	17	22	3	14	114	53	6	597	57
AH	C4	74	3	95	152	16	2	61	251	112	11	67	97	159	82	357	1354
AH	C5	182	6	122	150	3	2	31	24	256	17	45	101	26	76	115	97
AH	C6	0	0	0	0	0	0	0	0	0	0	0	0	0	0	0	0
AH	C7	0	0	0	0	0	0	0	0	0	0	0	0	0	0	0	0
AH	C8	108	3	67	221	6	1	73	56	127	10	35	285	51	48	339	257
FJ	C1	0	0	0	6	8	0	31	1	0	0	0	4	42	0	143	7
FJ	C2	0	0	0	0	0	0	0	0	0	0	0	0	0	1	1	64
FJ	C3	121	6	312	924	26	1	318	40	60	8	52	334	102	19	2214	157
FJ	C4	325	9	587	388	21	4	105	477	230	21	296	162	273	152	624	2856
FJ	C5	827	24	467	838	6	3	98	65	989	47	163	430	71	217	306	255
FJ	C6	0	0	0	0	0	0	0	0	0	0	0	0	0	0	0	0
FJ	C7	0	0	0	0	0	0	0	0	0	0	0	0	0	0	0	0
FJ	C8	136	8	92	772	11	3	116	107	191	26	64	947	89	103	459	433
JX	C1	0	0	0	0	1	0	5	0	0	0	0	1	6	0	49	5
JX	C2	0	0	0	0	0	0	0	1	0	0	0	0	0	1	1	31
JX	C3	20	1	48	163	4	0	66	9	14	2	9	63	32	6	610	73
JX	C4	80	3	145	159	12	2	56	245	97	10	117	85	158	68	389	1680
JX	C5	131	4	122	113	2	1	20	17	217	15	52	59	22	58	120	86
JX	C6	0	0	0	0	0	0	0	0	0	0	0	0	0	0	0	0
JX	C7	0	0	0	0	0	0	0	0	0	0	0	0	0	0	0	0
JX	C8	41	1	25	85	2	0	28	19	46	3	12	109	18	13	130	89

地区	部门	USA C5	USA C6	USA C7	USA C8	EU C1	EU C2	EU C3	EU C4	EU C5	EU C6	EU C7	EU C8	ROW C1	ROW C2	ROW C3	ROW C4
SD	C1	0	0	2	49	28	0	177	7	0	0	1	16	167	0	761	53
SD	C2	0	0	3	1	1	4	1	21	1	2	17	3	1	13	6	172
SD	C3	199	9	436	1463	58	2	676	73	101	14	67	570	537	62	5642	751
SD	C4	746	23	885	1184	103	13	431	1744	822	72	651	669	1407	713	3111	11741
SD	C5	923	23	297	666	11	6	123	82	1077	42	115	397	132	299	394	368
SD	C6	0	0	0	0	0	0	0	0	0	0	0	0	0	0	0	0
SD	C7	0	0	0	0	0	0	0	0	0	0	0	0	0	0	0	0
SD	C8	468	14	284	1075	24	5	309	226	525	38	142	1022	222	190	1439	1061
HA	C1	0	0	0	8	13	0	59	1	0	0	1	9	35	0	142	8
HA	C2	0	0	0	0	0	3	3	14	0	5	6	4	1	7	2	23
HA	C3	16	1	24	85	11	0	129	13	18	2	7	86	53	8	615	55
HA	C4	175	4	169	148	18	3	77	344	141	14	150	123	194	89	438	1792
HA	C5	498	9	109	630	2	1	15	10	179	6	21	57	22	69	70	61
HA	C6	0	0	0	0	0	0	0	0	0	0	0	0	0	0	0	0
HA	C7	0	0	0	0	0	0	0	0	0	0	0	0	0	0	0	0
HA	C8	81	3	52	184	5	1	55	46	97	8	27	236	43	48	251	216
HB	C1	0	0	0	1	2	0	9	0	0	0	0	1	13	0	59	4
HB	C2	0	0	0	0	0	0	0	0	0	0	0	0	0	0	1	10
HB	C3	15	1	17	88	8	0	85	8	11	1	5	67	51	5	466	42
HB	C4	90	3	91	183	16	2	66	311	122	11	89	102	257	102	555	1847
HB	C5	438	7	79	534	2	0	39	21	729	24	66	298	36	108	175	139
HB	C6	0	0	0	0	0	0	0	0	0	0	0	0	0	0	0	0
HB	C7	0	0	0	0	0	0	0	0	0	0	0	0	0	0	0	0
HB	C8	21	1	15	58	1	0	16	15	29	3	8	122	13	17	70	69
HN	C1	0	0	0	1	1	0	4	0	0	0	0	1	26	0	141	13
HN	C2	0	0	0	0	0	0	0	1	0	3	1	0	0	0	1	11
HN	C3	4	0	15	103	16	0	72	5	3	2	3	53	24	5	270	33
HN	C4	77	2	63	121	10	1	48	219	108	7	68	67	90	54	228	1225
HN	C5	93	2	56	103	1	1	15	13	131	6	27	43	14	51	43	41
HN	C6	0	0	0	0	0	0	0	0	0	0	0	0	0	0	0	0
HN	C7	0	0	0	0	0	0	0	0	0	0	0	0	0	0	0	0
HN	C8	0	0	0	1	0	0	0	0	0	0	0	3	0	0	0	0
GD	C1	0	0	1	27	14	0	55	1	0	0	0	6	91	0	370	23
GD	C2	0	0	1	0	0	1	0	3	0	0	2	0	6	176	79	394
GD	C3	489	28	1553	4159	53	6	1284	191	333	46	304	1749	369	99	11179	816
GD	C4	1901	51	3433	2220	91	24	568	2139	1628	127	1486	749	1382	1214	3737	12778
GD	C5	8403	188	4760	9982	47	26	980	611	9957	488	1619	4481	489	1599	2760	2812
GD	C6	0	0	0	0	0	0	0	0	0	0	0	0	15	32	52	51
GD	C7	0	0	0	0	0	0	0	0	0	0	0	0	0	0	0	0
GD	C8	1108	59	731	4533	86	24	896	838	1550	195	464	6976	682	803	3637	3433
GX	C1	0	0	1	24	5	0	29	1	0	0	0	4	53	0	163	10
GX	C2	0	0	4	1	0	1	0	2	0	0	1	0	0	3	2	41
GX	C3	1	0	6	29	7	0	55	6	6	1	5	46	41	2	427	52
GX	C4	43	1	40	63	4	1	17	77	34	3	38	25	152	107	211	837
GX	C5	112	1	18	157	0	0	8	5	76	4	10	49	12	49	33	34
GX	C6	0	0	0	0	0	0	0	0	0	0	0	0	0	0	0	0
GX	C7	0	0	0	0	0	0	0	0	0	0	0	0	0	0	0	0
GX	C8	5	0	3	28	0	0	4	4	7	1	2	39	3	4	16	17
HI	C1	0	0	0	1	0	0	2	0	0	0	0	0	2	0	25	3
HI	C2	0	0	0	0	0	0	0	0	0	0	0	0	1	19	16	23
HI	C3	1	0	3	9	1	0	7	0	0	0	0	6	11	3	125	18
HI	C4	1	0	4	4	0	0	1	4	1	0	1	6	83	71	101	394
HI	C5	2	0	3	2	0	0	1	1	12	1	3	4	0	0	1	1
HI	C6	0	0	0	0	0	0	0	0	0	0	0	0	0	0	0	0
HI	C7	0	0	0	0	0	0	0	0	0	0	0	0	0	0	0	0
HI	C8	9	0	6	17	0	0	6	5	11	1	3	19	4	4	29	22

地区	部门	USA C5	USA C6	USA C7	USA C8	EU C1	EU C2	EU C3	EU C4	EU C5	EU C6	EU C7	EU C8	ROW C1	ROW C2	ROW C3	ROW C4
CQ	C1	0	0	0	0	0	0	1	0	0	0	0	0	1	0	6	1
CQ	C2	0	0	0	0	0	0	0	0	0	0	0	0	0	0	0	0
CQ	C3	4	0	6	27	1	0	18	2	2	0	1	12	5	1	118	15
CQ	C4	51	1	51	54	10	1	38	169	66	5	39	57	62	24	138	488
CQ	C5	160	4	55	161	1	1	14	9	200	6	18	57	29	66	89	96
CQ	C6	0	0	0	0	0	0	0	0	0	0	0	0	0	0	0	0
CQ	C7	0	0	0	0	0	0	0	0	0	0	0	0	0	0	0	0
CQ	C8	157	7	100	537	10	3	115	101	204	22	59	729	86	94	501	433
SC	C1	0	0	0	1	3	0	14	0	0	0	0	2	10	0	50	4
SC	C2	0	0	0	0	0	0	0	0	0	0	0	0	0	0	0	1
SC	C3	2	0	5	41	5	0	54	5	4	1	2	31	24	4	329	24
SC	C4	66	2	83	139	12	1	40	162	68	7	45	65	158	55	310	1162
SC	C5	496	11	163	619	2	1	55	30	479	30	76	207	22	79	176	117
SC	C6	0	0	0	0	0	0	0	0	0	0	0	0	0	0	0	0
SC	C7	0	0	0	0	0	0	0	0	0	0	0	0	0	0	0	0
SC	C8	20	1	13	38	1	0	13	10	23	2	6	41	9	9	63	47
GZ	C1	0	0	0	0	0	0	0	0	0	0	0	0	9	0	65	7
GZ	C2	0	1	10	3	0	5	2	15	1	2	9	3	0	5	2	45
GZ	C3	0	0	0	1	5	0	19	1	0	0	0	15	9	0	29	2
GZ	C4	6	0	7	14	1	0	3	13	5	1	8	5	115	27	180	468
GZ	C5	16	0	4	14	1	0	7	4	50	3	7	26	3	8	18	18
GZ	C6	0	0	0	0	0	0	0	0	0	0	0	0	0	0	0	0
GZ	C7	0	0	0	0	0	0	0	0	0	0	0	0	0	0	0	0
GZ	C8	0	0	0	0	0	0	0	0	0	0	0	1	0	0	0	0
YN	C1	0	0	2	59	41	0	291	5	0	1	2	35	201	1	590	37
YN	C2	0	0	0	0	0	0	0	0	0	0	0	0	0	0	0	2
YN	C3	1	0	4	12	20	0	69	3	1	0	1	59	74	2	225	19
YN	C4	9	0	6	18	3	0	10	41	13	2	11	17	182	83	273	863
YN	C5	10	0	2	14	1	0	3	1	22	1	2	13	2	13	10	19
YN	C6	0	0	0	0	0	0	0	0	0	0	0	0	1	3	5	5
YN	C7	0	0	0	0	0	0	0	0	0	0	0	0	0	0	0	0
YN	C8	0	0	0	0	0	0	0	0	0	0	0	0	0	0	0	0
TB	C1	0	0	0	0	0	0	0	0	0	0	0	0	10	0	17	1
TB	C2	0	0	0	0	0	0	0	0	0	0	0	0	0	0	0	0
TB	C3	0	0	0	0	0	0	0	0	0	0	0	0	2	0	6	1
TB	C4	1	0	1	3	0	0	1	5	1	0	1	3	5	1	8	20
TB	C5	0	0	0	0	0	0	0	0	0	0	0	0	0	0	0	0
TB	C6	0	0	0	0	0	0	0	0	0	0	0	0	0	0	0	0
TB	C7	0	0	0	0	0	0	0	0	0	0	0	0	0	0	0	0
TB	C8	0	0	0	0	0	0	0	0	0	0	0	0	0	0	0	0
SN	C1	0	0	0	0	3	0	11	0	0	0	0	1	18	0	89	4
SN	C2	0	0	1	0	0	2	0	2	0	0	1	0	0	5	2	11
SN	C3	5	0	2	92	5	0	41	3	3	1	2	28	20	2	166	13
SN	C4	45	1	33	73	5	1	25	152	70	4	27	32	61	27	136	606
SN	C5	1302	15	151	1847	2	1	127	79	1112	43	182	848	14	32	66	72
SN	C6	0	0	0	0	0	0	0	0	0	0	0	0	0	0	0	0
SN	C7	0	0	0	0	0	0	0	0	0	0	0	0	0	0	0	0
SN	C8	31	2	22	164	3	1	25	27	47	6	15	265	22	33	105	119
GS	C1	0	0	1	13	9	0	35	1	0	0	0	5	11	0	46	3
GS	C2	0	0	0	0	0	0	0	0	0	0	0	0	0	0	0	0
GS	C3	0	0	2	5	2	0	13	1	0	0	0	14	1	0	8	0
GS	C4	17	0	35	18	1	0	4	19	8	1	28	7	7	6	23	133
GS	C5	6	0	4	4	0	0	0	0	1	0	0	0	1	4	5	5
GS	C6	0	0	0	0	0	0	0	0	0	0	0	0	0	0	0	0
GS	C7	0	0	0	0	0	0	0	0	0	0	0	0	0	0	0	0
GS	C8	0	0	0	0	0	0	0	0	0	0	0	0	0	0	0	0

续表

地区	部门	USA	USA	USA	USA	EU	EU	EU	EU	EU	EU	EU	EU	ROW	ROW	ROW	ROW
		C5	C6	C7	C8	C1	C2	C3	C4	C5	C6	C7	C8	C1	C2	C3	C4
QH	C1	0	0	0	0	0	0	1	0	0	0	0	0	2	0	6	0
QH	C2	0	0	0	0	0	0	0	0	0	0	0	0	0	0	0	0
QH	C3	0	0	0	1	0	0	7	0	0	0	0	0	1	1	7	2
QH	C4	10	0	1	2	0	0	0	2	1	0	0	1	2	1	6	69
QH	C5	0	0	0	0	0	0	0	0	0	0	0	0	0	0	0	0
QH	C6	0	0	0	0	0	0	0	0	0	0	0	0	0	0	0	0
QH	C7	0	0	0	0	0	0	0	0	0	0	0	0	0	0	0	0
QH	C8	0	0	0	0	0	0	0	0	0	0	0	0	0	0	0	0
NX	C1	0	0	0	1	1	0	4	0	0	0	0	1	2	0	11	1
NX	C2	0	0	0	0	0	0	0	0	0	0	0	0	0	0	0	0
NX	C3	0	0	1	6	1	0	21	1	1	0	1	9	8	1	81	9
NX	C4	19	1	13	34	5	0	19	86	28	2	18	31	60	18	133	485
NX	C5	6	0	4	4	0	0	1	1	8	0	1	1	1	3	2	1
NX	C6	0	0	0	0	0	0	0	0	0	0	0	0	0	0	0	0
NX	C7	0	0	0	0	0	0	0	0	0	0	0	0	0	0	0	0
NX	C8	6	0	3	10	0	0	4	3	6	0	2	12	3	3	17	13
XJ	C1	0	0	0	1	12	0	49	1	0	0	0	5	50	0	155	17
XJ	C2	0	0	0	0	0	0	0	0	0	0	0	0	0	0	0	2
XJ	C3	0	0	2	7	3	0	21	2	2	0	2	21	46	18	317	20
XJ	C4	25	1	29	52	6	1	24	110	39	4	25	39	183	156	397	1011
XJ	C5	3	0	4	3	0	0	0	0	4	0	2	2	17	40	32	22
XJ	C6	0	0	0	0	0	0	0	0	0	0	0	0	0	0	0	0
XJ	C7	0	0	0	0	0	0	0	0	0	0	0	0	0	0	0	0
XJ	C8	42	2	28	147	3	1	29	26	53	5	15	188	24	30	134	124
USA	C1	2	27	2638	15678	264	0	1542	56	2	5	35	341	3366	10	13279	480
USA	C2	763	24199	15140	34252	45	458	141	4788	101	1831	361	520	261	3387	980	31742
USA	C3	16505	1510	54381	348800	187	5	2180	502	391	62	330	2679	2224	185	17469	2252
USA	C4	192330	20108	202214	410269	917	67	2444	14803	4107	550	2033	7204	8792	5046	13617	65050
USA	C5	254620	4818	49964	182742	120	49	1947	1302	19430	370	1181	6648	898	3481	5194	3583
USA	C6	5750	17682	3957	210536	1	0	4	20	7	3	2	35	92	110	143	220
USA	C7	1651	8987	319	271268	0	0	0	2	1	0	0	6	0	0	0	0
USA	C8	337881	116675	315942	7685050	1518	374	9908	25409	15242	3580	5356	124314	8298	8574	29533	38622
EU	C1	9	1	20	399	55587	136	203136	6274	1108	2735	3257	33955	2885	36	8179	309
EU	C2	13	18	84	78	820	3922	2321	38858	1784	11624	8968	6555	108	1815	494	4462
EU	C3	858	59	1787	8328	45958	2350	346925	58164	54009	13310	44167	359333	4575	898	35488	5695
EU	C4	6734	536	5682	18221	29872	4874	122516	559626	312736	33477	203887	286742	14432	5545	25904	97052
EU	C5	25760	578	6402	17470	6243	2052	43569	49365	491208	17541	49904	177071	3100	7453	10225	8933
EU	C6	52	7	52	236	11172	4221	47251	104165	25177	212848	14800	236458	93	72	342	737
EU	C7	58	5	88	249	5126	1377	13860	19125	14383	23744	275065	253434	65	132	229	375
EU	C8	6218	907	4674	60063	96450	17091	560113	543644	510696	173401	330890	4652934	10324	12103	35599	39505
ROW	C1	19	4	240	6539	4686	7	22025	666	68	88	302	3153	417624	2023	918474	59097
ROW	C2	118	11751	1616	10499	559	4117	4863	174121	2956	46172	4948	12794	14129	442971	41851	1051352
ROW	C3	3503	183	8318	30323	3530	92	27433	4231	3734	672	2654	22306	134742	17655	846137	115935
ROW	C4	33276	2217	17894	43474	4647	636	13176	80556	29764	5098	15707	36928	161087	104403	327354	1580480
ROW	C5	97865	1586	17733	69339	644	227	7032	5331	82326	2383	7300	28524	13203	26341	77639	70111
ROW	C6	82	76	51	1202	78	36	303	579	208	1570	68	1379	36008	37667	86574	182046
ROW	C7	32	8	101	297	13	6	89	427	172	66	106	575	15698	27141	15916	30458
ROW	C8	21089	3161	13689	159450	4604	1294	31469	58764	39839	13582	15784	291645	310687	258884	1054291	1068813
CHN	TAXSUB	0	0	0	0	0	0	0	0	0	0	0	0	0	0	0	0
USA	TAXSUB	25946	7441	20857	180469	0	0	0	0	0	0	0	0	0	0	0	0
EU	TAXSUB	0	0	0	0	16014	2227	55395	83831	72921	37576	57158	361906	0	0	0	0
ROW	TAXSUB	0	0	0	0	−13	0	−59	−1	0	0	−1	−5	34136	26445	113090	195556
VA		791793	332560	795332	15083565	250145	47430	661472	797339	800598	375860	679677	9597186	1992702	1838785	1714448	1914180
TI		1869174	556285	1568158	24927260	541075	93429	2201425	2653256	2534966	981303	1738122	16553715	3207635	2846347	5495215	6680949

续表

地区	部门	ROW	ROW	ROW	ROW	BJ	BJ	BJ	BJ	TJ	TJ	TJ	TJ	HE	HE	HE	HE	SX	SX
		C5	C6	C7	C8	F1	F2	F3	F4	F1	F2	F3	F4	F1	F2	F3	F4	F1	F2
BJ	C1	0	0	0	10	1286	4	7	24	17	3	0	1	17	3	3	-6	2	0
BJ	C2	1	98	9	19	0	0	0	2	0	0	0	2	0	0	0	7	0	0
BJ	C3	29	6	33	162	1834	0	1	62	368	0	20	13	426	0	37	41	598	0
BJ	C4	461	38	615	421	87	17	1	-9	52	6	3	-3	5	0	5	10	5	0
BJ	C5	3013	57	374	1177	0	0	0	0	215	0	1476	58	1604	0	3894	53	330	0
BJ	C6	0	0	0	0	1319	1720	1885	4	2	3	1	0	424	702	1	6	1	1
BJ	C7	0	0	0	0	33974	0	0	0	68	0	0	0	0	0	2308	0	0	0
BJ	C8	2576	392	1377	15982	64140	76180	34382	363	1286	314	1335	50	480	1491	1592	74	928	157
TJ	C1	0	0	1	19	0	0	0	0	1139	192	5	77	185	35	36	-66	0	0
TJ	C2	1	5	18	1	0	0	0	7	0	0	0	236	0	0	0	4	0	0
TJ	C3	67	9	73	347	1676	0	0	27	9562	0	69	640	594	0	21	52	731	0
TJ	C4	1325	92	1558	887	288	54	1	-26	1641	118	148	553	10	0	7	3	6	0
TJ	C5	4762	77	490	1488	410	0	1368	64	2772	0	26334	1062	579	0	1606	31	152	0
TJ	C6	0	0	0	0	0	0	0	0	1077	1700	332	58	3	6	0	0	2	3
TJ	C7	0	0	0	0	0	0	0	0	42323	0	0	0	0	0	641	0	0	0
TJ	C8	739	69	382	2918	1493	281	314	207	34395	31770	14717	140	219	276	201	23	653	32
HE	C1	1	0	1	33	1	0	0	0	1	0	0	0	7999	1497	1565	-2835	0	0
HE	C2	1	24	19	17	1	0	0	3	0	0	0	1	11	0	0	222	0	0
HE	C3	131	28	117	885	2145	0	1	21	576	0	14	2	37077	0	1309	3713	2156	0
HE	C4	2880	139	3467	1343	77	1	76	60	17	0	3	21	9854	1440	12115	3519	119	18
HE	C5	1100	42	290	654	287	0	642	41	91	0	775	36	9672	0	34304	786	370	0
HE	C6	0	0	0	0	1	2	0	0	2	3	0	0	3122	5023	574	47	4	6
HE	C7	0	0	0	0	0	0	0	0	0	0	4	0	0	0	103629	0	0	0
HE	C8	192	9	77	305	771	131	40	28	791	100	261	-12	43953	62113	11964	812	118	126
SX	C1	0	0	0	8	0	0	0	0	0	0	0	0	0	0	0	0	11911	201
SX	C2	1	36	30	29	3	0	0	6	12	0	0	2	21	0	0	165	382	0
SX	C3	4	1	5	18	14	0	0	5	24	0	0	2	34	0	0	4	7014	0
SX	C4	792	113	661	737	0	0	0	0	31	1	0	12	56	0	0	17	2485	376
SX	C5	201	5	33	184	0	0	0	0	1	0	7	1	14	0	26	0	1348	0
SX	C6	0	0	0	0	29	48	0	0	0	0	0	0	14	23	0	0	2063	3345
SX	C7	0	0	0	0	0	0	0	0	0	0	0	0	0	0	0	0	0	0
SX	C8	0	0	0	0	320	26	57	3	157	10	87	1	101	94	8	5	32590	33524
IM	C1	0	0	4	31	3317	10	17	63	0	0	0	0	1340	251	262	-475	0	0
IM	C2	1	115	5	5	2	0	0	4	7	0	0	10	7	0	0	51	0	0
IM	C3	6	2	7	168	1306	0	0	22	109	0	3	5	282	0	6	23	630	0
IM	C4	500	21	315	271	67	13	0	-3	9	1	0	24	76	0	2	193	14	3
IM	C5	62	3	7	48	35	0	132	7	7	0	93	2	79	0	196	3	53	0
IM	C6	1	11	1	72	85	140	0	7	4	6	0	0	54	90	1	1	8	13
IM	C7	0	0	0	0	0	0	0	0	0	0	17	0	0	0	589	0	0	0
IM	C8	32	2	14	62	431	71	62	29	253	134	143	0	62	30	35	9	133	116
LN	C1	1	0	2	43	4423	13	23	84	0	0	0	0	181	34	35	-64	814	14
LN	C2	11	321	290	90	0	0	0	0	0	0	0	0	0	0	0	2	0	0
LN	C3	105	26	188	973	229	0	0	4	104	0	5	6	140	0	9	15	205	0
LN	C4	2134	167	2797	1843	496	53	0	44	343	5	1	103	543	0	2	162	290	0
LN	C5	3122	40	301	936	93	0	353	18	18	0	225	5	218	0	566	10	56	0
LN	C6	0	0	0	0	33	55	0	3	0	0	0	0	19	29	5	0	1	1
LN	C7	0	0	0	0	0	0	0	0	0	0	91	0	0	0	3101	0	0	0
LN	C8	437	34	189	1406	456	36	39	-1	703	43	66	0	305	384	6	9	97	8
JL	C1	1	0	1	28	41	0	0	1	1381	232	6	94	26	5	5	-9	125	2
JL	C2	0	0	1	1	0	0	0	2	0	0	0	0	3	0	0	25	0	0
JL	C3	28	5	43	414	3156	0	3	49	319	0	21	8	653	0	48	54	1259	0
JL	C4	114	8	140	114	387	75	10	-43	39	8	1	-13	0	0	2	58	3	0
JL	C5	174	5	30	87	144	0	512	24	22	0	289	10	377	0	1143	24	67	0
JL	C6	0	0	0	0	142	234	0	12	7	10	2	0	112	173	48	2	20	29
JL	C7	0	0	0	0	0	0	0	0	0	0	0	0	0	0	0	0	0	0
JL	C8	40	2	16	56	858	87	58	15	790	562	116	-6	502	430	47	13	183	547

续表

地区	部门	ROW C5	ROW C6	ROW C7	ROW C8	BJ F1	BJ F2	BJ F3	BJ F4	TJ F1	TJ F2	TJ F3	TJ F4	HE F1	HE F2	HE F3	HE F4	SX F1	SX F2
HL	C1	1	0	2	33	255	1	1	5	1104	186	5	75	116	22	23	-41	448	8
HL	C2	0	1	3	0	0	0	0	4	0	0	0	2	1	0	0	9	0	0
HL	C3	18	7	28	286	1149	0	1	18	132	0	11	7	312	0	25	26	581	0
HL	C4	53	5	83	67	39	8	0	-5	4	1	0	-1	0	0	1	3	1	0
HL	C5	139	10	74	106	25	0	93	4	5	0	73	2	61	0	173	3	20	0
HL	C6	0	0	0	0	46	77	0	4	1	2	0	0	30	48	9	0	4	6
HL	C7	0	0	0	0	0	0	0	0	0	0	1	0	0	0	44	0	0	0
HL	C8	72	3	28	101	1497	53	244	52	1004	111	286	27	1007	841	24	5	596	8
SH	C1	0	0	1	21	31	0	0	1	9	1	0	1	8	1	2	-3	1	0
SH	C2	0	13	0	1	0	0	0	0	0	0	0	0	0	0	0	0	0	0
SH	C3	288	52	407	1535	950	0	1	17	187	0	9	5	335	0	26	31	600	0
SH	C4	2821	172	2635	2473	553	76	11	8	45	8	0	-10	1	0	2	17	3	0
SH	C5	16624	211	1405	6039	166	0	374	27	71	0	463	24	441	0	1278	25	111	0
SH	C6	0	0	0	0	0	0	0	0	0	0	0	0	0	0	0	0	0	0
SH	C7	0	0	0	0	0	0	0	0	0	0	132	0	0	0	4497	0	0	0
SH	C8	1539	141	738	4572	5089	496	818	188	2566	184	1438	35	1565	1012	329	67	1660	90
JS	C1	2	0	3	50	0	0	0	0	0	0	0	0	0	0	0	0	0	0
JS	C2	0	3	5	2	0	0	0	0	0	0	0	0	0	0	0	0	0	0
JS	C3	1075	178	1322	5173	259	0	1	-4	267	0	15	1	369	0	42	34	481	0
JS	C4	7883	428	7309	5614	48	10	0	-4	5	1	0	-1	0	0	0	57	0	0
JS	C5	30686	545	3640	13082	505	0	394	85	352	0	1640	103	487	0	1125	16	193	0
JS	C6	0	0	0	0	44	73	0	4	10	16	0	0	58	96	0	1	21	35
JS	C7	0	0	0	0	0	0	0	0	0	0	0	0	0	0	0	0	0	0
JS	C8	2	0	1	45	387	44	90	36	526	279	298	16	387	598	45	5	180	3
ZJ	C1	1	1	2	78	121	0	1	2	22	4	0	2	24	5	5	-9	2	0
ZJ	C2	0	1	4	0	0	0	0	0	0	0	0	0	0	0	0	0	0	0
ZJ	C3	1403	201	1479	6248	1610	0	1	25	298	0	10	-4	570	0	28	55	935	0
ZJ	C4	5211	323	6474	4160	639	95	0	-5	49	10	0	-17	1	0	2	0	2	0
ZJ	C5	10957	529	3446	6388	76	0	68	15	81	0	253	16	192	0	511	6	105	0
ZJ	C6	0	0	0	0	56	93	0	5	4	6	1	0	52	80	26	1	12	18
ZJ	C7	0	0	0	0	0	0	0	0	0	0	87	0	0	0	2953	0	0	0
ZJ	C8	2084	105	887	4013	1269	100	130	-4	773	66	299	-6	417	106	29	19	312	7
AH	C1	1	0	1	27	0	0	0	0	0	0	0	0	0	0	0	0	2221	38
AH	C2	0	5	4	0	0	0	0	1	0	0	0	0	0	0	0	2	0	0
AH	C3	65	12	81	448	1212	0	1	17	371	0	14	0	786	0	35	78	1087	0
AH	C4	611	31	696	431	35	6	2	-4	5	1	1	-1	0	0	3	0	5	0
AH	C5	1412	40	244	757	299	0	409	53	196	0	945	53	573	0	1204	15	215	0
AH	C6	0	0	0	0	4	7	0	0	2	3	4	0	45	54	85	1	16	19
AH	C7	0	0	0	0	0	0	0	0	0	0	56	0	0	0	1896	0	0	0
AH	C8	498	27	204	996	52	18	2	2	120	84	50	1	132	201	15	1	16	88
FJ	C1	1	0	2	32	0	0	0	0	0	0	0	0	0	0	0	0	0	0
FJ	C2	0	12	18	0	0	0	0	0	0	0	0	0	0	0	0	0	0	0
FJ	C3	216	43	312	1313	4023	0	0	-40	295	0	3	-15	1982	0	11	155	907	0
FJ	C4	1326	108	2068	1229	0	0	0	0	0	0	0	0	0	0	1	0	0	0
FJ	C5	4441	101	674	1824	0	0	0	0	0	0	0	0	0	0	0	0	0	0
FJ	C6	0	0	0	0	0	0	0	0	0	0	0	0	0	0	0	0	0	0
FJ	C7	0	0	0	0	0	0	0	0	0	0	0	0	0	0	0	0	0	0
FJ	C8	704	80	372	3450	165	24	16	-5	91	1	70	-4	17	1	4	5	30	0
JX	C1	0	1	0	25	3	0	0	0	2	0	0	0	1	0	0	0	0	0
JX	C2	0	5	9	0	0	0	0	2	0	0	0	0	0	0	0	0	0	0
JX	C3	81	12	63	392	127	0	0	1	127	0	7	-3	176	0	21	20	243	0
JX	C4	723	31	849	469	95	19	0	-11	10	2	0	-3	0	0	2	4	1	0
JX	C5	1805	51	284	862	62	0	113	10	28	0	199	9	210	0	417	4	130	0
JX	C6	0	0	0	0	3	4	0	0	4	6	2	0	33	45	39	1	14	20
JX	C7	0	0	0	0	0	0	0	0	0	0	2	0	0	0	66	0	0	0
JX	C8	184	9	71	361	915	116	84	23	630	49	288	-6	473	402	90	18	230	100

续表

地区	部门	ROW C5	ROW C6	ROW C7	ROW C8	BJ F1	BJ F2	BJ F3	BJ F4	TJ F1	TJ F2	TJ F3	TJ F4	HE F1	HE F2	HE F3	HE F4	SX F1	SX F2
SD	C1	4	1	5	161	0	0	0	0	0	0	0	0	0	0	0	0	0	0
SD	C2	2	23	45	7	0	0	0	6	0	0	0	5	0	0	0	7	0	0
SD	C3	957	132	901	4633	37	0	0	4	68	0	0	11	37	0	13	17	96	0
SD	C4	5645	343	6500	4447	452	3	0	141	2	0	0	0	1	0	4	32	115	23
SD	C5	5432	142	898	2073	9	0	16	−6	4	0	170	10	6	0	434	16	13	0
SD	C6	0	0	0	0	143	237	0	12	11	16	11	1	206	283	235	5	56	71
SD	C7	0	0	0	0	0	0	0	0	0	0	0	0	0	0	0	0	0	0
SD	C8	2051	110	840	3641	11	1	1	0	5	1	7	0	15	6	12	0	0	0
HA	C1	1	3	1	89	0	0	0	0	0	0	0	0	0	0	0	0	0	0
HA	C2	0	4	8	6	0	0	0	1	0	0	0	0	0	0	0	0	0	0
HA	C3	54	16	83	508	2798	0	0	44	572	0	0	19	1755	0	12	138	2599	0
HA	C4	825	51	1103	575	41	8	0	−5	5	1	1	−1	0	0	6	11	505	33
HA	C5	845	33	186	687	22	0	30	4	6	0	61	3	292	0	397	−6	236	0
HA	C6	0	0	0	0	0	0	0	0	0	0	0	0	0	0	0	0	0	0
HA	C7	0	0	0	0	0	0	0	0	0	0	2	0	0	0	76	0	0	0
HA	C8	373	22	168	839	848	126	20	−31	577	133	449	−27	286	18	24	26	70	100
HB	C1	0	1	1	32	0	0	0	0	0	0	0	0	0	0	0	0	0	0
HB	C2	1	1	2	4	0	0	0	0	0	0	0	0	0	0	0	0	0	0
HB	C3	48	8	48	340	451	0	0	10	235	0	0	7	404	0	5	35	619	0
HB	C4	747	43	749	599	0	0	0	0	0	0	0	0	0	0	2	0	3	0
HB	C5	3283	53	298	1142	18	0	65	2	5	0	77	2	51	0	166	4	20	0
HB	C6	0	0	0	0	19	31	0	2	0	0	0	0	9	15	0	0	0	0
HB	C7	0	0	0	0	0	0	0	0	0	0	24	0	0	0	804	0	0	0
HB	C8	111	8	52	394	106	2	0	0	84	2	6	0	101	56	4	0	20	17
HN	C1	1	1	1	40	17	0	0	0	6	1	0	0	5	1	1	−2	1	0
HN	C2	0	1	6	0	0	0	0	1	0	0	0	0	0	0	0	0	0	0
HN	C3	28	8	44	235	943	0	0	16	153	0	5	11	384	0	17	32	707	0
HN	C4	576	36	540	430	59	12	0	−7	6	1	0	−2	0	0	2	0	3	0
HN	C5	830	33	143	507	51	0	170	8	8	0	105	4	243	0	603	8	88	0
HN	C6	0	0	0	0	0	0	0	0	1	1	1	0	13	16	26	0	5	6
HN	C7	0	0	0	0	0	0	0	0	0	0	59	0	0	0	2002	0	0	0
HN	C8	0	0	0	7	341	28	17	3	567	62	67	−1	670	854	35	4	74	126
GD	C1	2	6	6	205	948	3	5	18	90	15	0	6	138	26	27	−49	6	0
GD	C2	15	61	119	555	0	0	0	2	0	0	0	0	0	0	0	0	0	0
GD	C3	939	333	1950	9711	3072	0	9	−34	322	0	13	26	683	0	46	67	1353	0
GD	C4	7240	441	11863	7724	531	94	59	−54	48	10	0	−17	0	0	1	0	3	0
GD	C5	43529	1290	7239	31735	1577	0	2198	336	29	0	107	5	489	0	1020	6	175	0
GD	C6	7	106	10	707	55	90	0	5	10	13	14	1	185	232	298	5	61	74
GD	C7	0	0	0	0	0	0	0	0	0	0	0	0	0	0	0	0	0	0
GD	C8	5821	551	2801	21984	2593	8	700	136	1198	0	654	90	42	0	20	−1	1427	0
GX	C1	0	1	2	32	36	0	0	1	10	2	0	1	9	2	2	−3	1	0
GX	C2	0	8	18	1	0	0	0	1	0	0	0	0	0	0	0	0	0	0
GX	C3	67	19	68	510	1182	0	1	19	98	0	11	5	314	0	31	28	681	0
GX	C4	291	32	442	485	7	1	0	−1	1	0	0	0	0	0	1	0	0	0
GX	C5	446	25	189	359	25	0	96	5	4	0	53	1	89	0	245	5	26	0
GX	C6	0	0	0	0	2	4	0	0	0	0	0	0	1	2	0	0	0	0
GX	C7	0	0	0	0	0	0	0	0	0	0	143	0	0	0	4866	0	0	0
GX	C8	26	3	14	121	677	8	153	30	368	9	156	20	150	100	9	1	345	9
HI	C1	0	0	0	5	123	0	1	2	22	4	0	2	25	5	5	−9	2	0
HI	C2	3	6	1	126	0	0	0	1	0	0	0	0	0	0	0	0	0	0
HI	C3	23	5	29	111	130	0	0	2	24	0	1	3	54	0	5	5	102	0
HI	C4	73	55	114	513	196	11	0	37	8	1	0	−1	0	0	0	0	0	0
HI	C5	13	1	4	5	1	0	0	3	0	1	0	11	0	0	3	0	6	0
HI	C6	0	0	0	0	0	0	0	0	1	1	0	0	3	5	0	0	2	3
HI	C7	0	0	0	0	0	0	0	0	0	0	41	0	0	0	1380	0	0	0
HI	C8	41	2	17	71	577	39	62	1	355	127	149	0	221	100	10	8	163	90

地区	部门	ROW C5	ROW C6	ROW C7	ROW C8	BJ F1	BJ F2	BJ F3	BJ F4	TJ F1	TJ F2	TJ F3	TJ F4	HE F1	HE F2	HE F3	HE F4	SX F1	SX F2
CQ	C1	0	0	0	1	110	0	1	2	21	4	0	1	23	4	4	−8	2	0
CQ	C2	0	0	0	0	0	0	0	4	0	0	0	3	0	0	0	2	0	0
CQ	C3	16	2	10	67	1148	0	1	18	180	0	8	2	423	0	25	37	813	0
CQ	C4	253	11	235	165	55	10	5	−6	5	1	0	−2	0	0	1	0	3	0
CQ	C5	2171	34	146	722	117	0	296	20	41	0	233	11	432	0	1082	16	171	0
CQ	C6	0	0	0	0	133	220	0	11	15	24	4	0	157	239	85	3	44	65
CQ	C7	0	0	0	0	0	0	0	0	0	0	191	0	0	0	6560	0	0	0
CQ	C8	775	61	346	2348	396	100	3	55	325	269	191	2	404	265	64	6	73	190
SC	C1	0	0	0	16	18	0	0	0	6	1	0	0	5	1	1	−2	1	0
SC	C2	0	0	0	0	0	0	0	0	0	0	0	0	0	0	0	0	0	0
SC	C3	24	5	21	181	452	0	1	8	130	0	7	9	292	0	22	25	543	0
SC	C4	456	26	387	455	0	0	0	0	17	3	0	−6	0	0	1	0	111	22
SC	C5	4705	41	222	1272	14	0	19	2	1	0	13	1	92	0	130	−2	76	0
SC	C6	0	0	0	0	87	143	0	7	8	13	0	0	69	115	0	1	16	27
SC	C7	0	0	0	0	0	0	0	0	0	0	41	0	0	0	1386	0	0	0
SC	C8	90	4	36	149	292	1	0	0	282	2	97	1	221	55	3	0	52	12
GZ	C1	0	1	1	40	125	0	1	2	23	4	0	2	25	5	5	−9	2	0
GZ	C2	1	3	19	1	0	0	0	1	0	0	0	0	4	0	0	27	0	0
GZ	C3	1	1	2	43	424	0	0	9	96	0	4	1	200	0	10	19	363	0
GZ	C4	154	12	159	210	7	1	0	−1	1	0	0	0	0	0	1	0	446	89
GZ	C5	190	5	20	256	2	0	2	0	2	0	11	1	11	0	25	0	14	0
GZ	C6	0	0	0	0	18	30	0	1	1	1	0	0	11	19	0	0	2	3
GZ	C7	0	0	0	0	0	0	0	0	0	0	50	0	0	0	1689	0	0	0
GZ	C8	0	0	0	4	452	17	87	13	287	107	143	8	211	196	10	3	195	95
YN	C1	1	1	13	113	26	0	0	1	8	1	0	1	7	1	1	−2	1	0
YN	C2	0	0	0	0	0	0	0	0	0	0	0	0	2	0	0	16	0	0
YN	C3	8	5	9	197	715	0	0	13	64	0	0	6	204	0	2	15	405	0
YN	C4	255	30	348	395	0	0	0	0	0	0	0	0	0	0	0	2	13	3
YN	C5	152	7	42	93	0	0	0	0	0	1	0	0	0	0	1	0	1	0
YN	C6	1	10	1	67	18	30	0	1	0	0	0	0	9	15	0	0	0	1
YN	C7	0	0	0	0	0	0	0	0	0	0	3	0	0	0	90	0	0	0
YN	C8	0	0	0	1	24	2	1	0	22	7	16	0	90	87	1	0	4	0
TB	C1	0	0	0	3	32	0	0	1	9	2	0	1	8	1	2	−3	1	0
TB	C2	0	0	0	0	0	0	0	0	0	0	0	0	0	0	0	1	0	0
TB	C3	0	0	2	5	12	0	0	4	0	0	0	0	8	0	0	1	13	0
TB	C4	6	1	8	17	0	0	0	0	0	0	0	0	0	0	0	0	0	0
TB	C5	1	0	1	1	0	0	0	0	0	0	0	0	0	0	0	0	0	0
TB	C6	0	0	0	0	1	1	0	0	0	0	0	0	0	0	0	0	0	0
TB	C7	0	0	0	0	0	0	0	0	0	0	4	0	0	0	135	0	0	0
TB	C8	0	0	0	0	23	2	1	−1	18	0	4	0	20	13	0	1	3	0
SN	C1	1	2	1	58	31	0	0	1	9	1	0	1	8	1	2	−3	1	0
SN	C2	1	0	6	1	0	0	0	1	0	0	0	0	15	0	0	120	7	0
SN	C3	19	3	15	120	1709	0	0	34	181	0	4	11	503	0	18	45	1148	0
SN	C4	296	20	239	206	6	0	2	1	1821	364	0	−646	58	0	2	23	87	16
SN	C5	2827	37	173	1012	81	0	190	13	27	0	229	10	231	0	659	15	118	0
SN	C6	0	0	0	0	123	203	0	10	7	10	2	0	100	155	40	2	19	28
SN	C7	0	0	0	0	0	0	0	0	0	0	174	0	0	0	5964	0	0	0
SN	C8	177	17	92	836	1209	107	320	140	596	39	438	42	122	239	240	2	678	13
GS	C1	0	0	1	13	742	2	4	14	0	0	0	0	457	85	89	−162	685	12
GS	C2	0	0	1	0	0	0	0	0	0	0	0	0	0	0	0	0	0	0
GS	C3	0	0	1	4	4	0	0	2	1	0	0	0	1	0	0	2	1	0
GS	C4	54	3	147	51	1	0	0	0	11	0	0	4	0	0	2	3	2	0
GS	C5	194	2	12	78	0	0	0	0	1	0	6	0	8	0	11	0	11	0
GS	C6	0	0	0	0	7	11	0	1	0	0	0	0	3	5	0	0	0	0
GS	C7	0	0	0	0	0	0	0	0	0	0	20	0	0	0	679	0	0	0
GS	C8	0	0	0	0	55	5	7	0	39	3	15	0	72	75	2	1	15	0

续表

地区	部门	ROW C5	ROW C6	ROW C7	ROW C8	BJ F1	BJ F2	BJ F3	BJ F4	TJ F1	TJ F2	TJ F3	TJ F4	HE F1	HE F2	HE F3	HE F4	SX F1	SX F2
QH	C1	0	0	0	1	77	0	0	1	15	3	0	1	16	3	3	-6	1	0
QH	C2	0	0	0	0	0	0	0	0	0	0	0	0	0	0	0	0	0	0
QH	C3	1	1	3	14	0	0	0	0	0	0	0	0	0	0	0	0	0	0
QH	C4	40	1	20	8	0	0	0	0	0	0	0	0	0	0	0	1	0	0
QH	C5	0	0	0	0	0	0	0	0	0	0	0	0	0	0	0	0	0	0
QH	C6	0	0	0	0	0	0	0	0	0	0	0	0	0	0	0	0	0	0
QH	C7	0	0	0	0	0	0	0	0	0	0	0	0	0	0	0	0	0	0
QH	C8	0	0	0	0	3	0	0	0	1	0	0	0	2	0	0	0	1	0
NX	C1	0	0	0	2	0	0	0	0	0	0	0	0	0	0	0	0	0	0
NX	C2	0	0	0	0	0	0	0	0	0	0	0	0	0	0	0	0	0	0
NX	C3	11	2	8	65	181	0	0	3	38	0	0	1	71	0	0	7	153	0
NX	C4	213	10	128	145	874	175	0	-103	11	2	0	-2	6	0	1	3	131	26
NX	C5	13	0	3	6	0	0	1	0	0	0	5	0	3	0	11	0	7	0
NX	C6	0	0	0	0	15	25	0	1	3	5	0	0	19	32	0	0	7	11
NX	C7	0	0	0	0	0	0	0	0	0	0	0	0	0	0	0	0	0	0
NX	C8	25	1	10	44	0	0	0	0	0	0	0	0	1	1	0	0	0	0
XJ	C1	1	0	1	27	2	0	0	0	1	0	0	0	1	0	0	0	0	0
XJ	C2	0	0	1	0	0	0	0	1	0	0	12	0	0	0	0	0	0	0
XJ	C3	13	11	30	374	8	0	0	0	5	0	0	-1	1	0	0	1	12	0
XJ	C4	419	47	668	586	129	0	0	41	307	61	0	-107	0	0	0	0	176	35
XJ	C5	240	25	129	221	14	0	10	2	8	0	41	2	18	0	39	1	13	0
XJ	C6	0	0	0	1	38	64	0	3	5	8	0	0	35	58	0	0	10	16
XJ	C7	0	0	0	0	0	0	0	0	0	0	0	0	0	0	0	0	0	0
XJ	C8	202	14	94	622	124	19	2	-6	115	1	24	-5	16	6	3	4	5	1
USA	C1	43	18	247	2495	166	1	0	0	19	0	1	0	5	0	0	0	0	0
USA	C2	223	5244	863	2735	0	0	0	0	0	0	0	0	4	0	0	0	0	0
USA	C3	2631	240	3352	16014	267	0	11	0	203	0	13	0	28	0	2	0	35	0
USA	C4	26849	3411	19056	43183	197	1	100	0	49	0	3	0	90	0	1	0	62	0
USA	C5	78675	1038	7924	34345	2648	1	2828	0	571	0	3917	0	67	0	49	0	25	0
USA	C6	54	11	17	600	0	0	0	0	0	0	0	0	0	0	0	0	0	0
USA	C7	0	0	0	8	0	0	0	0	0	0	0	0	0	0	0	0	0	0
USA	C8	42411	7227	23715	197222	4667	340	308	0	961	48	54	0	225	3	2	0	3	0
EU	C1	80	54	248	1621	102	0	0	0	25	0	0	0	1	0	0	0	0	0
EU	C2	245	1004	1408	1223	3	0	0	0	2	0	0	0	2	0	0	0	1	0
EU	C3	5360	1293	8895	40700	584	2	63	0	971	0	72	0	123	0	4	0	184	0
EU	C4	37327	4677	40326	73931	610	8	216	0	273	16	56	0	54	1	90	0	60	0
EU	C5	101253	3663	19194	65619	1623	5	3329	0	475	2	3325	0	128	0	431	0	60	0
EU	C6	440	1384	264	1904	0	0	0	0	0	0	0	0	0	0	0	0	0	0
EU	C7	385	106	514	968	0	0	0	0	0	0	0	0	0	0	0	0	0	0
EU	C8	37277	8303	26994	268601	2396	323	449	0	623	40	100	0	226	12	8	0	3	0
ROW	C1	3424	3922	38166	225752	308	6	4	0	223	12	12	0	51	1	23	0	4	0
ROW	C2	9434	225234	113614	100837	5	0	0	0	8	0	0	0	66	0	1	0	0	0
ROW	C3	82467	23837	130284	766687	1214	0	87	0	3036	0	78	0	513	0	6	0	114	0
ROW	C4	698527	94060	821389	926444	389	3	123	0	278	1	52	0	143	0	57	0	404	0
ROW	C5	990233	20841	109186	449034	2283	6	6152	0	806	2	2464	0	149	0	803	0	357	0
ROW	C6	68149	382962	31838	512385	0	0	0	0	0	0	0	0	0	0	0	0	0	0
ROW	C7	14078	35051	492801	435707	0	1	0	0	0	1	0	0	0	0	0	0	0	0
ROW	C8	819353	272952	740112	7382326	17669	963	1409	0	4444	120	231	0	1510	32	18	0	14	0
CHN	TAXSUB	0	0	0	0	5806	65	6723	0	4059	46	4700	0	6828	77	7907	0	2598	29
USA	TAXSUB	0	0	0	0	69	0	0	0	48	0	0	0	81	0	0	0	31	0
EU	TAXSUB	0	0	0	0	12	0	0	0	8	0	0	0	14	0	0	0	5	0
ROW	TAXSUB	146346	61163	121864	527935	178	0	0	0	124	0	0	0	209	0	0	0	80	0
VA		1507371	835422	1978199	20026984	0	0	0	0	0	0	0	0	0	0	0	0	0	0
TI		4884967	2003093	4821701	32319930	0	0	0	0	0	0	0	0	0	0	0	0	0	0

续表

地区	部门	SX F3	SX F4	IM F1	IM F2	IM F3	IM F4	LN F1	LN F2	LN F3	LN F4	JL F1	JL F2	JL F3	JL F4	HL F1	HL F2	HL F3	HL F4
BJ	C1	0	0	2	1	1	0	0	0	0	0	16	6	1	−8	0	0	0	0
BJ	C2	0	0	0	0	0	0	0	0	0	0	0	0	1	0	0	0	0	1
BJ	C3	6	7	598	0	42	28	304	0	8	16	343	0	10	−83	84	0	13	4
BJ	C4	9	0	9	0	22	0	148	0	19	181	66	12	109	71	36	2	50	7
BJ	C5	1367	17	766	0	718	9	257	0	300	21	408	0	4381	205	637	0	1261	10
BJ	C6	1	0	12	20	1	0	23	38	0	0	726	1201	1	10	193	319	0	2
BJ	C7	0	0	8	0	367	0	0	0	0	0	23	0	2029	0	27	0	2207	0
BJ	C8	29	17	396	580	541	5	2851	1456	2190	−11	309	1191	446	40	2323	1882	794	36
TJ	C1	0	0	0	0	0	0	0	0	0	0	0	0	0	0	0	0	0	0
TJ	C2	0	4	0	0	0	23	0	0	0	1	0	0	0	8	0	0	0	1
TJ	C3	3	5	727	0	20	27	422	0	4	14	458	0	11	−65	271	0	19	4
TJ	C4	10	8	8	0	17	17	3028	605	18	−480	172	34	90	190	97	17	64	−5
TJ	C5	683	8	398	0	271	6	109	0	34	9	95	0	560	16	312	0	444	6
TJ	C6	0	0	0	0	0	0	3	5	0	0	2	4	0	0	0	1	0	0
TJ	C7	0	0	2	0	102	0	0	0	0	0	6	0	564	0	7	0	613	0
TJ	C8	14	10	297	125	605	4	449	340	415	1	149	185	110	23	1434	422	360	27
HE	C1	0	0	630	279	196	−137	2	0	0	1	169	60	8	−90	0	0	0	0
HE	C2	0	3	0	0	0	0	0	0	0	34	0	0	0	20	0	0	0	0
HE	C3	15	17	1187	0	39	42	660	0	10	14	671	0	17	−84	389	0	13	4
HE	C4	48	−6	29	2	55	49	56	8	58	−7	32	3	392	29	194	12	112	47
HE	C5	1459	12	318	0	548	8	91	0	231	13	50	0	788	2	197	0	513	7
HE	C6	1	0	1	1	1	0	6	10	0	0	6	10	2	0	1	2	0	0
HE	C7	0	0	1	0	24	0	0	0	0	0	1	0	133	0	2	0	145	0
HE	C8	7	1	841	123	1699	4	1364	463	618	−1	296	924	143	25	1126	681	101	1
SX	C1	193	922	0	0	0	0	0	0	0	0	0	0	0	0	0	0	0	0
SX	C2	0	2192	0	0	0	36	0	0	0	15	0	0	0	1	1	0	0	0
SX	C3	20	99	23	0	1	1	20	0	0	2	6	0	0	0	15	0	1	1
SX	C4	160	218	7	1	0	8	15	0	0	20	1	0	0	0	10	2	0	−1
SX	C5	5425	63	35	0	13	0	7	0	1	0	8	0	13	0	5	0	19	0
SX	C6	275	20	0	1	0	0	1	2	0	0	23	38	0	0	7	12	0	0
SX	C7	65246	0	0	0	0	0	0	0	0	0	0	0	0	0	0	0	0	0
SX	C8	2777	−239	14	6	1	1	171	151	25	−1	46	13	16	8	357	176	61	4
IM	C1	0	0	1950	864	606	−425	116	18	26	43	0	0	0	0	1	0	0	1
IM	C2	0	5	0	0	0	760	0	0	0	46	0	0	0	62	373	0	0	276
IM	C3	1	8	595	0	2	45	280	0	1	10	397	0	0	−101	43	0	5	2
IM	C4	1	5	3195	496	32	627	13	0	0	16	0	0	0	4	67	11	2	0
IM	C5	259	3	192	0	495	4	16	0	3	1	16	0	30	0	78	0	90	0
IM	C6	0	0	1464	2394	114	54	16	27	0	0	77	127	0	1	23	38	0	0
IM	C7	0	0	1217	0	53896	0	0	0	0	0	6	0	518	0	7	0	564	0
IM	C8	3	2	24271	28530	11285	741	136	582	217	0	84	1447	58	11	318	915	76	4
LN	C1	13	63	325	144	101	−71	8026	1268	1832	2951	20	7	1	−10	0	0	0	0
LN	C2	0	0	0	0	0	2	0	0	0	215	0	0	0	5	4	0	0	9
LN	C3	1	4	182	0	17	11	14332	0	67	748	187	0	3	−41	86	0	10	5
LN	C4	3	202	455	1	6	137	161	0	395	528	647	106	140	570	484	90	94	−33
LN	C5	355	3	222	0	189	3	7617	0	5368	632	214	0	1978	71	710	0	956	12
LN	C6	2	0	2	2	3	0	3150	4989	904	104	28	46	4	0	8	14	0	0
LN	C7	0	0	11	0	493	0	1756	0	52138	0	30	0	2727	0	36	0	2965	0
LN	C8	2	1	524	97	0	4	46361	69865	10371	299	194	200	12	11	976	284	41	5
JL	C1	2	10	1	1	0	0	177	28	40	65	1131	402	52	−602	0	0	0	0
JL	C2	0	1	0	0	0	16	0	0	0	5	0	0	0	0	1	0	0	61
JL	C3	21	13	1293	0	59	62	1853	0	193	46	0	0	0	0	947	0	67	20
JL	C4	5	0	101	0	19	15	1317	220	110	−17	0	0	0	0	152	21	516	−4
JL	C5	438	3	278	0	360	5	166	0	878	27	0	0	0	0	3163	0	4792	69
JL	C6	18	0	14	17	23	1	24	39	1	0	0	0	0	0	38	63	0	0
JL	C7	0	0	0	0	0	0	0	0	0	0	481	0	43173	0	0	0	0	0
JL	C8	7	2	332	97	488	3	1086	2749	22	0	11439	26752	4514	33	1113	4408	65	3

续表

地区	部门	SX	SX	IM	IM	IM	IM	LN	LN	LN	LN	JL	JL	JL	JL	HL	HL	HL	HL
		F3	F4	F1	F2	F3	F4	F1	F2	F3	F4	F1	F2	F3	F4	F1	F2	F3	F4
HL	C1	7	35	11	5	3	-2	367	58	84	135	0	0	0	0	7337	2248	0	3178
HL	C2	0	1	0	0	0	127	0	0	0	57	0	0	0	62	156	0	0	135
HL	C3	9	7	560	0	36	30	684	0	55	25	1524	0	412	-310	12073	0	525	1344
HL	C4	2	0	18	0	3	3	89	17	7	-13	97	17	123	100	3001	436	374	46
HL	C5	132	1	86	0	116	2	22	0	173	4	84	0	934	19	152	0	3631	50
HL	C6	3	0	3	4	4	0	6	9	0	0	43	69	6	1	1614	2599	285	52
HL	C7	0	0	0	0	7	0	0	0	0	0	0	0	39	0	481	0	39734	0
HL	C8	9	8	396	117	595	2	2149	1712	136	-3	186	194	35	8	23235	26474	2889	-4
SH	C1	0	0	1	0	0	0	0	0	0	0	3	1	0	-1	0	0	0	0
SH	C2	0	0	0	0	0	0	0	0	0	0	0	0	0	0	0	0	0	0
SH	C3	8	8	507	0	27	23	312	0	17	12	448	0	51	-87	135	0	12	4
SH	C4	5	1	5	0	12	17	168	0	19	205	7	0	149	11	25	0	44	9
SH	C5	490	5	222	0	297	4	121	0	189	13	329	0	9360	222	348	0	729	8
SH	C6	0	0	0	0	0	0	0	0	0	0	0	0	0	0	0	0	0	0
SH	C7	0	0	16	0	713	0	0	0	0	0	44	0	3954	0	52	0	4300	0
SH	C8	36	23	827	593	114	18	4538	1068	1829	-17	802	687	501	97	4151	1427	980	64
JS	C1	0	0	0	0	0	0	0	0	0	0	0	0	0	0	0	0	0	0
JS	C2	0	0	0	0	0	0	0	0	0	0	0	0	0	0	0	0	0	0
JS	C3	15	0	350	0	39	9	276	0	32	-2	240	0	132	30	274	0	13	5
JS	C4	0	1	0	0	0	113	109	22	0	-17	0	0	32	1	0	0	0	3
JS	C5	403	7	205	0	402	3	374	0	379	42	138	0	2861	1	289	0	1214	10
JS	C6	0	0	1	1	0	0	38	63	0	0	62	102	0	1	16	26	0	0
JS	C7	0	0	0	0	0	0	0	0	0	0	0	0	0	0	0	0	0	0
JS	C8	3	3	2269	903	3915	4	5728	1414	1020	-23	140	1129	213	3	2234	2166	278	12
ZJ	C1	0	0	3	1	1	-1	0	0	0	0	35	13	2	-19	0	0	0	0
ZJ	C2	0	0	0	0	0	0	0	0	0	0	0	0	0	0	0	0	0	0
ZJ	C3	10	11	815	0	29	34	587	0	21	12	820	0	77	-125	282	0	11	3
ZJ	C4	3	0	4	1	3	1	162	0	3	204	1	0	17	0	24	0	21	9
ZJ	C5	291	4	143	0	263	2	136	0	206	13	71	0	3260	15	176	0	745	5
ZJ	C6	10	0	7	9	12	1	14	24	0	0	63	99	19	1	16	26	0	0
ZJ	C7	0	0	11	0	469	0	0	0	0	0	29	0	2597	0	34	0	2824	0
ZJ	C8	7	3	142	181	17	5	657	271	418	0	293	258	128	30	1113	491	176	8
AH	C1	36	172	1	1	0	0	0	0	0	0	0	0	0	0	0	0	0	0
AH	C2	0	0	0	0	0	0	0	0	0	0	0	0	0	0	0	0	0	0
AH	C3	13	15	861	0	39	31	642	0	27	20	664	0	88	-63	368	0	2	5
AH	C4	8	3	9	1	15	1	74	14	19	-11	39	7	132	38	42	8	60	-3
AH	C5	668	11	319	0	347	4	279	0	336	31	132	0	1128	3	405	0	1078	9
AH	C6	32	1	20	23	40	2	1	2	1	0	35	42	62	2	1	2	0	0
AH	C7	0	0	7	0	301	0	0	0	0	0	19	0	1667	0	22	0	1813	0
AH	C8	2	0	51	132	4	0	264	243	217	-1	80	685	47	1	357	530	17	0
FJ	C1	0	0	0	0	0	0	0	0	0	0	0	0	0	0	0	0	0	0
FJ	C2	0	0	0	0	0	0	0	0	0	0	0	0	0	0	0	0	0	0
FJ	C3	3	-3	1567	0	14	8	6229	0	4	-85	1437	0	10	44	1469	0	10	-8
FJ	C4	0	0	0	0	0	0	0	0	0	0	0	0	0	0	0	0	1	0
FJ	C5	0	0	0	0	0	0	0	0	0	0	0	0	0	0	0	0	0	0
FJ	C6	0	0	0	0	0	0	0	0	0	0	0	0	0	0	0	0	0	0
FJ	C7	0	0	0	0	0	0	0	0	0	0	0	0	0	0	0	0	0	0
FJ	C8	1	0	3	1	0	1	37	0	133	0	49	6	37	8	80	7	25	0
JX	C1	0	0	0	0	0	0	0	0	0	0	0	0	0	0	0	0	0	0
JX	C2	0	0	0	0	0	0	0	0	0	0	0	0	0	0	0	0	0	0
JX	C3	6	-1	219	0	24	4	126	0	10	-1	173	0	22	14	209	0	12	1
JX	C4	2	1	1	0	2	0	237	47	1	-38	25	5	7	28	20	4	15	-2
JX	C5	366	6	154	0	168	2	107	0	99	10	67	0	248	-5	195	0	556	4
JX	C6	14	0	9	11	18	1	12	20	1	0	25	34	28	1	2	4	0	0
JX	C7	0	0	0	0	10	0	0	0	0	0	1	0	58	0	1	0	63	0
JX	C8	9	2	1255	196	2748	4	1389	185	568	-2	206	292	130	25	1390	291	151	5

续表

地区	部门	SX F3	SX F4	IM F1	IM F2	IM F3	IM F4	LN F1	LN F2	LN F3	LN F4	JL F1	JL F2	JL F3	JL F4	HL F1	HL F2	HL F3	HL F4
SD	C1	0	0	0	0	0	0	0	0	0	0	0	0	0	0	0	0	0	0
SD	C2	0	0	0	0	0	0	0	0	0	0	0	0	0	5	0	0	0	3
SD	C3	2	0	52	0	1	4	75	0	2	0	33	0	12	10	45	0	15	2
SD	C4	0	−9	21	2	0	16	928	10	0	1108	701	4	0	84	57	4	0	12
SD	C5	166	−3	10	0	348	1	6	0	313	5	4	0	922	10	7	0	388	4
SD	C6	87	2	58	68	111	6	27	44	4	0	213	311	171	6	39	64	1	1
SD	C7	0	0	0	0	0	0	0	0	0	0	0	0	0	0	0	0	0	0
SD	C8	0	0	16	5	7	0	22	3	16	0	8	2	3	0	17	2	5	0
HA	C1	0	0	0	0	0	0	0	0	0	0	0	0	0	0	0	0	0	0
HA	C2	0	3	0	0	0	0	0	0	0	1	0	0	0	0	0	0	0	0
HA	C3	2	29	1761	0	1	73	1065	0	2	32	1109	0	10	−198	477	0	14	12
HA	C4	13	−27	20	1	13	6	180	35	10	−28	162	29	63	201	155	30	43	−16
HA	C5	648	8	119	0	515	1	99	0	563	14	76	0	3309	37	143	0	1111	6
HA	C6	0	0	0	0	0	0	0	0	0	0	0	0	0	0	0	0	0	0
HA	C7	0	0	0	0	12	0	0	0	0	0	1	0	67	0	1	0	73	0
HA	C8	5	−1	519	37	1143	6	904	515	1467	−3	302	1334	320	39	868	896	109	−3
HB	C1	0	0	0	0	0	0	0	0	0	0	0	0	0	0	0	0	0	0
HB	C2	0	0	0	0	0	0	0	0	0	0	0	0	0	0	0	0	0	0
HB	C3	1	7	476	0	0	20	324	0	1	11	274	0	3	−30	203	0	8	7
HB	C4	5	0	18	3	7	3	4	1	6	0	8	1	42	7	80	16	31	−9
HB	C5	174	1	70	0	55	1	0	0	1	0	0	0	2	0	51	0	55	1
HB	C6	0	0	0	0	0	0	1	1	0	0	15	25	0	0	5	8	0	0
HB	C7	0	0	3	0	128	0	0	0	0	0	8	0	707	0	9	0	769	0
HB	C8	1	0	10	18	1	0	102	5	20	0	18	28	5	1	79	8	2	0
HN	C1	0	0	1	0	0	0	0	0	0	0	1	0	0	−1	0	0	0	0
HN	C2	0	0	0	0	0	0	0	0	0	0	0	0	0	0	0	0	0	0
HN	C3	4	9	559	0	20	30	376	0	6	16	390	0	12	−101	72	0	10	6
HN	C4	5	0	3	0	7	0	2	0	6	0	2	0	42	0	2	0	32	0
HN	C5	427	4	149	0	236	2	61	0	183	6	93	0	1245	43	222	0	614	4
HN	C6	10	0	6	7	12	1	0	0	0	0	10	12	19	0	0	0	0	0
HN	C7	0	0	7	0	319	0	0	0	0	0	20	0	1761	0	23	0	1914	0
HN	C8	6	1	179	140	168	1	899	538	158	0	203	259	43	6	1307	1095	30	1
GD	C1	0	0	21	9	6	−4	0	0	0	0	1516	539	69	−807	0	0	0	0
GD	C2	0	0	0	0	0	0	0	0	0	0	0	0	0	0	0	0	0	0
GD	C3	23	15	1125	0	40	50	1077	0	78	−1	1439	0	791	−58	304	0	30	8
GD	C4	6	0	7	0	19	0	9	0	31	0	11	0	269	1	7	0	57	1
GD	C5	599	10	192	0	183	1	143	0	121	9	681	0	9552	441	490	0	1241	5
GD	C6	111	2	71	83	141	7	14	22	5	0	159	209	218	6	16	25	2	0
GD	C7	0	0	0	0	0	0	0	0	0	0	0	0	0	0	0	0	0	0
GD	C8	21	23	1	0	1	0	0	0	0	0	13	2	3	3	2294	2	691	65
GX	C1	0	0	1	0	0	0	0	0	0	0	4	1	0	−2	0	0	0	0
GX	C2	0	0	0	0	0	0	0	0	0	0	0	0	0	0	0	0	0	0
GX	C3	15	8	532	0	37	28	339	0	35	12	530	0	210	−91	43	0	5	3
GX	C4	0	1	0	0	0	0	0	0	0	0	0	0	0	0	1	0	2	0
GX	C5	165	1	83	0	70	1	7	0	23	1	29	0	279	14	97	0	108	2
GX	C6	0	0	0	0	0	0	0	0	0	0	2	3	0	0	1	1	0	0
GX	C7	0	0	17	0	770	0	0	0	0	0	48	0	4278	0	56	0	4653	0
GX	C8	5	5	173	28	247	1	676	53	29	−3	21	35	6	2	759	82	159	15
HI	C1	0	0	3	1	1	−1	0	0	0	0	36	13	2	−19	0	0	0	0
HI	C2	0	0	0	0	0	0	0	0	0	0	0	0	0	0	0	0	0	0
HI	C3	1	1	93	0	7	5	60	0	1	2	61	0	3	−15	21	0	8	1
HI	C4	0	0	0	0	0	0	122	0	155	0	0	0	0	1	20	0	0	8
HI	C5	19	0	14	0	8	0	1	0	0	0	2	0	7	0	7	0	11	0
HI	C6	0	0	0	0	0	0	3	5	0	0	2	4	0	0	0	1	0	0
HI	C7	0	0	5	0	219	0	0	0	0	0	14	0	1214	0	16	0	1319	0
HI	C8	3	2	78	110	5	2	721	545	251	−3	99	1171	69	12	507	877	88	5

地区	部门	SX F3	SX F4	IM F1	IM F2	IM F3	IM F4	LN F1	LN F2	LN F3	LN F4	JL F1	JL F2	JL F3	JL F4	HL F1	HL F2	HL F3	HL F4
CQ	C1	0	0	3	1	1	−1	0	0	0	0	29	10	1	−15	0	0	0	0
CQ	C2	0	0	0	0	0	0	0	0	0	0	0	0	0	1	0	0	0	1
CQ	C3	10	7	715	0	32	29	372	0	16	10	575	0	50	−97	208	0	11	3
CQ	C4	6	0	5	0	13	0	4	0	14	0	34	3	111	67	34	6	38	−3
CQ	C5	654	9	280	0	295	4	121	0	133	11	270	0	3712	148	353	0	760	6
CQ	C6	32	1	22	27	40	2	54	89	1	0	175	274	62	4	41	68	0	1
CQ	C7	0	0	23	0	1034	0	0	0	0	0	64	0	5765	0	76	0	6272	0
CQ	C8	2	0	259	257	318	1	1324	1025	819	−5	125	2355	169	3	886	1816	64	1
SC	C1	0	0	1	0	0	0	0	0	0	0	1	0	0	−1	0	0	0	0
SC	C2	0	0	0	0	0	0	0	0	0	0	0	0	0	0	0	0	0	0
SC	C3	8	6	395	0	30	21	276	0	13	11	186	0	32	−39	66	0	7	6
SC	C4	0	−9	4	1	0	1	0	0	0	0	1	0	0	1	7	1	0	−1
SC	C5	199	3	50	0	124	0	57	0	89	4	40	0	185	1	97	0	433	1
SC	C6	0	0	2	3	0	0	31	51	0	0	89	147	0	1	25	41	0	0
SC	C7	0	0	5	0	220	0	0	0	0	0	14	0	1219	0	16	0	1326	0
SC	C8	0	0	45	15	0	0	576	4	441	−2	66	19	88	1	270	5	25	0
GZ	C1	0	0	3	1	1	−1	0	0	0	0	38	14	2	−20	0	0	0	0
GZ	C2	0	0	0	0	0	0	0	0	0	0	0	0	0	0	0	0	0	16
GZ	C3	3	6	320	0	18	14	172	0	4	10	225	0	6	−42	83	0	2	2
GZ	C4	2	−41	22	4	3	4	92	18	3	−15	65	13	18	67	225	45	15	−25
GZ	C5	28	1	21	0	20	0	9	0	4	1	7	0	27	−1	12	0	38	1
GZ	C6	0	0	0	0	0	0	3	6	0	0	16	27	0	0	5	8	0	0
GZ	C7	0	0	6	0	269	0	0	0	0	0	17	0	1486	0	20	0	1615	0
GZ	C8	4	3	33	30	20	1	306	666	211	0	63	1045	49	5	615	909	102	8
YN	C1	0	0	1	0	0	0	0	0	0	0	2	1	0	−1	0	0	0	0
YN	C2	0	0	0	0	0	0	0	0	0	0	0	0	0	0	0	0	0	0
YN	C3	0	6	379	0	0	20	220	0	0	10	312	0	1	−87	33	0	5	3
YN	C4	0	−1	18	4	0	3	0	0	0	0	0	0	0	0	2	0	0	0
YN	C5	2	0	4	0	1	0	0	0	1	0	1	0	1	0	0	0	2	0
YN	C6	0	0	0	0	0	0	0	0	0	0	15	24	0	0	4	7	0	0
YN	C7	0	0	0	0	14	0	0	0	0	0	79	0	1	0	0	0	86	0
YN	C8	0	0	47	1	96	0	164	149	62	0	7	1	12	1	181	164	5	0
TB	C1	0	0	1	0	0	0	0	0	0	0	3	1	0	−2	0	0	0	0
TB	C2	0	0	0	0	0	0	0	0	0	0	0	0	0	0	0	0	0	0
TB	C3	0	0	12	0	0	1	9	0	0	0	6	0	0	−2	2	0	0	0
TB	C4	0	0	0	0	0	0	0	0	0	0	0	0	0	0	0	0	0	0
TB	C5	0	0	0	0	0	0	0	0	0	0	0	0	0	0	0	0	0	0
TB	C6	0	0	0	0	0	0	0	0	0	0	0	1	0	0	0	0	0	0
TB	C7	0	0	0	0	22	0	0	0	0	0	1	0	119	0	2	0	129	0
TB	C8	0	0	17	2	0	0	149	0	5	−1	5	1	2	1	21	1	1	0
SN	C1	0	0	1	0	0	0	9	1	2	3	3	1	0	−2	0	0	0	0
SN	C2	0	37	0	0	0	25	0	0	0	0	0	0	0	9	0	0	0	2
SN	C3	4	16	879	0	21	46	442	0	4	19	653	0	10	−161	96	0	13	5
SN	C4	9	−8	7	0	14	29	23	0	11	22	5	0	79	2	19	3	36	0
SN	C5	526	4	198	0	334	5	44	0	148	7	26	0	418	2	139	0	341	5
SN	C6	15	0	12	14	19	1	24	40	1	0	128	204	29	2	34	56	0	0
SN	C7	0	0	21	0	940	0	0	0	0	0	58	0	5241	0	69	0	5702	0
SN	C8	11	11	17	100	76	0	215	332	323	−1	25	122	56	2	1245	387	387	29
GS	C1	11	53	34	15	11	−7	1	0	0	0	0	0	0	0	0	0	0	0
GS	C2	0	0	0	0	0	0	0	0	0	0	0	0	0	0	0	0	0	0
GS	C3	0	0	6	0	0	1	3	0	0	2	2	0	0	0	4	0	0	0
GS	C4	4	1	5	0	7	0	1	0	4	0	1	0	26	0	3	0	24	1
GS	C5	28	1	25	0	10	0	9	0	2	0	10	0	11	0	10	0	35	0
GS	C6	0	0	0	0	0	0	0	0	0	0	5	9	0	0	2	3	0	0
GS	C7	0	0	2	0	108	0	0	0	0	0	7	0	597	0	8	0	649	0
GS	C8	0	0	20	7	0	0	218	106	18	−1	13	10	5	2	152	122	8	1

地区	部门	SX F3	SX F4	IM F1	IM F2	IM F3	IM F4	LN F1	LN F2	LN F3	LN F4	JL F1	JL F2	JL F3	JL F4	HL F1	HL F2	HL F3	HL F4
QH	C1	0	0	2	1	1	0	0	0	0	0	18	6	1	-10	0	0	0	0
QH	C2	0	0	0	0	0	0	0	0	0	0	0	0	0	0	0	0	0	0
QH	C3	0	0	0	0	0	0	0	0	0	0	0	0	0	0	0	0	0	0
QH	C4	0	1	2	0	0	0	0	0	0	0	0	0	0	0	0	0	0	0
QH	C5	0	0	0	0	0	0	0	0	0	0	0	0	0	0	0	0	0	0
QH	C6	0	0	0	0	0	0	0	0	0	0	0	0	0	0	0	0	0	0
QH	C7	0	0	0	0	0	0	0	0	0	0	0	0	0	0	0	0	0	0
QH	C8	0	0	0	0	0	0	2	0	0	0	0	0	0	0	2	0	0	0
NX	C1	0	0	0	0	0	0	0	0	0	0	0	0	0	0	0	0	0	0
NX	C2	0	0	0	0	0	6	0	0	0	0	0	0	0	0	0	0	0	0
NX	C3	0	1	168	0	0	12	86	0	0	2	77	0	0	-13	21	0	0	0
NX	C4	0	-11	9	0	0	2	46	0	0	59	14	0	0	1	7	1	1	0
NX	C5	27	0	15	0	33	0	2	0	2	0	3	0	9	0	5	0	19	0
NX	C6	0	0	0	1	0	0	12	20	0	0	21	34	0	0	5	9	0	0
NX	C7	0	0	0	0	0	0	0	0	0	0	0	0	0	0	0	0	0	0
NX	C8	0	0	0	0	0	0	0	0	0	0	0	0	0	0	0	0	0	0
XJ	C1	0	0	2721	1207	846	-594	0	0	0	0	0	0	0	0	0	0	0	0
XJ	C2	0	0	0	0	0	1	0	0	0	0	0	0	0	0	0	0	0	0
XJ	C3	0	0	6	0	0	1	12	0	0	-1	8	0	0	3	6	0	0	-1
XJ	C4	0	-12	2	0	0	0	112	0	0	141	1	0	0	2	30	2	1	6
XJ	C5	10	1	16	0	23	1	19	0	10	2	9	0	49	-2	16	0	55	1
XJ	C6	0	0	1	1	0	0	18	30	0	0	43	70	0	1	12	19	0	0
XJ	C7	0	0	0	0	0	0	0	0	0	0	0	0	0	0	0	0	0	0
XJ	C8	1	0	17	2	0	1	97	0	9	0	55	7	10	6	70	6	4	-1
USA	C1	0	0	0	0	0	0	39	0	0	0	2	0	0	0	0	0	0	0
USA	C2	0	0	2	0	0	0	2	0	0	0	0	0	0	0	1	0	0	0
USA	C3	24	0	56	0	0	0	539	0	3	0	1	0	0	0	13	0	0	0
USA	C4	1	0	8	0	2	0	131	0	6	0	0	0	0	0	1	0	1	0
USA	C5	106	0	3	0	152	0	65	0	257	0	1	0	6	0	2	0	20	0
USA	C6	0	0	0	0	0	0	0	0	0	0	0	0	0	0	0	0	0	0
USA	C7	0	0	0	0	0	0	0	0	0	0	0	0	0	0	0	0	0	0
USA	C8	0	0	2	1	0	0	1614	86	189	0	1597	36	1503	0	391	0	101	0
EU	C1	0	0	0	0	0	0	4	0	1	0	0	0	3	0	0	0	1	0
EU	C2	0	0	1	0	0	0	0	0	0	0	0	0	0	0	0	0	0	0
EU	C3	8	0	4	0	1	0	287	0	9	0	6	0	7	0	31	0	2	0
EU	C4	34	0	9	0	3	0	284	0	50	0	5	0	15	0	1	0	11	0
EU	C5	465	0	42	0	221	0	264	0	574	0	265	0	1088	0	3	0	85	0
EU	C6	0	0	0	0	0	0	2	0	0	0	0	0	0	0	0	1	0	0
EU	C7	0	0	0	0	0	0	0	0	0	0	0	0	0	0	0	0	0	0
EU	C8	0	0	2	2	0	0	1527	146	243	0	1672	60	1737	0	410	2	117	0
ROW	C1	21	0	280	18	165	0	169	0	10	0	39	0	1	0	74	0	175	0
ROW	C2	0	0	35	0	0	0	30	0	0	0	0	0	0	0	11	0	0	0
ROW	C3	7	0	1128	0	3	0	2495	0	23	0	163	0	11	0	132	0	1	0
ROW	C4	15	0	80	0	7	0	210	0	68	0	7	0	3	0	16	0	1	0
ROW	C5	537	0	30	0	113	0	164	0	826	0	15	0	121	0	1	0	69	0
ROW	C6	0	0	0	0	0	0	3	0	0	0	0	0	0	0	0	17	0	0
ROW	C7	0	0	0	0	0	0	0	0	0	0	0	0	0	0	0	0	0	0
ROW	C8	0	0	7	7	0	0	7478	335	573	0	5707	137	3986	0	1329	5	269	0
CHN	TAXSUB	3009	0	2458	28	2847	0	4210	47	4875	0	3156	36	3655	0	2462	28	2851	0
USA	TAXSUB	0	0	29	0	0	0	50	0	0	0	37	0	0	0	29	0	0	0
EU	TAXSUB	0	0	5	0	0	0	9	0	0	0	6	0	0	0	5	0	0	0
ROW	TAXSUB	0	0	75	0	0	0	129	0	0	0	97	0	0	0	75	0	0	0
VA		0	0	0	0	0	0	0	0	0	0	0	0	0	0	0	0	0	0
TI		0	0	0	0	0	0	0	0	0	0	0	0	0	0	0	0	0	0

续表

地区	部门	SH F1	SH F2	SH F3	SH F4	JS F1	JS F2	JS F3	JS F4	ZJ F1	ZJ F2	ZJ F3	ZJ F4	AH F1	AH F2	AH F3	AH F4	FJ F1	FJ F2
BJ	C1	0	0	0	0	0	0	0	0	35	1	1	-6	13	2	5	2	1	0
BJ	C2	0	0	0	0	0	0	0	0	0	0	0	0	0	0	0	0	0	0
BJ	C3	433	0	0	16	435	0	6	24	688	0	2	28	19	0	0	-2	112	0
BJ	C4	61	0	1	15	0	0	9	0	141	28	6	133	1	0	0	4	0	0
BJ	C5	256	0	1340	112	155	0	183	13	69	0	194	4	34	0	179	15	92	0
BJ	C6	61	101	1	1	2	2	1	0	0	0	0	0	139	230	2	3	0	0
BJ	C7	128	0	3138	0	29	0	1917	0	15	0	362	0	7	0	169	0	0	0
BJ	C8	2285	596	1441	19	2922	4047	393	182	654	193	74	71	1023	340	1697	41	9	4
TJ	C1	1	0	0	0	0	0	0	0	0	0	0	0	0	0	0	0	0	0
TJ	C2	0	0	0	0	0	0	0	0	0	0	0	0	0	0	0	0	0	0
TJ	C3	396	0	0	14	344	0	1	19	289	0	1	16	29	0	0	-4	125	0
TJ	C4	5	0	0	2	1	0	14	44	61	12	6	58	1	0	0	0	0	0
TJ	C5	55	0	288	24	96	0	123	9	41	0	31	3	16	0	60	9	62	0
TJ	C6	0	0	0	0	0	0	0	0	2	3	0	0	4	7	0	0	0	0
TJ	C7	36	0	872	0	8	0	533	0	4	0	101	0	2	0	47	0	0	0
TJ	C8	2366	110	598	19	517	670	64	33	295	109	99	38	491	82	157	10	5	2
HE	C1	0	0	0	0	147	31	2	-33	3644	96	121	-612	0	0	0	0	94	36
HE	C2	0	0	0	0	0	0	0	1	0	0	0	0	0	0	0	0	0	0
HE	C3	682	0	0	25	540	0	11	31	596	0	2	511	33	0	0	-5	523	0
HE	C4	30	0	18	0	11	2	27	182	3	0	27	3	6	1	0	34	5	1
HE	C5	35	0	130	16	68	0	128	9	33	0	90	4	16	0	190	15	53	0
HE	C6	1	1	1	0	0	1	1	0	3	5	0	0	10	15	3	0	0	0
HE	C7	8	0	205	0	2	0	126	0	1	0	24	0	0	0	11	0	0	0
HE	C8	2470	291	992	-54	2559	1178	55	23	1554	309	254	41	1609	42	216	0	28	12
SX	C1	0	0	0	0	0	0	0	0	0	0	0	0	0	0	0	0	0	0
SX	C2	0	0	0	0	237	0	127	38	0	0	0	1	0	0	0	37	1	0
SX	C3	3	0	0	0	0	0	0	0	0	0	0	0	0	0	0	0	7	0
SX	C4	0	0	0	0	12	0	0	6	1	0	0	0	0	0	0	1	11	1
SX	C5	0	0	0	0	0	0	0	0	0	0	0	0	1	0	2	1	2	0
SX	C6	2	4	0	0	0	0	0	0	0	0	0	0	5	9	0	0	0	0
SX	C7	0	0	0	0	0	0	0	0	0	0	0	0	0	0	0	0	0	0
SX	C8	344	41	32	-12	138	38	1	6	57	24	6	15	91	55	20	0	0	0
IM	C1	0	0	0	0	57	12	1	-13	97	3	3	-16	769	100	317	98	0	0
IM	C2	0	0	0	0	0	0	0	0	0	0	0	0	0	0	0	0	0	0
IM	C3	518	0	0	18	522	0	0	27	1196	0	1	57	3	0	0	0	130	0
IM	C4	0	0	0	0	0	0	1	19	0	0	0	0	0	0	0	1	0	0
IM	C5	2	0	12	1	17	0	16	1	11	0	9	0	4	0	4	1	19	0
IM	C6	7	11	0	0	0	0	0	0	7	11	0	0	33	54	1	0	0	0
IM	C7	33	0	802	0	7	0	490	0	4	0	92	0	2	0	43	0	0	0
IM	C8	587	78	157	-17	368	1482	11	11	167	35	10	19	164	4	41	1	0	0
LN	C1	0	0	0	0	129	27	1	-29	50	1	2	-8	139	18	57	18	0	0
LN	C2	0	0	0	0	0	0	0	0	0	0	0	0	0	0	0	0	0	0
LN	C3	117	0	0	15	74	2	2	5	20	0	1	3	9	0	0	-1	63	0
LN	C4	237	0	0	61	8	0	6	3	100	20	2	95	109	0	0	24	0	0
LN	C5	40	0	222	17	71	0	65	5	34	0	45	3	9	0	22	3	53	0
LN	C6	4	6	3	0	1	1	2	0	0	0	0	0	10	14	8	0	0	0
LN	C7	172	0	4217	0	39	0	2576	0	21	0	486	0	9	0	227	0	0	0
LN	C8	1002	576	13	-17	4842	253	0	28	1395	33	7	19	1378	24	12	4	0	0
JL	C1	0	0	0	0	256	54	3	-57	0	0	0	0	173	22	71	22	2	1
JL	C2	0	0	0	0	0	0	0	0	0	0	0	0	0	0	0	0	0	0
JL	C3	1662	0	1	52	1928	0	81	114	8338	0	3	411	17	0	0	-2	329	0
JL	C4	9	0	5	0	1	0	10	38	279	56	10	264	1	0	0	0	0	0
JL	C5	371	0	2114	163	134	0	176	13	48	0	170	8	10	0	250	9	81	0
JL	C6	24	33	24	1	11	13	21	4	10	16	0	0	85	123	71	2	0	0
JL	C7	0	0	0	0	0	0	0	0	0	0	0	0	0	0	0	0	0	0
JL	C8	2002	459	207	-35	3008	6762	38	17	1497	342	96	31	1216	105	39	0	34	15

地区	部门	SH F1	SH F2	SH F3	SH F4	JS F1	JS F2	JS F3	JS F4	ZJ F1	ZJ F2	ZJ F3	ZJ F4	AH F1	AH F2	AH F3	AH F4	FJ F1	FJ F2
HL	C1	4	1	0	0	501	105	5	−112	0	0	0	0	250	32	103	32	0	0
HL	C2	0	0	0	0	0	0	0	0	0	0	0	0	0	0	0	0	0	0
HL	C3	669	0	1	21	623	0	28	37	1117	0	2	42	4	0	0	0	179	0
HL	C4	0	0	0	0	0	0	3	0	0	0	1	0	0	0	0	0	0	0
HL	C5	10	0	51	4	24	0	27	2	13	0	15	1	3	0	9	1	21	0
HL	C6	6	9	4	0	2	2	4	1	2	3	0	0	20	29	13	0	0	0
HL	C7	2	0	60	0	1	0	36	0	0	0	7	0	0	0	3	0	0	0
HL	C8	2439	785	324	30	2866	338	13	9	1158	50	85	14	1559	483	76	5	3	1
SH	C1	2536	356	0	15	0	0	0	0	10	0	0	−2	6	1	2	1	0	0
SH	C2	0	0	0	0	0	0	0	0	0	0	0	0	0	0	0	0	0	0
SH	C3	1	0	0	0	1737	0	79	112	5409	0	13	230	58	0	1	−5	287	0
SH	C4	180	0	0	47	3	0	54	3	399	76	134	364	1	0	0	19	0	0
SH	C5	0	0	0	0	703	0	1172	81	608	0	2664	88	65	0	1335	59	238	0
SH	C6	2446	3815	941	50	0	0	0	0	0	0	0	0	0	0	0	0	0	0
SH	C7	100	0	2454	0	57	0	3734	0	30	0	704	0	13	0	329	0	0	0
SH	C8	49575	45030	25005	387	6020	1764	149	98	1749	596	112	166	1773	223	538	14	33	14
JS	C1	0	0	0	0	16988	3556	184	−3797	382	10	13	−64	0	0	0	0	11	4
JS	C2	0	0	0	0	111	0	0	77	0	0	0	0	0	0	0	0	0	0
JS	C3	364	0	3	−19	77466	0	4063	9745	162	0	9	163	83	0	1	−13	251	0
JS	C4	0	0	0	0	7689	1088	15546	6798	1123	225	0	1330	141	28	0	−41	32	6
JS	C5	1189	0	333	363	36606	0	80572	−2393	912	0	4691	147	447	0	3910	223	67	0
JS	C6	3	6	0	0	4225	6617	1513	413	19	31	0	0	56	92	0	0	0	0
JS	C7	0	0	0	0	3562	0	233077	0	0	0	0	0	0	0	0	0	0	0
JS	C8	5446	888	2249	48	196558	135617	42684	−210	1258	23	503	4	2425	126	269	9	0	0
ZJ	C1	0	0	0	0	0	0	0	0	9836	258	326	−1652	18	2	8	2	1	1
ZJ	C2	0	0	0	0	0	0	0	0	0	0	12	0	0	0	0	0	0	0
ZJ	C3	4690	0	3	90	2650	0	94	195	19639	0	807	4615	355	0	1	−150	833	0
ZJ	C4	129	0	1	43	2	0	29	1	2981	34	1953	1058	2	0	0	−1	20	4
ZJ	C5	309	0	151	151	18	0	390	19	13954	0	25267	3703	256	0	2356	100	67	0
ZJ	C6	11	15	13	0	6	7	11	2	4041	6360	1322	199	45	65	39	1	0	0
ZJ	C7	164	0	4016	0	37	0	2453	0	4588	0	108248	0	8	0	216	0	0	0
ZJ	C8	4775	630	586	−32	1946	546	29	21	76236	101005	30241	−559	690	41	81	−1	3	1
AH	C1	0	0	0	0	0	0	0	0	1	0	0	0	8072	1046	3330	1033	1	0
AH	C2	0	0	0	0	0	0	0	0	0	0	0	0	0	0	0	401	0	0
AH	C3	1447	0	2	42	1566	0	141	203	827	0	8	141	40705	0	2050	2154	1155	0
AH	C4	15	0	9	0	87	15	85	105	320	44	47	338	2720	406	5519	−279	137	27
AH	C5	394	0	723	129	460	0	420	31	213	0	1596	49	8791	0	24212	3330	180	0
AH	C6	22	26	43	1	19	22	37	7	0	1	0	0	2063	3412	1	40	0	0
AH	C7	105	0	2578	0	24	0	1575	0	13	0	297	0	2435	0	62062	0	0	0
AH	C8	486	726	156	2	712	790	30	2	311	202	17	1	62240	43449	10995	608	24	10
FJ	C1	0	0	0	0	0	0	0	0	0	0	0	0	0	0	0	0	12212	4726
FJ	C2	0	0	0	0	0	0	0	0	0	0	0	0	0	0	0	0	6	0
FJ	C3	3701	0	0	−172	43	0	7	7	315	0	3	489	54	0	0	−7	38191	0
FJ	C4	0	0	0	0	0	0	1	0	0	0	0	0	0	0	0	0	4432	476
FJ	C5	0	0	0	0	0	0	0	0	0	0	0	0	0	0	0	0	5988	0
FJ	C6	0	0	0	0	0	0	0	0	0	0	0	0	0	0	0	0	1247	1965
FJ	C7	0	0	0	0	0	0	0	0	0	0	0	0	0	0	0	0	1247	0
FJ	C8	251	8	95	−19	56	28	2	6	42	23	7	14	43	1	22	−1	52730	81517
JX	C1	4809	676	0	28	0	0	0	0	0	0	0	0	1	0	0	0	1539	595
JX	C2	0	0	0	0	0	0	0	0	0	0	0	7	0	0	0	0	1	0
JX	C3	78	0	1	−6	48	0	23	11	105	0	4	107	56	0	1	−3	151	0
JX	C4	0	0	0	0	1	0	12	209	17	0	3	8	0	0	0	0	63	10
JX	C5	57	0	64	21	70	0	77	6	80	0	185	4	69	0	157	40	190	0
JX	C6	10	12	20	0	8	10	17	3	6	10	0	0	45	60	57	1	0	0
JX	C7	4	0	90	0	1	0	55	0	0	0	10	0	0	0	5	0	0	0
JX	C8	2928	358	1298	−44	2329	645	71	23	1321	445	382	41	1562	33	239	1	44	19

地区	部门	SH F1	SH F2	SH F3	SH F4	JS F1	JS F2	JS F3	JS F4	ZJ F1	ZJ F2	ZJ F3	ZJ F4	AH F1	AH F2	AH F3	AH F4	FJ F1	FJ F2
SD	C1	0	0	0	0	0	0	0	0	0	0	0	0	0	0	0	0	0	0
SD	C2	0	0	0	0	0	0	0	8	0	0	0	0	0	0	0	0	0	0
SD	C3	19	0	0	7	1	0	0	1	15	0	0	42	2	0	1	1	0	0
SD	C4	622	0	0	161	442	5	0	470	1	0	0	4	589	8	0	166	7	1
SD	C5	2	0	8	5	1	0	109	6	1	0	346	10	3	0	590	12	0	0
SD	C6	71	88	120	3	51	60	103	20	11	18	0	0	225	287	349	8	0	0
SD	C7	0	0	0	0	0	0	0	0	0	0	0	0	0	0	0	0	0	0
SD	C8	524	26	64	4	2	0	0	0	3	2	0	0	0	1	24	0	0	0
HA	C1	0	0	0	0	0	0	0	0	0	0	0	0	0	0	0	0	0	0
HA	C2	0	0	0	0	19	0	0	10	8	0	0	0	0	0	0	11	2	0
HA	C3	1771	0	0	60	1551	0	0	83	1468	0	0	383	55	0	1	−8	1633	0
HA	C4	1280	256	1	−780	467	93	20	691	947	189	9	901	1794	349	0	−623	55	11
HA	C5	19	0	4	9	1	0	5	0	41	0	5573	158	99	0	11119	208	18	0
HA	C6	0	0	0	0	0	0	0	0	0	0	0	0	0	0	0	0	0	0
HA	C7	4	0	104	0	1	0	64	0	1	0	12	0	0	0	6	0	0	0
HA	C8	2499	302	1361	−98	1306	1427	26	28	660	108	186	66	1009	5	234	−3	0	0
HB	C1	0	0	0	0	0	0	0	0	0	0	0	0	0	0	0	0	0	0
HB	C2	0	0	0	0	0	0	0	0	0	0	0	0	0	0	0	0	0	0
HB	C3	411	0	0	12	272	0	0	19	196	0	0	302	48	0	1	−1	265	0
HB	C4	1	0	1	0	8	2	18	8	1	0	9	0	0	0	0	0	26	5
HB	C5	3	0	16	2	44	0	64	0	32	0	24	3	12	0	26	2	57	0
HB	C6	1	2	0	0	0	0	0	0	0	0	0	0	3	5	0	0	0	0
HB	C7	45	0	1094	0	10	0	668	0	5	0	126	0	2	0	59	0	0	0
HB	C8	285	51	16	−1	540	47	8	1	202	66	5	1	131	2	3	0	8	3
HN	C1	1625	228	0	10	0	0	0	0	4	0	0	−1	4	0	1	0	0	0
HN	C2	0	0	0	0	0	0	0	0	0	0	0	0	0	0	0	0	0	0
HN	C3	975	0	0	39	769	0	11	42	930	0	3	37	12	0	0	−1	408	0
HN	C4	1	0	1	0	38	8	14	41	1	0	9	0	0	0	0	0	0	0
HN	C5	168	0	857	75	113	0	154	11	79	0	731	20	29	0	628	18	147	0
HN	C6	7	8	13	0	6	7	12	2	0	0	0	0	20	23	39	1	0	0
HN	C7	111	0	2721	0	25	0	1664	0	13	0	315	0	6	0	147	0	0	0
HN	C8	1105	519	182	−7	2389	417	58	6	1331	491	61	9	1061	297	33	0	56	24
GD	C1	1	0	0	0	0	0	0	0	1136	30	38	−191	99	13	41	13	10	4
GD	C2	0	0	0	0	0	0	0	0	0	0	0	0	0	0	0	0	0	0
GD	C3	3489	0	10	317	2269	0	144	171	9710	0	5	1258	122	0	0	113	933	0
GD	C4	86	0	49	−1	1	0	17	0	980	195	38	925	2	0	0	−1	0	0
GD	C5	1124	0	4229	500	149	0	205	14	2373	0	11948	−414	74	0	547	27	239	0
GD	C6	80	95	152	3	65	76	130	25	5	8	0	0	243	293	443	10	0	0
GD	C7	0	0	0	0	0	0	0	0	0	0	0	0	0	0	0	0	0	0
GD	C8	1326	2	80	138	50	9	0	1	13	7	2	4	177	0	93	13	0	0
GX	C1	0	0	0	0	0	0	0	0	12	0	0	−2	7	1	3	1	0	0
GX	C2	0	0	0	0	0	0	0	0	0	0	0	0	0	0	0	0	0	0
GX	C3	1128	0	1	33	1109	0	75	73	3787	0	4	139	8	0	0	4	305	0
GX	C4	0	0	0	0	1	0	1	8	0	0	0	0	0	0	0	0	0	0
GX	C5	60	0	336	26	58	0	58	4	34	0	28	3	6	0	11	2	72	0
GX	C6	0	0	0	0	0	0	0	0	0	0	0	0	0	1	0	0	0	0
GX	C7	270	0	6626	0	62	0	4040	0	32	0	760	0	14	0	355	0	0	0
GX	C8	705	94	121	29	905	63	5	4	269	37	35	3	349	16	36	4	4	2
HI	C1	0	0	0	0	0	0	0	0	66	2	2	−11	19	2	8	2	1	1
HI	C2	0	0	0	0	0	0	0	0	0	0	0	0	0	0	0	0	0	0
HI	C3	128	0	0	5	99	0	1	5	142	0	1	6	1	0	0	0	54	0
HI	C4	51	0	0	14	0	0	0	1	0	0	0	0	0	0	0	0	0	0
HI	C5	0	0	0	0	1	0	1	0	3	0	0	0	2	0	3	1	8	0
HI	C6	0	0	0	0	0	0	0	0	2	3	0	0	4	7	0	0	0	0
HI	C7	77	0	1877	0	18	0	1146	0	9	0	216	0	4	0	101	0	0	0
HI	C8	1008	232	178	−18	1371	1307	21	11	403	69	13	20	380	14	44	1	4	2

地区	部门	SH F1	SH F2	SH F3	SH F4	JS F1	JS F2	JS F3	JS F4	ZJ F1	ZJ F2	ZJ F3	ZJ F4	AH F1	AH F2	AH F3	AH F4	FJ F1	FJ F2
CQ	C1	0	0	0	0	0	0	0	0	56	1	2	-9	17	2	7	2	1	0
CQ	C2	0	0	0	0	0	0	0	1	0	0	0	0	0	0	0	0	0	0
CQ	C3	822	0	0	25	868	0	25	51	2514	0	2	131	23	0	0	-2	253	0
CQ	C4	9	0	5	0	0	0	10	132	1	0	11	0	0	0	0	0	0	0
CQ	C5	283	0	1457	123	124	0	170	12	62	0	221	4	31	0	267	17	113	0
CQ	C6	32	43	43	1	19	22	37	7	25	41	0	0	151	219	127	4	0	0
CQ	C7	365	0	8943	0	83	0	5442	0	43	0	1021	0	19	0	476	0	0	0
CQ	C8	1526	1068	636	1	2241	2662	58	12	577	122	56	5	694	27	110	4	13	6
SC	C1	1753	246	0	10	0	0	0	0	5	0	0	-1	4	1	2	0	0	0
SC	C2	0	0	0	0	0	0	0	0	0	0	0	0	0	0	0	0	0	0
SC	C3	364	0	0	11	222	0	20	15	75	0	2	5	1	0	0	0	188	0
SC	C4	0	0	0	0	1	0	0	1	0	0	0	0	0	0	0	0	1	0
SC	C5	13	0	3	6	0	0	8	0	13	0	116	-1	12	0	56	5	10	0
SC	C6	7	11	0	0	0	0	0	0	14	23	0	0	51	85	0	1	0	0
SC	C7	77	0	1885	0	18	0	1152	0	9	0	217	0	4	0	102	0	0	0
SC	C8	827	58	289	2	1458	32	13	1	494	46	7	1	482	1	52	1	5	2
GZ	C1	0	0	0	0	0	0	0	0	69	2	2	-12	19	2	8	2	1	1
GZ	C2	0	0	0	0	0	0	0	0	0	0	0	0	0	0	0	0	0	0
GZ	C3	387	0	0	14	311	0	7	25	387	0	2	19	29	0	0	13	145	0
GZ	C4	0	0	0	0	82	16	5	129	1	0	3	0	42	8	0	-19	39	8
GZ	C5	2	0	0	0	1	0	1	0	0	0	0	0	3	0	7	2	5	0
GZ	C6	1	2	0	0	0	0	0	0	1	2	0	0	7	11	0	0	0	0
GZ	C7	94	0	2297	0	21	0	1403	0	11	0	265	0	5	0	124	0	0	0
GZ	C8	820	88	190	8	488	1054	12	4	228	77	12	8	271	92	40	1	7	3
YN	C1	0	0	0	0	0	0	0	0	8	0	0	-1	5	1	2	1	0	0
YN	C2	0	0	0	0	0	0	0	0	0	0	0	0	0	0	0	0	0	0
YN	C3	634	0	0	24	570	0	0	29	1326	0	0	47	1	0	0	0	204	0
YN	C4	0	0	0	0	0	0	0	12	0	0	0	1	0	0	0	1	0	0
YN	C5	0	0	0	0	0	0	0	0	0	0	0	0	1	0	1	0	1	0
YN	C6	1	2	0	0	0	0	0	0	0	1	0	0	4	6	0	0	0	0
YN	C7	5	0	122	0	1	0	75	0	1	0	14	0	0	0	7	0	0	0
YN	C8	159	4	79	0	83	3	1	1	36	3	13	1	107	54	11	0	0	0
TB	C1	0	0	0	0	0	0	0	0	10	0	0	-2	6	1	3	1	0	0
TB	C2	0	0	0	0	0	0	0	0	0	0	0	0	0	0	0	0	0	0
TB	C3	10	0	0	0	5	0	0	0	1	0	0	0	0	0	0	0	6	0
TB	C4	0	0	0	0	0	0	0	0	0	0	0	0	0	0	0	0	0	0
TB	C5	0	0	0	0	0	0	0	0	0	0	0	0	0	0	0	0	0	0
TB	C6	0	0	0	0	0	0	0	0	0	0	0	0	0	0	0	0	0	0
TB	C7	8	0	184	0	2	0	112	0	1	0	21	0	0	0	10	0	0	0
TB	C8	65	2	6	-2	168	3	0	1	35	3	1	1	37	0	1	0	0	0
SN	C1	0	0	0	0	0	0	0	0	10	0	0	-2	6	1	2	1	1851	716
SN	C2	0	0	0	0	136	0	0	72	0	0	0	0	0	0	0	12	0	0
SN	C3	1181	0	0	43	1312	0	4	71	3679	0	1	194	20	0	0	1	289	0
SN	C4	109	21	2	-64	39	3	11	89	11	0	9	4	43	0	0	18	20	4
SN	C5	32	0	122	13	64	0	86	6	34	0	136	6	14	0	165	12	60	0
SN	C6	20	28	20	1	9	11	18	3	10	17	0	0	78	114	60	2	0	0
SN	C7	332	0	8131	0	76	0	4947	0	39	0	928	0	17	0	433	0	0	0
SN	C8	767	71	220	64	221	371	34	10	70	22	4	3	194	95	411	8	2	1
GS	C1	27	4	0	0	54	11	1	-12	0	0	0	0	117	15	48	15	0	0
GS	C2	0	0	0	0	0	0	0	0	0	0	0	0	0	0	0	0	0	0
GS	C3	0	0	0	1	1	0	0	0	0	0	0	0	1	0	0	0	0	0
GS	C4	0	0	0	0	1	0	7	86	0	0	3	1	0	0	0	9	0	0
GS	C5	0	0	0	0	0	0	0	0	0	0	0	0	2	0	2	1	3	0
GS	C6	1	1	0	0	0	0	0	0	0	0	0	0	1	2	0	0	0	0
GS	C7	38	0	923	0	9	0	564	0	5	0	107	0	2	0	50	0	0	0
GS	C8	89	45	13	-3	186	17	0	2	47	6	1	3	78	38	5	0	0	0

续表

地区	部门	SH F1	SH F2	SH F3	SH F4	JS F1	JS F2	JS F3	JS F4	ZJ F1	ZJ F2	ZJ F3	ZJ F4	AH F1	AH F2	AH F3	AH F4	FJ F1	FJ F2
QH	C1	0	0	0	0	0	0	0	0	37	1	1	-6	12	2	5	2	1	0
QH	C2	0	0	0	0	0	0	0	0	0	0	0	0	0	0	0	0	0	0
QH	C3	0	0	0	0	0	0	0	0	0	0	0	0	0	0	0	0	0	0
QH	C4	0	0	0	0	0	0	0	5	0	0	0	0	0	0	0	1	0	0
QH	C5	0	0	0	0	0	0	0	0	0	0	0	0	0	0	0	0	0	0
QH	C6	0	0	0	0	0	0	0	0	0	0	0	0	0	0	0	0	0	0
QH	C7	0	0	0	0	0	0	0	0	0	0	0	0	0	0	0	0	0	0
QH	C8	6	0	0	0	10	0	0	0	2	0	0	0	2	0	0	0	0	0
NX	C1	0	0	0	0	0	0	0	0	0	0	0	0	0	0	0	0	0	0
NX	C2	0	0	0	0	0	0	0	0	0	0	0	0	0	0	0	0	0	0
NX	C3	112	0	0	3	82	0	0	5	64	0	0	25	4	0	0	-1	42	0
NX	C4	0	0	0	0	0	0	1	8	0	0	0	0	0	0	0	13	0	0
NX	C5	1	0	0	0	1	0	2	0	0	0	0	0	1	0	2	0	1	0
NX	C6	1	2	0	0	0	0	0	0	6	10	0	0	18	30	0	0	0	0
NX	C7	0	0	0	0	0	0	0	0	0	0	0	0	0	0	0	0	0	0
NX	C8	0	1	0	0	2	1	0	0	1	1	0	0	0	0	0	0	0	0
XJ	C1	0	0	0	0	0	0	0	0	0	0	0	0	1	0	0	0	137	53
XJ	C2	0	0	0	0	0	0	0	7	0	0	0	0	0	0	0	0	0	0
XJ	C3	7	0	0	-1	0	0	0	0	54	0	0	153	0	0	0	0	0	0
XJ	C4	45	0	0	12	11	2	0	168	0	0	0	1	1	0	0	0	16	3
XJ	C5	5	0	1	1	0	0	0	0	0	0	0	0	2	0	7	2	3	0
XJ	C6	3	5	0	0	0	0	0	0	9	14	0	0	29	47	0	0	0	0
XJ	C7	0	0	0	0	0	0	0	0	0	0	0	0	0	0	0	0	0	0
XJ	C8	256	29	11	-17	296	25	1	5	180	22	5	11	129	1	5	-1	1	0
USA	C1	689	61	0	0	293	8	0	0	40	343	0	0	46	0	0	0	23	0
USA	C2	7	0	0	0	5	0	0	0	1	0	0	0	0	0	0	0	1	0
USA	C3	786	0	15	0	400	0	8	0	172	5	37	0	405	0	2	0	50	0
USA	C4	673	33	31	0	639	6	56	0	88	236	27	0	4	0	181	0	14	0
USA	C5	829	5	1095	0	434	1	591	0	10	6	204	0	2	0	100	0	23	0
USA	C6	0	0	0	0	0	0	0	0	0	0	0	0	0	0	0	0	0	0
USA	C7	0	0	0	0	0	0	0	0	0	0	0	0	0	0	0	0	0	0
USA	C8	12006	923	343	0	93	5	2	0	9374	242	224	0	3	0	1	0	1827	157
EU	C1	141	6	0	0	47	1	5	0	14	29	1	0	0	0	0	0	4	0
EU	C2	2	0	0	0	0	0	0	0	0	0	1	0	0	0	0	0	0	0
EU	C3	3248	47	170	0	1095	6	48	0	220	22	46	0	37	0	2	0	240	0
EU	C4	1165	202	315	0	1355	109	467	0	128	778	96	0	8	0	40	0	9	0
EU	C5	2009	41	4292	0	1083	8	2429	0	244	23	952	0	43	0	364	0	91	0
EU	C6	0	0	0	0	0	0	0	0	0	0	0	0	0	0	0	0	21	3
EU	C7	0	0	0	0	0	0	0	0	0	0	0	0	0	0	0	0	0	0
EU	C8	6867	2153	463	0	92	12	2	0	869	517	247	0	3	0	1	0	1305	261
ROW	C1	895	131	4	0	1582	87	63	0	133	976	15	0	314	4	3	0	148	0
ROW	C2	81	2	0	0	118	0	1	0	8	4	0	0	1	0	0	0	25	0
ROW	C3	6773	4	158	0	7471	2	84	0	708	24	156	0	154	0	2	0	1400	0
ROW	C4	1375	134	244	0	2821	14	442	0	392	338	246	0	18	0	53	0	79	0
ROW	C5	5059	39	4966	0	11201	15	8898	0	193	23	1973	0	299	0	1755	0	424	0
ROW	C6	0	0	0	0	0	0	0	0	0	0	0	0	0	0	0	0	23	2
ROW	C7	1	1	0	0	0	0	0	0	0	0	0	0	0	0	0	0	0	0
ROW	C8	41233	5108	1012	0	404	35	6	0	11466	1532	494	0	13	1	2	0	8276	594
CHN	TAXSUB	6482	73	7506	0	17865	201	20687	0	10506	118	12165	0	6775	76	7846	0	6506	73
USA	TAXSUB	77	0	0	0	212	0	0	0	125	0	0	0	80	0	0	0	77	0
EU	TAXSUB	13	0	0	0	37	0	0	0	22	0	0	0	14	0	0	0	13	0
ROW	TAXSUB	198	0	0	0	547	0	0	0	322	0	0	0	207	0	0	0	199	0
VA		0	0	0	0	0	0	0	0	0	0	0	0	0	0	0	0	0	0
TI		0	0	0	0	0	0	0	0	0	0	0	0	0	0	0	0	0	0

地区	部门	FJ F3	FJ F4	JX F1	JX F2	JX F3	JX F4	SD F1	SD F2	SD F3	SD F4	HA F1	HA F2	HA F3	HA F4	HB F1	HB F2	HB F3	HB F4
BJ	C1	0	0	1	0	0	0	1	0	0	0	37	5	1	12	0	0	0	0
BJ	C2	0	0	0	0	0	1	0	0	0	0	0	0	0	0	0	0	0	0
BJ	C3	0	9	14	0	2	2	38	0	0	6	21	0	20	2	70	0	4	7
BJ	C4	0	0	1	0	9	0	0	0	0	0	337	67	27	−146	0	0	0	0
BJ	C5	483	10	22	0	107	3	872	0	596	95	790	0	3581	71	107	0	2514	31
BJ	C6	0	0	232	383	0	6	0	0	0	0	380	628	1	9	18	30	0	0
BJ	C7	0	0	14	0	391	0	0	0	0	0	0	0	2262	0	0	0	0	0
BJ	C8	1	0	1892	917	236	73	5	1	0	0	2070	2442	4232	109	521	813	679	32
TJ	C1	0	0	0	0	0	0	0	0	0	0	0	0	0	0	0	0	0	0
TJ	C2	0	0	0	0	0	2	0	0	0	0	0	0	0	2	0	0	0	1
TJ	C3	0	8	30	0	2	3	58	0	0	9	24	0	14	6	87	0	4	8
TJ	C4	0	0	1	0	12	0	0	0	0	0	138	28	37	−59	0	0	0	0
TJ	C5	312	7	19	0	39	2	217	0	158	26	178	0	839	16	38	0	707	10
TJ	C6	0	0	1	2	0	0	0	0	0	0	5	9	0	0	0	0	0	0
TJ	C7	0	0	4	0	109	0	0	0	0	0	0	0	629	0	0	0	0	0
TJ	C8	0	0	3340	214	114	42	3	1	0	0	867	302	788	34	229	129	379	9
HE	C1	13	6	786	188	419	−2	0	0	0	0	108	13	2	34	118	7	12	16
HE	C2	0	1	0	0	0	10	0	0	0	0	0	0	0	0	0	0	0	0
HE	C3	0	−203	41	0	2	4	101	0	0	16	40	0	36	1	162	0	4	17
HE	C4	0	3	7	0	26	24	0	0	0	0	2	0	106	22	1	0	0	0
HE	C5	311	9	18	0	136	5	154	0	179	33	207	0	1088	39	32	0	444	9
HE	C6	0	0	3	5	0	0	0	0	0	0	11	18	1	0	0	0	0	0
HE	C7	0	0	1	0	26	0	0	0	0	0	0	0	148	0	0	0	0	0
HE	C8	2	0	9202	262	231	48	16	5	1	0	1021	263	974	10	314	60	87	−4
SX	C1	0	0	0	0	0	0	0	0	0	0	0	0	0	0	0	0	0	0
SX	C2	0	5	0	0	0	9	0	0	0	0	12	0	0	350	18	0	0	19
SX	C3	0	1	3	0	1	1	10	0	0	2	1	0	0	0	17	0	1	2
SX	C4	0	7	356	0	0	77	0	0	0	0	1	0	0	9	18	4	0	7
SX	C5	6	1	3	0	3	0	0	0	0	0	0	0	0	0	4	0	9	0
SX	C6	0	0	8	13	0	0	0	0	0	0	12	19	0	0	1	1	0	0
SX	C7	0	0	0	0	0	0	0	0	0	0	0	0	0	0	0	0	0	0
SX	C8	0	0	128	81	10	16	0	0	0	0	159	116	57	4	72	25	72	−1
IM	C1	0	0	841	201	448	−2	261	43	2	28	10	1	0	3	743	46	72	102
IM	C2	0	3	0	0	0	0	0	0	0	0	0	0	4	0	0	0	0	0
IM	C3	0	10	4	0	1	1	30	0	0	5	6	0	6	−1	75	0	3	8
IM	C4	0	0	0	0	1	3	0	0	0	0	0	0	4	8	3	1	0	1
IM	C5	90	2	7	0	5	1	4	0	0	2	12	0	54	1	5	0	55	1
IM	C6	0	0	28	46	0	1	0	0	0	0	55	91	0	1	2	3	0	0
IM	C7	0	0	3	0	100	0	0	0	0	0	0	0	578	0	0	0	0	0
IM	C8	0	0	188	54	14	22	0	0	0	0	305	257	394	7	109	53	86	0
LN	C1	0	0	49	12	26	0	0	0	0	0	0	0	0	0	19	1	2	3
LN	C2	0	0	0	0	0	0	0	0	0	0	0	0	0	0	0	1	0	0
LN	C3	0	5	7	0	1	1	28	0	0	4	6	0	8	−1	57	0	3	6
LN	C4	0	0	1	0	6	0	0	0	0	0	299	47	15	49	0	0	0	0
LN	C5	268	4	14	0	47	2	81	0	54	9	106	0	490	7	24	0	533	7
LN	C6	0	0	9	15	1	0	0	0	0	0	15	24	4	1	1	1	0	0
LN	C7	0	0	18	0	526	0	0	0	0	0	0	0	3039	0	0	0	0	0
LN	C8	0	0	665	314	10	18	0	0	0	0	1230	1193	10	3	386	298	55	−2
JL	C1	0	0	24	6	13	0	40	7	0	4	0	0	0	0	44	3	4	6
JL	C2	0	1	0	0	0	3	0	0	0	0	0	0	0	2	0	0	0	0
JL	C3	0	25	22	0	1	3	60	0	0	9	27	0	35	0	144	0	3	14
JL	C4	0	0	1	0	10	0	0	0	0	0	690	138	19	−302	0	0	0	0
JL	C5	436	7	15	0	107	4	819	0	547	87	615	0	3748	59	122	0	3185	38
JL	C6	0	0	48	78	5	1	0	0	0	0	104	163	33	4	3	6	0	0
JL	C7	0	0	0	0	0	0	0	0	0	0	0	0	0	0	0	0	0	0
JL	C8	2	0	3337	401	84	36	19	6	1	0	952	964	32	7	338	118	90	−2

地区	部门	FJ F3	FJ F4	JX F1	JX F2	JX F3	JX F4	SD F1	SD F2	SD F3	SD F4	HA F1	HA F2	HA F3	HA F4	HB F1	HB F2	HB F3	HB F4
HL	C1	0	0	12	3	6	0	343	57	3	37	0	0	0	0	50	3	5	7
HL	C2	0	0	0	0	0	4	0	0	0	0	0	0	0	4	0	0	0	1
HL	C3	0	14	6	0	1	1	39	0	0	6	12	0	20	−1	93	0	3	9
HL	C4	0	0	0	0	3	0	0	0	0	0	0	0	7	0	0	0	0	0
HL	C5	123	2	6	0	32	1	14	0	10	2	26	0	119	2	8	0	139	2
HL	C6	0	0	14	23	1	0	0	0	0	0	28	44	6	1	1	2	0	0
HL	C7	0	0	0	0	7	0	0	0	0	0	0	0	43	0	0	0	0	0
HL	C8	0	0	4447	933	86	13	2	1	0	0	1470	2096	252	16	467	454	265	5
SH	C1	0	0	0	0	0	0	0	0	0	0	7	1	0	2	0	0	0	0
SH	C2	0	0	0	0	0	0	0	0	0	0	0	0	0	0	0	0	0	0
SH	C3	0	23	47	0	3	6	40	0	0	6	32	0	30	4	119	0	5	11
SH	C4	0	0	2	0	27	0	0	0	0	0	955	191	27	−402	0	0	0	0
SH	C5	1310	29	43	0	349	11	787	0	592	98	795	0	5576	109	189	0	4620	57
SH	C6	0	0	0	0	0	0	0	0	0	0	0	0	0	0	0	0	0	0
SH	C7	0	0	27	0	761	0	0	0	0	0	0	0	4407	0	0	0	0	0
SH	C8	2	0	2348	953	250	177	18	5	1	0	4063	1197	3383	73	808	357	944	2
JS	C1	2	1	55	13	29	0	0	0	0	0	79	10	2	25	23	1	2	3
JS	C2	0	0	0	0	0	0	0	0	0	0	0	0	0	0	0	0	0	0
JS	C3	0	−102	61	0	3	6	53	0	0	8	41	0	48	1	136	0	7	15
JS	C4	0	16	175	35	0	389	0	0	0	0	626	125	0	−251	1	0	0	0
JS	C5	479	31	24	0	457	10	447	0	802	161	435	0	9493	241	60	0	163	12
JS	C6	0	0	27	44	0	0	0	0	0	0	77	127	0	1	1	2	0	0
JS	C7	0	0	0	0	0	0	0	0	0	0	0	0	0	0	0	0	0	0
JS	C8	0	0	20381	1201	494	1	0	0	0	0	1517	3023	1437	11	308	840	112	3
ZJ	C1	0	0	1	0	1	0	1	0	0	0	82	10	2	26	199	12	19	27
ZJ	C2	0	0	0	0	0	0	0	0	0	0	0	0	0	0	0	0	0	0
ZJ	C3	0	−224	71	0	3	8	50	0	0	8	462	0	32	−312	182	0	5	23
ZJ	C4	0	10	738	147	20	491	0	0	0	0	2628	526	21	−1151	0	0	0	0
ZJ	C5	506	25	40	0	480	12	30	0	54	11	174	0	8492	161	31	0	82	5
ZJ	C6	0	0	21	34	3	1	0	0	0	0	51	80	18	2	1	2	0	0
ZJ	C7	0	0	18	0	501	0	0	0	0	0	2894	0	0	0	0	0	0	0
ZJ	C8	0	0	1038	442	54	58	2	0	0	0	1032	1236	726	12	390	329	177	−4
AH	C1	0	0	14	3	7	0	0	0	0	0	0	0	0	0	5	0	1	1
AH	C2	0	0	0	0	0	5	0	0	0	0	0	0	0	0	0	0	0	0
AH	C3	0	−521	101	0	3	10	92	0	0	14	118	0	47	23	284	0	7	29
AH	C4	0	71	406	72	57	250	0	0	0	0	65	12	63	−18	1	0	0	0
AH	C5	963	31	83	0	544	16	323	0	462	90	519	0	9800	211	123	0	1641	30
AH	C6	0	0	6	7	9	0	0	0	0	0	32	38	59	4	0	0	0	0
AH	C7	0	0	11	0	321	0	0	0	0	0	0	1858	0	0	0	0	0	0
AH	C8	2	0	545	518	11	1	13	4	1	0	567	1646	375	2	210	391	3	0
FJ	C1	1699	753	51	12	27	0	0	0	0	0	0	0	0	0	0	0	0	0
FJ	C2	0	38	0	0	0	0	0	0	0	0	0	0	0	0	0	0	0	0
FJ	C3	1363	4631	175	0	3	15	0	0	0	0	22	0	15	3	20	0	5	5
FJ	C4	4793	2150	0	0	1	1	0	0	0	0	0	0	3	0	0	0	0	0
FJ	C5	29284	1257	0	0	0	0	0	0	0	0	0	0	0	0	0	0	0	0
FJ	C6	399	67	0	0	0	0	0	0	0	0	0	0	0	0	0	0	0	0
FJ	C7	120795	0	0	0	0	0	0	0	0	0	0	0	0	0	0	0	0	0
FJ	C8	18447	561	61	9	9	16	0	0	0	0	95	1	231	2	46	4	30	−2
JX	C1	214	95	5156	1231	2749	−12	0	0	0	0	0	0	0	0	0	0	0	0
JX	C2	0	14	0	0	0	19	0	0	0	0	0	0	0	0	0	0	0	0
JX	C3	0	−105	28573	0	1928	3452	2	0	0	0	34	0	29	4	45	0	12	12
JX	C4	0	36	1205	125	2070	834	0	0	0	0	2	0	21	−1	1	0	0	0
JX	C5	948	33	4845	0	8806	966	31	0	49	10	101	0	241	20	91	0	640	19
JX	C6	0	0	1723	2614	967	64	0	0	0	0	34	50	27	2	0	0	0	0
JX	C7	0	0	2759	0	78835	0	0	0	0	0	0	65	0	0	0	0	0	0
JX	C8	3	0	19798	26440	1569	−94	24	7	2	0	744	487	836	11	226	123	131	−3

地区	部门	FJ F3	FJ F4	JX F1	JX F2	JX F3	JX F4	SD F1	SD F2	SD F3	SD F4	HA F1	HA F2	HA F3	HA F4	HB F1	HB F2	HB F3	HB F4
SD	C1	0	0	0	0	0	0	14791	2446	120	1598	0	0	0	0	0	0	0	0
SD	C2	0	0	0	0	0	8	1223	0	0	-478	0	0	0	0	0	0	0	0
SD	C3	0	0	3	0	0	2	95080	0	4861	18542	29	0	9	10	11	0	1	5
SD	C4	0	4	13	2	0	20	17690	2243	13932	9426	3	0	0	13	1	0	0	0
SD	C5	62	2	3	0	228	5	23821	0	61442	5627	20	0	3802	66	0	0	0	0
SD	C6	0	0	58	90	25	2	3966	6345	882	212	170	242	162	13	3	6	0	0
SD	C7	0	0	0	0	0	0	3124	0	195106	0	0	0	0	0	0	0	0	0
SD	C8	0	0	24	4	5	0	199127	103005	47591	-2525	26	5	27	0	0	0	0	0
HA	C1	0	0	6	2	3	0	0	0	0	0	15002	1848	305	4763	3	0	0	0
HA	C2	0	8	0	0	0	5	0	0	0	0	41	0	0	1458	8	0	0	10
HA	C3	0	-708	75	0	1	8	174	0	0	27	77110	0	7027	5641	466	0	2	44
HA	C4	0	28	80	16	20	59	0	0	0	0	559	0	19798	1742	3	1	0	1
HA	C5	93	5	25	0	597	11	1	0	1	0	11922	0	52973	2241	19	0	44	2
HA	C6	0	0	0	0	0	0	0	0	0	0	2485	3853	1046	117	0	0	0	0
HA	C7	0	0	0	0	13	0	0	0	0	0	0	132014	0	0	0	0	0	0
HA	C8	0	0	6552	207	170	78	0	0	0	0	86967	73319	4538	1227	293	188	86	-10
HB	C1	0	0	0	0	0	0	0	0	0	0	0	0	0	0	24995	1546	2433	3444
HB	C2	0	0	0	0	0	0	0	0	0	0	0	0	0	0	7	0	0	4
HB	C3	0	17	97	0	1	12	65	0	0	10	25	0	5	5	55841	0	2549	5017
HB	C4	0	14	4	0	51	1	0	0	0	0	6	0	46	18	5891	922	7482	2707
HB	C5	319	5	46	0	117	9	2	0	2	0	16	0	97	2	6850	0	87902	1447
HB	C6	0	0	5	8	0	0	0	0	0	0	7	12	0	0	2454	3763	1206	76
HB	C7	0	0	5	0	136	0	0	0	0	0	0	0	788	0	2023	0	105765	0
HB	C8	1	0	131	47	3	1	4	1	0	0	90	31	36	0	72126	63682	23017	125
HN	C1	0	0	0	0	0	0	0	0	0	0	3	0	0	1	0	0	0	0
HN	C2	0	0	0	0	0	5	0	0	0	0	0	0	0	0	0	0	0	0
HN	C3	0	33	28	0	4	5	59	0	0	9	24	0	23	3	350	0	11	34
HN	C4	0	0	62	12	41	39	0	0	0	0	1	0	33	0	0	0	0	0
HN	C5	769	13	60	0	647	12	163	0	108	17	383	0	9564	159	203	0	5009	57
HN	C6	0	0	2	2	3	0	0	0	0	0	9	11	18	1	0	0	0	0
HN	C7	0	0	12	0	340	0	0	0	0	0	0	1962	0	0	0	0	0	0
HN	C8	4	0	1615	676	44	10	31	9	2	0	1026	676	277	3	252	89	26	0
GD	C1	1	1	5	1	3	0	4	1	0	0	3199	394	65	1016	458	28	45	63
GD	C2	0	2	0	0	0	0	0	0	0	0	0	0	0	1	0	0	0	2
GD	C3	0	-126	63	0	2	7	57	0	0	9	162	0	63	48	255	0	5	26
GD	C4	0	0	364	72	39	241	0	0	0	0	2597	520	28	-1138	0	0	0	0
GD	C5	1179	22	39	0	278	4	818	0	543	86	2496	0	9644	402	315	0	8189	95
GD	C6	0	0	34	49	32	2	0	0	0	0	140	181	205	15	1	2	0	0
GD	C7	0	0	0	0	0	0	0	0	0	0	0	0	0	0	0	0	0	0
GD	C8	0	0	114	3	28	-3	0	0	0	0	1359	0	163	40	254	1	687	19
GX	C1	0	0	1	0	0	0	1	0	0	0	10	1	0	3	0	0	0	0
GX	C2	0	0	0	0	0	6	0	0	0	0	0	0	0	0	0	0	0	0
GX	C3	0	25	10	0	2	3	34	0	0	5	21	0	32	-2	144	0	5	14
GX	C4	0	0	0	0	2	31	0	0	0	0	0	4	1	0	0	0	0	0
GX	C5	378	6	20	0	57	3	59	0	39	6	109	0	507	7	43	0	1005	12
GX	C6	0	0	1	1	0	0	0	0	0	0	1	1	0	0	0	0	0	0
GX	C7	0	0	29	0	822	0	0	0	0	0	0	4769	0	0	0	0	0	0
GX	C8	0	0	1452	84	36	1	2	1	0	0	444	198	70	9	97	48	159	4
HI	C1	0	0	1	0	1	0	1	0	0	0	83	10	2	26	0	0	0	0
HI	C2	0	0	0	0	0	0	0	0	0	0	0	0	0	0	0	0	0	0
HI	C3	0	4	3	0	1	1	7	0	0	1	10	0	7	2	29	0	3	3
HI	C4	0	0	39	8	0	26	0	0	0	0	0	0	0	0	0	0	0	0
HI	C5	41	1	5	0	4	1	0	0	0	0	0	0	1	0	3	0	7	0
HI	C6	0	0	1	2	0	0	0	0	0	0	5	8	0	0	0	0	0	0
HI	C7	0	0	8	0	234	0	0	0	0	0	0	0	1352	0	0	0	0	0
HI	C8	0	0	436	224	20	23	2	1	0	0	462	673	437	6	160	163	84	-1

续表

地区	部门	FJ F3	FJ F4	JX F1	JX F2	JX F3	JX F4	SD F1	SD F2	SD F3	SD F4	HA F1	HA F2	HA F3	HA F4	HB F1	HB F2	HB F3	HB F4
CQ	C1	0	0	1	0	1	0	1	0	0	0	67	8	1	21	0	0	0	0
CQ	C2	0	0	0	0	0	2	0	0	0	0	0	0	0	4	0	0	0	0
CQ	C3	0	-13	34	0	2	4	31	0	0	5	31	0	30	3	124	0	5	14
CQ	C4	0	0	1	0	15	0	0	0	0	0	0	0	26	0	0	0	0	0
CQ	C5	599	14	26	0	157	5	416	0	297	48	724	0	3725	77	169	0	4001	49
CQ	C6	0	0	60	97	9	1	0	0	0	0	163	256	59	6	3	6	0	0
CQ	C7	0	0	39	0	1103	0	0	0	0	0	0	0	6430	0	0	0	0	0
CQ	C8	1	0	2690	812	52	5	7	2	0	0	1025	2970	1394	8	330	717	19	1
SC	C1	0	0	0	0	0	0	0	0	0	0	3	0	0	1	0	0	0	0
SC	C2	0	0	0	0	0	0	0	0	0	0	0	0	0	0	0	0	0	0
SC	C3	0	15	11	0	2	2	49	0	0	8	17	0	25	0	161	0	4	16
SC	C4	0	1	0	0	0	0	0	0	0	0	0	0	1	0	1	0	0	0
SC	C5	38	2	7	0	96	1	0	0	0	0	56	0	137	11	5	0	8	-1
SC	C6	0	0	34	56	0	1	0	0	0	0	79	131	0	1	2	3	0	0
SC	C7	0	0	8	0	235	0	0	0	0	0	0	0	1359	0	0	0	0	0
SC	C8	0	0	327	32	4	1	3	1	0	0	416	18	757	2	54	2	2	0
GZ	C1	0	0	1	0	1	0	1	0	0	0	87	11	2	28	0	0	0	0
GZ	C2	0	0	0	0	0	9	0	0	0	0	0	0	0	0	0	0	0	0
GZ	C3	0	12	27	0	2	3	22	0	0	3	19	0	13	2	89	0	4	8
GZ	C4	0	20	15	3	9	62	0	0	0	0	0	0	12	0	2	0	0	1
GZ	C5	39	3	5	0	10	1	1	0	0	1	4	0	8	1	8	0	21	2
GZ	C6	0	0	6	10	0	0	0	0	0	0	12	19	0	0	0	1	0	0
GZ	C7	0	0	10	0	287	0	0	0	0	0	0	0	1655	0	0	0	0	0
GZ	C8	0	0	330	153	15	9	4	1	0	0	420	205	381	7	86	19	97	1
YN	C1	0	0	0	0	0	0	0	0	0	0	5	1	0	2	108	7	11	15
YN	C2	0	0	0	0	0	0	0	0	0	0	0	0	0	0	0	0	0	0
YN	C3	0	16	6	0	1	1	27	0	0	4	4	0	1	1	98	0	1	8
YN	C4	0	0	0	0	0	21	0	0	0	0	0	0	0	1	1	0	0	0
YN	C5	2	0	2	0	2	0	0	0	0	0	0	0	0	0	1	0	3	0
YN	C6	0	0	5	8	0	0	0	0	0	0	8	13	0	0	0	1	0	0
YN	C7	0	0	0	0	15	0	0	0	0	0	0	0	88	0	0	0	0	0
YN	C8	0	0	547	53	12	1	0	0	0	0	42	14	101	0	3	0	2	0
TB	C1	0	0	0	0	0	0	1	0	0	0	8	1	0	2	0	0	0	0
TB	C2	0	0	0	0	0	0	0	0	0	0	0	0	0	0	0	0	0	0
TB	C3	0	1	0	0	0	0	2	0	0	0	0	0	0	0	5	0	0	0
TB	C4	0	0	0	0	0	0	0	0	0	0	0	0	0	0	0	0	0	0
TB	C5	0	0	0	0	0	0	0	0	0	0	0	0	0	0	0	0	0	0
TB	C6	0	0	0	0	0	0	0	0	0	0	0	0	0	0	0	0	0	0
TB	C7	0	0	1	0	23	0	0	0	0	0	0	0	133	0	0	0	0	0
TB	C8	0	0	17	1	1	2	0	0	0	0	20	0	8	0	5	0	2	0
SN	C1	258	114	0	0	0	0	0	0	0	0	7	1	0	2	0	0	0	0
SN	C2	0	1	0	0	0	18	0	0	0	0	12	0	0	352	11	0	0	14
SN	C3	0	23	21	0	2	4	52	0	0	8	47	0	28	9	179	0	5	19
SN	C4	0	10	3	0	14	26	0	0	0	0	1	0	50	9	13	3	0	5
SN	C5	351	9	19	0	156	6	53	0	60	11	195	0	1350	37	34	0	562	10
SN	C6	0	0	43	70	4	1	0	0	0	0	95	151	28	3	3	5	0	0
SN	C7	0	0	35	0	1003	0	0	0	0	0	0	0	5846	0	0	0	0	0
SN	C8	0	0	150	175	50	-1	1	0	0	0	754	323	663	23	144	88	343	11
GS	C1	0	0	0	0	0	0	122	20	1	13	1	0	0	0	16	1	2	2
GS	C2	0	0	0	0	0	0	0	0	0	0	0	0	0	0	0	0	0	0
GS	C3	0	0	1	0	2	1	0	0	0	0	1	0	0	0	3	0	0	1
GS	C4	0	0	1	0	8	17	0	0	0	0	0	0	22	1	2	0	0	1
GS	C5	8	0	3	0	4	0	0	0	0	0	0	0	0	0	2	0	4	0
GS	C6	0	0	2	3	0	0	0	0	0	0	3	4	0	0	0	0	0	0
GS	C7	0	0	4	0	115	0	0	0	0	0	0	0	665	0	0	0	0	-1
GS	C8	0	0	78	64	2	3	0	0	0	0	73	129	32	1	26	27	9	0

地区	部门	FJ F3	FJ F4	JX F1	JX F2	JX F3	JX F4	SD F1	SD F2	SD F3	SD F4	HA F1	HA F2	HA F3	HA F4	HB F1	HB F2	HB F3	HB F4
QH	C1	0	0	1	0	0	0	1	0	0	0	42	5	1	13	0	0	0	0
QH	C2	0	0	0	0	0	0	0	0	0	0	0	0	0	1	0	0	0	0
QH	C3	0	0	0	0	0	0	0	0	0	0	0	0	0	0	0	0	0	0
QH	C4	0	0	0	0	0	2	0	0	0	0	0	0	0	1	8	2	0	3
QH	C5	0	0	0	0	0	0	0	0	0	0	0	0	0	0	0	0	1	0
QH	C6	0	0	0	0	0	0	0	0	0	0	0	0	0	0	0	0	0	0
QH	C7	0	0	0	0	0	0	0	0	0	0	0	0	0	0	0	0	0	0
QH	C8	0	0	3	0	0	0	0	0	0	0	0	0	0	0	0	0	0	0
NX	C1	0	0	12	3	6	0	54	9	0	6	0	0	0	0	8	0	1	1
NX	C2	0	0	0	0	0	0	0	0	0	0	0	0	0	1	0	0	0	0
NX	C3	0	3	3	0	0	1	11	0	0	2	3	0	0	-1	35	0	0	4
NX	C4	0	0	0	0	1	12	0	0	0	0	0	0	4	5	1	0	0	0
NX	C5	15	1	1	0	6	1	0	0	0	0	0	0	2	0	2	0	6	0
NX	C6	0	0	9	15	0	0	0	0	0	0	25	42	0	0	0	1	0	0
NX	C7	0	0	0	0	0	0	0	0	0	0	0	0	0	0	0	0	0	0
NX	C8	0	0	0	1	0	0	0	0	0	0	0	0	0	0	0	0	0	0
XJ	C1	19	8	0	0	0	0	549	91	4	59	193	24	4	61	0	0	0	0
XJ	C2	0	0	0	0	0	0	0	0	0	0	0	0	0	2	0	0	0	0
XJ	C3	0	0	0	0	0	0	0	0	0	0	1	0	0	-1	3	0	0	1
XJ	C4	0	8	1	0	0	0	0	0	0	0	0	1	2	17	3	0	7	0
XJ	C5	20	2	1	0	1	0	7	0	12	2	9	0	19	3	3	0	10	1
XJ	C6	0	0	17	28	0	0	0	0	0	0	42	70	0	1	1	2	0	0
XJ	C7	0	0	0	0	0	0	0	0	0	0	0	0	0	0	0	0	0	0
XJ	C8	0	0	87	10	6	13	0	0	0	0	107	2	15	1	61	3	13	-2
USA	C1	0	0	32	1	0	0	762	3	127	0	11	0	28	0	2	0	0	0
USA	C2	0	0	0	0	0	0	15	0	3	0	0	0	0	0	0	0	0	0
USA	C3	3	0	59	0	1	0	886	0	30	0	146	0	4	0	55	0	3	0
USA	C4	10	0	7	0	1	0	217	0	108	0	70	1	5	0	61	0	3	0
USA	C5	1542	0	5	0	26	0	104	0	1752	0	251	1	186	0	63	0	219	0
USA	C6	1	0	0	0	0	0	0	0	0	0	0	0	0	0	0	0	0	0
USA	C7	0	0	0	0	0	0	0	0	1	0	0	0	0	0	0	0	0	0
USA	C8	612	0	2	0	0	0	3436	9	1989	0	664	4	43	0	12	1	1	0
EU	C1	1	0	1	0	0	0	78	0	14	0	24	0	2	0	38	0	2	0
EU	C2	0	0	1	0	0	0	3	0	4	0	0	0	0	0	0	0	0	0
EU	C3	9	0	56	0	2	0	1079	0	79	0	157	0	4	0	106	0	5	0
EU	C4	62	0	10	0	8	0	101	0	618	0	34	1	44	0	144	1	56	0
EU	C5	426	0	37	0	175	0	296	0	5745	0	84	1	823	0	278	0	646	0
EU	C6	19	0	0	0	0	0	0	0	0	0	0	0	0	0	0	0	0	0
EU	C7	0	0	0	0	0	0	49	8	72	0	0	0	0	0	0	0	0	0
EU	C8	897	0	2	1	0	0	1883	28	3776	0	252	15	50	0	12	2	1	0
ROW	C1	21	0	12	0	2	0	901	33	436	0	142	8	16	0	62	1	5	0
ROW	C2	0	0	5	0	0	0	230	0	10	0	5	0	0	0	2	0	0	0
ROW	C3	25	0	457	0	11	0	4096	0	111	0	402	0	8	0	593	0	14	0
ROW	C4	89	0	53	0	10	0	1059	0	902	0	481	3	33	0	165	0	74	0
ROW	C5	2611	0	181	0	372	0	976	0	19060	0	361	2	862	0	444	0	1923	0
ROW	C6	14	0	0	0	0	0	0	0	0	0	0	0	0	0	0	0	0	0
ROW	C7	0	0	0	0	0	0	136	31	52	0	0	0	0	0	0	0	0	0
ROW	C8	1986	0	8	2	0	0	14319	60	12220	0	1470	38	109	0	52	6	4	0
CHN	TAXSUB	7533	0	4109	46	4758	0	18048	203	20899	0	10334	116	11966	0	6510	73	7539	0
USA	TAXSUB	0	0	49	0	0	0	214	0	0	0	123	0	0	0	77	0	0	0
EU	TAXSUB	0	0	8	0	0	0	37	0	0	0	21	0	0	0	13	0	0	0
ROW	TAXSUB	0	0	126	0	0	0	553	0	0	0	316	0	0	0	199	0	0	0
VA		0	0	0	0	0	0	0	0	0	0	0	0	0	0	0	0	0	0
TI		0	0	0	0	0	0	0	0	0	0	0	0	0	0	0	0	0	0

续表

地区	部门	HN F1	HN F2	HN F3	HN F4	GD F1	GD F2	GD F3	GD F4	GX F1	GX F2	GX F3	GX F4	HI F1	HI F2	HI F3	HI F4	CQ F1	CQ F2
BJ	C1	0	0	0	0	153	14	22	7	0	0	0	0	0	0	0	0	353	58
BJ	C2	0	0	0	0	0	0	0	0	0	0	0	0	0	0	0	0	0	0
BJ	C3	46	0	1	4	547	0	0	28	355	0	1	27	75	0	21	5	506	0
BJ	C4	1	0	1	0	328	65	16	0	2	0	7	0	35	0	0	58	3	0
BJ	C5	508	0	595	24	981	0	5096	263	160	0	779	14	22	0	35	2	265	0
BJ	C6	357	591	0	4	5	9	0	0	79	130	0	2	0	0	1	0	143	237
BJ	C7	65	0	4506	0	0	0	104	0	0	0	4884	0	18	0	353	0	0	0
BJ	C8	348	265	954	3	2375	53	2383	137	1290	552	315	−22	812	1237	301	33	880	2244
TJ	C1	0	0	0	0	0	0	0	0	0	0	0	0	0	0	0	0	0	0
TJ	C2	0	0	0	0	0	0	0	0	0	0	0	0	0	0	0	0	0	0
TJ	C3	61	0	1	6	199	0	4	39	288	0	0	22	94	0	6	6	407	0
TJ	C4	2	0	1	0	114	22	15	0	3	0	8	0	12	0	0	19	2	0
TJ	C5	161	0	200	10	16	0	83	7	81	0	386	7	19	0	27	2	68	0
TJ	C6	4	7	0	0	6	9	0	0	3	5	0	0	2	3	0	0	0	0
TJ	C7	18	0	1252	0	0	0	29	0	0	0	1357	0	5	0	98	0	0	0
TJ	C8	125	43	125	1	1605	29	1631	98	623	108	170	−23	471	249	392	20	387	413
HE	C1	317	25	62	−33	0	0	0	0	137	8	10	−6	0	0	0	0	239	39
HE	C2	0	0	0	0	0	0	0	0	0	0	0	0	0	0	0	0	0	0
HE	C3	104	0	1	10	205	0	0	11	475	0	1	37	142	0	1	13	788	0
HE	C4	9	1	1	2	8	0	72	3	13	0	20	10	1	0	1	0	38	0
HE	C5	102	0	139	8	22	0	134	22	72	0	381	7	20	0	38	2	97	0
HE	C6	8	13	0	0	10	17	0	0	6	9	0	0	4	6	1	0	1	1
HE	C7	4	0	294	0	0	0	7	0	0	0	319	0	1	0	23	0	0	0
HE	C8	118	21	141	1	295	31	220	−3	283	95	33	−1	810	411	1048	7	523	670
SX	C1	0	0	0	0	0	0	0	0	0	0	0	0	0	0	0	0	2	0
SX	C2	41	0	0	28	0	0	0	0	0	0	1	0	0	0	0	0	0	0
SX	C3	15	0	1	2	0	0	0	0	0	0	0	0	13	0	22	2	5	0
SX	C4	68	0	0	11	106	0	43	50	2	0	10	0	15	3	0	−5	0	0
SX	C5	0	0	2	0	0	0	0	0	2	0	4	0	7	0	11	0	0	0
SX	C6	12	20	0	0	1	1	0	0	3	5	0	0	0	0	0	0	4	7
SX	C7	0	0	0	0	0	0	0	0	0	0	0	0	0	0	0	0	0	0
SX	C8	18	7	12	−1	318	11	307	15	90	10	29	−5	74	37	2	4	71	26
IM	C1	309	24	61	−33	0	0	0	0	0	0	0	0	0	0	0	0	76	13
IM	C2	0	0	0	0	0	0	0	0	0	0	0	0	0	0	0	0	0	0
IM	C3	43	0	1	5	1275	0	0	64	477	0	0	35	66	0	0	7	771	0
IM	C4	0	0	0	0	0	0	0	0	0	0	0	0	2	0	0	4	0	0
IM	C5	19	0	25	1	0	0	0	19	0	0	85	2	9	0	12	1	5	0
IM	C6	52	86	0	0	24	39	0	0	21	34	0	0	7	12	0	0	13	22
IM	C7	17	0	1151	0	0	0	27	0	0	0	1247	0	5	0	90	0	0	0
IM	C8	52	6	53	0	352	15	331	15	145	13	34	−4	133	578	17	5	178	972
LN	C1	5	0	1	−1	0	0	0	0	0	0	0	0	0	0	0	0	19	3
LN	C2	0	0	0	0	0	0	0	0	0	0	0	0	0	0	0	0	0	0
LN	C3	41	0	1	4	3	0	0	0	87	0	0	7	61	0	1	5	73	0
LN	C4	1	0	0	0	219	44	6	0	2	0	4	0	43	0	0	70	0	0
LN	C5	137	0	174	9	8	0	35	1	75	0	364	7	14	0	17	1	51	0
LN	C6	14	23	0	0	0	0	0	0	3	6	0	0	1	1	2	0	5	8
LN	C7	87	0	6056	0	0	0	140	0	0	0	6563	0	25	0	475	0	0	0
LN	C8	24	5	4	0	234	12	215	8	136	8	19	−3	547	205	0	6	493	332
JL	C1	7	1	1	−1	0	0	0	0	3	0	0	0	0	0	0	0	51	8
JL	C2	0	0	0	0	0	0	0	0	0	0	0	0	0	0	0	0	0	0
JL	C3	82	0	1	8	13006	0	387	415	1578	0	15	147	149	0	22	15	2558	0
JL	C4	1	0	1	0	762	152	31	1	3	0	9	0	5	0	0	7	11	0
JL	C5	568	0	714	37	6252	0	27495	533	177	0	896	17	14	0	26	1	353	0
JL	C6	83	138	0	1	33	55	0	0	32	52	0	0	19	26	17	1	27	43
JL	C7	0	0	0	0	0	0	0	0	0	0	0	0	0	0	0	0	0	0
JL	C8	31	24	7	0	359	23	314	9	327	96	34	−4	571	2423	290	6	584	4163

地区	部门	HN F1	HN F2	HN F3	HN F4	GD F1	GD F2	GD F3	GD F4	GX F1	GX F2	GX F3	GX F4	HI F1	HI F2	HI F3	HI F4	CQ F1	CQ F2
HL	C1	10	1	2	−1	0	0	0	0	8	0	1	0	0	0	0	0	98	16
HL	C2	0	0	0	0	0	0	0	0	0	0	0	0	0	0	0	0	0	0
HL	C3	50	0	1	5	1038	0	14	42	584	0	4	51	93	0	3	10	794	0
HL	C4	0	0	0	0	0	0	3	0	1	0	2	0	1	0	0	1	0	0
HL	C5	40	0	54	3	1	0	7	1	30	0	152	3	7	0	16	1	14	0
HL	C6	24	40	0	0	7	12	0	0	8	14	0	0	4	5	3	0	8	12
HL	C7	1	0	85	0	0	0	2	0	0	0	92	0	0	0	7	0	0	0
HL	C8	103	65	49	−2	1230	11	1287	84	630	101	128	−21	779	445	366	15	1092	603
SH	C1	0	0	0	0	0	0	0	0	0	0	0	0	0	0	0	0	0	0
SH	C2	0	0	0	0	0	0	0	0	0	0	0	0	0	0	0	0	0	0
SH	C3	90	0	1	9	2547	0	50	447	747	0	4	63	140	0	36	9	913	0
SH	C4	2	0	1	0	1135	226	59	2	91	0	15	84	37	0	0	60	29	0
SH	C5	944	0	1153	54	4695	0	21160	520	261	0	1359	25	27	0	53	3	437	0
SH	C6	0	0	0	0	0	0	0	0	0	0	0	0	0	0	0	0	0	0
SH	C7	127	0	8799	0	0	0	202	0	0	0	9536	0	36	0	687	0	0	0
SH	C8	472	60	500	−4	4167	122	4092	216	1872	240	434	−59	1394	905	176	59	1550	1358
JS	C1	15	1	3	−2	0	0	0	0	28	2	2	−1	0	0	0	0	103	17
JS	C2	0	0	0	0	0	0	0	0	0	0	0	0	0	0	0	0	0	0
JS	C3	111	0	1	11	178	0	59	23	88	0	9	25	119	0	1	8	195	0
JS	C4	78	16	0	21	28	6	0	15	17	3	0	99	2	0	0	3	0	0
JS	C5	98	0	58	−9	1211	0	4384	636	46	0	272	4	32	0	68	4	678	0
JS	C6	63	104	0	0	63	104	0	0	37	61	0	0	19	31	0	0	9	15
JS	C7	0	0	0	0	0	0	0	0	0	0	0	0	0	0	0	0	0	0
JS	C8	183	7	174	1	405	0	435	31	323	202	72	−5	1896	1742	2450	8	665	3174
ZJ	C1	0	0	0	0	3332	314	473	148	0	0	0	0	0	0	0	0	0	0
ZJ	C2	0	0	0	0	0	0	0	0	0	0	0	0	0	0	0	0	0	0
ZJ	C3	145	0	1	16	7144	0	33	348	1265	0	6	106	170	0	55	14	1963	0
ZJ	C4	94	18	1	25	3745	749	11	4	16	3	8	3	38	0	0	62	0	0
ZJ	C5	83	0	51	−8	938	0	2991	391	38	0	276	5	34	0	65	3	75	0
ZJ	C6	39	64	0	0	22	36	0	0	17	28	0	0	11	16	10	0	12	18
ZJ	C7	83	0	5767	0	0	0	133	0	0	0	6250	0	24	0	452	0	0	0
ZJ	C8	102	4	95	−1	740	38	676	25	418	39	71	−10	384	392	45	12	746	628
AH	C1	3	0	1	0	0	0	0	0	45	3	3	−2	0	0	0	0	11	2
AH	C2	0	0	0	0	0	0	0	0	0	0	0	0	0	0	0	0	0	0
AH	C3	173	0	2	18	235	0	23	−5	647	0	7	62	203	0	71	21	894	0
AH	C4	165	31	2	44	36	2	57	21	44	8	20	8	63	12	1	−25	7	0
AH	C5	370	0	410	11	178	0	404	95	165	0	737	12	46	0	57	5	408	0
AH	C6	3	4	1	0	1	2	0	0	1	2	0	0	16	18	31	1	11	13
AH	C7	53	0	3702	0	0	0	85	0	0	0	4012	0	15	0	290	0	0	0
AH	C8	51	6	47	0	6	0	6	0	101	55	10	0	119	401	18	0	394	696
FJ	C1	0	0	0	0	0	0	0	0	0	0	0	0	0	0	0	0	0	0
FJ	C2	0	0	0	0	0	0	0	0	0	0	0	0	0	0	0	0	0	0
FJ	C3	67	0	1	7	1157	0	72	594	45	0	1	6	76	0	44	−3	1915	0
FJ	C4	1	0	1	0	8	0	0	23	0	0	0	0	0	0	0	0	20	0
FJ	C5	0	0	0	0	0	0	0	0	0	0	0	0	0	0	0	0	0	0
FJ	C6	0	0	0	0	0	0	0	0	0	0	0	0	0	0	0	0	0	0
FJ	C7	0	0	0	0	0	0	0	0	0	0	0	0	0	0	0	0	0	0
FJ	C8	28	0	30	0	117	11	92	0	32	0	9	−1	36	10	10	2	42	0
JX	C1	0	0	0	0	0	0	0	0	72	4	5	−3	0	0	0	0	0	0
JX	C2	0	0	0	0	0	0	0	0	0	0	0	0	0	0	0	0	0	0
JX	C3	96	0	3	11	248	0	16	126	52	0	3	10	61	0	52	−3	162	0
JX	C4	126	15	2	38	2221	427	8	90	47	8	8	197	1	0	1	1	0	0
JX	C5	285	0	259	−6	69	0	288	62	98	0	447	8	49	0	75	5	91	0
JX	C6	16	26	0	0	21	34	0	0	11	18	0	0	13	19	14	1	6	8
JX	C7	2	0	129	0	0	0	3	0	0	0	139	0	1	0	10	0	0	0
JX	C8	116	19	124	0	513	31	455	14	430	127	58	−6	1155	207	1632	9	504	333

地区	部门	HN F1	HN F2	HN F3	HN F4	GD F1	GD F2	GD F3	GD F4	GX F1	GX F2	GX F3	GX F4	HI F1	HI F2	HI F3	HI F4	CQ F1	CQ F2
SD	C1	0	0	0	0	0	0	0	0	0	0	0	0	0	0	0	0	0	0
SD	C2	0	0	0	0	0	0	0	0	0	0	0	0	0	0	0	0	0	0
SD	C3	14	0	0	3	1187	0	74	609	12	0	1	2	11	0	18	−2	34	0
SD	C4	38	7	0	10	0	0	0	1	10	2	0	11	61	0	0	101	15	0
SD	C5	1	0	17	2	1	0	92	7	7	0	125	3	2	0	30	0	4	0
SD	C6	86	141	1	1	36	60	0	0	33	54	0	0	54	67	86	3	50	69
SD	C7	0	0	0	0	0	0	0	0	0	0	0	0	0	0	0	0	0	0
SD	C8	0	1	10	0	0	0	0	0	7	1	1	0	4	2	1	0	1	3
HA	C1	5	0	1	0	0	0	0	0	136	8	10	−6	0	0	0	0	59	10
HA	C2	12	0	0	8	2	0	0	0	1	0	0	1	0	0	0	0	0	0
HA	C3	241	0	0	23	1260	0	32	298	1282	0	1	95	306	0	34	34	2052	0
HA	C4	307	60	1	84	107	21	24	6	189	23	12	77	64	13	1	−28	32	0
HA	C5	86	0	59	−7	66	0	691	96	16	0	133	3	27	0	55	2	10	0
HA	C6	0	0	0	0	0	0	0	0	0	0	0	0	0	0	0	0	0	0
HA	C7	2	0	149	0	0	0	3	0	0	0	161	0	1	0	12	0	0	0
HA	C8	273	1	294	2	270	51	133	−21	272	4	25	0	739	613	785	9	685	972
HB	C1	2	0	0	0	0	0	0	0	119	7	9	−5	0	0	0	0	30	5
HB	C2	0	0	0	0	0	0	0	0	0	0	0	0	0	0	0	0	0	0
HB	C3	272	0	0	28	16	0	0	1	322	0	1	25	193	0	55	18	386	0
HB	C4	62	11	3	16	4	0	31	0	69	12	15	14	146	15	1	−27	7	1
HB	C5	85	0	114	7	0	0	17	1	40	0	214	4	10	0	20	1	6	0
HB	C6	8	13	0	0	0	0	0	0	2	3	0	0	0	0	0	0	3	4
HB	C7	23	0	1570	0	0	0	36	0	0	0	1702	0	6	0	123	0	0	0
HB	C8	8	2	4	0	2	0	1	0	68	16	2	0	45	1	2	0	102	3
HN	C1	14131	1102	2768	−1489	2591	244	368	115	167	10	12	−7	683	66	0	47	0	0
HN	C2	76	0	0	109	0	0	0	0	0	0	0	0	0	0	0	0	0	0
HN	C3	40321	0	2537	4303	900	0	2	56	1118	0	2	86	234	0	1	24	1071	0
HN	C4	7120	883	919	2025	568	110	54	6	171	28	23	45	102	0	1	10	127	25
HN	C5	3317	0	6471	603	745	0	4129	231	279	0	1515	29	34	0	87	1	200	0
HN	C6	2813	4296	1456	71	0	0	0	0	0	0	0	0	5	6	10	0	3	4
HN	C7	1156	0	80122	0	0	0	90	0	0	0	4229	0	16	0	307	0	0	0
HN	C8	84036	70836	13683	692	102	6	91	3	247	167	23	−1	230	142	108	2	447	137
GD	C1	1271	99	249	−134	2400	226	341	107	0	0	0	0	0	0	0	0	947	156
GD	C2	0	0	0	4	0	0	0	0	0	0	0	0	0	0	0	0	0	0
GD	C3	222	0	2	23	40141	0	483	−2874	3914	0	84	464	537	0	144	41	4315	0
GD	C4	727	143	2	197	2791	9	5049	1482	169	16	65	31	201	39	2	−77	1898	356
GD	C5	3368	0	3301	16	4510	0	34099	4988	734	0	3774	70	99	0	202	2	1872	0
GD	C6	36	59	2	0	11110	17753	2547	662	14	24	0	70	59	72	109	4	45	56
GD	C7	0	0	0	0	0	0	171762	0	0	0	0	0	0	0	0	0	0	0
GD	C8	108	0	68	−7	255732	158051	61148	−488	1023	0	348	−60	355	3	1	35	549	0
GX	C1	144	11	28	−15	6909	651	981	307	11867	680	866	−519	0	0	0	0	0	0
GX	C2	0	0	0	2	0	0	0	0	2	0	0	47	0	0	0	0	0	0
GX	C3	103	0	2	11	9368	0	606	23	4972	0	113	647	307	0	127	30	2337	0
GX	C4	34	5	1	9	28	0	0	98	2477	342	471	489	210	16	1	−19	18	3
GX	C5	374	0	478	26	151	0	666	15	4257	0	11736	−42	79	0	134	6	149	0
GX	C6	1	1	0	0	0	0	0	0	1144	1827	269	−5	0	0	0	0	0	0
GX	C7	138	0	9542	0	0	0	218	0	0	0	0	0	39	0	742	0	0	0
GX	C8	34	3	20	−2	756	2	805	56	40426	37796	2719	683	271	39	149	9	250	60
HI	C1	0	0	0	0	3584	338	509	159	0	0	0	0	3851	370	0	263	0	0
HI	C2	0	0	0	0	0	0	0	0	0	0	0	0	0	0	0	0	0	0
HI	C3	18	0	1	2	251	0	1	22	294	0	1	24	0	0	0	0	196	0
HI	C4	0	0	0	0	246	49	0	0	69	14	0	15	4	0	3	0	1	0
HI	C5	1	0	2	0	2	0	5	1	19	0	55	1	4	0	11	0	0	0
HI	C6	4	6	0	0	5	9	0	0	3	5	0	0	461	699	260	8	0	0
HI	C7	39	0	2694	0	0	0	62	0	0	0	2920	0	0	0	2	0	0	0
HI	C8	63	1	58	0	356	15	335	15	226	28	36	−5	4896	2038	6831	27	373	1014

地区	部门	HN F1	HN F2	HN F3	HN F4	GD F1	GD F2	GD F3	GD F4	GX F1	GX F2	GX F3	GX F4	HI F1	HI F2	HI F3	HI F4	CQ F1	CQ F2
CQ	C1	0	0	0	0	1490	140	211	66	0	0	0	0	0	0	0	0	10296	1694
CQ	C2	0	0	0	0	0	0	0	0	0	0	0	0	0	0	0	0	19	0
CQ	C3	95	0	1	10	4451	0	38	443	1297	0	7	109	179	0	49	13	0	0
CQ	C4	107	21	1	29	269	53	54	1	401	71	26	99	62	12	1	-24	0	0
CQ	C5	930	0	1091	44	4095	0	20274	871	446	0	2228	41	54	0	90	4	0	0
CQ	C6	117	193	1	1	84	139	0	0	57	95	0	0	41	59	31	1	18	29
CQ	C7	186	0	12922	0	0	0	292	0	0	0	14002	0	52	0	996	0	0	0
CQ	C8	169	16	170	2	13	3	6	-1	334	80	19	2	556	1292	257	2	34816	15867
SC	C1	0	0	0	0	142	13	20	6	59	3	4	-3	0	0	0	0	0	0
SC	C2	0	0	0	0	0	0	0	0	0	0	0	0	0	0	0	0	1	0
SC	C3	93	0	1	10	34	0	3	-1	402	0	4	39	169	0	19	19	773	0
SC	C4	2	0	0	0	0	0	0	0	17	3	0	5	13	3	0	-5	1	0
SC	C5	66	0	36	-7	286	0	3068	424	6	0	91	2	19	0	54	1	21	0
SC	C6	70	116	0	1	48	80	0	0	34	56	0	0	14	24	0	0	14	24
SC	C7	39	0	2707	0	0	0	62	0	0	0	2934	0	11	0	212	0	0	0
SC	C8	92	1	94	1	2	0	1	0	187	11	8	0	173	0	33	1	369	1
GZ	C1	0	0	0	0	4442	419	630	197	0	0	0	0	0	0	0	0	0	0
GZ	C2	3	0	0	2	0	0	0	0	3	0	0	3	0	0	0	1	0	0
GZ	C3	90	0	2	9	348	0	0	17	667	0	2	52	159	0	89	13	1114	0
GZ	C4	88	17	1	24	17	0	16	10	60	11	17	12	126	25	1	-56	142	28
GZ	C5	1	0	8	1	5	0	14	4	23	0	54	0	26	0	41	3	18	0
GZ	C6	11	18	0	0	5	9	0	0	4	7	0	0	2	3	0	0	3	5
GZ	C7	48	0	3295	0	0	0	76	0	0	0	3572	0	13	0	259	0	0	0
GZ	C8	64	13	53	-1	445	6	457	29	203	33	49	-7	148	433	28	6	200	686
YN	C1	603	47	118	-64	0	0	0	0	0	0	0	0	0	0	0	0	111	18
YN	C2	0	0	0	0	0	0	0	0	0	0	0	0	0	0	0	0	0	0
YN	C3	57	0	1	5	1892	0	0	95	1337	0	1	99	144	0	0	16	1436	0
YN	C4	0	0	0	0	45	0	0	22	4	0	0	29	3	1	0	-1	0	0
YN	C5	0	0	1	0	0	0	0	0	3	0	6	0	12	0	13	1	0	0
YN	C6	8	14	0	0	1	2	0	0	2	4	0	0	0	1	0	0	3	4
YN	C7	3	0	175	0	0	0	4	0	0	0	190	0	1	0	14	0	0	0
YN	C8	16	7	12	0	6	1	4	0	18	9	1	0	58	17	61	0	32	8
TB	C1	0	0	0	0	0	0	0	0	0	0	0	0	0	0	0	0	0	0
TB	C2	0	0	0	0	0	0	0	0	0	0	0	0	0	0	0	0	0	0
TB	C3	3	0	0	0	0	0	0	0	8	0	1	5	0	0	1		8	0
TB	C4	0	0	0	0	0	0	0	0	0	0	0	0	0	0	0	0	0	0
TB	C5	0	0	0	0	0	0	0	0	0	0	0	0	0	0	0	0	0	0
TB	C6	0	0	0	0	0	0	0	0	0	0	0	0	0	0	0	0	0	0
TB	C7	4	0	264	0	0	0	6	0	0	0	286	0	1	0	21	0	0	0
TB	C8	2	0	1	0	6	1	4	0	9	0	0	0	22	1	0	0	10	0
SN	C1	0	0	0	0	7319	690	1039	325	491	28	36	-22	0	0	0	0	922	152
SN	C2	35	0	0	23	0	0	0	0	0	0	0	0	0	0	0	0	4	0
SN	C3	106	0	1	11	5047	0	25	444	1204	0	1	90	153	0	40	14	2648	0
SN	C4	533	8	1	90	78	0	29	32	103	11	11	21	35	6	0	-6	858	1
SN	C5	140	0	188	11	23	0	91	19	93	0	470	9	19	0	35	3	197	0
SN	C6	77	127	0	1	35	58	0	0	31	51	0	0	18	26	15	1	24	37
SN	C7	169	0	11749	0	0	0	266	0	0	0	12732	0	47	0	906	0	0	0
SN	C8	79	40	207	-5	1566	3	1672	116	546	78	179	-27	208	182	23	17	324	320
GS	C1	2	0	0	0	0	0	0	0	12	1	1	-1	0	0	0	0	24	4
GS	C2	0	0	0	0	0	0	0	0	0	0	0	0	0	0	0	0	0	0
GS	C3	3	0	0	1	0	0	0	0	3	0	0	1	3	0	17	0	3	0
GS	C4	3	0	1	0	1	0	10	12	30	0	7	10	2	0	0	3	1	0
GS	C5	2	0	4	0	0	0	0	0	1	0	4	0	8	0	14	0	0	0
GS	C6	3	5	0	0	0	0	0	0	1	1	0	0	0	0	0	0	1	2
GS	C7	19	0	1324	0	0	0	31	0	0	0	1435	0	5	0	104	0	0	0
GS	C8	8	5	5	0	40	2	37	1	20	7	4	-1	40	27	1	1	41	29

续表

地区	部门	HN F1	HN F2	HN F3	HN F4	GD F1	GD F2	GD F3	GD F4	GX F1	GX F2	GX F3	GX F4	HI F1	HI F2	HI F3	HI F4	CQ F1	CQ F2
QH	C1	0	0	0	0	433	41	62	19	0	0	0	0	0	0	0	0	0	0
QH	C2	0	0	0	0	0	0	0	0	0	0	0	0	0	0	0	0	0	0
QH	C3	0	0	0	0	0	0	0	0	0	0	0	0	0	0	0	0	0	0
QH	C4	0	0	0	0	0	0	0	0	0	0	0	0	0	0	0	0	0	0
QH	C5	0	0	0	0	0	0	0	0	0	0	0	0	1	0	1	0	0	0
QH	C6	0	0	0	0	0	0	0	0	0	0	0	0	0	0	0	0	0	0
QH	C7	0	0	0	0	0	0	0	0	0	0	0	0	0	0	0	0	0	0
QH	C8	0	0	0	0	0	0	0	0	1	0	0	0	1	0	0	0	2	0
NX	C1	0	0	0	0	0	0	0	0	0	0	0	0	0	0	0	0	39	6
NX	C2	0	0	0	0	0	0	0	0	0	0	0	0	0	0	0	0	0	0
NX	C3	30	0	0	3	31	0	0	2	102	0	0	8	34	0	1	3	148	0
NX	C4	30	0	0	5	0	0	0	0	43	0	0	14	3	0	0	4	48	0
NX	C5	0	0	4	1	0	0	1	0	4	0	12	0	5	0	12	1	0	0
NX	C6	21	34	0	0	20	34	0	0	12	20	0	0	6	10	0	0	3	5
NX	C7	0	0	0	0	0	0	0	0	0	0	0	0	0	0	0	0	0	0
NX	C8	0	0	0	0	0	0	0	0	0	0	0	0	0	0	0	0	0	0
XJ	C1	0	0	0	0	0	0	0	0	34	2	2	−1	0	0	0	0	114	19
XJ	C2	0	0	0	0	0	0	0	0	0	0	0	0	0	0	0	0	0	0
XJ	C3	6	0	0	1	0	0	0	0	2	0	0	1	2	0	0	0	13	0
XJ	C4	17	3	0	5	0	0	0	0	163	3	0	33	32	0	0	52	1	0
XJ	C5	0	0	1	0	9	0	24	7	5	0	11	0	4	0	4	1	30	0
XJ	C6	37	60	0	0	29	48	0	0	19	31	0	0	9	14	0	0	7	11
XJ	C7	0	0	0	0	0	0	0	0	0	0	0	0	0	0	0	0	0	0
XJ	C8	2	0	2	0	40	8	18	−4	7	1	0	0	28	7	1	1	46	0
USA	C1	26	0	0	0	1165	9	93	0	26	0	0	0	0	0	0	0	2	0
USA	C2	0	0	0	0	2	0	0	0	4	0	0	0	2	0	0	0	0	0
USA	C3	12	0	1	0	511	0	83	0	11	0	2	0	13	0	0	0	14	0
USA	C4	9	0	0	0	237	1	78	0	75	0	6	0	53	0	0	0	5	0
USA	C5	67	0	22	0	123	0	2200	0	3	0	35	0	12	0	140	0	3	0
USA	C6	0	0	0	0	0	0	0	0	0	0	0	0	0	0	0	0	0	0
USA	C7	0	0	0	0	0	0	0	0	0	0	0	0	0	0	0	0	0	0
USA	C8	7	0	0	0	9251	278	1710	0	2235	48	35	0	0	0	0	0	1450	83
EU	C1	2	0	0	0	186	1	4	0	2	0	5	0	0	0	0	0	0	0
EU	C2	0	0	0	0	1	0	1	0	1	0	0	0	0	0	0	0	0	0
EU	C3	542	0	3	0	1992	0	177	0	43	0	11	0	416	0	0	0	54	0
EU	C4	11	0	6	0	446	6	518	0	29	0	7	0	180	0	2	0	5	0
EU	C5	72	0	131	0	342	1	6850	0	22	0	178	0	777	0	8	0	26	0
EU	C6	0	0	0	0	0	5	1	0	0	0	0	0	0	0	0	0	0	0
EU	C7	0	0	0	0	0	0	0	0	0	0	0	0	0	0	0	0	0	0
EU	C8	7	0	0	0	6002	614	3381	0	630	42	53	0	0	0	0	0	911	188
ROW	C1	54	1	1	0	3158	50	104	0	375	44	82	0	170	3	0	0	8	1
ROW	C2	4	0	0	0	35	0	1	0	51	0	1	0	33	0	0	0	0	0
ROW	C3	1030	0	2	0	4980	0	338	0	1429	0	8	0	329	0	0	0	113	0
ROW	C4	89	0	39	0	1024	4	583	0	358	0	6	0	589	1	0	0	17	0
ROW	C5	196	0	308	0	1106	1	10756	0	82	0	404	0	28	0	64	0	895	0
ROW	C6	0	0	0	0	0	75	0	0	0	0	0	0	0	0	0	0	0	0
ROW	C7	0	0	0	0	0	0	0	0	0	0	0	0	0	0	0	0	0	0
ROW	C8	30	1	0	0	43826	1325	9569	0	5198	123	113	0	1	0	0	0	6004	455
CHN	TAXSUB	5658	64	6552	0	17657	199	20446	0	3306	37	3828	0	753	8	872	0	3854	43
USA	TAXSUB	67	0	0	0	210	0	0	0	39	0	0	0	9	0	0	0	46	0
EU	TAXSUB	12	0	0	0	36	0	0	0	7	0	0	0	2	0	0	0	8	0
ROW	TAXSUB	173	0	0	0	541	0	0	0	101	0	0	0	23	0	0	0	118	0
VA		0	0	0	0	0	0	0	0	0	0	0	0	0	0	0	0	0	0
TI		0	0	0	0	0	0	0	0	0	0	0	0	0	0	0	0	0	0

地区	部门	CQ	CQ	SC	SC	SC	SC	GZ	GZ	GZ	GZ	YN	YN	YN	YN	TB	TB	TB	TB
		F3	F4	F1	F2	F3	F4	F1	F2	F3	F4	F1	F2	F3	F4	F1	F2	F3	F4
BJ	C1	15	18	2	0	0	0	48	3	1	0	0	0	0	0	0	0	0	0
BJ	C2	0	0	0	0	0	0	0	0	0	0	0	0	0	0	1	0	0	0
BJ	C3	2	21	56	0	9	7	39	0	18	3	150	0	7	11	18	0	4	1
BJ	C4	29	0	0	0	2	1	9	0	91	0	3	0	28	0	3	0	3	0
BJ	C5	766	128	173	0	973	44	87	0	332	0	272	0	843	4	13	0	38	0
BJ	C6	0	10	9	14	0	0	0	0	0	0	1	1	0	0	6	10	0	0
BJ	C7	5332	0	0	0	39	0	11	0	1954	0	0	0	1120	0	0	0	92	0
BJ	C8	784	50	522	9	206	7	1083	566	933	28	412	317	764	14	55	223	12	0
TJ	C1	0	0	0	0	0	0	0	0	0	0	0	0	0	0	0	0	0	0
TJ	C2	0	0	0	0	0	0	0	0	0	0	0	0	0	0	0	0	0	0
TJ	C3	2	14	116	0	4	8	110	0	5	3	204	0	6	12	24	0	3	1
TJ	C4	9	2	0	0	3	2	7	0	76	0	3	0	25	0	3	0	5	0
TJ	C5	187	32	66	0	414	17	34	0	157	1	142	0	447	2	12	0	32	0
TJ	C6	0	0	0	0	0	0	0	0	0	0	1	2	0	0	1	1	0	0
TJ	C7	1482	0	0	0	11	0	3	0	543	0	0	0	311	0	0	0	25	0
TJ	C8	228	19	312	4	96	5	750	114	518	13	229	63	355	6	30	53	4	4
HE	C1	10	12	21	2	2	0	256	18	8	0	41	2	3	3	0	0	0	0
HE	C2	0	0	0	0	0	0	0	0	0	0	0	0	0	0	0	0	0	0
HE	C3	4	16	251	0	14	10	200	0	30	4	423	0	10	20	35	0	4	2
HE	C4	431	6	8	2	5	13	40	0	433	13	27	3	118	3	11	0	7	0
HE	C5	283	40	75	0	409	21	53	0	340	2	141	0	570	2	11	0	37	0
HE	C6	1	0	0	0	0	0	0	0	1	0	2	3	0	0	1	2	0	0
HE	C7	348	0	0	0	3	0	1	0	128	0	0	0	74	0	0	0	6	0
HE	C8	215	4	119	5	55	-2	504	83	371	22	286	68	114	-2	32	33	3	-1
SX	C1	0	0	25	2	3	0	3	0	0	0	2	0	0	0	0	0	0	0
SX	C2	0	3	0	0	0	0	3	0	0	2	0	0	0	0	1	0	0	0
SX	C3	0	1	14	0	0	2	4	0	0	2	18	0	0	1	8	0	2	1
SX	C4	0	0	15	1	0	12	2	0	0	1	18	1	0	1	3	0	0	0
SX	C5	0	0	0	0	2	0	4	0	9	0	5	0	6	0	6	0	17	0
SX	C6	0	0	0	0	1	0	0	0	0	0	0	0	0	0	0	0	0	0
SX	C7	0	0	0	0	0	0	0	0	0	0	0	0	0	0	0	0	0	0
SX	C8	21	2	66	2	15	0	160	74	151	6	44	5	74	0	8	9	1	0
IM	C1	3	4	44	4	4	0	33	2	1	0	35	2	3	3	11	0	1	0
IM	C2	0	0	0	0	0	0	0	0	0	0	0	0	0	0	1	0	0	0
IM	C3	0	30	47	0	3	7	21	0	3	0	186	0	1	12	22	0	4	1
IM	C4	0	2	3	1	1	8	0	0	0	2	1	0	0	0	1	0	2	0
IM	C5	14	2	15	0	101	4	13	0	42	0	44	0	124	1	8	0	24	0
IM	C6	0	1	1	2	0	0	0	0	0	0	4	7	0	0	3	6	0	0
IM	C7	1361	0	0	0	10	0	3	0	499	0	0	0	286	0	0	0	23	0
IM	C8	96	4	88	2	33	0	180	17	195	9	77	14	87	0	12	12	1	0
LN	C1	1	1	5	0	1	0	24	2	1	0	28	1	2	2	0	0	0	0
LN	C2	0	0	0	0	0	0	0	0	0	0	0	0	0	0	1	0	0	0
LN	C3	0	3	41	0	4	6	10	0	8	1	102	0	3	7	23	0	3	1
LN	C4	2	0	4	0	2	4	3	0	33	0	1	0	12	0	3	0	3	0
LN	C5	168	25	55	0	385	15	29	0	119	1	122	0	399	2	10	0	30	0
LN	C6	1	1	0	1	0	0	1	1	1	0	0	0	0	0	0	1	0	0
LN	C7	7165	0	0	0	53	0	15	0	2626	0	0	0	1506	0	0	0	123	0
LN	C8	8	1	60	3	10	0	150	89	146	7	175	18	58	-1	22	24	1	-1
JL	C1	2	3	43	4	4	0	46	3	1	0	76	4	6	6	10	0	1	0
JL	C2	0	0	0	0	0	0	0	0	0	0	0	0	0	0	1	0	0	0
JL	C3	49	87	152	0	33	13	119	0	124	6	459	0	27	27	32	0	4	2
JL	C4	126	0	0	0	2	0	16	0	171	0	6	0	52	0	2	0	4	0
JL	C5	1037	173	140	0	951	37	38	0	230	1	225	0	827	3	10	0	33	0
JL	C6	12	7	2	3	0	0	6	7	12	0	6	9	0	0	6	9	2	0
JL	C7	0	0	0	0	0	0	0	0	0	0	0	0	0	0	0	0	0	0
JL	C8	14	3	87	3	15	-1	375	178	279	15	305	73	104	-1	25	21	2	0

续表

地区	部门	CQ F3	CQ F4	SC F1	SC F2	SC F3	SC F4	GZ F1	GZ F2	GZ F3	GZ F4	YN F1	YN F2	YN F3	YN F4	TB F1	TB F2	TB F3	TB F4
HL	C1	4	5	106	9	11	1	75	5	2	0	95	5	7	7	76	1	5	0
HL	C2	0	0	0	0	0	0	0	0	0	0	0	0	0	0	1	0	0	0
HL	C3	13	29	72	0	18	10	21	0	58	1	248	0	13	16	25	0	3	2
HL	C4	1	0	0	0	1	0	2	0	17	0	1	0	6	0	1	0	2	0
HL	C5	62	8	20	0	142	6	13	0	70	0	48	0	180	1	5	0	20	0
HL	C6	2	1	1	1	0	0	1	1	2	0	1	2	0	0	1	2	0	0
HL	C7	101	0	0	0	1	0	0	0	37	0	0	0	21	0	0	0	2	0
HL	C8	103	11	214	2	60	5	858	679	272	0	313	37	246	4	23	36	2	0
SH	C1	0	0	1	0	0	0	0	0	0	0	44	2	3	3	0	0	0	0
SH	C2	0	0	0	0	0	0	0	0	0	0	0	0	0	0	0	0	0	0
SH	C3	12	35	103	0	19	10	122	0	65	8	284	0	19	18	27	0	4	1
SH	C4	215	10	0	0	2	5	26	0	278	0	9	0	75	0	3	0	4	0
SH	C5	1137	194	183	0	1048	47	108	0	582	2	378	0	1367	6	11	0	36	0
SH	C6	0	0	0	0	0	0	0	0	0	0	0	0	0	0	0	0	0	0
SH	C7	10412	0	0	0	77	0	22	0	3806	0	0	0	2181	0	0	0	178	0
SH	C8	862	39	902	19	304	8	2228	345	1762	66	869	130	955	4	132	177	18	-2
JS	C1	4	5	40	3	4	0	71	5	2	0	134	7	10	11	29	1	2	0
JS	C2	0	0	0	0	0	0	0	0	0	0	0	0	0	0	0	0	0	0
JS	C3	27	-10	200	0	30	9	195	0	104	6	273	0	24	8	38	0	4	3
JS	C4	0	47	65	13	0	20	58	11	0	11	26	5	0	-3	1	0	1	0
JS	C5	636	167	162	0	373	41	176	0	884	-1	331	0	1156	9	10	0	31	0
JS	C6	0	1	1	1	0	0	0	0	0	0	11	17	0	0·	8	13	0	0
JS	C7	0	0	0	0	0	0	0	0	0	0	0	0	0	0	0	0	0	0
JS	C8	473	7	122	2	83	3	869	207	115	-2	168	30	81	1	25	155	9	0
ZJ	C1	0	0	1	0	0	0	53	4	2	0	32	2	3	3	0	0	0	0
ZJ	C2	0	0	0	0	0	0	0	0	0	0	0	0	0	0	0	0	0	0
ZJ	C3	17	21	203	0	22	8	283	0	87	14	535	0	21	24	28	0	3	2
ZJ	C4	1	0	0	0	2	0	6	0	45	0	2	0	15	0	3	0	4	0
ZJ	C5	320	39	66	0	168	15	129	0	627	0	163	0	622	3	12	0	38	0
ZJ	C6	6	3	1	1	0	0	3	4	7	0	4	6	0	0	3	5	1	0
ZJ	C7	6823	0	0	0	50	0	15	0	2500	0	0	0	1434	0	0	0	117	0
ZJ	C8	198	6	193	6	64	-1	555	108	483	25	247	28	188	-2	41	47	5	-1
AH	C1	0	1	8	1	1	0	34	2	1	0	49	3	4	4	21	0	1	0
AH	C2	0	0	0	0	0	0	0	0	0	0	0	0	0	0	0	0	0	0
AH	C3	20	15	297	0	28	10	271	0	102	16	583	0	19	26	43	0	4	3
AH	C4	84	0	20	4	4	5	41	0	261	2	68	12	73	-7	2	0	6	0
AH	C5	495	110	179	0	762	46	186	0	788	0	410	0	1278	9	16	0	48	0
AH	C6	21	9	0	0	0	0	11	13	22	0	0	0	0	0	1	2	3	0
AH	C7	4380	0	0	0	32	0	9	0	1605	0	0	0	920	0	0	0	75	0
AH	C8	85	1	15	0	19	0	68	101	5	0	109	58	8	0	4	4	0	0
FJ	C1	0	0	0	0	0	0	0	0	0	0	0	0	0	0	0	0	0	0
FJ	C2	0	0	0	0	0	0	0	0	0	0	0	0	0	0	0	0	0	0
FJ	C3	3	-90	1506	0	9	-58	971	0	25	22	4166	0	12	-7	10	2	0	3
FJ	C4	0	18	0	0	1	0	15	0	0	1	33	0	0	7	0	0	2	0
FJ	C5	0	0	0	0	0	0	0	0	0	0	0	0	0	0	0	0	0	0
FJ	C6	0	0	0	0	0	0	0	0	0	0	0	0	0	0	0	0	0	0
FJ	C7	0	0	0	0	0	0	0	0	0	0	0	0	0	0	0	0	0	0
FJ	C8	53	1	41	2	16	-1	75	4	121	7	27	3	36	-1	7	6	1	0
JX	C1	0	0	1	0	0	0	182	13	6	0	11	1	1	1	0	0	0	0
JX	C2	0	2	0	0	0	0	0	0	0	3	0	0	0	0	1	0	0	0
JX	C3	8	-4	134	0	18	0	266	0	60	12	177	0	19	1	23	0	4	1
JX	C4	0	3	0	0	3	1	23	0	32	41	21	3	10	0	2	0	4	0
JX	C5	137	25	81	0	318	22	163	0	636	0	251	0	730	5	14	0	41	0
JX	C6	9	4	0	0	0	0	5	6	10	0	3	6	0	0	3	5	1	0
JX	C7	152	0	0	0	1	0	0	0	56	0	0	0	32	0	0	0	3	0
JX	C8	200	5	148	5	57	-1	736	91	403	20	330	93	155	-1	27	37	3	-1

地区	部门	CQ F3	CQ F4	SC F1	SC F2	SC F3	SC F4	GZ F1	GZ F2	GZ F3	GZ F4	YN F1	YN F2	YN F3	YN F4	TB F1	TB F2	TB F3	TB F4
SD	C1	0	0	0	0	0	0	0	0	0	0	0	0	0	0	0	0	0	0
SD	C2	0	1	0	0	0	0	0	0	0	0	0	0	0	0	0	0	0	0
SD	C3	2	2	10	0	1	3	44	0	0	3	38	0	6	1	4	0	0	0
SD	C4	0	14	86	17	0	23	22	4	0	6	44	9	0	−1	3	0	1	0
SD	C5	207	13	1	0	35	1	26	0	207	1	11	0	178	0	2	0	12	0
SD	C6	57	26	2	3	0	0	30	35	61	1	6	10	0	9	13	7	0
SD	C7	0	0	0	0	0	0	0	0	0	0	0	0	0	0	0	0	0	0
SD	C8	2	0	0	0	0	0	13	3	2	0	0	1	3	0	1	2	0	0
HA	C1	3	3	32	3	3	0	59	4	2	0	46	2	4	4	82	1	5	0
HA	C2	0	0	0	0	0	2	0	0	0	1	0	0	0	0	1	0	0	0
HA	C3	3	63	468	3	2	29	300	0	0	9	890	0	7	50	68	0	0	5
HA	C4	22	30	43	8	4	21	79	10	128	12	76	8	37	9	1	0	6	0
HA	C5	398	16	39	0	118	12	138	0	544	0	78	0	278	2	15	0	46	0
HA	C6	0	0	0	0	0	0	0	0	0	0	0	0	0	0	0	0	0	0
HA	C7	176	0	0	0	1	0	0	0	65	0	0	0	37	0	0	0	3	0
HA	C8	526	4	194	8	127	−5	553	52	555	37	216	23	120	−6	41	29	3	−1
HB	C1	1	2	28	2	3	0	54	4	2	0	15	1	1	1	11	0	1	0
HB	C2	0	0	0	0	0	0	0	0	0	0	0	0	0	0	0	0	0	0
HB	C3	1	7	202	1	1	17	204	0	0	10	392	0	4	23	42	0	0	3
HB	C4	16	1	59	12	4	13	41	4	143	3	56	9	39	−4	1	0	5	0
HB	C5	39	5	21	0	146	5	17	0	108	1	68	0	245	1	5	0	21	0
HB	C6	0	0	0	0	0	0	0	0	0	0	0	0	0	0	0	0	0	0
HB	C7	1858	0	0	0	14	0	4	0	681	0	0	0	390	0	0	0	32	0
HB	C8	8	0	2	0	0	0	30	8	5	0	53	13	3	0	2	0	0	0
HN	C1	0	0	1	0	0	0	413	29	13	0	119	6	9	9	13	0	1	0
HN	C2	0	3	0	0	0	0	0	0	0	9	0	0	0	0	0	0	0	0
HN	C3	5	45	132	0	15	20	76	0	57	3	528	0	18	36	38	0	4	3
HN	C4	18	−47	24	5	4	6	177	27	234	21	22	3	56	−1	2	0	5	0
HN	C5	784	107	128	0	772	34	221	0	889	1	381	0	1272	5	12	0	35	0
HN	C6	6	3	0	0	0	0	3	4	7	0	0	0	0	0	0	1	1	0
HN	C7	4616	0	0	0	34	0	10	0	1696	0	0	0	973	0	0	0	80	0
HN	C8	62	1	33	1	17	0	244	420	75	4	288	101	39	0	14	18	0	0
GD	C1	41	48	8	1	1	0	103	7	3	0	113	6	9	9	0	0	0	0
GD	C2	0	25	0	0	0	3	0	0	0	25	0	0	0	1	0	0	0	0
GD	C3	224	253	317	0	54	23	560	0	317	30	1276	0	166	77	38	0	3	3
GD	C4	1371	−671	601	119	3	132	4353	827	997	627	945	108	272	−39	2	0	5	0
GD	C5	2605	1129	1720	0	3269	421	314	0	955	−3	725	0	2065	9	12	0	32	0
GD	C6	73	31	1	1	0	0	38	45	77	1	3	5	0	7	10	10	0
GD	C7	0	0	0	0	0	0	0	0	0	0	0	0	0	0	0	0	0	0
GD	C8	153	27	516	1	134	18	1041	1	464	−18	320	1	619	14	20	2	2	0
GX	C1	0	0	6	1	1	0	103	7	3	0	131	7	10	10	0	0	0	0
GX	C2	0	7	0	0	0	0	0	0	0	4	0	0	0	1	0	0	0	0
GX	C3	78	74	132	0	53	15	112	0	344	18	792	0	72	43	26	0	4	2
GX	C4	0	38	59	12	2	21	62	3	2	74	271	23	1	49	2	0	2	0
GX	C5	437	72	96	0	671	25	75	0	350	3	484	0	1620	6	10	0	30	0
GX	C6	0	0	0	0	0	0	0	0	0	0	0	0	0	0	0	0	0	0
GX	C7	11293	0	0	0	83	0	24	0	4117	0	0	0	2357	0	0	0	192	0
GX	C8	43	6	123	0	33	4	314	31	119	−3	124	10	145	3	7	5	1	0
HI	C1	0	0	0	0	0	0	0	0	0	0	0	0	0	0	0	0	0	0
HI	C2	0	0	0	0	0	0	0	0	0	0	0	0	0	0	0	0	0	0
HI	C3	2	10	29	0	5	5	31	0	10	1	109	0	9	8	10	0	3	0
HI	C4	0	1	0	0	0	0	0	0	0	0	28	6	0	−3	2	0	0	0
HI	C5	0	0	2	0	11	1	11	0	48	0	14	0	44	0	4	0	13	0
HI	C6	0	0	0	0	0	0	0	0	0	0	1	1	0	0	1	1	0	0
HI	C7	3188	0	0	0	24	0	7	0	1168	0	0	0	670	0	0	0	55	0
HI	C8	120	3	92	2	35	0	235	44	198	9	136	17	87	−1	15	23	2	0

续表

地区	部门	CQ F3	CQ F4	SC F1	SC F2	SC F3	SC F4	GZ F1	GZ F2	GZ F3	GZ F4	YN F1	YN F2	YN F3	YN F4	TB F1	TB F2	TB F3	TB F4
CQ	C1	451	527	0	0	0	0	52	4	2	0	32	2	2	3	0	0	0	0
CQ	C2	0	137	0	0	0	5	0	0	0	14	0	0	0	0	0	0	0	0
CQ	C3	0	4	502	0	70	19	605	0	219	26	698	0	40	32	28	0	4	1
CQ	C4	0	0	121	21	12	50	1662	288	1190	239	502	82	180	−43	2	0	5	0
CQ	C5	0	0	1034	0	5566	266	620	0	2613	2	989	0	3188	15	17	0	50	0
CQ	C6	0	4	2	3	0	0	11	13	22	0	14	23	0	0	12	20	3	0
CQ	C7	2982	0	0	0	111	0	33	0	5545	0	0	0	3169	0	0	0	258	0
CQ	C8	7684	128	56	1	68	0	266	163	43	3	201	70	16	0	12	30	1	0
SC	C1	0	0	25454	2158	2603	127	83	6	3	0	36	2	3	3	14	0	1	0
SC	C2	0	6	0	0	0	1159	0	0	0	0	5	0	0	4	1	0	0	0
SC	C3	30	22	48305	0	1893	7173	75	0	127	6	578	0	30	36	46	0	5	3
SC	C4	0	0	8486	1353	3007	3048	16	1	0	2	72	14	0	−6	1	0	1	0
SC	C5	386	27	6164	0	42485	2007	202	0	627	−2	183	0	419	3	11	0	28	0
SC	C6	0	1	3668	5422	2635	32	0	0	0	0	8	13	0	0	6	11	0	0
SC	C7	3203	0	0	0	114009	0	7	0	1174	0	0	0	673	0	0	0	55	0
SC	C8	167	1	105425	72246	19360	144	91	5	7	0	122	9	4	0	8	1	0	0
GZ	C1	0	0	1	0	0	0	15849	1123	488	4	32	2	3	3	0	0	0	0
GZ	C2	0	27	0	0	0	0	673	0	0	531	45	0	0	38	1	0	0	0
GZ	C3	8	41	158	0	23	10	9886	0	0	−85	476	0	21	28	23	0	4	1
GZ	C4	23	−19	88	17	5	21	168	0	0	13	152	29	74	1	39	7	3	−2
GZ	C5	15	4	13	0	41	4	698	0	3497	48	51	0	153	1	6	0	21	0
GZ	C6	0	0	0	0	0	0	1353	2178	243	42	1	1	0	0	1	1	0	0
GZ	C7	3899	0	0	0	29	0	194	0	33089	0	0	0	820	0	0	0	67	0
GZ	C8	100	4	91	1	36	2	22585	20459	7846	505	104	15	94	1	10	10	1	0
YN	C1	5	6	3	0	0	0	262	19	8	0	9272	480	724	729	0	0	0	0
YN	C2	0	0	0	0	0	0	0	0	0	0	124	0	0	136	1	0	0	0
YN	C3	0	60	107	0	1	18	25	0	0	1	11443	0	185	826	24	0	1	2
YN	C4	0	1	0	0	0	9	1	0	0	44	2605	376	323	−5	27	5	0	−2
YN	C5	0	0	0	0	0	0	4	0	15	0	1069	0	3299	16	5	0	14	0
YN	C6	0	0	0	0	0	0	0	0	0	0	1676	2535	966	23	0	0	0	0
YN	C7	207	0	0	0	2	0	0	0	76	0	0	0	116115	0	0	0	4	0
YN	C8	22	0	6	0	5	0	49	66	9	0	41747	42303	13809	239	1	3	0	0
TB	C1	0	0	0	0	0	0	0	0	0	0	0	0	0	0	1533	27	102	5
TB	C2	0	0	0	0	0	0	0	0	0	0	0	0	0	0	0	0	0	0
TB	C3	0	0	4	0	0	1	0	0	0	0	11	0	0	1	229	0	2	22
TB	C4	0	0	0	0	0	0	0	0	0	0	0	0	0	0	37	7	0	−2
TB	C5	0	0	0	0	0	0	0	0	0	0	0	0	0	0	0	0	0	0
TB	C6	0	0	0	0	0	0	0	0	0	0	0	0	0	0	34	47	38	1
TB	C7	313	0	0	0	2	0	1	0	115	0	0	0	66	0	0	0	13546	0
TB	C8	2	0	3	0	1	0	9	0	11	1	7	0	2	0	2640	5230	216	36
SN	C1	40	47	25	2	3	0	604	43	19	0	130	7	10	10	0	0	0	0
SN	C2	0	77	0	0	0	23	3	0	0	3	4	0	0	3	1	0	0	0
SN	C3	5	110	169	0	16	24	118	0	22	9	456	0	13	31	36	0	5	2
SN	C4	124	33	99	18	6	62	52	4	243	22	36	6	63	−2	5	0	5	0
SN	C5	518	74	162	0	923	45	84	0	513	2	210	0	824	4	10	0	43	0
SN	C6	10	6	2	3	0	0	5	6	10	0	6	10	0	0	6	9	1	0
SN	C7	13908	0	0	0	101	0	30	0	5042	0	0	0	2881	0	0	0	234	0
SN	C8	154	16	254	0	73	8	535	143	246	−8	171	36	348	7	12	32	2	0
GS	C1	1	1	12	1	1	0	12	1	0	0	10	1	1	1	22	0	1	0
GS	C2	0	0	0	0	0	0	0	0	0	0	0	0	0	0	0	0	0	0
GS	C3	0	0	0	0	0	0	3	0	0	2	4	0	0	0	8	0	1	0
GS	C4	7	3	72	1	5	57	12	0	73	2	15	0	27	1	3	0	8	0
GS	C5	1	0	0	0	9	0	11	0	28	0	15	0	20	0	12	0	35	0
GS	C6	0	0	0	0	0	0	0	0	0	0	0	0	0	0	0	0	0	0
GS	C7	1566	0	0	0	12	0	3	0	575	0	0	0	330	0	0	0	27	0
GS	C8	8	0	10	0	3	0	41	52	25	1	13	3	10	0	2	3	0	0

续表

地区	部门	CQ F3	CQ F4	SC F1	SC F2	SC F3	SC F4	GZ F1	GZ F2	GZ F3	GZ F4	YN F1	YN F2	YN F3	YN F4	TB F1	TB F2	TB F3	TB F4
QH	C1	0	0	1	0	0	0	0	0	0	0	0	0	0	0	13	0	1	0
QH	C2	0	0	0	0	0	0	0	0	0	0	0	0	0	0	0	0	0	0
QH	C3	0	0	0	0	0	0	0	0	0	0	0	0	0	0	1	0	0	0
QH	C4	0	1	0	0	0	2	0	0	0	0	0	0	0	0	50	10	0	-3
QH	C5	0	0	0	0	0	0	0	0	0	0	0	0	0	0	4	0	15	0
QH	C6	0	0	0	0	0	0	0	0	0	0	0	0	0	0	0	0	0	0
QH	C7	0	0	0	0	0	0	0	0	0	0	0	0	0	0	0	0	0	0
QH	C8	0	0	0	0	0	0	1	0	0	0	1	0	0	0	0	0	0	0
NX	C1	2	2	33	3	3	0	16	1	0	0	27	1	2	2	12	0	1	0
NX	C2	0	0	0	0	0	0	0	0	0	0	0	0	0	0	1	0	0	0
NX	C3	0	3	26	0	0	4	22	0	0	0	96	0	0	5	17	0	1	1
NX	C4	0	2	16	2	2	9	12	0	0	3	49	1	0	3	6	0	3	0
NX	C5	3	0	1	0	11	1	2	0	13	0	3	0	15	0	4	0	22	0
NX	C6	0	0	0	0	0	0	0	0	0	0	3	6	0	0	3	4	0	0
NX	C7	0	0	0	0	0	0	0	0	0	0	0	0	0	0	0	0	0	0
NX	C8	0	0	0	0	0	0	0	0	0	0	0	0	0	0	0	0	0	0
XJ	C1	5	6	24	2	2	0	55	4	2	0	50	3	4	4	0	0	0	0
XJ	C2	0	1	0	0	0	2	0	0	0	0	2	0	0	2	1	0	0	0
XJ	C3	0	-1	0	0	0	0	14	0	0	0	17	0	0	0	3	0	0	0
XJ	C4	0	1	110	18	1	38	10	2	0	2	242	14	0	4	2	0	1	0
XJ	C5	14	6	14	0	32	4	9	0	59	0	24	0	84	1	1	0	6	0
XJ	C6	0	1	1	1	0	0	0	0	0	0	5	8	0	0	4	6	0	0
XJ	C7	0	0	0	0	0	0	0	0	0	0	0	0	0	0	0	0	0	0
XJ	C8	3	0	18	1	2	-1	38	3	86	6	27	3	18	-1	6	5	1	0
USA	C1	0	0	9	0	10	0	0	0	0	0	5	0	41	0	0	0	0	0
USA	C2	0	0	0	0	0	0	0	0	0	0	4	0	0	0	0	0	0	0
USA	C3	2	0	38	0	7	0	18	0	0	0	21	0	0	0	3	0	0	0
USA	C4	1	0	10	0	4	0	22	0	0	0	8	0	1	0	0	0	0	0
USA	C5	42	0	58	0	102	0	15	0	80	0	11	0	62	0	0	0	4	0
USA	C6	0	0	0	0	0	0	0	0	0	0	0	0	0	0	0	0	0	0
USA	C7	0	0	0	0	0	0	0	0	0	0	0	0	0	0	0	0	0	0
USA	C8	197	0	362	1	46	0	22	0	0	0	2	0	0	0	0	0	0	0
EU	C1	0	0	70	0	0	0	0	0	0	0	3	0	1	0	0	0	0	0
EU	C2	0	0	0	0	0	0	1	0	0	0	1	0	0	0	0	0	0	0
EU	C3	5	0	131	0	15	0	56	0	1	0	24	0	19	0	0	0	0	0
EU	C4	15	0	40	1	36	0	23	0	84	0	7	0	42	0	0	0	0	0
EU	C5	243	0	132	0	519	0	7	0	217	0	35	0	115	0	0	0	82	0
EU	C6	0	0	0	0	0	0	0	0	0	0	0	0	0	0	0	0	0	0
EU	C7	0	0	0	0	0	0	0	0	0	0	0	0	0	0	0	0	0	0
EU	C8	305	0	378	2	53	0	22	0	0	0	1	0	0	0	0	0	0	0
ROW	C1	1	0	151	1	2	0	2	0	1	0	771	13	18	0	22	0	0	0
ROW	C2	0	0	0	0	0	0	1	0	0	0	59	0	0	0	0	0	0	0
ROW	C3	11	0	166	0	15	0	347	0	6	0	1798	0	11	0	122	0	0	0
ROW	C4	10	0	105	0	191	0	55	0	13	0	92	0	8	0	4	0	0	0
ROW	C5	1325	0	1216	1	2226	0	13	0	248	0	21	0	58	0	0	0	2	0
ROW	C6	0	0	0	0	0	0	0	0	0	0	0	0	0	0	0	0	0	0
ROW	C7	0	0	0	0	0	0	0	0	0	0	0	0	0	0	0	0	0	0
ROW	C8	760	0	1306	5	122	0	97	1	1	0	7	0	0	0	0	0	0	0
CHN	TAXSUB	4462	0	6823	77	7901	0	2246	25	2601	0	2672	30	3094	0	207	2	240	0
USA	TAXSUB	0	0	81	0	0	0	27	0	0	0	32	0	0	0	2	0	0	0
EU	TAXSUB	0	0	14	0	0	0	5	0	0	0	5	0	0	0	0	0	0	0
ROW	TAXSUB	0	0	209	0	0	0	69	0	0	0	82	0	0	0	6	0	0	0
VA		0	0	0	0	0	0	0	0	0	0	0	0	0	0	0	0	0	0
TI		0	0	0	0	0	0	0	0	0	0	0	0	0	0	0	0	0	0

续表

地区	部门	SN F1	SN F2	SN F3	SN F4	GS F1	GS F2	GS F3	GS F4	QH F1	QH F2	QH F3	QH F4	NX F1	NX F2	NX F3	NX F4	XJ F1	XJ F2
BJ	C1	14	2	0	5	0	0	0	0	0	0	0	0	0	0	0	0	0	0
BJ	C2	0	0	0	7	0	0	0	0	0	0	0	0	0	0	0	0	0	0
BJ	C3	436	0	19	36	112	0	2	2	35	0	2	1	107	0	7	2	85	0
BJ	C4	49	0	76	21	0	0	0	0	0	0	2	0	3	0	18	0	0	0
BJ	C5	85	0	510	14	155	0	64	1	11	0	44	0	139	0	578	2	241	0
BJ	C6	726	1200	1	10	2	3	0	0	7	12	0	0	9	14	0	0	0	0
BJ	C7	0	0	6390	0	0	0	1019	0	2	0	131	0	0	0	502	0	0	0
BJ	C8	1105	506	1293	-10	36	12	3	3	57	197	56	1	516	1685	443	3	362	941
TJ	C1	0	0	0	0	0	0	0	0	0	0	0	0	0	0	0	0	0	0
TJ	C2	0	0	0	37	0	0	0	0	0	0	0	0	0	0	0	0	0	0
TJ	C3	443	0	8	27	203	0	2	3	40	0	2	1	126	0	7	2	189	0
TJ	C4	4	0	28	5	0	0	0	1	1	0	3	0	409	0	23	40	112	22
TJ	C5	52	0	160	8	120	0	43	1	11	0	31	0	101	0	338	1	151	0
TJ	C6	0	1	0	0	0	0	0	0	0	0	0	0	0	0	0	0	0	0
TJ	C7	0	0	1776	0	0	0	283	0	1	0	36	0	0	0	140	0	0	0
TJ	C8	559	46	271	13	16	6	1	2	62	49	20	1	308	1045	165	3	226	242
HE	C1	13	2	0	5	11	1	0	1	0	0	0	0	0	0	0	0	0	0
HE	C2	0	0	0	22	0	0	0	4	0	0	0	0	0	0	0	0	0	0
HE	C3	1014	0	34	46	323	0	2	5	61	0	3	0	191	0	7	3	331	0
HE	C4	208	34	1016	-6	6	1	0	1	1	0	6	0	6	0	40	1	12	2
HE	C5	99	0	759	18	124	0	78	2	11	0	49	0	95	0	514	2	142	0
HE	C6	2	4	1	0	0	0	0	0	0	0	0	0	0	0	0	0	0	0
HE	C7	0	0	417	0	0	0	67	0	0	0	9	0	0	0	33	0	0	0
HE	C8	206	42	150	3	38	20	2	2	218	60	19	1	214	129	110	-1	127	518
SX	C1	0	0	0	0	0	0	0	0	0	0	0	0	0	0	0	0	0	0
SX	C2	0	0	0	498	0	0	0	0	0	0	0	0	0	0	0	0	4	0
SX	C3	10	0	0	3	26	0	0	1	17	0	1	0	29	0	1	2	8	0
SX	C4	19	0	0	9	6	1	0	3	0	0	0	0	29	6	0	6	0	0
SX	C5	7	0	11	1	27	0	11	0	6	0	12	0	15	0	30	0	5	0
SX	C6	22	37	0	0	0	0	0	0	0	0	0	0	0	1	0	0	0	0
SX	C7	0	0	0	0	0	0	0	0	0	0	0	0	0	0	0	0	0	0
SX	C8	113	25	42	3	5	2	0	1	3	3	5	1	62	207	42	0	57	80
IM	C1	0	0	0	0	9	1	0	1	0	0	0	0	9	1	1	2	0	0
IM	C2	0	0	0	805	6	0	0	4	0	0	0	0	0	0	0	0	1	2
IM	C3	625	0	3	46	81	0	1	2	39	0	2	1	120	0	7	0	52	0
IM	C4	42	0	0	69	2	0	0	12	2	0	1	2	20	4	9	1	0	0
IM	C5	22	0	39	3	87	0	32	0	7	0	28	0	97	0	241	1	78	0
IM	C6	68	112	0	1	0	0	0	0	1	2	0	0	2	2	0	0	0	0
IM	C7	0	0	1631	0	0	0	260	0	1	0	33	0	0	0	128	0	0	0
IM	C8	159	39	75	4	8	1	0	1	10	22	8	1	70	199	54	0	66	667
LN	C1	0	0	0	0	11	1	0	1	0	0	0	0	0	0	0	0	114	13
LN	C2	0	0	0	1	0	0	0	0	0	0	0	0	0	0	0	0	0	0
LN	C3	101	0	6	8	68	0	1	2	35	0	2	1	82	0	4	1	39	0
LN	C4	94	0	7	43	7	0	0	4	0	0	2	0	959	0	13	91	1	0
LN	C5	32	0	113	6	92	0	39	1	7	0	31	0	78	0	278	1	143	0
LN	C6	28	45	3	1	0	0	0	0	1	1	1	0	1	1	0	0	0	0
LN	C7	0	0	8587	0	0	0	1369	0	3	0	176	0	0	0	675	0	0	0
LN	C8	526	259	25	0	23	2	0	1	68	32	6	1	138	180	39	-1	78	231
JL	C1	0	0	0	0	24	2	0	2	6	1	1	-2	16	1	1	3	9	1
JL	C2	0	0	0	7	0	0	0	0	0	0	0	0	0	0	0	0	0	0
JL	C3	1567	0	104	116	203	0	2	4	50	0	2	0	152	0	6	4	258	0
JL	C4	9	0	221	0	0	0	0	0	0	0	3	0	3	0	17	0	1	0
JL	C5	47	0	576	4	101	0	52	1	8	0	38	0	88	0	428	1	211	0
JL	C6	129	206	29	4	0	0	0	0	4	6	5	0	4	5	3	0	0	0
JL	C7	0	0	0	0	0	0	0	0	0	0	0	0	0	0	0	0	0	0
JL	C8	290	98	36	4	35	27	2	1	143	114	15	1	126	233	75	-1	178	2943

地区	部门	SN F1	SN F2	SN F3	SN F4	GS F1	GS F2	GS F3	GS F4	QH F1	QH F2	QH F3	QH F4	NX F1	NX F2	NX F3	NX F4	XJ F1	XJ F2
HL	C1	0	0	0	0	47	5	1	4	38	7	6	−12	31	2	2	5	127	14
HL	C2	0	0	0	10	0	0	0	0	0	0	0	0	0	0	0	0	0	0
HL	C3	589	0	46	46	84	0	2	3	38	0	2	0	96	0	5	3	83	0
HL	C4	0	0	3	0	0	0	0	0	0	0	1	0	1	0	7	0	0	0
HL	C5	12	0	45	2	44	0	27	1	5	0	21	0	34	0	170	0	65	0
HL	C6	39	64	5	1	0	0	0	0	1	1	1	0	1	1	0	0	0	0
HL	C7	0	0	121	0	0	0	19	0	0	0	2	0	0	0	10	0	0	0
HL	C8	829	366	171	10	27	21	0	1	146	150	6	1	351	1077	90	3	310	544
SH	C1	2	0	0	1	0	0	0	0	0	0	0	0	0	0	0	0	0	0
SH	C2	0	0	0	0	0	0	0	0	0	0	0	0	0	0	0	0	0	0
SH	C3	693	0	50	52	190	0	2	3	42	0	2	1	112	0	5	2	174	0
SH	C4	65	0	373	48	0	0	0	0	0	0	2	0	2	0	13	1	1	0
SH	C5	145	0	1639	17	123	0	63	1	9	0	42	0	78	0	413	1	241	0
SH	C6	0	0	0	0	0	0	0	0	0	0	0	0	0	0	0	0	0	0
SH	C7	0	0	12491	0	0	0	1982	0	5	0	255	0	0	0	977	0	0	0
SH	C8	2176	286	876	30	77	37	6	7	133	173	70	6	841	2559	513	3	817	1094
JS	C1	13	2	0	5	17	2	0	1	30	6	4	−10	0	0	0	0	341	38
JS	C2	0	0	0	0	0	0	0	0	0	0	0	0	0	0	0	0	0	0
JS	C3	306	0	91	−6	273	0	3	4	63	0	3	0	142	0	6	3	315	0
JS	C4	1081	216	0	−45	13	2	0	5	1	0	0	1	26	0	0	6	86	17
JS	C5	555	0	3540	130	93	0	66	1	9	0	28	0	35	0	387	2	206	0
JS	C6	38	63	0	1	0	0	0	0	1	2	0	0	2	3	0	0	0	0
JS	C7	0	0	0	0	0	0	0	0	0	0	0	0	0	0	0	0	0	0
JS	C8	800	492	198	−1	14	3	1	0	296	179	11	0	522	504	60	1	125	843
ZJ	C1	35	5	0	13	0	0	0	0	0	0	0	0	0	0	0	0	0	0
ZJ	C2	0	0	0	0	0	0	0	0	0	0	0	0	0	0	0	0	0	0
ZJ	C3	1373	0	60	65	255	0	2	4	45	0	2	0	126	0	5	1	395	0
ZJ	C4	55	0	4	20	0	0	0	0	0	0	2	0	2	0	12	0	0	0
ZJ	C5	81	0	1260	8	97	0	56	1	10	0	41	0	45	0	345	1	107	0
ZJ	C6	53	84	16	2	0	0	0	0	2	3	3	0	2	3	1	0	0	0
ZJ	C7	0	0	8177	0	0	0	1303	0	3	0	168	0	0	0	643	0	0	0
ZJ	C8	582	264	151	8	26	5	1	2	61	58	21	2	187	460	130	−1	208	282
AH	C1	0	0	0	0	31	3	0	2	13	2	2	−4	43	3	2	8	11	1
AH	C2	0	0	0	0	0	0	0	0	0	0	0	0	0	0	1	0	0	0
AH	C3	1045	0	85	52	340	0	2	6	70	0	3	−1	186	0	3	5	376	0
AH	C4	2050	409	196	−264	27	5	0	4	1	0	5	0	205	40	23	−69	75	15
AH	C5	326	0	1792	80	187	0	85	1	14	0	52	−1	107	0	478	3	284	0
AH	C6	29	35	52	4	0	0	0	0	5	6	10	0	2	3	5	0	0	0
AH	C7	0	0	5249	0	0	0	837	0	2	0	108	0	0	0	413	0	0	0
AH	C8	200	316	40	0	11	15	1	0	44	70	3	0	54	76	2	0	38	294
FJ	C1	0	0	0	0	0	0	0	0	0	0	0	0	0	0	0	0	0	0
FJ	C2	0	0	0	0	0	0	0	0	0	0	0	0	0	0	0	0	0	0
FJ	C3	2317	0	17	−26	469	0	2	2	16	0	2	1	61	0	5	−3	1206	0
FJ	C4	0	0	0	0	9	0	0	2	0	0	1	0	1	0	3	0	0	0
FJ	C5	0	0	0	0	0	0	0	0	0	0	0	0	0	0	0	0	0	0
FJ	C6	0	0	0	0	0	0	0	0	0	0	0	0	0	0	0	0	0	0
FJ	C7	0	0	0	0	0	0	0	0	0	0	0	0	0	0	0	0	0	0
FJ	C8	42	7	33	2	5	0	0	1	3	1	5	1	28	46	31	0	25	24
JX	C1	0	0	0	0	0	0	0	0	0	0	0	0	0	0	0	0	0	0
JX	C2	0	0	0	0	0	0	0	0	0	0	0	0	0	0	0	0	0	0
JX	C3	232	0	39	−5	210	0	2	2	38	0	3	1	67	0	6	−2	264	0
JX	C4	0	0	1	1	1	0	0	1	1	0	3	1	3	0	12	0	0	0
JX	C5	86	0	346	18	138	0	65	1	12	0	43	0	75	0	303	1	162	0
JX	C6	15	19	23	2	0	0	0	0	2	3	4	0	2	2	2	0	0	0
JX	C7	0	0	182	0	0	0	29	0	0	0	4	0	0	0	14	0	0	0
JX	C8	380	87	158	5	31	29	3	2	250	78	21	1	310	288	124	−1	184	239

续表

地区	部门	SN F1	SN F2	SN F3	SN F4	GS F1	GS F2	GS F3	GS F4	QH F1	QH F2	QH F3	QH F4	NX F1	NX F2	NX F3	NX F4	XJ F1	XJ F2
SD	C1	0	0	0	0	0	0	0	0	0	0	0	0	0	0	0	0	0	0
SD	C2	0	0	0	45	0	0	0	0	0	0	0	0	0	0	0	0	0	0
SD	C3	59	0	5	−5	42	0	1	1	6	0	0	1	11	0	4	−3	49	0
SD	C4	665	98	0	21	61	5	0	38	27	0	0	21	715	29	1	10	89	17
SD	C5	8	0	623	1	13	0	38	1	2	0	24	0	1	0	266	0	13	0
SD	C6	185	270	142	12	0	0	0	0	15	18	27	1	9	11	12	1	0	0
SD	C7	0	0	0	0	0	0	0	0	0	0	0	0	0	0	0	0	0	0
SD	C8	8	6	14	−1	0	0	0	0	3	1	0	0	3	2	3	0	4	13
HA	C1	0	0	0	0	179	18	2	14	96	19	14	−31	12	1	1	2	10	1
HA	C2	0	0	0	12	0	0	0	0	0	0	0	0	0	0	0	0	0	0
HA	C3	2758	0	7	166	556	0	1	11	120	0	0	−1	328	0	6	12	455	0
HA	C4	928	175	95	−134	28	4	0	66	1	0	0	5	1	4	0	26	139	17
HA	C5	86	0	4196	55	142	0	92	1	13	0	63	0	56	0	507	1	72	0
HA	C6	0	0	0	0	0	0	0	0	0	0	0	0	0	0	0	0	0	0
HA	C7	0	0	211	0	0	0	34	0	0	0	4	0	0	0	17	0	0	0
HA	C8	396	171	252	5	30	1	2	3	102	32	24	3	234	54	145	−3	146	677
HB	C1	0	0	0	0	9	1	0	1	7	1	1	−2	0	0	0	0	0	0
HB	C2	0	0	0	0	0	0	0	0	0	0	0	0	0	0	0	0	0	0
HB	C3	520	0	1	25	278	0	0	6	68	0	0	0	174	0	4	4	225	0
HB	C4	6	1	42	−1	79	16	0	12	1	0	4	0	73	14	18	−24	88	17
HB	C5	28	0	65	4	67	0	29	1	7	0	30	0	46	0	165	0	81	0
HB	C6	15	24	0	0	0	0	0	0	0	0	0	0	0	0	0	0	0	0
HB	C7	0	0	2227	0	0	0	355	0	1	0	46	0	0	0	175	0	0	0
HB	C8	55	3	4	0	4	5	0	0	14	10	1	0	2	2	1	0	24	17
HN	C1	1	0	0	0	0	0	0	0	0	0	0	0	0	0	0	0	0	0
HN	C2	0	0	0	0	0	0	0	0	0	0	0	0	0	0	0	0	0	0
HN	C3	837	0	29	66	157	0	2	5	64	0	3	0	146	0	6	5	102	0
HN	C4	1	0	36	0	1	0	0	1	1	0	4	0	3	0	18	1	52	10
HN	C5	60	0	709	12	125	0	60	0	9	0	45	0	73	0	398	0	174	0
HN	C6	8	10	16	0	0	0	0	0	1	2	3	0	1	1	1	0	0	0
HN	C7	0	0	5527	0	0	0	885	0	2	0	114	0	0	0	437	0	0	0
HN	C8	84	71	39	1	39	48	2	0	179	168	8	0	93	191	21	0	140	412
GD	C1	2150	323	0	811	0	0	0	0	0	0	0	0	0	0	0	0	0	0
GD	C2	0	0	0	0	0	0	0	3	0	0	0	0	0	0	0	0	0	0
GD	C3	3374	0	597	−47	332	0	3	6	59	0	2	0	163	0	6	4	430	0
GD	C4	51	0	1359	−1	0	0	0	0	0	0	0	0	0	0	18	0	1	0
GD	C5	69	0	832	5	127	0	43	0	8	0	32	0	73	0	325	0	257	0
GD	C6	134	177	180	14	0	0	0	0	17	21	34	1	9	11	16	1	0	0
GD	C7	0	0	0	0	0	0	0	0	0	0	0	0	0	0	0	0	0	0
GD	C8	1016	2	418	26	1	0	0	0	1	0	2	0	442	2201	168	9	325	8
GX	C1	3	0	0	1	0	0	0	0	0	0	0	0	0	0	0	0	0	0
GX	C2	0	0	0	0	0	0	0	0	0	0	0	0	0	0	0	0	0	0
GX	C3	995	0	107	77	97	0	2	3	44	0	3	0	93	0	5	3	111	0
GX	C4	0	0	0	0	0	0	0	19	0	0	1	0	1	0	4	0	0	0
GX	C5	26	0	62	4	81	0	37	1	8	0	29	0	51	0	184	1	112	0
GX	C6	2	3	0	0	0	0	0	0	0	0	0	0	0	0	0	0	0	0
GX	C7	0	0	13561	0	0	0	2142	0	5	0	275	0	0	0	1056	0	0	0
GX	C8	351	40	99	5	4	3	0	0	27	13	1	0	138	521	43	2	104	49
HI	C1	35	5	0	13	0	0	0	0	0	0	0	0	0	0	0	0	0	0
HI	C2	0	0	0	0	0	0	0	0	0	0	0	0	0	0	0	0	0	0
HI	C3	110	0	5	8	40	0	1	1	17	0	2	1	25	0	4	0	36	0
HI	C4	40	0	0	18	0	0	0	0	0	0	0	0	1	0	4	0	0	0
HI	C5	4	0	8	1	22	0	10	0	3	0	10	0	13	0	36	0	16	0
HI	C6	0	0	0	0	0	0	0	0	0	0	0	0	0	0	0	0	0	0
HI	C7	0	0	3820	0	0	0	609	0	1	0	78	0	0	0	301	0	0	0
HI	C8	330	119	81	3	11	3	1	1	18	40	8	1	91	229	55	0	101	572

续表

地区	部门	SN F1	SN F2	SN F3	SN F4	GS F1	GS F2	GS F3	GS F4	QH F1	QH F2	QH F3	QH F4	NX F1	NX F2	NX F3	NX F4	XJ F1	XJ F2
CQ	C1	28	4	0	10	0	0	0	0	0	0	0	0	0	0	0	0	0	0
CQ	C2	0	0	0	12	0	0	0	0	0	0	0	0	0	0	0	0	0	0
CQ	C3	1487	0	91	89	306	0	3	4	52	0	3	1	141	0	7	1	313	0
CQ	C4	1130	222	555	−145	0	0	0	0	1	0	4	0	4	0	22	0	88	17
CQ	C5	210	0	1715	31	230	0	100	1	16	0	62	−1	134	0	602	2	309	0
CQ	C6	137	215	52	5	0	0	0	0	7	9	10	0	6	8	4	0	0	0
CQ	C7	0	0	18407	0	0	0	2880	0	7	0	369	0	0	0	1418	0	0	0
CQ	C8	623	542	140	−1	13	9	1	0	54	116	5	0	147	136	16	0	110	1055
SC	C1	1	0	0	0	0	0	0	0	0	0	0	0	0	0	0	0	0	0
SC	C2	0	0	0	147	0	0	0	0	0	0	0	0	0	0	0	0	0	0
SC	C3	564	0	76	37	208	0	4	7	91	0	4	0	182	0	8	7	129	0
SC	C4	0	0	0	0	8	2	0	1	12	0	1	4	0	0	2	0	29	6
SC	C5	33	0	309	7	104	0	55	−1	10	0	34	0	34	0	249	0	67	0
SC	C6	70	116	0	1	0	0	0	0	1	2	0	0	2	3	0	0	0	0
SC	C7	0	0	3839	0	0	0	612	0	1	0	79	0	0	0	302	0	0	0
SC	C8	194	2	78	−1	10	4	1	0	24	7	1	0	27	2	3	0	51	18
GZ	C1	37	6	0	14	0	0	0	0	0	0	0	0	0	0	0	0	0	0
GZ	C2	0	0	0	13	0	0	0	2	0	0	0	0	0	0	0	0	0	0
GZ	C3	469	0	26	37	157	0	2	3	40	0	2	0	97	0	3	3	125	0
GZ	C4	772	154	16	−100	63	13	0	10	0	0	2	0	286	57	11	−97	575	115
GZ	C5	6	0	18	1	33	0	22	1	6	0	22	0	13	0	64	1	8	0
GZ	C6	14	24	0	0	0	0	0	0	0	0	0	0	0	1	0	0	0	0
GZ	C7	0	0	4671	0	0	0	746	0	2	0	96	0	0	0	368	0	0	0
GZ	C8	186	17	91	4	10	9	1	0	29	42	4	0	93	324	38	1	91	566
YN	C1	3381	508	0	1276	0	0	0	0	0	0	0	0	0	0	0	0	0	0
YN	C2	0	0	0	13	0	0	0	0	0	0	0	0	0	0	0	0	0	0
YN	C3	657	0	0	56	76	0	0	3	36	0	0	0	76	0	3	4	42	0
YN	C4	0	0	0	1	29	6	0	4	1	0	0	1	32	6	0	−11	0	0
YN	C5	1	0	2	0	14	0	6	0	4	0	10	0	7	0	13	0	1	0
YN	C6	14	23	0	0	0	0	0	0	0	0	0	0	0	0	0	0	0	0
YN	C7	0	0	248	0	0	0	40	0	0	0	5	0	0	0	20	0	0	0
YN	C8	18	1	11	0	2	2	0	0	12	12	0	0	21	24	3	0	16	54
TB	C1	2	0	0	1	0	0	0	1	0	0	0	0	0	0	0	0	0	0
TB	C2	0	0	0	0	0	0	0	1	0	0	0	0	0	0	0	0	0	0
TB	C3	10	0	0	1	5	0	0	4	0	0	0	0	6	0	0	0	2	0
TB	C4	0	0	0	0	0	0	0	0	0	0	0	0	0	0	0	0	0	0
TB	C5	0	0	0	0	0	0	0	0	0	0	0	0	0	0	0	0	0	0
TB	C6	0	0	1	0	0	0	0	0	0	0	0	0	0	0	0	0	0	0
TB	C7	0	0	375	0	0	0	60	0	0	0	8	0	0	0	29	0	0	0
TB	C8	21	1	1	0	1	0	0	0	0	0	0	0	4	1	3	0	5	7
SN	C1	977	147	0	369	15	2	0	1	0	0	0	0	0	0	0	0	0	0
SN	C2	0	0	0	562	0	0	0	5	0	0	0	4	0	0	0	7	0	0
SN	C3	3428	0	229	156	324	0	4	7	83	0	4	1	217	0	11	3	157	0
SN	C4	1081	201	445	−175	11	1	0	44	2	0	6	1	6	0	36	1	6	1
SN	C5	1574	0	5736	252	260	0	172	5	18	0	97	0	148	0	813	3	193	0
SN	C6	600	993	1	9	0	0	0	0	4	5	5	0	3	5	2	0	0	0
SN	C7	0	0	5477	0	0	0	2619	0	6	0	335	0	0	0	1289	0	0	0
SN	C8	30682	38006	11399	443	4	4	0	0	11	36	5	0	231	1106	125	4	174	136
GS	C1	0	0	0	0	5324	533	69	406	0	0	0	0	0	0	0	0	0	0
GS	C2	0	0	0	0	148	0	0	105	0	0	0	6	0	0	0	0	0	0
GS	C3	5	0	0	2	6480	0	7	271	30	0	0	3	8	0	2	0	2	0
GS	C4	272	0	31	148	1482	187	110	381	17	0	27	10	9	0	56	8	3	1
GS	C5	13	0	19	2	487	0	499	19	45	0	146	−2	48	0	106	0	20	0
GS	C6	5	9	0	0	1042	1616	438	17	0	0	0	0	0	0	0	0	0	0
GS	C7	0	0	1877	0	0	0	13623	0	1	0	39	0	0	0	148	0	0	0
GS	C8	42	24	8	0	18841	31729	939	82	5	11	1	0	19	41	7	0	17	47

续表

地区	部门	SN F1	SN F2	SN F3	SN F4	GS F1	GS F2	GS F3	GS F4	QH F1	QH F2	QH F3	QH F4	NX F1	NX F2	NX F3	NX F4	XJ F1	XJ F2
QH	C1	17	2	0	6	0	0	0	0	611	118	90	−199	0	0	0	0	0	0
QH	C2	0	0	0	1	0	0	0	13	0	0	0	163	0	0	0	0	0	0
QH	C3	0	0	0	0	0	0	0	0	2231	0	8	−46	0	0	0	0	0	0
QH	C4	0	0	0	0	0	0	0	0	440	72	24	544	0	0	0	0	0	0
QH	C5	0	0	0	0	15	0	11	1	313	0	364	−38	2	0	4	0	0	0
QH	C6	0	0	0	0	0	0	0	0	110	179	12	7	0	0	0	0	0	0
QH	C7	0	0	0	0	0	0	0	0	331	0	17728	0	0	0	0	0	0	0
QH	C8	2	0	0	0	0	0	0	0	4594	12153	857	44	0	0	0	0	0	0
NX	C1	0	0	0	0	0	0	0	0	0	0	0	0	1725	107	95	307	21	2
NX	C2	0	0	0	105	19	0	0	7	0	0	0	1	0	0	0	85	0	0
NX	C3	210	0	0	7	79	0	0	2	30	0	0	1	1773	0	28	67	37	0
NX	C4	273	0	0	126	62	11	0	27	1	0	3	0	158	11	198	5	9	1
NX	C5	0	0	3	0	47	0	59	2	12	0	43	0	66	0	455	4	2	0
NX	C6	13	21	0	0	0	0	0	0	0	1	0	0	281	460	19	15	0	0
NX	C7	0	0	0	0	0	0	0	0	0	0	0	0	0	0	20643	0	0	0
NX	C8	0	0	0	0	0	0	0	0	0	0	0	0	8504	9257	1856	−23	0	0
XJ	C1	48	7	0	18	76	8	1	6	8	2	1	−3	22	1	1	4	8103	907
XJ	C2	0	0	0	20	42	0	0	19	0	0	0	1	0	0	0	2	188	0
XJ	C3	26	0	0	−3	10	0	0	0	0	0	0	0	4	0	0	−2	6386	0
XJ	C4	45	2	0	22	79	15	0	55	0	0	1	0	1	0	3	1	1352	81
XJ	C5	17	0	79	4	13	0	14	1	2	0	3	0	5	0	34	1	0	0
XJ	C6	32	52	0	0	0	0	0	0	1	1	0	0	1	2	0	0	950	1450
XJ	C7	0	0	0	0	0	0	0	0	0	0	0	0	0	0	0	0	0	0
XJ	C8	12	6	3	1	6	1	0	0	13	1	4	0	10	2	21	0	15857	34378
USA	C1	3	0	0	0	90	0	1	0	0	0	0	0	0	0	0	0	0	0
USA	C2	0	0	0	0	0	0	0	0	0	0	0	0	0	0	0	0	25	0
USA	C3	14	0	6	0	0	0	2	0	0	0	0	0	0	0	0	0	108	0
USA	C4	17	0	28	0	6	0	0	0	0	0	0	0	0	0	0	0	59	0
USA	C5	19	0	177	0	1	0	8	0	1	0	6	0	1	0	5	0	5	0
USA	C6	0	0	0	0	0	0	0	0	0	0	0	0	0	0	0	0	14	0
USA	C7	0	0	0	0	0	0	0	0	0	0	0	0	0	0	0	0	0	0
USA	C8	255	4	24	0	2	0	0	0	1	0	0	0	43	0	36	0	1130	0
EU	C1	6	0	0	0	3	0	0	0	0	0	0	0	0	0	0	0	0	0
EU	C2	0	0	0	0	0	0	0	0	0	0	0	0	0	0	0	0	1	0
EU	C3	52	0	6	0	32	0	0	0	0	0	0	0	0	0	0	0	29	0
EU	C4	104	0	49	0	4	0	0	0	4	0	0	0	0	0	1	0	26	0
EU	C5	70	0	437	0	9	0	12	0	0	0	7	0	0	0	24	0	40	0
EU	C6	0	0	0	0	0	0	0	0	0	0	0	0	0	0	0	0	33	8
EU	C7	0	0	0	0	0	0	0	0	0	0	0	0	0	0	0	0	0	0
EU	C8	234	8	40	0	2	0	0	0	1	0	0	0	45	1	46	0	1066	0
ROW	C1	10	0	3	0	87	0	0	0	0	0	13	0	0	0	6	0	1220	1
ROW	C2	5	2	0	0	7	0	0	0	0	0	0	0	0	0	0	0	383	2
ROW	C3	84	0	6	0	13	0	1	0	15	0	0	0	1	0	0	0	1833	0
ROW	C4	90	0	123	0	35	0	4	0	3	0	0	0	0	0	1	0	291	0
ROW	C5	447	0	1982	0	1	0	25	0	0	0	26	0	2	0	63	0	38	0
ROW	C6	0	0	0	0	0	0	0	0	0	0	0	0	0	0	0	0	154	115
ROW	C7	0	0	0	0	0	0	0	0	0	0	0	0	0	0	0	0	0	0
ROW	C8	1423	21	106	0	9	0	0	0	2	0	0	0	142	1	106	0	6531	1
CHN	TAXSUB	3732	42	4321	0	1232	14	1427	0	448	5	518	0	611	7	707	0	1849	21
USA	TAXSUB	44	0	0	0	15	0	0	0	5	0	0	0	7	0	0	0	22	0
EU	TAXSUB	8	0	0	0	3	0	0	0	1	0	0	0	1	0	0	0	4	0
ROW	TAXSUB	114	0	0	0	38	0	0	0	14	0	0	0	19	0	0	0	57	0
VA		0	0	0	0	0	0	0	0	0	0	0	0	0	0	0	0	0	0
TI		0	0	0	0	0	0	0	0	0	0	0	0	0	0	0	0	0	0

续表

地区	部门	XJ F3	XJ F4	USA F1	USA F2	USA F3	USA F4	EU F1	EU F2	EU F3	EU F4	ROW F1	ROW F2	ROW F3	ROW F4	TO
BJ	C1	0	0	70	0	0	0	73	0	0	0	96	0	4	0	5277
BJ	C2	0	1	0	0	0	0	0	0	0	0	18	0	1	0	4188
BJ	C3	14	0	274	0	7	0	272	3	3	13	962	2	412	8	22996
BJ	C4	23	0	77	1	4	0	50	11	6	0	494	19	136	8	40850
BJ	C5	685	4	38	0	702	0	277	5	381	2	963	7	4686	310	115863
BJ	C6	0	0	0	0	0	0	0	0	0	0	0	0	0	0	65797
BJ	C7	1735	0	0	0	0	0	0	0	0	0	0	0	0	0	83792
BJ	C8	1052	21	2939	2	1587	0	2231	373	1635	155	11145	661	6513	482	656143
TJ	C1	0	0	1	0	0	0	2	0	0	0	3	0	0	0	6543
TJ	C2	0	4	0	0	1	0	0	0	0	0	0	0	0	0	35769
TJ	C3	8	0	560	0	131	0	303	6	33	11	851	3	115	10	51648
TJ	C4	24	-4	103	2	31	0	80	15	35	3	368	13	294	68	145687
TJ	C5	338	3	611	0	808	0	461	13	458	10	2530	16	4077	256	131508
TJ	C6	0	0	0	0	0	0	0	0	0	0	0	0	0	0	25963
TJ	C7	482	0	0	0	0	0	0	0	0	0	0	0	0	0	57477
TJ	C8	553	10	995	1	357	0	672	69	223	70	3293	150	1096	220	278767
HE	C1	0	0	5	0	0	0	12	0	0	0	85	0	3	0	92021
HE	C2	0	6	0	0	1	0	0	0	0	0	1	0	0	0	50942
HE	C3	17	-8	659	0	113	0	1036	16	154	59	3967	8	299	49	156517
HE	C4	71	2	499	12	21	0	141	31	36	2	938	44	529	192	362183
HE	C5	584	7	39	0	117	0	20	0	98	1	829	3	1785	107	120558
HE	C6	0	0	0	0	0	0	0	0	0	0	0	0	0	0	37454
HE	C7	114	0	0	0	0	0	0	0	0	0	0	0	0	0	107401
HE	C8	289	3	320	0	93	0	180	5	38	13	750	12	228	47	347047
SX	C1	0	0	2	0	0	0	38	0	0	0	52	0	2	0	24296
SX	C2	0	7	0	0	1	0	0	0	0	0	3	0	0	0	111844
SX	C3	0	1	148	0	2	0	44	0	0	1	54	0	1	1	13025
SX	C4	0	2	60	0	2	0	35	3	3	0	250	5	80	5	79495
SX	C5	13	0	645	0	754	0	282	19	181	0	1238	4	1194	29	21233
SX	C6	0	0	0	0	0	0	0	0	0	0	0	0	0	0	25410
SX	C7	0	0	0	0	0	0	0	0	0	0	0	0	0	0	66719
SX	C8	137	2	0	0	0	0	0	0	0	0	0	0	0	0	162079
IM	C1	0	0	0	0	0	0	0	0	0	0	4	0	44	0	48183
IM	C2	0	3	0	0	0	0	1	0	0	0	23	0	1	0	65595
IM	C3	5	-7	52	0	0	0	69	0	0	5	283	1	3	3	21332
IM	C4	0	20	5	0	1	0	1	1	2	0	22	1	39	6	72492
IM	C5	113	1	0	0	1	0	0	0	5	0	51	0	201	16	6999
IM	C6	0	0	0	0	0	0	0	0	0	0	28	0	0	0	31062
IM	C7	443	0	0	0	0	0	0	0	0	0	0	0	0	0	68934
IM	C8	176	3	45	0	15	0	27	1	6	3	107	3	37	9	161682
LN	C1	2	35	12	0	0	0	27	0	0	0	170	1	5	1	65961
LN	C2	0	0	0	0	17	0	2	0	2	1	51	0	7	2	17514
LN	C3	7	1	1046	0	9	0	1020	5	13	45	3919	6	45	16	46149
LN	C4	13	1	118	1	7	0	87	9	16	0	1250	40	410	430	172358
LN	C5	283	1	154	0	240	0	24	0	533	37	759	4	4033	125	87706
LN	C6	0	0	0	0	0	0	0	0	0	0	0	0	0	0	28977
LN	C7	2332	0	0	0	0	0	0	0	0	0	0	0	0	0	117535
LN	C8	126	1	578	1	237	0	371	20	178	33	1570	53	815	110	246844
JL	C1	0	3	3	0	0	0	14	0	0	0	22	0	1	0	35352
JL	C2	0	4	0	0	0	0	0	0	0	0	0	0	0	0	14708
JL	C3	46	-6	93	0	0	0	142	1	2	2	413	2	17	6	94619
JL	C4	40	0	1	0	0	0	6	1	2	0	63	3	22	0	92509
JL	C5	583	3	1	0	54	0	18	0	31	1	62	0	499	27	123674
JL	C6	0	0	0	0	0	0	0	0	0	0	0	0	0	0	16464
JL	C7	0	0	0	0	0	0	0	0	0	0	0	0	0	0	44870
JL	C8	235	3	60	0	20	0	33	1	8	2	126	2	47	9	164472
HL	C1	3	39	3	0	0	0	23	0	0	0	122	1	3	0	95673
HL	C2	0	0	0	0	0	0	0	0	0	0	0	0	0	0	29621
HL	C3	27	0	34	0	2	0	74	2	2	6	782	5	14	2	55855
HL	C4	8	0	9	0	0	0	2	1	1	0	48	2	19	0	39146
HL	C5	166	1	279	0	400	0	29	0	69	3	69	0	380	29	15606
HL	C6	0	0	0	0	0	0	0	0	0	0	0	0	0	0	17699
HL	C7	33	0	0	0	0	0	0	0	0	0	0	0	0	0	41682
HL	C8	310	6	108	0	35	0	60	2	14	4	226	4	85	16	181237
SH	C1	0	0	64	0	0	0	36	0	0	0	114	0	4	0	5011
SH	C2	0	0	0	0	0	0	0	0	0	0	4	0	0	0	95
SH	C3	25	0	3060	0	291	0	1900	18	78	93	5956	7	457	55	63130
SH	C4	37	0	630	15	144	0	393	104	201	3	2076	104	768	152	126484
SH	C5	956	11	5787	0	9811	0	1886	71	2932	66	8517	29	17585	861	247073
SH	C6	0	0	0	0	0	0	0	0	0	0	0	0	0	0	23388

地区	部门	XJ F3	XJ F4	USA F1	USA F2	USA F3	USA F4	EU F1	EU F2	EU F3	EU F4	ROW F1	ROW F2	ROW F3	ROW F4	TO
SH	C7	3379	0	0	0	0	0	0	0	0	0	0	0	0	0	83849
SH	C8	1661	26	2126	3	853	0	1293	223	441	86	5655	287	2184	309	565397
JS	C1	7	105	4	0	0	0	14	0	1	0	198	0	6	0	122639
JS	C2	0	0	0	0	0	0	0	0	0	0	1	0	0	0	8479
JS	C3	35	− 6	13551	0	712	0	5496	47	328	360	15746	23	759	217	376117
JS	C4	0	− 1	1443	36	264	0	995	286	450	6	5460	289	1743	173	661737
JS	C5	1834	37	8638	0	16822	0	3781	103	6969	105	12964	73	34516	1603	797822
JS	C6	0	0	0	0	0	0	0	0	0	0	0	0	0	0	81623
JS	C7	0	0	0	0	0	0	0	0	0	0	0	0	0	0	242392
JS	C8	125	2	7	0	4	0	11	4	4	0	54	5	4	0	878600
ZJ	C1	0	0	41	0	0	0	75	0	0	0	113	0	5	0	58883
ZJ	C2	0	0	0	0	0	0	0	0	0	0	0	0	0	0	3688
ZJ	C3	27	− 42	16124	0	2235	0	11665	152	1107	730	25520	79	1960	426	335804
ZJ	C4	12	0	2676	61	308	0	1626	371	547	12	9634	407	3104	139	337540
ZJ	C5	777	7	2161	0	3819	0	2367	20	3802	62	7387	23	20451	798	300287
ZJ	C6	0	0	0	0	0	0	0	0	0	0	0	0	0	0	78220
ZJ	C7	2220	0	0	0	0	0	0	0	0	0	0	0	0	0	174249
ZJ	C8	415	5	3018	4	984	0	1770	72	408	169	7135	188	2466	582	584677
AH	C1	0	3	0	0	0	0	6	0	0	0	6	0	0	0	78742
AH	C2	0	1	0	0	0	0	0	0	0	0	2	0	0	0	33076
AH	C3	31	− 6	1391	0	65	0	847	9	20	43	2000	6	58	38	189818
AH	C4	44	− 19	68	2	2	0	50	11	6	2	668	37	86	39	254383
AH	C5	1348	24	825	0	592	0	652	10	395	14	2584	16	3211	165	226421
AH	C6	0	0	0	0	0	0	0	0	0	0	0	0	0	0	32567
AH	C7	1425	0	0	0	0	0	0	0	0	0	0	0	0	0	105731
AH	C8	6	0	762	1	241	0	452	20	112	33	1914	42	612	118	312573
FJ	C1	0	0	6	0	0	0	33	1	0	0	175	0	5	0	67597
FJ	C2	0	0	0	0	0	0	12	0	0	0	0	0	0	0	11420
FJ	C3	13	− 15	8400	0	722	0	4651	59	193	286	14296	48	410	271	311188
FJ	C4	0	0	614	12	27	0	273	56	48	1	1251	53	233	118	207635
FJ	C5	0	0	1293	0	1807	0	655	17	994	34	2251	10	5167	205	123958
FJ	C6	0	0	0	0	0	0	0	0	0	0	0	0	0	0	34655
FJ	C7	0	0	0	0	0	0	0	0	0	0	0	0	0	0	125615
FJ	C8	96	1	1440	1	430	0	937	112	282	51	4970	172	1507	168	320889
JX	C1	0	0	1	0	0	0	1	0	0	0	11	0	1	0	52558
JX	C2	0	0	0	0	0	0	0	0	0	0	0	0	0	0	15579
JX	C3	21	− 8	1967	0	271	0	878	9	13	57	4066	9	67	108	128546
JX	C4	9	0	74	2	3	0	25	5	16	1	222	11	98	21	191283
JX	C5	574	8	123	0	131	0	46	0	70	0	207	0	813	62	92074
JX	C6	0	0	0	0	0	0	0	0	0	0	0	0	0	0	29473
JX	C7	50	0	0	0	0	0	0	0	0	0	0	0	0	0	85713
JX	C8	327	4	299	0	98	0	182	13	46	10	759	20	228	38	169116
SD	C1	0	0	146	0	0	0	150	0	7	0	2230	13	74	7	156533
SD	C2	0	0	0	0	0	0	1	0	0	1	1	0	1	0	92081
SD	C3	4	− 7	7313	0	455	0	4053	42	125	144	15013	27	493	149	631331
SD	C4	0	13	977	22	182	0	364	77	299	6	3230	140	1112	249	937604
SD	C5	303	0	1387	0	2691	0	539	6	1387	10	3808	7	11240	368	485084
SD	C6	0	0	0	0	0	0	0	0	0	0	0	0	0	0	76427
SD	C7	0	0	0	0	0	0	0	0	0	0	0	0	0	0	199131
SD	C8	1	0	3123	4	1019	0	1752	84	442	131	6989	149	2564	481	753674
HA	C1	0	3	14	0	0	0	9	0	0	0	55	0	5	0	129512
HA	C2	0	3	0	0	0	0	0	0	0	3	0	0	0	0	70349
HA	C3	4	− 7	1187	0	165	0	444	5	55	39	2212	12	487	71	359790
HA	C4	30	− 10	30	0	2	0	17	2	8	2	162	6	111	68	471858
HA	C5	598	1	4068	0	4757	0	758	43	557	0	6690	34	6719	443	267669
HA	C6	0	0	0	0	0	0	0	0	0	0	0	0	0	0	44584
HA	C7	58	0	0	0	0	0	0	0	0	0	0	0	0	0	138560
HA	C8	404	4	515	1	177	0	308	19	76	31	1257	43	450	106	437208
HB	C1	0	0	1	0	0	0	12	0	0	0	91	0	3	0	104974
HB	C2	0	0	0	0	0	0	0	0	0	0	0	0	0	0	15930
HB	C3	3	− 6	629	0	6	0	621	3	5	42	1896	4	134	18	194714
HB	C4	24	− 22	204	5	2	0	138	40	7	1	516	26	153	15	200004
HB	C5	136	0	447	0	655	0	167	4	254	2	704	4	2165	232	181463
HB	C6	0	0	0	0	0	0	0	0	0	0	0	0	0	0	28970
HB	C7	605	0	0	0	0	0	0	0	0	0	0	0	0	0	132942
HB	C8	4	0	188	0	56	0	131	10	33	11	688	23	152	35	343981
HN	C1	0	0	1	0	0	0	12	0	0	0	26	0	1	0	89283
HN	C2	0	0	0	0	0	0	0	0	0	0	0	0	0	0	17211
HN	C3	18	0	785	0	8	0	331	4	4	18	1786	7	102	156	152938
HN	C4	25	− 12	54	0	2	0	47	2	7	0	182	7	105	159	189804

地区	部门	XJ	XJ	USA	USA	USA	USA	EU	EU	EU	EU	ROW	ROW	ROW	ROW	
		F3	F4	F1	F2	F3	F4	F1	F2	F3	F4	F1	F2	F3	F4	TO
HN	C5	579	1	148	0	780	0	27	0	104	0	262	1	2203	260	130995
HN	C6	0	0	0	0	0	0	0	0	0	0	0	0	0	0	25200
HN	C7	1506	0	0	0	0	0	0	0	0	0	0	0	0	0	117688
HN	C8	66	1	1	0	1	0	2	1	1	0	9	1	1	0	320672
GD	C1	0	0	160	0	0	0	161	1	2	0	713	1	23	1	102236
GD	C2	0	0	0	0	13	0	3	0	2	0	3	0	3	0	18566
GD	C3	56	−10	30271	0	3312	0	12624	258	1181	576	47603	122	4906	4683	442328
GD	C4	68	0	4963	97	191	0	1956	361	386	3	9872	357	1843	355	480743
GD	C5	768	1	13997	0	20752	0	8892	111	9725	138	48814	257	71389	12042	814506
GD	C6	0	0	0	0	0	0	0	0	0	0	278	2	0	0	119022
GD	C7	0	0	0	0	0	0	0	0	0	0	0	0	0	0	176138
GD	C8	640	16	7890	8	3275	0	5295	692	2276	434	24879	1173	10197	1418	1005594
GX	C1	0	0	5	0	0	0	8	0	1	0	87	1	16	0	80467
GX	C2	0	1	0	0	1	0	0	0	0	0	2	0	0	0	9863
GX	C3	43	−1	318	0	7	0	159	3	1	4	483	2	6	31	80857
GX	C4	1	7	32	0	1	0	54	6	4	0	263	8	37	30	105478
GX	C5	212	1	89	0	1667	0	25	1	86	0	376	2	1131	243	63603
GX	C6	0	0	0	0	0	0	0	0	0	0	0	0	0	0	13448
GX	C7	3655	0	0	0	0	0	0	0	0	0	0	0	0	0	84259
GX	C8	156	4	30	0	15	0	21	4	11	2	99	7	49	7	180967
HI	C1	0	0	0	0	0	0	0	0	0	0	10	0	0	0	25498
HI	C2	0	1	0	0	0	0	0	0	0	0	0	0	0	0	610
HI	C3	7	0	144	0	0	0	33	0	1	1	254	1	3	3	6257
HI	C4	0	0	25	0	0	0	17	1	0	0	293	6	8	53	16103
HI	C5	24	0	0	0	9	0	0	0	10	0	112	1	104	11	1482
HI	C6	0	0	0	0	0	0	0	0	0	0	0	0	0	0	4171
HI	C7	1038	0	0	0	0	0	0	0	0	0	0	0	0	0	26635
HI	C8	176	2	61	0	20	0	35	1	8	3	136	3	49	11	61218
CQ	C1	0	0	0	0	0	0	0	0	0	0	0	0	0	0	32581
CQ	C2	0	2	0	0	0	0	0	0	0	0	0	0	0	0	11584
CQ	C3	31	−8	64	0	1	0	40	0	1	3	155	0	4	3	47829
CQ	C4	45	−22	7	0	1	0	7	0	3	0	48	3	55	2	76948
CQ	C5	1052	9	2418	0	3825	0	4084	83	2275	3	5247	43	4960	239	181905
CQ	C6	0	0	0	0	0	0	0	0	0	0	0	0	0	0	20190
CQ	C7	4921	0	0	0	0	0	0	0	0	0	0	0	0	0	115493
CQ	C8	44	1	1054	1	411	0	648	47	271	55	2769	96	1305	188	208730
SC	C1	0	0	0	0	0	0	4	0	0	0	6	0	1	0	119117
SC	C2	0	0	0	0	0	0	0	0	0	0	0	0	0	0	41234
SC	C3	30	−2	230	0	2	0	136	1	2	9	449	1	15	8	161015
SC	C4	0	−7	19	0	2	0	7	1	10	1	233	16	74	53	185747
SC	C5	356	0	2332	0	2865	0	1217	41	572	1	2856	16	3162	217	165446
SC	C6	0	0	0	0	0	0	0	0	0	0	0	0	0	0	39025
SC	C7	1042	0	0	0	0	0	0	0	0	0	0	0	0	0	146293
SC	C8	3	0	133	0	43	0	76	3	18	6	296	6	107	22	403101
GZ	C1	0	0	0	0	0	0	0	0	0	0	4	0	4	0	58464
GZ	C2	0	2	0	0	2	0	0	0	0	2	0	0	1	2	40303
GZ	C3	14	1	57	0	0	0	79	0	0	2	219	1	1	1	33585
GZ	C4	14	−146	1	0	0	0	0	0	1	0	10	0	12	0	65919
GZ	C5	53	1	3	0	173	0	45	1	40	0	570	2	441	630	12861
GZ	C6	0	0	0	0	0	0	0	0	0	0	0	0	0	0	27018
GZ	C7	1270	0	0	0	0	0	0	0	0	0	0	0	0	0	65349
GZ	C8	130	2	1	0	0	0	1	0	3	0	5	0	0	0	123269
YN	C1	0	0	5	0	0	0	23	0	6	0	1379	2	71	0	66326
YN	C2	0	0	0	0	0	0	0	0	0	0	0	0	0	0	14685
YN	C3	2	1	54	0	0	0	99	0	0	2	379	3	25	2	45784
YN	C4	0	0	4	0	1	0	3	1	2	0	92	5	51	47	59283
YN	C5	3	0	31	0	22	0	18	0	6	0	197	6	703	23	8285
YN	C6	0	0	0	0	0	0	0	0	0	0	26	0	0	0	20947
YN	C7	68	0	0	0	0	0	0	0	0	0	0	0	0	0	119855
YN	C8	6	0	0	0	0	0	0	0	0	0	1	0	0	0	166068
TB	C1	0	0	0	0	0	0	0	0	1	0	83	1	6	1	3051
TB	C2	0	1	0	0	0	0	0	0	0	0	0	0	0	0	691
TB	C3	0	0	0	0	0	0	0	0	0	0	48	0	2	2	854
TB	C4	0	0	1	0	0	0	0	0	0	0	14	1	6	0	1053
TB	C5	0	0	0	0	0	0	0	0	0	0	0	0	2	0	5
TB	C6	0	0	0	0	0	0	0	0	0	0	0	0	0	0	461
TB	C7	102	0	0	0	0	0	0	0	0	0	0	0	0	0	17885
TB	C8	8	0	0	0	0	0	0	0	0	0	0	0	0	0	13957
SN	C1	0	0	0	0	0	0	0	0	1	0	145	1	15	0	52706
SN	C2	0	9	0	0	1	0	0	0	0	0	0	0	0	0	73677

续表

地区	部门	XJ F3	XJ F4	USA F1	USA F2	USA F3	USA F4	EU F1	EU F2	EU F3	EU F4	ROW F1	ROW F2	ROW F3	ROW F4	TO
SN	C3	16	−8	92	0	0	0	70	0	0	3	186	0	5	4	61885
SN	C4	40	19	6	0	1	0	5	1	5	1	84	3	48	5	108971
SN	C5	718	9	245	0	550	0	157	7	233	0	360	1	1502	177	61952
SN	C6	0	0	0	0	0	0	0	0	0	0	0	0	0	0	19421
SN	C7	4474	0	0	0	0	0	0	0	0	0	0	0	0	0	105308
SN	C8	336	8	321	0	90	0	224	18	66	19	1302	43	293	56	222666
GS	C1	0	0	0	0	0	0	8	0	0	0	13	0	1	0	25909
GS	C2	0	0	0	0	0	0	0	0	0	0	0	0	0	0	10250
GS	C3	0	0	25	0	1	0	15	0	1	0	42	0	1	16	12118
GS	C4	34	44	2	0	0	0	0	0	1	0	8	0	9	6	54183
GS	C5	55	0	0	0	7	0	0	0	1	0	8	0	87	34	4480
GS	C6	0	0	0	0	0	0	0	0	0	0	0	0	0	0	11956
GS	C7	510	0	0	0	0	0	0	0	0	0	0	0	0	0	26887
GS	C8	22	0	0	0	0	0	0	0	0	0	0	0	0	0	87357
QH	C1	0	0	0	0	0	0	0	0	0	0	0	0	0	0	6235
QH	C2	0	0	0	0	0	0	0	0	0	0	0	0	0	0	4655
QH	C3	0	0	6	0	0	0	1	0	0	0	8	0	0	1	3718
QH	C4	0	0	0	0	0	0	0	0	0	0	1	0	3	0	18269
QH	C5	0	0	0	0	1	0	0	0	0	0	0	0	2	0	1636
QH	C6	0	0	0	0	0	0	0	0	0	0	0	0	0	0	5807
QH	C7	0	0	0	0	0	0	0	0	0	0	0	0	0	0	18527
QH	C8	0	0	0	0	0	0	0	0	0	0	0	0	0	0	24811
NX	C1	0	6	0	0	0	0	2	0	0	0	0	0	0	0	8861
NX	C2	0	1	0	0	0	0	0	0	0	0	0	0	0	0	5853
NX	C3	0	−10	66	0	0	0	22	0	0	1	251	0	1	199	9090
NX	C4	0	8	0	0	0	0	1	0	1	0	25	1	16	1	29623
NX	C5	28	0	0	0	0	0	0	0	1	0	1	0	15	0	2122
NX	C6	0	0	0	0	0	0	0	0	0	0	0	0	0	0	10329
NX	C7	0	0	0	0	0	0	0	0	0	0	0	0	0	0	20809
NX	C8	0	0	36	0	12	0	21	1	5	2	82	2	29	6	28397
XJ	C1	159	2501	4	0	0	0	7	0	1	0	146	1	13	1	56969
XJ	C2	0	328	0	0	0	0	0	0	0	0	0	0	0	0	26610
XJ	C3	9	530	69	0	19	0	80	1	2	2	3088	17	88	183	21416
XJ	C4	60	790	15	0	3	0	5	1	13	0	364	8	310	3	66504
XJ	C5	0	0	4	0	78	0	4	0	4	0	436	1	694	239	5320
XJ	C6	494	14	0	0	0	0	0	0	0	0	0	0	0	0	16857
XJ	C7	60353	0	0	0	0	0	0	0	0	0	0	0	0	0	62611
XJ	C8	9979	145	329	0	98	0	207	10	52	19	1012	29	275	62	101030
USA	C1	0	0	103079	0	675	−1371	1935	5	33	7	12656	44	584	20	462948
USA	C2	0	0	8069	2	123869	−3800	835	2	123	113	2622	7	391	173	481997
USA	C3	3	0	741304	46	50096	8540	8731	241	1579	171	55239	216	4884	1779	1638782
USA	C4	0	0	492199	7679	83023	1459	10996	5861	2366	69	55675	2892	5601	2222	2304408
USA	C5	14	0	282922	31	582061	15565	10321	381	23225	348	68694	490	110921	6112	1869174
USA	C6	3	0	252763	1338	2496	971	18	1	10	1	1547	2	25	2	556285
USA	C7	0	0	1204	0	1261187	1	0	0	4	0	1	0	14	0	1568158
USA	C8	22	0	10179441	2724451	1394241	32509	53196	5935	34197	3164	252982	7196	61224	3886	24927260
EU	C1	14	0	1334	0	37	0	173633	2898	8502	14898	15044	90	818	34	541075
EU	C2	0	0	34	0	326	0	6774	124	1795	−5097	611	7	399	14	93429
EU	C3	0	0	30913	22	3840	0	873221	9109	101640	−37632	129810	676	11930	2806	2201425
EU	C4	1	0	59871	2535	2931	0	335445	52911	102317	2436	86598	9659	17661	2249	2653256
EU	C5	120	0	26874	7	53140	0	325959	9735	470747	70943	123192	746	221058	10359	2534966
EU	C6	41	0	172	1	107	0	274987	16060	17523	7742	1770	40	574	22	981303
EU	C7	0	0	194	0	117	0	62613	7964	1055055	690	942	26	628	7	1738122
EU	C8	63	0	83018	375	21851	0	4736794	2850211	858670	64842	306034	14096	87320	10955	16553715
ROW	C1	7	0	11761	0	47	0	17427	156	607	168	1298385	6816	68602	13997	3207635
ROW	C2	0	0	469	0	838	0	18174	15	709	10094	44404	554	66313	−6980	2846347
ROW	C3	0	0	135443	20	11106	0	104507	969	5474	5949	2561624	13816	115231	181125	5495215
ROW	C4	3	0	70435	1714	4821	0	50877	10175	4725	688	882818	40240	165175	109339	6680949
ROW	C5	61	0	124397	6	183939	0	59579	1143	74967	1683	651496	12861	1144790	140266	4884967
ROW	C6	16	0	1157	0	94	0	1583	26	124	10	561206	81576	9962	1698	2003093
ROW	C7	0	0	245	1	82	0	369	31	197	30	62719	4090	3671796	12597	4821701
ROW	C8	141	0	221491	551	64914	0	179426	13454	61926	13625	11674510	5332288	1618932	90853	32319930
CHN	TAXSUB	2141	0	−172	0	0	0	−92	0	0	0	−572	0	0	0	974651
USA	TAXSUB	0	0	352148	3396	46474	0	994	0	0	0	6327	0	0	0	706203
EU	TAXSUB	0	0	327	0	0	0	575949	34832	184444	71611	1309	0	0	0	1555848
ROW	TAXSUB	0	0	5027	0	0	0	3336	0	−1	0	951415	24600	300985	1238	2518253
VA		0	0	0	0	0	0	0	0	0	0	0	0	0	0	75182473
TI		0	0	0	0	0	0	0	0	0	0	0	0	0	0	154389131

（本章作者：郭雪凡）

本章参考文献

[1] 長谷部勇一. 東アジアにおける貿易と経済成長——1985-90-95 年アジア国際産業連関表による相互依存関係の分析 [J]. 横浜国際社会科学研究, 2002, 7 (3): 125-145.

[2] 陈雯, 李强. 全球价值链分工下我国出口规模的透视分析——基于增加值贸易核算方法 [J]. 财贸经济, 2014 (7): 107-115.

[3] 东艳, 马盈盈. 疫情冲击、中美贸易摩擦与亚太价值链重构——基于假设抽取法的分析 [J]. 华南师范大学学报 (社会科学版), 2020 (4): 110-123.

[4] 葛明, 林玲. 基于附加值贸易统计的中国对外贸易失衡研究 [J]. 国际经贸探索, 2016, 32 (2): 20-33.

[5] 金继红, 张琦. 中日产业相互依存关系——1990-1995-2000 年国际投入产出表的实证分析 [J]. 现代日本经济, 2007 (2): 15-19.

[6] 马广程, 许坚. 全球价值链嵌入与制造业转移——基于贸易增加值的实证分析 [J]. 技术经济, 2020, 39 (7): 169-175, 192.

[7] 乔小勇, 李泽怡, 相楠. 中间品贸易隐含碳排放流向追溯及多区域投入产出数据库对比——基于 WIOD、Eora、EXIOBASE 数据的研究 [J]. 财贸经济, 2018, 39 (1): 17.

[8] 王岚. 融入全球价值链对中国制造业国际分工地位的影响 [J]. 统计研究, 2014, 31 (5): 17-23.

[9] 王在喆, 宫川幸三, 山田光南. 中日连関构造の経済分析 [M]. 东京: 劲草书房, 2016.

[10] 张彦. RCEP 区域价值链重构与中国的政策选择——以"一带一路"建设为基础 [J]. 亚太经济, 2020 (5): 14-24, 149.

[11] 祝坤福, 余心玎, 魏尚进, 王直. 全球价值链中跨国公司活动测度及其增加值溯源 [J]. 经济研究, 2022, 57 (3): 136-154.

[12] A New Environmental Accounting Framework Using Externality Data and Input-Output Tools for Policy Analysis (EXIOPOL) [EB/OL]. http: //www. feem-project. net/exiopol/.

[13] Amador J, Cabral S. A network analysis of value addedtrade [EB/ OL]. http: //www. researchgate. net/publication/277312869-A-network-analysis-of-value-added-trade.

[14] Andrenelli A, Cadestin C, De Backer K, et al. Multinational production and trade in services [R]. Paris: Organization for Economic Co-operation and Development, 2018.

[15] Antràs P, Chor D, Fally T, Hillberry R. Measuring the upstreamness of production and trade flows [J]. American Economic Review, 2012, 102 (3): 412-416.

[16] Arto I, Rueda-Cantuche J M, Amores A F, et al. EU exports to the world: Effects on employment and income [R]. Luxembourg: Publications Office of the European Union, 2015.

[17] Asian Development Bank Multi-Region Input-Output (ADB-MRIO) Database [EB/OL]. https: //www. adb. org/what-we-do/data/regional-input-output-tables.

[18] Asian International I-O tables (AIIOT) [EB/OL]. http: //www. ide. go. jp/English/Data/Io/index. html.

[19] Cadestin C, De Backer K, Desnoyers-James I, et al. Multinational enterprises and global value chains: the OECD analytical AMNE database [R]. Paris: Organization for Economic Co-operation and Development, 2018.

［20］Cadestin C, De Backer K, Desnoyers-James I, et al. Multinational enterprises and global value chains: New insights on the trade-investment nexus ［R］. Paris: Organization for Economic Co-operation and Development, 2018.

［21］Cadestin C, De Backer K, Miroudot S, et al. Multinational enterprises in domestic value chains ［R］. Paris: Organization for Economic Co-operation and Development, 2019.

［22］Daudin G, Rifflart C, Schweisguth D. Who produces for whom in the world economy? ［J］. Canadian Journal of Economics, 2011, 44（4）: 1403 – 1437.

［23］De Backer K, Miroudot S. Mapping global value chains ［R］. Paris: Organization for Economic Co-operation and Development, 2013.

［24］Duan Y, Jiang X. Pollution haven or pollution halo? A Re-evaluation on the role of multinational enterprises in global CO_2 emissions ［J］. Energy Economics, 2021, 97: 105181.

［25］Eora multi-region input-output table（MRIO）database ［EB/OL］. http://www. worldmrio. com/.

［26］Full International and Global Accounts for Research in Input-Output（FIGARO）Analysis ［EB/OL］. https://ec. europa. eu/eurostat/web/esa-supply-use-input-tables/figaro.

［27］Global Trade Analysis Project（GTAP）［EB/OL］. https://www. gtap. agecon. purdue. edu/databases/default. asp.

［28］Hummels D, Ishii J, Yi K M. The Nature and Growth of Vertical Specialization in World Trade ［J］. Journal of International Economics, 2001, 54（1）: 75 – 96.

［29］Inter-Country-Input-Output model（ICIO）/TiVA Database ［EB/OL］. https://www. oecd. org/sti/ind/inter-country-input-output-tables. htm.

［30］Johnson R C, Noguera G. Accounting for intermediates: Production sharing and trade in value added ［J］. Journal of International Economics, 2012, 86（2）: 224 – 236.

［31］Johnson R C. Five facts about value-added exports and implications for macroeconomics and trade research ［J］. Journal of Economic Perspectives, 2014, 28（2）: 119 – 142.

［32］Jones L, Wang Z, Xin L, et al. The similarities and differences among three major inter-country input-output databases and their implications for trade in value added estimates ［R］. Washington: US International Trade Commission, 2014.

［33］Koopman R, Wang Z, Wei S J. Tracing value-added and double counting in gross exports ［J］. The American Economic Review, 2014, 104（2）: 459 – 494.

［34］Lenzen M, Moran D, Kanemoto K, Geschke A. Building Eora: A global multiregional input-output database at high country and sector resolution ［J］. Economic Systems Research, 2013, 25（1）: 20 – 49.

［35］Merciai S, Schmidt J. Methodology for the Construction of Global Multi-Regional Hybrid Supply and Use Tables for the EXIOBASE v3 Database ［J］. Journal of Industrial Ecology, 2018, 22（3）: 516 – 531.

［36］Miller R E, Blair P D. Input-output analysis: Foundations and extensions ［M］. London: Cambridge University Press, 2009.

［37］Multi-regional Environmentally Extended Supply and Use / Input Output Database（EXIOBASE）［EB/OL］. https://www. universiteitleiden. nl/en/research/research-output/science/cml-exiobase.

[38] Peters G P, Davis S J, Andrew R. A synthesis of carbon in international trade [J]. Biogeo-sciences, 2012, 9 (8): 3247 – 3276.

[39] Stadler K, Wood R, Bulavskaya T, et al. EXIOBASE 3: Developing a time series of detailed environmentally extended multi-regional input-output tables [J]. Journal of Industrial Ecology, 2018, 22 (3): 502 – 515.

[40] Stehrer R, Foster N, De Vries G. Value added and factors in trade: A comprehensive approach [R]. Vienna: The Vienna Institute for International Economic Studies (wiiw), 2012.

[41] United Nations Conference on Trade and Development. Global value chains and development: Investment and value added trade in the global economy [R]. Switzerland: UNCTAD, 2013.

[42] Wang Z, Wei S J, Zhu K. Quantifying international production sharing at the bilateral and sector level [R]. Cambridge: National Bureau of Economic Research, 2013.

[43] Wang Z, Wei S J, Yu X, Zhu K. Characterizing global value chains: Production length and upstreamness [R]. Cambridge: National Bureau of Economic Research, 2017.

[44] Wang Z, Wei S J, Yu X, Zhu K. Measures of participation in global value chains and global business cycles [R]. Cambridge: National Bureau of Economic Research, 2017.

[45] World Input-Output Database (WIOD) [EB/OL]. http: //worldmrio. com.

[46] Zhu K, Guo X, Zhang Z. Reevaluation of the carbon emissions embodied in global value chains based on an inter-country input-output model with multinational enterprises [J]. Applied Energy, 2022, 307: 118220.

附 录

附录1　区域间投入产出模型的国际经验、国内研究现状及编制方法综述

一、多区域/区域间投入产出表编制的国际经验及国内现状

（一）多区域/区域间投入产出表编制的国际经验

随着经济的发展，各国内部的生产活动越来越丰富，国家内部区域之间的分工也越来越细化，进而区域之间的贸易也越来越活跃。为了更好地了解国家内部区域之间的经济联系，不少国家都编制了次国家层面的区域间投入产出表。但由于各国统计数据基础不同，编制方法不同，所编制表的基本情况也不尽相同。这一小节，我们将梳理美国、加拿大、意大利、日本、澳大利亚、巴西6个国家的多区域或区域间投入产出表的编制情况，以期为我们的编表工作提供参考和依据。

1. 美国

投入产出分析起源于美国，美国对多区域投入产出模型的研究自然也起始最早且发展较为成熟。在众多的多区域投入产出模型的研究中，规划的经济影响分析（IMPLAN[①]）是美国使用较为广泛的投入产出数据库，该数据库由美国林务局（USDA Forest Service）开发于20世纪70年代中期，现由明尼苏达集团（Minnesota IMPLAN Group）维护和经营。IMPLAN数据库的覆盖面极为广泛，部门数据尤其是美国本土数据的详细程度非常高。目前，其覆盖的地域范围包括美国、加拿大、欧洲等60个国家，时间跨度最长为15年（年度数据），其中美国的数据可以在地域维度细分到单独的邮政区域，在部门维度细分到546个部门。

该数据库美国部分的主要数据来源为美国经济分析局（U. S. Bureau of Economic Analysis，BEA）、美国劳工统计局（U. S. Bureau of Labor Statistics，BLS）及美国人口普查局（U. S. Census Bureau）。在上述数据的基础上，IMPLAN还加入了估计数据，如邮政区域层面的详细数据、非普查年份的数据及区域间贸易流量数据等。其中，对于贸易流量数据的估计采用了使用较为普遍的引力模型，对该模型估计中的距离数据着重进行了探讨，采用旅行成本来表征区域之间的距离（IMPLAN Group，2015）。此外，该投入产出数据的一个重要特征是使用便捷、灵活性高，使用者不但可以根据需求建立多区域投入产出模型，也可以引入自有数据，建立满足独特需求的模型。

2. 加拿大

加拿大区域间投入产出表的编制起步较早，且其官方定期发布详细的、高质量的区域投入产出表及区域间贸易数据，为该国区域间投入产出表的研究提供了良好的基础。早在1969年，哈特威克（Hartwick，1969）就运用区域间投入产出分析的方法研究了加拿大东部

[①] Economic Impact Analysis for Planning［EB/OL］. https：//implan.com/.

大西洋区的经济开放度，以及联邦政府的相关政策在这些省份经济活动结构上的体现。该研究采用了钱纳里—莫瑟（Chenery - Moses）模型，涵盖 4 个大西洋区省份及加拿大其他区域，共包含 16 个产品部门；对于区域间乘数的估计则采用了实验的方法：逐个保留每个地区的最终使用，同时将其他地区的最终使用设为零，由此试验各区域最终产出对中间投入的乘数效应。

　　加拿大统计局（Statistic Canada）定期发布加拿大年度区域投入产出表/供给使用表，该表所提供的数据非常详尽，包含 300 个产业、727 种商品以及 170 个最终使用类别，覆盖加拿大 13 个省份和地区；表的编制采用"自上而下"的原则，各区域表的加总以及区域表 GDP 之和与国家表相吻合（Berger，2010）。加拿大统计局还同期发布与区域投入产出表相适应的、基于调查的区域间贸易数据。具体地，对于制造业、农业、采矿业商品以及商务服务采用生产者调查法，即向产品或服务的生产者询问产品或服务销往何处；而对于零售以及由出省旅客所产生的跨区域贸易则采用消费者调查法，即向商品或服务的购买者询问商品或服务从何处来（Généreux and Langen，2002）。上述区域投入产出表和区域间贸易数据两个数据库构成了加拿大的区域间投入产出数据库，为其基于多区域投入产出表的研究提供了非常好的数据基础。

3. 意大利

　　意大利的托斯卡纳经济计划区域研究所（Regional Institute of Economic Planning of Tuscany，IRPET）自 20 世纪 90 年代以来，一直致力于研制覆盖意大利所有区域的多区域间投入产出模型。其第一个模型为意大利 1988 年区域间投入产出模型，共包含 20 个地区，运用了列昂惕夫和斯特劳特于 1963 年提出的 Pool 法来估计区域之间的贸易联系，并基于这个模型研究了财政政策的区域影响（Casini Benvenuti et al.，1995）。

　　在此基础上，该研究所对该投入产出模型进行了持续更新，同时，根据可获取数据的变化以及理论研究，对编制方法也不断加以改进。在对区域间贸易数据的估计上，该团队主要采用了基于衰减函数的引力模型，其中对于距离数据最初采用了同一地区不同省份之间的平均距离（物理距离）（Casini Benvenuti and Paniccià，2003），在后续研究中，更改为两地间公路运输的运行时间（经济距离）（Cherubini and Paniccià，2013）；在对投入产出表的平衡上采用了 SCM（Stone，Champernowne and Meade）模型，一个主要原因是 SCM 模型允许研究者对各数据源的可靠性加以判断，从而使平衡后的数据更符合问题本身。该数据库最近的更新中，纳入了两个区域的区域间贸易调查数据，为其引力模型的估计提供了更可靠的数据基础。该研究所利用该区域间投入产出表做了一些研究。例如，将它与环境数据相关联，观察不同区域的环境效率，并从消费者角度研究隐含于区域贸易中的环境影响（Bertini and Paniccià，2008）。

4. 日本

　　日本对于区域间投入产出表的研制主要以官方机构为主。从 1960 年起，为描述国家投入产出表无法准确反映的区域经济特征，日本经济产业省（Ministry of Economy，Trade and Industry）联合其研究与统计部和经济产业省的县域机构以及内阁办公室冲绳总局和冲绳地区，开始编制日本区域投入产出表。该表将日本划分为 9 个区域，并构建了与之相适应的区域间投入产出表（IRIO）。该数据库包含逢尾数为 0 和 5 的年份的区域间投入产出表，第一张 IRIO 表于 1960 年发布，至 2022 年，已有 10 个年份的区域间投入产出表（最后一个是 2005 年的 IRIO 表，除 2000 年为非官方估计表之外，其他均为官方发布），最多涵盖 53 个产品部门。该投入产出模型的区域间贸易数据采用了调查的方式，且各个区域表的加总与日本国家表相吻合，即"自上而下"的原则（Ministry of Economy and Research and Statistics Department，2010）。

除官方发布的9区域间投入产出表之外，也有学者尝试编制日本47个县的区域间投入产出表，用以研究47个县之间的经济联系。这些研究均基于官方发布的日本47个县的单区域投入产出表（SRIO），但估计县域间贸易的方法有所不同。石川和米亚吉（Ishikawa and Miyagi，2003，2004）主要利用分配普查数据估计了区域间贸易系数，并进一步基于"自上而下"的原则对区域间贸易系数加以调整，使各县域总产出之和与日本全国总产出相符合。长谷川等（Hasegawa et al.，2015）则采用日本47县之间的发货数据来估计区域间贸易，构建了包含80个产业部门的2005年县级多区域投入产出模型（MRIO），并利用该模型研究了日本2005年的县域碳足迹。

5. 澳大利亚

澳大利亚多区域投入产出模型（MRIO）的研究和开发同美国有一个共同特征是数据使用的便捷性、灵活性和高效性。由悉尼大学的曼弗雷德·伦曾（Manfred Lenzen）主要领导的研究团队开发的基于云计算的澳大利亚工业生态虚拟实验室（The Australian Industrial Ecology Virtual Laboratory，IELab）是一个编制大规模环境扩展多区域投入产出表的研究平台。其主要特点有二：一是采用了"母子原则"，即一旦一个区域及部门非常详细的投入产出表（"母"表）建立完备，使用者可以根据其所研究的具体问题直接从"母"表获取特定需求的投入产出表（"子"表）；另外，使用者也能够无须进行额外的数据处理，即建立自己独特的"母"表。二是该实验室为一个基于云计算的高度自动化的合作研究平台，从而能够大大地加速工作流程，并使得计算资源与使用者共享（Lenzen et al.，2014）。

除此之外，早期其他学者的研究也值得一提。例如，马登（Madden，1990）曾尝试构建了一个塔斯马尼亚与澳大利亚其他地区的2区域、9部门投入产出表，用于研究澳大利亚经济；亚当斯等（Adams et al.，2000）基于澳大利亚统计局（Australian Bureau of Statistics，ABS）发布的区域投入产出表，结合其他研究者发布的区域间贸易数据（Quinlan，1991），编制了澳大利亚57个区域间、37部门的多区域投入产出表，并在此基础上构建了一般均衡模型，用于分析澳大利亚的环境问题。威特等（Wittwer et al.，2010）通过采用小区域普查数据，基于"自下而上"的原则构建了覆盖150个联邦政府单议席选区的可计算的一般均衡模型（CGE）。

6. 巴西

巴西圣保罗大学经济学院及与之相关联的区域与城市经济实验室做了一系列有关巴西区域间投入产出模型的研究。其中年份最早的区域间投入产出模型为巴罗斯和吉略托（Barros and Guilhoto，2011）所研制的1959年巴西洲际投入产出模型。该模型主要基于巴西1959年的国家投入产出表，同时采用基于调查的产量分配（源头）、增加值分配（源头）、居民消费分配（去向）、政府消费分配（去向）、投资分配（去向）、出口分配（去向）、进口分配（去向）等数据集估计多区域投入产出模型（MRIO），进一步基于等比例分配假设估计区域间贸易矩阵，从而构建巴西洲际投入产出模型（IRIO）。该模型共包含25个洲，33个部门。

除此之外，该机构还编制了巴西其他年份或特定地区的区域间投入产出表，并基于这些投入产出模型做了一系列研究。例如，费尔南多等（Fernando et al.，2006）利用 FIPE 编制的 1996 年巴西多区域投入产出表研究了巴西洲间经济相互依赖性；爱德华多等（Eduardo et al.，2011）采用巴西 2007 年区域间投入产出模型研究了不同地区的旅客消费模式；阿达等（Haddad et al.，2012）特别针对巴西国家能源电力机构供应区域（Concession Areas of ANEEL）编制了区域间投入产出模型，模型包含与该区域紧密相连的 58 个地区，110 种产品及 15 个产品部门。

7. 国际经验小结和讨论

由上述梳理可见，上述国家对多区域/区域间投入产出模型的研究发展程度因研究基础、起步早晚、研究支持等因素而呈现不同的成熟度。主要体现为：一是基础数据的可靠性和丰富性不同，例如，加拿大官方统计提供了基于调查的区域间贸易数据，这是不多见的；二是区域间投入产出模型的数据覆盖面有较大差异，如美国的投入产出数据库将区域细分至邮政区层面，而日本和意大利则以大的区域为主；三是部门划分的详细程度差别较大，如美国和加拿大分别提供了 500 多和 300 多个部门的数据，而其他国家则多小于 100 个部门。

在编制多区域/区域间投入产出表的过程中，各国面对的一个主要问题是区域间贸易数据的获取或估计。即使是加拿大这样由官方提供调查贸易数据的国家，也难以避免地将这项工作作为区域投入产出数据库构建的重点之一。对于大多数没有官方贸易数据，或调查数据不足的国家来说，则不可避免地要引入估计数据。其中使用最为广泛的方法是引力模型，如美国、意大利等。而在引力模型的估计中，采用什么指标来表征区域间距离则成为探讨的焦点。总体来说，在引力模型的估计中采用的距离指标主要分为两类：一类是物理距离，如意大利的研究团队早期所采用的同一地区不同省份之间的平均距离；另一类是经济距离，如美国研究团队所采用的综合旅行阻力，以及意大利研究团队目前所采用的旅行时间。目前来看，在数据可得的前提下，更多的研究选择采用经济距离来进行引力模型的估计。

值得一提的是，互联网和计算机技术在多区域/区域间投入产出模型中的应用为区域投入产出分析的使用和推广起到了不可忽视的作用。其中最具代表性的当属澳大利亚的 IELab 平台和美国的 IMPLAN 平台。这两个平台的共同特征是基于互联网，为数据的使用者提供灵活、快捷的建模方案，甚至可以将用户自有数据库加入平台数据中，快速构建满足使用者需求的投入产出模型。高度数字化的数据平台使原本复杂、耗时的投入产出分析变得快捷和容易，在当今迅速变化的社会经济环境下，对这一平台的利用使得对新的重大变化进行快速响应成为可能，这将成为多区域/区域间投入产出模型开发的一个趋势。

（二）我国多区域/区域间投入产出表的编制现状

有关我国区域间投入产出表编制的研究始于 30 多年前。1990 年，在联合国区域发展中心（UNCRD）的资助下，由市村真一和王慧炯教授负责，国家统计局、国务院发展研究中心和清华大学联合研制了 1987 年中国经济 7 区域、9 部门的区域间投入产出表（Ichimura and Wang，2003）。到目前为止，国内已经有多个不同的研究团队编制和研究中国国内的地区间或区域投入产出表，具体编制的投入产出表如附表 1-1 所示。

1. 国务院发展研究中心

国务院发展研究中心在编制完成中国第一个区域间投入产出表之后，又先后编制了 1997 年、2002 年、2007 年、2012 年、2017 年等年份的省际间投入产出表，该数据库涵盖

附表 1-1

中国区域间投入产出表编制现状

数据库名称	机构*	投入产出表模型基础	贸易数据的估计方法（模型、数据）	时间跨度、区域及部门数	首次发表年份	文献
中国省际间投入产出表	国务院发展研究中心等	多区域投入产出模型（MRIO）	引力模型；利用铁路货物运输数据、铁路线路距离等数据估计引力模型	1987年-7区域-9部门 1997年-30省份-33部门 2002年-30省份-42部门 2007年-30省份-42部门 2012年-31省份-42部门 2017年-31省份-42部门	2003	市寸真一和王慧炯（2006） 许宪春等（2007） 李善同等（2010） 李善同等（2016） 李善同等（2018） 李善同等（2021）
中国区域间投入产出表	国家信息中心	区域间投入产出模型（MRIO）	工业企业调查数据与非调查方法相结合，非调查部分基于最大熵和引力模型，以货运时间表征区域间距离，估计区域间贸易系数	1997年-8区域-30部门 2002年-8区域-17部门 2007年-8区域-17部门	2005	国家信息中心（2005） 张亚雄和齐舒畅（2012a）
中国30/31省（区市）区域间投入产出表	中科院区域可持续发展分析与模拟重点实验室	区域间投入产出模型（MRIO）	引力模型；引入空间依赖因素，考虑区域间的竞争、合作关系估计引力模型	2007年-30省份-30部门 2010年-30省份-30部门 2012年-31省份-42部门	2012	刘卫东等（2012） 刘卫东等（2014） 刘卫东等（2018）
中国省区间投入产出模型	中科院虚拟经济与数据科学研究中心	区域间投入产出模型（IRIO）	引力模型，衰减函数；主要利用运输数据（铁路、水运、航空）估计区域间摩擦系数	2002年-30省份-60部门	2012	石敏俊和张卓颖（2012）
中国碳核算数据库所编制的MRIO	中国碳核算数据库	区域间投入产出模型（MRIO）	引力模型	2012年-31省份-42部门 2015年-31省份-42部门 2017年-31省份-42部门	2018	米志付等（2018） 郑赫然等（2020） 郑赫然等（2021）

注：*这里列示的研究团队往往都包含了多家机构，为了区分此处只列举各团队中部分机构。尤其需要强调的是，几乎所有版本的地区间或多区域投入产出表都有国家统计局参与。按照首次发表时间排序，以正式出版物出版或正式公布时间为准。

我国 31 个省（区市）或除西藏外的 30 个省（区市）（1997 年、2002 年、2007 年是 30 个），共包括 42 个（或 29/40 个）产品部门，是中国最早研制，数据时间跨度最大的区域间投入产出数据库。同时，该数据库也是较为尊重国家统计局原始表的数据库：基本保持原始投入产出表的中间投入矩阵不变，从而保留了基于调查数据的原始表的信息。在区域间贸易数据的估计上，该数据库主要采用了引力模型，利用行政区间铁路货物运输量数据、省会城市（自治区首府）间的最短铁路运输距离等数据估计引力模型参数，进而估算各产品的区域间贸易量；对于建筑业、服务业等部门，还采用了建筑业外省完成产值、旅游部门调查统计数据等辅助估算。

2. 国家信息中心

国家信息中心所编制的中国区域间投入产出表为基于中国 8 个经济区域（东北、京津、北部沿海、东部沿海、南部沿海、中部、西北、西南）的投入产出数据库。其自 2005 年首次发布以来，相继编制了 1997 年、2002 年及 2007 年，涵盖 17 个产品部门（1997 年为 30 个）的中国区域间投入产出表。后又编制了 2012 年和 2017 年的 42 部门省际间投入产出表。在区域间贸易数据的估计上，与其他几个数据库最大不同是，该数据库采用工业企业产品来源与去向的调查数据对运用非调查法估算的区域间贸易矩阵进行了修正，虽然由于调查数据年份的限制，仅对 2007 年进行了调整，但这也是唯一一个引入调查数据估计区域间贸易数据的数据库。另外，在利用非调查法的估算中，其采用省会城市间的最短铁路交通运输时间来代表区域间的空间经济距离，这也是该数据库与其他数据库的一个不同点。

3. 中科院区域可持续发展分析与模拟重点实验室

中科院区域可持续发展分析与模拟重点实验室从 2012 年开始，相继出版了中国 2007 年、2010 年及 2012 年区域间投入产出表，该数据库涵盖我国除西藏以外的 30 个省（区市），有 6 部门和 30 部门两个版本。是中国区域间投入产出数据库中唯一一个包含 2010 年延长表的数据库，其 2010 年数据的编制基于其 2007 年的区域间投入产出表以及 2010 年部分区域编制的投入产出延长表（非调查表）。该数据库对区域间贸易数据的估计同样基于引力模型，但其对基础的引力模型做出了修正：一是考虑空间相互依赖因素，引入空间滞后模型对引力模型的参数进行地理加权回归；二是考虑区域之间的竞争与合作关系，对引力模型进行同业影响修正。在此基础上进一步估计省区间的贸易数据，并构建区域间投入产出模型。

4. 中科院虚拟经济与数据科学研究中心

中科院虚拟经济与数据科学研究中心于 2012 年出版了 2002 年中国省区间投入产出模型，该模型同样涵盖了我国除西藏以外的 30 个省（区市），包含 60 个产品部门，为中国区域间投入产出数据库中产品部门数量最多的数据库。在贸易数据的估计上，该数据库同样基于引力模型。首先针对不同的产品部门采取不同的方法估计其摩擦系数：对制造业部门采取设定产品运输量随距离变化的衰减曲线的方法，对非制造业物质生产部门利用区域间运输数据进行估计，而对非物质生产部门则采用电网数据、科技活动数据、高考数据等其他相关数据辅助估计。进而利用区域间引力模型估计区域间贸易量，从而构建省份间投入产出模型。

5. 国内现有研究小结和讨论

通过上述梳理可以发现，我国多区域/区域间投入产出模型的构建均基于国家统计局发布的各省份单区域投入产出表，因而部门数量、区域细分程度较为相似（基本上除国家信息中心外都为省级层面）。不同数据库之间的区别主要体现在贸易数据的估计方法和是否以国家表为约束上。

我国几个多区域/区域间投入产出模型开发团队均采用基于引力模型的方法作为估计区域间贸易数据的方法，但在模型细节的设定以及数据的选取上则有所不同（见附表1-2）。一个最为重要的因素是对区域间距离的选择，对距离的测度大致可以分为两类：一类是简单地按两地物理距离（球面距离）测算；另一类是测算两地之间的经济距离，即综合考虑两地之间交通的便捷性以及运输成本等经济因素。在具体的估计过程中，国内研究多采用经济距离。附表1-2列举了我国上述研究中引力模型所涉及的两地距离的测算方法。

附表1-2　　　　　　　　　　　关于引力模型两地距离测算方法综述

相关研究	引力模型	距离测算方法
李善同等（2010）2002年中国省级多区域投入产出表：编制与应用	$x_i^{gh} = e^{\alpha}\, (x_i^{go})^{\beta_1} (x_i^{oh})^{\beta_2} \dfrac{(G^g)^{\beta_3}(C^h)^{\beta_4}}{(d^{gh})^{\beta_5}}$	各省份省会城市之间的距离为铁路网上的全国铁路主要站间货运里程
张亚雄等（2012）2002年、2007年中国区域间投入产出表	$T_i^{rs} = A_i^r B_i^s X_i^{ro} X_i^{os} f\,(^k D_i^{rs})$	认为比较理想的空间经济距离变量应该是不同省份之间最短的货运时间。在实际计算中，采用各省省会城市间最短的铁路客运时间（剔除动车和直达客车）作为替代，并假设公路和水路的空间经济距离与此相等
刘卫东等（2012）中国2007年30省（区市）区域间投入产出表编制理论与实践	$y_i^{gh} = e^{\beta_0} \dfrac{(x_i^{go})^{\beta_1}(x_i^{oh})^{\beta_2}}{(d^{gh})^{\beta_3}}$	在两省省会城市距离的基础上引入空间相互依赖因素来估计模型参数
石敏俊等（2012）中国省区间投入产出模型与区际经济联系	$t_i^{RS} = \dfrac{x_i^R d_i^S}{\sum\limits_R x_i^R} Q_i^{RS}$	对于不同部门，区域间的产品交流量随距离的衰减速率差异很大，据此来构建并推算衰减曲线，从而调整和确定物流矩阵

在中国区域间投入产出表的编制中，另一个重要考虑是选择"自上而下"（即以当年的全国表作为约束）还是"自下而上"（即放弃全国表的约束）。在上述中国区域间投入产出数据库中，有的数据库选择了"自上而下"的原则，如国家信息中心编制的中国区域间投入产出表，这主要是出于从理论上，各省份投入产出表之和应与全国投入产出表相吻合，即各省份总体的生产技术应与全国整体生产技术相同的考虑。然而，由于各省份统计数据之间存在一定程度的重复计算，实际统计数据并不支持这一理想状态，且由于缺乏企业层面详细的数据支撑，也很难剔除各个省份之间重复计算的部分。因此，也有数据库选择了"自下而上"的原则，放弃了全国表的约束，如国务院发展研究中心编制的中国省际间投入产出表。

二、多区域/区域间投入产出表的编制方法综述

区域间投入产出表的编制主要包括两部分内容：一是区域间贸易数据的获取或估计；二是投入产出表的平衡。其中，区域间贸易关系（数据）是一国内部不同区域投入产出表联系的纽带，编制区域间投入产出表最重要、难度也往往最大的工作就是估计各产品在区域间的贸易关系。这也是此处综述的重点。

对区域间贸易流量的估计方法主要分为基于调查的直接法和基于模型的间接法。直接估计法基于大量的调查数据，可靠性高但需要花费大量的人力、物力，因而仅有个别研究采用了该方法。例如，加拿大统计局（Statistic Canada）一直沿用调查方法获得区域间贸易数据（Généreux and Langen, 2002）。日本经济产业省也曾采用调查方法获取日本的区域间贸易流量（Ministry of Economy and Research and Statistics Department, 2010）。我国国家信息中心也曾采用工业企业产品来源与去向的调查数据对运用非调查法估算的区域间贸易矩阵进行修正（虽然严格地说，这并非完全意义上的调查法）（张亚雄和齐舒畅，2012b）。

间接估计法则是根据可得的相关数据，采用一些模型进行估计。具体来讲，由于采用的基础数据和模型不同，而产生出不同的区域间贸易流量的间接估计方法，如伊萨德（Isard）模型、行系数模型、列系数模型（Chenery-Moses model）、列昂惕夫（Leontief）模型、池方法（Pool-Approach）模型及引力模型（Gravity model）等。其中，引力模型的使用最为广泛，如规划经济影响分析集团（IMPLAN Group, 2015）和凯鲁比尼等（Cherubini et al., 2013）采用引力模型分别估计了美国和意大利的区域间贸易流量，又如我国的几个区域间投入产出模型研究团队——国务院发展研究中心（李善同等，2016）、中科院区域可持续发展分析与模拟重点实验室（刘卫东等，2012）、中科院虚拟经济与数据科学研究中心（石敏俊和张卓颖，2012），也主要采用了引力模型进行区域间贸易流量的估计。接下来，我们对上述间接估计模型的基本原理加以一一介绍。

伊萨德（Isard, 1951）首先建立了区域间非竞争输入型投入产出模型，称为区域间投入产出（IRIO）模型，又称为伊萨德模型。该模型的基本形式要求把所有产业按区域进行划分，将每一个区域的每一个部门的投入、产出结构都分别进行研制。该模型的方法比较简单，但是对基础数据的需求量非常大，因而编制比较困难。

之后，许多学者又提出了各种简化的需要较少数据的多区域投入产出模型。其中，影响较大、精度也较高的是钱纳里（Chenery, 1953）和莫瑟（Moses, 1955）先后独立提出的列系数模型，又称为钱纳里—莫瑟（Chenery－Moses）模型。该模型的特点是把一个地区对某种产品的消耗量按照各个地区（包括本地区）向该地区所供应的该种产品的百分比进行拆分（即在列的方向），以此作为编制模型的出发点。行系数模型和列系数模型有很多相似之处，前者被认为是后者的镜像（Bon, 1984）。不同之处在于，如上所述列系数模型是把一个地区对某种产品的需求量由各个地区（包括本地区）供应的百分比固定下来，而行系数模型则是把一个地区生产的某种产品向各个地区的分配比例固定下来（即在行的方向）。

列昂惕夫模型是由美国经济学家里昂惕夫（Leontief, 1953）提出的，对模型的测算做了具有独到见解的简化假设。模型中首先假设各个地区所有生产部门都分为两大类：第一类为地区性部门，这些部门的产品只在地区内部进行流通和消费，因而只要求在本地区范围内达到供求平衡；第二类为全国性部门，其产品在全国范围内进行流通，满足其他地区需要，

包括出口，因而要求在全国范围内保持供求平衡。其次，假设不同地区的直接消耗系数矩阵都是相同的，因此，一般都统一采用国家投入产出表的直接消耗系数矩阵，这一点极大方便了模型的测算工作，但同时也使模型的结果与实际情况偏离较大。

池方法模型（又称 Leontief-Strout 模型），是由列昂惕夫和斯特劳特（Leontief and Strout, 1963）提出的。该模型的核心思想是：对某一地区的使用者来说，其所消耗的货物来自何处并不重要，可以看作是从其所在地区的需求池（demand pool）订货和取货，同时假设每个地区内某一种货物或者服务的生产者把他们的产出统统汇集在一个单一的地区供给池（supply pool）内。因此，在一个多地区经济中，某种货物或服务的所有地区间流动均可以看作是该种货物的地区供给池向地区需求池的供货。

引力模型是区域间投入产出模型中非常重要，使用也最为广泛的模型。最早将引力模型应用到国际贸易领域的是廷伯根（Tinbergen, 1962）和波伊霍宁（Pöyhönen, 1963）。该模型来源于物理世界中的万有引力，即两个星体之间的引力与这两个星体的质量成正比，而与它们之间的距离成反比。借用万有引力理论，假设两个地区的贸易与两个地区的经济规模和距离有关，即两个地区的经济规模越大，贸易量可能越大，而距离越远则贸易量越小，这就是区域间贸易的引力模型。

利用引力模型估计区域间各部门产品的贸易量只需要各区域分部门的总供给和总需求数据，以及贸易系数/摩擦系数，这给贸易量的估计带来了较大便利。其中对于引力模型中的关键参数贸易系数/摩擦系数的估算，里昂惕夫和斯特劳特提出了在不同的基础数据条件下相应的方法。如果可以获得较为完整的基年统计资料，既包括区域的产出和投入，又包括区域间贸易流量，则能够直接计算出贸易系数。然后假定基年到计划年的贸易系数不变，即可直接用于计算计划年的流量矩阵。这种方法称为"单一点估计"。反之，则需要根据基年的区域总投入和总产出来间接估算贸易系数。对此，井原（Ihara, 1979; Ihara, 1996）引入了运输量分布系数来推算不同商品的贸易系数。该方法假定从某一区域向其他区域的物资输送量的分配比例与物资中重要产品的分配比例存在近似性，因而该重要产品的分布系数可以作为区域间产品流动的贸易系数。孟和安藤（Meng and Ando, 2005）在"经济人假设"的基础上，结合钱纳里—莫瑟模型和阿明顿（Armington, 1969）假设，通过利润最大化或成本最小化推算区域间贸易系数。布罗克纳（Bröcker, 1989）指出所有形式的引力模型都可以用区域间贸易的空间价格均衡来简化，利用改进的萨缪尔森（Samuelson, 1952）空间价格均衡模型来实现，并提出了研究区域间贸易流量的空间相互作用矩阵。

尽管学者们对于贸易系数提出了不同的估计方法，但总体来看目前使用最多的还是将其作为地区间距离的函数予以估计，即利用距离的幂函数来估计贸易系数。布拉克（Black, 1971; Black, 1972）利用 1967 年美国 24 个主要运输集团的数据分析了引力模型中的距离参数的幂指数，得出以下结论：一是市场份额越大的生产商或者供货商总运输量比例越大，幂指数越低；二是某地区的流量占全国总流量的比例越高，幂指数越高。这使得地区间距离的定义显得十分重要。卡西尼·本韦努蒂（Casini Benvenuti, 2003）指出在估算引力模型的衰减函数时应首先考虑距离因素，认为地区（region）由不同的区域单元（按欧盟统一规定的 NUTS-3）构成，因此，两个地区之间的距离等于两地区包含的所有区域单元之间（不包括同一地区内的区域单元）的距离的平均数。又如，凯鲁比尼（Cherubini, 2011）指出在估算引力模型的衰减函数时，需首先考虑的因素应该是距离，而距离主要依赖于地区间交通网络的连接和扩展状况，因此，采用两地区间公路运输的时间作为测算依据。

三、总结与展望

以上对编制区域间投入产出模型的国际经验、国内研究现状和编制方法的综述，有助于我们了解国内外编制区域间投入产出模型的现状、主要困难和主要针对性处理方法。

通过梳理发现，区域间贸易数据的获取或估计是编制区域间投入产出模型面临的主要困难。目前，仅有加拿大能够提供官方的调查贸易数据。对于大多数没有官方贸易数据，或调查数据不足的国家来说，则不可避免地要引入估计数据。为此，使用最为广泛的方法是引力模型。而在引力模型的估计中，采用什么指标来表征区域间距离则成为国内外学者探讨的焦点。在中国区域间投入产出表的编制实践中，另一个重要考虑是选择"自上而下"（即以当年的全国表作为约束）还是"自下而上"（即放弃全国表的约束）；二者各有利弊，不同学者根据各自需求采取了不同的原则。

未来，互联网和计算机技术（如机器学习、人工智能等）将为区域投入产出分析的使用和推广起到不可忽视的作用。澳大利亚的 IELab 平台和美国的 IMPLAN 平台率先实践，基于互联网为数据的使用者提供灵活、快捷的建模方案。甚至可以将用户自有数据库加入平台数据中，快速构建满足使用者需求的投入产出模型。高度数字化的数据平台使原本复杂、耗时的投入产出分析变得快捷和容易，在当今迅速变化的社会经济环境下，基于互联网和计算机技术的多区域投入产出模型使得对新的重大变化进行快速响应成为可能，或将成为多区域/区域间投入产出模型开发的一个重要趋势。

附录 2　现行全球多区域投入产出数据库介绍

多区域投入产出（multi-regional input output，MRIO）模型自提出以来就被广泛地应用于区域经济、贸易和资源环境领域的研究中。其中，涉及全球层面的跨境贸易及相关研究，往往需要世界多区域投入产出数据的支撑，并且许多研究会对数据库的时效性和可靠性提出较高的要求。目前，国际上比较成熟的全球投入产出数据库主要包括：（1）经济合作与发展组织公布的国家间投入产出数据库（inter-country input-output，ICIO）；（2）欧盟编制的世界投入产出数据库（world input-output database，WIOD）；（3）亚洲开发银行编制的多区域投入产出数据库（asian development bank multi-region input-output database，ADB-MRIO）；（4）美国普渡大学的全球贸易分析数据库（global trade analysis project，GTAP）；（5）EORA 全球多区域投入产出数据库（eora global multi-regional input output，Eora-MRIO）；（6）投入产出分析研究的完整国际和全球账户（full international and global accounts for research in input-output analysis，FIGARO）；（7）日本亚洲经济研究所的亚洲投入产出数据库（Asian international I-O tables，AIIOT）；（8）全球多区域环境扩展的供需表和投入产出数据库（multi-regional environmentally extended supply and use/input output database，EXIOBASE）。此外，还有欧洲委员会所支持开发的 EXIOPOL 数据库（a new environmental accounting framework using externality data and input-output tools for policy analysis）等。

在这些全球投入产出数据库中，日本亚洲经济研究所的亚洲投入产出数据库开发得最早。1975 年日本亚洲经济研究所（Institute of Developing Economies，IDE）就已经开始编制以亚洲 9 个经济体和美国为对象的区域间投入产出数据库（AIIOT）。该数据库每 5 年发布 1

版，目前已经涵盖 10 个国家（美国和部分亚洲国家）、76 个部门和 6 个年份的国际投入产出表。该数据库的主要优点就是采用企业调查数据来测算进口系数分解进口矩阵；缺点在于国家数量仅限于美国和部分亚洲国家，并且数据的年份仅更新到 2005 年。该数据库为探究亚洲各经济体之间的经济关系，特别是中日经济关系提供了帮助（长谷部，2002；金继红和张琦，2007；王在喆等，2016）。

GTAP 是美国普渡大学国际贸易分析中心编制并维护的一个非官方的数据库，每 3 年更新一次。目前最新版本（v. 11）包含 142 个国家或地区和 65 个部门的投入产出表以及详细的贸易数据库。GTAP 数据库的优点在于数据库非常完整统一，而且包含的国家较多。GTAP 是最早被用于测算贸易增加值的数据库（Daudin et al.，2011；Johnson and Noguera，2010；Koopman et al.，2014）。GTAP 数据库的缺点在于只包含一个多国投入产出表，而并非国家间的投入产出表，也就是说其缺乏详细的进口贸易系数。而且 GTAP 为了整合各国投入产出库，采用很多调整方法，使得许多国家投入产出表与其原始存在较大差异。数据的可信度存在争议。

WIOD 是受欧盟资助的，由荷兰格罗宁根（Groningen）大学等 11 个机构共同构建的一个世界投入产出数据库。其最新发布的版本（2016）涵盖 43 个国家（28 个欧盟国家和 15 个非欧盟国家）和 56 个行业，时间跨度为 2000～2014 年。目前，WIOD 数据库拥有 1995～2014 年（2013 版为 1995～2011 年，2016 版为 2000～2014 年）的时间序列表（WIOTs），同时还编制了可比价格的全球投入产出表。与其他的数据库相比，WIOD 具有以下几个鲜明的特点：一是 WIOD 的基础数据为各国的供给和使用表（SUTs），而不是各国投入产出表，采用供给和使用表的优点在于可以同时提供产品和产业的信息，这样可以更好地与贸易统计（产品层面）和生产统计、国民核算、环境统计等信息（产业层面）衔接。基于此，蒂默等（Timmer et al.，2012）利用 WIOTs 测度了各国要素收入和制造业的需求状况。二是 WIOD直接从国民核算中的产出和最终消费数据出发调整编制时间序列的供给和使用表，进而最终编制时间序列全球投入产出表。三是 WIOD 采用详细的双边贸易详细信息来测算进口矩阵，而一些其他的数据库（如 GTAP）则采用统一的进口比例矩阵。由于 WIOD 数据库的连续性、包含区域较广、明确区分了各国的中间品和最终品使用等特点，2010～2016 年出现了大量基于 WIOD 来核算世界各国增加值贸易、贸易增加值的文献，并将他们与总值贸易进行比较（Stehrer，2012；Wang et al.，2013；陈雯和李强，2014；王岚，2014；Johnson，2014；Amador and Cabral，2015；葛明和林玲，2016；Wang et al.，2017a，2017b）。但近年来 WIOD 的数据库没有进行更新，目前最新的年份仅到 2014 年，因此在时效性上有一定延后。

欧盟统计局与欧盟委员会的联合研究中心（JRC）还共同发起编制了"投入产出分析研究的完整国际和全球账户"（FIGARO），旨在制定受到国际机构 [特别是经济合作与发展组织（OECD），联合国统计司（UNSD），世界贸易组织（WTO）] 认可的多区域投入产出表。FIGARO 每年发布一次，内容包括 2010～2020 年欧盟经济体、18 个主要贸易伙伴（阿根廷、澳大利亚、巴西、加拿大、中国、印度、印度尼西亚、日本、韩国、墨西哥、挪威、俄罗斯联邦、沙特阿拉伯、南非、瑞士、土耳其、英国、美国）和世界其他地区间的供给、使用和投入产出表，涉及 64 个行业和 64 种产品。FIGARO 数据库的主要优点在于自 2021 年以来，该报告每年发布一次，在时效性上有所保证；并且为 OECD- TiVA 数据库的编制提供了欧盟及其成员国数据。该数据库缺点在于是以"前一年价格"来计量，而不是大多数投入产出表的当年价格或基准年价格，因此缺乏可对比性；聚焦于欧盟内部经济体和主要的欧盟贸易伙伴国，对其他地区经济体的覆盖面较小。该数据库通过研究增长、就业、环境足迹和国际贸易（例如全球价值链）等来分析全球化对欧盟的社会经济和环境影响，从而为欧盟委员会在双边贸易谈判、研究有价值的统计工具提供支持（Miller and Blair, 2009；Arto et al. , 2015）。

Eora26 数据库最早起源于澳大利亚悉尼大学的 Eora 项目，提供了高分辨率时间序列的投入产出表和相匹配的环境和社会卫星账户（Lenzen et al. , 2013）。目前，该数据库包含了190 个国家和地区、26 个行业 1990～2021 年的多区域投入产出数据。与其他的数据库相比，该数据库主要有三个特点：一是涵盖的国家和地区数量远超过其他同类数据库，尤其是那些经济欠发达且缺少基本统计数据的国家。这是目前包含国家（地区）最多的全球投入产出数据库。二是所采用的数据源也是最多，该数据库采用的数据源包括：各国的投入产出表及其他主要统计数据［包括来自 Eurostat、IDE-JETRO 以及 OECD 的投入产出表，UN 的国民核算数据库，联合国商品贸易统计数据库（UN Comtrade）和联合国服务贸易数据库（UN ServiceTrade）的商品和服务贸易数据等］。三是采用大量的插值等估计方法，该数据库在众多数据源的基础上利用了大量的插值等估计方法来整合这些不同的数据源，估算不同国家的连续的投入产出表，这也使得基于该数据库的部分研究结果与基于其他数据库的研究结果产生了较为明显的偏差（Peters et al. , 2012）。例如，乔小勇等（2018）通过对比 WIOD、Eora、EXIOBASE 所测算的中间品贸易隐含碳排放，发现根据 Eora 数据测算的结果相对偏高。

与 Eora26 数据库希望涵盖更多的国家不同的是，经济合作组织和世界贸易组织联合发布的增加值贸易（TiVA）数据库更加注重数据源的质量。目前，该数据库包含 1995～2018 年 67 个国家（所有的 OECD 国家，大部分东亚、东南亚国家，及部分南美国家）、45 个行业的投入产出表。该数据库基于来自官方的供给和使用表以及国民核算、贸易统计的数据构建投入产出表，同时利用来自基于最终用途的双边贸易数据库（BTDIxE）和国际服务贸易统计（TIS）的基于终端用户的商品和服务贸易信息以及来自用于结构分析的产业统计数据库（STAN）的企业信息构建进口矩阵。TiVA 数据库不仅公布具体的投入产出表，而且公布基于其投入产出表的贸易增加值数据（出口的国内和国外构成、出口包含的服务比重、最终需求隐含的增加值贸易余额、出口隐含的中间品进口等）。近年来，运用 OECD 对增加值问题的研究起始于胡默尔等（Hummels et al. , 2001）提出的垂直贸易，即国际生产碎片化而形成的垂直专业化贸易，并逐渐与全球价值链研究相关联。德巴克和米鲁多（De Backer and Miroudot, 2012）利用 OECD 投入产出表测算了平均传送长度（APL）。安特拉斯等（Antràs et al. , 2012）则基于生产链长度的量化方法提出了价值链上的行业"上游度"和"下游度"等测算指标。并且随着 OECD 公布了区分企业异质性的跨国投入产出数据库（OECD-AMNE），大大推进了对跨国公司增加值贸易和排放情况的研究（Cadestin et al. , 2018, 2019；Andrenelli et al. , 2018；Duan and Jiang, 2021；Zhu et al. , 2022；祝坤福等，2022）。

ADB-MRIO 数据库是亚洲开发银行主要针对 49 个亚洲开发银行内亚太成员国编制的。亚洲开发银行扩充了 WIOTs，以促进亚洲和太平洋地区相关的分析工作。该数据库目前包含63 个经济体 35 个行业的 15 个年份（2000 年，2007～2021 年）的国家间投入产出表。与其他的数据库相比，该数据库的主要优势在于：（1）数据的实时性，每年数据库都会进行更新，从而能覆盖到最接近现实时间的年份。因此在进行中美贸易摩擦、RCEP、新冠肺炎疫情、俄乌冲突等近期事件的研究时，会采用该数据库（马广程和许坚，2020；东艳和马盈盈，2020；张彦，2020）。（2）同时汇报了现价和不变价下的国家间投入产出表。该数据库还包含了一些其他的统计指标，如经济、金融、全球价值链、环境和可持续发展等指数，且统计指标在不断增加。（3）覆盖的亚洲国家比较全面，63 个经济体中共有 25 个是亚洲经济体，即印度尼西亚、印度、日本、韩国、孟加拉国、不丹、文莱、柬埔寨、斐济、中国、中国香港地区、中国台北地区、哈萨克斯坦、吉尔吉斯斯坦、老挝、马来西亚、马尔代夫、蒙古国、尼泊尔、巴基斯坦、菲律宾、新加坡、斯里兰卡、泰国和越南，适用于亚洲经济问题的分析。但 ADB 数据库没有提供配套的经济环境数据库，导致某些部门层面的变量分析无法进行。

全球多区域环境扩展的供需表和投入产出数据库（EXIOBASE）是一个用于分析各种产品最终消费带来的环境影响的数据库。最新的第三版 EXIOBASE 数据库包含 1995～2011 年的 EE MRIO 时序表（即全球多区域环境扩展的供需表和投入产出表），包括 43 个国家和 5 个世界其他地区，200 种产品、163 个行业、15 种土地使用类型、按 3 个技能水平划分的就业、48 种原材料和 172 种水使用类型。EXIOBASE 的主要优点在于它公布了详细的全球多区域环境扩展的供需表和投入产出表，该数据库与环境经济核算系统（SEEA）兼容，具有很高的部门详细信息，并同时与多个社会消耗清单相匹配。该数据库多用于环境领域，尤其是国家间贸易隐含碳排放方面的研究（Stadler et al.，2018；Merciai and Schmidt，2018）。由于该数据库目前时间仅更新到 2011 年，无法对近年来的发展情况进行判断。

从对各数据库的分析中可以看出，不同的全球投入产出数据库在基础数据源、投入产出表的编制方法、进口矩阵的编制以及国家、行业和时间维度方面都存在较大的差异，而这些因素对贸易增加值测算均可能存在一定的影响。如库普曼等（2014）利用 GTAP 数据库测算 2004 年全球平均出口隐含的国外增加值比重（FVA）为 21.5%，而联合国贸易和发展会议（UNCTAD，2013）利用同样的方法基于 Eora26 数据库测算 2004 年全球平均的 FVA 则达到 28.7%，两者相差 1/4。斯蒂勒等（Stehrer et al.，2012）利用 WIOD 测算 2009 年全球平均的 FVA 为 23.7%，然而 UNCTAD（2013）利用 OECD-WTO 的 TiVA 和 Eora26 两个数据库测算 2009 年全球平均 FVA 的结果分别为 21% 和 27.6%。琼斯等（Jones et al.，2014）比较了 GTAP、WIOD 和 OECD 三个国家间投入产出数据库，利用不同的数据库测算了贸易增加值，研究发现基于同样的方法分别采用不同的数据库测算结果存在较大的差异，尤其是对俄罗斯和土耳其两国的测算结果差异最为明显。

现行全球主要的多区域投入产出数据库如附表 2－1 所示。

附表 2 - 1

现行全球主要的多区域投入产出数据库

数据库名称	机构	主要数据源	国家和地区（个）	行业	时间	备注
inter-country-input-output model (ICIO)/TiVA Database	经济合作与发展组织（OECD）/世界贸易组织（WTO）	国民核算数据、基于最终用途的双边贸易数据库（BTDIxE）、国际服务贸易统计（TIS）、STAN 产业统计数据库	61/67	34/45	2005～2015 年/1995～2018 年	基于各国投入产出表
world input-output database (WIOD)	11 个机构联盟，由欧盟盟资助	国家供给和使用表	41/44	35/56	1995～2011 年/2000～2014 年	基于官方国民核算统计数据，采用划分不同用途的贸易数据来构造进口矩阵
ADB multiregional input-output tables (ADB - MRIO)	亚洲开发银行（ADB）	国家投入产出表	63	35	2000 年,2007～2021 年	重点针对 49 个亚洲开发银行内亚太成员
global trade analysis project (GTAP)	普渡大学（Purdue University）	原始的投入产出表由各国学者提供，贸易数据来源于联合国商品贸易统计数据库（UN Comtrade）和联合国服务贸易数据库（UN Service Trade）	142	65	2004 年、2007 年、2011 年、2014 年、2017 年	非官方数据库，包括投入产出表、双边贸易数据、能源数据、环境数据
EORA26 global supply chain database	悉尼大学（The University of Sydney）	国家供给和使用表、Eurostat、IDE - JETRO 以及 OECD 投入产出表；UN 国民核算数据；UN Comtrade 和 UN Service Trade 等	190	26	1990～2021 年	整合众多不同的数据源，提供覆盖国家最多的全球投入产出数据库
FIGARO tables	欧盟统计局和欧盟委员会联合研究中心	国家供给和使用表、Eurostat、JRC、OECD 投入产出表 等	46	64 个行业、64 种产品	2010～2020 年	自 2021 年起每年进行更新，重点是最近的 3 年
Asian international I - O tables (AIIOT)	亚洲经济研究所（IDE-JETRO）	国家投入产出表、企业调查数据	8（1975 年）/10（1985～2005 年）	56（1975 年）/78（1985～1995 年）/76（2000 年、2005 年）	1975 年、1985 年、1990 年、1995 年、2000 年、2005 年	美国—亚洲的投入产出表，包括双边贸易
EXIOBASE	挪威科学技术大学（NTNU）等	国家供给和使用表	44 个国家 + 5 个世界其他地区	163 行业、220 种商品	1995～2022 年	所有基于国家供给使用表，年份较少

资料来源：经济合作与发展组织（2021）；蒂默等（Timmer et al., 2015）；亚洲开发银行（2021）；普渡大学（2017）；伦曾等（Lenzen et al., 2012, 2013）；欧盟统计局（2021）；亚洲经济研究所（2013）；挪威科学技术大学（2015）。

扫码下载"1987～2017 年中国省际间投入产出表和
2017 年内嵌中国省份的全球多区域投入产出表"